2019

甘肃发展年鉴

GANSU DEVELOPMENT YEARBOOK

甘　肃　省　统　计　局
国家统计局甘肃调查总队　编

Compiled by

Gansu Provincial Bureau of Statistics

Survey Office of the National Bureau of Statistics in Gansu

中国统计出版社
China Statistics Press

《甘肃发展年鉴》编辑委员会

Gansu Development Yearbook Editorial Board

主　任 / Chairmen

副主任 / Vice-chairmen

编委（按姓氏笔画排序）

Editorial Board

(In Order to Strokes of Chinese Surname)

《甘肃发展年鉴》编辑部
Gansu Development Yearbook Editorial Department

编辑人员（按姓氏笔画排序）
Editorial Staff
(In Order to Strokes of Chinese Surname)

编者说明

一、《甘肃发展年鉴》是由甘肃省统计局和国家统计局甘肃调查总队编纂，中国统计出版社出版，国内外公开发行的大型综合性年刊。它以大量翔实可靠的资料，全面记载了甘肃经济社会发展情况，是各级党政领导、经济管理部门、企事业单位、科研部门和中外投资者了解省情、市情、县情，进行科学决策、咨询和研究的重要工具书。

二、本年鉴是创刊以来的第十卷，全部为中英文对照版并配有电子版，主要记载 2018 年甘肃经济社会发展情况，统计资料在时间上有所上溯。

三、本年鉴共分为两部分：第一部分共设 9 个篇目，包括特载、概况、国民经济、交通通信、财政金融、经济管理、社会事业、人民生活、地区及兰州新区概况；第二部分共设 23 个篇章，包括综合，人口，国民经济核算，就业和工资，价格，人民生活，财政和金融业，资源和环境，能源，固定资产投资，对外经济贸易，农业，工业，建筑业，批发和零售业，住宿、餐饮业和旅游业，运输和邮电，教育和科学技术，卫生、社会服务和社会保障，文化和体育，城市，民族自治地方，兰州新区。为方便读者使用资料，统计资料各篇前附有简要说明，篇末附有主要统计指标解释。

四、本年鉴的体例分为篇目、分目和条目三个层次，以条目为基本结构单元。条目标题均用黑体字加【】。

五、与 2018 年版《甘肃发展年鉴》相比较，本年年鉴在内容上主要做了如下修订：在第二部分中，"国民经济核算"中删减了"生产总值项目构成"和支出法核算 GDP 的相关指标；""固定资产投资"中部分绝对数指标改为速度指标；"工业"中删除了"工业增加值绝对数"指标，"固定资产"相关指标；教育和科学技术"中删减了"各级各类成人教育基本情况"、"分行业研究与试验发展情况"、"大中型工业企业科技活动情况"、"科学与开发机构科技活动情况"、"高等学校科技活动情况"、"各地区研究与试验发展项目情况"表等；"卫生、社会服务和社会保障"中删减了"新型农村合作医疗情况"和"各地区新型农村合作医疗情况"表。

六、由于统计制度方法改革，有些统计指标的口径、包括范围和计算方法有所变化，使用时请注意。文稿中的数据由各单位提供，部分为初步统计数，如与统计表中不一致，以统计表为准。

七、由于第四次全国经济普查数据尚未发布，本年鉴与经济普查有关的专业如核算、工业、固定资产投资、建筑业、批发零售业和住宿餐饮业等 2018 年数据均采用年快报数，部分数据由于只有年报数据故暂时无法提供，上述专业 2018 年年报数据将在 2020 年出版的统计年鉴反映。

八、本年鉴中涉及到的历史数据，均以最新出版的本年鉴数据为准；本年鉴中所使用的度量衡单位均采用国际统一标准计量单位；部分数据合计数或相对数由于单位取舍不同而产生的计算误差，均未做机械调整。

九、符号使用说明：年鉴各表中的"空格"表示该项统计指标数据不足本表最小单位数、数据不详或无该项数据；"#"表示其中的主要项。

本年鉴的编辑出版，得到省直各部门和有关企业事业单位的大力支持，我们对此表示诚挚的谢意！

编　者

2019 年 11 月

Preface

Ⅰ. Gansu Development Yearbook, edited by the Gansu Provincial Bureau of Statistics and Survey Office of the National Bureau of Statistics in Gansu and published by china statistics press, is a large-scale domestic and international public offering comprehensive annual publication. It records comprehensively Gansu economic and social development situation by the large amount of reliable data, and is an important tool to understand the situation of the province, city, county and conduct a scientific decision-making, consult and research for every level party and government leaders, economic management department, enterprise and public institution, research departments and domestic and foreign investors.

Ⅱ. The yearbook is tenth volume since founded, which is all the in Chinese-English and equipped with electronic version, records mainly Gansu economic and social development situation in 2017, but its statistics materials have traced back in time.

Ⅲ. The yearbook contains the following two parts: The first part contains Featured Articles, Survey, National Economy, Traffic Communication, Government Finance and Financial, Economy & Management, Social Undertaking, People's Living Conditions, Region and Lanzhou New Area Overview, total 9 chapters. The second part contains total 23 sections and chapters: General Survey; Population; National Accounts; Employment and Wages; Prices; People's Living Conditions; Government Finance and Financial Intermediation; Resources and Environment; Energy; Investment in Fixed Assets; Foreign Trade and Economic Cooperation; Agriculture; Industry; Construction; Wholesale and Retail Trades; Hotels, Catering Services and Tourism; Transport, Postal and Telecommunication Services; Education & Science and Technology; Public Health, Social Services and Social Security; Culture and Sports; City; Ethnic Minority Autonomous Area; Lanzhou New Area. For the convenience of using information for the readers, statistics have a brief introduction at the beginning of each part. In addition, explanatory notes on main statistical indicators are provided at the end of each part.

Ⅳ. The yearbook style is divided into contents, subhead and entry three levels, and entry as the basic structural unit. The entry titles are in bold and add【 】.

Ⅴ. In comparison with Gansu Development Yearbook-2018, following amendments were mainly made in content of this yearbook: In the second part, the chapter of "National Accounts", delete the table of "Composition of Gansu Gross Regional Product by Item " and the related indicators of Gansu Gross Regional Product by Expenditure Approach; of the chapter "Investment in Fixed Assets", part of absolute number indicators are changed to growth rate indicators; of the chapter "Industry" , delete the indicator of absolute number of industry add value, the related indicators of "Investment in Fixed Assets"; of the chapter "Education & Science and Technology", delete the table of "Basic Statistics of Adult Education by Type and Level" " Basic Statistics on R&D by Sector" " Basic Statistics on Science and Technology Activities of Large and Medium-sized Industrial Enterprises" " Basic Statistics on Scientific Research and Development Institutions" " Basic Statistics on Higher Education for Science and Technology Activities" " Statistics of R&D Projects by Region" etc. ; of the chapter "Public Health, Social Services and Social Security" ,delete the table of "Conditions of New Cooperative Medical System" and "Conditions of New Rural Cooperative Medical System by Region".

Ⅵ. As the methods of statistical system reform, some of the caliber of statistical indicators, including the scope and computational method change and please note that when used. The presentation data is provided by the units and some are preliminary statistics, if they does not accord with the statistical tables to tables shall prevail.

Ⅶ. Because the data of the Fourth National Economic Census have not yet been released, data of 2018 in this Yearbook related to the censuses such as national account, industry, fixed asset investment, construction industry, wholesale and retail sale and catering adopt the result of flash annual report. Some data that only could be collected with annual report data are not offered for the present. The data based on the annual report of these industries will be reflected in the Yearbook 2020.

Ⅷ. Please refer to the newly published version of the Yearbook for updated historical data. The units of measurement used in this yearbook are internationally standard measurement units, statistical discrepancies on totals and relative figures due to rounding are not adjusted in the Yearbook.

Ⅸ. Notations used in the yearbook: (blank space) indicates that the figure is not large enough to be measured with the smallest unit in the table, or data are unknown, or are not available; "#" indicates a major breakdown of the total.

The edit and publishing of Yearbook were strongly supported by the departments under the provincial leadership, relevant enterprises and public institutions. We express our sincere thanks!

Editor

November 2019

目 录

特 载

FEATURED ARTICLES

概 况

SURVEY

国民经济

NATIONAL ECONOMY

交通 通信

TRANSPORTATION & TELECOMMUNICATION

财政　金融

GOVERNMENT FINANCE AND FINANCIAL

经济管理

ECONOMY & MANAGEMENT

社会事业

SOCIAL UNDERTAKING

人民生活

PEOPLE'S LIVING CONDITIONS

市州及兰州新区概况

CITY & STATE AND LANZHOU NEW AREA OVERVIEW

统计资料

STATISTICS

一、综合

General Survey

二、人口

Population

三、国民经济核算

National Accounts

四、就业和工资

Employment and Wages

五、价格

Prices

六、人民生活

People's Living Conditions

七、财政和金融业

Government Finance and Financial Intermediation

八、资源和环境
Resources and Environment

九、能源

Energy

十、固定资产投资
Investment in Fixed Assets

十一、对外经济贸易
Foreign Trade and Economic Cooperation

十二、农业
Agriculture

十三、工业
Industry

十四、建筑业

Construction

十五、批发和零售业

Wholesale and Retail Trades

十六、住宿、餐饮业和旅游业

Hotels, Catering Services and Tourism

十七、运输和邮电

Transport, Postal and Telecommunication Services

十八、教育和科学技术

Education & Science and Technology

十九、卫生、社会服务和社会保障
Public Health, Social Services and Social Security

二十、文化和体育
Culture and Sports

二十一、城市
City

二十二、民族自治地方
Ethnic Minority Autonomous Area

二十三、兰州新区
Lanzhou New Area

特 载

甘肃省人民代表大会常务委员会工作报告

——2019 年 1 月 28 日在甘肃省第十三届人民代表大会第二次会议上

各位代表：

我受省人大常委会委托，向大会报告工作，请予审议。

2018 年的主要工作

2018 年是省十三届人大及其常委会依法履职的第一年。在省委的坚强领导下，常委会坚持以习近平新时代中国特色社会主义思想为指导，深入学习贯彻党的十九大精神，认真贯彻落实习近平总书记视察甘肃重要讲话和“八个着力”重要指示精神，坚持党的领导、人民当家作主、依法治国有机统一，紧紧围绕全省改革发展稳定大局，认真履行宪法和法律赋予的职责，立法工作迈出新步伐，监督工作取得新成效，代表工作有了新进展，实现了本届常委会工作的良好开局。

一、坚持以新思想为引领，确保人大工作正确政治方向

常委会始终把政治建设摆在首位，树牢“四个意识”，坚定“四个自信”，坚决维护习近平总书记党中央的核心、全党的核心地位，坚决维护党中央权威和集中统一领导。

（一）加强创新理论武装。按照学懂弄通做实的要求，深入领会习近平新时代中国特色社会主义思想，及时跟进学习习近平总书记重要讲话精神，努力全面贯彻落实到人大各项工作中。围绕深入学习贯彻习近平总书记关于坚持和完善人民代表大会制度的重要思想，召开座谈会，进行研讨交流，进一步坚定制度自信，夯实履职尽责的政治基础和思想基础。健全理论学习制度，统筹安排主题，通过中心组学习、辅导讲座、专题研讨等形式，推动学习往实里走、往深里走、往心里走。坚持学思践悟、学以致用，把贯彻落实中央决策及省委部署作为人大工作第一要务，把围绕中心服务大局作为人大工作主题主线，把坚持以人民为中心作为人大工作根本立场，发挥了地方国家权力机关的作用。

（二）认真学习宣传和贯彻实施宪法。坚持把全面学习宣传和贯彻实施新修改的宪法摆在突出位置，深刻领会宪法修改的重大意义和宪法修正案的主要内容。召开全省深入学习宣传和贯彻实施宪法座谈会，围绕“坚定宪法自信，增强宪法自觉，弘扬宪法精神，维护宪法权威，确保宪法在我省得到全面贯彻实施”进行研讨交流。举办宪法专题辅导，开展国家宪法日、全省宪法法律普及宣传月活动和“互联网+”法治宣传，使宪法文本“活起来”“落下去”。修订我省宪法宣誓办法，组织选举任命的 175 名地方国家机关工作人员进行宪法宣誓。建成省级规范性文件备案审查信息平台，并向市县延伸。依法审查 152 件规范性文件，对存在问题及时督促纠正，维护了法制统一。

（三）深刻反思推进问题整改。针对祁连山国家级自然保护区管理条例立法上“放水”的问题，从提高政治站位、严明政治纪律和政治规矩、落实政治责任的高度，从全面贯彻落实党中央重大决策部署的高度，从准确理解把握地方立法与上位法关系的角度，深刻进行再反思，健全完善立法选项、起草、论证、调研、审议等工作机制，加强能力建设，严明工作责任，落细落实要求，真正行使好人大立法权。从履职实际出发，对党的十八大以来习近平总书记重要指示批示精神在省人大及其常委会贯彻落实情况进行“回头看”，开展自查自纠，推动了各项部署要求落地见效。

（四）坚持党对人大工作的领导。严格遵守政治纪律和政治规矩，制定向省委请示报告工作办法，就常委会年度工作安排、重要会议、五年立法规划和年度立法计划、法规草案审议中的重大问题、重要监督项目的实施、自身建设等重大事项和重要活动，及时向省委请示报告，把党的领导贯彻到人大工作的全过程各方面。加强省人大党的建设，认真履行政治领导责任，落实全面从严治党主体责任，着力做好意识形态领域工作，指导推进机关基层党组织标准化建设，为常委会依法履职提供了有力保证。

二、紧扣改革发展大局，推动中央及省委重大决策部署落地落实

常委会立足新时代人大工作的定位和特点，围绕中心、服务大局，深入思考研究，认真履行职责，主动担当作为，重点工作任务落实取得新成效。

（一）积极助推脱贫攻坚。围绕扶贫资金管理使用情况，坚持集中监督和经常性监督、直接监督和委托监督、监督检查和推动工作相结合，对“两州一县”和 18 个深度贫困县进行监督检查，针对问题提出建议，形成专题报告。以全省贫困地区产业扶贫、农村“三变”改革、“两州一县”脱贫攻坚为重点，深入开展专题调研，围绕做实优势产业、培育龙头企业、扶持经营主体、完善政策措施、健全风险防范体系、加强分类指导、注重工作落实等提出具体建议。认真履行联县包乡抓村责任，加强机关帮扶工作，研究解决具体问题，帮办实事好事，帮扶工作有了明显进展。

（二）依法加强生态建设。围绕推动打好大气污染防治攻坚战，及时调整立法计划，将制定大气污染防治条例作为立法重点，组织力量深入调研，紧扣问题设定条款，强化禁止性约束，为打赢蓝天保卫战提供了配套性法规保障。加强生态环保法规的清理修订，修改自然保护区条例等8件法规，废止林业生态环境保护条例等4件法规，协调省人民政府清理生态环保地方政府规章和规范性文件，委托第三方对我省生态环保领域立法情况进行评估。听取审议省人民政府2017年度环境状况和环境保护目标完成情况的报告，参与对5个市州的省级环境保护督察，开展大气污染防治法执法检查和陇原环保世纪行活动。围绕戈壁农业生态优化、城市垃圾分类处理等开展调研，积极助推全省生态文明建设。

（三）推动改革举措落地。落实人大国有资产监督和预算审查监督职能改革决策，报请省委审定了关于建立省人民政府向省人大常委会报告国有资产管理情况制度的意见、人大预算审查监督重点向支出预算和政策拓展的实施意见。围绕推进“放管服”改革，修改废止广告条例和城乡集市贸易管理、经纪人管理等方面的法规，促进营商环境的改善。按照监察体制改革要求，依法选举省监察委员会主任，任命副主任和委员。根据机构改革部署，加开常委会会议，决定任命新组建和优化职责的省人民政府组成部门主要负责人。落实审计查出问题整改情况向人大常委会报告、立法协商、立法项目论证评估等措施，在深化改革中推动人大工作与时俱进。

三、主动适应形势要求，加强和改进地方立法工作

常委会坚持加强党的领导，坚持科学立法、民主立法、依法立法，坚持立改废并举，把握立法原意，遵循立法规律，突出地方特色，提高立法质量，发挥了地方立法的引领和推动作用。

（一）严格完善立法工作机制。健全人大主导立法工作的机制，发挥常委会组成人员主体作用，重视政府及有关方面的重要作用，加强统筹协调，精立法、多修法，序、保质量，使地方性法规与上位法、中央精神相一致。加强立法调研，为审议修改相关法规做好准备，对法规草案涉及的重点难点问题反复论证，进一步提高了立法精细化水平。完善公众意见征集机制，采取法规草案公开、网上发布、召开座谈会等形式，广泛吸纳意见建议，重要法规草案印发代表征求意见，不断扩大公众对立法的有序参与。建立立法咨询专家库，聘请立法顾问，确定立法联系点和立法研究咨询基地，邀请专家学者参加法规草案修改论证，为立法工作提供了智力支撑。健全论证评估机制，引入第三方对有关法规进行评估。

（二）加强重点领域立法。突出生态环境保护、“放管服”改革、保障改善民生等重点领域立法，全年共制定修订地方性法规14件、废止8件、初审5件。修订城乡规划条例，更好地统筹城乡建设，促进共同发展。修订实施防沙治沙法办法，有利于促进沙漠植被恢复，改善生态环境。修订自然保护区管理条例，使自然保护区的划分、建立、管理等更加明确规范。修订公路路政管理条例，为加强路产路权保护、保障公路安全畅通提供法制保障。修订查处生产销售假冒伪劣商品行为条例，对网络交易监管作出具体规定，进一步强化了市场监管部门的职责。

（三）加强重点领域立法。突出生态环境保护、“放管服”改革、保障改善民生等重点领域立法，全年共制定修订地方性法规14件、废止8件、初审5件。修订城乡规划条例，更好地统筹城乡建设，促进共同发展。修订实施防沙治沙法办法，有利于促进沙漠植被恢复，改善生态环境。修订自然保护区管理条例，使自然保护区的划分、建立、管理等更加明确规范。修订公路路政管理条例，为加强路产路权保护、保障公路安全畅通提供法制保障。修订查处生产销售假冒伪劣商品行为条例，对网络交易监管作出具体规定，进一步强化了市场监管部门的职责。

（四）加强市州立法指导。指导部分市州出台地方立法条例，完善报批法规审查工作机制，提前介入市州立法工作，在重点进行合法性审查的同时，从针对性、可操作性及立法技术规范等方面提出意见。通过举办培训班、立法调研、列席会议等方式，加强立法人员培训，推动立法能力建设。全年共审查批准市州法规17件，内容涉及市政公共设施管理、机动车排气污染防治、饮用水水源地保护、城乡环境卫生综合治理等方面，体现了地方特色。

四、开展正确有效监督，增强工作的针对性实效性

常委会围绕经济社会发展的重大问题和人民群众普遍关心的热点难点问题，注重监督与支持相统一，寓支持于监督之中，推动有关方面不断改进工作。全年共听取审议“一府两院”工作报告17项，对7部法律法规的实施情况进行了检查。

（一）着力推动高质量发展。围绕贯彻落实新发展理念，听取审议省人民政府关于计划、预算和审计工作的报告，“十三五”规划纲要实施情况中期评估报告，就2018年政府债务限额分配计划和省级财政预算调整作出决议，审查批准省人民政府关于提请审议调整“十三五”规划纲要有关指标及增加目标任务的议案，首次听取审议省人民政府年度国有资产管理情况综合报告和金融企业国有资产专项报告，加强对经济社会发展目标任务落实和国有资产的监督。对统计法和我省统计管理条例实施情况进行检查，围绕现代物流、文化产业、循环经济、有色金属产业等发展情况，开展专题调研、联合调研，针对存在问题提出建议。

（二）推进依法行政公正司法。围绕法治甘肃建设，听取审议省人民政府2017年依法行政工作报告、省高级人民法院关于全省法院环境资源审判工作情况的报告、省人民检察院关于全省检察机关刑罚执行监督工作情况的报告，就全面加强政府立法、规范执法司法行为、强化权力监督制约、促进社会公平正义等提出意见建议。根据设区市行使立法权的实际，修订《甘肃省规章设定罚款限额规定》，对市州以上各级政府制定规章设定罚款限额作出统一规范。组织110多名全国和省市县四级人大代表，对全省12个市、22个县区查处酒驾、醉驾违法犯罪行为工作开展专项视察，进一步拓展了司法监督方式，丰富了监督内容。

（三）持续保障改善民生。检查义务教育法及我省条例的实施情况，提出要打赢控辍保学和教育扶贫攻坚战，推进城乡义务教育均衡发展，加大政策经费支持，加强师资队伍建设，让孩子们有学上、上好学。检查农产品质量安全法及我省条例实施情况，开展农产品质量安全监督陇上行活动，提出要靠实监管责任，加强源头监管，推进农业标准化生产，保障农产品质量安全。审议老年人权益保障情况调研报告，提出要构建养老、孝老、敬老政策体系，优先发展居家养老服务，积极推进医养结合，重视农村老年人权益保障，加快全省老龄事业和产业发展。

（四）不断完善监督机制。采取省市县三级人大常委会联动的方式，通过实地检查、随机抽查、明查暗访、座谈了解等开展执法检查，指出存在问题，提出工作建议，力度和效果明显增强。坚持监督与立法紧密结合，在开展执法检查的同时，对农产品质量安全条例等法规实施情况进行评估，启动法规修改工作。推进人大预算联网监督系统建设，调整充实计划预算审查、司法监督咨询专家库，为监督工作提供了技术支持和人才支撑。

五、深化拓展代表工作，注重发挥代表主体作用

常委会坚持尊重代表主体地位，完善联系服务机制，丰富闭会期间活动，支持和保障代表依法履职，代表工作不断加强。

（一）组织开展履职培训。坚持把学习培训作为提高代表履职能力的基础性工作，举办集中培训班和专题培训班，组织320多名代表参加培训学习。针对代表构成特点，制定省十三届人大代表五年培训规划，不断增强培训的针对性和实效性。适应信息时代要求，建立履职网络平台，开通“网络课堂”，使代表学习形式更加多样、内容更加丰富、效果更加明显。

（二）健全代表联系制度。针对换届后新任代表多的实际，建立“一对一”“多对一”联系制度。制定常委会组成人员联系代表实施意见，通过走访慰问、日常联络、履职交流等形式，做到与代表常联深联。扩大代表对常委会和专门委员会工作的参与，邀请基层代表列席常委会会议、参加执法检查和专题调研等活动，注重听取和吸纳代表的意见建议，提高了常委会审议质量和工作水平。

（三）认真督办代表建议。改进督办方式，突出督办重点，常委会副主任和各专委会牵头，对14件重点建议进行现场督办，组织部分代表对重点承办部门的办理工作进行视察，听取审议“一府两院”办理情况报告，对省自然资源厅、省商务厅办理情况进行满意度测评。“一府两院”和有关方面高度重视代表建议办理工作，常委会有关部门认真协调督办，省十三届人大一次会议期间代表提出的615件建议已全部办理答复完毕。

（四）提高服务保障水平。协调推荐代表参加各级国家机关组织的有关会议和活动，为代表依法履职、发挥作用搭建平台。寄送常委会公报和有关文件资料，订阅人大工作报刊杂志，有效保障代表知情知政。指导“人大代表之家”、代表工作站（室）常态化开展活动，推动代表加强与群众的联系，自觉接受群众监督。支持在甘全国人大代表依法执行职务，为代表列席全国人大有关会议、参加培训、调研视察等活动做好服务保障。

（五）依法做好任免工作。坚持党管干部和人大依法任免有机统一，全年共任免地方国家机关工作人员207人次，实行颁发任命书制度，被任命人员的法治意识、公仆意识和责任意识进一步增强。

六、不断加强自身建设，进一步提高履职能力和服务水平

常委会按照“全面担负起宪法法律赋予的各项职责的工作机关、同人民群众保持密切联系的代表机关”的定位，全面加强政治建设、思想建设、组织建设、作风建设、纪律建设和制度建设，努力提高依法履职、服务大局的能力和水平。

（一）着力提升履职能力。着眼提高能力、增强本领，开展“大学习”，制定具体意见和学习计划，加强常委会组成人员履职学习培训，举办集中轮训班和8期业务培训班，建设人大网络学院，积极推进在线化学习。健全完善常委会履职制度，加强专门委员会建设，各专委会在提高立法质量、增强监督实效、发挥代表作用等方面，开展了富有成效的工作。加强与全国人大及其他省区市人大的联系交流，加大对市县人大工作的联系指导。

（二）深入推进作风建设。开展“转变作风改善发展环境建设年”活动，严格执行中央及省委有关加强作风建设的规定要求，不断推动常委会及机关作风转变。着眼服务决策、推动工作，开展“大调研”，制定具体实施意见，紧贴全省发展的全局问题、人大建设的重要问题，建立调研项目库和人员库，确定重点项目，深入基层一线，开展专题调研和委托、联合调研，在调研中转变作风、改进工作。

（三）不断提高会议质量。把提高会议质量作为常委会履行法定职权、提升议政能力的有效途径，注重发挥常委会组成人员和列席人员作用，通过准确确定议题、会前深入调研、扩大列席范围、改进审议方式、及时总结完善、严肃会风会纪等措施，加强会议组织工作，审议重点更加突出，发表的意见建议更具针对性，会议质量明显提高。

（四）规范机关建设运行。根据新形势新要求，全面清理常委会及机关的制度文件，制定理论学习、服务保障、联系沟通、会风会纪等方面的制度，推进了工作的科学化、制度化、规范化。着眼凝聚人心、形成合力，开展“大活动”，组织丰富多彩的文化活动，机关的凝聚力和向心力进一步增强。紧盯政务运行、会议服务、来信来访、公务接待、后勤保障、责任落实等方面存在的问题和薄弱环节，改进方式方法，体现质量标准，机关服务保障水平显著提高。

各位代表！

过去的一年，省人大常委会工作取得的新进展新变化，是习近平新时代中国特色社会主义思想指引的结果，是省委高度重视和坚强领导的结果，是常委会及各专门委员会组成人员、全体人大代表和各级人大组织共同努力的结果，是省人民政府、省政协、省监察委员会、省高级人民法院、省人民检察院及社会各界大力支持的结果。在此，我代表省人大常委会，向各位代表、各有关方面表示衷心的感谢，并致以崇高的敬意！

我们也清醒地认识到，与新形势的要求、人民群众的期望相比，我们的工作还存在一定差距：立法能力建设需要加强，立法精细化程度有待进一步提升；综合运用多种方式，增强监督实效方面还需要进一步探索；讨论决定重大事项的范围和程序需要进一步规范；代表主体作用有待更好发挥，与基层代表和群众联系的渠道需要进一步拓展。我们将坚持问题导向，虚心听取各方面的意见建议，不断加强和改进各项工作。

2019 年的主要任务

2019 年是新中国成立 70 周年，是全面建成小康社会关键之年，也是地方人大设立常委会 40 周年。省人大常委会要坚持以习近平新时代中国特色社会主义思想为指导，全面贯彻党的十九大和十九届二中、三中全会精神，深入落实习近平总书记视察甘肃重要讲话和“八个着力”重要指示精神，坚持党的领导、人民当家作主、依法治国有机统一，围绕统筹推进“五位一体”总体布局和协调推进“四个全面”战略布局，按照省委的部署要求，依法履行各项职权，努力在服务全省发展大局上有新作为、在促进法治甘肃建设上有新进展、在汇聚民心民力上有新成效、在自身建设上有新加强，推动新时代地方人大工作不断开创新局面，以优异成绩庆祝中华人民共和国成立 70 周年！

一、以政治建设为根本加强党的建设

深入学习贯彻习近平新时代中国特色社会主义思想、习近平总书记关于坚持和完善人民代表大会制度的重要思想，坚持党对人大工作的领导，不断提高政治站位，树牢“四个意识”，坚定“四个自信”，坚决做到“两个维护”。坚决贯彻党章和党纪党规，全面加强省人大党的建设，切实履行全面从严治党主体责任，弘扬党的优良传统和作风，持续推进党风廉政建设，为依法履职提供坚强保证。贯彻落实全省深入学习宣传和贯彻实施宪法座谈会精神，开展学习宣传贯彻实施宪法联系点活动，推动实施“七五”普法决议，做好规范性文件备案审查工作，维护法制统一。围绕推动高质量发展、脱贫攻坚、乡村振兴、防范化解重大风险、生态环境保护、改革开放、保障改善民生、民主政治建设等重点，精心谋划部署，采取有力措施，扎实推动各项任务落实。

二、以提高质量为核心加强立法工作

坚持党对立法工作的领导，坚决贯彻中央和省委立法决策，充分发挥地方性法规实施性、补充性、探索性功能，完善立法机制，加强立法协商，推进立法精细化，不断提高立法质量。认真落实立法规划和年度立法计划，拟制定修改环境保护条例、文明行为促进条例、养老服务条例等 13 件法规，对涉及机构改革、民营经济发展等方面的法规进行集中清理和修改，对道路交通安全条例等预备项目适时提请审议，对土壤污染防治条例等开展调研论证。指导市州人大及其常委会进一步加强立法能力建设，依法做好报批法规的审查批准工作。

三、以增强实效为目标加强监督工作

围绕大局、贴近民生、突出重点，综合运用多种方式，加强工作监督和法律监督，保障中央决策和省委部署贯彻落实，保证法律法规有效实施。听取审议依法行政、环境状况和环境保护目标完成情况、计划预算执行等专项工作报告，检查水污染防治法、中小企业促进法、甘肃省农村生活垃圾管理条例等法律法规实施情况，围绕乡村振兴战略实施、祁连山国家公园建设、兰白国家自主创新示范区建设等开展专题调研。落实省人民政府向省人大常委会报告国有资产管理情况制度，积极开展人大预算审查监督重点拓展改革，加强预算联网监督，督促实施预算绩效管理。结合审议水污染防治法执法检查报告，开展专题询问。及时对计划、省级预算调整方案进行审查并作出决议，对加强司法监督工作作出决定，不断提高监督实效。

四、以发挥作用为主线加强代表工作

积极探索代表工作新思路新方法，加强能力培训，提高履职实效。认真落实“两联系”制度，建立健全情况通报、征求意见、履职监督管理等机制，不断推进代表工作规范化制度化。细化代表履职内容，丰富代表履职活动，增加基层代表列席常委会会议、参加执法检查、专题调研、集中视察的人数，更多地邀请代表参与专门委员会工作。加强代表小组建设，推进代表联系选民工作，拓展代表联系群众渠道，完善代表履职保障措施，规范“人大代表之家”运行，努力为代表在闭会期间发挥作用创造更好条件。加强与承办单位的沟通协调，做好代表建议办理工作。

五、以担当尽责为重点加强自身建设

立足提高能力推进“大学习”，坚持组成人员履职培训制度，分系统举办业务培训班，用好人大网络学院，认真开展政治理论、法律法规和业务知识学习，不断提升工作能力。立足多提有效建议推进“大调研”，联合、借助市县人大常委会、基层人大代表、高等院校、科研单位及其他第三方力量开展调研，不断提高调研质量。立足形成合力开展“大联动”，组织开展庆祝新中国成立 70 周年、纪念地方人大设立常委会 40 周年系列活动，认真总结和宣传全省各级人大工作和建设的成就；自觉接受全国人大的具体指导，继续增进与其他省区市人大的学习交流，加强对基层人大的工作指导。立足体现效果开展“大落实”，力戒形式主义、官僚主义，在坚决做到“两个维护”、强化理论武装、坚持问题导向、提升能力本领、压紧压实责任中转作

风抓落实，推动中央决策、省委部署和常委会工作落地见效。

各位代表！

新思想引领新时代，新使命开启新征程。让我们更加紧密地团结在以习近平同志为核心的党中央周围，在省委坚强领导下，围绕中心、服务大局，攻坚克难、砥砺奋进，切实履行好宪法和法律赋予的职责，为全面建成小康社会、建设幸福美好新甘肃作出新的更大贡献！

甘肃省政府工作报告

——2019年1月26日在甘肃省第十三届人民代表大会第二次会议上

各位代表：

我代表省人民政府，向大会报告工作，请予审议，并请省政协委员和其他列席人员提出意见。

2018年工作回顾

刚刚过去的一年，是全省上下凝心聚力、攻坚克难的一年，是干部群众重整行装、守正出新的一年，也是经济实现止滑回稳、稳中向好的一年。面对复杂严峻的发展环境和艰巨繁重的工作任务，在党中央、国务院的坚强领导下，我们认真贯彻习近平新时代中国特色社会主义思想和党的十九大精神，全面落实习近平总书记视察甘肃重要讲话和"八个着力"重要指示精神，按照省第十三次党代会和省委的各项决策部署，紧紧依靠全省各族人民，较好完成了省十三届人大一次会议确定的各项任务，朝着建设幸福美好新甘肃的目标迈出了坚实步伐。

——*经济运行走出低谷，实现了速度效益的同步增长*。实现生产总值8246.1亿元，增长6.3%，增速比上年提高2.7个百分点，居全国第23位，扭转了上年垫底的被动局面。经济运行的质量效益持续提升，规模以上工业企业利润1—11月增长31.2%，增速居全国第4位；一般公共预算收入同口径增长8.3%，其中税收收入增长13.6%；城乡居民人均可支配收入分别达到29957元和8804元，增长7.9%和9%。城镇新增就业43.13万人，超计划任务7.8%。

——*脱贫攻坚强力推进，取得了稳定减贫的阶段成效*。减少贫困人口77.6万人，贫困发生率由9.6%降到5.6%。18个县区退出贫困序列，贫困县从75个减少到57个，这是国家设定贫困县以来我省第一次实现贫困县数量净减少。"两州一县"减少贫困人口12.75万人，贫困发生率由12.57%降到7.4%。全省建档立卡贫困人口人均可支配收入由上年的4800元增加到5390元，增长12.3%。

——*生态产业开局起步，展现了绿色发展的良好态势*。十大生态产业完成增加值1511.3亿元，占全省生产总值的18.3%，增长6.7%。全面打响"交响丝路·如意甘肃"品牌，文化旅游产业增势强劲，接待国内外游客突破3亿人次，旅游综合收入突破2000亿元，分别增长26%和30%以上。酒泉发展戈壁生态农业、临夏打造"八坊十三巷"文旅新地标、张掖创建"双创"示范城市的做法，受到国务院通报表扬。

——*创新驱动成果丰硕，增强了经济发展的动力活力*。获批建设兰州白银国家自主创新示范区，国家级科技孵化器和众创空间分别达到8家和30家，我省6个项目获2018年度国家科学技术奖，3人获何梁何利基金科学与技术奖。武威医用重离子治疗示范装置开始临床试验治疗，标志着我国最大型医疗器械实现国产化。推动245项应用成果转化，创造经济效益601.22亿元，科技对经济增长贡献率提高到52.8%。

——*开放带动走深走实，拓展了内联外引的广阔空间*。组建丝绸之路信息港公司和丝绸之路国际知识产权港公司，国际陆海贸易新通道加快推进，中欧货运、中新铁海联运班列常态化运营，新开通兰州至伊斯兰堡公铁联运国际货运班列，兰州、酒泉被确定为国家物流枢纽载体城市。全省外贸进出口总额达到394.7亿元，增长21%，增速比上年提高44.9个百分点，对"一带一路"沿线国家贸易增长22.9%。敦煌文博会荣获"十大政府主导型展览会"大奖，成功举办首届中国（甘肃）中医药产业博览会，极大提升了我省的知名度、美誉度和影响力。

一年来，主要抓了以下重点工作：

（一）*以敢死拼命精神狠抓脱贫攻坚工作*。紧盯"两不愁三保障"目标和深度贫困地区，全面夯实精准帮扶、产业扶贫、各方责任、基层队伍、工作作风"五个基础"，举全省之力打好精准脱贫攻坚战。严格落实脱贫攻坚责任，靠实了横向到边、纵向到底、条块结合、省级领导统筹的责任体系。全面推行"一户一策"，40多万干部进村入户，帮助65万户261万贫困人口制定精准脱贫计划。出台一系列政策性文件，构建了较为系统完备的政策体系。全省安排财政专项扶贫资金173.3亿元，其中省级46.2亿元，增长145%；投入深度贫困地区财政专项扶贫资金106.9亿元，占全省的61.7%。贫困地区学前三年毛入学率达到87%，九年义务教育巩固率达到93%，建立五级联动控辍保学机制，劝返建档立卡义务教育阶段学生9352人，劝返率达到99.93%。99.8%的贫困村建起了村卫生室，贫困人口合规住院医疗费用报销比例达到85%以上。实施建档立卡贫困人口易地扶贫搬迁15.9万人。完成农村危房改造7.9万户。建成农村饮水安全巩固提升集中供水工程839处、分散工程9026处，受益人口382万人，农村自来水普及率达到88%。贫困地区自然村通动力电实现全覆盖，98%以上的行政村开通光纤宽带。东部协作4市支持我省帮扶财政资金19.78亿元，是上年的近4倍。33家中央单位投入帮扶资金3.91亿元，实施帮扶项目293个，帮助引进项目118个、投资39.76亿元。

坚持把产业扶贫作为脱贫攻坚的根本之策，着力健全生产组织、投入保障、产销对接、风险防范“四大体系”。制定出台“牛羊菜果薯药”六大特色产业精准扶贫三年行动方案。采取轻资产引进、混合型自建的办法，引进北京德青源、陕西海升、广药集团、福建圣农等一批大型龙头企业，贫困地区新增龙头企业291家，累计达到1781家；新建农民专业合作社2862个，实现每个贫困村2个以上合作社全覆盖，“庄浪模式”获全国脱贫攻坚组织创新奖。设立实施1000亿元特色产业发展工程贷款、500亿元产业发展投资基金和500亿元农产品收购贷款，特色产业发展工程贷款累计发放395亿元，119亿元的到户资金全部到位，消除3594个贫困村集体经济“空壳村”。建成贫困村果蔬保鲜库701座，成立省内外200多家企业参与的农业扶贫产业产销协会，与农业农村部举办西北贫困地区农产品产销对接活动暨甘肃特色农产品贸易洽谈会，更多特色农产品走向全国大市场。构建保险保本垫底、入股分红保底、公益岗位托底、低保政策兜底的保险保障体系，新增6个省级补贴险种，实现农业保险对有需求的建档立卡贫困户、所有种养产业及自然灾害和市场波动“两个风险”的全覆盖，被评为全国产业扶贫十大机制创新典型案例。开展精准扶贫劳动力培训41.5万人，开发乡村公益性岗位3.7万个。光伏扶贫村级电站建成并网30.54万千瓦。兴办扶贫车间754个，吸纳就业4.92万人，其中贫困人口1.62万人。全国“万企帮万村”产业扶贫现场推进会在我省召开。

统筹推进脱贫攻坚与乡村振兴，制定出台《甘肃省乡村振兴战略实施规划》。农业农村经济稳步发展，粮食总产量达到1141.8万吨，特色农畜产品大幅度增长。新改建农村公路10835公里，实现了具备条件的建制村通硬化路目标。实施全域无垃圾专项治理行动，建成“美丽乡村”示范村697个、乡村旅游示范村100个，新改建农村卫生户厕39万户。农村“三变”改革探索出50多种改革模式，定西、张掖、嘉峪关3市被列为国家农村集体产权制度改革整市推行试点单位。

在这场史无前例的脱贫攻坚战中，奋战在脱贫一线的广大干部付出了巨大努力，涌现出许多可歌可泣的先进典型，特别是8名同志不幸牺牲在脱贫岗位上，献出了宝贵生命，我们向他们表示崇高的敬意！

（二）*持续推进生态保护和环境治理*。祁连山生态问题年度整改任务全面完成，保护区内144宗矿业权分类退出，水电站生态流量得到落实，4处旅游设施规范运营，实现草原减畜21.97万羊单位，林草“一地两证”问题全面解决。“绿盾2018”专项行动排查出的1845个问题已整改1721个，完成率93%。挂牌成立大熊猫、祁连山国家公园甘肃省管理局，理顺尕海则岔国家级自然保护区管理体制，新组建黄河首曲国家级自然保护区管理局。省市县乡村五级河（湖）长制体系全面建立。完成造林面积468.8万亩，超额完成任务30%。深入推进大气、水、土壤污染防治，开展生态红线专项行动，全省地级城市空气质量平均优良天数比率为91.2%，38个地表水国家考核断面水质优良比例达到94.7%。预计可完成国家下达的单位生产总值能耗和主要污染物排放控制目标。

（三）*集中力量培育发展十大生态产业*。制定出台发展规划、专项行动计划和系列配套政策，建立265个总投资8200亿元的重大带动性工程项目库，设立总规模2000亿元的绿色生态产业发展基金，推动十大生态产业发展实现良好开局。兰州和平凉获批创建国家资源循环利用基地，国内首个百兆瓦级熔盐塔式光热电站在敦煌并网投运，河西750千伏第二通道开工建设，全国首个国家网域大规模720兆瓦时电池储能电站试验示范项目获批，外送电量324.38亿千瓦时，弃风、弃光率分别下降14和10个百分点。新发展戈壁生态农业5.38万亩，累计达到13.8万亩，酒泉建成全国最大的日光温室蔬菜有机生态无土栽培示范区，张掖建成亚洲单体规模最大、种植技术最先进、节能环保程度最高的海升现代农业智能玻璃温室。完成“粮改饲”203万亩。全省道地药材标准化示范基地种植面积达到15万亩，建成佛慈、和盛堂、兰药、康美等一批生产加工和仓储物流项目，甘肃中药材商品交易中心线上交易平台投入试运营。实施文化旅游强省战略，举办第八届丝绸之路国际旅游节，基本完成5个大景区改革建设任务，新创建4A级景区9个，自驾游营地达到25个，“一部手机游甘肃”上线运行，“丰收了·游甘肃”系列活动反响热烈。通道口岸平台加快完善，兰州国际陆港获批汽车整车进口指定口岸。华为、腾讯、浪潮、东软、中科曙光等国内领先信息和大数据企业落户我省，兰州新区国际互联网数据专用通道建成运营，张掖智能终端电子科技产业园等项目建成投产。我省被确定为全国首批知识产权军民融合试点。国内首条年产1万吨羰基镍生产线在金川集团试生产。中核甘肃核技术产业园、兰州金川科技园、西北轨道交通装备制造服务基地等先进制造项目加快建设。

（四）*全力推动经济止滑回升*。坚持“三重”“三一”工作机制，编好项目建设“三个清单”，每季度开展高质量发展约谈，固定资产投资由上年下降40.3%收窄为下降3.9%。敦煌铁路提速工程加快建设，在文博会期间开通动车。争取多年的兰州至张掖三四线铁路（中川机场至武威段）刚刚获得国家发改委批复。陇南机场建成通航，全省运营机场达到9个。兰州南绕城高速公路建成通车，极大缓解了兰州城市圈环线交通压力。北山至仙米寺高速公路民勤至武威段建成。黄河甘肃段防洪工程、天水城区引洮供水主体工程基本完工，民勤红崖山水库加高扩建工程投入运行。坚持实施工业强省战略，多措并举降本增效，推动停产企业复产，全省工业用电量增长11.25%，公路、铁路货运周转量分别增长6.7%和7.2%，规模以上工业增加值增长4.6%，增速高于上年6.3个百分点。着力扩大消费规模，全省实现社会消费品零售总额3428.4亿元，增长7.4%，居民消费价格比上年上涨2%。全面推进省市县三级市场体系建设，建成10个大市场、13个农产品产地市场、42个农贸市场。与国内153个市场对接合作，外销农产品950多万吨。兰州列入全国流通领域现代供应链体系建设试点城市。

（五）紧盯堵点难点深化改革。供给侧结构性改革深入推进，关闭煤矿28座、退出产能538万吨。全面摸排地方政府隐性债务，所有政府债务分类纳入预算管理。通过直购电交易等一揽子电价改革措施，全年降低企业用电成本近50亿元。落实国家各项减税降费政策，减轻企业税费负担285亿元。国资国企改革迈出新步伐，接续出台"1+21"改革配套方案，省属一级企业全部完成公司制改制，21户企业整体或主业完成股份制改革，25户省直部门管理企业完成公司制改制，省铁投、药投等8家集团公司挂牌运营。投融资难题逐步破解，出台了深化交通基础设施投融资改革、国有资源资产出让和资产证券化工作实施方案。新增新三板挂牌企业7家，甘肃股权交易中心累计挂牌展示企业2714家。"放管服"改革取得新突破，80%以上政务服务事项实现在线办理，1644项实现"最多跑一次"，企业开办和一般不动产统一登记时间压缩至5个工作日，新增市场主体25.66万户。制定并落实支持中小微企业高质量发展58条等一系列政策措施，民间投资自去年6月份以来连续保持正增长，非公经济增加值占生产总值比重达到48.3%。国有林场改革主体任务全面完成。户籍制度改革稳步实施。省级政府机构改革基本完成。

（六）深度融入"一带一路"建设。积极抢占文化、枢纽、技术、信息、生态五个制高点，我省的区位优势和经济优势更加凸显。兰州获批全国跨境电子商务综合试验区试点城市，兰州新区建成运营西北最大的跨境电商监管平台，在英国、俄罗斯、巴基斯坦、哈萨克斯坦设立4个海外保税仓，综合保税区进出口贸易额累计突破100亿元。兰州和武威肉类、木材、水果、冰鲜水产品等指定口岸正式运营，航空货运、国际包机货运航线开通。国际产能合作项目加快推进，对外直接投资6.87亿美元，增长42%。招商引资成效显著，先后赴粤港、长三角等地开展招商活动，组团参加首届中国国际进口博览会，全省招商引资到位资金4100亿元。加强国际交流合作和区域经济协作，新增国际友好城市5对，总数达到63对，与四川等省区签署经济社会合作行动计划。

（七）用心用力保障改善民生。全省民生支出2983.8亿元，增长14.4%，占财政总支出的79.1%。10件为民实事全部办结。多措并举促进就业，选拔6488名高校毕业生到基层服务，引导1万名毕业生到企业就业，高校毕业生就业率达到92.8%，城镇登记失业率为2.78%，明显低于4%以内的控制目标。统筹推进教育事业协调发展，建成1217所行政村幼儿园，义务教育阶段学校全面改薄"20条底线"要求达标率为99.88%，12个县区通过国家义务教育发展基本均衡县评估认定。全省高校22个学科排名进入全国同类学科前30%。千方百计提高中小学教师工资待遇保障水平，近17万名乡村教师享受到每月人均300元以上生活补助。医改工作稳步推进，分级诊疗制度进一步完善，医联体建设全面推开，城乡居民基本医保省级财政补助人均达到124元，重特大疾病医疗救助覆盖城乡困难群众。医养结合试点工作有序推进，嘉峪关市被列为全国居家和社区养老服务试点地区。退休人员养老金水平平均提高5%，城乡居民养老保险基础养老金从每人每月85元提高到103元，城乡低保省级指导标准分别提高7.6%和6.3%，特困人员救助供养省级补助标准提高7.6%。实施城镇棚户区改造23.22万套。敦煌研究院入选"大国之旅—最具热度博物馆"，15个非遗代表性项目列入第一批国家传统工艺振兴目录，全省行政村实现"乡村舞台"全覆盖，本土电影《丢羊》获第17届中国电影华表奖。建成1242个行政村农民体育健身工程，覆盖率达到96%。第14届省运会和第9届少数民族传统体育运动会成功举办，我省运动员在国内外大赛中获得奖牌298枚。深入推进民族团结进步示范区创建，依法加强宗教事务管理，民族团结、宗教和顺局面进一步巩固。食品药品安全形势持续好转。安全生产形势总体稳定，亡人事故起数、死亡人数、受伤人数分别下降14.23%、13.92%和8.92%。全力应对60年未遇的最强降水和暴洪灾害，妥善处置"11·3"重大交通事故等突发事件，把灾害事故损失降到最低程度。以折达公路质量问题整改为契机，开展全省公路工程质量安全排查整治。"扫黑除恶"打掉黑恶势力犯罪团伙及村霸298个，全省刑事发案下降12.3%，社会大局保持和谐稳定。

（八）从严从实加强政府自身建设。增强"四个意识"，坚定"四个自信"，做到"两个维护"，不折不扣贯彻落实中央大政方针及省委部署要求。自觉接受人大依法监督、政协民主监督、社会舆论监督，提请省人大常委会立改废地方性法规（案）26件，制定政府规章3件、修改2件、废止1件，办理人大代表意见建议582件、政协委员提案787件。成立省政府决策咨询委员会，促进科学民主决策。严格执行中央八项规定和实施细则及省委实施办法，全省"三公"经费支出下降5.6%。审计监督作用有效发挥，促进增收节支46.86亿元。扎实开展"转变作风改善发展环境建设年"和"深化放管服改革工作突破年"活动，制定省政府进一步转变工作作风"十不准"规定，加大专项督查、明察暗访和公开曝光力度，各级干部的执行力和落实力得到较大提升，创造了药博会场馆建设新的"甘肃速度"。严格落实全面从严治党主体责任，严肃查处和整治扶贫领域侵害群众利益的突出问题和不正之风。

同时，统计调查、人防、信访、气象、参事、档案、保密、公共资源交易、机关事务、双拥、工会、共青团等工作扎实推进，妇女儿童、老年人和残疾人权益得到有效保障，外事、侨务、港澳台、海关、检验检疫、供销、地方志、哲学社会科学、慈善等事业取得新成效。

各位代表，去年，我们面临的困难问题超出预想，大事难事叠加碰头，面对多年少有的复杂形势和严峻考验，全省上下不气馁、不懈怠，滚石上山、负重前行，通过艰苦卓绝的努力，逐步打开了各方面工作的新局面。我们以深信笃行的信念对标对表，确保政府全部工作始终沿着正确政治方向不偏离；以人民至上的理念践行初心使命，下决心解决老百姓关心的忧心事烦心事；以整体系统的思维谋划工作，努力构建有顶层设计、有行动计划、有平台抓手的工作体系；以前所未有的力度抓牢基础性底线性任务，推动脱贫攻坚和生态保护迈入发力夯实的新阶段；以务实管用的举措推动高质量发展，力促经济运行较快实现触底反弹、赶超进位；以不甘落后的精神推动工作落实，展现出能干事也能干成事的新面貌新气象。

这些成绩的取得，是党中央、国务院及省委正确领导的结果，是省人大、省政协监督支持的结果，是全省人民齐心协力、真抓实干的结果。在此，我谨代表省人民政府，向全省各族人民，向各位代表、政协委员，向各民主党派、工商联、无党派人士、人民团体，向驻甘人民解放军、武警官兵和中央单位，向广大民营企业家，向支持和帮助我省脱贫攻坚的中央单位、东部4市及兄弟省区市，致以崇高的敬意和衷心的感谢！

各位代表，回顾过去一年的工作，我们也清醒地认识到，政府工作与人民群众的期望还有较大差距，经济社会发展中还存在许多亟待破解的困难问题。一是巩固经济回稳向好势头工作艰巨。受内外部环境影响，部分经济指标波动性大、稳定性弱，固定资产投资仍未实现由负转正，工业稳定增长基础还不牢靠。二是落实精准扶贫要求仍有一定差距。脱贫攻坚的责任落实、政策落实、工作落实还不够到位，产业扶贫还需持续加力，“三保障”工作时有遗漏，一些地方和单位作风不实问题依然存在。三是生态环境建设形势不容乐观。全省环境污染和破坏的风险隐患仍然较多，把“绿水青山”变为“金山银山”的能力还需要不断提高。四是经济结构调整任务依然繁重。重化工业比重大、非公经济占比低，产业转型升级、经济提质增效步伐比较缓慢，实现高质量发展仍有许多艰苦工作要做。五是营商环境改善还需久久为功。一些政府部门和干部服务意识不够强，政策落实不够到位，企业和群众的满意度还不够高。六是防灾减灾能力亟待强化提升。基层应急处置能力不强，防灾减灾救灾基础薄弱，保障人民群众生命财产安全压力依然很大。我们将坚持问题导向，破解疑难杂症，努力把政府工作做得更实更好，不辜负全省人民的重托和期望。

2019年工作任务

2019年，是新中国成立70周年，是决胜全面建成小康社会第一个百年奋斗目标的关键之年。放眼世界百年未有之大变局，立足我国经济高质量发展的大背景，我省发展正处于重要战略机遇期、动能转换窗口期、重大任务攻坚期，面临着国家实施新一轮西部大开发、“一带一路”建设等多重机遇，中央及省里一系列顶层设计和政策举措正在发力见效。只要我们坚定信心、振奋精神，过好高质量发展的战略定力关、破解难题的攻坚能力关、解放思想的干事魄力关，完全能够在新的一年实现各项工作新突破，开创甘肃发展新局面。

根据中央精神及省委十三届七次全会暨经济工作会议安排，统筹考虑国际国内大势和我省发展实际，今年政府工作的总体要求是：以习近平新时代中国特色社会主义思想为指导，全面贯彻党的十九大和十九届二中、三中全会精神，统筹推进“五位一体”总体布局，协调推进“四个全面”战略布局，深入落实习近平总书记视察甘肃重要讲话和“八个着力”重要指示精神，坚持稳中求进工作总基调，坚持新发展理念，坚持推动高质量发展，坚持以供给侧结构性改革为主线，坚持深化市场化改革、扩大高水平开放，加快建设现代化经济体系，继续打好三大攻坚战，突出实施乡村振兴战略，突出抓好十大生态产业发展，突出推进交通水利基础设施建设，突出打造全省新的增长点增长极增长带，统筹推进稳增长、促改革、调结构、惠民生、防风险工作，进一步稳就业、稳金融、稳外贸、稳外资、稳投资、稳预期，增强人民群众获得感、幸福感、安全感，保持经济持续健康发展和社会大局稳定，为全面建成小康社会收官打下决定性基础，以优异成绩庆祝中华人民共和国成立70周年。

今年全省经济社会发展的主要预期目标是：实现85万以上贫困人口脱贫，贫困发生率降到1.3%，29个片区县、1个插花县摘帽；单位生产总值能耗和主要污染物排放完成国家下达的控制目标；十大生态产业增加值占生产总值比重有较大提升。在此基础上，生产总值增长6%左右；固定资产投资增长6%左右；社会消费品零售总额增长8%；一般公共预算收入同口径增长6%；城乡居民人均可支配收入分别增长7%左右和8%左右；城镇新增就业38万人，城镇登记失业率控制在4%以内；居民消费价格指数涨幅控制在3%以内。

今年重点抓好以下十个方面的工作：

（一）坚决打赢脱贫攻坚决定性战役，着力抓好全面小康硬任务落实

紧盯“两不愁三保障”面临的突出问题，聚焦深度贫困地区和特殊贫困群体，敢死拼命真扶贫、砸锅卖铁扶真贫，统筹推进乡村振兴战略全面实施。

集中攻克深度贫困堡垒。对“两州一县”和18个省定深度贫困县的均衡性转移支付补助系数高于市县平均水平3个百分点，优先安排并足额保障深度贫困地区产业发展、基础建设、民生发展等所需用地，新增脱贫攻坚项目重点向深度贫困地区布局，加快实施“两州一县”深度贫困地区电网建设。加强民族地区义务教育控辍保学、农村学校信息化建设、乡村教师队伍配优提质、建档立卡受教育人口精准帮扶工作。“两州一县”和18个省定深度贫困县计划生育扶助保障资金全部由省级财政负担。新增就业资金、就业岗位向深度贫困地区倾斜。

持续抓好产业扶贫。进一步健全带贫减贫机制，继续加大龙头企业引

进和培育力度，推广完善“庄浪模式”“宕昌模式”，新引进和培育龙头企业200家以上，力争每个贫困县依托主导产业引进1户大中型龙头企业。实施农民专业合作社“能力提升工程”，开展“壮大万家合作社行动计划”和合作社带头人“万人培训计划”，创建省级示范合作社600个左右，其中贫困地区500个以上。用好管好各类到户到企资金，1000亿元特色产业发展工程贷款剩余资金今年至少投放80%左右，加大对涉农中小企业和合作社支持力度，加快落实500亿元产业发展投资基金和500亿元农产品收购贷款。完成果蔬保鲜库建设任务。每个行政村设立金融综合服务室，全面开办种养产业综合保险。新建扶贫车间500个，累计达到1200个以上。积极融入“三区三州”旅游大环线，承办好全国“三区三州”旅游扶贫专项活动。积极扶持小家禽、小庭院、小作坊、小手工、小买卖“五小”产业发展。深入推进东西部扶贫协作和定点扶贫，办好“中国光彩事业临夏行”活动。

加大力度补齐短板。基本完成农村饮水安全巩固提升工程三年建设任务，农村集中供水率和自来水普及率分别达到92%和89%，全部完成供水管网难以覆盖的3.3万户水窖水净化处理任务。加快易地扶贫搬迁人口搬迁入住和产业配套，确保50万建档立卡搬迁人口全部入住。完成2.65万户农村“四类重点对象”危房改造。推进教育精准扶贫国家级示范区和职业教育助推城镇化改革试验区建设，深入实施教育扶贫“九大精准工程”，确保贫困地区义务教育巩固率达到94%。实现贫困村卫生室和贫困地区远程会诊系统全覆盖，做好农村贫困人口大病专项救治工作，进一步降低自付合规医疗费用。完成2271公里“畅返不畅”路段整治任务。实施精准扶贫劳动力培训30万人，新开发1万个乡村公益性岗位。扎实做好中央脱贫攻坚专项巡视和中央考核反馈问题整改。拿出可行办法，切实加强对收入水平略高于建档立卡贫困户群体的政策支持。

大力推进乡村振兴。坚持农业农村优先发展，切实稳住“三农”工作基本盘。落实粮食安全省长责任制，实施优质粮食工程。发挥特色优势推动产业振兴，优化“一带五区”产业布局，抓好两个“三品一标”建设，实施农产品加工业提升行动，打造具有甘肃特色的“现代丝路寒旱农业”，推动县域经济突破发展。引进培育并举推动人才振兴，实施新型职业农民培育工程，制定提高农民技能培训质量办法，培养更多“土专家”“田秀才”“农创客”，壮大各类新型经营主体。践行绿色理念推动生态振兴，深入学习浙江“千万工程”经验，全面开展农村人居环境整治。大力推进“厕所革命”，改造农村户用卫生厕所50万座以上。倡导文明新风推动文化振兴，加强村落民居保护和非物质文化遗产传承，开展更加丰富多彩的乡村文化体育活动，更加有效治理“高价彩礼”。完善乡村治理推动组织振兴，健全村民议事、理财小组、村务监督委员会等各类自治组织，发挥新乡贤作用，推进农村社区建设，全面推行村务公开标准化规范化。坚决彻底完成“大棚房”问题专项清理整治任务。有力做好非洲猪瘟等动物疫病防控工作。

（二）切实打好污染防治攻坚战，努力建设山川秀美的绿色家园

坚决扛牢生态建设政治责任，着力解决突出环境问题，定战略、出政策、上项目都务必坚守生态环保红线底线。

强化生态环境保护。持续抓好中央环保督察、祁连山及全省自然保护区生态环境问题整改。积极推进大熊猫、祁连山国家公园体制试点工作。加快实施“两江一水”、渭河源区及玛曲沙化草原治理等重点生态工程，争取国家支持民勤生态示范区建设。统筹做好山水林田湖草系统治理，完成造林面积350万亩以上。坚持生态产业化、产业生态化方向，通过城乡共治、肥瘦搭配、项目打捆等方式，引进大型投资主体，实现生态资源和生态资本保育增值。着力推进以兰州新区为重点的绿色金融创新试点，积极用好各类绿色金融工具，努力争取国家支持设立绿色金融机构。

综合实施蓝天碧水净土工程。积极开展工业企业污染治理，加快实施火电等重点行业超低排放改造，确保重点企业污染排放达标。有序推进城乡冬季清洁供暖，实施县级以上城市煤改气、煤改电或洁净煤替代工程，采取多种形式开展农村改灶、改炕工作。开展柴油货车污染治理专项行动，推广新能源汽车。全面落实河(湖)长制，强化重点流域水污染综合治理。开展城市黑臭水体专项整治，加快城镇污水处理设施和配套管网建设。抓好集中式饮用水源地环境保护专项行动，整治水源保护区环境隐患和违法问题。完成农用地土壤污染状况详查，实施土壤污染治理与修复技术应用试点项目。继续推进兰州、嘉峪关、甘南、定西、酒泉等城市生活垃圾分类处理试点工作。

切实加强生态环境执法监管。研究修订《甘肃省环境保护条例》，完善生态环保地方标准。全面完成生态环境机构和省以下环境机构监测监察执法垂直管理制度改革，整合组建综合执法队伍，健全生态环保督察机制。加快推进生态环境监测网络建设，尽快实现监测数据互联共享。不断提高自然保护区监管能力，重拳遏制环境违法行为。

（三）扭住十大生态产业持续发力，推动绿色发展取得突破性进展

坚持绿色崛起与工业强省相结合，全面推行资源节约集约利用，按照“今年大发力、明年大见效”的总体部署，推进生态产业大踏步发展。

坚持绿色崛起与工业强省相结合，全面推行资源节约集约利用，按照“今年大发力、明年大见效”的总体部署，推进生态产业大踏步发展。

大力发展新兴绿色产业。利用绿色新技术改造传统老产业，实现集约化高值化发展。节能环保产业，重点抓好兰州红古国家级“城市矿产”示范基地后续项目建设，加快建设兰州新区节能环保产业基地。清洁生产产业，建成1个省级服务型制造功能示范区，认定20个工业设计中心，实施酒钢集团、金川集团、白银公司、华亭煤业等重点企业绿色化、信息化、智能化改造工程。清洁能源产业，加快推进武威

钍基熔盐堆核能系统、肃州区新能源微电网示范等项目建设，争取启动酒湖配套二期部分风电项目和通渭风电基地部分项目，扩大跨区域电力交易规模，做好陇东至山东800千伏特高压外送工程前期工作。

做精做优高端绿色产业。瞄准前沿领域，发挥自身优势，做出甘肃品牌。数据信息产业，实施工业互联网平台培育工程，开展企业上云计划，支持有条件的企业同互联网、大数据、人工智能深度融合。先进制造产业，争取创建国家技术创新示范企业1家，新培育省级制造业创新中心2家、省级技术创新示范企业10家，实施技术创新项目400项以上，推进华天集成电路高密度封装产业体系、方大炭素10万吨超高功率石墨电极等项目建设。

培育壮大特色绿色产业。放大比较优势，打造产业集群。循环农业产业，新增戈壁生态农业6万亩，规划建设中国—以色列（酒泉）绿色生态产业园，抓好榆中李家庄国家级田园综合体建设。中医中药产业，加快建设国家中医药产业发展综合试验区，抓好当归、党参、黄芪等11个道地药材标准化示范基地建设。大力推进中药材精深加工，全产业链深度挖掘附加值，壮大中药饮片、中成药企业主体，集中资源重点培育一批骨干企业，着力建好陇西、渭源、民乐等6个中药产业园区。加快仓储物流体系建设，打造陇西国家级中药材交易基地。办好第二届药博会，促进中医药产业传承创新发展。文化旅游产业，完成兰州黄河风情线三年提升工程年度任务，启动读者大道精品文化街区建设。完成8个大景区改革建设年度任务，力争张掖丹霞创建为5A级景区，争取炳灵寺世界文化遗产公园和官鹅沟通过5A级景区景观质量评审，启动拉卜楞寺和敦煌雅丹等5A级景区创建工作。新建100个乡村旅游示范村，打造联结大景区与乡村旅游示范村的景观廊道，实施旅游交通“通路、改站、畅游、智联”四大提升工程。新建自驾游营地65个，建设丝绸之路黄金自驾旅游线。打造“空中游丝路”品牌，年内实现河西走廊大景区之间低空串飞。实施旅游“提质增效行动”，拓展提升“一部手机游甘肃、一包如意走丝路”体验功能和引爆效果。通道物流产业，完善“三大陆港”“三大空港”功能，健全兰州国际陆港冷链物流设施，建成兰州新区期货金属交割库和武威铁路国际集装箱场站。军民融合产业，抓好兰州、天水、白银3个军民融合创新示范区建设，加快核技术产业园、兰州航天军民结合产业园、金昌镍钴新材料军民协同创新发展中心等重点项目和园区建设。

（四）千方百计扩大内需，更好发挥投资的关键性作用和消费的基础性作用

加快补齐基础设施短板，充分释放消费潜力，确保经济稳定增长。

切实扩大有效投资。扎实做好项目前期工作，推动重点项目建设实现新突破。交通方面，确保敦煌至格尔木铁路、敦煌铁路提速改造、两当至徽县高速公路、渭源至武都高速公路陇南段年内建成。加快银川至西安铁路、中卫至兰州铁路和景泰至中川机场、平凉至天水、甜水堡至永和、武都至九寨沟等高速公路建设。尽快开工建设兰州至张掖三四线铁路（中川机场至武威段），争取兰州至合作铁路、酒泉至额济纳铁路（酒泉至东风段）、西宁经合作至成都铁路、兰州新区至兰州高速公路、中川机场三期扩建工程等项目获批建设。能源方面，开工建设成纪（静宁）330千伏输变电工程，推进青海至河南特高压工程甘肃段、邵寨等大中型煤矿、兰州LNG储备中心项目建设。水利方面，开工建设中部生态移民扶贫开发供水工程，加快引洮二期及受益区配套供水工程、农业高效节水工程等项目建设，推进白龙江引水、引哈济党等项目前期工作。民生和社会事业方面，积极争取地方政府棚改专项债券配额，重点实施老城区、国有工矿区、林区、垦区棚户区改造18.27万套。建成开放省体育馆，推进七里河体育场、省简牍博物馆、兰州动物园等项目建设。

着力改善消费环境。加快兰州国际高原夏菜副食品采购中心、定西马铃薯综合交易中心等大型市场建设。积极培育重点领域消费细分市场，引导文化、养老、健身休闲和体育竞赛表演等领域消费，支持自驾游、旅居、通用航空等大众消费，鼓励建设高品位步行街、特色商业街区。大力发展便利店、社区菜店等社区商业，配置居住小区健身、文化、养老等服务设施。引导农村居民增加通讯、汽车等消费，建设集零售、餐饮、娱乐于一体的多功能乡镇商贸中心。大力实施质量强省战略，组织开展省政府质量奖、质量强市示范城市、知名品牌示范区等创建工作。建立全省统一的产品和服务消费评价体系，严厉打击生产经销假冒伪劣商品行为，全面营造安全放心消费环境。高质量做好第四次全国经济普查工作。

（五）推进城乡区域协调发展，打造新的增长点增长极增长带

依托城镇群和主要交通干线，优化空间开发和生产力布局，促进形成多点带动、多极突破的发展格局。

继续举全省之力加快兰州新区发展。坚持经济新区、产业新区、制造新区功能定位，招大引强优势企业、优质项目、优秀人才。壮大精细化工、新材料、大数据、新能源汽车等产业集群，加快建设精细化工园区，积极创建临空经济示范区。实施同位素药物研发和生产基地、大科学装置科技创新创业园、重离子应用技术及装备制造产业基地等项目建设。争取获批中国（兰州）自由贸易试验区。

谋划培育区域发展新板块新动能。全面启动榆中生态创新城规划，统筹推进兰州大学“双一流”和兰州副中心建设，打造绿色生态宜居、功能配套完善、营商环境一流、创新活力迸发的新兴经济增长极。加快大敦煌文化旅游经济圈建设，坚持世界级定位，进行一体化打造，完善路网结构，彰显文脉内涵，提升瓜州、肃北、阿克塞、敦煌西线景区品质品位。积极推进兰白都市圈、天水先进制造基地、陇东能源基地建设。有序开发白银、张掖凹凸棒石资源，打造全国产业基地。主动对接谋划，抓好关中平原城市群、兰西城市群规划等重大区域发展战略落实。

（六）加大力度改革创新，破除制

约高质量跨越发展的体制机制障碍

站在改革开放新的起点，坚持以增强微观主体活力为重点深化改革，用动能动力的软件长板来补物质技术的硬件短板。

按照“巩固、增强、提升、畅通”八字方针深入推进供给侧结构性改革。巩固前期去产能成果，坚决防止已关闭退出煤矿死灰复燃，加快处置“僵尸企业”。落实“房住不炒”定位，大力培育和发展住房租赁市场，促进房地产市场稳健发展。确保中央减税降费政策措施落到实处，进一步清理和规范涉企收费，不断降低制度性交易成本。纵深推进电价改革，扩大实施重点行业企业直购电交易，做好甘肃电网新一轮输配电价改革。完成省电力交易中心股份制改造，推进节能量交易试点和用能权交易。持续推进水价改革，促进全社会深度节水。加大中央专项债券争取力度。坚决遏制隐性债务增量，稳妥化解隐性债务存量，牢牢守住不发生区域性金融风险和恶性事件的底线。

充分释放国资国企改革红利。着力推动国有企业做好转型发展、绿色发展、创新发展、稳健发展四篇文章，重点办好脱钩、重组、混改、布局、监管、党建六件事情。完成34户小微企业国有资本改制退出或关闭注销。全面完成十大产业集团组建工作，尽快实现规范运营。深化国有资本投资公司、国有资本运营公司改革，推进国有资本与非公资本双向进入，努力在国有企业混改方面走在全国前列。坚持有进有退、有所为有所不为，引导国有资本更多投向基础设施建设和十大生态产业发展。以“管资本”为主强化国有资产监管，建立监管权力清单和责任清单，健全境外投资监管制度和工作机制。

持续深化“放管服”改革。深入推进“四办”改革，进一步压减办事流程和环节，争取省市县三级政务服务事项网上可办率达到90%以上。完善提升“一窗受理、集成服务”，实现各级政务服务事项应进必进、“一扇门”办理。着力推动政务服务向基层延伸，实现“最多跑一次”省市县乡全覆盖。加快建设一体化在线政务服务平台，推进跨层级、跨地区、跨部门、跨业务协同管理和服务。持续开展“证照分离”改革和“减证便民”行动。畅通网上咨询投诉渠道，切实解决群众办事中遇到的实际困难和烦心问题。

积极推进其他领域改革。深化投融资体制改革，加快推进交通领域各种投融资模式创新落地，加大以出让国有资源资产和资产证券化等多种方式补充基础设施建设项目资本金的推进力度，充分利用政府债券、政府与社会资本合作、产业基金等模式筹集项目建设资金。健全完善国有金融资本管理体制机制，全面实施预算绩效管理，推进财政事权和支出责任划分。进一步复制推广自贸试验区改革试点成熟经验，推广“准入前国民待遇+负面清单”管理模式，拓展国际贸易“单一窗口”地方特色功能，提高贸易便利化水平。总结陇西“城乡统一市场、规范征收程序、探索三权分置”的试点经验，巩固改革成果，继续深化农村土地制度改革。全面推开农村“三变”改革，健全产权交易和金融服务平台。深化公共资源交易平台整合共享。全面深化集体林权制度改革、供销合作社综合改革。

（七）不断拓展开放空间，推动形成全方位合作新格局

持续抢抓“一带一路”建设最大机遇，坚持“引进来”“走出去”相结合，努力取得更多务实合作成果。

奋力抢占“一带一路”建设五个制高点。制定实施抢占五个制高点规划方案，着力打造面向中西亚、南亚、服务国家“一带一路”建设的文化高地、交通物流集散枢纽、科创中心、信息汇集中心和生态安全屏障。高水平办好敦煌文博会、丝绸之路国际旅游节、公祭伏羲大典暨天水伏羲文化旅游节等品牌节会，进一步放大节会拉动效应。提高国际货运班列和航空货运质量效益，深度融入国际陆海贸易新通道。落实“一带一路”科技创新行动计划，加快推动丝绸之路“科技走廊”建设，积极构建科技创新合作平台。加快丝绸之路“两港”建设，构建涵盖知识产权全生命周期的全产业链。参与共建绿色“丝绸之路”，深化生态环保国际交流合作。

提升口岸经济发展水平。推进口岸平台错位发展，引进培育运营主体，建设兰州物流节点枢纽，促进加工产业集聚。加快建成运营汽车整车、粮食、木材等指定口岸，提升兰州新区综合保税区运营水平，推动兰州跨境电子商务综合试验区快速发展。拓展客运航班带货业务，培育全货机国内国际航线。继续推进敦煌航空口岸建设。加快商贸物流大数据平台建设，探索建设“一带一路”特色农产品多语言电子商务平台。继续争取打通陆路边境口岸，打造边境特色旅游小镇和商贸口岸，谋划推动与俄白的贸易通道建设。

深化国际交流合作。发挥国际友好城市等外事渠道平台作用，指导企业办好境外分支机构和代表处。积极推进我省优势企业和产品建立国际营销网络，用好已经建成的境外展示展销中心，新建新加坡甘肃特色产品展销中心，争取在阿联酋等国家设立特色农产品展示展销中心。推进中白工业园、物流产业园和中医药合作项目建设。

加大招商引资力度。靠实招商责任，完善奖励措施，推动形成省市县联动、各部门配合、全社会参与的招商引资工作格局。坚持办好兰洽会、“民企陇上行”等重大节会展会，筹备召开全省招商引资大会，紧盯国内外前沿技术、领头企业、领军人物，大力开展招商引资、招展引会、招才引智。在长三角、环渤海等区域精准开展招商引资专项活动，力争引进一批国内外500强企业落户我省。

（八）强化科技创新支撑，加快创新型甘肃建设

深入实施创新驱动战略，以兰州白银国家自主创新示范区建设为龙头，引领经济转型升级、后发赶超。

加快兰州白银国家自创区和兰白科技创新改革试验区建设。完善组织领导体系和工作推进机制，出台兰州白银国家自创区发展规划纲要及支持政策，优化差别化配套扶持措施。继续实施“六个一百”技术创新工程，推

动创新资源和人力资本集中集聚。开展创新政策先行先试，优化整合各类创新创业资金投入，完善创新发展评价指标体系。强化与上海张江等国家自创区的密切合作。倡导创新文化，构建多领域互动、多要素联动的创新生态体系。

优化科技创新服务体系。健全科技成果转移转化直通机制，支持高校院所和企业设立新型科技成果转化平台，发挥好各类开发区、大学科技园科技成果产业化基地作用。提升酒嘉、金武、天水、陇东工业集中区科技创新水平。实施更加灵活的分配激励政策，鼓励科技人员到企业兼职从事科技成果转化活动，创办领办科技型企业。深入实施知识产权战略，发挥兰州知识产权法庭作用，积极推进知识产权保护体系建设。

强化企业创新主体地位。加大财税、信贷、用地等支持力度，鼓励企业加强关键核心技术研发，培育壮大一批高新技术企业。积极推动大众创业万众创新，提升国家级和省级众创空间创新能力，扶持小微企业和创新团队加快成长，新认定一批省级以上科技孵化器。支持企业建立研发准备金制度，引导企业加大研发投入，力争全社会研发投入占生产总值比重达到1.3%。

发挥人才第一资源支撑引领作用。全面推动各项人才政策落地见效，全力做好人才保障服务工作。用好“省长人才奖”等系列奖励政策，实施“陇原英才”计划，引进一批海内外高层次人才。鼓励地方和企业设立人才引进发展基金。完善人才科学评价机制，培养更多实用型技能人才。

（九）坚持“两个毫不动摇”，大力支持民营经济加快发展

甘肃经济要有一个大发展，民营经济必须有一个大发展。我们要全面贯彻习近平总书记在民营企业座谈会上的重要讲话精神，继续以“谁跟企业特别是民营企业过不去，我们就跟谁过不去”的坚定决心，大力支持民营经济发展壮大。

着力营造公平开放的市场环境。坚持“非禁即入”，开展市场准入限制专项清理，坚决拆除有碍民营经济发展的“隐形门槛”。建立健全全程代理服务机制，实行“保姆式”“贴近式”“零距离”跟踪服务。允许“一照多址”“一址多照”，打破市场主体住所和经营场所限制。落实国家市场准入负面清单制度，进一步放开机场、电力、油气勘探开发、交通等领域准入，支持科研院所、国有企业与民营企业融合发展，下大力气解决“准入不准营”的问题。

加大政策扶持力度。不折不扣落实支持非公经济发展19条、中小微企业高质量发展58条等政策措施，推行“不来即享”政策兑现机制。促进民营科技型企业发展，对科技型“小巨人”企业给予无偿资助、专利资助、发放科技创新券和后补助等政策支持。加快网上办税服务平台建设，推行办税“网上全程办”“全省通办”，降低纳税人办税成本。将民营企业中的外来务工人员纳入当地教育、基本医疗卫生等公共服务覆盖范围，让外来务工人员跟城里人一样享受同城待遇。

积极破解民营企业融资难题。开展银行业金融机构与民营企业金融对接活动，完善融资担保体系，提高民营企业贷款担保服务能力。提高土地、房产、林权、知识产权等抵质押率，扩大信贷投放。建立民营企业纾困基金。支持和引导民营企业通过发行企业债券、公司债券、非金融企业债务融资工具等进行融资。对首发上市和新三板挂牌的民营企业，由所在地政府给予一次性奖励，省财政对企业所在地政府给予一定奖补。

争创一流营商环境。继续扎实开展“转变作风改善发展环境建设年”和“深化放管服改革工作突破年”活动，落实领导干部联系民营企业和商会制度，第一时间掌握诉求、第一时间了解困难、第一时间解决问题。推行“双随机、一公开”监管，减少对企业的各类检查，做到“不叫不到、随叫随到”。健全第三方评估机制，建立民营经济市场主体投诉协调解决机制。大力弘扬企业家精神，梳理、甄别和解决一批历史遗留问题，保护企业家人身安全和财产安全。办好2019中国非公有制经济发展论坛。

（十）全力保障改善民生，促进社会大局和谐稳定

树立过紧日子的思想，把省下的钱更多用于保障和改善民生支出，不断满足人民群众日益增长的美好生活需要。

落实就业优先政策。继续综合运用援企稳岗、职业培训、创业带动、政策扶持等举措，确保就业形势总体稳定。用好省级创业带动就业扶持资金，重点解决好高校毕业生、农民工等群体创业就业，实施高校毕业生就业创业计划和基层成长计划，继续开展万名高校毕业生下基层活动。抓好“无欠薪”城市创建工作，强化农民工工资支付工作考核问责，切实解决好企业拖欠农民工工资问题。

强化社会保障兜底功能。落实城乡居民基本养老保险待遇确定和基础养老金正常调整机制，完善失业保险、工伤保险制度，做好社会保险待遇提标和社会保险费划转税务部门后的征收管理工作。扎实做好社会救助兜底保障工作，提高城乡低保和特困人员救助供养标准，支持城镇困难职工脱困解困。完善养老服务体系，实现全省养老服务信息平台上线运营。

统筹推进社会事业发展。坚持优先发展教育事业，学前教育重点解决入园难、入园贵问题，义务教育加快补齐控辍保学、“乡村弱城镇挤”、随迁子女教育、乡村学校软硬件建设等“四个短板”，高中教育稳定提升普及程度和质量，高等教育着力推进“双一流”特色建设工程，职业教育深化拓展与企业联合办学。深化医药卫生体制改革，坚持预防为主，做好重大疾病预防和公共卫生工作，积极完善分级诊疗制度，多措并举促进优质医疗资源向基层下沉，加大全科医生培养和卫生健康信息化建设力度，全面提升基层医疗卫生服务能力。加快国家公共文化服务体系示范区创建，实施文化惠民、文物科技保护和“历史再现”工程，注重媒体融合发展，推进“智慧广电”和基层应急广播工程建设。推动群众体育、竞技体育、体育产业协调发展，促进全民健身和全民健康深度融合。

切实提升社会治理水平。深入开展“七五”普法，做好公共法律服务和法律援助工作。加强诚信社会建设，完善守信激励和失信惩戒机制。持续强化道路交通、危险化学品、煤矿和非煤矿山、高层建筑和食品药品等重点领域安全监管，严守安全底线。实施自然灾害防治能力提升工程，完善应急体系和管理机制，加强基层防灾减灾应急队伍建设。全面贯彻党的民族政策，深入推进民族团结进步创建工作，促进各民族交往交流交融。坚持党的宗教工作基本方针，提高依法管理宗教事务能力水平，促进宗教和睦和顺。加强双拥共建，健全退役军人工作服务管理机制，维护退役军人合法权益。做好信访维稳工作，狠抓信访突出问题化解。深化平安甘肃建设，建立立体化、信息化的社会治安防控体系。深入推进“扫黑除恶”专项斗争，严厉打击各类违法犯罪活动，切实维护社会和谐稳定。

继续办好为民实事。按照保基本、均等化、可持续的原则，在深度贫困县农村中小学教师周转宿舍建设、农村边远地区中小学温暖工程建设、县级医院能力建设、城市老旧住宅小区电梯改造、支持1万名高校未就业毕业生到企业就业、农村妇女“两癌”检查、助残康复救助、乡村振兴公益性岗位设置、村庄清洁行动、农村“厕所革命”等方面为民办好10件实事。

各位代表，新形势新任务对政府工作提出了新的更高要求，我们要以刀刃向内的革新勇气加强自身建设，以寝食难安的责任担当履行职责使命，以只争朝夕的干劲状态推动工作落实。

要以高度的站位自觉干。深入学习贯彻习近平新时代中国特色社会主义思想和党的十九大精神，增强“四个意识”，坚定“四个自信”，做到“两个维护”，以实际的行动、最终的效果，严守政治纪律和政治规矩，坚决贯彻党中央、国务院及省委各项决策部署，确保政令畅通、令行禁止。

要以强烈的责任依法干。把依宪执政、依法行政、依规施政、依纪从政贯穿于政府工作全过程，坚决维护宪法权威，严格依照法定权限和程序履行职责，用法治思维和法治方式推动工作。依法接受人大监督，自觉接受政协民主监督，主动接受社会监督和舆论监督，高度重视民主党派、工商联和无党派人士的意见建议。严格规范公正文明执法，深入推进政务公开，加快法治政府建设。

要以斗争的精神拼命干。勇于担当作为，增强斗争本领。把谋事、干事、成事统一起来，以不甘服输的劲头、没有不能的胆识、不怕吃亏的心态、高人一筹的本事，苦干实干加油干。坚持底线思维、增强忧患意识，不为问题所困、不被困难吓倒，学会舍得让利、借助外脑外力，弘扬专业精神、提升专业能力，大力构筑精神高地，奋力冲出发展洼地。

要以清廉的作风扎实干。严格落实全面从严治党各项要求，大力整治形式主义、官僚主义，激励引导干部多谋实事、多下实功，全面提高政府系统各级干部的工作执行力和落实力。自觉履行“一岗双责”，严密加强风险防控，持续整治和查处侵害群众利益的不正之风和腐败问题，把政府系统党风廉政建设和反腐败工作不断推向深入，确保干部清正、政府清廉、政治清明。

各位代表！

奋斗创造奇迹，实干成就梦想。让我们更加紧密地团结在以习近平同志为核心的党中央周围，按照省委的部署要求，擦亮实干兴省的底色，凝聚后发赶超的合力，一件事一件事扭住不放，一锤子一锤子钉在实处，为加快建设幸福美好新甘肃作出新的贡献，以优异成绩庆祝中华人民共和国成立70周年！

甘肃省2018年国民经济和社会发展计划执行情况与2019年国民经济和社会发展计划草案的报告（摘要）

——2019年1月26日在甘肃省第十三届人民代表大会第二次会议上

一、2018年经济社会发展计划执行情况

2018年，全省上下全面贯彻习近平新时代中国特色社会主义思想和党的十九大、十九届二中、三中全会精神，深入落实习近平总书记视察甘肃重要讲话和“八个着力”重要指示精神，坚持稳中求进工作总基调，按照高质量发展要求，以供给侧结构性改革为主线，以构建十大生态产业体系为总抓手，抢抓“一带一路”建设最大机遇，抢占文化、枢纽、技术、信息、生态五个制高点，创造性地推进落实稳增长、促改革、调结构、惠民生、防风险各项工作，全省经济呈现恢复性增长良好态势。初步核算，全年全省生产总值增长6.3%；固定资产投资下降3.9%；社会消费品零售总额增长7.4%；一般公共预算收入同口径增长8.3%；城乡居民人均可支配收入分别增长7.9%和9%；城镇新增就业43.13万人，城镇登记失业率2.78%；居民消费价格总水平上涨2%；单位生产总值能耗和主要污染物排放完成国家下达控制目标。

（一）凝心聚力打好打赢脱贫攻坚战。形成以《关于打赢脱贫攻坚战三年行动的实施意见》为龙头，行业扶贫政策为支撑的政策体系和工作机制。引进291家大型龙头企业，新建农民专业合作社2862个，历史性消除贫困村集体经济“空壳村”。全省贫困自然村动力电实现全覆盖，58万建档立卡贫困人口饮水安全得到巩固提升，农村

危房改造年度计划7.9万户全部竣工，开工建设易地扶贫搬迁集中安置点494个，已建成住房2.2万套。全年减少贫困人口77.6万人，贫困发生率由9.6%降至5.6%，14个片区县、4个插花县申请摘帽，2581个贫困村退出贫困序列。

（二）多措并举加强生态环境保护治理。出台我省祁连山保护区矿业权分类退出办法、水电站关停退出整治方案和旅游设施项目差别化整治及补偿方案，祁连山生态问题年度整改任务全面完成。敦煌水资源合理利用与生态保护、“两江一水”等重大规划加快实施，祁连山山水林田湖草生态保护试点项目加快推进，全面建立省市县乡村五级河长制、湖长制工作体系。持续推进中央环保督察反馈问题整改，深入开展全域无垃圾三年专项治理行动，环境综合治理成效明显。白银高新技术产业开发区等6个园区循环化改造示范试点通过国家验收。

（三）持续用力深化供给侧结构性改革。“三去一降一补”取得积极进展，提前两年完成国家下达煤炭去产能任务，坚决杜绝已化解产能企业复产和“地条钢”企业死灰复燃，全年降低企业成本427亿元。编制十大生态产业发展总体方案和专项行动计划，设立绿色生态产业发展基金，加快实施中核甘肃核技术产业园等重大带动性项目，十大生态产业增加值占全省比重达18.3%。“一企一策”帮扶促进企业复产稳产增产，新增规模以上工业企业157家。深入推进文化旅游深度融合发展，成功举办第三届敦煌文化博览会、第八届敦煌行·丝绸之路国际旅游节。扎实推进24家国家级、省级全域旅游示范区创建，全年旅游接待人数、旅游综合收入分别增长26%和30%以上。

（四）狠抓项目夯实高质量发展基础支撑。落实重大项目领导包抓责任制，推动全省重大项目规范有序实施，陇南成县机场通航运营，敦煌文博会期间开通动车，打通河西新能源输送瓶颈的750千伏第二通道工程启动建设。积极争取中央预算内投资支持建设一批补短板和重大公益性项目，研究制定出让国有资源资产和资产证券化等多种方式补充基础设施建设项目资本金工作的实施方案，向银保监部门和金融机构推荐补短板重大项目清单。出台营造企业家健康成长弘扬优秀企业家精神更好发挥企业家作用的实施意见，落实进一步激发民间有效投资活力促进经济持续健康发展的实施方案，全省民间投资比上年提高46.6个百分点。

（五）完善机制加快创新型甘肃建设步伐。成功获批兰州白银国家自主创新示范区，中科院兰州新区大科学装置创新创业园加快建设，丝绸之路信息港和国际知识产权港启动实施。新认定国家地方联合工程研究中心3个、国家企业技术中心2个。出台经济技术类人才助力绿色生态产业发展指导意见，科技创新活力进一步激发。新认定省级产业技术创新战略联盟6家、省级科技企业孵化器12家、省级科技创新型企业197家，全年新增市场主体25.66万户。

（六）聚焦发力纵深推进重点领域改革。大力推行“四办”改革，甘肃政务服务网在线办理实现80%以上事项网上可办。全面规范“多证合一”改革，企业开办时间压缩至5个工作日。省政府政务大厅投资项目并联审批综合窗口按时办结率达到100%。完成25户省直部门管理企业公司制改制，省属企业公司制改制面95.4%。实施新版甘肃省定价目录，放开14项、下放6项政府定价项目，定价项目减少33.3%。全面实施财政预算绩效管理，省级实现所有经济社会发展类支出项目绩效目标申报全覆盖。

（七）扩大开放进一步拓展发展空间。编制印发我省合作共建中新南向通道工作方案，批复实施中国—以色列（酒泉）生态产业园建设方案。开展粤港招商活动，成功举办第24届兰洽会和2018中国（甘肃）中医药博览会，全年全省招商引资到位资金4100亿元。印发实施兰州—西宁城市群和关中平原城市群发展规划实施方案，签署甘川两省经济社会发展合作行动计划。我省66个开发区纳入国家2018年版开发区公告目录。

（八）加大投入不断增强群众获得感。深入开展返乡创业试点工作，选拔6488名高校毕业生到基层服务，引导1万名毕业生到企业就业。农村一、二类低保对象年补助水平分别提高到3720元和3480元；将工伤保险覆盖范围扩展到农民工、有雇工个体工商户、民办非企业单位和机关事业单位工作人员。中央广播电视节目无线数字化覆盖工程全面完成，电影《丢羊》获中国电影华表奖。加强安全生产风险防控和隐患排查治理，生产安全亡人事故起数和死亡人数分别下降14.23%和13.92%。全力做好强降水等自然灾害应急抢险，受灾群众生产生活得到妥善安置。

二、2019年经济社会发展预期目标和主要任务

2019年全省经济社会发展主要预期目标是：实现85万以上贫困人口脱贫，贫困发生率降到1.3%，29个片区县、1个插花县摘帽；单位生产总值能耗和主要污染物排放完成国家下达的控制目标；十大生态产业增加值占生产总值比重有较大提升。在此基础上，生产总值增长6%左右；固定资产投资增长6%左右；社会消费品零售总额增长8%；一般公共预算收入增长6%（同口径）；城乡居民人均可支配收入分别增长7%左右和8%左右；城镇新增就业38万人，城镇登记失业率控制在4%以内；居民消费价格指数涨幅控制在3%以内。为实现上述目标，要重点抓好以下十方面工作。

（一）攻坚冲刺夺取精准脱贫决定性胜利。扎实推进产业扶贫，用足用好特色产业发展工程贷款、农产品收购贷款、产业发展投资基金、到户产业扶持资金，确保村有主导产业、户有增收渠道。加快易地扶贫搬迁入住和产业配套，确保50万建档立卡搬迁人口全部入住。基本完成农村饮水安全巩固提升工程三年建设任务，农村集中供水率和自来水普及率分别达到92%和89%，完成2271公里“畅返不畅”路段整治任务。推进教育精准扶贫国家级示范区建设，确保贫困地区义务教育巩固率达到94%。全面落实贫困地区和贫困人口“一保四有”标准，完成剩余2.65万户农村四类重点对象危房改造。坚持脱贫攻坚与乡村振兴统筹推进，落细落实全省乡村振兴战略实施规划。优化“一带五区”产业布局，打造具有甘肃特色的“现代丝路寒旱农业”。积极实施改造农村人居环境整治三年行动、全域无垃圾三年专项整治行动和村庄清洁行动，推进农村“厕所革命”和“千村示范、万村整治”工程建设。

（二）加大治理力度持续改善生态环境。扎实做好中央祁连山生态环境问题专项督查、中央环保督察、“绿盾”专项行动等各类问题整改工作，全面开展整改工作“回头看”，防止出现反弹和弱化。积极推进祁连山生态保护与建设、“两江一水”等规划实施，扎实做好祁连山国家公园和大熊猫国家公园体制试点工作，统筹推进祁连山山水林田湖草系统治理。加快火电等重点行业超低排放改造，实施重点企业污染源达标整治，开展柴油货车污染治理专项行动。以河湖“清四乱”为抓手推进河长制、湖长制从“有名”向“有实”转变，加快城镇污水处理设施和配套管网建设。加快推进嘉峪关工业园区等循环化改造示范试点，开展重点用能单位“百千万”行动，认真落实节能“一票否决”。

（三）聚焦生态产业推动绿色发展取得新成效。加快实施中核甘肃核技术产业园、兰州新区甘肃节能环保产业基地、天水华天集成电路高密度封装产业升级等生态产业重大带动性项目。持续推进“三去一降一补”任务落实，坚决防止已关闭退出的煤矿死灰复燃，严防“地条钢”非法生产经营活动，全面落实减税降费政策措施。全力加快兰州新区发展，积极创建临空经济示范区，争取获批中国（兰州）自由贸易试验区。全面启动榆中生态创新城规划，统筹推进兰州大学“双一流”和兰州副中心建设。用足用好敦煌优质文化旅游资源，加快大敦煌文化旅游经济圈建设。

（四）精准发力补短板扩内需稳增长。继续落实领导包抓责任制和项目清单管理制，对2019年重点投资项目、省市列重大建设项目、重大前期项目“三个清单”继续按月调度、按季考核，促进固定资产投资回升。开工建设兰州中川国际机场三期扩建、兰州至张掖三四线铁路中川机场至武威段、酒泉至额济纳铁路酒泉至东风段、西宁至成都铁路甘肃段等项目，力促兰州至合作铁路复工建设，加快推进引洮供水二期及受益区配套城乡供水、中车高端轨道交通装备造修基地、省妇女儿童医疗综合体、甘肃简牍博物馆等项目建设。运用PPP模式盘活存量资产，建立吸引民间投资重点领域项目库，鼓励民间资本积极参与重点领域、重点行业项目建设。大力促进旅游消费，积极创建国家级、省级全域旅游示范区，持续推进文化旅游节庆会展品牌打造、文化体育旅游产业融合基地建设、文化旅游商品创意开发。继续推进“消费促进月”活动，引导批发、零售、住宿、餐饮企业创新消费模式，推动传统商贸创新发展。

（五）转化优势增强能源核心竞争力。继续推进陇东能源基地建设，加快核桃峪、新庄等大型煤矿建设，力争五举、邵寨煤矿尽快获得核准并恢复建设。争取国家解除新能源红色预警，有序启动酒湖直流工程配套外送部分风光电项目建设，择机启动部分集中式项目和分布式、分散式项目。加快建设全国首个国家网域大规模720兆瓦时电池储能电站试验示范项目，推进熔盐储能与高温制氢示范项目。开工建设兰州LNG储备中心等天然气储气设施，加大陇东地区油气勘探开发力度，加快陇东到兰州天然气长输管道规划建设，保障全省天然气用气安全。积极与河南、天津等电力需求缺口省份对接，力争全年新增外送电量100亿千瓦时左右。组织实施好2019年度直购电交易，适时组织开展增量直购电交易，启动实施省内省外电力市场联动挂钩机制。全力推进增量配电业务改革试点项目。

（六）深化重点领域改革激发经济发展活力。全面实施《市场准入负面清单（2018年版）》。持续推进“四办”改革，深化“多证合一”“证照分离”改革，实现“政银便民通”业务全覆盖，打造全省一体化政务服务平台。推动审批服务标准化建设，进一步压缩政府审批范围。深入推进企业投资项目承诺制改革，大力推行固定资产投资项目代码制。纵深推进电价改革，精准实施好大数据、清洁能源供暖等新兴产业发展电价支持政策，开展甘肃电网新一轮输配电价核定。稳步推进天然气价格改革，开展城镇管网配气价格核定，做好居民非居民价格并轨工作。加快推进水价改革，全面实行非居民超定额累进加价政策。深化国有资本投资、运营公司制改革，分层分类推进混合所有制改革，深入推进市场化债转股，推动传统领域国有企业集团层面股权多元化。深入推进省与市县财政事权和支出责任划分改革，进一步规范地方政府举债融资行为。健全社会信用制度，创新开展信用惠民便企、信用监管等工作。

（七）强化科技创新引领培育壮大新动能。统筹推进兰州白银国家自主创新示范区和兰白科技创新改革试验区建设，深化与上海张江国家自创区的全面合作。加快丝绸之路国际知识产权港、丝绸之路“科技走廊”建设，组建产业技术创新战略联盟，加快中科院兰州新区大科学装置创新创业园和重离子治癌医疗设备制造产业园建设。结合丝绸之路信息港建设，在文化旅游、通道物流、智慧农业等领域推进一批高水平创新型应用与示范工程。制定打造“双创”升级版贯彻落实意见，扶持小微企业和创新团队提升创新能力，加快建设一批国家级、专业化众创空间，新培育认定一批省级众创空间、星创天地。实施“陇原英才”计划，深入推行科技特派员创新创业行动和“三区”人才科技人员专项计划，用好“省长人才奖”等系列奖励政策，激发各类人才创新创业活力。

（八）抢抓“一带一路”机遇提升开放发展水平。充分发挥通道枢纽优势，编制完成《新时代甘肃融入“一带一路”打造“五个制高点”战略规划》，合作共建国际陆海贸易新通道，推进陇桂铁海联运班列常态化运行。加快三大国际陆港和三大国际空港建设，深化与境内外口岸、内陆与沿海沿边口岸的战略合作，提升兰州新区综合保税区和各地保税物流中心运营水平。鼓励新能源装备、石化通用设备等装备制造和机电产品输出，稳步推进省建投集团参与中白产业园建设，积极推动中国—以色列(酒泉)生态产业园前期规划工作。积极推进我省优势企业在"一带一路"沿线国家市场合理布局，全方位加强与白俄罗斯等国的友好交流和务实合作。办好丝绸之路(敦煌)国际文化博览会、敦煌行·丝绸之路国际旅游节、公祭伏羲大典暨天水伏羲文化旅游节等一系列品牌节会，打造丝绸之路对外开放和人文交流合作平台。

(九)鼓励支持引导民营经济做大做强做优。深入贯彻落实促进中小微企业高质量发展58条措施，完善涉企收费目录清单制度，支持各类政府性投资基金投资初创型、成长型非公有制科技型企业发展，激发民营企业活力。进一步落实"最多跑一次""全程网上办""电子税务局""不来即享"等利企便民政策，建立健全"政府承诺+社会监督+失信问责"机制，治理"新官不理旧账"等问题。鼓励引导优势民营企业强强联合、跨地区兼并重组、境外并购和投资合作，支持引导民营企业通过上市、发行债券等方式进行直接融资，进一步做强做优民营企业。推动形成省市县联动、各部门配合、全社会参与的招商引资工作格局，大力开展招商引资、招财引智、招展引会，争取新引进一批世界、全国及民营500强企业。

(十)下大力气补短兜底增进民生福祉。认真落实就业优先政策，扎实做好援企稳岗工作，积极推进农民工等人员返乡创业，深入实施高校毕业生就业创业和基层成长计划。创新落实促进居民增收政策，制定中等收入群体增长措施，稳步提高城乡低保标准和补助水平、提高特困人员救助供养标准。建立健全基本公共服务标准体系，加快教育现代化推进、全民健康保障、文化旅游提升、社会服务兜底、公共体育普及等五大工程实施进度。加强舆情监测分析，针对社会重大关切，敢于善于主动发声，做好解疑释惑、降压疏流工作。建立应急管理工作责任体系，有效遏制生产安全重特大事故。全力做好灾后恢复重建工作，健全社会治安防控体系，完善预防和化解社会矛盾机制。

关于2018年全省财政预算执行情况和2019年全省及省级财政预算草案的报告(摘要)

一、2018年预算执行情况

全省一般公共预算收入870.8亿元，比2017年同口径(下同)增长8.3%。税收收入610.4亿元，增长13.6%；非税收入260.4亿元，下降2.3%。全省一般公共预算支出3774.1亿元，增长14.2%。

全省政府性基金预算收入399.2亿元，支出550.8亿元。国有资本经营预算收入11.6亿元，支出15.1亿元。社会保险基金预算收入1040.5亿元，支出977.5亿元。

省级一般公共预算收入242.1亿元，增长8.9%，支出825.7亿元。政府性基金预算收入94.5亿元，支出107.1亿元。国有资本经营预算收入6.1亿元，支出12.3亿元。社会保险基金预算收入339.1亿元，支出304.1亿元。

政府债务情况。财政部核定2018年全省政府债务限额2745.5亿元，比上年新增446亿元。初步统计2018年全省政府债务余额2499亿元，其中省级847.7亿元，市县1651.3亿元。全省偿还政府债务本金185.9亿元，其中省级85.3亿元，市县100.6亿元；支付政府债务利息67亿元，其中省级24.7亿元，市县42.3亿元。

二、落实省人大决议和财政重点工作情况

(一)着力争取中央支持。中央财政共下达我省一般公共预算补助2501.2亿元，增加322.3亿元，增长14.8%。特别是中央在还贷二级公路取消收费后补助、车辆购置税补助地方资金、城镇污水垃圾处理、电子商务进农村综合示范项目等方面给予了大力支持。财政部核定我省新增政府债务限额446亿元，比上年增加106亿元。

(二)着力支持脱贫攻坚。全省安排财政专项扶贫资金173.3亿元，其中省级46.2亿元；投入深度贫困地区106.9亿元，占61.7%。贫困县60%以上的新增一般债券用于脱贫攻坚。全省整合涉农资金175.3亿元，集中优先用于脱贫攻坚。建立"周调度、旬报告、月通报"制度和约谈机制，督促部门和市县加快财政专项扶贫资金支出进度，全省扶贫支出达到318.6亿元，增长102.5%。

(三)着力防范化解政府债务风险。出台防范化解政府隐性债务风险实施意见，坚决遏制隐性债务增量，稳妥化解隐性债务存量。健全风险预警处置机制，对债务高风险地区进行通报。从严整治各类违法违规举债、担保等行为。加快政府债券发行使用进度，按期完成政府存量债务置换工作。

(四)着力支持打好污染防治攻坚战。扎实整改祁连山自然保护区生态环境问题，支持完成保护区内144宗矿业权分类退出任务。认真实施山水林田湖草项目，推进祁连山国家公园和大熊猫国家公园体制试点。支持大气、水、土壤污染防治及监管监测。加强天然林保护，推动新一轮退耕还林还草。推行农业清洁生产，加强农业面源污染治理。支持村容村貌提升、垃圾污水治理等人居环境改善工程，加快推进美丽乡村建设。

（五）着力保障和改善民生。全省教育、社会保障、医疗卫生等十类民生支出2983.8亿元，增长14.4%，占财政支出的79.1%。省级拨付资金119.5亿元，10件为民实事全部办结。全面落实各阶段学生资助政策，改善贫困地区薄弱学校基本办学条件。退休人员养老金水平平均提高5%，城乡居民养老保险基础养老金从每人每月85元提高至103元。城乡低保省级指导标准分别提高7.6%、6.3%，特困人员救助供养省级补助标准提高7.6%。支持深化医药卫生体制改革，提升基层医疗服务能力，开展农村妇女“两癌”检查。将城乡居民医疗保险和基本公共卫生服务财政补助标准提高到每人每年490元、55元。落实城镇低收入家庭住房租赁补贴政策，实施城镇棚户区改造23.22万套，完成农村危房改造7.9万户。

（六）着力推动经济转型发展。认真落实各项减税降费政策，减轻企业税费负担285亿元。支持交通、水利、城市基础设施等重大项目建设。支持设立绿色生态产业发展基金，推动十大绿色生态产业发展。完善融资担保体系，注入甘肃金控集团资本金，支持省市县三级融资担保体系建设，通过抵押、担保及信用贷款等多种方式发放贷款382亿元，促进特色产业发展。

（七）着力强化预算绩效管理。省级将预算绩效目标编制作为部门预算编制的前置条件，实现所有经济事业发展类项目绩效目标申报全覆盖。组织省级部门对44个重点财政支出项目和13个二级预算单位的整体绩效开展自评，并引入第三方机构对20个社会关注度高、资金量大的环保、重大基础设施建设等项目开展绩效评审。出台扶贫项目资金绩效管理实施办法，坚持以各类财政扶贫资金为“试验田”，对所有安排用于扶贫的各级各类财政资金实施绩效管理。

（八）着力深化财政管理改革。制定基本公共服务领域和医疗卫生领域划分改革方案，明确了省与市县支出责任分担机制。清理盘活项目结转结余，可统筹使用的资金用于脱贫攻坚等亟需资金支持的领域。建立向人大报告国有资产管理情况制度。出台《关于完善国有金融资本管理的实施意见》，推动完善地方国有金融机构管理体制机制。配合省人大开展预算联网监督工作。及时整改巡视、审计及各类监督检查反馈的问题。深入推进预决算、政府债务等信息公开，主动接受社会监督。

三、2019年全省及省级财政预算草案编制情况

2019年预算编制的指导思想是：以习近平新时代中国特色社会主义思想为指导，全面贯彻党的十九大和十九届二中、三中全会精神，深入落实习近平总书记视察甘肃重要讲话和“八个着力”重要指示精神，按照省委经济工作会议部署，统筹推进“五位一体”总体布局和协调推进“四个全面”战略布局，坚持稳中求进工作总基调，坚持落实新发展理念，坚持推动高质量发展，坚持以供给侧结构性改革为主线，深化财政管理改革，加快建立现代财政制度，认真落实积极的财政政策，全面实施预算绩效管理，调整优化支出结构，着力支持打好三大攻坚战，统筹推进稳增长、促改革、调结构、惠民生、防风险工作，促进经济社会持续健康平稳发展。2019年预算编制的总体思路是：收入预算坚持实事求是、科学预测，与经济社会发展新情况相适应，与财政政策相衔接。既充分考虑“一带一路”建设、推动绿色发展崛起等决策部署落地见效、工业生产持续回暖等有利因素，也充分考虑落实更大力度减税降费政策、固定资产投资增速放缓等对财政增收带来的压力。支出预算坚持统筹兼顾，有保有压，突出重点，牢固树立过“紧日子”的思想，严格控制和压减一般性支出以及非急需、非刚性支出，在保证工资发放、机构运转、基本民生政策落实的基础上，努力盘活存量、用好增量，加大对重点领域和关键环节的保障力度，着力支持国家重大发展战略和省委省政府重大决策部署落实。

（一）2019年全省代编财政收支情况

全省一般公共预算收入预计900亿元左右，同比增长6%，加上中央补助、调入预算稳定调节基金、上年结转、地方政府债券等，全省一般公共预算支出预计达到4000亿元左右。

全省政府性基金预算收入预计406.6亿元，加上中央提前下达补助、上年结转、政府专项债券等，收入总计604.7亿元；安排当年支出521.3亿元，调入一般公共预算34.8亿元，预计结转下年48.6亿元。

全省国有资本经营预算收入预计8.6亿元，加上中央提前下达补助、上年结转等，收入总计10.8亿元；安排当年预算支出7.5亿元，调入一般公共预算1.6亿元，预计结转下年1.7亿元。

全省社会保险基金预算收入预计1037.9亿元，支出1002.3亿元，当年收支结余35.6亿元，年末滚存结余918.2亿元。

（二）省级预算草案编制情况

省本级一般公共预算收入预计为258.8亿元，同比增长7%。其中税收收入191.8亿元，非税收入67亿元。加上中央提前下达补助、调入预算稳定调节基金、市县上解收入等，总收入2477.5亿元。

省级安排一般公共预算支出2477.5亿元，其中：省本级支出787.1亿元；省对市县税收返还和转移支付预算为1670.7亿元；上解中央支出19.7亿元。这样安排后，省级部门“三公”经费财政拨款汇总预算为3.5亿元，机关运行费19.7亿元。省本级一般性支出压减5.5亿元，压减幅度为7.3%。省本级一般公共预算支出中，基本支出176.5亿元，项目支出602.6亿元，预备费8亿元。

省级政府性基金预算收入预计88.3亿元，加上中央提前下达补助、专项债券收入、上年结转等，收入总计228亿元。调入一般公共预算8亿元，专项债券转贷市县102亿元，安排本级支出95.8亿元，对市县转移支付22.2亿元。

省级国有资本经营预算收入预计6亿元，加上中央补助、上年结转等，收入总计6.6亿元。调入一般公共预算1.5亿元，安排本级支出5.1亿元。

省级社会保险基金预算收入预计387.8亿元，支出390.8亿元，年末滚存结余489.5亿元。

（三）省级重点支出安排情况

2019年，省级一般公共预算支出安排，在保障工资发放、机构运转的基础上，突出补短板、强弱项，坚持集中财力办大事，持续加大对重点领域支持力度。主要包括：

1. 突出保障扶贫政策落实，坚决打好脱贫攻坚战。继续加大财政专项扶贫资金投入，省级安排资金60亿元，增加13.8亿元。安排6亿元，深入推进政策性农业保险“增品扩面提标降费”，支持开办“一县一（多）品”特色保险品种。安排1.5亿元，扶持农民合作社改善生产经营条件和发展“扶贫车间”，增强农村发展能力；支持实施乡村振兴公益性岗位项目，促进贫困人口就业，提高脱贫质量。

2. 突出支持生态保护，坚决打好污染防治攻坚战。安排10亿元，继续支持祁连山生态环境保护修复。安排6.5亿元，加强环境污染防治与监测监管，支持大气、水、土壤污染防治。安排4.2亿元，用于开展森林、草原植被、湿地保护与恢复。安排1亿元，支持地质灾害调查评价、综合治理、应急能力提升。安排3.1亿元，支持天然林保护、防沙治沙、退耕还林还草以及加强自然保护区能力建设。

3. 突出支持实施乡村振兴战略，推动农业农村加快发展。安排20亿元，完善融资担保体系，做好特色产业发展工程贷款，支持“牛羊菜果薯药”六大特色产业以及龙头企业培育壮大。安排11.4亿元，支持落实和完善农业补贴政策，构建现代农业产业体系，推进农村综合性改革，支持田园综合体建设。安排10.5亿元，实施农村土地整治和高标准农田建设，提高农业综合生产能力，促进农业可持续发展；安排3亿元，支持农业综合开发，推动现代丝路寒旱农业、戈壁农业发展；安排1.2亿元，落实惠农贷款贴息政策，引导县域金融机构加大涉农贷款投放力度。安排5亿元，推进农村人居环境整治，支持做好农村垃圾污水处理、“厕所革命”、村庄清洁行动等重点工作。

4. 突出支持弥补民生短板，提高保障和改善民生水平。安排教育、社会保障、医疗卫生、住房保障支出183.4亿元。落实城乡义务教育学生“两免一补”政策，支持办好学前教育，改善义务教育学校办学条件，实施现代职业教育质量提升计划。支持完善城乡低保、临时救助、抚恤优待等制度，保障困难群众基本生活。合理调整退休人员基本养老金水平。落实国家普惠性就业创业政策，扶持高校毕业生、农民工等群体就业创业。推动残疾人事业发展，实施助残康复救助项目。推进医药卫生体制改革，实施基本公共卫生服务项目，继续做好农村妇女“两癌”检查工作；将城乡居民医疗保险和基本公共卫生服务财政补助标准提高到每人每年520元、60元。继续落实城镇低收入家庭住房租赁补贴政策，实施城镇棚户区改造，完成2.65万户农村“四类重点对象”危房改造，推进老旧住宅小区电梯改造。

5. 突出支持绿色产业，促进经济加快转型发展。安排绿色生态产业发展基金20亿元，支持十大生态产业，推动绿色发展崛起。安排1.5亿元，落实招商引资激励政策，提升招商引资质量，支持外经贸加快发展。安排2.2亿元，支持陇药产业、信息产业和两化融合发展。安排8.8亿元，落实科技创新各项政策措施，促进科技成果转移转化。安排5000万元，支持军民融合发展。安排3亿元，支持实施省长人才奖、各类人才培养计划和落实人才津贴政策。安排2.6亿元，实施新增农业转移人口市民化奖励政策，支持海绵城市、特色小镇建设。安排3亿元，支持加快旅游业发展。安排4.5亿元，完善公共文化服务体系，支持文化产业发展，推动“三馆”免费开放。安排22.4亿元，加快公路、民航机场以及兰州市轨道交通建设，支持航空运输和国际货运班列运营。

（四）省级政府债务相关情况

2019年省级一般债券利息支出30亿元，比上年增加5亿元。省级专项债券利息支出2.6亿元，比上年增加1.4亿元。2019年到期一般债券99.5亿元，根据有关规定，发行再融资债券还本99亿元，预算安排还本0.5亿元。

2018年12月，财政部提前下达我省部分2019年地方政府债务新增限额291亿元，其中一般债务169亿元，专项债务122亿元。为加快债券资金发行使用工作，我们已将中央提前下达部分2019年新增地方政府债务限额测算安排到省级和市州，其中安排省本级一般债务65亿元，专项债务20亿元；安排市县一般债务104亿元，专项债务102亿元。

四、2019年主要工作措施

（一）积极组织财政收入。强化收入征管，严禁虚增空转财政收入行为，切实提高收入质量。落实中央积极财政政策，做到应免尽免、当减则减，实质性降低企业负担，培植涵养财源。争取中央增加我省新增债券额度。用足用好国家支持“三区三州”等深度贫困地区脱贫攻坚政策，着力争取中央在均衡性、县级基本财力保障机制奖补等一般性转移支付方面给予更多支持。

（二）着力保障重点支出。加大对脱贫攻坚、生态保护、绿色发展等重点支出和关键环节的支持。健全民生支出管理机制，加强民生政策事前论证评估和财政综合保障能力评估，增强财政可持续发展能力。进一步优化支出结构，增加省对市县一般性转移支付规模，提高市县保工资、保运转、保基本民生能力，确保不发生区域性系统性风险。

（三）加强政府债务管理。督促市县采取盘活各类资金和资产等方式，落实分年度化解方案，稳妥化解隐性债务存量；加大财政约束力度，充分开展财政承受能力和建设项目可行性研究阶段资金筹措方案评估论证。防范“处置风险的风险”，对确有必要、关系重大民生的在建项目，保障合理融资需求，推动项目顺利建设。加快债券发行使用进度，发挥债券资金稳投资、扩内需、补短板效用。坚决遏制隐性债务增量，切实防范化解隐性债务风险。加大对违法违规融资担保行为的查处问责力度。

（四）深化财税体制改革。全面实施个人所得税法，落实针对小微企业的普惠性减税措施。稳步推进省以下财政事权和支出责任划分改革。加快构架全方位、全过程、全覆盖的预算绩效管理体系，推动重大政策和项目绩效目标、绩效自评以及重点绩效评价结果随同预决算报送同级人大，并依法予以公开。加强资产管理与预算管理的有机结合。全面推开财政电子票据管理改革。

（五）自觉接受人大监督。认真落实人大预算审查监督重点向支出预算和政策拓展有关要求，全面准确向人大反映支出预算和政策落实情况。严格执行人大批准的预算，自觉接受人大及其常委会监督。加快推进人大预算联网监督系统建设，建立健全对联网监督发现问题的处理反馈机制。进一步加强国有资产管理，落实政府向人大报告国有资产管理情况制度，推进国有资产管理公开透明。

概　况

甘肃省情

【甘肃概况】甘肃取古甘州(今张掖)和古肃州(今酒泉)两地首字而得名，由于陇山在境内绵延又简称“陇”。位中国西部、黄河上游，东接陕西，南邻四川，西连青海、新疆，北靠内蒙古、宁夏，并与蒙古人民共和国接壤。闻名中外的古丝绸之路和新亚欧大陆桥横贯全境，使甘肃成为西北地区连接中、东部地区的桥梁和纽带，成为贯通东亚与亚洲中部、西亚与欧洲之间的陆上交通通道。全省辖 12 个市、2 个自治州，86 个县(市、区)，省会兰州是西北重要的交通通讯枢纽，陇海、兰新、包兰、兰青和兰渝铁路在此交汇，也是石油天然气管道运输枢纽、国家级西北商贸中心。甘肃是一个多民族省份，拥有汉、回、藏、东乡等 56 个民族，其中裕固、保安、东乡族是甘肃的独有民族。2018 年末，全省常住人口 2637. 26 万人，其中少数民族人口 263. 2 万人。

【自然环境】甘肃位于黄土高原、青藏高原、内蒙古高原三大高原和西北干旱区、青藏高寒区、东部季风区三大自然区域的交汇处，总土地面积为 42. 58 万平方公里，地形呈狭长状，东西长 1655 公里，南北宽 530 公里。地貌复杂多样，山地、高原、平川、河谷、沙漠、戈壁交错分布、类型齐全，地势自西南向东北倾斜，大致可分为陇南山地、陇中黄土高原、甘南高原、河西走廊、祁连山脉、河西走廊以北地带六大地形区域。大部分地区气候干燥，属大陆性很强的温带季风气候。2018 年，全省平均气温为 8. 9℃。年平均降水量为 514. 9 毫米；年日照时数为 2334 小时。甘肃是一个少林省份，据甘肃省第九次森林资源清查，全省森林覆盖率 11. 33%。甘肃自然风光雄浑俊美，有大漠戈壁、森林草原、冰川雪峰、丹霞地貌、峡谷溶洞等，被地质学家称为最丰富的地质和地表特征博物馆。

【矿产资源】甘肃为我国重要的能源、原材料工业基地，拥有丰富的石油、天然气、有色金属、稀有金属等矿产资源。截至 2017 年底，全省已发现各类矿产 119 种(计算到亚矿种为 180 种)，其中已查明资源储量的 77 种，占全省已发现矿种的 65%。已查明矿产资源以非金属矿产为主，其次是金属矿产和能源矿产。列入《甘肃省矿产资源储量表》的固体矿产 97 种、矿产地 1518 处(含共伴生矿产)。根据《2017 年全国矿产资源储量占比排名》统计，全省资源储量居全国第 1 位的矿产有 10 种，分别是镍矿、钴矿、铂矿、钯矿、锇矿、铱矿、铑矿、硒矿、铸型用粘土、凹凸棒石粘土；居前 5 位的有 38 种；居前 10 位的有 65 种。

【特色产业】甘肃土地面积广阔，居全国第七位；草地面积占土地总面积的 33. 29%；光热资源充足且昼夜温差大，具有发展特色农业和优质高效农业的有利条件。许多特色农产品，无论是种植面积还是产量在全国都名列前茅，特别是玉米制种、啤酒原料、马铃薯、酿酒葡萄、油橄榄、食用百合、瓜果蔬菜和草食畜产品等特色产品，品质优良，发展前景良好。甘肃还是全国中药材主要产区之一，当归、黄(红)芪、党参、大黄、甘草等五种大宗中药材驰名中外。

甘肃是新中国成立后国家重点投资建设工业体系的区域之一。全省继续实施工业强省战略，推动传统产业智能化发展。加快转方式调结构，着力构建生态产业体系。遵循生态优先、绿色发展的总要求，大力发展节能环保、清洁生产、清洁能源、循环农业、中医中药、文化旅游、通道物流、数据信息、军民融合、先进制造等生态产业，建设以兰白地区为重点的中部绿色生态产业示范区、河西走廊和陇东南绿色生态产业经济带，建设一批绿色生态示范产业园，实施一批绿色生态示范重大工程。加快传统重化工业和制造业高新化、智能化、清洁化、绿色化改造，培育低碳环保新业态新产业，逐步让生态产业挑大梁、传统产业发新枝，构建发展活力足、竞争能力强、特色鲜明的生态产业体系，夯实实体经济根基，努力推动绿色发展崛起。

兰州新区，是继上海浦东新区、天津滨海新区、重庆两江新区、浙江舟山群岛新区后，国务院于 2012 年批复的第五个国家级新区。兰州新区位于兰州北部秦王川盆地，地处兰州、西宁、银川三个省会城市共生带的中间位置，距兰州市区 38. 5 公里，距西宁 198 公里，距银川 420 公里，规划面积 806 平方公里。兰州新区是“丝绸之路经济带”上的重要节点，是甘肃对外开放的重要窗口，已建成运营综合保税区、中川国际航空港、中川北站铁路口岸，正在加快建设国际产业合作园、国际通信专用通道，“一区一港一园一口岸一通道”的开放平台作用日益凸显；兰州至中亚、南亚、欧洲的国际货运班列实现常态化运营，南亚班列被列为全国 16 个多式联运示范工程；即将开通兰州至瓜达尔港的国际货运班列，打造面向“一带一路”的国际物流中心和多式联运中心，引领全省对外开放实现新跨越。随着铁路口岸的建成，兰州新区中川北站加大园区配套项目建设，搭建综合物流运营平台，打造西北地区国际物流中心。2017年以来，积极抢抓“丝绸之路经济带”重大发展机遇，确定“建设大项目、打造大景区、构建大旅游、形成大品牌、促进大发展”的旅游产业发展思路，全力引进以“创意性、参与性、体验性”为主的精品文化旅游项目，努力将新区打造成为西北特色文化旅游基地。2017年10月16日，保税区进口汽车西北分拨中心与商投综超盛大开业，进口商品批发中心正式挂牌试营业，这标志着新区综合市场从开发建设开始向运营管理迈进。新区坚持把产业作为推动发展的生命线，加强招商引资和项目建设，初步培育形成了大数据、先进装备制造、新材料、精细化工、新能源汽车、生物医药、商贸物流、文化旅游、现代农业等九大产业。

【历史文化】甘肃是华夏文明和中国古文化的发祥地之一，是传说中的三皇之首伏羲、五帝轩辕黄帝和女娲的生长地，故有“羲轩桑梓”之称。甘肃的大地湾文化距今约八千年，其后的仰韶文化、马家窑文化创造了彩陶文化的辉煌时代。周秦时期，甘肃的庆阳、天水又是周文化和秦文化的发祥地。汉武帝至昭帝间陆续设武威、张掖、敦煌、天水、安定、武都、金城诸郡，汉代的开边政策和张骞出使西域成功开通了丝绸之路。隋唐时期，贯穿甘肃河西走廊的丝绸之路进入了繁荣时期，甘肃成为我国联系西域各国和欧洲的重要通道，武威、张掖、敦煌成为经济文化繁荣的国际性贸易城市，整个河陇地区农桑繁盛、士民殷富，《资治通鉴》有“天下称富庶者，无如陇右”的记载。元代，全国创设省制，甘肃正式设省。明代长城由东向西穿越9省区后，抵达甘肃河西地区，嘉峪关成为大西北的重要关隘和前沿阵地，有“天下第一雄关”之称。海路开通后，随着全国经济政治文化重心的东移南迁，特别是气候和生态条件的变化，甘肃渐渐成为荒僻之地，晚清时期时任陕甘总督左宗棠曾奏称“甘肃地处边陲，土旷人稀，瘠苦甲于天下”。源远流长、底蕴深厚的甘肃历史文化，不断催生着时代精神，培育了《读者》《丝路花雨》《大梦敦煌》等一系列著名文化品牌。其中《读者》杂志成为全国发行量最大的期刊，被誉为“中国人的心灵读本”；舞剧《丝路花雨》《大梦敦煌》享誉全球。

甘肃先后出土简牍61000余枚，数量居全国之首，时代跨度大、内容广博、保存完好，备受历史和考古学界的重视。特别是汉简，内容涉及中国古代社会生活的各个方面。其中居延汉简的出土，与敦煌石窟藏经、殷墟王陵并称为二十世纪东方文明最伟大的发现。出土青铜器文物类型众多。由于农耕、游牧、骑猎三大文化圈在甘肃境内相互交融，甘肃青铜器类型多样、风格特异，是全国发现青铜文化类型最多的省份。史前、商代、西周、春秋战国、秦汉、魏晋青铜器多有发现，其中出土于东乡县马家窑文化遗址的青铜刀，是目前被确认的中国最早的一件青铜器，武威雷台出土的汉代铜奔马被确认为中国的旅游标志。

甘肃省“华夏文明传承创新区”建设于2013年获国务院正式批复。按照国家关于甘肃发展的战略定位和建设文化大省的总要求，甘肃确定了“华夏文明传承创新区”建设围绕“一带”，建设“三区”，打造“十三板块”的总体布局，简称“1313工程”。“一带”是丝绸之路文化发展带；“三区”是以始祖文化为核心的陇东南文化历史区、以敦煌文化为核心的河西走廊文化生态区和以黄河文化为核心的兰州都市圈文化产业区；“十三板块”是文物保护、大遗址保护、非物质文化遗产保护传承、历史文化名城名镇名村保护利用、民族文化传承、古籍整理出版、红色文化弘扬、城乡文化一体化发展、文化与旅游深度融合、文化产业发展、文化品牌打造、文化人才队伍建设、节庆赛事会展举办。“华夏文明传承创新区”是甘肃省继兰州新区之后，又一个摆到国家层面的战略平台。

2015年11月13日，甘肃举办丝绸之路(敦煌)国际文化博览会获得国家正式批复。丝绸之路(敦煌)国际文化博览会，简称敦煌文博会，是“一带一路”建设的重要载体，是丝绸之路沿线国家人文交流合作的战略平台，承载着重要的国家使命。博览会以“推动文化交流、共谋合作发展”为宗旨，以丝绸之路精神为纽带，以文明互鉴与文化交流合作为主题，以实现民心相通为目标，着力打造国际化、高端化、专业化的国家级文化博览会，成为中国与丝绸之路沿线国家开展文化交流合作的重要平台、推动中华文化走出去的重要窗口、丝绸之路经济带建设的重要支撑。经党中央、国务院批准，从2016年起，丝绸之路(敦煌)国际文化博览会将在甘肃省每年举办一次。首届已于2016年9月举办，2018年9月27日至28日成功举办第三届敦煌文博会。

【革命历史文化】甘肃曾是陕甘宁边区的重要组成部分，红军长征的足迹几乎遍布甘肃全境，著名的西路军曾在河西浴血奋战。目前全省革命文物景点有300多处，各级博物馆收藏的革命文物近万件。甘肃被国家列入12个重点红色旅游区，会宁县红军长征纪念馆、迭部县腊子口战役遗址、宕昌县哈达铺红军长征纪念馆、岷县“岷州会议”遗址、通渭县榜罗镇革命遗址、八路军兰州办事处、华池县陕甘边区苏维埃政府旧址、高台县烈士陵园等8个景区，被列入“百个红色旅游经典景区名录”。

【民族民间文化】甘肃境内民族众多。各民族长期的交流融合、和平共处，形成了风情浓郁、独树一帜的民族民俗文化。夏河拉卜楞寺为藏传佛教格鲁派六大宗主寺之一，肃南县吐蕃贵族墓葬、天水后街清真寺、永登鲁土司衙门旧址、西和仇池国遗址等，都是我省民族文物的典型代表。敦煌古藏文写经、西夏木版画、西夏文木活字、元代八思巴文虎头银牌、元代玻璃托盏等都是海内孤品。此外，各民族的独特习俗、节会，如回族的古尔邦节、开斋节；藏族的正月十五晒佛节、五月采花节；哈萨克族的叼羊、“姑娘追”；土族的“纳顿”节、“二月二”跳神会等。甘肃饮食文化异彩纷呈。兰州牛肉面是最具特色的大众化经济小吃，声名远扬；以手抓羊肉为代表的清真风味食品，独特可口；糌粑、酸奶、奶茶、蕨麻米饭等藏族风味的食物，值得品尝；还有各种地方小吃，更是独具特色。甘肃民族歌舞多姿多彩。社火歌舞是广泛流传于甘肃民间的一种艺术，尤以兰州的太平鼓舞、武威的“滚鼓子”、张掖的顶腕舞、陇东的秧歌、天水一带的扇鼓舞、腊花等著称，还有莲花山花儿、二郎山花儿、河湟花儿、裕固族民歌等。此外，兰州微雕葫芦，平凉纸织画，庆阳牛皮影、香包、剪纸、刺绣，保安腰刀，天水雕漆漆器，酒泉夜光杯，卓尼洮砚，武威“铜奔马”等民间工艺品也久负盛名。

【旅游资源】甘肃的旅游资源既有石窟寺庙、长城关隘、塔碑楼阁、古城遗址、历史文物等文物古迹，又有青山绿水、高山草原、大漠戈壁、沙漠绿洲、丹霞奇观、冰川雪峰等独具特色的西部自然风光，还有以藏、回、裕固、保安、东乡等少数民族浓郁风情为特色的民族风情资源。丰富的文化遗产、独特的自然景观和多彩的民族风情，成为人们向往的旅游胜地，开发前景广阔。最具代表性的旅游景点：被联合国科教文组织列为世界文化遗产之一、被誉为“世界艺术宝库”和“世界现存佛教艺术最伟大宝库”的敦煌莫高窟，被称为“人文始祖”的羲皇故里——天水伏羲庙，“东方雕塑馆”之称的天水麦积山石窟，万里长城最西端的“天下第一雄关”——嘉峪关，中国彩陶之乡之称的临夏，中国藏传佛教格鲁派六大宗主寺之一的夏河拉卜楞寺，道教第一山崆峒山，中国的旅游标志——武威出土的汉代铜奔马，世界最大的室内卧佛寺——张掖大佛寺，泾川西王母宫、永靖炳灵寺石窟、永登鲁土司衙门旧址等构成了璀璨夺目的艺术长廊。近年发现的永靖恐龙足迹、和政古生物化石，是一、二千万年前中生代白垩纪的遗址。

国民经济运行

2018年以来，在省委省政府的坚强领导下，全省上下以习近平新时代中国特色社会主义思想为指引，深入贯彻落实党的十九大和十九届二中、三中全会精神，全面落实习近平总书记视察甘肃重要讲话和“八个着力”重要指示精神，全力贯彻落实省委省政府工作部署，坚持新发展理念，推动高质量发展，持续做好稳增长、促改革、调结构、惠民生、防风险各项工作，积极应对各种困难和挑战，全省经济运行的基本面更加稳固，稳中向好的态势更加明显，稳中有进的态势不断巩固。

经济运行企稳回升，主要指标“提速进位”。2018年全省地区生产总值、规模以上工业增加值、固定资产投资等主要指标增速明显回升。地区生产总值增长6.3%，比上年提高2.7个百分点；增速居全国第23位，位次前移7位。规模以上工业增加值由2017年的下降1.7%回升至2018年的增长4.6%，实现由负转正，增速提高6.3个百分点；居全国第24位，位次前移7位。固定资产投资降幅自8月份以来持续收窄，全年比上年收窄36.4个百分点，增速居全国第24位，位次前移7位。

【经济运行基本稳定】按照省委省政府促进经济稳定增长的一系列工作部署，各级各部门深入贯彻落实中央及省委省政府出台的各项稳增长的政策措施，多措并举稳就业、稳金融、稳外贸、稳外资、稳投资、稳预期，持续推动全省经济平稳健康发展。2018年，全省地区生产总值8246.1亿元，比上年增长6.3%，增速比上年提高2.7个百分点。其中，第一产业增加值921.3亿元，增长5.0%；第二产业增加值2794.7亿元，增长3.8%；第三产业增加值4530.1亿元，增长8.4%。

（一）就业形势保持稳定

2018年，全省实现城镇新增就业43.13万人，共输转城乡富余劳动力522.3万人，均超额完成年度目标任务。城镇登记失业率2.78%，控制在3%以内。

（二）居民消费价格涨幅温和

2018年，全省居民消费价格比上年上涨2.0%，各月累计涨幅在2.0%—2.4%之间。其中，食品烟酒类上涨0.9%，衣着类上涨1.1%，居住类上涨3.5%，生活用品及服务类上涨0.8%，交通和通信类上涨1.2%，教育文化和娱乐类上涨0.5%，医疗保健类上涨8.0%，其他用品和服务类上涨0.8%。

（三）农业生产稳步发展

各地认真贯彻落实中央和省委一号文件精神以及省委、省政府关于“三农”工作的决策部署，全力推动实施乡村振兴战略，加快发展循环农业，重点实施农业废弃物循环利用、戈壁生态农业、国家绿色生态农产品生产加工基地建设等工程，大力推进农村一二三产业融合发展，全省农业生产稳步发展。一季度、上半年、前三季度和全年全省第一产业增加值同比分别增长4.0%、5.1%、4.6%和5.0%。

粮食生产再获丰收，全年粮食产量1151.4万吨，比上年增长4.1%，连续8年保持在1000万吨以上。

主要经济作物生产良好。2018年，全省蔬菜面积、产量分别比上年增长4.6%和6.6%，中药材面积、产量分别增长3.4%和9.8%，棉花面积、产量分别增长11.0%和10.3%；油料面积、产量分别下降6.0%和9.0%。

畜牧业发展平稳。2018年，全省肉类总产量101.2万吨，比上年增长2.0%。猪存栏下降1.1%，出栏增长1.3%；牛存栏增长3.8%，出栏增长1.8%；羊存栏增长2.5%，出栏增长3.4%；家禽存栏增长1.5%，出栏下降1.6%。

（四）消费市场运行平稳

2018年，全省社会消费品零售总额3428.34亿元，比上年增长7.4%，年内各月保持了平稳增长的态势。按城乡分，城镇消费品零售额2753.19亿元，增长7.6%；乡村消费品零售额675.15亿元，增长6.6%。按消费类型分，商品零售2946.90亿元，增长7.4%；餐饮收入481.44亿元，增长7.7%。

行业销售平稳。2018年，全省批发业销售额比上年增长18.5%，零售业销售额增长10.5%，住宿业营业额增长11.3%，餐饮业营业额增长11.6%。

（五）居民收入稳步增加

在城镇新增就业规模扩大、机关事业单位艰边津补贴调整、针对创业难企业的贴息贷款、大学生创业扶持行动、居民理财方式多样化等因素带动下，全省城镇居民收入稳步增长。2018年，全省城镇居民人均可支配收入29957元，比上年增长7.9%。其中，工资性收入、经营净收入、财产净收入和转移净收入分别增长8.0%、9.5%、6.3%和7.8%。

全省积极开展精准就业技能培训、落实就业创业政策、发展农村电商经济、乡村旅游，加大精准扶贫力度，完善土地流转保障机制，提高农村低保、五保供养标准、大病保险保障水平，确保了农村居民收入的较快增长。2018年，全省农村居民人均可支配收入8804元，比上年增长9.0%。其中，工资性收入、经营净收入、财产净收入和转移净收入分别增长11.4%、7.5%、48.6%和6.3%。

（六）金融存贷款平稳增长

2018年末，全省金融机构本外币各项存款余额18678.5亿元，比上年末增长5.1%。其中，非金融企业存款余额下降4.5%，住户存款余额增长9.4%。金融机构本外币各项贷款余额19371.7亿元，增长9.4%。其中，单位中长期贷款余额增长7.4%，单位短期贷款余额增长5.8%，住户贷款余额增长10.3%。

（七）交通运输总体稳定

2018年，全省铁路客运量5473.5万人次，比上年增长22.5%；货运量6086.8万吨，增长0.6%。公路客运量3.7亿人次，下降3.8%；货运量6.4亿吨，增长6.9%。

【稳中向好的态势更加明显】 2018年，面对多年少有的压力和任务，全省紧盯重点领域和关键环节，省级领导带头包抓重大项目、联系重点企业，以上率下带动各级各部门狠抓落实"三重""三一"工作部署，凝心聚力抓工业、促投资、稳增长，扭转了2017年工业、投资等主要指标持续下滑的局面。同时，随着主要经济指标增速的回升，全省经济运行质量和效益进一步改善。

（一）工业经济增速回升

2018年，全省规模以上工业增加值1724.9亿元，比上年增长4.6%，增速比上年回升6.3个百分点。工业生产者价格高位运行，各月累计涨幅在10%左右，全年工业生产者出厂价格比上年上涨9.5%，购进价格上涨9.8%。在生产增速回升和价格高位运行的带动下，企业效益运行良好。规模以上工业企业实现利润总额270.4亿元，增长20.1%，增速居全国第10位。主营业务收入利润率3.0%，同比提高0.3个百分点；资产利润率2.3%，提高0.3个百分点。

（二）固定资产投资增速持续提高

2018年以来，全省加大招商引资和项目储备落地力度，积极促进民间投资，固定资产投资降幅自8月份以来连续5个月收窄。2018年，全省固定资产投资比上年下降3.9%，降幅比上年收窄36.4个百分点。其中，项目投资下降10.3%，房地产开发投资增长18.2%。民间投资增长4.0%，增速自6月份以来连续7个月正增长，比上年提高46.6个百分点。

从三次产业看，第一产业投资增长18.8%；第二产业投资下降10.8%，其中工业投资下降10.9%；第三产业投资下降3.6%。

（三）财政收入质量提升

2018年，全省一般公共预算收入871.1亿元，比上年增长6.8%。其中，税收收入610.5亿元，增长11.6%；非税收入260.6亿元，下降3.0%。税收收入占财政收入比重达70.1%，比上年提高3.0个百分点。全省一般公共预算支出3772.2亿元，增长14.2%。财政支出较快增长，有力保障了"三保"（保工资、保运转、保基本民生）、扶贫等重点支出政策落实。其中，教育、社保等十类民生支出2984亿元，增长14.4%。

（四）对外贸易快速增长

2018年，全省对外贸易扭转了上年持续下降的态势，各月累计增速除1月份增长11.2%以外，其余各月均保持20%以上高速增长。全年全省进出口总额394.5亿元，比上年增长21.2%。其中，出口总额145.0亿元，增长26.3%；进口总额249.6亿元，增长18.5%。

（五）环境质量明显改善

初步核算，2018年，全省单位地区生产总值能源比上年下降1.97%，降幅比上年扩大1.22个百分点，"十三五"前三年全省单位地区生产总值能耗累计降低11.87%，完成节能目标进度的83.8%2018年，剔除沙尘天气影响后，全省14个市州PM2.5浓度为34微克/立方米，与2015年基准年相比下降19%，超额完成国家年度目标12个百分点；14个市州空气质量平均优良天数比例为91.2%，比上年增加0.1个百分点，超额完成国家年度目标9.2个百分点。全省纳入国家水污染防治目标责任书的38个国家考核断面中，达到或优于Ⅲ类的断面36个，地表水水质优良比例为94.7%；18个重点监管地级城市集中式饮用水水源地水质达标比例为100%，达到了国家目标要求。

【稳中有进的态势不断巩固】 各级各部门紧扣高质量发展要求，着力改造提升传统动能，积极培育壮大新动能，不断完善降成本举措，供给侧结构性改革稳步推进，产业结构进一步优化调整，市场活力不断激发，发展动力进一步释放，全省经济运行稳中有进的态势不断巩固。

（一）供给侧结构性改革稳步推进

去产能方面，关闭退出煤矿28处、产能538万吨，提前两年完成国家下达的煤炭去产能任务。

去库存方面，2018年末，全省规模以上工业企业中产成品库存周转天数为19.0天，比上年末减少1.5天。全年全省商品房销售面积比上年增长2.3%，增速高于房屋竣工面积13.6个百分点。

去杠杆方面，2018年末，全省规模以上工业企业资产负债率65.0%，比上年末提高0.2个百分点。其中，国有控股企业资产负债率66.2%，降低0.3个百分点。

降成本方面，2018年，全省规模以上工业企业每百元主营业务收入中的成本86.2元，与上年基本持平。每百元主营业务收入中的销售、管理和财务三项费用为6.9元，下降0.2元。

补短板方面，全省农业投资6月份以来保持快速增长，2018年比上年增长18.8%；全年生态保护和环境治理业增长65.7%，增速分别快于全部投资22.7和69.6个百分点。财政扶贫支出318.6亿元，增长102.5%。年末涉农贷款余额6786.30亿元，比年初新增114.21亿元。基础设施不断完善，陇南机场建成通航，全省运营机场达到9个；兰州南绕城高速公路正式通车，极大缓解了兰州城市圈环线交通压力。

（二）产业结构进一步优化

2018年，全省第三产业增加值4530.1亿元，占全省地区生产总值的比重为54.94%，比上年提高0.81个百分点，高于第二产业增加值21.05个百分点；第三产业增加值对地区生产总值增长的贡献率达到69.7%。种植业结构进一步优化，粮经比调整为71.4 ∶ 28.6，经济作物播种面积比重比上年上升0.5个百分点。

（三）城镇化进程稳步推进

经济的发展为加快城镇化进程提供了有力条件，城镇的建设和产业的发展为劳动力向城镇转移奠定了基础。2018年，全省常住人口城镇化率达到47.69%，比上年提高1.30个百分点。

（四）经济活力不断增强

市场主体活力得到激发。2018年，全省新增市场主体25.66万户。其中，私营企业6.48万户，个体工商户16.95万户。新增的私营企业、个体户吸纳就业71.72万人。年末，全省小微企业贷款余额比上年末增长10.3%，高于全省贷款增速0.9个百分点。

十大生态产业发展良好。2018年，全省大力培育发展十大生态产业，在一系列发展规划、专项行动计划和系列配套政策的推动下，初步测算，全年全省十大生态产业增加值1511.3亿元，占全省地区生产总值的18.3%；比上年增长6.7%，比地区生产总值增速高0.4个百分点。

清洁能源发电快速增长。2018年，全省规模以上工业水、风、光等清洁能源发电量比上年增长21.4%。

快递业加快发展。2018年，全省快递业务量8911.6万件，增长23.7%，增速比上年加快5.0个百分点。

旅游业快速增长。2018年，全省共接待国内外游客3.02亿人次，实现旅游综合收入2058.25亿元，分别比上年增长26.4%和30.38%。

自然资源

【土地资源】土地利用现状。根据甘肃省第二次全国土地调查，2017年度土地变更调查，截至2017年12月31日，全省土地总面积4258.89万公顷（其中宁夏回族自治区飞地5322.53公顷）。全省主要地类及面积构成情况为：耕地537.67万公顷（8065.05万亩）占12.63%；园地25.59万公顷（383.85万亩）占0.60%；林地609.61万公顷（9144.15万亩）占14.31%；草地1417.70万公顷（21265.50万亩）占33.29%；城镇村及工矿用地79.41万公顷（1191.15万亩）占1.86%；交通运输用地26.83万公顷（402.45万亩）占0.63%；水域及水利设施用地74.77万公顷（1121.55万亩）占1.76%；其它土地1487.31万公顷（22309.65万亩）占34.92%。

耕地保护。完成了国家对2016—2020年全省耕地保护责任目标期中考核和贯彻落实《中共中央国务院关于加强耕地保护和改进占补平衡的意见》的评估工作。制定《中共甘肃省委甘肃省人民政府关于加强耕地保护和改进占补平衡的实施意见》《市级政府耕地保护责任目标考核办法》和《甘肃省耕地占补平衡管理办法》。全省基本农田保护面积为5988.59万亩，超过《甘肃省土地利用总体规划（2006—2020年调整方案）》确定的5985万亩目标。严格按照“以补定占，先补后占，占优补优，占水田补水田”的要求，对建设项目耕地占补平衡进行严格审查把关，通过耕地占补平衡动态监管系统进行挂钩与核减。解决兰州市和兰州新区耕地占补平衡指标，实施易地占补平衡4.50万亩。全省连续19年实现耕地占补平衡。全省耕地开垦费入库38884.46万元，新增建设用地有偿使用费入库82857.12万元。严格执行《国土资源部关于全面实行永久基本农田特殊保护的通知》《自然资源部关于做好占用永久基本农田重大建设项目用地预审的通知》，严把建设项目占用永久基本农田关口，对不符合政策要求占用永久基本农田的项目一律不予审批。对违法占用永久基本农田的，坚决进行整改，整改后进行补划。

土地整治。编制《“一区一州”和18个深度贫困县的脱贫攻坚土地整治实施方案》，项目资金安排重点向“一区一州”和深度贫困县倾斜。全省安排土地整治资金共计174653万元，其中，国家土地整治专项资金49900万元，东部百万亩土地整治重大项目资金45900万元，省留新增建设用地有偿使用费14300万元，省留开垦费20000万元，切块市州新增费26473万元、耕地开垦费18080万元。2018年12月提前下达2019年土地整治资金21216万元，其中“两州一县”和18个深度贫困县投入资金13866万元，占总资金的65.4%。大力开展高标准农田建设，建立“政府主导、国土搭台、部门参与、统筹规划、整合资金”的工作机制。按照先易后难、分类实施的原则，综合考虑建设条件和资金保障能力，在各相关部门的配合下，完成了年度高标准基本农田建设任务186万亩。全省土壤污染状况详查农用地调查工作全面开展，共完成9567份农用地采样及土样制备。完成土壤样品检测12802份，其中有机土壤样2195份，无机土壤样10607份。按时完成了采样、制备、检测等全部工作。

建设项目用地预审。全年共完成95个省级建设项目用地预审，总投资2557.76亿元，用地总面积12603.35公顷，其中农用地6994.66公顷，建设用地1231.87公顷，未利用地4376.82公顷。全省共264个预审项目通过建设项目用地预审备案系统报自然资源部备案，其中省级95个、市级73个和县级96个。

建设用地审批。全年省政府审查审批建设用地609个（批），总面积7288.68公顷（10.93万亩），比上年增长32%，其中农用地4815.75公顷（7.22万亩），占用耕地3589.20公顷（5.38万亩），未利用地1471.63公顷（2.21万亩），建设用地1001.30公顷

(1.50 万亩)。从用途看，审查审批单独选址建设项目用地 2585.68 公顷(3.88 万亩)，城市(城镇)批次建设用地 4703.00 公顷(7.05 万亩)。

土地供应与市场。全年全省供应国有建设用地 2214 宗，总面积 8725.46 公顷。其中，以招标拍卖挂牌出让方式供地 1067 宗、面积 2777.88 公顷；以协议出让方式供地 259 宗、面积 280.74 公顷；以划拨方式供地 884 宗、面积 5650.31 公顷；以租赁方式供地 4 宗、面积 16.53 公顷。从土地供应用途看：商服用地 667.87 公顷，工矿仓储用地 1348.31 公顷，住宅用地 1185.96 公顷，公共管理与公共服务用地 1519.07 公顷，交通运输用地 3125.45 公顷，其他用地(特殊用地、水域及水利设施用地、其他土地)878.80 公顷。全省土地出让合同价款 237.16 亿元，其中，以招标拍卖挂牌方式出让土地成交价款 220.01 亿元，以协议方式出让土地成交价款 17.15 亿元。加强闲置土地清理处置工作力度，下发《甘肃省国土资源厅印发〈关于做好“五未”土地清理处置促进土地节约集约利用的实施意见〉的通知》，完成年度批而未供和闲置土地清理处置任务。

不动产统一登记及自然资源确权登记。全省 91 个不动产登记大厅已全部实现了房屋交易、税收申报、不动产登记“一站式”办理，68 个县市区新增了“一窗受理”综合窗口，全省基本实现了一般不动产登记 5 个工作日内办结。截至 2018 年 12 月底，全省累计办理不动产权证书 65.40 万本、证明 57.40 万张(其中 2018 年办理不动产权证书 36.70 万本，证明 28.20 万张)，汇交存量登记数据 323 万多条，上传增量数据 122 万多条。完成自然资源统一确权(湿地产权确权)试点工作并通过自然资源部等部委验收。祁连山国家公园甘肃省片区自然资源统一确权登记及大熊猫国家公园白水江片区自然资源统一确权登记有序开展。

陇西县农村土地制度改革三项试点。建立了城乡统一的建设用地市场，引入了“土地权益价”概念，实现了国家、集体、个人三者间的土地收益合理分配。截至 2018 年底，集体经营性建设用地累计入市交易 122 宗 568.50 亩，总成交价款 9306 万元。国家收取调节金 2349 万元，乡镇集体经济组织获得土地增值收益 3302 万元，农村集体经济组织获得土地增值收益 1086 万元，集体内部成员分配收益 724 万元。49 宗集体经营性建设用地抵押融资 2.70 亿元，实现了与国有建设用地“同权同价”。探索界定公共利益范围，规范土地征收程序，完善合理多元化保障机制，制定了《土地征收目录》等 8 项征收规章制度，完善了“一评估、两协商、三公告、四协议”征收方法。对国家成品油储备等 9 个项目开展土地征收制度改革试点，已完成 5 个项目 1150 亩土地供应，支付补偿费用 2450 万元，县级统筹养老保险 905 万元。围绕“两探索两完善”(探索宅基地有偿使用制度、探索宅基地自愿有偿退出机制，完善宅基地权益保障和取得方式、完善宅基地管理制度)，结合宅基地“三权分置”，明确界定资格权(即保障集体经济组织内部成员户有所居，按户享有首次无偿分配本集体所有土地建造住宅及其生活附属设施的权利)，形成了《关于宅基地三权分置的思考》。综合考虑区位因素，推进重点村《村土地利用规划》编制。制定了《陇西县宅基地管理暂行办法》《2018—2019 陇西县农村宅基地自愿有偿退出、有偿使用标准》，规范宅基地管理，建立宅基地利用、退出机制。开展确权登记和农房调查，对清理出的 3430 宗 2316 亩废旧闲置宅基地编制了复垦方案。

【矿产资源】矿产资源现状。截至 2017 年底，全省已发现各类矿产 119 种(计算到亚矿种为 180 种)，其中，已查明资源储量的 77 种(计算到亚矿种为 114 种)，占全省已发现矿种的 65%，未查明资源储量的 42 种(计算到亚矿种为 66 种)，占全省已发现矿种的 35%；在已查明矿产资源中，能源矿产 7 种、金属矿产 31 种(计算到亚矿种为 36 种)、非金属矿产 37 种(计算到亚矿种为 69 种)、水气矿产 2 种。列入《甘肃省矿产资源储量表》的固体矿产 97 种、矿产地 1518 处(含共伴生矿产，下同)，按照矿产用途分，固体燃料矿产地 221 处，黑色金属矿产地 130 处，有色金属矿产地 344 处，贵重金属矿产地 462 处，稀有稀土分散元素矿产地 40 处，化工原料非金属矿产地 95 处，冶金辅助原料非金属矿产地 46 处，建材及其它非金属矿产地 130 处；按照矿床规模分，大型矿床 146 个、中型 217 个、小型 1155 个；按照勘查程度分，普查阶段 671 个、详查阶段 507 个、勘探阶段 260 个。《2017 年全国占比排名》统计，在已查明的矿产中，甘肃省资源储量名列全国第 1 位的矿产有 10 种，居前 5 位的有 38 种，居前 10 位的有 65 种。截至 2017 年底，列入《甘肃省矿产资源储量表》的 97 种固体矿产中，与 2016 年比较，51 个矿种的资源储量没有发生变化，有 46 个矿种的资源储量发生了变化，其中资源储量增加的有 10 种，减少的有 36 种。

地质矿产勘查。2018 年，全省投入地质勘查资金共 56492.68 万元，其中，中央财政 12481.50 万元，地方财政 28328.09 万元，社会资金 15683.09 万元。全年开展基础地质调查项目 66 个，投入资金 11932.02 万元，其中，中央财政出资 6089.50 万元，省级财政出资 5842.52 万元。开展矿产勘查项目 155 个，投入勘查资金 31138.11 万元，其中中央财政出资 120 万元，省级财政出资 17300 万元，社会资金投入 13718.11 万元。开展水工环地质调查评价项目 52 个，投资 9177.45 万元。开展地质科技及其他项目 65 个，投资 4245.10 万元。全年完成钻探 18.29 万米，槽探 14.70 万立方米，坑探 1.64 万米，浅井 64 米。

基础地质调查。开展 1∶5 万区域地质调查项目 5 个，投入资金 1535 万元，全部为中央财政投入；开展区域地球物理调查项目 3 个，投入资金 963.20 万元，全部为中央财政投入；开展区域地球化学 4 个，投入资金 916.85 万元，其中，中央财政开展 3 个，投入资金 766.85 万元，地方财政开展 1 个，投入资金 150 万元；区域遥感地质调查项目 3 个，投入资金 255 万元，全部为中央财政投入；开展 1∶5 万矿产远景调查项目 48 个，投入资金 7481.97 万元，其中，中央财政开展 11 个，投入资金 1789.45 万元，地方财政开展37个，投入资金5692.52万元。

找矿突破。全年新增备案资源储量的主要矿种有金、铁、铅锌、煤炭、凹凸棒石、硅灰石、铌钽氧化物等。其中，新增金金属量76.68吨、铁矿石量1.25亿吨、铅金属量15.78万吨、锌金属量78.23万吨、凹凸棒石新增557万吨、硅灰石矿物量新增267万吨、铌钽氧化物资源量新增14.20万吨、稀土氧化物资源量新增50.98万吨。全年新发现矿产地12个(大型3个，中型1个，小型8个)，完成阶段性勘查的矿产地共10个(大型3个，小型7个)。

省级地质勘查基金找矿。全年省地勘基金围绕优势矿种和紧缺矿种安排部署地勘基金项目35个、下达资金1.50亿元。首次实现以竞争性谈判方式确定项目承担单位，全面加强项目事前、事中、事后管理，做到“立项前深入现场调查研究，实施中进行现场检查，结束时进行野外验收”的全程监管。钒矿、晶质石墨找矿取得重大发现。在酒泉市阿尔金成矿带东段勘查发现了肃北敖包山、肃北大敖包沟、肃北白台沟东、肃北红柳峡等4个晶质石墨矿大型矿床，初步估算晶质石墨资源储量1000万吨，达到超大型规模。发现敦煌五一山、敦煌塔水井东2处中型钒矿床和敦煌新泉北1处小型矾矿床，初步估算V2O5资源储量70万吨，矿集区资源储量远景可达到大型规模。

地热资源勘查取得重大进展。张掖城区探获水温56摄氏度、水量2640立方米/天的地热资源，临泽、民乐两地又分别探获水温45摄氏度和70度、水量2904立方米/天和2000立方米/天的地热资源。兰州彭家坪探获水温68度、水量2300立方米/天的地热资源。

矿产开发利用。截至2018年12月31日，全省共设置非油气探矿权1030宗，其中，省级发证795宗，部级发证235宗。全省矿产开发利用主要集中在金、铜、铁、铅锌等金属矿产及煤炭。金矿勘查主要集中在酒泉、甘南、陇南、天水，煤炭勘查主要集中在平凉、庆阳、张掖、酒泉，铜矿主要集中在酒泉、张掖、陇南、天水，铅锌主要集中在陇南、酒泉，铁矿主要集中在酒泉、张掖。

采矿权设置。截至2017年底，全省共有各类非油气采矿权2899。其中，自然资源部发证21个，省自然资源厅发证396个，市州自然资源主管部门发证517个，县级自然资源主管部门发证1965个。按矿类统计，全省共开采8大矿类、78种矿产，矿山构成以砖瓦用粘土、建筑用砂、建筑用凝灰岩、建筑石料用灰岩等建材和其它非金属矿产为主，占总数的80%。其中，属县级自然资源主管部门发证的砖瓦用粘土矿1185个，占总数的41%；建筑用砂矿347个，占总数的12%。按生产规模统计，2017年，大中型矿山数量所占比重较低，小矿(生产规模低于小型矿山规模上限的十分之一)所占比重最大。大中型矿山中，建材、能源、贵重金属类所占比重最大，分别为46%、18%和13%。其中，能源矿产大型矿山19个、中型15个，黑色金属矿产大型4个、中型8个，有色金属矿产大型4个、中型8个，贵重金属矿产大型5个、中型20个，冶金辅助原料非金属矿产大型8个、中型8个，化工原料非金属矿产大型2个、中型4个，建材和其它非金属矿产大型矿山38个、中型50个。工业总产值中，大型矿山所占比重最大，人均产值最高。

矿政管理。祁连山国家级自然保护区内矿业权分类退出，截至2018年底，祁连山保护区144宗矿业权已全部分类退出，其中以注销或公告废止退出87宗，以扣除式退出13宗，补偿式退出44宗。另外，祁连山生态环境问题督查反馈的2014年10月后违规审批的14宗矿业权已全部分类退出。

全省其他各级各类自然保护区(地)内矿业权清理与退出。对全省其他各类生态功能区自然保护区水源保护区内矿产资源勘查开发项目开展了摸底核查。截至2018年12月底，全省其他各类保护地内共有矿业权536宗(其中探矿权342宗，采矿权194宗)，涉及各类保护地314个，已清理退出243宗(探矿权154宗，采矿权89宗)，占总数的45%。其中国家级自然保护区(不含祁连山)内矿业权181宗，已退出78宗。

国家公园体制试点。向省政府上报《关于祁连山国家公园范围划定涉及保护区范围外矿业权有关问题的请示》。经初步核查共有115宗(其中：探矿权97宗，采矿权18宗)矿业权与国家公园范围重叠。截至目前，已分类退出65宗。积极做好生态红线划定相关工作，对全省保护区范围内部、省两级发证的矿业权按照“一矿一策”的原则，先后3次对600余宗矿业权逐矿提出了调整意见。

矿业权核查与审批。进一步优化省级矿业权审批管理，全面实现矿业权报件网上申报网上审批，做到“最多跑一次”。全年共办理矿业权报件495宗，颁发采矿许可证46个，其中新立5个、变更25个、延续16个，注销采矿权28宗。颁发勘查许可证218个，其中延续167个、变更9个、转让8个、保留34个，注销探矿权141宗。依法开展砂石资源采矿权出让与审批发证，配合省生态环境厅制定并印发了《进一步规范砂石资源有序开发的指导意见》。

淘汰过剩产能。全年全省化解过剩产能煤矿(井口)28处，涉及采矿权28宗，其中3宗为缩减产能，25宗为关闭退出。已办理2宗缩减产能煤矿的采矿许可证变更登记，注销采矿权12宗。

矿业权人勘查开采信息公示。截至2018年3月31日部省两级应公示探矿权800宗，实际填报公示776宗，公示进度97%；部省市县四级发证采矿权应公示1997宗，实际填报公示1931宗，公示进度96.70%，共有33宗矿业权被列入异常名录。截至目前，共有89宗矿业权被列入异常名录进行管理。对已过期且未提交延续申请的矿业权进行了清理，并经厅务会审议通过，已完成51宗矿业权公告废止工作。

安全生产。制定下发了《2018年安全生产工作要点》《防范和遏制重特大事故工作方案》《2018年度安全生产督导检查工作实施方案》《持续开展安全生产大检查的通知》，确保全省自然资源系统安全生产工作持续稳定。

矿业权出让收益(价款)。2018

年，矿业权出让收益（价款）及使用费共入库48019.65万元。其中，矿业权出让收益（价款）47705.34万元，含探矿权出让收益（价款）522.30万元、采矿权出让收益（价款）47183.04万元。矿业权使用费收入314.31万元（含探矿权使用费210.73万元、采矿权使用费103.58万元）。

【地质环境】地质灾害防治。全年全省发生地质灾害479起，其中特大型灾害6起、大型14起、中型120起、小型339起，共造成12人死亡、10人受伤，直接经济损失4.87亿元。全年成功预警避险75次，避免人员伤亡9511人、避免财产损失3.50亿元。制定下发《2018年度地质灾害防治方案》，确定了重点防治区域，针对城镇、村落、学校、医院等人口密集区和公路、铁路、水利等重点工程建设区域，集中开展汛前地质灾害隐患排查、汛中巡查、汛后核查共计4895次。全省已建专业监测点317个，其中2018年新建14个，群测群防工作点12150处，基本覆盖全省所有人员和社会财产受威胁的地质灾害隐患点。治理地质灾害隐患点44处，用“5·12”防灾减灾日、“6·16”安全生产宣传月、“6·25”全国土地日等，组织地质灾害防灾减灾培训宣传活动258次，受培训和宣传人数达3万余人。地质灾害综合防治体系建设获得中央补助资金4.50亿元，省级资金1.07亿元。其中安排调查评价项目3个，资金700万元；安排监测预警项目6个，资金2000万元；安排综合治理项目资金3.70亿元，立项25个，安排搬迁避让3617户，下达切块资金1.47万元；安排应急能力建设项目3个，资金1300万元。安排省级基础地质调查专项资金3200万元，实施13个水工环地质勘查项目。

地下水调查与监测。截至2018年12月底，全省已完成714个地下水监测点建设。其中，国家级地下水监测点500个，省级专业监测井监测点214个。根据地下水污染防治目标要求，对35组国家级地下水考核点位水质进行考核。

国家级自然保护区矿山地质环境整治。进一步简化采矿权登记管理手续，提高审批质量和效率，将采矿权人矿山环境恢复治理纳入矿业权勘查开采信息管理，由矿权人对矿山环境治理恢复保证金和土地复垦费等费用缴纳情况、矿山地质环境保护与治理恢复方案执行情况、土地复垦方案执行情况进行公示。争取自然资源部山水林田湖生态保护修复工程基础奖补资金20亿元，省级财政已先后两次下达13亿元祁连山自然保护区生态保护修复项目资金，统筹祁连山自然保护区生态保护修复项目。完成祁连山国家级自然保护区内的144宗矿权矿山地质环境恢复治理工作，对保护区内历史遗留无主探采矿点（坑、硐、槽）完成矿山地质环境的恢复治理。

【测绘与地理信息】测绘行业管理。《甘肃省地图管理办法》于2018年6月4日十三届省政府第13次常务会议审议通过，由甘肃省人民政府第143号令公布，于2018年8月1日起正式实施。全省测绘资质单位总数为509家，比上年增长10%。其中：国有企业86家、民营企业300家、事业单位123家。按等级分：甲级资质23家、乙级资质91家、丙级资质195家、丁级资质200家。按照“双随机”要求，通过“测绘地理信息随机抽取系统”抽取被检单位30家。经检查，合格单位21家，不合格单位9家，并按相关规定对不合格单位进行了相应处理。

基础测绘与地理国情监测。甘肃省自然资源卫星影像云服务平台持续获取省域内高分辨率遥感影像。累计获取0.80米、2米分辨率卫星遥感影像数据6498景，共计694万平方千米（含重复区域），为省级基础测绘计划任务、基础性地理国情监测、省域第三次全国国土调查、生态红线划定、大熊猫和祁连山国家公园项目建设等提供基础数据源。本年度获取了陇南摄区2.80万平方千米、甘南摄区3.10万平方千米优于0.50米分辨率的航空摄影影像。

测绘地理信息项目成就。《测绘地理信息档案信息化技术研究与应用示范》《基于协同理论的测绘地理信息监督管理方法研究及实践》等多个项目获得中国测绘学会科技进步奖一、二等奖；《甘肃省湿地自然边界确定试验项目》获得全省职工技术创新成果奖一等奖；《兰州北山区域削山造地监测三维系统》等5项目获得计算机软件著作权；航测飞机起飞装置获实用新型专利1项。与兰州交通大学联合申报的地理国情监测技术应用国家地方联合工程研究中心经国家发改委批准成为国家级科研平台。

地理国情监测。完成全省域2018年基础性地理国情监测数据生产，开展了城市地理国情、国家级新区空间格局变化、丝绸之路经济带区域生态保护3项专题性地理国情监测，形成了监测报告、系列图件和综合统计数据集，为兰州新区建设进程及效果评价、全省地级城市发展规划、区域生态环境保护等提供基础参考。

地理信息成果与地图服务。地图审核行政许可事项共收到送审图件67批次，涉及地图2050幅，经审核准予许可33批次，涉及地图1194幅。永久性测量标志拆迁准予许可4批次。其中，迁建国家一等水准点1个、国家四等水准点2个，拆除国家四等三角点觇标1个。

（赵君范）

防震减灾

【地震活动概况】2018年甘肃共发生M≥2.0级地震52次。其中，2.0—2.9级44次，3.0—3.9级7次，4.0—4.9级1次，最大地震为6月17日酒泉市阿克塞县4.5级。空间上，2018年地震活动在主要集中分布于甘肃西部地区、甘肃中部地区以及甘肃南部地区；3.0级以上地震主要分布在甘肃西部的阿尔金断裂带东段。时间上，1月、8月发生2级以上地震最多，分别为7次、8次；4月、7月、12月发生地震次数最少，分别为1次、2次、2次。全年省内地震活动水平强度与频度不高，但比2017年有所增强，频度比2017年的43次多了9次。

【监测预报】地震监测以提高台网运行率为突破口，加强西北片区维修中心建设，维修维护仪器设备190多次，确保台网正常运行，测震、前兆、强震动台网和信息网络运行率分别达到98.01%、99.46%、92.99%、99.9%；速报省内及边邻地区地震74个，实效性、准确性明显提升；落实完成监测预报业务重点任务23项；实施国家地震烈度速报与预警工程项目甘肃子项目，全面完成年度站址确认、征租地、土建工程、仪器设备采购等任务；地震观测资料质量在全国统评中获得前三名41项，位居全国第3名。兰州地震预警示范系统共记录到省内及邻区各类事件197个，其中192个产出了预警触发信息、45个有预警信息发布图，26个产出了烈度速报结果，为地震应急提供了技术支持。

落实应急管理部、中国地震局和省委、省政府震情跟踪部署，制定了危险区、协作区震情跟踪方案，认真组织实施。局党组先后召开5次专题会议，研究部署震情跟踪措施，开展了4次督查检查，组织2次协作区震情跟踪研讨会、省内常规和加密会商73次，开展现场异常落实19次，扩大信息共享和资料应用范围，完善测震和地球物理学科强震短临预报指标体系，强化震情动态分析研判，对省内发生的9次3级以上地震作出了较准确的震后趋势判定，为政府应急决策提供了依据，特别是保障了文博会期间敦煌及附近地区震情安全。

【灾害预防】加强城镇抗震设防监管。落实中央和甘肃省“放管服”工作要求，积极推进防震减灾行政审批制度改革，按照“一个窗口”受理原则，通过甘肃省投资项目在线审批监管平台推送投资项目，落实抗震设防要求监管职责，并及时建立台账跟踪管理，做到事中事后监管。及时更新政务服务事项办事指南，对已取消的行政审批事项及时在办事指南中进行调整。印发《关于开展抗震设防要求监管工作检查的通知》，对各市州抗震设防要求监管和第五代区划图应用落实情况开展检查。组织召开纪念汶川地震十周年市县防震减灾工作研讨会，总结交流2008年以来甘肃省市县防震减灾工作取得的经验和成果。组织完成全省市县防震减灾管理业务培训班和市县地震应急救援（第一响应人）培训班。积极推进永靖县地震小区划工作的实施，大力推进2018年度2个市县基础能力提升项目实施工作。积极推进武威市活断层探测与地震危险性评价项目的实施工作，协调推进嘉峪关活断层探测验收工作。组织开展了对白银市创建国家防震减灾示范城市工作进行综合验收。有关部门开展了学校、医院、生命线工程、重要基础设施、危险品的隐患排查，完成了整改或抗震加固，工程隐患得到了有效治理。

推进农居地震安全工程建设。各级党委、政府依托灾后重建、移民搬迁、危旧房改造、新农村建设、美丽乡村建设、下山入川工程等项目，结合精准扶贫、精准脱贫部署，各地、各部门严把宣传培训关、规划选址关、结构设计关、材料进场关、质量监督关，加强农居建筑抗震技术指导与服务、建筑工匠抗震施工技术培训，全力推进抗震安全农居建设，全省共培训农村工匠6000余人次。新建抗震安全农居约16万户，特别是宁强5.3级地震，陇南9个县区均有震感，抗震安全农居经受了考验，房屋完好。

【应急救援】2018年2月7日，召开省防震减灾工作领导小组会议，传达学习国务院防震减灾工作联席会议精神，总结全省防震减灾工作，分析研判地震活动趋势，安排部署防震减灾重点工作。举办5.12防灾减灾日公众开放日活动，增强公众防震减灾意识，引起全社会对防震减灾的重视。来自省市县区政府部门、企事业单位、学校、社会团体有关人员和各界群众共计6000多人参与了相关活动，中央电视台、新华网、央视新闻网、中国甘肃网、甘肃电视台、甘肃日报、兰州日报等20多家中央和省市主要新闻媒体在现场进行了采访和宣传报道。协调省抗震救灾指挥部成员单位对天水、定西、嘉峪关、酒泉4个市州的地震应急准备工作进行了实地检查和指导。召开西北区地震应急区域协作联动会议，总结交流和探讨地震应急区域协作联动工作。印发了《甘肃省地震局地震应急工作流程》，明确震后应急工作职责，提高应急处置工作效率。6月17日11时12分，甘肃阿克塞发生4.5级地震，甘肃省地震局启动四级响应。9月12日19时06分，陕西宁强发生5.3级地震，甘肃省地震局启动三级响应。在省委省政府和中国地震局的领导下，甘肃省地震局在甘肃阿克塞4.5级地震、陕西宁强5.3级地震发生后，积极开展了震情监视、余震趋势判定、灾害损失调查等工作。

【科技创新】按照中共中国地震局党组《关于印发〈地震科技体制改革顶层设计方案〉的通知》（中震党发〔2017〕192号）精神，在深入分析我国西部地区防震减灾科技创新工作面临的实际需求和甘肃省地震局（中国地震局兰州地震研究所）科技创新现状的基础上，积极推进中国地震局区域研究所兰州地震研究所的组建工作。积极参加汶川地震十周年国际研讨会暨第四届大陆地震国际研讨会并承办第七届东亚岩土自然灾害技术会议，共有40余位科研人员及研究生参会，共做口头报告5个，展板报告17个。会议期间举办了防震减灾成果展览，甘肃省地震局“黄土工程场地抗震设计方法与技术”和“甘肃祁连山主动源研究成果”参展。中国地震局兰州地震研究所代表队在全国科学实验展演汇演活动中获得优秀奖及优秀组织奖。与中国地震局地震预测研究所在兰州签署科技交流与合作框架协议。

【法制建设和科普知识宣传】2018年3月，由省人大常委会牵头，开展了《甘肃省防震减灾条例》立法后评估。立法后评估在全面客观评价《条例》的立法质量和实施效果、总结立法工作经验的基础上，为提高立法工作水平，修改完善防震减灾法规、改进执法工作提供依据。同时通过此次评估，使防震减灾工作得到更多方面的支持与理解，促进防震减灾工作更好发展。评估成果为修订该条例提供了必要条件，同时省人大常委会还将该条例修订工作纳入了2018—2022年立法规划；省政府法制办将甘肃省防震减灾知识普及办法纳入2019年立法计划。

科普宣教工作成效显著。与省委宣传部联合印发《2018年甘肃省防震减灾宣传教育工作方案》，积极参加市民广场和兰州搜救基地防震减灾公众开放日活动；5·12宣传日期间，省市县三级联动，各级地震部门按照省减灾委的相关要求，在全省各地组织开展声势浩大的大型集中宣传活动。开展首届甘肃省防震减灾知识大赛，3月1日至20日期间，由各市州地震部门自行组织竞赛。联合省教育厅和省科协分别在天水市和张掖市组织开展了东、西部赛区选拔赛。来自8个市州的东、西部赛区获得一、二等奖的12支参赛代表队在兰州市东郊学校再次同台竞技，获得一等奖的兰州市和金昌市代表队将代表甘肃省参加"全国防震减灾知识大赛"西部赛区（成都）比赛。深入开展"平安中国"防灾宣导行动，兰州、嘉峪关、平凉等市州地震局，深入学校、社区、乡村等宣传场所，积极参与"平安中国"防灾影视放映活动。举办首届防震减灾示范学校业务培训班，各市州地震部门负责示范创建的工作人员和省级防震减灾科普示范学校骨干老师共60余人参加培训。开展年度地震安全示范社区、防震减灾科普示范学校的认定工作，2018年甘肃省获得国家级防震减灾科普示范学校4所，省级防震减灾科普示范学校24所，省级防震减灾科普教育基地2所。全年全省各地开展大型集中科普宣传活动110余次、展出展板1200余块、发送手机短信170余万条、开展科普讲座230余场，使270余万公众掌握了防震减灾知识和应急避险技能。

（胡永钧）

气　象

【气候】2018年全省平均气温8.9℃，较常年同期偏高0.7℃；降水量514.9毫米，较常年同期偏多27.7%；日照时数2334小时，偏少130小时。暴雨次数偏多，出现7个区域性暴雨日，河东45县（区）出现暴雨；干旱范围小影响轻；河东夏季高温日数近15年最少；大风日数偏多、沙尘天气偏少，未出现区域性沙尘暴天气；连阴雨次数偏多，共出现14次区域性连阴雨天气过程；冰雹过程偏少，为1961年以来最少；霜冻日数偏多，为近5年最多；寒潮次数偏多。

【气温】2018年，全省平均气温8.9℃，较常年同期偏高0.7℃，为近4年最低；气温最高中心在文县，为16.2℃，最低中心在乌鞘岭，为1.3℃。与常年同期相比，除酒泉市南部和甘南州西北部接近常年或略偏低外，全省大部地方气温偏高0.5—1℃，其中武威市北部、白银市东部、定西市南部、甘南州东南部、天水市中部偏高1—1.5℃。各月平均气温与常年同期相比，1、2和12月气温分别偏低0.8℃、1.3℃和1.6℃，1月和2月均为近6年最低，12月为近13年最低；9—11月气温接近常年同期，3—8月份气温偏高0.8—4.2℃，其中8月平均气温偏高1.8℃，与2006年并列为1961年以来第二高，仅次于2016年。

【降水】2018年全省平均降水量514.9毫米，较常年同期偏多27.7%，为1961年以来第二多。年降水量最多中心在康县，为902.9毫米，最少中心在瓜州县，为42毫米。与常年同期相比，酒泉市东部、武威市北部、白银市西部、兰州市、临夏州北部、庆阳市北部偏多5—9成，酒泉市西部、武威市南部、白银市东部、临夏州南部、甘南州大部、定西市、陇南市西南部、天水市北部、平凉市西部、庆阳市中部偏多2—5成，张掖市南部偏少2—3成，省内其余地方降水接近常年。。各月降水量与常年同期相比，3月和10月份降水分别偏少20.3%和62.7%，1月、4—8月、11月和12月降水量较常年同期偏多2成—1.5倍。其中1和11月降水量偏多1.4倍和1.5倍，分别为近10年和7年最多；其余各月降水量接近常年。

【日照】全省平均日照时数为2334小时，较常年同期偏少130小时，为近7年最少。年日照时数最多中心在马鬃山，为3376小时，最少中心在康县，为1549小时。与常年同期相比，全省大部地方日照偏少，酒泉市西部、金昌市、武威市北部、白银市局部、临夏州南部、定西市南部和甘南州东部偏少200—500小时，其中敦煌、广河、和政、卓尼偏少500—850小时，省内其余地方偏少200小时；酒泉市南部、嘉峪关市、张掖市西部、陇南市中南部、天水市东北部偏多10—100小时，庆阳市东北部偏多200—300小时，其中华池偏多300小时以上。

【主要气象事件及影响】暴雨。全省共有45县（区）出现暴雨，暴雨影响范围为60年来最大。主要出现在在6月下旬至8月下旬的武威市、临夏州、兰州市、天水市、平凉市、庆阳市、甘南州和陇南市。夏季（08—08时）暴雨过程共出现7个区域性暴雨日。其中6月25日武山、甘谷、秦安、清水和张家川5县出现极端日降水事件。7月共有28县（区）达到极端降水事件，其中秦安和临潭2站突破日降水量极值。8月共有15县（区）出现极端降水，其中3日武威（53.7毫米）、21日鼎新（32.8毫米）和广河（104.7毫米）、31日高台（50.8毫米）破历史极值。

干旱。全省作物生长期降水偏多，未出现区域性干旱。仅3月上旬至4月上旬河西中东部、陇中北部、庆阳市北部和陇南市南部出现轻到中度干旱。农作物全生育期光、温、水匹配较好，降水适时，土壤水分补充及时，利于夏粮和秋粮生产。

高温。夏季全省共有46县区出现32℃以上高温天气，20县（区）出现35℃以上高温天气，均较常年同期偏多，高温时段主要集中在6月20—30日、7月11—27日和8月1—15日，主要出现在酒泉市、武威市、张掖市、兰州市、白银市、平凉市东部、庆阳市北部、天水市和陇南市；日最高气温≥35℃高温日数敦煌共出现32天，瓜州和鼎新分别出现19天和21天，其余大部分地方为1—17天。河东夏季高温日数近15年最少，仅7县（区）出现大于35℃高温天气，兰州、景泰、灵台、永靖高温日数均为1天。全省有3县日最高气温超过40℃，7月17日（民勤和武威，40.3℃和40.7℃）、7月24日（敦煌，40.5℃）和8月9日（敦煌，40.6℃）；其中，7月17日（鼎新、武威和山丹）和7月25日（酒泉、临泽、高台、民乐和肃南）共8站达到极端高温事件。

大风和沙尘。全省共有60县(区)出现大风天气，较常年同期偏多。主要在河西五市和甘南州，为10—80天，其中乌鞘岭最多，为80天，其次为碌曲和马鬃山分别为77天和60天，其余多为1—9天。年内甘州、民勤和凉州出现沙尘暴天气过程，主要出现在2018年2—5月、7月和11月，未出现区域性沙尘暴。年内共有39县(区)出现扬沙天气，各地区多为1—38天(张掖，38天)，较常年同期偏少，但为近12年最多，主要出现在河西五市、兰州市、白银市、定西市、天水市、庆阳市和甘南州。年内共有55县(区)出现浮尘天气，各地区多为1—62天(肃北，62天)，较常年同期偏少。

连阴雨。全省共有62县(区)出现连阴雨天气过程，较常年偏多。主要出现在临夏州、甘南州、定西市、庆阳市、天水市和陇南市。年内全省共出现14次区域性连阴雨天气过程，其中6月15—17日、9月12—15日为大范围连阴雨天气过程。

冰雹。全省有16县(区)出现冰雹过程，较常年同期偏少，为1961年以来最少。主要出现在4月中旬至9月中旬的武威市、兰州市、白银市、临夏州、甘南州和定西市，其中5—6月份冰雹过程较多，对农牧业造成的损失严重。年内未出现区域性冰雹天气。据不完全统计，年内全省冰雹灾害共造成101469人受灾，农作物受灾面积3521公顷、成灾面积3057公顷、绝收面积1234公顷，直接经济损失27833万元，农业经济损失12655万元。

霜冻。全省霜冻日数偏多，为近5年最多。天水市和陇南市大部分县区霜冻日数为70—150天，河西五市多为120—240天，省内其余大部地方为120—150天。据不完全统计，霜冻共造成14.47万人受灾，农作物受灾面积5314.87公顷，成灾面积1189公顷，直接经济损失1418.48万元，农业经济损失1361.08万元。

寒潮、强降温。全省75县(区)出现寒潮天气，较常年同期偏多，为近6年最多。主要出现在1—5月、9—12月的河西五市、兰州市、白银市、临夏州、庆阳市、天水市等地，其中春季和秋季寒潮次数偏多，冬季偏少。年内全省共有50县(区)出现强降温天气过程，较常年同期偏少，主要出现河西五市、兰州市、白银市、定西市、临夏州、甘南州、庆阳市和天水市等地。4月4—7日全省自西向东遭遇寒潮袭击，各地气温大幅下降，河西五市及白银、兰州、定西、天水等市最低气温下降了10—12℃，26县(区)出现积雪，77县(区)出现霜冻，66县(区)达到寒潮，为2000年以来降温范围最大、强度最强。

【年景评述】2018年，全省暴雨次数偏多，出现7个区域性暴雨日，河东45县(区)出现暴雨，暴雨影响范围为60年来最大，暴雨引发山洪、滑坡和泥石流等灾害及城乡积涝，造成较大人员伤亡和财产损失；干旱范围小影响轻；河东夏季高温日数近15年最少；大风日数偏多、沙尘天气偏少，未出现区域性沙尘暴天气；连阴雨次数偏多，共出现14次区域性连阴雨天气过程；冰雹过程偏少，为1961年以来最少；霜冻日数偏多，为近5年最多；寒潮次数偏多，春寒导致经济林果遭受严重冻害。2018年全省气象灾害虽造成了一定的影响和损失，但与历年相比，总体上来看属于气候条件较好年景。

2018年十大气候事件。1. 隆冬降雪频繁，陇东南积雪日数为1961年以来最多。2018年1月全省出现4次降雪过程。全省平均气温-6.7℃，较常年同期偏低0.8℃，全省平均降水量8.5毫米，较常年同期偏多1.4倍。16县(区)出现大雪，灵台县、西和县、正宁县和环县最大积雪深度超过10厘米。陇东南累积积雪日数为1961年以来最多，积雪覆盖时间长，利于冬小麦安全越冬和土壤蓄墒。2. 春寒来势凶猛，经济林果遭受严重冻害。4月4—7日，全省自西向东遭遇强冷空气袭击，各地气温大幅下降，河西五市及白银、兰州、定西、天水等市最低气温24小时下降了10—12℃，77县(区)出现霜冻，66县(区)达到寒潮，为2000年以来降温范围最大、强度最强。苹果树、桃树、杏树、梨树、樱桃、花椒等经济林果遭受严重的低温冻害，平凉市、西峰市、白银市果树受冻率达90%以上。3. 春季区域性沙尘暴次数再创历史新低。春季沙尘暴天气少，仅民勤、凉州和甘州出现分散型沙尘暴，分别是3月19日(凉州、民勤)、3月30日(甘州)、4月4日(凉州、民勤)和5月18日(民勤)。2016—2018年连续3年全省未出现区域性沙尘暴天气，为近60年最少。4. 全年干旱影响轻，高温日数少。全省作物生长期降水偏多，未出现区域性干旱。仅3月上旬—4月上旬河西中东部、陇中北部、庆阳市北部和陇南市南部出现轻到中度干旱。农作物全生育期光、温、水匹配较好，降水适时，土壤水分补充及时，利于夏粮和秋粮生产。河东夏季高温日数近15年最少，仅7县(区)出现大于35℃高温天气。5. 夏季暴雨过程多、范围广、极端性强，均创下历史之最。夏季全省平均降水量303.5毫米，较常年同期偏多43%，为近60年最多；区域自动站共监测到大雨以上降水累积总次数5915站次，较常年偏多60%；全省出现5次区域性暴雨过程，河东45县(区)出现暴雨，暴雨影响范围为60年来最大；27县(区)日降水量达到极端降水事件。暴雨引发山洪、滑坡和泥石流等灾害及城乡积涝，造成较大人员伤亡和财产损失。6. 全省前8月降雨量创60年新高，植被长势为新世纪以来最好。2018年1—8月全省平均降水量为441.6毫米，较历年同期偏多40%，超过甘肃省全年历史平均年降水量10%，为近60年最多。全省62县(区)超过全年降水总量，其中榆中县(564.9毫米)超过年降水总量最多，达50%。兰州市区及周边，群山叠翠，草木茂盛，风景如画。祁连山周边、兰州、白银、临夏、定西和甘南大部地区植被长势为2000年以来最好。7.7月中旬出现多次强降水，引发山洪地质灾害。7月9—11日，全省1959个区域自动站(968个乡镇)出现降水，其中大暴雨37站，暴雨626站，陇南市文县中庙乡过程最大降水量达258.2毫米。舟曲石门坪最大累计降水达219.6毫米。暴雨导致舟曲县南峪乡南峪村发生山体滑坡，造成白龙江河道堵塞。黄河上游降水导致刘家峡水库一度超出汛期限制水位。7月18日临夏、甘南、兰州、定西等市州共出现87站次短时强降水，最大雨强为18日20—21时东乡那勒寺82.8毫米。此次降雨过程短时强度大、突发性强，导致东乡县果园、达板等乡镇引发山洪，造成重大人员伤亡及财产损失。8. 兰州市短时强降水破极值，出现严重城市内涝。7月20日，兰州市出现强降水天气，11个雨量站点出现暴雨到大暴雨，七里河区黄峪乡达111.8毫米，突破历史极值（兰州市区日最大降水量96.8毫米）。暴雨造成七里河区、安宁区、西固区积水内涝点17处，暴雨引发城市内涝，造成多处低洼路段积水，达到成人腰部位置，车辆漂浮如“水中行舟”，严重影响交通和市民出行。9. 冰雹次数为1961年以来最少。2018年仅甘南州、临夏州、定西南部、兰州市北部、陇南北部、武威市南部等局地出现冰雹20站次，较常年偏少61站次（偏少68%），为1961年以来最少。10. 主汛期连阴雨次数多，土壤含水量大，日照时数30年最少。6—8月全省出现8次区域性连阴雨，平均持续时间为5—16天，68县（区）受到影响。日照时数为604.5小时，较常年同期偏少73小时，祁连山区、甘南、临夏、定西、平凉市西部偏少100—185小时，为30年以来最少。0—30厘米土壤相对湿度河东普遍在60%以上，平凉市、临夏南部及陇南东南部在90%以上。持续降水天气造成部分地方成熟小麦发芽霉变，马铃薯晚疫病发病期较常年明显偏早，病情发展流行速度快。

【气象服务】公众气象服务。全年发送手机短信预警信息1175条，受众4844.67万人次；发送重要天气提示161次，受众3908.91万人次；12121语音信箱累计拨打12.83万次。通过新浪和腾讯官方微博向社会公众发布、转载各类资讯信息5647篇；现有微信服务号“甘肃气象”、订阅号“甘肃微气象”“甘肃预警发布”，甘肃气象微信服务号累计关注人数2077人，订阅号“甘肃微气象”累计关注人数9136人，在今日头条客户端发布甘肃微气象资讯信息，粉丝16595人，累计阅读量362.3万。完成“甘肃气象”抖音入驻及信息发布工作。全省气象服务公众满意度91.7分。与甘肃移动合作开展推广活动，精准推送全省348个农村片区37种农作物的农业气象服务信息。举办全省气象影视服务业务竞赛，通过竞赛、观摩，找到甘肃省气象影视制作技术距离全国气象影视整体发展水平的差距，提升服务公众、科普减灾能力。通过信息员培训班、“3·23”气象日、国际防灾减灾日活动等方式，进行气象防灾减灾科普宣传，提高公众灾害防御和自救能力。

决策气象服务。制作发布决策气象服务材料506期，其中《重大气象信息专报》23期，《甘肃气象信息专报》216期。发布各类预警信号49条；政府网发布气象信息通告166次；政府及各部门决策人员累计接收预警短信181.7万条；省级领导在气象决策服务材料上批示6人次。

专业专项气象服务。制定、印发《甘肃生态文明建设气象保障服务实施方案》；建成“基于智能网格预报的人影作业潜力识别产品制作平台”。实现基于GIS技术的公路高影响天气的交通气象预报预警制作及发布。面向专业用户发布预警信号112条、重要天气专报及跟踪服务356份、全省雨情统计材料200余份。共制作发布各类专业预报服务产品3000余份，为交通、旅游、能源等行业用户制作各类重要天气专题预报材料。

重大社会活动气象服务。圆满完成第三届“文博会”、2018年“兰州国际马拉松”、第十七届“环湖赛”甘肃段等年内重大活动气象服务保障工作。

人工影响天气服务。《祁连山及旱作农业区人工增雨（雪）体系建设项目》获得省发改委正式批复。调研无人机增雨试验机型和可行性，形成“祁连山生态修复性无人飞机人工增雨工作有关情况的报告”上报省政府。新建标准化作业点18个，新增静宁作业点电控高炮改造，实现了作业数据的上传和查询功能。全年共开展飞机增雨作业12架次，总作业覆盖面积约25万平方公里，增水量约2.5亿吨。利用火箭、高炮组织实施地面人影作业近1700点次，耗弹量约2.1万发，烟条300根。充分发挥了人影作业在粮食安全、防灾减灾、生态系统保护中的服务支撑作用。

应急保障气象服务。省、市、县气象部门共启动应急响应466次（Ⅰ级应急响应5次，Ⅱ级应急响应37次，Ⅲ级应急响应56次，Ⅳ级应急响应368次），其中省气象局启动重大气象灾害应急响应20次（Ⅱ级3次，Ⅲ级1次，Ⅳ级16次）。联合省公安厅、交通厅、应急管理厅印发了《恶劣天气应急管理联动工作方案》，组织开展为期100天的公路交通气象服务。完成气象部门应急设备和平台建设情况摸底。开展“5.12”防灾减灾日及国际减灾日科普宣传活动。

气象为新农村建设服务。印发《甘肃省气象局贯彻落实乡村振兴战略实施方案》。向省政府上报《气候变化对甘肃农业生态的影响及对策建议》，向省人大上报《渭源县特色作物种植及气象灾害风险区划报告》。在29个县实施了“三农”专项。深入开展智慧农业气象服务，完成全省精细化农业气候区划和干旱、霜冻灾害综合风险区划。推广应用甘肃气象为农情报站及各市（州）、县（区、市）智慧农业APP、微信公众号，开展面向新型农业经营主体针对性的农业气象服务。在关键农时及时向新型农业经营主体、农业社会化服务组织等提供“直通式”服务。

气象防灾减灾服务。省政府办公厅印发《关于加强2018年气象灾害防御和人工影响天气工作的通知》，积极做好气象灾害防御工作。制定印发了《甘肃省基层气象灾害预警服务规范》和《甘肃省基层气象灾害预警服务能力建设实施方案》。联合民政厅、地震局申报2018年度全国和省级综合减灾示范社区。在5个县开展基层气象防灾减灾标准化建设，32个县编制了气象防灾减灾指挥作战图。

气象科技服务。全年发送手机短信预警信息1175条，受众4844.67万人次；通过官方微博、微信推送相关资讯5717期；在今日头条发布红色预警29次。通过突发事件预警信息发布系统、手机短信、微博、微信等多渠道广覆盖传播气象灾害预警信息。实现预警信息第一时间精准直达政府决策者、部门应急责任人、企事业负责人和气象信息员。

【气象基本业务与建设】建立完成"基于智能网格预报的人影作业潜力识别产品制作平台"。实现基于GIS技术的公路高影响天气的交通气象预报预警制作及发布；在5个县开展基层气象防灾减灾标准化试点建设，32个县编制了气象防灾减灾指挥作战图。省级突发事件预警信息发布系统接入省应急厅；完成省市县突发事件预警信息发布系统业务运行，建成乡（镇）突发事件预警信息发布应用服务系统（PC版、APP），在74个县（区）、531个乡镇应用。积极推广全国智慧信息员手机APP，甘肃省信息员活跃度在全国位居第五。

【科研与教育】组织申报各类项目68项，其中，国家自然基金项目27项；甘肃省科技计划项目16项；2019—2021年核心业务发展专项12项、气候变化专项9项、数值模式发展2项、部门实验室1项，双边气象科技合作项目1项。2018年获批国家自然科学基金项目5项，其中面上项目2项、青年科学基金项目3项。2018年共落实项目经费787.87万元，其中国家级5项到位经费355.31万元，地方政府资助3项21万元，中国气象局资助9项213.60万元，省局资助24项90万元，其他52项107.96万元。2018年荣获省部级一等奖1项、二等奖1项、三等奖2项。全年发布论文208篇，其中SCI（SCIE）及EI共计21篇，核心期刊72篇。全年完成厅局级及省部级成果登记各50余项。

【开放与交流】邀请来自美国犹他大学大气科学系、美国国家海洋和大气管理局、以色列本古里安大学沙漠研究所、北京大学、中国科学院大气物理研究所等科研或业务机构的10余位国内外知名专家来所做学术报告。

【气象法规建设与社会管理】深化防雷减灾体制改革，全省有47家防雷装置检测机构取得相应资质。建立全省易燃易爆场所防雷安全重点名录库。对全省行政执法人员进行清理，现共有气象行政执法人员365人，行政执法监督人员34人。深化气象标准化改革，完成《柴胡农业气象人工观测方法》《雷电灾害鉴定技术规范》等5项地方标准的制定和颁布。

国民经济

发展和改革工作

【规划政策制定】全省“十三五”规划中期评估报告经省人大常委会审议通过。全面落实兰州——西宁和关中平原城市群发展规划，制定实施方案和三年行动计划。报请省委省政府印发乡村振兴战略实施规划，研究编制了高铁经济发展规划。编制生态产业发展总体方案和相关专项行动计划，制定绿色生态产业发展基金设立方案。报请印发甘肃省支持总部企业发展政策措施。积极开展甘肃融入“一带一路”打造“五个制高点”和融入国际陆海贸易新通道战略研究，着眼长远谋划区域发展新增长点、增长极和增长带。

【项目投资管理】积极争取中央预算内投资161.7亿元，比上年增加6.5亿元。出台出让国有资源资产和资产证券化工作实施方案以及保持基础设施领域补短板力度实施方案，支持各地探索创新投融资机制。主动向银保监部门和金融机构梳理提供补短板重大项目清单，共涉及项目168个，总投资5131.7亿元。落实进一步激发民间有效投资活力的实施方案和鼓励民间资本参与PPP项目的指导意见，开展PPP项目规范核查，省发改委牵头向社会推介PPP项目64项。全省民间投资增速自上年5月以来保持正增长，全年增速比2017年回升近40个百分点。持续加强投资管理，省级安排1500万元对前三季度清单考核为前三名的定西市、兰州市、张掖市给予项目前期费奖励。

【基础设施建设】兰州南绕城高速公路建成通车，渭源至武都、景泰至中川机场、平凉至天水等高速公路在建项目加快实施，武都至九寨沟、王格尔塘至夏河等高速公路项目开工建设，彭阳至大桥村、兰州新区至兰州(中通道)、庄浪至天水、灵台至华亭等高速公路项目可研或补充可研获批。敦煌在文博会期间开通了动车，兰渝铁路动车组正式上线运营；银西铁路、中兰客专、敦格铁路和敦煌铁路提速改造等在建工程顺利实施；兰州至张掖三四线中川机场至武威段、酒泉至额济纳铁路酒泉至东风段、兰州至合作铁路、西宁经合作至成都铁路、平凉至庆阳铁路等项目前期工作进展顺利。陇南成县机场通航运营，全省正式运营运输机场达到9个；全省全年民航旅客吞吐量达到1639.7万人次，比上年增长11.5%。民勤红崖山水库加高扩建工程建成投运，黄河甘肃段防洪工程基本建成，甘肃中部生态移民扶贫开发供水工程纳入国务院172项重大水利工程范围。首航节能敦煌10万千瓦光热发电示范项目建成并网，成为全球已建成项目中聚光面积最大、吸热塔最高的熔盐塔式光热电站；建成国电兰州热电异地扩建项目；在国家对甘肃省实行红色预警的情况下，积极争取开工建设了通渭、清水等一批风电项目；打通河西新能源输送瓶颈的750千伏第二通道工程启动建设。

【区域经济发展】牵头完成了甘、川两省经济社会发展合作行动计划签署工作。积极争取甘肃省66个开发区纳入国家六部委公告的《中国开发区审核公告目录(2018年版)》，新增31个。白银刘川工业集中区等11个产业园区升级为省级开发区，总数达到47个。白银高新技术产业开发区等6个园区循环化改造示范试点通过国家验收，兰州市和平凉市崆峒区列为首批国家资源循环利用基地，对省级以上开发区园区循环化改造情况以及循环经济示范试点环保问题进行了全面梳理和排查。成功争取国家将白银市平川矿区纳入国家采煤沉陷区综合治理支持范围，将武威市天祝县炭山岭独立工矿区、玉门市老市区独立工矿区和兰州市红古独立工矿区纳入国家独立工矿区支持范围。

【产业结构调整】关闭退出煤矿28处、产能538万吨，提前两年完成国家下达的煤炭去产能任务；坚决杜绝已化解产能企业复产和“地条钢”企业死灰复燃。推动实施市场化债转股409亿元。全面落实国家减税降费政策，2018年降低企业成本427亿元。协调青海、河南等有关方面同意青海至河南特高压直流工程输送甘肃富余电力，在全国首次实现了特高压工程过境省份电力共同参与外送。统筹推进十大生态产业发展，全省共谋划265个总投资达8200亿元的绿色生态产业项目，2018年确定并实施省级重大带动性工程34个，完成投资343亿元，带动和支撑作用初步显现。引导新兴产业集聚化规模化发展，初步形成兰白综合性高技术产业、金昌新材料、酒泉新能源、天水装备制造业、定西中医药等产业集群和产业聚集区。持续加大骨干企业培育力度，新认定26户骨干企业。知识产权港公司挂牌成立，争取国家新认定2个国家企业技术中心。新认定省级众创空间24个，总量达到127个。提前超额完成“宽带乡村”示范工程，兰州市获批成为中国电信、中国移动首批5G规模组网建设及应用示范城市之一。

【生态文明建设】加大祁连山保护区生态环境治理力度，制定祁连山保护区生态环境问题整改验收办法，祁连山保护区内42座水电站退出10座、保留在建2座、规范运营30座，张掖市、武威市在保护区核心区的208户农牧民完成搬迁安置，祁连山生态保护与建设综合治理规划有序推进。加快建设甘南、定西、酒泉、兰州国家生态文明先行示范区。敦煌水资源合理利用与生态保护和“两江一水”、渭河源区等重大生态规划加快实施，玛曲县沙化退化草原巩固治理项目启动实施，祁连山和大熊猫国家公园体制试点工作有序推进。制定实施全省冬季清洁供暖总体方案。报请省委省政府印发完善主体功能区战略和制度若干意见的实施方案。深入推进节能降耗工作，完成了“十三五”能耗总量和强度“双控”目标完成情况中期评估，在天水开展节能量交易试点用能权交易基础工作，全面启动全省用能权交易制度建设工作。

【重点领域改革】编制全系统涉及企业和群众办事事项目录，公布“最多跑一次”事项。出台进一步加强投资项目审批和管理改革工作的意见，研究制定企业投资项目承诺制模拟审批、容缺受理、区域评估、代办制等试行办法。将加油、加气站及油库项目由审批制改为备案制，并将备案权限下放到市县。省政府政务大厅投资项目并联审批综合窗口按时办结率达到100%，全省投资项目在线审批监管平台平均办结率达96.44%，省发改委项目核准总体时限压减50%。报请省委省政府印发营造企业家健康成长环境弘扬优秀企业家精神的实施意见。兰州新区职教园区配售电公司挂牌成立，省电力交易中心股份制改造有序启动。全省国有林场改革基本完成，盐业体制改革和行业协会商会脱钩改革取得阶段性成果。社会信用体系建设稳步推进，11个市州建成信用信息平台。省属国有企事业单位车改工作有序推进，党政机关公车改革受到中央车改领导小组通报表扬。大力度推进电价市场化改革，年降低企业用电成本近50亿元。实施新版《甘肃省定价目录》，放开14项、下放6项政府定价项目，定价项目减少33.3%。农业水价综合改革被国家绩效评价评定为优秀等次。积极推进价格监测监管，新修订的《甘肃省价格监测报告制度》正式实施，全省价格监测预警信息系统投入使用。开展成本监审136项，共核减不应计入定价成本费用94.45亿元。办理价格认定案件7621件，认定金额48.58亿元。

【对外开放合作】编制印发甘肃省合作共建中新南向通道工作方案，陇桂铁海联运班列全年发运28列。兰州市获批全国跨界电子商务综合试验区试点城市，兰州国际港务区获批为汽车整车进口指定口岸。兰州市、酒泉市被确定为国家级物流枢纽基地。加强利用外资和国际产能合作，支持省公航旅、省电投和酒钢集团境外成功发债7亿美元，金川公司印度尼西亚红土镍矿、白银公司与中非基金联合开展第一黄金金属收购和整合、天水华天科技收购马来西亚封装公司等境外投资项目加快实施，报请省政府批复实施中国—以色列（酒泉）生态产业园建设方案。

【保障改善民生】全年下达易地扶贫搬迁任务15.9万人，安排资金68.53亿元，建成住房2万套，完成宅基地复垦及生态修复1.24万亩。“十三五”计划搬迁50万人，已搬迁入住39.3万人，搬迁入住率达78.6%。持续改善基础设施条件，下达“两州一县”及18个省定深度贫困县中央预算内投资86.1亿元，占全省争取中央投资的一半以上，64个深度贫困地区旅游基础设施和公共服务设施项目纳入国家规划。“十三五”第一批光伏扶贫项目安排29个县（市、区）建设31.1万千瓦村级电站，已完成并网发电30.54万千瓦。兰州工业学院实训中心、甘肃政法学院教学实训综合楼等高校基础设施项目全部开工，省人民医院住院部二期和兰州新区分院、兰州大学第一医院门诊综合楼等项目进展顺利。加强就业收入和公共服务保障，印发实施积极稳定和促进就业重点任务落实分工方案，开展政策性金融支持返乡创业，争取建设定西市、张掖市、灵台县、西和县等4个公共实训基地，报请印发全省人口发展规划和深化产教融合实施意见。有序推进灾后重建工作，衔接落实陇南8·7暴洪泥石流灾害灾后重建资金累计达6.2亿元，争取中央应急恢复建设资金6500万元，省级安排资金4600万元，用于暴洪灾害基础设施和公共服务设施应急恢复建设。

（简启鹏）

农业农村

【综述】2018年，全省农业增加值比上年增长5.0%，农业投资增长20.5%，农村居民人均可支配收入增长9.0%。全省粮食播种面积3967.88万亩，粮食产量1151.43万吨，增长4.1%，粮食生产喜获“十五”连丰。特色优势产业种植面积3155万亩，其中，中药材面积351.27万亩，产量101.72万吨；玉米制种面积121万亩，产量4.53亿公斤，面积和产量均居全国第1位。全省农机总动力达到2069万千瓦，增长2.5%。全省主要农作物耕种收综合机械化率达到55.9%，比上年提高2.01个百分点。机耕、机播、机收面积分别达到5082.1万亩、2805.9万亩和2121.4万亩，分别增长1.8%、2.5%和3.6%。化肥用量比上年减少9.4万吨，下降3%；农药使用量减少112吨，下降1.3%。全省推广应用测土配方施肥技术5310万亩，主要农作物病虫专业化统防统治覆盖率、绿色防控率分别达到36%、26%。

【扶贫产业体系】2018年全省贫困地区农村居民人均可支配收入比上年增长10.5%，依靠产业脱贫的农户15.54万户、脱贫人口64.89万人，占到全省总脱贫人口的80%。初步构建了“市场牵龙头、龙头带合作社、合作社带农户建基地”的生产组织体系，扶持贫困村新建农民专业合作社2862个，实现贫困村至少2个农民专业合作社全覆盖，贫困村农民专业合作社累计达到3.5万个。成功举办7万多家农民专业合作社带头人参加的全省推动农民专业合作社有效发挥带动作用的培训班，邀请农业农村部、中国社科院的有关领导、知名专家、学者亲自授课，省外先进合作社带头人和省内合作社领办人、龙头企业负责人现身说法，唐仁健省长亲自辅导动员，取得了很好效果。采取“自建”和“外引”相结合的办法，在贫困地区新培育引进德青源、海升集团、中盛及中天羊业、康美牛业等龙头企业291家、总数达到1781家，指导贫困县探索出了政府主导组建国有农发公司的“庄浪模式”、专业合作社控股组建富民公司的“宕昌模式”，走上了项目跟着贫困户走、贫困户跟着合作社走、合作社跟着龙头企业走、龙头企业跟着市场走的产业化扶贫之路。整合资金119.11亿元，为每户贫困户安排了人均5000元、户均2万元、每户不超过3万元的到户到人产业发展资金，采取农民自愿意愿、“一户一策”、真种真养、见钱见物、奖勤罚懒“五个挂钩”的措施，加强资金的使用管理，全年落实到户产业扶持资金89.88亿元，使73万贫困户受益。省上多方筹措100亿元的担保资金，实施了1000亿元特色产业发展贷款工程，目前已贷出300亿元。在贫困地区大力推进“三变”改革，消除3594个集体经济“空壳村”，村均集体经济收入达到2.03万元。在有需求的贫困村建成果蔬保鲜库701座，购置厢式冷藏车158辆，贫困地区农产品冷链物流设施得到有效改善。设立了500亿元农产品收购贷款，解决了农产品收购资金短缺的问题。成立了甘肃省农业产业扶贫产销协会，组织200多家农产品经销企业抱团出省，有效对接京津沪、粤港澳、东西部扶贫协作区和成渝终端大市场。联合农业农村部举办西北贫困地区农产品产销对接活动暨甘肃特色农产品贸易洽谈会，签约143项、110.42亿元，为农产品销售起到了促进作用。构建了以保险保本垫底、入股分红保底、公益岗位托底和低保政策兜底为主要内容的“3+1”保险保障体系，新增6个省级补贴险种，实现农业保险对建档立卡所有种养产业全覆盖，有效避免了谷贱伤农的问题。甘肃农业保险助推产业脱贫的典型做法被农业农村部评为“产业扶贫十大机制创新典型”。组织开展了贫困村干部、村级防疫员、合作社带头人、新型职业农民、贫困户一户一个“科技明白人”等全方位的培训。全年全省培训农业技术人员6000多人；培训深度贫困村干部1.49万人，完成建档立卡贫困户特色产业示范培训6423人、一户一个“科技明白人”培训12.8万人，培训新型职业农民3.57万人。建立产业扶贫专责组，实行了厅级领导包抓市州、县处级干部包抓县区的产业包抓督导贫困县责任制，抽调290名干部组建了58个贫困县包抓督导工作队，组织开展6轮督导检查，宣传政策、推广技术，督促指导、传导压力，考核考评、促进工作。

【现代循环农业】按照“调强优势、调大产业、调长链条、调优质量、调高效益”的思路，调整优化农业结构，扎实推进粮食生产功能区划定工作，调减非优势区经济作物面积，在稳定粮食产量的基础上，着力开发特色农产品，面积达3155万亩。全省玉米制种的面积和产量均居全国第1位，中药材产量居全国前列，马铃薯面积和产量居第3和第2位，苹果面积和产量居第2和第5位。发展戈壁农业8.8万亩，预计年产值达29.6亿元左右，已成为甘肃技术密集、科技含量高、生态效益和经济效益显著的新型产业。推广“六大区域”生态循环模式，积极创建以粮改饲为突破口的种养循环农业示范县，辐射带动全省粮改饲面积203万亩，有力推动牛羊为主的草食畜牧发展。着力推进种养循环和废弃物资源化利用，全省规模养殖场粪污处理设施装备配套率和废旧农膜回收利用率均达到80%以上，大力推进“三品一标”农产品认证，新获证地理标志农产品24个、有机农产品35个、绿色食品281个，全省认证农产品累计达2128个。

【农村人居环境整治】认真总结甘南州经验，在全省开展了全域无垃圾专项治理三年行动，全面推进垃圾整治，建立健全农村垃圾收集转运处置和回收利用体系，基本解决垃圾围城镇、围村组、脏乱差的问题。采取以奖代补、先建后补等方式，在38个条件较好的县市区全面推进、在29个片区贫困县重点推进、在20个深度贫困县分阶段分批次试点推进“厕所革命”，全年建成农村户厕39万户、占比7.9%，累计建成60.98万户、占比12.38%。认真学习推广浙江“千万工程”经验，全省建成“美丽乡村”示范村697个，累计建成2844个。康县实现了从建设美丽乡村、管理经营美丽乡村到打造全域旅游大景区的循序推进，实现旅游综合收入过10亿元，形成了甘肃“美丽乡村”建设的“康县模式”，中央电视台进行了专题报道。

【农村综合改革】在先行试点的基础上，推动农村“三变”改革由点及面全面在全省推开，探索出“三变+种植养殖”“三变+乡村旅游”等多种成功模式及土地股、资金股、劳务股、技术段等多种股权形式，引导村集体和农户的194.38万亩耕地、53.12万亩林地入股参与“三变”改革，受益农户93.13万户，获得入股分红6.21亿元。全省村级集体经济增长1.84亿元，村均约1.89万元，“三变”改革地区呈现出农村沉睡资源活起来、分散资金聚起来、农业产业强起来、村民腰包鼓起来、集体经济壮起来的良好态势。

【“大棚房”问题专项清理整治和非洲猪瘟防控】全省共清理排查“大棚房”违法违规问题3116个，占用耕地13664亩，其中基本农田795亩，已整改到位违法违规问题311个，恢复耕地887.2亩。对43明公职人员追责问责，其中诫勉谈话9人、约谈30人、通报批评4人；立案查处违法违规问题55人，涉及当事人54人。认真组织开展非洲猪瘟防控工作，制定印发《甘肃省非洲猪瘟疫情应急预案》，各级畜牧兽医部门实行技术人员分片包抓防疫工作制度，县乡畜牧兽医技术人员落实“一对一”包抓养殖场(户)制度，对跨省调入畜禽实行落地监管和隔离观察制度。加大监测排查力度，强化生猪调运监管，设加强部门联防联控，及时果断处置多起外省调入突发事件，有效预防了非洲猪瘟疫情传入。

（王勤）

粮食流通

【基本情况】2018年，全省收购粮食283.8万吨，比上年下降11.9%；销售粮食331.2万吨，下降2.1%。收购食用油6.2万吨，下降1.4%；销售食用油11.9万吨，下降11.1%。全省粮食综合库存267.3万吨，下降6.4%；食用油综合库存5.5万吨，增长6.3%。

【粮食调控保障】积极争取国家政策性粮食支持，调入跨省移库小麦30万吨。通过兰州国家粮食交易中心投放各类政策性粮油，完成各类政策性粮油交易30.2万吨。其中完成地方储备粮轮换26万吨，跨省移库小麦1.3万吨，国家临储菜籽油0.8万吨，国家进口小麦交易2.1万吨。

通过甘肃省"一带一路"粮食安全高峰论坛暨"中国好粮油—陇上行"区域协作会议，与20个省(区)共同发起了"积极融入'一带一路'建设共谱粮食安全新篇章"的区域粮食安全暨粮食流通协作倡议，与黑龙江、河南、安徽、吉林、四川、广东、陕西、宁夏、新疆等9省(区)粮食局签订了省际间粮食产销合作协议，共达成粮食产销合作协议32笔，购销数量共250万吨，甘肃每年从省外购进小麦105万吨，大米70万吨，销往省外玉米25万吨，马铃薯50万吨。

改进省级储备小麦轮出网上竞价交易制度，按期完成22.9万吨省级储备粮、0.9万吨省级储备油轮换计划，确保了储备粮常储常新、发挥效能。调整补充国家粮油价格监测信息直报点15个，价格监测点增加到443个，已建立覆盖全省各市(州)、县(市、区)的信息监测网络，信息预警作用得到进一步发挥。全省制定应急预案80个，其中，省政府和省粮食局各1个，市级14个，县级64个，形成了各市(州)、县(市、区)应急预案的全覆盖。进一步完善省市县三级应急体系，全省应急供应网点达到1691个、应急配送中心146个、应急加工企业98个、应急储运企业140个。

【粮食安全考核】报请省政府调整了考核领导小组，会同发改等12个部门制定考核方案、优化考核指标，完成了2017年度"省考""国考"。同时，针对考核中存在的问题，分别向市州政府主要负责同志发出通报，列出问题清单，提出整改要求。各市州和相关单位针对考核中存在的不足和短板，强化措施、完善政策、狠抓整改。

【粮食产业经济】提请省政府印发大力发展粮食产业经济的实施意见，与国家粮食和物资储备局签订战略合作协议，在粮食产业培育壮大主体、创新发展方式等方面提供了政策保障和制度安排。兰州市整合现有粮食资源，总投资30多亿元，在兰州新区建设现代粮食产业园区；天水市总投资5.22亿元，建设区域粮食仓储物流生态产业园；武威市引进投资2.6亿元，推进粮食产业园区项目；平凉市总投资1.8亿元，建设粮油物流配送中心项目；白银市总投资4489万元，建设粮食物流园项目。国家粮食和物资储备局、中国农业发展银行确定的武威红太阳面业公司等17户"全国粮油产业化经营龙头企业"。

【项目建设】会同财政、发改等有关部门积极争取国家"优质粮食工程"项目总投资14.12亿元、中央补助4.34亿元，分"中国好粮油"行动、质检体系、产后服务体系三个子项目，三年建成。粮食安全保障调控和应急设施专项建设总投资15.97亿元、中央补助1.59亿元。"军民融合军粮供应工程"总投资3.82亿元、中央补助1.15亿元。粮库智能化升级改造项目总投资3.03亿元、中央补助1.28亿元，临夏州和省陈官营、景家店粮油储备库等3个试点单位已投入使用。

【依法管粮】甘肃是2018年全国政策性粮食库存数量和质量大清查10个试点省份之一。报请省政府成立领导小组，印发工作方案，对省、市、县参与清查的120多人进行培训，加强了组织领导，明确了职责任务，提高了检查能力。组织11个工作组80多人，对天水、武威22户承储企业的粮食库存进行了全面检查。共检查粮食库存89万吨，完成384份样品的质量扦样检验。承储企业对发现的49个问题进行了认真整改，已整改到位45个，其他问题正在逐步整改到位。试点清查工作达到了试方案、验方法、测系统、强队伍的预期目的，对2019年全面清查工作奠定了良好基础。按照深化"放管服"改革的要求，将"从事粮食收购活动许可"省级审批项目经省政府批准下放至市州。开展粮食流通执法检查2144次，检查企业5127个次，依法处理18例，维护了正常的粮食流通秩序。及时启动12325粮食流通监管热线，创新了监管方式。组织以"端牢国人饭碗，保障粮食安全"为主题的宣传活动，推进全社会爱粮节粮。开展"深化粮食财务管理提升年"活动，进一步健全完善管理制度，有效防范了资金风险。

（马海霞）

林业和草原

【总体情况】2018年，全省完成营造林总面积392765公顷，其中，人工造林296021公顷(灌木林36871公顷)，飞播造林667公顷，封山育林85410公顷(无林地和疏林地封育76211公顷、有林地和灌木林地封育9199公顷)，退化林修复10667公顷。完成森林抚育147442公顷。全年林木种子采集量1292吨，苗木产量584577.65万株，全省育苗面积47371公顷，其中国有育苗面积6811公顷。

【林业重点工程】全年林业重点工程完成营造林164493公顷，其中，人工造林130892公顷(灌木林18314公顷)，封山育林33601公顷(无林地和疏林地封育31068公顷、有林地和灌木林地封育2533公顷)。林业重点工程营造林面积占当年全省营造林总面积的41.88%；其中天然林资源保护工程营造林8410公顷，(人工造林6811公顷，无林地和疏林地封育1399公顷，有林地和灌木林地封育200公顷)，退耕还林工程营造林面积106712公顷，(全部为人工造林)三北防护林建设工程营造林面积49371公顷，(人工造林17369公顷，无林地和疏林地封育29669公顷，有林地和灌木林地封育2333公顷)，分别占当年全省营造林总面积的2.14%、27.17%和12.57%。

【林业产业发展】2018年，全省林业产业总产值为4802713万元，其中，第一产业产值3743224万元，第二产业产值236703万元，第三产业产值822786万元，分别占全部林业产值的77.94%、4.93%和17.13%。从三次产业结构看，三次产业结构比为77.94:4.93:17.13，与2017年相比较，第一产业比重减少，第二产业基本持平，第三产业比重有所增加。

全年生产木材44500立方米，其中，原木41995立方米，薪材2505立方米。非商品材35139立方米，其中，农民自用材22215立方米，农民烧材12924立方米。小杂竹530吨。木材生产按生产单位分，系统内国有林场、事业单位生产木材12298立方米，占27.64%；系统外企、事业单位采伐自营林地木材2663立方米，占5.98%；乡(镇)集体企业及单位生产木材8882立方米，占19.96%；村及村以下各级组织和农民个人生产木材20657立方米，占总产量的46.42%。

全年各类经济林年末实有种植面积1182586公顷。其中，水果种植面积577843公顷，干果种植面积102768公顷，林产饮料产品(毛茶)材种植面积8279公顷，森林药材种植面积120212公顷，木本油料种植面积373484公顷。

全年各类经济林产量5508084吨。其中，水果产量5089757吨，干果产量119803吨，林产饮料产品产量1761吨，林产调料产品产量31010吨，森林食品产量2696吨，森林药材产量151879吨，木本油料产量110998吨，林产工业原料产量180吨。

2018年末实有花卉种植面积3007公顷，全省切花切叶产量9486.83万支，盆栽植物产量5213.82万盆，观赏苗木产量3739.50万株。草坪产量11.38万平方米。全省有花卉市场88个，花卉企业282个，其中大中型企业44个(大中型企业减少4个)。全省从事花卉产业的花农9674人，从业人员14592人，在花卉从业人员中，专业技术人员1711人。控温温室117.59万平方米，日光温室129.44万平方米。

全年普通锯材产量12505立方米，人造板产量46070立方米。其中，胶合板7070立方米，木质纤维板25000立方米，其他人造板14000立方米。

全年林业旅游游客达1747.89万人次，旅游总收入513179万元，直接带动其他产业产值43544万元。其中，林业旅游1676.46万人次，旅游收入508323万元，直接带动其他产业产值40692万元；林业疗养与休闲71.44万人次，旅游收入4856万元，直接带动其他产业产值2852万元。旅游游客人均花费294元(2017年人均花费为138元)，其中林业旅游游客人均花费303元(2017年人均花费为143元)，林业疗养与休闲游客人均花费68元(2015年人均花费为82元)。

2018年年末，全省林业系统共有1420个单位，其中企业单位7个，事业单位1203个，机关单位210个。全省林业系统在年末职工总数39395人，全省单位从业人员39343人，其中，女职工10222人；非全日制职工3831人；专业技术人员8636人；在岗职工34456人；其他从业人员4887人；离开本单位仍保留劳动关系人员52人；年末实有离退休人员8369人。在岗职工按行业分，农林牧渔业23946人(林木育种育苗1908人，营造林18930人，木竹采运11人，经济林产品种植与采集184人，陆生野生动物繁育与利用13人，其他2900人。制造业18人(木材加工及木、竹、藤、棕、苇制品业7人，其他11人)。服务业15423人，其中，林业生产服务1795人，野生动植物保护和自然保护区管理2134人，林业工程技术与规划管理553人，林业科技交流和推广服务1968人，林业公共管理和社会组织7672人，其他1301人。其他行业8人。

【退耕还林】组织8个市州26个县区全面完成2017年28000公顷退耕还林工程计划任务，将2018年97733公顷任务分解下达到13个市州56个县区，组织开展作业设计和地块落实。组织开展2017年、2018年两个年度新一轮退耕还林监理工作，共检查40个县(区)、290个乡(镇)、9960个小班，检查面积44333公顷。配合国家林草局华东林业调查规划设计院开展2018年退耕还林国家核查验收工作，共抽查甘肃省2014年度新一轮退耕地还林面积4433公顷、前一轮退耕还林面积1333公顷。专门组织技术人员对2016年新一轮退耕地还林、2014年荒山造林、2012年封山育林和2017年反馈整改面积进行省级复查，共抽查11个市州的17个县区，面积15733公顷。

【三北防护林建设】全年完成工程建设任务49371公顷，其中，人工造林17369公顷(灌木林1346公顷)，封山育林32002公顷(无林地和疏林地封育29669公顷、有林地和灌木林地封育2333公顷)，投资16000万元。

【天然林资源保护】全年落实天保工程投资146986万元，其中，中央投资134068万元(财政资金129368万元、基建投资4700万元)，省级投资12918万元。下达公益林建设任务7867公顷，其中人工造林5867公顷、封山育林2000公顷；下达国有中幼龄林抚育任务89467公顷。完成了《甘肃省林业生态保护恢复资金管理实施细则》。“甘肃省天然林保护省级复查和信息报表平台”投入使用，全面完成“人员机构与社保系统”更新，工程信息化工作取得阶段性成效；2018年省级复查报告和生态监测报告显示，全省天保工程区森林生态效益总价值达到26196900万元，森林资源面积稳步扩大，活立木蓄积量不断增长，森林资源生态功能不断发挥；工程区国有职工年收入达到49872元，比上年增长2.44%。

【防沙治沙】全省沙区8市(州)23个沙区县完成人工造林5827公顷、封山育林20833公顷，国家级防沙治沙综合示范区造林400公顷。阿克塞、高台、肃北3县沙化土地封禁保护区中央财政投资3000万元，完成封禁面积38700公顷。

【森林防火】全省共发生森林火灾10起(一般火灾5起，较大火灾5起)，过火面积共39.1公顷，受害森林面积26.6公顷，经及时扑救，未发生重、特大森林火灾和重大人员伤亡，较好的保障了全省森林资源和林区群众生命财产安全，维护了全省生态安全，实现了林区和谐稳定。

【林业扶贫】制定了《省委省政府关于打赢脱贫攻坚战三年行动的实施意见》省林草局落实方案和《2018年建档立卡贫困人口聘用为生态护林员工作方案》。会同生态扶贫专责组5个成员单位共同制定印发《甘肃省深度贫困地区脱贫攻坚生态扶贫实施方案》，明确了支持深度贫困地区脱贫攻坚的15个生态扶贫项目。经积极争取，2018年国家新增甘肃生态护林员项目资金10500万元，投资总计达到31500万元、选聘生态护林员40894人，其中倾斜安排35个深度贫困县区23100万元、选聘生态护林员28900万人，特别是“两州一县”贫困地区实现了全覆盖。争取国家安排甘肃退耕还林任务97733公顷，倾斜安排深度贫困县区任务57767公顷。争取省级财政林果产业发展项目资金6000万元，倾斜安排深度贫困县区5000万元。组织召开了秦安县省直帮扶单位协调推进会暨省市县三级组长单位联席会2次，牵头省直9个单位做好帮扶秦安县脱贫攻坚工作。

【义务植树】全省各级绿委在“3.12”植树节、“3.21”国际森林日和春造等重点时段，紧紧围绕“开展国土绿化行动，推进人与自然和谐共生”主题，开展宣传咨询活动，深入宣传绿化、环保、生态保护等方面的知识，提升社会各界的生态文明理念和造林绿化意识。据统计，2018年全省有义务植树适龄公民1575万人，实际参加植树的人数为1371.3万人(次)，尽责率87%，完成植树8544万株，人均植树6.2株，新建义务植树基地577个。

【退牧还草】2018年，退牧还草工程完成草原围栏253333公顷、退化草原改良13333公顷、人工饲草地169333公顷、舍饲棚圈10000户、黑土滩治理3333公顷、毒害草治理3333公顷。全省累计建成草原围栏8600000公顷，补播改良退化草原2196667公顷，治理黑土滩16667公顷、毒害草12667公顷。

【退耕还草】2018年，全省完成退耕还草10000公顷，累计退耕还草面积达到334667公顷，完成投资44200万元。推动全省饲草供给能力有效提升，退耕农户收入稳步增加，农业生产结构和种养结构进一步优化，草原生态环境逐步改善，实现了生态效益、社会效益和经济效益的共赢。

【草原生态奖补】全年完成草原禁牧6666667公顷、草畜平衡9400000公顷，110250万元补奖资金已全部兑现到户。争取落实年度政策绩效考核奖励资金26389万元，支持重点草原县区培育后续产业，大力发展草牧业，开展祁连山自然保护区草原生态保护与修复。全省天然草原综合植被盖度达到52.5%，天然草原牲畜超载率达到12.5%，草原植被得到有效恢复，放牧压力得到有效缓解。

（陈瑱）

水　利

【概述】2018年，全省完成水利固定资产投资151.9亿元。引洮供水二期工程加快推进，黄河甘肃段防洪工程主体工程基本完工，民勤红崖山水库加高扩建工程全面建成，天水城区引洮供水主体工程基本建成；全省发展高效节水灌溉面积115.5万亩；巩固提升90万户、382万人的饮水问题；实现了祁连山保护区水电站全部在线监控和预警管理，完成祁连山自然保护区10座水电站关停退出阶段性任务；水利领域各项改革深入推进，建立了由党委、政府主要负责同志担任总河长的“双河长”工作机制和覆盖所有江河、湖泊、洪水沟道的省、市、县、乡、村五级河长体系，全面或超额完成了省政府、水利部确定的目标任务。

【水资源】2018年全省总供水量112.24亿立方米。其中，地表水工程供水82.99亿立方米，占73.9%；地下水工程供水25.67亿立方米，占23%；其他水源供水3.58亿立方米，占3%。全省总用水量112.24亿立方米，生产用水101.75亿立方米(第一产业89.35亿立方米，第二产业9.37亿立方米，第三产业3.03亿立方米)，占90.6%；生活用水6.06亿立方米，占5.4%；生态环境用水4.43亿立方米，占4%。2018年，万元地区生产总值用水量136立方米，比上年下降9.9%；万元工业增加值用水量48立方米，下降17.2%；农田灌溉水有效利用系数0.5601，比2017年提高13‰；重要江河湖泊水功能区水质达标率79.4%，比控制目标71.8%超出7.6%，均在最严格水资源管理年度控制指标内。

【重大水利工程】引洮供水二期主体工程累计完成投资40.98亿元，占总投资73.06亿元的56%。引洮供水二期配套城乡供水工程，甘谷、秦安、通渭、静宁、会宁、武山6县城乡配套工程开工建设。黄河甘肃段防洪工程主体工程基本完工，民勤红崖山水库加高扩建工程全面建成。天水城区引洮供水工程主体工程基本建成，杨家湾调蓄水池已达到蓄水条件。甘肃中部生态移民扶贫开发供水、白龙江引水、引哈济党、马莲河水利枢纽等重点水利项目前期工作取得重要进展。

【抗旱防汛】2018年，全省部分地区出现冬春和夏伏干旱，全省作物受旱面积111.09万亩，因旱造成2.5万人、10.38万头大牲畜饮水困难。省水利厅积极督促各级全面落实应急抗旱措施和“四级联报”制度，加强会商研判，实行旱情动态管理，充分发挥水利骨干工程和抗旱应急水源工程作用，精心调度抗旱水源，确保了受旱区群众饮水安全和春耕农业生产顺利进行。

汛期，全省大部分地区多次发生强降雨天气过程，造成326.37万人受灾，直接经济损失110亿元，部分县区暴洪灾害和地质灾害叠加，大量房屋倒塌损毁，基础设施损坏严重。省水利厅科学监测预报预警暴雨山洪灾害，共发布65次强降雨预报预警，4.2万多条预警短信。及时启动防汛抢险救灾应急响应，科学调度防控黄河干流及渭河等支流洪水，先后启动黄河防洪Ⅲ级应急响应、白龙江防洪Ⅲ级应急响应、东乡山洪灾害应对Ⅱ级响应，组织动员有关单位和市州投入防汛抗洪抢险救灾，成功防御和抢护了黄河干流及渭河、洮河、白龙江、讨赖河等河流重大汛情险情，全力开展中小河流和山洪沟道洪水灾害抢险救灾工作，最大限度减轻灾害损失。成功应对处置甘南州舟曲县南峪乡山体滑坡堵塞白龙江险情。及时派出工作组赶赴靖远、东乡、岷县、肃南等重大险情现场，指导开展抢险救灾工作。积极汇报争取，筹措下达防汛专项资金，支持各地应对险情，修复水毁工程。同时，调整防汛物资调拨机制，全力以赴提供防汛抢险物资支持保障，紧急调拨省级储备2.5万片铅丝网片、71.2万条编织袋。

【涉水问题整改】集中开展了两轮中央环保督察反馈意见涉水问题整改“回头看”，全面完成祁连山地区117座水电站水资源论证复评，会同省生态环境厅严格落实祁连山地区水电站最小下泄流量，实现了祁连山保护区水电站全部在线监控和预警管理，完成祁连山自然保护区10座水电站关停退出阶段性任务。举一反三，组织开展了全省水电站水资源论证复评工作，全省正常运行的582座水电站有555座完成了引泄水流量监测，正常运行的447座引水式水电站，有430座已在线监测。

【重点流域治理】石羊河蔡旗断面过水量达到3.61亿立方米，民勤盆地地下水开采量控制在6600万立方米，下游青土湖形成水面25.16平方公里，旱区湿地达到106平方公里；黑河流域重点治理成效不断巩固，自2000年国家实施黑河水量统一调度以来，连续19年完成调水任务，累计向下游输水215.3亿立方米，占黑河来水的60.1%，内蒙古东居延海自2004年以来连续15年不干涸，水域面积保持在40多平方公里以上；实施《敦煌水资源合理利用与生态保护综合规划(2011—2020年)》，2018年党河到达下游末端北湖滩水量达2000万立方米，干涸多年的哈拉诺尔湖形成24平方公里水面，疏勒河到达下游北河口水量达1.2亿立方米，西湖自然保护区周边地表植被覆盖率进一步增加。以国家水土保持重点工程为依托，加快推进水土流失综合治理，下达资金6.4亿元，完成水土流失治理面积915平方公里。

【河湖长制】建立了由党委、政府主要负责同志担任总河长的“双河长”工作机制和覆盖所有江河、湖泊、洪水沟道的省、市、县、乡、村五级河长体系，共设置河长26138名，河长制相关配套制度全面建立，提前6个月实现了国家和省上确定的工作目标。湖长制同步推进，设置湖长1181名，12月如期建成并向社会公告。深入开展河湖“清四乱”专项行动，集中整治河湖采砂、河湖垃圾、水域岸线等突出问题，助推河长制从“有名”向“有实”转变。全省已关停违法违规采砂场699家，关闭砂石料场144家，累计清理河道2800多公里，清理河道垃圾390多万吨，疏浚河道6200多公里，拆除非法建筑物8340座。

【农田水利】在全省13个市(州)76个县(区)实施高效节水灌溉项目，全年发展高效节水灌溉面积115.5万亩，圆满完成水利部下达的115万亩任务。实施省景电、靖会、兴电、中堡、三电、大砂沟、西津、白庙等8处泵站改造项目和景电、大堵麻、梨园河、西浚、大满、东大河、洪临等7处大型灌区续建配套与节水改造量测水设施建设项目。

【水利改革】基本完成疏勒河流域水流产权确权试点工作各项任务，河道管理范围划界成果、水生态空间范围内国有自然资源统一确权登记已向社会公告。农业水价综合改革工作基本推开，14个市(州)均印发了市级实施方案，74个县(市、区)编制了县级实施方案，其中64个已批准实施。5个国家级、5个省级、5个市级试点已完成试点任务。积极推进面上改革，在河西灌溉区基础条件较好的金塔县、高台县、甘州区等8县(市、区)整县区突破；在中部提水灌区以20处大中型灌区为重点，开展供水成本测算和监审；在东南部补充灌溉区以县级工作机制建立和县级工作方案出台为抓手，结合“农村三变”改革，重点明晰水利工程产权。2018年，全省已完成农业水价综合改革面积382万亩，占国家下达任务300万亩的127%。联合省农发行印发《关于做好抵押补充贷款工作支持全省水利发展2018年度工作的通知》，督促指导市县水务部门与农发行各级机构做好双向对接，落实融资贷款23.4亿元。持续推进水务一体化，全省搭建水利投融资平台59家。

【建设管理】制定印发了《甘肃省重点水利工程质量监督巡查办法》《关于加强水利工程建设项目招标投标管理的意见》《关于切实落实农民工工资管理五项制度的通知》等一系列制度办法；对接完善“甘肃省水利工程建设项目招标投标备案及企业信用信息管理系统”，建立了2919家企业、6.5万人的信用信息档案；建立了省级质量监督清单，实现了省属水利工程质量监督常态化、全覆盖。

【水政】深入落实“放管服”改革，印发《甘肃省水利厅深化“放管服”及推行“一窗办一网办简化办马上办”改革工作方案》和《全省水利系统依申请办事事项指导目录》，规范明确了20项行政许可及其他权力事项的办理要件、流程、时限等。16项依申请事项实现了“最多跑一次”，达到全部办事事项的80%。18项省级依申请办事事项全部实现了在线办理，网上可办率由61%提升到100%。2018年政务大厅共受理551件，办结529件，按时办结率为96%，其中：行政许可事项82件，其他行政权力事项469件，咨询服务3200多人(次)，满意率达100%。有序推进扫黑除恶专项斗争，摸排涉黑涉恶线索，对接到的19起电话举报、23起群众来电来信举报件和舆情参阅、新闻媒体报道转办件进行调查，对全年全省水利行业查处的水事案件逐案摸排。强化队伍建设，提高执法人员素质，筹措执法经费170余万元，为37支基层水政执法队伍配备执法装备。

【水利科技】向省科技厅推荐申报了25项省科技计划项目，向水利部推荐申报了3项水利技术示范与宣传培训项目；组织开展了2018年度省科学技术奖的推荐申报工作，获得省科技进步二等奖1项、三等奖3项；55个项目成果获省水利科技进步奖；举办了两期“雨水集蓄利用技术国际培训班”，培训了来自18个国家的74位学员。

【脱贫攻坚】提请省政府印发《关于加强脱贫攻坚农村饮水安全工程建设及运行管理的意见》，制定印发了《甘肃省水利扶贫三年(2018—2020年)行动实施方案》《甘肃省水利厅支持深度贫困地区加快水利发展实施意见》，按照“三年任务、两年完成”的目标，完成投资28亿元，占三年总任务43亿元的65%，超额完成年度计划任务，巩固提升了90万户、382万人的饮水问题。制定《甘肃省脱贫攻坚农村饮水安全验收实施细则》，细化了甘肃省精准脱贫饮水安全验收标准及认定程序。制定印发了《脱贫攻坚农村饮水安全技术指导和督导检查工作方案》和《关于进一步加强技术指导和督导检查工作的通知》，派出7个工作组常驻一线开展技术帮扶，实现对58个国家级贫困县技术指导和督导检查全覆盖。积极配合民革甘肃省委员会开展监督检查。主动汇报衔接省纪委监委对脱贫攻坚任务较重的贫困县工作责任落实情况开展监督检查，在全国属首例。充分发挥帮扶舟曲县省直组长单位作用，统筹6家省直单位作用合力做好舟曲县帮扶工作，先后多次组织省州县帮扶单位召开帮扶工作座谈会、产业推进会、考核会、联席会、督查会，形成紧密联动局面。组织厅系统300多名党员干部与舟曲县东山镇和果耶乡10个贫困村的385名党员、196户贫困户结对共建，积极扶持发展中藏药、土蜂蜜和羊肚菌等特色农产品合作社。

（张金芳）

工业和信息化

【工业运行】2018年，全省规模以上工业增加值比上年增长4.6%，完成年初目标。强化运行调度，建立旬调度、月分析、监测预警、重大事项报告抄告和专项督查等制度，对停减产企业实施分类管理，“一企一策”帮扶企业复产稳产增产。强化生产要素协调，保障省内电煤供应，做好疆煤调入，加快省能化、省电投储煤基地规划和建设进度，争取国家增加油品和天然气指标，有序推进天然气产供储销体系建设，促进全省电力电量平衡，协调解决电费、电价等问题，开展跨省跨区外送电争取工作，全年外送电量325亿千瓦时，引导火电企业开展热电解耦和深度调峰改造，稳步推进电力现货市场建设试点工作，工业用电量和铁路货运周转量分别比上年增长11.2%、7.7%。对规模以上企业根据综合实力、创新、绿色发展等指标，划分为四类进行评价和精准服务，与23户央企、7户省属企业和8户非公企业签署了服务保障协议，各市州相应也与属地重点企业签署服务保障协议。工业和通信业安全生产形势总体稳定，分管领域没有发生较大安全生产事故。

【绿色生态产业】出台先进制造、清洁生产、数据信息绿色生态产业发展三年行动计划，配合出台中医药、军民融合产业三年行动计划，制定三个专项行动计划推进方案和“一企一策”工作手册。全系统工作推进机制基本建立，14个市州制订了对应的产业行动计划。全年纳入导向计划的896个项目完成投资491.61亿元，其中560项5000万元以上项目完成投资455.34亿元，237个已建成项目完成投资86.99亿元，298个三大绿色生态产业重点项目完成投资234.33亿元，重离子技术装备制造应用推广工程、三维大数据物联网智能制造产业园等11个重大带动性工程项目进展顺利，中车大连公司与酒钢、白银公司、兰州轨道交通等省内企业签署了产业链协同合作协议。服务型制造陇原行活动纵深持续推进，认定10家模式成熟、服务配套、高端高效的省级生产性服务业示范企业，认定1家生产性服务业功能示范区，大禹节水公司被认定为国家级服务型制造示范企业，省轻工研究院的省农产品深加工行业服务型制造示范平台被认定为国家级平台。兰州科天公司、西北永新集团产品被工信部认定为国家绿色设计示范产品，兰州电机项目作为国家智能制造新模式获国家资金支持，兰石集团、长城电工项目成为国家智能制造试点示范项目。推进新能源汽车动力电池回收利用试点工作，开展对20户能耗超标企业的复查和62户有重大工业节能核查任务企业的专项监察，完成工信部2018年重大工业节能监察任务。

【供给侧结构性改革】严厉打击查处“地条钢”、电解铝、稀土等违法违规行为，对武威闽航钢铁公司和皋兰兰鑫钢铁公司进行了现场核实，规范了钢铁、水泥、平板玻璃、电解铝等行业产能置换工作，对中瑞铝业电解铝项目产能置换一期10万吨项目和铝合金产业链项目产能置换完成程序性工作。城镇人口密集区危险化学品生产企业搬迁改造工作有序推进，29户企业明确了搬迁改造方案。认真落实省政府关于进一步降低企业用电成本的工作部署，会同省发改委通过直购电交易加大对重点用能企业的支持，全年向176家工业企业让利7.85亿元。先行开展白银刘川工业园增量负荷供用电体制改革试点，企业到户电价0.33元/千瓦时左右；优化电力生产运行方式，促进新能源消纳，实现新能源发电量和发电占比“双升”、弃电量和弃电率“双降”。会同有关部门开展全省涉企保证金清理规范和清理拖欠民营企业中小企业账款专项工作，规范涉企保证金15项，全年减轻企业负担5000万元。深入推进“放管服”改革，23项行政许可事项全部实行网上申办和线上线下同步办理，实现“最多跑一次”。举办第三届“创新杯”工业设计大赛，参赛数量和质量超过以往。认定23家省级工业设计中心，培育认定15家省级企业技术中心，完成全省227家省级企业技术中心的年度考核，天水华天等5户企业通过国家技术创新示范企业年度考核评价，银光公司被列为国家技术创新示范企业，成立省镍钴新材料创新中心和省物联网智慧产业技术创新联盟。以省政府名义出台关于支持陇药大品种大品牌推动龙头企业发展的政策措施，会同有关部门印发实施陇药大品种大品牌奖励办法，促进了陇药产业高质量发展。

【两化融合和信息产业发展】电子信息产业保持良好发展势头，全年实现营业收入197.71亿元，比上年增长9.57%。出台全省大数据产业“十三五”规划，起草并以省政府名义出台全省工业互联网发展三年行动计划、全省数据信息产业行动计划、全省扩大和升级信息消费的实施意见，明确了工作目标和在网络基础设施改造、平台建设、平台使用、安全体系构建、产业支撑方面的重点任务。兰州新区国际互联网数据专用通道项目建设完成，电信普遍服务试点建设工作稳步推进，年底全省行政村通光纤率达到98%，提前完成工信部电信普遍服务目标。启动建设全省制造业与互联网融合发展监测分析平台，新增11家国家级贯标试点企业，中石油西北销售公司面向油库安全运营的工业互联网态势感知系统成为工信部2018年工业互联网试点示范项目。举办云行陇原·慧领未来——甘肃省工业企业上云推进大会，兰州、白银工业云平台相继运行，注册用户180余家，全省1300多家小微企业接入西北中小企业云。丝绸之路信息港建设加快推进，华为、腾讯、浪潮、东软、中科曙光等国内领先信息和大数据企业落户我省，智慧文博项目顺利实施。举办第三届文博会数字丝绸之路大数据论坛，组织“一带一路”大数据成果展。加强与中国建材集团在新型建材、薄膜太阳能领域合作，太阳能光热和光伏发电用聚光材料及深加工项目在酒泉市开工建设。

【中小微企业发展】省政府出台促进中小微企业发展若干措施，从8个方面共58条进一步优化民营经济和中小微企业发展环境，激发企业创业创新活力。出台推动中小企业“专精特新”高质量发展三年实施方案，培育“行业小巨人”，全年认定14户“专精特新”中小企业，有力促进了全省中小企业转型升级。充分发挥省中小企业发展基金作用，解决企业融资难融资贵问题，投资总额3.3亿元，投资范围覆盖全省9个市州。加强省级中小企业公共服务示范平台认定考核管理，省科学院生物研究所等5家单位被认定为国家中小企业公共服务示范平台，兰州创意文化产业园有限公司等4家单位被认定为国家小型微型企业创业创新示范基地。全力推进规下转规模以上工作，全年预计新增入规企业157户。继续开展以“落实促进法、转型促发展”为主题，以“宣法普法、营造环境、提升能力、强质增效”为重点的扶助小微企业专项行动，深入开展“千企大走访、服务进企业”专题服务月活动，协调解决企业在发展过程中遇到的堵点。推进中小企业信息化建设，与中国移动甘肃分公司签订共同推进万家企业上云战略合作协议，14个市州移动公司与企业签约，全年上云中小微企业超过1万户。组织36户“专精特新”中小企业重点围绕高端装备制造产业链产品和技术成果参展第十届APEC中小企业技术交流暨展览会，签约3000万元。

（张双武）

住房和城乡建设

【城乡规划】进一步提升完善城乡规划管理水平，完成了《甘肃省城乡规划条例》修订，并经省人大常委会第十二次会议审议通过。优化完善《甘肃省城镇体系规划》，陇南市新一版城市总体规划成果已报省政府审批；兰州、天水、庆阳、张掖、合作、金昌5地正在开展新一轮总体规划纲要修编工作。督促指导全省14个市州充分借鉴庆阳、陇南、金昌“多规合一”试点经验和工作模式，指导所辖县完成新一轮总体规划编制报批工作。加快推进历史文化街区及历史建筑划定，全省共划定历史文化街区19处、确定历史建筑138处。完成了天水市、临夏市、武威市古浪县大靖镇历史文化名城、名镇保护规划，以及武威市历史文化街区保护规划的审查，并获省政府批准。组织开展了田园综合体建设调研及城市规划编制工作，编制完成了《甘肃省田园综合体规划策划书》和《甘肃省乡村社区规划风貌导则》，积极推进田园综合体建设。

组织平台开发公司制定了《甘肃省城乡规划编制成果报备规范》《甘肃省城市总体规划编制成果CAD制图规范》等13个数据报备的标准规范，指导督促各地加快规划成果报备工作进度，统筹协调全省城市总体规划、控制型详细规划以及县城总体规划成果的规整报备工作。全省城乡规划管理信息平台于2018年11月6日通过专家会验收并正式投入使用。加强省级重大建设项目选址管理工作，全年共通过“甘肃省投资项目在线审批监管平台”在线依法按时办结重大建设项目选址78项。

【城乡建设】城市、县城供水普及率分别达到98.81%、91.44%，燃气普及率分别达到90.56%、61.16%，建成区绿化覆盖率分别达到33.28%、19.76%，集中供热面积分别达到2.04亿平方米、0.82亿平方米，较上年均不同程度提升。全省城市、县城共建成污水处理厂91座，县城以上实现全覆盖，城市和县城污水处理率已分别达到94%和89%，均达到全国平均水平。督促各地积极采取控源截污、垃圾清理、清淤疏浚、生态修复等多种措施消除黑臭水体，完成整治17个，完成比例94.44%，兰州市完成比例90.25%，黑臭水体整治达到了国家相关要求。兰州、嘉峪关、甘南、定西、酒泉等5个城市生活垃圾分类处理试点工作顺利推进，生活垃圾无害化处理设施建设运营水平不断提升，全省城市、县城生活垃圾无害化处理率均达到94%以上。扎实开展供水、燃气行业安全生产督查，加强城市排水防涝监管工作，确保城市运行安全。强化城市供水水质安全监管，定期组织开展水质督查，16个设市城市定期向社会公示水质情况。白银市完成了地下综合管廊建设试点任务，庆阳市海绵城市试点建设持续推进。

印发《甘肃省冬季清洁取暖城镇供热系统优化和建筑能效提升实施方案(2017—2021年)》，实施既有居住建筑节能改造304万平方米。深入开展城市建成区违法建设专项治理行动，省住房和建设厅印发了《关于进一步推进违法建设治理工作细化目标任务的通知》。除兰州市外，各地均完成了年度治理目标任务，并按照坚决遏制新增违法建设要求，治理新增违法建设面积76.7万平方米。深入开展传统村落申报和保护工作，全省36个中国传统村落中有25个共申请中央补助资金7500万元。持续推进全域无垃圾专项治理，全省累计清理垃圾1600余万吨，各地陈年垃圾得到全面清理，基本实现全域“三边一部”等重点部位可视范围内无垃圾的阶段成效。

【安居工程】2018年底，列入国家计划的政府投资公租房分配率达到90%以上，发放城镇住房保障家庭租赁补贴5.27万户。全省共落实中央财政补助资金、中央预算投资、省级配套资金和国开行、农发行贷款资金427.29亿元(其中：中央保障性安居工程专项资金61.15亿元、中央财政公租房配套设施资金0.8亿元、中央预算内投资配套基础设施资金25亿元，落实省级财政配套资金10.34亿元，争取国开行和农发行贷款授信621亿元、发放贷款330亿元)，棚户区改造和保障性住房项目建设完成投资468.36亿元，比上年增长35.2%。截至12月底，全省棚户区改造新开工23.22万套，开工率为100%；棚户区改造基本建成完成率为146.4%；公租房基本建成完成率为100%。全省历年累计建设公租房(含廉租房)43.3万套，分配率为96.5%，其中政府投资公租房36.34万套，分配率为97.6%，发放城镇住房保障家庭租赁补贴5.02万户、1.53亿元。

全省实施农村危房改造7.9万户，下达补助资金11.23亿元(中央资金5.55亿元，省级资金5.68亿元)，建立全省农村存量危房台账及信息数据库10.59万户。

【房地产业】全省房地产开发完成投资1116.39亿元，比上年增长18.2%；开发施工面积9428.51万平方米，增长3%；新开工面积2443.03万平方米，增长2.9%；竣工面积752.34万平方米，下降11.3%；商品房销售面积1595.65万平方米，增长2.32%。全省商品住宅去化周期12.6个月，比上年底缩短0.5个月。

全省各地制定住房租赁实施办法、建设政府住房租赁交易服务平台、建立专业住房租赁企业，加快培育和发展住房租赁市场。省住房和城乡建设厅与建设银行共同组织实施的“住房租赁工作战略合作”顺利推进，全省通过建行租赁交易服务平台发布房源57980套。

【公积金管理】2018年底，全省缴存余额958.86亿元，比上年增长8.69%；新增住房公积金缴存额267.53亿元，增长7.06%；新增缴存职工8.1万人。2018年，全省发放住房公积金个人贷款195.89亿元，增长7.14%；个贷余额747.50亿元，增长12.99%，其中缴存额和个贷率指标达到历史最好水平。住房公积金实现租赁提取3.1亿元，增长44.1%。

【建筑业】省政府办公厅印发了《关于推进建筑业持续健康发展的实施意见》，指导各地完善工程建设组织模式，培育全过程工程咨询，加强技术应用；推广发展装配式建筑，推动建造和行业增长方式的创新、转变；鼓励企业做大做强，支持建立具有区域特色的建筑产业园区，努力形成当地经济新的增长极；鼓励企业开拓省外、境外市场。为解决建筑行业农民工工资拖欠问题，指导各地加快构建市场诚信体系。

组织开展了4次安全生产检查，对7家施工、监理企业限制当年承接新项目，对32名不到岗或不履职的项目经理、项目总监停止执业1年。全省建筑工程质量安全总体受控，未发生一般以上工程质量事故。

【建筑节能】为持续推动既有居住建筑节能改造，省住房和城乡建设厅向各市州分解下达了“十三五”任务1260万平方米。截至2018年11月底，全省新建建筑执行建筑节能强制性标准比例达到100%。兰州等市州2018年完成既有居住建筑节能改造面积304万平方米。完成了居住建筑节能75%地方标准编制工作，启动了绿色建筑工程施工验收评价系统研究工作。同时指导市州依托旧城改造等政策开展节能改造，积极探索工作模式。督促兰州市开展公共建筑能效提升重点城市工作。

【建设科技】印发了《关于加强科学技术计划项目管理工作的通知》。建成“建设科技信息管理系统”并运行，实现科技项目在申报、立项、中期管理、验收各环节的信息化管理。分别会同省建筑设计研究院、西北市政院研究完成了清洁取暖和垃圾分类处理两个重点课题，并形成研究报告。组织完成2018年度建设科技项目申报和评审及省科技进步奖推荐工作，共52项列入年度科技计划，3个推荐项目列入省科技厅授奖公示名单，均拟授二等奖。

【政务服务】省政府办公厅印发了《甘肃省优化建设领域营商环境实施方案》。全面取消或下放权力事项，由原来的674项精减为174项，压缩了74%。持续推进业务信息系统与甘肃省政务服务网对接，政务服务事项网上可办率达到了93.37%。印发了全省住建系统《“最多跑一次”事项指导目录》，清理企业群众办事提供的各类证明事项141项。积极推进工程建设项目审批制度改革和“证照分离”改革，多措并举强化事中事后监管。组织召开全省住建系统“放管服”改革座谈会，在定西、酒泉分别举办“放管服”改革培训班，着力指导全系统政务服务水平提升。驻省政府政务大厅窗口共受理审批办件2003件，办结1889件，接待咨询6800人次，按时办结率100%。

(李美瑾)

商　务

【概况】2018年，全省进出口总值395亿元，比上年增长21%。全省服务进出口16.5亿美元，增长15.4%。社会消费品零售总额3428.4亿元，增长7.4%。实际到位资金4100亿元，降幅比上年收窄13.5个百分点；实际利用外资5041万美元，增长15.73%。全省对外投资实际投资额6.87亿美元，增长42%；对外承包工程完成营业额3.13亿美元，增长33.3%；外派劳务4052人，增长32.7%。

【市场运行】2018年，全省实现社会消费品零售总额3428.4亿元，比上年增长7.4%。其中，城镇社会消费品零售总额2753.2亿元，增长7.6%；乡村社会消费品零售总额675.2亿元，增长6.6%。

全省实现商品零售额2946.9亿元，比上年增长7.4%；实现餐饮收入481.5亿元，增长7.7%。批发业实现销售额6440.8亿元，增长18.5%。其中，限额以上批发业实现销售额4339.1亿元，增长24.2%。零售业实现销售额3723.3亿元，增长10.5%。限额以上零售业实现销售额873.7亿元，增长1.3%。住宿业实现营业额118.8亿元，增长11.3%。其中，限额以上住宿业实现营业额37.4亿元，增长4.4%。餐饮业实现营业额797.2亿元，增长11.6%。其中，限额以上餐饮业实现营业额36.4亿元，下降3.7%。

【冷链物流】截至2018年底，甘肃拥有冷藏库近2千座，冷库总容量约640万吨。从业人员达10多万，静态库容5万吨以上企业20多家。冷链物流信息化发展水平不断提高，30%的冷链物流企业应用物流信息管理系统。零售企业、大型流通企业积极投资建设冷链配送系统及生鲜、果蔬等配送中心，初步构建了绿色食品供应链及物流体系。

【体系建设】2018年，定西马铃薯综合交易市场建立了常态化产销对接机制、应急保供机制、重要农产品储备制度、创新平价供应机制，土豆、白菜、大葱、洋葱、萝卜、辣子、茄子、黄瓜、西红柿、西葫芦等23种与居民生活密切相关鲜活农产品批发价格低于当地物价主管监测价格13%、12%、8%、6%、5%、7%、2%、4%、7%、3%，并与国内多个流通企业签订合作框架协议，建立了稳定的销售渠道，年销售额达到了21亿元。商务部组织的公益性农产品示范市场评估中，被认定为全国公益性农产品批发市场。

【商贸服务管理】制定了《餐饮住宿等生活性服务业转型升级促消费项目实施方案》，引导市州商务部门和行业协会举办了中国·兰州国际牛肉面文化博览会、2018临夏国际食品和民族用品博览会、武威十大名优小吃评选等30多个大型传统生活服务业转型升级促消费活动，拉动当地经济增长。在第三届丝绸之路（敦煌）国际文化博览会期间，举办首届“甘肃好味道”美食节，举办敦煌文博会首届“甘肃好味道”美食节。

举办第三届丝绸之路（敦煌）国际文化博览会，有来自97个国家、地区和国际组织的1200多位中外嘉宾参加，以“传承丝路精神、促进交流互鉴”为主题，统筹策划专题文化展览项目32个，吸引国内外参展企业58家，汇集文物、艺术、文创、数字等多个领域优秀展品7000余件，推动艺术交流、文明互鉴的平台作用充分发挥。举办第24届中国兰州投资贸易洽谈会，42个国家和国际组织、8个国家部委、22个省区市和新疆生产建设兵团，12个重点城市，以及港澳台地区的嘉宾参会。境外15位部长级官员和驻华大使，国内14位省部级领导，中国科学院、中国工程院4位院士，24家世界500强和中国500强企业高管代表参会，境内外共有3万人注册参会参展。成功举办开幕式暨丝绸之路合作发展高端论坛等5项国际性论坛峰会，中亚—中国（甘肃）经贸合作洽谈会等32项双边、多边性投资贸易促进和文化交流活动，各项活动紧扣“深化经贸合作，共建绿色丝路”的主题，与会各方围绕深入扩大多领域沟通与交流，挖掘合作潜力，拓展合作渠道，推进互利共赢等方面深入交流，达成了多项合作共识。成功举办兰州体育产业博览会、临夏国际美食和民族用品博览会、中国·定西马铃薯大会、嘉峪关短片电影展等区域特点显著、产业特色鲜明的品牌化展会。

【对外贸易】组织企业参加境内外展会39个。组建全省外贸企业联盟，推动外贸发展进入龙头带动、骨干支撑、新兴成长、抱团开拓的新阶段。唐仁健省长亲自率团，有514户企业1400多人参加首届进口博览会。在进博会期间，成功举办了“甘肃省进口贸易对接会暨现场签约仪式”活动。甘肃省47家参会企业与德国、日本、韩国等地一批跨国公司和境外60多家展商集中签订了进口合同和合作协议。展会现场成交4.05亿美元，场外成交意向21.13亿美元，实际成交额为32.18亿美元。

兰州获批全国跨境电子商务综合试验区，兰州跨境电商公共服务平台、兰州海关地方数据分节点、兰州新区综合保税区网购保税场地和兰州铁路口岸跨境电商监管中心等跨境电商支撑项目建成并投入运营。4月，甘肃省跨境电商零售进口首单业务完成通关放行，实现零突破。

【“一带一路”经贸合作】2018年甘肃省与“一带一路”沿线国家地区实现进出口172.9亿元，比上年增长18.6%，占全省进出口总额的43.8%。

制定印发了《省委省政府关于进一步扩大对外开放的意见》《甘肃省“一三五”开放型经济发展规划》《关于进一步加强招商引资促进外资增长若干措施的通知》《关于加快发展现代商贸物流业的意见》《通道物流产业发展专项行动计划》《特色农产品冷链物流体系建设实施方案》《市县乡农产品物流体系建设实施方案》《加快发展口岸经济的意见》等文件，形成了较为完整的政策支撑体系。

2018年，甘肃获批建设兰州汽车整车进口指定口岸。2019年2月敦煌空运口岸验收通过正式对外开放。敦煌文博会、兰洽会、药博会、丝绸之路国际旅游节等成为重要国际展会节会平台。第23届兰洽会突出“一带一路”主题，首次邀请尼泊尔、马来西亚2个国家担任主宾国，境外参会宾客数量较上届增长30%以上，展会平台国际化水平明显提高。第24届兰洽会邀请新加坡、韩国作为主宾国，广东省担任主题省。27个国家，17个省区市、1400多家企业参展。经过各市州和省发改、环保、商务、经合筛选审核，对符合条件的471个项目在会期成功签约，引进了上海宝钢化工、正威国际、广汽新能源等世界500强，广药集团、中国宝桥集团、新奥集团等中国500强和广州宝供、康美药业、天士力等民营500强企业入驻甘肃。成功参与策划举办了甘肃省生态产业项目对接洽谈会，“一带一路”粮食安全高峰论坛，2018国际采购商大会暨中国（甘肃）供销对接活动，丝绸之路经济带生态农业发展研讨会，2018中国西部创客节，“一带一路”物流、基础设施和金融研讨会，兰州·中新互联互通南向通道合作对话会，聚焦“一带一路”500强企业高峰论坛等对接活动。

制定了《2108年中新南向通道国际货运班列常态化运营工作方案》，出台了《甘肃省南向通道货运班列物流补贴资金管理办法（试行）》。国际货运班列在2017年试运行基础上，新增了回程班列，2018年底实现每周一班稳定运行。国际陆海贸易新通道推动作用明显，通过兰州局发往成都局、昆明局、南宁局等三局的货物达28.55万车、货量1640万吨，三局发往兰州局货物达5.24万车、207万吨。加大“兰州号”等中欧、中亚、南亚国际货运班列开行密度并实现常态化，白银市也开行了至阿拉木图中欧国际货运班列。

2018年中欧国际货运班列共发运171列(7644车),货量12.3万吨、货值3.69亿美元。通道物流产业成为甘肃发展十大生态产业、构建“五个制高点”的有力支撑。省政府召开通道物流产业建设推进会,建立通道物流产业项目库,征集项目633个,确定3个重大带动性项目。兰州国际港务区多式联运综合体已投资51亿元,兰州高原夏菜副食品采购中心已投资31.1亿元,天水国际陆港建设正在加快推进。通道物流基金已批准设立,首期规模14.3亿元,目标规模200亿元。已初步筛选确定20个重点项目,总投资318亿元。

酒钢集团牙买加氧化铝厂投料生产氧化铝70万吨,实现销售收入3.55亿美元。金川公司印度尼西亚红土镍矿冶炼项目加速建设,2019年一季度可实现投料试生产。白银公司秘鲁年产1360万吨金属尾矿综合利用项目开始二期建设。全省对“一带一路”沿线国家实际投资项目17个,实际投资额3.3亿美元,比上年增长3.7倍。天水华天科技出资3.45亿美元收购马来西亚友尼森公司58.85%的股权。兰州广通新能源汽车有限公司并购塞尔维亚一家汽车公司。甘肃机械化建设工程公司投资的白俄罗斯“甘肃特色商品展览中心”正式营业。

【口岸建设】建成兰州新区肉类指定口岸,实现进口牛肉10批222吨1000万元;建成并启动运营兰州中川机场水果及冰鲜水产品指定口岸;建成武威肉类和木材指定口岸,已通过中欧班列进口1500方板材。经积极争取,甘肃获批建设兰州国际港务区汽车整车进口、兰州新区粮食进口指定口岸。

新开通了兰州至泰国曼谷、越南河内的国际航空货运航线。澳大利亚至兰州种羊航空货运包机顺利通关。全省口岸出入境飞机1171架次,出入境人员17.4万人次,比上年增长10.36%。

国际贸易“单一窗口”标准版得到广泛应用,实现申报3万票,是2017年的12倍,主要业务覆盖率达到100%。与海关等部门联动,开展口岸提效降费工作,通关时间压缩明显,收费进一步规范。随着口岸经济不断发展,正在推动甘肃省逐步从内陆腹地向开放前沿迈进。

【利用外资】邀请新加坡、韩国作为主宾国,广东省担任主题省,策划举办了5项国际性论坛峰会和32场系列投资对接洽谈活动,签约项目471个,全年资金到位率达20.77%,项目开工率76.22%。央视《新闻联播》《人民日报》作了专题报道。

4月,唐仁健省长率团考察,中央政治局委员、广东省委书记李希,全国政协副主席董建华、梁振英,香港特首林郑月娥等会见考察团一行。通过精心组织招商引资推介大会,共签订11个合作框架协议,签约项目43个、484亿元。各市州收获颇丰,社会各界反响超过预期。

11月,张世珍副省长带队赴浙江、江苏开展“通道物流产业专题招商活动”,与浙江省商务厅签署合作框架协议,签约项目8个、48亿元。在药博会期间,举办“中医药产业招商大会”,签约项目45个、39.5亿元。在文博会期间,组织召开了丝绸之路国际商协会(敦煌)圆桌会议和通道与物流专题论坛,举办“首届甘肃好味道美食节”,取得很好的效果。

邀请广药集团、新加坡太平船务集团等重点客商55批次来甘肃考察,组织5个国家级经济技术开发区承接产业转移,签约招商引资项目69个、86.3亿元,年底资金到位率为41.8%,项目开工率达100%。全省招商引资的思路、方式、层次、规模和成效都有了质的提升。

【电子商务】75个贫困县实现电商服务中心全覆盖,88%的有建档立卡贫困人口的乡镇设立电商服务站,71%的深度贫困村建成了电商服务点。新增国家电子商务进农村综合示范县20个,截至2018年底,“两州一县”和18个省定深度贫困县已覆盖91.4%,在西部省份名列前茅。

全省实现农产品网上销售117亿元,比上年增长35%以上,带动农民群众人均增收约300元。《人民日报》为此刊发了《山货牵了电商手 脱贫驶上快车道》的专题报道。

临夏州“厦门馆”、甘南州“天津馆”、陇南市“青岛馆”、定西市“福州馆”等4个甘肃特色产品东部地区电商体验馆建成运营,成为贫困地区特色网货“走出去”的“新窗口”。在厦门、天津成功举办“迎新春陇原网货精品展”,现场销售400万元,签订采购协议7200万元,甘肃特色产品受到当地消费者的青睐和好评。

【优化营商环境】制定《甘肃省商务厅关于推动构建新型政商关系的若干措施(试行)》。积极开展作风建设年活动,建立并联审批、联席会商、项目包抓、督查通报、约谈问责机制,推进招商引资项目“招的进、落的下、实施好”。制定《甘肃省商务厅优化营商环境工作方案》,设立全省商务系统营商环境投诉举报平台,通报反面案例,宣传好的经验,营造促进商务发展和作风转变的良好氛围。

【精准扶贫】启动“千店万人”兰州牛肉拉面扶贫行动计划,全省各级商务部门共组织1.2万人参加了牛肉拉面技能培训,新开牛肉面馆1100家,借助兰州牛肉拉面独有品牌,逐步趟出了一条农村贫困青年学一门技术、带一家致富的精准扶贫路子。

充分扩大甘肃被列为全国“百城万村”家政扶贫试点省份,兰州市被列为全国中心试点城市,靖远、静宁等5个贫困县被列入全国试点县的效应,对全省1万多人进行家政培训,70%实现就业,其中来自贫困户3400人,为3301名全省家政行业农村籍从业人员购买了家政扶贫保险。

认真履行帮扶靖远县省直组长单位职责,召开扶贫单位工作推进会,统筹协调各帮扶单位落实帮扶资金2842万元、帮扶项目17个。两次组织机关干部赴靖远县入村入户落实“一户一策”帮扶措施,投入资金850万元,支持靖远县基础设施和市场建设。

(于清)

海　关

【概况】2018年,在海关总署党委坚强领导下,在甘肃省委省政府关心指导下，兰州海关以习近平新时代中国特色社会主义思想为指导，坚决贯彻执行党中央、国务院重大决策部署，全面落实海关总署、省委省政府各项要求，以政治建设为统领，以海关机构改革为契机，坚决推进"政治建关、改革强关、依法把关、科技兴关、从严治关"建设要求，落实全面从严治党要求，马上就办、真抓实干，扎实推进海关改革，夯实基础，强化监管，优化服务，提质增效，较好地完成了全年工作任务。

【机构改革】兰州海关严格按照海关总署党委关于机构改革的时间节点要求圆满完成各项任务。4月20日，全关区实现统一以海关名义对外工作，办事窗口实现了"一口对外、一次办理"，口岸通关实现了"一次申报、一次查验、一次放行"；6月全面取消通关单，8月正式启用新报关单，整合申报系统，真正实现了"一次申报、一单通关"；9月实现人员集中办公；12月新"三定"方案获总署批准；2019年1月机构改革工作顺利完成。通过机构改革，兰州海关人员结构更优化，队伍资源配置更合理，队伍凝聚力、向心力明显增强；辖区口岸营商环境不断优化；服务地方经济发展能力明显提升。

【维护国家安全】查获各类违禁印刷品和音像制品393份，旅检渠道首次查获入境航班旅客携带大量"心灵法门"宣传物品情事1起，共查获书籍、画册图片、卡片、收音机等物品共计196件。防控埃博拉出血热、中东呼吸综合征、黄热病、寨卡病毒等重点疫情疫病，完成了3080名朝觐穆斯林群众的体检、预防接种和出境保障任务。妥善处置甘肃口岸首次入境旅客群体性腹泻公共卫生事件，在入境的旅客中首次检出诺如病毒和沙门氏菌。组织专项督察，开展应急演练，严防重点口岸重点部位，防控口岸非洲猪瘟疫情。强化进境种子检疫监管，开展苗期和成株期田间跟踪调查，检出检疫性病害4种，使国外疫情传入的风险降到最低。开展《绿蕾4》专项行动，对兰州铁路口岸及其沿线外来杂草进行调查，筑牢国门生物安全"防火墙"。完成对进出口食用农产品和饲料80份样品1436个单项的安全卫生风险监控任务，全面掌握甘肃省进出口农产品质量状况。完成进出口食品75个样品147个项次的抽检任务，15个样品供港蔬菜专项监测任务，保障213吨进口冷冻牛肉、19吨进口冷冻水产品分别从指定查验场(口岸)入境通关，进出口食品未发生任何食品安全事故。开展进出口商品风险监测和缺陷消费品调查，加强对进出口危险化学品、出口危险货物包装等重点商品的检验监管，发现入境不合格货物13批次，出境不合格货物6批次。2018年审核报关单18978份，监管货物165.8万吨，货值273.3亿元，增长18.9%。检验检疫出入境货物2.36万批，比上年增长44.9%；货值172.5亿元，增长20.3%。监管进出境航班1446架次，验放进出境人员17.8万余人次。

【保持打私高压】深入推进"国门利剑2018""蓝天2018"系列打私联合专项行动，联合省环保厅对全省经营危险废物的20余家企业进行问题线索摸排，查处关区首起"洋垃圾"入境案。重点加强对涉毒涉枪、涉恐涉爆、濒危物种走私的风险分析，组织开展打击食糖、濒危物种、芬太尼类毒品、虚开骗税违法犯罪等多个专项行动。全年刑事立案6起，比上年增长2倍，抓获犯罪嫌疑人6名；行政立案35起，增长52.3%，案值2.3亿元，增长12%，涉税1036万元，增长15倍，罚没入库67.92万元。侦破"2·06"走私毒品系列大麻案，被列为公安部毒品目标案件和海关总署二级督办案件，查获毒品大麻23.8公斤，毒资25.9万元。开展"国门勇士2018"缉枪专项集中行动，协同地方公安联合经营作战，发现并核查9条涉枪线索。

【推进综合治税】2018年，完成税收23.4亿元，比上年增长1.2倍，税收入库增幅列全国直属海关第1位。内销征税7.18亿元，增长4.8倍。自报自缴、关税保证保险等系列税收征管改革措施顺利运行，全年自报自缴税单778票，比上年增长3.6倍，税款4589万元，增长3.8倍。汇总征税征收税款1.4亿元，增长2.8倍。11月关区首票"关税保证保险担保"报关单在关区实现了"即报即放、先放后税"的担保通关。以非贸易渠道付汇、特许权使用费为重点，部署开展系列专项稽查，完成稽查补税1531.09万元，增长224%。深入开展税政税则调研，1篇提高羰基镍粉出口退税率的调研报告被国务院税则委采用，每年为企业节约支出900多万元。

【优化营商环境】制定《促进口岸提效降费二十条措施》，通过降低进出口环节合规成本、精简进出口环节监管证件、压缩整体通关时限、优化通关流程和作业方式、提升海关监管信息化水平、实施务实高效精准帮扶措施，优化甘肃省口岸营商环境，促进对外贸易便利化。2018年12月，兰州海关出口整体通关时间1.2小时，较2017年度压缩98.75%，压缩比排名全国第1位；进口整体通关时间8.48小时，较2017年度压缩82.62%，压缩比排名全国第7位。口岸整体收费下降10%以上，部分收费项目最大降幅达50%，切实减轻了企业负担，企业获得感大幅提升。全面做好关区"多证合一""多报合一"改革工作，"单一窗口"覆盖率100%。

【服务经济发展】落实"渝桂黔陇"省区市合作备忘录以及四地海关合作备忘录，支持"南向通道"国际货运班列常态化运行和中欧班列扩大运行。2018年监管中欧货运班列91列，货运量5.6万吨，货值1.5亿美元；保障发运"南向通道"国际货运班列23列，货运量1.9万吨，货值4千万美元。积极支持甘肃"三大陆港、三大空港"建设，指导甘肃(兰州)国际陆港兰州保税物流中心(B型)项目申报建设工作，推进进境木材检疫处理区项目署级验收进度。积极参与敦煌航空口岸建设，敦煌航空口岸旅检作业现场已完成建设并投入使用，全年共保障进出境航班52架次，验放进出境人员7564人次。敦煌航空口岸于2019年1月通过国家口岸办验收，正式开放在即，敦煌机场海关也将同时开关办理业务。圆满完成丝绸之路(敦煌)国际文化博览会、兰洽会等国际会展的服务保障工作。推动指定口岸建设并投入使用，中川机场进口冰鲜水产品及进境水果指定口岸，兰州新区综合保税区肉类指定查验场正式运营，兰州至曼谷、河内国际货运航线正式开通，推动兰州铁路集装箱场站汽车整车进口口岸建设。指导全省创建10个国家级出口食品农产品质量安全示范区、3个省级有机产品认证示范区、2家国家级出口质量安全示范企业。积极推荐出口企业获得国外官方注册，帮助甘肃特色产品打开国外市场，共帮扶苹果等甘肃特色产品出口5.33亿美元。用足用好自贸区优惠政策，签发各类原产地证书5330份，为甘肃产品减免进口国关税3003万美元。持续推进省内口岸功能拓展，开展“集拼集运”业务调研，推动跨境电商业务落地，累计办理跨境电商直购订单279票、网购保税订单18票。紧密围绕甘肃外贸发展中的热点、难点，召开企业座谈会现场答疑解惑。开展中美贸易摩擦、稀土以及一带一路、改革四十年等专题分析，共计撰写、报送监测预警专题分析报告12篇，中共中央办公厅采用1篇，总署《海关要情》采用4篇。向省委、省政府及地方部门报送贸易统计分析、支持开放型经济发展等研究分析报告10余篇，其中获得省政府主要领导批示9次。编制《甘肃主要出口国家和地区技术性贸易措施应对指南》，帮助企业合理规避风险、增强开拓国际市场的能力。

【扶贫攻坚取得实效】在贫困县区建成国家级食品农产品质量安全示范区7个，帮助贫困县区13家企业的8类产品获国家生态原产地产品保护，以外向型特色产业提质增效带动精准脱贫。实施“暖心工程”，积极协调争取总署、兄弟海关筹集价值300万元的扶贫物资，向总署申请扶贫项目投资150万元，连续6年开展帮学助教活动。实施“点亮山村”工程，为帮扶村安装太阳能路灯40盏，扶持贫困地区中药材、肉羊等特色产业发展。

旅　游

【总体情况】2018年，甘肃省文化产业增加值178.16亿元，比上年增长8.9%。全省接待国内外游客3.02亿人次，实现旅游综合收入2060亿元，分别增长26%和30%。2018年10月30日，甘肃省文化和旅游厅正式挂牌成立，坚持做到思想高度统一、机构有机整合、人员统配到位、工作融合发展、产业提质增效。按照文化和旅游部提出的“宜融则融、能融尽融”工作理念，探索文化和旅游融合发展规律，推动文化旅游产业深度融合发展，着力将文化旅游业培育成为全省十大生态产业的首位产业。深度挖掘旅游资源和产品的文化内涵，推动文化消费与旅游消费有机结合，开发具有地域特色和民族风情的文化旅游节庆活动，培育文化旅游新的消费热点。

【行业规模】截至2018年底，甘肃省共有旅行社618家，其中出境游组团社63家，赴台游组团社4家。旅游星级饭店402家，其中五星级3家、四星级84家；绿色旅游饭店96家；全省住宿床位58.3万张。A级旅游景区298家，其中5A级4家、4A级95家。旅游规划设计资质单位35家，其中甲级1家、乙级2家、丙级32家。全省旅游客运企业89家，共有(旅游)包车2496辆，其中省际旅游车2071辆、市际旅游车327辆、县际县内旅游车98辆。

【国内旅游】全年整合旅游宣传资金8000多万元，持续在央视、甘肃卫视等主流媒体和腾讯、百度等网络媒体以及首都机场、西安咸阳机场等主要客源市场播放旅游广告宣传片。先后组织赴北京、上海、天津、广州、西安等重点客源市场开展宣传推广活动。加大五一、国庆等小长假和冬春季旅游促销，陆续推出“相约河西·欢乐民俗贺新春、朝觐礼佛·遇见雪域佛国盛会、情系黄河·黄河岸边闹新春、寻根祭祖·祈福纳祥迎新春、陇东社火·欢天喜地过大年、激情冰雪·赏雪滑雪泡温泉”6大冬春民俗旅游产品，推出“九色甘南·避暑圣地游、奇峡秀水·黄河风情游、清凉高地·避暑名山游、醉美避暑·温泉养生游、回归田园·乡村休闲游、华夏探源·寻根访祖游、宿营观星·自驾研学游”等七大主题避暑旅游产品，推出“文博盛会，又见敦煌”“金秋时节，最美甘肃”等旅游资源，以及“草原森林+戈壁沙漠+冰川雪山+蓝天白云”“九色甘南环线风情游—你的诗和远方”“河西走廊—丝路文化游”等优质产品线路和“舌尖上的甘肃”“环西部火车游”等中秋国庆丝路旅游精品，深度策划“丰收了·游甘肃”旅游惠民系列活动，重点发布十大主题旅游产品、200多家旅游景区免费或半价以下优惠政策、《丝绸之路自驾游护照》《留学生旅游优惠手册》、600多家旅游企业打折促销以及300多项冬春旅游主题活动等系列惠民举措，聘请著名演员黄轩担任甘肃旅游形象大使，诚邀亿万农民兄弟和广大海内外游客冬春季来甘肃旅游。组织全省文化旅游主管部门和旅游企业，在北上广和陕西相继举办“邂逅丝路美食·遇见如意甘肃”“粤享丝路·冬游甘肃”和“甘陕好邻居·丰收庆新年”等主题宣传推介活动，受到全国农民兄弟和社会各界的广泛赞誉。元旦、清明、五一、端午、中秋以及春节、国庆假日，全省共接待游客6298.5万人次，实现旅游综合收入416.5亿元，较上年假日同期增长31.6%和39.2%。

【入境旅游】2018年，全省接待入境旅游者100125人次，比上年增长27.02%；旅游外汇收入约为2740万美元，增长31.35%。其中，外国人56911人次，增长34.94%；香港同胞17085人次，增长37.13%；澳门同胞2543人次，增长13.02%；台湾同胞23586人次，增长7.48%。2018年，全省积极融入“一带一路”建设，参加文化和旅游部组织的境内外宣传促销活动，成功举办港澳旅行商“交响丝路·如意甘肃”行宣传推广活动，组织参加“美丽中国—万里长城”奥地利主题推广、德国柏林旅游展、2018西安丝绸之路国际旅游博览会、海峡两岸高雄旅展、海峡旅游博览会等活动，组团赴美国、加拿大等国以及港澳地区进行旅游宣传推介，邀请50多名港澳旅行商赴酒泉、张掖实地考察踩线，取得显著成效。抢抓“南向通道”建设机遇，深入贯彻落实《甘肃省合作共建中新互联互通项目南向通道工作方案（2018—2020年）》，以服务“一带一路”建设、推动南向通道沿线旅游合作发展、打造南向通道旅游共同体为己任，联合重庆、广西、贵州等省区市旅游部门和涵盖东盟十国旅游企业的东盟丝路新使者文化旅游联盟共同发起成立“中新互联互通南向通道旅游推广联盟”，在新加坡挂牌成立甘肃（东盟）旅游营销推广中心，推进《莫高窟对话吴哥窟》节目拍摄和播出，举办以“南向通道”和“精准扶贫”为主题的“亚太旅游教育与旅游管理华鼎国际论坛”暨旅游智库专家高峰论坛等系列活动，推动南向通道文化旅游交流不断深化。甘肃先后荣登《孤独星球》“2017 亚洲最佳旅行目的地”榜首和《纽约时报》“2018 全球必去的52个目的地”榜单。

【红色旅游】申请2018年白银市会宁县红军长征会师旧址等5家景区基础设施建设资金6987万元，其中中央预算内投资6102万元，地方配套885万元。

【乡村旅游和旅游扶贫】研究制定《甘肃省乡村旅游助推脱贫攻坚实施方案》《全省推进乡村旅游周末休闲工程工作方案》等系列政策文件措施，8月9日召开全省乡村旅游和旅游扶贫大会，提出文化旅游产业完成全省脱贫攻坚任务20%的目标。争取将全省1196个贫困村列入全国、全省文化旅游扶贫重点村计划。全省确定268个乡村旅游示范村，安排各类扶贫资金约10.71亿元，2018年建成104个乡村旅游示范村。实施50个乡村旅游规划公益扶贫项目，印发《甘肃省乡村旅游建设与发展指引》。加大乡村旅游扶贫培训力度，在陕西袁家村建立“甘肃省乡村旅游培训基地”，培训20期5000多人。2018年，全省乡村旅游接待人数8520万人次，实现乡村旅游收入165亿元，分别比上年增长22.1%和29.4%。

【全域旅游】认真贯彻落实国务院《关于促进全域旅游发展的指导意见》，督促指导全省14家国家级、10家省级全域旅游示范区创建单位完善各项创建要素，持续开展创建工作。指导甘南州、武威市、定西市、嘉峪关市完成全域旅游发展规划编制，督促张掖市、榆中县等启动编制全域旅游发展规划。全面开展第二批省级全域旅游示范区创建工作。

【旅游厕所建设】研究制定《甘肃省旅游厕所建设管理今后三年行动方案（2018—2020年）》，以清除游客如厕盲点为目标，重点在景区外围、道路沿线、交通集散点、旅游特色小镇、乡村旅游点等规划建设厕所项目，大力推广免水冲旅游厕所，全省非景区内部厕所建设比重超过70%。2018年新建改建旅游厕所1061座，超额完成全年建设任务，被列在全国超额完成年度建设任务的省份前四名，受到文化和旅游部充分肯定和表扬。

【旅游市场监督管理】进一步完善省级旅游市场综合监管改革机制，兰州、天水、酒泉等8个市州相应建立旅游市场综合监管机制；敦煌市、永靖县初步建立“1+3+N”综合机制，16个景区成立警务室，设立公安派出所。在全省组织开展“利剑行动—1”“利剑行动—2”和“暑期整顿”等三轮旅游市场秩序专项整治行动。全年共开展联合检查行动170余次、出动旅游执法人员1600余人次、检查旅行社1300余家。印发实施《全省旅游行业开展质量提升行动实施方案》，建立旅游经营单位诚信经营承诺标识制度。甘肃金龙国际旅行社有限责任公司、敦煌市鸣沙山月牙泉景区、定西陇西县李家龙宫景区、和政松鸣岩景区、迭部腊子口红色旅游景区等5家企业成功创建为省级旅游标准化示范单位。

【旅游安全与应急管理】完成与全省560家旅行社的《甘肃省旅行社安全生产（消防安全）社会治安综合治理目标责任书》签订工作。在全省开展《旅行社安全规范》达标工作，各地认真开展自查自评，确保全覆盖达标。组织岁末年初、旅游节会、旅游旺季、冬春火灾防控等重点时段旅游安全专项治理检查380次，出动检查人员2800人次，检查旅游景区268家、旅游星级饭店320家、旅行社420家、旅游客运公司65家。2018年4月19和10月31日，分别在景泰黄河石林和永靖县刘家峡库区组织开展全省性涉旅公共突发事件综合应急演练，模拟景区因强降雨引发山洪和游船起火游客被困事件，组织旅游、消防、交通、卫生等部门开展应急救援，进一步提升处置各类涉旅突发事件的能力。

【旅游商品管理】加大旅游商品研发营销指导力度，设立旅游商品开发扶持资金。组织全省14个市州30多家企业参加2018中国特色旅游商品博览会等多项活动，全省有20个系列商品分获金银铜奖，奖项总数排列全国第10名。敦煌行旅游节期间，举办丝绸之路旅游产品展览会，来自国内外的580家企业参展，共展出产品1000余种20000多件，吸引当地和周边6万人参观购物。

【旅游招商引资】2018年全省共征集旅游重大建设项目362个，总投资1361.5亿元。其中，大景区项目57个，已全部列入2018年重点推出的旅游招商储备项目库。编制6个系列的招商项目册，通过多种渠道进行宣传推介。第八届敦煌行·丝绸之路国际旅游节上，组织省内5家银行签订战略合作协议，组织6个市州的12个旅游招商项目进行签约，签约总金额达76.27亿元。

【旅游景区建设】2018年9家景区通过检查评审被命名为国家4A级景区。张掖七彩丹霞景区顺利通过国家5A级创建景观质量专家评审，官鹅沟黄河三峡、拉卜楞、冶力关等大景区加快推进创建5A级景区工作。采取明察和暗访相结合方式，对全省4A级以上旅游景区开展集中检查，对部分3A级旅游景区进行抽查，“一对一”向各市州反馈存在问题、提出限期整改要求。

【星级旅游饭店】严格星级饭店标准化质量管理，对星级饭店390家星级饭店进行评定性和年度复核检查，通过复核取消星级饭店标志23家，其中四星级4家、三星级9家、二星级10家、一星级1家。暂缓通过的星级饭店9家，其中四星级3家、三星级5家、二星级1家。针对复核饭店存在的问题，现场指出问题与标准之间的差距并提出意见及整改时限，确保了复核问题的整改落实。

【导游人员管理】全面深入学习贯彻落实《导游管理办法》，采取课题培训、实地培训、网络培训等方式，共组织6000余名旅行社经理、导游人员认真学习《导游管理办法》，确保导游执业规范化和职业化。2018 年全省电子导游证已完成注册 8400 人，有力的保障全省旅游团队正常出行。导游协会组织进一步建立健全，内部管理制度进一步完善，较好的完成了社会导游电子导游证注册工作和动态管理措施的制定实施等工作，发挥了导游行业组织行业自律、服务会员、解决争议、争取利益等作用。开展文化和旅游行业一线职工服务技能岗位练兵活动，进一步检验导游队伍建设成果，展示导游职业风采。

【智慧旅游建设】一部手机游甘肃上线运行 2018 年 5 月份上线运行，共完成 90 家 4A 级以上景区智能导游导览，90 家景区 VR 全景拍摄，368 家酒店基础数据采集，572 家旅行社、569 条线路预定和 8817 名注册导游在线预约服务，205 个景区网上信息接入。截至 2018 年底，"一机游"平台累计浏览量突破 79.5 万人次。一部手机游甘肃特色鲜明，在全国居于领先水平。

【第八届敦煌行·丝绸之路国际旅游节】旅游节开幕式于 6 月 19 日在嘉峪关举办，由文化和旅游部、甘肃省人民政府共同主办，世界旅游组织、世界旅游联盟、亚太旅游协会作为支持单位，吉尔吉斯共和国担任主宾国。来自 52 个国家和地区、国内 20 个省区市的旅游官员、知名旅行商和国内外 100 多家媒体记者 1200 多人参加了开幕式，旅行商、投资商占邀请宾客的 79%，参会规模、层次、人数均超过历届。开幕式期间成功举办大型交响乐"丝路与长城对话"、丝绸之路国际旅行商大会、2018 中国"白俄罗斯旅游年"——中国甘肃与白俄罗斯格罗德诺州旅游合作交流活动、丝绸之路旅游商品展览会、丝绸之路甘肃黄金段旅游考察踩线等 10 项系列活动，充分展示了国际水准、丝路气象、甘肃特色，受到与会嘉宾和社会各界的广泛赞誉。为期一个月的旅游节期间，全省累计接待海内外游客 3688.63 万人次，实现旅游综合收入 245.9 亿元，与上年同期相比，分别增长 31.09% 和 37.63%。

（张萌）

国网电力

【综述】2018 年，全年完成发展总投入 60.83 亿元。110 千伏及以上输电线路开工 481 公里，投产 192 公里；变电容量开工 275 万千伏安，投产 428 万千伏安。刘家峡水电厂发电量 81.76 亿千瓦时，比上年增长 78.2%；省内售电量 879.31 亿千瓦时，增长 11.44%；跨区跨省外送电量 324.98 亿千瓦时，增长 60.17%。营业收入 473.16 亿元，增长 11.12%。利润总额 -3.92 亿元。线损率 6.36%，比上年下降 0.21 个百分点。资产负债率 66.33%，下降 5.16 个百分点。全口径劳动生产率 40.93 万元/人/年，比上年增长 12.29%。

【安全生产】主动应对陇东南 50 年一遇的汛情对电力供应带来的重大影响，全力配合地方政府完成抗洪抢险工作，省政府致信感谢并予以嘉奖。强化风险防控，有效管控七级及以上电网风险 1050 项（其中五级风险 41 项）、三级及以上基建施工风险 328 项，治理各类安全隐患 4.78 万项。建立消防安全管理、反恐怖、打击涉电犯罪等工作体系，集中完成 380 座变电站、49 幢办公楼消防合法性验收备案。完成 955 套老旧保护装置改造。设立公司应急抢修中心，组织完成 750 千伏白银变 4 号高抗、330 千伏临茨线等抢修任务。圆满完成第三届敦煌文博会等重要活动保电工作。甘肃电网安全运行突破 30 周年，公司被评为国网公司安全工作先进单位。

【电网建设】促成国网公司和甘肃省政府签订战略合作框架协议。推动甘肃、山东两省政府达成共识，共同推进陇东至山东特高压直流工程建设。22 项主网规划项目调整纳入甘肃省"十三五"电力规划。±1100 千伏昌吉至古泉特高压直流工程启动带电，±800 千伏青海至河南特高压直流工程完成"先签后建"，河西走廊 750 千伏第三通道、330 千伏银西电铁配套供电工程全面开工。750 千伏麦积变 2 号主变扩建、330 千伏兰州热电异地新建送出等工程顺利投运。±800 千伏酒泉至湖南特高压直流工程、750 千伏桥湾变电站工程分获国家优质工程金奖和优质工程奖。严格贯彻国家《建设项目环境保护管理条例》，40 项电网工程通过环保验收。

【经营管理】国家将临夏州农网中央资本金比例由 20% 提高到 50%，下达甘肃 2019 年农网中央资本金 6 亿元，比上年增长 2 倍。争取国网公司注资 10 亿元、东西帮扶 5 亿元，全额投资 35 亿元建设河西走廊 750 千伏第三通道工程。完成替代电量 65.48 亿千瓦时。结算电量 318.5 亿千瓦时，降低用户用电成本 10.48 亿元。实施各类审计项目 123 项，发现并整改突出问题 1508 个，促进增收节支 8327 万元。运用法律武器主动维权 31 起、涉及金额 2.04 亿元。

【服务水平】10 千伏和 400 伏非居民平均接电时间分别减少到 57 天和 3 天，节省用户办电成本 2.2 亿元。创新优质服务管理方式方法，营销投诉连续 8 个月同比下降。加强乡镇供电所建设，累计建成五星级供电所 18 个、四星级供电所 125 个、"全能型"乡镇供电所 120 个。推进采集系统建设，采集覆盖率达到 99.93%，日均采集成功率达到 98.55%。推广智能交费 584.94 万户，远程停复电业务覆盖率达到 71.59%。

【改革创新】严格落实国家一般工商业电价降价部署，通过四批措施实现降幅 10.11%，减少用户电费支出 4.79 亿元，清退临时接电费 3.94 亿元。在国网公司系统率先启动现货市场试运行，完成跨省区现货交易电量 32.9 亿千瓦时。全力推动新能源消纳，新能源发电量比上年增长 24.11%，弃风率、弃光率分别下降 13.8 和 10.47 个百分点。建成西北首家调峰辅助服务市场。兰州、平凉增量配电公司正式挂牌。"两供一业"分离移交框架协议、实施协议、资产移交协议签订率均达到 100%。完成 26 户集体企业"瘦身健体"处置，初步完成"新科源系"平台及所属企业机构改革。调整嘉酒公司运作模式，整合 6 家"一县两公司"，完成 330 千伏设备运检、建设管理业务属地化移交，建成 13 家市（州）公司供电服务指挥中心。开展"三项制度"改革，在7家单位进行试点。基建改革12项配套措施落地执行并通过国网公司验收。公司顺利通过国网公司信息化企业验评。9项成果获省部级科技进步奖。1项成果获国家级管理创新成果奖。16项职工创新成果获省部级表彰，1项成果获全国职工技术创新成果奖。在国网公司第四届"青创赛"上取得2金3银2铜的历史最好成绩。

【基层基础建设】投资4.09亿元改善基层生产生活条件，完成66个营业厅升级、427个乡镇供电所维修、454个乡镇供电所旱厕改造，基本配齐供电所安全工器具。实现706个供电所视频会议系统全覆盖。乡镇供电所"五小"建设作为典型经验在国网公司系统全面推广。坚持为职工办实事，有效解决上划县公司社保历史遗留问题。成立达标创优办，启动县公司、乡镇供电所达标创优专项工作，完成第一批18家县公司和231个供电所预评价。开展营销"六大"专项提升活动和营销基础督导，有力推动问题整改。全面推进网格化管理，台区经理制、设备主人制、项目部制实现全覆盖。举办覆盖各级的职工技能运动会，全年竞赛覆盖37个工种、2.3万职工。加大培训工作力度，开展现场培训、送培上门、网络培训17.9万人次，新增中级及以上职称550人，技师、高级技师2382人，公司人才当量密度达到1.0169。

【脱贫攻坚】以"一区一州"及其他深度贫困地区为突破口，加快实施全省配农网转型升级三年攻坚行动，顺利完成易地扶贫搬迁配套电网项目建设，解决816个安置点通电问题。主动服务光伏扶贫工作，完成30.46万千瓦村级电站接网服务。加大定点帮扶力度，选派驻村干部154人，实施扶贫捐赠1000万元。通过新建集体经济合作社、修建产业路、建设光伏扶贫电站等措施，帮助两千余户贫困户实现预脱贫，脱贫率达到56%。公司扶贫工作典型经验在国网公司2018年半年工作会议、脱贫攻坚推进会上进行专题交流，在省委、省扶贫办信息刊物上进行刊发推介。

【党的建设】认真落实学习贯彻习近平新时代中国特色社会主义思想和党的十九大精神64项重点任务，深入开展"旗帜领航·三年登高"对标管理年活动，创新构建"4+2"全员党建工作责任体系，公司党建工作得到国务院国资委高度肯定。马进伟同志先进事迹获中央领导同志批示，国务院国资委党委、国网公司党组发出向马进伟同志学习的号召。规范组建113支连心桥共产党员服务队，突出特色服务，举办誓师大会，助力脱贫攻坚。信息工作、新闻宣传和品牌建设取得良好社会效应，获国网公司年度品牌贡献度C级评价。不断深化两级政治巡察，完成14家基层单位巡察监督和6家单位"回头看"；加大监督执纪问责力度，处置问题线索625件，党政纪处分76人。编撰巡视巡察"一库一册一集"，固化工作成果，发挥长效震慑作用。深入开展"不作为、不担当"专项治理，查纠问题414项，追责问责309人次。开展新时代劳动竞赛，2个集体荣获省五一劳动奖状，8名职工荣获省五一劳动奖章，6名职工被授予国网公司级及以上"劳动模范"荣誉称号，1名职工被评为"国网工匠"。公司在国网公司党建综合考评中位居第5名。

烟草专卖

【综述】甘肃省烟草专卖局、中国烟草总公司甘肃省公司成立于1984年，实行合署办公，下辖兰州、天水、定西、酒泉、武威、张掖、庆阳、平凉、陇南、白银、金昌、嘉峪关、临夏、甘南等14个地市级烟草专卖局（公司），83个县级烟草专卖局（营销部），从业人员3920人。2018年，全省烟草商业系统销售卷烟87.61万箱（含雪茄烟），比上年增长0.59%，其中地产烟销售51.48万箱，比重达到58.75%，占比提高0.49个百分点；单箱销售额2.54万元，增长2.98%，其中，三类以上卷烟销售比重68.32%，提高1.92个百分点；实现卷烟销售收入222.38亿元，增长3.59%；实现税利52.43亿元，增长3.34%。

【党的建设】坚持把学习贯彻习近平新时代中国特色社会主义思想和党的十九大精神作为首要政治任务，扎实推进"两学一做"学习教育常态化制度化，以党组中心组学习为牵引，认真落实"三会一课"、主题党日、民主生活会、组织生活会等基本制度，组织开展"五个过硬"学习实践教育、党的建设质量提升年、转变作风改善发展环境建设年等活动，教育引导广大党员干部牢固树立"四个意识"，不断坚定"四个自信"，坚决做到"两个维护"，始终在政治路线、政治立场、政治方向、政治道路上同以习近平同志为核心的党中央保持高度一致。省局（公司）党组理论学习中心组专题学习7次，累计学习16天，开展专题研讨4次，交流发言96人次。各级党组中心组开展集中学习95次，领导干部带头讲党课463场次，轮训处以上干部、支部书记、党务骨干412人次，136名处级以上干部参加了网络专题学习教育，党员干部的理想信念更加坚定，精神追求不断提升。牢固树立"抓好党建是最大的政绩"的思想，把全面从严治党作为鲜明主题贯穿党的建设全过程，层层传导压力，层层压实责任，坚定不移把管党治党、全面从严治党引向深入。扎实推进党建标准化规范化建设，借鉴企业管理标准化建设思路，瞄准增强能力、打牢基础、提升水平的目标，总结提炼党建标准化"6+1"运行模式，即党建依据标准化、主体责任标准化、工作内容标准化、基础资料标准化、阵地建设标准化、党建考核标准化以及党建工作形式多样化，形成了党建管理标准436个、部门和岗位标准192个，为推动基层党组织全面进步、全面过硬打下了坚实基础。深入开展"转变作风改善发展环境建设年"活动，出台了落实全面从严治党政治责任、整治作风顽症痼疾、优化营商环境、深化"放管服"改革、构建"亲""清"政商关系等方面的制度机制62项。持续推进防治系统性廉洁风险工作，集中开展形式主义、官僚主义问题整治，启动实施党的十九大以来首轮巡察，中央八项规定及其实施细则精神得到较好落实。

【市场管理】2018年，查处各类假冒走私卷烟案件3300起，查获假私卷烟454.8万支，破获百万元以上网络案件21起，其中千万元以上网络案件6起。司法机关依法刑事拘留23人，批捕22人，判刑17人。兰州市局破获的"3.30"走私雪茄烟案，实物案值2000余万元，上网追逃3人，抓获犯罪嫌疑人10人，捣毁窝点6处，扣押冻结涉案资金264万元，落实涉案金额达1.3亿元。全省查处真烟非法流通案件6676起，查获非法流通卷烟4723万支，其中案值5万元以上或20万支以上大要案件82起。2018年市场净化率达到93.38%。

【法治烟草建设】涉及行政许可事项的4家市级局和67家县级局全部实现了"一网通办"，4项行政许可事项和10项其他行政权力事项全部实现"最多跑一次"，行政许可事项办理时限压缩至5个工作日。深化市场监管改革，推行"互联网+监管"模式，将"双随机"监管、定向监管和专项监管紧密结合，深入应用专卖信息系统，市场监管智能化水平不断提升。认真落实"七五"法治宣传教育规划、行政处罚自由裁量权适用办法和行政执法"三项制度"，进一步完善法制建设考核体系，法律风险防控能力持续增强。

【营销网建】截至2018年底，全省建成现代卷烟零售终端2.65万户，比重达到22.1%。全面推进客户自律互助小组建设，将小组建设与小组管理、大户控制、货源供应、状态调控等工作紧密结合，建立健全自律互助小组的长效运行机制，充分发挥小组在市场管理、客户服务、品牌培育和学习交流等方面的作用。全省建成客户自律互助小组5295个、客户之家1387个，覆盖零售客户8.6万户。持续深化客户服务工作，认真落实"135"工作法应用规范和客户经理工作规范等服务标准，针对不同区域、不同业务零售客户卷烟经营状况，实施差异化服务措施，加大对客户的培训和经营指导，着力提升客户经营能力和盈利水平。2018年全省客户卷烟经营毛利率达到12%以上。加强文明吸烟环境建设，全省建成吸烟区800个。深入推进精益物流建设，着力深化非法人实体化运作机制建设，建立健全物流中心指标体系、责任体系、跟踪体系、评价体系和考核体系，扎实推进物流标准化建设、现场管理、设备管理、信息系统应用，积极构建精简高效的物流配送机制，卷烟库存周转率不断提高，客户需求的相应速度和服务质量持续提升。

【管理创新】2018年，通过管理诊断，明确问题416个，制定提升措施564项，"问题发现——纠偏——再评价"机制作用有效发挥。23项市级局(公司)对标指标中13项同比提升，9项县级局(营销部)对标指标中7项同比提升，市级局(公司)短板指标目标完成率76.32%。强化成本管控，全省系统完成降本增效金额980.68万元，占全年目标任务900万元的108.96%。深入推进创新工作，实施重点创新项目59个，省公司表彰奖励创新成果4项；开展QC活动255项，省局发布QC成果6项。1名同志荣获行业精益改善年度达人称号；2个团队荣获行业年度优秀精益改善团队称号。省局物流处与定西市局(公司)承担的行业物流研究课题荣获行业二等奖；物流岗位3名同志获评行业"最美物流人"。

【烟叶产销】2018年，全省种植烟叶2.7万亩，签订烟叶收购合同1927份，户均种烟面积14.01亩，收购烟叶0.35万吨(7.07万担)，均控制在国家计划之内。上等烟叶比例为23.9%，收购均价22.25元/千克。收购等级合格率为81%。实现烟农总收入8460.02万元(含产前投入补贴)，烟农户均收入4.39万元。深入推进精益烟叶生产，开展9个新品种试验研究400亩，推广烤烟新品种云烟99、延安1号1700亩。开展烟草水肥一体化试验研究40亩，推广先进适用技术5项。推广精益烟叶生产示范面积1万亩，精益育苗减工1个，降低用工成本80元；精益施肥亩均减少化肥用量9.58公斤，降低成本34.32元；精益植保亩均降低成本9元；精益烘烤亩均降低成本21元；精益分级亩均降低成本10元。积极开展现代烟草农业建设，建立完善涵盖生产技术、信息管理、现代烟草农业等内容的烟叶生产经营工作标准、管理标准和技术标准，分产区建立、宣贯烟叶生产标准体系，梳理优化流程，完善补充新技术要求，以烟叶收购站为单位，培训指导烟农提升生产技术水平。推进合作社转型升级，稳步提升合作社育苗、机耕、植保、烘烤、分级等重点生产环节的专业化服务水平，大力培育职业烟农，重点提升育苗、机耕、植保、烘烤、分级五个环节的专业化服务覆盖率，实现了"种植在户、服务在社、专业合作"为核心的烟叶生产组织方式良性循环。全省烟叶合作社已发展到11个，入社农户513户，占比26.6%。专业化育苗、植保、分级分别达到52.6%、30.4%和61.5%，分别提高11、7和18个百分点。耕地、起垄、覆膜环节机械化作业率分别达到100%、58.7%和45.2%，起垄、覆膜机械化率分别提高14个百分点和5个百分点，促进了烟叶生产减工降本。扎实做好烟农增收工作，以合作社为主体，烟农参与，行业引导，丰富合作社服务内容，将烟草机械扩展至大农业的生产服务，利用育苗大棚、烤房等烟叶设施，发展多元经营，利用基本烟田种植区域特色优势农产品，提高基本烟田产出率，提高烟农收入。以合作社为渠道，在生产空闲期组织开展劳务输出。2018年全省烟叶基本设施和基本烟田多元化利用实现产值1500万元，收入1231万元。

【脱贫攻坚】全省系统共选派28名优秀干部担任帮扶驻村第一书记和工作队长，为贫困村培育各类致富能手307人，强化了脱贫工作的干部人才支撑。推动帮扶村加强基层党组织建设，开展结对共建活动，帮助建设基层党组织活动场所18个、发展党员41名，实施党建助脱贫项目28项。持续加大扶贫资金投入，全年累计投入帮扶资金2981万元，实施年度帮扶项目108项，3331人实现了脱贫，84个帮扶村的基础设施建设、特色产业发展有了新进展。2018年，省局(公司)被甘肃省委省政府评为优秀帮扶单位，3个市(州)局(公司)被评为帮扶先进单位，5人被评为省、市、县优秀帮扶干部或驻村工作队长，脱贫攻坚行动取得明显成效。（毕耜栋）

交通 通信

交通运输

【概况】2018年，全省交通运输系统深入学习贯彻习近平新时代中国特色社会主义思想和党的十九大精神，认真贯彻落实省委、省政府和交通运输部决策部署，攻坚克难，砥砺奋进，积极主动破解交通运输发展难题，统筹推进行业改革发展各项工作，交通运输保持了总体平稳的发展态势。全年完成交通运输固定资产投资727.43亿元，完成投资总量居全国第13位，交通运输促投资稳增长成效明显，为全省经济社会发展作出了积极贡献。

【基础设施建设】2018年，全省建成高速公路及一级公路372公里，新改建普通国省干线及旅游公路1226公里，兰州南绕城、金昌至永昌、甘谷至武山、平山湖至甘州等一批高速公路和一级公路建成通车，马鬃山口岸公路全线贯通。特别是兰州南绕城高速公路建成通车，极大地缓解了兰州都市圈环线过境交通压力；北山至仙米寺高速公路民勤至武威段建成，民勤县实现通高速公路目标。彭大、敦当、张扁、武九高速公路全线开工。2018年底，在建高速公路达到24条2651公里、普通国省道及旅游公路达到130条5898公里。全省公路通车总里程达到14.32万公里，其中，高速公路达到4242公里，二级及以上公路达到1.4万公里，农村公路达到11.05万公里。加快运输场站建设，天水高铁综合交通枢纽东、中区投入运营，兰州新区综合客运枢纽主体完工，建成张掖西站综合客运枢纽以及2个县级客运站、21个乡镇客运站、26个快递产业园区，自驾游营地达到25个，定西综合客运枢纽及兰州货运西站等6个客货运枢纽项目加快建设。21个收费公路PPP项目纳入财政部PPP综合信息平台项目库，9个公路项目PPP合同正式签署。

【脱贫攻坚】2018年，紧扣交通脱贫兜底性任务，统筹推进交通扶贫、乡村振兴和“四好农村路(建好、管好、护好、运营好)”建设，安排车购税资金44亿元用于农村公路建设。提请省政府印发《关于加快实施交通扶贫行动的意见》，在陇西县召开全省“四好农村路”建设现场会。坚持管养一体化发展，出台农村公路工程技术标准、自然村组道路建设工程管理办法、农村公路路长制工作方案，建立全省自然村组道路建设项目数据库、乡镇及建制村“畅返不畅”路段整治数据库，启动农村公路“畅返不畅”路段整治工程，建成“五位一体”乡(镇)交通综合服务中心21个，探索推广农村公路“路长制”，农村公路管理养护水平不断提高。新改建农村公路1.08万公里，其中完成“畅返不畅”路段整治4147公里，建成自然村组道路3858公里，建成一批资源路、旅游路、产业路。新增通客车建制村606个，建制村通客车率达到98.3%，贫困地区交通出行条件得到显著改善。累计创建国家和省级“四好农村路”示范县21个，其中清水县、陇西县、西和县、民乐县、定西市安定区等5个县(区)被交通运输部、农业农村部、国务院扶贫办联合命名为“四好农村路”全国示范县，典型引领作用日益显现。统筹推进临潭县定点帮扶工作，调整选派27名优秀干部到脱贫攻坚一线驻村帮扶，重点实施贫困学生资助、劳务输转培训等9项常态化制度化帮扶措施，在12个帮扶村培育和发展起了蜜蜂养殖、中药材加工、标准化牛羊饲养等一批扶贫产业项目，带动示范效应明显。

【公路养护】2018年，制定《省养公路保护工作办法》，实施公路路域环境专项整治，累计拆除清理高速公路和国省干线沿线大型非公路标志牌4375块、广告杂牌1.98万块、违法建筑620处；实施国省干线公路养护维修工程391公里，维修隧道单洞18座，修复水毁119处，建成普通国省干线公路服务设施53处。高速公路优良路率达到99.6%，普通国省干线公路优良路率达到81.1%。

【客货运输】2018年，全省完成公路运输总周转量1142.3亿吨公里，比上年增长6.39%。加快道路客运转型升级，延长498辆班线客车的营运年限，将339辆班线客车转为旅游客运，开通白银、临夏、武威等市(州)至兰州中川国际机场客运专线，32家汽车客运站改造增设旅游集散服务功能，促进交通旅游融合发展。甘肃省被交通运输部确定为全国首个定制客运试点省份。兰州、天水“公交都市”创建深入推进，武威、张掖等9市(州)实现交通“一卡通”互联互通。全省118个三级及以上客运站联网售票覆盖率达81.4%。营运车辆实现“两检合一”，普通货运车辆综检实现全国范围异地检测。

【运输服务】2018年，建成“甘肃省机动车驾驶培训监管平台”，625家驾培机构实现“计时收费、先培后付”服务模式100%覆盖，1237家一、二类汽车维修企业全部加入全国汽车维修电子健康档案系统。建成高速公路服务区“司机之家”21个、“房车驿站”14个，组建高速医联体12个，38对高速公路服务区获得星级评定。

【高速公路运营】2018年，有序推进载货类车辆全计重收费工作，两段高速公路试点差异化收费，新增ETC专用车道25条、用户35.38万，截至2019年1月13日，ETC用户累计突破100万；ETC车载设备免费安装实现全覆盖。认真落实鲜活农产品运输“绿色通道”、重大节假日和货车通行费优惠等政策，累计减免通行费15.76亿元。

【行业治理】2018年，法治政府部门建设稳步推进。《甘肃省公路路政管理条例》发布实施。出台《重大行政决策程序实施办法》。清理31件、废止修改3件规范性文件。积极组织开展《宪法》学习宣传贯彻和“七五”普法活动，加大《快递暂行条例》宣传贯彻力度。规范公路治超执法，推进公路路政和公安交警联合执法，超限超载率控制在0.2%以内。“放管服”改革持续深化。全面推进“四办”改革，交通运输政务服务平台投入运行，公路建设项目网上办理服务平台实现与甘肃政府服务网投资项目在线审批监管平台无缝衔接；取消2项许可事项、26项证明事项，63项政务服务事项全部实现“一网通办”，办结率100%；5项涉企备案事项实行“多证合一”，8项涉企行政审批事项实行“证照分离”。跨省大件运输许可办件量排名全国前列。交通投融资体制机制改革取得新进展。提请省政府印发《关于深化交通运输基础设施投融资体制机制改革的指导意见》《关于鼓励引导县级政府与省属国有企业合作建设养护普通省道旅游公路及农村公路的意见》，探索研究提出“资金池、建养一体化、经营性租赁、融资租赁”等四种投融资模式。政府和社会资本合作模式创新推进，社会资本投资交通基础设施项目的环境不断优化。事中事后监管力度不断加大。推进“双随机、一公开”监管，针对取消下放的行政审批事项，逐项制定事中事后监管措施，公示各类行政许可和行政处罚信息8000余条。加快构建以信用为核心的新型市场监管机制，首次发布甘肃省公路建设市场诚信“红黑榜”，“信用交通省”创建工作稳步推进。新业态监管能力不断提升。加强对网约车平台公司线上服务能力审核，及时约谈网约车平台，7个市（州）出台网约车服务管理细则，兰州、天水、定西已开展网约车经营许可业务，有17家网约车公司取得经营许可，取得道路运输证并上线运营的网约车达到1016辆，全省网约车发展逐步规范。

【智慧绿色交通】2018年，推进现代信息技术与交通运输深度融合，“交通运输出行与旅游数据融合”和“交通运输行业数据资源交换共享与开放应用平台”2个项目，入选交通运输部首批交通运输大数据融合应用试点项目。积极推广腾讯乘车码在兰州市公交车应用、推动高速公路无感支付技术在白银西收费站试点应用。高速公路人工收费车道实现手机移动支付全覆盖。出台《关于加快推进全省绿色交通发展加强生态环境保护坚决打好污染防治攻坚战的实施方案》，编制印发《甘肃省公路涉及饮用水水源地保护工程技术指南（试行）》《甘肃省交通运输环境监测网络建设技术指南（试行）》。组织开展全省公路建设项目环境监管检查专项行动，督导推进祁连山自然保护区交通基础设施项目整改，以及中央环保督察反馈意见整改。积极推进兰州南绕城、武九高速公路创建绿色公路示范工程。新增及更新新能源营运性车辆3637辆，在5个高速公路服务区建成充电桩48个。积极倡导公交、自行车等绿色出行，兰州市成为西北地区第一个通过考核验收的绿色交通试点城市。

【科技创新】2018年，3项成果入选交通运输部重大科技创新成果库，2家科研平台通过省级高新技术企业认定，“公路建设与养护技术、材料及装备国家级行业研发中心”被交通运输部评为2018年交通运输行业重点创新平台。32项科技项目通过部（省）和厅级验收，共获得9项实用新型专利、3项省级工法和3项软件著作权。标准工作取得新进展，发布2项地方标准、2项技术指南，10项地方标准获省级立项。

【平安交通】2018年，全面整改折达公路质量问题，成立整改领导小组，实行销号管理、挂牌督办。按照省政府公开承诺时限，全面完成折达公路考勒隧道40米隧段加固维修，以及全线质量安全隐患整治。深刻汲取教训，举一反三，开展全省公路工程质量安全“拉网式”排查整治等一系列质量安全管控活动。出台《甘肃省公路建设项目管理体系》，再造项目建设流程。安全管理效能不断提升。制定“平安交通”三年攻坚行动实施方案，扎实开展平安交通百日行动、公路水路工程质量专项治理、危险化学品道路运输专项整治，以及安全事故隐患大排查大整治活动。召开全省公路建设项目质量提升暨品质工程创建现场推进会、公路工程设计质量提升工作会，开展全省长陡坡路段安全隐患排查及安全评估，平定、天定高速公路质量安全隐患处置分期实施；加快3个部级和7个省级“品质工程”示范项目创建，完成乡道及以上公路安全生命防护工程6388公里，改造普通国省道和农村公路危桥99座，全省公路工程建设项目抽检指标总体合格率97.3%，比上年上升0.6个百分点。西峰至合水二级公路改建工程，被交通运输部和应急管理部联合冠名为公路水运建设“平安工程”。重点领域安全监管力度不断加大。推进安全监管责任体系建设，出台行业安全生产工作监督管理责任清单，以及信用管理办法等制度。实现全省“两客一危”重点车辆全方位动态监管，入网率达到100%，上线率达到98.92%。应急保障能力不断提升。完成敦煌文博会、首届中医药产业博览会、丝绸之路国际旅游节等重大活动和重大节假日交通运输保障任务。积极应对冰冻雨雪和暴洪灾害，妥善处置舟曲南峪江顶崖滑坡险情、国道310线牛北公路龙凤1号大桥灾损、兰州“11·3”重大交通事故等突发事件。实施高速公路清障救援服务1.18万次，出动救援车辆1.3万台次。“非洲猪瘟”防控、“扫黑除恶”和反恐怖等工作扎实开展。行业安全生产死亡人数和受伤人数“双下降”，未发生较大以上生产安全责任事故，行业安全生产形势总体稳定。

【从严治党】2018年，始终把党的政治建设放在首位，深入学习习近平新时代中国特色社会主义思想和党的十九大精神，制定《关于认真贯彻党的十九大精神加强和改进党建工作的实施意见》《关于进一步加强民主集中制建设的意见》《关于规范和加强厅属事业单位议事决策相关工作的意见》《关于加强和改进信访工作的意见》等。严明党的政治纪律和政治规矩，认真贯彻中央八项规定及其实施细则精神，不断增强党内政治生活的政治性、时代性、原则性、战斗性。开展"以党的政治建设为统领，建设群众满意机关"专题研讨交流，引导党员干部切实增强"四个意识"、坚定"四个自信"，坚决做到"两个维护"。以折达公路作风问题为戒，严格落实全面从严治党"两个责任"，扎实开展"转变作风改善发展环境建设年"活动，开展交通扶贫领域腐败和作风问题专项治理，开展预防职务犯罪警示教育，推进行业作风建设整治。

【行业软实力】2018年，大力弘扬"两路(川藏、青藏公路)"精神，号召向川航英雄机组学习。积极传递行业声音和正能量，培养和树立扎根戈壁、无私奉献、艰苦奋斗、甘当路石的"八棵树"精神。在甘肃公路博物馆举办改革开放40周年交通成就展。开展"四好农村路"建设等重大主题宣传活动。强化雨雪冰冻等极端天气和春节、"国庆"等关键节点交通保畅新闻宣传，甘肃高速官方微博荣登全国交通微博服务效果排名榜首，"甘肃高速"头条号被"今日头条"评为2018年全国"最具影响力民生头条号"。史志编撰工作取得新成果，《甘肃高速公路建设实录》正式出版，《甘肃省志·公路交通志》(1991—2010)通过终审，准予公开出版发行。行业文明创建成果丰硕，8家单位分别被评为全国交通运输行业文明单位和文明示范窗口，14家单位获省级文明单位，5家单位分别获省五一劳动奖状和劳动先锋号；15人分别被评为全国交通运输行业文明职工标兵、青年科技英才、精神文明建设先进工作者、优秀思想政治工作者和省级精神文明建设先进工作者；2人获甘肃省五一劳动奖章，1人获甘肃省道德模范诚实守信模范。积极排查化解各类矛盾和信访问题，离退休人员工作不断加强，工青团妇工作有序开展，后勤服务保障坚实有力。

(尉永强)

铁　路

【概况】中国铁路兰州局集团有限公司(原兰州铁路局，简称兰州局集团公司)始建于1956年，地处丝绸之路经济带的中心轴，是亚欧大陆桥在我国境内的重要区段。现已形成以兰州为枢纽，由陇海、兰新、兰青、包兰、宝中、干武、兰渝、太中银铁路8条普速干线和兰新客专、徐兰高速铁路2条高铁干线，以及其他10条支线，构成西北铁路基本框架，连接甘、宁、青、新、蒙、陕、川、渝等8省(区)和直辖市，是西北交通运输和经济建设的大动脉。截至2018年末，兰州局集团公司管内(含控股合资公司)营业里程5382.4公里，高铁营业里程1056.7公里；其中甘肃省内营业里程4074.7公里，高铁营业里程1008.1公里。

【工作综述】2018年是兰州局集团公司全面贯彻落实党的十九大精神开局之年，是全面推进公司化法人治理结构改革的一年，是保安全创效益扎实工作的一年。兰州局集团公司以习近平新时代中国特色社会主义思想为指导，深入贯彻落实党的十九大会议精神，全面落实总公司工作会议部署，认真落实"两个一以贯之"要求，按照总公司党组部署，进一步健全公司治理体系，细化各治理主体职责边界，规范决策制度程序和日常运行机制，不断提升公司治理水平。在中国铁路总公司党组领导下，学习贯彻习近平总书记关于安全生产工作的重要论述，兰州局集团公司各级组织和广大干部职工按照高质量发展要求，坚持稳中求进工作总基调，聚焦交通强国、铁路先行，深化强基达标、提质增效，统筹推进各项工作，扎实推进安全生产、经营管理、铁路建设、企业改革、党的建设等重点工作，圆满完成各项目标任务。

【安全生产】截至2018年底，兰州局集团公司实现安全生产1526天，创近十年最好成绩。坚守高铁和旅客列车安全万无一失的政治红线和职业底线，健全完善"三位一体"安全保障体系，深化落实双重预防机制，修订完善覆盖各层级各岗位的安全生产责任制，明确50条安全"红线"，优化施工安全"五条禁令"，全覆盖开展"查问题、灭隐患、保安全"活动，开发应用现场作业安全管控系统，推广实施干部安全管理履职考评系统，运用音视频数据实时研判预警风险等措施，实现了安全可控。全年杜绝了一般B类及以上行车责任事故，未发生造成旅客死亡的责任行车事故，消灭了从业人员重伤及以上责任事故。铁路交通事故、责任行车事故和路外死亡人数分别比上年下降12.3%、12.1%和5.6%。

【旅客运输】2018年，兰州局集团公司旅客发送量完成6049.5万人，比上年增加1006.1万人，增长19.9%；旅客周转量完成412.78亿人公里，增加37.55亿人公里，增长10.0%。其中，甘肃省旅客发送量完成5356.2万人，增加1004.2万人，增长23.1%；旅客周转量完成366.99亿人公里，增加38.47亿人公里，增长11.7%；高铁旅客发送量完成2330.7万人，高铁旅客周转量完成74.38亿人公里。

【货物运输】2018年，兰州局集团公司货物发送量完成7668.1万吨，比上年增加181.7万吨，增长2.4%；货物周转量完成1492.56亿吨公里，增加90.57亿吨公里，增长6.5%。其中，甘肃省货物发送量完成4955.9万吨，增加288.8万吨，增长6.2%；货物周转量完成1253.68亿吨公里，增加108.95亿吨公里，增长9.5%。

【经营效益】全年实现运输收入198.06亿元，比上年增收15.17亿元、增长8.3%；货物运费吨收入率增幅8.8%，增幅排名全路第四；资产经营开发收入51.09亿元，综合创效4.49亿元，增长45.77%，增幅排名全路第五。盈亏总额较静态目标减亏5.63亿元。

【铁路建设】优化施组方案，银川站普速场改造施工全面完成，兰新客专至敦煌铁路联络线9月中旬顺利接通，文博会前动车首次开进丝路名城敦煌。加强协调对接，包头至银川铁路惠银段8月份开工建设。严把工期节点，科学有序推进在建项目，银西高铁、中兰客专、敦格铁路等项目进展顺利。优化完善方案，加快前期项目进度，兰州至张掖三四线、酒泉至额济纳、宝中铁路增建二线、西宁至合作至成都铁路等项目前期工作有序开展。完善建设管理机制，严格质量安全管控，中川铁路西固黄河特大桥、敦格铁路沙山沟特大桥等4个项目荣获2018年甘肃省建设工程“飞天金奖”。全年完成基本建设投资201亿元，完成年度计划的100%。

【节能减排】认真贯彻落实国家及属地政府环保法律法规要求，以污染防治为重点，加大节能减排技术改造。充分利用社会资金，积极推进能源管理模式创新，拓宽节能降耗、提质增效新路子。组织对现行节能、环保技术标准、管理制度进行梳理，建立健全了节能环保管理制度，形成了行之有效的管理标准体系。2018年度单位运输工作量综合能耗比上年下降4.46%；燃煤消耗量减少54.6%；减排二氧化硫678吨。

（陈掖）

通信管理

【发展概况】2018年，全省完成电信业务收入188.59亿元；完成电信业务总量1192.43亿元，比上年增长161.5%；完成固定资产投资560.74亿元(其中4G投资22.47亿元)。全省电话用户达到3064.43万户，普及率达到115.64%，其中移动电话用户2735.99万户(其中4G用户2000.94万户，4G用户占比达到73.13%)；固定互联网宽带接入用户742.84万户，增长28.88%，FTTH/0用户占比达到94.1%；移动互联网用户达到2255.08万户，增长10.86%。

【电信普遍服务试点】前两批试点已全面完成竣工验收，第三批试点已完成企业自查验收、州政府初验，第四批试点完成招投标等相关工作并已进入工程建设阶段。为进一步加快深度贫困地区光纤宽带网络覆盖，利用电信普遍服务试点结余资金支持128个深度贫困行政村和深度贫困县的5290个20户以上自然村通光纤；深入推进第四批电信普遍服务试点，支持全省11个地市279个行政村建设316个4G基站，按计划完成后，将实现全省行政村4G网络全覆盖。

【兰州新区国际互联网专用通道建设】该项目2017年9月获工信部专家评审会论证通过，11月工信部正式发文批复，建设期一年。2018年7月提前4个月完成专用通道主体建设，经中国信息通信研究院评估，工程质量优异，具备业务开展能力，满足企业信息化系统国际部署、跨境电子商务、跨境物流、国际数字内容传送、业务网站与数据库查询、总部型企业和国际会议举办等6个方面国际互联网需求。2018年10月积极协调地方政府落实了补贴资金500万元，并在相关路由、管道购置方面给予基础运营企业优惠，专用通道已投入商用发挥作用。

【网络提速降费】新建住宅光纤到户项目3879个，老旧小区光纤改造项目7994个，光纤到户覆盖家庭数699.4万户；加快推进LTE网络，主要自营移动互联网IPv6改造，同步开展互联网骨干网、骨干网网间互联体系、城域网和接入网IPv6改造；进一步增强骨干网络承载能力，固定互联网宽带端口数达到1143万个，光纤到户占比达到94.1%，全省省际出口带宽6393G；加大网络提速降费优惠力度，其中移动流量资费比上年下降67.2%，互联网宽带接入资费下降28.1%，家庭宽带接入资费下降17.1%，单位宽带接入资费下降31%，7月1日全面取消移动流量“漫游费”。

【通信基础设施专项规划】加强对行业“十三五”规划主要任务和重点工作的督导落实，在2017年兰州、白银市政府批复基础上，强化督导抓好城市通信基础设施专项规划编制，根据前期督促检查中发现的问题，积极协调争取省政府督查室发文督办市州政府加快通信基础设施规划审批并限期完成，同时乘势联合省工信厅组成督察组进行专项督查，2018年5月省内14个市州政府全部完成批复。

【通信市场监管放管服改革】认真贯彻李克强总理政府工作报告，按照“企业开办时间再减一半，项目审批时间再砍一半，政府服务一网办通，企业和群众办事力争只进一扇门，最多跑一次，凡是没有法律法规依据的证明一律取消”的“六个一”要求，结合本职工作，深化放管服改革，针对简化市场准入审批流程、建立网站备案绿色通道、落实电信业务经营不良名单和失信名单管理等方面提出具体措施。截至2018年底，增值电信企业新发证46家，累计达到231家；新增网站备案主体2588个，累计达到18344个，网站总数达到21055个；全年核配跨地区码号1060个、96短号码和SP代码20个；将违反相关规定的36家增值电信企业和受到行政处罚的2家基础电信企业纳入不良名单，并在网上进行了公示。

【通信服务质量监管】坚持电信服务质量监管例会制度，每季度召开会议及时研究解决电信服务质量监督检查过程中出现的热点难点问题，保障监管工作规范化、制度化。坚持服务质量通告制度，对基础运营企业出现的用户投诉量居高不下问题督促限期整改。完善用户申诉、信访协调处理工作机制，邀请熟悉法律法规的专家组成咨询小组，对用户热点或潜在敏感的用户申诉处理决定进行审核把关。建立完善窗口服务规范和岗位职责，切实转变工作作风，树立良好的窗口形象，严格落实首问责任制，严把用户申诉办理质量和办理时限，指定政务大厅负责人，合理调整工作人员，强化日常接待管理工作，定期组织业务培训，提升申诉处理效率。

【网络信息安全管理】升级反诈系统版本，完善可疑通话及信息的预判、封堵及处置功能；建设试点互联网诈骗监测系统，分析移动用户上网行为，有效遏制通信诈骗高发态势。推进电话用户实名登记视频认证试点应用，开展对物联网卡、行业应用卡等专项检查，巩固提升电话用户实名登记成效，进一步提升电话用户身份信息的真实性。坚持总体国家安全观，完善网络安全保障体系，制定省级《公共网络安全威胁监测与处置办法实施细则》《公共互联网网络安全应急预案》，实施网络安全防护能力提升行动，严格网络信息安全责任属地化考核，抓好网络安全监测、预警信息通报、网络安全事件处置等工作，持续加大对企业移动上网日志留存等工作的监督检查和考核力度。

【应急通信保障】加强与相关政府部门和企业的应急协调联动，跟进落实工信部"互联网＋应急通信"全方位综合保障体系建设，构筑网络安全保护屏障。着力抓好舆情服务、技术支撑和处置配合，圆满完成"两会"、敦煌文博会等重大活动信息安全保障以及"扫黄打非"、违法违规互联网传播平台处置等专项整治工作。7月份甘肃省连降暴雨，造成多个市州受灾，及时响应，在部省坚强领导下，启动应急预案，组织协调各公司全力投入应急抢险及通信保障工作，按照响应级别实施24小时值班制度，全行业上下积极投入，有力地完成了各项保障任务。

（田卫国）

财政　金融

财　政

【财政预算执行】2018年，全省一般公共预算收入870.8亿元，为预算的102.4%，比2017年同口径(下同)增长8.3%。其中，税收收入610.4亿元，增长13.6%；非税收入260.4亿元，下降2.3%。税收收入占一般公共预算收入的70.1%，比上年提高3个百分点，收入质量明显改善。一般公共预算支出3774.1亿元，完成预算的97.6%，增长14.2%。

全省政府性基金预算收入399.2亿元，为预算的112.9%，比上年下降3.5%，主要是二级公路停止收费后车辆通行费收入减少。加上中央补助16.6亿元、上年结余70.1亿元、政府专项债券收入231.5亿元，收入总量为717.4亿元。全省政府性基金支出550.8亿元，完成预算的88.5%，增长10.1%。加上政府债券还本支出27.5亿元、调出资金70.8亿元(调入一般公共预算)，支出总量为649.1亿元。收支总量相抵，结转下年支出68.3亿元。

全省国有资本经营预算收入11.6亿元，为预算的136%，比上年下降3.3%，主要是上年收入中含清缴以前年度欠缴收入。加上中央转移支付7.4亿元、上年结余2.7亿元，收入总量为21.7亿元。全省国有资本经营预算支出15.1亿元，完成预算的94.9%，下降22.2%，主要是中央政策性补助减少。加上调出资金4.5亿元(调入一般公共预算)，支出总量19.6亿元。收支总量相抵，结转下年支出2.1亿元。

全省社会保险基金预算收入1040.5亿元，为预算的118.2%，比上年增长45%，主要是财政对城乡居民养老保险和城乡居民医疗保险补贴增加，以及当年清算以前年度机关事业单位养老保险缴费后收入增加。全省社会保险基金支出977.5亿元，完成预算的112%，增长53.8%，主要是机关事业单位养老保险制度改革全面实施、城乡居民养老保险和退休人员养老金发放标准提高，以及新增上解中央企业职工养老保险调剂金支出。当年结余63亿元，年末滚存结余882.5亿元。

省级一般公共预算收入242.1亿元，为预算的100.7%，比上年增长8.9%。加上中央补助2501.2亿元、政府一般债券收入372.7亿元、调入资金93.4亿元、市县上解收入95.4亿元，使用上年结转结余资金19.1亿元，收入总量为3323.9亿元。从收入结构看，税收收入174.9亿元，增长12.9%；非税收入67.2亿元，下降0.3%。省级一般公共预算支出825.7亿元，完成预算的98.1%，增长21.2%。加上政府债券还本85.3亿元、补充预算稳定调节基金59.1亿元、上解中央支出4.9亿元、对市县转移支付2143亿元(含税收返还)、债务转贷支出196.3亿元，支出总量为3314.3亿元。收支总量相抵，结转下年支出9.6亿元。省对市县转移支付中，税收返还和一般性转移支付1296.1亿元，专项转移支付846.9亿元，税收返还和一般性转移支付占省对市县转移支付总量的60.5%。

省级政府性基金预算收入94.5亿元，为预算的92.7%，比上年下降14.4%，主要是车辆通行费、国有土地使用权出让收入减少。加上中央补助16.6亿元、下级上解1.8亿元、上年结余8.9亿元、政府债券收入231.5亿元，收入总量353.3亿元。省级政府性基金支出107.1亿元，完成预算的85.5%，下降12.1%，主要是车辆通行费减收后安排的支出减少。加上政府债券转贷支出197.5亿元、对市县转移支付22.9亿元、调出资金15.9亿元，支出总量343.4亿元。收支总量相抵，结转下年支出9.9亿元。

省级国有资本经营预算收入6.1亿元，完成预算的101.2%，比上年下降24.9%，主要是上年收入中含清缴以前年度欠缴收入。加上中央转移支付7.4亿元、上年结余0.8亿元，收入总量14.3亿元。省级国有资本经营预算支出12.3亿元，完成预算的99.2%，下降28.3%。加上调出资金1.5亿元，支出总量13.8亿元。收支总量相抵，结转下年支出0.5亿元。

省级社会保险基金预算收入339.1亿元，为预算的103.9%，比上年增长10.4%；支出304.1亿元，完成预算的95%，增长52.9%，主要是企业职工养老保险财政补贴资金由市县支出调整为省级支出，新增上解中央企业职工养老保险调剂金。当年结余35亿元，年末滚存结余492.5亿元。

省级财政预算调整情况。2018年5月，省财政厅向省十三届人大常委会第三次会议提交了当年新增政府债务限额分配计划和省级财政预算调整方案，经审查批准，省级一般公共预算支出由年初的677.9亿元调整为722.7亿元，增加44.8亿元；省级政府性基金预算支出由年初的93亿元调整为127亿元，增加34亿元。

政府债务限额余额情况。财政部核定2018年全省政府债务限额2745.5亿元，比上年新增446亿元。初步统计，2018年全省政府债务余额2499亿元，控制在债务限额以内，其中，省级847.7亿元，市县1651.3亿元。

政府债券发行情况。2018年，按照省十三届人大常委会第三次会议批准举债限额，全省发行政府债券604.2亿元，其中新增债券433.9亿元（不含中央转贷地方外债额度12.1亿元），置换债券170.3亿元。新增债券中，省级125.1亿元，市县308.8亿元；置换债券中，省级85.3亿元，市县85亿元。

政府债务还本付息情况。2018年，全省各级财政部门依照《预算法》有关要求和偿债计划，将债务还本付息支出相应列入预算。当年全省偿还政府债务本金185.9亿元，其中，省级85.3亿元，市县100.6亿元；支付政府债务利息67亿元，其中，省级24.7亿元，市县42.3亿元。

预算稳定调节基金情况。根据各级人大批准的年度财政决算，2017年末，全省预算稳定调节基金规模为134.1亿元，其中，省级85.4亿元，市县48.7亿元。2018年初，全省动用预算稳定调节基金109.1亿元，其中，省级72亿元，市县37.1亿元。预计2018年末全省预算稳定调节基金总规模98.8亿元，约占全省总支出的2.6%，其中省级72.5亿元，约占当年省级一般公共预算支出总额（含对下转移支付）的2.4%。全省及省级预算稳定调节基金规模均在规定比例5%之内。

【中央支持】2018年，中央财政共下达甘肃省一般公共预算补助2501.2亿元，增加322.3亿元，增长14.8%。其中，税收返还及一般性转移支付1565.5亿元，增加151亿元，增长11.8%；专项转移支付935.7亿元，增加171.3亿元，增长22.4%。特别是中央在还贷二级公路取消收费后补助、车辆购置税补助地方资金、城镇污水垃圾处理、电子商务进农村综合示范项目以及流通领域现代供应链体系建设等方面给予了大力支持。同时，财政部核定甘肃省新增政府债务限额446亿元，比上年增加106亿元，有力支持了全省公益性基础设施建设。在中央财政的大力支持下，全省财政保障能力进一步增强，重点领域支出得到较好保障。

【脱贫攻坚】多渠道筹措资金，支持全省深度贫困地区脱贫攻坚实施方案落实。全省安排财政专项扶贫资金173.3亿元。其中，争取中央财政资金86.6亿元，增长20.6%；省级通过压减一般性支出、调整优化结构等措施，安排46.2亿元，增长145%，为中央补助资金的53.3%。投入深度贫困地区财政专项扶贫资金106.9亿元，占61.7%；贫困县60%以上的新增一般债券用于脱贫攻坚。完善涉农资金统筹整合长效机制，全省整合涉农资金175.3亿元，集中优先用于脱贫攻坚。在完善投入保障体系的基础上，集中财力，精准施策，大力推动产业扶贫。支持完善贫困县贫困村生产组织、产销对接和风险防范体系，实现了贫困县贫困村至少2个以上农民合作社全覆盖；在有需求贫困村建成果蔬保鲜库701座；推动农业保险“增品扩面提标降费”，新增省级补贴险种6个，实现农业保险对有需求的建档立卡贫困户、所有种养产业及自然灾害和市场波动“两个风险”的全覆盖。支持建立健全带贫减贫机制，推进农村“三变”改革，拓宽贫困户增收渠道。落实贫困地区选聘生态护林员和保洁绿化等公益性岗位政策，支持农村贫困家庭人员就业，提高贫困家庭收入水平。建立“周调度、旬报告、月通报”制度和约谈机制，督促部门和市县加快财政专项扶贫资金支出进度。全省扶贫支出达到318.6亿元，增长102.5%。建立扶贫资金总台账和监控平台，将中央42项、省级25项和市县安排的扶贫资金全部纳入动态监控，着力打通扶贫资金监控到项目、到人到户、到企业的“最后一公里”。

【防范化解政府债务风险】健全“借、用、还”相统一的举债机制，规范政府举债融资行为。根据党中央国务院统一部署，对全省各级各部门、国有企事业单位（含融资平台公司）政府隐性债务和相关资产情况进行全面摸底，出台防范化解政府隐性债务风险实施意见，督促部门和市县制定化债方案，坚决遏制隐性债务增量，稳妥化解隐性债务存量。健全风险预警处置机制，根据债务风险评估和预警结果，对债务高风险地区进行通报，将政府债务风险防控工作纳入地方党政领导班子考核内容。加大专项检查力度，从严整治各类违法违规举债、担保等行为，对个别市县违法违规举债相关责任人进行问责处理。加快政府债券发行使用进度，建立债券资金调度和拨付绿色通道，提高债券资金使用效益。按期完成政府存量债务置换工作，当年发行置换债券170.3亿元，累计发行置换债券1186亿元，每年可减轻各级政府债务利息负担约30亿元。

【污染防治】2018年，争取国家重点生态功能区转移支付57.5亿元，支持加强生态环境保护建设。统筹省级财力、中央补助、政府债券资金49.6亿元，扎实整改祁连山自然保护区生态环境问题，支持完成保护区内144宗矿业权分类退出任务。认真实施山水林田湖草项目，推进祁连山国家公园体制试点和大熊猫国家公园体制试点。投入4.6亿元，支持大气、水、土壤污染防治及监管监测。下达42.6亿元，加强天然林保护，推动新一轮退耕还林还草。拨付8.9亿元，加强城镇污水垃圾处理。推行农业清洁生产，加强农业面源污染治理。筹措38.5亿元，支持村容村貌提升、垃圾污水治理等人居环境改善工程，加快推进美丽乡村建设。

【民生保障】全年全省教育、社会保障、医疗卫生等十类民生支出2983.8亿元，比上年增长14.4%，占财政支出的79.1%。省级拨付资金119.5亿元，10件为民实事全部办结。民生支出中，教育支出592.6亿元，全面落实各阶段学生资助政策，支持学前教育、职业教育、高等教育发展，改善贫困地区薄弱学校基本办学条件，实施深度贫困村中小学教师周转宿舍建设项目和农村边远地区中小学温暖工程。支持省属高校积极化解存量债务。社会保障和就业支出505.2亿元，全面实施机关事业单位养老保险制度，完善被征地农民参加养老保险办法，退休人员养老金水平平均提高5%，城乡居民养老保险基础养老金从每人每月85元提高至103元。加强农村低保制度与扶贫开发政策的有效衔接，城乡低保省级指导标准分别提高7.6%、

6.3%，特困人员救助供养省级补助标准提高7.6%。支持实施助残扶贫康复项目，落实积极的就业政策，支持重点群体就业创业。医疗卫生支出313.5亿元，支持深化医药卫生体制改革，完善医疗保险政策体系，推进公立医院综合改革，提升基层医疗服务能力，开展农村妇女“两癌”检查。将城乡居民医疗保险和基本公共卫生服务财政补助标准提高到每人每年490元、55元。住房保障支出158.3亿元，支持保障性安居工程建设，落实城镇低收入家庭住房租赁补贴政策，实施城镇棚户区改造23.22万套。采取差异化补助的方式，支持建档立卡贫困户、低保户、分散供养特困人员、贫困残疾人家庭四类对象及其他农户危房改造项目，完成改造7.9万户。采取以奖代补方式，支持城市老旧住宅小区电梯改造。

【经济转型发展】扎实开展“转变工作作风改善发展环境建设年”和“深化放管服改革工作突破年”活动，严格执行“十不准”规定，进一步转变工作作风，提升行政效能，努力营造良好营商环境。认真落实各项减税降费政策，减轻企业税费负担285亿元。取消2项中央、3项省级设立的行政事业性收费，将重大水利建设基金征收标准在2017年基础上再降低25%。延续企业职工养老保险单位缴费比例19%和失业保险总缴费1%的阶段性降低费率政策。分步有序做好清理拖欠民营企业中小企业账款工作。筹集330亿元，支持交通、水利、城市基础设施等重大项目建设。筹集20亿元，支持设立绿色生态产业发展基金，推动十大绿色生态产业发展，军民融合、循环农业、通道物流、中医中药4支子基金已注册投运。完善融资担保体系，注入甘肃金控集团资本金20亿元，支持省市县三级融资担保体系建设，通过抵押、担保及信用贷款等多种方式发放贷款382亿元，促进特色产业发展。省级担保再担保机构成功纳入国家融担基金第二批合作签约范围。支持发展循环农业，推动戈壁农业、田园综合体试点等建设。

【预算绩效管理】贯彻落实全面实施预算绩效管理的意见，构建涵盖政府和部门预算以及所有政策和项目全方位的预算绩效管理格局，建立事前评估、目标管理、运行监控、结果应用全过程的预算绩效管理链条，完善一般公共预算、政府性基金预算、国有资本经营预算和社会保险基金预算全覆盖的预算绩效管理体系。省级将预算绩效目标编制作为部门预算编制的前置条件，实现所有经济事业发展类项目绩效目标申报全覆盖，首次选取20个部门项目绩效目标向社会公开，对省级部门项目绩效目标执行情况进行监控。组织省级部门对44个重点财政支出项目和13个二级预算单位的整体绩效开展自评，并引入第三方机构对20个社会关注度高、资金量大的环保、重大基础设施建设等项目开展绩效评审，及时将评审意见反馈部门整改完善。出台扶贫项目资金绩效管理实施办法，坚持以各类财政扶贫资金为“试验田”，对所有安排用于扶贫的各级各类财政资金实施绩效管理，力促提高扶贫资金使用效率和效益。

【财政管理改革】稳步推进省与市县财政事权和支出责任划分改革，制定了包括义务教育、基本养老等八类18项基本公共服务领域和医疗卫生领域划分改革方案，明确了省与市县支出责任分担机制。完善省直管县财政管理体制，赋予市州对部分项目资金的审核、分配权限，充分调动市州积极性，发挥就近就地监管优势，进一步强化对省直管县资金监管和业务指导。清理盘活项目结转结余资金21.7亿元，可统筹使用的资金全部用于脱贫攻坚、污染防治等经济社会发展亟需资金支持的领域。组织实施新的政府会计准则，开展政府财务报告编制试点，推进非税收入收缴电子化管理。建立向人大报告国有资产管理情况制度，首次向省人大常委会提交了国有资产管理情况综合报告，专项报告了金融企业国有资产管理情况。出台《关于完善国有金融资本管理的实施意见》，推动完善地方国有金融机构管理体制机制。积极配合省人大开展预算联网监督工作，自觉接受人大及其常委会监督；及时整改巡视、审计及各类监督检查反馈的问题。深入推进预决算、政府债务等信息公开，提高公开的及时性、规范性，主动接受社会监督，积极回应社会关切。

（闫树北）

税　务

【概述】按照党中央、国务院关于国税地税征管体制改革的决策部署，国家税务总局甘肃省税务局于2018年6月15日挂牌运行，机构由原甘肃省国税局和甘肃省地税局合并组建。2018年，甘肃省税务局以习近平新时代中国特色社会主义思想为统领，认真落实省委、省政府和税务总局各项决策部署，有序有效推进国税地税征管体制改革，组织收入、放管服改革、纳税服务等工作，收入规模达到1822.1亿元，充分发挥税收政策在促发展、调结构、惠民生方面的重要作用，为地方经济社会高质量发展作出了积极地贡献。

【国税地税征管体制改革】提请成立全省国税地税征管体制改革专项组，召开了全省改革座谈会，对全省税务机构改革进行统筹部署。按照税务总局统一要求，省局机关，15个市（州、区）税务局，95个县（市、区）税务局和605个税务分局（所）相继顺利挂牌正式运行。截至2018年10月25日，全省各级税务机关均按照“三定”规定完成了内设机构、派出机构和事业单位负责人任命、普通干部岗位调整以及办公场所，工作资料的整合交接工作，全省17000余名干部全部安排到位。提请成立社会保险费和非税收入征管职责划转协调领导小组，全面领导划转工作。与省财政厅、人社厅、卫计委联合召开了动员部署会，拟定并报请省政府审定后印发《划转实施意见》和《交接方案》。完成了社保费存量数据交接和“大中型水库移民后期扶持基金、跨省际大中型水库库区基金、可再生能源发展基金”“公路路产损坏赔偿收费”等中央、省级首批非税收入项目划转。同时，按照税务总局统一要求，制定了全省改革国税地税征管体制征管业务工作方案和路线图、时间表，按计划完成122项工作任务。制发《甘肃省税务局统一税收征管方式方案》，实现纳税人端与税务端税费征管业务有序衔接。按期完成金税三期并库、信息共享平台建设，税收管理系统升级，省、市、县税务机关2849个部门的各类税费业务和信息系统正常运行。经省委和省直机关工委批复，成立省税务局党委和机关党委，各市、县级税务局也相继成立党委和机关党委，建立基层党建联系点600多个，初步形成了纵合横通强党建的工作机制，推动了党建工作共建共管共治。建立"一把手"直接沟通机制，通过局长接待日，局长信箱、微信群、税务干部专线、座谈会等，确保第一时间、第一渠道、第一环节掌握动态、疏导情绪、解决诉求；完善和落实谈心谈话制度，严格按照"三个全覆盖""三个重点谈"要求，扎实开展多轮谈心谈话，消除干部顾虑，解决干部疑难，努力实现"事合、人合、心合、力合"。省局党委按照"五公"要求，有效破解改革中干部配备安置难题，并多次向省委和省委组织部主要领导汇报，向地方党政企事业单位推荐干部，全力解决干部出口问题。

【税费收入】全年累计完成各项税费收入1822.1亿元。其中，税收收入1350.75亿元，社会保险费完成412.65亿元，非税收入完成49.14亿元，其他收入9.56亿元。

【服务地方经济发展】自觉服从服务于全省中心工作，坚持多点发力、多措并举，不断放大税收服务经济发展的综合效应。对近年来国家出台的各项税收优惠政策进行系统梳理，2018年，共梳理出11类1378项。认真落实国家历年出台的涉及17个税种包括持续改善民生、鼓励高新技术企业发展、支持小微企业发展、推进西部大开发、扶持"三农"和节能环保等税收优惠政策，全年为全省纳税人办理各项减免退税284亿元，较上年增加11亿元。

【税种管理】改革以来，甘肃省税务局共承担着33中税费等征收管理的工作。按照税务总局要求，严格落实《环境保护税法》，制定下发《甘肃省环境保护税核定征收管理办法》，完成2521户纳税人基础信息的移交核实，5300多人次财政、环保部门干部和纳税人的培训，共征收环保税1.42亿元，减免税收0.44亿元。落实增值税税率调整政策，全省6.9万户增值税一般纳税人税负下降或持平，净减税11亿元；统一将小规模纳税人标准提高至500万元，全省5595户一般纳税人转为小规模纳税人，享受到较低征收率计税优惠；为全省144户符合条件的企业退还增值税留抵税额7.35亿元，高于财政部、税务总局下达甘肃7亿元的退税规模。持续加大增值税发票风险管控力度，压缩虚开虚抵空间，挽回税款损失12.93亿元。全面落实出口退税规范2.0版和出口企业分类管理，加快退税进度，平均办理时间缩短为7.33天，全年退(调)库6.76亿元，比上年增长27%。推行车购税网上申报和无纸化试点，实现车购税缴税全省通办。严格落实企业所得税各项减免优惠政策，其中新出台的六项减税政策，全年减免企业所得税近30亿元。扎实推进个人所得税改革工作，稳妥实施个人所得税第一步改革，享受到个人所得税第一步改革红利的工资薪金所得纳税人约150万人(次)，共计减税4.59亿元。

【纳税服务】不断实化"放管服"改革措施，全面提升服务质效。深入推进商事制度改革，在100%取消非行政许可审批事项的基础上，健全税务与工商的信息共享机制，实现信息每隔15分钟自动交换一次；大力推进清税注销，全面取消首次办理涉税事项补充信息采集、增值税专用发票(百万元以下)实地核查，推进发票申领1日办结，压缩企业开办时间。结合二维码一次告知、"容缺受理""税务专邮"、24小时自助办税等配套措施，实现了6类119项办税事项"最多跑一次"；持续优化电子税务局功能，应用实名办税、电子签章等技术，实现除纸质发票和税控设备类外的13类153项涉税业务"全程网上办"，两项改革事项占到全部办税事项的八成以上。持续开展便民办税春风行动。相继推出办税服务厅"一厅通办""一窗通办"、12366纳税服务热线"一键咨询、一人通答"和"一套资料办""主税附加税费一次办"等便民服务措施，对6大类47项涉税业务实行全省通办。依托大数据，推出"刷脸"办税、"智慧云"办税厅、无人值守办税区，试点推行支付宝、微信扫码缴税，有效避免纳税人多次跑、多处跑。推行新办纳税人"套餐式"服务，将12个办税事项和7张申请表单进行整合，实行一次性办理，压缩办税时间达到50%以上。持续推进"银税互动"。通过"银税互动"为1.4万户企业发放贷款755亿元，帮助小微企业解决融资难、融资贵的问题。全面推行"不来即享"机制，推出申报纳税时一并申报退税、依法即征即退、先征后退、"先退税、后评估"等措施，纳税人、缴费人的获得感持续增加。

【国际税收】编印阿曼、也门、牙买加、黎巴嫩等国国别投资税收指南，《"走出去"企业税收服务指南》《"一带一路"国家(地区)税收政策宣传手册》和《"走出去"企业指引》等资料，利用敦煌文博会、陇西药博会的契机，开展"税收服务一带一路"专题宣传，为甘肃省"走出去"企业提供丰富的税收政策资源。聚焦甘肃牙买加国际产业园项目，梳理我国对外税收协定特别是与牙买加政府的税收协定，充分利用税收协定下的双边协商机制，帮助纳税人解决涉税争议，为甘肃企业赴牙买加投资提供稳定明确的税收环境。以税务机构改革为契机，成立专门部门加强经济税收分析，从税源变化状况、政策执行效应、重点发展领域和宏观经济决策等方面入手，及时提出意见建议，打造税收话语体系，切实发挥了以税咨政的积极作用。

【脱贫攻坚】认真落实省委脱贫攻坚各项决策部署，对照税务总局《支持脱贫攻坚税收优惠政策指引》，系统梳理适合甘肃实际的税收优惠政策，多措并举确保国家支持贫困地区尤其是民族地区基础产业发展、基础设施建设、创业就业等方面的税收优惠政策逐项落实到位。切实担起精准扶贫组长单位和帮扶单位的双重职责，召开帮扶工作领导小组会议，组织帮扶工作组多次深入帮扶村走访调研，完成"一户一策"帮扶计划制定。从有限的经费中统筹安排700多万元实施帮扶项目，支持贫困地区和贫困群众发展产业、脱贫致富。

【扫黑除恶】切实发挥税务系统在涉税案件检查中的职能优势，对涉税违法案件全面开展线索摸排，集中力量查处黑恶势力涉税违法犯罪案件；建立健全税务、公安、海关、人民银行四部门联手打击虚开骗税违法犯罪工作机制，形成打击虚开骗税违法犯罪的高压态势，进一步优化了企业发展环境，有力促进了经济社会的高质量发展。

【党建工作】始终把党的政治建设摆在首位，牢固树立“四个意识”，坚定“四个自信”，坚决做到“两个维护”。通过“三会一课”、主题党日、专家讲座，党委书记、局长讲党课等多种方式，引导全体干部把思想和行动统一到中央决策部署上来，有力推动了各项工作任务的落地落实。制定《工作规则》《会议制度》等制度，不断完善工作、议事和决策机制。严格落实民主集中制，党委书记带头发扬党内民主，对“三重一大”事项，在及时沟通和充分讨论的基础上实施决策；党委成员相互配合，相互补台，做到了思想上合心、工作上合力、行动上合拍。认真贯彻党管干部原则，坚持人本理念，紧贴改革需求，通过专题调研，座谈交流，反复详细了解干部职工所思所想所盼，教育引导干部讲政治、顾大局、识大体。坚持以党建带团建，先后成立系统工会、妇联、团工委等群团组织，开展拓展训练、文艺汇演、职工体检、慰问离退休老干部和困难职工，举办干部荣退仪式、新录用公务员入职仪式，全系统“事合、人合、力合、心合”的良好局面进一步形成。严格执行《关于新形势下党内政治生活的若干准则》，持之以恒抓好中央八项规定及其实施细则精神的贯彻落实，紧盯重要节点、管住重要环节、盯住“关键少数”，全面加强监督检查工作。持续加大“四风”整治力度，严肃查处和公开曝光系统内违纪违规典型案例，进一步改进会风文风，精简文件、简报，健全AB岗位制等制度，促进各项工作提质增效。始终把纪律和规矩挺在前面，自觉遵守党的纪律，坚决保证中央政令畅通。制定《巡察工作五年规划（2018年—2022年）》，进一步巩固深化巡察工作，推动巡察监督向基层延伸。建立税收执法过错行为容错纠错机制，支持干部放手大胆工作，进一步调动了广大干部干事创业的积极性。

（何旻）

金融监管

【金融供给】2018年，甘肃金融业保持了良好发展势头，金融总量增长总体趋于平稳，金融结构进一步调整优化，金融发展综合效益不断增加，金融对实体经济的有效供给持续加大。2018年，全省金融业增加值586.90亿元，占全省地区生产总值的7.1%，占第三产业增加值的13%，成为全省支柱产业。2018年末，全省金融机构本外币各项存款余额18678.46亿元，较年初新增901.25亿元，比上年末增长5.07%，增速居全国第19位；各项贷款余额19371.74亿元，较年初新增1665.02亿元，增长9.40%，增速居全国第20位。存贷比103.71%，各项贷款始终保持10%左右的稳步增长，新增贷款达到新增存款的1.85倍，信贷资金为全省经济社会发展提供了有力支撑。

全省资本市场平稳发展，全年完成直接融资528.98亿元，比上年减少9.23%，其中，股票市场融资199.29亿元，债券市场融资329.69亿元。共有上市公司34家，其中，沪市主板16家，深市主板8家，中小板6家，创业板3家，H股2家（庄园牧场A+H）。“新三板”挂牌企业35家，居全国第29位。甘肃股权交易中心挂牌展示企业2714家，纯托管企业1185家。补充完善全省上市挂牌后备企业资源库，入库企业达294户。加大辅导企业推进力度，甘肃银行在香港联交所上市，成为西北地区首家上市的城市商业银行，凯凯农科、天水四零七医院等7家企业在新三板挂牌。

保险业积极发挥社会“助推器”和“稳定器”作用，全年保险业金融机构累计实现原保费收入398.98亿元，比上年比增长8.90%；赔付支出139.03亿元，增长16.65%。“险资入甘”成效显著，新增保险资金投入全省项目建设171.02亿元，已连续三年突破100亿元。

【金融改革】金融开放不断深化，省政府与中信银行、兴业银行、华夏银行、中行签署战略合作协议，未来3—5年将向甘肃提供融资2700亿元，为甘肃充分利用全国性金融机构的综合优势、实现借力发展创造条件。大力推进“招行引资”，积极引进全国性金融机构入驻甘肃，增设分支机构，华夏银行兰州分行已挂牌营业。完善政策性融资担保体系，成功组建注册资本100亿元、AAA主体信用评级、服务网络遍布11个市（州）的甘肃金控融资担保集团，为全省特色产业发展提供市场化、多层级的融资担保服务。与此同时，抢抓政策机遇，加快敦煌人寿等地方性金融机构的组建步伐，进一步壮大地方金融实力，提升金融服务地方发展的能力。

牢固树立和践行“绿水青山就是金山银山”的理念，认真落实省委省政府《关于构建生态产业体系推动绿色发展崛起的决定》，进一步完善支持绿色发展的顶层配套政策，推动出台《关于构建绿色金融体系的意见》。加快推进兰州新区国家绿色金融改革创新试验区申建工作，编制完成了《甘肃省兰州新区绿色金融改革创新试验区总体方案》。积极构建全方位多层次绿色金融体系，支持金融机构绿色化发展，加快绿色信贷产品创新与推广，引导设立各类绿色发展基金，鼓励发行绿色债券。省政府与兴业银行签署《构建绿色金融体系政银战略合作协议》，未来五年兴业银行将为甘肃省提供各类绿色融资支持500亿元。2018年末，全省绿色信贷余额2416.25亿元，比上年末增长8.02%，有力支持生态产业和绿色发展。推动兴业银行兰州分行通过融资租赁模式为兰州市水源地项目融资15亿元。

强化紧抓金融领域项目投资，进一步激发和扩大省内有效资金需求，支撑实体经济向好发展。开设全省项目融资信息公开窗口，定期汇总整理更新易地扶贫搬迁、棚户区改造、重大水利工程、农村电网、交通运输、生态环保等领域项目融资数据信息，精心谋划支持关系国计民生和全省经济建设的大项目、好项目，有效拉动全省经济社会投资需求。积极争取政策性、商业性银行大规模意向性融资支持。2018年末，全省金融机构单位中长期贷款余额9119.52亿元，较年初增加805.29亿元，比上年末增长7.36%。

【普惠金融】全面落实《甘肃省普惠金融发展规划(2014—2018年)》，探索符合省情实际的"三农"、小微企业发展路径，破解三农、小微企业发展资金瓶颈，为"三农"、小微企业提供可获得性的金融服务。2018年末，全省金融机构涉农贷款余额6786.30亿元，较年初增加114.21亿元，比上年末增长1.40%。引导金融机构将金融资源向农村地区倾斜，进一步延伸服务网络，强化县以下机构网点功能建设，扩大农村地区金融服务覆盖面。实现了金融机构经营网点乡镇全覆盖、扶贫资金互助组织贫困村全覆盖、金融便民服务点覆盖95%的行政村。开展"政保银"小额贷款保证保险，累计支持580家涉农小微企业及农户获得银行贷款超过3亿元。

推动出台《金融支持小微企业发展优化营商环境的若干措施》，召开全省民营、小微企业金融服务座谈会，鼓励银行业金融机构将信贷资源更多投向金融服务薄弱领域。引导银行业金融机构创新推出"蓝天贷""陇原农担贷""税e融""惠企通""助创贷"等金融产品，为民营企业提供多元化的融资服务。提高"银税互动"推广力度，对足额纳税的民营企业给予信用贷款支持，全年累计向1.71万户企业发放贷款861.47亿元。充分运用小微企业贷款互助担保基金和兰白科技创新贷款增信基金，加大对民营企业的信贷支持，通过小微企业互助担保基金发放小微企业贷款4473户、167.4亿元，通过兰白科技创新贷款增信基金发放科技企业贷款387笔、30.3亿元。2018年末，全省金融机构小微企业贷款余额4635.17亿元，较年初增加376.55亿元，比上年末增长10.27%，高于全省各项贷款增速0.87个百分点，小微企业贷款比重已接近大型企业，占比达到35.7%。年末全省小型企业贷款加权利率6.13%，下降0.9个百分点；微型企业贷款加权利率6.73%，下降1.06个百分点，小微企业融资难融资贵问题得到有效缓解。

【金融精准扶贫】紧盯脱贫攻坚第一民生工程，加强顶层设计和指导，推动出台《关于金融进一步支持脱贫攻坚的意见》以及特色产业贷款、农业保险、农村金融综合服务室等一系列文件。认真落实精准扶贫工作部署要求，支持六大特色优势产业和涉农带贫龙头企业发展，通过鼓励金融服务创新、组织银担企对接等方式，加快推进特色产业贷款投放，全年全省累计投放特色产业贷款395亿元，超额完成省政府下达的300亿元年度贷款任务，同时，发放农产品收购贷款144亿元。全省农村金融综合服务室建设工作全面推开，着力解决农村金融服务"最后一公里"难题。引导省公航旅集团、甘肃银行等企业共发行27亿元扶贫类债务融资工具。推动中国银河证券、中信建投证券等7家证券公司对口支持静宁县、礼县等贫困县区。加快构建农业保险保障体系，开办玉米、马铃薯、冬小麦、牦牛、藏系羊和森林等11个中央补贴险种，中药材、苹果2个省财政补贴险种，全省农险品种达到30余个。积极推动开发省级种养产业综合保险，探索自然灾害和市场价格波动"双保险"，实现农业保险对有需求的建档立卡贫困户、所有种养产业及自然灾害和市场波动"两个风险"的全覆盖，这一做法被评为全国产业扶贫十大机制创新典型案例。

【金融安全稳定】积极引导金融业回归本源，正确处理好金融创新和安全发展的关系，不断提升金融服务实体经济的质量和水平。强化底线思维和风险意识，认真落实属地金融风险处置责任，打好防范化解金融风险攻坚战"组合拳"。2018年初，省政府与各市州政府、兰州新区管委会及省直相关部门签订防范化解金融风险目标考核责任书，靠实市州政府主体责任和行业主管部门监管责任，实现监管职责全覆盖。按照国家统一部署要求，组织开展非法集资宣传月、广告资讯信息排查及涉嫌非法集资风险专项排查活动，加大各类金融乱象清理整治力度。深入开展金融领域风险摸排，严厉打击各类非法集资活动，持续开展互联网金融风险专项整治和交易场所清理整顿，系统排查处置互联网金融及各类交易场所违规经营行为，推动设立纾困(并购)基金，积极开展企业纾困工作。认真做好金融风险处置及维稳工作，消除各类风险隐患，全力维护地方金融安全和社会稳定，牢牢守住了不发生系统性区域性金融风险的底线。

(王荣)

证券监管

2018年，甘肃证监局以习近平新时代中国特色社会主义思想和党的十九大精神为指导，牢固树立"四个意识"，不断增强"四个自信"，坚决做到"两个维护"，全面贯彻落实证监会系统2018年工作会议和全面从严治党工作会议暨年中监管工作座谈会决策部署，在推进全面从严治党、防范化解金融风险、践行依法全面从严监管理念，服务经济高质量发展等方面取得了较好成绩。

【作风建设】认真组织政治学习，严肃党内政治生活。一是认真学习贯彻习近平新时代中国特色社会主义思想和党的十九大精神，制定局党委中心组2018年度学习计划，多次组织党委中心组学习，组织处级干部和优秀年轻干部在省委党校封闭式开展十九大精神集中轮训。二是开展党委书记、支部书记讲党课活动，将党的理论和单位实际有效结合，更好地提升学习效果，组织开展党委书记讲党课和支部书记讲党课。三是制定局党委2018年党建工作要点及党风廉政建设和反腐倡廉工作要点，及时调整全面从严治党领导小组和党风廉政建设领导小组成员，分层签订党风廉政建设责任书，认真落实党风廉政建设主体责任。

四是充分发扬“批评和自我批评”这一党的优良传统和作风，开展广泛的谈心谈话活动，组织好民主生活会以及民主评议党员等工作，坦诚交流思想意见，充分发扬党内民主和保障党员权利。五是落实党员领导干部双重组织生活会制度，局党委班子成员分别编入各党支部，带头参加所在党支部组织生活会，自觉接受党组织和党内外群众的监督。六是加强党支部班子建设，组织支部书记和支部委员学习《中国共产党支部工作条例(试行)》等规定。

持续开展正风肃纪，努力打造廉洁机关。一是组织召开学习贯彻习近平总书记重要批示和中央纪委国家监委通报精神专题民主生活会，督促各党支部开展警示教育专题组织生活会，深刻反思金融领域违纪违法案件教训，认真查摆存在问题，深入剖析深层原因。二是坚持作风建设永远在路上，把中央八项规定及实施细则精神执行情况作为监督检查的重点。三是认真开展贯彻落实习近平总书记重要指示精神集中整治形式主义、官僚主义专项工作，开展作风建设大讨论，坚决纠正不作为慢作为懒作为问题。四是建立健全督办制度，对会党委部署的重大工作、会领导和省领导作出的重要批示以及局党委会议和局长办公会议定的重点事项开展跟踪督办。五是进一步完善纪检监察各项制度，建立局纪委向局党委汇报廉情分析会和廉政监察情况的工作机制。六是聚焦监督执纪主业，积极运用“四种形态”，有重点地实践“第一种形态”，谈话范围从“六必谈”拓展到“八必谈”。

【风险防控】风险防控初见成效，基本实现预期稳定目标。一是保持高度的政治责任感和风险敏锐性，认真摸排辖区市场风险隐患，召开证券经营机构“全面风险管理交流会”“监管关注沟通会”，与辖区证券公司高管和风控部门建立常态化沟通制度。二是果断处置皇台酒业退市风险，成立专项工作小组迅速开展现场核查，建立皇台酒业风险处置周报制度，推动甘肃省政府成立皇台酒业退市风险处置领导小组，皇台酒业风险处置工作取得阶段性成果。三是积极化解股票质押风险，针对辖区上市公司大股东存在的质押比例高、触及平仓线、股权被冻结等严重问题，组织质押权人和上市公司大股东、股权受让意向方等相关主体面对面协商，督促大股东处置资产、引进战略投资者，推动地方政府出台纾困政策，稳妥推进股票质押风险化解。

沟通协调扎实有效，不断强化风险防控合力。一是针对辖区上市公司退市风险，多次向甘肃省政府上报专题报告，多次走访上市公司所在地政府，多次赴证监会就化解公司风险争取工作指导。二是针对股票质押风险，组织召开债权人沟通会，推动债权人初步达成一致意向，协调金融机构和地方政府加大支持力度。三是针对辖区期货公司资管产品兑付风险，及时向证监会期货部和甘肃省政府金融办报告风险情况，并紧紧依托地方政府开展风险处置工作。

信访维稳务求高效，努力畅通维权交流渠道。认真组织开展投资者来电、来访、来信受理办理工作，做到登记及时、督办有力、回复严谨，信访人对办理结果没有提出异议。

【市场监管】扎实开展监管工作，严肃处理违规行为。一是坚持问题和风险导向，通过全面检查、专项核查和“双随机”抽查等方式，认真开展上市公司年报审计项目、债券发行人、函证、上市公司环境信息披露、等方面的现场检查，检查数量创近年来新高。二是严肃处理市场主体违规行为，针对辖区市场主体违规行为，采取相应行政监管措施，并加大督促整改力度，较好地起到了警示问题、促进规范的作用。三是做好行政许可审核和日常报备材料审阅，优化接收和受理相关行政许可流程，通过外网及时公示审批进度。

严格开展稽查执法，着力强化监管威慑。一是扎实推进案件调查工作，主办案件数量、联合办案和协查案件数量比上年有所提升。二是迅速查办辖区上市公司违法案件，仅用20个工作日完成立案、查办、审理、处罚全部执法程序，国内部分媒体对省证监局高效办案、快速结案件进行了积极正面的宣传报道，证监会新闻发布会也对此案进行了专门披露。三是敢于啃硬骨头，查实2起内幕交易案，所涉上市公司均召开内幕交易警示教育会，起到了“处罚一批、教育一批”的作用。

积极创新投教样式，大力开展投保工作。一是持续完善辖区证券期货纠纷多元化解机制，推动建立小额诉调机制。二是组织开展“理性投资，从我做起”专项投教活动，在网络媒体推送视频、动画，向投资者发放各类宣传品，在共享单车上加挂投教宣传牌，在出租车顶灯滚动播放3·15投教宣传标语。三是推动投资者教育进校园，协调兰州理工大学将投资者教育内容纳入金融双学位的课程体系，支持大连商品交易所、华龙期货与兰州大学联合开展“高校期货人才培育项目”，指导华龙证券在兰州交通大学、兰州财经大学等高校通过“校园贷”案例帮助高校学生提高专风险防范意识。

【服务实体经济】发挥资本市场功能，促进地方发展。一是深入贯彻落实习近平总书记在民营企业座谈会上的讲话精神，召开全省民营上市公司发展座谈会和民营挂牌公司发展座谈会。二是继续组织开展“汇聚资本力量助力实体经济”系列活动，举办张掖市、白银市、酒泉市、民乐县、渭源县和创新创业企业活动。三是稳步推进企业开展直接融资，推动甘肃银行在香港联交所上市并募集资金，推动甘肃农垦集团在深交所发行公司债券，另有多家企业在积极筹划资本运作。

开展精准扶贫活动，加快脱贫进程。一是定期召开专题局长办公会研究精准脱贫工作，制定年度扶贫工作要点，积极落实东西协作帮扶要求，主动对接系统兄弟单位。二是大力推动期货经营机构结合地方特色开展“保险+期货”试点业务，其中辖区期货公司在秦安县通过苹果“保险+期货”业务为果农赔付数十万元。三是推动郑州商品交易所在平凉、庆阳、天水设立苹果期货交割库，有利于持续壮大当地苹果产业发展，发挥期货市场支农惠农作用。四是着力夯实帮扶村致富产业基础，积极争取上交所在2个帮扶村投入资金援建柿饼晾晒棚，争取中金所投入资金在两个帮扶村各援建果品冷藏库，倡议辖区证券期货经营机构出资捐赠黄花菜种苗，夯实贫困村致富产业基础。五是扎实开展结对帮扶活动，组织干部职工前往帮扶村开展送温暖活动，选派2名处级干部担任村党支部第一书记兼驻村帮扶工作队队长，具体承担精准脱贫攻坚战组织协调、统筹推进工作。省证监局帮扶工作被甘肃省评为“优秀”等次，吕家拉村帮扶工作队被评为“全省帮扶工作先进驻村帮扶工作队”。

（毛朗格）

银保监管

2018年，甘肃银保监局在银保监会党委的正确领导下，全面贯彻落实中央经济工作会议、全国金融工作会议精神，积极引导辖内银行保险机构专注主业、回归本源，在服务实体经济、防控金融风险、提升监管能力、扎实开展脱贫攻坚等方面持续用力，不断促进甘肃银行业保险业健康发展。

【服务实体经济】坚持服务实体经济这个“初心”，紧贴全省经济发展战略，引导银行机构主动对接“一带一路”建设、乡村振兴战略、区域协调发展战略和创新驱动发展战略，持续加大金融支持力度。一是不断加大实体经济投入力度，重大基础设施建设领域资金投入持续增加。2018年末，全省银行业金融机构贷款余额19374.36亿元，较年初增加1666.45亿元，比上年末增长9.41%；电力、交通、水利等重大基础设施建设项目贷款余额4917.75亿元，较年初增加390.44亿元，增长8.62%。引入保险资金支持甘肃经济建设，年末“险资入甘”到账资金171.02亿元，创历年同期最高，累计引进资金559.56亿元，已连续三年每年突破100亿元。二是持续提升小微金融服务水平，结合省情实际认真落实差异化监管政策，召开民营企业暨小微企业金融服务工作推进会议，与省税务局等部门签订《支持民营经济发展战略合作框架协议》，小微企业、民营企业金融服务能力持续提升。年末，全省小微企业贷款余额5747.04亿元，比上年末增长7.25%。运用保险专业优势积极参与属地化企业年金服务，年末受托企业132家，受托管理基金规模达41.84亿元。三是持续改善“三农”金融服务，紧盯全省脱贫攻坚战略部署，集中力量发展农村小额信贷业务，不断加大涉农信贷投入。年末涉农贷款余额6808.48亿元，增长1.7%，涉农贷款实现持续增长。农业保险服务水平持续提高，按照“一县一品”思路，先后开办中药材、苹果、肉牛、肉羊、肉驴、枸杞、百合、玫瑰等近30个地方险种，2018年，全省参保农户160.14万户（次），其中覆盖贫困户82万户（次），保险理赔7.33亿元，受益农户达到117万户（次）。四是以推动临洮县、和政县普惠金融试点为突破口，全面提高试点县域金融服务覆盖率，切实解决县域发展金融需求，至年末，两县均实现了金融服务全覆盖。五是持续深化供给侧结构性改革，进一步健全债权人委员会和联合授信机制，腾挪信贷增长空间，助力政府“去产能”改革。年末，全省存续债委会202家，贷款余额4514.42亿元，帮扶暂时困难企业88家，弱化风险金额84.68亿元，续贷87.33亿元。六是持续加强民生领域金融服务，年末保障性住房贷款1309.15亿元，比上年末增长29.94%，其中，棚户区及垦区危房改造贷款1264.02亿元，增长30.79%。民生保险稳步发展，在全国比较早地全省全面推开城乡居民大病保险，覆盖人群稳定在每年2100万人以上。协调推动大病保险筹资标准提高至65元/人，建档立卡贫困人群的报销起付线从5000元降至2000元，贫困人口报销比例在原有基础上再次提高12%，最高报销90%。2018年，为36.64万群众支付大病保险补偿10.78亿元。推动“10元85%报销政策”落地实施，为42.15万贫困群众再报销2.34亿元。全省14个市州基本实现县级以上公立医院大病保险“一站式”即时结报。积极做好消费者权益保护工作，妥善处理消费者投诉，全年共受理并处置银行业消费者各类信访投诉264件。

【重点风险防控】坚持风险为本的监管理念，不断加大风险防控力度，努力使市场乱象高发频发势头得到遏制，突出风险引爆点得到控制，重点领域金融风险有效化解。一是深化整治金融市场乱象，按照穿透式监管、实质性合规的原则，严查公司治理、影子银行和交叉金融产品风险、违法违规展业等方面的问题，督促银行机构厘清风险底数，增强合规经营意识，把整治市场乱象贯穿于经营管理全过程。严格落实资管新规，严格委外投资管理，加大债券投资和特定目的载体投资整治力度，继续做好非法集资处置工作，加强P2P网络借贷重点领域风险防控。二是强化信用风险防控，督促银行业金融机构做实不良贷款分类，加大不良贷款核销力度，严把新增贷款质量关，严控大额授信和多头授信，开展大客户授信专项检查。三是落实资本管理责任，督促法人机构认真贯彻落实《商业银行股权管理暂行办法》，强化风险资产扩张与资本补充协调发展能力。四是继续推进高风险机构处置工作，及时向银保监会和省政府专题汇报全省农合高风险机构处置化解进展情况，提请省政府成立了全省农合机构风险处置工作领导小组，组织召开全省高风险农合机构处置工作推进会议，制定高风险农合机构三年处置规划（2018—2020年）。五是加大案件风险防控力度，按照查防并举、注重预防的思路，建立健全案防工作机制，切实落实案防工作责任，强化案件风险排查，充分发挥案防非现场监测和现场检查作用，全面防范案件风险；按照“一案三问、上追两级、双线问责、顶格问责”的要求，依法进行严肃查处。六是认真做好保险业风险防控工作，保险风险防控方面，产险条线组织开展安邦风险处置工作，针对舆情、集中退保风险和群体性事件、地区间蔓延、行业间传递转移4项潜在风险制定处置方案，加强与有关单位的工作联动，守住风险底线。寿险条线建立银保业务风险防范联合应急处置机制，组织开展规范销售行为、规范市场秩序、防控金融风险“两规一防”专项行动，开展人身险市场互联网保险综合整治，对产品说明会管理、安全防范等工作进行督导式调研。保险中介条线，启动排除潜在隐患、防控重大风险定向“排雷行动”，建立专业中介机构经营指标监测预警机制，着力加大新设机构检查和监管力度，防止中介机构“野蛮生长”。七是扎实开展扫黑除恶专项斗争，深入贯彻落实《中国银保监会关于银行业和保险业做好扫黑除恶专项斗争有关工作的通知》要求，将扫黑除恶作为一项重大政治任务，成立专项工作领导小组，制定工作方案，组织24个督导组对全省52家银行业金融机构开展重点督查，并就督查发现问题制定下发整改方案督促整改落实，顺利通过省委省政府督导组专项督导。

【监管能力建设】扎实推进金融服务改革，强化窗口指导及监管服务职能，积极推动行政许可、现场检查、非现场监管的制度化、程序化、规范化、标准化，从提高办事服务效率入手，以一个窗口办理为原则，严格按照规章制度推动各项工作有序开展，坚持“应查尽查”“应罚尽罚”，进一步树立了监管权威。一是严格规范行政许可，依托行政许可受理大厅，推动“一窗办、马上办、限时办”，提高了行政许可工作时效及质量，全年收到银行业保险业行政许可事项1528件，办结1508件。二是不断完善非现场监管工作机制，在日常分析研判机构、地区、行业趋势及单体风险的基础上，坚持季度分析例会制度，着重研究三农金融服务、表外业务、不良贷款、股东股权、票据业务，把住了防范金融风险和服务实体经济的脉络，发挥非现场监管监测预警和监管引导作用。三是坚决落实“强监管严监管”精神，全年共派出现场检查组67个，检查金额6133.40亿元，发现问题429个。对2017年祁连山保护区有关信贷风险排查发现问题持续进行跟踪监测，督促银行业金融机构切实落实绿色信贷要求。严格落实“查处分离”，实施“双罚制度”，既依法对金融机构进行处罚，也对相关责任人一并问责，至年末，共对银行业金融机构发出《行政处罚决定书》24份，处没罚金1.08亿元，取消银行业金融机构高管任职资格9人，禁止从事银行业工作6人。四是抓实监审联动、应急管理、保密、信息等工作，制定工作要点，严守工作制度，完善工作机制，传导脱贫攻坚、助力民企、补短板等监管政策，积极应对7月以来暴雨洪涝灾害、11·3兰海高速重大交通事故，统一指挥保险业应急理赔服务工作。

【脱贫攻坚】认真贯彻落实《中共中央、国务院关于打赢脱贫攻坚战的决定》和《甘肃省人民政府办公厅关于金融进一步支持脱贫攻坚的意见》（甘政办发〔2018〕188号）工作要求，结合实际，把工作做细做实，促进金融扶贫资源进一步向深度贫困地区聚焦。一是强化政策引领。对照中央、银保监会和省委省政府一系列方针政策，认真总结近年来银行业扶贫工作经验，紧扣全省工作实际和行业优势，制定出台《甘肃银保监局筹备组关于辖区银行保险业进一步支持脱贫攻坚的实施意见》。为真正解决全省行政村金融服务薄弱、农村信用环境建设滞后问题，聚焦整合农村金融服务资源，充分调动地方政府、村级组织、银行保险机构积极性，在省政府支持下研究制定《关于建设全省农村金融综合服务室的实施意见》。二是不断提升银行业扶贫工作质效，认真做好扶贫小额信贷的发放和到期回收工作，至年末，全省累计投放精准扶贫专项贷款500.14亿元，余额293.56亿元，累计惠及农户109.95万户。三是持续加大贫困地区基础设施建设、移民搬迁、生态保护等领域的金融支持力度，加快改善贫困地区生产生活条件。统筹推进全省行政村金融服务全覆盖，制定三年攻坚计划，累计消除基础金融服务空白村2870个，基础金融服务行政村覆盖率提升到98.84%。四是持续加大保险业扶贫工作力度，协调推动省政府出台《甘肃省2018—2020年农业保险助推脱贫攻坚实施方案》，聚焦贫困地区和贫困户，推行“一户一单、一户一赔”种养产业一揽子综合保险，农险品种保额普遍提高30%—100%，保险费率降幅30%—40%。继续发展“两保一孤”“三户一孤”保险，至年末，已推广至12个市州52个县区，支付保险赔款1.02亿元。农村小额人身保险稳步发展，至年末，为74.03万人提供风险保障461.80亿元，赔款支出5538万元。指导保险行业为全省2.87万名驻村扶贫帮扶工作队员捐赠总保额为30.13亿元的意外伤害和意外住院医疗保险，在全省8个市州26个县区为贫困户投保农房保险和农房地震保险。协同省农业农村厅、省财政厅印发了《甘肃省扶贫资金入股分红和土地流转履约保证保险实施方案》，保障农民参与“三变”改革的预期收益。五是认真做好定点扶贫工作，积极配合银保监会做好临洮县、和政县定点扶贫工作，组织召开定点扶贫银政企对接会，建立定点扶贫长效机制和保障制度，确保既定扶贫项目和措施按进度落实。严格落实承担的精准帮扶工作任务，对口扶贫点所在的平凉市崆峒区已实现整区（县）脱贫，将按照省委省政府有关工作要求，继续帮助扶贫点稳定脱贫成效至2020年。

（杨志鹏）

中国农业发展银行甘肃省分行

【概述】2018年，在省委省政府的坚强领导和有关部门的大力支持下，农发行甘肃省分行坚持以习近平新时代中国特色社会主义思想为指导，坚守“中国农业发展银行 服务乡村振兴的银行”的战略定位，全力服务打好“三大攻坚战”，按照“党建统领、创新发展、合规管理、防控风险”的工作思路，稳中求进，稳中求好，为全省经济社会高质量发展尤其是脱贫攻坚和乡村振兴作出了应有贡献。全年投放脱贫攻坚和“三农”领域贷款253.03亿元，比上年多投106.05亿元，年末各类贷款余额977.41亿元。各项贷款较年初净增113.07亿元，增长13.08%，分别比全国农发行、全省金融机构平均增速高3.76和3.68个百分点。

【脱贫攻坚】始终把助力全省打赢脱贫攻坚战作为首要任务，在融资政策持续调整趋严的形势下，创新信贷支持模式，加大资金投放力度，有效发挥了金融扶贫主力军作用。全年投放精准扶贫贷款120.9亿元，比2017年多投44.66亿元，年末精准扶贫贷款余额584.83亿元，占全部贷款余额的59.83%，占全省金融机构扶贫贷款余额的23%。省分行被评为全省脱贫攻坚先进集体，1名同志被评为全省脱贫攻坚帮扶工作先进个人，另有2名个人和7家机构受到地方政府表彰。区域支持更加突出。紧盯“两州一县”和18个省定深度贫困县，制定《支持深度贫困地区脱贫攻坚的实施方案》《关于落实总行“三区三州”深度贫困地区脱贫攻坚差异化支持政策具体措施的意见》等办法，持续推进“四紧盯一优化”工作措施，建立深度贫困县项目营销投放周报机制。全年累计向35个深度贫困县投放精准扶贫贷款44.07亿元、比上年多投21.39亿元。其中，向“两州一县”投放精准扶贫贷款15.69亿元、余额达到57.58亿元，较年初净增9.32亿元，增长19.31%，分别比全省农发行精准扶贫贷款增速和全部贷款增速高16.19和6.23个百分点，甘南州分行精准扶贫贷款增速和余额均居全州第一，临夏州分行精准扶贫贷款增速居全州第一。支持项目更加精准。瞄准重点领域和薄弱环节，制定实施支持深度贫困地区的28条信贷差异化政策，分轻重缓急，有针对性地支持产业扶贫、基础设施项目扶贫以及旅游、光伏、教育、健康、贫困村提升等专项扶贫工程。全年投放固定资产精准扶贫贷款76.24亿元，年末余额535.25亿元，平均每亿元项目精准扶贫贷款服务贫困人口3.77万人次；投放流动资金产业精准扶贫贷款44.66亿元，年末余额49.58亿元，平均每亿元产业精准扶贫贷款可带动2070名贫困人口增收，比上年多带动1135人次，扶贫贷款指向及服务对象更加精准。尤其是信贷支持教育扶贫和健康扶贫领域均实现“零”的突破，为更好支持“五个一批”专项扶贫探索了路子。工作作风更加扎实。结合全省“转变作风改善发展环境建设年”活动，以作风整治为抓手，出台作风建设14条意见，深入推进扶贫领域腐败和作风问题专项治理，组织开展扶贫专项巡察。认真开展定点帮扶，省分行机关选派3名处级干部、市县机构选派46名干部长期驻村帮扶。审批定点帮扶的临洮县扶贫贷款3.8亿元。组织全省员工523人次购买贫困村马铃薯、百合等农产品8.8万元。向总行争取定点帮扶公益捐赠指标109万元。2018年，省分行机关定点帮扶的临洮峡口镇3个村有23户、93人脱贫，贫困人口占比下降了14.3%，有效履行了农发行社会责任。

【国家粮食安全保障】坚决贯彻执行国家粮食储备调控政策，优先保障中央储备粮油轮换、跨省移库信贷资金需求，大力支持地方储备粮油体系建设，协调省财政厅、省粮食局组建信用保证基金，及时将马铃薯、藜麦、青稞、小米、芸豆等小杂粮纳入粮食收购贷款支持品种，积极支持粮食市场化收购，有力维护了全省农产品市场稳定。全年累放粮棉油贷款32.16亿元（含挂账），剔除挂账因素比上年多放5.03亿元，支持收储、轮换、调销粮油41.49亿斤，市场份额达到50%以上。大力支持粮食全产业链发展，扩大信贷支持向产前、产中、产后延伸，投放粮食全产业链贷款10.13亿元，对省级粮油产业化龙头企业支持覆盖面达到50%以上。

【支持农业现代化】围绕全省绿色发展崛起战略，全力支持牛羊菜果薯药六大特色产业，择优支持地方区域性特色产品，分别与省发改委、农业农村厅、文旅厅、扶贫办、林草局、金控集团等部门建立推进特色产业、生态林业、旅游扶贫、“千企帮千村”精准扶贫、农民合作社发展的支持平台，全年落实粮食等重要农产品购销储资金144.02亿元，投放特色产业发展工程贷款24.28亿元。着力推进业务模式创新，在全系统首创“农社担贷”农民合作社直贷模式，完成调查评估30户、贷款金额7200万元，向3家合作社发放贷款740万元，带动建档立卡贫困户411户，有效打通了政策性金融支农“最后一公里”；投放全省农发行首笔固定资产“预抵押”模式贷款，投放贷款1.19亿元支持酒泉戈壁生态农业项目，酒泉戈壁生态农业做法受到国务院第五次大督查通报表扬；投放首笔城乡建设用地增减挂钩项目贷款，复垦的部分耕地已实现省内交易，为贫困县脱贫增收探索了一条“多赢”的新路子；投放首批保险保证贷款3900万元支持粮食市场化收购，为市场化粮油收购主体融资增信提供了新方案；投放了全省农发行首笔林业贷款、教育扶贫贷款、健康扶贫贷款、应急救灾贷款，其中应急救灾贷款被作为合规典型案例上报国家发改委。

【基础设施补短板】坚决贯彻中央打好污染防治攻坚战的重大部署，全力配合祁连山生态环保问题整改，对农发行贷款支持的项目，与省直有关部门、地方政府一道全力做好整改。对不符合国家环保政策的项目，坚决做到不准入、不调查、不审查、不审议、不审批。年末，全行生态环境建设和改善农村人居环境贷款余额11.14亿元。认真落实基础设施补短板工作部署，紧盯省列重大项目和补短板重大项目清单，加强与发改、住建、交通、水利等部门的协调沟通，针对地方清理隐性债务实际，主动转变业务发展模式，全力支持基础设施补短板项目。全年支持农业农村基础设施建设项目91个、投放贷款151.32亿元，比上年多放50.28亿元。其中，投放棚改贷款108.05亿元，比上年增加69.76亿元，支持新建住房面积501.33万平米；投放农村公路贷款28.36亿元，支持新建、改扩建农村道路2100多公里。

【区域发展】依托甘肃“一带一路”重要通道优势，积极支持丝绸之路经济带建设。大力支持兰州新区发展，对接兰州新区、兰白经济圈基础设施建设需求，全年向兰州新区投放现代农业、扶贫过桥和棚改等贷款53亿元，支持将兰州新区打造成环境友好型现代化产业新区和内陆开放高地。积极支持特色农产品加工企业“走出去”，推动省内一批加工出口企业发展壮大。全年支持农产品出口企业26户，覆盖11个地州18个县市，出口量超过2500万美元。对接首届“一带一路”粮食高峰论坛，营销储备兰州新区粮食现代物流园等一批重点项目，发放农村流通体系建设贷款6.1亿元，贷款余额15.5亿元，有效推动全省现代物流体系建设。认真学习贯彻习近平总书记民营企业座谈会重要讲话精神，围绕牛羊肉、中药材、高原夏菜、苹果、油橄榄等，大力支持定西扶正药业等一批带动力强的产业化龙头企业，助力打造一批知名甘味农产品品牌。积极支持“万企帮万村”精准扶贫行动，与省工商联、扶贫办、光彩会签订《战略合作四方协议》，梳理入库项目102个，贷款需求56.28亿元，已支持86户，贷款余额27.32亿元，有5户被纳入农发行总行级精准扶贫示范企业。

【普惠金融】充分发挥政策性银行职能，坚持对标同业、适当优惠、保本微利原则，不断优化完善金融服务。着力扩大服务机构覆盖，在深度贫困县和国定贫困县新设临洮、和政和舟曲3个县级支行。年末3家行贷款余额达22.58亿元，进一步增强了农发行服务深度贫困地区的能力。坚持惠利让农，全年新发放贷款加权平均利率4.92%，比全省金融机构平均利率低160个基点，新投放的贷款每年可为客户节省利息支出约3亿元；对所有贷款客户一律减免咨询顾问费、资产评估费等中间费用，年均可为小微企业节约财务费用近1000万元，有效降低了贷款客户融资成本，大力支持了实体经济发展。着力为农业农村发展提供长期稳定的低息信贷资金，全年投放贷款的83.6%为中长期贷款，当年新发放贷款平均期限为13.24年。进一步强化政银合作，促成与省发改委、农业农村厅、文旅厅等13个部门签订支持特色产业、林业生态、文化旅游等战略合作协议，与兰州、白银、平凉、金昌、甘南等5个市州政府签订服务乡村振兴战略合作协议，为今后更好地服务全省脱贫攻坚和乡村振兴搭建了平台、奠定了基础。

【内控合规管理】研究制定《2018—2020年内控合规综合治理实施意见》，扎实推进内控合规建设。深化内控综合治理，开展了综合大检查，实现对省内机构、人员和业务的全覆盖，积极配合监管部门和总行完成市场乱象治理等5次检查活动，检查发现问题得到有效整改。加强内控机制建设，认真开展制度“立、改、废”工作，制定《内控合规主要风险点控制目录》，组织开展了内控合规管理样板行创建试点活动。深入学习宣传宪法，举办了宪法集体宣誓活动。强化贷款审议审批合规管理。完善审议审批流程，实行综合授信管理，靠实市县行“一把手”办贷主体责任，对精准扶贫、重大民生及创新业务建立办贷“绿色”通道，实行前中后台平行作业。全年新审批贷款项目455个，比上年增长88%。

【风险防控】认真落实中央打好防范化解重大风险攻坚战的决策部署，坚决守住不发生系统性风险底线。制定《全面风险管理体系建设实施方案》，推行重点风险定期排查分析和全面管控制度，建立专职全面风险经理机制。强化信贷队伍建设，省分行分设信贷管理和风险管理部门，全行新补充信贷人员80名，省市行信贷人员占比分别比总行标准高2个和3.95个百分点。加强风险监测处置，全面推广贷后尽职管理系统，设立省市行信用风险监测辅导中心，“一企一策”制定化解预案，扎实开展购买服务类贷款认定及政府隐性债务清理。着力抓好不良贷款清收处置，分条线逐企业下达清收任务，分片区召开约谈会，对重点行及大额不良开展专项攻坚，清收效果明显，资产质量稳步提升。

（高飞）

国家开发银行甘肃省分行

【概述】2018年，国家开发银行甘肃省分行深入学习贯彻习近平新时代中国特色社会主义思想，扎实推进各项工作，全年发放本外币贷款651亿元。2018年，分行资产总额3497亿元，比上年增长4.8%。其中，表内人民币贷款余额2817亿元，增长12.7%；外汇贷款余额32亿美元，降低12.6%；不良贷款率0.53%，下降0.02个百分点。在开行系统内，资产总额、本外币贷款余额、人民币贷款余额均排名第15位；在甘肃省，本外币贷款余额占比15.7%，其中人民币非个人中长期贷款余额占比30.2%，外汇贷款余额占78.1%。分行连续10年获得“省长金融奖”，连续第4年获评“全省银行业金融机构综合评价A级行”，并获“中国银行业最佳社会责任特殊贡献网点奖”“甘肃领航金融企业”等表彰，作为唯一银行机构受邀担任省政府决策咨询委员会委员。

【支持脱贫攻坚】按照“三融”“四到”工作思路，围绕甘肃省脱贫攻坚政策框架，进一步完善融资合作体系，发放各项扶贫贷款238亿元，年末扶贫贷款余额1085亿元，占全省的41%，获“全省脱贫攻坚先进集体”称号。一是坚定不移推进产业扶贫。制定《特色产业发展工程贷款实施方案》，明确整体目标思路。调研制定“一县一策”产业扶贫方案，组织召开龙头企业对接推进会，因县制宜、因企施策开发项目，发放产业扶贫贷款19亿元，支持“庄浪模式”“德青源模式”“中天模式”等重点项目。积极对接省供销集团、农垦集团等企业，探索大项目带动模式，完成乡村加油点项目30亿元授信，是分行历史上最大额度产业扶贫项目。二是继续支持改善农村基础条件。向各地贫困村基础设施在建工程发放贷款30亿元，支持贫困地区农村公路、饮水安全工程建设和村容村貌整治。认真落实五部委要求，加强省财政厅、发改委及各县区政府沟通协调，高效完成易地扶贫搬迁业务规范调整工作。三是“应贷尽贷”扎实做好生源地助学贷款工作。发放助学贷款18亿元，比上年增长17%，惠及家庭困难学生28万人，增长15%，贷款金额、人数均创新高。联合省教育厅举办“精准帮扶职惠校园”生源地助学贷款专场招聘会，实现助学成才、助业圆梦全程帮扶。四是对口帮扶和东西部扶贫协作取得新进展。向华池县派驻5名驻村干部，进一步夯实党委研究抓部署、班子成员调研抓督导、干部驻村抓落实、全行协同抓实效的帮扶机制，盯紧抓实“一户一策”脱贫计划，帮助建办农民专业合作社，捐助150万元资金解决“三保障”问题，落实2亿元贷款支持华池发展构树产业。深化东西部扶贫协作，强化天津、厦门、青岛等分行对接，实现定西、陇南项目落地，天士力中天药业、青岛利和萃取等项目发放1亿元贷款。

【助力实体经济】一是继续发挥棚改融资主渠道作用。依法合规保障棚改融资需求，当年发放棚改贷款266亿元，2014年以来累计向甘肃省棚改项目发放贷款1179亿元，贷款余额1012亿元，全省贷款份额保持在90%以上，共计支持32万户棚户区居民出棚进楼。二是加大力度支持基础设施领域补短板。发放贷款164亿元支持公路、铁路等重大交通项目建设，其中高速公路贷款投放达140亿元，全力推动渭武、平天、甜罗、武九、徽天等重点项目建设提速。向兰州轨道交通工程投放贷款11亿元，累计向轨道交通项目提供各类资金超过200亿元，支持1号线一期工程全线洞通、轨通、电通。兰州水源地等重大水利工程发放贷款8亿元，推动完善水利基础设施网络。投放贷款14亿元，继续支持建设电力项目、发展清洁能源。“两基一支”领域中长期贷款份额保持在三分之一以上。三是支持深化供给侧结构性改革。发放贷款6亿元，支持金川集团二选车间扩能降耗、铂族金属回收利用等技改项目，推动制造业提质升级。兰电出城入园项目完成贷款发放5亿元，为企业转型提供有力支撑。兰州新区设施农业示范区项目实现2亿元贷款承诺、1亿元贷款发放，对循环农业发展起到有力带动作用。四是助力解决民营企业融资难融资贵问题。积极落实民营企业流动性支持贷款，向省建投发放首笔2000万元贷款，解决民营企业应收账款延滞问题。依托省属大型企业和省级担保平台构建风险防控机制，向民营企业提供流动性支持。五是积极发挥综合金融优势。完成表外社会融资24亿元，成功发行省公航旅集团10亿元扶贫超短融，先后筹组5个银团、实现表外发放10亿元，牵头发行省政府26亿元定向债券，2015年以来累计发行省政府21期共410亿元定向置换债，承销额占比54%。

【推进国际合作】稳妥有序推进重点项目，发放外汇贷款14亿美元(含协同)。一是进一步支持省属企业“走出去”。向金川集团南非思威铂矿、梅特瑞思铜钴矿等项目发放贷款1.2亿美元。跟踪推动酒钢集团牙买加阿尔帕特氧化铝厂后续项目，参与编制牙买加甘肃国际产能合作示范园规划，并推动该规划列入中牙产能与投资合作规划。联合甘肃外管局举办国际产能合作与甘肃“一带一路”建设研讨会。二是坚定服务大国外交。积极对接牙买加开发银行，推动中国—拉美开发性金融机构合作机制设立事宜，促进与拉美地区深化经济金融合作。深入开展多米尼加国情调研，促成与多财政部合作备忘录高访见签，奠定合作基础。

【创新投融资机制】一是推动产业扶贫省级担保合作机制落地。多次向省委省政府反映县级担保资源分散、担保能力不足的问题，推动省政府整合资源组建省金控担保集团，先后完成100亿元合作额度授信、19亿元贷款承诺。二是创新公路项目“建养一体化”模式。协助省政府构建制度安排，参与起草完善《关于鼓励引导县级政府与省属国有企业合作建设养护普通省道旅游公路及农村公路的意见》。研究可行融资方案，完成试点项目授信，临夏州自然村组道路建养一体化项目实现8亿元贷款承诺。三是加大PPP运用推广力度。完成56亿元PPP项目贷款授信，覆盖地方高速、轨道交通、水利工程、县域基础设施等领域，G341线白银至中川段项目实现甘肃省交通投融资体制改革重要突破，天水有轨电车示范线工程是甘肃省首个以PPP模式实施的轨道交通项目，崇信集中供热项目获评甘肃省“县域经济绿色转型发展十大金融创新案例”之一。

【防范化解风险】一是建章立制、完善风险防控体系。实施客户准入管理和项目开发初审机制，把好项目入口关。建立业务检查常态化机制，分类压茬开展信贷业务全覆盖检查。强化风险提示机制，针对风险排查发现问题发送风险提示单。健全问题整改机制，信委会每月调度检查发现问题整改情况。完善信贷审查流程，增设风险处合同签订、贷款发放、资金支付合规审查职责。筑牢内控管理基础，规范档案、用印管理，严格资料报送审查流程，把好出口关。二是多措并举、管控重点项目风险。动态调整重点风险管控客户名单，自主建立风险项目库，逐个制定预案，实施差异化管理，实现天水星火数控机床项目化解销号。三是从信用等级评价、授信边界控制、政府债务预警等多维度加强政府合作业务风险防控。密切关注政策导向，厘清合规边界，持续开展政府债务研究，认真分析各市县负债情况，严格限额管理。梳理存量政府合作项目，实时监控资本金到位、偿债资金归集情况，严防偿债风险。

【提升经营质效】一是优化利率定价管理。统筹支持发展、市场导向、差别定价的原则，以开行债加点、LPR加点等方式推动13个创新定价项目落地。二是继续拓宽存款来源。积极参与省财政社保基金存款投标，全年吸收财政存款19亿元。成功吸收中央财政当年拨付甘肃的首笔10亿元燃油税返还资金。三是持续提升营运质量。在营运业务量迅速增长的背景下，差错率较上年显著下降，获得总行“外汇合规管理标杆单位”评价，并连续8年获得外管局“执行外汇管理规定A类银行”考评。四是增强宣传工作实效。上报信息采用量达110条，以助学贷款为主题的《甘肃脑瘫青年废纸上学画考入大学 梦想考研当画家》等报道引发广泛关注。

【加强党的建设】一是坚定不移学习贯彻习近平新时代中国特色社会主义思想。发挥中心组示范作用，组织10次集中学习、6次集体研讨。围绕纪律处分条例、政府工作报告等主题，组织6次专家辅导。班子成员、支部书记累计讲党课45次、谈心谈话650余人次。各支部组织学习285次，强化全员理论武装，树牢“四个意识”，坚定“四个自信”，做到“两个维护”。二是层层压实责任，筑牢“一岗双责”。加强班子自身建设，严明政治纪律，落实民主集中制，规范外出、用车、请休假管理。突出党委主体责任，召开党建工作会议，制定加强党建实施方案，系统部署、扎实推进“四个一批”专项工作。修订支部党建考核方案，完善指标体系，增加考核权重，严格实施检查评价，增强指挥棒作用。全面推行处室责任制试点，组织签订责任书，激发处室主观能动性，确保人人有事做、事事有人做。三是固本强基建好基层支部。实施清单化管理，梳理6类20项工作规范，逐月发布任务提示，举办“支部书记论坛”，扎实推进支部“六个标准化”建设。四是推进高素质专业化干部队伍建设。坚持正确选人用人导向，开展处级后备干部推荐，完成34名员工晋级。创新开展“走出去”培训，举办4期党性修养暨领导力培训班，120人次参加脱产培训。组织宏观政策及信贷、风险、党建等培训10期，全面提升政治能力、专业能力。五是深化纪律作风建设。深入调查研究，班子成员带队“沉下去”赴75个贫困县调研。加强执纪监督，扎密制度笼子，点名道姓通报各条线作风问题和风险隐患，打造雷厉风行、尽职履责的作风。深入整治扶贫领域作风问题，梳理短板明确23项举措，将整改要求贯穿业务全过程。扎实开展收送“红包”专项治理，针对性做好教育提醒和监督检查。六是增强群团工作政治性。弘扬工匠精神、劳模精神，推荐5名同志获得“感动开行人物”“甘肃金融五一劳动奖章”“甘肃金融青年岗位能手”等称号，分行代表队获得总行营运采购技能大赛三等奖、评审建功立业大赛片区二等奖、全省外汇知识竞赛三等奖。举办“强化风险意识 助力高质量发展”主题辩论赛，开展3期“青春微课堂”，组织业务骨干交流工作体会，邀请行领导分享职业经验，引导高质量发展理念内化于心。以满足员工需求为出发点，加强职工之家建设，提升员工幸福感、获得感。

（刘东鑫）

中国人民银行兰州中心支行

【金融调控】认真执行稳健中性的货币政策，引导金融机构积极盘活存量、优化结构，切实加大对实体经济支持力度。2018年末，全省本外币各项存款余额18678.46亿元，比上年末增长5.07%；本外币各项贷款余额19371.74亿元，增长9.40%。加强宏观审慎政策管理，稳步推进小微企业贷款、绿色金融等指标纳入宏观审慎评估体系，按季对全省105家地方法人金融机构开展评估，对C类金融机构约见谈话40余次，积极探索将评估结果运用到再贷款、定向降准、央行评级等领域，宏观审慎评估的政策引导作用充分发挥。全面强化货币政策工具管理，印发再贷款操作规程和评估实施细则等制度，对全省70家银行机构央行资金使用情况实施了全面核查，重点支持“三小”（小面额、小企业、小型金融机构票据）“三农”等领域的票据再贴现，通过定向降准、农行“三农金融事业部”考核、县域法人金融机构比例考核等差别化存款准备金政策，累计增加金融机构可用资金超过200亿元。民营和小微企业金融支持力度不断加大。联合制定了关于金融支持小微企业发展优化营商环境的若干措施，从强化货币政策支持、深化考核激励、拓宽融资渠道等14个方面对金融支持民营和小微企业发展进行了详细部署。联合工信、工商等部门多次组织召开民营和小微企业金融服务银企对接会，按月监测各机构小微企业贷款“两增两控”完成情况，督促金融机构不断加大民营和小微企业信贷投放力度。2018年末，全省小微企业贷款余额4635.17亿元，比上年末增长10.27%。优化利率市场自律管理机制，召开了利率定价自律机制换届会，综合运用合格审慎评估、定价行为评估等手段，指导省级自律机制科学调整定价空间，督促金融机构积极发行同业存单、大额存单等市场化负债产品，快速适应利率并轨改革趋势，金融机构市场参与度和利率定价能力明显提升。稳步推动债券市场发展，积极促进交易商协会、发行人、承销金融机构沟通对接，建立了银行间债券市场参与机构交易监测制度，对存续期金融债券募集资金使用情况进行了核查，举办了银行间债券市场融资业务培训会，非金融企业特别是民营企业融资渠道进一步拓宽。

【金融支持对外开放工程】以促进跨境贸易投资便利化和规范跨境资本流动为重点，引导金融机构高效落实外汇政策，不断提升外汇服务水平，推动外向型经济发展。认真落实跨境贸易投资自由化便利化措施。积极推进兰州跨境电子商务综合试验区建设，放宽贸易总量差额率、资金货物比等监管指标限制，取消关注类境外投资项目资金汇出和境外投资存量项目管控等临时性措施。严格执行公开操作、依法行政、首问负责和限时办结“四项承诺”，行政许可申请当日办结率达99.12%。大力支持全省对外经济发展。制定了《支持企业国际化经营工作指引》，指导金融机构确定18名外汇服务专员，为全省14家重点支持企业提供“点对点”的外汇服务。推动甘肃银行香港上市融资、甘肃公航旅集团无抵押外债、兰州市轨道交通集团境外贷款等融资项目顺利落地。切实强化外汇市场监管。稳步推进跨境人民币业务。开展了“跨境人民币政策企业行”活动，指导省外汇市场自律机制举办了“强化自律意识，促进合规发展”知识竞赛，商业银行跨境人民币业务合规自律意识显著增强。

【金融管理】密切关注开发性、政策性金融机构和农行“三农金融事业部”改革情况，指导全省农信合机构稳步推进改革发展。组织召开两次资管业务专题座谈会，督促金融机构认真开展资管业务自查，稳妥推进存量资管业务整改。持续深化“放管服”改革，深入推进“双随机一公开”执法机制建设，金融公共服务流程不断优化。对3家金融机构开展了综合执法检查，对49家金融机构开展了专项执法检查。对82家金融机构开展了综合评价。反洗钱监管进一步深化。对6家机构的1000余份可疑交易报告开展分析评价，对20多家银行、证券、保险机构、支付机构开展了反洗钱现场走访，召开了租赁、信托、财务公司和支付机构反洗钱工作座谈会，金融机构反洗钱意识进一步增强。

【金融风险防范】以坚决打好防范化解重大风险攻坚战为目标，着力加强金融风险监测评估和重点领域风险防范化解，牢牢守住了不发生系统性金融风险的底线。健全金融风险防范机制。配合省上制定了《甘肃省打好防范化解金融风险攻坚战实施方案》，印发了《2018 年全省金融风险防范工程工作要点》，建立了金融风险防范工作台账。与省金融监管局等部门共同组织开展了实体经济、影子银行、非法集资等重点领域金融风险大排查，并制定了风险处置预案。强化金融风险监测评估。积极完善法人金融机构风险监测机制。按季对全省 114 家法人机构开展央行评级，客观审慎评估金融机构风险状况。对全省 28 家地方法人机构开展了全面风险压力测试，对 83 家机构开展了资产质量真实性专项评估，金融机构审慎经营意识进一步提升。稳步推进存款保险履职工作，强化投保机构运行监测。加强存款保险差别费率管理，在全省范围内组织开展“存款保险三周年”宣传工作，对 34 家法人投保机构开展了现场核查，加强问题投保机构风险识别和早期纠正，投保机构稳健经营水平切实提升。指导武威、庆阳、临夏、甘南 4 个市州开展了突发金融风险模拟演练，督导金融机构健全完善应预案，金融风险应对处置能力不断提升。

【普惠金融】制定了《2018 年全省普惠金融工作要点》和《甘肃省普惠金融政策效果评估指引》，在全国率先对银行业金融机构普惠金融政策落实效果开展导向评估，引导金融机构全力支持精准扶贫、乡村振兴、农村“三变”改革、县域产业等重点领域，普惠金融工作得到总行和省委省政府领导的充分肯定，多次被金融时报等媒体宣传报道。2018 年末，全省普惠金融贷款余额 3747.91 亿元，比上年末增长 3.35%。数字普惠金融服务覆盖面进一步拓展。实施了移动支付便民工程，移动支付便民“十大场景”初步建成，公共交通、医疗卫生、水电燃气等 34 项公共事业缴费已接入云闪付 APP。大力推进“普惠金融共享家园”微信服务平台二期建设，将事关民生的社保、医保等业务都纳入服务范围。强化农村地区支付体系建设，推动手机银行、云闪付 APP 等移动支付产品，将金融知识宣传、机具识别人民币真伪等纳入助农取款服务点业务范围，农村支付服务环境持续改善。深入贯彻落实总行关于进一步做好“两权”抵押贷款试点有关事项的通知精神，与兰州银行联合研发的“甘肃省农村产权信息综合服务平台”已在 6 个试点县区推广应用。

【金融精准扶贫】组织召开了全省金融精准扶贫会议，联合制定印发了甘肃省金融支持深度贫困地区脱贫攻坚若干措施的通知，配合地方政府出台了特色产业发展贷款政策，建立了金融精准扶贫工作清单，按月监测深度贫困地区金融扶贫工作进度，督促全省金融机构将新增信贷资源、扶持政策和金融服务向深度贫困地区和产业扶贫领域倾斜。全面加强精准扶贫小额贷款清收续贷和风险防范，配合地方政府制定完善精准扶贫专项贷款到期清收续贷政策，全面开展金融扶贫领域作风问题治理专项督察，促进金融精准扶贫可持续发展。甘肃金融精准扶贫“古浪模式”被总行《金融简报扶贫专刊》宣传推广。

【绿色金融】将绿色金融作为贯彻绿色发展理念、推动实体经济高质量发展的核心举措，推动构建多元化绿色融资体系，引导金融资源向绿色产业配置，为经济社会绿色转型提供持久动能。推动省政府印发了《关于构建绿色金融体系的意见》，成功主办了以“金融助力县域经济绿色转型发展”为主题的第五届西北金融论坛，牵头制定了《兰州新区全国绿色金融改革创新试验区申报方案》，并推动方案通过省政府上报国务院，目前兰州新区已初步入围全国第二批绿色金融实验试点城市。优化绿色金融发展环境，建立了企业环保信息共享机制，推动 531 家企业环境违法信息纳入信用信息库，468 户企业“一考双评”信息实现了与银行机构共享。制定了《甘肃省银行业金融机构绿色信贷政策导向效果评估指引》，在全国率先开展绿色金融政策效果试评估，相关做法被总行绿色金融效果评估办法采纳。探索绿色金融模式。在酒泉等三个市州开展了文化旅游金融融合创新试点，在武威市开展了绿色金融创新试点，指导两家法人金融机构注册绿色金融债 40 亿元，并成功发行 20 亿元，推动兴业银行与省政府签署了规模为 500 亿元的绿色融资战略合作协议。截至 2018 年末，全省绿色信贷余额 2416.25 亿元，较年初增加 179.30 亿元。

【金融服务】金融消费权益保护力度持续加大。推进金融广告治理，印发了《金融广告治理工作实施方案》，组织辖内银行业金融机构签署了《金融广告自律承诺书》。顺利完成银行业机构 2017 年金融消费者权益保护评估，对 4 家机构开展了金融消费权益保护现场检查。“12363”金融消费者投诉咨询电话呼叫中心正式成立并运行，受理投诉 335 起、咨询 775 次。扎实开展了“3·15 金融消费者权益日”“普及金融知识，守住‘钱袋子’”和“金融知识普及月 金融知识进万家”暨“提升金融素养争做金融好网民”主题宣传活动。“普及金融知识，守住‘钱袋子’”等金融知识宣传工作被金融时报等相关报刊媒体报道。支付清算管理全面强化。深入开展“支付市场监管年”活动，对 30 家银行、支付和清算机构开展了专项检查。进一步简化开户服务流程，企业平均开户时间由 5.79 个工作日缩短至 4 个工作日之内。顺利完成 ACS 及子系统升级换版，ACS 综合前置子系统基本实现了银行业机构全覆盖。强化支付和票据系统管理，大小额支付系统查询查复率分别为 99.96%、99.97%，实现了支付清算和票据业务零风险。决策支持功能充分发挥。开展了“金融统计数据质量深化年”活动，对全省 60 多家金融机构实施了金融统计现场检查和跟踪检查，绿色、金融精准扶贫和“两权”抵押等专项贷款统计工作顺利推进，金融统计数据的真实性、准确性进一步提升。成立了甘肃省金融学会区域金融研究院，建立了“二委、一院、二中心”为架构的金融智库体系。新闻稿《探索金融精准扶贫“甘肃模式”》获《中国金融家》2017 年度好新闻奖，甘肃记者站被金融时报社评为“优秀记者站”。

【信用体系建设】召开了征信信息安全管理会议，与辖内 56 家接入机构签订了征信信息安全责任书，对 16 家接入机构开展了现场核查，督促辖内19家地方法人机构上线了征信查询前置系统。指导甘肃股权交易中心筹备设立企业征信机构，推动2家评级机构取得小额贷款公司信用评级资格。积极开展征信宣传教育，联合团省委等部门在全省各高校开展“诚信点亮中国”等系列活动。开发上线了“信用小帮手”微信小程序，在6个交通不便、查询量大的乡镇布放了自助查询设备。

【经理国库】推进标准化示范库创建，对辖内9个市州中心支行创建工作进行了检查督导。认真履行国库监管职责，对5个市州中心支库及8个县区支库开展了检查，对11家代理支库开展了调研检查，对13家国债承销机构开展了巡查。上线了财关库银横向联网系统，财政支出无纸化系统扩大到10个市(州)，积极推广非税收入直缴入库业务，电子缴库业务比重达到96%，120多项政府补助资金实现直拨到户。配合国税地税征管体制改革，保障全省税收征缴业务有序开展。

【货币发行管理】“发行库+现金调剂中心”的县域现金供应保障体系不断完善，无库县域现金调剂中心达15个，县域现金直接供应覆盖面从49%提高到71%。对全省13个市州中心支库和34个县支库进行了全覆盖检查，圆满完成发行基金倒库清点专项检查和发行库监控系统改造。对旅游景区、大中型商户等领域的拒收现金情况进行了查处，联合实施了2018年打击整治假币违法犯罪专项行动，组织开展了“反假小超人知识有奖答题”活动，营造了良好的货币流通环境。顺利完成改革开放40周年、人民币发行70周年等普通纪念币发行工作。

【金融科技】建成了“安全高效、技术先进、功能完备、绿色节能”的省级数据中心机房。推进“数字央行”建设，制定了《甘肃省“数字央行”建设规划》，省级数据中心基础环境“云”化工程持续推进，数据中心数据库和虚拟化迁移顺利完成。金融标准推广应用进展顺利。切实强化信息安全管理，召开了全省银行业金融机构信息安全联席会议，扎实推进网络安全宣传，组织开展了全省人民银行系统“网络攻防演练竞赛”和全省银行业金融机构网络安全微视频展示评选活动。

（刘安）

中国工商银行甘肃省分行

【业务发展】2018年，中国工商银行甘肃分行以习近平新时代中国特色社会主义思想为指引，在总行党委的正确领导下，围绕省委省政府各项安排部署，坚持“强党建、谋转型、抓管理、促发展”十二字方针，深入实施智慧零售、优质项目优质企业、重点行发展、资产质量攻坚“四大战略”，以合规、奋斗、落实的精神状态，保持了良好发展态势。2018年，全行存款余额1718.38亿元，较年初净增146.48亿元；各项贷款余额1632.14亿元，较年初净增111.51亿元。不良贷款余额25.75亿元，不良贷款率1.66%，低于省内同业平均水平。服务甘肃经济社会发展获得省委省政府和社会各界的肯定，省分行荣获“省长金融奖”和“甘肃领航金融企业”称号，甘肃分行党委书记、行长荣获“陇上金融家”称号。全年未发生重大案件和重大风险事件，实现安全稳定运行。

【支持重点项目建设】深入实施优质企业优质项目战略，服务实体经济质效全面提升。全年累计投放贷款576.36亿元，其中，投放公司贷款445.98亿元，净增45.73亿元。重点投向交通运输、电力、公共设施等基础设施领域，积极与政府合作，棚户区改造项目银团贷款业务取得进展充分发挥了国有银行支持重点项目主力军作用。支持幸福产业和新兴产业发展，积极支持文化旅游项目发展，线上供应链融资业务取得突破，大力支持节能减排、清洁能源、文化旅游和特色农业等产业发展。通过股权融资、并购贷款、理财直投、中期票据等方式，助推重点企业转型升级，累计办理非信贷融资35亿元，酒钢集团混合所有制改革降杠杆业务20亿元债务性投资成功落地。支持重点企业把握“一带一路”机遇，拓展国际市场。2018年制造业、交通运输、建筑及电力四个行业累计投放贷款299.57亿元，占总投放额的80.75%，农业、信息行业公司贷款实现较大突破，向农业投放贷款3.57亿元，较年初净增2.33亿元，增长192.25%；向信息业投放贷款5.5亿元，较年初净增1.93亿元，增长865%。

【服务民生消费领域】在信贷规模相对紧张的背景下，以个人住房按揭贷款为重点，不断向兰州、天水等重点城市行倾斜信贷规模，向碧桂园、万科等重点房地产商发放住房项目贷款，满足居民住房信贷需求，2018年个人贷款净增51.46亿元。抓住消费经济升级机遇，加快消费信贷融资，持续开展了面向公务员及事业单位、金融同业、公司机构集团客户、重点院校、公立医院、军队武警等六大类优质单位营销工作，并与省公积金中心开发融e借“金闪借”业务，成功上线360金融借条合作项目，推动e分期业务发展，满足客户金融需求。通过上下联动、公私联动，打开了金融社保卡发卡新局面，有14个二级分行取得发卡资格，累计发卡25.73万张，新增发卡10.68万张。

【助力小微企业】牢固树立“工商银行不做小微就没有未来”的理念，落实总行“一体两翼”小微金融发展策略，坚持做深、做实、做专普惠金融业务。制定《支持民营和小微企业发展的意见》，积极协调各金融机构在支持民营和小微企业发展中贡献力量。建立小微企业目标客户库，把好客户准入关。对小微企业实行信贷规模保障，推广小微金融服务平台，推广经营快贷、网贷通、线上供应链融资等线上金融产品，全年累计投放小微企业贷款47.5亿元，比上年多投放6.09亿元，余额达到61.9亿元。

【金融扶贫】脱贫攻坚展现大行担当。始终把扶贫作为光荣的政治使命，注重发挥金融优势，推出“银行+政府+龙头企业+保险+合作社+贫困户”六位一体的“蓝天”模式，帮助核心企业带动脱贫，解决好农户生产和销售两端问题，得到省委省政府高度认可。做实定点扶贫工作，选派驻村干部50

人(其中27人担任第一书记或工作队队长),以产业扶贫为重点,以“一户一策”为路线图,把扶贫和扶志扶智相结合,2018年共实施各类帮扶项目170个,投入资金745万元;帮助15个村和631户2611人实现脱贫,贫困发生率比上年下降4.27个百分点;人均可支配收入达到7182元,增长8.63%。甘肃省分行被评为2018年全省脱贫攻坚先进集体。

【风险防控】坚持“合规、奋斗、落实”的底色和坚持“全年不发生各类案件、不发生重大风险事件、不发生重大声誉风险事件的底线”要求,积极开展“固本强化年”主题活动,深化整治市场乱象的专项治理,强化监督检查与控制和反洗钱业务集中管理,为全行安全经营发展提供了良好的保障。开设“内控合规固本强化年”专栏,组织总行级“合规先锋”和省行级“合规标兵”巡讲团开展巡回演讲。制定治理措施工作方案,组织开展了理财投资、理财销售、票据、同业、信贷防假与反假和互联网金融、员工行为及网点场所管理、授权控制等“重点领域和关键环节”风险检查。根据总行和监管要求,组织辖区内各行开展了深化整治市场乱象工作,有效防范和化解了风险隐患。强化重点可疑交易专报,经专报的“任燕”团伙涉嫌集资诈骗、传销犯罪线索,分别由法院以集资诈骗、非法吸收公众存款罪名予以宣判,“任燕”及其幕后杭州龙炎电子商务有限公司均受到了法律制裁,《经济日报》将该案作为全国打击涉众型经济犯罪十大典型案例进行了刊载。

中国建设银行甘肃省分行

【综述】2018年,建设银行甘肃省分行认真贯彻落实省委省政府和建总行战略部署,经营发展稳中求进,内控管理日益精细,资产质量稳健可控,服务实体经济取得新成效。2018年,本外币各项贷款余额1384.71亿元,增长4.61%。实现中间业务净收入12.89亿元,比上年减少0.29亿元。不良额、不良率、逾期额、逾期率较年初均下降。一般性存款日均余额1724.59亿元,较年初新增0.79亿元。其中,对公存款日均余额876.46亿元,较年初新增-26.66亿元;个人存款日均余额848.13亿元,较年初新增27.45亿元。不良贷款36.8亿元,较年初减少6.75亿元,不良贷款率2.66%,较年初下降0.63个百分点;逾期贷款39.69亿元,较年初下降5.05亿元,逾期贷款率2.87%,较年初下降0.51个百分点。

【推进“三大战略”】深入推进“住房租赁、金融科技、普惠金融”三大战略落地实施,主动直面社会痛点,用金融力量赋能甘肃经济社会发展,服务百姓民生,持续提高人民群众的获得感、幸福感和安全感。一是大力推进住房租赁。完成“监管+”模式全覆盖。全省14个州市按照“监管+”模式全面完成平台上线工作,其中住房租赁监管服务系统、企业租赁服务管理系统、政府公共住房租赁服务管理系统实现14个州市全覆盖;住房租赁服务共享系统上线13个州市(甘南未上线)。持续抓好房源营销储备。全年全省累计发布房源39063套,政府公租房18917套,累计线上交易1971笔,注册用户81305户。已有240家中介机构入驻建融家园,28家租赁企业入驻建融公寓。二是全面推进金融科技。成功与庆阳市人民政府签署“智慧政务”综合平台合作协议,成为甘肃辖内唯一一家金融机构与地方政府进行智慧政务合作的商业银行。与39家客户实现同业合作平台签约,占全省法人金融机构客户数的32.2%。商户共享上线33个专业市场,平台入驻市场商户1347户,区块链上线18户。“智慧旅游”新拓展重点景区账户7户,成功搭建景区线下门票支付平台5户,与甘肃兰铁国际旅行有限公司成功签署战略合作协议,共建“环西部游”移动综合旅游服务平台。“智慧医疗”项目拓展医院线下聚合支付平台8户,实现挂号窗口和自助挂号机的多渠道支付服务。成功搭建“掌上城市”服务平台,涵盖教育、政务、社区、出行、旅游、医疗等6大模块700余项服务栏目。推出甘肃首家“无感支付”智慧停车,在全省社会各界引起较大反响,已成功上线和在建达到202户。创新研发上线监狱服刑犯人跨狱跨区域医疗消费资金自动结算系统,成为全国司法系统唯一定向支付平台。三是强力推进普惠金融。年末普惠金融战略指标(“8+1”项)贷款余额76.56亿元。“小微快贷”客户数较年初新增4023户,贷款较年初新增12.2亿元。“惠懂你”APP累计绑定企业数15204户,系统排名第12位;累计认证企业数14842户,系统排名第14位。建设52个普惠金融特色支行示范网点,布放裕农通服务点1256个,较年初新增1083个。

【服务实体经济】以服务实体经济发展为己任,助力供给侧结构性改革,服务大众安居乐业。一是主动实施信贷结构调整。截至2018年末,压缩退出行业信贷余额114.83亿元,较年初下降5.96亿元。二是大力发展绿色信贷业务。年末,绿色信贷业务贷款余额331.59亿元,比上年末增长3.93%,高于本行对公贷款平均增速3.3个百分点。三是积极支持小微企业及民营企业发展。依托云税贷、结算云贷、账户云贷、抵押快贷等“小微快贷”和“e贷款”等业务,充分运用“建行惠懂你”APP一站式信贷服务平台,有效缓解小微企业融资难题。年末“小微快贷”贷款余额17.9亿元,较年初新增12.2亿元;贷款客户6653户,较年初新增4023户。四是积极支持贫困地区特色产业发展。年末善融商务共发展总行级扶贫商户88户,扶贫交易额实现1.178亿元。供应商品2000余件,客户交易订单23847笔,共发展扶贫有效买家1.5万户。开展扶贫类活动30场,共辐射贫困农户2.4万户。同时加大扶贫攻坚产业信贷支持力度,年末累计发放涉农个人贷款110.3亿元,惠及3.6万多农户和393个农业龙头企业(合作社)。五是完成定点帮扶阶段性任务。负责帮扶贫困村64个,建档立卡贫困户3686户,贫困人口14792人。紧紧围绕“两不愁、三保障+1”及贫困户、贫困村的脱贫标准,实现了64个贫困村干部派驻全覆盖、联户帮扶责任人进村入户全覆盖、两节慰问贫困户全覆盖。截至目前,已脱贫24

个村，脱贫3001户和12007人，剩余40个村，未脱贫685户、2785人。

【公司业务】夯实传统领域发展优势，紧跟“一带一路”国家战略和其他发展规划，突出对实体经济和基础设施建设的支持力度，着力挖掘战略性新兴产业、居民消费服务等领域的信贷增长点，积极支持省内“走出去”重点客户金融业务需求，提供多元化融资服务，优先满足精准扶贫、绿色信贷、涉农贷款等经济薄弱环节的资金需求。加大对传统制造业转型升级的研究和机遇分析，支持传统制造业企业的信息化、自动化、智能化、绿色化技术改造和升级换代。做好银政企合作项目，共同推进战略性新兴产业产融合作。加强绿色信贷拓展，密切关注光风等新能源、绿色环保类工程等领域发展。加强环境和社会风险预判与管理，避免违规介入出现环保问题企业。秉承经营发展与风险管理并重的理念，处理好业务发展和风险防控的关系，践行合规经营理念，厚植内控合规根基，加强案件防控和预防腐败，强化重点领域风险布控，提升“研究分析、风险识别、工具应用”三大能力，稳定信贷资产质量，提高问题整改实效，确保业务平稳健康发展。

【机构业务】面临新形势，积极主动为政府、财政、社保、事业单位、军警、社团客户提供精细化、差异化服务，精准服务，厚植客户，提升客户满意度。助力政府放管服改革，非税电子化率先同业上线，突破“无机构、无代理资格”非税代收业务新领域，开辟全国财政间和银行业中央、省、市、县(区)一体化贯通先河。致力长尾客户见成效，积极响应国家乡村振兴战略，紧跟产业扶贫政策，深耕乡村账户，把行政村账户的拓展营销作为重构县域机构业务格局的重要抓手。强化信贷风险管控，截至2018年末，机构类贷款全部为正常类贷款，持续72个月保持零不良、零逾期，六年来始终保持在全国零不良的梯队。

【国际业务】持续推进客户营销，开展“重大客户、重大项目营销攻坚行动”及“7521齐头并进”系列营销活动，抓落实出实效。全行外汇业务拓展积极性显著提升，重点行外汇客户数量、产品覆盖度较同期有了明显提升，4家二级行实现外汇业务破零。重点业务市场份额保持同业领先。围绕全省重点客户，深耕细作，国际结算收入、黄金租借收入市场位次持续领先。内控管理保驾护航作用逐步强化，外汇合规推进保持良好状态。结合内外部监管趋严形势，持续推进外汇对公客户身份信息完善工作。利用全行反洗钱清单监测系统，发挥系统对国际结算及贸易融资敏感信息进行实时监测查询作用，提升外汇业务合规管理水平。牵头举办“银行外汇业务展业自律”培训等工作，受到自律机制成员单位一致好评。在国家外汇管理局甘肃省分局2018年度执行外汇管理规定考核中，再次获评A类行。

【投资银行】紧跟总行转型步伐，核心指标再创新高。全年投行资管条线实现中间业务收入4921.98万元；高收益资产余额达75.85亿元，资产基础进一步夯实；实现债券承销42.17亿元，市场排名第一；理财产品销售时点余额新增5.06亿元，余额达到128.37亿元，理财产品负债端规模持续增长；实现财务顾问业务收入1703.43万元，比上年增长146.16%，完成率系统排名第5位，创历史新高，“融智”服务水平和服务能力进一步提升。紧抓市场机遇，实现酒钢集团16亿元市场化债转股业务成功落地，作为甘肃省首单市场化债转股业务，为助力国有企业供给侧结构性改革、企业混合所有制改制、支持实体经济发展打下了良好的基础。推出辖内首单扶贫理财发行，充分发挥金融产品在地方脱贫攻坚战中的重要作用。承销中铁二十一局私募永续债为建行系统内首单，也是甘肃当地市场该项业务首单突破。支持地方实体经济，债券承销稳步发展。协助省财政厅完成2018年604.21亿元地方政府债发行计划，实现投资72.05亿元。累计实现银行间市场债务融资工具承销债券7笔，债券承销期数市场第一；承销金额42.17亿元，市场占当地市场份额的15.87%，市场份额第一；实现债券投资4笔，余额6.5亿元，债券承销及投资业务稳步发展。完善部门制度体系，提高风险防控水平。融合“金融科技”，以债券承分销系统、智能财务顾问等系统运用为支撑，加强风险管控，提高业务发展质效，为投行资管条线进一步提升内控、风险管理水平提供了强有力的保障。举办了2018年甘肃省分行投行资管业务培训班，以及甘肃省分行业余党校第二十期——投行资管业务培训班，为全行投行资管业务的发展奠定了人才基础。

【普惠金融事业】落实普惠金融战略，省分行成立“普惠金融发展委员会”“普惠金融战略推进领导小组”和“普惠金融事业部”，所辖21家二级分支行成立18个普惠金融事业部和3个普惠金融业务团队，明确各二级分行支行“一把手”是第一责任人，确保普惠金融战略推进成效。截至12月末，普惠金融贷款余额76.56亿元，人民银行定向降准口径八项指标贷款余额67.66亿元。加大重点产品推进，“小微快贷”业务实现全流程线上融资，按需支用，随借随还；“建行惠懂你”APP，实现在线实时测算贷款额度、在线办理贷款等一站式服务。通过开展小企业“千企万户 普惠陇原”营销活动、普惠金融“秋收行动”攻坚活动等活动，加大重点业务和穿品推进。截至12月末，“小微快贷”业务贷款余额17.9亿元、贷款客户数6653户；“建行惠懂你”APP累计绑定企业数15204户、累计认证企业数14842户。加大“银政”合作，与省工信委签订《中小企业金融服务战略合作协议》，并联合举办全省中小微企业融资实务培训；新增“云税贷”产品对纳税登记M级小微企业的信贷支持，截至2018年末，“税易贷”和“云税贷”贷款客户数1679户，贷款余额8.27亿元。加大营业网点提能，逐步下沉小微企业信贷业务办理权限，稳步推进直接办理模式，积极鼓励共同办理模式；建设52个普惠金融特色支行示范网点，推升网点专业化服务能力。强化风险管控制。做到监测跟踪，对结息余额不足客户，到期贷款客户发送风险提示单进行提示；对欠息贷款、逾期贷款逐户进行督导；制作小企业预警组合分析模板，落实早期预警核查要求。加大对二级分支行不良贷款处置计划的督导，加速存量不良贷款的处置进度。

【住房金融业务】加快市场拓展，营销优质客户，推广"快贷"等新产品，继续巩固个人住房贷款业务市场领先优势，守牢房改金融优势地位，实现消费信贷"跨越式"增长。住房租赁业务持续快速推进。全省 14 个地州市以"监管 +"模式全面完成四个平台上线工作；针对省内大中专院校、科研院专家教师公寓，创新提供公积金和建行住房租赁贷款业务，在住房租赁综合服务平台发布房源信息；开展"毕业季，留兰州"住房租赁主题活动，为应届毕业生租房提供服务；利用智慧 + 模式，推广上线智慧社区，实现专业化、人性化、智能化的现代物业管理模式，构建用户体验良好、各方合作共赢的完整生态圈。加大"抓户扩面增存"工作力度，深耕细作住房资金管理部门、缴存单位综合服务，积极开拓住房资金新市场。持续做好住房资金归集和公积金贷款服务，落实推进住房维修资金业务精细化管理工作，加快 G 系统、M 系统和住房公积金综合服务平台的营销推广。继续保持个人信贷业务领先优势，加大普惠金融个人贷款拓展；依托快贷平台开展"数据化""差别化"营销，充分运用大数据方法和技术手段，分析筛选目标客户，设计有针对性的营销方式，提升营销效果；坚持不懈做好本地区重点楼盘、中介的个人贷款业务的营销推进工作，抓好客户关系维护工作，加强个人住房贷款储备；做好个人住房贷款与普惠金融个人贷款业务的齐头并进，同时与住房租赁工作进行承接，联动推进。运用多种手段加强资产质量管控，加大不良贷款的处置力度，对于符合核销条件的积极追索，及早取得核销要件，加快推进呆账核销进程；对拖欠时间较长、还款意愿较差的客户，尽快提起司法诉讼，以诉促收；加强逾期不良贷款常态化催收工作，运用电话、短信、上门、公告、信函等手段，提高催收频率和覆盖度，加大现金催收和盘活上迁力度，压缩逾期贷款额度，防止下迁产生新的不良。

【个人金融业务】突出三大战略和零售优先，适应新零售，践行"一个重要客户就是一个生态圈"的经营理念，落实四级联动客户维护体系和全员客户经理体系，加强精细化管理水平，全力打造零售业务的竞争新优势。把客户增长作为第一战略，突出经营客户向经营客群转变。加强市场规划，突出客群经营方法论；守住阵地发挥网点优势，落实好"存量即增量"的要求；全力推进全员客户经理体系建设深化客户关系；落实好商户、单位和生态圈等重点工作。打好个人存款攻坚战，夯实负债基础。把握重要节点和契机，抢抓源头资金；深耕广阔县域市场，抢抓蓝海资金；狠抓资产业务拓展，实现资产带动；立足场景搭建，拓商户、建商圈、促交易、留资金；用好新一代系统和产品工具，抓定期存款沉淀。突出资产配置功能，提升中间业务收入贡献。严把业务准入门槛，提升中间业务经营精细化管理水平；积极推动适配的产品线策略，做好客户综合化资产配置；加强中间业务产品销售合规管理。拓客源增资产，推动私人银行业务综合化经营。转变私人银行拓展经营方式；为私人银行客户提供全面综合金融服务；扎实开展非金融服务，提升客户体验；落实责任主体，建立多层次客户经营体系。加强风险管控，构建立体式风险防控体系。持续跟进制度建设完善和落实执行；强化 95533 平台知识库及工单管理；突出重点领域业务检查，加强严肃问责处理。

【网络金融业务】开展"智慧 +"项目推进。成功搭建"掌上城市"服务平台，涵盖教育、政务、社区、出行、旅游、医疗等 6 大模块 700 余项服务栏目，同时，在甘肃同业首家推出"无感支付"智慧停车。以聚合支付、无感支付等产品创新应用为抓手，大力拓展网络特约活动商户，在系统内位次提升 12 位。开展数据库精准营销，提升网络化获客引流能力。依托新一代系统，定期开展数据库模型营销，开展微信、支付宝还信用卡客户引流、手机银行功能推送、临界活跃客户促活、快捷支付管理、速盈购买等线上批量化营销活动。围绕扶贫攻坚目标，开展具有地方特色的善融商务活动。持续开展具有甘肃产品特色的精准扶贫线上营销活动，开展 2018 年"追溯原产地"定西中药材线下采购活动。坚持合规管理，确保业务健康发展。及时更新手机银行等 4 项管理实施细则，制定了网络金融业务应急预案等 2 项规章制度。通过现场及非现场方式全面开展网络支付商户风险排查，全面提升风险管控能力，为网络金融业务健康发展提供有力保障。

【结算与现金管理】成功与甘肃省工商局签订"服务市场主体登记注册便利化战略合作协议"，在全行推进工商注册便利化改革；开通小微企业开户绿色通道，落实开户"2 + 2"要求。2018 年新开立账户 2.29 万户，余额 48 亿元，账户总量突破 13 万户，单位人民币结算账户总量及新增四行第一位次进一步巩固。全年存量零余额正常账户破零 4156 户、存量睡眠账户激活 1235 户，账户结构进一步优化。创新对公长尾客户经营策略和手段，规范网点对公客户服务流程，提升综合营销、精准营销和主动获客能力，着力打通资金引流最后一公里。全年组织网点"积微成著 致远未来"沙龙活动上千场，邀请客户上万户，长尾客户提质增效成果初显。年末，规模以下无贷客户时点存量新增 8.74 亿元、日均存款新增 4.88 亿元，输送有贷客户 4600 余户，折算后有效客户新增 4471 户。依托金融科技，推进现金管理产品应用取得突破。全面推进对公条线"510"工程的实施，成功落地 7 个重点客户现金管理服务方案，覆盖金川集团、华龙证券、武九高速公路、兰大一院、山丹县农业综合开发办、甘肃监狱管理局、嘉恒产业等重点客户。践行金融科技战略，以创新移植壮大现金管理客群。2018 年完成"票据容易管""监管服刑人员跨区域定向支付"两项现金管理产品自主创新和"甘肃省军区电子商务采购平台""结算资金流挖潜"、票据池业务全流程电子化""政银便民通"等六项现金管理产品移植。全年现金管理产品重点客群应用取得显著成效，其中现金池客户新增 15 户、票据池新增客户 66 户，产品关联存款 214 亿元；

监管易客户新增37户，并实现以武九高速资金监管平台为代表的有效资金监管5.4亿元。强化风险管控，确保业务合规经营。持续开展人民币结算与现金管理业务合规现场、非现场排查整改工作，全年各类内外部检查发现问题呈下降趋势，屡查屡犯问题逐步减少。

【风险管理】强化风险责任，加强激励约束，深化风险管理长效机制建设。健全“横向到边、纵向到底”职责明晰的全面风险管理长效机制，落实“三管齐下”，巩固“五个到位”，压实“五个责任”；坚持落实行领导督导帮扶重点机构风险管控制度、“30大”项目化解处置制度；加强督察管理力度，强化风险管理责任的落实，广泛培育和传播违规必究、尽职免责的健康信贷文化。主动加强重点新兴业务的前瞻性风险管理，将风险防控和资产质量管控的目标任务横向细化到职能部门、纵向分解落实到基层机构；建立预警系统运用融入信贷业务全流程，预警信息差别化核查机制，主动预判、预警和化解处置风险；切实做好客户评级和信贷资产分类工作，确保资产质量稳和实。建立普惠金融风险管理八项机制，推动智能化风控，完善关键环节管控，促进业务健康发展；积极运用风险计量工具，整合线下和线上“两个市场”，引导信贷资源向普惠金融领域倾斜。进一步强化逾期贷款精细化管理，严控逾期和不良新暴露。关键时点“逐笔梳理、逐日紧盯、分类管控”，最大限度严控和化解逾期贷款；逐户梳理，靠实潜在风险客户管理责任，严控不良贷款新暴露。通过政策工具降低无效经济资本占用，从财务角度做好信贷资产质量管控；加强政策引导，优化业务结构调整，做好行业限额管控，提升绿色信贷领域信贷投放力度；加强经济资本计量基础管理，避免经济资本无效占用。抓实信贷大检查和风险排查，推动系统性、根源性整改，提升检查实效；深入推进押品集约化管理，清退问题评估机构，严把例外核准关，从源头不断提升押品风险缓释能力；做实风险管理评价，强化经营主责任人履职管理，弥补风险管理短板。推进放款中心建设，强化贷中放款审核。推动合同统一制作，持续做好业务扩容，提高贷中风险管控能力；不断提升放款业务审核质效，推出限时办理承诺；加强放款基础管理，清查违规行为，坚持问题导向，举一反三加强员工合规教育。

（王敦生）

中国农业银行甘肃省分行

【业务发展】2018年，中国农业银行股份有限公司甘肃省分行以习近平新时代中国特色社会主义思想为指导，认真学习贯彻党的十九大精神和十九届二中、三中全会精神，认真践行总行党委治行兴行“六维方略”，坚持稳健发展工作布局，坚持改革创新，坚持求真务实，狠抓目标落实，稳步推进经营转型，业务发展取得新成效。截至年末，总资产达到2017亿元；各项存款净增69.56亿元，比上年多增64.37亿元，余额达到1949.29亿元；各项贷款净增89.49亿元，余额达到1508.92亿元。

【服务实体经济发展】始终牢记金融服务实体经济的天职和宗旨，坚持把服务实体经济作为一切工作的出发点和落脚点紧扣供给侧结构性改革主线，持续将金融活水引向实体经济，力促全省经济持续健康发展。一是围绕项目建设加大信贷投放。紧紧围绕“一带一路”战略、甘肃“十三五”规划等重要机遇，在支持重大工程和重点项目上前瞻布局，做到了早投放、快投放，累计向铁路、公路、能源、城市公共交通、棚户区改造等重点领域投放贷款106亿元。二是围绕产业升级助力经济转型。紧紧围绕全省工业强省战略，助力工业化和信息化深度融合，积极支持传统行业转型升级，大力支持新能源、新材料、高端装备、节能环保等战略性新兴产业和商贸物流、文化旅游、医疗卫生等现代服务业，培育转型发展新动能，投放战略新兴产业贷款19.14亿元。积极服务民生事业，成功落地兰州公交集团3亿元新能源公交车售后回租业务。三是提升综合金融服务水平。积极适应现代企业发展变化和多元融资需求，综合多种运用金融产品和服务工具，提供全门类、一揽子金融服务。全年累计承销地方政府债券100.64亿元，余额达到304.01亿元。为金川公司等重点企业以黄金租赁业务融资17.47亿元，累计办理国际结算1.71亿元，结售汇3.4亿美元。

【深化“三农”金融服务】始终把服务“三农”作为安身立命之本，以农村“三变”改革为切入，以服务乡村振兴战略为重点，以金融支持产业扶贫为突破，创新服务模式，加大金融供给，力促农业增效、农民增收、农村增绿。全年累计投放“三农”和县域贷款253.62亿元，余额净增22.55亿元。一是扎实推进乡村振兴服务。制定服务乡村振兴“七大行动”推进方案，大力支持大型水利、河西30万亩高标准农田等基础设施建设，累计投放水利、城镇化、旅游等领域贷款13.25亿元。深化与省农担公司合作，创新推出“陇原农担贷”，着力解决产业化龙头企业、专业大户等新型农业经营主体担保难、融资难问题，全年累计投放12.75亿元。与省金控融资担保公司签订合作协议，筛选确定49个项目，启动实施了“特色产业发展贷”，大力支持特色产业发展，2018年累计投放15.32亿元。深入推进农村产权抵押贷款业务试点，大力支持各类新型农业经营主体、社会化服务主体、产业化联合体等发展农业适度规模经营，累计投放“三权”抵押贷款1049万元。二是扎实推进互联网金融服务三农“一号工程”。顺应“互联网+”发展趋势，延伸农村服务网络毛细血管，提升农村基础金融服务水平。重点推广“惠农e通”电商服务平台，为工业品下乡、农产品进城搭建线上金融服务渠道，已有3.03万户商户入驻平台，交易额达到80.22亿元；加快惠农通互联网化升级，新增电商服务点10018个、静态聚合码服务点11002个；实现通讯费、电费等基础缴费服务全省覆盖。以便捷贷、特色产业模式为重点，在省内同业率先创新推出半夏贷、果农贷、食葵贷等“惠农e贷”特色产品，推动农户贷款线上化、批量做，净增“惠农e贷”18.12亿元。三是扎实推进金融扶贫。以深度贫困地区为重点，以产业扶贫为切入，持续加大金融扶贫力度，向23个深度贫困县发放贷款84.94亿元，余额净增20.07亿元，增幅高于全行水平2.9个百分点。积极做好西和县定点扶贫工作，先后选派7名处级干部担任帮扶村队长兼第一书记，抽调4批20人次轮流驻村扶贫，捐助24.68万元完成危房改造、路桥等项目15个，捐建1个“精准扶贫励志书屋”。同时，积极稳妥开展精准扶贫专项贷款清收续贷工作，尽全力将风险化解到最低程度。至2018年末清收8.05亿元、续贷46.32亿元，工作获省政府充分肯定。

【推进普惠金融服务】切实把普惠金融作为民生金融、责任金融的重要内容，提高政治站位，倾斜资源力量，优化流程机制，完善配套措施，努力提升普惠金融服务质效。截至2018年末，央行降准、银保监会口径普惠金融贷款分别净增19.87亿元和6.89亿元，分别完成总行计划的146.13%和104.32%，实现监管“双达标”。一是建立普惠金融专门服务平台。充分发挥点多面广、连接城乡的比较优势，不断完善小微金融服务体系，提升专业化服务水平。省行成立普惠金融事业部，牵头负责全行普惠金融的统筹规划和推进管理，在全行设立28家普惠金融专营机构，健全了普惠金融工作体系。实施对公业务下沉策略，强化营业网点直接营销和基础服务功能，提高小微金融服务的便利性。二是着力完善普惠金融服务机制。调整小微企业信贷业务报备范围，对小微客户转授权进行全面梳理，确保在总行转授权框架内“应授尽授”，缩短贷款审批链条。建立小微企业信贷业务集中审查审批工作机制，省行抽调业务骨干、组建集中审查审批团队，对小微企业信贷业务实行专业化集中审查审批，加快审批进度。对基层行上报的小微企业信贷业务，坚持一次亮底、一次补充完善、一次决策，提升办贷效率。制定普惠金融业务专项评价方案，专项评价结果纳入二级分行绩效考核，并与资源配置挂钩，同时作为分支行领导班子和领导人员年度考核、干部使用、薪酬分配的重要依据。三是创新普惠金融产品服务模式。针对小微企业金融需求“短、频、急”的特点，按照小额化、批量化、线上化、便捷化的原则，为客户提供多元化金融产品，重点支持单户授信1000万元及以下的小微企业，特别是单户授信500万元以内的小额贷款客户。在认真做好简式贷等传统产品的基础上，积极推进银税互动和政府增信机制，大力推广应用“微易贷”“微捷贷”等线上产品，有效满足了小微企业差异化、多样化、个性化金融需求。

【防范化解金融风险】始终把防控金融风险摆在突出位置，持续加大风险管控力度，牢牢守住不发生区域性金融风险的底线。一是强化信用风险管控。坚持增贷、稳贷、减贷、退贷和重组并举，将有限信贷资源配置到经济社会发展的重点领域和薄弱环节，提高服务实体经济的效率和水平。继续压控产能过剩行业和高风险行业用信，钢铁、有色、煤炭等15个设限行业压降用信13.19亿元。牢固树立“信贷质量立行”理念，深入开展高风险领域信用风险排查和重点区域专项治理，及时消除风险隐患。对大额风险贷款，一户一策，定向控制，全力化解，避免发生系统性金融风险。同时，加快推进“净表计划”，综合采取清收、核销、批量转让等多种手段，加大不良贷款清收处置力度，全年累计处置不良贷款本金32.02亿元。二是持续夯实“双基”管理。扎实开展“双基管理深化年”活动，进一步夯实基础管理和基层管理。加快推进运营风险“强管理”体系建设，开展柜面业务综合治理，加强通用账户清理，规范电子验印处理，严防各类操作风险。稳步实施柜面业务综合化改造，实现营业网点全覆盖，提升了柜面业务技防机控能力。建立健全反洗钱合规管理体系，着力构筑反洗钱“三道防线”，持续加强反洗钱合规文化建设，全方位强化洗钱风险监测，全行反洗钱合规管理水平稳步提升。三是全力防范案件发生。突出“四支利箭”抓手，坚持长短结合、标本兼治，强化根源性治理，全力防控案件风险。始终保持案防高压态势，建立“双线管理”责任体系，压实案防主体责任；健全案件整治长效机制，加强“三道防线”建设，努力实现对经营管理各环节、各条线、各机构案防风控的全面覆盖。做实做细“三线一网格”管理模式提级应用，加强员工行为管控，及时发现和化解了一批风险隐患。组织开展“问责强化年”活动，对各类违规违纪问题从严追责，并在绩效考核、评先选优、职务晋升等方面实行“一票否决”。深入开展“查教结合学案例 筑牢防线促发展”警示教育活动，用身边事教育身边人，产生了一定震慑效应。

【强化政治建设】始终坚持以党的政治建设为统领推进各项工作，强化政治责任，提高政治站位，增强政治能力，自觉在思想上政治上行动上同以习近平同志为核心的党中央保持高度一致，以实际行动坚决做到“两个维护”。一是强化思想政治建设。着眼夯实“两个维护”的思想根基，把学习习近平新时代中国特色社会主义思想为作政治任务和一切工作的前提，按照学懂弄通的要求，持续抓好学习教育，充分发挥各级党委理论学习中心组的带动作用，切实树牢“四个意识”，坚定“四个自信”，坚决做到“两个维护”，坚决贯彻中央方针政策和总行部署要求，特别对服务实体经济、防控金融风险、支持脱贫攻坚、深化改革创新等方面，不折不扣执行到位。坚持民主集中制原则，修订甘肃分行“三重一大”决策制度实施办法，进一步规范重大问题决策行为。坚持党管宣传、党管意识形态，着力抓好宣传思想和意识形态工作，全面落实工作责任制，层层签订责任书。开展纪念改革开放40周年主题活动，举办“礼赞十九大再创新辉煌”书画摄影展。二是推动“两个责任”落地见实。全面落实清单制管理，层层签订党风廉政建设责任书，制定省行党委成员个性化责任清单，将贯彻落实十九大精神、中央八项规定及实施细则精神、总省行党委决策部署、扶贫领域腐败和作风建设等纳入清单内容。健全联系点制度，省行党委持续实施分片包行督导帮扶制度，班子成员每人包挂1个贫困地区县支行作为“两个责任”联系点进行督导帮扶。三是持续抓好基层党建工作。夯实基层党组织建设，全行新发展党员141名，其中网点一线新发展122名；标配网点和二级支行独立党支部覆盖率100%。省行建立党建联系点8个，各直管分支行建立党建联系点567个。扎实开展第二轮“三深入 结对子”活动，省行机关各党支部均选择1个“强县弱行”和“弱县弱行”中的二级支行联系结对，省行班子成员和各部室蹲点均超过2次。认真总结基层党组织量化考核试点工作经验，层层组织党组织书记述职评议会，传导责任和压力。四是建立健全作风建设长效机制。持续改进机关作风，完善“1 + N”对外协调制度，建立部门员工AB岗位制度，不断强化作风建设。深入查改“四风”问题，制定《甘肃分行党委贯彻落实中央八项规定实施细则的具体措施》，并对贯彻落实情况进行监督检查。组织集中整治形式主义、官僚主义，对照4方面12类问题认真查摆，拿出过硬措施，全面落实整改。加强人文关怀，丰富员工文体生活，成立六个文体协会；关爱员工身心健康，落实体检、休假等制度。五是不断强化巡视巡察。一方面，认真配合做好中央脱贫攻坚专项巡视有关工作。做好十八届中央巡视反馈问题起底复查，对照“三个清单”25个问题，重新评估整改情况，提出具体整改措施89条。对涉及扶贫领域信访举报问题线索进行全面排查，组织做好扶贫领域腐败和作风问题专项治理与脱贫攻坚专项巡视衔接工作。另一方面，切实发挥好巡视巡察作用。制定甘肃分行党委巡视工作规划，对4家二级分行开展巡视，对4家二级分行开展巡视“回头看”，指导组建巡察组17个，推动全面从严治党从严治行向基层延伸。

（邱鑫）

经济管理

国资监管

【国有经济运行】着力强化经济运行分析调度。认真落实省委省政府“三重”“三一”工作方案，与监管企业逐户签订2018年度经营目标责任书。坚持每季度召开经济运行分析调度会，研究解决监管企业经济运行中重大问题。持续落实委领导包抓和处室联系服务企业制度，加大对监管企业工业生产、固定资产投资、项目建设的督导推动力度。加强动态监测调控，紧盯效益下滑企业，有针对性地采取止滑稳增措施。各监管企业围绕年度目标任务，密切跟踪市场变化，及时调整经营策略，优化生产组织，加强运行调度，各企业总体保持了稳中向好发展态势。

扎实开展提质增效攻坚行动。发挥业绩考核的“指挥棒”作用，促进企业落实经营责任，制定印发《省政府国资委监管企业2018年提质增效稳增长攻坚行动方案》，明确5个方面60项具体措施。监管企业通过减少“两金”占用、强化成本管控、加强管理创新等一系列措施，深挖内部潜力和全面降本增效取得了积极效果。2018年，37户监管企业成本费用利润率比上年增长0.05%，“两金”占用流动资产比重比上年下降3.6%，人均创收、创利分别增长10.3%、14.5%。金川公司、省国投集团等6户企业增利1亿元以上。

多措并举防范化解债务风险。制定《省政府国资委监管企业全面风险管理工作实施办法(试行)》《资产负债率分类管控办法》，进一步完善监管企业债务风险预警和应急处置机制，加强债务风险动态监控，督导高负债企业深入开展风险评估，制定化解措施，强化资产负债约束。2018年，37户监管企业资产负债率为63.86%，比全国地方国资委监管企业平均资产负债率低5.04个百分点。积极推动监管企业市场化债转股，2018年新增到位资金224亿元。

加快推进重点项目建设。2018年，监管企业完成固定资产投资583.67亿元，比上年增长17%，37个省列重点项目全年完成投资456.68亿元，超额完成年度计划。金川公司10万吨动力锂离子电池用三元前驱体、酒钢集团铝材精深加工、白银公司湿法炼锌渣综合回收及无害化处理、甘肃电投紫金云数据中心、省物产集团皋兰公铁综合物流园、兰石集团老工业基地改造提升等重点项目有序推进。央企助力建设幸福美好新甘肃座谈会签约项目积极推进，中远海运与酒钢集团股权合作、中海油与省安科院股权合作两个项目已落地运营。

2018年，全省国资监管系统企业实现工业总产值2291.29亿元，比上年增长12.68%；实现营业收入6273.3亿元，增长8.3%；实现利润总额96.3亿元，增长6.1%；上缴税费157.93亿元，增长2.11%。其中，37户省属企业实现工业总产值2215.34亿元，增长12.13%；实现营业收入6108.29亿元，增长7.91%；实现利润总额90.04亿元，增长12.01%；上缴税费150.32亿元，增长5.25%，实现了省委省政府确定的稳增长目标。

【国资国企改革】着力完善现代企业制度。以规范监管企业董事会建设为重点，健全董事会组织机构，规范各治理主体议事规则，完善内部制度体系。会同省委组织部选派外部董事110人次，35户监管企业实现外部董事占多数。制订《关于开展落实监管企业董事会职权试点工作的实施意见》，选择白银公司、华龙证券、工程咨询集团等5户企业开展试点。将企业中长期发展决策、经理层成员选聘、经理层成员业绩考核、经理层成员薪酬管理、职工工资分配、重大财务事项管理等6项职权授予试点企业董事会行使。深入推进三项制度改革，出台《关于改革国有企业工资决定机制的实施意见》，赋予企业更大自主权，推动建立与经济效益和劳动生产率挂钩的工资决定机制。推行经理层成员契约化管理，探索职业经理人制度，监管企业内生活力进一步增强。金川公司、西北永新、交建集团等6户企业被列入全国国企改革“双百行动”，国企改革从单户企业、单项任务向综合改革推进。

积极推进公司制股份制改革。指导25户省直部门改制脱钩移交企业完成公司制改制，省属企业公司制改制面达95.4%。制定出台《省属企业混合所有制改革工作推进方案》，明确省属企业发展混合所有制经济主要目标、实现路径和推进措施。选择酒钢集团祁牧乳业公司等8户企业开展员工持股改革试点。金川公司积极引进民营资本建设金川有色产品精深加工产业园；酒钢集团以混改为突破口促进铝产业链延伸，形成40万吨铝材深加工规模；兰石集团引进恩力能源科技、河北清华发展研究院等合资设立兰石恩力微电网公司。各企业通过引进战略投资、共同出资、项目合作等方式，积极发展混合所有制经济。

【资本结构优化】聚焦主业优化布局。加强对监管企业战略规划管理，全面清理和重新核定监管企业主业，严控非主业投资，推动企业做强做优做精实业主业，2018年监管企业固定资产投资95.6%以上投向主业。积极推进传统产业升级改造，金川公司、酒钢集团、白银公司等大力发展有色金属新材料和精深加工，兰石集团、省建投、长城电工等7户企业加大制造工艺数字化智能化改造升级，从单一制造向"制造+服务"转型。加大整合重组力度，推动组建十大产业集团，打造行业龙头企业，带动十大绿色生态产业发展，增强规模优势和协同效应，培育新的经济增长点。

持续推进"瘦身健体"。指导帮助监管企业完成120万吨煤炭产能化解任务，安置职工1365人。妥善处置16户"僵尸企业"，完成10户省直部门管理的小微企业处置。有序推进国有企业办社会职能及职工家属区"三供一业"分离移交，30户监管企业"三供一业"分离移交正式协议全部签订。完成监管企业办消防机构分类处理，23个社区职能移交、33个市政设施移交、25个教育机构和32个医疗机构的分类改革，为企业轻装上阵参与市场竞争奠定了良好基础。

不断扩大开放合作。积极参与"一带一路"建设和国际产能合作，酒钢集团牙买加氧化铝厂复产后实现良性运营，金川公司南非梅特瑞斯金森达铜矿实现出矿，印尼红土镍矿项目顺利推进，白银公司秘鲁多金属尾矿综合利用项目达产达标，省建投积极推进中白工业园入园项目建设等一批国际产能合作项目顺利推进，为甘肃省产品、技术、服务进入国际市场提供平台支撑。

【科技创新发展】加大科技创新投入。加强关键核心技术攻关，2018年完成研发投入54.5亿元，比上年增长32.9%。兰石集团15000米海洋平台钻井包项目技术设计基本完成，省建投建筑机械等六大类产品获欧盟认证，金川公司生产的"矿产镍"被工信部评定为"制造业单项冠军产品"，酒钢东兴铝业入围国家知识产权优势企业，省建投、八冶公司、长城建设集团、路桥集团荣获6项省建设工程飞天金奖。积极推进科技成果转化。推动省属企业建立与中科院兰州分院"一院三所"科技创新及成果转化协同机制，承担省级科技专项13项，重点研发计划9项，兰石集团油气田压裂装备成功市场化，西北永新凹凸棒石产业化应用取得突破。积极推进创新平台建设。省机械科学研究院、化工研究院等企业积极筹建设立院士专家工作站，新增10个省级研发平台。探索建立股权激励等长效激励约束机制，激发高管人员、科研人员、技术骨干等各类人才的积极性和创造性。

【国有资产监管】加快监管职能转变。按照管好资本布局、规范资本运作、提高资本回报、维护资本安全的要求，完善监管制度、精简监管事项、整合监管职能，制定出台《省政府国资委以管资本为主推进职能转变方案》，取消监管事项9项、下放10项、授权8项，将监管重心由事前审批向事中事后监管转移。

改进国资监管方式。修订监管企业投资监督管理办法，建立投资项目负面清单，明确"禁止类"和"特别监管类"投资项目。加强产权管理，完成32项资产评估项目备案，评估增值率32%，38宗项目进场交易，交易增值率77.92%。加强财务监督，委派财务总监19名。制定监管企业违规经营投资责任追究办法，加强违规投资追责力度。积极推进国有资本授权经营体制改革，推动省国投集团国有资本投资运营公司改革试点通过省委改革办验收，并在全国国企改革座谈会上交流经验。

推进经营性国有资产集中统一监管。经过尽职调查、清产核资和经济责任审计，完成省直部门管理97户企业脱钩移交改制工作，涉及总资产6405亿元、职工3.95万人、涉及18个省直部门，基本实现省级经营性国有资产集中统一监管。

【国有企业党的建设】推动党的领导融入公司治理。坚持把监管企业党组织内嵌到公司法人治理结构中，在企业集团层面党建工作全面进章程基础上，推动342户二级子公司党建工作要求进入公司章程，规范党组织前置研究讨论重大问题的程序。完善"双向进入、交叉任职"领导体制，43户企业完成党委换届，303名党委委员进入董事会、经理层，企业党委把方向管大局保落实的领导作用不断强化。

着力夯实企业党建基础。制定出台《甘肃省国有企业党组织工作活动基本规范》，同步成立和调整21户企业集团党组织，督导6户在境外设立分支机构的监管企业建立16个境外党组织。扎实推进企业党支部建设标准化工作，会同省委组织部编印《甘肃省国有企业党支部建设标准化手册》，督导检查60户企业党支部建设标准化工作，对76个软弱涣散基层党组织进行集中整顿，召开学习贯彻《中国共产党支部工作条例（试行）》暨推动党支部建设标准化工作现场会。制定《省属企业党建质量提升行动方案》，全方位推动省属企业党建质量提升。

不断加强宣传思想工作。深入学习宣传贯彻习近平新时代中国特色社会主义思想和党的十九大及其历次全会精神，为企业改革发展凝聚强大精神力量。认真贯彻落实党委意识形态工作责任制，掌握意识形态工作主导权和话语权。结合纪念改革开放40周年，召开全省国有企业改革座谈会，在甘肃日报等媒体广泛宣传国资国企改革发展党建工作的新气象新作为新举措新成效，努力营造良好的舆论环境，讲好国企故事，唱响主旋律、传播正能量。

落实全面从严治党责任。会同省委组织部制定《省属国有企业党建工作责任制实施办法》，将党建工作纳入企业负责人年度经营业绩考核，推动管党治党责任层层落实。落实党组织书记抓党建述职评议制度，推动全面从严管党治党向基层延伸。对照十九届中央第一轮巡视反馈问题深入开展自查自纠，对26户脱钩移交企业开展政治巡察，把握运用监督执纪"四种形态"，严肃查处违法违纪问题，有效发挥巡视巡察利剑作用。

市场监管

【市场主体】2018年，全省新增市场主体25.66万户，累计达到159.15万户，注册资本达到3.42万亿元，分别比上年增长3.6%、6.92%和

23.52%。全省个体私营经济保持了持续、快速、健康发展势头，截至年底，个体工商户达到110.74万户，从业人员212.96万人，资金数额0.13万亿元；私营企业34.94万户，注册资本(金)2.13万亿元，从业人员262.57万人；农民专业合作社10.14万户，出资总额0.27万亿元，成员总数77.84万人。全省新增非公经济市场主体25.39万户，累计达到155.82万户，注册资本达到2.52万亿元，分别增长3.34%、7.03%和21.8%；占市场主体总数的97.91%。全省累计登记注册外商及港、澳、台商投资企业2342户，注册资本168.95亿美元。

【"放管服"改革】压缩企业开办时间至5天以内，走在了全国前列。"证照分离"改革在全省全面推开，企业名称管理实行自主申报，全省范围内实现了所有市场主体设立登记全程电子化。"政银便民通"业务在15家银行、540个网点开展业务。"四办"改革在省直部门中率先实现"最多跑一次"和"不见面审批"。完成工业产品生产许可证"先证后核"改革，申报材料从6项减少为"一单一书一报告"，特种设备类由21件减至5件，计量类由49件减至22件，认证类由9件减至7件，工业产品、食品相关类由13件减至8件，做到了最大限度方便群众和企业办事。构建食品、药品、医疗器械、化妆品许可审批"零跑路"模式，清理烦扰企业和群众的"奇葩"证明154项，58项行政许可事项100%网上办理，办结时限压缩30%。将原《食盐定点生产许可证书》《食盐定点批发许可证书》两个许可证，取消许可程序，实行食盐生产、批发证书管理。2018年，向37户食盐定点生产批发企业颁发了证书。

【企业信用信息监管】扎实推进"双随机、一公开"监管，制定"四库一细则"，以信用监管为核心的事中事后监管新型体系基本形成，实现了对企业"一次抽查，全面体检"。先后组织开展了市场主体经营行为和企业年报公示信息的不定向抽查，共计抽查市场主体83607户，抽查率6%，超额完成总局5%的任务。全省企业、个体工商户、农民专业合作社年报率分别为95.66%、88.13%和92.99%。企业年报率排名全国第三。公示行政处罚案件信息3336件，公示率100%；累计公示行政处罚案件信息18681件，公示率达100%。基本建成了"甘肃省市场监管大数据中心"，具备了指挥调度、应急处置、互动体验、大数据可视化等综合功能。全省38个部门"双公示""双告知""双归集"等机制得到较好落实，基本实现了行政审批、行政许可、行政处罚等涉企信用信息的交换共享，公示系统协同监管平台实现省、市、县三级全覆盖。市场监管部门累计向其他部门提供数据4195万条，其他部门累计向市场监管部门提供数据660万条。全省26853户(次)市场主体被列入异常名录，8947户(次)通过履行公示义务或纠正违法行为申请移出经营异常名录，对10513名失信被执行人做出任职限制，全省共清吊企业19712户，"一处违法、处处受限"的格局基本形成。

【质量发展】以省委、省政府名义筹备召开了全省质量大会，制定印发《2018年度质量提升行动计划》，推动全省各级各部门深入开展质量提升行动。研究起草《甘肃省建设质量强省的意见》，经省政府通过提请省委常委会审议。指导兰州市积极创建"全国质量强市示范城市"，通过了国家市场监管总局现场验收，成为西北地区第三家通过验收的城市。组织申报和争创中国质量奖，甘肃省敦煌研究院荣获第三届中国质量奖；甘肃七建集团、中核四O四有限公司和王多明荣获第三届中国质量奖提名奖。组织开展第六届省政府质量奖评选活动，3家组织获第六届省政府质量奖，5家组织获第六届省政府质量奖提名奖。不断加大品牌建设力度，甘肃省张掖市玉米种子产业、定西市岷县当归种植产业分别被原国家质检总局正式批准筹建"全国杂交玉米种业知名品牌创建示范区"和"全国当归种植产业知名品牌创建示范区"。

【市场执法】全省市场监管系统共查处违法案件1.64万件，罚没款总额6623.31万元。其中查处不正当竞争、传销等经济违法案件4922件，案值4534.73万元，收缴罚没款2014.12万元；检查各类生产企业10752家，办理案件403起，罚没金额508.50万元，移送司法机关1起；立案查办食品、药品、医疗器械、化妆品违法案件10076件，罚没款4100.69万元，吊销食品药品许可证13件，移送司法机关案件46件；处理各类专利案件955件，办理展会专利案件29起，比上年增长45%；办理电商案件305起，增长177.27%。投入190万元，委托第三方检测机构进行抽验，抽检成品油796个批次，抽检率30%，抽检润滑油(脂)500个批次，抽检率30%；对全省流通领域商品煤抽检250个批次。开展"规范市场秩序强化行政执法优化营商环境"专项整治行动，全省市场监管部门共出动执法人员1.79万人次，检查市场主体6.67万户，查处各类违法案件2100件，案值3304万元。开展车用燃油等重点商品监管，集中打击侵权假冒行为，检查市场主体经营户6857户次，市场122个，查处案件案值94.97万元。折达公路问题发生后，积极参与调查并对整改所需的建筑材料进行了抽样检验，并抽查在建道路16条，完成了200批次样品的抽取，对不合格的4批次钢材产品进行后期处理。深入开展"红盾使命""质检利剑"、扫黑除恶等7项专项整治行动，持续抓好防范非法集资、互联网金融、校园网贷等整顿工作，全年查处各类经济违法案件5884件，案值4861万余元；受理投诉举报49762件，为消费者挽回经济损失4971万余元。开展"网剑行动"，捣毁传销窝点26个。持续净化盐业市场秩序，当年共查处违法案件1477起，查获违法盐业产品555.9吨，确保食用盐市场稳定和食用盐质量安全。

【消费维权】强化流通领域商品质量抽查，不断加大对服装鞋帽、家用电器、儿童用品、建筑建材、交通工具等商品的抽检力度。共对5个大类、14个品种、1196批次的商品实施了抽检。在全省300家商场、超市、市场、企业、3A级以上景区开展放心消费示范创建活动，积极推广"先行赔付制度"，大力推进"放心消费在陇原"示范创建活动。下发《关于加强保健品市场监管切实维护老年消费者合法权益的通知》，严厉查处保健品虚假宣传、商标侵权、消费欺诈等侵权违法行为；组织开展"质检利剑"专项行动，部署日用消费品、农资产品、建材产品、汽车配件汽柴油、电商产品5大类专项执法打假行动；在全省范围内监督抽检餐饮环节食品及相关产品8600批次，完成食品监督抽检6300余批次。推进消费投诉公示试点和"五进"工作，探索12315消费纠纷多元化解机制，截至2018年底，全省12315系统共登记咨询、投诉、举报等21.5万件，为消费者挽回经济损失4971.49万元；全省各级消费者协会组织共接到消费者投诉7216件，调解处理6584件，为消费者挽回损失1173.22万元。

【价格监督检查和反不正当竞争】组织开展了煤炭市场价格、采暖价格检查，保障煤炭市场价格稳定和群众温暖过冬。开展了城市供水供气供暖和电信领域价格重点检查、涉企收费专项检查、环保电价检查、电网及转供电环节电价重点检查、殡葬服务收费专项检查以及封闭区域内商品和服务价格行为专项整治，规范了相关领域价格行为，有效治理了乱收费行为。12358价格监管平台全年举报受理量达到11334件，比上年下降17.5%，实施经济制裁总金额203.3万元。其中，罚款2.62万元；没收0.76万元；为消费者退款199.92万元。停车收费举报受理量为4226件，占比为37.29%；物业管理、交通运输、资源价格、医药的举报受理分别为1011件、745件、741件和740件，占举报受理总量的比例分别为8.92%、6.57%、6.54%和6.53%。先后组织开展城市供水供气供暖和电信领域价格、涉企收费等十项专项检查，查处各类价格违法案件379件，实施经济制裁1810.25万元，清退违规收费6.42亿元。积极查处住建、物业管理、供热领域行政性垄断案件，纠正限制竞争行为3起，查处不正当竞争案件193起。

【网络交易监督管理】联合省通信管理局将11586个企业域名和1000个市场经营主体信息进行核查，通过核查对251户企业予以注销、吊销处理。其中，企业网站盗链约占18.03%，退市未退网约占6.01%，其他问题约占7.73%，互联网上无活动痕迹的约占68.24%。联合兰州海关、省公安厅、省通信管理局、省邮政管理局等省网络市场监管部门联席会议成员单位有关负责人，于"双十一"前夕，对阿里、京东、携程、苏宁、美团、百合生活网、秀宝网等网站的甘肃片区负责人进行了集体约谈，要求各大电商平台从用户身份的核验登记、信息报送义务、市场主体登记和税务登记配合义务、违法信息处置义务、维护网络安全的义务、交易信息记录和保存义务等六个方面，依法对平台内经营者进行规范治理。制定《2018网络市场监管专项行动工作方案》，发挥网络市场监管部门联席会议成员单位职能优势，联合开展以打击网络侵权假冒、刷单炒信、虚假宣传等违法行为和落实平台责任、规范格式合同为重点的专项行动，实现网络市场的全流程、全链条监管，对网络市场存在的违法行为精准打击。共检查网站1.24万个，提请通信管理局注销(关闭)250个网站，移送公安机关涉嫌金融案件1件，罚没款25.81万元。

【产品质量安全监管】组织近2.2万人次开展社会调查和意见征集活动，制定并发布《2018年产品质量省级监督抽查计划目录公告》。在此基础上，共对涉及工业生产资料、日用消费品、农业生产资料、食品相关产品、建筑装饰装修材料等62种重点工业产品，开展省级产品质量监督抽查2975批次，经检验2765批次产品质量合格，总体产品质量抽查合格率为92.9%，产品质量状况基本稳定。组织抽查了7个市州48户企业危险化学品生产企业，进一步完善安全保障水平。对食品相关产品企业存在的无证生产、不按标准生产、企业产品无标注现象、行业超范围添加等问题，组织了专项监督检查。承担"折达公路问题整改"技术保障工作，对折达公路全线需开展隧道维修加固工程的4个施工标段和需开展桥梁加固的7个施工标段的26批次原材料开展了抽样检验工作。部署开展电动自行车及配件质量专项整治行动，从企业质量管理体系运行、原料进厂和产品出厂检验、产品质量追溯情况等方面通过加严监管的方式，加大监管力度，确保产品质量安全。

【特种设备安全监察】报请省政府印发《关于加强电梯质量安全工作的实施意见》，按照"四个一律"要求，不断强化特种设备安全监察与节能工作，全年共检查生产使用单位1.22万家，整改安全隐患8051条，查处严重违法行为114起，有效遏制了特种设备安全事故发生。制定出台老旧住宅加装电梯6条便民服务措施。中央环保督察反馈问题整改工作扎实推进，2014年以来新登记的10蒸吨以下868台燃煤锅炉，已完成淘汰整治733台，整治完成率84.4%。着力构建特种设备"双重预防"机制，特种设备分级管控和隐患排查治理2个地方标准正式发布。组织开展"降安全隐患、促平台建设"专项治理攻坚战，在持续发力、高效督导、奖惩并重的氛围下，设备基础数据更加准确，隐患设备有效管控，电梯贴牌率由年初的69%提升至87%。特种设备应急处置和服务保障能力持续提升，第一时间响应并妥善应对金川集团"10·5"一氧化碳泄漏事故，科学准确界定了事故性质。特种设备应急处置示范单位建设取得积极进展，服务保障能力持续提升。

【计量监督管理】对照省委、省政府"折达公路"问题整改要求，积极排查计量方面存在的风险隐患，组织对全省所有工程建设相关领域的施工企业、工程建设类检测实验室开展计量专项检查，并针对重点单位、重点行业抽查工程建设类检验检测机构64家，检查施工单位施工现场设置的工程检测实验室70家，检查计量器具2.21万台(件)，抽查计量检定(校准)证书5412份，强化源头治理，防范和化解风险隐患。联合省环保厅开展全省环境监测类计量器具的调查摸底和监督检查工作，共检查企业和实验室473家，检查环境监测类计量器具5943台(件)，受检率同比提高10个百分点。进一步有效靠实了使用单位的主体责任，确保环境监测数据准确可靠。积极组织开展安全防护类计量器具专项监督检查，共检查煤矿、非煤矿山、石油石化、冶金、化工等重点领域企业534家，检查在用强制检定计量器具1.76万台（件），查处违法案件2起，进一步强化使用单位计量法制意识，落实计量管理主体责任，确保生产安全。

【标准化管理】提请省政府办公厅印发实施《甘肃省实施标准化发展战略纲要2018年行动计划》，印发《甘肃省公共文化服务标准体系建设规划（2018—2020年）》。组织开展甘肃中医药产业、交通运输、装备制造业标准体系规划的研究编制工作。落实甘肃省特色优势农产品、高新技术、旅游业等专项标准体系建设规划，全年下达地方标准制修订计划5批231项，审批发布地方标准127项。审定发布的《政务服务“一窗办、一网办、简化办、马上办”工作规范》等2项标准，为进一步提升甘肃省政务服务标准化水平提供了技术支撑。发布的《马拉松赛事组织管理规范》填补了国内马拉松赛事管理标准的空白；指导支持酒钢集团主导编制1项国际标准。在社会管理、节能减排、高新技术、高端装备以及农业农村和服务业等领域建设了32项国家级和43项省级标准化示范试点项目，其中新增10项国家级标准化试点项目，“兰州市三维数字社会服务管理标准化试点”等3项国家级标准化试点通过国家标准委考核评估。批复组建减灾救灾等3个标准化技术委员会，省级标准化技术委员会达到19个。全省共有2209家企业公开7121项标准，涵盖12671种产品，分别比上年增长22.9%、26%和31.4%。全省累计有275家企业通过良好行为确认，263家企业784个产品采用国际标准和国外先进标准。指导省电工技术学会、机械工程学会推进团体标准试点，发布6项团体标准，其中《单级单吸无轴封永磁传动离心泵》入选工信部2018年团体标准应用示范项目，《高过载能力变压器》中规定的“三相油浸式高过载能力变压器”的性能要求填补国内相关标准的空白。《甘肃省标准化条例》和《甘肃省中药饮片监督管理办法》分别纳入省人大五年立法规划。

【认证认可与检验检测监管】将货运车辆安全技术检验和综合性检测两项检测资质认定依法合并实施，118家机构具备“两检合一”检验检测能力，方便车主就近就地检验车辆。全省获得检验检测资质认定机构897家。组织对2017年底前全省733家获证检验检测机构开展统计，全省取得资质认定检验检测机构营业收入总额为30.34亿元，向社会出具检验检测报告386.8万份，从业人员1.75万，拥有各类仪器设备8.32万台（套），资产原值达37.3亿元。重点对建筑工程、环境检测、机动车检验和食品药品检验机构开展专项监督检查，共检查工程类机构162家、食品药品95家，机动车13家，环境检测13家，责令改正60家，责令整改及依法处罚16家。全省共发生各类认证活动6366个，涉及159家认证机构、2965个获证组织。对其中的4238个认证活动进行了现场监督检查，检查百分比达到66.57%，对中国质量认证中心等16家认证机构的40个违规事实依法进行处理。开展农产品认证示范区创建，临夏州永靖县和天水市秦安县确定为“甘肃省级有机产品认证示范县”，全省确定了省级有机产品认证示范区（县）5个。推荐甘州区、民乐县、民勤县、永靖县申报创建“国家有机产品认证示范区（县）”。截至2018年底，全省新增和保持的各类认证证书10783张，涉及4125个组织，比上年增加17.2%，各类自愿性产品认证证书9025张，强制性产品认证书1758张，分别增长19%和8.5%。

【知识产权保护运用】印发《2018年甘肃省深入实施知识产权战略加快建设知识产权强省推进计划》，制定《甘肃省2018年专利事业发展战略推进工作实施方案》。推进知识产权强市、强县建设，全省已有7个国家知识产权试点城市，1个国家知识产权强县工程示范县，9个国家知识产权强县工程试点县和4个传统知识产权保护试点县。做好2018年省专利奖评审工作，经过申报审查等程序共产生50项专利奖。全省新增专利权质押融资26笔，质押专利89项，融资额7.3亿元。落实2017年度企业专利权质押融资贴息补助、评估费补贴及担保费奖励311.8万元。做好国家知识产权示范优势企业复核考核及申报工作，10家企业通过2015年度国家知识产权示范企业和优势企业复核，新认定2018年国家知识产权示范企业4家和优势企业22家，新认定省级优势企业27家。全省共培育186家省级知识产权优势企业，82家国家知识产权优势企业、10家国家知识产权示范企业。33家企业已备案开展知识产权管理规范国家标准认证工作，12家服务机构已备案为首批甘肃省企业知识产权管理规范国家标准认证咨询辅导机构。

【商标专利监管】全省商标申请件数达到3.07万件，比上年增长23.1%，商标注册2.12万件，增长65.1%，累计有效注册量达到7.33万件，增长37.1%。地理标志商标达到105件，中国驰名商标达到73件，均创历史新高。在全省设立202个商标品牌指导站，12个商标受理窗口，受理商标注册2317件。商标权质押贷款实现5.75亿元，增长77.5%，有力助推了商标企业发展。全省国家地理标志保护产品数量增至67个，武都崖蜜成为全省唯一入选欧盟的100个中国地理标志产品品牌之一。实施商标专用权保护，打击商标侵权假冒立案651件，罚没款478.26万元，调处各类专利案件955件，增长45%。商标侵权“溯源”行动得到总局通报表扬。全省专利申请27882件，增长14%；专利授权13958件，比上年增长44.3%。截至2018年末，全省有效发明专利6879件，每万人口发明专利拥有量2.62件，增长13.1%；PCT国际专利申请37件。

【广告监管】对全省报纸、电视频道、广播、主要网站共102家媒体的广告发布情况进行监测，共监测广告313.43万条次，比上年增长6.89%；违法广告条次下降1.06%。先后9次组织主要媒体召开了座谈会、约谈会，发放责令整改通知书75份，对发布情节较为严重的、屡禁不止的违法广告进行立案查处。对《甘肃省广告监督管理条例》进行修订，《条例》已经省人大常委会通过，2019年1月1日起施行。

开展了查处典型违法广告集中行动、传统媒体虚假违法广告整治行动、涉嫌非法集资广告排查清理活动和开展互联网金融广告专项整治等各项整治行动，立案查处互联网违法广告案件34起，罚没款166.48万元。收到投诉举报32起，其中国家总局转办3起，其他省局转办6起，省长信箱留言3起，局长信箱留言投诉14起。截至2018年底，全省广告经营单位2756户，从业人员1.29万人，广告营业额4.94亿元。

【食品安全监管】以“食安甘肃”建设为载体，扎实推进“双安双创”活动，创建国家级、省级农产品质量安全县18个，省级食品安全示范城市21个。深入开展“百家企业示范引领行动”和“百日攻坚行动”，推行食品生产“透明车间”，培育省级“放心肉菜示范超市”20家，全省“明厨亮灶”实施率达到97.5%。加大抽检监测力度，食品监督抽检任务和不合格食品核查处理任务完成率全国排名第一。围绕学校食品、婴幼儿食品等重点领域，开展酒类、乳制品、婴幼儿配方乳粉、食用植物油、食品相关产品、“五毛”食品、食品小作坊“百日攻坚”等专项整治，持续深化食品、保健食品欺诈和虚假宣传整治工作。共查处食品违法案件6224件，罚款金额4462.92万元，捣毁制假售假窝点4个，移送司法机关案件9件。其中省公安厅立(破)生产销售伪劣食品药品案件95起，抓获违法犯罪人员103人，涉案价值1973.8万元。发布舆情监测周报49期，积极稳妥处置7起食品安全突发事件(其中食物中毒事件2起)。配合相关部门全面开展疫情排查，全力做好非洲猪瘟疫情防控工作。食品安全备案企业标准390余份，食品安全追溯平台应用良好，初步形成了甘肃食品大数据分析系统。肉菜流通追溯日常运行管理机制基本建立，全省农产品质量安全追溯体系基本建成电子一票通。全省抽检农产品样品3427批次，合格率99.27%。完成食品监督抽检7.17万批次，合格率95.73%。

【药品安全监管】开展道地药材基础研究，从源头上促进中药安全规范发展，推动甘肃药品检验研究事业发展。在发挥第一批193个品种的中药配方颗粒标准引领作用的同时，研究制定第二批中药配方颗粒标准，对具有甘肃地方特色炮制工艺的343个药材品种630个饮片规格质量标准全面进行修订和提升。落实支持药品流通企业创新发展的“十条意见”，支持天士力、康美药业开展“智慧药房”建设，促进“互联网+医疗健康”发展。支持兰州佛慈、甘肃中天金丹、甘肃扶正药业、神威药业甘肃公司开展中药配方颗粒科研试点。引导支持广药集团采芝林药业、河北神威药业等制药龙头企业在定西、陇西建立研发生产基地。密切配合国家药监局做好甘肃省重离子治疗系统临床试验工作，同步推进重离子治疗系统检验检测能力、资质、技术水平与注册上市，推动甘肃中医药产业转型升级。深刻汲取吉林长春长生问题疫苗案件教训，在严格落实省级疫苗生产监管责任的同时，坚持问题导向，对药品、医疗器械、化妆品进行全面的风险隐患排查，坚决守住药品安全底线。全年共查办药品违法案件1834件，罚没款3056万元，货值金额43万元，移送司法机关3件，刑事处罚1人。全省共抽检各类药品6736批次，完成3345批次，基本药物生产环节合格率为100%，流通环节合格率为99.81%，中药材中药饮片合格率为91.65%。

【非公有制经济组织党建】2018年，在全省非公企业深入开展“三岗联创”“双强六好”等党组织活动，全力推进“两个覆盖”。2018年底，全省非公经济组织党员累计54570名，党组织11226个，党组织覆盖率达到68.1%，比2017年底的58.9%提高了9.2个百分点。积极搭建非公组织扶贫平台，组织实施了“千企帮千村，党建促脱贫”精准扶贫行动，印发了《关于进一步转变作风大力培育农村市场经营主体服务农村“三变”改革工作实施方案》。2018年，全省有2065户企业与1639个贫困村建立帮扶关系，共投入资金4.48亿元，帮扶项目824个，帮扶人数94832人，为全省精准脱贫攻坚作出了积极贡献。大力促进民营经济发展，报请省委、省政府出台《关于进一步支持非公有制经济发展的若干意见》，代省政府草拟的《甘肃省优化发展环境条例》已列入2019年省人大立法计划，出台了《关于全力支持民营经济发展的28条措施》，成为全国市场监管系统针对民营经济发展出台的第一个文件。小微企业互助贷款工作累计为4473户企业发放贷款167.4亿元，有效缓解了企业融资难题。

审　计

【审计成果】2018年，在省委省政府的坚强领导下，按照审计署的统一部署，省审计厅领导班子坚持以习近平新时代中国特色社会主义思想为指导，认真学习贯彻党的十九大、十九届二中、三中全会和中央审计委员会第一次会议精神及省第十三次党代会精神，紧紧围绕省委、省政府重点工作，主动融入全省经济社会发展大局，突出重点，坚持原则，全面履行审计监督职责，切实加强依法行政工作，认真落实全面从严治党主体责任，着力打造高素质专业化审计干部队伍，各项工作取得新成效。2018年，全省共审计和审计调查项目5846个，查出违规问题资金203.27亿元，管理不规范资金2252.94亿元。通过审计处理，上缴财政资金19.14亿元，促进增收节支46.86亿元；向各级党委政府和上级审计机关提交审计报告、审计信息等1934篇，向被审计单位提出审计建议9419条，向纪检监察、司法机关及有关部门移送案件线索458件，移送处理人员78人。另外，省审计厅配合中央纪委监委、中央巡视组和省纪委监委、省委巡视办的工作，抽调业务骨干40多人(次)参与办案，并为查办案件提供相关资料、查阅档案资料30多次。同时，按照省委组织部要求，对全省补交党费进行了专项审计，圆满完成了省委组织部交办的任务。

【政策措施贯彻落实跟踪审计】紧紧围绕中央和省委、省政府重大政策措施落实，立足甘肃实际，对9个市州创新驱动发展战略、防范化解重大风险等政策落实情况进行跟踪审计。加强与审计署兰州特派办的沟通协调，持续跟进督促整改审计发现问题，每季度按期汇总上报审计署兰州特派办对甘肃省重大政策措施跟踪审计报告的反馈意见和整改情况。通过审计，促进新开工、完工项目77个，推动加快审批和实施进度项目134个，促进拨付到位资金4.56亿元、归还原渠道资金0.72亿元，给予诫勉谈话11人。

【审计工作开展】严格依照法定职责、权限、程序、方式、标准开展审计工作，做到审计监督事项合法、审计程序合规、问题定性处理准确。先后制定出台了《审计项目质量百分制管理标准》等166项审计质量管控方面的制度，构建审计权力监督制约机制。加大依法审计能力培训力度，着力夯实审计工作基础。严把质量关口，完善审计结果会议审核机制，对审计查出的重要问题认真研议和分析把关，确保审计质量。在审计项目审理工作中严格坚持"十查十看"，从审计实施方案编制及执行、审计程序、审计证据、审计记录、审计发现问题定性及处理处罚意见、法律法规适用、审计业务文书等方面设防把关，切实筑牢审计质量"防火墙"。省审计厅对6个市州及11个县区审计局的审计项目质量进行检查，采取清单式实名通报方式，通报审计项目中存在的质量问题，督促整改，提高质量。接受了审计署对甘肃省审计质量情况的全面检查，审计质量管控措施受到审计署检查组的好评。发挥优秀审计项目的示范引领作用，认真组织年度全省优秀审计项目评选活动，全省评出30个优秀和表彰项目，并积极向审计署推荐上报，有1个审计项目被审计署表彰。

扶贫审计。把扶贫审计作为重大政治任务来抓，抽调全省审计人员400人次，对11个市州25个县区2017年扶贫政策措施落实和扶贫资金分配管理使用情况进行专项审计调查。审计抽查扶贫资金99.05亿元，延伸审计144个乡镇、483个行政村，入户走访1657个贫困家庭。揭示和反映了部分县区精准扶贫政策措施落实不到位、扶贫资金统筹整合不到位，虚报冒领、重复申报等方面违纪违规资金13.47亿元。处理处罚相关责任人25人，移送案件6件。

领导干部自然资源资产离任审计。认真贯彻落实《领导干部自然资源资产离任审计规定（试行）》，组织开展甘南州党政主要领导、省生态环境厅原厅长自然资源资产离任审计，授权兰州市等10个市州审计局对榆中县等10个县区党政主要领导干部开展自然资源资产离任审计，重点揭示造成资源损毁、环境污染、生态破坏等方面的突出问题，促进生态环境保护和绿色发展崛起。甘肃省的做法和经验被审计署推广全国审计机关进行交流学习。

政府债务审计。按照审计署要求，重点对天水等4市州本级及陇西等6县区政府债务和隐性债务管理情况进行了审计。审计发现地方政府债务、隐性债务和其他需要关注的债务数据尚不够完整和准确等问题，反映真实债务水平，推动完善地方政府债务管理制度，积极稳妥化解存量债务，有效防范债务风险。

经济责任审计。受省委组织部委托，以经济责任审计为依托，采取与预算执行审计、专项审计等相结合的"1托N"方式，合理配置审计力量，对1个市州、8个省直部门、9所大专院校、5户国有企业的39名省管领导干部进行了经济责任审计，及时向省委、省政府和省委组织部报送审计报告。与省委组织部等相关部门密切协作，共同召开审计进点会、共同实施审计项目督查、共同抓好审计问题整改，促进领导干部守法守纪守规尽责。

财政审计。依法对省级预算执行和其他财政收支情况，特别是对资金量大、项目安排多的财政等10个部门和单位进行了审计，受省政府委托，7月份向省人大常委会作了审计工作报告，11月份作了审计整改情况报告，报告对审计查出的问题不回避、不遮掩，敢于亮丑揭短，受到省人大常委会组成人员的高度评价。在《甘肃日报》等媒体公告审计结果，社会反响良好。

企业审计。对5户省属国有企业进行了审计，揭示法人治理结构不完善、决策不科学、管控不到位和损失亏损严重等问题及其原因，促进深化企业改革、提质增效，并将发现的重大违纪违规问题线索移交省纪委监委和省政府国资委。同时开展了省属6户企业境外资金资产及绩效情况专项审计调查，督促建立健全境外投资内控制度，完善监管体系，促进国有企业规范运营、提高效益、做强做优做大主业。

民生审计。组织400多名审计人员组成14个审计组，对14个市州、86个县区2017年保障性安居工程进行审计，审计查出27类426个问题，向各级纪委监委和有关主管部门移送案件线索35件，移送涉案人员28人，涉案问题金额56.11亿元。组织审计力量对全省抗洪救灾资金等进行了跟踪审计，促进救灾款物拨付到位，加快灾后恢复重建项目进度，确保资金项目发挥效益。

投资审计。对引洮供水二期工程等6个重点项目进行了审计，关注投资结构和投资绩效，着力反映投资结构不合理、重复建设、损失浪费等问题，促进规范政府投资项目管理，提高公共投资绩效。

外资审计。对16项外资项目进行公证审计，审计查出滞留项目资金1.39亿元，有针对性地提出了整改意见和建议，促进国外贷援款项目发挥效益。

【审计结果运用】省委、省政府高度重视审计查出问题的整改工作。省审计厅向有关部门、单位和地方下达整改通知，列出清单，对账销号，并将审计查出问题的整改落实情况纳入后续审计内容，盯紧整改。对审计中发现的倾向性和重大违纪违法问题线索及重点部门单位主要负责人经济责任审计情况等，通过审计专报的形式呈送省委、省政府主要领导审阅。省审计厅持续跟踪督促，从根本上防范风险、解决问题。对市州和厅机关审计项目的整改落实情况进行集中检查并进行"回头看"，直面问题，有效促进了整改落实。

【审计信息化建设】不断强化大数据审计思维，推进以大数据为重点的审计信息化建设，制定了甘肃省"金审工程"三期项目建设规划并上报审计署，根据审计署印发的“金审工程”三期项目《重点任务实施方案》等，进一步深化和完善甘肃省“金审工程”三期项目的设计，编制建设方案，积极推进“金审工程”三期项目应用系统基础设施建设。目前已完成了网络综合布线系统施工，完成了全省审计机关高清视频会议系统、数据中心机房、“金审工程”三期项目监理服务的招标。加大电子数据采集力度，共完成1100多个预算单位的财务和业务数据的标准化，完成了全省14个市州和兰州新区、86个县区等财政收支数据的采集。大力推广和运用“总体分析、发现疑点、分散核实、系统研究”的数字化审计模式，在扶贫审计、政策审计、经责审计和一些部门预算审计中进行大数据关联对比分析，精准审计，提高效能。

【审计统筹管理】增强审计工作全省“一盘棋”意识，积极推进审计一体化，加强对下级审计机关的领导，按照干部双重管理相关规定，协调市州党委做好下级审计机关领导班子配备、调整工作。克服任务重、时间紧、人员少的困难，合理调配省市县三级力量，采取上审下、交叉审等方式，做到“大项目”同步安排、“大兵团”协同开展，增强审计工作整体性。认真贯彻落实《审计署关于内部审计工作的规定》，组织召开内审机构座谈会及内审理论研讨，通过调研检查，促进提高内部审计工作质量。会同省财政厅联合印发《甘肃省审计机关向社会力量购买服务管理办法》的通知，进一步加强对全省审计机关向社会力量购买服务工作的管理，并以公开招标的方式选择执业质量高、社会信誉好和具有相应资质的中介机构，建立中介机构备选库，借助社会审计、内部审计机构及各类专业机构的力量参与审计，为实现审计全覆盖目标打好基础。

【党风廉政建设】厅党组旗帜鲜明讲政治，坚持全面从严治党，深化党风廉政建设，不断增强党组织的凝聚力、战斗力和领导力、号召力。一是认真落实主体责任。厅党组坚持把全面从严治党作为重大政治任务，切实履行管党治党主体责任，把党建工作与审计业务工作同部署同落实同考核，制定2018年度党建工作要点，分解任务，确保工作职责明晰，制度规定明确，执行有章可循，形成厅党组主抓党建，机关党委组织实施，各党支部贯彻落实，一级抓一级、层层抓落实的机关党建工作格局。坚持设立审计组临时党支部制度，灵活地将党建工作与审计工作对接，把全面从严治党延伸到审计一线，把主体责任落实到审计一线，实现对党员干部的无缝隙管理。厅党组督促各党支部正确处理党建工作与业务工作的关系，坚持立足审计抓党建、抓好党建促审计，实现机关党建和审计工作的有机融合，做到“审计工作到哪里，党建工作就跟进到哪里”，为推动审计事业科学发展提供了组织保障。二是切实加强思想政治建设。坚持不懈用党的创新理论武装头脑，按照学懂弄通做实的要求，加强和改进政治理论学习，制定系统的学习计划，通过厅党组（扩大）会议和中心组学习、专题研讨和辅导讲座、集体学习和个人自学相结合等方式，认真学习习近平新时代中国特色社会主义思想，学习贯彻党的十九大和十九届二中、三中全会精神及省第十三次党代会精神，往深里走、往心里走、往实里走，深刻领会和掌握习近平新时代中国特色社会主义思想的科学体系、丰富内涵和精神实质，把握贯穿其中的马克思主义立场观点方法，打牢思想根基、筑牢精神支柱，切实增强“四个意识”，坚定“四个自信”，践行“两个维护”。各党支部每月至少保证2次以上的政治理论学习，组织全省审计机关1600多名党员干部参加各种宣讲报告会和专题培训、讲座。厅领导深入市县审计局、一线审计组和扶贫联系点宣讲新思想，带头讲党课10次，各党支部书记讲党课28次。在省委党校举办处级干部学习贯彻党的十九大精神暨基层党组织建设专题培训班，同时在举办的全系统各种培训班上都把政治理论和党建作为培训内容，并在厅机关举办以“不忘初心、牢记使命、做合格党员”为主题的“庆七一”党建知识竞赛，切实用习近平新时代中国特色社会主义思想武装头脑、指导实践、推动工作。三是不断深化党风廉政建设。加强党风廉政教育，强化机关内部重要岗位、关键环节权力运行的制约和监督，梳理廉政风险防控点，制定风险防控措施，把风险防控融入审计权力运行的各环节。厅党组集中约谈党支部负责人3次，厅党组书记、班子成员和驻厅纪检监察组、机关党委、机关纪委对220多名党员干部、审计组人员和新进人员分别进行了审前廉政谈话和集体约谈。扎实开展“转变作风改善发展环境建设年”活动、全省审计机关“纪律作风专项整治月”活动和“纪律教育月”活动，深查细找机关党建工作和纪律作风中存在的问题，列出清单，靠实责任，全面整改，取得实效。开展领导干部利用名贵特产类特殊资源谋取私利问题的自查自纠，每名党员在深查细找的基础上填写《自查报告承诺书》，严肃作出承诺。加强监督执纪问责，认真受理信访事项和案件查办工作，树立审计机关和审计人员的良好形象。四是积极推进党支部标准化建设。认真贯彻落实《中国共产党支部工作条例（试行）》，按照省委组织部和省直机关工委的部署，坚持把党支部建设标准化工作作为机关党建工作的重中之重，及时召开启动培训会，研究制定工作方案，通过学习教育铸魂、组织机构覆盖、功能职责优化、制度落实规范、典型示范引领、夯基固本提升、督查问责保障七项措施，全力推进党支部建设标准化与审计业务工作相互融合、互促共进。按程序严格审批1名同志入党，选派5名党支部书记和10名处级干部参加省直机关工委培训班和“廉政大讲堂”活动。认真落实“三会一课”、组织生活、谈心谈话、民主评议党员等制度，积极开展主题党日活动。不断巩固提升全国文明单位创建成果，强化工青妇群团工作，开展先锋引领、道德养成、志愿服务、文明传播、勤俭节约、扶贫帮困等各类活动28场次，努力营造积极向上、和谐共进的机关文化氛围，不断增强机关的凝聚力和向心力。

【干部队伍建设】以“三立”要求为标尺，打造高素质专业化审计干部队伍。按照习近平总书记关于以审计精神立身、以创新规范立业、以自身建设立信的要求，努力建设高素质专业化审计干部队伍，为推进全省审计事业持续健康发展提供坚强保障。一是加强领导班子建设。厅党组要求班子成员提升党组意识，把履行好党内职务作为首要职责，健全完善厅党组议事决策程序，充分发挥厅党组的领导作用。严格执行民主集中制，对重大事项均通过会议集体研究决定，全年共召开厅党组会议、厅务会议、厅长办公会议27次。实行对接联系制度，每个厅领导联系2个市州审计局和4个县审计局，每半年至少开展一次联系活动，带头深入基层、沉到一线，研究和解决问题，加强对下工作指导。二是强化干部队伍建设。严把干部“入口”，按照审计署和人社部门对干部招录、遴选的要求，在全省范围内公开遴选公务员12名，进一步充实了审计力量。不断完善干部教育培训培养机制，邀请审计署、兰州特派办、天津市审计局等单位的审计专家授课研讨，选派业务骨干赴外学习培训。先后举办全系统大数据审计、综合能力提升等培训班19期，培训人员4000多人(次)。按照全省全面深化职称制度改革要求，起草《甘肃省审计专业正高级审计师任职资格评价条件标准(试行)》，完善申报评审程序，组织完成了2018年审计专业技术资格考试工作。

【机构改革落实】坚决贯彻落实党中央深化党和国家机构改革的决策部署，按照《甘肃省机构改革方案》和省委办公厅省政府办公厅印发《关于省级涉改部门和单位机构人员转隶工作实施方案》的通知要求，积极落实机构改革任务，做好转隶人员接收和培训管理工作，并进行为期半个月的集中培训，并将转隶党员编入临时党支部管理，确保转隶人员思想不乱、工作不断、队伍不散、干劲不减，确保落实改革任务与推进审计工作相互促进。

【脱贫攻坚】选派8名优秀年轻干部担任8个联系村第一书记或驻村帮扶工作队长，组织厅机关24个党支部与8个联系村党组织结队共建，全厅180名干部联系帮扶368户贫困户，出谋划策，共为帮扶村多渠道争取资金660多万元，实施项目和帮办实事20多件，重点发展特色养殖种植、小杂粮加工等富民产业，着力带动贫困户增收致富。联系的静宁县原安镇被评为全省脱贫攻坚奖先进集体，受到省委省政府表彰。

统　计

【统计服务】一是积极开展经济形势分析研究和预警预判。把握宏观大势，注重微观分析，分析研究水平明显提高，统计参与决策的能力有效提升。坚持每月召开经济形势分析会，深入分析研究宏观经济运行情况；定期召开全系统视频会和专业经济形势分析会，超前预警经济运行态势；强化与部门的交流合作，对行业发展情况早预警、早研判、早分析；局队与发改部门每月联合向省政府常务会汇报经济运行情况，服务决策的质量明显提升。二是深入开展统计调查研究。针对经济运行中的难点、焦点问题，联合行业主管部门，深入一线，详细了解企业的生产经营状况和项目建设进展情况，摸实情，出实招。向省政府提供的决策建议更具体更具针对性和操作性。三是精心筹划统计服务活动。定期发布统计资料，加大统计信息公开力度，加大数据解读力度，引导社会预期，积极回应社会公众关切。高质量完成人大代表和政协委员建议提案的答复办理工作。在网站和微信平台设置“两会服务”专栏，在广播、电视等媒体广泛宣传四经普，营造良好的普查氛围。采取多种形式，组织实施以“走进四经普”为主题的甘肃省第九届“中国统计开放日”活动，广泛宣传统计法律法规和《全国经济普查条例》；定期召开新闻发布会，通报全省经济运行情况。

【统计改革】一是深入推进地区生产总值统一核算改革。根据中央两办《地区生产总值统一核算改革方案》要求，省委、省政府印发了《甘肃省地区生产总值统一核算改革方案》，为提高甘肃省国民经济核算的统一性、科学性和透明度提供了遵循。二是全力抓好“两园”自然资源资产负债表编制工作。根据国家《编制方案》，认真安排部署祁连山国家公园和大熊猫国家公园自然资源资产负债表编制工作，《甘肃国家公园自然资源资产负债表编制制度(试行)》获得国家统计局批准。积极与省直部门沟通衔接，形成工作合力。三是建立完善“十大生态产业”统计监测方案。为了贯彻落实省委、省政府关于推动“十大生态产业”发展崛起的一系列部署，按照《国民经济行业分类标准》，认真梳理了“十大生态产业”涉及行业和指标体系，建立了甘肃省“十大生态产业”统计监测实施方案，制定了增加值核算办法，顺利完成了十大生态产业统计监测工作。

【普查调查】第四次全国经济普查工作进展有序。按照国务院经普办和省政府统一部署，全省各级政府成立了四经普领导机构，制定了实施方案，明确了工作职责和工作规则；召开了领导小组会议和电视电话会议，全面动员部署甘肃省第四次全国经济普查工作；落实了普查经费和物资保障，广泛开展了宣传动员，开展综合试点，摸索普查经验；全面开展单位清查，为普查登记奠定了坚实基础。投入产出调查工作稳步推进。编制了培训方案，组织了技术培训，顺利完成了投入产出调查表首次联网直报工作。开展了省市县三级联动督查指导，建立调查单位自审、县(区)初审、市(州)复审、省级终审的四级审核机制，做到层层审核，严把填报质量关。第三次全国农业普查工作圆满完成。发布了农业普查主要数据公报，联合省人社厅组织开展了全省农业普查先进评选，圆满完成了2006—2017年省、市、县三级农业普查数据与农村统计报表数据衔接工作。

【统计法治】深入贯彻落实中央两办《意见》《办法》《规定》，坚持从严执纪，守住底线，不越红线，深入开展坚决防范和惩治统计造假、弄虚作假专项整治活动。一是建立完善制度。研究制定了《关于建立全省统计系统防范和惩治统计造假、弄虚作假责任制实施办法》和《甘肃省统计上严重失信企业信息公示实施细则》等6项规章制度，形成规范甘肃省查处统计违法行为制度体系和机制。二是加大法治宣传。制定了《甘肃省统计法治宣传教育第七个五年规划 2016—2020 年)》，全面部署和安排甘肃省统计"七五"普法工作。在党校、行政学院及其他培训班上讲授《意见》《办法》《规定》等统计法律法规，营造良好统计法治环境。三是推动统计立法。召开立法论证会，积极推动《甘肃省统计管理条例》的修订工作，省人大一审通过《甘肃省统计条例》。

【统计监测】认真组织开展了全国营商环境统计监测，为深入推进"放管服"改革提供统计服务。积极开展了"兰白自创区统计监测""兰白科技创新改革试验区统计监测"和非公经济等领域的统计监测工作。充分发挥省社情民意调查平台优势，圆满完成了国家及省委省政府交办的国家 2018 年公众生态环境满意度调查、中国消费者信心指数调查等 16 项调查任务。

【党的建设】2018 年，统计系统全面贯彻党的十九大和省第十三次党代会精神，以党的政治建设为统领，以坚定理想信念为根基，以党支部建设标准化工作为抓手，严肃党内政治生活，净化党内政治生态，为推动全省统计改革发展提供了强有力的政治思想和组织保障。一是坚持把政治建设摆在首位。把学习贯彻党的十九大精神和习近平新时代中国特色社会主义思想作为深化理论武装的首要政治任务，扎实开展"不忘初心、牢记使命"主题教育，引导广大党员干部牢固树立"四个意识"，始终坚定"四个自信"，坚决做到"两个维护"，政治建设、思想建设得到进一步加强。二是突出严肃党内政治生活这个关键。认真组织召开民主生活会和组织生活会，直面问题，开展批评与自我批评，进一步增强了党内政治生活的政治性、时代性、原则性和战斗性，为全省统计改革发展营造了良好政治生态。三是严把正风肃纪这个关口。坚决落实全面从严治党主体责任，深入贯彻执行中央八项规定精神，逐级签订《党风廉政建设承诺书》《统计行风建设责任书》。落实"十不准"规定、整治"八种病相"这些重点任务持续发力，履职尽责的责任感、紧迫感和使命感不断增强，全省统计系统党风廉政建设和统计行风建设得到进一步加强和改进，党建工作取得了新成效。

应急管理

【安全生产综述】2018 年，全省共发生各类生产安全事故 948 起，死亡 767 人，受伤 710 人，直接经济损失 16193.11 万元。其中：亡人事故 663 起，比上年下降 14.23%；死亡 767 人，下降 13.92%；受伤 296 人，下降 8.92%；直接经济损失 15471.26 万元，上升 26.24%。发生较大事故 10 起，下降 44.44%；死亡 35 人，下降 50%；受伤 22 人，下降 4.35%；直接经济损失 1450.35 万元，上升 1.24 倍。全省有 10 个市州亡人事故起数和死亡人数"双下降"。

【机构改革】根据省委、省政府机构改革的部署，将原省安全生产监督管理局的职责，以及省政府办公厅的应急管理职责，省公安厅的消防管理职责，省民政厅的救灾职责、原省国土资源厅的地质灾害防治、省水利厅的水旱灾害防治、原省农牧厅的草原防火、原省林业厅的森林防火相关职责，省防汛抗旱指挥部、省减灾委员会、省抗震救灾指挥部、省森林防火指挥部的职责等整合，组建甘肃省应急管理厅，于 2018 年 10 月 30 日挂牌成立。

【安全生产责任体系建设】省委省政府主要领导共同出席全省安全生产工作会议，分别召开 5 次省委常委会会议、11 次省政府常务会议，传达学习中央领导指示批示精神，专题研究部署安全生产工作。省政府与 14 个市州政府、33 个行业部门签订安全生产目标责任书；省安委会修订发布《省安委会成员单位安全生产责任清单》，明确各行业部门的安全生产工作职责，会同省编办将安全生产工作职责列入部门"三定"方案。省安委会深入开展"企业主体责任落实年"活动，大力推广兰州石化公司建立岗位责任清单的经验做法，督促企业层层落实安全责任。

【安全生产法治建设】省委办公厅、省政府办公厅印发《党政领导干部安全生产责任制实施细则》《关于推进城市安全发展的实施意见》。修订印发了《安全生产'党政同责、一岗双责'实施细则》《安全生产工作考核办法》，结合甘肃实际，创造性制定了《甘肃省金属非金属矿山地面生产生活设施安全建设指南(试行)》，出台了《消防责任制实施办法》和《消防诚信行为信息管理规定》，进一步厘清了各级政府责任清单，确保了安全生产工作落到实处。

【安全生产信息化建设】抢抓甘肃省被确定为国家安全生产信息化建设试点省的机遇，以安全生产信息化建设为突破口，转变监管方式，全省"一张网、一张表、一张图、一盘棋"格局初步形成，目前正在实施三期工程建设，进一步完善全省安全生产监管综合平台和风险防控、隐患排查治理系统。为全省所有市州、县区、乡镇(街道)和 30 个工业园区配备执法终端 3181 台，在 2018 年防汛抗洪抢险的过程中，发挥了现场图像传输、信息迅速上报的作用。

【应急管理能力建设】2018 年原省安监局争取国家和省级财政资金支持 4110.98 万元购买通信车、宿营车、炊事车、运兵车 12 辆，购买应急救援装备物资 11325 台(套)，有效解决了各救援基地装备老化、缺乏等问题。恪守"贴近实战、以练代训"的原则，大规模开展拉动式、实景式、无脚本演练，努力提高应急实战能力水平。6 月，省安委办在张掖市肃南县西沟矿，组织省内 7 支省级矿山应急救援队伍，协调嘉峪关、张掖两市政府和多个等部门紧密配合，组织开展了省级应急救援综合演练。7 月、10 月分别组织了两阶段实战拉动演练，出动队伍 13 支(次)，开展演练和实地救援 10 余场。第一阶段突出防汛救援，第二阶段突出事故灾难和灾害应急救援，通过实战演练，检验了各层级组织指挥、协调联动、应急处置、抢险救援综合能力。8 月底，原省安监、人社、工会、共青团等部门共同主办了全省第二届危险化学品救援技术竞赛，全省 7 支应急救援队伍代表队的 81 名指战员通过历时三天应急比武竞赛，强化应急队伍之间的沟通交流，达到互学互帮、共同提高的目的。

【防汛抗旱】面对甘肃省汛期出现早、汛情隐患大的实际，省安委办和安监、水利、民政、气象等部门提早安排部署，先后对安全生产领域防汛减灾工作提出具体要求。各级安监部门通过召开会议、发布信息等方式，层层传导责任，织密防范网络。进入汛期后层层落实领导带班制、24小时在岗值班制度和值守情况随机抽查制度。省安委办加强与市县政府和安监等部门的沟通联系，及时进行工作指导调度。各级安全监管人员、乡镇(街道)安监站携带移动执法终端，坚守防汛和安全生产一线，随时向省安监局指挥中心上传防汛应急和安全生产情况，全省18支安全生产专业应急救援队伍全面进入战备状态。根据省委、省政府安排，7月14日起，原省安监局组织有关应急队伍赶赴定西、天水等市州开展灾后抢险救援，并先后派出11个综合和专项督查组，突出矿山采空区、废弃矿井、尾矿库、排洪设施、排土场和石油天然气储运管线等重点部位，开展汛期安全生产督导检查。

【执法监察】围绕"两节""两会""五一""中秋""国庆"假期等重点时段和敦煌文博会、陇西药博会等重大活动，组织多路检查组进行督查检查，确保节假日安全稳定和活动顺利召开。金川集团热电公司"10·5"中毒窒息事故发生后，省安委办组织3个督查组在全省范围内开展安全生产督导检查，组织专家督导组对金川集团公司安全管理体系建设进行会审，对金昌市安全生产工作开展巡查，共查出整改问题281条。先后分三批次对酒钢集团、白银公司、金川公司、靖煤集团等44户省属大中型骨干企业和重点工业园区，开展"解剖麻雀会诊"式检查，并对张掖、天水等5个市和兰州市永登县的146家生产经营单位进行"会诊"检查，进一步细化落实了安全生产责任。

【专项治理与安全监管】分类制定重点行业风险管控和遏制重特大事故的实施细则，支持兰州市遏制重特大事故试点工作。扎实推动全省道路生命防护工程建设，极大地改善了国省道特别是农村公路的安全通行条件。协调有关行业主管部门，组织开展了道路交通领域系列专项整治行动，查处道路交通违法行为571万起。开展建筑施工安全专项治理行动和全省建设领域质量安全隐患大排查大整治专项行动。

在全省推广非煤矿山"五化"建设，确定22家非煤矿山企业先行试点，指导全省非煤矿山企业向煤矿行业学习。先后两次召开全省非煤矿山安全生产工作现场会，推广甘肃金徽矿业有限责任公司、华亭煤业集团公司等矿山企业建设管理的典型经验。全面完成全省91座病库和46座尾矿库"头顶库"安全隐患综合治理，消除了危、险、病库安全隐患。组织开展煤矿领域打击"六假六超"专项行动，召开全省煤矿安全基础建设推进会，组织全省煤矿管理人员赴外地开展观摩学习，推进"人人都是班组长"等先进工作理念。开展城镇人员密集区危化品生产企业安全风险评估，摸排确定了21家企业开展搬迁工作。

【教育培训】深化安全大培训工作，狠抓党政领导安全生产培训，在省委党校举办为期半个月的全省党政领导安全发展第一责任落实专题培训班4期，培训市县党政领导、省安委会成员单位分管领导、安监系统人员400余人。持续开展监管人员正规化培训，依托兰州资源环境职业技术学院等省内外高校，举办应急管理、事故直报、统计、煤矿、非煤矿山、执法能力监管等各类培训班12期，培训学员1705人；举办为期半个月的乡镇(街道)安监员培训班5期，培训1183人。对重点企业主要负责人进行专题培训，邀请国家级安全培训讲师送教上门培训2万多人，培训"三项岗位人员"3万多人次。

【宣传教育】坚持"把农民工培养成合格的产业工人"和"小手拉大手，以学生安全意识提高带动全社会安全意识提高"两大理念，开展群众性宣传教育。充分利用冬春两季农闲、农民工返乡及企业处于生产淡季的时机，在全省开展安全生产"百日宣教"活动。充分利用微信群、微信公众号等新媒体，向基层干部群众、学生、驾驶员、劳务人员及生产一线宣传安全生产法律法规，推送安全常识、安全提示、预警信息，潜移默化增强群众的安全意识和防范技能。省安委办制作6部甘肃省典型事故案例警示片，发到市县乡和重点企业巡回播放。按照省政府主要领导安排，编印了《生命之殇——典型生产安全事故案例选编》，及时向全省企业发放，用身边事教育警示身边人。大力推进全省2018年"安全生产月"和"安全生产陇原行"活动，在全国应急和安全知识竞赛活动中，充分发挥各类安全生产微信群作用，动员组织监管干部、企业职工和社会公众积极参加，获得全国第一名的好成绩。

公共资源交易服务

【概况】按照国务院关于整合建立统一的公共资源交易平台的要求，甘肃省在全国范围内，率先将工程建设招标投标、政府采购、土地使用权和矿业权出让、国有产权交易、药品集中采购五大板块公共资源纳入统一平台集中交易。2018年，全省公共资源交易平台共组织完成34712个交易项目，成交金额3554.4亿元。公共资源交易平台"四零服务"和信息"全网公开"工作被国家发展改革委评为全国公共资源交易领域12项创新成果之一，并在全国推广。

【"放管服"改革】2018年，全省公共资源交易平台认真贯彻落实省委省政府关于深入推进"放管服"改革工作要求，落实"一窗办、一网办、简化办、马上办"工作任务，积极营造良好营商环境，省公共资源交易局与省发展改革委共同报请省政府办公厅印发了《关于进一步加强和规范市县公共资源交易工作的意见》，在全省公共资源交易平台推行交易进场"零门槛"、交易过程"零拖延"、交易环节"零障碍"、交易服务"零距离"，通过使信息上聚、服务下沉，逐步推进进场受理"一步到位"、资质证明"一步到位"、交易流程

"一步到位",不断优化营商环境。依托甘肃省政务数据共享交换平台,省公共资源交易局积极申请国家数据共享交换平台发布的基准信息查询数据接口,目前已成功申请8个数据接口,完成与公安部人口基准信息查询、住建部全国房屋市政工程生产安全事故信息查询、市场监管总局企业基本信息查询、国家发展改革委统一社会信用代码及黑名单信息查询等数据接口的对接,为各类主要信息数据的实时核验提供了有利条件。建立了政务信息统一共享平台,通过内网前置机、外网前置机、政务专线网络等多种方式,实现与各级各类信息系统互联互通。建立了甘肃省公共资源交易信息共享网站,将所申请的8个国家平台数据接口及省公共资源交易局对外提供的5大类公共资源交易数据的查询服务集成在该网站,供各需求单位查询使用。建立了公共资源交易数据交换共享查询平台,部署在省公共资源交易局22个评标室,供评标过程中查询使用,提高了专家评标的质量和效率。

【公共资源配置信息公开共享】认真贯彻落实《国务院办公厅关于推进公共资源配置领域政府信息公开的意见(国办发〔2017〕97号)》精神,实行决策、执行、管理、服务、结果"五公开",努力实现公共资源配置全流程透明化,扩大公众监督,增强公开实效,不断提高公共资源使用效益,维护企业和群众合法权益,助推经济社会持续健康发展。省公共资源交易局结合工作实际,在全国率先制定《甘肃省公共资源交易信息公开目录》(试行),全网公开11大类、62分项、472小项交易信息。社会公众可以"足不出户",在线查看平台进场交易情况、每个环节的办理用时、每个流程的操作过程等信息,通过信息公开倒逼公共资源交易公开透明、廉洁高效。

【"阳光招标采购平台"建设】为了贯彻落实国家发展改革委《必须招标的工程项目规定》,确保省、市(州)、县(区)400万以下工程、200万以下货物和100万以下服务采购"放得下、接得住、管得好",研发了"阳光招标采购平台",通过网上在线交易,实现交易阳光透明,免费为市场主体提供服务。按照省政府的要求,为全省各市(州)交易平台进行免费安装,2018年7月正式上线以来,截至12月底,全省通过"阳光招标采购平台"完成限额以下工程项目661个,预算金额3.69亿元,成交金额3.61亿元,节约项目资金855.72万元,加快了限额以下项目落地,有效规避了基层干部实施项目的廉政风险,也保证了限额以下项目资金不游离于政府监管之外。这项工作率先走在全国前列,得到国家发改委的高度认可。

【公共资源交易见证监督】构建了综合监督、部门监管、行政监察、社会监督、现场见证"五位一体"的公共资源交易监督机制,成立了见证投诉中心,研发了进场交易全过程电子"见证日志"系统,充分发挥交易平台"第一现场"见证优势,全面记录市场主体、中介机构和行政监管信息,主动监测违规行为,实现了公共资源交易全程留痕、可溯可查。完善了大数据平台功能,实现了省、市、县三级平台交易数据的采集、清理、存储、展现和应用,并与省纪委监委等部门信息系统对接共享,实现交易全流程闭环式监管,让交易真正"看得见、摸得清、管得住"。设置101个监督警示点,对违规行为实时报警。与省交通运输厅、省水利厅、省财政厅、兰州铁路监管局等部门实现交易监管系统对接,实现在线监管和投诉处理,处理结果同步共享到诚信记录平台,便于事前预警、事中监管、事后查处。

(王沛栋)

社会事业

科　技

【概况】2018年，全省6项重大科技成果获国家科学技术奖，3名科学家获得何梁何利基金科学与技术奖；登记省级科技成果1176项，245项应用技术成果实现转化，共创造经济效益601.22亿元。共成交技术合同5072项，成交额180.88亿元。争取国家项目721项，获得资金支持7.22亿元；省级科技计划项目立项1087项，安排资金3.46亿元。每万人口发明专利拥有量2.62件，科技对经济增长的贡献率达到52.8%。R&D经费投入88.4亿元、投入强度为1.19%（2017年）。甘肃省综合科技创新水平指数达到51.38%，较上年提高了0.75个百分点，综合科技进步水平居全国第18位、西部第4位，居全国第二梯队。

【兰州白银国家自主创新示范区和兰白科技创新改革试验区建设】认真践行习近平总书记视察甘肃时"着力推进科技进步和创新，增强经济整体素质和竞争力"的重要指示精神，成功获批兰州白银国家自主创新示范区，为甘肃绿色发展崛起注入新动能。工作机制有效构建。成立了由省委书记、省长任"双组长"的兰州白银国家自主创新示范区建设工作领导小组；在省科技厅加挂兰州白银国家自主创新示范区办公室牌子，在兰州高新区管委会、白银高新区管委会分别加挂自创区管委会牌子，并赋予省级经济管理权限。建设工作强力推进。省委常委会和省政府常务会议专题研究推进兰州白银国家自主创新示范区建设工作，林铎书记、唐仁健省长多次作出指示批示，深入实地调研并召开座谈会和工作推进会，围绕"五区定位"谋篇布局。创新政策体系不断健全完善。编制起草《关于支持兰州白银国家自主创新示范区建设的若干意见》，进一步明晰发展路径和支持措施；指导两市两区制定完善兰州"1+4+7"、白银"3+2+10"政策体系。智慧力量广泛汇聚。成立了由中国科技发展战略研究院相关专家任组长的咨询组，充分学习借鉴北京中关村、上海张江等兄弟省市的做法，在深化改革、集聚人才、双创升级等方面进行大胆探索。新动能加快壮大。兰州、白银两个高新区分别获得5000万元中央财政支持打造特色载体推动中小企业创新创业升级；兰州高新区加快推进11个、总投资100亿元的重点项目建设，白银高新区明确了6个产业园的主导产业。兰白试验区建设稳步推进。"六个一百"技术创新工程年度目标任务基本完成，大科学装置科技创新创业园等重点科技成果转化项目开工建设，形成了2千亿产业集群；兰白试验区技术创新驱动基金已发起设立11支基金、总规模50.14亿元，帮助科技型中小企业完成融资贷款387笔共计30.3亿元；科技部、上海张江、甘肃省成功召开兰白试验区工作三方座谈会，与上海张江开展东西部区域创新合作进入新阶段。

【科技体制改革】以改革驱动创新、以创新驱动发展，科技体制改革的整体性系统性协同性显著增强。科研人员创新创业积极性有效激发。出台《关于落实以增加知识价值为导向分配政策的实施意见》，使科研人员的收入与岗位责任、工作业绩和实际贡献紧密联系。科技计划管理不断调整完善。在实践中优化各类财政科技计划管理，逐步建立"公平公正、权责明晰、行为规范、科学高效"的项目管理机制，分步骤、有重点地开展了项目资金使用督查和绩效考核评估。科技创新治理体系更加完善。出台《甘肃省科技决策咨询智库建设方案》和《关于进一步加强科研诚信建设的实施方案》；积极推进'科技创新30条"落实，完成甘肃省"十三五"科技创新规划实施情况中期评估；市州科技管理部门进一步强化创新服务，天水市不断提升高新技术产业化水平，定西市大力实施科技创新"六大"行动，庆阳市搭建"五个平台"促进科技成果转化和应用。科技领域"放管服"改革取得重要进展。印发全省科技管理系统群众和企业到政府"最多跑一次"办事事项指导目录，贯彻落实"一窗办一网办简化办马上办"改革工作，持续做好省科技厅权责清单网上更新工作；228家单位的2475台（套）科研设施与仪器通过统一平台向全社会开放共享；省科技厅门户网站信息公开在省政府组成部门中排名前列。省属科研机构改革发展稳步推进。组织开展2018年省属科研院所科技创新能力建设评估调研和科技创新能力建设，引入竞争机制，改善科研基础条件，科研人员创新能力和水平不断提升。

【科技创新主体建设】始终坚持"三重""三一"这个工作总抓手，为供给侧结构性改革进程中保持全省经济结构调整和产业优化升级注入了强大活力。全面落实十大生态产业发展部署。新一轮科技部甘肃省工作会商确定4个议题，着力提升产业高新化、智能化、绿色化水平；省级科技计划落实《省政府关于构建生态产业体系推动十大类生态产业发展总体方案》的科研资金占比达到73.1%。省级科技重大专项聚焦绿色发展。集中科技创新优势力量，在节能环保、中医中药等产业领域部署了一批科技重大专项，通过开展核心关键技术的研发和产业化支撑绿色发展。高新技术产业加快发展。出台《甘肃省新一代人工智能发展实施方案》；全省高新技术企业总数达到897家，比上年增长46.57%；获批国家重点研发计划“大科学装置前沿研究”项目，在装备制造、航空航天等领域部署重大科技项目。区域创新高地加速崛起。新设立定西、平凉、嘉峪关3个省级高新技术产业开发区，全省总数达到7个，成为带动全省经济结构调整和工业经济转型升级的重要引擎。产业孵化发展体系持续完善。新备案6家省级产业技术创新战略联盟，全省总数达到13家。新认定12家省级科技企业孵化器，全省共有国家级科技企业孵化器8家、省级47家；累计选派企业科技特派员67名。知识产权强省建设有力推进。启动丝绸之路国际知识产权港建设，入选全国首批知识产权军民融合试点地方；庆阳市被确定为国家知识产权试点城市，高台县被确定为国家知识产权强县工程试点县；新认定国家知识产权优势示范企业26家。

【科技成果转移转化】科技创新创业与成果转移转化融通发展，成为释放经济新活力、惠及社会大众的“及时雨”。科技成果转移转化路径不断拓展。出台《关于建立科技成果转移转化直通机制的实施意见》，推动全省科技优势逐步转化为产业优势，促进科技成果转化效率不断提高；省级科技成果转移转化示范区启动建设；同意并批复支持兰州、白银、张掖、金昌4个市建设省级科技成果转移转化示范区，探索形成各具特色的科技成果转化机制和模式。技术市场服务体系进一步优化。新认定省级技术转移示范机构25家，全省共有国家级技术转移示范机构9家、省级60家；建立科技成果转化情况年度报告制度，依托甘肃科技创新公共服务平台、兰州科技大市场对科技成果及时进行信息发布。“双创”工作再上新台阶。张掖市打造全国小微企业“双创”示范城市典型经验做法受到国务院和省政府表扬通报；出台《甘肃省关于强化实施创新驱动发展战略进一步推进大众创业万众创新深入发展的实施方案》；新认定省级众创空间24家，全省共有国家级众创空间30家、省级127家；成功举办甘肃省第九届大学生创新创业大赛、第七届中国创新创业（甘肃赛区）大赛，试点举办中国创新挑战赛（甘肃赛区）。多层次支持科技型企业发展。新认定省级科技创新型企业197家，总数达到397家。科技型中小企业评价工作加快推动，入库科技型中小企业612家，其中256家享受研发费用加计扣除减免所得税1.54亿元；新扶持科技“小巨人”企业24家、科技型中小企业80家、科技型小微企业100家，向993家单位发放科技创新券4965万元。科学普及工作有力加强。首次认定甘肃省科技馆等43家单位为省级科普示范基地和特色科普基地；成功举办2018年全省科技活动周系列活动、第三届科普讲解大赛、第十三届中小学生科学知识网络竞答和全省优秀科普作品评选活动。

【科技精准脱贫】以科技创新引领县域发展和乡村振兴，全力以赴推动脱贫攻坚各项任务落实，不断增进人民群众获得感幸福感，为如期打赢脱贫攻坚战奠定坚实基础。科技精准扶贫向纵深推进。紧盯“两州一县”和18个省定深度贫困县农业科技创新能力不足的现状和产业发展现实需求，组织实施了一批特色产业示范推广和实用技术培训项目；充分发挥引智工作在助推精准扶贫等方面的“引火煤”“助推器”作用，加大农业引智成果和技术示范推广。农业现代化迈出新步伐。出台《关于推进农业高新技术产业开发区建设的实施意见》；围绕全省“牛羊菜果薯药”六大特色农业产业和技术需求，开展核心关键技术研发和产业化攻关；庆阳市获批建设国家级农业科技园区，酒泉、张掖进入国家农业科技园区建设发展序列，新建5个省级农业科技园区，全省共有国家级农业科技园区9个、省级29个；科技部新备案全省29家“星创天地”，总数达到82家。科技创新增进民生福祉成效显著。我国第一台自主知识产权的重离子治癌系统在武威投入临床试验；骨髓移植器官移植技术进一步成熟，心脏介入技术取得突破；水污染防治、防灾减灾、应急防控等领域的科技创新研究工作有力推进，循环经济、减排降耗、文化创意产业进一步创新发展；社发领域获批国家重点研发项目（课题）12项、中央财政经费1.22亿元，取得“十三五”以来数量最多、经费最高、领域最广的好成绩。对县域创新驱动发展的支持力度不断加大。出台《甘肃省推进县域创新驱动发展实施方案》，强化科技与县域经济社会发展有效对接；支持庆阳市开展省级创新型试点城市建设；高台县入列全国首批创新型县（市）建设名单；通过督查与自查相结合的方式，抓好科技创新政策在基层落实落地。科技创新引领乡村振兴。出台《科技助力产业扶贫及乡村振兴战略科技创新三年（2018—2020）行动方案》；为60个受援县区选派科技人员1228人，培训本土科技人才234人；持续开展科技特派员创新创业“升级版”创新探索，与省人社厅联合表彰了105名科技特派员先进单位和个人。

【基础研究持续快速发展】充分发挥科学技术作为第一生产力、创新作为引领发展第一动力、人才作为创新第一资源的作用，把基础科学研究作为建设创新型甘肃的强大基石。为创新驱动发展注入更强动能。出台《关于全面加强基础科学研究的实施意见》，着力推进基础研究、应用基础研究与产业化对接融通，促进高等学校、科研院所、企业等各类主体融合创新；首次设立省自然科学基金重大项目；在新材料、生物医药、生态等领域定向组织省自然科学基金重大项目，超前部署具有重大突破预期的源头创新和产业化前景明确的应用基础研究。重大科研成果加速涌现。我国首套空间摩擦学原位分析系统在中科院兰州化物所研制成功；国内首台600℃高温液态金属屏蔽泵在兰州理工大学研制成功；国内第一个高次谐波远紫外线（XUV）激光超快反应动力学实验平台在兰州运行；兰州重离子加速器研究装置（HIRFL）首次成功加速高熔点钽离子。创新基地加快优化整合。出台《甘肃省科技创新基地优化整合实施方案》和《关于进一步加强省级科技创新基地建设工作的意见》；新建省重点实验室6家、优化整合16家，优化整合建设省技术创新中心13家，布局新建省临床医学研究中心10家、省级科技创新服务平台12家、省级野外观测研究站14家。基础研究项目布局覆盖面进一步扩大。加大省自然科学基金的资助强度，立项资助省基础研究项目432项，自然科学领域学科覆盖面进一步扩大；34家单位获批国家自然科学基金项目644项，获得直接资助经费3.06亿元。

【科技创新开放合作】国际国内科技创新合作交流从点到面扎实推进，引进外国人才和智力培养工作为创新型甘肃建设汇聚磅礴力量。“一带一路”科技创新合作持续深化。出台《甘肃省建设丝绸之路“科技走廊”工作方案》，深度参与“一带一路”科技创新行动计划；支持省自然能源研究所先进适用太阳能民用技术在巴基斯坦示范应用，省膜科院与新加坡合作开发中空纤维纳滤膜；支持省属高校、科研院所与俄罗斯、柬埔寨等10多个“一带一路”国家开展创新合作；组织全省15家科研机构43项科技成果赴塔吉克斯坦开展“甘肃先进适用技术成果展”。国际科技合作平台和项目建设加速推进。与省外办联合新认定省级国际科技合作基地35家，全省国家国际科技合作基地总数达到18家、省级70家；围绕生态环境、清洁能源、先进制造等领域，组织开展33项省级国际科技合作项目。科技人文交流成效显著。承办科技部2018年发展中国家技术培训班项目6期、培训127人；组织10批次、63名科研人员赴美国、俄罗斯、日本、西班牙等国执行因公临时出国（境）任务。省际间科技创新合作水平持续提高。成功举办第三届兰州科技成果博览会，签订成果转化转移项目合同190项、金额15.34亿元；首次在甘承办科技部2018海峡两岸产业技术前瞻论坛，连续四年承办澳门教师甘肃科普观摩团活动。引智引才工作有力助推创新驱动发展。加大引进外国高层次人才和急需紧缺人才力度，共引进美国等19个国家外国高层次专家135人次；实施外国人来华工作许可等制度，整合外国人才来甘工作管理服务资源，“高精尖缺”人才引进渠道进一步拓展；做好因公出国（境）培训工作，组织培训任务23项，派出国（境）培训403人次。

教　育

【概况】2018年，全省共有各级各类学校1.57万所，在校生516.2万人，教职工40.7万人。其中，幼儿园7734所，在园幼儿94.4万人，学前教育三年毛入园率达到92%，比上年提高1个百分点，高出全国平均水平10.3个百分点；小学5785所，在校生189.64万人，专任教师14.3万人，专任教师学历合格率99.97%；初中1467所，在校生87万人，专任教师8万人，专任教师学历合格率99.86%，九年义务教育巩固率达到96%，比上年提高1个百分点，高出全国平均水平1.8个百分点；普通高中381所，在校生54.9万人，专任教师4.6万人；中职学校209所，在校生18.9万人（不含技工学校），专任教师1.4万人，高中阶段毛入学率达到94%，高出全国平均水平5.2个百分点；高等院校49所，本专科在校生48.4万人、研究生在校生3.8万人，专任教师2.9万人，高等教育毛入学率达到37%，比上年提高1.5个百分点。

【落实全面从严治党主体责任】认真履行“一岗双责”，坚持一手抓改革发展，一手抓党建工作，出台了《省教育厅党组关于主动接受省纪委驻厅纪检组和人大、政协及社会各界监督的实施意见》和省教育厅首问责任、一次性告知、限时办结、岗位责任制度和厅机关干部职工容错纠错实施办法等五项制度，完善了从严治党的领导体制和工作机制。成立两个巡察组，对6个厅直单位开展了政治巡察。深入开展基层党建质量提升攻坚行动。全年20余次专题研究党建工作，切实加强对机关党建工作的领导。出台“党建质量年”活动和党支部建设标准化工作实施方案，优化设置厅系统86个党支部，调整理顺15所高职院校党组织隶属关系。排摸出省属高校软弱涣散基层党组织77个，全部完成整改。组织开展党建示范高校、党建标杆院（系）等创建活动，省内高校9个基层党支部被教育部确定为首批“全国党建工作样板支部”培育创建单位。扎实推进党风廉政建设。对照十九届中央第一轮巡视反馈问题深入开展自查自纠，整改省教育厅系统查找出的问题22个。严格落实党风廉政建设主体责任，对照全省作风建设年活动方案和政府系统“十不准”规定，查摆出省教育厅系统需要整改的19个问题，统筹推进整改。严格落实中央八项规定等要求，出台实施厅党组贯彻落实的具体措施，有效防止了“四风”问题反弹。

【加强高校思想政治建设】组建“习近平总书记重要讲话精神讲师团”和“甘肃教育百人宣讲团”，深入开展“学习新思想千万师生同上一堂课活动”“西迁人爱国奋斗先进事迹报告会”“改革先锋进校园”等学习宣讲和对谈活动，学习贯彻习近平新时代中国特色社会主义思想覆盖全省各级各类学校，广大师生干部“四个意识”明显增强、“四个自信”更加坚定，团结奋斗的共同思想基础更加牢固。召开全省高校思想政治工作座谈会和新时代全省高校思想政治理论课建设现场推进会，“双带头人”培育工程示范培训、高校党委组织部长综合能力提升研修等4期培训班培训党务干部360人，高校思想政治理论课骨干教师研修班等培训12期培训教师1100人次，组织全省中小学校党组织书记1600人、高校基层党支部骨干730人参加基层党支部书记网络培训班。全省高校“课程思政”和“三全”育人格局基本形成。依托会宁、南梁、两当、高台、哈达铺等爱国主义教育基地，深入开展“红色基因传承”“青年红色筑梦之旅”等主题教育实践活动，参与学生达126万人次。始终坚持党对意识形态工作的领导，教育系统意识形态领域平稳可控。高校哲学社会科学发展稳步向前，马克思主义在意识形态领域的指导地位不断巩固。高校思想政治工作教师队伍日趋完善，教师思想政治工作和师德师风长效机制逐步健全。宣传思想工作成绩显著，高校专家在《人民日报》《中国教育报》《马克思主义研究》等核心刊物上发表理论文章150余篇，省教育厅荣获2018年全省理论宣讲工作先进集体。

【落实高校党建工作责任体系】实施《省教育厅直属机关党支部建设标准化工作实施方案》，完成“两委”委员和党组织书记、专兼职党务工作人员的培训。开展了“不忘初心跟党走，牢记使命勇担当”主题系列活动，共收到征文、书法、绘画、摄影和微党课作品3923件，获奖作品556件。完成全省49所高校、15223所中小学校的基层党组织和党员队伍数据统计工作，调整理顺15所高职院校党组织隶属关系。制定《民办高校党委书记选派办法（试行）》，选派2名民办高校党委书记。不断强化教育系统“两个覆盖”，形成了抓党建、促发展的有效合力。

【落实立德树人根本任务】广泛开展“新时代甘肃好少年”“少年传承中华传统美德”等系列教育活动，面向全省中小学生推出《中小学德育学堂》视频教育节目，德育工作针对性实效性不断增强。14项德育教学典型被评为教育部2018年全国中小学德育工作典型经验。制定强化体育课和课外锻炼、综合防控儿童青少年近视、改进美育教育提高学生审美和人文素养的实施意见，完成《国家学生体质健康标准（2014年修订）》数据抽查复测。第21届全国青少年“五好小公民”主题教育读书活动总决赛中获初中组朗诵特等奖。2018年表彰普通高校“三好学生”1232名。完成足球特色、语言文字规范化、中小学德育和快乐校园示范校等4个千所示范校创建任务。评审确定8个省级中华优秀传统文化传承基地、24个优秀学生艺术团、39个地方艺术特色学校。325所大中小学为全省第一届文明校园，推荐207所大中小学为“全国文明校园先进学校”。发展素质教育，特色鲜明的育人体系基本形成。

【深化教育综合改革】出台《甘肃省深化教育体制机制改革实施意见》等政策措施，系统推进育人方式、办学模式、管理体制和保障机制改革。研究起草《甘肃教育2035发展纲要》《甘肃省加快推进教育现代化实施方案（2018—2022年）》，出台深化医教协同进一步推进医学教育改革与发展的实施方案、甘肃省乡村教育振兴实施方案和兰州榆中生态创新城教育布局规划，确立了加快教育现代化进程的发展框架。出台《甘肃省“十三五”高等学校设置规划》，统筹推进敦煌艺术大学、甘肃培黎职业学院筹建和甘肃政法学院更名等工作，省属11所“出城入园”中职学校原址移交兰州市政府用于补充基础教育资源。启动省属中职整合发展工作。全省教育布局结构更加优化，差异化、特色化发展特征更加鲜明。出台《甘肃省教育厅关于进一步推进高中阶段学校考试招生制度改革的实施意见》，省级管理、市州实施、试点先行，分批分步推进中考改革。修订《甘肃省普通高中学业水平考试办法》《甘肃省普通高中学生综合素质评价办法》等推进高考改革的配套政策文件，奠定深化高考综合改革的基础。平稳推进减少高校招生录取批次（段次）改革，2018年高考录取率达到81.66%，比2017年提高1.02个百分点。出台《甘肃省教育厅等五部门关于深化高等教育领域简政放权放管结合优化服务改革实施意见》，梳理全省教育系统“最多跑一次”事项38大项，27项省级教育服务事项上线办理，政务服务事项网上可办率达100%。落实“双随机一公开”管理要求，梳理出18项随机抽查事项清单，开展证明事项清理工作4次，证明事项实现清单化管理。出台《甘肃省重点地区控辍保学攻坚实施方案》等政策措施，明查暗访、依法惩戒、奖补激励、动态监测和督导考核同步实施。出台《甘肃省教育厅消除义务教育大班额工作方案（2018—2020年）》，逐级签订任务落实承诺书，实行消除大班额工作进展情况定期报送和通报制度，投入2亿元用于支持主城区和市政府所在地消除“大班额”。印发《规范中小学办学行为减轻课业负担专项治理方案》《甘肃省切实减轻中小学生课外负担开展校外培训机构专项治理行动方案》，共排查6943所培训机构，其中发现有问题机构5968所，已整改5968所，整改率100%，取缔校外培训机构2338所，机构整改后颁发许可证1453套。

【扎实推进教育精准扶贫】出台《甘肃省教育脱贫攻坚计划（2018—2020年）》《甘肃省教育脱贫攻坚工作责任清单和问责办法》《甘肃省教育脱贫攻坚工作考核办法（2018—2020年）》《甘肃省教育贫困退出验收实施方案》《甘肃省教育精准扶贫国家级示范区建设实施方案》《甘肃省职业教育助推脱贫攻坚实施方案》《甘肃省“三区三州”教育脱贫攻坚资金规划（2018—2020年）》等一系列政策措施，进一步明确未来三年教育脱贫攻坚的总体思路、年度攻坚目标和攻坚举措。签署《职业教育东西协作行动计划落实协议书》《天津—甘肃职业教育协作实施方案》。实施国家通用语言文字普及攻坚工程，出台《甘肃省推广国家通用语言文字服务脱贫攻坚行动实施方案》和《甘肃省学前学会普通话行动实施方案》，北京、山东两省对口支援甘肃推普脱贫工作。组织省语委成员单位在全省7个县开展推普周宣传活动，大力推进语言文字进社区、进乡村、进牧区，免费培训测试民族地区幼儿园教师、青壮年农牧民2200人次。完成全省108万建档立卡贫困家庭学生“一生一办法”基础数据信息库建设。紧盯深度贫困地区教育发展短板，统筹“全面改薄”、省政府“为民办实事项目”、中央“三区三州”教育脱贫攻坚专项资金，支付深度贫困地区改善办学条件。实施教育精准扶贫国家级示范区建设，启动实施“九大精准工程”和平凉市先行先试工作，深入实施推动探索教育扶贫试点经验。全省各市（州）、县（市、区）和省属高校积极开展试点，第一批38个试点项目初具成效。教育精准扶贫国家级示范区现场推进会在平凉庄浪县召开，甘肃教育精准扶贫国家级示范区建设在教育部专题新闻发布会上向全国推介。安排高职（专科）层次精准扶贫专项计划3000名，比2017年增长82%，并优先将贫困县建档立卡户学生录取到社会需求高、就业形势好、发展势头强的学科和专业，确保毕业后实现首次稳定就业，助推贫困家庭早日脱贫致富。成功举办全国农校对接精准扶贫专家委员会第一次工作会议，教育部确定甘肃省为农校对接精准扶贫试点省份，农校对接精准扶贫取得新进展。天津、厦门、青岛、福州等东部地区选派605名管理干部和骨干教师赴甘肃开展互访交流、支教送教、专题培训等工作，累计投入近1亿元支持深度贫困地区改善教育基础设施条件，全省10市州共派出1663名管理干部、骨干教师、中小学校长赴东部地区挂职锻炼、交流学习，东西部扶贫协作帮扶成效明显。全年发放各类免、奖、助学资金及生源地信用助学贷款资金共计44.13亿元，受益学生192万人次。免除全省84.4万名学前教育幼儿保教费、12.6万名建档立卡家庭经济困难普通高中学生学杂费、3.8万名建档立卡贫困家庭高职（专科）院校学生学费和书本费。没有一个孩子因家庭经济困难而失学的目标基本实现。积极协调对接各类教育捐赠，协调全国政协委员“语言教育图书扶贫捐赠活动”、上海真爱梦想基金会、华鼎国学研究基金会等为临夏、甘南州和58个贫困县中小学捐赠价值达805.5万元的图书和学习用品，协调中国教育发展基金会、福建晖翔投资有限公司等为文县和古浪县支持专项资金1120万，协调碧桂园集团投资1700万元改扩建东乡县龙泉镇龙泉学校。

【促进教师队伍专业化发展】出台《中共甘肃省委甘肃省人民政府关于全面深化新时代教师队伍建设改革的实施意见》《甘肃省人民政府办公厅关于进一步提高中小学教师工资待遇保障水平的通知》《甘肃省教师教育振兴行动计划（2018—2022年）实施办法》等一系列政策文件，进一步完善了教师队伍建设政策保障体系。落实新时代教师职业行为十项准则，建立师德师风负面清单制度，强化师德失范行为惩处，召开全省第34个教师节庆祝大会，组织开展陇原“四有”好老师系列宣传活动，营造风清气正的教育生态。通过特岗计划、公费师范生计划补充中小学幼儿园教师5028人；选派1317名教师到“三区”近千所基层学校支教；组织实施“银龄讲学计划”，遴选56名优秀退休教师到贫困县区的农村学校进行讲学，通过一系列措施，有效缓解了农村学校优秀师资不足和结构性短缺的矛盾，进一步提升了农村教师队伍素质。通过国培、省培等培训项目计划，培训中小学幼儿园校长、教师10.3万人次、职业院校教师7000余人、教育督导人员2492人。补充配备辅导员428名，思政课教师310名。评选表彰陇原名师52名、学科带头人60名、骨干教师599名、农村骨干教师2936名、普通高校省级教学名师15名、青年教师成才奖35名、50个教育督导先进单位和120名教育督导先进工作者，创建30个职业教育“名师工作室”。各级财政落实乡村教师生活补助资金5.95亿元，人均每月补助标准达到311元，全省近17万乡村教师受益，切实提高了乡村教师待遇。

【提升投入保障能力】争取中央财政教育项目资金109.21亿元，比上年103.41亿元增长6.23%。协调省财政厅、省发改委等部门健全完善财政教育经费投入保障机制，继续加大财政教育投入，2018年全省一般公共预算教育经费投入592.59亿元，比上年的567.36亿元增长4.45%，有力保障了财政教育经费两个“只增不减”。全面加强预算执行动态管理，高质量完成部门年度预决算工作，获全省部门决算一等奖。建立健全财政资金使用管理目标责任制，健全教育经费使用管理责任体系，完善“花钱必问效，低效必问责”的教育经费绩效管理工作机制，不断提高教育经费管理水平。

【加快民族教育发展步伐】“全面改薄”项目向民族地区按照学生数的120%予以倾斜支持，累计投入35.29亿元。利用中央支持甘肃“两州一县”资金4.36亿元，新建、改扩建62所农村寄宿制学校。“9+3”项目招收藏区中职学生249名，4年累计培养1135名，国家奖补、省上配套三年补助项目学生9600元/生。落实普通高中内地民族班招生制度，协调13所中学招收学生421名，省财政按每生每年2000元标准补助举办内地民族班的学校。设立少数民族紧缺人才专项，每年计划1600人，为民族地区经济社会发展培养紧缺、高端人才。

【全面推进依法治教】开展依法治教实验区建设，成立教育部“青少年法治教育协同创新中心”和“甘肃省法治教育培训与研究中心”，培训市州县行政干部、大中小学校教师400余人。深入开展学生“学宪法讲宪法”系列活动，甘肃参赛学生在“全国青少年学生法治知识网络大赛”中获得团体一等奖，全省中小学生参加普法网络点击学习全国排名第14名，居西北之首。

【促进教育对外开放】有序推进省部共建、省校合作和高校对口支援工作。省政府与清华大学、北京大学、中国人民大学续签省校战略合作协议达成共识，甘肃省与四川省签署教育合作交流专项行动计划，甘肃中医药大学与上海中医药大学签订合作协议，签署华东师范大学对口支援兰州城市学院协议，续签四川大学对口支援西北民族大学协议，签署教育部、省政府、兰州市政府共建兰州大学协议。全省本科院校签署教育协作协议达329个（省部共建8个、省校合作9个、对口支援7个、校地合作24个、校校合作66个、校企合作215个）。深入推进“一带一路”教育行动，主动服务“两港”建设，成功举办2018年“一带一路”高校联盟生态文明主题论坛，积极为沿线国家地区提供切实可行的甘肃方案。2018年国内外25所高校加入“一带一路”高校联盟，联盟成员达到173个，覆盖五大洲27个国家和地区。协调沈阳市22所高校集体加入“一带一路”高校联盟，成立沈阳分联盟，丰富了联盟内涵，拓宽了联盟空间。每年设立“甘肃省丝绸之路奖学金”500万元，3年资助“一带一路”沿线60多个国家和地区的792人（2018年资助325名在甘留学生）留学甘肃，成为甘肃与世界各国交流的使者。2018年推荐285人参加国家公派出国留学项目，在甘留学生总数超过2600人。实施中小学“百校结好”项目，兰州、敦煌等市首批“百校结好”项目学校借助“友好省州”“姊妹城市”平台有效提高了国际化水平。通过扩大出国留学和来甘留学规模、支持职业院校与国外高校开展教师互派和学生互访、规范和简化36家单位因公临时出国（境）办理手续等措施，不断加强国际交流与合作。甘肃高校在境外设立的6所孔子学院，甘肃中医药大学先后在乌克兰、吉尔吉斯斯坦等8个国家建立的“岐黄中医学院”，在吉尔吉斯斯坦、摩尔多瓦等国建立的4个“中医中心”运转良好。

【学前教育】坚持把学前教育作为阻断贫困代际传递的重要途径，持续扩大农村学前教育资源，2018年在23个深度贫困县建设行政村幼儿园1217所。全省已基本实现乡镇、58个贫困县1500人以上行政村、23个深度贫困县行政村、17个插花县行政村、革命老区、藏区行政村幼儿园“六个全覆盖”。紧盯城市入公办园难、入民办园贵等突出问题，积极采取有效措施增加城区普惠性学前教育资源供给。全省幼儿园达7734所。其中，公办园5194所，民办园2540所。在园幼儿达94.44万人。其中，公办园54.69万人，民办园39.75万人。幼儿园教职工达6.66万人，其中专任教师4.66万人。普惠性幼儿园覆盖率达90.08%，全省学前三年毛入园率达92%。与“十一五”末相比，实现了幼儿园数、在园幼儿数、教职工数、优质示范园数、学前三年毛入园率、学前教育财政投入“六个翻番”。

【义务教育均衡发展】超额完成义务教育发展基本均衡县评估目标任务，古浪等12个县区通过国家义务教育发展基本均衡县评估认定，累计70个县(市、区)实现基本均衡发展目标，占全省县市区总数的80.5%。出台《结对帮扶深度贫困县中小学工作实施方案》，在全省择优选择优质中小学与23个深度贫困县中小学结对帮扶，组织完成全省义务教育一体化发展专项督查，有力提升了区域内城乡义务教育一体化发展水平。“周转宿舍”“温暖工程”“支教行动”等为民办实事项目有效改善了基础教育办学条件。全年劝返复学儿童少年23716人，控辍保学成效位居全国前列。2018年全省义务教育阶段学校实现了起始年级无大班额，基本消除了66人以上超大班额。

【改善义务教育办学条件】全面改薄项目提前完成目标任务，2018年投入全面改薄资金42.72亿元，累计投入237.88亿元，校舍建设完工率和设备采购率均已提前完成国家年内实现90%的目标要求。义务教育阶段12726所学校达到“20条底线”要求，达标率99.87%。为民办实事项目全部完成，2018年3件为民办实事项目总投资4.5亿元。“温暖工程”482个项目均已完工，项目完工率和投入使用率均为100%。“周转宿舍工程”67个项目全部完工。全年选派2991名学生分赴23个深度贫困县的近800所中小学和幼儿园超计划完成支教任务。

【高中阶段教育】科学确定各市州年度高中阶段招生职普比，确保科学招生、规范招生。2018年完成中职招生(含技工学校)81241人，完成计划的91.9%，招生完成率全国排名11。2018年总计投入42090万元，全力做好职业教育精准脱贫工作，将国家和省级职业教育的资金、项目和政策向集中连片贫困地区和插花型贫困县区倾斜，支持深度贫困县职业院校改善校舍、实训、信息化等办学条件。加快改善普通高中学校办学条件，实施改善普通高中学校办学条件项目，投入中央及省级专项补助资金3.72亿元，改善了116所普通高中学校的办学条件，改扩建校舍面积45.9万平方米，改扩建体育运动场地37.4万平方米，购置图书572.4万册，购置设施设备11.2万套。推动普通高中特色化、多样化发展，累计创建普通高中特色实验校89所。

【国家职业教育助推城镇化改革试验区建设】根据省政府教育部联合印发的《共建国家职业教育助推城镇化建设改革试验区实施方案》和《甘肃省职业教育助推城镇化建设改革试验区发展规划(2016—2020年)》，深入推进试验区建设工作。兰州新区职教园区建设顺利推进，完成省统建“三校一区”建设，首批4所高职院校3.5万名学生已入驻园区。

【加快职业教育改革】深化职业教育考试招生制度改革，深入推进“知识+技能”中职学生对口升学考试、中高职“五年一贯制”贯通培养、单独测试、综合评价录取工作，为高职院校增加单独测试、综合评价录取精准扶贫招生计划4770名。组织全省中职毕业生学生对口升学考试，共有10529名学生参加对口升学考试，其中升入本科院校1115人，通过单独测试、综合评价录取工作、五年一贯制和对口升学考试升入高职院校52064人。举办了全省中、高等职业院校学生技能大赛，选拔了423名职业院校学生代表甘肃参加全国职业院校技能大赛，荣获二等奖6项，三等奖21项。深入推进现代学徒制试点工作，甘肃建筑职业技术学院、兰州石化职业技术学院、甘肃省冶金高级技术学院等三所院校被教育部确定为第三批国家级现代学徒制试点院校，全省国家级现代学徒制试点单位达到9家。对全省职教集团的运行情况进行了评估，下拨245万元经费，对19个省级行业型职教集团进行了专项补助，依托各职教集团牵头组织开展各项教育教学改革工作。

【“双一流”建设成效初显】兰州大学入选国家一流大学建设名单，化学、草学、生态学、大气科学等4个学科进入国家一流学科建设名单。西北师范大学的材料学、兰州交通大学的化学首次进入ESI1%，全省高校ESI1%学科达到17个，其中兰州大学的化学进入ESI1‰。在全国第四轮学科水平评估中，全省22个省级一流学科排名进入全国同类学科前30%，12个省级一流学科排名进入前30%—40%。开展省级重点学科绩效考评、遴选新增与动态调整工作，确定甘肃省重点学科214个，持续优化学科布局结构，加快形成以一流学科为核心，以省级重点学科为主体的学科生态体系和梯队层次，夯实全省高校及学科进入国家“双一流”建设行列的基础，为提升学校综合实力、实现高等教育内涵式发展、服务全省经济社会发展发挥重要的引领带动作用。兰州财经大学、天水师范学院分别新增为博士、硕士学位授予单位，全省博士学位授权高校达到8个，硕士学位授予单位达到13个。全省10所高校新增13个博士学位授权点、35个硕士学位授权点，同时，自主撤销3个博士学位授权点、27个硕士学位授权点，高层次人才培养体系与学位授权布局结构不断优化。

【新时代本科教育工作步入新阶段】全面启动"六卓越一拔尖"计划2.0建设和振兴本科教育工作，研制甘肃实施方案。深入推进实施高等学校教学质量和教学改革工程，培育国家级高等教育教学成果奖一等奖1项、二等奖2项，省级高等教育教学成果奖50项、省级教学名师15名、青年教师成才奖35名、省级教学团队15个，立项建设30个省级特色专业、10个省级实验教学示范中心、50门省级精品资源共享课、5门省级精品在线开放课程，引进和使用国内外优质在线开放课程179门。深入实施创新创业教育改革，评选省级大学生创新创业训练计划项目400项、创新创业教学改革示范高校2所、教学改革研究项目50项、慕课10门、教学名师10名、教学团队5个，试点改革专业10项；组织开展第四届中国"互联网+"大学生创新创业大赛甘肃赛区竞赛，并在全国决赛中获得3银10铜的历年最好成绩；全面开展"青年红色筑梦之旅"活动，全省共计393支学生团队对接政府、企业、农户共计2002家，对接项目签约30项。组织兰州财经大学、甘肃政法学院、天水师范学院和甘肃中医药大学等4所高校开展教育部本科教学审核评估工作。

【推动高校科研创新】2018年，全省高校共获批国家自然科学基金项目428项，立项金额18608万元，分别占全省总数的69.14%和68.14%，与2017年相比，占比分别提高4.18和5.29个百分点，体现出高校在全省科技创新中的地位进一步提升。2018年度甘肃省各高校到账科研经费共计13.2亿元，比2017年增加近3亿元，增长26.92%，经费总额创历史新高。其中，国家级项目883项，经费2.91亿元，占经费总额的22.05%；与企业合作开展的各类横向项目3121项，资助经费4.54亿元，占经费总额的34.39%。与此同时，各市州、各县区以及各高校设立的科研项目和经费也呈现大幅增长态势，显示出全社会对科研工作的重视程度越来越高。

【大学生就业创业工作成效显著】支持到重点地区和重点领域就业。2018年到新疆就业的甘肃籍毕业生人数连续三年逐年提升，2018年达到12000余人，超过毕业生人数10%。西藏今年首次在甘肃招录优秀本科毕业生82人。鼓励到基层和中小企业就业。认真实施省政府就业民生实事项目，组织开展全省中小企业进校园对接活动。认真落实就业扶贫行动计划。立足"建档立卡"贫困家庭高校毕业生就业工作实际，印发就业帮扶通知，建立台账，提供3个以上的就业岗位，形成"一生一策"动态管理机制。完善高校毕业生参军入伍优惠政策，对高校给予经费补助，下达征兵工作补助经费123.25万。2018年高校大学生最终审批定兵3169人，任务完成率达126.8%。搭建平台，提升高校毕业生就业创业能力。安排5000万元大学生就业创业专项经费，支持高校毕业生就业创业，三年共在27所高校实施项目133个，建成创业场地3.5万平方米。建立了六大人才精准服务平台，搭建起了精准供需的信息服务网络。全省高校针对2018届毕业生共组织各类招聘会7817场，提供就业岗位近52万个。全年高校毕业生初次就业率达到74.92%，比上年提高0.66个百分点，实现了甘肃省初次就业率稳中有升的良好态势。

2018年全省高校毕业生就业创业工作得到省委省政府充分肯定，被省委办公厅《甘肃信息》第611期作为经验报送各省委常委并在全省进行交流。张世珍副省长在2018年高校毕业生就业创业工作情况报告上批示："省教育厅在抓高校毕业生就业工作方面，有重点、创平台、拓去向，成效较好，请继续坚持，并结合高教改革，针对甘肃就业服务等，从支持十大产业发展的角度，多谋对策，改革跟进"。

（张文君）

文 化

【概况】2018年，全省文化旅游系统以习近平新时代中国特色社会主义思想为指导，抢抓"一带一路"战略和南向通道建设机遇，贯彻落实省委、省政府关于构建生态产业体系，推动绿色发展崛起的一系列决策部署，创新思路、调动基层、发挥优势、突出特色、弥补短板，抓作风、带队伍、出精品，不断为城乡人民群众提供更多优质高效的文化服务，全面推进文化事业、文化旅游产业高质量发展。全省各类文化（文物）单位6332个，从业人员48170人。其中各级文化文物部门所属单位2316个，从业人员25851人。

【第三届丝绸之路（敦煌）国际文化博览会】围绕"互鉴共进、和谐共生、增进构建人类命运共同体的文化认同"的主题，孙春兰副总理以及国内外8名重要嘉宾在高峰会议上作主旨演讲，组织开展了不同层面的多边会见会谈22场次，14场分会、论坛，从不同领域、不同角度畅谈共建"一带一路"的美好未来。展览以"传承丝路精神、促进交流互鉴"为主题，设置专题文化展览项目32个，吸引国内外参展企业58家，展品7000余件。文艺演出以"荟萃文艺经典、抒发丝路情怀"为主题，组织2项专场演出、1项与主宾国联袂演出、10场配套演出，《绝色敦煌之夜》首次在文博会上亮相，受到中外观众的好评。文博会期间，在兰州、平凉、武威等地设立9个分会场，先后举办18项独具地方特色的系列文化活动，全方位、立体化展示了甘肃文化的独特魅力。敦煌文博会荣获"十大政府主导型展览会"大奖。

【文化精准扶贫工作】全方位开展文化扶贫。组织实施贫困地区第一批流动文化车集中加装采暖设备和第二批30辆流动文化车、10辆流动舞台车配送工程，实现了全省58个国家级贫困县流动文化车配送全覆盖。实施"三区"人才支持计划，对1300个贫困县的县乡两级文化工作者进行培训，选派1200余名省、市、县三级专业文化人员，到市、县、乡文化部门服务。实施贫困地区村级综合性文化服务中心设备配备工程，为1290个贫困村，62个乡镇、174个行政村配备数字文化设备。组织实施贫困地区公共数字文化服务提档升级项目，为62个乡镇、174个贫困村，配备基层数字文化服务硬件设备。组织实施陇原“红色文艺轻骑兵”文化惠民演出活动。省文化和旅游厅作为永靖县的组长单位，履行主要职责，投资600万元，支持产业扶贫、送书法中堂、培育种植业等，取得了较好成效。

【艺术创作与展演】2018年，艺术创作展演丰富多彩。召开全省艺术创作工作会议，总结交流艺术创作工作经验，研究部署当前和今后一个时期的艺术创作任务。在重点剧目创作生产方面，对《永远的绿洲》《李白》《苏若兰》《肝胆祁连》等剧本进行打磨提升，话剧《魂归何处》完成全省巡演，京剧《情系盘龙岭》已成功上演，舞剧《彩虹之路》、杂技剧《九色鹿》进入剧目创排阶段。在现实题材创作方面，8台剧目入选2018年全国优秀现实题材舞台艺术作品剧目，启动“朝圣敦煌”——甘肃画院美术创作系列工程之二“传承启新·潜心践行”活动，成功举办“陇原气韵·故土情怀——甘肃画院首届优秀美术家作品特别邀请展”等。在文化惠民演出方面，“我的中国梦”文化进万家、文化科技卫生“三下乡”“戏曲进乡村”“戏曲进校园”“高雅艺术进校园”等活动深入开展，极大地丰富和活跃了人民群众的精神文化生活。组织实施陇原“红色文艺轻骑兵”文化惠民演出活动，深入全省21个县、2个区149个村镇，为城乡老百姓带去92场文艺演出。向全省县区拨付送戏下乡惠民演出2949万元。全省共有艺术表演团体351个，从业人员9434人。其中各级文化部门所属的艺术表演团体65个。全年全省艺术表演团体中，原创首演剧目25个，拥有知识产权剧目20个，全年演出4.081万场，观众3258.796万人次，总收入59158.1万元。

【公共文化服务体系建设】2018年，公共文化服务均等化发展速度快。深入开展《公共文化服保障法》《公共图书馆法》宣传贯彻工作，下拨1.5亿多元免费开放资金，保障全省113个国有博物馆、103个文化馆、103个公共图书馆、47个美术馆、1228个乡镇综合文化站和127个街道文化服务中心免费开放。按照“乡村舞台”三年建设规划，持续推进建设任务，在全省1.6多万个行政村建成“乡村舞台”，实现了全覆盖。加大公共数字化建设，完成村级综合性文化服务中心、公共数字文化服务提档升级和盲人智能听书设备配送项目。组织完成了2019年公共数字文化项目申报工作，争取数字文化建设项目5个。组织实施图书馆、文化馆新建、扩建工程，全省24个未达标文化馆、图书馆得到了新建或改扩建，635个未达标乡镇综合文化站达到三级以上标准。白银市成功创建国家公共文化服务体系示范区。

公共图书馆。全省共有公共图书馆103个，其中少儿图书馆6个。公共图书馆从业人员1434人。全省公共图书馆实际使用房屋建筑面积30.201万平方米，图书总藏量1559.949万册。全年全省公共图书馆有效借书证45.9958万个，全年共为读者举办各类讲座1307次，参加人次20.266万人；举办展览537次，参加人次83.094万人次；举办培训班453次，参加人次4.257万人次。

群众文化机构。全省共有群众文化机构1482个。其中，各级文化馆103个，乡镇综合文化站1233个，城市社区文化站146个。年末全省群众文化机构从业人员6555人。年末全省群众文化机构实际使用房屋建筑面积77.941万平方米。全年全省群众文化机构共组织开展各类文化活动3.7053万场次，文化服务惠及1295.576万人次。

美术馆。全省共有国有美术馆52个，从业人员303人，藏品1.7832万件，其中文物藏品800件。全年共举办展览649次，参观人次128.622万人次。

博物馆。全省共有博物馆215个，从业人员5017人，藏品50.9469万件（套），实际使用房屋建筑面积81.164万平方米，全年接待观众2915.33万人次。举办社会教育活动9969次，参加活动384.524万人次。全年全省各级博物馆推出新陈列展览或改造提升展览14个，举办临时展览50余个，赴境外举办文物展览6个，引进境外展览3个。

【文化市场监管】2018年，文化市场监管“放管服”政策得到落实。年末全省文化市场经营单位4006家，从业人员2.2319万人，全年全省文化市场经营单位营业总收入182953.9万元，营业利润53188.3万元。按照全省“放管服”改革的总体部署，全面推行行政审批“两集中、两到位”，实行“一窗办一网办简化办马上办”和“最多跑一次”。梳理出行政审批事项12项，其他行政权力事项57项。全年共受理行政审批188件，办结188件。在优化行政审批制度的基础上，加强文化市场执法监督，投入400多万元为市州、县区配发移动执法设备，基本实现了全省移动执法，举办6期、500多人次执法人员能力提升、以案施训培训班。加强与公安、工商等部门的合作，严厉打击各类违法行为。共出动执法人员3.5万多人次，检查文化经营单位1.2万多家次，处理投诉举报54起，责令整改357家，立案203起，结案393起，警告216家次，罚款近42万元，停业整顿35家，吊销许可证4家。

【文化产业发展】2018年，文化产业融合发展趋势向好。全面推进文化文物单位创意产品开发展示活动，大力研发文创产品，召开全省文化创意产品开发工作推进会，积极筹划甘肃省赴香港开展甘肃省文化旅游项目推介暨文化产品和特色商品展览展示活动。扎实开展藏羌彝文化产业走廊建设。指导各地挖掘少数民族独特资源，精心打造民族文化品牌，举办藏羌彝文化产业走廊协同发展论坛和甘肃省藏羌彝文化产业走廊建设成果展。积极推进兰州创意文化产业园国家级文化产业示范园区的创建工作，督导国家级文化产业示范园区基地开展工作。积极推动文化旅游融合发展，向文化和旅游部推荐14个文化旅游项目，进入各类文化产业项目库。参与起草绿色产业崛起规划之文化旅游专项计划，推动《丝路花雨》优秀剧目在敦煌和兰州驻场演出。全省文化产业增加值178.16亿元，比上年增长8.9%。

2018年末全省共有2个国家级文化产业示范园区和7个国家文化产业示范基地，5个省级文化产业示范园区，7 个省级文化产业示范基地。共有从业人员 1398 人，实现利润总额 4631.2 万元，向社会捐赠总额 5102.5 万元，获得国家级文化奖项 22 项，获得著作权、发明专利总数 48 项，辖区内单位企业数量 593 个。全省共有 7 家国家认定的动漫企业，从业人员 165 人，主营业务收入 416.2 万元，拥有自主知识产权动漫软件 24 个，原创漫画作品 49 部，原创动画作品 53 部。

【文物保护利用】2018 年，文物资源在抢救保护中"活起来"。积极推动文物立法，《甘肃省长城保护条例》列为省人大 2019 年审议项目，《甘肃省麦积山石窟保护条例》列为省人大 2019 年调研项目。持续加强文物保护单位"四有"工作，公布了全省 68 处全国重点文物保护单位和 465 处省级文物保护单位的建设控制地带。实施文物保护维修工程 46 项，申报全国重点文物保护单位保护项目工作计划 51 项。组织开展文物行政执法和安全监管工作，全力督办涉及长城、古遗址、革命旧址、博物馆等方面的 12 起文物案件事故，做好案件查处、整改和善后及重大舆情处置工作。新启动灵台桥村遗址等主动性考古发掘项目 10 项，阳关遗址考古调查及宁县石家遗址、遇村遗址等考古发掘项目取得重大发现。敦煌研究院高票入选"大国之旅——最具热度博物馆"，院长王旭东在土遗址及石窟壁画保护方面实现理论突破和技术创新，荣获何梁何利奖。敦煌研究院"基于价值完整性的平衡发展质量管理模式"荣获第三届中国质量奖，实现全省乃至全国文化文物领域零的突破。2018 年全省共有文物机构 378 个。其中，文物保护管理机构 57 个，博物馆 215 个。年末全省文物机构从业人员 7299 人。共拥有文物藏品 55.6849 万件(套)。全省不可移动文物共有 16895 处。其中，世界文化遗产地 7 处，全国重点文物保护单位 129 处。全年全省文物机构共安排基本陈列 504 个，举办临时展览 547 个，接待观众 3203.622 万人次。

【非物质文化遗产保护】2018 年，全省非物质文化遗产保护法规建设持续推进，先后起草了《甘肃省非物质文化遗产条例实施细则》《甘肃省文化生态保护区管理暂行办法》。实施整体性保护，启动文化生态保护区建设，指导有关市州起草了《游牧文化生态保护实验区规划纲要》《敦煌文化生态保护区规划纲要》。推进传统工艺振兴，全省 15 个"非遗"代表性项目列入第一批国家传统工艺振兴目录。承办了 6 期中国传承人、2 期省级传承人群研培活动。推进抢救性记录工作，基本完成了 2015 年度 10 名国家级代表性传承人抢救性记录工程项目通查工作，开展了 2016 年度国家级代表性传承人抢救性记录工作。全省新增国家级代表性传承人 27 人。大力开展"非遗"传播活动，举办了 2018 年"文化和自然遗产日"、全省"非遗"宣传展示、守望精神家园——第五届两岸非物质文化遗产月系列活动等活动，承办了西北五省传统戏剧(秦腔)会演。年末全省共有非物质文化遗产保护机构 94 个，从业人员 690 人。全年保护机构共举办展览 556 次，接待观众 95.371 万人次；举办演出 2770 场，观众 130.606 万人次；举办民俗活动 500 次，参与人员 138.839 万人次；举办传承人培训班 268 次，培训人数 1.762 万人次；组织非物质文化遗产研讨会 72 次，组织"非遗"讲座 160 次。

【对外和对港澳台文化交流】2018 年深入开展与"一带一路"沿线国家的文化交流与合作，赴荷兰、德国、澳大利亚等 8 国进行文艺演出和艺术精品展演活动。积极参与举办文化和旅游部"欢乐春节"品牌交流活动，赴蒙古、卢旺达等 7 国举办 2018 年"欢乐春节"访演活动，演出近 20 余场，观众达 5 万多人次。与乌兰巴托中国文化中心年度合作，在蒙古国举办了敦煌舞蹈、崆峒武术、中国书画培训和"甘肃文物和丝绸之路"专题讲座、中医药文化知识讲座等文化交流活动，开展了以非物质文化遗产展演和甘肃数字文物展为主要内容的"甘肃文化周"系列活动。在美国、奥地利、英国等国举办敦煌壁画精品展、敦煌佛教石窟展、数字敦煌展等展览；与土耳其等国开展人文领域学术交流等活动；与日本、俄罗斯等国文化机构加强洞窟复原复制、文物保护修复、博物馆管理等方面项目合作。赴香港参加第 16 届香港国际授权展并举办"数码敦煌——天上人间的故事"展览和学术交流相关活动，举办甘肃文化旅游项目推介暨文化产品和特色商品展览展示活动。参加首届"相约澳门——中葡文化艺术节"。在台湾成功举办"第五届两岸非物质文化遗产月"甘肃"非遗"展览展演等活动。全年全省组团的对外文化交流项目共 20 起，参与交流人员 433 人；演出展览共计 416 天，93 场(次)，观众人数达到 12 万人次，经费收入合计 836.7 万元。

【机构体制改革】2018 年 10 月 30 日，甘肃省文化和旅游厅挂牌正式成立，开启了甘肃文化旅游融合发展的新征程。以文化提升旅游的品质，让旅游更加具有特色化、品质化和效益化；以旅游扩大文化的传播，让文化更具有吸引力、竞争力和影响力。提请省委办公厅、省政府办公厅印发《关于深化文化市场综合执法改革的实施意见》，解决了长期困扰全省文化市场综合执法改革难题。制定《全省文化系统公共文化机构法人治理结构改革试点建设实施方案》和《推进全省文化系统公共文化机构法人治理结构改革试点工作分工方案》，3 个试点单位基本完成法人治理结构理事会的组建和《章程》的起草工作。积极推动文化馆图书馆总分馆制建设，召开全省县级图书馆总分馆制建设培训暨推进会，在全省 86 个乡镇进行了县级文化馆图书馆总分馆制试点建设。统筹推进省直转制院团改革遗留问题工作方案落实工作。在省文化干部培训中心基础上组建成立省非物质文化遗产保护中心，解决了"非遗"保护无专用场所、无专门机构、无专业人员问题。全面深化职称制度改革，修订完善艺术专业等 4 个系列 9 个评审条件，将新文艺群团专业人员纳入评审范围。

(马高飞)

卫生健康

【机构改革】根据《甘肃省机构改革方案》，将原省卫生和计划生育委员会、省深化医药卫生体制改革领导小组办公室、省老龄工作委员会办公室的职责，以及省安全生产监督管理局的职业安全健康监督管理职责整合，组建省卫生健康委员会，作为省政府组成部门，加挂省中医药管理局牌子。保留省老龄工作委员会，其日常工作由省卫生健康委员会承担。甘肃省卫生健康委员会于2018年10月31日正式挂牌成立，编制193人，内设办公室、人事处、规划发展与信息处(审计与督导处)、财务处、卫生法制和监督处(政策研究室)、体制改革处(省深化医药卫生体制改革领导小组办公室)、疾病预防控制处、医政医管处、基层卫生健康处、卫生应急办公室(突发公共卫生事件应急指挥中心)、科技教育处、药物政策与基本药物制度处、食品安全标准与监测评估处、老龄健康处、妇幼健康处、职业健康处、人口监测与家庭发展处、宣传处、对外交流合作处、健康扶贫处、健康权益处、中医药一处、中医药二处、直属机关党委、老干部处。

【卫生事业发展数据】截至2018年，全省共有各类医疗卫生机构27885家(含村卫生室)。其中，医院623家，基层医疗卫生机构25783家，公共卫生机构1392家。全省医疗卫生机构共有床位162667张。其中，医院床位126077张，基层医疗卫生机构床位30998张，公共卫生机构床位5024张，其他卫生机构床位568张；全省每千人口床位数为6.17张。全省医疗卫生机构共有人员206257人。其中，卫生技术人员156506人(包括执业(助理)医师59370人，注册护士63944人，药师(士)6935人，技师(士)8326人)，其他技术人员8264人，管理人员10159人，工勤技能人员11987人；全省每千人口卫生技术人员数为5.93人，每千人口执业(助理)医师数为2.25人，每千人口注册护士数为2.42人。

2017年，全省卫生总费用为812.70亿元，卫生总费用占GDP的比重达10.59%。其中，政府卫生支出291.84亿元，社会卫生支出290.81亿元，个人卫生支出230.05亿元。全省人均卫生总费用3095.17元。

2018年，全省各类医疗机构总诊疗人数13275.23万人次。其中，医院总诊疗人次5220.40万次(占39.32%)，基层医疗卫生机构总诊疗人次7539.25万人次(占56.79%)，专业公共卫生机构总诊疗人次515.04万人次(占3.88%)。全省医疗机构出院人数484.57万人，人均住院0.18次。其中，医院384.22万人(占79.29%)，基层医疗卫生机构82.02万人次(占16.93%)，专业公共卫生机构18.66万人(占3.85%)。

2018年，全省公立医院次均门诊费用为188.8元，其中药费81.2元；人均住院费用6159.0元，其中药费1646.9元。全省三级医院次均门诊费用为258.5元，其中药费114.0元；人均住院费用为10617.1元，其中药费为2769.7元。全省二级医院次均门诊费用为147.0元，其中药费59.4元；人均住院费用为3754.5元，其中药费为1047.5元。卫生院次均门诊费用49.2元，其中药费36.9元；人均住院费用1140.3元，其中药费556.9元。

【健康扶贫】坚持以习近平总书记扶贫重要论述和有关健康扶贫的重要指示精神为根本遵循，把健康扶贫作为首要政治任务，不折不扣贯彻落实党中央、国务院、国家卫生健康委和省委省政府决策部署，着眼标准精准、政策精准、措施精准和落实精准，基本保障了贫困人口“有地方看病、有钱看病、有人给看病”。整合优化健康扶贫政策体系，提请省委常委会研究通过并报省政府办公厅印发《关于完善甘肃省城乡居民基本医疗保障政策的通知》和《甘肃省城乡居民大病保险工作实施方案(2018版)》，构建基本医保、大病保险、医疗救助三道防线，全面实现“先看病后付费”和“一站式”结报，建档立卡贫困人口报销比例达到89.8%，集中救治21种重大疾病患者16829人，救治率99.7%。全力推动国家扶贫开发考核发现问题整改，15项问题中12项已整改到位，剩余3项于2019年全部整改到位。将健康扶贫相关工作目标细化为“一保四有”任务，督促各级以三年任务两年完成的紧迫感倒排时间计划，对标完成健康扶贫各项工作任务。组织开展健康扶贫先锋行动，发挥党员干部先锋模范作用，在精准施策上出实招，在精准推进上下实功，在精准落地上求实效。开展组团式整体帮扶，组织9家省级医院和12个市的市级医院托管35个深度贫困县县级医院，加挂分院牌子，整体帮扶县医疗服务能力提升。建立健康扶贫重点工作日通报、月通报制度，坚持“一月一推进、一事一推进”，先后组织召开“组团式”帮扶、健康扶贫三年行动计划、健康专干任务落实、基层卫生改革暨能力提升等四个现场会。推动计划生育队伍转型发展为健康专干，承担“五帮两核”职责，面对面帮助群众协调落实政策，维护健康权益。开展健康扶贫“五督”行动，现场督查7个市州347家医疗机构，走访建档立卡贫困户353户，梳理出问题事项867个，下发整改通知书567份，对政策落实不力的单位和个人进行通报问责。

【医药卫生改革】深入推进公立医院综合改革，全省所有公立医院全部取消药品加成，执行2017版医疗服务价格，价格补偿基本到位。加快健全现代医院管理制度，提请省政府办公厅印发《关于加快建立现代医院管理制度的实施意见》，提高医院管理规范化、精细化、科学化水平，探索形成科学合理的运行和治理机制，全省35家三级医院、77家二级医院制定医院章程。将22家医院列入公立医院人事薪酬制度改革试点范围。巩固完善分级诊疗制度，全省乡镇卫生院能够诊治的病种增加到50—100种，县级医院增加到200—250种，全省县外转诊率从25.5%下降到12.5%，县外医保基金支出占比从52%下降到26.3%；基本医保实际报销比例由56%提高到69.7%，“基层首诊、双向转诊、急慢分治、上下联动”的分级诊疗模式基本形成，百姓就医和医生行医新秩序基本建立，专家、患者、基金“三下沉”和“小病不出村、大病不出县”的目标基本实现。大力推进紧密型医联体建设，全省37家三级公立医院、176家二级公立医院全部开展医联体建设，共组建多种形式的医联体2803个，其中城市医疗集团117个、县域医共体393

个、专科(技术)联盟1861个、远程医疗网5个,其他形式的医联体427个。做实做细家庭医生签约服务,组织4.5万名省、市、县、乡、村医疗专家和医务人员,为建档立卡贫困人口制定针对性的“一人一策”“一病一方”帮扶措施,开展“送医上门”“送人就医”服务130.4万人次,建档立卡贫困人口签约服务率达到99.6%以上。不断健全药品供应保障制度,设立省、市、县、乡四级短缺药品信息监测哨点,建立短缺药品企业监测预警报告制度;制定抗癌药“五个一批”降价措施,确保抗癌药品降价和供应保障两不误;研究创新市场撮合的阳光采购模式,1142个药品达成了全省统一供货价,有力保障了短缺药品供应。改革完善综合监管制度,组织起草改革完善医疗卫生行业综合监管制度的实施意见,将监管重点从公立医疗机构转向全行业监管。完善千分制考评制度,对医疗机构执行医保政策、落实分级诊疗、加强质量管理、规范诊疗行为等进行全方位考核。

【医疗服务质量】巩固提升县级医院服务能力,将县级医院服务能力提升列入省政府为民办实事项目,投入1亿元建成80个薄弱学科,投入1750万元建成14个重点专科,贫困县基本建成影像、心电、病理、检验、消毒供应等县级区域医学中心,加快建设卒中、胸痛、创伤、危重孕产妇、危重儿童及新生儿救治中心等多学科联盟会诊中心。投入中央财政资金1.65亿元,用于58个贫困县县级医院和基层医疗机构服务能力提升。不断加强医疗质量管理,严格医疗机构审批和事中事后监管,对民营医疗机构和健康体检机构进行专项监督检查。切实加强质控中心人员培训、室间质评、质控督查,修订完善36个专业的质量控制标准,新成立儿童重症医学、内分泌等10个专业质控中心,省级质控中心总数达到54个。制定省市县乡四级医疗机构500种分级诊疗病种临床路径,启动新一轮医院等级评审和省级重点学科评审工作。深入开展改善医疗服务行动计划,签订改善医疗服务行动计划(2018—2020年)目标责任书。分时段预约挂号服务覆盖所有省级医院,预约时段精确到1小时。全面推行优质护理服务,在三级医院试点推行日间手术和日间医疗服务。组织开展首个中国医师节活动,对全省150个优秀医师团队和499名优秀医师通报表扬,6家医院入选“2018年度群众满意的医疗机构(科室、医务工作者)”。持续激发基层运行活力,取消基层医疗机构基础性绩效工资,全部作为奖励性绩效考核后发放,树立起多劳多得、优绩优酬的分配导向,基层医疗机构“重公卫轻医疗”的状况正在改善,医务人员积极性逐渐提升。不断加强基层人才队伍建设,明确村医的职业地位,将村卫生室转为乡镇卫生院的派出机构,村医身份由个体转为乡镇卫生院聘用职工,由农民转为职业化医生,为87.52%的在岗村医购买养老保险,为97.67%的离岗村医发放养老补助。制定全科医生“一县一策”“一乡一策”配备方案,全省每万人口全科医生数提高到2.22名。农村订单定向医学生招生规模扩大到800名,村医订单定向医学生扩大到600名。卫生健康信息化建设全面提速,“健康甘肃”手机APP、家庭医生签约、高级职称评审、分时段预约挂号等信息系统相继上线,医院智能支付范围不断扩大,慢病管理信息系统进入开发阶段,互联网医院监管平台即将部署启用。完成居民电子健康卡首发,注册用户达700多万。加快全民健康信息平台建设,实现省市县乡村五级医疗机构互联互通,利用全民健康信息平台大数据开展健康扶贫政策落实情况监测、基线数据调查、“一人一策”帮扶等,信息化助推业务工作相关做法得到省委省政府和国家卫生健康委充分肯定,成为全省健康扶贫领域一大亮点。

【中医中药融合发展】加快推动中医药产业发展,积极推进国家级中医药示范省和中医药产业发展综合试验区建设,中医药产业纳入全省十大绿色生态产业体系,成立推动中医中药产业发展壮大领导小组和中医药产业发展基金办公室,启动绿色生态产业发展基金中医药产业发展子基金筹备工作。成功举办2018中国(甘肃)中医药产业博览会,发表了致力于推动中医药文化、事业和产业的国际化发展的《陇西宣言》,签署战略合作框架协议17个,合同项目39个,协议项目44个,采购协议29个。加强对外合作交流力度,开展“中医中药中国行”活动,加强与巴西、俄罗斯、泰国的中医药交流合作,有效带动中医药服务贸易和中药产品海外注册销售。甘肃省第21批援助马达加斯加医疗队荣获“全国工人先锋号”和全国援外医疗工作先进集体荣誉称号,庆阳市人民医院李珲荣获先进个人。加强中医药服务能力建设,推进基层中医药服务能力提升工程“十三五”行动计划,启动1个国医大师、3个全国名中医、12个全国基层名老中医药专家传承工作室建设项目。加强中医重点专科建设,实施5个中西医结合重症监护室建设项目、6个微生物检验室建设项目。验收命名47个省级中医药重点专科,公布8个省级中医重点专科建设项目。评选市级中医药重点专科181个,县级中医药专科40个。加强中医药科技创新工作。省中医院成为第二批国家中医临床研究基地建设单位,开展慢性心衰、糖尿病、肺癌中医药防治及甘肃道地中药煮散标准及临床示范应用研究。加强中药配方颗粒研发生产,支持兰州佛慈制药、甘肃天士力中天药业实施国家中药标准化项目。

【公共卫生服务】启动“空中120”暨直升机应急救援服务,完成“7·12”舟曲滑坡、“7·18”东乡暴雨山洪等多次重特大灾害医疗救治和卫生防疫工作,确保灾后无大疫。圆满完成国际马拉松、敦煌文博会等重大节会医疗保障工作,及时有效处置天水危险化学品泄漏事故、金川公司一氧化碳事件等50多起灾难事故和群体性中毒事件的卫生应急救援工作,全面加强鼠疫、H7N9流感、埃博拉病毒等突发急性传染病防控工作力度。着力落实各项疾病防控措施,全省传染病信息报告质量综合率提高到99%以上,甲、乙类法定报告传染病年均发病率为357.36/10万。提高免疫规划工作规范化水平,开展全省狂犬病疫苗接种者跟踪观察和咨询服务,及时对长春长生狂犬病问题疫苗受种者开展损害认定，完成14.84万名儿童的麻疹风疹减毒活疫苗补种工作。提升重点慢性病和地方病管理水平，出台《甘肃省建档立卡贫困人口慢性病管理办法》，将4大类45种慢病纳入城乡居民医保门诊慢特病管理，在全国率先将门诊慢特病治疗费用纳入大病保险报销范围，并享受健康扶贫各项报销政策。研究制定《甘肃省重点地方病防治健康扶贫三年攻坚行动实施方案（2018—2020年）》和《甘肃省包虫病防治健康扶贫三年攻坚行动实施方案（2018—2020年）》，将非建档立卡贫困人口中符合政策的现症地方病患者纳入贫困人口医疗保障范围。全面落实母婴安全保障措施，制定印发《母婴安全行动计划（2018—2020年）》和《健康儿童行动计划（2018—2020年）》，建立16个县级听力诊断分中心和听力康复分中心，为符合条件的听障儿童实施人工耳蜗植入手术952例，完成妇女两癌检查101.87万人，新生儿苯丙酮尿症、先天性甲状腺功能减低症和听力筛查率稳定在97%以上。开展妇幼保健机构等级评审，加强出生缺陷综合防治，全省孕产妇死亡率为19.56/10万，婴儿死亡率为2.98‰，5岁以下儿童死亡率为3.93‰。多措并举推进医养结合工作，启动长期照护险试点工作，遴选并命名全省医养结合示范县（市、区）12个、示范机构17个、示范基地6个，省三院与日本永生会医疗集团签订友好医院协议。

（蔡万海）

民　政

【机构改革情况】2018年，根据《甘肃省机构改革方案》，从省民政厅划出人员编制等转隶到省直5个单位。将由民政厅代管的省老龄办划入省卫生健康委员会，整体转隶省老龄工作委员会办公室共22名参公管理人员，其中处级6名；将省民政在厅退役军人优抚安置划入省退役军人事务厅，转隶省民政厅优抚处、安置处、省双拥工作领导小组办公室等3个处室共22名人员，其中处级领导干部6名；将省民政厅救灾职责划入省应急管理厅，转隶救灾处（省减灾委员会办公室）共11名人员，其中处级领导干部3名；将省民政厅医疗救助职责划入省医疗保障局，转隶社会救助处2名人员；将省民政厅有相关物资储备职责划入粮食和物资储备局，转隶救灾处1名人员。

【民政专项资金】2018年，全省民政事业专项资金达到148亿元，比2017年净增9.98亿元，增长7.23%。其中，争取中央财政安排资金111亿元，比2017年净增9.97亿元，增长9.87%。

【脱贫攻坚兜底保障】扎实做好农村最低生活保障制度兜底脱贫、医疗救助脱贫、特困人员救助供养、临时救助等各项工作，积极推进“社会保障兜底一批”任务的落实。先后出台《甘肃省人民政府办公厅关于进一步加强脱贫攻坚兜底保障工作的通知》《甘肃省民政厅2018年民政部门脱贫攻坚工作实施方案》《全省农村低保专项治理实施方案》《省民政厅省财政厅关于进一步加强和完善临时救助工作的实施意见》《甘肃省民政厅甘肃省财政厅关于推行政府购买社会救助服务加强基层经办服务能力的补充通知》《甘肃省民政厅甘肃省财政厅甘肃省扶贫办在脱贫攻坚三年行动中切实做好社会救助兜底保障工作的实施方案》等60多项政策性规范性文件。2018年农村低保指导标准从2017年的人年均3500元提高到2018年的人年均3720元，提高6.3%。其中，农村低保一、二类对象人年补助水平分别达到3720元、3480元，农村低保三、四类对象人年补助水平分别为1008元、696元。保障对象234万人。农村特困人员集中、分散供养标准分别从2017年的人年均6020元、4855元提高到2018年的人年均6432元、5178元以上，分别提高6.8%、6.7%，保障对象10.34万人。全省2018年筹集下拨困难群众救助补助资金102.21亿元，比2017年的96.62亿元增长5.8%。通过提标提补，60.7万农村低保一、二类对象和10.34农村特困救助供养人员实现了收入上的“政策性”保障兜底。

【养老服务】联合相关部门出台《关于推进养老服务业放管服改革的实施意见》和转发《民政部等9部门关于加强农村留守老年人关爱服务工作的意见的通知》等政策措施，完善了养老服务政策体系。持续推进养老院服务质量建设专项行动，实施“百院万床”改造提升计划，投入专项资金6000万元支持全省88家城乡养老机构进行设施改造，全省养老机构入住率达到54%，超过全国平均水平。建设覆盖省市县三级的全省养老服务信息平台，居家养老服务已在各市（州）的40多个县（市、区）展开，服务对象超过30万人，吸纳加盟企业600多家，年提供服务老年人近500万人次，服务内容涉及11大类240多项，在部分地方城镇已初步形成了“15分钟养老服务圈”。支持城乡社区日间照料中心（农村互助老人幸福院、老年人活动中心）建设，养老服务设施已覆盖88%的城市社区和50%的行政村（社区）。争取将嘉峪关市纳入全国第三批居家和社区养老服务改革试点地区，甘肃百合物联科技公司入选全国第二批智慧健康养老示范企业。大力推进医养结合，联合省卫健委命名第一批示范先行县市区12个、示范机构17个、示范基地6个。

【残疾人“两项补贴”】省民政厅联合省财政厅、省残联提请省政府办公厅印发《甘肃省人民政府办公厅关于进一步完善困难残疾人生活补贴和重度残疾人护理补贴制度的通知》，将听力、言语一级（含最重类别为以上两种的多重）和肢体、视力、听力、言语二级（含最重类别为以上四种的多重）纳入重度残疾人护理补贴对象范围，每人每月按50元标准发放补贴资金，从2019年1月起执行。省民政厅联合省财政厅、省残联下发《关于做好完善残疾人两项补贴制度有关工作的通知》，指导全省各地做好新增补贴对象申请审核工作，统筹使用困难群众基本生活救助补助资金按要求执行分档补贴标准。截至2018年末，全省共有残疾人两项补贴对象34.2万人，全年累计发放补贴资金3.94亿元。

【慈善救助】积极动员社会力量开

展慈善扶贫，发挥慈善组织在脱贫攻坚中的积极作用，元旦、春节期间，省慈善总会筹措资金100万元，动员爱心企业捐赠价值386万元的过冬衣物和电器，在宕昌、通渭、山丹、麦积等县区的贫困山区开展“慈善情暖陇原”活动，解决了部分建档立卡贫困户、低保户的生活困难，向困难群众送去了慈善组织的温暖。与兰州晨报联合开展的阳光助学活动，省慈善总会募集资金253万元，救助家境困难新入学大学生310名。8月19日在兰州举行了助学金发放仪式及励志报告会，副省长张世珍出席并作了重要讲话。针对2018年全省各地遭受严重暴洪灾害，省慈善总会及时向文县、舟曲、东乡、武山等县灾区安排救灾资金160万元，重点用于灾民生活救助。积极争取海内外慈善机构援助资金，亚洲（美国）北京代表处捐款67.35万元（项目总金额140.3万元），在会宁县干旱缺水山区修建水窖251眼、塘坝2座。坚持把医药援助项目作为慈善精准扶贫的重点项目，帮助解决全省城乡恶性肿瘤患者和重大疾病患者治疗费用，提高患者对药品的知晓度，扩大社会影响面，省慈善总会采取“三集中”即集中时间、集中人力、集中精力，深入4个市州、8个县市区，历时一个多月开展慈善医疗救助宣讲活动。2018年通过医疗救助捐赠药品救治白血病患者1600人（次）、肝癌肾癌患者859人（次）、肺癌患者1341人（次）、结直肠癌患者238人（次）、唇腭裂患者323人，有效解决了农村因病返贫、因病致贫家庭的经济负担。同时，将省肿瘤医院确定为中华慈善总会援助药品发放定点医院。2018年共有10多家省内外爱心企业、爱心人士、海内外慈善组织通过不同方式向省慈善总会捐款捐物，共募集款物1.22亿元。其中，资金0.21亿元，物资价值1.01亿元。2018年省慈善总会开展慈善救助项目金额共计1.26亿元，其中资金支出2716.28万元，受惠群众1万多人次，资金救助支出占2018年资金收入的128%（支出中有往年项目的尾款支付）；实施中华慈善总会助医项目，捐赠药品价值9945万元，受惠群众4361人（次）。

【社会组织登记管理】认真贯彻《民政部关于大力培育发展社区社会组织的意见》，印发了《甘肃省民政厅关于大力培育发展社区社会组织的实施意见》，加大社区社会组织政策扶持力度。截至2018年底，全省各级民政部门登记成立社会组织27398家，其中，登记社区社会组织2258家、备案3158家。制定全省社会组织财务审计模板，要求所有社会组织均参加第三方会计师事务所组织的年度财务审计。重点对社会组织遵守法规、按照章程开展活动、内部管理及贯彻《民间非营利组织会计制度》等情况进行了年检。在《甘肃日报》上对2018年度第一批、第二批参加年检的688家全省性社会组织的年检结果进行了公告以及256家未参加年检的省属社会组织进行了公告。2018年，争取民政部社会组织参与社会服务项目22个，资金772.98万元。印发《省级福利彩票公益金支持社会组织参与社会服务项目实施方案》，列支省级福利彩票公益金600万元，支持社会组织开展社区、养老、救助、助残“四个服务”。认真贯彻落实民政部、公安部部署要求，印发《甘肃省打击整治非法社会组织专项行动实施方案》。省级层面先后6次开展联合执法行动，共查处非法社会组织278家（依法取缔劝散162家，引导登记99家，在工商部门登记17家），其中“国”字头社会组织7家。2018年，通过公开招标第三方机构对58家社会组织进行了评估，并组织召开全省性社会组织评估授牌会议，为41家被评为3A及以上等级的社会组织授牌。加强社会组织随机抽查和执法监察，全年共抽查社会组织35家，查处社会组织违法行为投诉举报4件，约谈社会组织负责人5人次，对3年及3年以上未参加年检的42家全省性社会组织作出撤销登记的行政处罚，净化了发展环境，促进了社会组织健康有序发展。积极动员和引导全省社会组织参与脱贫攻坚，投入资金4300余万元。先后3次赴天津、青岛、福州和厦门对接东西部扶贫协作社会组织帮扶事宜，签订帮扶框架协议和项目协议，社会组织帮扶累计投入资金463.95万元。

【社会工作和志愿服务工作】全省报考全国社会工作职业水平考试5548人，通过考试1023人，为历年报考和通过人数之最。目前，全省共有持证社工2806人。举办社会工作继续教育培训4期、社区岗位培训1期，培训社会工作专业人才1600人。联合省文明办起草印发《甘肃省关于贯彻落实〈志愿服务条例〉的实施意见》。《志愿者服务评估通用要求》，作为地方标准已于2017年12月正式颁布实施。截至2018年10月底，全省注册志愿者共134.7万人，志愿团体12130个，志愿项目组总数15812个，志愿服务注册总时长为509.8万小时。出台《2018年边远贫困地区边疆民族地区和革命老区社会工作专业人才选派培养工作方案》，将“三区”计划和中央财政支持社会组织开展社会服务合并实施，为60名赴边远贫困地区、边疆民族地区和革命老区开展社会服务选派人员落实工资补助的基础上，配套专门项目活动经费，激发选派社工开展基层活动的主动性。出台《关于做好2018年甘肃省社会工作服务机构“牵手计划”实施工作的通知》，建立甘肃省和浙江省社会工作人才牵手机制。印发《2018年省级福利彩票公益金支持“三社联动”试点项目管理指引》《2018年社会工作与志愿服务参与脱贫攻坚试点工作实施方案》等文件，不断探索开发适合省情实际的社会工作服务项目。

【社区建设】完成基层群众性自治组织特别法人统一社会信用代码赋码工作。以城乡社区协商工作制度化和规范化建设为重点，建立健全村（居）民会议、村（居）民代表会议、村民理事会、社区议事会等协商制度，科学确定城乡社区协商目录和工作程序，积极开展城乡社区协商经验推介展示活动，先后向民政部报送了9份展示材料。12月19日省委办公厅省政府办公厅印发了《关于建立健全村务监督委员会的实施意见》。指导酒泉市瓜州县布隆吉乡布隆吉村开展以自然村为基本单元的村民自治试点。指导各地完善村规民约、村民自治章程，建立健全村级公益设施共管共享理事会、红白理事会、道德评议会、禁毒禁赌会、村民议事会等群众性自治组织，并向民政部筛选上报了优秀村规民约5份。依据《全国社区建设部际联席会议2018年工作要点》，制定下发《甘肃省2018年城乡社区治理工作要点》，明确了各部门工作任务。举办全省城乡社区治理和乡镇政府服务能力建设示范培训班，290名基层民政干部和村社区干部参加培训。积极开展第二批农村社区建设示范创建活动，全省命名35个省级农村社区建设示范单位，民政部表彰命名甘肃省1镇4村为“全国农村幸福社区建设示范单位”。

【农村留守儿童关爱保护】下发《甘肃省民政厅关于进一步加强基层儿童工作服务能力建设的通知》，完成了全省每个乡(镇)配备一名儿童督导员共计1421人，每个村(居)配备一名儿童主任共计17403人的工作任务，并全部录入儿童主任信息管理系统，实行登记实名制管理。按时完成了农村留守儿童、困境儿童排查摸底和信息录入工作，做到信息数据动态管理。全省农村留守儿童监护落实、户籍登记、返学复学等重点问题解决率分别达到100%、100%和99%以上。充分发挥牵头作用，先后在中建七局安装公司兰州众邦项目现场和总承包公司兰州元森项目现场，举行了2场农村留守儿童关爱保护“百场宣讲进工地”(甘肃分场)专题宣讲活动。

【婚姻登记】2018年全省累计办理国内公民结婚登记236031对，离婚登记41173对；涉外结婚登记143对，离婚登记11对。以“治理高价彩礼、传承文明婚俗、依法婚姻登记”为主题，举办了全省婚姻登记员业务培训班，参加培训200多人。配合省文明办等部门认真落实省委、省政府《甘肃省治理高价彩礼推动移风易俗的指导意见》精神，充分发挥婚姻登记、基层政权和社区建设、社会组织管理、社会工作及志愿者服务等工作优势，加强宣传引导，弘扬文明新风，推动婚俗改革。

【殡葬管理工作】组织开展全省殡葬领域突出问题专项整治行动，建立甘肃省殡葬改革工作联席会议制度，省民政厅联合发改、国土等10部门全面排查整治了“10+5”突出问题，进一步整肃了殡葬市场秩序，强化了殡葬服务监管。报请省政府划定了全省火葬区范围，会同省文明办、发改委等16部门印发《甘肃省关于进一步推动殡葬改革促进殡葬事业发展的实施意见》，指导山丹县开展殡葬综合改革试点，安排资金9084万元资助各地殡葬设施建设项目35个，以省政府办公厅名义印发的《关于进一步加强公墓建设管理工作的通知》年初被民政部以参阅件形式转发。指导各地认真做好清明祭扫服务保障工作，省民政厅以《强化“五个保障”优化殡葬服务》为题在2018年全国清明节祭扫工作电视电话会议上作了典型发言。

【区划地名与边界管理】2018年完成6市(州)19个县(市、区)的70个乡撤乡改镇审核报批工作，超额年度目标任务25个，全省建制镇总数达到886个，占乡镇总数的比例达到72.1%，提前2年完成省委省政府“十三五”规划要求全省建制镇达到70%以上的目标任务。国务院批复平凉市华亭县撤县设市，完成了调整转制平稳过渡。圆满完成全省第二次全国地名普查任务，争取地名普查中央补助资金1850万元，共采集11大类地名359416条，普查成果质量得到国务院地名普查办的充分肯定。建成省级地名信息数据库和公共服务平台，全省各级成果转化已按要求全面展开。根据《民政部关于做好第四轮省级行政区域界线联合检查工作的通知》精神，甘肃、宁夏两省区于2018年3月至9月共同组织开展了甘宁两省区第四轮行政区域界线联检，顺利完成联检任务，两省区政府向国务院上报了《甘肃省与宁夏回族自治区行政区域界线第四轮联合检查工作情况的报告》，督促指导有关市州完成了省内40条县级界线联检工作。根据《中共甘肃省委、甘肃省人民政府关于贯彻落实祁连山国家公园体制试点方案的实施意见》和《大熊猫国家公园体制试点实施方案》，积极开展勘定祁连山国家公园和大熊猫国家公园界线相关工作。

(朱丹)

体 育

【体育改革】组织参加国家体育总局冬季项目跨界、跨项、跨季选材改革工作。动员和组织各市州体校学生及全省青少年300多人参加选拔测试。其中8人被冬季项目选拔试训，13名人被中国足球学院定向选拔试训。曲棍球队19名女运动员、46名男运动员参加了“曲棍球转冰球”试训。

根据《甘肃省足球中长期发展规划(2016—2050年)》《甘肃省足球场地设施建设规划(2016—2020年)》的要求，以加强足球基础建设为突破口，改建新建足球场地60余个；举办甘肃省青少年足球冠军杯赛等各类全省性青少年足球赛事100余场；改革足球教练员、裁判员的培养模式，举办各类培训班15期，培训管理人员、教练员、裁判员400余人(次)，弥补了甘肃足球发展的“人才短板”；积极筹建中国足球学院西北分院；支持协助教育部门开展中小学校园足球活动；促进青少年足球发展，为全省足球运动发展奠定坚实的基础。

加快体育社会组织改革，规范体育社会组织管理，稳妥推进各单项体育协会的脱钩改革和换届工作。建立社会组织动态管理机制，指导省篮球协会等11家单项体育协会的换届工作，吸纳社会各界有影响、有实力，热爱体育、乐于奉献的企业家和社会知名人士进入理事会或担任领导职务。在体育社会组织中健全党组织，充分发挥党的领导作用。

建立全省体育产业项目库，完善体育产业项目管理，按标准对竞赛表演项目、户外运动项目、体育旅游项目、体育制造业项目和相关产业项目等进行分类，建立项目库。项目库实行集约化管理，成熟一个入库一个，常年申报，动态优化，不断提高体育产业项目的质量。

加快冰雪运动的发展，采取“机构、项目、队伍、场地”同步启动的思路，积极筹建冰雪运动管理中心；重点突破雪上项目；改建、共建、新建冰雪场地，协调推进白银市国家越野滑雪、冬季两项训练基地建设；组建越野滑雪、冬季两项等运动队，启动冰雪项目训练。

【群众体育】全省群众体育工作坚持以深入贯彻《全民健身条例》《全民健身计划（2016—2020年）》和落实全民健身国家战略为主线，以转变工作作风、创新工作方法为重点，以构建甘肃特色全民健身公共服务体系为核心，群众性体育赛事活动蓬勃开展，赛事活动的影响力不断扩大，尤其是冬季冰雪活动发展迅速，健身人群数稳步上升。强化省级群众性、商业性体育赛事的事中事后监督，完善服务方式，编制印发《2018年度全省群众性商业性体育赛事名录》，全年共举办全民健身活动2000余项。强化全省各级社会体育骨干队伍培训力度，2018年全省培训各级社会体育指导员11495名，其中国家级260名、一级2393名、二级3081名、三级5761名。举办全省群众体育干部培训班，全省170余名群体管理干部接受集中培训。充分发挥省全民健身工作委员会的职能，"大群体"的格局初步形成。

【竞技体育】在国际国内重大赛事中，甘肃运动员共获得奖牌296枚，其中金牌94枚。姚变娃在第十八届亚运会上获得女子山地车越野赛冠军，张娅儒获得女子小轮车越野赛冠军；武术运动员常志昭在第二届武术套路世界杯男子长拳比赛中勇夺金牌，成为甘肃首位世锦赛、世界杯双料冠军；在国际乒联青少年公开赛塞尔维亚站的比赛中，由甘肃省白银市选手组成的中国队参赛，曾蓓勋夺得U18男单冠军。成功举办第十四届省运会、第十六届环青海湖国际公路自行车赛甘肃段、全国田径中长跑项群赛（第一、二站）、全国青年男子曲棍球锦标赛（兰州）、全国滑轮锦标赛、第八届兰州国际马拉松赛等多项国际和全国性体育赛事活动，兰州马拉松赛升级为国际金标赛事。培养国家一级运动员340名，国家级运动健将19名；培训教练员120人，组织省优秀运动队的教练员参加全国教练员培训20人次，选调国家级裁判员培训25人次。全省体育赛事管理工作日趋完善；省级优秀运动队建设再上台阶；备战东京奥运会、北京冬奥会、第十四届全运会、全国二青会的备战队伍初步形成。

【青少年体育】加强竞技体育后备人才培养，完善全省业余训练体系。省级体育彩票公益金列支专项经费支持全省中专运动校、重点业余体校、省级重点项目训练点、省内国家级高水平体育后备人才基地、国家级奥林匹克单项基地的建设。广泛开展青少年体育赛事活动，发挥竞赛杠杆作用，举办甘肃省青少年足球冠军杯赛，甘肃省青少年乒乓球冠军赛等省级赛事30余场；承办了全国田径传统学校联赛分区赛（西部区）、全国青少年U12、U10曲棍球锦标赛、全国少年垒球锦标赛暨训练营、全国青少年乒乓球俱乐部巡回赛（第四站）等四个全国青少年U系列体育赛事。实施"田径耐力项目高原人才开发计划"，促进传统优势项目训练和人才储备。持续发力，进一步推动青少年体育公共服务体系建设，加强青少年体育组织建设，开展2018年省级青少年体育俱乐部和省级青少年户外体育活动营地创建命名工作，新增16所省级青少年体育俱乐部和6个省级青少年户外体育活动营地。组织参加和举办青少年阳光体育、全国体育传统项目学校联赛、体育俱乐部联赛、体育运动学校各项目U系列比赛、户外营地夏令营、冬令营等全国性青少年体育赛事活动。投入资金300余万元承办全国青少年体育冬夏令营甘肃站活动。承办中日青少年体育指导者交流活动。举办游泳、武术、乒乓球、足球、篮球、轮滑等项目夏令营13期，参与人数达3000余人，举办武术、乒乓球、足球、冰雪运动等项目冬令营13期，参与人数达2000余人。加强青少年体育工作者培养工作，2018年全省104名青少年体育工作者参加全国各级各类培训班；加强制度建设，组织制定甘肃省《关于〈青少年体育活动促进计划〉的实施计划》和《〈关于加强竞技体育后备人才培养的指导意见〉的实施方案》，为全省进一步开展青少年体育工作，明确工作方向、加强政策保障。

【体育产业】2018年，全省体育产业发展势头强劲，以多样地貌为依托、以户外运动为抓手的体育旅游业持续健康发展；以航空运动、汽车运动、水上运动为主要内容的体育特色旅游市场前景广阔；体育制造与销售业从无到有，发展迅速，产销两旺；全年商业性体育竞赛活动近200余场；以球类运动、智力体育、科技体育为代表的体育培训活动受众广泛；体育场馆运营在保证全民健身需求的前提下服务水平和经营水平不断提升；体育彩票总销量突破39亿元大关，占甘肃彩票市场份额由38%提高到45%，销量比上年增长27.26%。以全国第四次经济普查为契机完成了全国体育优选产业项目征集和上报工作，优选全省体育产业项目20项，其中10个项目列入总局优选体育产业项目库。深入开展健身休闲产业调研工作，根据《国务院办公厅关于加快发展健身休闲产业的指导意见》，充分结合甘肃实际，出台了《甘肃省人民政府办公厅关于加快发展健身休闲产业的实施意见》。冬季冰雪项目旅游持续升温。全省已建成并对外开放的21个滑雪场和室内外滑冰场，为吸引社会力量参与冰雪运动起到了示范引领作用。积极组织参加2018年全国体育旅游博览会，甘肃省共有11个项目入选精品体育旅游项目，其中5项为十佳项目。

【基础建设】全年建成社区健身中心2个、体育公园5个、健身步道7个、攀岩运动设施1个；省级彩票公益金资助新建100个乡镇和社区体育健身中心、50个笼式足球场、2个拼装式泳池、8个社区多功能运动场、1242个行政村农民体育健身工程。全省行政村农民体育健身工程覆盖率将达到96%，其中兰州市、嘉峪关市、酒泉市、张掖市、武威市、金昌市、白银市、定西市、临夏州、甘南州、兰州新区基本实现全覆盖。七里河体育场建设项目、兰州体育馆提升改造项目，完成了前期准备，即将进入设计招标阶段。甘肃体育馆建设项目有序推进，项目主体工程基本完成，内外装修及附属工程已完成90%以上。兰州市筹建的奥体中心"一场三馆"项目正式启动。

【体育宣传】积极组织中央及省市

级媒体体育记者团队对全省举行的一系列重要赛事活动进行全方位、多角度新闻报道，全年共计刊播甘肃体育新闻达到2万3千多条。推动“两微一端”和新媒体建设，进一步拓宽宣传渠道。继续办好甘肃省体育局门户网站、《甘肃体育视野》刊物和甘肃省体育局微信公众号3个宣传平台，与甘肃电视台联办的《全民新体育》栏目，联合《兰州晨报》和手机APP建立融媒体平台；与每日甘肃网共建甘肃体育头条网络媒体平台，加大体育宣传新媒体多渠道和全覆盖力度。甘肃省体育局官方网站全年发布稿件2976条，微信公众号全年共推送260期991篇体育新闻，3400多人关注。调整充实《甘肃体育视野》编委会成员，丰富稿件内容，提高稿件质量，全年发行6期，共9000册，约60万字，图片1300多张。

【体育文化】认真落实甘肃省进一步加强和改进文化走出去工作的《实施方案》和《甘肃省体育宣传文化“十三五”规划》，从省情和各地实际出发，弘扬“陇原铁骑”“苦教苦练、实抓巧练”的甘肃体育精神，挖掘伏羲武术、敦煌拳艺、崆峒武术、李广传统射箭、玛曲格萨尔赛马、藏族押架、东乡族拔棍、保安族夺腰刀、裕固族顶杠子、阿克塞哈萨克式摔跤、临潭万人拔河等优秀传统体育项目文化内涵，深入挖掘甘肃丝绸之路体育健身长廊、兰州国际马拉松、中国金昌国际青少年生存训练营等体育品牌和精品赛事活动的体育文化价值。共有5幅优秀体育文化作品在中国体育文化博览会展出。全国体育两博会组委会授予甘肃省体育局优秀组织奖。编辑发行了约170万字的《甘肃体育年鉴》(2012—2016)合订本。

(刘志忠)

广播电视

【舆论宣传】坚持以习近平新时代中国特色社会主义思想为统领，以学习宣传贯彻党的十九大精神为主线，紧盯全国全省大事要事和重要时间节点，精心指导全省各级广播电视主流媒体开展“新时代、新作为、新篇章”等系列宣传报道活动，唱响主旋律，传播正能量，有力发挥了新闻宣传和文艺宣传主阵地主力军作用。围绕十九届三中全会、全国全省“两会”、省委十三届四次全体会议暨省委经济工作会议、改革开放40周年、“一带一路”倡议、脱贫攻坚、敦煌文博会等重要会议和重大活动，开展全方位、多层次、多媒体宣传报道，讲好甘肃故事、传播甘肃声音，为建设幸福美好新甘肃提供了强有力的思想保证、精神动力和舆论支持。

【深化文化体制改革】按照省委全面深化改革领导小组、省委文化体制改革专项小组的部署要求，认真组织推进规范广播电视制播分离改革等32项改革任务。持续深化“放管服”改革和“四办”改革，扎实推进“证照分离”改革，积极开展“减证便民”专项行动，优化简化审批服务流程，降低市场准入门槛，积极探索网上受理、网上审核、网上审批新模式，省广播电视局所有政务服务事项实现“一窗受理、集成服务、一网通办”，80%事项实现审批办理“最多跑一次”，网上申报率一直保持在100%，全年网上办件总量达5957件，全部按期办结。认真贯彻落实中央、省委关于深化党和国家机构改革的各项决策部署，圆满完成了新局挂牌、职责调整、人员转隶等机构改革任务。顺利完成局属事业单位公务用车改革工作。积极推动广播电视“走出去”，圆满完成第三届敦煌文博会承担的任务，成功举办第七届中国·嘉峪关国际短片电影展。

【公共文化服务体系建设】组织实施并全面完成中央广播电视节目无线数字化覆盖工程，进一步扩大了中央和省市县广播电视节目覆盖面，为广大人民群众收听收看好广播电视节目提供了有力保障。积极争取落实2018年中央补助地方公共文化服务体系建设广播电视重点项目专项资金共19884.55万元。认真抓好广播电视村村通户户通长效运维工作，修订完善了《实施方案》《监管方案》和《考核评价办法》。组织实施了广播电视数字微波网升级改造工程、三网融合综合监管平台建设、贫困地区县级采编播能力提升、无线发射台站基础设施建设二期等项目。全省广播电视传播覆盖水平和公共文化服务能力不断提升，进一步增强了广大人民群众精神文化生活获得感。

【精品创作】组织开展了“甘肃省2018—2019年度本土纪录片重点选题”征集活动，共征集到选题60个，向国家广电总局推荐选题15个。启动实施了“记录新时代”纪录片创作传播工程，开展了“改革开放40周年优秀现实题材纪录片”创作评选活动、“我与改革开放40年”微纪录大赛，策划实施了“宣传新思想，记录新时代”甘肃优秀本土纪录片展播活动，对近年来全省创作生产的48部优秀本土纪录片进行了展播展映。纪录片《决战兰州》在央视和国内知名卫视播出，并和《两弹结合风云录》《静静的湿地》《青砖上的乾坤》一同入选国家广电总局国产优秀纪录片推荐名单。认真做好重要时间节点重点选题电视剧本孵化项目征集工作，面向全国开展了西部类型影视剧本征集活动，共征集到电视剧本20部。电视剧《初心》在央视首播，《陇原英雄传》完成拍摄制作进入发行播出环节，原创故事影片《丢羊》获电影华表奖，电影《天水来的姑娘》获电影频道“百合杯”评委会特别奖和最佳编剧奖。组织开展了2018年“弘扬社会主义核心价值观 共筑中国梦”主题原创网络视听节目征集活动暨甘肃省微电影、网络剧大赛和“网络视听节目精品创作传播工程”征集活动、“中国经典民间故事动漫创作工程(网络动画片)”扶持项目征集活动，《不少一只羊》《朦之光》《西北花儿王朱仲禄》入选国家广电总局网络视听节目内容建设扶持项目。认真组织开展全国广播电视公益广告扶持项目征集评选活动，全省有3个项目获国家广电总局扶持奖励。联合省文明办开展了第五届全省广播电视“讲文明树新风”公益广告制作宣传活动，共有20件优秀广播作品、优秀电视作品获全省扶持奖励，省广播电视局荣获全国税收公益广告征集展播工作优秀组织单位一等奖。

【行业监管】严格落实意识形态工

作责任制，严把政治关、导向关、审查关和播出关，持续提升广播电视宣传的传播力引导力、影响力和公信力。进一步加强导向管理，共组织参加国家广电总局宣传例会47次，编发《宣传提示》21期、89条。强化安全播出监测管理，深入开展安全隐患大排查大整治，健全完善应急预案，扎实开展应急演练，全力做好广播电视设施安全保障工作，实现重要保障期安全播出“零事故”。严格落实广播电视节目播前三级审查、重播重审等制度，监评省市自办栏目75个，对全省广播电视播出机构和网络传输机构规范化管理工作进行了全面检查，完成全省282家节目制作经营机构的业绩审核工作。强化广播电视广告事前、事中、事后全程监管，监听广播广告81批次，监看电视频道广告84批次，印发整改通知21份，核查处理群众投诉举报10起，整治违法违规广告170多条。组织开展了全省非法卫星电视接收设施专项整治行动和打击治理“黑广播”“伪基站”专项行动，共查缴非法接收设施1800余台，查处“黑广播”11起，整治违规调频14起，有效维护了全省广播电视传输播出秩序。

【脱贫攻坚】省广播电视局认真履行组长单位职责，先后两次组织召开省直及中央驻甘帮扶武都区成员单位脱贫攻坚帮扶工作推进会，积极协调各成员单位做好扶贫帮扶工作。多次召开局党组会议、局务会议研究脱贫攻坚帮扶工作，制定《2018年脱贫攻坚帮扶工作实施计划》。大力开展产业帮扶，为8个帮扶村每村安排资金10万元，协调武都区洛塘镇为每村解决产业资金10万元，重点发展周期短、见效快的林下规模养鸡产业，建成养鸡场8个，饲养土鸡9000余只。同时，多渠道筹集资金40万元，支持帮扶村发展花椒、中药材等传统种植产业。组织多批次干部职工进村入户开展帮扶，进一步完善落实“一户一策”精准脱贫计划。组织对8个帮扶村的395户贫困户和71名老党员进行了慰问，利用20万元返还党费开展了党支部结对共建活动。紧盯主责主业，积极推进行业扶贫，组织对全省贫困地区农村广播电视信号入户情况进行了摸底调查。深入实施广播电视重点惠民工程，积极争取全省深度贫困地区1130户贫困家庭安装了直播卫星接收设备，丰富了贫困地区广大人民群众的精神文化生活。

【全面从严治党】省广播电视局严格履行全面从严治党主体责任、主要负责人的第一责任、班子成员的“一岗双责”和纪检监察机构的监督责任，组织召开了党风廉政建设和反腐败工作会议，层层签订全面从严治党目标责任书，以党支部建设标准化工作为抓手，靠实责任、传导压力，推动全面从严治党从宽松软走向严紧硬。制定《2018年巡察工作计划》，对12个机关处室和直属单位开展了巡察，组织对中央第三巡视组巡视及“回头看”问题、省委第六巡视组巡视反馈问题和十九届中央第一轮巡视反馈自查问题，进行了系统梳理和集中整改。着力抓好廉政风险防控，广泛开展警示教育活动，进一步严肃党内政治生活，加快推进“两学一做”学习教育常态化制度化。认真执行民主集中制和“三会一课”、党员领导干部双重组织生活等制度。着力加强精神文明建设，组织举办了“宣传新思想、记录新时代”迎新春主题党日活动、“走进新时代，谱写新篇章”纪念改革开放40周年书画摄影展主题党日活动等文体活动。积极开展文明交通劝导、义务植树等志愿服务活动，加快推进行业史展馆更新工作，文明创建成果得到有效巩固提升。持续加强作风建设，深入开展“作风建设年”活动和“三纠三促”专项行动，建立了问题清单和整改台账，组织实施党建质量优化、转观念强素质、深入基层调研、全员创先争优、政务效能提升、抓督查促落实“六大行动”，全局政风行风持续向好。牢固树立正确选人用人导向，强化监督管理，严把干部选任动议关、推荐关、考察关、决定关、任职关，坚决防止“带病提拔”。认真做好教育培训工作，举办各类培训班34期，培训6582人次，全省广播电视工作迈上了新台阶。

（李函珂）

生态环境保护

【概况】2018年，全省生态环境系统以习近平生态文明思想为指导，深入贯彻落实习近平总书记视察甘肃重要讲话和“八个着力”重要指示精神，坚持把生态文明建设和生态环境保护作为重大政治任务，统筹谋划、整体推进、重点突破，较好完成了生态环境保护工作各项目标任务。全年全省空气综合质量指数为4.29，比上年下降2.1%；空气质量平均优良天数比率为82.8%，超额完成年度目标0.8个百分点；PM2.5浓度均值为34微克/立方米，较2015年下降19%。全省38个国家考核断面中，达到或优于Ⅲ类的断面36个，地表水水质优良比例为94.7%，无劣Ⅴ类水体；18个重点监管地级城市集中式饮用水水源地水质达标比例为100%；18条城市建成区黑臭水体消除比例为94.04%；35个地下水国家考核点位水质极差比例为8.57%，均达到国家目标要求。经自查，预计全省二氧化硫、氮氧化物、化学需氧量、氨氮4项主要污染物可以完成国家下达的减排任务。

【学习贯彻习近平生态文明思想】全省各级党委政府、各级各部门及时传达学习习近平生态文明思想和全国生态环境保护大会精神，省委省政府召开全省生态环境保护大会，各市州相继召开生态环境保护大会。制定出台《甘肃省关于全面加强生态环境保护坚决打好污染防治攻坚战的实施意见》《甘肃省污染防治攻坚方案》，配套31个专项行动方案（29个已出台实施）。建立健全生态环境保护责任体系，制定《甘肃省生态文明建设目标评价考核办法》，严格落实生态环境保护“党政同责”“一岗双责”。

【环保督察】省委、省政府召开省委常委会会议、省政府常务会议和专题会议30余次，省政府按季度召开全省中央环保督察反馈意见整改工作调度会，统筹研究、协调推进中央环保督察反馈问题整改工作。制定《2018年甘肃省环境保护督察工作方案》，由省级领导带队实现全省所有市(州)督察全覆盖。省委督查室明查暗访和省政府联合专项督查双管齐下，对全省整改情况进行了14轮现场督导检查，对62项整改任务落实情况进行核查和“回头看”。严肃追责问责，省纪委监委牵头查办问题线索并对218人问责，各市州对整改责任不落实、存在违纪违规问题的55人进行了责任追究。中央环保督察反馈的3大类19个方面的62个问题，截至2018年底已按时限要求完成51项，2020年应完成的10项正在按时限要求抓紧推进；个别现场核查又发现整改不彻底或反弹的问题正按要求改进。

【祁连山生态环境问题】按照《甘肃祁连山自然保护区生态环境问题整改落实方案》任务分工，省生态环境厅共涉及8类22项整改任务，要求2018年落实的3项整改任务已全部完成。

【全省自然保护区生态环境问题整改】组织开展自然保护区生态环境问题整改专项执法检查和神树水电站生态破坏专项整治，举一反三开展3轮专项督查；深刻汲取秦岭北麓违建别墅问题教训，对问题较多的3个市州下发抄告通知，组织开展秦岭余脉自然保护地生态环境问题排查整治。截至2018年底，全省自然保护区自查发现的1845个问题已完成整改1721个，完成率93.28%。

【全省主要污染物减排目标完成情况】经自查，2018年完成大气污染减排项目40个、水污染减排项目81个，预计2018年全省二氧化硫、氮氧化物、化学需氧量、氨氮可以完成国家下达的约束性指标任务(国家正在审核之中)。

【大气污染防治】制定实施年度工作方案和三年行动作战方案，严格落实重点任务“六张清单”挂账销号和“网格化”监管要求，实行空气质量三级预警机制。支持实施全省火电机组超低排放改造、大气污染治理项目，淘汰整治燃煤锅炉3160台13081蒸吨，清洁取暖完成改造近40万户。施工场地落实“六个百分百”抑尘措施合格率95.2%，淘汰各类老旧车4.3万辆，14个市州所在城市基本建成优质煤炭集中配送和监管体系。

【水污染防治】实施清单销号和定期预警通报制度，对存在水质超标现象的河流所在市州政府进行约谈。开展县级及以上集中式饮用水水源地专项行动，45个地级集中式饮用水水源地环境问题提前1个月完成整改。开展全省2018年城市黑臭水体整治环境保护专项行动，18条城市黑臭水体完成整治17条。2018年之前批准的35个省级及以上工业集聚区中有34个建成了污水集中处理设施，完成渭河流域定西—天水段生态补偿试点工作。

【土壤污染防治】省政府与各市州政府签订土壤污染防治工作目标责任书，省土壤污染防治领导小组印发土壤污染防治年度工作计划、评估考核规定，组织开展土壤污染状况详查，完成农用地环境污染状况详查。落实《甘肃省2018年土壤污染治理与修复项目推进工作方案》，加快推进土壤污染治理与修复项目实施。

【固体废物及危化品污染防治】加强危险废物全过程监管和固体废物整治力度，严厉打击固体废物非法转移和倾倒违法犯罪活动。督促市州开展2017年危险废物规范化管理督查考核发现问题整改和2018年度118家重点企业危险废物规范化考核工作。制定全省危险废物处置能力提升行动计划，组织开展打击洋垃圾违法行为专项行动，加强危险化学品环境监管和医疗废物及电子废物拆解审核监督管理等工作。

【农村环境治理】争取中央农村环境整治资金5890万元，安排省级环保专项资金4600万元，切块下达至贫困县，由其按照涉农资金整合使用，并重点向“两州一县”和18个深度贫困县倾斜。指导资金整合后，继续实施农村环境整治项目的212个行政村，开展以饮用水水源地保护、农村垃圾污水治理、畜禽养殖污染防治为重点内容的农村环境整治，改善农村人居环境。

【生态保护和修复】《甘肃省生态保护红线划定方案》通过生态环境部、自然资源部审核，红线勘界定标试点工作正在开展。印发实施《甘肃省生态环境损害赔偿制度改革实施方案》，组织开展“三线一单”和生态环境保护责任清单编制前期工作。平凉市、两当县分别获得国家生态文明建设示范市、县称号。

【环境监测】完成国家地表水环境质量监测事权上收。建成了覆盖主要河流(湖库)断面(点位)的水环境自动监测网、环境空气质量预报预警平台和联网监测平台，启动了全省环境空气质量组分网建设工作。系统谋划全省生态环境监测网络建设工作，编制完成了《甘肃省生态环境监测网络建设项目可行性研究报告》，完成立项审批，正在组织开展项目建设。

【环境执法监管】全力推进中央巡视“回头看”、祁连山专项督查、中央环保督察反馈问题整改，组织开展涉水、大气、固废等明查暗访专项督查，实施“重拳出击遏制环境违法行为保障人民群众合法环境权益”和“集中整治散乱污企业”专项行动，与有关部门联合开展“打击环境资源犯罪”专项检查，对中铝兰州分公司大修渣倾倒问题、长庆油田采油区污染、武威污水处理厂和永昌供热公司超标等生态环境问题进行了督查督办，积极促进全省重点污染源全面达标排放，以执法服务不断助力企业高质量发展。全年全省行政处罚案件1348件，处罚金额1.22亿元。

【环境应急管理】加强环境事件应急预案备案管理，省市县均印发了应急预案，完成备案企业2575家，备案率达99%。全省组织突发环境事件应急演练24次。加强部门联动，指导甘南州、庆阳市、平凉市与相邻省市开展环境应急联动机制建设。修订省级突发环境事件应急预案，组织开展全省提升环境应急能力预防突发环境事件专项行动。妥善处置平凉市泾川县“4·9”交通事故导致柴油罐车破损部分柴油泄漏事件等5起突发环境事件，有效保障了环境安全。

【环境风险隐患排查整治】积极开展全省重点风险源企业监督检查工作，督促落实企业环境安全主体责任和生态环境部门监管责任。组织对全省环境风险隐患排查整治工作进行专项督查，同时，加强枯水期、汛期环境安全风险防控工作，认真开展环保项目“邻避”问题排查。相继对重点风险源企业、沿河企业及尾矿库等企业进行了分类摸底，初步建立了全省风险源数据库。

【核与辐射管理】印发《甘肃省落实〈核安全与放射性污染防治“十三五”规划及2025年远景目标〉实施方案》。组织开展辐射安全管理省级督查及辐射安全检查专项行动。组织完成辐射环境国控点、省控点监测及重点污染源监督性监测，11个市州新建辐射环境自动监测站及重点部位10个自动站选址意见通过生态环境部现场核验。组织指导兰州等4个市州开展市级辐射事故应急演练。完成全省伴生矿普查初测、详查及质保检查工作。组织开展核安全法暨核安全文化宣贯实施年活动。

【环境影响及评价管理】召开现场推进会，推广张掖生态环境监管机制改革工作经验，印发实施《甘肃省人民政府办公厅关于进一步深化环评“放管服”改革的意见》。近84%的建设项目环评审批权下放到市州、县区，行政审批办理时限缩短了30%—50%。全省165个省列重大项目中有139个已批复，占84%。全力支持榆中生态创新城建设，组织召开榆中生态创新城规划建设协同推进会，研究制订了《甘肃省生态环境厅关于协调推进榆中生态创新城规划建设的方案》。

【生态环境法规、制度、标准建设】组织修订《甘肃省自然保护区条例》《工业企业环境保护标准化建设基本规范》，出台《甘肃省大气污染防治条例》，印发《甘肃省生态环境损害赔偿制度改革工作实施方案》《甘肃省环境保护行政执法与刑事司法衔接工作实施细则（试行）》等5个规范性文件。在金川公司开展绿色发展标准化管理体系建设试点，在458家工业企业开展环保标准化建设暨环境信用评价，对158家重点企业开展强制性清洁生产审核。

【生态环境宣传教育】印发《2018年全省环境宣传教育工作要点》，召开全省生态环境宣传工作会议，在省内外媒体刊登环境宣传报道400余篇。通过政务微博“甘肃生态环境”和微信公众号“甘肃生态环境”，及时发布和公开环境管理和环境质量信息。印发全省生态环境系统打好污染防治攻坚战宣传工作方案，召开全省污染防治攻坚战工作进展情况新闻发布会，与省广播电台《阳光在线》联办生态环境宣传栏目，组织开展“六·五”环境日活动、7次环保设施公众开放活动。

【生态环境机构改革、“垂改”和综合执法队伍整合】顺利完成省生态环境厅组建，整合4个部门的6项职责，厅机关内设机构由14个（含机关党委）增加到19个（含机关党委），新设5个派驻督察局。认真落实中央关于实行省以下环保机构监测监察执法垂直管理制度，统筹推进“垂改”和生态环境保护综合执法队伍改革各项工作。

（魏久南）

妇女工作

【“巾帼心向党·建功新时代”主题教育活动】紧抓节点开展“庆祝改革开放40周年”“砥砺奋进的五年”“巾帼心向党·建功新时代”等主题活动5100多场次，培树推广一批巾帼建功典型。深化“百千万巾帼大宣讲”“陇原妇女面对面”等活动，深入基层、机关、企业、高校宣讲481场次，五级妇联同频共振开展“指尖上的宣讲”，发布信息9千余条，阅读转发20余万次，大力宣传妇联工作亮点、妇女事业成就。

【“巾帼扶贫车间”】召开巾帼扶贫车间建设甘谷现场会和全省深度贫困地区推进会，下发指导意见，规范车间建设，推动陇原巧手企业及巾帼脱贫示范基地成功转型，帮助妇女就近就业。将妇女组织建到车间，让女工身边有了“娘家人”。争取专项资金1000万元，并纳入2019年财政预算，助力巾帼扶贫车间健康发展。截至2018年底，全省共建成巾帼扶贫车间358个，车间妇女组织208个，就业妇女达23949人，人均月增收1500元左右。

【“陇原妹”巾帼家政服务品牌】搭建与发达地区合作平台，将北京清檬养老服务公司和阳光北亚家政服务公司发展为陇原妹输转培训就业机构，拓展贫困妇女在养老服务领域的就业渠道。落实项目资金2100万元，培训贫困妇女近2万名，输转7747名，月收入3500元以上。

【“陇原巧手”产业】落实1000万元陇原巧手技能培训项目，培训2万名巧手和1200名巧手骨干，扶持创建省级巧手双创示范基地10个、剪纸基地5个，在中川机场设立14个市州“陇原巧手”产品展示窗口。积极争取全国手工编织协会支持，促成陇原巧手联盟与山东、台湾、新加坡等地签订产品订单3952万元，全省各地签约订单174笔1776.5万元。

【巾帼特色产业联盟】推广“联盟+产业基地+贫困妇女+市场营销”的扶贫模式，组建巾帼特色产业联盟3379个，带动贫困妇女脱贫致富。举办全省深度贫困村妇联主席农特产品全球直供电商培训和女牛肉拉面师培训，在北京新发地农产品批发市场建立陇原巾帼扶贫馆，发掘女经纪人的市场潜力，打造陇原特色农产品线上线下销售网点。

【“美丽庭院”创建工作】纳入全省农村人居环境整治三年行动共同推进，调动妇女在农村垃圾污水处理和村容村貌提升工作中的积极作用。全省创建示范村1674个，示范户19125户。

【寻找“最美家庭”活动】通过线上线下“妇女之家”设立“最美家庭”光荣榜，组织开展“相伴共读·书香润德”亲子阅读、家庭教育微课堂等特色活动2900余场次，发动广大家庭自荐互荐、互评互议，涌现出省级“最美家庭”1000户、市县级4442户，25户家庭当选全国“最美家庭”，25户家庭当选全国“五好家庭”。

【首届妇女文化交流论坛】在第三届敦煌文博会上成功举办首届妇女文化交流论坛及系列活动，27个省份350位知名女企业家、全国手工艺名师、书画家来甘交流。展出优秀书画作品百余幅，“陇原巧手”产品再次汇集敦煌，互融互鉴，为陇原妇女搭建了文化创新交流、创业发展的平台，向全国各地优秀女性推介了甘肃，展示了陇原妇女拼搏进取的良好形象。

【妇女儿童权益维护】出台贯彻落实反家暴法实施意见，推动将甘肃省反家暴实施办法纳入立法规划。针对高价彩礼、婚姻家庭矛盾纠纷多发等问题开展调研，协调推动省委政法委等8部门形成加强婚姻家庭纠纷预防化解工作的意见，指导基层切实做好排查调处工作。全年群众来信来电来访3240件次，法律援助项目帮助101人挽回损失443.49万元。培训贫困地区妇联干部和人民调解员500余人。针对侵害妇女儿童权益的突发事件，积极开展舆情应对和关爱帮扶。

【农村妇女“两癌”检查为民办实事项目】将农村妇女“两癌”检查工作纳入省委省政府为民办实事项目。各地加大宣传和普查力度，超额完成年度目标任务，共检查101.87万人，乳腺癌、宫颈癌检出率较2017年提高29.1%和53.55%，为患者赢得了宝贵的时间。争取“贫困母亲两癌救助专项资金”1931万元。

【东西部协作帮扶】推动天津、甘肃妇联巾帼家政、巧手编织扶贫协作意见落地，选派24名巧手骨干前往天津参加非遗传承人培训，输送49名“陇原妹”天津就业。协调江苏龙腾集团捐助400盏价值160万元的路灯。与浙江、福建、贵州省妇联对接巧手产业合作，探索提升设计水平，拓展销售渠道。定西、福州两市妇联开展牵手帮扶计划，线上同步开设“爱心集市”专栏，带动贫困妇女234人，收益43.58万元。

【引领服务联系基层】在探索省妇联厅级领导牵头包抓“4+1”个深度贫困县工作基础上，进一步下沉工作重心，省市县三级妇联联系包抓23个深度贫困县、40个深度贫困乡镇、3720个深度贫困村，有效克服机关化、行政化倾向。量化指标，压实责任，坚持双周调度、季度督导、半年总结、年度考评，形成同心同向的包抓合力。

【破解村妇联主席报酬历史难题】推动全省村(社区)妇联主席每月不少于300元的报酬全部落实到位，解决了省妇联成立以来一直想解决而没有解决的难题。

【网上引领服务联系妇女群众】积极发挥五级妇联新媒体矩阵优势，推动基层建“干部联系包抓群”“姐妹连心群”等微信群近2万个，上下联动，有效融合网上妇联工作，实现“零距离”沟通服务。微信公众号传播指数突破上升，全年省级新媒体稿件阅读量达560万人次，“甘肃妇女”在全国排名一度提升到15位，庆阳、白银、天水、兰州、张掖、武威等6市妇联微信公众号稳居全国50强。

【困难群众关爱活动】认真贯彻习近平总书记“把更多注意力放在最普通的妇女特别是困难妇女身上”的指示精神，落实“母亲邮包”“微笑行动”等项目资金及社会公益资金2600多万元，为5.54万困境妇女儿童送上组织的关爱和温暖。11月，克服突降大雪，山路难行的困难，将1万件羽绒服发放到贫困妇女手中。开展巾帼志愿服务活动6700余场次，东乡抗洪救灾一线的巾帼志愿者受到省委主要领导的慰问和鼓励。

（顾晓冬　崔娟）

人民生活

城镇居民

2018年，甘肃省委、省政府持续抓好民生政策的落实，不断增强人民群众的获得感，城镇居民收入继续保持了十八大以来较快的增长态势，生活显著改善。

【收入情况】2018年，全省城镇居民人均可支配收入29957.0元，比上年增加2193.6元，增长7.9%，增速高于全国平均水平0.1个百分点，在全国的位次比上年前移3位。

就业人数增加，工资性收入增长8.0%。全年全省城镇居民人均工资性收入19930.1元，比上年增加1470.5元，增长8.0%；占收入的比重为66.5%，拉动人均可支配收入增长5.3个百分点。工资性收入在居民收入中仍占主导地位，是居民收入的主要来源，是收入增长的主要动力。带动工资性收入增长的主要因素：一是全年城镇新增就业46万人，为工资性收入稳定增长打下坚实基础；二是最低工资标准和企业工资增长指导线上调，有效保障了企业职工工资收入增加；三是行政单位考核奖增加、部分企事业单位绩效工资和年终奖金标准提高以及上年机关事业单位人员工资提高翘尾因素影响，带动全社会整体工资水平提高。

旅游持续升温，经营净收入增长9.5%。全年全省城镇居民人均经营净收入2333.8元，比上年增加201.8元，增长9.5%。主要是全年全省旅游接待人数、旅游综合收入分别增长26%和30%，带动城镇居民收入中人均住宿和餐饮业收入增加349.4元，增长近1.5倍，有效助推经营性收入增长。

红利收入增加，财产净收入增长6.3%。全年全省城镇居民人均财产净收入2527.5元，比上年增加148.8元，增长6.3%。其中，红利收入达117.8元，增加61.7元，增长110.1%。

保障力度增大，转移净收入增长7.8%。2018年，甘肃养老、医保、低保等补贴政策相继提高标准，惠及不同居民群体，政策性促增实现全覆盖。全省城镇居民人均转移净收入5165.6元，比上年增加372.6元，增长7.8%；占收入的比重为17.2%，拉动可支配收入增长1.3个百分点，是城镇居民收入增长第二大动力因素。

【消费支出】随着居民收入稳步增加，消费水平也不断提高，消费亮点突出，生活质量持续改善。全年全省城镇居民人均消费支出22606.0元，比上年增长9.4%。居民八大项生活消费支出呈现“六升一平一降”趋势。其中，增长最快的是居住支出，增速高达32.2%；占比较高的食品烟酒、居住、交通通信和教育文化娱乐约占总消费的72.7%。

消费结构优化升级。2018年，甘肃城镇居民生活消费结构升级明显，基本消费支出占比下降，享受型消费支出占比提高。人均食品烟酒支出占人均消费支出为28.7%，比上年减少0.5个百分点；人均衣着支出占8.4%，比上年减少0.8个百分点；人均生活用品及服务支出占6.4%，比上年减少0.2个百分点。人均医疗保健支出占9.8%，比上年提高1.4个百分点；人均居住支出占22.4%，比上年提高3.9个百分点。

食品消费更健康。随着家庭收入越来越宽裕，居民享受“舌尖上的甘肃”的同时，更加注重营养健康。全年全省城镇居民人均食品烟酒消费支出6491.3元，比上年增长7.6%。居民用于吃的消费占比最高，城镇居民蛋类、奶类、禽类、水产品支出分别增长46.8%、12.8%、10.5%和8.0%，酒类和食用油支出小幅下降；饮食服务消费增长明显，增长24.4%。

耐用消费品升级换代加快。收入丰厚了，消费支出增加了，居民家庭中置备的电器、设施、车辆等耐用消费品也更多、更新、更好。冰箱、洗衣机等传统家用电器拥有量逐年提高，以电脑、上网手机等为代表的信息化消费日新月异，汽车户均拥有量则增势迅猛。全年全省城镇居民平均每百户拥有洗衣机99.8台，电冰箱（柜）97.6台，电视机102.2台，空调13.8台；每百户平均拥有计算机59.6台，其中接入互联网的计算机47.5台，移动电话246.1台；居民平均每百户拥有汽车30辆，比上年增长11.6%。

（杨涛）

农村居民

2018年是贯彻党的十九大精神的开局之年，省委、省政府和全省各部门以习近平新时代中国特色社会主义思想为指导，认真贯彻落实中央改革发展各项重大决策部署，始终坚持以人民为中心的发展理念，着力促进经济社会发展，高度重视居民增收工作，在供给侧结构性改革、乡村振兴战略、脱贫攻坚等因素推动下，全省农村居民收入较快增长，生活消费水平不断提高。

【收入情况】2018年，全省农村居民人均可支配收入8804.1元，比上年增长9.0%。收入水平比全国平均水平14617元低5813元，在全国31个省

(市、区)中排末位；增速比全国平均增长水平8.8%高0.2个百分点，居全国第13位，位次比2017年前移12位。从农村居民收入构成来看，四项收入全面增长。其中，工资性收入比上年增长11.4%，经营净收入增长7.5%，财产净收入增长48.6%，转移净收入增长6.3%，财产净收入增速最高。本地务工形势较好，工资性收入增长11.4%。全年全省农村居民人均工资性收入2534.7元，比上年增长11.4%，对收入增长的贡献率为35.7%，拉动可支配收入增长3.2个百分点，是支撑农村居民收入增长的重要来源。一是积极开展农民工职业技能培训。各级采取集中培训、进村入社、包村包点等多种渠道和方式，大力开展农业实用技术培训。截至目前，累计培训农民工超过100万人次，其中培训贫困村村干部、“科技明白人”、新型职业农民、特色优势产业15万多人次，较好拓宽了最困难群体的就业渠道，农村劳动力就业能力不断提升。2018年本地非农务工人员月平均工资为2935元，比上年增长13%。二是随着乡村振兴战略的深入推进，本地公路铁路、棚户区改造、基础项目建设等重点工程工价上涨10%左右，加之政府加大农民工拖欠工资治理力度，农村居民务工收入增加。三是全省各地大力发展菜、果、薯、药等特色产业，收购、仓储、加工、包装等用工需求量增加，促进本地务工人数增多。四是建筑市场、家政服务工资略涨，餐饮业、服务业用工量增加，临近年底大量农民工结算工资返乡，使得全省农村居民工资性收入较快增长。

特色产业蓬勃发展，经营净收入增长7.5%。全年全省农村居民人均经营净收入3823.7元，比上年增长7.5%，对收入增长的贡献率达到36.7%，拉动可支配收入增长3.3个百分点。一是粮食生产实现丰收。全省粮食面积略减0.1%，但总产、亩产分别比上年增长4.1%和4.2%，农业收入增长3.4%。二是部分畜牧产品价量稳步提高。全年全省牛存栏、出栏、价格分别增长3.8%、1.8%和5.0%，羊存栏、出栏、价格分别增长2.5%、3.4%和10.0%，牧业收入增长8.6%。三是非农经营拉动农村居民增收效果明显。全年全省建成省、市、县“美丽乡村”3700多个，促进农村居民人均交通运输仓储和邮政业收入增长50.6%，租赁和商务服务业收入增长36.4%，居民服务修理和其它服务收入增长65.2%。四是特色产业蓬勃发展。全省蔬菜面积、产量分别增长4.6%、6.6%；中药材种植面积、产量分别增长3.4%、9.7%。

政策扶持有力，财产净收入增长48.6%。全年全省农村居民人均财产性收入211.5元，比上年增长48.6%，对收入增长的贡献率为9.5%，拉动可支配收入增长0.9个百分点。一是随着精准扶贫力度加大，全省60%以上的贫困县组建了国有农发公司，“保底收益+按股分红”等分配方式，使农村居民人均集体分配的红利收入增长3倍以上。二是转让承包土地经营权租金收入增长明显。全年全省农村土地流转面积1333万亩，流转率27.2%，人均土地流转收入达到189.6元，比上年增加95.6元，增长101.7%。三是贫困县“三变”改革效果初显。据省农牧厅统计，截至11月底，全省58个贫困县落实到户产业扶持资金80多亿元，到位率90%以上。其中，用于发展产业的补助资金36亿多元，用于入股配股的资金47亿多元，使近70多万户贫困户受益，政策红利不断显现。

民生投入加大，转移净收入增长6.3%。全年全省农村居民人均转移净收入2234.1元，比上年增长6.3%，对收入增长的贡献率为18.1%，拉动可支配收入增长1.6个百分点。一是农村低保和农村五保供养标准提高。从2018年1月起，农村低保一、二类对象月补助标准水平分别提高3.6%、6.3%，全省农村五保供养省级补助标准提高15%。二是大病保险保障水平提高。从2018年起，全省城乡居民参保患者住院和门诊慢特病费用按现行基本医保政策报销后，个人自负合规医疗费用超过5000元(不含5000元)的部分纳入大病保险，按比例分段递增报销。

【消费支出】2018年全省农村居民人均消费支出9064.6元，比上年增长12.9%。随着收入增长，农村居民在居住、医疗保健等方面的消费支出增长明显，耐用消费品升级换代加快，生活质量不断改善，八大类消费呈全面增长的态势。“八大类”消费支出全面增长。从增长情况看，医疗保健类增长最快，比上年增长27.2%；教育文化娱乐、其他商品和服务、食品烟酒、居住类消费支出呈两位数增长，分别增长20.9%、17.0%、10.5%和10.5%；衣着、交通通信、生活用品及服务分别增长9.8%、6.1%和6.0%。

生活消费逐渐由生存型向发展型、享受型转变。全年全省农村居民人均消费支出9064.6元，比上年增长12.9%，增速高于全国2.2个百分点。其中，农村居民家庭用于居住、教育文化娱乐、医疗保健的支出分别为1725.8元、1201.9元、1132.6元，分别增长10.5%、20.9%、27.2%。农村居民在改善居住环境、提升就医保健意识、加大教育娱乐投资等方面由生存型向发展型、享受型转变。

耐用消费品升级换代加快，生活质量得到不断改善。2018年，全省农村常住居民家庭每百户拥有家用汽车数量20.9辆，比上年增长49.1%；拥有空调数量1.9台，增长110%；拥有移动电话数量300.8台，增长12%；拥有热水器的数量35.3台，增长33.7%。居民出行更加便捷、水电设施逐步完善、移动终端升级加快，消费水平持续提高，生活质量不断改善。

(张涛)

扶贫开发

【概述】2018年，甘肃省坚持以脱贫攻坚统揽经济社会发展全局，紧紧围绕“两不愁三保障”扶贫标准，聚焦深度贫困地区和特殊贫困群众，坚持问题导向，优化政策供给，着力夯实精准帮扶、产业扶贫、各方责任、基层队伍和工作作风“五个基础”，顺利完成了年度目标任务。全年减少贫困人口77.6万人，贫困人口由2017年底的188.6万减少到111万，贫困发生率由

9.6%降至5.6%，有18个贫困县(片区县14个、插花县4个)摘帽退出。

【攻坚责任】层层签订责任书、立下军令状，形成了省市县乡村五级书记一起抓、各地各部门协力推进的工作格局。加强省脱贫攻坚领导小组力量，省委常委和副省长全部担任领导小组副组长，负责分管领域的行业扶贫和组织保障工作。组建12个脱贫攻坚专责工作组，抽调相关部门工作人员到主责单位集中统一办公，提高了工作效率。出台领导小组成员单位责任清单及问责办法，按照"谁主管、谁负责"的原则，强化行业扶贫工作责任。健全完善督战机制，建立省市县乡党政主要负责人和村党支部书记、第一书记定期调度制度，将脱贫攻坚重点任务量化为7大类、38项具体指标，每月通报工作进展情况，进一步传导压力，以责任落实推动脱贫攻坚工作落实。

【资金投入】甘肃省财政专项扶贫资金投入173.3亿元。其中省级安排46.2亿元，比上年增长145%。整合省直13个部门管理的中央20项、省级14项涉农专项资金175亿元，安排一般债券额度115亿元，所有财政专项扶贫资金和70%以上的整合涉农资金主要用于到户扶持。加大金融支持力度，累计发放精准扶贫专项贷款437.57亿元，惠及贫困人口96.8万户、398.8万人。通过财政注入和企业、金融机构参股，全省总担保规模达到120亿元，排名全国第2位。

【一户一策】深入贯彻精准方略，省、市、县、乡40多万名干部进村入户，与贫困群众面对面分析致贫原因、商议脱贫措施，制定完成65万户261万人(含已脱贫巩固提升户17万户72万人)的"一户一策"精准脱贫计划，把剩余贫困人口脱贫任务分解到年、精准到人、落实到具体举措上，推动扶贫政策到村到户到人。

【两不愁三保障】投入"全面改薄"资金42.71亿元新改建校舍5253所，实现了深度贫困地区有需求的行政村幼儿园全覆盖。劝返建档立卡义务教育阶段辍学学生9352人，劝返率达到99.93%。实施大病集中救治一批、慢病签约服务管理一批、重病兜底保障一批"三个一批"行动计划，建立以基本医保、大病保险、医疗救助为主要内容的合规医疗费用报销体系，贫困人口大病保险起付线降至2000元，合规住院医疗费用报销达到85%以上。组织开展了全省农村危房"拉网式"排查鉴定，全年完成危房改造7.9万户。加大对特困户的支持力度，户均补助标准从1.15万元提高到2—2.5万元，对没有能力建房的特困户，采取房屋置换、长期租赁和兜底统建等方式进行托底保障，想方设法让贫困群众住上安全房。全年完成易地搬迁住房建设2.2万套，竣工率61.3%，搬迁入住6.28万人；完成住房主体建设3.3万套，完工率91.6%，同步推进生产配套和产业扶持，确保群众搬得出、稳得住、能脱贫。

【产业扶贫】健全产业组织体系，加强龙头企业引进和农民专业合作社培育组建。贫困地区新增龙头企业291家，累计达到1781家；新建专业合作社2862个。基本实现了每个贫困县特色优势产业至少组建1个带贫能力强、辐射面广的龙头企业，每个贫困村有2个以上专业合作社，增收项目和资金对有能力发展产业的贫困人口全覆盖。强化资金投入体系，筹集设立了1000亿元特色产业发展工程贷款、500亿元产业发展投资基金和500亿元农产品收购贷款，同时整合119.11亿元涉农资金，按照人均5000元、户均2万元、每户最多不超过3万元的原则，用于到户到人的产业增收项目，特色产业贷款累计发放286.5亿元。建立产销对接体系，成立由200多家省内外会员企业参与的省农业扶贫产业产销协会，举办农产品产销对接活动和贸易洽谈会，推动甘肃特色优质农产品走进京津冀、长三角、粤港澳、成渝地区、东西部扶贫协作区等大市场，并支持贫困地区建成果蔬保鲜库701座、新增储藏能力26.3万吨。完善风险保障体系，构建起以保险保本垫底、入股分红保底、公益岗位托底和低保政策兜底的"3+1"保险保障体系。

【社会扶贫】制定《东西部扶贫协作三年行动计划》，省委、省政府主要领导带队赴对口帮扶省、市进行协商对接，签署《2018年东西部扶贫协作协议》，天津、福州、厦门、青岛4市投入甘肃省财政帮扶资金19.78亿元，是2017年的4倍，引导121家龙头企业实施产业扶贫项目，帮助1.95万名贫困劳动力实现就业。深入开展"携手奔小康"行动，东部4市所属县区对甘肃省58个贫困县实现帮扶全覆盖，双方共选派369名干部交流挂职，所属乡镇、街道社区与甘肃省贫困村、学校、医院、企业广泛建立结对帮扶关系。主动对接中央单位定点扶贫工作，33家中央单位共投入帮扶资金3.91亿元，实施帮扶项目293个，帮助引进资金规模达39.76亿元、项目118个，已落实16.05亿元。实施"千企帮千村"行动，组织1587户企业结对帮扶全省2357个贫困村，投入资金36.77亿元，帮扶贫困人口38.38万人。动员社会组织广泛参与脱贫攻坚，全省189个社会组织累计投入资金6620.05万元，帮扶75个贫困村，惠及贫困人口18.95万人。

【精神扶贫】制定《关于在全省组织开展"精神扶贫"工程的工作方案》《甘肃省治理高价彩礼推动移风易俗的指导意见》，从组织保障、政策宣传、乡风文明、文化惠民等方面综合施策。推广"农民讲习所""两户"见面会等成功做法，组织专家为贫困群众解读脱贫攻坚政策，由脱贫户现身说法，用身边事教育引导身边人，增强贫困群众依靠双手脱贫致富的信心和决心。在省内媒体开办"脱贫攻坚奔小康"专栏，宣传推广先进单位和个人的典型事迹，引导贫困群众树立勤劳致富、脱贫光荣观念，营造打赢脱贫攻坚战的良好氛围。

【整村推进】加快推进贫困村整体提升工程，贫困地区全年新建农村公路10036公里(含整治"畅返不畅"农村公路3706公里)，目前除6个向交通部报备不具备通硬化路的建制村外，全面实现建制村通硬化路的目标。贫困村对应的自然村实现动力电全覆盖。完成农村饮水安全巩固提升工程年度任务，受益人口90万户382万人，贫困地区农村集中供水率和自来水普及率分别达到91%和88%。推进电信普遍服务试点，全省98%以上的行政村开通光纤宽带，提前实现2020年的目标。

【帮扶工作】加强帮扶力量，选派专职副书记54人、科技副县长55人到贫困县挂职，将东部4市、中央定点帮扶单位选派的160多名挂职干部全部安排到扶贫部门和贫困市、县，分管或协管扶贫工作。实行干部联系贫困户制度，省直、市直部门干部每人结对帮扶2—3户贫困户，剩余贫困户由县乡确定帮扶责任人。优化驻村帮扶工作队，省、市、县三级选派的第一书记全部兼任扶贫工作队队长，抽调6000多名专业技术人员充实到扶贫工作队，对不合格、不称职的62名第一书记、2425名驻村帮扶干部全部召回调整。

【深度贫困地区攻坚】制定《甘肃省深度贫困地区脱贫攻坚实施方案》，逐一完善"两州一县"和18个深度贫困县脱贫攻坚实施方案，出台30多个政策文件支持深度贫困地区脱贫，不断完善基本财力保障机制，将扶贫开发支出标准由人均800元提高到1200元；深度贫困地区财政专项扶贫资金支出达到89.9亿元，占全省的67.7%，同比增加50.7%；安排财政涉农整合资金167.7亿元，占全省的69.8%。重点生态功能区转移支付增量资金全部用于"两州一县"。加快深度贫困地区水利、交通、能源、生态、社会事业等项目审批、核准进度，已经布局的建设项目提前实施。将符合条件的贫困户残疾人全部纳入农村低保范围，农村低保家庭和特困供养人员中的残疾人、贫困户重度残疾人全部纳入医疗救助范围。稳步提高各类保障标准，农村一、二类低保对象年补助水平分别提高到3720元和3480元，农村特困救助人员集中、分散供养年保障标准分别提高到6432元和5178元，基本实现"应保尽保、应救尽救"。

【以工代赈】下达以工代赈资金4.28亿元。其中，财政预算内以工代赈资金2亿元，中央预算内投资1.82亿元，省级财政配套资金0.46亿元。将国家安排的2亿元财政预算内以工代赈资金全部安排到"两州一县"，项目资金审批权和使用权全部下放到县一级。指导市县大力推广自建、自管、自营等以工代赈方式，鼓励当地贫困群众积极参与基础设施、生态保护、水利工程等项目建设，及时足额发放劳务报酬，通过参与式扶贫激发内生动力，共建美好家园。

【考核评估】完善考评方式，坚持年终集中考核和平时了解工作情况相结合，健全行业部门量化打分、考核评估组实地核查、脱贫情况综合分析等工作机制，使考评结果更加全面准确、客观公正。强化结果运用，对表现优秀、实绩突出的贫困县党政正职就地提拔；对2017年市、县党委政府扶贫成效考核综合评价为一般或发现某些方面有突出问题的3个市州、15个县区和7个工作推进不力的省直部门，由省委、省政府主要领导进行约谈，调整2名市州政府主要负责人、1名常务副市长和4名贫困县党政正职，推动形成了扶贫领域踏实干事、善作善成的良好环境。

【扶贫宣传】2018年，中央主要新闻媒体和省属媒体刊登或报道甘肃省脱贫攻坚各类稿件8474篇(条)。编印全省脱贫攻坚《专报》34期、《动态》106期。总结筛选全省各地脱贫攻坚典型经验，甄选编印《甘肃精准扶贫100例》《激发脱贫内力100例》《东西协作扶贫60例》。甘肃省1个先进集体和3名优秀个人荣获2018年全国脱贫攻坚奖；20个先进集体和20名先进个人荣获2018年全省脱贫攻坚奖。

(任爱军)

人力资源和社会保障

【就业创业】完善就业政策体系。贯彻落实《国务院关于做好当前和今后一个时期促进就业工作的若干意见》，报请省政府出台全省实施意见，从推动经济发展稳定和扩大就业、优化营商环境促进就业、支持企业稳定就业岗位、鼓励支持创业带动就业、大力开展职业培训等方面提出了具体政策措施。全省城镇新增就业43.13万人，完成年度目标任务的107.8%；城镇登记失业率2.78%，低于4%的年度控制；应届高校毕业生就业率达到92.8%，高于85%的年度目标。突出重点群体就业。选拔6488名高校毕业生到基层服务，引导1万名毕业生到市县所属企业和战略性新兴产业骨干企业服务，为3.4万名困难高校毕业生每人发放了1000元求职创业补贴；涉及去产能分流安置的822名职工全部安置到位；帮助16.54万名失业人员和4.22万名就业困难人员实现就业。综合施策稳定企业就业。继续实施阶段性降低社保费率政策，从2018年5月1日至2019年4月30日，全省养老保险继续执行19%的单位缴费比例，失业保险继续执行1%的缴费比例，符合条件的地区按规定下调工伤保险费率，可累计为企业减负12.8亿元；组织实施失业保险援企稳岗"护航行动"和失业保险支持提升职业技能"展翅行动"，为1938户企业发放稳岗补贴1.5亿元，为7479人次发放技能提升补贴1239.8万元。积极推进创业带动就业。省级创业带动就业扶持资金投入7000万元，为7个省级返乡创业示范县、76个省级创业孵化示范基地、130多名返乡人员等落实创业补助；为2.61万名个人、185户小企业新发放创业担保贷款24.21亿元，吸纳带动就业5.57万人；积极组织参加"中国创翼"创业创新大赛，各有1个创业项目获得全国三等奖和优秀项目奖。不断强化技能培训；开展各类技能培训106万人、职业技能鉴定20.39万人。深入推进转移就业。全年输转城乡富余劳动力522.3万人，完成年度目标任务的104.5%，创劳务收入1110.4亿元，完成年计划的105.8%；加大东西部扶贫劳务协作力度，累计签订劳务合作协议77份，在对口协作地设立劳务服务机构41个，建立了东西部扶贫技能培训和劳务输转需求库，向东部4省市定向有组织输转劳动力12767人，其中建档立卡贫困劳动力5312人；共建设扶贫车间754个，吸纳就业4.92万人，其中建档立卡贫困劳动力1.62万人；鼓励扶持农民工返乡创业，新认定7个省级农民工返乡创业示范县和30个省级农民工返乡创业示范基地，在资金和名额分配上适当向贫困地区予以倾斜，2018年新增返乡创业农民工3.56万人。持续加强公共就业服务。在全省组织开展了就业服务月、“春风行动”、民营企业招聘周等公共就业服务活动，帮助城乡劳动者就业创业；省人力资源市场共举办各类人才招聘会137场次，累计提供就业岗位42.7万个，达成意向性就业协议9.98万人；认真学习贯彻《人力资源市场条例》，报请废止《甘肃省人才市场条例》；对全省失业动态监测企业样本进行了优化，涉及行业18个、职工66.9万人，全年未发生Ⅲ级以上失业预警警报。

【城镇居民收入】健全企业工资分配制度，省政府出台《关于改革国有企业工资决定机制的实施意见》，推进建立健全与劳动力市场基本适应、与国有企业经济效益和劳动生产率挂钩的工资决定和正常增长机制。制定了促进城镇居民增收工作方案，组织实施促进技能人才、科研人员、干部队伍3类重点群体增收实施办法。发布了2018年度企业在岗职工工资指导线，上线、基准线、下线分别为14%、8%、4%。完成了机关事业单位工作人员艰苦边远地区津贴标准调整工作，从2017年1月起，一至五类区月人均增加80元，分别达到210元、350元、580元、1050元、1950元。扩大公立医院薪酬改革试点，在全省选择22家公立医院开展薪酬改革试点，在现有水平基础上合理确定公立医院绩效工资总量，试点公立医院工作人员年人均收入高出当地事业单位工作人员年人均收入75%。着力增加转移性收入，退休人员基本养老金平均增幅5.14%，月人均达到2555元；居民基础养老金最低标准提高到103元；将失业保险金标准一次性提高至最低工资标准的90%，月均达到1391元；工伤保险月人均伤残津贴达到2667元。

【人社扶贫】完善就业扶贫政策措施。报请省政府办公厅出台《甘肃省脱贫攻坚就业扶贫三年行动计划(2018年—2020年)》《鼓励企业等各类经济组织吸纳建档立卡贫困劳动力就业奖励办法》《扶持发展扶贫车间促进建档立卡贫困劳动力转移就业的意见》等政策文件，创新提出了一些鼓励扶持措施；制定了切实做好就业扶贫工作、东西部扶贫劳务协作三年行动规划(2018年—2020年)、进一步提高建档立卡劳动力输转组织化程度、鼓励企业积极参与技能培训和吸纳建档立卡贫困家庭劳动力就业、规范精准扶贫劳动力培训台账和严格培训过程监管等一系列政策措施。实施精准动态管理。制定《精准脱贫劳动力培训和劳务输转到户到人工作方案》，深入推进“一户一策”，逐级建立就业扶贫“一库五名单”(即建立建档立卡贫困劳动力转移就业实名制登记数据库和精准扶贫劳动力培训、转移就业、自主创业、扶贫车间、公益性岗位安置5类人员名单)，按月更新数据，即时掌握情况。坚持因人因需开展培训。坚持集中培训与上门服务相结合，重点结合地方特色优势产业培育，围绕个人意愿和市场需求设立培训项目，量身定做“菜单”，对农业从业人员开展养殖、种植等实用技术培训；对居家妇女开展手工编织、农家乐经营等居家就业培训；对有创业意愿且具有一定基础的劳动力，开展产业经营、商业营销等创业培训；对外出务工人员，开展电工、电焊、汽修、家政服务等特色品牌技能培训。聚焦深度贫困地区。积极开发乡村公益性岗位，帮助建档立卡贫困劳动力实现就近就业，全省共开发3.7万个岗位，完成年计划的123%；2018年就业资金增量部分1.79亿元全部用于贫困地区，并向深度贫困地区倾斜；调整提高职业培训补贴标准，由原来的300—1300元提高到600—1900元，对深度贫困地区开展相关职业培训的，补助标准再上浮10%；新认定29个省级创业就业孵化示范基地(园区)，其中17个分布在深度贫困县。健全工作推进机制。充分发挥转移就业专责组牵头抓总作用，制定《转移就业专责工作组工作方案》《进一步健全全省转移就业专责工作体系的意见》《精准扶贫劳动力培训和劳务输转政策清单》，建立月调度、周调度、甚至日调度制度，督促市县建立相应工作机制，凝聚推进落实合力。实行分片包抓、层层包抓，专门成立厅级领导任组长的7个包抓工作组，累计深入50个贫困县区、75个乡镇，持续跟踪督导，推进任务落实。积极推进社会保险扶贫和人事人才扶贫。扎实推进贫困人口基本养老保险全覆盖工作，在全省组织开展了集中排查，符合参保条件的贫困人口基本养老保险参保率98.1%，共为333.06万名困难人员代缴了养老保险费，其中建档立卡贫困人口235.88万人，代缴总金额3.1亿多元。制定《关于开展人事人才扶贫工作的指导意见》，在高校毕业生就业、工资收入分配、机关事业单位人员招录、人才评价等方面，完善落实倾斜支持政策，引导各类人才向贫困地区流动，服务脱贫攻坚。切实抓好问题整改。认真落实《甘肃省2017年度脱贫攻坚问题整改方案》要求，中央考核指出的“目标任务分解落实不到位”“培训基础工作不扎实”“雨露计划职业教育扶贫助学补助发放不及时”3类问题按期整改到位。

【社会保障】实施全民参保计划，持续扩大社会保险参保覆盖面，全省城镇职工养老保险、失业保险、工伤保险分别参保449.9万人、168.1万人、213.2万人，分别占人社部下达任务的101.6%、101.4%、109.8%，城乡居民养老保险参保1303万人。报请省政府出台《甘肃省被征地农民参加基本养老保险实施办法》《甘肃省工伤保险实施办法》，进一步完善了被征地农民社会保障政策和工伤保险制度。全面实施机关事业单位养老保险制度，参保单位2.3万户、参保人数108.7万人，参保率95.4%。完善灵活就业人员养老保险政策，将无雇工的个体工商户、未在用人单位参加基本养老保险的非全日制从业人员以及其他灵活就业的城乡居民纳入企业职工养老保险制度。完善城乡居民养老保险制度，推进建立激励约束有效、筹资权责清晰、保障水平适度的待遇确定和基础养老金正常增长机制。加大社保基金征收力度，全年基金收入536.9亿元、支出461.77亿元，累计结余706.3亿元。强化社保基金监督检查，严密防控基金运行风险，确保了基金总体平稳安全。

【人事人才】创新完善人才政策，报请省政府办公厅印发《关于经济技术类人才工作助推绿色生态产业发展的指导意见》，提出设立省长人才奖等特殊性政策措施；制定了鼓励支持专业技术人才创新创业若干措施，提高院士津贴标准和甘肃省领军人才考核奖励标准，设立高层次专业技术人才津贴。推荐36名专业技术人才和2名高技能人才为"政府特殊津贴专家"候选人，1名专业技术人才为国家"百千万"人才候选人。组织完成了2018年度海外赤子为国服务行动计划和留学回国人员创业启动支持计划，博士后科研流动（工作）站达到87家。扎实推进人才评价机制改革，制定了进一步下放职称评审权、推进企事业单位自主评审、特殊人才特殊评价等9项配套政策，形成了全省深化职称改革"1+9"政策体系。持续推进事业单位人事管理规范化，加强岗位管理和公开聘用，发布省直事业单位招聘公告7期、计划招聘1520人，全省事业单位离岗创业备案总人数2203人。圆满完成人事考试工作，考试安全制度建设和风险防控进一步强化。

【劳动关系】加大劳动监察执法力度，强化源头治理，坚持标本兼治，农民工劳动报酬权益得到有效维护。2018年，全省受理劳动者投诉案件数比上年下降66.7%，涉及农民工人数比上年下降65.2%。健全治欠保支长效机制，省政府印发在全省开展创建"无欠薪"城市活动的指导意见和保障农民工工资支付工作问责办法，省联席会议制定了农民工欠薪突发事件应急处置预案、协调解决欠薪问题地方政府横向协作办法、保障农民工工资支付监控预警办法、建设领域农民工工资（劳务费）分账管理暂行办法，制定了农民工工资保证金差异化缴存办法、农民工工资"黑名单"管理暂行办法实施细则和劳动保障监察跨区域案件协查办法。以工程建设领域、政府投资工程项目为重点，在全省集中组织开展农民工工资支付情况专项检查，排查隐患，限时办结。加强对重大劳动保障违法行为的惩戒，公布了26起重大劳动保障违法行为，并将8家企业列入拖欠农民工工资"黑名单"。推进落实《甘肃省2017年保障农民工工资支付工作问题整改方案》，22项整改任务全面完成。全面推进实施劳动合同制度和劳动用工备案制度，劳动合同签订率达到94.8%，劳动用工备案单位8344户，涉及人数55.29万人。完善调解仲裁多元处理机制，依法公正及时处理争议、化解风险，仲裁结案率达到95.4%。

【行风建设】深化人社领域"放管服"改革，行政审批事项减少为6项，全部入驻省政府政务大厅实行集中受理、统一办结，共办结行政审批事项276件，限时办结率100%。持续开展"减证便民"专项行动，实施"一窗办一网办简化办马上办"改革，确定了可实现网上办理的55项"最多跑一次"事项清单。人社部确定的清单内事项网上可办率、人社审批服务等对外事项进驻综合性实体服务大厅比例、人社审批服务等对外事项"一窗"分类受理比例、办事企业和群众提供材料减少率、"最多跑一次"高频事项数量等5项指标，省级全部完成，分别达97.8%、100%、100%、45%和20项。人社信息化建设积极推进，完成了与省政府统一的政务外网数据共享交换平台对接，行政审批事项和异地就医网上备案、社保关系转移等48项事项实现网上办理，办结率95%；完成了"大就业"信息系统的升级改造；进一步完善社会保险信息系统，积极推进社会保险费信息共享平台建设，全省社会保障卡持卡人数2020.4万人，完成人社部下达任务的108%。

【全面从严治党】坚持把政治建设摆在首位。不断强化政治理论学习，组织14次理论中心组学习，对全厅199名处级干部和97名科级干部进行了学习习近平新时代中国特色社会主义思想和党的十九大精神集中轮训，深刻查摆在中央扶贫考核指出的医疗机构"先诊疗、后付费"政策落实不到位中存在的问题，全面制定整改方案并推动落实；始终盯紧打赢脱贫攻坚战、城乡居民就业、社会保障体系建设和农民工工资支付等底线性任务，集中系统全力确保落实落地。推进机关党建标准化规范化；制定《党支部建设标准化工作推进方案》，建立了"一方案""一办法""三清单""七统一"的工作制度体系，选树3个党支部为"标杆式"党支部，发挥示范引领作用；着力选优配强支部班子，完成了全厅1个党总支、42个党支部的换届工作；对全厅57个党支部党建工作进行了考核，对73名优秀党员、17名优秀党务工作者和10个先进党支部进行了表彰，激发全体党员干部的干事创业激情。持续推动作风转变。制定《贯彻落实中央八项规定实施细则的办法》，进一步细化、量化有关规定，扎紧反"四风"制度笼子；统筹推进"转变作风改善发展环境建设年"活动、人社系统行风建设、扶贫领域腐败问题和作风问题专项治理，聚焦省委指出六个方面的重点任务，对照"十不准"规定和八种"病相"，全面深入查摆作风方面存在的突出问题，逐项整改，坚决整治，不断健全转作风长效机制。

（李兴华）

市州及兰州新区概况

兰州市

【基本情况】兰州是甘肃省省会，位于祖国西部三大高原交汇处，是全省的政治、经济、文化中心。兰州地处黄河上游、甘肃省中部及我国陆域版图的几何中心，是西陇海兰新线经济带的重要支撑点和辐射源，也是新亚欧大陆桥通往中亚、西亚和欧洲的国际大通道和陆路口岸。市区东西黄河穿城而过，南北群山环抱，属中温带大陆性气候，享有“丝路重镇”“黄河明珠”“西部夏宫”“水车之都”“瓜果名城”等美誉。兰州现辖城关、七里河、西固、安宁、红古5个区，永登、榆中、皋兰3个县，国家级兰州新区、高新技术开发区和经济技术开发区。有14个乡、47个镇、53个街道办事处，行政区划面积1.32万平方公里。截至2018年末，全市常住人口375.36万人。户籍人口328.47万人，其中城镇人口231.25万人。

【资源优势】兰州境内已探明各类矿床156处，主要有黑色金属、有色金属、贵金属、稀土等35个矿种，极具潜在经济开发价值。兰州水力资源丰富，是黄河上游最大的水利发电中心，是全国工业用电成本最低的城市之一，现已建成刘家峡、八盘峡、盐锅峡和大峡等水电站。贯穿市域的黄河及其支流湟水、大通河等，水资源丰富，水量稳定，可满足城市工农业用水和生活用水。兰州是闻名全国的“瓜果城”，盛产白兰瓜、黄河蜜瓜、软儿梨、白凤桃等瓜果，百合、黑瓜子、玫瑰、蕨菜、水烟等土特产蜚声中外，素有“看景下杭州、品瓜上兰州”之说。兰州的旅游资源有着广阔的开发前景，兰州是丝绸之路大旅游区的中心，东有天水麦积山、平凉崆峒山，西有永靖炳灵寺，南有夏河拉卜楞寺，北有敦煌莫高窟；市域内有我国保存最为完好的土司衙门—鲁土司衙门，有“天下黄河第一桥”—中山铁桥，有“陇右第一名山”—兴隆山，有国家级森林公园—吐鲁沟、石佛沟、徐家山，有“母亲河、生命河”的象征—黄河母亲雕像。

【国民经济】2018年，全市实现地区生产总值2732.94亿元，比上年增长6.5%。其中，第一产业增加值42.98亿元，增长6%；第二产业增加值937.98亿元，增长4.9%；第三产业增加值1751.97亿元，增长7.4%。三次产业结构比为1.57:34.32:64.11。按常住人口计算，人均地区生产总值73042元，增长5.8%。全市规模以上工业增加值614.98亿元，增长6.0%；固定资产投资增长12.11%；社会消费品零售总额1352.1亿元，增长7.4%。一般公共预算收入253.32亿元，增长8.87%；一般公共预算支出465.68亿元，增长11.35%。

【供给侧结构性改革】持续推进国企改革，新成立兰投水业等公司12家，组建混合所有制企业两家，市属国企资产持续扩大。高起点建设兰白国家自主创新示范区，制定实施“1+4+7”政策体系，加快推进西脉新材料等11个高新产业项目，新组建产业研究院和科技创新工作站8个，转化科技成果138项。深入推进“大众创业、万众创新”，新增国家企业技术中心2家、省级科技企业孵化器和众创空间15家、高新技术企业94家。成功举办第三届兰州科技成果博览会，签订成果转化转移项目190项、金额15.34亿元。出台十大生态产业专项行动方案和“一业一策”工作方案，谋划重点带动项目264个。加快工业升级步伐，宝方10万吨超高功率石墨电极等重大项目开工建设，获批国家智能制造、工业互联网试点示范项目2个，率先在全省创建智能工厂12家，建成重点工业和信息化项目46个。新兴产业加速成长，中科曙光先进计算中心、广通新能源汽车等项目建成投用，战略性新兴产业占比提升到14.7%。服务业提档升级，新引进万达茂、京东物流等大型项目，兰州中心启动运营，完成商品交易批发市场转型升级14家，“一带一路”兰州牛肉拉面国际联盟组建成立。电子商务交易规模达到1300亿元，比上年增长25%。新区跨境电商监管中心通关运营，实现全省跨境电商交易零的突破。举办重点展会75个，交易额突破100亿元。

【脱贫攻坚】投入财政扶贫资金10.09亿元，打好打赢脱贫攻坚战，因户因人精准施策，实现稳定脱贫1.8万人，185个村退出贫困村，皋兰县、七里河区退出贫困县区行列，永登县、榆中县全面完成脱贫攻坚任务，全市贫困发生率下降到1.22%。农村基础设施不断完善，新建农村公路628公里，引洮一期榆中配套工程和33项农村饮水安全巩固提升工程建成，农村自来水普及率达到90%以上，改造农村危房4544户、卫生厕所2万户。建成省市级美丽乡村示范村35个。

落实“一户一策”农牧产业精准到户资金1.88亿元。全市256个建档立卡贫困村共建立1664家合作社，龙头企业和合作社带动贫困人口9080户、2.77万人。注重职业技能培训，共培训建档立卡户1531人，全市共输转城乡富余劳动力30.39万人，其中输转建档立卡贫困户3949人；新建“千人就地转移劳务基地”7家，打造镇级“百人劳务基地”18家。全市农村低保标准由每人每年不低于3500元提高到不低于3720元；农村特困人员集中供养标准由每人每年不低于6320元提高到不低于6800元，分散供养标准由每人每年不低于5155元提高到不低于5548元。深入开展健康扶贫“三个一批”行动、大病专项救治、建档立卡贫困户因病致贫返贫户“一人一策”健康帮扶、光明扶贫工程、冬季暖心服务活动、贫困人口医疗救助、“先诊疗、后付费”“一站式”即时结报、家庭医生签约以及健康扶贫五大先锋行动。资助农村贫困家庭学生建档立卡户子女，构建从学前教育到大学教育、到户、到人的教育精准资助体系，进一步提高资助标准，所有贫困家庭子女没有因为经济困难而失学。全市九年义务教育巩固率达到了99.5%。

【“三农”工作】全年粮食总产量29.77万吨，比上年下降0.9%。其中，夏粮产量9.64万吨，下降8.67%；秋粮产量20.13万吨，增长3.34%。粮食作物种植面积117.29万亩，比上年减少6.64万亩；蔬菜种植面积77.92万亩，增加1.26万亩，其中设施蔬菜种植面积3.07万亩，减少0.71万亩；中药材种植面积11.78万亩，减少2.59万亩。主要经济作物中，蔬菜产量166.91万吨，增长4.9%，其中设施蔬菜产量8.29万吨，下降39.84%；中药材产量3.17万吨，增长18.5%；园林水果产量11.73万吨，下降16.18%。年末大牲畜存栏7.45万头，比上年末下降3.51%，其中，牛存栏5.14万头，下降2.98%；羊存栏65.35万只，增长5.18%；猪存栏37.09万头，增长3.12%。牛出栏1.19万头，下降0.1%；羊出栏36.17万只，增长2.87%；猪出栏42.54万头，增长4.85%。

实施马铃薯“南种北繁”项目，在榆中北山、永登西北片等贫困片区推广种植优质种薯，建成5万亩种薯基地，全市马铃薯合作社达到50个，比上年新增7家。引进重庆天兆、四川新希望等国字号生猪养殖龙头企业在兰建场，总投资达到20亿元以上；北京德青源金鸡产业扶贫项目落户榆中。特色农业持续壮大，建成特色产业千亩标准化基地8个，新改扩建标准化养殖场50个，培育市级以上农业产业化龙头企业23家、农民合作社示范社48家，榆中李家庄、永登越国开心农场等田园综合体和休闲农庄成为发展农业新业态的重要载体。

【项目建设】精细打造“都会城市、精致兰州”，中心城区控制性详细规划实现全覆盖和法定化，重点片区城市设计、“城市双修”和历史文化名城保护等专项规划编制完成。实施城乡基础设施建设项目138个，完成投资111.63亿元。轨道交通1号线一期联调联试。南绕城高速建成通车。中通道、什青公路等环城公路网项目顺利推进。北滨河路西延线、东岗立交桥拆除重建等工程加快实施，改造提升主次干道8条，打通疏解路5条，新建人行通道10座、停车泊位7000个。“公交都市”创建深入推进，远郊县区实现城际公交全覆盖。水源地项目主体完工。国电“上大压小”异地建设项目配套长输供热干线投用。启动实施城区线缆入地三年行动计划，建成道路线廊47条。实施棚户区改造3.1万户，“三不管”老旧楼院改造40处，老旧住宅小区增设电梯235部，建成智慧小区30处。先后获批兰白国家自主创新示范区、国家跨境电子商务综合试验区、流通领域现代供应链体系建设试点城市、国家物流枢纽载体城市、国家资源循环利用基地等政策平台，全国质量强市示范城市和国家节能减排财政政策综合示范城市。创新项目建设管理模式，组建项目团队383个，通过团队集成优质服务，着力破解项目推进中的难题。

【人民生活】全年全市城镇居民人均可支配收入35014元，比上年增长8.3%；城镇居民人均消费性支出26130元，增长8.55%；城镇居民家庭恩格尔系数28.4%。农村居民人均可支配收入12368元，增长9.4%；农村居民人均生活消费支出9697元，增长2.7%；农村居民家庭恩格尔系数32.3%。启动新一轮全国文明城市创建，“兰州好人”评选等系列活动。建成街道、社区综合性文化服务中心130个。成功举办第24届兰洽会、“一带一路”普惠金融国际论坛、草莓音乐节等活动。修缮古建筑4处，建设“历史再现”工程博物馆11个，永登县红城镇、西固区河口村荣获中国历史文化名镇、名村称号。本土影片《丢羊》获第17届中国电影华表奖。全市共获得国家级金牌2枚、银牌1枚、铜牌3枚，国际赛事银牌1枚、铜牌2枚，合计奖牌总数为9枚。成功举办2018兰州国际马拉松赛和首届市民运动会，全民健身中心开放运行，新建城乡全民健身场地200个。加快发展文化旅游产业，破题做好黄河文章，启动编制黄河兰州段生态文明建设规划，组建黄河生态旅游开发集团，实施黄河风情线改造提升工程，完成2.6公里示范段夜景亮化，“水润金城、水秀金城、水富金城”启幕开篇，“黄河之都”独特魅力愈发彰显。全域旅游示范县区创建扎实开展，兴隆山、黄河风情线大景区建设进展顺利，河口古镇、树屏丹霞等项目稳步推进，全年接待国内外游客6721.9万人次，实现旅游总收入594.1亿元，分别增长23.7%和30.13%。

【环境保护】深入推进生态文明建设，坚决整治环保突出问题，兴隆山、连城自然保护区矿山地质环境问题基本整改到位。持续打好“兰州蓝”保卫战，完成西固热电超低排放改造项目，实施燃气锅炉低氮改造700蒸吨，改造燃煤小火炉6万台、农村土炕1.5万个，环境空气质量优良比例达到70.2%。河长制湖长制全面建立，防汛抢险救灾工作经受住严峻考验。黄河兰州段防洪治理工程基本建成，污水处理厂提标改造、河洪沟道治理工程有序推进，整治城区黑臭水体7条。创新实施甘青两省、兰海两市水污染防治无边界联合监管新模式，黄河兰州段水质达标率100%。开展涉重金属行业污染防控和土壤污染治理与修复试点，实现废旧地膜回收站点全覆盖和化肥农药“零增长”。继续推进大规模国土绿化，完成营造林12.3万亩，南北两山生态修复2万亩，新增和改造城区绿地81.29公顷。扎实开展全域无垃圾专项治理行动和生活、餐厨垃圾分类处理工作，主城区生活垃圾无害化处理率达到100%。市区全年平均气温11.0℃，平均降水量457.1毫米。

【社会保障】2018年新增城镇就业9.48万人。城乡低保标准分别提高7.6%和6.3%，特困供养标准提高7.6%，城镇职工养老保险标准提高5%。2018年年末全市参加城镇职工基本养老保险人数83.7万人，较上年末增长9.7%；参加城镇职工基本医疗保险人数98.7万人，增长6.1%；城乡居民参加基本医疗保险人数214.9万人，下降2.2%；参加失业保险人数56.8万人，较上年末增长0.1%；参加工伤保险人数61万人，增长10.7%；参加生育保险人数58.62万人，增长6.7%；城乡居民基本养老保险参保人数75万人，增长3%。教育资源供给水平不断提升，11所省属职业学校"出城入园"移交办学，15个教育资源扩大化项目基本建成。"健康兰州"建设深入推进，分级诊疗、"一站式"即时结报等制度推行实施，城乡居民基本医保和大病保险报销比例分别上调5%和10%。加快推进全国居家和社区养老服务改革试点、医养结合试点，打造"幸福兰州·为老驿站"养老服务品牌，新建城乡社区日间照料中心64个，老年养护中心建成投用。配售经济适用房和限价商品房3387套，建成公共租赁住房710套。

【社会事业】全市共有国家认定高新技术企业437家。全年全市专利申请10708件，比上年增长37.4%；授权专利5206件，增长22.7%；授予发明专利权893件，下降1.5%。全年共认定登记技术合同4011项，下降14.61%；技术合同成交金额62.86亿元，增长11.97%。截至年底，每万人口发明专利拥有量12.06件。全市研究生教育招生1.4万人，比上年增长8.96%，在校研究生3.85万人，增长11.31%；普通高等教育招生14.66万人，增长5.86%，在校学生48.36万人，增长3.74%；中等职业教育招生1.25万人，下降9.6%；普通高中招生1.98万人，下降12.71%；初中学校招生3.36万人，增长0.52%；普通小学招生4.17万人，增长6.32%；特殊教育招生64万人，增长36.17%；幼儿园在园幼儿11.98万人，增长1.44%。全市共有文化馆9个(不含省级)，公共图书馆8个(不含省级)，博物馆(含纪念馆)13个(不含省级)，国有艺术表演团体2个(不含省级)。广播和电视综合人口覆盖率分别为99.65%和99.70%。有线电视用户30.8万户，下降13.5%；有线数字电视用户30.8万户，下降14%。全市共有卫生机构2211个，其中医院、卫生院192个，妇幼保健院(所、站)10个，专科疾病防治院(所、站)2个。医院、卫生院拥有床位2.8万张。卫生技术人员3.7万人。其中执业医师和执业助理医师1.4万人，注册护士1.7万人。

嘉峪关市

【基本情况】嘉峪关市位于甘肃省西北部，河西走廊中部，东临河西重镇酒泉市，距省会兰州776公里；西连石油城玉门市，至新疆哈密650公里；南倚终年积雪的祁连山与肃南裕固族自治县接壤，与青海相距300余公里；北枕色如铸铜的黑山，与酒泉金塔县、酒泉卫星发射基地和内蒙额济纳旗相连接，中部为酒泉绿洲西缘。境内地势平坦，土地类型多样。城市的中西部多为戈壁，是市区和工业企业所在地；东南、东北为绿洲，是农业区，绿洲随地貌被戈壁分割为点、块、条、带状，占总土地面积的1.9%。嘉峪关市因关得名，因企设市，是1958年依托国家"一五"计划重点项目"酒泉钢铁公司"的建设而新兴的工业城市。嘉峪关市1965年建市，1971年经国务院批准为省辖市。嘉峪关是长城文化和丝路文化的交汇点，拥有世界历史文化遗产地——嘉峪关关城、世界一流的国际滑翔基地、国家重点文物保护单位魏晋墓群、"西部八达岭"之称的悬壁长城、万里长城第一墩、讨赖河大峡谷、长城博物馆、迎宾湖旅游园区、东湖生态旅游景区和酒钢水上乐园、方特欢乐世界等旅游资源，是中国优秀旅游城市。嘉峪关市还是中国铁人三项运动训练基地和专业赛场，是国际铁人三项赛和全国汽车场地越野赛重要举办地，有西北一流的体育场馆，是举办国际、国内重大体育赛事的理想城市。2018年末全市常住人口为25.2万人，其中城镇人口23.6万人，城镇化率为93.6%。

【国民经济】2018年，全市实现地区生产总值299.6亿元，比上年增长7.4%。其中，第一产业增加值4亿元，增长4.6%；第二产业增加值183.2亿元，增长3.2%；第三产业增加值112.5亿元，增长13%。三次产业结构由上年的2.2:51.8:46.0调整为1.3:61.1:37.6。按常住人口计算，人均地区生产总值为119418元。规模以上工业企业完成增加值161.7亿元，增长3.3%。其中，市属规模以上工业企业完成增加值50.3亿元，增长20.5%。规模以上工业企业产品产销率99.5%，下降2.2个百分点。规模以上工业企业实现主营业务收入1385亿元，增长11.5%；实现利润总额6.4亿元，下降71.8%，规模以上工业企业主营业务收入利润率下降1.4个百分点。社会消费品零售总额67.8亿元，增长6.5%。

【扶贫开发】嘉峪关市按省上确定的贫困标准，没有建档立卡贫困户，也是全省唯一一个没有集中连片贫困人口和扶贫攻坚任务的地区。尽管没有扶贫攻坚任务，但市委、市政府依然遵循"居安思危、富而思进、自加压力，建设更高水平小康社会"的总体要求，明确了"以帮助相对贫困人口增加收入为目标，以提高农民人均收入为前提，以建设美丽乡村、加强农村基础建设、壮大农业产业为依托，城乡一体化与精准扶贫相融合"的工作思路，靠实责任分工，强化工作保障，积极开展精准扶贫工作。一是积极推进"双增双促"精准帮扶工作。积极推进农村人居环境建设，三镇完成后院整治1817户，协调市财政局拨付资金1891万元，实施2018年财政扶贫资金奖补项目，补助扶贫资金16万元。二是加快推进农业产业化发展。以龙头企业+基地+农户模式，大力发展蔬菜、鲜肉、奶牛、枸杞等特色优势产业。落实蔬菜面积1.2万亩，食用菌面积68亩，反季节果品栽培面积110亩，肉蛋奶总产量达到2.7万吨。新注册农民专业合作社26个，累计299个。争取省级示范社以奖代补资金70万元，扶持省级示范社7家。

【“三农”工作】着力培育优势产业。一是着力调整种植结构。落实农作物种植面积6.8万亩，其中粮食作物面积2.1万亩，占总播种面积的30.2%；洋葱种植面积0.6万亩；甜叶菊订单面积1.4万亩；制种作物面积1.4万亩。二是加大特色林果基地建设。营造以枸杞、新西兰红梨为主的经济林果面积2.2万亩。三是着力发展畜牧业。全市畜禽总饲养量达44.3万头只。

持续提升科技服务水平。一是大力引导发展日光温室。开工建设戈壁日光温室268座，建成108座。二是积极推广示范农业新技术、新品种。完成测土配方施肥面积9万亩，示范膜下滴灌、垄膜沟灌节水技术面积8万亩，示范推广西瓜嫁接等农业新技术10项，引进、示范蔬菜瓜果新品种12个。三是大力推广畜牧新技术。完成黄牛冻配改良1000头、奶牛冻配改良3100头、肉羊改良2.6万只，示范推广肉羊腹腔镜胚胎移植等养殖新技术8项。四是积极推广新机具。争取农机购置补贴资金166万元，截至2018年末补贴机具87台(套)，补贴资金101万元，受益农户60户。

切实加强生态环境建设和资源保护。全面推进大规模国土绿化行动，实施乡村道路绿化、公益林退化林分恢复和退耕还林补植补造3135.5亩，其中完成乡村道路绿化和农田绿化80.9亩，退耕还林补造1699亩，公益林退化林改造1355.6亩，森林覆盖率达12.4%。草原植被保护方面，加强草原保护建设，落实新一轮草原补助奖励政策，发放2018年草畜平衡奖励资金38.2万元，加强草原鼠虫害监测与防治，强化草原执法监督，草原综合植被盖度达到16.5%。

强力推进农业项目建设。一是草湖国家湿地公园建设和湿地生态修复项目。完成总投资1634万元，建成13230平方米的机动车停车场1个、1319平方米的电瓶车停车场1个，铺设3.5公里砂石路，修建1.8公里透水混凝土路和1公里木栈道。建成了瞭望塔主体工程。完成湿地恢复项目监测设备购置、湿地界碑、界桩及标识牌设置，完成150亩造林地滴灌系统敷设和湖心岛及生态堤岸治理工程，植被恢复项目完成土地整理任务。二是2018年民生实事农村公厕建设项目。完成投资380万元，在15个村建成规格为60平方米的公共卫生间15座。三是清真牛羊定点屠宰场建设项目。已完成屠宰车间、配套冷库等主体部分建设，2019年1月已开始生产经营。四是酒钢宏丰公司生猪定点屠宰厂改造恢复项目。市财政补贴资金50万元已经到位，工程已开工建设。五是新一轮退耕还林工程项目。完成补植补造任务1699亩，兑付2018年度补贴资金752.4万元。六是戈壁农业项目。实施《嘉峪关市戈壁农业发展规划(2018—2022年)》，开工建设日光温室268座，建成108座。七是农产品质检中心建设项目。累计完成投资1220.3万元，建成市级检测中心实验室，7月份正常运行。八是标准化养殖场(小区)建设项目。完成改(扩)建肉鸡、蛋鸡规模养殖场各1个。九是林业有害生物防治项目。落实防治经费30万元，采购农药3吨，防治面积3万亩。

【项目建设】2018年，嘉峪关市投资1000万元以上市列重点建设项目共计110个，总投资规模385亿元，年度计划投资118.6亿元。重点包括城市基础设施及道路交通、文化旅游、社会事业、商贸及物流、工业能源及环境综合治理、棚户区改造及房地产开发等方面。按建设性质分：续建43个，总投资规模159.4亿元，年度计划投资46.9亿元；新建67个，总投资规模225.4亿元，年度计划投资71.7亿元。按投资规模分：投资在亿元以上项目52个(其中，10亿元以上项目10个，1亿元至10亿元项目42个)，5000万元至亿元项目25个，1000万元至5000万元项目33个。

全年110个市列重点建设项目共复工开工90个，开工率82%，累计完成固定资产投资66.4亿元。其中，43个续建项目复工39个，复工率91%，完成投资26.9亿元；67个新建项目开工51个，开工率76%，完成投资39.4亿元。续建项目复工39个。

【人民生活】全年城镇居民人均可支配收入39629元，比上年增长8.6%；城镇居民人均消费性支出28655元，增长5.8%；城镇居民家庭食品烟酒消费支出占消费性支出的比重为32%。农村居民人均可支配收入19291元，增长8.4%；农村居民人均消费支出14299元，增长7.9%；农村居民家庭食品烟酒消费支出占消费性支出的比重为31%。

【环境保护】全市从事环保工作人员74人，拥有各级环境监测站1个，监测人员18人，建成环境噪声达标区3个，噪声环境功能区划面积172.05平方公里，城市生活垃圾无害化处理率100%。一年内空气质量达标天数304天，比上年减少6天。全市气象雷达观测站点1个，卫星云图接受站点2个，年平均气温8.3度，比上年偏低1.4度，年平均降水量131.2毫米，增长14.9%。全年完成人工造林面积333公顷，开展全民义务植树52万株。

【社会保障】2018年末，全市参加城镇职工基本养老保险12.7万人，比上年增长3.3%，其中职工9.1万人，增长3.1%，离退休人员3.6万人，增长3.9%；年末参加城镇职工医疗保险9.7万人，增长4.9%，其中职工6.9万人，增长4.1%，离退休人员2.8万人，增长6.9%；参加失业保险6.5万人，增长5.8%；参加工伤保险7.3万人，增长5.5%，其中参保农民工1.5万人，增长0.4%；参加生育保险6.9万人，增长0.8%；年末参加城乡居民基本养老保险2.1万人，增长7.2%。城镇居民得到政府最低生活保障24895人，下降20%；农村居民得到政府最低生活保障3590人，下降19%；城市医疗救助2851人次，农村医疗救助625人次；各类收养性社会福利单位收养310人，增长10%；市慈善协会接受社会募捐72.9万元，下降5.2%。2018年末共有提供住宿的社会服务机构2个，养老服务机构10个。社会服务机构床位20张，养老服务机构床位787张。年末共有社区服务中心30个。

【社会事业】教育：中等职业教育招生634人，比上年增长1.9%；普通高中招生2036人，增长2.9%；初中学校招生2817人，下降1.7%；普通小学招生2896人，增长6.1%；特殊教育招生2人，在校53人；幼儿园在园幼儿9767人，学前3年毛入园率97.9%。

文化：年末全市共有文化馆1个，公共图书馆2个，广播电视台1座，电视转播台1座，调频转播台1座。广播综合人口覆盖率99.8%；电视综合人口覆盖率99.7%。有线电视用户3.4万户。

卫生：年末全市共有医疗卫生机构127个，比上年下降0.8%；其中医院、卫生院13个，妇幼保健院（所、站）1个，专科疾病防治院（所、站）4个，社区卫生服务中心（站）22个，疾病预防控制中心（防疫站）1个。医院、卫生院床位数1785张，卫生技术人员2694人，其中执业医师和执业助理医师1034人，注册护士1587人，疾病预防控制中心（防疫站）卫生技术人员28人。乡镇卫生院3个，乡镇卫生院床位65张，乡镇卫生院卫生技术人员84人，报告甲、乙类传染病发病人数521例。

体育：全年举办体育竞赛活动16次，参加比赛人数75000人，参加省级及以上比赛12次。获得省级及以上各类奖牌42枚，其中金牌15枚，银牌11枚，铜牌16枚。先后承办了2018嘉峪关欧美职业男子篮球赛，2018年甘肃省篮球争霸赛，2018年中国围棋甲级联赛（嘉峪关站），2018年嘉峪关市万人健步走南湖暨悦动雄关迷你马拉松系列活动，2018丝绸之路嘉峪关“美利达·玛吉斯杯”长城自行车挑战赛，嘉峪关市8月8日“全民健身日”系列活动，纪念改革开放40周年·嘉峪关TG（老虎）健身杯广场舞大赛，2018年嘉峪关市老年武术比赛，全国徒步大会“双11”持杖走联动日（嘉峪关站），奥运十年暨纪念中国共产党建党97周年公益跑等活动。

金昌市

【基本情况】金昌1981年建市，地处甘肃省河西走廊中段，祁连山北麓，阿拉善台地南缘。北、东与民勤县相连，东南与武威市相靠，南与肃南裕固族自治县相接，西南与青海省门源回族自治县搭界，西与张掖市民乐、山丹县接壤，西北与内蒙古自治区阿拉善右旗毗邻。全境东西长44.78公里，南北宽134.6公里，边界线总长486公里，总面积8896平方公里。金昌市辖永昌县、金川区，共有12个乡（镇），6个街道办事处，2018年末全市常住人口46.86万人。

金昌有色金属资源得天独厚，是我国最大的镍钴生产基地、铂族贵金属提炼中心和全国资源综合利用三大基地之一，被誉为“祖国的镍都”。有色金属就地加工转化率达到60%，镍网生产能力占全国的40%，成为全国最大的镍网生产基地。近年来，随着转型发展步伐的不断加快，金昌市着力加强城市品牌建设，“国字号”和“省字号”名片数量不断增多，金昌在国内外的影响力不断提升，发展的内外部环境不断优化。2011年金昌市荣获“国家卫生城市”称号，2014年荣获“国家园林城市”称号，2015年荣获“全国文明城市”称号并于2017年成功蝉联，“国家健康城市”等创建工作稳步推进。随着金昌城市名片的不断增多，金昌立体交通网络逐渐形成，开通了金昌到北京、上海、成都、西安、兰州、嘉峪关等城市的航线，进一步拉近了金昌与国内大中城市之间的距离，也为金昌与外界的交往创造了便利的条件。

【国民经济】2018年，全市地区生产总值264.24亿元，比上年增长8.9%。其中，第一产业增加值19.09亿元，增长6.6%；第二产业增加值143.92亿元，增长10.5%；第三产业增加值101.22亿元，增长6.8%。规模以上工业增加值103.14亿元，增长12.9%；固定资产投资增长11.52%；社会消费品零售总额95.09亿元，增长7.4%；大口径财政收入60.8亿元，增长21.8%，其中，一般公共预算收入23.08亿元，增长3.9%；进出口总额131.04亿元，增长44.8%；居民消费价格总指数101.8%。

【“三农”工作】乡村振兴迈出新步伐。新时代全省城乡融合发展示范区建设步伐加快，农村公共基础设施共管共享工作全面展开，粮食生产功能区划定工作基本完成，高原夏菜、优质肉羊、现代制种、食用菌等现代特色优势产业稳步发展。新改建标准化养殖小区12个，建成蔬菜绿色基地5个，戈壁农业面积达到2335亩，胡萝卜、大麦茶、藜麦、“盐滩青”萝卜等“金”字号农产品市场影响力和竞争力不断扩大，热销香港、深圳、广州、杭州、南京等地，外销量达80万吨。农村一二三产业深度融合，培育省级农业科技示范园区2个，省级龙头企业5家、省级农民专业合作社示范社12家、国家级3家，农产品就地加工转化率达71%，村级电商服务点覆盖率达62%。农村人居环境改善，全域无垃圾治理、村容村貌整治、清洁能源改造、“厕所革命”扎实推进，打造美丽乡村示范村6个，其中省级4个，整治“畅返不畅”农村公路195公里，改建农村集中居住点37个，住宅1218套，改造农村危房328套，拆违拆旧拆废房屋1755套，改造土炕1万户。

农业生产增长平稳。全年农作物播种面积123.27万亩，比上年增加0.74万亩。其中，药材播种面积2.08万亩，增加0.45万亩；蔬菜播种面积15.78万亩，增加2.75万亩。禽总饲养量244.38万头（只），其中羊饲养量为118.09万只。畜禽总出栏97.13万头（只），其中，猪出栏5.21万头、牛出栏1.25万头、羊出栏43.58万只、家禽出栏47万只。

农业基础设施逐步完善，机械化水平不断提高。截至2018年末，金昌市累计建设畜禽规模养殖场180个；已建成日光温室2981座，食用菌棚156座，塑料大棚768座。全市拥有农业机械总动力101.97万千瓦，农用拖拉机5.05万台。年机耕面积118.58万亩，机播面积109.79万亩，机收面积93.59

万亩。农机化综合作业水平达到87%。

【项目建设】项目建设稳步推进。面对投资增长困难增多的不利局面，全市狠抓项目建设，全面落实领导包抓、清单管理、联审联批、在线审批监管、招商引资项目交办流程和社会投资项目服务工作规则等制度，确保了投资的平稳增长。2018年，全市90个重大项目开复工率达92.2%，较上年提高2.7个百分点；实施招商引资项目192项，到位资金101.85亿元；第二十四届“兰洽会”签约项目25个，签约资金80.6亿元。重点项目建设稳步推进，3000吨高电压锂离子电池用四氧化三钴、3.5万吨硫酸镍扩能技术改造、2万吨高端耐磨铸件二期和3000吨有色金属功能性超微粉体材料、含铜冶炼废渣综合利用、6万吨岩棉部分生产线等项目建成投运，“紫金云”大数据产业园数据中心一期、3万吨动力锂离子电池用三元前驱体、3.5万吨高端电镀用镍盐等项目有序推进，供热管网新改建、农村公路新改建和养护维修及生命防护工程等项目有序开展，G570金昌(下四分)至永昌段、S301线破城子至军马四场段和S308线何家湾至永昌段改建、武威路至河雅路主车道大修、城市危桥加固改造等项目建成通车。

【优势产业】工业经济低开高走，呈现稳步回升态势。在工业产品价格持续上涨的带动下，全市规模以上工业经济增速由年初下降5.2%逐月回升至年末增长12.9%。主导工业产品镍、铜累计平均出厂价格分别比上年增长25.2%和6.6%。工业企业效益大幅增长，2018年全市规模以上工业企业实现主营业务收入2482.37亿元，比上年增长5.84%；应收账款81.14亿元，增长7.55%；产成品资金占用98.67亿元，增长14.72%；产销率100.3%，比上年提高2.5个百分点；企业利润总额32.9亿元，增长1.25倍。

新时代地企融合深度发展，合作机制更加完善，合作领域更加广泛，合作成果日益显现。已培育国家高新技术企业9家、省级以上知识产权优势企业3家、省级科技创新型企业6家，金川公司1万吨羰基镍生产线投料试生产，进入完全拥有自主知识产权的世界羰化冶金先进行列。

文旅融合发展实现新突破，金昌知名度、美誉度大幅提升。航天科普基地“太空小镇”一期项目火星模拟生存基地建成投用，大型航天科普教育节目《挑战吧！太空》在优酷平台上线播出，中国青少年航天科普系列活动“太空C计划”启动实施，第六届金昌骊靬文化旅游节、第四届香草文化旅游节暨薰衣草之约集体婚礼、首届汽车越野拉力赛、金昌国际马拉松赛和全国残疾人乒乓球挑战赛成功举办。金川区戈壁香草园、骊靬遗址保护开发进展顺利，南坝滑雪场建成投运，“十里花海”车窗景观带、车辘沟石林景区等乡村旅游基础设施不断完善，新建旅游厕所17座。全年接待旅游人数495.8万人次，比上年增长20.6%；实现旅游综合收入28.7亿元，增长27.8%。

【供给侧结构性改革】工业供给侧结构性改革持续推进。2018年，规模以上工业企业产成品库存下降13.3%；企业资产负债率66.6%，比上年下降2.3个百分点；每百元主营业务收入成本94.9元，降低1.2元；主营业务收入利润率1.33%，提高0.7个百分点。

【人民生活】人口城镇化水平稳步提高，居民收入稳步增长。2018年，全市常住人口46.86万人，城镇化率达到70.47%；城镇和农村居民人均可支配收入分别增长8.1%和8.6%。居民物质和信息化水平稳步提高。全市新增注册机动车7166辆，其中汽车6719辆；年末移动电话用户67.6万户，其中，3G用户6.5万户、4G用户54万户；宽带互联网用户17.8万户；广播和电视综合人口覆盖率分别达到98.7%和98.9%。

【脱贫攻坚】脱贫攻坚成效明显。坚持把脱贫攻坚作为首要政治责任和第一民生工程，全面夯实精准帮扶、产业扶贫、各方责任、基层队伍、工作作风“五个基础”，建立完善领导干部包抓建档立卡贫困户脱贫责任制。2018年，全市共脱贫人口250户703人，退出贫困村3个，毛家庄村、邵家庄村、马营沟村整体脱贫，永昌县达到“插花型”贫困县摘帽退出标准。截至2018年末，全市剩余贫困人口27户91人，贫困发生率0.04%。

【环境保护】生态环境呈现新变化。按期完成祁连山生态环境、中央和省级环保督察反馈、党政主要领导干部自然资源资产离任审计等问题整改年度任务，“绿盾2018”专项行动扎实开展，祁连山金昌境内生态环境持续好转，污染防治攻坚战取得阶段性成效。“河长制”全面落实，“湖长制”积极推行，国防工业基地蓄洪生态工程、金川河道治理等项目有序推进，城市供水应急备用水源项目达到通水条件，地表水、地下水、饮用水水质优良率100%。全域国土绿化和防沙治沙行动扎实推进，重点生态林业年度工程全部完成。全市完成营造林面积8.62万亩，退耕还林0.5万亩，三北防护林工程人工造林0.4万亩，封山育林1.5万亩；祁连山林地保护与建设工程人工造林0.3万亩，封山育林5万亩；178.55万亩公益林得到有效管护。市区建成区绿化覆盖率37.62%、绿地率33.3%，人均公园绿地面积27.71平方米。

环境质量持续改善，节能减排取得成效。金川集团热电公司2×150MW机组超低排放改造、金昌发电公司一厂1号2号机组超低排放改造、永昌县污水处理厂提标改造、县城热源厂环保设施升级改造等项目建成投运，危废资源化处置、含镍钴废水处理系统升级改造等项目加快建设。2018年，万元工业增加值用水量下降5.01%，工业固废综合利用率达65.2%。环境空气质量持续改善。全年环境空气质量优良天数311天，达标率85.2%；主要污染物排放量控制在下达指标内；城市污水处理厂污水处理率96.52%；城市生活垃圾无害化处理率100%；单位GDP能耗比上年下降4.54%。

【社会保障】社会保障体系进一步完善。省上下达的民生实事全面落实，2018年城乡低保分别提高到674元/月、3720元/年，城乡特困供养标准分别提高到10510元/年、8067元/年，380户城市困难职工实现脱困解困。

全年开工建设棚户区改造项目29个，共24695套房屋。城镇新增就业15122人，城镇登记失业人员4759人，城镇登记失业率2.87%。全年劳务输转人数80201人，创劳务收入16.48亿元。城乡居民基本医疗保险参保人数310700人，参保率98.43%；城乡居民基本养老保险参保人数160638人。城镇职工基本医疗保险参保人数121922人，城镇职工基本养老保险参保人数71424人，城镇职工生育保险参保人数42606人。城镇居民失业保险参保人数70451人，城镇居民工伤保险参保人数84977人。

【社会事业】科技创新能力不断增强。2018年，全市安排市拨科技三项经费261.03万元，安排科技计划项目63项。共组织申报省列科技计划项目53项。其中，重大专项项目4项，重点研发计划项目15项，技术创新引导计划20项，创新基地和人才计划8项，知识产权计划6项。全年共申请专利916件，每万人口发明专利拥有量达到7.25件。

教育事业蓬勃发展。以优化结构为主攻方向，形成了大、中、小、幼、特殊教育并重，普通、成人、残疾人教育并举的综合教育体系。教育现代化省级试验区全面建成，示范性综合实践基地、市三中新校区建成投用。截至2018年末，全市各级各类学校(园)111所，其中：幼儿园63所，小学25所，初级中学8所，九年一贯制学校5所，完全中学1所，普通高中6所。在校学生(幼儿)64596人，普通高中10648人。教职工5768人，其中专任教师5008人。基础教育校舍建筑总面积69.1万平方米。九年义务教育巩固率98.5%，高中阶段毛入学率99.76%，学前三年毛入园率99.12%。2018年全市参加高考5360人，二本以上上线率47.22%。

医疗卫生水平不断提高。坚持以深化医改作为中心任务，持续推进医药卫生体制改革，大力发展中医药及健康相关产业，全市基本公共卫生和医疗服务水平不断提升。全国健康城市试点稳步推进，公共卫生服务均等化水平不断提升，市第一人民医院迁建、八冶康颐养老一期等项目建成投用。截至2018年末，全市共有各级各类医疗卫生机构535家，其中：医院15家，城市社区卫生服务机构32家，乡镇卫生院12家，村卫生室138家。卫生机构实际开放床位数2961张，每千常住人口拥有床位6.31张。卫生专业技术人员4030人，其中执业(助理)医师1375人，每千常住人口拥有执业(助理)医师2.93人；注册护士1793人，每千常住人口拥有执业护士3.82人；卫生专业技术人员中正高级职称27人、副高级职称321人。城市社区卫生服务机构覆盖率达到100%。孕产妇、婴儿和5岁以下儿童死亡率分别为59.01/10万、3.84‰和4.43‰；高危孕产妇住院分娩率100%；以乡为单位国家常规免疫11种疫苗报告接种率均达到95%以上。

文化事业繁荣发展。持续推进公共文化服务体系建设，不断巩固提升文化事业。截至2018年末，全市共有国有艺术表演团体1个，艺术表演场馆2个，文化馆3个，公共图书馆4个；公共图书馆藏书总量73.5万多册。全年艺术团体表演230多场次。已建成乡镇综合文化站12个，“农家书屋”174个，村文化室138个。全年图书馆共借阅图书近65.6万余册，接待读者77万余人次。

（蔺彧）

白银市

【基本情况】白银，因矿得名、因企设市，是全国唯一以贵金属命名的城市，是丝绸之路的枢纽要地、兰白都市圈的核心之地、藏金聚宝的资源富地、享誉全国的工业重地、绿色高效的农业基地、绚丽多彩的旅游胜地。白银地处黄河上游，甘肃省中东部，东西跨147.75公里，南北长249.25公里。黄河自南向北呈S形流经白银区、靖远县、平川区、景泰县，全长258千米，流域面积14710平方千米。境内海拔最高3321米，最低1275米。地貌特征以基岩山地和山间盆地为主，属温带大陆性气候，具有气候干燥，气温日较差大，光照充足，太阳辐射强，风能资源较丰富，气象灾害种类多、频率高、范围广等特征。年平均气温3.1—9.1℃，年降水量160—450mm，年日照时数2300—2800小时，无霜期148—158天。

白银市辖会宁、靖远、景泰三县和白银、平川两区，有53镇16乡9街道。辖区总面积2.12万平方公里。2018年末全市常住人口173.42万人。其中，城镇人口87.79万人，占常住人口比重为50.62%(常住人口城镇化率)，人口自然增长率为3.3‰。

【国民经济】2018年，全市实现生产总值511.6亿元，比上年增长6.1%，其中，第一产业增加值增长6.2%，第二产业增加值增长7.6%，第三产业增加值增长4.7%。三次产业结构比例由2017年的13.96∶38.99∶47.04调整为13.54∶41.77∶44.69。规模以上工业增加值129.03亿元，增长10.2%；社会消费品零售总额219.51亿元，增长7.3%；一般公共预算收入31.07亿元，增长3.77%；居民消费价格总水平上涨1.7%；城乡居民人均可支配收入分别达到29470元、9057元，分别增长7.3%、9.6%。

【脱贫攻坚】2018年，全市建成脱贫产业园317个、特色产业园380个，覆盖702个行政村，推动精准扶贫由“输血式”向“造血式”转变。完成农村危房改造3515户，2016年、2017年易地扶贫搬迁项目建档立卡贫困户搬迁入住率(含发放钥匙)分别达100%、97.5%。2018年建成易地搬迁安置点91个，搬迁入住1.1万户5.08万人；完成农村“畅返不畅”整治388公里；建设农村饮水安全巩固提升工程9处。贫困人口参加城乡居民基本医保市县全覆盖。培训建档立卡贫困户13340人，输转建档立卡贫困劳动力17165人，输转率100%，实现劳务收入2.67亿元；认定“扶贫车间”36个，吸纳贫困人口678人。加强推进和天津地区的东西部扶贫协作，天津市先后投入帮扶资金9264万元，集中用于贫困人口产业扶持、技能培训、教育帮扶、医疗支援和文旅合作等方面。白银区于

2017年通过贫困县验收评估退出摘帽，平川区、景泰县于2018年通过贫困县退出验收评估，截至2018年底，全市剩余贫困人口2.02万户8.33万人，贫困发生率为6.52%。

【农业经济】2018年，全市牛、羊、黑毛驴饲养量分别达到17.33万头、326.24万只和6.3万头，果品、瓜菜、中药材、马铃薯、小杂粮种植面积分别达到37.3万亩、71.84万亩、61.73万亩、118.3万亩和46.1万亩，水产养殖1.39万亩。全市农业龙头企业、农民专业合作社、家庭农场分别达到433家、9449家和1072家，形成了一批农产品加工示范基地，农产品加工转化率达到56%。会宁胡麻油、靖远枸杞、条山梨、平川黑驴等29个农产品获证"地理标志"农产品，认证有机产品6个、绿色产品43个、无公害产品94个，靖远县被评为第一批国家级农产品质量安全县，平川区被评为第一批省级农产品质量安全县。国家级农业科技园区建设稳步推进，现代农业生产经营体系已具雏形，建成省级现代农业示范区3个、示范园5个。全市农作物种植526.55万亩，其中粮食播种384.17万亩，粮食总产量94.92万吨，增长3.49%，粮经饲结构比达到5:3:2。加快建设生态宜居幸福美丽乡村，共实施美丽乡村示范村建设182个、其中省级"千村美丽"示范村56个、市级21个、县级105个，环境整洁村建设670个。

【工业经济】2018年，全市完成工业增加值155.51亿元，比上年增长9.5%。坚持深化供给侧结构性改革，加快推进新旧动能转换，充分运用国家老工业基地调整改造政策，依托技术创新，延伸产业链条，白银公司铜冶炼技术提升改造和锌冶炼资源综合利用、稀土公司三废深度治理、宏达矿业冶炼废渣综合利用一期等项目建成，昌元化工10万吨重铬酸钠一期、东方钛业钛白粉资源综合利用等项目投产，打开了传统产业成长的新空间。突出以新能源、新材料、先进装备制造、生物医药、信息技术等产业领域为发展重点，开展优势产业链培育行动，皓天原料药、阿尔法植物农药原药及中间体等生物医药项目加快推进，战略性新兴产业成为促进产业转型升级的重要动力。

【第三产业】2018年，全市第三产业增加值228.62亿元，比上年增长4.7%。成功举办第二届黄河风情文化旅游节、会宁红色旅游文化节等一批重大节会，荣获央视"2018《魅力中国城》优秀魅力城市"称号，顾家善村入选《魅力中国城》2018年度魅力乡村旅游目的地和首届"中国农民丰收节"100个特色村庄，景泰县西和村被评为中国美丽休闲乡村，全年接待游客1337.01万人次，实现综合收入83.18亿元，分别比上年增长27.84%和29.56%。加快实施白银公司综合物流园二期、天奇银东物流园等商贸物流项目，新增农产品产地批发市场和县乡农贸市场5个，总计达61个。推进电子商务进农村示范县建设，乡镇一级第三方快递网点覆盖率93%，新增电商企业61家，网络零售总额增长34.9%。年末全市金融机构本外币存款余额739.16亿元，增长4.71%；贷款余额655.13亿元，增长3.84%；行政村金融便民服务点覆盖率达到91.2%。

【项目建设】2018年，全市固定资产投资比上年下降20.81%，其中，民间投资下降40.97%，房地产开发投资增长6.45%，共实施各类项目561个。G247线靖远至会宁改扩建工程建成通车，中兰客专白银段全线开工，G341线白银至中川一级公路、S217线景泰至白银一级公路等项目加紧建设，黄河干流白银段防洪治理工程建成投运，大型泵站更新改造、高效节水、城市棚户区和"三供一业"改造、刘川和银东工业园基础设施等项目稳步推进，甘肃中部生态移民扶贫开发供水工程列入国家172项重大水利工程，高新区、银西、平川3个园区污水处理厂建成运行，华鹭铝业碳素、东方钛业钛白粉一期、恒大陶瓷二期等项目建成投产，转型升级加快推进。

【园区建设】2018年2月，国务院批复同意兰州、白银高新区建设国家自主创新示范区。自创区涵盖"一区六园"，规划面积356平方公里，入驻企业605家，已形成了有色金属(稀土)、化工、能源、装备制造、生物医药等支柱产业。2018年，"一区六园"完成工业总产值620.45亿元，比上年增长12.1%；工业增加值110.04亿元，增长10.4%；固定资产投资40.57亿元；大口径财政收入170485万元，增长5.3%；一般公共预算收入51859万元，增长7%。

【科技创新】2018年，全市在建和投运的孵化器现有9家(国家级1家，省级4家)，培育众创空间23家(国家级2家，省级7家)，星创天地10家，白银科技企业孵化器累计孵化企业186家，开发项目418项，连续三年被科技部考核为优秀(A类)国家科技企业孵化器。加大产学研合作力度，与上海张江高新区签订共建兰白科技创新改革试验区合作协议，建成兰州大学白银产业技术研究院、兰州理工大学新材料研究院，与兰州科技大市场等单位合作共建白银科技大市场开市运行。健全完善区域创新体系，全市建成专业科研机构8家，技术创新战略联盟7家，省级技术转移机构5家，科研院所产业化中试基地2个，培育认定高新技术企业70家，省级科技创新型企业86家，市级科技型企业108家。成功获批建设甘肃省省级科技成果转移转化示范区，年技术合同交易额达5.49亿元，科技创新推动高质量发展关键作用日益凸显。

【环境治理】2018年，全市关闭地方煤矿5处，退出产能51万吨。全年空气质量优良天数为311天，比上年增加4天，在剔除沙尘影响后，市区城区PM10平均浓度82微克/立方米，比上年下降3.5%，PM2.5平均浓度34微克/立方米，二氧化硫、二氧化氮、一氧化碳、臭氧、PM2.5五项均达到国家环境空气质量二级标准。实施水污染防治行动计划，严控废水排放，黄河白银段青城桥、靖远桥、五佛寺三个断面水质综合评价达到Ⅱ类标准要求，地表水达标率100%；8个县级及以上集中式饮用水水源地水质均达到Ⅲ类考核要求，达标率100%。持续推进土壤污染防治，东大沟河道重金属污染治理工程(梁家窑段至四龙镇)治理河道

21.7 公里，黄河上游白银段东大沟流域农田土壤重金属污染修复工程治理污染土壤面积 1796 亩，白银历史遗留含铬土壤污染治理工程治理污染土壤 18.05 万立方米。

【生态建设】2018 年，十大生态产业增加值 88.94 亿元，比上年增长 6.8%，占地区生产总值 17.38%。共完成各类营造林 33.9 万亩，其中人工造林 29.5 万亩，封山育林面积 3 万亩，森林抚育面积 1.4 万亩，森林覆盖率达到 13.56%。全市共有自然保护区 5 个，面积 27880.46 公顷。

【循环经济】2018 年，全市工业固体废物综合利用率达到 76%，工业用水重复利用率达到 95%；餐厨废弃物集中回收和资源化利用率达到 80%以上；新建建筑执行节能强制性标准比例达到 100%。

【非公经济】积极引导和支持民间投资进入基础产业、基础设施、市政公共事业和商贸流通等领域，稳妥推进"多证合一""证照分离"改革，降低非公经济市场准入门槛，凝练 PPP 项目 9 个，总投资 148.86 亿元，新增非公经济市场主体 16959 户，新增注册资本 196.17 亿元，分别增长 17.4%、14.65%，非公经济占经济总量比重达到 51.6%。

【城镇建设】2018 年，完成市政基础设施投资 12.1 亿元，北京路提升改造项目基本建成，城市地下综合管廊试点全线试运行，全面建成综合管廊 26.25 公里，入廊各类管线 221 公里，消除架空线 19.83 公里。实施城区道路、园林绿化、污水处理、生活垃圾无害化处理等项目，人均城市道路面积达到 14.13 平方米，城市建成区人均公园绿地面积达到 9.22 平方米，城镇污水处理率达到 94.55%，城市生活垃圾无害化处理率达到 100%，城市功能更加完善。

【民生工程】2018 年，全市城镇新增就业 44146 人，城镇登记失业率 2.16%，公益性岗位托底安置就业困难人员 5685 名，失业人员实现再就业 9378 人，输转城乡富余劳动力 28.23 万人，创劳务收入 54.18 亿元，开发乡村振兴公益性岗位 1235 个。推进全民参保计划，参保率达到 95%，城市低保补助标准提高 8%，农村低保一、二类对象月补助水平分别达到 335 元、318 元。实施城镇棚户区改造 6128 户，完成投资 13.44 亿元，发放低收入家庭住房租赁补贴 4121 户 1253.6 万元。

【社会事业】2018 年，全市学前教育三年毛入园率达到 94.44%，九年义务教育巩固率达到 99.68%。积极推进健康白银建设，健全医疗卫生服务体系，市县区各办好 1 家综合医院、中医院和妇幼保健机构，每个乡镇办好 1 家卫生院，村卫生室标准化建设实现全覆盖。纵深推进全国文明城市创建，健全完善公共文化服务体系，建成"乡村舞台"701 个、乡镇综合文化站 69 个、城市社区综合性文化服务中心 99 个，"农家书屋"实现行政村全覆盖。

天水市

【基本情况】天水，因"天河注水"的传说而得名，位于甘肃省东南部，地处秦岭西段、渭水中游，现辖秦州、麦积两区和甘谷、武山、秦安、清水、张家川回族自治县五县，总面积 1.43 万平方公里，2018 年末常住人口 335.49 万人，人口自然增长率 3.93‰。

天水，是中华民族的重要发祥地之一，是中国历史文化名城，早在八千年前就有人类繁衍生息，有史可稽的建置史达 2600 多年，1992 年江泽民同志视察天水时亲笔题词"羲皇故里"。境内有全国最大的明代建筑群伏羲庙和伏羲创画八卦的遗址卦台山，是全球华人寻根祭祖的圣地。飞将军李广、三国名将姜维、陇上铁汉安维峻、爱国名将邓宝珊等众多历史名人都诞生在天水，以伏羲文化、大地湾文化、秦早期文化、麦积山石窟文化、三国古战场文化为代表的五大文化源远流长、积淀深厚，构成了天水独具特色的历史文化。位于祖国版图的几何中心，居陕、甘、川三省之要冲，是甘肃省的东大门，自古以来就是西北的咽喉通道、陇东南的交通枢纽和物流中心。风光秀丽，是中国优秀旅游城市，古民居、古建筑、古墓群、古战场、古石窟等名胜古迹众多，伏羲庙、玉泉观、南郭寺被评为国家 4A 级旅游景区，大地湾、卦台山、大象山、水帘洞等景区景点特色鲜明，特别是中国四大石窟之一的麦积山石窟被誉为"东方雕塑艺术陈列馆"。地处黄土高原与西秦岭山脉结合地带，横跨长江、黄河两大流域，属暖温带半湿润半干旱气候。境内有小陇山、关山、西秦岭三大林区，森林覆盖率 36.45%，素有"陇上江南"之美誉，是西部最佳宜居环境城市。

【国民经济】2018 年，全市实现地区生产总值 652.05 亿元，比上年增长 6.4%。其中，第一产业增加值 91.07 亿元，增长 4.8%；第二产业增加值 200.04 亿元，增长 3.8%；第三产业增加值 360.94 亿元，增长 8.7%。三次产业结构比为 14.0∶30.7∶55.3。规模以上工业企业增加值 104.7 亿元，增长 5.1%；社会消费品零售总额 269.81 亿元，增长 8.2%；固定资产投资下降 1.6%；一般公共预算收入 46.63 亿元，增长 8%，年末金融机构人民币各项存款余额 1335.68 亿元，增长 7.9%；金融机构人民币各项贷款余额 957.7 亿元，增长 14.4%。

【脱贫攻坚】2018 年，全市共减贫 10.65 万人，425 个贫困村实现脱贫，甘谷、武山两县整县"摘帽"。完善落实"一户一策"，帮助 11.67 万户群众制定"一户一策"脱贫计划。突出抓好产业扶贫，制定出台"1+6+1+1"实施方案，推进农业保险"扩面增品提标降费"工程，落实到户产业扶持资金 9.14 亿元。精准落实扶贫政策，实施建档立卡贫困户易地搬迁 1672 户 8159 人，完成危房改造 8666 户，建成行政村幼儿园 368 所，贫困人口慢性病签约管理 5.96 万人、重病兜底 3271 人。推进电商扶贫、构树扶贫、光伏扶贫，累计建立贫困村电商服务点 1028 个，种植构树 8620 亩，清水县 30 兆瓦和武山县 23.7 兆瓦光伏扶贫电站建成并网发电。探索创新扶贫模式，建立"千名县级干部联千村"联络员制度，设置村级"八大员"服务性岗位 13292 个，分两年筹措 6.02 亿元对全市农村安全饮水工程进行全面巩固提升，召开了全省

“扶贫车间”建设暨就业扶贫现场推进会、蔬菜产业扶贫现场推进会。加大脱贫攻坚投入，争取中央和省上财政专项扶贫资金13.31亿元，天津市和5个中央定点帮扶单位分别落实帮扶资金1.87亿元、2130万元，中央定点单位协调落实项目资金3.4亿元；累计发放“双助贷”15.75亿元、特色产业发展贷款20.5亿元。

【“三农”工作】2018年，全市粮食作物播种面积465.62万亩。其中，小麦播种面积194.48万亩，比上年减少2.19万亩；玉米播种面积135.37万亩，减少0.86万亩；洋芋播种面积116.65万亩，减少2.23万亩。粮食产量115.77万吨，下降1.3%。其中，小麦产量38.57万吨，下降3.73%；玉米产量50.63万吨，增长1.37%；洋芋产量23.88万吨，下降5.17%。主要经济作物中，油料播种面积98.4万亩，增加1.13万亩；油料产量12.1万吨，增长0.23%。蔬菜播种面积78.46万亩，增加0.61万亩；蔬菜产量184.56万吨，增长4.85%。药材播种面积17.5万亩，增加0.68万亩；药材产量4.2万吨，增长3.59%。果园面积108.14万亩。水果产量126.28万吨，增长4.36%。肉类总产量6.07万吨，增长4.61%。其中，猪肉产量4.58万吨，增长5.1%。禽蛋产量1.48万吨，增长5.21%。年末生猪出栏65.42万头，增长5.1%；牛出栏8.03万头，增长3.67%；羊出栏15.58万只，增长5.04%。家禽出栏317.32万只，下降1.71%。水产品产量1571吨，增长4.2%。深化农村土地制度和集体产权制度改革，累计发放农村土地承包经营权证书60.92万份。着力改善农村基础条件，实施农村饮水安全巩固提升工程85处，新修梯田12万亩，新建堤防60.7公里，发展高效节水灌溉面积5.67万亩，治理水土流失面积250平方公里，完成生态造林21.88万亩，建成农村公路965公里、县乡道安全生命防护工程425公里，清水县被命名为“四好农村路”全国示范县。认真落实农村人居环境整治三年行动实施方案，加快全域无垃圾治理，建立落实河长制、湖长制，分类推进农村生活垃圾污水治理、卫生改厕、村容村貌提升，创建省市级美丽乡村示范村39个、整洁村305个。全面推开农村“三变”改革，5.41万户11.27万农民通过土地、技术、劳务、自有资金入股变为股东，村级集体经济“空壳村”全面消除。

【项目建设】2018年，全市901个清单项目完成投资420.47亿元，62个重大前期项目扎实有效推进，75个市级领导包抓重大项目完成投资145.74亿元。天水火车站改扩建、天水汽车西站、甘谷客运中心全面建成，天水南站综合交通枢纽及站前广场正式启用，城区引洮供水主体工程全线贯通，天平高速公路天水段、天定高速藉口出口、秦州大道、麦积山大道、国道310线秦州至武山升级改造工程、曲溪城乡供水及麦积区潘集寨至街亭出口、甘泉至麦积山景区、武山县洛门至水帘洞景区3条旅游公路加快建设。甘肃(天水)国际陆港项目启动实施，落实省级专项补助资金5亿元，详规编制等工作进展顺利。岷山厂三阳川隧道开工建设。天水军民合用机场迁建、天水南站新增动车组存车线、静宁至天水高速公路天水段、天水绕城高速等项目前期工作取得实质性进展。

【优势产业】2018年，全市实施绿色生态产业项目123个，完成投资98.05亿元。深入实施工业强市战略，六大传统产业加快转型，五大新兴产业开局良好。华天电子科技园、长城电工产业园一期全面建成，岐黄中医药产业园、装配式建筑产业园、电工产品综合检测实验研究基地、祁连山集团武山水泥技改迁建等项目进展顺利。冀城产业园规划编制完成，长城果汁、海林轴承、岷山机械搬迁改造有序推进，张家川县经济开发区升级为省级开发区，海林轴承、二一三电器、陇鼎建设工程、三和数码测绘入选全省战略性新兴产业骨干企业。加快发展文化旅游首位产业，制定出台《关于加快建设文化旅游强市的实施意见》及系列配套政策，麦积山游客服务中心、天水大剧院、华昌欢乐城、百花小镇加快建设，麦积山自驾游房车露营基地、南山云端休闲露营公园、中梁樱花小镇等项目积极推进，麦积山景区与华侨城赋能管理服务项目顺利实施。创建全国休闲农业与乡村旅游示范县2个、旅游专业村20个，清水县被评为中国体育旅游目的地，秦州区李官湾村入围中国美丽休闲乡村。加强商贸物流基础设施建设，天水信合物流园、天水腾邦物流园建成，天水粮食仓储物流生态产业园、麦积华夏物流园、武山金鑫物流园、天水城市蔬菜仓储分拣中心建设有序推进。市县区电商服务中心全面建成，麦积区、清水县、张家川县被列为国家电子商务进农村示范县。

【人民生活】2018年，全市城镇居民人均可支配收入26581元，比上年增长8%；人均消费支出14685.3元，下降0.3%；城镇居民恩格尔系数28.2%。农村居民人均可支配收入7693元，增长8.9%；人均消费支出8722.4元，增长12.2%；农村居民恩格尔系数28.5%。

【环境保护】2018年，全市环境空气质量综合指数4.88。优良天数304天，占监测总天数的83.7%。渭河葡萄园国控出境断面水质综合评价结果为三类。

【社会保障】2018年年末，全市参加基本养老、失业、城镇职工基本医疗、工伤、生育五项社会保险人数分别为34.96万人、13.74万人、25.79万人、14.16万人和15万人。离退休人员10.22万人，养老保险基金支出29.31亿元。参加城镇职工基本医疗保险的农民工615人，参加工伤保险的农民工1.63万人。各类企业劳动合同签订率94.8%。共有城市最低生活保障对象2.51万户、6.09万人，累计发放低保补助资金2.77亿元；农村最低生活保障对象8.41万户、31.91万人，累计发放低保补助资金5.49亿元。农村临时救助15.86万人次。城镇新增就业5.52万人，下岗失业人员再就业1.33万人，新增小额担保贷款3.03亿元。单位从业人员22.39万人，其中，国有单位从业人员14.42万人，城镇集体单位从业人员0.42万人，其他单位从业人员7.55万人。单位从业人员工资总额132.98亿元，比上年增长1.85%。其中，国有单位工资总额95.59亿元，下降6.39%；城镇集体单位工资总额1.79亿元，下降7.25%；其他单位工资总额35.6亿元，增长34.29%。加强保障性住房建设，实施棚户区改造2.58万户，为1.04万户低收入家庭发放住房租赁补贴1265万元。落实全民参保登记计划，机关事业单位养老保险改革全面完成，城乡居民社会养老保险参保率97.8%，待遇发放率100%，城市低保月保障标准提高7.6%，农村低保年指导标准提高6.3%。

【社会事业】2018年，全市新建、改扩建城区学校27所，增加义务教育学位2.5万个，“超大班额”问题基本解决，“大班额”问题得到缓解；天水市职教园区启动建设，与德国爱科特教育集团签订联合办学意向书，市三中新校区、玉泉中学、玉城小学基本建成，农村中小学教师周转宿舍、农村边远地区中小学温暖工程顺利实施，改薄“20条底线”全部达标；全市共有普通高校5所(包括电大)，在校学生4.54万人；中等职业学校12所，在校学生2.09万人；普通中小学校851所(不包括1283个小学教学点)，在校学生46.45万人。小学学龄儿童入学率100%，初中学龄儿童入学率99.53%。

加快科技进步与创新，争取省列科技项目56项，组织实施各类科技项目436项，取得科技成果106项，天水经济技术开发区产业孵化园被认定为省级科技孵化器。实施文化体育惠民工程，市体育中心项目主体完工，新建文化馆、图书馆乡镇街道分馆246个、文化遗产“历史再现”工程博物馆11个、乡镇及社区体育健身中心8个、行政村农民体育健身工程210个，完成陇南书院、后街清真寺等保护修缮工程，创排完成舞台剧《天一生水》，《一画开天》实现旅游旺季常态化演出，影片《天水来的姑娘》在央视播出。继秦州电视台之后，麦积、清水、秦安、武山电视台实现与市电视台并网。广播、电视人口覆盖率分别达99.46%和99.22%，

全市共有卫生机构3822个(包含诊所)，其中，医院77个，卫生院137个，妇幼保健院、所、站8个，社区卫生服务中心(站)69个。各类卫生技术人员2.29万人(含村卫生室卫生员)，其中，执业医师4269人(含卫生院执业医师)，注册护士6283人。床位1.67万张。年内国家免疫规划疫苗接种率稳定在90%以上。

武威市

【基本情况】武威，位于甘肃省中部，河西走廊的东端，是中国旅游标志——马踏飞燕的出土地。1986年被国务院命名为全国历史文化名城和对外开放城市，2001年5月经国务院批准撤地设市，2005年被命名为中国优秀旅游城市，2012年10月被命名为“中国葡萄酒城”。现辖凉州区、民勤县、古浪县和天祝藏族自治县，总面积3.23万平方公里，有93个乡镇、1129个村民委员会、9个街道办事处、74个居民委员会。2018年末常住人口182.78万人，其中城镇人口77.33万人、乡村人口105.45万人，聚居着汉、藏、回、蒙等38个民族。

【国民经济】2018年，全市实现地区生产总值469.27亿元，比上年增长4.8%。第二产业增加值131.72亿元，增长3%；工业增加值66.38亿元，增长4%；规上工业增加值43.78亿元，增长5.7%；一般公共预算收入30.45亿元，增长7.1%。实现农业增加值123.22亿元，增长6.5%；第三产业增加值217.01亿元，增长5.2%。社会消费品零售总额205.72亿元，增长7.3%；城镇居民人均可支配收入27668元，增长8.2%；农村居民人均可支配收入11518元，增长8.7%。

【脱贫攻坚】2018年，市、县区整合涉农资金11.84亿元，财政投入专项扶贫资金12.52亿元，比上年增长52.1%；发挥财政资金撬动作用，落实特色产业发展工程贷款30亿元。下大力气解决贫困群众稳定增收问题，出台支持扶贫龙头企业、农民专业合作社、扶贫车间等发展的政策措施，引进德青源金鸡、康美牛羊、达康牧业、嘉禾农业等龙头企业，实现了龙头企业、农民专业合作社、特色产业对所有贫困村和有产业发展需求的贫困户全覆盖。贫困村发展特色种植21.91万亩，新建戈壁农业5996亩；建成光伏扶贫项目28.79兆瓦，惠及贫困户4818户；建立扶贫车间66个，吸纳贫困人口就业1086人。易地搬迁贫困人口1760人。新建续建贫困地区集中供水工程24处。新建改建贫困村幼儿园14所、中小学15所、标准化卫生室47所。贫困地区学前三年毛入园率、义务教育巩固率分别达到89.18%、99.91%。全面实施“先诊疗后付费”“一站式结报”等政策，贫困人口合规医疗费用补偿比例提高到85%。深化东西部扶贫协作和中央单位定点扶贫，落实帮扶资金7130万元，实施了一批产业协作、农产品销售、劳务培训输转等项目。全市退出贫困村73个，减少贫困人口2.95万人，贫困发生率由2017年的3.86%下降到1.81%。凉州区、民勤县通过省级评估验收摘帽退出。

【生态文明建设】坚决落实生态文明建设责任，全面深入开展祁连山生态环境问题整改整治“回头看”，成立重点难点问题专责组和29个专责小组，逐项现场勘查论证，完善整改整治方案。至目前，除少数因季节性因素影响生态恢复的问题外，其它生态环境问题和“绿盾2018”专项巡查指出的神树水电站9个问题均完成整改。山水林田湖草生态保护修复工程累计完成投资23.89亿元。祁连山国家公园体制试点完成区划勘界和自然资源本底调查。实施国土绿化倍增行动，完成人工造林51万亩，封山(沙)育林(草)45.62万亩。“一带一路”生态治理民间合作国际论坛在武威市成功举办。凉州九墩滩国家沙漠公园获批。编制报批《民勤生态建设示范区规划》。巩固提升石羊河流域重点治理成效，民勤蔡旗断面过水量3.85亿立方米，较约束性目标多9500万立方米，民勤盆地地下水开采量控制在约束性目标以内。污染防治攻坚战取得明显成效，凉州城区优良天气率达到93%，大气质量持续改善。全面落实市县乡村四级河长制、湖长制，县级及以上城市集中式饮用水水源地水质全部达标。全面开展乡镇、村规划建设管理突出问

题清理整治，开展废旧宅基地复垦2.46万亩，拆除违规设置的广告牌10463面，拆违拆临215.75万平方米、复垦复绿13.46万平方米，清理“五未”土地及违规配置土地7.57万亩、处置5.54万亩，清理整治“大棚房”问题122个410.62亩，为全市高质量发展腾出了空间、廓清了障碍。

【产业转型升级】2018年，发展蔬菜、中药材等特色优势作物193万亩，推广高效农田节水技术257.2万亩、旱作农业50.7万亩，规模化养殖比重达到74%。累计认证“三品一标”农产品226个，建成出口农产品基地82.65万亩。培育农业产业化龙头企业147家、家庭农场490家、农民专业合作社9412家。生态工业焕发新的生机，坚持改造提升传统产业和培育发展新兴产业并重，实施工业项目108项，达利、青啤、正阳等“农字号”企业新线建成、产能扩大，众兴菌业、宏氟锂业等项目建成投产。全市新能源装机达到303万千瓦，清洁能源发电量占到总发电量的63.6%。加强工业经济运行调度服务，“一企一策”推进复产增产，为101户小微企业发放互助担保贷款7.29亿元。文化旅游产业势旺劲足，实施文旅项目84项，完成投资30.5亿元。武威历史文化街区保护建设项目正式签约，苏武沙漠大景区摘星小镇、沙漠戈壁农业示范园等一批项目加快建设，乌鞘岭国际滑雪场(二期)、沙漠雕塑国际创作营建成运营，普康田园综合体、凉州蜻蜓村、民勤红旗谷、古浪金水源、天祝大红沟等乡村旅游示范村加快培育，凉州植物园、西郊公园、湿地公园等加紧建设。中国社科院历史所凉州文化研究基地成立。举办第二届凉州文化论坛暨中国·河西走廊第八届有机葡萄美酒节、凉州文化与丝绸之路国际学术研讨会、“凉州讲坛”“凉州文化沙龙”，凉州文化品牌影响力不断扩大。“天马行空·自在武威”文化旅游形象主题宣传语被列入“2018年旅游业最美中国榜”。全年旅游接待人数1513.8万人次，实现旅游综合收入84.4亿元，分别增长27.8%、33.3%。推进甘肃(武威)国际陆港基础建设及进出口贸易实体化运营，开通运行中俄木材回程班列、国际陆海贸易新通道回程班列，成功承办第四届中俄木材贸易投资大会。红星时代广场、万达广场、士林不夜城等商业综合体建成运营，带动了第三产业和城市经济升级发展。

【项目建设】2018年，全市实施500万元及以上项目638项，44项省市列重大项目完成投资166.5亿元。北仙高速民勤至武威段及凉州绕城连接线建成118公里，G312线古浪金三角至凉州丰乐段改建项目建成，凉州至古浪、大靖至干城、炭山岭至赛什斯等一批普通省道和旅游公路加快建设。红崖山水库加高扩建工程全面建成并蓄水运行，古浪黄花滩移民区220万方调蓄水池开工建设。组织开展“春晖行动在武威·我与家乡共发展”系列恳谈活动，实施招商引资项目360项，到位资金212.58亿元。

【创建全国文明城市】2018年，编制完成中心城区13个片区控制性详细规划和城市风貌、色彩、交通系统等9个专项规划，首次实现城市总体规划、控制性详细规划、专项规划全覆盖，为提高城市工作的全局性、城市建设的系统性、城市发展的宜居性奠定了坚实基础，规划引领和约束作用进一步凸显。着力补齐民生领域短板弱项，新建改建城市(县城)公厕110座、公共停车场22个，打通城区“断头路”16条，治理背街小巷81条，改造老旧小区23个，整修检查井井盖4125个。新建智慧公交候车亭328个，开通夜班专线和学生晚自习专线，办理免费公交卡11.8万张。城乡环境面貌和公共服务功能持续改善，群众的幸福感、自豪感明显提升。

【全面深化改革】2018年，全市认真落实“三去一降一补”改革举措，为企业降低用电成本7043.2万元。在全省率先推行政务服务“一窗受理、集成服务”改革，公布“最多跑一次”事项964项，取消各类证明事项364项。企业开办时间压缩到5天，新增市场主体1.94万户。深化知识产权领域改革，申请专利2066件，新认定国家级知识产权示范企业1家、优势企业2家。着力防范化解政府性债务风险，化解存量债务71.6亿元。帮助企业处置不良贷款29.6亿元。税收征管、国有林场等改革任务全面完成，供销社综合改革、户籍制度改革稳步推进。

【民生保障改善】2018年，一般公共预算支出迈上200亿元新台阶，用于民生支出占一般公共预算支出的84.3%。新增政府债券和外债转贷资金23.53亿元，支持公益性项目、土地储备和棚户区改造。创新财政投入方式，多渠道筹措资金，多措并举促进民生改善。恢复了事业单位招考，公开招聘事业单位工作人员1022名。安置1013名城镇就业困难人员，城镇新增就业24846人，城镇登记失业率保持在3.07%的较低水平。居家养老服务改革全面推开，凉州区为近4万名老年人提供居家养老服务，三县居家养老信息平台全面运行。社会保障参保人数持续增加，保障水平稳步提高。城乡低保和特困供养提标工作全面完成。新建改建中小学103所、村幼儿园21所，消除城区中小学“大班额”193个，古浪县通过义务教育发展基本均衡县国家评估认定。凉州医院异地迁建、民勤县医院门急诊医技综合大楼加快建设，武威市荣获“全国基层中医药工作先进单位”。完善城乡居民基本医疗保障政策，开通异地就医直接结算和养老保险关系转移直办平台。棚户区改造项目开工20148套(户)，基本建成17648套(户)。改造提升“乡村舞台”83个，建成乡镇(社区)体育健身中心10个、村级体育场110个，实现村级健身场所全覆盖。建成“放心粮店”12个、应急粮食供应网点135个。凉州城区新增天然气入户2.13万户。安全生产形势稳定好转，群众饮食用药安全有效保障。推进社会矛盾和重点信访问题集中排查化解，重点信访事项妥善解决。严格落实治欠保支“四项制度”，解决拖欠农民工工资问题。武威市被评为“2018年人民网网民留言办理先进单位”。“智慧武威·雪亮工程”有序推进，基层网格化管理全面落实。扫黑除恶专项斗争取得阶段性战果，打掉黑恶势力犯罪团伙及村霸17个。平安武威建设成效显著，群众安全感综合测评位居全省第一。全市民族团结、宗教和顺，社会大局和谐稳定。

（徐创新）

张掖市

【基本情况】张掖，古称甘州，西汉以“张国臂掖，以通西域”而得名，位于青藏高原和蒙古高原交汇的河西走廊中部，自古以来就是丝绸之路商贾重镇和咽喉要道，素有“塞上江南”“金张掖”等美誉。境内祁连山水源涵养区、黑河绿洲、荒漠戈壁三大生态系统交错衔接，雪山冰川、森林草原、七彩丹霞、田畴沃野、湿地候鸟、荒漠沙丘等地貌交相辉映，使张掖成为坐落在祁连山、黑河湿地两个国家级自然保护区之上的城市，被国家列为生态文明示范工程试点市。全市总面积3.86万平方公里，辖甘州区、临泽县、高台县、山丹县、民乐县、肃南县一区五县。2018年末全市常住人口123.38万人，城镇人口58.67万人，城镇化率47.55%，境内有汉、裕固、藏、蒙、回等38个民族，其中分布于祁连山区的裕固族是全国独有的少数民族。

【资源优势】张掖市境内河流众多，阳光充足，土地肥沃，灌溉便利，是国家现代农业示范区，是全国最大的玉米制种区和重要的粮食、蔬菜、瓜果、油料和牛羊生产基地。也是全省以钨钼、铜、金、铁、煤、粘土、钾盐等矿种为主的金属、非金属矿产集中区和水能、光能、风能开发区。张掖既有“半城芦苇”的自然美景，也有“半城塔影”的历史风貌，文化沉积深厚，人文景观丰富，是国家级历史文化名城和中国优秀旅游城市。这里有中国最美之一的祁连山草原、张掖丹霞、黑河湿地、黑河峡谷和平山湖大峡谷，有全国最大的山丹马场、保存最完整的汉明长城、历史文化名山焉支山、名城骆驼城，还有距城市最近的七一冰川、沙漠公园、全国最大的室内泥塑卧佛张掖大佛、坐佛山丹大佛，也有与敦煌莫高窟同时代的马蹄寺石窟群、红西路军烈士陵园和独特的裕固族、蒙古族、藏族风情等。

【国民经济】2018年，全市实现地区生产总值407.71亿元，比上年增长5.8%。其中，第一产业增加值89.13亿元，增长6.3%；第二产业增加值90.81亿元，增长3.0%；第三产业增加值227.77亿元，增长7.3%。三次产业结构调整为21.86∶22.27∶55.87。按常住人口计算，人均生产总值33105元，增长0.5%。工业增加值46.44亿元，增长3.4%，其中，规模以上工业增加值34.44亿元，增长4.3%；社会消费品零售总额176.05亿元，增长6.9%；大口径财政收入60.64亿元，增长2.6%，其中，一般公共预算收入27.84亿元，增长5.8%。

【供给侧结构性改革】2018年，全市规模以上工业企业中，3户水泥生产企业涉及产能达255万吨，而实际产量只有109万吨，生产能力仅达到42.7%，水泥产能大幅压缩；产成品库存21.4亿元，比上年下降13.9%；资产负债率为6%，比上年降低0.9个百分点；每百元主营业务收入中的成本为84元；每百元主营业务收入中的费用为12元。商品房销售面积118.93万平方米，增长30.59%。

【脱贫攻坚】2018年，全市脱贫1201户3986人，退出贫困村38个。全市贫困村特色产业面积上年增加23949.3亩，增幅44.7%，共有1360户4051人重点以畜牧业为脱贫主导产业，65个贫困村集体经济总收入达834万元，5万元以上的村达到50个，占贫困村总数的76.9%，贫困村集体经济“空壳村”已全部消除。建设贫困村村内道路238.743公里，培训建档立卡贫困家庭劳动力2050人，帮扶2045名贫困家庭农村劳动力输转就业，完善制定“一户一策”精准脱贫计划和巩固提高计划6310份。

【农业和农村经济】2018年，全市粮食种植面积310.62万亩，比上年减少11.27万亩；玉米制种面积80.09万亩，减少12.54万亩；蔬菜面积29万亩，增加1.75万亩；油料面积45.65万亩，减少0.58万亩；中药材面积27.14万亩，增加3.9万亩。粮食生产再获丰收。全年粮食产量139.63万吨，比上年下降0.67%。其中，夏粮产量41.25万吨，增长19.36%；秋粮产量98.38万吨，下降7.19%。主要经济作物中，油料产量7.25万吨，下降14.45%；蔬菜产量106.13万吨，增长14.95%；水果产量6.21万吨，增长5.2%；中药材产量10.26万吨，增长27.52%。畜牧业发展势头良好。2018年末，猪存栏49.36万头，下降6.92%；猪出栏65.42万头，增长2.27%。牛存栏50.26万头，增长3.33%；牛出栏22.67万头，增长3.99%。羊存栏280.11万只，下降5.98%；羊出栏240.10万只，增长1.39%。全年肉类总产量11.26万吨，比上年增长2.09%。年末拥有农业机械总动力221.56万千瓦，拥有联合收获机械1948台，畜牧养殖机械3.57万台，大中型拖拉机1.18万台，小型拖拉机9.69万台，全年化肥使用量（折纯）8.32万吨。

【项目建设】2018年，全市固定资产投资比上年增长12.1%，其中，项目投资增长12.2%。按三次产业分，第一产业投资增长105.9%；第二产业投资增长9.2%，其中工业投资增长8.5%；第三产业投资增长4.0%。民间投资增长14.8%，占固定资产投资的比重为55.1%。基础设施投资增长5.3%，占固定资产投资的比重为25.6%。固定资产投资中，采矿业投资增长262.0%；制造业投资下降3.4%；电力、热力、燃气及水的生产和供应业投资增长5.9%；批发和零售业投资增长7.7%；交通运输、仓储和邮政业投资增长11.7%；水利、环境和公共设施管理业投资下降3.3%。全年完成房地产开发投资58.24亿元，增长11.84%。其中，住宅投资39.55亿元，增长31.14%；商业营业用房投资14.58亿元，下降13.61%。房屋施工面积568.67万平方米，增长13.0%；房屋竣工面积122.7万平方米，增长0.96%；商品房销售面积118.93万平方米，增长30.59%。

【人民生活】2018年年末，年末全市城乡从业人员72.96万人，其中城镇从业人员30.13万人，乡村从业人员42.83万人。全年城镇新增就业2.52

万人，城镇登记失业率控制在2.6%以内。全市城镇居民人均可支配收入25267元，比上年增长8.4%；城镇居民人均消费支出20649元，增长6.2%；城镇居民家庭恩格尔系数（即居民家庭食品消费支出占家庭消费支出的比重）为29.21%，比上年降低0.26个百分点。农村居民人均可支配收入13710元，增长8.7%；农村居民人均消费支出12181元，增长8.0%；农村居民家庭恩格尔系数为31.71%，比上年降低1.42个百分点。

【社会保障】2018年，全市参加城镇职工基本养老保险人数18.32万人，参加城乡居民基本养老保险人数68.88万人，参加城镇职工基本医疗保险人数13.01万人，参加城乡居民基本医疗保险人数110.34万人，参加失业保险人数8.25万人，参加生育保险人数8.63万人，参加工伤保险人数9.85万人，其中参加工伤保险的农民工2.77万人。年末各项社会保险基金总收入48.18亿元，各项社会保险基金总支出40.07亿元。年末城镇居民最低生活保障人数2.58万人，城镇低保资金支出14322.5万元；农村居民最低生活保障人数5.04万人，农村低保资金支出11806.8万元。

【资源环境】2018年，全市可利用水资源总量26.5亿立方米，其中，可利用地表水资源量24.75亿立方米，与地表水不重复的净地下水资源量1.75亿立方米。全年总用水量21.21亿立方米。其中，生活用水0.46亿立方米，工业用水0.23亿立方米，农业用水20.09亿立方米，生态环境补水0.43亿立方米。全年空气可吸入颗粒物年均值66μg/m3，细颗粒物年均值32μg/m3，二氧化硫年均值10μg/m3，二氧化氮年均18μg/m3，空气优良天数（I—II级）比例为96.3%。城市区域噪声昼间平均等效声级为52.9dB，夜间平均等效声级为43.5dB。城市道路交通噪声昼间道路交通噪声平均等效声级为67.2dB，夜间道路交通噪声为62.3dB。地表黑河干流水质达标率100%，城镇集中式饮用水源水质达标率100%。

【社会事业】2018年年末，全市共有科研机构5个。全年科学技术支出7319万元，比上年增长7.66%。共取得市省级以上科技成果26项，获得奖励项目5项。受理专利申请4344件，授权专利1802件，授予发明专利权247件。共签订技术合同174项，技术合同成交金额22.66亿元，增长12.18%。

2018年，向全国各类高、中等专业院校输送新生13777人，高考录取率95.62%。普通高等教育招生5033人，在校生18947人，毕业生5268人。中等职业教育招生3354人，在校生9972人，毕业生3061人。普通高中招生6568人，在校生22747人，毕业生9260人。初中学校招生12620人，在校生37293人，毕业生11591人。普通小学招生12714人，在校生77025人，毕业生12523人。特殊教育招生13人，在校生192人。学前教育在园幼儿34790人。

年末全市共有文化馆8个，图书馆7个，档案馆7个，博物馆7个，艺术表演团体3个。广播节目综合人口覆盖率98.62%，电视节目综合人口覆盖率98.62%。有线电视用户18.9万户。

年末全市共有卫生机构1423个，其中医院45个，乡镇卫生院84个，社区卫生服务中心（站）31个，村卫生室798个，门诊部（所）445个，疾病预防控制中心（防疫站）7个，妇幼保健院（所、站）7个，卫生监督所（中心）6个。卫生技术人员9499人，其中执业医师和执业助理医师3528人，注册护士4071人。医疗卫生机构拥有床位数9283张，其中医院、卫生院床位数8383张。

平凉市

【基本情况】平凉市地处陕、甘、宁三省（区）交汇处，东邻陕西咸阳，西连甘肃定西、白银，南接陕西宝鸡、甘肃天水，北倚宁夏固原、甘肃庆阳，是甘肃东部重要的区域性中心城市和承接中东部省区产业转移与开放开发的“东大门”。全市辖崆峒区、华亭市和泾川、灵台、崇信、庄浪、静宁5县，总面积1.1万平方公里，2018年末全市常住人口211.91万人。

【区位优势】平凉地处陕、甘、宁三省（区）交汇处，是古“丝绸之路”东端的交通要塞，甘肃东部重要的交通枢纽、商贸重镇和区域性中心城市，素有“陇上旱码头”之称。平凉不仅是西北地区重要的公路枢纽，也是欧亚大陆桥第二通道的重要中转站，312国道横穿全境，宝中铁路纵贯南北。特别是西平、天平铁路以及银武、平定、西长凤等高速公路的建成通车，平凉将成为贯通西兰银三条高速、三条铁路的重要交通枢纽，区位优势和交通战略通道作用将更加突出。

【历史文化】平凉是中华文明的发祥地之一，早在3000多年前，周朝先祖就在泾河流域创造了比较先进的农耕文化。公元376年，前秦灭前凉，置平凉郡，取“平定凉国”之意，平凉之名始见于史册。历史上曾孕育出世界针灸医学鼻祖皇甫谧、唐代著名宰相牛僧儒、南宋抗金名将吴玠、吴璘，明代“嘉靖八才子”之一的赵时春等彪炳史册的杰出人物。境内历史文化遗存众多，现已发现仰韶、齐家等各个时期的文化遗址2257处，有全国重点文物保护单位12个，省级重点文物保护单位65个，馆藏文物3万多件，其中国家一级文物199件。崆峒山道源文化、古成纪伏羲文化、西王母远古文化、皇甫谧医学文化独具魅力，出土的佛舍利金银棺、西周青铜器和南宋货币银盒子等文物，被誉为“中华之最”。与少林、武当、峨眉齐名的崆峒派武术等10多项民俗民间文化被列入省级非物质文化遗产保护名录。深厚的文化积淀与现代文明的有机结合，形成了多元、厚重、包容、开放的区域文化特色。

【自然生态】平凉属于半干旱、半湿润大陆性气候，海拔在890—2857米之间，年均气温8.5℃，年降水量420—600毫米之间，平均日照总时数2144—2380小时，无霜期156—188天，境内四季分明，气候宜人，生态良好，资源多样，森林覆盖率33.6%，盛产小麦、玉米、洋芋、谷类，有“陇东粮仓”之美誉，党参、黄芪、甘草、冬花等

150多种中药材和山药、百合、蕨菜等特色农产品丰富多样，是农业部划定的全国苹果最佳适生区、全国肉牛优势发展区域，西北地区重要的畜牧基地和农林产品基地。

【矿产资源】全市煤炭地质储量650亿吨，已探明储量97.26亿吨，石油资源量4.3亿吨，石灰石储量30亿吨，原煤产量、火电装机容量分别占甘肃全省的一半和五分之一，是全国13个大型煤炭基地之一、全省最大的煤电化产业基地。旅游资源遍布全市，境内有国家首批5A级旅游景区崆峒山、森林公园云崖寺、国家文物保护单位南石窟寺、泾川王母宫、崇信龙泉寺等自然景观100多处，魅力独具、闻名遐迩，被评为“中国优秀旅游城市”“中国顾客最满意的十大风景名胜区”和“中国最值得外国人去的50个地方”之一。

【国民经济】2018年，全市地区生产总值395.17亿元，比上年增长2.1%。其中，第一产业增加值87.89亿元，下降3.6%；第二产业增加值103.89亿元，增长1.3%；第三产业增加值203.39亿元，增长4.8%。人均生产总值18676元，增长1.7%。三次产业结构由上年的19.2∶27.3∶53.5调整为22.2∶26.3∶51.5。居民消费价格上涨1.7%，商品零售价格上涨0.1%。全年农林牧渔增加值88.7亿元，下降3.7%。粮食作物播种面积457.79万亩，增加13.28万亩；粮食总产量107.72万吨，增产4.9%。牛出栏30.15万头，增长4.6%；猪出栏44.32万头，下降17.6%；羊出栏12.47万头，下降14.2%。全年全部工业增加值56.81亿元，增长2.4%。规模以上工业增加值52.25亿元，增长2.6%；实现主营业务收入161.36亿元，增长5.6%；实现利税总额31.97亿元，下降3.4%；实现利润总额14.99亿元，增长0.2%。社会消费品零售总额208.11亿元，增长6.6%。接待国内外游客2343.96万人次，增长20%；旅游综合收入133.67亿元，增长22%。大口径财政收入66.01亿元，增长14.6%，其中，一般公共预算收入30.47亿元，同口径增长11.7%。财政支出212.75亿元，增长15.7%。年末全市金融机构本外币各项存款余额844.41亿元，增长5.08%；本外币各项贷款余额627.02亿元，增长5.82%。

【供给侧结构性改革】2018年年末，规模以上工业产成品库存6.73亿元，比上年下降29.6%。规模以上工业企业每百元主营业务收入中的成本为74.88元，减少2.18元。全年商品房销售面积113.87万平方米，增长26.65%。

【脱贫攻坚】全年市级财政列支牛果产业发展专项资金各1000万元、劳务产业发展专项资金500万元。把牛产业作为脱贫增收“首位产业”，坚持分散养殖和规模养殖相结合，市级财政为建档立卡贫困养牛户给予500元/头/年的养殖补贴，在贫困村饲养肉牛13.73万头。果产业以适宜区全覆盖为目标，重点扶持果园提质增效、集约化管理、新技术推广等，在贫困村发展果园15.2万亩。劳务产业着眼市场需求和农村实际，探索建立了“完善一套组织领导机构，制定一套年度培训工作计划、一套资金整合使用办法、一套考核办法的‘四个一’精准扶贫劳动力培训机制”，全年输转贫困劳动力3.62万人(次)，实现劳务收入8.77亿元。同时，坚持因地制宜、因户施策，种植全膜玉米37万亩、马铃薯22万亩、中药材6万亩，全市有条件的贫困村、贫困户基本实现了产业全覆盖。推进“三变”改革作为脱贫攻坚的“新引擎”，认真学习借鉴贵州六盘水“三变”改革经验，积极探索实践切合市情实际的改革模式。全市1457个行政村有1086个村开展了“三变”改革，占74.5%；其中贫困村604个，占748个贫困村的80.7%，参与“三变”改革的农户已达到6.34万户，贫困户占到61%。有3.67万农户获得入股分红3450.3万元，其中贫困户获益2136.4万元。基础设施方面，以路、水、房、电为重点，硬化贫困村道路1236公里，解决了2.89万户11.1万人饮水不稳定问题，全市贫困村水泥(沥青)路、饮水安全、动力电实现全覆盖，光纤通村率达到99.6%；改造贫困户危房2.5万户，实施易地扶贫搬迁7229户，D级危房全部清零，C级危房基本消除。社会保障方面，严格落实农村低保和五保供养提标政策，一类低保提高到3720元/人/年，二类低保提高到3480元/人/年，集中供养对象补助标准提高到5832元/人/年，分散供养对象补助标准提高到4578元/人/年，实现了低保线与脱贫线“两线合一”。

【“三农”工作】全年全市新改扩建龙头企业25户，新登记注册农民专业合作社1332个，每个贫困村建成了2个以上合作社。输转劳动力48万人，创劳务收入99亿元。持续改善农村基础条件，实施农村公路项目165项935公里，建设水利水保工程83处，解决了46.88万人饮水不稳定问题，易地扶贫搬迁3813户，改造农村危房8709户，D级危房全部清零，C级危房基本消除，行政村宽带网络通达率达到99.8%，建成美丽乡村83个、环境整洁村220个，农村学校、医疗卫生和文化体育设施不断加强。

【项目建设】2018年，全市固定资产投资比上年下降17.86%。500万元以上投资项目417项，投资下降22.46%；5000万元以上投资项目107项，投资下降6.7%；亿元以上投资项目74项，投资下降28.6%。房地产开发投资下降3.64%。住宅投资增长6.57%，商业营业用房投资下降18.91%。房屋施工面积501.26万平方米，下降6.8%。其中，住宅施工面积361.16万平方米，下降5.76%。房屋新开工面积204.31万平方米，下降8.93%。其中，住宅新开工面积148.97万平方米，下降3.32%。房屋竣工面积47.19万平方米，增长27.62%。其中，住宅竣工面积36.58万平方米，增长54.83%。商品房销售面积113.87万平方米，增长26.65%。其中，住宅销售面积111.94万平方米，增长30.94%。

【优势产业】全市围绕“产业振兴”，调优结构做强特色产业。以农业供给侧结构性改革为主线，用工业化理念谋划农业，用现代化手段发展农业，坚持做大总量与提高质量、创新驱动与绿色发展并重，持续推进牛果菜等特色优势产业转型升级、提质增效。

牛产业坚持存牛于农、存牛于企、存牛于市的思路不动摇，持续做强规模养殖小区新建和改造提升，建立规模的育种群，培育肉牛品种改良。果产业以实施矮化密植、乔化改造、品种优化、节本增效为重点，打造葫芦河、泾河流域优质苹果片带，新植矮化密植果园4.2万亩，创建标准化生产等认证基地35万亩。菜产业以打造"两带六片"蔬菜产业集中区为重点，扩大高原夏菜种植，大力发展设施蔬菜，优化品种，提升品质，扩大无公害生产技术。因地制宜发展多元富民产业，持续提升中药材、马铃薯、畜禽养殖等区域性特色产业质量效益。

【人民生活】2018年，全市城镇居民人均可支配收入27448元，比上年增长8.0%；城镇居民人均消费性支出18769元，增长23.6%。工资性收入19603.6元，增长11.9%，占可支配收入的比重71.4%，工资性收入是城镇居民人均可支配收入的主要来源。农村居民人均可支配收入8303元，增长9.1%；农村居民人均生活消费支出8278元，增长10.1%。随着本地危房和棚户区改造等建筑工程增多，本地务工形势较好，外出找工作困难的农民工和相当一部分家庭留守劳动力选择就近务工，吸纳劳动力人数持续增加，使农村居民劳动报酬有效增加，拉动了农村居民工资性收入的持续增长。城乡居民人均储蓄存款余额达到589.82亿元，增长7.37%。

【环境保护】全年平凉中心城区剔除沙尘影响后，环境空气质量达到或好于二级标准的天数为307天，达标率为91.6%，细颗粒物(PM2.5)年均浓度为37微克/立方米，比上年增长23.3%；可吸入颗粒物(PM10)年均浓度为75微克/立方米，增长2.7%；二氧化硫(SO_2)年均浓度为11微克/立方米，下降8.3%；二氧化氮(NO_2)年均浓度为35微克/立方米，下降10.3%。全市地表水断面水质优良比例为85.7%。其中泾河、汭河、达溪河全年水质综合评价达到国家Ⅲ类水质标准要求，水洛河、葫芦河全年水质综合评价分别达到国家劣V和IV类水质标准要求，县级以上在用城市集中式饮用水水源地水质达标率及地下水质量考核点位水质达标率均为100%。区域环境噪声昼间54.9分贝、夜间44.9分贝，交通干线噪声平均值64.3分贝。

【社会保障】年末有社会福利院9个，床位747张，在院供养491人，建立城镇社区服务中心69个。年末全市从业人员28.88万人，比上年末增加2.16万人。其中本年新增城镇就业3.35万人，下岗失业人员再就业0.94万人，年末城镇登记失业率3.49%。年末全市参加城镇职工基本养老保险20.12万人，比上年末增加7222人。其中，职工13.83万人，增加3824人；离退休人员6.28万人，增加3398人。参加城乡居民基本养老保险127.58万人，增加6.35万人。参加基本医疗保险205.74万人，增加1.85万人。其中，参加职工基本医疗保险13.07万人，增加2311人；参加城乡居民基本医疗保险192.67万人，增加1.62万人。参加失业保险人数8.83万人，增加1405人，全市领取失业保险金1092人。参加工伤保险10.25万人，增加2.15万人，其中参加工伤保险的农民工2.06万人；参加生育保险8.38万人，增加4698人。全年各项社会保险基金总收入28.55亿元，各项社会保险基金总支出21.87亿元。全年资助60.49万人参加基本医疗保险，医疗救助77.22万人次。年末共有4.27万城镇居民和20.01万农村居民享受政府最低生活保障，8095人享受农村特困人员救助供养，全年临时救助16.87万人次。

【社会事业】全年争取国家和省上科技项目19项，资金572万元。国家项目1项，落实资金120万元；省列项目18项，落实资金452万元。安排实施市列科技项目12项，经费100万元。

全市有各级各类学校1827所。幼儿园868所，特教学校4所，小学779所，初中112所，九年制学校22所，完全中学14所，中等职业学校11所，独立高中15所，普通高校2所。全年普通高校招生4484人，在校生10949人，毕业生1074人。中等职业学校招生8896人，在校生22797人，毕业生6750人。普通高中招生13636人，在校生48188人，毕业生17398人。初中招生24944人，在校生75616人，毕业生27234人。各类学校在校学生达到37.70万人，小学入学率达到了100%，毕业率99.996%；初中阶段学生入学率99.88%，毕业率99.98%。全市参加高考考生18108人，上线人数17903人，上线率98.9%。重点本科上线3780人，上线率20.9%，比上年提高4.2个百分点；本科上线5234人，上线率49.8%。

全市有各种艺术表演团体8个；公共图书馆8个，博物馆(含纪念馆)14个。全年发行《平凉日报》365期，1131.5万份。

全市有广播电台8座，有线广播电视传输干线网络总长8500公里，比上年增加63.5公里，广播电视转播发射台10座。年末广播综合覆盖率99.16%；电视综合覆盖率98.41%，有线电视用户6.47万户。

年末全市有卫生机构(包括村卫生室、诊所)2614个。其中医院、卫生院154个，社区卫生服务中心40个，诊所(卫生所、医务室)816个，妇幼保健医院8个，疾病预防控制中心(防疫站)8个，卫生监督所8个，乡镇卫生院106个。卫生技术人员15563人，其中，执业医师和执业助理医师4992人，注册护士4502人；医院卫生技术人员6645个，社区卫生服务中心卫生技术人员415人，诊所技术人员928人，疾病预防控制中心卫生技术人员234人，卫生监督所卫生技术人员84人，乡镇卫生院卫生技术人员2929人。医院、卫生院实有床位1.31万张，全年总诊疗1191.33万人次，出院46.63万人次。

全市运动员参加省级以上各类赛事获得奖牌110枚，比上年增加50枚，其中金牌41枚、银牌36枚、铜牌33枚。

【安全生产】全年发生各类生产安全事故650起，死亡113人。亿元生产总值生产安全事故死亡人数0.29人，煤矿百万吨死亡人数为0.05人。全年发生道路交通事故165起，死亡103人、受伤138人，直接经济损失100.73万元，道路交通万车死亡人数为2.6人。

（王康列）

酒泉市

【**基本情况**】酒泉，地处河西走廊西端，南接青海，西邻新疆，北界内蒙古并与蒙古国接壤，总面积16.8万平方公里，年日照时数2789—3222小时，年平均气温6.5—10.4摄氏度，年降水量42—202.6毫米，属典型的温带大陆性气候。常住人口112.7万人，境内聚居着汉、回、蒙、哈萨克、裕固等42个民族。辖1区2市4县，分别为肃州区、金塔县、玉门市、敦煌市、瓜州县、肃北县和阿克塞县，有67个乡镇438个村，8个街道66个社区。境内和周边分布着玉门石油管理局、酒泉钢铁公司、四〇四核工业城等一批国有重点大中型企业。酒泉历史悠久，文化积淀浓厚，是敦煌艺术的故乡、中国航天事业的摇篮、全国首座千万千瓦级风电基地、我国石油工业和核工业的发祥地、铁人王进喜故乡和“铁人精神”发源地。

【**资源优势**】酒泉有丰富的风能和太阳能。据评估，酒泉市风能资源的理论总储量为1.5亿千瓦，可开发量4000万千瓦以上；风能资源可开发利用面积近1万平方公里，占全市总面积的6%；10米高度风功率密度均在每平方米250—310瓦以上，年平均风速5.7米/秒以上，年有效风速达6300小时以上，具有建设大型风电场的良好资源条件。年平均日照时数3000小时以上，是全国最具开发潜力的清洁能源基地。有丰饶富庶、开发便利的水土资源，水资源可利用量29.2亿立方米。光热条件优越，农副产品种类多，粮食、棉花、蔬菜资源丰富，是全国、全省的商品粮棉基地、瓜果蔬菜基地和最具优势的对外瓜菜制种、花卉制种基地。矿藏种类多、储量大、品位高，有5个成矿带共有矿点572处，构成矿床92处，矿种48个。旅游资源得天独厚，境内已查明的文物景点1393处，其中国家级文物景点20处、省级75处，目前已开发利用98处。敦煌莫高窟、月牙泉、西汉胜迹、酒泉卫星发射中心等景区成为国内外游客向往的旅游目的地，敦煌文化、边塞文化和航天科技享誉海内外，酒泉曾被评为“最具人气的西部名城”，是中国优秀旅游城市。

【**国民经济**】2018年，全市实现地区生产总值596.9亿元，比上年增长4.6%。其中，第一产业增加值73.8亿元，增长7.3%；第二产业增加值202.8亿元，增长3%；第三产业增加值320.2亿元，增长5.1%。三次产业结构12.4∶34∶53.6。人均地区生产总值53043元，增长4.2%，按2018年平均汇率折算为8016美元。财政总收入114.4亿元，增长3.7%，其中，一般公共预算收入36.5亿元，增长5.9%。财政总支出169亿元，增长2.6%，其中，一般公共预算支出137.1万元，增长5.2%。固定资产投资增长7.2%。社会消费品零售总额188.6亿元，增长7.3%。居民消费价格上涨2.2%。

【**改革创新**】全市退出煤炭产能66万吨，商品房去化周期保持在合理范围，年末商品房待售面积66.3万平方米，比年初减少13.2万平方米。战略性新兴产业工业增加值23.2亿元，占规模以上工业增加值的比重为22.2%；高技术制造业工业增加值0.7亿元，占规模以上工业增加值的比重为0.7%。规模以上工业企业每百元主营业务收入中的成本为77.4元，规模以上工业企业资产负债率68.7%。出台戈壁生态农业发展规划及政策扶持办法，新建戈壁生态农业3.8万亩，中国—以色列（酒泉）绿色生态产业园获省政府批准建设，戈壁生态农业经验做法受到国务院和省政府通报表扬。政府债务全面核查备案，债务规模控制在限额以内。市级行政审批事项削减54.4%，实施“多证合一”商事制度改革，新增各类市场主体1.7万户。农村“三变”改革试点稳步推进，酒泉经开区管理体制理顺，经投集团重组改革加快，玉门油田和农垦企业“三供一业”正式移交。浙商银行、省产权交易所在酒泉设立分支机构，地方金融业态进一步规范，金融风险总体可控。第三届敦煌文博会成功举办，开展论坛、展览等活动30多场次，荣获“十大政府主导型展览会”大奖。企业“走出去”步伐加快，恒亚水泥、神舟农业科技等企业在“一带一路”沿线国家设立生产基地。

【**农村经济**】2018年，全市农作物播种面积290.3万亩，比上年增加6.8万亩。粮食种植面积102.4万亩，与上年持平；棉花种植面积24.3万亩，增加2.2万亩；油料种植面积24.9万亩，减少14.3万亩；药材种植面积33.8万亩，增加1万亩；蔬菜种植面积42万亩，增加2.6万亩。粮食产量50.9万吨，增产6.6%；棉花产量2.8万吨，增产8.9%；油料产量3.9万吨，减产31.8%；蔬菜产量123.3万吨，增产3.8%；水果产量23.9万吨，增产4.6%；药材产量9.1万吨，增产7.6%。牛饲养量21.9万头，增长1.9%；羊饲养量532.6万只，增长2.8%；生猪饲养量48.8万头，下降4.6%。全年肉类总产量7.6万吨，增长1%。年末农业机械总动力233万千瓦，增长2.7%。农村用电量4.1亿千瓦时，增长3.5%。保灌面积295.7万亩，增加21.2万亩。

【**项目建设**】全市年内开工建设项目1075个，完成固定资产投资比上年增长7.2%，其中第一产业投资增长48.5%、第二产业投资增长17.3%、第三产业投资下降3.4%。固定资产投资中，基础设施投资占固定资产投资的比重为28.3%，民间投资占固定资产投资的比重为54.5%。敦格铁路酒泉段、马鬃山口岸公路建成通车，敦当高速、柳敦高速加快推进，敦煌城市水源置换等项目开工，肃州碧桂园商住综合体等一批招商项目落地建设，国内首个光热发电示范项目首航节能敦煌100兆瓦熔盐塔式光热电站建成并网发电。招商引资力度不断加大，全年引进省外招商项目473个，开工建设项目473个，建成投产项目235个。引进到位省外资金313.8亿元。加大

【**城乡建设**】全年新建改造市政道路47.8公里，新增公共绿地150万平方米，实施棚户区改造8329户。酒泉城区改造提升三年行动全面启动，路网畅通、立面改造、文化挖掘有序推进，酒银大桥、南滨河路、美溪公园一期建成。金塔新城区建设加快，敦煌

飞天公园、肃北党河东岸管网改造、阿克塞第二热源厂等市政工程建成。燃气普及率100%，城市建成区绿化覆盖率38.4%，人均公园绿地面积14.8平方米。市级城市管理执法机构组建，“文明出行”专项行动取得实效，城市网格化、精细化管理水平提高。玉门、敦煌获得全国文明城市提名资格，瓜州、肃北创建国家园林县城通过省级验收。狠抓“三沿一部”环境整治和全域无垃圾专项治理，新改建农村公路980公里。

【人民生活】全市财政投入民生保障资金101.5亿元，占一般公共预算支出的74%。新增天然气用户3万户、新改建标准化公厕157座，改造农村住房5268户、家庭卫生户厕3.1万户。城镇居民人均可支配收入35239元，比上年增长8.5%；城镇居民人均生活消费支出25210元，增长2.6%。城镇居民恩格尔系数30.9%，提高1.1个百分点。农村居民人均可支配收入17104元，增长8.5%；农村居民人均生活消费支出13032元，增长10.5%。农村居民恩格尔系数29.5%，下降2.1个百分点。

【脱贫攻坚】继续实施“市级领导包县包乡、县级领导包村、帮扶干部包户”帮扶机制，及时调整补充全市帮扶力量，实现了贫困村、贫困户包抓全覆盖。落实“一户一策”措施，整合投入扶贫资金2.3亿元，支持发展特色扶贫产业，年内共计落实帮扶种植业3754户、养殖业4346户、其他措施4738户；开展贫困户劳动力就业技能培训2213人，输转507人；安排公益性脱贫岗位220人，移民人均可支配收入增长10.3%，减少贫困人口2604人，瓜州县脱贫摘帽。完成建档立卡贫困户危房改造264户，全市建档立卡贫困户安全住房达标率实现100%。移民乡村农田水利设施基础条件进一步改善，落实土地改良2万亩，衬砌渠道94公里，改建新建村组道路224公里，定植生态防护林带43公里。全市37个贫困村共建立农民合作社174家，实现了贫困村合作社全覆盖。

【生态环境】全面推进各类生态环保问题整改，中央环保督察、省级环保督察、自然保护区排查问题整改率分别达到100%、86.7%和90.2%。制定祁连山国家公园体制试点实施方案，范围勘界落界、自然资源本底调查稳步推进。深入实施蓝天、碧水、净土三大保卫战，淘汰燃煤锅炉228台，改造土炕和燃煤小火炉2.5万户，主要污染物减排目标全面完成。肃州、金塔、玉门、敦煌再生水利用项目开工建设，11个工业集中区和38个乡镇污水处理设施建成，“河长制”“湖长制”全面落实，地表水、地下水监测达标率分别为100%和83.3%。国土绿化行动持续推进，完成人工造林、封滩育林36.6万亩，新增高效节水面积9.8万亩。年末森林面积1134万亩，森林覆盖率5.3%。全年用水总量22.5亿立方米，比上年下降5.5%。万元工业增加值用水量61.5立方米。酒泉市被列为全国防沙治沙综合示范区。酒泉城区空气质量优良天数287天。空气污染指数78.6%。

【社会保障】全市社会保障和就业支出14.4亿元，比上年增长1.9%。就业人员66.7万人，增加1.4万人，其中城镇就业人员29.2万人，增加0.8万人。新增就业岗位3.6万个，城镇新增就业2.2万人；安置下岗失业人员再就业0.9万人，输转劳动力18.6万人。年末城镇登记失业率为2.47%。城镇基本养老保险参保人数19.3万人，增加5.3万人，参保率98.5%；农村社会养老保险参保人数44.95万人，参保率95%。城乡居民基本医疗保险参保人数78.8万人，参保率98%以上。失业保险参保人数8.28万人，增加0.74万人。工伤保险参保人数11.61万人，增加1.33万人，其中，农民工参保人数3.76万人，增加0.34万人。生育保险参保人数8.19万人，增加0.91万人。城乡低保标准分别提高8%和22.6%，特困供养标准提高7.6%，共有2.63万人享受城市居民最低生活保障，6.68万人享受农村居民最低生活保障，全年发放最低生活保障金2.9亿元。

【社会事业】新建改造校舍14.5万平方米，酒泉七中建成招生，新增6所省级示范性幼儿园，累计达到11所。九年义务教育巩固率为99.48%。高中阶段教育毛入学率96.4%。初中毕业生升学率96.4%。普通高校考生本科上线率44.37%，普通高校总录取率85.6%。学龄儿童入学率100%，巩固率99.48%。共有各类专业技术人员28163人，其中具有中级及中级以上职称人员8124人。财政投入科技经费9924万元，比上年增长13.6%。全年引进新技术成果242项，申请专利1730项，授权专利1296项，其中发明专利31项。文化服务体系不断健全，市体育馆、文化中心剧场和铁人王进喜纪念馆投入使用，七个县市区融媒体中心挂牌。“扫黑除恶”取得阶段性成果，刑事发案比上年下降6.3%。安全生产形势平稳，食品药品安全治理成效明显。民族宗教政策全面落实，酒泉市创建为全省民族团结进步示范市。防震减灾、消防安全、双拥共建、人防建设、气象服务继续加强，妇女儿童、残疾人和老年人权益有效保障。

庆阳市

【基本情况】庆阳，位于甘肃省东部，习称“陇东”。东接陕西省的宜君、黄陵、富县、甘泉、志丹等县；北邻陕西省吴起、定边及宁夏回族自治区的盐池县；西与宁夏的同心、彭阳县接壤；南与本省的泾川县及陕西的长武、彬县、旬邑县相连。南北长207公里，东西跨208公里，总面积27119平方公里。辖庆城、环县、华池、合水、正宁、宁县、镇原7县和西峰区，共116个乡（镇），3个街道办事处，75个社区。地形北高南低，海拔在885—2082米之间，中南部为黄土高原沟壑区，北部为黄土丘陵沟壑区，东部为黄土丘陵区；山、川、塬兼有，沟、峁、梁相间，高原风貌雄浑独特。全境有10万亩以上大塬12条。董志塬面积为136.47万亩，平均海拔1421米，平畴沃野，一望无垠，是世界上面积最大、土层最厚、保存最完整的黄土塬面，堪称“天下黄土第一塬”。地处东南部的子午岭，林木茂密，水草丰盛其470多万亩次生林，为植被最好的水源涵养林，有“天然水库”之美誉。国道211、省道202两条主干线纵贯南北，国道309、省道303线横穿东西，构成“两纵两横”公路主骨架。2018年降水量589.1—718.8mm，与历年相比，降水均偏多。全年平均气温8.5—10.4℃，与历年同期相比，庆城正常，合水、华池平均气温偏低，其余各地较历年正常偏高。全年全市日照时数2291.3—2581.8小时。2018年末全市常住人口226.66万人，比上年末增加1万人，其中城镇人口87.03万人，占常住人口比重(常住人口城镇化率)为38.4%。全年出生人口2.64万人，出生率为11.63‰；死亡人口1.61万人，死亡率7.11‰；自然增长率为4.52‰。

【资源优势】庆阳是甘肃的石油天然气化工基地、长庆油田的主产区。已探明油气总资源量40亿吨，占鄂尔多斯盆地总资源量的41%，其中石油地质储量16.2亿吨，2018年全市原油产量达到816.16万吨、加工量312.01万吨。庆阳素有“陇东粮仓”之美誉，盛产小麦、玉米、油料；荞麦、小米、燕麦、黄豆等特色小杂粮久负盛名，备受推崇。庆阳地处全国苹果生产最佳纬度区，是农业部确定的西北黄土高原苹果优生带。红富士苹果、曹杏、黄柑桃、九龙金枣倍受消费者青睐。庆阳是甘肃优质农畜产品生产基地，早胜牛、环县滩羊、陇东黑山羊、羊毛绒等大宗优质农牧产品享誉国内外。庆阳是全国规模最大的白瓜籽仁加工出口和杏制品加工基地，是全国品质最优、发展面积最大的黄花菜基地，是国家有关部门和单位命名的“中国优质苹果之乡”“中国黄花菜之乡”“中国小杂粮之乡”和“中国杏乡”。庆阳还是中医药之乡，产有甘草、黄芪、麻黄、穿地龙、柴胡等300多种中草药，其中69种已列入《中华人民共和国药典》。

【国民经济】2018年，全市实现地区生产总值708.15亿元，比上年增长3.6%。其中，第一产业增加值71.01亿元，增长6.5%；第二产业增加值355.67亿元，下降1.5%；第三产业增加值281.47亿元，增长10.1%。在第三产业中，交通运输、仓储及邮政业增长4.1%，批发和零售业增长4.1%，住宿和餐饮业增长4.3%，金融保险业增长1.9%，房地产业增长11.4%，营利性服务业增长41.3%，非营利性服务业增长2.6%。三次产业分别拉动经济增长0.6个、-0.8个和3.8个百分点，第三产业成为拉动经济增长的中坚力量。三次产业结构由上年的9.6:48.4:42.0调整为10.0:50.2:39.8。

【脱贫攻坚】全年一般公共预算扶贫支出29.4亿元，比上年增长97%。投放特色产业发展工程贷款13.74亿元。坚持“四类分类”，为2.81万户一、二类贫困户落实奖补资金5.93亿元，为3.01万户三、四类贫困户落实奖补资金和贴息贷款6.88亿元，使“一户一策”帮扶措施更精准、落实更有效。全面推广“331+”产业扶贫模式，贫困户入股合作社、企业股金8.45亿元。实施农业保险14类19种，覆盖贫困户所有种养产业。培训贫困劳动力3.3万人，输转4.09万人，开发农村公益性岗位5979个。建办扶贫车间23个。开工建设农村公路1455公里，实施各类饮水工程9177处，治理供电瓶颈自然村155个，光纤网络实现行政村全覆盖。建设易地扶贫搬迁安置住宅4226套，实施贫困户危房改造9409户。建成省市级美丽示范村51个、环境整洁村120个。省市县各级帮扶单位深入开展“六查三问一细化”活动，协调落实帮扶资金2.1亿元。天津市河东、南开、红桥、北辰、静海5区及中央党史和文献研究院、国家开发投资集团公司、中国化学工程集团公司，投入帮扶资金2.11亿元。91户民营企业和商会结对帮扶115个贫困村组，投入资金1.2亿元。

【“三农”工作】2018年，全市完成农林牧渔业增加值72.65亿元，比上年增长6.3%。全市粮食播种面积584.61万亩，减少3.8%。粮食总产量141.6万吨，增长10.5%。其中，夏粮产量41.9万吨，下降3.1%；秋粮产量99.71万吨，增长17.5%。水果产量34.39万吨，下降19.8%；蔬菜产量41.46万吨，增长16.7%；药材产量2.61万吨，增长31.6%；瓜类产量36.48万吨，下降13.2%；油料产量9.08万吨，增长8.9%。育苗面积14.7万亩，下降10.7%；当年造林面积100.37万亩，下降1.3%。大牲畜存栏35.4万头，增长3.2%，家禽饲养量682.01万只，下降1.8%。肉类总产量7.41万吨，下降2.1%；鲜蛋产量1.2万吨；牛奶产量0.75万吨。

【项目建设】2018年，全市固定资产投资比上年下降21.9%，其中，项目投资下降26.8%，房地产完成投资增长4.9%。交通基础设施建设不断取得新突破，国道211、省道202两条主干线纵贯南北，国道309、省道303线横穿东西，构成“两纵两横”公路主骨架。全市境内已建成西峰至长庆桥至凤翔路口、雷家角(陕甘界)至西峰两条高速公路，贯通全市南北的甜水堡至永和高速公路全线开工建设，南梁至太白、打扮梁至庆城、庆阳至平凉3条高速公路PPP项目试验段建设加快推进。银西高铁庆阳段建设快速推进，庆平铁路完成可研。庆阳机场开通客运航线6条，华池通用机场土方工程全面完成。

【优势产业】长庆油田建设步伐加快，华北油田镇原区块复产，玉门油田环县木西区块启动产能建设，原油产量完成816万吨，加工量完成312万吨。庆阳瑞华天然气综合利用及调峰项目、永欣石化石油树脂项目建成试运行。甜水堡2号矿井启动联合试运转，核桃峪矿井三期、新庄矿井二期工程持续推进。文化旅游产业快速发展。参加央视《魅力中国城》栏目宣传竞演，荣获“2018年度十佳魅力城市”称号，庆阳香包被评为“2018年度魅力旅游文创产品”。药王洞养生小镇晋升为4A级景区，山城堡战役纪念园和黑老锅景区晋升为3A级景区，17个村列入全省乡村旅游示范村三年建设目录。

【人民生活】2018年，全市城镇居民人均可支配收入29646元，比上年增加2170元，增长7.9%；农村居民人均可支配收入8862元，比上年增加746元，增长9.2%。市场物价总体平稳，全年居民消费价格总指数(CPI)102.4%。商品零售价格总指数101.3%，农业生产资料价格指数105.0%，工业品出厂价格指数(PPI)109.5%。

【环境保护】建成垃圾填埋场19个、垃圾转运站1532座、污水处理站52座，河流沿线污水直排、垃圾倾倒和河道采砂问题得到进一步治理，妥善应对处置2起河流污染事件。剔除沙尘天气影响后，市区优良天气率达到95.8%。深入推进“再造一个子午岭”工程，造林100.3万亩。经过多年不懈争取，黄土高原沟壑区“固沟保塬”综合治理规划获得水利部正式批复，当年新修梯田23.2万亩。

【社会事业】全市事业单位各类专业技术人员44454人，其中高级技术人员2845人。全年共组织实施农业、工业、医疗卫生和社会公益事业等各类国家、省、市科技计划项目12项，共投入科技经费292万元。普通高等学校招生6005人，在校学生22029人，毕业3877人；中等职业学校招生5046人，在校学生13693人，毕业3480人；普通高中招生16454人，在校学生49759人，毕业17954人。九年义务教育巩固率达到96.61%。大专以上高考录取人数16152人，比上年减少1145人，下降6.6%；录取率79.7%，比上年下降1.6个百分点。共有专业国有文化艺术表演团体9个，全年演出1813场(次)，观众220万人(次)；年末共有公共图书馆9个，藏书79万册；博物馆、纪念馆15个，文物藏量29680件；综合性档案馆9个，馆藏各类档案57.17万卷、63.16万件，资料9.17万册，照片2.59万张；文化站119个。有线电视用户增加到92731户，有线电视人口覆盖率达到12.3%。广播人口覆盖率达到100%。全年《陇东报》出版365期，发行1249.73万份。医疗卫生机构总数2083个，比上年增加75个。年末实有医疗床位12121张，比上年末增加1344张，增长12.5%。全市共有卫生技术人员13689人，增加3973人，增长39%。全市举办县以上运动会40次，参加运动员58328人次。在市级以上运动会上全市体育健儿共夺得35枚金牌，28枚银牌，22枚铜牌。

【社会保障】年末全市参加城镇企业基本养老保险人数7.35万人，比上年末减少3818人。其中，参保职工4.31万人，参保离退休人员3.04万人。参加城镇基本医疗保险人数26.40万人，增加0.02万人。其中，参加城镇职工基本医疗保险人数14.30万人；参加城镇居民基本医疗保险人数12.10万人。参加失业保险人数8.29万人。参加工伤保险人数8.61万人，增加1.0万人。参加生育保险人数10.03万人，增加1.03万人。新型农村合作医疗参合率99.03%。新型农村合作医疗基金支出总额14.80亿元，累计受益340.85万人次。全市城市低保13728户32440人，比上年末减少2998户、减少7473人；农村低保70570户233521人，减少24398户、减少83619人。

定西市

【基本情况】定西，位于甘肃中部，通称“陇中”，是古丝绸之路重镇和“一带一路”南向通道上的重要节点城市，座中联七，距省会兰州98公里，素有“兰州门户、甘肃咽喉”之称。陇海铁路、兰渝铁路、宝兰高铁和国道G30连霍高速、G22青兰高速、G75兰海高速及国道312、310、316线穿境而过。定西已成为大兰州经济圈、兰西城市群、关天经济区的重要辐射区和中国西部交通的重要交汇点。总面积1.96万平方公里，总耕地1218万亩。2018年末，户籍人口304.26万人，常住人口282.17万人，城镇化率35.52%。现辖安定区及通渭、陇西、渭源、临洮、漳县、岷县1区6县，122个乡镇(街道办)。全市地处黄土高原、青藏高原和西秦岭交汇地带，大致分为黄土丘陵沟壑区和高寒阴湿区两个自然类型区，海拔1420—3941米，年降水量350—600毫米，年平均气温7℃。

【国民经济】2018年，全市实现地区生产总值356.26亿元，比上年增长6.3%。第一、二、三产业增加值分别为65.6亿元、78.51亿元和212.15亿元，分别增长5.7%、3%和7.9%。三次产业结构比为18.4∶22.0∶59.6。三次产业对经济增长的贡献率分别为18.4%、10.7%、70.9%。工业增加值43亿元，增长3.1%，其中，规模以上工业企业实现增加值28.11亿元，增长4.4%。社会消费品零售总额131.05亿元，增长8%。财政总收入48.64亿元，增长4.6%，其中，完成一般公共预算收入24.06亿元，增长5.5%。一般公共预算支出250.94亿元，增长14.9%。

【脱贫攻坚】2018年，全市退出贫困村267个，减贫12.58万人，贫困发生率降到了9.12%。一手抓基础建设，加快补齐“三保障”短板弱项。41.7万人安全饮水保障水平进一步提高；建成自然村硬化路1134公里，整治农村公路“畅返不畅”637公里；改造农村C级危房11347户；实施易地扶贫搬迁7800户3.4万人。落实各类助学资金5.1亿元，义务教育阶段贫困家庭学生实现“零辍学”。贫困人口大病集中救治率达到99.2%，重病兜底保障救助率达到97%。全年实施扶贫类项目98个，比上年增加12个，完成投资16.23亿元，增长26.8%。

【优势产业】定西产业发展前景广阔，举全市之力打造“中国药都”“中国薯都”“中国西部草都”和全国特色种子种业基地。

定西是“千年药乡”，三大主栽品种当归、黄芪、党参种植面积分别占全国的60%、20%和40%。康美、天士力、一方等知名药企落户定西发展，中药饮片、植物提取、中药配方颗粒、中成药生产、生物制药等精深加工规上企业达到34户，中药材加工能力50万吨，静态仓储能力100万吨，陇西药博园被确定为中国中医药产业博览会永久会址。马铃薯产业按照品种、品质、品牌“三品”统一，农业和工业、产业、事业“四业”融合，鲜食化、主食化、工业化、市场化、产业化、国际化“六化”并进的思路，加快实施马铃薯良种工程和主食化战略，种薯生产能力达到10亿粒以上，占全国的三分之一，主食化加工能力达到12.6万吨，定西被认定为全国首批区域性马铃薯良种繁育基地和特色农产品优势区。有天然草场1000多万亩，多年生人工优质牧草留床300多万亩，玉米秸秆资源丰富，加快建设黄土高原丘陵沟壑区草牧业生态循环经济试验示范区。同时，依托道地中药材种子种苗、马铃薯种薯、高原夏菜、特色牧草、优良畜种、苗木花卉等种子基础，积极推进种子种业发展。

【农业生产】2018年，全市实现农林牧渔业增加值67.13亿元，比上年增长5.6%。种植各类农作物765.49万亩，增长1.5%。其中，粮食作物583.18万亩，增长1.7%；经济作物172.9万亩，与上年基本持平，粮经比77∶23。粮食作物中夏粮161.34万亩，秋粮421.84万亩，夏秋比28∶72。粮食总产量141万吨，增长8.4%。其中，夏粮28.29万吨，秋粮112.71万吨。马铃薯、中药材、蔬菜特色优势产业种植面积分别达到248.3万亩、110.97万亩、32.22万亩，分别增长5.6%、6%、7.8%。三大特色优势产业种植面积占农作物播种面积的比重为51.1%。年末大牲畜存栏39.01万头，增长6.6%。猪、牛、羊、家禽存栏分别为45.88万头、31.53万头、101.8万只和327.59万只，出栏分别为52万头、7.82万头、64.33万只和267.4万只。全年肉类总产量5.96万吨，增长1.3%；鲜蛋产量9828吨，增长6.3%；牛奶产量8335吨，增长9.6%。

【项目建设】2018年，全市固定资产投资比上年增长15.1%。其中，项目投资增长17.3%，房地产开发投资增长8.4%。按三次产业分，第一产业投资增长1.2倍，占固定资产投资的比重为8.9%；第二产业投资增长12.2%，占固定资产投资的比重为12.8%；第三产业投资增长8.8%，占固定资产投资的比重为78.3%。基础设施投资增长4.3%，占全市投资的比重为29.8%。其中，水利、环境和公共设施管理业增长3.1倍；教育、卫生和社会工作、文化、体育和娱乐业增长1.2倍。重大项目加快推进，探索“一降两变一公开”融资模式（降低政府出资比例，资源变资本、资产变资本和资源资产公开竞争出让，项目资本金比例由39%降至20%、政府方资本金比例由49%降至25%），总投资270多亿元的通定、定临、陇漳三条地方高速公路建设取得突破性进展，胡麻岭隧道、渭河特大桥等控制性工程开工建设。

【环境保护】市区空气优良天数占比达90%。空气可吸入颗粒物（PM10）年日均值101ug/，可入肺颗粒物（PM2.5）年日均值43ug/，二氧化硫年日均值17ug/，二氧化氮年日均值27ug/；区域噪声昼间平均值55.4〔dB（A）〕、区域噪声夜间平均值44.2〔dB（A）〕，交通噪声昼间平均值65.4〔dB（A）〕；交通噪声夜间平均值61.6〔dB（A）〕。地表水国考省考断面水质达标率100%，县级以上城市饮用水水源地水质达标率100%。

年内完成林业重点工程36.5万亩，城镇面山和生态廊道绿化13.3万亩。渭河源区生态保护与综合治理力度不断加大，福州·定西生态林二期及扩建工程进展顺利，已完成造林6462亩。实施国家水土保持重点工程等水保项目51个，新增水土流失综合治理面积311平方公里。坚守耕地保护红线，基本农田保护面积稳定在934万亩以上。推行河（湖）长制，坚持放水、控水、用水、治水、保水“五水共治”，河湖乱占、乱采、乱堆、乱建“清四乱”专项治理扎实开展。淘汰整治10蒸吨及以下燃煤小锅炉212台，初步实现优质煤统一配送、集中管理。

【城乡建设】加快城乡一体化进程，城镇化率达到35.52%，比上年提高1.19个百分点。高起点推进规划编制工作，完成市区新老城区和西川、南川、北川片区控制性详规及燃气、海绵城市等专项规划编制。建制镇控制性详规覆盖率达75%，村庄建设规划编制完成90%。实施城市路网通畅、三供保障、公用设施配套、景观风貌提升、治污防涝改造、棚改综合开发、面山与河道生态修复、智慧城市突破创新、特色小镇创建示范和全域无垃圾等“十大城建工程”项目269个，完成投资124亿元。实施棚户区改造2.47万套，完成46个老旧小区供热管网维修改造。建成美丽示范村51个、环境整洁村155个。实施引洮二期配套、农村饮水安全巩固提升等重点水利项目49个，完成投资6.1亿元。岷县、漳县洪涝灾害灾后恢复重建有序推进，住房重建和维修任务基本完成。

【社会保障】全市城镇职工基本养老保险参保人数10.93万人，比上年增长1.9%；机关事业单位养老保险参保人数10.85万人，增长2.7%。失业保险参保人数9.13万人，增长1.9%。失业保险金领取人员684人；工伤保险参保人数9.92万人，增长2.6%，支付工伤保险金2028万元；生育保险参保人数11.08万人，增长1.4%。城乡居民养老保险实际参保161.96万人，增长1.95%，领取养老保险待遇41.73万人。全年城镇职工基本医疗保险参保人数16.27万人，增长0.8%。城乡居民基本医疗保险参保人数255.72万人，增长2.6%；城乡居民基本医疗保险基金支出总额16.59亿元，增长18.5%；累计受益384.94万人次。全年享受城市最低生活保障居民4.62万人，共发放城市低保金1.88亿元；享受农村最低生活保障的居民34.95万人，共发放农村低保金6.44亿元。全市城乡特困供养人数1.28万人，发放特困供养金7222.8万元；发放孤儿基本生活保障金755.25万元，共保障孤儿879人；发放城乡医疗救助资金2.09亿元，累计救助医疗对象102.05万人次；发放临时救助资金4934万元，救助城乡困难群众4.46万人；落实困难残疾人生活补贴和重度残疾人护理补贴50494人，共发放补贴资金4333.6万元；落实经济困难老人补贴9217人，共发放补贴资金1150.57万元。

【人民生活】2018年，财政用于民生支出211亿元，占总支出的84.1%，比上年增长15.7%。全市城镇居民人均可支配收入24302元，增长7.8%；城镇居民人均消费支出17237元，增长9.2%；城镇居民家庭恩格尔系数为30.8%，降低1.9个百分点。农村居民人均可支配收入7492元，增长9.3%；农村居民人均生活消费支出8312元，增长11.3%；农村居民家庭恩格尔系数为36%，降低0.7个百分点。全年居民消费价格总水平上涨2.3%。

【社会事业】城镇新增就业2万人，城镇登记失业率3.29%。引导1090名高校毕业生到企业就业，大学生就业率85%；向福州转移就业3668人。教育质量明显提升。改扩建幼儿园264所、中小学校418所，普通高考二本上线率40.5%，较上年提高6.5个百分点。通渭、渭源顺利通过义务教育均衡发展国家验收。医改工作统筹推进。结束以药养医历史，创建为全国"献血先进市""基层中医药事业发展先进市"，渭源县被命名为"全国健康扶贫示范县"。社会保障不断加强。为10.6万特困群众提供人身意外附加重大疾病保险保障，发放民政救助资金16.1亿元，困难群众基本生活得到保障。文体事业加快发展。秦腔《柴生芳》《渭水医魂》获甘肃省第九届敦煌文艺奖，《许铁堂》获红梅奖。新增公共体育场地12万平方米，公共体育场馆全部实现免费或低收费开放。定西代表团在省第十四届运动会、省第十届残运会、省第九届民运会上再创佳绩。社会治理创新加强。安全生产形势总体稳定，质量工作基础不断夯实，食品药品监管力度不断加大，依法治访不断加强，扫黑除恶专项斗争深入推进，社会大局和谐稳定。

陇南市

【基本情况】陇南市位于甘肃南部，东邻陕西，南接四川，地处中国大陆二级阶梯向三级阶梯的过渡地带，位于秦巴山区、青藏高原、黄土高原三大地形交汇区域，西部向青藏高原边缘过渡，北部向陇中黄土高原过渡，东部与西秦岭和汉中盆地连接，南部向四川盆地过渡，整个地形西北高东南低，西秦岭和岷山两大山系分别从东西两方伸入全境，境内形成了高山峻岭与峡谷盆地相间的复杂地形，是甘肃省唯一的长江流域地区。辖一区八县，全市共195个乡镇，其中55个乡（含4个民族乡）、140个镇，3167个村委会，其中140个社区。2018年末，全市总人口288.2万人，常住人口263.4万人，其中城镇人口89.6万人，人口自然增长率为4.62‰。全市分布着汉、回、藏、蒙等29个民族。总面积2.8万平方公里，其中耕地面积829.5万亩。陇南处于北亚热带向暖温带的过渡地区，年平均气温11—16℃，年降雨量500—900毫米之间，无霜期180—300天。海拔在550—4187米之间。境内地貌俊秀，气候宜人，雨量充沛、光照充足，森林覆盖率高，素有"陇上江南"之美称。

【国民经济】2018年，全市实现地区生产总值379.2亿元，比上年增长5.8%。其中，第一产业增加值71.0亿元，增长3.7%；第二产业增加值74.6亿元，增长4.7%；第三产业增加值233.6亿元，增长6.8%。第一、二、三产业对生产总值的贡献率分别为12.2%、18.1%和69.7%，第三产业成为拉动经济增长的主要动力。三次产业结构比为18.7∶19.7∶61.6，与上年相比，第一产业占比下降2.4个百分点，第二产业占比下降0.1个百分点，第三产业比重上升2.4个百分点。工业增加值42.2亿元，增长6.3%，其中，规模以上工业增加值35.5亿元，增长7.1%。固定资产投资额下降38.0%；社会消费品零售总额114.8亿元，增长7.4%。进出口总额19203万元，增长22.1%，其中，出口总额19203万元，增长22.1%。一般公共预算收入27.0亿元，增长3.0%；一般公共预算支出262.8亿元，增长19.1%。年末全市金融机构人民币各项存款余额892.1亿元，增长8.7%。其中，非金融企业存款余额186.0亿元，增长9.5%；住户存款余额592.1亿元，增长10.3%。金融机构人民币各项贷款余额658.7亿元，增长7.3%。

【供给侧结构性改革】2018年，陇南市深化供给侧结构性改革，经济发展质量效益同步提升。推进现代农业加快发展。粮食再获丰收，总产量达到83.3万吨。新发展经济林果35万亩，特色产业面积稳定在1000万亩左右，高效露地蔬菜基地、海升集团蓝莓示范园和100个特色产业示范点建设进展顺利，编制完成了60个田园综合体规划，祥宇橄榄油荣获以色列"2018年特拉橄榄油大赛"金奖。新建标准化规模养殖场30个，发展生态放养鸡557万只、中蜂养殖34万箱，我市被评为国家蜂业提质工程示范市。加快推进工业转型升级，实施市列重点工业项目29个，完成投资31.9亿元，项目建设进展顺利，新增中小微企业488户，主要工业产品大幅增长，实现利润21亿元。加快发展全域旅游业，官鹅沟5A级景区创建步伐加快，哈达铺、文县天池、金徽矿业创建为4A级景区。实施武都古今里、金徽酒业景区二期等旅游项目85个，完成投资38.8亿元。积极发展通道物流产业，武都吉石坝现代物流园、成县顺通电商物流园二期、宕昌中药材现代仓储物流园等项目顺利实施，全市物流企业达到296家。成县机场正式通航运营，旅客吞吐量累计达到18万人次。兰渝铁路开通动车组，陇南到兰州时间缩短至3小时以内。电子商务进农村综合示范县建设快速推进，网店达到1.4万家。

【脱贫攻坚】2018年，陇南市聚焦特困片区精准发力，脱贫攻坚扎实推进。精准施策发力，拼命攻坚克难，提升短板弱项，顺利完成了阶段性任务。全面提升贫困乡村硬件基础，建设自然村道路468公里，完成农村公路"畅返不畅"整治309公里，实施易地扶贫搬迁1.14万户4.8万人，改造农村危房2万户，解决了142个贫困村2万户贫困户的饮水问题。大力推进产业扶贫，培育壮大经营主体，市县组建了产业富民公司，推行"富民公司＋合作社＋贫困户"的经营模式，组建扶贫车间174家，实现了每个贫困村2个以上合作社全覆盖，北京德青源金鸡产业项目在宕昌县、礼县、西和县落户，涌现出了宕昌县合作社控股富民公司带贫新模式。在全省率先成立"金控陇南担保公司"，发放特色产业发展工程贷款10.5亿元，落实到户产业扶持资金15亿元。建成贫困村果蔬保鲜库160座，全面消除了集体经济"空壳村"。异地实施新一轮光伏扶贫工程1039户，创建乡村旅游扶贫示范村21个。电子商务进农村示范县项目实现全覆盖，创建电商扶贫示范网店1033家、带动贫困人口18万人。积极推进就业扶贫，组织输转贫困劳动力6万多人，落实农村公益性岗位3.85万人，生态护林员9797名。全面落实健康扶贫政策，全市303家定点医疗机构实现了“先看病后付费”和“一站式”结算全覆盖，2000元的报销起付线和85%的报销比例全部实现。不断深化东西扶贫协作，在资金投入、人才培养、产业合作、劳务协作等方面加大了力度，青岛市区两级落实帮扶资金3.66亿元，引进项目22个，中央定点帮扶单位落实帮扶资金4350万元。全省“千企帮千村”工作推进会在我市召开，99家企业结对帮扶贫困村合作社，社会帮扶成效明显。

【“三农”工作】2018年，陇南市认真贯彻落实国家及省市农业农村工作会议精神，积极推进特色农业产业化经营，全面落实各项强农惠农政策，大力推广农业新技术，加快推广旱作农业，提升特色产业示范点水平，使全市农业基础条件得到改善，粮食、畜禽生产稳定发展，特色优势产业发展壮大，结构调整有了新突破，实现了粮食增产、农业增效、农民增收，农业农村经济保持良好发展态势。粮食种植面积为346.7万亩，比上年增长2.3%；油料种植面积41.1万亩，下降13.0%；蔬菜种植面积49.0万亩，增长1.7%。粮食总产量83.3万吨，增长3.5%。其中，夏粮31.1万吨，增长3.9%；秋粮52.2万吨，增长3.6%。

【项目建设】2018年，陇南市强力推进项目建设，基础设施条件持续改善。坚持把项目建设作为夯基础、稳增长的重要举措，全面落实项目清单、并联审批、市级领导包抓项目责任制，实施亿元以上重大项目187个，完成投资120.7亿元，7个省列重大项目完成投资74.1亿元。加快交通建设，渭武、两徽高速进展顺利，武九高速全线开工，建设省道和旅游公路584公里，建成农村公路1416公里。签约PPP项目4个，总投资18.9亿元。实施水利建设项目77项，完成投资11.9亿元。完成电信普遍服务试点项目，4G网络覆盖率达到97%。加大城乡建设力度，实施市政基础设施项目88项，完成投资9.4亿元。实施棚户区改造项目24个4231套。

【优势产业】陇南由于特殊的地理位置，复杂的地质地貌，多样的气候条件等诸要素的多种组合，造就了其丰富的生物资源，境内自然生长的树种有1300多种，其中有花椒、核桃、油橄榄、茶叶、银杏等经济树种400多种，是甘肃唯一产茶区和全国油橄榄最佳适生区；有中药材1300多种，其中名贵中药材300多种，《本草纲目》中的党参、当归、红芪、大黄、甘草等五大药材中，四种产于陇南，而且以量大质优闻名于国内外。自公元505年，宕昌国王梁帝贡献当归，距今已有1500多年历史，素有“天然药库”“千年药乡”之称誉。有可利用天然草场990万亩，加之荒山荒坡、退耕地人工种草和大量的农作物秸秆，发展草食畜牧业具有优厚的资源；境内有山珍、食用菌100多种。这种复杂自然禀赋构成了资源的多样性，适宜多种动植物生长，天然地形成了发展经济林果、畜牧养殖、蔬菜、中药材、食用菌等农业特色产业得天独厚的优势和条件。矿产资源富集。有铅、锌、锑、铜、锰、金、硅、重晶石、煤等金属和非金属矿34种，其中西成铅锌矿带为我国第二大矿体，已探明储量2400万吨；锑为我国第三大矿体，已探明金属储量14.9万吨；文县阳山金矿已探明储量300吨以上，是我国特大型金矿之一，有望成为亚洲最大的金矿。水力资源丰富。市内河流纵横交错，有嘉陵江、白龙江、白水江、西汉水四大水系，大小河流3900多条，年径流量279亿立方米，人均用水占有量远远高于全国全省平均水平。水电开发潜力较大，目前的开发量极为有限，水电能源产业有很大的发展空间。2018年，陇南市农业特色产业中核桃产量4.1万吨；花椒产量2.5万吨；中药材产量13.9万吨；油橄榄产量3.1万吨；茶叶产量1327.4吨；苹果产量13.6万吨；蔬菜产量72.2万吨；蚕茧产量123.9吨。2018年，规模以上工业主要产品产量：铅金属含量3.4万吨，锌金属产量12.3万吨，铁合金7.3万吨，黄金1317.3千克，白酒18899千升。

【人民生活】城乡居民收入平稳增长，生活水平逐步提高。2018年，陇南市城镇居民人均可支配收入达23782元，比上年增长7.2%；农村居民人均可支配收入7012元，增长9.8%。

【环境保护】2018年，陇南市着力加强生态环境保护，生态文明建设快速推进。牢固树立绿色发展理念，持续加强生态文明建设，天蓝地绿的生态环境成为陇南的一大名片。扎实开展“绿盾2018”专项行动，生态红线划定工作全面完成，自然保护区调整有序推进，各类保护地矿业权退出取得阶段性成效，大熊猫国家公园建设进展顺利。深入开展燃煤锅炉、施工扬尘等专项整治，扎实推进中央和省级环保督查反馈问题整改，环境空气质量、地表水监测达标率均居全省第二。大力实施国土绿化行动，植树造林52万亩，退耕还林还草40万亩，打造了一批绿化带、产业带、景观带，森林面积新增1.6万亩，森林覆盖率达到41.95%。全面落实河长制，完善了11条河流的“一河一策”方案，统筹推进河道综合治理和沿河经济发展。加强尾矿库综合治理，对已经移交的68座尾矿库启动实施了自然灾害治理，对已闭库的5座尾矿库完成验收移交，对剩余的74座尾矿库逐库落实了监管责任和监督措施，对黄金、铅锌等重金属废渣进行综合治理。逐级建立了环境保护、安全生产责任清单，实现了监管执法全覆盖。

全市现有环境监测站10个。空气质量优良指数达91.8%；地表水、饮用水达标率均达到100%；区域内环境噪声平均值为58.43分贝，交通干线噪声平均值64.54分贝。

【社会保障】2018年末，全市登记失业人数6800人，比上年下降5.6%；城镇职工医疗保险14.7万人，增长3.8%；城乡居民医疗保险244.7万人；城镇养老保险8.0万人，增长47.5%；工伤保险参保7.5万人，增长4.9%。城镇居民最低生活保障对象4.1万人，发放低保金2.3亿元；农村低保对象36.4万人，发放低保金6.3亿元。

【社会事业】2018年末，学校总数2437所，教职工30895人，其中专任教师29383人。在校学生数499629人，其中幼儿园109534人、小学在校生213294人、初中生94323人、高中生54144人、中等职业学校18019人、大专院校6869人。学龄儿童入学率100%，初中入学率99.9%。小学、初中、高中专任教师合格率分别为99.9%、99.8%、93.7%。全市普通高中招生1.8万人，比上年减少0.3%；初中招生3.3万人，增长6.0%；小学招生3.9万人，增长1.1%。各类普通高校在陇南招生15580人，比上年增长1.0%；各类中等职业学校招生10330人，下降1.5%。全市共有艺术表演团体56个，全年演出1178场，观众达35万人次；文化馆10个；公共图书馆10个，藏书达8.35万余册；博物馆18个；文化古迹68处，其中国家级6处、省级43处、市级19处；文物藏量38366件，其中一级文物199件。广播和电视综合覆盖率分别为94.2%和96.3%；数字有线电视用户159239户，增长40.9%。有公立医疗卫生机构1822个，其中县级以上综合医院35个、中医院24个、疾病防控中心10个、社区服务中心(站)10个、妇幼保健院(站)9个、卫生监督所10个、乡镇卫生院216个。拥有病床位10882张，共有卫生技术人员13602人，其中执业医师和执业助理医师3749人、注册护士3571人、药师(士)427人、技师(士)398人、其他5457人。

临夏回族自治州

【基本情况】临夏回族自治州地处甘肃中部西南，北邻兰州市，南靠甘南藏族自治州，东连定西市，西接青海省，州府仅距省会150公里。全州土地面积8169平方公里，平均海拔2000米，最高处4636米，最低处1563米。年平均气温5.6—9.7℃，无霜期145天，年平均降雨量488.8毫米，属温带大陆性气候。全州有临夏市1个县级市，临夏县、康乐县、永靖县、广河县、和政县5个县，东乡族自治县、积石山保安族东乡族撒拉族自治县2个自治县，58个镇、66个乡、7个街道办事处，1130个行政村。2018年末常住人口205.88万人，州内聚居回、汉、东乡、保安、撒拉等民族，其中东乡族、保安族是临夏独有的民族。境内有形成距今1.7亿多年前的世界罕见的恐龙足印群，还有距今1300多万年的在亚欧大陆分布最为集中的三趾马、铲齿象、和政羊等古动物化石群。著名的马家窑文化、齐家文化、半山文化闻名遐尔，出土彩陶纹饰精美，其中盛负其名的“彩陶王”现为中国历史博物馆收藏。这里自古是丝绸之路南道、唐蕃古道、甘川古道之要塞，素有西部“旱码头”“茶马互市”之称。黄河三峡、炳灵寺石窟等自然景观巧夺天工，民族特需用品、毛纺地毯、手工艺品享有声誉，民族建筑、砖雕、木雕、彩绘等别具一格。

【旅游资源】临夏自然风光秀丽、人文底蕴深厚、民族风情浓郁、旅游资源富集，历史上就是古丝绸之路南道要冲、唐蕃古道重镇、茶马互市中心。

历史文化悠久，古迹众多。临夏史前遗迹众多，以马家窑文化、齐家文化为代表的各类文物遗址达829处，是我国新石器文化最集中、考古发掘最多的地区之一，因出土现珍藏于国家博物馆的“彩陶王”，而被誉为“中国的彩陶之乡”。长久以来，在这片丝绸古路、唐蕃古道、甘川要道交错伸展的土地上，茶马互市、商贾云集，在漫漫的历史长河中，各民族共同开拓，创造了灿烂的历史文明。这里有世界文化遗产炳灵寺石窟，距今已有1600多年历史，是我国六大石窟之一。

生态资源丰富，风景如画。黄河流经临夏110公里，水域面积150平方公里，形成了炳灵峡、刘家峡、盐锅峡三大峡谷景观，这里有黄土高原特有的丹霞国家地质公园，有亚洲第一座百万千瓦级水电站刘家峡水电站，有黄河中上游最大的人工湿地太极岛。临夏南部生态环境优美，自然风光秀丽，高山草甸和森林沿太子山山麓绵延数百里，有国家4A级景区松鸣岩和莲花山，是甘肃中南部森林生态观光游览的首选之地。

化石资源丰富，举世闻名。古老而神奇的临夏盆地，是远古动物繁衍生息的乐园。以“和政羊”为代表的化石群在世界上独一无二，和政县古动物化石凭借其种群和个体数量之多、保存之完整、科研价值之高，占据了“六项世界之最”。永靖县发现的黄河龙骨架化石和世界上最大的恐龙足印化石群令人称奇。

民俗风情浓郁，独具特色。“牡丹随处有，胜绝是河州”，临夏人喜爱牡丹。每年五月，万千牡丹竞相怒放，争奇斗艳，花香诱人。有风格迥异的清真寺、拱北等民族建筑，有风味独特的民族小吃，有世界非物质文化遗产“花儿”和临夏传统民居——八坊十三巷，充满民俗风情，独具魅力。

近年来，州委、州政府高度重视旅游业的发展，牢固树立和贯彻落实新发展理念，抢抓国家“一带一路”战略和建设华夏文明传承创新区的有利机遇，认真实施“六抓”思路举措，全力打造区域首位产业、旅游百亿元产业和全域旅游，高标准推进旅游开发建设，全力塑造“山水临夏·绿色临夏·美丽临夏”旅游新形象。第七届敦煌行丝绸之路国际旅游节开幕式在永靖县成功举办，进一步提升了临夏对外开放水平。

【国民经济】2018年，全州实现地区生产总值255.35亿元，比上年增长6.7%。其中，第一产业增加值32.76亿元，增长4.7%；第二产业增加值49.24亿元，增长10.3%；第三产业增加值173.35亿元，增长5.9%。三次产业结构比为12.8∶19.3∶67.9。工业增加值26.65亿元，增长15.9%，其中，规模以上工业增加值16.54亿元，增长25.7%。固定资产投资下降11.1%。社会消费品零售总额93.88亿元，增长8.1%。一般公共预算收入15.52亿元，下降8.08%；一般公共预算支出252.49亿元，增长26.77%。居民消费价格总水平上涨2.5%。

【“三农”工作】统筹推进脱贫攻坚与乡村振兴，制定出台临夏州实施乡村振兴战略意见和规划，明确全州梯次推进乡村全面振兴的目标任务。全州粮食总产量65.7万吨，农作物良种化率100%，畜禽良种化率83%，积极推进农村“三变”改革，引导土地流转61万亩，农业增加值34.9亿元、增长6%。实施自然村村组道路硬化、油返砂道路改造971.39公里，硬化村内主巷道和入户道路817公里、庭院173万平方米，实施农村改厕 1.27 万户，新建美丽乡村 19 个、环境整洁村 158 个。启动实施农村电网升级改造工程，全州行政村 4G 网络和有线宽带覆盖率 98%。全年完成造林面积 24.26 万亩，比上年下降 24.4%。新栽植花椒 1.65 万亩，啤特果 4.28 万亩，核桃 0.83 万亩，育苗 2.32 万亩。大牲畜年末存栏 28.1 万头，增长 23.6%；羊存栏 132.9 万只，增长 6.4%。肉类总产量 5.4 万吨，增长 0.6%。

【项目建设】认真落实“三重”“三一”工作方案，全力保持良好的发展势头。着力推进重点项目建设，全州实施重点项目 605 个、完成投资 145.5 亿元，其中新开项目 380 个、完成投资 69.1 亿元；兰洽会签约项目 116 个、签约资金 168.58 亿元，开工建设 100 个、到位资金 55.01 亿元。新开工建设了和广两县水源保障工程、东乡县锁南至河滩公路、临夏市碧桂园天玺湾、积石山县滨河路改造提升和康乐县、临夏县棚户区改造等项目，双达高速、康冶二级公路、折红二级公路、唐达二级公路、莲麓至大河家旅游扶贫大通道、永靖县王台至炳灵寺公路改建、省道 309 线甘草店至积石山公路(临夏县段)改建、和政县大南岔河生态修复治理、康乐县鸣鹿水库、临夏市北山综合治理等续建项目进展顺利，州医院迁建、州委党校迁建、州全民健身中心、永靖县城北新村、积石山县城道路管网改造等项目建成投入使用。

【脱贫攻坚】狠抓脱贫攻坚“一号工程”，投入财政扶贫资金 26 亿元，比上年增长 108%，整合涉农资金 27.8 亿元。改造农村危房 1.04 万户，易地搬迁 5381 户 2.96 万人，全省易地扶贫搬迁现场推进会在临夏州召开。全年有 11.22 万人脱贫，实现贫困村退出 160 个，贫困发生率下降到 8.97%，临夏市实现脱贫摘帽。深化东西部扶贫协作和定点帮扶，争取落实厦门帮扶资金 4.75 亿元，实施扶贫援建项目 202 个，厦门中达电商园落户临夏经济开发区，在各县市联建产业园 6 个，厦门选派支医支教科技人才 183 名，向厦门有组织输转劳务 4429 人。争取落实中石化等国家定点帮扶单位帮扶资金 1.02 亿元，实施各类扶贫帮扶项目 74 个。扎实推进产业扶贫，全面落实到户产业发展资金，扶持贫困户发展畜牧养殖、特色种植等增收产业，新增能繁母牛 7.08 万头、能繁母羊 30.24 万只，推广蔬菜、林果、马铃薯、中药材、油菜、百合等特色种植 144.91 万亩。大规模推广“粮改饲”，种植饲草玉米 29.9 万亩，全贮黄贮 83.7 万亩，加工饲料 221.1 万吨，秸秆饲料化利用率达到 80%，深化了旱作农业的“第二次革命”，全省牛羊产业扶贫暨粮改饲现场推进会在临夏州召开，中央广播电视总台等新闻媒体多次做了深度报道。采取引进企业办、创业能人办、村集体领办等方式建成扶贫车间 123 个、吸纳就业 6641 人，开辟了贫困群众在家门口就业增收的新路子。积极推进电商扶贫、生态扶贫、旅游扶贫、光伏扶贫等新业态，新创国家电子商务进农村综合示范县 3 个、新建乡村电商服务站点 247 个，扶持发展旅游扶贫重点村 18 个，开发乡村公益性岗位和就业扶贫专岗 7106 个，选聘建档立卡贫困户生态护林员 3283 名、草原管护员 1159 名。组建农民专业合作社 902 家，引进农业骨干企业 27 家，消除村集体经济“空壳村”378 个。

【优势产业】大力发展“三个百亿”产业，推进旅游景区景点建设，建成刘家峡国际滑翔营地、临夏市茶马古市民俗风情旅游街等项目，举办了省运会、临博会、牡丹节、全国高山滑雪巡回赛(松鸣岩站)、全国滑翔伞定点联赛(永靖站)等重大活动，冬季冰雪游、体育竞技热和临夏旅游持续升温，国家文化和旅游部、国务院扶贫办在临夏州举办“三区三州”旅游大环线推介活动，国务院和省政府通报表扬了临夏州八坊十三巷旧貌换新颜、城中村变身文旅新地标的典型事例，黄河三峡荣膺“2018 最具影响力景区”。全州接待游客 2098.61 万人次，比上年增长 32.3%；实现旅游综合收入 96.39 亿元，增长 37.03%。推进食品和少数民族特需用品生产加工业转型升级，实施技改项目 54 个、完成投资 10.5 亿元，临夏经济开发区和广河经济开发区新引进企业 8 家，培育新增规上企业 5 个、省级企业技术中心 2 个、省级工业设计中心 2 个，成立砖雕工程技术研发中心和培训基地，食品和少数民族特需用品生产加工业完成产值 45 亿元，增长 12%。推进劳务精准化培训和组织化输转，开展精准扶贫劳动力培训 3.45 万人、输转劳务 50.87 万人、实现劳务收入 90.23 亿元。临夏州“三个百亿”产业在第六届中国民生发展论坛上荣获“2018 民生示范工程奖”。谋划推进生态产业发展，着眼高质量发展和绿色崛起，制定出台《临夏州绿色生态产业发展规划》和《十大生态产业发展专项行动计划》，谋划储备旅游文化体育、循环农业、通道物流、中医中药等生态产业和生态工程项目 280 个、总投资 1020.46 亿元，实施临夏县 5000 亩高原夏菜示范基地等生态产业项目 73 个、总投资 42 亿元。

【人民生活和社会保障】城乡居民收入持续增加，人民生活水平继续改善。2018 年，全州城镇居民人均可支配收入 20834 元，比上年增长 7.5%；农村居民人均可支配收入 6817.1 元，增长 9.9%。城镇居民人均消费支出 15298 元，增长 4.4%；农村居民人均消费支出 6157 元，增长 8.5%。

年末全州参加失业保险的职工人数 34608 人，领取失业保险金的人数 219 人；参加基本养老保险的人数 35923 人；参加基本医疗保险的人数 1967416 人，其中，城镇职工 114906 人，城乡居民 1852510 人；全社会低保户数 116769 户，其中农村 77582 户，城镇 39187 户；低保人数 413697 人，其中，农村 299669 人，城镇 114028 人。

持续加大民生投入，强化公共服务保障，解决群众关切的突出问题，全力惠民生保稳定促和谐。扎实开展控辍保学攻坚战，义务教育巩固率提高到 96.3%；新建农村幼儿园 149 所、改造薄弱学校 111 所，实施寄宿制学校建设项目 33 个、教师周转宿舍项目 20 个、中小学温暖工程项目 88 个，落实贫困生助学金和寄宿生补贴 5918 万元、贫困大学生助学贷款 1.15 亿元。提升乡村两级卫生机构基础条件和医疗水平，完成县级医院 34 个薄弱学科建设项目，为 412 个贫困村卫生室配备健康一体机，全面落实贫困人口“先诊疗、后付费”等健康扶贫政策，落实大病保险等赔付资金1.44亿元、医疗救助资金1.7亿元，全省组团式健康扶贫现场推进会在临夏州召开。着力改善农村基础条件，实施水源保障工程3个、农村饮水安全巩固提升工程11个，和政县北部一期、永靖县城北新村、康乐县东南部、临夏县南区饮水安全巩固提升工程建成使用。

【社会事业】全年共组织实施各类科技计划项目67项，其中国家级、省级32项，州级35项；全年共取得科技成果30项，全年申请专利644项。年末全州共有各类学校2019所，其中，幼儿园775所，小学1129所，九年一贯制学校19所，中专及职校11所，特殊教育学校1所，高职院校1所。普通中学在校学生数103192人，比上年增加7665人；小学在校学生数213084人，增加14119人；中专及职校在校学生数4569人，减少975人。全州中专及职校专任教师555人，中学专任教师8493人，小学专任教师12623人。学龄儿童入学率99.96%，上升0.28个百分点。拥有州级文化单位民族歌舞团、博物馆、文化馆、图书馆、美术馆、影剧院、民族文化艺术研究所、文化市场综合执法支队各1个；县（市）文化馆8个，公共图书馆8个，博物馆（纪念馆）35个，文物管理所6个，乡镇综合文化站123个，农家书屋1149个；建成文化信息资源共享工程县级分中心8个。广播电视转播台11座，广播人口覆盖率98.84%，电视人口覆盖率98.97%。共有医疗单位262个，其中县级及以上院15个，乡（镇）卫生院129个；病床9840张；专业卫生技术人员6102人。2018年共举办各类群体活动650余场（次），参加人数达95万余人（次）。结合承办省运会加快体育设施建设，投资8978万元建成了临夏州全民健身中心，完成了11个乡镇全民健身中心建设项目，4个笼式足球场建设项目，288个行政村农民体育工程配备器材项目。在甘肃省第十四届运动会中，勇夺金牌67枚、银牌54枚、铜牌42枚、总分1139分。组队参加了甘肃省第九届少数民族传统体育运动会武术、射弩、押加、民族式摔跤、高脚竞速、板鞋竞速6个竞技项目和保安族夺腰刀、东乡族拔棍2个表演项目。临夏州代表团获得团体、个人一等奖10个，二等奖10个，三等奖11个，位列全省金牌榜第2名。

【环境保护】持续开展沿库沿河沿自然保护区生态环境综合整治，强化大气污染源头管控、集中治理和网格管理，整治改造燃煤锅炉391台、土炕土灶小煤炉3.81万户、餐饮油烟设施6347家。严格落实河湖长制，开展河湖“清四乱”专项行动，加强水域岸线治理、水源地保护和水污染防治，建成3个省列园区污水处理厂和临夏市、临夏县污水处理厂提标改造等项目。组织开展农用地土壤详查、涉重金属行业排查整治和污染地块治理修复工作。加强生态修复治理，扎实推进大规模国土绿化行动，完成营造林42.71万亩，新建绿色通道354.6公里。加强耕地保护、矿产资源管理和“大棚房”问题清理整治，新建高标准农田10.2万亩，改善灌溉面积5.28万亩，治理水土流失面积310平方公里。改善城乡人居环境，加强城乡规划建设管理，规范土地利用和风貌控制，推进市县和重点集镇道路、供水、供气、供暖等市政基础设施建设，扎实开展全域无垃圾专项治理和农村拆旧排危专项行动，集中整治城乡环境卫生、市场秩序、交通秩序和物业管理，城乡人居环境明显改善。2018年末全州共有环境监测站9个，环境监测人员81人，境内自然保护区4处，面积达到1173.91平方公里。建成烟尘控制区1个，控制面积88平方公里。城市生活垃圾无害化处理率98.0%，城市污水集中处理率84.94%。全年完成工业污染治理项目6个，工业污染治理总投资2242万元。

（马百平）

甘南藏族自治州

【基本情况】甘南藏族自治州是全国十个藏族自治州之一，位于甘肃省西南部，地处青藏高原东北边缘与黄土高原西部过度地段，是藏、汉文化的交汇带，是黄河、长江的水源涵养区和补给区，被费孝通先生称之为“青藏高原的窗口”和“藏族现代化的跳板”，并被国家确定为生态主体功能区和生态文明先行示范区，境内草原广阔，海拔1100—4900米，大部分地区在3000米以上。自治州辖夏河、碌曲、玛曲、迭部、舟曲、临潭、卓尼七县及合作市，共有99个乡镇（街道办）、662个行政村，国土总面积4.5万平方公里。2018年末总人口74.86万人，其中藏族人口42.13万人，占总人口的56.3%；常住人口72.02万人，其中城镇人口25.93万人，城镇化率36.0%。

【资源优势】文化旅游：全州现有国家4A级景区7处、3A级12处、2A级12处，境内有尕海、则岔两个国家级自然保护区、莲花山和冶力关国家森林公园，以及桑科草原、黄河首曲、大峪沟等几十处优美的自然景区；有全国文物保护单位夏河拉卜楞寺、卓尼禅定寺和碌曲郎木寺等121座藏传佛教寺院；有红军长征经历的天险腊子口、俄界会议遗址等十多处革命历史遗迹；有香浪节、晒佛节、采花节、花儿会等几十种民俗节庆活动，被誉为“中国的小西藏，甘肃的后花园”。

山野珍品：全州中藏药和林下资源丰富，是全省重要的中藏药材和山野珍品生产加工基地。境内有红景天、雪莲、冬虫夏草、贝母等中藏药材850多种，羊肚菌、蕨菜、木耳、松茸、沙棘等山野珍品130多种。

清洁能源：甘南地处长江、黄河上游，境内有黄河、洮河、大夏河、白龙江等120多条干支河流，水电资源理论蕴藏量达361万千瓦，占全省水电资源蕴藏量的21%，可开发量为216万千瓦，占全省可开发量的22%。全州日照时间长，风量大，太阳能、风能等清洁能源资源也十分丰富。

牧业资源：全州有天然草场4085万亩，其中可利用草原面积3843万亩。理论载畜量621万个羊单位，属青藏高原和全省天然牧场中自然载畜能力较高，耐放牧性最大的草场。

【国民经济】2018年，全州实现地区生产总值155.73亿元，比上年增长5.0%。其中，第一产业增加值36.88亿元，增长5.0%；第二产业增加值22.54亿元，增长6.5%；第三产业增加值96.30亿元，增长4.7%。三次产业结构比由2017年的23.47∶13.77∶62.76调整为23.68∶14.48∶61.84，第一产业比重上升0.21个百分点，第二产业比重上升0.71个百分点，第三产业比重降低0.92个百分点。社会消费品零售总额52.27亿元，增长7.5%。财政总收入19.18亿元，增长18.2%，其中，一般公共预算收入9.99亿元，增长16.8%。一般公共财政支出202.74亿元，增长18.5%。金融机构人民币各项存款余额369.35亿元，增长6.5%；各项贷款余额235.27亿元，增长0.5%。

【脱贫攻坚】2018年，全州计划脱贫1.72万人，实际脱贫2.71万人，退出贫困村165个，贫困人口由2017年底的4.74万人减少到2.16万人，贫困发生率由8.54%下降至3.89%，低于全省平均水平1.74个百分点。5624名辍学学生全部劝返，义务教育巩固率、控辍保学率分别达到98%和100%；建立健全基本医保、大病保险、医疗救助互联互通机制，贫困人口参保率和家庭医生签约率分别达到100%和99%，入院报销比例达到85%以上；农牧村危房全面消除，安全饮水提升工程扎实推进，最低生活保障做到了应保尽保。

【"三农"工作】加大牦牛、藏羊、蕨麻猪等八大特色产业扶持力度，发放特色产业工程贷款4.49亿元。生态畜牧业效益提升，牲畜总增率39.52%，比上年下降1.35个百分点；出栏率59.61%，提高3.22个百分点；商品率54.29%，提高3.57个百分点，年末各类牲畜存栏364.71万头、只，肉类总产量9.54万吨、奶类总产量9.94万吨。落实项目资金7406万元，实施现代畜牧业全产业链、草牧业试验试点等产业项目，扶持合作社186个。引进培育龙头企业12家。建成蔬菜保鲜库11座。落实牦牛藏羊保费补贴政策，当年赔付1.32亿元。种植业结构得到优化，藏中药材种植面积达到19.36万亩，建成标准化示范基地2.5万亩，农作物播种面积达到103.51万亩，建设良种基地3万亩。粮、经、饲比重由2017年的60.2∶38.7∶1.1调整为55.9∶35.6∶8.5，粮食作物比重降低4.3个百分点，经济作物比重降低3.1个百分点，青饲料比重上调7.4个百分点。

【项目建设】争取中央和省上预算内资金60.3亿元，实施了一批重大基础设施项目。兰合铁路、西成铁路（经合作）、合作至卓尼高速公路等8项重大项目前期工作加快推进。王格尔塘至夏河高速公路全线开工，累计完成投资10亿元。迭部至若尔盖等7条重点公路进展顺利，建成农牧村公路1032公里，合作市客运枢纽中心完成主体。引洮（博）济合工程供水厂建成，引水隧洞基本贯通。黄河干流玛曲段防洪治理工程建设任务全面完成。132项水利项目和安全饮水提升工程全部竣工，江河支流和中小河流治理成效显著。实施道路、桥梁、给排水、垃圾及污水处理等城乡市政建设项目98项，完成投资10.4亿元。州博物馆（科技馆）、工人文化宫开工建设。

【优势产业】全域旅游示范区创建加快推进，绿色长廊、国道213线、百里洮河风情线、白龙江旅游风情线等精品旅游线路加快打造。新改扩建旅游厕所77座、道路观景台4座。成功举办香巴拉艺术节、藏地传奇自行车赛、藏模大赛等一系列节庆赛事活动。旅游人数和旅游收入持续保持双增长，全年共接待游客1217.20万人次，比上年增长10.5%；实现旅游综合收入57.04亿元，增长13.6%。文化产业较快发展，全州文化企业达到390家，文化产业从业人数达到4888人。电子商务加快发展，新建成乡村电商服务站（点）155个，全州线上销售额达1.6亿元。

【人民生活】全年全州城镇居民人均可支配收入24783元，比上年增加1771元，增长7.7%。城镇居民家庭恩格尔系数为36.9%，比上年降低0.9个百分点。农村居民人均可支配收入7677元，比上年增加679元，增长9.7%。农村居民家庭恩格尔系数为43.7%，比上年降低0.9个百分点。全年城镇新增就业5155人。招录基层服务项目工作人员142名。录用乡镇公务员257名。天津市事业单位招聘录用29名。引导580名高校毕业生到企业就业。安置天津对口帮扶甘南定向培养医学本科毕业生58名。安置公益性岗位服务人员2812名。开发公益性岗位解决就业困难人员1256名。向新疆和田、库尔勒、阿勒泰地区教育、公安等部门输送各级各类教师和辅警工作人员1000余名。全年就业技能培训9560人，创业培训1018人，岗位技能提升培训287人，开展职业技能鉴定438人，精准扶贫劳动力培训15713人。建立扶贫车间62个，认定12个，带动就业人数2810人。城镇登记失业率控制在4%以内。

【环境保护】实施生态环境保护项目39个，洮河流域生态环境保护项目进入生态环境部项目库。扎尕那荣获国家地质公园资格。落实新一轮草原生态保护奖补政策，兑付奖补资金2.9亿元，划定基本草原3899万亩，禁牧887万亩，推行草畜平衡2938万亩，核减超载牲畜37万个羊单位。实施退牧还草、沙化草原（黑土滩）综合治理等重大工程，建设划区轮牧围栏80万亩，治理改良沙化退化草原76万亩、已垦草原17万亩，天然草原综合植被覆盖度达到96.87%。管护天然林647万亩，保护公益林290万亩，绿化造林17万亩，义务植树237万株，森林覆盖率达到24.38%。实施了40个大气、水体、土壤污染防治项目，合作市城区空气质量优良天数比例达93.5%，全州境内地表水考核断面、地下水监测点位、集中式饮用水水源水质优良比例均达到100%。全面推行河长制湖长制，强化河湖管理保护。

【社会保障】全州城镇五项社会保险参保人数25.25万人，其中，企业职工基本养老保险参保2.18万人，城镇职工基本医疗保险参保8.08万人，失业保险参保3.82万人，工伤保险参保5.36万人，生育保险参保5.81万人。城乡居民基本医疗保险参保人数60.9万人，养老保险应参保38.71万人，已参保38.40万人，参保率99.2%，续保率100%。向8.07万名60周岁以上老人发放城乡居民养老金1.03亿元，享受待遇人员养老金发放率100%。全州劳动合同签订率100%；集体合同签订率90%以上；劳动保障监察受理案件结案率100%。收缴投资500万以上项目建设单位农民工工资保证金209笔，收缴保证金1.16亿元；500万元以下建设项目418笔，收缴保证金0.31亿元。全年受理劳动调解仲裁案件32件，案件办结率100%。受理劳动能力鉴定材料87件，伤残等级鉴定6件。受理工伤认定申请48件。

【社会事业】教育事业健康发展，新建幼儿园32所，在办幼儿园达到350所，学前三年毛入园率、九年义务教育巩固率、高中阶段毛入学率分别达到91.5%、96.4%、92.2%，比上年分别提高0.6、1.3、2.3个百分点。"全面改薄"项目加快实施，控辍保学工作顺利完成。州中等职业学校按期开班。15年免费教育保障水平进一步巩固。基本医疗保障水平显著提升，公立医院改革全面推开，分级诊疗稳步推进，县级医院重点专科和薄弱学科建设全面完成。新建村卫生室82个。率先在全省实现了州内城乡居民和城镇职工住院免收押金的"先诊疗、后付费"和"一站式"结报全覆盖，异地就医结算顺利推进。"组团式"整体帮扶成效初显，省级医院在各县综合医院挂牌成立分院，天津市10家医院"院包科"帮扶州人民医院。全州共有各级各类医疗卫生机构944所，卫生技术人员4298人，床位数3093张。孕产妇住院分娩率98.1%，产前、产后访视率98%以上，婴儿死亡率降至5.35‰，5岁以下儿童死亡率降至5.62‰，人群包虫病患病率降至0.05%，脊髓灰质炎儿童接种率96.03%，发病率控制在1/10万以内。民生保障能力持续提升，动态调整和精准认定城乡低保1.4万户4.4万人。4.62万户14.44万城乡困难群众纳入兜底保障范围。投入447万元，慰问困难职工4247人，解困脱困职工3864人。投入54.25亿元，实施省列民生实事10件，州列民生实事10件。治欠保支有力推动，追发劳动者工资待遇1250万元。棚户区改造20844户，改造农牧村C级危房3354户。天然气入户达7455户。文体科技服务能力不断提升，县市"三馆一站"、乡镇综合文化站、农牧村综合文化中心服务水平和质量不断提高。拉卜楞寺文物保护、甘加八角城城墙加固维修、磨沟遗址保护等文物修缮保护建设项目有序推进。新城西街村等10个村庄被列入中国传统村落名录。成功举办甘南州首届体育运动会。科技培训农牧民5.5万人次，各类创新平台和主体达25个，专利申请208件，推荐国家和省列科技计划项目34项。广播电视直播卫星用户15.92万户。有线电视在网用户5.31万户。互联网用户10.75万户。快递65.99万件。出版发行藏汉两文《甘南日报》410.40万份。

（蔡春辉）

兰州新区

【基本情况】兰州新区位于甘肃省兰州市北部的秦王川盆地，南北长约49公里，东西宽约23公里，地处兰州、西宁、银川3个省会城市共生带的中间位置，是丝绸之路经济带上的重要节点，也是甘肃对外开放的重要窗口和门户。2010年12月，甘肃省设立兰州新区。2012年8月，国务院批复为国家级新区，并赋予"西北地区重要的经济增长极、国家重要的产业基地、向西开放的重要战略平台、承接产业转移示范区"战略定位，规划范围涉及兰州市永登、皋兰两县6镇，总面积1744平方公里，规划控制面积821平方公里，核心区规划建设面积246平方公里。现已托管永登县中川镇、秦川镇和皋兰县西岔镇3个镇，面积约843.7平方公里。2018年末，兰州新区托管区域户籍人口15.29万人。兰州新区地势由西北向东南倾斜，东西两面是低矮黄土山丘，平均海拔1910米。属典型的温带半干旱大陆性气候，四季分明，阳光充足，冬季寒冷干燥，春季多风少雨，夏无酷暑，秋季温凉。

兰州新区拥有省内唯一的大型国际机场——中川国际机场，2018年末已开通遍及国内外主要城市航线205条，客运吞吐量达到1385.82万人次；有10条铁路干线在这里交汇，7条高速公路与周边城市相连，是渝新欧、蓉欧、郑新欧等国际货运大通道必经之地，是国家"八纵八横"铁路网的重要枢纽，构建了铁路、公路、航空立体通达的综合交通体系。

【资源优势】兰州新区空气干燥、无自然保护区、环境容量大等比较优势，同时在土地和水资源方面具有较大优势，土地资源方面，秦王川盆地是兰州市周边最大的一块高原盆地，空间开阔、地势平坦，非常适宜发展非农产业和大规模开发建设。同时，该区域内和周边地区低海拔荒山丘陵地较多，可以通过移山造地和未利用地开发，为生态建设和未来发展提供大面积的后备土地资源，有500平方千米的面积可供开发。水利资源方面，秦王川水资源比较充裕，有引大入秦工程提灌的优质水。按照引大入秦工程的设计能力，年引水量共有4.43亿方，实际利用的不到2亿方，还有2亿多方尚未利用，目前已经建成石门沟和尖山庙两座过千立方米的水库，水资源完全能够满足兰州新区未来的建设需求。加之引大入秦水的灌溉，补给了秦王川地区的地下水，使地下水在海拔相对较低地段回灌至地面，在盆地南部已形成23平方千米的湿地资源。

【国民经济】2018年，新区实现地区生产总值181.0亿元，比上年增长15%，其中第一产业增加值1.3亿元，增速与上年持平；第二产业增加值98.2亿元，增长3.6%；第三产业增加值81.4亿元，增长45.2%。三次产业结构比由2017年的0.97∶67.41∶31.62调整为2018年的0.73∶54.27∶45.00。第三产业增加值占地区生产总值的比重比上年提高13.38个百分点，经济结构进一步优化，新区经济从投资拉动向产业发展转变。规模以上工业增加值增长1.7%，占地区生产总值的14.71%。固定资产投资中，基础设施投资比重比上年下降4.11个百分点，房地产投资比重提高2.08个百分点，产业规模和城市服务功能进一步提升。限额以上社会消费品零售总额36.56亿元，增长14.8%，消费品市场保持平稳运行。2018年接待游客突破400万人(次)，旅游综合收入突破13亿元，文化旅游实现新突破。一般公共预算收入15.2亿元，增长15.6%。

【供给侧结构性改革】新区积极稳妥化解产能过剩，引导钢结构等同质化生产企业差异化发展，帮助企业开拓市场，扩大需求，推动企业加大研发投入，进行技术改造和产业升级，加快引进一批创新型企业和项目，严格控制增量，防止新的产能过剩。帮助企业降低成本，制定和落实在水电等生产要素上的补贴政策，积极争取国家和省上在电力等领域的支持政策，实行新的阶梯水价方案，对投产工业企业的水价补贴，推动区域电网建设进程，扩大大用户直供电的受益面，对符合条件的企业落实新区电价优惠政策；加快引进物流龙头企业，完善物流体系；加快融资平台的建设，帮助企业做好融资工作。规范各类融资行为，加强金融管理和服务，加快社会信用体系建设，建立完善融资性担保、小额贷款等地方性准金融机构的监督和管理机制，强化市场准入和市场行为监管，规范准金融机构业务经营活动；深入整顿和规范金融市场秩序，坚决遏制和依法打击非法集资、地下钱庄等非法金融活动。房地产去库存效果明显，2018年新区房地产销售面积94.85万平方米，比上年增长54.65%。

【脱贫攻坚】新区聚焦破解贫困群众增收难题，大力推进产业扶贫和就业扶贫，坚持以土地流转为抓手，制定了脱贫攻坚、现代农业、畜牧业等发展规划，流转土地8.52万亩，谋划发展全域现代农业、设施农业等富民产业。大力开展就业技能、岗位技能、创业能力等培训工作，累计培训城乡劳动力7153人次，实现有意愿建档立卡贫困劳动力培训全覆盖。依托新区国有企业或产业基地，加快推动农民转职工，完成农民转企业工人14586人，750多名贫困人口实现了稳定就业。开发民政社保助理员、保安、环境整治协管员等公益性岗位149个，落实岗位补贴和社保补贴338万元，有力助推了贫困劳动力脱贫增收。加快建设全域美丽乡村，大幅改善农民生产生活条件。新、改、扩建农村公路221公里，改造危桥4座，实施农村公路生命安全防护工程288.03公里，切实改善农村出行条件。加大危房改造工作力度，完成危房改造329户，全面消除了新区危房。新区所有村级办公场所达到标准化，90%的村级办公场所面积超过300平方米。改造农户墙体立面5758户，硬化村社主次巷道达到180公里，实现了通村道路100%、村社巷道硬化100%的目标，村社主道路全部实现亮化，实施村庄绿化面积6.9万平方米，实现视野范围内无垃圾。25个保留村全部建成村民文化活动广场，建成美丽乡村15个，创建省级和市级美丽乡村各8个。持续推进“厕所革命”，改建卫生厕所达60%以上，完成改造1446户，结合美丽乡村建设正在实施改造5112户。全面落实特殊贫困户学生兜底保学计划、义务教育“两免一补”、营养改善计划和学前教育保教费免除（补助）等政策。持续改善医疗服务水平，贫困户家庭成员全部参加基本医疗保险，每年为贫困户提供免费健康体检服务，建档立卡贫困户家庭医生签约率达到98.7%。农村一、二类低保补助标准在省定基础上再提高10%。优先安排孤寡老人等特殊对象入住新区社会福利院，统一集中供养，织牢织密社会兜底保障网。结合“三变”改革，由新区国有集团公司通过“土储银行”，吸纳村级集体经济组织以闲置“三资”入股参与经营，农民以工程机械、自有资金等入股公司或合作社，实现“承诺保底、结算分红”，4251户农户以土地经营权入股经营主体，入股土地达3.2万亩，实现增收1185万元。

【农业生产】2018年，新区农作物播种面积11.43万亩，实现农业增加值1.33亿元。全年粮食作物种植面积8.23万亩，比上年增加2.75万亩；油料种植面积1.23万亩，减少0.0.62万亩；蔬菜种植面积0.73万亩；中药材种植面积0.1万亩，减少0.3万亩。主要经济作物中，蔬菜产量1.7万吨，比上年下降3.97%；园林水果产量0.88万吨，下降8.27%；中草药材产量0.04万吨，下降85.53%。全年肉类总产量0.85万吨，其中，猪肉产量0.21万吨，增长1.56%；牛肉产量0.01万吨，增长303.94%；羊肉产量0.09万吨，下降34.7%。年末生猪存栏2.94万头，增长3.03%；生猪出栏2.96万头，下降5.15%。

【项目建设】2018年共谋划实施固定资产投资项目328个，年度计划投资360亿元。依托国家重大项目储备库做好项目储备工作，切实将项目储备作为促进有效投资、增强发展后劲、稳定经济增长的重要支撑。认真贯彻落实《甘肃省深入推进项目储备和前期工作实施方案》，加快重点项目前期工作，有序推动项目建设，提高项目投资质量和效益，充分发挥项目建设在经济发展新常态下的带动引领作用。重大项目储备库储备亿元以上项目103个，总投资535.86亿元。对35个省、市列重大项目分别组建了项目管理团队，推进省市列重大项目快速落地建设。

【优势产业】新区坚持把产业作为推动发展的生命线，加强招商引资和项目建设，初步培育形成了大数据、先进装备制造、新材料、精细化工、新能源汽车、生物医药、商贸物流、文化旅游、现代农业等九大产业。利用气温低、空气干燥、电价较低比较优势，引进中科曙光先进计算中心、中国移动、未来新影IDC影视云、华为云计算等大数据产业项目16个，着力打造大数据产业园。依托兰石集团等重型装备制造企业，重点布局石化重型装备制造、汽车及零部件制造、数控机床机专用设备制造等产业体系，打造高端装备制造基地。目前，已落地兰石、兰泵、电机厂、甘肃建投等先进装备制造产业项目127个，建成投产项目60多个，在建项目20多个。充分发挥甘肃铜铝原材料生产规模大、电力和人工成本低等优势，推动新材料产业发展。重点培育以武汉长飞为龙头的光纤光缆产业链，以四联光电、正威铜业为龙头的光电新材料，发展高导电率导线、精密铜线、控制线缆，以兰州宏建、甘肃建投为依托的新型建筑材料，加大新型建筑材料、装配式建筑业的生产和推广及应用。同时，引进落地九江德福、超华科技等年产15万吨铜箔加工、80万吨废铝回收利用、铝机械、铝铜合金深加工等有色金属深加工产业项目。充分发挥兰州新区远离江河和人口聚居区优势，打造精细化工产业基地。目前已引进落地千吨级二氧化碳加氢制甲醇项目，引进年产20万吨合成气制乙醇项目、中航油、兰州助剂厂搬迁项目等项目。充分发挥兰州新区在“一带一路”重要节点和辐射西北地区的独特区位优势，将兰州新区打造成全省乃至全国知名的新能源汽车生产基地。已引进落地兰州广通新能源汽车、兰州知豆电动汽车、兰石兰驼新能源电动车、甘肃建投新能源专用汽车、亚太新能源专用机动车等一批新能源汽车产业项目。依托甘肃省丰富的中药材资源优势和兰州生物制药研究、中成药品牌优势，加快生物医药产业。重点引进了以佛慈、和盛堂、禾邦制药等为龙头的现代中药企业。抢抓“一带一路”机遇，加快向西开放大平台建设，发展商贸物流产业。重点依托中马及中朱铁路，打造兰州北环物流带。利用申请获批进口粮食特殊指定口岸，致力推动建设特色产品加工销售分拨中心和国际物流集散中心。依托已建成的中朱铁路、中川城际铁路和即将实施的张掖三四线、中兰客专等国家铁路和中川机场，在兰州新区形成交通枢纽优势和物流节点功能，推动空港临空经济发展。依托兰州新区综合保税区，大力发展大宗商品加工贸易产业，打造大宗商品交易平台，推动外贸经济发展。依托中新南向通道，鼓励氧化铝、进口粮油等大宗贸易发展。文化旅游产业，现已引进落地建成西部恐龙园、长城影视、蓝天儿童城、西北滑水训练基地等13个重大旅游项目，重点开发休闲游、乡村游、健身游，开发休闲度假、探险运动、民俗体验等生态旅游产品，促进文化与旅游深度融合。积极推进农业机械化、规模化、现代化发展，打造全省现代农业示范园区和田园综合体，建设美丽乡村，推动土地流转，发展特色花卉林果业、生态养殖业、中药材种植业。

【人民生活】2018年，全年城镇居民人均可支配收入30092元，比上年增长7.5%；农村居民人均可支配收入10890元，增长9.2%。全年居民人均消费支出14361.87元，其中，城镇居民人均消费支出20155.42元，农村居民人均消费支出8527.33元。

【环境保护】新增绿化面积1.6万亩，建成区绿地率达到35%，成功创建“国家可持续发展试验区”。实施生态修复6.2万亩，低丘缓坡生态修复经验得到国家部委充分肯定。“生土熟化”技术被科技部列为国家重点研发计划。建成7号湖、西岔调蓄湖等生态水系工程，新区生态环境全面改善。全年空气质量优良天数达300天以上。

【社会保障及社会事业】2018年，新区有各类幼儿园52所，中小学40所，在校中小学生1.99万人。九年义务教育入学率100%、巩固率99.57%，城乡教育一体化进程不断加快。规划建设全球最大、专业门类最多、功能最完善的“工匠摇篮”——新区职教园区，规划总面积达33平方公里。一期4所院校扩招1.63万人，东方职业学院当年建成、当年招生3600人。二期8所院校加快建设。建成首家二甲综合性中川人民医院，设置床位350张，引进医疗卫生人才296名、副高以上40人，设立院士、外籍专家、名中医工作室，与兰大二院建立紧密型医联体、区域内医共体。实行“双向转诊”“先诊疗后付费”“一站式”结报、异地结报，群众“看病难”问题有效解决。家庭医生签约率达到46.4%、特殊人员达到100%。困难群众参保缴费补贴全覆盖，城乡居民养老、医疗保险参保率达到98.3%、99.2%，农村低保高出省定标准10%。新建社区日间照料中心6家、农村老人互助幸福院5家、社会福利院1家。新增城镇化就业1.54万人。开展“无欠薪”创建活动，全面保障农民工工资发放。

（杨俊林）

1

综 合

General Survey

简要说明

一、本篇资料主要内容

本篇资料主要包括行政区划、河流基本情况、国民经济和社会发展综合资料、私营个体经济基本情况及法人单位与产业活动单位基本情况资料。

二、本篇资料来源

1. 甘肃行政区划资料是截至 2018 年末全省行政区划变更情况汇总，由省民政厅提供。

2. 河流资料由省水利厅提供。

3. 国民经济和社会发展综合资料是由省统计局国民经济综合统计处抽取全书的精华，通过对各篇章主要统计指标及其速度、结构、比例和效益等加工计算，来反映国民经济和社会发展的总体情况。

4. 全省私营个体经济资料来自省市场监督管理局。

5. 全省法人单位与产业活动单位资料由省统计局普查中心汇总、加工整理。

1-1 行政区划(2018)
Divisions of Administrative Areas in Gansu (2018)

单位：个　　(unit)

地级区划名称	Prefectural Regions and Autonomous Regions	地级 City	县级 County Level 合计 Numbers of Regions at County Level	县 Counties	自治县 Autonomous Counties	市 Cities	市辖区 Districts under the Jurisdiction of Cites	乡镇级 Townships Level 合计 Numbers of Regions at Townships Level	镇 Towns	乡 Townships	#民族乡 Ethnic Community Townships	街道办事处 Street Communites
甘肃省	**Gansu**	**14**	**86**	**57**	**7**	**5**	**17**	**1354**	**886**	**343**	**32**	**125**
兰州市	Lanzhou	1	8	3			5	115	47	14		54
嘉峪关市	Jiayuguan	1						3	3			
金昌市	Jinchang	1	2	1			1	18	11	1		6
白银市	Baiyin	1	5	3			2	78	53	16	1	9
天水市	Tianshui	1	7	4	1		2	123	101	12		10
武威市	Wuwei	1	4	2	1		1	102	84	9		9
张掖市	Zhangye	1	6	4	1		1	65	48	12	4	5
平凉市	Pingliang	1	7	5		1	1	105	70	32	9	3
酒泉市	Jiuquan	1	7	2	2	2	1	76	53	15	6	8
庆阳市	Qingyang	1	8	7			1	119	67	49	1	3
定西市	Dingxi	1	7	6			1	122	87	32		3
陇南市	Longnan	1	9	8			1	199	140	55	4	4
临夏州	Linxia	1	8	5	2	1		130	58	65	4	7
甘南州	Gannan	1	8	7		1		99	64	31	3	4

注：街道办事处不包括矿区街道。
a) Street communites excluding the street of Mining Area.

1-2 河流基本情况
Major Rivers

名　称	River	流域面积（万平方公里） Drainage Area Within Borders (10 000 sq. km)	河流长度（公里） Length Within Borders (km)	年径流量（亿立方米） Annual Flow (100 million cu. m)
长江	Yangtze River	3.85	3484.66	105.45
#白龙江	Bailong River	1.81	450.00	62.50
黄河	Huanghe River (Yellow River)	14.59	7752.46	95.26
#洮河	Taohe River	2.52	673.00	37.10
内陆河	Inland Rivers	27.00	4691.00	72.94
疏勒河	Shulehe River	17.00	583.00	24.73
黑河	Heihe River	5.94	413.00	41.43
石羊河	Shiyanghe River	4.07	179.60	18.68

1-3 国民经济和社会发展总量与速度指标

指 标	Item	总量指标 Aggregate Data 2000	2005	2010
人口	**Population**			
年末总人口(万人)	Total Population at Year-end (10 000 persons)	2515.31	2545.10	2559.98
城镇人口	Urban Population	603.93	764.04	924.66
乡村人口	Rural Population	1911.38	1781.06	1635.32
就业	**Employment**			
就业人员数(万人)	Total Number of Employed Persons (10 000 persons)	1476.45	1391.36	1499.56
#在岗职工人数	Number of Staff and Workers	201.20	188.49	187.96
城镇登记失业人数(万人)	Number of Registered Unemployed Persons in Urban Areas (10 000 persons)	7.35	9.26	10.72
国民经济核算	**National Accounts**			
生产总值(亿元)	Gross Regional Product (100 million yuan)	1052.88	1933.97	4023.20
第一产业	Primary Industry	194.10	308.06	501.73
第二产业	Secondary Industry	421.65	838.56	1984.97
#工业	Industry	327.60	685.80	1602.87
第三产业	Tertiary Industry	437.13	787.35	1536.50
固定资产投资	**Investment in Fixed Assets**			
固定资产投资总额(亿元)	Total Investment in Fixed Assets (100 million yuan)	441.35	874.53	3378.10
第一产业	Primary Industry	19.38	41.87	137.99
第二产业	Secondary Industry	143.77	350.15	1597.61
第三产业	Tertiary Industry	278.20	482.51	1642.50
财政(亿元)	**Finance (100 million yuan)**			
财政收入	Government Revenue	108.38	254.57	745.25
一般公共预算收入	General Public Budget Revenue	61.28	123.50	353.58
一般公共预算支出	General Public Budget Expenditure	188.23	429.35	1468.58
物价总指数(上年=100)	**Price Indices (preceding year=100)**			
商品零售价格指数	Retail Price Index	99.1	99.9	104.6
居民消费价格指数	Consumer Price Index	99.5	101.7	104.1
工业生产者出厂价格指数	Producer Price Indices for Industrial Products	107.2	109.6	115.0
工业生产者购进价格指数	Purchasing Price Index for Industrial Producers	111.8	109.9	114.4
农业生产资料价格指数	Price Indices for Farm Products	103.9	109.0	101.7
能源(万吨标煤)	**Energy (10 000 tons of SCE)**			
能源生产总量	Total Energy Production	1914.59	3605.12	4631.59
能源消费总量	Total Energy Consumption	3011.62	4300.88	5829.85

注：1. 2000 年及以后年末总人口按常住人口口径统计(下表同)。
2. 2010 年度以前(含 2010 年)固定资产投资数据为全社会口径(包含农户投资和跨区域项目投资)，自 2011 年起，固定资产投资数据口径为 500 万元以上项目及房地产开发投资。
3. 因 2018 年国家方法制度有所调整，2018 年固定资产投资增速按可比口径计算。

Principal Aggregate Indicators on National Economic and Social Development and Their Related Indices and Growth Rates

			速度指标(%) Indices and Growth Rates							
			指数(2018 年为以下各年%) Index (2018 as Percentage of the Following Years)					年平均增长速度 Average Annual Growth Rate		
2015	2017	2018	2000	2005	2010	2015	2017	2006－2010	2011－2015	2016－2018
2599.55	2625.71	2637.26	104.85	103.62	103.02	101.45	100.44	0.12	0.31	0.48
1122.75	1218.07	1257.71	208.26	164.61	136.02	112.02	103.25	3.89	3.96	3.86
1476.80	1407.64	1379.55	72.18	77.46	84.36	93.41	98.00	-1.69	-2.02	-2.25
1535.69	1553.84	1555.64	105.36	111.81	103.74	101.30	100.12	1.51	0.48	0.43
228.97	222.69	212.72	105.73	112.85	113.17	92.90	95.52	-0.06	4.03	-2.42
9.48	9.65	9.95	135.37	107.45	92.82	104.96	103.11	2.97	-2.43	1.63
6621.98	7459.90	8246.07	560.35	336.42	197.94	118.60	106.34	11.19	10.79	5.85
733.37	859.75	921.30	271.02	201.27	154.79	116.76	104.96	5.39	5.80	5.30
2521.99	2561.79	2794.67	600.71	350.67	189.36	109.67	103.81	13.12	11.54	3.13
1805.55	1763.44	1948.96	638.59	355.50	189.17	109.26	104.28	13.45	11.60	3.00
3366.62	4038.36	4530.09	638.70	362.48	213.60	125.68	108.36	11.16	11.19	7.92
8626.60	5696.35		1240.28	625.93	162.04	63.45	96.10	31.03	23.67	-14.07
534.89	381.98		2340.66	1083.40	328.73	84.81	118.76	26.94	36.57	-5.35
3434.90	1188.32		737.30	302.73	66.35	30.86	89.20	35.47	17.69	-32.42
4656.81	4126.05		1430.33	824.68	242.26	85.45	96.44	27.76	28.13	-5.11
1386.28	1540.59	1641.71	1514.83	644.90	220.29	118.42	106.56	23.97	13.22	5.80
743.86	815.73	871.05	1421.32	705.29	246.35	117.10	106.78	23.41	16.04	5.40
2958.31	3304.44	3772.23	2004.06	878.59	256.86	127.51	114.16	27.88	15.03	8.44
101.0	101.4	101.7								
101.6	101.4	102.0								
87.0	114.5	109.5								
87.0	115.5	109.8								
98.6	103.7	104.2								
5816.78	5734.15							5.14	4.66	
7522.85	7538.33							6.27	5.23	

a) Since 2000, total population at year-end are obtained from the standand of permanent population. The same applies to all tables following.

b) Before 2010 (including 2010), data of fixed asset investment are the caliber of total society (including Farm households investment and cross-regional project investment). Since 2011, the statistics caliber of investment in fixed assets covers project and real estate development investments.

c) Due to the adjustment of the national method system in 2018, the growth rate of Investment in Fixed Assets in 2018 is calculated on comparable coverage.

1-3 续表 1

指 标	Item	总量指标 Aggregate Data		
		2000	2005	2010
农业	**Agriculture**			
农林牧渔业从业人员(万人)	Employed Persons of Agriculture, Forestry, Animal, Husbandry & Fishery (10 000 persons)	697.53	761.37	724.82
农林牧渔业总产值(亿元)	Gross Output Value of Agriculture Forestry, Animal Husbandry and Fishery (100 million yuan)	320.12	549.71	905.22
主要农产品产量(万吨)	Output of Major Farm Products (10 000 tons)			
粮食	Grain	713.48	836.89	948.79
棉花	Cotton	5.75	11.05	7.99
油料	Oil-bearing Crops	41.68	50.31	66.06
中药材	Traditional Chinese Medician Materials	15.98	35.55	48.47
甜菜	Beet Roots	37.90	14.54	23.31
园林水果	Garden Fruits	121.59	172.45	197.17
肉类	Meat	57.33	69.81	81.50
#猪牛羊肉	Pork, Beef, Mutton	52.77	64.09	75.15
工业	**Industry**			
规模以上工业增加值(亿元)	Value-added of Industry above Designated Size (100 million yuan)	263.42	601.80	1376.34
规模以上工业主要产品产量	Main Product Output of Industry above Designated Size			
原煤(万吨)	Coal (10 000 tons)	1632.71	3619.84	4547.20
原油(万吨)	Crude Oil (10 000 tons)	250.15	304.55	382.14
发电量(亿千瓦小时)	Electricity (100 million kwh)	280.27	506.17	791.53
粗钢(万吨)	Crude Steel (10 000 tons)	229.94	458.44	662.25
水泥(万吨)	Cement (10 000 tons)	732.10	1553.29	2414.11
乙烯(万吨)	Ethene (10 000 tons)	16.72	24.57	69.48
卷烟(万箱)	Cigarettes (10 000 pack)	28.99	71.00	80.00
建筑业	**Construction**			
建筑业从业人员(万人)	Number of Employed Persons of Construction (10 000 persons)	33.17	42.77	45.76
建筑业增加值(亿元)	Value-added of Construction (100 million yuan)	94.04	152.76	382.10
施工房屋面积(万平方米)	Floor Space of Buildings under Construction (10 000 sq. m)	1914.12	3008.48	5032.63
竣工房屋面积(万平方米)	Floor Space of Buildings Completed (10 000 sq. m)	1066.18	1455.17	2013.88
交通运输	**Transportation**			
货运量(万吨)	Freight Traffic (10 000 tons)	22722.1	25843.1	29008.8
#铁路	Railways	2885.0	3274.0	4926.0
公路	Highways	19800.0	22520.0	24050.0

注：1. 从2011年开始，规模以上工业统计范围的工业企业起点标准从年主营业务收入在500万元提高到2000万元(下表同)。
2. 2013年起，公路数据统计口径为交通部专项调查数据，与往年不可比。2015年公路数据为交通部根据2015年6月专项调查反馈数据，与往年不可比(下表同)。

continued

			速度指标(%) Indices and Growth Rates							
			指数(2018 年为以下各年%) Index (2018 as Percentage of the Following Years)					年平均增长速度 Average Annual Growth Rate		
2015	2017	2018	2000	2005	2010	2015	2017	2006－2010	2011－2015	2016－2018
668.07	656.37	652.26	93.51	85.67	89.99	97.63	99.37	-0.98	-1.62	-0.80
1386.18	1559.64	1659.36	272.65	197.00	150.41	114.89	103.69	5.54	5.54	4.74
1154.58	1105.90	1151.43	161.38	137.58	121.36	99.73	104.12	2.54	4.00	-0.09
4.82	3.20	3.53	61.39	31.95	44.18	73.25	110.31	-6.28	-9.62	-9.86
76.71	77.35	70.41	168.93	139.95	106.58	91.79	91.02	5.60	3.03	-2.82
83.75	92.72	101.85	637.50	286.47	210.12	121.62	109.84	6.40	11.56	6.74
18.26	26.69	25.20	66.49	173.31	108.09	138.03	94.41	9.90	-4.77	11.34
304.06	397.15	370.03	304.33	214.57	187.67	121.69	93.17	2.72	9.05	6.76
89.90	99.14	101.16	176.45	144.91	124.13	112.53	102.04	3.14	1.98	4.01
82.43	93.60	95.60	181.16	149.17	127.21	115.98	102.14	3.24	1.86	5.07
1662.00	1603.71		695.84	364.05	187.70	109.19	104.60	14.17	11.44	2.97
4390.27	3712.31	3575.11	218.97	98.76	78.62	81.43	96.30	4.67	-0.70	-6.62
820.09	826.96	859.76	343.70	282.31	224.99	104.84	103.97	4.64	16.50	1.59
1139.45	1244.54	1427.31	509.26	281.98	180.32	125.26	114.69	9.35	7.56	7.80
852.10	560.52	802.41	348.96	175.03	121.16	94.17	143.15	7.63	5.17	-1.98
4764.30	4009.36	3847.15	525.50	247.68	159.36	80.75	95.95	9.22	14.56	-6.88
64.20	64.00	64.39	385.08	262.05	92.67	100.30	100.60	23.11	-1.57	0.10
103.00	96.50	94.30	325.28	132.82	117.88	91.55	97.72	2.42	5.18	-2.90
55.10	48.60	43.39	130.81	101.45	94.82	78.75	89.29	1.36	3.78	-7.66
730.88	811.41	860.15	450.82	326.59	188.83	110.77	102.71	11.58	11.26	3.47
10757.08	9777.64	10099.99	527.66	335.72	200.69	93.89	103.30	10.84	16.41	-2.08
4082.94	3031.49	2713.19	254.48	186.45	134.72	66.45	89.50	6.71	15.18	-12.74
58258.0	66205.0	70387.7				120.82	106.32	2.34		6.51
5936.0	6052.2	6087.0	210.99	185.92	123.57	102.54	100.57	8.51	3.80	0.84
52281.0	60117.0	64271.1				122.93	106.91	1.32		7.12

a) Since 2011, the cut-off point of Industrial enterprises covered by statistics of industrial enterprises above designated size are raised from revenue from principal business of 5 million yuan to 20 million yuan. The same applies to the tables following.

b) Since 2013, the statistical coverage of highway data are the data from the survey of transport economics, and the data are not comparable with those in previous years. Highway data of 2015 are the feedback data according to special survey in June 2015 by Ministry of Communications, and the data are not comparable with those in previous years. The same applies to the table following.

1-3 续表 2

指 标	Item	总量指标 Aggregate Data 2000	2005	2010
客运量(万人)	Passenger Traffic (10 000 persons)	12907	17803	53776
#铁路	Railways	1039	1230	2178
公路	Highways	11600	16247	51404
邮电通信业	**Postal and Telecommunication Services**			
邮政业务总量(亿元)	Business Volume of Postal Services (100 million yuan)		7.02	8.49
电信业务总量(亿元)	Business Volume of Telecommunication Services (100 million yuan)		128.90	444.81
函件(万件)	Number of Letters Delivered (10 000 pieces)	9918.80	5070.60	3805.70
报刊期发数(万份)	Number of Newspapers and Magazines Distributed (10 000 copies)	679.30	175.00	210.10
移动电话年末用户(万户)	Number of Mobile Telephone Subscribers at Year-end(10 000 subscribers)	65.00	408.44	1390.00
固定电话年末用户(万户)	Number of Fixed Telephone Subscribers at Year-end (10 000 subscribers)	180.17	548.04	411.90
局用交换机容量(万门)	Capacity of Office Telephone Exchanges (10 000 lines)		712.00	439.00
国内商业	**Domestic Trade**			
社会消费品零售总额(亿元)	Total Retail Sales of Consumer Goods (100 million yuan)	379.61	638.08	1435.53
对外经济贸易	**Foreign Trade**			
进出口总额(万元)	Total Value of Exports and Imports (10 000 yuan)	138443	1622417	5012219
出口总额	Total Exports	88910	895867	1107380
进口总额	Total Imports	49533	726551	3904838
金融业	**Financial Intermediation**			
金融机构人民币各项存款(亿元)	Deposits of National Banking System (100 million yuan)	1402.93	2895.86	7115.37
金融机构人民币各项贷款(亿元)	Loans of National Banking System (100 million yuan)	1171.14	1923.46	4433.05
保险公司保费收入(亿元)	Insurance Premium of Insurance Companies (100 million yuan)	19.05	48.24	146.34
保险公司赔付支出(亿元)	Indemnity Expenditure and Payment of Insurance Companies (100 million yuan)	6.49	11.83	31.18
教育	**Education**			
专任教师数(人)	Number of Full-time Teachers (person)			
#普通高等学校	Regular Higher Education Institutions	7208	14816	20761
普通中学	Regular Secondary Schools	74082	99150	120689
普通小学	Regular Primary Schools	125172	130841	140381
在校学生数(万人)	Students Enrollment (10 000 persons)			
#普通高等学校	Regular Higher Education Institutions	8.17	22.95	38.15
普通中学	Regular Secondary Schools	131.47	194.38	203.10
普通小学	Regular Primary Schools	316.46	303.58	237.04
地方财政用于教育的支出(亿元)	Government Expenditures on Education (100 million yuan)	31.15	75.22	228.23
科技	**Science and Technology**			
R&D 经费内部支出(亿元)	Internal Expenditures on R & D (100 million yuan)		19.49	41.59

注：邮政业务总量和电信业务总量 2000 年及以前按 1990 年不变价格计算，2001—2010 年按 2000 年不变价格计算，2011 年起按 2010 年不变价格计算,2016 年起电信业务总量按 2015 年不变价格计算。

continued

			速度指标(%) Indices and Growth Rates							
			指数(2018 年为以下各年%) Index (2018 as Percentage of the Following Years)					年平均增长速度 Average Annual Growth Rate		
2015	2017	2018	2000	2005	2010	2015	2017	2006 - 2010	2011 - 2015	2016 - 2018
41516	42793	42353				102.02	98.97	24.74		0.67
3123	4468	5474	526.85	445.04	251.33	175.28	122.53	12.11	7.47	20.57
37242	38080	36634				98.37	96.20	25.91		-0.55
16.32	26.70	31.05				190.20	116.29			23.90
347.29	455.90	1194.30				343.89	261.97			50.94
1582.40	864.03	764.79	7.71	15.08	20.10	48.33	88.51	-5.58	-16.10	-21.52
124.00	127.77	132.50	19.51	75.71	63.07	106.85	103.70	3.72	-10.01	2.23
2108.00	2526.41	2735.00	4207.69	669.62	196.76	129.74	108.26	27.76	8.69	9.07
325.99	326.77	332.83	184.73	60.73	80.80	102.10	101.85	-5.55	-4.57	0.69
278.10	76.30	49.00		6.88	11.16	17.62	64.22	-9.22	-8.73	-43.94
2907.22	3426.61	3428.34	969.64	576.86	256.41	126.61	107.42	17.61	15.16	8.18
4930694	3254150	3945200	2849.69	243.17	78.71	80.01	121.24	22.87	1.53	-7.16
3610579	1147573	1449692	1630.52	161.82	130.91	40.15	126.33	8.47	28.83	-26.23
1320114	2106576	2495508	5038.07	343.47	63.91	189.04	118.46	30.06	-17.88	23.65
16141.19	17660.82	18568.68	1323.56	641.21	260.97	115.04	105.14	19.70	17.80	4.78
13292.18	17404.56	19094.39	1630.41	992.71	430.73	143.65	109.71	18.17	24.56	12.83
256.89	366.38	398.98	2094.39	827.08	272.65	155.31	108.90	24.85	11.91	15.81
92.75	119.18	139.03	2142.16	1175.20	445.84	149.89	116.65	21.39	24.36	14.44
26132	28474	28939	401.48	195.32	139.39	110.74	101.63	6.98	4.71	3.46
128621	126418	125682	169.65	126.76	104.14	97.71	99.42	4.01	1.28	-0.77
140320	141962	143260	114.45	109.49	102.05	102.10	100.91	1.42	-0.01	0.69
45.05	46.62	48.36	591.95	210.73	126.76	107.36	103.74	10.70	3.38	2.40
153.86	143.34	141.93	107.96	73.02	69.88	92.25	99.02	0.88	-5.40	-2.65
180.24	185.57	189.65	59.93	62.47	80.01	105.22	102.20	-4.83	-5.33	1.71
498.33	567.35	592.96	1903.63	788.35	259.81	118.99	104.51	24.86	16.90	5.97
82.72	88.41	97.05		497.91	233.37	117.33	109.78	16.37	14.74	5.47

a) Business volume of postal services and business volume of telecommunication services before 2000 was calculated at 1990 constant prices and that from 2001 to 2010 was calculated at 2000 constant prices. Since 2011, it was calculated at 2010 constant prices. Business volume of telecommunication services was calculated at 2015 constant prices since 2016.

1-3 续表 3

指　　标	Item	总量指标 Aggregate Data		
		2000	2005	2010
文化	**Culture**			
图书出版总印数(万册)	Number of Books Published (10 000 Volumes)	7218	5895	6737
杂志出版总印数(万册)	Number of Magazines Issued (10 000 Volumes)	8064	14766	11082
报纸出版总印数(万份)	Number of Newspapers Issue (10 000 Copies)	25661	37900	40714
家庭	**Family**			
家庭总户数(万户)	Total Number of Households (10 000 households)	615.27	682.79	777.20
城镇居民平均每户家庭人口(人)	Average Household Size in Urban Areas (person)	3.1	2.9	2.8
农村居民平均每户家庭人口(人)	Average Household Size in Rural Areas (person)	4.7	4.7	4.6
婚姻	**Marriages and Divorces**			
结婚登记总数(对)	Registered Number of Marriages (couples)	127799	114554	142294
离婚数(对)	Number of Divorces (couples)		22260	27926
居住	**Housing**			
城镇居民人均居住面积(平方米)	Per Capita Net Floor Space of Urban Residents (sq. m)	15.21	24.16	27.89
农村居民人均居住面积(平方米)	Per Capita Net Floor Space of Rural Residents (sq. m)	18.00	18.71	20.96
生活	**People's Livelihood**			
城镇居民人均可支配收入(元)	Per Capita Disposable Income of Urban Households (yuan)	4970	8323	13820
农村居民人均可支配收入(元)	Per Capita Disposable Income of Rural Households (yuan)	1458	2091	3747
城乡居民人民币储蓄存款余额(亿元)	Outstanding Amount of Saving Deposits in Urban and Rural Areas (100 million yuan)	819	1587	3598
工资	**Wages**			
在岗职工工资总额(亿元)	Total Wages of Fully-employed staff and workers(100 million yuan)	179.98	290.22	560.63
在岗职工平均工资(元)	Average Wage of Fully-employed Staff and Workers (yuan)	7913	14939	29588
卫生	**Health Care**			
卫生机构数(个)	Number of Health Care Institutions (unit)	7191	11849	10267
#医院、卫生院	Number of Hospitals and Health Centers	1867	1741	1728
卫生机构床位数(张)	Number of Beds in Health Care Institutions (unit)	59441	63638	94883
#医院、卫生院	Number of Beds in Hospital and Health Centers	56557	59856	82422
卫生技术人员(人)	Number of Medical Tenchical Personnel (person)		66926	97387
#执业(助理)医师	Number of Licensed (Assistant) Doctors		29701	38249

注：1. 家庭总户数为公安厅户籍统计人口数。
2. 卫生机构数不包含村卫生室数。

continued

			速度指标(%) Indices and Growth Rates							
			指数(2018年为以下各年%) Index (2018 as Percentage of the Following Years)					年平均增长速度 Average Annual Growth Rate		
2015	2017	2018	2000	2005	2010	2015	2017	2006 - 2010	2011 - 2015	2016 - 2018
6650	7288	8412	116.53	142.70	124.86	126.50	115.42	2.71	-0.26	8.15
9672	8769	8093	100.36	54.81	73.03	83.67	92.29	-5.58	-2.69	-5.77
50828	47025	42841	166.95	113.04	105.22	84.29	91.10	1.44	4.54	-5.54
834.49	844.52	847.33	137.72	124.10	109.02	101.54	100.33	2.62	1.43	0.51
3.2	3.1	3.3	107.14	114.19	119.57	103.13	106.45	-0.92	3.00	1.03
4.5	3.7	3.9	82.45	83.87	84.78	86.67	105.41	-0.22	-0.44	-4.66
220327	197930	210653	164.83	183.89	148.04	95.61	106.43	4.43	9.14	-1.49
46185	41272	46166		207.39	165.32	99.96	111.85	4.64	10.59	-0.01
34.00	33.80	33.90	222.88	140.31	121.55	99.71	100.30	2.91	4.04	-0.10
29.30	31.40	31.80	176.67	169.96	151.72	108.53	101.27	2.30	6.93	2.77
23767	27763	29957	602.76	359.93	216.77	126.04	107.90	10.67	11.45	8.02
6936	8076	8804	603.84	421.04	234.96	126.93	109.01	12.37	13.11	8.27
7580	8720	9330	1139.49	588.01	259.28	123.08	106.99	17.79	16.07	7.17
1259.57	1478.86	1590.34	883.62	547.98	283.67	126.26	107.54	14.07	17.57	8.08
54454	65726	73704	931.43	493.37	249.10	135.35	112.14		12.98	10.62
11031	11847	11398	158.50	96.19	111.02	103.33	96.21	-2.83	1.45	1.10
1793	1899	2002	107.23	114.99	115.86	111.66	105.42	-0.15	0.74	3.74
127011	147305	162667	273.66	255.61	171.44	128.07	110.43	8.32	6.01	8.60
118609	137180	152854	270.27	255.37	185.45	128.87	111.43	6.61	7.55	8.82
129523	147612	156343		233.61	160.54	120.71	105.91	7.79	5.87	6.47
49663	56398	59370		199.89	155.22	119.55	105.27	5.19	5.36	6.13

a) The total number of households are the household registration population counted by Gansu Provincial Public Security Department.
b) Number of health care institutions doesn't include villages clinics.

1-4 国民经济和社会发展结构指标
Structural Indicators on National Economic and Social Development

单位：% (%)

指　　标	Item	2000	2005	2010	2015	2017	2018
人口	**Population**						
城乡结构	Urban and Rural Composition						
城镇	Urban	24.01	30.02	36.12	43.19	46.39	47.69
乡村	Rural	75.99	69.98	63.88	56.81	53.61	52.31
性别结构	Sexual Composition						
男	Male	51.83	51.44	51.08	51.04	51.02	51.01
女	Female	48.17	48.56	48.92	48.96	48.98	48.99
就业	**Employment**						
产业结构	Industrial Composition						
第一产业	Primary Industry	59.64	63.67	61.61	57.06	54.86	53.90
第二产业	Secondary Industry	18.95	14.66	15.36	16.11	15.72	15.50
第三产业	Tertiary Industry	21.41	21.67	23.03	26.83	29.42	30.60
国民经济核算	**National Accounts**						
生产总值产业结构	Industrial Composition						
第一产业	Primary Industry	18.44	15.93	12.47	11.07	11.53	11.17
第二产业	Secondary Industry	40.05	43.36	49.34	38.09	34.34	33.89
第三产业	Tertiary Industry	41.52	40.71	38.19	50.84	54.13	54.94
投资	**Investment in Fixed Assets**						
固定资产投资结构	Composition of Total Investment in Fixed Assets						
产业结构	Industrial Composition						
第一产业	Primary Industry	4.39	4.79	4.08	6.20	6.71	4.59
第二产业	Secondary Industry	32.58	40.04	47.29	39.82	20.86	15.03
第三产业	Tertiary Industry	63.03	55.17	48.62	53.98	72.43	80.38
资金来源结构	Composition of Funding Sources						
国家预算内资金	State Budget	12.33	9.62	16.41	13.01	15.47	9.91
国内贷款	Domestic Loans	26.37	19.90	18.36	11.69	14.88	18.92
债券	Bonds				0.21	0.37	1.78
利用外资	Foreign Investment	1.74	1.65	0.53	0.25	0.09	0.11
自筹资金	Self-raising Funds	44.67	55.31	52.54	64.81	51.99	43.05
其他投资	Other Investments	14.89	13.52	12.16	10.02	17.19	26.24
农业	**Agriculture**						
农林牧渔业产值结构	Composition of Gross Output Value of Agriculture						
农业	Agriculture	69.60	66.01	69.47	68.62	68.52	70.27
林业	Forestry	3.48	2.89	2.44	2.44	2.02	1.99
牧业	Animal Husbandry	21.50	20.80	15.63	15.69	19.81	19.22
渔业	Fishery	0.37	0.19	0.09	0.10	0.13	0.12
农林牧渔服务业	Service for Agriculture, Forestry, Animal Husbandry and Fishery		10.11	12.37	13.14	9.51	8.40
工业	**Industry**						
规模以上工业增加值结构	Composition of Value-added of Industry above Designated Size						
轻工业	Light Industry	24.03	18.77	14.09	19.24	16.21	13.44
重工业	Heavy Industry	75.97	81.23	85.91	80.76	83.79	86.56

1-4 续表 1 continued

单位：% (%)

指标	Item	2000	2005	2010	2015	2017	2018
建筑业	**Construction**						
建筑业总产值结构	Composition of Gross Output Value of Construction Industry						
国有经济	State-owned Enterprise	42. 13	37. 22	17. 33	14. 77	24. 77	26. 42
城镇集体经济	Collective-owned Enterprises	27. 43	11. 97	7. 72	6. 74	4. 89	3. 82
其他	Others	30. 44	50. 81	74. 95	78. 49	70. 35	69. 77
运输业	**Transportation**						
货运量结构	Composition of Freight Traffic						
#铁路	Railways	12. 70	12. 67	16. 98	10. 19	9. 14	8. 65
公路	Highways	87. 14	87. 14	82. 91	89. 74	90. 80	91. 31
国内商业	**Domestic Trade**						
社会消费品零售总额构成	Composition of Retail Sales of Consumer Goods						
城镇	Urban			80. 55	79. 69	79. 67	80. 31
#城区	City Subdivision			59. 82	58. 79	59. 57	63. 33
乡村	Rural			19. 45	20. 31	20. 33	19. 69
对外经济贸易	**Foreign Trade**						
进出口总值构成	Composition of Imports and Exports						
出口	Exports	64. 22	55. 22	22. 09	73. 23	35. 26	36. 75
进口	Imports	35. 78	44. 78	77. 91	26. 77	64. 74	63. 25
教育	**Education**						
普通学校在校学生结构	Composition of Student Enrollment in Regular Schools						
大学	Colleges and Universities	1. 79	4. 40	7. 98	11. 88	12. 41	12. 73
中学	Secondary Schools	28. 82	37. 32	42. 46	40. 58	38. 17	37. 36
小学	Primary Schools	69. 38	58. 28	49. 56	47. 54	49. 42	49. 91
普通学校专任教师结构	Composition of Full-time Teachers in Regular Schools						
大学	Colleges and Universities	3. 49	6. 05	7. 37	8. 86	9. 59	9. 71
中学	Secondary Schools	35. 88	40. 50	42. 82	43. 59	42. 59	42. 19
小学	Primary Schools	60. 63	53. 45	49. 81	47. 55	47. 82	48. 09
科技	**Science and Technology**						
R&D 经费内部支出结构	Composition of Intramural Expenditure on R&D by Sources						
基础研究	Basic Research			13. 58	15. 45	15. 21	16. 30
应用研究	Applied Research			21. 05	15. 59	16. 12	21. 99
试验发展	Experimental Development			65. 37	68. 95	68. 67	61. 71

1-4 续表 2 continued

单位：% (%)

指　标	Item	2000	2005	2010	2015	2017	2018
生活	**People's Living Conditions**						
农村居民消费结构	Consumption Composition of Urban Residents						
食品烟酒	Food, Tobacco and Liquor	48.45	47.20	44.71	32.86	30.36	29.73
衣着	Clothing	5.58	5.07	6.26	6.83	6.33	6.15
居住	Residence	15.79	13.23	18.75	17.88	19.45	19.04
生活用品及服务	Household Facilities, Articles and Services	3.90	4.07	4.99	6.52	6.04	5.67
交通通信	Transport and Communications	4.04	8.52	8.73	11.88	12.65	11.89
教育文化娱乐	Education, Cultural and Recreation	13.27	14.17	8.09	12.50	12.38	13.26
医疗保健	Health Care and Medical Services	6.51	6.26	6.90	9.81	11.09	12.49
其他用品及服务	Other Goods and Services	2.46	1.48	1.57	1.73	1.70	1.77
城镇居民消费结构	Consumption Composition of Urban Residents						
食品烟酒	Food, Tobacco and Liquor	37.63	36.04	37.41	30.63	29.20	28.71
衣着	Clothing	12.53	12.35	12.69	10.08	9.22	8.43
居住	Residence	7.33	10.43	9.20	20.28	18.53	22.39
生活用品及服务	Household Facilities, Articles and Services	9.74	5.61	6.04	6.45	6.57	6.40
交通通信	Transport and Communications	6.43	9.78	10.88	10.60	14.29	10.83
教育文化娱乐	Education, Cultural and Recreation	13.65	14.44	11.49	11.72	11.34	10.79
医疗保健	Health Care and Medical Services	6.60	7.54	8.37	7.97	8.43	9.76
其他用品及服务	Other Goods and Services	6.09	3.82	3.92	2.27	2.42	2.67
卫生	**Health Care**						
卫生机构人员结构	Composition of Health Agency Personnel						
#执业医师	Licensed Doctors		28.65	27.14	22.04	22.74	23.33
执业助理医师	Licensed (Assistant) Doctors		7.99	6.02	5.20	5.40	5.48
注册护士	Registered Nurses		27.64	25.70	26.24	29.28	30.97
药师(士)	Pharmacist		6.20	4.38	3.36	3.24	3.37
检验技师(士)	Laboratory Technician		4.27	4.79	3.68	3.92	4.04
医院床位结构	Composition of Hospital Beds						
#医院	Hospitals	73.20	73.97	64.25	74.48	75.62	77.51
卫生院	Health Centers	21.95	20.09	22.62	18.91	17.51	16.46

注：2014 年以前城乡居民食品烟酒支出为食品支出(下表同)。
a) Expenditures of food, tobacco and liquor are the expenditures of food before 2014. The same applies to the tables following.

1-5 国民经济和社会发展比例及效益指标
Indicators on Proportions and Efficiency in National Economic and Social Development

指　标	Item	2000	2005	2010	2015	2017	2018
人口与就业	**Population and Employment**						
出生率(‰)	Birth Rate (‰)	14.38	12.59	12.05	12.36	12.54	11.07
死亡率(‰)	Death Rate (‰)	6.41	6.57	6.02	6.15	6.52	6.65
自然增长率(‰)	Natural Growth Rate (‰)	7.97	6.02	6.03	6.21	6.02	4.42
城镇登记失业率(%)	Registered Unemployment Rate in Urban Areas(%)	2.70	3.26	3.21	2.14	2.71	2.78
国民经济核算	**National Accounts**						
全社会劳动生产率(元/人)	Overall Labor Productivity (yuan/person)	7101	13284	26927	43344	48088	53038
第一产业	Primary Industry	2207	3468	5433	8343	10002	10897
第二产业	Secondary Industry	14601	34326	86777	102499	104388	115144
第三产业	Tertiary Industry	13903	24346	44945	83612	90480	97100
人均生产总值(元)	Per Capita GDP (yuan)	4129	7604	15731	25517	28497	31336
固定资产投资	**Investment in Fixed Assets**						
房地产开发企业房屋建筑面积竣工率(%)	Rate of Floor Space of Buildings Completed (%)			19.12	11.21	9.26	7.98
财政	**Government Finance**						
财政收入相当于生产总值比例(%)	Proportion of Government Revenue to Gross Regional Product (%)	10.29	13.16	18.52	20.42	20.65	19.91
一般公共预算支出相当于生产总值比例(%)	Proportion of General Public Budget Expenditure to Gross Regional Product (%)	17.88	22.20	36.50	44.67	44.30	45.75
农业	**Agriculture**						
人均耕地面积(公顷)	Per Capita Cultivated Land (hectare)	0.14	0.13	0.14	0.14	0.14	
每公顷耕地用电量(千瓦小时)	Electric Consumption per Hectare of Cultivated Land (kwh)	605	687	789	936	939	
每公顷耕地化肥施用量(千克)	Chemical Fertilizer Consumption per Hectare of Cultivated Land (kg)	188	222	244	276	237	
每公顷耕地生产的农业产值(元)	Agricultural Output Value per Hectare of Cultivated Land (yuan)	9324	16068	25909	39010	43806	
农业从业者人均农产品产量(千克)	Output of Farm Corps per Agricultural Laborer (kg)						
粮食	Grain	1022.9	1099.2	1309.0	1728.2	1684.9	1765.3
棉花	Cotton	8.2	14.5	11.0	7.2	4.9	5.4
油料	Oil-bearing Crops	59.8	66.1	91.1	114.8	117.8	107.9
猪牛羊肉	Pork,Beef and Mutton	75.7	84.2	103.7	123.4	142.6	146.6
每公顷播种面积农产品产量(千克)	Output of Farm Crops Per Hectare of Sown Area (kg)						
粮食	Grain	2550	3235	3485	4251	4178	4353
棉花	Cotton	1657	1728	1578	1656	1649	1640

1－5 续表 continued

指 标	Item	2000	2005	2010	2015	2017	2018
工业	**Industry**						
总资产贡献率(%)	Ratio of Total Assets to Industrial Output Value (%)	5.10	8.37	11.01	5.65	8.35	8.86
资产负债率(%)	Assets-Liability Ratio (%)	65.05	58.70	62.32	65.37	65.30	65.00
流动资产周转次数(次/年)	Number of Times of Annual of Turnover Circulating Funds (times/year)	1.08	1.96	2.05	2.08	1.96	2.03
成本费用利润率(%)	Ratio of Profits to Industrial Cost (%)	1.35	3.49	4.73	-1.08	3.07	3.23
产品销售率(%)	Proportion of Products Sold (%)			95.15	94.78	97.01	99.08
建筑业	**Construction**						
产值利税率(%)	Ratio of Pre-tax Profits to Gross Output Value (%)	5.52	3.80	8.10	7.48	7.82	7.57
全员劳动生产率(元/人)(按总产值计算)	Overall Labor Productivity (yuan/person) (By Gross Output Value)	38234	73456	164323	303474	292805	334784
对外经济贸易	**Foreign Trade**						
进出口总额相当于生产总值比例(%)	Proportion of Total Value of Imports & Exports to Gross Product (%)	1.31	8.39	12.46	7.45	4.36	4.78
金融	**Financial Intermediation**						
金融机构人民币存款相当于生产总值比例(%)	Deposits of Financial Institutions as Percentage of GDP (Renminbi) (%)	133.25	149.74	176.86	243.75	236.74	225.18
金融机构人民币贷款相当于生产总值比例(%)	Loans of Financial Institutions as Percentage of GDP(Renminbi) (%)	111.23	99.46	110.19	200.73	233.31	231.56
教育	**Education**						
小学学龄儿童净入学率(%)	Net Enrollment Ratio of Primary Schools (%)	98.83	98.87	99.46	99.83	99.90	99.91
小学升学率(%)	Promotion Rate from Primary Schools to Junior Secondary Schools (%)	90.98	96.67	95.67	96.90	97.10	98.59
初中升学率(%)	Promotion Rate from Junior Secondary Schools to Senior Secondary Schools (%)	33.48	48.58	48.31	60.00	61.27	60.95
平均每个教师负担学生数(人)	Students Taught Each Teacher (person)						
普通高等学校	Regular Higher Education Institutions	12	15	18	18	18	17
普通中等专业学校	Regular Secondary Vocational Schools	12	20	23	17	16	16
普通中学	Regular Secondary Schools	18	20	17	12	11	11
普通小学	Regular Primary Schools	25	23	17	13	13	13
科技	**Science and Technology**						
R&D 经费内部支出相当于生产总值比例(%)	Ratio of Intramural Expenditure on R&D to GDP(%)		1.01	1.03	1.25	1.19	1.18
卫生	**Health Care**						
每万人执业(助理)医师(人)	Number of Licensed (Assistant) Doctors per 10 000 Population (person)	14.7	13.6	15.0	19.1	21.5	22.5
每万人医院、卫生院床位数(张)	Number of Beds of Hospitals and Health Centers per 10 000 Population(unit)	23.2	24.5	32.2	45.6	54.3	58.0
婚姻	**Marriages and Divorces**						
离婚率(‰)	Divorce Rate (‰)	0.43	1.72	2.18	3.56	1.58	1.75

1-6 甘肃国民经济主要指标占全国比重(2018)
Percentage of Gansu's National Economy in the Whole Nation (2018)

指 标	Item	全国 Whole Nation	甘肃 Gansu	甘肃省占全国 % As Percentage of the Whole Nation
年末总人口(万人)	Total Population at Year-end (10 000 persons)	139538.0	2637.3	1.89
就业人员(万人)	Employment at the Year-end (10 000 persons)	77586.0	1555.6	2.01
国内生产总值(亿元)	Gross Regional Product (100 million yuan)	900309.5	8246.1	0.92
第一产业	Primary Industry	64734.0	921.3	1.42
第二产业	Secondary Industry	366000.9	2794.7	0.76
第三产业	Tertiary Industry	469574.6	4530.1	0.96
固定资产投资增长(%)	Growth Rate of Investment in Fixed Assets (%)	5.9	-3.9	
一般公共预算收入(亿元)	General Public Budget Revenue (100 million yuan)	183359.8	871.1	0.48
一般公共预算支出(亿元)	General Public Budget Expenditure (100 million yuan)	220904.1	3772.2	1.71
在岗职工平均工资(元)	Average Wage of Fully Employed Staff and Workers (yuan)	84744	73704	86.97
城镇居民人均可支配收入(元)	Per Capita Disposable Income of Urban Residents (yuan)	39251	29957	76.32
农村居民人均可支配收入(元)	Per Capita Net Income of Rural Residents (yuan)	14617	8804	60.23
主要农产品产量(万吨)	Output of Major Agricultural Products (10 000 tons)			
粮食	Grain	65789.2	1151.4	1.75
棉花	Cotton	610.3	3.5	0.58
油料	Oil-Bearing Crops	3433.4	70.4	2.05
肉类	Output of Meat	8624.6	101.2	1.17
主要工业产品产量	Output of Major Industry Products			
农用化肥(万吨)	Chemical Fertilizers (10 000 tons)	5418.0	22.9	0.42
原煤(亿吨)	Coal (100 million tons)	36.8	0.4	0.97
原油(万吨)	Crude Oil (10 000 tons)	18910.6	859.8	4.55
发电量(亿千瓦小时)	Electricity (100 million kwh)	71117.7	1427.3	2.01
粗钢(万吨)	Crude Steel (10 000 tons)	92800.9	802.4	0.86
水泥(万吨)	Cement (10 000 tons)	220770.7	3847.1	1.74
邮政业务总量(亿元)	Business Volume of Postal Services (100 million yuan)	12345.2	31.1	0.25
电信业务总量(亿元)	Business Volume of Telecommunication Services (100 million yuan)	65633.9	1194.3	1.82
社会消费品零售总额(亿元)	Total Retail Sales of Consumer Goods (100 million yuan)	380986.9	3428.3	0.90
进出口总额(亿元)	Totel Exports and Imports (100 million)	305008.1	394.5	0.13
#出口总额	Total Exports	164127.8	145.0	0.09
普通高等学校在校学生数(万人)	Students Enrollment in Institutions of Higher Education (10 000 persons)	2831.0	48.4	1.71
医疗卫生机构数(个)	Number of Health Care Institutions(units)	997433.0	27885.0	2.80
医疗卫生机构床位数(万张)	Number of Hospital Beds(10 000 units)	840.4	16.3	1.94
执业(助理)医师(万人)	Licensed (Assistant) Doctors (10 000 persons)	360.7	5.9	1.65

注：1. 国家数据来源于《中国统计年鉴—2019》。
2. 本表卫生机构数包含村卫生室数。

a) Data of national are from the China Statistical Yearbook-2019.
b) Number of health care institutions in this table include villages clinics.

1-7 人均国民经济主要指标
Per Capita Major Indicators of National Economy

指　　标	Item	2000	2005	2010	2015	2017	2018
生产总值(元)	Per Capita GDP (yuan)	4129	7604	15731	25517	28497	31336
第一产业	Primary Industry	761	1211	1962	2826	3284	3501
第二产业	Secondary Industry	1654	3297	7762	9718	9786	10620
第三产业	Tertiary Industry	1714	3096	6008	12973	15426	17215
主要工农业产品产量	Output of Major Industry and Agricultural Products						
粮食(千克)	Grain (kg)	282	329	371	445	422	438
棉花(千克)	Cotton (kg)	2.3	4.3	3.1	1.9	1.2	1.3
油料(千克)	Oil-Bearing (kg)	16.5	19.8	25.8	29.6	29.5	26.8
禽蛋(千克)	Eggs (kg)	4.0	4.3	6.2	8.0	5.3	5.4
牛奶(千克)	Milk (kg)	5.2	12.3	13.6	14.5	15.4	15.4
粗钢(千克)	Crude Steel (kg)	91	180	259	328	214	305
原煤(千克)	Coal (kg)	646	1423	1778	1692	1418	1359
发电量(千瓦小时)	Electricity (kw·h)	1108	1990	3095	4391	4754	5424
固定资产投资额(元)	Total Investment in Fixed Assets (yuan)	1745	3439	13209	33241	21760	
社会消费品零售总额(元)	Total Retail Sales of Consumer Goods (yuan)	1501	2509	5613	11202	13090	13028
财政收入(元)	Government Revenue (yuan)	429	1001	2914	5342	5885	6239
一般公共预算支出(元)	General Public Budget Expenditure (yuan)	744	1688	5742	11399	12623	14335
在岗职工平均工资(元)	Average Annual Wage of Staff and Workers (yuan)	7913	14939	29588	54454	65726	73704
城镇居民人均可支配收入(元)	Per Capita Disposable Income of Urban Residents (yuan)	4970	8323	13820	23767	27763	29957
农村居民人均可支配收入(元)	Per Capita Disposable Income of Rural Households (yuan)	1458	2091	3747	6936	8076	8804
城乡居民储蓄存款余额(元)	Saving Depositin Urban and Rural Areas (yuan)	3238	6239	14070	29209	33312	35454

注：从2011年起职工平均工资为在岗职工平均工资。
a) Since 2011, average annual wage of staff and workers of are average wage of staff and workers.

1-8 个体工商业基本情况(2018)
Basic Statistics on Individual Industrial and Commercial Business (2018)

行业	Itme	户数(户) Number of Household (household)	从业人员(人) Number of Engaged Persons (person)	资金数额(万元) Amount of Funds (10 000 yuan)
合计	**Total**	**1107386**	**2129596**	**12855716**
农、林、牧、渔业	Agriculture, Forestry, Animal Husbandry and Fishery	27057	73294	1104807
采矿业	Mining	675	3942	45367
制造业	Manufacturing	46405	107605	587121
电力、热力、燃气及水的生产和供应业	Production and Supply of Electricity, Heat, Gas and Water	192	493	8378
建筑业	Construction	3140	21597	105006
批发和零售业	Wholesale and Retail Trades	671472	1127470	6572726
交通运输、仓储和邮政业	Transport, Storage and Post	8059	14317	87984
住宿和餐饮业	Hotels and Catering Services	187237	462992	2655857
信息传输、软件和信息技术服务业	Information Transmission, Software and Information Technology	8783	16324	119321
金融业	Financial Intermediation	10	19	66
房地产业	Real Estate	332	711	2637
租赁和商务服务业	Leasing and Business Services	11103	24897	181705
科学研究和技术服务业	Scientific Research and Technical Services	1104	2725	7196
水利、环境和公共设施管理业	Management of Water Conservancy, Environment and Public Facilities	86	189	1933
居民服务、修理和其他服务业	Services to Households, Repair and Other Services	123288	230031	1023744
教育	Education	746	2324	14125
卫生和社会工作	Health and Social Service	7280	14781	121181
文化、体育和娱乐业	Culture, Sports and Entertainment	9763	24829	213415
其他	Others	654	1056	3148

1-9 私营企业基本情况（2018）
Basic Conditions of Private Enterprises (2018)

行　业	Item	户数（户）Number of Enterprises (unit)	投资者人数（人）Number of Investor (person)	雇工人数（人）Number of Engaged Persons (person)	注册资本(金)（亿元）Registered Capital (100 million yuan)
合计	**Total**	**349359**	**578529**	**2047216**	**21283. 67**
农、林、牧、渔业	Agriculture, Forestry, Animal Husbandry and Fishery	34447	52794	225864	1748. 67
采矿业	Mining	2304	4628	29275	502. 32
制造业	Manufacturing	20455	41465	208205	1713. 37
电力、热力、燃气及水的生产和供应业	Production and Supply of Electricity, Heat, Gas and Water	2551	5307	19916	745. 32
建筑业	Construction	38568	63964	297687	3071. 23
批发和零售业	Wholesale and Retail Trades	129278	209303	632312	5008. 82
交通运输、仓储和邮政业	Transport, Storage and Post	9723	13566	54148	1203. 24
住宿和餐饮业	Hotels and Catering Services	10064	15724	65424	385. 45
信息传输、软件和信息技术服务业	Information Transmission, Software and Information Technology	15176	25308	66146	473. 56
金融业	Financial Intermediation	1999	6374	11615	1328. 04
房地产业	Real Estate	10095	20077	83860	1051. 15
租赁和商务服务业	Leasing and Business Services	34072	55632	151703	2142. 39
科学研究和技术服务业	Scientific Research and Technical Services	8181	14676	34672	560. 10
水利、环境和公共设施管理业	Management of Water Conservancy, Environment and Public Facilities	1745	3042	8783	259. 85
居民服务、修理和其他服务业	Services to Households, Repair and Other Services	16379	24133	84678	550. 60
教育	Education	2749	4000	14316	48. 51
卫生和社会工作	Health and Social Service	1075	1482	7311	74. 15
文化、体育和娱乐业	Culture, Sports and Entertainment	10253	16554	50019	407. 34
其他	Others	245	500	1282	9. 58

1-10 按登记注册类型分法人单位与产业活动单位数(2017)
Number of Legal Entities and Industrial Active Units by Status of Registration(2017)

单位：个 (Unit)

登记注册类型	Status of Registration	法人单位数 Number of Legal Entities	产业活动单位数 Number of Industrial Active Units
合计	**Total**	**222364**	**278812**
内资企业	**Domestic Funded Enterprises**	**222102**	**278211**
国有企业	State-owned Enterprises	29813	65882
集体企业	Collective-owned Enterprises	3499	6787
股份合作企业	Share-holding Corporations	1257	2277
联营企业	Joint Ownership Enterprises	312	503
国有联营企业	State Joint Ownership Enterprises	40	106
集体联营企业	Collective Joint Ownership Enterprises	145	209
国有与集体联营企业	Joint State-collective Enterprises	24	46
其他联营企业	Other Joint Ownership Enterprises	103	142
有限责任公司	Limited Liability Corporations	28363	31310
国有独资公司	State Sole Funded Corporations	536	683
其他有限责任公司	Other Limited Liability Corporations	27827	30627
股份有限公司	Share-holding Corporations Limited	2746	5283
私营企业	Private Enterprises	76576	79136
私营独资	Private-funded Enterprises	25432	26110
私营合伙	Private Partnership Enterprises	2704	2783
私营有限责任公司	Private Limited Liability Corporations	45977	47650
私营股份有限公司	Private Share-holding Corporations Ltd.	2463	2593
其他内资企业	Other Domestic Funded Enterprises	79536	87033
港澳台商投资企业	**Enterprises with Funds from Hong Kong, Macao and Taiwan**	**109**	**189**
与港澳台商合资经营	Joint-venture Enterprises	51	60
与港澳台商合作经营	Cooperative Enterprises	2	4
港澳台商独资	Enterprises with Sole Investment	46	105
港澳台商投资股份有限公司	Share-holding Corporations Ltd.	5	14
其他港、澳、台商投资	Other Enterprises with Funds from Hong Kong, Macao and Taiwan	5	6
外商投资企业	**Foreign Funded Enterprises**	**153**	**412**
中外合资经营	Joint-venture Enterprises	71	123
中外合作经营	Cooperation Enterprises	8	17
外资企业	Enterprises with Sole Funds	45	171
外商投资股份有限公司	Share-holding Corporations Ltd.	12	73
其他外商投资	Other Foreign Funded Enterprises	17	28

1-11 按机构类型和行业分法人单位与产业活动单位数(2017)
Number of Legal Entities and Industrial Active Units by Type of Institutions and Sectors(2017)

单位：个 (Unit)

类别	Item	法人单位数 Number of Legal Entities	产业活动单位数 Number of Industrial Active Units
总计	**Total**	**222364**	**278812**
按机构类型分	**By Type of Institutions**		
企业	Enterprise	127902	146822
事业单位	Institution Entity	19901	46253
机关	Government Entity	7249	12499
社会团体	Social Organization	8468	9205
其他	Other	58844	64033
按行业分	**By Sector**		
农、林、牧、渔业	Agriculture, Forestry, Animal Husbandry and Fishery	40473	41326
采矿业	Mining	2329	2413
制造业	Manufacturing	17750	18165
电力、燃气及水的生产和供应业	Production and Supply of Electricity, Heat, Gas and Water	1927	3023
建筑业	Construction	6724	8006
批发和零售业	Wholesale and Retail Trades	43777	49587
交通运输、仓储和邮政业	Transport, Storage and Post	3916	5676
住宿和餐饮业	Hotels and Catering Services	4453	4978
信息传输、软件和信息技术服务业	Information Transmission, Software and Information Technology	2565	3929
金融业	Financial Intermediation	2322	8178
房地产业	Real Estate	5590	5966
租赁和商务服务业	Leasing and Business Services	12155	13039
科学研究和技术服务业	Scientific Research and Technical Services	5386	7344
水利、环境和公共设施管理业	Management of Water Conservancy, Environment and Public Facilities	1731	2530
居民服务、修理和其他服务业	Service to Households, Repair and Other Services	3413	3660
教育	Education	10799	19748
卫生和社会工作	Health and Social Service	4311	10689
文化、体育和娱乐业	Culture, Sports and Entertainment	5959	6603
公共管理、社会保障和社会组织	Public Management, Social Security ana Social Organizations	46784	63952
国际组织	International organizations		

1-12 各地区法人单位与产业活动单位数(2017)
Number of Legal Entities and Industrial Active Units by Region(2017)

单位：个　　(Unit)

地　区	Region	法人单位数 Number of Legal Entities	产业活动单位数 Number of Industrial Active Units
甘肃省	**Gansu**	**222364**	**278812**
兰州市	Lanzhou	49278	56290
嘉峪关市	Jiayuguan	3964	4748
金昌市	Jinchang	5282	6498
白银市	Baiyin	21219	24982
天水市	Tianshui	15543	21215
武威市	Wuwei	11961	15983
张掖市	Zhangye	22031	26364
平凉市	Pingliang	12445	17690
酒泉市	Jiuquan	13358	16271
庆阳市	Qingyang	18356	22386
定西市	Dingxi	14788	19663
陇南市	Longnan	13302	19492
临夏州	Linxia	13864	17604
甘南州	Gannan	6973	9626

主要统计指标解释

行政区划　指国家对行政区域的划分。根据有关法规规定，我国的行政区域划分如下：（1）全国分为省、自治区、直辖市；（2）省、自治区分为自治州、县、自治县、市；（3）自治州分为县、自治县、市；（4）县、自治县分为乡、民族乡、镇；（5）直辖市和较大的市分为区、县；（6）国家在必要时设立的特别行政区。

企业（单位）登记注册类型　是以在工商行政管理机关登记注册的各类企业为划分对象，以工商行政管理部门对企业登记注册的类型为依据，将企业登记注册类型分为内资企业、港澳台商投资企业和外商投资企业三大类。内资企业包括国有企业、集体企业、股份合作企业、联营企业、有限责任公司、股份有限公司、私营公司和其他企业；港澳台商投资企业和外商投资企业分别包括合资经营企业、合作经营企业、独资经营企业和股份有限公司。对不在工商行政管理部门进行登记注册的行政机关、事业单位和社会团体，主要按其经费来源和管理方式进行划分。

国有企业　指企业全部资产归国家所有，并按《中华人民共和国企业法人登记管理条例》规定登记注册的非公司制的经济组织。不包括有限责任公司中的国有独资公司。

集体企业　指企业资产归集体所有，并按《中华人民共和国企业法人登记管理条例》规定登记注册的经济组织。

股份合作企业　指以合作制为基础，由企业职工共同出资入股，吸收一定比例的社会资产投资组建，实行自主经营，自负盈亏，共同劳动，民主管理，按劳分配与按股分红相结合的一种集体经济组织。

联营企业　指两个及两个以上相同或不同所有制性质的企业法人或事业单位法人，按自愿、平等、互利的原则，共同投资组成的经济组织。联营企业包括国有联营企业、集体联营企业、国有与集体联营企业和其他联营企业。

有限责任公司　指根据《中华人民共和国公司登记管理条例》规定登记注册，由两个以上、五十个以下的股东共同出资，每个股东以其所认缴的出资额对公司承担有限责任，公司以其全部资产对其债务承担责任的经济组织。有限责任公司包括国有独资公司以及其他有限责任公司。

股份有限公司　指根据《中华人民共和国公司登记管理条例》规定登记注册，其全部注册资本由等额股份构成并通过发行股票筹集资本，股东以其认购的股份对公司承担有限责任，公司以其全部资产对其债务承担责任的经济组织。

私营企业　指由自然人投资设立或由自然人控股，以雇佣劳动为基础的营利性经济组织。包括按照《公司法》、《合伙企业法》、《私营企业暂行条例》规定登记注册的私营有限责任公司、私营股份有限公司、私营合伙企业和私营独资企业。

其他企业　指上述企业之外的其他内资经济组织。

与港澳台商合资经营企业　指港澳台地区投资者与内地企业依照《中华人民共和国中外合资经营企业法》及有关法律的规定，按合同规定的比例投资设立、分享利润和分担风险的企业。

与港澳台商合作经营企业　指港澳台地区投资者与内地企业依照《中华人民共和国中外合作经营企业法》及有关法律的规定，依照合作合同的约定进行投资或提供条件设立、分配利润和分担风险的企业。

港澳台商独资经营企业　指依照《中华人民共和国外资企业法》及有关法律的规定，在内地由港澳台地区投资者全额投资设立的企业。

港澳台商投资股份有限公司　指根据国家有关规定，经原外经贸部依法批准设立，其中港、澳、台商的股本占公司注册资本的比例达 25% 以上的股份有限公司。凡其中港、澳、台商的股本占公司注册资本的比例小于 25%的，属于内资企业中的股份有限公司。

中外合资经营企业　指外国企业或外国人与中国内地企业依照《中华人民共和国中外合资经营企业法》及有关法律的规定，按合同规定的比例投资设立、分享利润和分担风险的企业。

中外合作经营企业　指外国企业或外国人与中国内地企业依照《中华人民共和国中外合作经营企业法》及有关法律的规定，依照合作合同的约定进行投资或提供条件设立、分配利润和分担风险的企业。

外资企业　指依照《中华人民共和国外资企业法》及有关法律的规定，在中国内地由外国投资者全额投资设立的企业。

外商投资股份有限公司　指根据国家有关规定，经原外经贸部依法批准设立，其中外资的股本占公司注册资本的比例达 25%以上的股份有限公司。凡其中外资股本占公司注册资本的比例小于 25%的，属于内资企业中的股份有限公司。

2

人　口

Population

简要说明

一、本篇资料主要内容

本篇资料主要包括人口方面的基本情况，计划生育情况。

二、本篇资料来源

1. 本篇资料由省统计局人口与就业处整理。

2. 总人口指当地户籍人口与户口待定人口之和，包括户籍外出人口，不包括外来人口。

3. 常住人口是指实际经常居住在某地区半年以上的人口，包括离开户籍地半年以上的外来人口，不包括当地户籍外出半年以上的外出人口。常住人口包括：居住在本乡镇街道、户口在本乡镇街道或户口待定的人；居住在本乡镇街道、离开户口所在乡镇街道半年以上的人；户口在本乡镇街道、外出不满半年或在境外工作学习的人。

4. 家庭户是指以家庭成员关系为主、居住一处共同生活的人组成的户。

5. 城乡人口是指居住在城镇、乡村地域上的人口，城镇、乡村是按 2008 年国家统计局《统计上划分城乡的规定》划分的。

6. 计划生育资料来源于省卫健委。

7. 户籍总人口资料来源于省公安厅。

2-1 历年人口数及构成

Population and Its Composition

单位：万人 (10 000 persons)

年 份 Year	年末总人口 Total ulation (year-end)	按性别分 By Sex 男 Male 人口数 Population	比重(%) Proportion	女 Female 人口数 Population	比重(%) Proportion	按城乡分 By Urban and Rural 城镇人口 Urban 人口数 Population	比重(%) Proportion	乡村人口 Rural 人口数 Population	比重(%) Proportion
1978	1870. 05	965. 88	51. 65	904. 17	48. 35	269. 44	14. 41	1600. 61	85. 59
1979	1893. 79	977. 39	51. 61	916. 40	48. 39	279. 89	14. 78	1613. 90	85. 22
1980	1918. 43	989. 72	51. 59	928. 71	48. 41	290. 65	15. 15	1627. 78	84. 85
1981	1941. 40	1004. 29	51. 73	937. 11	48. 27	304. 72	15. 70	1636. 68	84. 30
1982	1974. 88	1021. 41	51. 72	953. 47	48. 28	305. 83	15. 49	1669. 05	84. 51
1983	1999. 84	1034. 52	51. 73	965. 32	48. 27	324. 91	16. 25	1674. 93	83. 75
1984	2025. 88	1047. 58	51. 71	978. 30	48. 29	345. 18	17. 04	1680. 70	82. 96
1985	2052. 89	1063. 19	51. 79	989. 70	48. 21	366. 71	17. 86	1686. 18	82. 14
1986	2085. 39	1078. 36	51. 71	1007. 03	48. 29	389. 58	18. 68	1695. 81	81. 32
1987	2115. 73	1093. 41	51. 68	1022. 32	48. 32	413. 88	19. 56	1701. 85	80. 44
1988	2148. 15	1110. 38	51. 69	1037. 77	48. 31	439. 69	20. 47	1708. 46	79. 53
1989	2184. 86	1128. 92	51. 67	1055. 94	48. 33	467. 12	21. 38	1717. 74	78. 62
1990	2254. 67	1151. 95	51. 09	1102. 72	48. 91	496. 25	22. 01	1758. 42	77. 99
1991	2284. 92	1180. 85	51. 68	1104. 07	48. 32	508. 76	22. 27	1776. 16	77. 73
1992	2314. 19	1197. 59	51. 75	1116. 60	48. 25	521. 59	22. 54	1792. 60	77. 46
1993	2345. 23	1194. 25	50. 92	1150. 98	49. 08	534. 75	22. 80	1810. 48	77. 20
1994	2387. 25	1222. 27	51. 20	1164. 98	48. 80	548. 23	22. 96	1839. 02	77. 04
1995	2437. 95	1256. 49	51. 54	1181. 46	48. 46	562. 06	23. 05	1875. 89	76. 95
1996	2466. 86	1276. 67	51. 75	1190. 19	48. 25	572. 07	23. 19	1894. 79	76. 81
1997	2494. 20	1278. 57	51. 26	1215. 63	48. 74	582. 26	23. 34	1911. 94	76. 66
1998	2519. 37	1289. 16	51. 17	1230. 21	48. 83	592. 63	23. 52	1926. 74	76. 48
1999	2542. 58	1292. 05	50. 82	1250. 53	49. 18	603. 18	23. 72	1939. 40	76. 28
2000	2515. 31	1303. 69	51. 83	1211. 62	48. 17	603. 93	24. 01	1911. 38	75. 99
2001	2523. 35	1307. 85	51. 83	1215. 50	48. 17	618. 47	24. 51	1904. 88	75. 49
2002	2530. 76	1311. 95	51. 84	1218. 81	48. 16	656. 99	25. 96	1873. 77	74. 04
2003	2537. 19	1313. 00	51. 75	1224. 19	48. 25	694. 68	27. 38	1842. 51	72. 62
2004	2541. 48	1314. 45	51. 72	1227. 03	48. 28	727. 12	28. 61	1814. 36	71. 39
2005	2545. 10	1309. 20	51. 44	1235. 90	48. 56	764. 04	30. 02	1781. 06	69. 98
2006	2546. 79	1308. 54	51. 38	1238. 25	48. 62	791. 80	31. 09	1754. 99	68. 91
2007	2548. 19	1308. 50	51. 35	1239. 69	48. 65	804. 97	31. 59	1743. 22	68. 41
2008	2550. 88	1309. 11	51. 32	1241. 77	48. 68	820. 11	32. 15	1730. 77	67. 85
2009	2554. 91	1310. 16	51. 28	1244. 75	48. 72	834. 18	32. 65	1720. 73	67. 35
2010	2559. 98	1307. 64	51. 08	1252. 34	48. 92	924. 66	36. 12	1635. 32	63. 88
2011	2564. 19	1309. 02	51. 05	1255. 17	48. 95	952. 60	37. 15	1611. 59	62. 85
2012	2577. 55	1316. 87	51. 09	1260. 68	48. 91	998. 80	38. 75	1578. 75	61. 25
2013	2582. 18	1318. 72	51. 07	1263. 46	48. 93	1036. 23	40. 13	1545. 95	59. 87
2014	2590. 78	1322. 85	51. 06	1267. 93	48. 94	1079. 84	41. 68	1510. 94	58. 32
2015	2599. 55	1326. 81	51. 04	1272. 74	48. 96	1122. 75	43. 19	1476. 80	56. 81
2016	2609. 95	1331. 86	51. 03	1278. 09	48. 97	1166. 39	44. 69	1443. 56	55. 31
2017	2625. 71	1339. 64	51. 02	1286. 07	48. 98	1218. 07	46. 39	1407. 64	53. 61
2018	2637. 26	1345. 27	51. 01	1291. 99	48. 99	1257. 71	47. 69	1379. 55	52. 31

注：1. 2001—2009 年数据根据 2010 年人口普查结果进行了数据调整。
2. 2000 年及以后数据为常住人口口径。

a) Data of 2001 to 2009 are adjusted according to the results of 2010 National Population Census.
b) Data since 2000 are obtained from the standand of permanent population.

2-2 人口出生率、死亡率和自然增长率
Birth Rate, Death Rate and Natural Growth Rate of Population

单位：‰ (‰)

年 份 Year	出生率 Birth Rate	死亡率 Death Rate	自然增长率 Natural Growth Rate
1978	17. 77	5. 87	11. 90
1980	16. 53	5. 15	11. 38
1985	18. 31	5. 46	12. 85
1986	21. 14	5. 91	15. 23
1987	20. 55	5. 71	14. 84
1988	20. 41	5. 06	15. 35
1989	22. 57	5. 60	16. 97
1990	20. 68	6. 08	14. 60
1991	19. 38	6. 05	13. 33
1992	19. 37	6. 64	12. 73
1993	20. 16	6. 84	13. 32
1994	20. 82	6. 84	13. 98
1995	20. 65	6. 49	14. 16
1996	18. 43	6. 64	11. 79
1997	17. 22	6. 20	11. 02
1998	16. 45	6. 41	10. 04
1999	15. 61	6. 44	9. 17
2000	14. 38	6. 41	7. 97
2001	13. 58	6. 43	7. 15
2002	13. 16	6. 45	6. 71
2003	12. 58	6. 46	6. 12
2004	12. 43	6. 52	5. 91
2005	12. 59	6. 57	6. 02
2006	12. 86	6. 62	6. 24
2007	13. 14	6. 65	6. 49
2008	13. 22	6. 68	6. 54
2009	13. 32	6. 71	6. 61
2010	12. 05	6. 02	6. 03
2011	12. 08	6. 03	6. 05
2012	12. 11	6. 05	6. 06
2013	12. 16	6. 08	6. 08
2014	12. 21	6. 11	6. 10
2015	12. 36	6. 15	6. 21
2016	12. 18	6. 18	6. 00
2017	12. 54	6. 52	6. 02
2018	11. 07	6. 65	4. 42

2-3 六次人口普查基本情况
Basic Statistics on National Population Census in 1953, 1964, 1982, 1990, 2000 and 2010

指　　标	Item	1953	1964	1982	1990	2000	2010
总人口(万人)	**Total population(10 000 persons)**	**1109.36**	**1263.06**	**1956.93**	**2237.11**	**2512.43**	**2557.53**
男	Male	580.80	657.17	1012.37	1159.28	1302.17	1306.41
女	Female	528.56	605.89	944.56	1077.83	1210.26	1251.11
性别比(以女性为100)	Sex Ratio(female = 100)	109.88	108.46	107.18	107.56	107.59	104.42
家庭户规模(人/户)	**Average Family Household Size (person/household)**	**5.40**	**4.95**	**5.17**	**4.58**	**3.99**	**3.49**
各年龄组人口(%)	**Population by Age Group(%)**						
0—14岁	Aged 0—14	39.56	40.18	36.32	27.97	27.00	18.16
15—64岁	Aged 15—64	57.35	57.75	60.19	67.97	68.00	73.61
65岁及以上	Aged 65 and Over	3.09	2.07	3.49	4.06	5.00	8.23
民族人口	**Population by Ethnicity**						
汉族(万人)	Han(10 000 persons)	1013.18	1167.50	1802.03	2051.50	2292.51	2316.48
占总人口比重(%)	Percentage to Total Population(%)	91.33	92.43	92.08	91.70	91.25	90.57
少数民族(万人)	Ethnic Minorities(10 000 persons)	96.18	95.56	154.90	185.61	219.92	241.05
占总人口比重(%)	Percentage to Total Population(%)	8.67	7.57	7.92	8.30	8.75	9.43
每十万人拥有的各种受教育程度人口(人)	**Population with Various Education Attainments Per 100 000 Persons(person)**						
大专及以上	Junior College and Above			551	1104	2665	7520
高中和中专	Senior Secondary School and Technical Secondary School			6246	7825	9863	12686
初　中	Junior Secondary School			12190	16851	23925	31213
小　学	Primary School			27679	29127	36907	32504
文盲人口及文盲率	**Illiterate Population and Illiterate Rate**						
文盲人口(万人)	Illiterate Population(10 000 persons)			634.48	631.06	361.32	222.22
文盲率(%)	Illiterate Rate(%)			50.91	39.17	19.68	8.69
城乡人口(万人)	**Population by Residence(10 000 persons)**						
城镇人口	Urban Population	111.27	140.58	300.19	493.06	603.23	923.66
乡村人口	Rural Population	998.09	1122.48	1656.74	1744.05	1909.20	1633.87
平均预期寿命(岁)	**Life Expectancy(year old)**			**65.75**	**68.25**	**70.39**	**72.23**
男	Male			65.05	67.42	69.28	70.60
女	Female			66.49	69.17	71.88	74.06

注：1. 1953年、1964年、1982年及1990年全国人口普查标准时点为当年7月1日零时，2000年和2010年全国人口普查标准时点为当年11月1日零时。
2. 2000年、2010年人口为常住人口。

a) Standard reference time of national population census in 1953, 1964, 1982 and 1990 was zero hour of July 1st, and in 2000 and 2010 was zero hour of November 1st.

b) Total population of 2000 and 2010 are permanent population.

2-4 各地区人口年龄构成和抚养比(2018)
Age Composition and Dependency Ratio of Population by Region(2018)

地　区	Region	年末常住人口(万人) Permanent Population at Year-end (10 000 persons)	0—14岁 Aged 0—14	15—64岁 Aged 15—64	65岁及以上 Aged 65 and Over	总抚养比(%) Gross Dependency Ratio (%)	少年儿童抚养比 Children Dependency Ratio	老年人口抚养比 Old Dependency Ratio
甘肃省	**Gansu**	**2637.26**	**461.26**	**1879.05**	**296.95**	**40.35**	**24.55**	**15.80**
兰州市	Lanzhou	375.36	53.76	272.62	48.98	37.69	19.72	17.97
嘉峪关市	Jiayuguan	25.20	3.96	18.50	2.73	36.16	21.41	14.76
金昌市	Jinchang	46.86	6.68	34.97	5.21	34.00	19.10	14.90
白银市	Baiyin	173.42	27.71	123.65	22.06	40.25	22.41	17.84
天水市	Tianshui	335.49	64.38	235.38	35.73	42.53	27.35	15.18
武威市	Wuwei	182.78	28.84	134.84	19.10	35.55	21.39	14.16
张掖市	Zhangye	123.38	19.28	91.87	12.23	34.30	20.99	13.31
平凉市	Pingliang	211.91	36.60	151.32	23.99	40.04	24.19	15.85
酒泉市	Jiuquan	112.70	16.85	84.07	11.78	34.05	20.04	14.01
庆阳市	Qingyang	226.66	42.52	159.64	24.50	41.98	26.63	15.35
定西市	Dingxi	282.17	48.08	201.47	32.62	40.06	23.86	16.19
陇南市	Longnan	263.43	48.10	185.06	30.27	42.35	25.99	16.36
临夏州	Linxia	205.88	49.58	135.18	21.12	52.30	36.68	15.62
甘南州	Gannan	72.02	14.92	50.47	6.63	42.70	29.56	13.14

2-5 各地区城乡人口及构成(2018)
Population of Urban and Rural and Its composition by Region(2018)

单位：万人　　(10 000 persons)

地　区	Region	年末常住人口 Permanent Population at Year-end	城镇人口 Urban Population		乡村人口 Rural Population	
			人口数 Population	比重(%) Proportion(%)	人口数 Population	比重(%) Proportion(%)
甘肃省	**Gansu**	**2637.26**	**1257.71**	**47.69**	**1379.55**	**52.31**
兰州市	Lanzhou	375.36	304.15	81.03	71.21	18.97
嘉峪关市	Jiayuguan	25.20	23.60	93.65	1.60	6.35
金昌市	Jinchang	46.86	33.02	70.47	13.84	29.53
白银市	Baiyin	173.42	87.79	50.62	85.63	49.38
天水市	Tianshui	335.49	139.73	41.65	195.76	58.35
武威市	Wuwei	182.78	77.33	42.31	105.45	57.69
张掖市	Zhangye	123.38	58.67	47.55	64.71	52.45
平凉市	Pingliang	211.91	87.16	41.13	124.75	58.87
酒泉市	Jiuquan	112.70	69.33	61.52	43.37	38.48
庆阳市	Qingyang	226.66	87.03	38.40	139.63	61.60
定西市	Dingxi	282.17	100.24	35.52	181.93	64.48
陇南市	Longnan	263.43	89.57	34.00	173.86	66.00
临夏州	Linxia	205.88	74.16	36.02	131.72	63.98
甘南州	Gannan	72.02	25.93	36.00	46.09	64.00

2-6 各地、县人口(2018)
Population by Region, County(2018)

单位：万人 (10 000 persons)

地 区	Region	年末常住人口 Permanent Population at Year-end	#女性 Female	出生率(‰) Birth Rate (‰)	死亡率(‰) Death Rate (‰)	自然增长率(‰) Natural Growth Rate (‰)
兰州市	**Lanzhou**	**375.36**	**184.64**	**9.43**	**5.41**	**4.02**
城关区	Chengguan	131.91	65.16	7.42	4.25	3.17
七里河区	Qilihe	57.77	28.42	9.34	4.71	4.63
西固区	Xigu	36.90	18.05	8.02	5.77	2.25
安宁区	Anning	28.48	14.25	7.69	3.87	3.82
红古区	Honggu	14.23	6.85	11.08	4.99	6.09
永登县	Yongdeng	34.87	16.86	12.36	8.14	4.22
皋兰县	Gaolan	10.95	5.34	12.52	7.64	4.88
榆中县	Yuzhong	44.63	21.78	12.95	7.48	5.47
兰州新区	Lanzhou New Area	15.62	7.93	12.68	6.83	5.85
嘉峪关市	**Jiayuguan**	**25.20**	**12.53**	**11.16**	**4.76**	**6.40**
金昌市	**Jinchang**	**46.86**	**22.96**	**7.89**	**5.12**	**2.77**
金川区	Jinchuan	23.38	11.27	7.97	4.86	3.11
永昌县	Yongchang	23.48	11.69	7.81	5.38	2.43
白银市	**Baiyin**	**173.42**	**84.94**	**8.72**	**5.42**	**3.30**
白银区	Baiyin	30.38	15.41	8.08	5.46	2.62
平川区	Pingchuan	19.65	9.59	8.26	5.19	3.07
靖远县	Jingyuan	46.33	22.62	8.89	5.47	3.42
会宁县	Huining	54.39	26.20	9.03	5.51	3.52
景泰县	Jingtai	22.67	11.12	8.91	5.27	3.64
天水市	**Tianshui**	**335.49**	**165.07**	**10.84**	**6.92**	**3.93**
秦州区	Qinzhou	66.33	32.40	10.55	6.61	3.94
麦积区	Maiji	57.04	28.18	10.69	6.84	3.85
清水县	Qingshui	27.72	13.66	10.82	6.85	3.97
秦安县	Qinan	52.98	25.95	10.95	7.17	3.78
甘谷县	Gangu	57.45	28.56	10.79	7.14	3.65
武山县	Wushan	44.31	21.76	10.83	6.88	3.95
张家川县	Zhangjiachuan	29.66	14.56	11.80	7.08	4.72
武威市	**Wuwei**	**182.78**	**88.80**	**9.42**	**6.18**	**3.24**
凉州区	Liangzhou	101.80	49.38	9.32	6.33	2.99
民勤县	Minqin	24.18	11.68	9.42	6.36	3.06
古浪县	Gulang	38.89	19.07	9.40	5.48	3.92
天祝县	Tianzhu	17.91	8.67	10.02	6.52	3.50
张掖市	**Zhangye**	**123.38**	**60.88**	**10.15**	**6.45**	**3.70**

2-6 续表 1 continued

单位：万人 (10 000 persons)

地 区	Region	年末常住人口 Permanent Population at Year-end	#女性 Female	出生率 (‰) Birth Rate (‰)	死亡率 (‰) Death Rate (‰)	自然增长率 (‰) Natural Growth Rate (‰)
甘州区	Ganzhou	51. 85	25. 75	9. 71	5. 98	3. 73
肃南县	Sunan	3. 51	1. 67	8. 49	5. 70	2. 79
民乐县	Minle	22. 59	10. 97	11. 41	7. 08	4. 33
临泽县	Linze	13. 78	6. 80	10. 67	7. 26	3. 41
高台县	Gaotai	14. 67	7. 29	10. 18	6. 82	3. 36
山丹县	Shandan	16. 98	8. 40	9. 63	6. 48	3. 15
平凉市	**Pingliang**	**211. 91**	**104. 26**	**10. 92**	**6. 37**	**4. 55**
崆峒区	Kongtong	53. 32	25. 53	10. 68	6. 78	3. 90
泾川县	Jingchuan	28. 74	14. 44	11. 08	5. 78	5. 30
灵台县	Lingtai	18. 48	9. 20	10. 61	6. 39	4. 22
崇信县	Chongxin	10. 45	4. 94	11. 26	6. 34	4. 92
庄浪县	Zhuanglang	38. 46	19. 46	10. 94	6. 62	4. 32
静宁县	Jingning	42. 67	21. 29	11. 29	6. 31	4. 98
华亭市	Huating	19. 79	9. 40	10. 55	5. 80	4. 75
酒泉市	**Jiuquan**	**112. 70**	**54. 53**	**8. 00**	**5. 50**	**2. 50**
肃州区	Suzhou	44. 72	21. 64	6. 96	4. 57	2. 39
金塔县	Jinta	14. 55	7. 04	7. 57	5. 38	2. 19
瓜州县	Guazhou	14. 97	7. 25	8. 01	5. 96	2. 05
肃北县	Subei	1. 54	0. 74	6. 93	3. 98	2. 95
阿克塞县	Akesai	1. 07	0. 51	11. 58	3. 36	8. 22
玉门市	Yumen	16. 74	8. 11	9. 31	5. 72	3. 59
敦煌市	Dunhuang	19. 11	9. 24	9. 49	7. 46	2. 03
庆阳市	**Qingyang**	**226. 66**	**110. 93**	**11. 63**	**7. 11**	**4. 52**
西峰区	Xifeng	37. 48	18. 13	10. 77	6. 63	4. 14
庆城县	Qingcheng	26. 99	13. 05	11. 69	5. 65	6. 04
环 县	Huanxian	31. 28	15. 17	11. 22	5. 77	5. 45
华池县	Huachi	13. 41	6. 42	11. 98	6. 73	5. 25
合水县	Heshui	15. 40	7. 44	11. 39	7. 62	3. 77
正宁县	Zhengning	18. 46	9. 16	12. 06	8. 40	3. 66
宁 县	Ningxian	41. 24	20. 47	12. 16	7. 96	4. 20
镇原县	Zhenyuan	42. 40	21. 09	11. 83	7. 93	3. 90
定西市	**Dingxi**	**282. 17**	**138. 26**	**12. 72**	**7. 97**	**4. 74**
安定区	Anding	43. 25	21. 21	12. 66	7. 99	4. 67
通渭县	Tongwei	40. 98	20. 09	12. 59	7. 81	4. 78

2-6 续表 2 continued

单位：万人 (10 000 persons)

地　区	Region	年末常住人口 Permanent Population at Year-end	#女性 Female	出生率 (‰) Birth Rate (‰)	死亡率 (‰) Death Rate (‰)	自然增长率 (‰) Natural Growth Rate (‰)
陇西县	Longxi	46. 51	22. 81	12. 75	7. 98	4. 77
渭源县	Weiyuan	33. 27	16. 29	12. 73	7. 95	4. 78
临洮县	Lintao	52. 04	25. 72	12. 76	8. 02	4. 74
漳　县	Zhangxian	19. 91	9. 71	12. 75	7. 87	4. 88
岷　县	Minxian	46. 21	22. 43	12. 81	7. 81	5. 00
陇南市	**Longnan**	**263. 43**	**127. 59**	**12. 25**	**7. 63**	**4. 62**
武都区	Wudu	57. 04	27. 16	13. 11	8. 03	5. 08
成　县	Chengxian	24. 68	12. 09	12. 04	7. 89	4. 15
文　县	Wenxian	22. 93	11. 01	12. 13	8. 18	3. 95
宕昌县	Tanchang	28. 06	14. 31	11. 12	4. 94	6. 18
康　县	Kangxian	18. 21	7. 49	11. 19	5. 59	5. 60
西和县	Xihe	40. 38	21. 37	12. 78	8. 78	4. 00
礼　县	Lixian	47. 39	22. 46	13. 02	9. 01	4. 01
徽　县	Huixian	20. 11	9. 68	11. 03	6. 14	4. 89
两当县	Liangdang	4. 63	2. 02	8. 61	5. 20	3. 41
临夏州	**Linxia**	**205. 88**	**101. 70**	**15. 26**	**7. 80**	**7. 46**
临夏市	linxia	29. 19	14. 42	13. 92	7. 76	6. 16
临夏县	linxia	34. 26	16. 97	16. 48	8. 08	8. 40
康乐县	Kangle	24. 52	12. 27	16. 35	8. 12	8. 23
永靖县	Yongjing	18. 66	9. 11	14. 61	7. 77	6. 84
广河县	Guanghe	24. 56	12. 21	14. 65	7. 18	7. 47
和政县	Hezheng	19. 49	9. 64	14. 46	8. 45	6. 01
东乡县	Dongxiang	30. 53	14. 82	15. 07	7. 46	7. 61
积石山县	Jishishan	24. 67	12. 26	16. 05	7. 69	8. 36
甘南州	**Gannan**	**72. 02**	**34. 90**	**14. 76**	**7. 21**	**7. 55**
合作市	Hezuo	9. 55	4. 62	14. 97	5. 53	9. 45
临潭县	Lintan	14. 18	6. 92	14. 25	7. 25	7. 00
卓尼县	Zhuoni	10. 66	5. 15	13. 88	7. 18	6. 71
舟曲县	Zhouqu	13. 52	6. 59	13. 76	7. 92	5. 84
迭部县	Diebu	5. 43	2. 66	14. 00	7. 70	6. 30
玛曲县	Maqu	5. 82	2. 72	17. 87	6. 94	10. 93
碌曲县	Luqu	3. 83	1. 85	16. 71	7. 94	8. 77
夏河县	Xiahe	9. 03	4. 39	15. 50	7. 48	8. 03

2-7 各地、县总户数及总人口(2018)
Total Household and Total Population by Region, County(2018)

地 区	Region	年末总户数 (户) Number of Total Households (year-end)(household)	年末总人口 (人) Total Population (year-end)(person)
甘肃省	**Gansu**	**8473267**	**27827366**
兰州市	**Lanzhou**	**1148098**	**3284678**
城关区	Chengguan	366335	946996
七里河区	Qilihe	169331	470798
西固区	Xigu	117827	322336
安宁区	Anning	75797	207278
红古区	Honggu	55025	144114
永登县	Yongdeng	166615	539137
皋兰县	Gaolan	63447	196009
榆中县	Yuzhong	133721	458010
嘉峪关市	**Jiayuguan**	**78807**	**208295**
金昌市	**Jinchang**	**176263**	**453842**
金川区	Jinchuan	85643	211173
永昌县	Yongchang	90620	242669
白银市	**Baiyin**	**563989**	**1817450**
白银区	Baiyin	114842	290761
平川区	Pingchuan	69344	208167
靖远县	Jingyuan	139340	503622
会宁县	Huining	168176	575283
景泰县	Jingtai	72287	239617
天水市	**Tianshui**	**996700**	**3719380**
秦州区	Qinzhou	197803	699196
麦积区	Maiji	176914	617589
清水县	Qingshui	89121	331674
秦安县	Qinan	156157	587677
甘谷县	Gangu	167551	642450
武山县	Wushan	122020	468544
张家川县	Zhangjiachuan	87134	372250
武威市	**Wuwei**	**598817**	**1894482**
凉州区	Liangzhou	332794	1038074
民勤县	Minqin	79793	266564
古浪县	Gulang	119204	384100
天祝县	Tianzhu	67026	205744
张掖市	**Zhangye**	**462836**	**1310897**

注：本表为省公安厅户籍统计人口数据。
a) Data from household registration of Gansu Provincial Public Security Department.

2-7 续表 1 continued

地 区	Region	年末总户数（户）Number of Total Households (year-end)(household)	年末总人口（人）Total Population (year-end)(person)
甘州区	Ganzhou	179692	514583
肃南县	Sunan	15130	39046
民乐县	Minle	84139	248570
临泽县	Linze	55272	149523
高台县	Gaotai	55355	158360
山丹县	Shandan	73248	200815
平凉市	**Pingliang**	**727796**	**2341758**
崆峒区	Kongtong	180230	524795
泾川县	Jingchuan	112846	356233
灵台县	Lingtai	79005	230616
崇信县	Chongxin	32393	101555
庄浪县	Zhuanglang	123845	453767
静宁县	Jingning	135938	484086
华亭市	Huating	63539	190706
酒泉市	**Jiuquan**	**345488**	**1017031**
肃州区	Suzhou	141652	418926
金塔县	Jinta	48377	146177
瓜州县	Guazhou	39614	128133
肃北县	Subei	5046	12228
阿克塞县	Akesai	3578	9360
玉门市	Yumen	54972	158083
敦煌市	Dunhuang	52249	144124
庆阳市	**Qingyang**	**825869**	**2699848**
西峰区	Xifeng	121058	392183
庆城县	Qingcheng	94557	289761
环 县	Huanxian	103355	363217
华池县	Huachi	45584	138680
合水县	Heshui	57964	181778
正宁县	Zhengning	79140	244913
宁 县	Ningxian	162236	561240
镇原县	Zhenyuan	161975	528076
定西市	**Dingxi**	**868522**	**3042661**
安定区	Anding	150570	468231
通渭县	Tongwei	121649	438583

2-7 续表 2 continued

地 区	Region	年末总户数（户）Number of Total Households (year-end) (household)	年末总人口（人）Total Population (year-end) (person)
陇西县	Longxi	139011	524897
渭源县	Weiyuan	104302	347234
临洮县	Lintao	163423	555222
漳 县	Zhangxian	59239	212583
岷 县	Minxian	130328	495911
陇南市	**Longnan**	**842273**	**2881567**
武都区	Wudu	191151	605468
成 县	Chengxian	80270	264295
文 县	Wenxian	90235	245377
宕昌县	Tanchang	82209	309168
康 县	Kangxian	64589	199180
西和县	Xihe	113637	445223
礼 县	Lixian	134372	539577
徽 县	Huixian	68881	225098
两当县	Liangdang	16929	48181
临夏州	**Linxia**	**625899**	**2406886**
临夏市	linxia	81841	274008
临夏县	linxia	111155	426680
康乐县	Kangle	79379	302549
永靖县	Yongjing	62457	209590
广河县	Guanghe	67562	297751
和政县	Hezheng	63191	239171
东乡县	Dongxiang	87871	374607
积石山县	Jishishan	72443	282530
甘南州	**Gannan**	**211910**	**748591**
合作市	Hezuo	26505	90374
临潭县	Lintan	47173	161235
卓尼县	Zhuoni	29655	110698
舟曲县	Zhouqu	44010	143953
迭部县	Diebu	15392	57479
玛曲县	Maqu	16604	54995
碌曲县	Luqu	9975	37627
夏河县	Xiahe	22596	92230

2-8 计划生育情况
Statistics of Family Planning

项目	Item	2010	2015	2017	2018
全省计划生育状况	**Situation of Family Planning of Gansu**				
政策计划内生育(万人)	Births under Control(10 000 persons)	24.48	23.51	32.21	28.28
符合政策计划生育率(%)	Family Planning Rate that Consistent with the Policy(%)	91.36	92.58	97.82	97.11
已婚育龄妇女人数(万人)	Married Women at Childbearing Age(10 000 persons)	562.33	571.76	542.97	529.74
实际采取节育措施的人数(万人)	Number of Married People Adopting Birth Control Measures(10 000 persons)	490.28	493.58	438.33	438.66
独生子女领证率(%)	Coverage Rate of One-child Certificate(%)	9.75	11.86	11.82	10.06
城市计划生育状况	**Situation of Family Planning of Urban**				
政策计划内生育(万人)	Births Under Control(10 000 persons)	3.75	3.92	7.31	6.78
符合政策计划生育率(%)	Family Planning Rate that Consistent with the Policy(%)	99.03	98.02	99.72	99.49
已婚育龄妇女人数(万人)	Married Women at Childbearing Age(10 000 persons)	113.69	125.22	120.28	117.96
实际采取节育措施的人数(万人)	Number of Married People Adopting Birth Control Measures(10 000 persons)	93.89	103.29	92.84	89.09
独生子女领证率(%)	Coverage Rate of One-child Certificate(%)	33.06	34.75	31.67	29.87
农村计划生育状况	**Situation of Family Planning of Rural**				
政策计划内生育(万人)	Births under Control(10 000 persons)	20.65	18.92	24.90	21.50
符合政策计划生育率(%)	Family Planning Rate that Consistent with the Policy(%)	90.08	91.44	97.24	96.09
已婚育龄妇女人数(万人)	Married Women at Childbearing Age(10 000 persons)	436.70	425.65	403.14	411.78
实际采取节育措施的人数(万人)	Number of Married People Adopting Birth Control Measures(10 000 persons)	388.58	374.35	330.96	349.57
独生子女领证率(%)	Coverage Rate of One-child Certificate(%)	3.93	5.42	5.19	4.96

主要统计指标解释

人口数 指一定时点、一定地区范围内有生命的个人总和。年末统计的年末人口数指每年12月31日24时的人口数。

城镇人口和乡村人口 城镇人口是指居住在城镇地域内的全部常住人口；乡村人口是除上述人口以外的全部人口。

出生率(又称粗出生率) 指在一定时期内(通常为一年)一定地区的出生人数与同期内平均人数(或期中人数)之比，用千分率表示。本资料中的出生率指年出生率，其计算公式为：

$$出生率=\frac{年出生人数}{年平均人数}\times 1000‰。$$

式中：出生人数指活产婴儿，即胎儿脱离母体时(不管怀孕月数)，有过呼吸或其他生命现象。年平均人数指年初、年底人口数的平均数，也可用年中人口数代替。

死亡率(又称粗死亡率) 指在一定时期内(通常为一年)一定地区的死亡人数与同期内平均人数(或期中人数)之比，用千分率表示。本资料中的死亡率指年死亡率，其计算公式为：

$$死亡率=\frac{年死亡人数}{年平均人数}\times 1000‰。$$

人口自然增长率 指在一定时期内(通常为一年)人口自然增加数(出生人数减死亡人数)与该时期内平均人数(或期中人数)之比，用千分率表示，其计算公式为：

$$人口自然增长率=\frac{本年出生人数-本年死亡人数}{年平均人数}\times 1000‰。$$

$$=人口出生率-人口死亡率$$

总抚养比 也称总负担系数。指人口总体中非劳动年龄人口数与劳动年龄人口数之比。通常用百分比表示。说明每100名劳动年龄人口大致要负担多少名非劳动年龄人口。用于从人口角度反映人口与经济发展的基本关系。计算公式为：

$$GDR=\frac{P_{0\sim14}+P_{65^+}}{P_{15\sim64}}\times 100\%$$

其中：GDR为总抚养比；

$P_{0\sim14}$为0~14岁少年儿童人口数；

P_{65^+}为65岁及65岁以上的老年人口数；

$P_{15\sim64}$为15~64岁劳动年龄人口数。

老年人口抚养比 也称老年人口抚养系数。指某一人口中老年人口数与劳动年龄人口数之比。通常用百分比表示。用以表明每100名劳动年龄人口要负担多少名老年人。老年人口抚养比是从经济角度反映人口老化社会后果的指标之一。计算公式为：

$$ODR=\frac{P_{65^+}}{P_{15\sim64}}\times 100\%$$

其中：ODR为老年人口抚养比；

P_{65^+}为65岁及65岁以上的老年人口数；

$P_{15\sim64}$为15~64岁的劳动年龄人口数。

少年儿童抚养比 也称少年儿童抚养系数。指某一人口中少年儿童人口数与劳动年龄人口数之比。通常用百分比表示。以反映每100名劳动年龄人口要负担多少名少年儿童。计算公式为：

$$CDR=\frac{P_{0\sim14}}{P_{15\sim64}}\times 100\%$$

其中：CDR为少年儿童抚养比；

$P_{0\sim14}$为0~14岁少年儿童人口数；

$P_{15\sim64}$为15~64岁劳动年龄人口数。

3

国民经济核算

National Accounts

简要说明

一、本篇资料主要内容

本篇资料主要包括国民经济核算基本情况资料。

二、本篇资料来源

本篇资料由省统计局国民经济核算处汇总、加工整理。

1. 地区生产总值数据是由省统计局国民经济核算处根据不同产业部门、不同支出构成的特点和资料来源情况而采用不同方法计算的。本年鉴公布的地区生产总值以及与之有关的指标数据，最后一年数据不是最终数，还会在获得更多的财务和行政记录等资料后发生变动。如果遇到普查或者重大核算方法改革，在能够获得更详细的基础资料的情况下，地区生产总值的历史数据还会发生变动。

2. 由于采取分级核算，各市州数据相加不等于全省总计，各县区数据相加不等于全市总计。

3-1 历年生产总值

Gansu Gross Regional Product

单位：亿元　　　　本表按当年价格计算。Data in this table are caculated at current prices.　　　　(100 million yuan)

年 份 Year	生产总值 Gross Regional Product	第一产业 Primary Industry	第二产业 Secondary Industry	工业 Industry	建筑业 Construction	第三产业 Tertiary Industry	人均生产总值（元） Per Capita GDP (yuan)
1978	64.73	13.21	39.04	34.66	4.38	12.48	348
1979	67.51	12.89	40.98	36.90	4.08	13.64	359
1980	73.90	16.46	39.85	35.25	4.60	17.59	388
1981	70.89	17.63	35.30	31.33	3.97	17.96	367
1982	76.88	19.68	38.54	33.63	4.91	18.66	393
1983	91.50	27.65	42.92	37.52	5.40	20.93	462
1984	103.17	27.83	49.98	43.65	6.33	25.36	515
1985	123.39	33.08	58.81	50.54	8.27	31.50	608
1986	140.74	38.02	65.27	56.01	9.26	37.45	684
1987	159.52	45.27	68.40	58.26	10.14	45.85	764
1988	191.84	52.77	81.33	67.28	14.05	57.74	905
1989	216.84	59.01	91.79	77.62	14.17	66.04	1007
1990	242.80	64.06	98.33	83.93	14.40	80.41	1099
1991	271.39	66.55	111.91	97.19	14.72	92.93	1204
1992	317.79	74.20	128.66	110.21	18.45	114.93	1384
1993	372.24	87.43	159.96	136.74	23.22	124.85	1600
1994	453.61	103.87	198.67	174.56	24.11	151.07	1921
1995	557.76	110.65	256.83	226.29	30.54	190.28	2316
1996	722.52	188.12	311.98	276.37	35.61	222.42	2946
1997	793.57	190.21	337.79	286.70	51.09	265.58	3199
1998	887.67	202.76	373.43	311.25	62.17	311.48	3541
1999	956.32	191.84	410.07	326.99	83.08	354.42	3778
2000	1052.88	194.10	421.65	327.60	94.04	437.13	4129
2001	1125.37	207.96	458.08	355.51	102.56	459.34	4386
2002	1232.03	215.51	501.69	389.38	112.31	514.83	4768
2003	1399.83	237.91	572.02	448.23	123.78	589.91	5429
2004	1688.49	286.78	713.30	574.00	139.30	688.41	6649
2005	1933.97	308.06	838.56	685.80	152.76	787.35	7604
2006	2277.35	334.00	1043.19	868.13	175.06	900.16	8945
2007	2707.41	390.98	1279.32	1063.84	215.48	1037.11	10628
2008	3123.15	418.60	1470.34	1188.78	281.56	1234.21	12250
2009	3337.82	447.31	1527.24	1203.70	323.54	1363.27	13075
2010	4023.20	501.73	1984.97	1602.87	382.10	1536.50	15731
2011	4923.70	558.26	2390.70	1936.61	454.08	1974.74	19218
2012	5527.60	626.71	2617.72	2087.66	530.06	2283.17	21501
2013	6186.74	658.10	2767.94	2177.72	607.63	2760.70	23981
2014	6680.93	695.77	2952.83	2289.53	681.60	3032.33	25830
2015	6621.98	733.37	2521.99	1805.55	730.88	3366.62	25517
2016	7007.10	800.75	2515.56	1757.53	776.35	3690.79	26901
2017	7459.90	859.75	2561.79	1763.44	811.41	4038.36	28497
2018	8246.07	921.30	2794.67	1948.96	860.15	4530.09	31336

注：1. 2003 年及以前年份第一产业不包括农林牧渔服务业；交通运输仓储和邮政业包括电信业，不包括城市公共交通业；批发与零售业包括餐饮业（以下相关表同）。

2. 2013 年起，数据根据新国民经济行业划分，第一产业不包括农林渔服务业，第二产业不包括开采辅助活动及金属制品、机械和设备修理业，归入第三产业。

3. 2011 年起，全省生产总值中包含研究与开发支出（以下相关表同）。

4. 2018 年数据为快报数。

a) In 2003 and preceding years, the primary industry did not include service of agriculture, forestry, animal husbandry and fishery; Transport, storage and post included telecommunication services, but did not include urban public transport; Wholesale and retail trades included catering services. The same applies to the relevant tables following.

b) Since 2013, data are divided according to the new National Economic Sectors, the first industry excludes Agriculture, forestry and fishery industry, and the second industry excludes mining ancillary activities, metal products, machinery and equipment repair industry, they are included in the third industry.

c) Since 2011, data of gross regional product include the R&D data. The same applies to the relevant tables following.

d) Data of 2018 are preliminary data.

3-2 历年生产总值构成

Composition of Gansu Gross Regional Product

单位：% 本表按不变价格计算。Data in this table are caculated at constant prices. (%)

年份 Year	生产总值 Gross Regional Product	第一产业 Primary Industry	第二产业 Secondary Industry	工业 Industry	建筑业 Construction	第三产业 Tertiary Industry
1978	100	20.41	60.31	53.55	6.77	19.28
1979	100	19.09	60.70	54.66	6.04	20.20
1980	100	22.27	53.92	47.70	6.22	23.80
1981	100	24.87	49.80	44.20	5.60	25.34
1982	100	25.60	50.13	43.74	6.39	24.27
1983	100	30.22	46.91	41.01	5.90	22.87
1984	100	26.97	48.44	42.31	6.14	24.58
1985	100	26.81	47.66	40.96	6.70	25.53
1986	100	27.01	46.38	39.80	6.58	26.61
1987	100	28.38	42.88	36.52	6.36	28.74
1988	100	27.51	42.39	35.07	7.32	30.10
1989	100	27.21	42.33	35.80	6.53	30.46
1990	100	26.38	40.50	34.57	5.93	33.12
1991	100	24.52	41.24	35.81	5.42	34.24
1992	100	23.35	40.49	34.68	5.81	36.17
1993	100	23.49	42.97	36.73	6.24	33.54
1994	100	22.90	43.80	38.48	5.31	33.31
1995	100	19.84	46.05	40.57	5.48	34.12
1996	100	26.04	43.18	38.25	4.93	30.78
1997	100	23.97	42.57	36.13	6.44	33.47
1998	100	22.84	42.07	35.06	7.00	35.09
1999	100	20.06	42.88	34.19	8.69	37.06
2000	100	18.44	40.05	31.11	8.93	41.52
2001	100	18.48	40.70	31.59	9.11	40.82
2002	100	17.49	40.72	31.60	9.12	41.79
2003	100	17.00	40.86	32.02	8.84	42.14
2004	100	16.99	42.24	33.99	8.25	40.77
2005	100	15.93	43.36	35.46	7.90	40.71
2006	100	14.66	45.81	38.12	7.69	39.53
2007	100	14.44	47.25	39.29	7.96	38.31
2008	100	13.40	47.08	38.06	9.02	39.52
2009	100	13.40	45.76	36.06	9.69	40.84
2010	100	12.47	49.34	39.84	9.50	38.19
2011	100	11.34	48.55	39.33	9.22	40.11
2012	100	11.34	47.36	37.77	9.59	41.30
2013	100	10.64	44.74	35.20	9.82	44.62
2014	100	10.41	44.20	34.27	10.20	45.39
2015	100	11.07	38.09	27.27	11.04	50.84
2016	100	11.43	35.90	25.08	11.08	52.67
2017	100	11.53	34.34	23.64	10.88	54.13
2018	100	11.17	33.89	23.63	10.43	54.94

3-3 历年生产总值指数(上年=100)
Indices of Gansu Gross Regional Product (preceding year = 100)

本表按不变价格计算。Data in this table are caculated at constant prices.

年份 Year	生产总值 Gross Regional Product	第一产业 Primary Industry	第二产业 Secondary Industry			第三产业 Tertiary Industry	人均生产总值 Per Capita GDP
				工业 Industry	建筑业 Construction		
1978	113.21	95.97	115.05	109.61	129.24	131.00	112.05
1979	101.41	87.43	104.89	106.45	97.21	108.88	100.04
1980	109.08	123.87	98.00	95.92	112.14	127.91	107.79
1981	91.56	93.83	85.90	84.07	86.29	102.79	90.32
1982	108.92	116.13	108.25	107.21	113.28	103.39	107.09
1983	114.86	112.64	113.14	112.07	119.42	110.13	113.41
1984	113.76	111.18	112.91	111.96	110.92	118.66	112.73
1985	113.19	108.13	113.51	110.30	129.78	118.20	111.81
1986	111.03	106.88	106.16	106.08	113.21	124.86	109.66
1987	108.92	106.54	102.41	101.94	103.42	122.05	107.21
1988	113.65	107.64	113.94	111.20	118.77	117.84	112.21
1989	108.75	105.99	109.75	108.79	108.23	109.33	106.52
1990	105.63	104.97	105.36	106.10	102.40	106.45	103.43
1991	106.57	101.61	108.99	108.90	108.90	107.70	104.49
1992	109.89	105.80	110.22	109.10	109.90	112.78	107.88
1993	111.57	108.81	113.58	114.10	110.20	111.09	110.08
1994	110.78	106.08	111.02	111.25	109.42	113.99	109.28
1995	110.36	103.15	109.99	110.09	109.29	115.87	108.23
1996	111.96	109.90	110.41	110.48	109.91	115.14	114.45
1997	109.08	98.06	110.02	110.26	108.31	114.52	103.59
1998	109.72	105.13	108.83	107.46	118.60	113.05	108.57
1999	109.03	99.48	108.48	97.67	178.65	114.15	107.99
2000	109.70	101.56	110.08	110.16	109.80	112.67	108.89
2001	109.76	107.56	109.51	109.99	107.84	110.99	109.07
2002	109.86	105.86	110.22	110.86	107.94	111.25	109.11
2003	110.74	105.48	111.73	112.86	107.62	111.96	110.98
2004	111.51	105.92	112.26	113.26	105.47	112.97	111.80
2005	111.85	105.86	113.15	115.25	104.47	112.83	111.68
2006	111.51	105.18	114.25	115.25	109.77	111.06	111.39
2007	112.31	104.00	116.83	116.48	118.49	110.52	112.25
2008	110.12	107.10	108.43	109.45	103.70	113.17	110.03
2009	110.28	105.20	111.02	110.46	113.79	111.18	110.13
2010	111.75	105.50	115.25	115.79	112.69	109.88	111.55
2011	113.20	105.86	115.78	116.99	110.67	112.26	112.99
2012	112.76	106.76	114.32	114.58	113.13	112.52	112.37
2013	110.90	105.50	111.15	110.99	111.81	111.95	110.93
2014	109.00	105.52	109.29	108.73	111.63	109.49	108.72
2015	108.17	105.37	107.39	107.03	109.09	109.77	107.80
2016	107.69	105.50	106.77	106.40	107.73	108.86	107.29
2017	103.56	105.44	98.95	98.47	100.11	106.54	103.04
2018	106.34	104.96	103.81	104.28	102.71	108.36	105.79

3-4 历年生产总值指数（1978=100）
Indices of Gansu Gross Regional Product (year of 1978 = 100)

本表按不变价格计算。Date in this table are calculated at constant prices.

年份 Year	生产总值 Gross Regional Product	第一产业 Primary Industry	第二产业 Secondary Industry	工业 Industry	建筑业 Construction	第三产业 Tertiary Industry	人均生产总值 Per Capita GDP
1979	101.41	87.43	104.89	106.45	97.21	108.88	100.04
1980	110.62	108.30	102.79	102.11	109.01	139.27	107.79
1981	101.28	101.62	88.30	85.84	94.07	143.15	97.39
1982	110.32	118.01	95.58	92.03	106.56	148.01	104.30
1983	126.71	132.92	108.14	103.14	127.25	163.00	118.29
1984	144.14	147.79	122.10	115.47	141.15	193.42	133.34
1985	163.16	159.80	138.60	127.37	183.18	228.62	149.08
1986	181.15	170.79	147.14	135.11	207.38	285.45	163.48
1987	197.31	181.96	150.68	137.73	214.47	348.39	175.26
1988	224.25	195.87	171.69	153.16	254.73	410.55	197.54
1989	243.87	207.60	188.43	166.62	275.69	448.85	210.42
1990	257.60	217.92	198.53	176.79	282.31	477.80	217.65
1991	274.52	221.43	216.38	192.52	307.43	514.59	227.41
1992	301.67	234.27	238.49	210.04	337.87	580.36	245.32
1993	336.57	254.91	270.88	239.65	372.33	644.72	270.05
1994	372.85	270.40	300.73	266.63	407.40	734.89	295.10
1995	411.47	278.92	330.76	293.52	445.24	851.50	319.40
1996	460.70	306.53	365.20	324.29	489.38	980.43	365.55
1997	502.53	300.58	401.79	357.58	530.03	1122.79	378.69
1998	551.38	316.01	437.26	384.26	628.61	1269.37	411.15
1999	601.19	314.36	474.33	375.31	1123.01	1448.94	444.00
2000	659.51	319.24	522.13	413.42	1233.08	1632.51	483.49
2001	723.91	343.37	571.80	454.73	1329.81	1811.86	527.32
2002	795.32	363.48	630.23	504.11	1435.41	2015.76	575.34
2003	880.74	383.39	704.17	568.93	1544.75	2256.85	638.53
2004	982.12	406.08	790.48	644.37	1629.28	2549.45	713.90
2005	1098.50	429.88	894.43	742.64	1702.11	2876.54	797.28
2006	1224.93	452.15	1021.88	855.89	1868.41	3194.69	888.10
2007	1375.72	470.23	1193.87	996.94	2213.88	3530.77	996.89
2008	1514.95	503.62	1294.51	1091.16	2295.79	3995.77	1096.87
2009	1670.68	529.81	1437.16	1205.29	2612.38	4442.50	1207.99
2010	1866.99	558.95	1656.33	1395.61	2943.89	4881.42	1347.51
2011	2113.43	591.70	1917.70	1632.72	3258.01	5479.88	1522.55
2012	2383.11	631.70	2192.32	1870.77	3685.78	6165.96	1710.89
2013	2642.86	666.45	2436.65	2076.34	4120.94	6902.87	1897.89
2014	2880.72	703.24	2663.01	2257.61	4600.20	7557.95	2063.39
2015	3116.08	741.00	2859.81	2416.32	5018.36	8296.36	2224.33
2016	3355.70	781.76	3053.42	2570.96	5406.28	9031.42	2386.49
2017	3475.21	824.32	3021.36	2531.70	5412.34	9622.43	2459.13
2018	3695.54	865.21	3136.47	2640.06	5559.01	10426.87	2601.51

3-5 历年第三产业增加值
Value-added of the Tertiary Industry

单位：亿元　　本表按当年价格计算。Data in this table are calculated at current prices.　　(100 million yuan)

年 份 Year	第三产业 Tertiary Industry	#交通运输、仓储和邮政业 Transport, Storage and Post	#批发和零售业 Wholesale and Retail Trades	#住宿和餐饮业 Hotels and Catering Services	#金融业 Financial Intermediation	#房地产业 Real Estate
1978	12.48	3.23	4.55			
1979	13.64	3.26	4.83			
1980	17.59	3.27	6.86			
1981	17.96	3.50	7.07			
1982	18.66	3.74	7.18			
1983	20.93	4.07	8.63			
1984	25.36	5.14	10.16			
1985	31.50	7.36	11.40			
1986	37.45	9.33	12.71			
1987	45.85	10.67	15.67			
1988	57.74	10.94	22.55			
1989	66.04	11.82	29.08			
1990	80.41	12.01	30.64			
1991	92.93	12.45	31.17			
1992	114.93	14.18	39.15			
1993	124.85	15.03	43.11			
1994	151.07	21.40	50.17			
1995	190.28	28.72	66.99			
1996	222.42	33.66	78.86			
1997	265.58	43.74	89.54			
1998	311.48	52.20	98.34			
1999	354.42	60.26	107.15			
2000	437.13	78.38	112.81			
2001	459.34	89.00	121.28			
2002	514.83	107.01	129.91			
2003	589.91	124.99	140.18			
2004	688.41	121.91	117.54			
2005	787.35	144.70	130.78	53.53	44.73	63.78
2006	900.16	169.58	145.89	59.56	50.51	73.21
2007	1037.11	181.24	166.85	68.21	61.60	83.52
2008	1234.21	211.11	196.93	77.21	72.49	93.80
2009	1363.27	213.64	231.21	88.52	88.27	101.37
2010	1536.50	227.18	272.13	97.40	100.54	110.02
2011	1974.74	280.33	351.97	123.61	145.05	134.25
2012	2283.17	319.66	398.52	141.68	184.43	146.32
2013	2760.70	267.18	440.31	159.64	294.18	218.39
2014	3032.33	280.73	491.68	178.23	364.84	234.14
2015	3366.62	274.65	508.00	196.37	443.12	244.82
2016	3690.79	271.25	536.70	213.70	507.02	259.89
2017	4038.36	293.50	563.23	229.91	553.59	274.30
2018	4530.09	310.66	613.84	245.18	586.86	299.29

3-6 历年第三产业增加值构成
Composition of Value-added of the Tertiary Industry

单位：%　　本表按当年价格计算。Data in this table are calculated at current prices.　　(%)

年份 Year	第三产业 Tertiary Industry	#交通运输、仓储和邮政业 Transport, Storage and Post	#批发和零售业 Wholesale and Retail Trades	#住宿和餐饮业 Hotels and Catering Services	#金融业 Financial Intermediation	#房地产业 Real Estate
1978	100.00	25.88	36.46			
1979	100.00	23.90	35.41			
1980	100.00	18.59	39.00			
1981	100.00	19.49	39.37			
1982	100.00	20.04	38.48			
1983	100.00	19.45	41.23			
1984	100.00	20.27	40.06			
1985	100.00	23.37	36.19			
1986	100.00	24.91	33.94			
1987	100.00	23.27	34.18			
1988	100.00	18.95	39.05			
1989	100.00	17.90	44.03			
1990	100.00	14.94	38.10			
1991	100.00	13.40	33.54			
1992	100.00	12.34	34.06			
1993	100.00	12.04	34.53			
1994	100.00	14.16	33.21			
1995	100.00	15.09	35.20			
1996	100.00	15.14	35.46			
1997	100.00	16.47	33.72			
1998	100.00	16.76	31.57			
1999	100.00	17.00	30.23			
2000	100.00	17.93	25.81			
2001	100.00	19.38	26.40			
2002	100.00	20.79	25.23			
2003	100.00	21.19	23.76			
2004	100.00	17.71	17.07			
2005	100.00	18.38	16.61	6.80	5.68	8.10
2006	100.00	18.84	16.21	6.62	5.61	8.13
2007	100.00	17.48	16.09	6.58	5.94	8.05
2008	100.00	17.10	15.96	6.26	5.87	7.60
2009	100.00	15.67	16.96	6.49	6.47	7.44
2010	100.00	14.79	17.71	6.34	6.54	7.16
2011	100.00	14.20	17.82	6.26	7.35	6.80
2012	100.00	14.00	17.45	6.21	8.08	6.41
2013	100.00	9.68	15.95	5.78	10.66	7.91
2014	100.00	9.26	16.21	5.88	12.03	7.72
2015	100.00	8.16	15.09	5.83	13.16	7.27
2016	100.00	7.35	14.54	5.79	13.74	7.04
2017	100.00	7.27	13.95	5.69	13.71	6.79
2018	100.00	6.86	13.55	5.41	12.95	6.61

3-7 历年第三产业增加值指数（上年 = 100）
Indices of Value-added of the Tertiary Industry (preceding year = 100)

本表按不变价格计算。Data in this table are calculated at constant prices.

年份 Year	第三产业 Tertiary Industry	#交通运输、仓储和邮政业 Transport, Storage and Post	#批发和零售业 Wholesale and Retail Trades	#住宿和餐饮业 Hotels and Catering Services	#金融业 Financial Intermediation	#房地产业 Real Estate
1978	131.00	105.47	122.01			
1979	108.88	99.98	104.99			
1980	127.91	104.36	136.72			
1981	102.79	105.21	106.03			
1982	103.39	102.97	101.84			
1983	110.13	113.70	112.24			
1984	118.66	120.99	117.92			
1985	118.20	129.54	112.04			
1986	124.86	109.69	150.03			
1987	122.05	110.21	135.24			
1988	117.84	111.10	124.30			
1989	109.33	112.20	114.20			
1990	106.45	97.30	105.60			
1991	107.70	105.40	109.20			
1992	112.78	108.00	120.10			
1993	111.09	109.60	116.70			
1994	113.99	121.07	115.19			
1995	115.87	122.91	116.16			
1996	115.14	121.77	115.38			
1997	114.52	124.56	109.34			
1998	113.05	119.04	109.61			
1999	114.15	116.58	111.29			
2000	112.67	119.80	108.21			
2001	110.99	114.42	108.51			
2002	111.25	121.77	108.74			
2003	111.96	121.77	108.13			
2004	112.97	122.88	108.86			
2005	112.83	114.28	111.02	111.90	102.08	107.79
2006	111.06	107.57	110.23	109.98	110.19	110.72
2007	110.52	106.42	109.51	104.86	107.53	110.10
2008	113.17	107.99	109.38	99.11	109.38	101.38
2009	111.18	100.81	115.33	103.94	120.13	107.03
2010	109.88	103.75	112.73	103.72	109.56	103.47
2011	112.26	111.93	113.30	108.11	110.49	105.30
2012	112.52	110.55	110.38	108.63	124.17	106.49
2013	111.95	100.53	107.69	104.24	124.01	110.84
2014	109.49	104.57	110.52	108.25	121.76	105.37
2015	109.77	99.67	102.30	107.36	121.51	105.59
2016	108.86	99.33	104.71	107.04	114.39	106.44
2017	106.54	108.11	103.49	105.96	105.29	101.95
2018	108.36	105.85	107.16	105.21	102.62	103.96

3-8 历年第三产业增加值指数(1978年=100)
Indices of Value-added of the Tertiary Industry (year of 1978 = 100)

本表按不变价格计算。Data in this table are calculated at constant prices.

年份 Year	第三产业 Tertiary Industry	#交通运输、仓储和邮政业 Transport, Storage and Post	#批发和零售业 Wholesale and Retail Trades	#住宿和餐饮业 Hotels and Catering Services	#金融业 Financial Intermediation	#房地产业 Real Estate
1979	108.9	100.0	105.0			
1980	139.3	104.3	143.5			
1981	143.2	109.8	152.2			
1982	148.0	113.0	155.0			
1983	163.0	128.5	174.0			
1984	193.4	155.5	205.1			
1985	228.6	201.4	229.8			
1986	285.5	221.0	344.8			
1987	348.4	243.5	466.4			
1988	410.6	270.5	579.7			
1989	448.9	303.5	662.0			
1990	477.8	295.3	699.1			
1991	514.6	311.3	763.4			
1992	580.4	336.2	916.8			
1993	644.7	368.5	1069.9			
1994	734.9	446.1	1232.5			
1995	851.5	548.3	1431.7			
1996	980.4	667.7	1651.9			
1997	1122.8	831.7	1806.1			
1998	1269.4	990.0	1979.7			
1999	1448.9	1154.2	2203.2			
2000	1632.5	1382.6	2384.0			
2001	1811.9	1582.0	2586.7			
2002	2015.8	1926.4	2812.9			
2003	2256.9	2345.8	3041.5			
2004	2549.5	2882.4	3310.9			
2005	2876.5	3294.0	3675.8	100.0	100.0	100.0
2006	3194.7	3543.4	4051.8	110.0	110.2	110.7
2007	3530.8	3770.9	4437.1	115.3	118.5	121.9
2008	3995.8	4072.2	4853.3	114.3	129.6	123.6
2009	4442.5	4105.1	5597.3	124.5	155.7	132.3
2010	4881.4	4259.1	6309.9	129.1	170.6	136.9
2011	5479.9	4767.2	7149.1	139.6	188.5	144.1
2012	6166.0	5270.1	7891.2	151.7	234.0	153.5
2013	6902.9	5297.9	8497.6	158.1	290.2	170.1
2014	7558.0	5540.0	9391.6	171.1	353.4	179.2
2015	8296.4	5521.7	9607.6	183.7	429.4	189.3
2016	9031.4	5484.7	10060.1	196.7	491.2	201.5
2017	9622.4	5929.3	10411.6	208.4	517.1	205.4
2018	10426.9	6276.2	11157.1	219.3	530.7	213.5

注：住宿和餐饮业、金融业、房地产业均以2005年为不变价格计算(2005年=100)。

a) Hotels and catering services, financial intermediation, real estate are all calculated at constant prices of 2005. (year of 2005 = 100)

3-9 三次产业贡献率

Share of the Contributions of the Three Strata of Industry to the Increase of Gross Regional Product

单位：%　　本表按不变价格计算。Date in this table are calculated at constant prices.　　(%)

年 份 Year	生产总值 Gross Regional Product	第一产业 Primary Industry	第二产业 Secondary Industry	#工业 Industry	第三产业 Tertiary Industry
1995	100	7.12	41.52	36.70	51.36
1996	100	18.10	37.35	32.90	44.55
1997	100	-4.59	46.70	41.88	57.89
1998	100	10.20	38.76	28.75	51.05
1999	100	-1.07	39.74	-9.50	61.33
2000	100	2.71	43.75	34.40	53.54
2001	100	14.27	39.00	31.84	46.71
2002	100	10.72	41.39	34.32	47.89
2003	100	8.90	43.78	37.67	47.34
2004	100	8.52	43.07	39.08	48.41
2005	100	7.89	45.20	42.21	46.91
2006	100	7.17	53.69	46.98	39.14
2007	100	5.00	60.48	48.86	34.52
2008	100	10.00	38.32	35.34	51.68
2009	100	7.01	48.58	38.26	44.40
2010	100	6.19	59.21	50.64	34.60
2011	100	5.54	58.99	51.31	35.47
2012	100	6.18	56.64	47.08	37.18
2013	100	-0.62	37.85	29.58	62.76
2014	100	6.05	51.41	39.40	42.54
2015	100	6.27	45.23	34.86	48.50
2016	100	7.92	33.53	22.70	58.55
2017	100	16.64	-11.17	-11.58	94.52
2018	100	8.64	21.70	17.28	69.66

注：产业贡献率指各产业增加值增量与生产总值增量之比。

a) Share of the contributions of the three strata of industry to the increase of gross regional produc: refers to the proportion of the increment of the value-added of each industry to the increment of GDP.

3-10 三次产业对生产总值增长的拉动
Contribution of the Three Strata of Industry to GDP Growth

单位：百分点　　本表按不变价格计算。Date in this table are calculated at constant prices.　　(perecentage points)

年　份 Year	生产总值 Gross Regional Product	第一产业 Primary Industry	第二产业 Secondary Industry	#工业 Industry	第三产业 Tertiary Industry
1995	10.36	0.74	4.30	3.80	5.32
1996	11.96	2.17	4.47	3.94	5.33
1997	9.08	-0.42	4.24	3.80	5.26
1998	9.72	0.99	3.77	2.79	4.96
1999	9.03	-0.10	3.59	-0.85	5.54
2000	9.70	0.26	4.24	3.34	5.19
2001	9.76	1.39	3.81	3.11	4.56
2002	9.86	1.06	4.08	3.39	4.72
2003	10.74	0.95	4.70	4.05	5.08
2004	11.51	0.98	4.96	4.50	5.57
2005	11.85	0.93	5.35	5.00	5.55
2006	11.51	0.82	6.18	5.41	4.51
2007	12.31	0.62	7.45	6.01	4.25
2008	10.12	1.01	3.88	3.58	5.23
2009	10.28	0.72	4.99	3.93	4.56
2010	11.75	0.73	6.96	5.95	4.07
2011	13.20	0.73	7.79	6.77	4.68
2012	12.76	0.79	7.23	6.01	4.74
2013	10.90	-0.07	4.13	3.22	6.84
2014	9.00	0.54	4.63	3.55	3.83
2015	8.17	0.51	3.69	2.85	3.96
2016	7.69	0.61	2.58	1.75	4.50
2017	3.56	0.59	-0.40	-0.41	3.37
2018	6.34	0.54	1.38	1.10	4.42

注：三次产业拉动指生产总值增长速度与各产业贡献率之乘积。
a) Contribution of the three strata of industry to GDP growth refers to the growth rate of GDP multiplied by the contribution share of every industry.

3-11 各地区生产总值(2018)
Gross Regional Product by Region (2018)

单位:万元　　本表按当年价格计算。Data in this table are calculated at current prices.　　(10000 yuan)

地区	Region	生产总值 Gross Regional Product	第一产业 Primary Industry	第二产业 Secondary Industry			第三产业 Tertiary Industry
					工业 Industry	建筑业 Construction	
兰州市	Lanzhou	27329373	429810	9379822	6464774	2968560	17519742
嘉峪关市	Jiayuguan	2996200	39822	1831482	1718861	112621	1124896
金昌市	Jinchang	2642406	190939	1439241	1088659	356393	1012225
白银市	Baiyin	5115968	692669	2137123	1555059	586080	2286176
天水市	Tianshui	6520542	910672	2000415	1294338	776350	3609455
武威市	Wuwei	4692652	1205325	1317183	663816	667015	2170145
张掖市	Zhangye	4077067	891278	908113	464370	454168	2277676
平凉市	Pingliang	3951652	878863	1038863	568079	470784	2033926
酒泉市	Jiuquan	5968871	738274	2028154	1232334	800191	3202443
庆阳市	Qingyang	7081499	710069	3556682	3238732	462291	2814748
定西市	Dingxi	3562609	655976	785159	429993	355166	2121475
陇南市	Longnan	3792273	710323	746016	422024	323992	2335934
临夏州	Linxia	2553489	327580	492454	266498	225956	1733454
甘南州	Gannan	1557266	368834	225424	184920	40504	963007

3-11 续表 continued

单位:万元　　(10 000 yuan)

地区	Region	#批发和零售业 Wholesale and Retail Trades	#交通运输、仓储和邮政业 Transport, Storage and Post	#住宿和餐饮业 Hotels and Catering Services	#金融业 Financial Intermediation	#房地产业 Real Estate	人均生产总值(元) Per Capita GDP (yuan)
兰州市	Lanzhou	2437408	1471392	691985	2388093	1071928	73042
嘉峪关市	Jiayuguan	138979	93301	33964	110446	72025	119418
金昌市	Jinchang	129185	47241	43889	150629	48310	56353
白银市	Baiyin	421487	209415	125732	257834	127948	29542
天水市	Tianshui	714913	303927	170074	261571	270463	19479
武威市	Wuwei	298334	223500	77181	207058	213650	25691
张掖市	Zhangye	295415	247467	138794	220647	141329	33105
平凉市	Pingliang	200975	120380	117132	332541	251474	18676
酒泉市	Jiuquan	569779	537131	192419	278260	262297	53043
庆阳市	Qingyang	392662	100591	214250	279351	168758	31312
定西市	Dingxi	283268	93429	110931	235323	224915	12656
陇南市	Longnan	271318	100633	148012	275709	366179	14426
临夏州	Linxia	203694	33865	127503	173074	92986	12447
甘南州	Gannan	74737	24242	91209	120766	39054	21683

3-12 各地区生产总值构成(2018)
Composition of Gross Regional Product by Region(2018)

单位:% 本表按当年价格计算。Data in this table are calculated at current prices. (%)

地 区	Region	地区生产总值 Gross Regional Product	第一产业 Primary Industry	第二产业 Secondary Industry	工业 Industry	建筑业 Construction	第三产业 Tertiary Industry
兰州市	Lanzhou	100	1.57	34.32	23.66	10.86	64.11
嘉峪关市	Jiayuguan	100	1.33	61.13	57.37	3.76	37.54
金昌市	Jinchang	100	7.22	54.47	41.20	13.49	38.31
白银市	Baiyin	100	13.54	41.77	30.40	11.46	44.69
天水市	Tianshui	100	13.97	30.68	19.85	11.91	55.35
武威市	Wuwei	100	25.68	28.07	14.15	14.21	46.25
张掖市	Zhangye	100	21.86	22.27	11.39	11.14	55.87
平凉市	Pingliang	100	22.24	26.29	14.38	11.91	51.47
酒泉市	Jiuquan	100	12.37	33.98	20.65	13.41	53.65
庆阳市	Qingyang	100	10.03	50.22	45.74	6.53	39.75
定西市	Dingxi	100	18.41	22.04	12.07	9.97	59.55
陇南市	Longnan	100	18.73	19.67	11.13	8.54	61.60
临夏州	Linxia	100	12.83	19.28	10.44	8.85	67.89
甘南州	Gannan	100	23.68	14.48	11.87	2.60	61.84

3-12 续表 continued

单位:% (%)

地 区	Region	#批发和零售业 Wholesale and Retail Trades	#交通运输、仓储和邮政业 Transport, Storage and Post	#住宿和餐饮业 Hotels and Catering Services	#金融业 Financial Intermediation	#房地产业 Real Estate
兰州市	Lanzhou	8.92	5.38	2.53	8.74	3.92
嘉峪关市	Jiayuguan	4.64	3.11	1.13	3.69	2.40
金昌市	Jinchang	4.89	1.79	1.66	5.70	1.83
白银市	Baiyin	8.24	4.09	2.46	5.04	2.50
天水市	Tianshui	10.96	4.66	2.61	4.01	4.15
武威市	Wuwei	6.36	4.76	1.64	4.41	4.55
张掖市	Zhangye	7.25	6.07	3.40	5.41	3.47
平凉市	Pingliang	5.09	3.05	2.96	8.42	6.36
酒泉市	Jiuquan	9.55	9.00	3.22	4.66	4.39
庆阳市	Qingyang	5.54	1.42	3.03	3.94	2.38
定西市	Dingxi	7.95	2.62	3.11	6.61	6.31
陇南市	Longnan	7.15	2.65	3.90	7.27	9.66
临夏州	Linxia	7.98	1.33	4.99	6.78	3.64
甘南州	Gannan	4.80	1.56	5.86	7.76	2.51

3-13 各地区生产总值指数（2018）
Indices of Gross Regional Product by Region（2018）

（上年=100） 本表按不变价格计算。Data in this table are calculated at constant prices. （preceding year=100）

地区	Region	地区生产总值 Gross Regional Product	第一产业 Primary Industry	第二产业 Secondary Industry	工业 Industry	建筑业 Construction	第三产业 Tertiary Industry
兰州市	Lanzhou	106.5	106.0	104.9	105.8	103.0	107.4
嘉峪关市	Jiayuguan	107.4	104.6	103.2	103.2	102.5	113.0
金昌市	Jinchang	108.9	106.6	110.5	112.7	103.0	106.8
白银市	Baiyin	106.1	106.2	107.6	109.5	102.2	104.7
天水市	Tianshui	106.4	104.8	103.8	104.4	102.6	108.7
武威市	Wuwei	104.8	106.5	103.0	104.0	101.8	105.2
张掖市	Zhangye	105.8	106.3	103.0	103.4	102.2	107.3
平凉市	Pingliang	102.1	96.4	101.3	102.4	99.7	104.8
酒泉市	Jiuquan	104.6	107.3	103.0	103.3	102.6	105.1
庆阳市	Qingyang	103.6	106.5	98.5	97.9	102.8	110.1
定西市	Dingxi	106.3	105.7	103.0	103.1	102.8	107.9
陇南市	Longnan	105.8	103.7	104.7	106.3	102.2	106.8
临夏州	Linxia	106.7	104.7	110.3	115.9	102.5	105.9
甘南州	Gannan	105.0	105.0	106.5	107.2	103.0	104.7

3-13 续表 continued

（上年=100） （preceding year=100）

地区	Region	#批发和零售业 Wholesale and Retail Trades	#交通运输、仓储和邮政业 Transport, Storage and Post	#住宿和餐饮业 Hotels and Catering Services	#金融业 Financial Intermediation	#房地产业 Real Estate	人均生产总值（元） Per Capita GDP (yuan)
兰州市	Lanzhou	107.6	107.3	105.4	104.9	100.7	105.8
嘉峪关市	Jiayuguan	103.7	105.6	104.4	102.8	106.0	107.4
金昌市	Jinchang	104.5	103.6	104.7	103.0	104.1	109.0
白银市	Baiyin	104.4	104.4	104.9	101.9	104.8	105.6
天水市	Tianshui	105.5	104.9	105.9	106.0	105.9	105.9
武威市	Wuwei	104.9	104.5	105.4	99.8	110.4	104.6
张掖市	Zhangye	104.5	103.8	105.2	103.2	110.2	100.5
平凉市	Pingliang	103.6	104.1	104.6	101.4	115.2	101.7
酒泉市	Jiuquan	105.4	104.2	105.2	98.5	99.4	104.2
庆阳市	Qingyang	104.1	104.1	104.3	101.9	111.4	103.0
定西市	Dingxi	105.0	104.7	105.0	102.3	103.5	105.7
陇南市	Longnan	105.1	103.6	104.9	101.4	99.6	105.8
临夏州	Linxia	103.7	103.4	105.0	101.8	96.6	105.8
甘南州	Gannan	104.3	103.6	103.2	101.7	103.9	104.3

3-14 各地县生产总值（2018）
Gross Regional Product by Region, County (2018)

单位：万元　　本表按不变价格计算。Data in this table are calculated at current prices.　　(10 000 yuan)

地区	Region	地区生产总值 Gross Regional Product	第一产业 Primary Industry	第二产业 Secondary Industry	工业 Industry	建筑业 Construction
兰州市	**Lanzhou**	**27329373**	**429810**	**9379822**	**6464774**	**2968560**
城关区	Chengguan	10209136	5171	1347539	583348	768000
七里河区	Qilihe	4808450	54740	1673690	1226102	453000
西固区	Xigu	4485328	29085	2767613	2410194	359000
安宁区	Anning	1798845	1579	604433	427433	177000
红古区	Honggu	1107210	41164	654240	628716	35000
永登县	Yongdeng	1083147	112621	306772	232772	74000
皋兰县	Gaolan	659204	61641	336351	214351	122000
榆中县	Yuzhong	1483250	110513	740106	431106	309000
兰州新区	Lanzhou New Area	1809824	13296	982092	312092	670000
嘉峪关市	**Jiayuguan**	**2996200**	**39822**	**1831482**	**1718861**	**112621**
金昌市	**Jinchang**	**2642406**	**190939**	**1439241**	**1088669**	**356393**
金川区	Jinchuan	1911395	46747	1248422	947617	305026
永昌县	Yongchang	731011	144192	190819	141052	51367
白银市	**Baiyin**	**5115968**	**692669**	**2137123**	**1555069**	**586080**
白银区	Baiyin	2377652	46575	1173827	1022504	152264
平川区	Pingchuan	749464	42253	494941	327791	167150
靖远县	Jingyuan	756511	258628	189923	51223	138700
会宁县	Huining	682469	214143	157702	71601	86130
景泰县	Jingtai	549743	131070	120730	81951	41836
天水市	**Tianshui**	**6520542**	**910672**	**2000415**	**1294338**	**776350**
秦州区	Qinzhou	2161645	128247	790504	506011	296925
麦积区	Maiji	1875519	120119	778346	645110	138339
清水县	Qingshui	445125	97599	60683	14921	46155
秦安县	Qinan	561125	140045	110255	35608	77512
甘谷县	Gangu	634103	161789	176747	49382	130155
武山县	Wushan	561037	177046	92090	23988	69378
张家川县	Zhangjiachuan	298300	71362	28324	21295	17885
武威市	**Wuwei**	**4692652**	**1205325**	**1317183**	**663816**	**667015**
凉州区	Liangzhou	2925413	650547	890844	348165	548675
民勤县	Minqin	777578	276160	183480	134380	52410
古浪县	Gulang	510551	179760	110971	70564	42140
天祝县	Tianzhu	479110	98859	131888	110707	23790
张掖市	**Zhangye**	**4077067**	**891278**	**908113**	**464370**	**454168**

3-14 续表 1 continued

单位：万元 (10 000 yuan)

地 区	Region	地区生产总值 Gross Regional Product	第一产业 Primary Industry	第二产业 Secondary Industry	工业 Industry	建筑业 Construction
甘州区	Ganzhou	1813960	315478	376415	180601	205222
肃南县	Sunan	263968	71908	74396	54589	19871
民乐县	Minle	490557	137177	111229	74932	36297
临泽县	Linze	483565	132687	90848	32944	57904
高台县	Gaotai	502203	126792	127334	68399	59444
山丹县	Shandan	522862	107237	127891	52906	75429
平凉市	**Pingliang**	**3951652**	**878863**	**1038863**	**568079**	**470784**
崆峒区	Kongtong	1376456	78987	336337	175117	161250
泾川县	Jingchuan	377191	76706	93816	10268	83550
灵台县	Lingtai	302619	98529	53554	3286	50270
崇信县	Chongxin	296761	76502	125118	110302	14870
庄浪县	Zhuanglang	491781	226619	58758	5062	53700
静宁县	Jingning	603591	272046	98674	19540	79144
华亭市	Huating	496841	49473	272606	244749	28000
酒泉市	**Jiuquan**	**5968871**	**738274**	**2028154**	**1232334**	**800191**
肃州区	Suzhou	1770716	234831	416419	174831	241912
金塔县	Jinta	730180	188891	143898	54458	89440
瓜州县	Guazhou	749187	101636	341169	152860	188517
肃北县	Subei	141059	6353	58374	45066	14160
阿克塞县	Akesai	92576	6506	29435	19951	9484
玉门市	Yumen	1511938	110826	867613	728684	141771
敦煌市	Dunhuang	987830	89231	171973	56677	115406
庆阳市	**Qingyang**	**7081499**	**710069**	**3556682**	**3238732**	**462291**
西峰区	Xifeng	2314342	61648	1207811	996556	317384
庆城县	Qingcheng	690100	80758	390786	379152	44604
环 县	Huanxian	1038393	129520	584614	572679	16424
华池县	Huachi	887595	47864	692279	672125	20361
合水县	Heshui	535093	52427	348751	348320	431
正宁县	Zhengning	281150	52807	28763	17177	11586
宁 县	Ningxian	570272	117077	95346	52971	42957
镇原县	Zhenyuan	661485	167967	206343	199546	8544
定西市	**Dingxi**	**3562609**	**655976**	**785159**	**429993**	**355166**
安定区	Anding	821187	115271	212723	133080	79643
通渭县	Tongwei	421089	83396	52899	21159	31740

3－14 续表 2 continued

单位：万元 (10 000 yuan)

地 区	Region	地区生产总值 Gross Regional Product	第一产业 Primary Industry	第二产业 Secondary Industry	工业 Industry	建筑业 Construction
陇西县	Longxi	687842	110689	143449	86308	57141
渭源县	Weiyuan	331679	108395	37280	13353	23927
临洮县	Lintao	682156	97763	214780	110097	104683
漳 县	Zhangxian	242737	53812	46623	31019	15604
岷 县	Minxian	375920	86650	77405	34977	42428
陇南市	**Longnan**	**3792273**	**710323**	**746016**	**422024**	**323992**
武都区	Wudu	1252637	223877	155076	40976	114100
成 县	Chengxian	563501	62823	192994	121174	71820
文 县	Wenxian	296203	72056	72015	58415	13600
宕昌县	Tanchang	247899	55006	31877	11007	20870
康 县	Kangxian	169685	34139	19473	14173	5300
西和县	Xihe	325811	58104	41654	26354	15300
礼 县	Lixian	323868	89854	30773	15031	15742
徽 县	Huixian	515519	87696	188630	123230	65400
两当县	Liangdang	86989	26767	11161	9301	1860
临夏州	**Linxia**	**2553489**	**327580**	**492454**	**266498**	**225956**
临夏市	Linxia	752086	14536	113708	55150	58558
临夏县	Linxia	404107	69961	54884	24117	30767
康乐县	Kangle	233195	45455	26763	9684	17079
永靖县	Yongjing	397780	52930	173205	114944	58261
广河县	Guanghe	225611	32207	36141	24084	12057
和政县	Hezheng	177631	29263	39067	16493	22574
东乡县	Dongxiang	222026	55418	36562	11361	25201
积石山县	Jishishan	163861	27810	10266	9736	530
甘南州	**Gannan**	**1557266**	**368834**	**225424**	**184920**	**40504**
合作市	Hezuo	437210	27843	73823	60623	13200
临潭县	Lintan	188379	34932	17944	13294	4650
卓尼县	Zhuoni	163056	46760	26741	26036	705
舟曲县	Zhouqu	172060	43099	29480	24875	4605
迭部县	Diebu	133803	35016	30146	17946	12200
玛曲县	Maqu	172885	77898	16615	16085	530
碌曲县	Luqu	109794	42250	14717	10107	4610
夏河县	Xiahe	180147	61037	16258	15953	305

3-14 续表 3 continued

单位：万元 (10 000 yuan)

地 区	Region	第三产业 Tertiary Industry	#批发和零售业 Wholesale and Retail Trades	#交通运输、仓储和邮政业 Transport, Storage and Post	#住宿和餐饮业 Hotels and Catering Services	人均生产总值(元) Per Capita GDP (yuan)
兰州市	**Lanzhou**	**17519742**	**2437408**	**1471392**	**691985**	**73042**
城关区	Chengguan	8856426	1244779	465867	375193	77483
七里河区	Qilihe	3080020	348313	339789	94464	83422
西固区	Xigu	1688630	336292	180727	77640	121967
安宁区	Anning	1192832	100984	4198	36106	63306
红古区	Honggu	411805	39122	89685	25363	78526
永登县	Yongdeng	663754	63217	220550	26099	31179
皋兰县	Gaolan	261212	22771	49957	8845	60700
榆中县	Yuzhong	632631	86372	46158	31522	33331
兰州新区	Lanzhou New Area	814436	310797	74461	16755	117750
嘉峪关市	**Jiayuguan**	**1124896**	**138979**	**93301**	**33964**	**119418**
金昌市	**Jinchang**	**1012225**	**129185**	**47241**	**43889**	**56353**
金川区	Jinchuan	616225	85394	22441	27146	81736
永昌县	Yongchang	396000	43791	24800	16743	31100
白银市	**Baiyin**	**2286176**	**421487**	**209415**	**125732**	**29542**
白银区	Baiyin	1157250	194670	89483	51321	78444
平川区	Pingchuan	212270	33519	10041	9592	38083
靖远县	Jingyuan	307960	70891	39293	30038	16355
会宁县	Huining	310624	49542	26037	14581	12568
景泰县	Jingtai	297942	72035	46777	20254	24293
天水市	**Tianshui**	**3609455**	**714912**	**303927**	**170074**	**19479**
秦州区	Qinzhou	1242894	248947	57628	73693	32653
麦积区	Maiji	977054	218236	93734	55190	32944
清水县	Qingshui	286843	47709	40599	9178	16099
秦安县	Qinan	310825	74468	39428	11131	10615
甘谷县	Gangu	295567	80657	38805	22531	11063
武山县	Wushan	291901	47011	66706	13521	12690
张家川县	Zhangjiachuan	198614	24748	21370	4494	10086
武威市	**Wuwei**	**2170145**	**298334**	**223500**	**77181**	**25691**
凉州区	Liangzhou	1384023	156026	217993	31439	28758
民勤县	Minqin	317938	46997	21541	15056	32158
古浪县	Gulang	219820	19537	21978	5308	13130
天祝县	Tianzhu	248363	52471	15802	23150	26818
张掖市	**Zhangye**	**2277676**	**295415**	**247467**	**138794**	**33105**

3-14 续表 4 continued

单位：万元 (10 000 yuan)

地　区	Region	第三产业 Tertiary Industry	#批发和零售业 Wholesale and Retail Trades	#交通运输、仓储和邮政业 Transport, Storage and Post	#住宿和餐饮业 Hotels and Catering Services	人均生产总值（元） Per Capita GDP (yuan)
甘州区	Ganzhou	1122068	178309	117364	72158	35019
肃南县	Sunan	117664	12353	4656	5446	75636
民乐县	Minle	242151	28065	14584	9387	21745
临泽县	Linze	260031	24742	38587	14178	35194
高台县	Gaotai	248076	23450	29207	18037	34339
山丹县	Shandan	287734	28496	43070	19588	30856
平凉市	**Pingliang**	**2033926**	**200975**	**120380**	**117132**	**18676**
崆峒区	Kongtong	961132	85252	46038	56720	25871
泾川县	Jingchuan	206670	19386	15353	13818	13154
灵台县	Lingtai	150535	10526	9191	5511	16411
崇信县	Chongxin	95141	7944	5856	5106	28466
庄浪县	Zhuanglang	206403	19608	11405	9649	12790
静宁县	Jingning	232871	27161	15130	13717	14151
华亭市	Huating	174762	17044	11854	7562	25163
酒泉市	**Jiuquan**	**3202443**	**569779**	**537131**	**192419**	**53043**
肃州区	Suzhou	1119466	172981	195093	71702	39737
金塔县	Jinta	397392	71395	67307	13952	50184
瓜州县	Guazhou	306382	59415	73882	17671	50046
肃北县	Subei	76332	9413	33336	2680	91597
阿克塞县	Akesai	56635	6504	11384	1651	86519
玉门市	Yumen	533499	73649	39146	20921	90562
敦煌市	Dunhuang	726626	149130	126657	68859	51800
庆阳市	**Qingyang**	**2814748**	**392662**	**100591**	**214250**	**31312**
西峰区	Xifeng	1044883	148055	45615	93497	61798
庆城县	Qingcheng	218556	27769	11354	14591	25635
环　县	Huanxian	324258	42036	5501	19609	33223
华池县	Huachi	147451	15131	4998	10335	66412
合水县	Heshui	133915	19219	2592	10898	34905
正宁县	Zhengning	199580	24246	7322	11788	15259
宁　县	Ningxian	357849	62991	19127	29713	13872
镇原县	Zhenyuan	287175	41170	5470	20778	15636
定西市	**Dingxi**	**2121475**	**283268**	**93429**	**110931**	**12656**
安定区	Anding	493193	35623	20663	20247	19031
通渭县	Tongwei	284795	40293	11917	21561	10299

3-14 续表 5 continued

单位：万元 (10 000 yuan)

地　区	Region	第三产业 Tertiary Industry	#批发和零售业 Wholesale and Retail Trades	#交通运输、仓储和邮政业 Transport, Storage and Post	#住宿和餐饮业 Hotels and Catering Services	人均生产总值（元） Per Capita GDP (yuan)
陇西县	Longxi	433704	88198	27870	22204	14824
渭源县	Weiyuan	186005	30569	17732	9756	9993
临洮县	Lintao	369613	59153	12324	22454	13140
漳　县	Zhangxian	142301	16209	4175	4187	12219
岷　县	Minxian	211864	22476	6399	10660	8154
陇南市	**Longnan**	**2335934**	**271318**	**100633**	**148012**	**14426**
武都区	Wudu	873684	118645	49058	50593	22005
成　县	Chengxian	307684	42271	15934	27149	22874
文　县	Wenxian	152132	13788	3540	7967	12937
宕昌县	Tanchang	161016	22737	3287	8442	8865
康　县	Kangxian	116072	11402	3913	6586	9344
西和县	Xihe	226053	14299	8416	10361	8086
礼　县	Lixian	203241	22099	4563	13623	6846
徽　县	Huixian	239193	24729	12763	20826	25692
两当县	Liangdang	49061	2855	913	2229	18829
临夏州	**Linxia**	**1733454**	**203694**	**33865**	**127503**	**12447**
临夏市	Linxia	623842	84319	11880	61564	25836
临夏县	Linxia	279262	23043	6698	6995	11847
康乐县	Kangle	160977	14192	4922	12425	9549
永靖县	Yongjing	171645	24611	5526	21951	21375
广河县	Guanghe	157263	25260	3080	9642	9186
和政县	Hezheng	109301	14098	2754	4827	9140
东乡县	Dongxiang	130046	2390	3488	3603	7296
积石山县	Jishishan	125785	1891	2582	5926	6671
甘南州	**Gannan**	**963007**	**74737**	**24242**	**91209**	**21683**
合作市	Hezuo	335544	19556	5435	24088	45901
临潭县	Lintan	135504	13260	5737	12371	13322
卓尼县	Zhuoni	89555	8323	1772	8477	15339
舟曲县	Zhouqu	99481	10286	4312	7264	12759
迭部县	Diebu	68642	5954	1386	10196	24710
玛曲县	Maqu	78373	6172	524	10236	29782
碌曲县	Luqu	52827	4784	679	3409	28780
夏河县	Xiahe	102852	9690	4599	16542	20005

3-15 各地县生产总值指数（2018）
Indices of Gross Regional Product by Region, County (2018)

（上年=100） 本表按不变价格计算。Data in this table are calculated at constant prices. (preceding year = 100)

地 区	Region	地区生产总值 Gross Regional Product	第一产业 Primary Industry	第二产业 Secondary Industry		
					工业 Industry	建筑业 Construction
兰州市	**Lanzhou**	**106.5**	**106.0**	**104.9**	**105.8**	**103.0**
城关区	Chengguan	105.6	102.0	98.9	97.6	100.2
七里河区	Qilihe	104.3	103.5	100.5	100.7	99.8
西固区	Xigu	104.0	104.6	101.9	102.4	99.7
安宁区	Anning	107.2	100.0	103.9	105.4	100.0
红古区	Honggu	106.3	104.9	110.2	110.8	97.2
永登县	Yongdeng	102.4	106.6	97.8	97.6	98.5
皋兰县	Gaolan	108.4	105.1	103.2	103.6	102.1
榆中县	Yuzhong	124.3	106.5	177.1	214.3	104.0
兰州新区	Lanzhou New Area	115.0	100.0	103.6	101.6	106.0
嘉峪关市	**Jiayuguan**	**107.4**	**104.6**	**103.2**	**103.2**	**102.5**
金昌市	**Jinchang**	**108.9**	**106.6**	**110.5**	**112.7**	**103.0**
金川区	Jinchuan	109.4	106.6	110.6	112.8	103.2
永昌县	Yongchang	107.8	106.6	109.9	112.4	101.6
白银市	**Baiyin**	**106.1**	**106.2**	**107.6**	**109.5**	**102.2**
白银区	Baiyin	107.8	106.1	109.8	110.9	102.3
平川区	Pingchuan	104.6	106.1	103.6	104.2	102.3
靖远县	Jingyuan	104.7	106.2	102.2	102.7	102.1
会宁县	Huining	103.9	106.3	102.4	102.7	102.2
景泰县	Jingtai	107.4	106.1	119.1	125.8	102.2
天水市	**Tianshui**	**106.4**	**104.8**	**103.8**	**104.4**	**102.6**
秦州区	Qinzhou	108.4	104.2	106.8	108.7	103.4
麦积区	Maiji	104.9	104.6	101.2	101.6	98.8
清水县	Qingshui	102.4	104.3	105.8	101.3	107.4
秦安县	Qinan	104.0	104.3	100.7	98.8	102.1
甘谷县	Gangu	102.8	106.1	101.1	95.5	104.1
武山县	Wushan	103.8	104.6	101.1	98.2	102.6
张家川县	Zhangjiachuan	101.8	104.3	91.1	78.0	99.8
武威市	**Wuwei**	**104.8**	**106.5**	**103.0**	**104.0**	**101.8**
凉州区	Liangzhou	105.6	106.6	105.5	104.6	106.3
民勤县	Minqin	102.6	106.9	95.6	104.5	75.2
古浪县	Gulang	101.4	106.4	93.0	97.4	85.5
天祝县	Tianzhu	105.1	105.5	103.0	106.4	87.6
张掖市	**Zhangye**	**105.8**	**106.3**	**103.0**	**103.4**	**102.2**

3-15 续表 1 continued

(上年=100) (preceding year=100)

地 区	Region	地区生产总值 Gross Regional Product	第一产业 Primary Industry	第二产业 Secondary Industry	工业 Industry	建筑业 Construction
甘州区	Ganzhou	105.7	106.5	102.6	104.0	101.1
肃南县	Sunan	109.6	105.7	104.4	105.1	100.9
民乐县	Minle	106.6	107.7	103.5	104.1	101.6
临泽县	Linze	105.6	105.8	107.6	110.1	103.6
高台县	Gaotai	106.1	107.0	104.9	105.7	103.5
山丹县	Shandan	105.0	106.0	102.9	101.7	103.9
平凉市	**Pingliang**	**102.1**	**96.4**	**101.3**	**102.4**	**99.7**
崆峒区	Kongtong	105.3	91.2	110.5	119.7	100.1
泾川县	Jingchuan	85.7	61.7	93.7	74.8	100.1
灵台县	Lingtai	106.1	105.2	97.4	78.7	100.1
崇信县	Chongxin	100.8	104.9	99.8	99.8	99.5
庄浪县	Zhuanglang	104.2	106.1	96.9	86.4	99.5
静宁县	Jingning	103.6	105.2	90.2	74.7	99.7
华亭市	Huating	98.8	94.9	96.0	95.5	99.7
酒泉市	**Jiuquan**	**104.6**	**107.3**	**103.0**	**103.3**	**102.6**
肃州区	Suzhou	105.0	108.2	106.3	108.7	103.5
金塔县	Jinta	106.0	107.8	106.7	109.4	103.2
瓜州县	Guazhou	102.2	107.5	98.7	99.6	101.0
肃北县	Subei	105.9	104.9	106.7	107.1	103.1
阿克塞县	Akesai	95.2	105.0	86.1	83.7	103.8
玉门市	Yumen	104.6	107.7	103.2	103.3	102.9
敦煌市	Dunhuang	105.7	104.3	99.1	105.1	92.0
庆阳市	**Qingyang**	**103.6**	**106.5**	**98.5**	**97.9**	**102.8**
西峰区	Xifeng	103.2	106.9	97.6	84.1	131.5
庆城县	Qingcheng	99.2	105.4	98.8	99.9	87.7
环 县	Huanxian	103.5	107.3	100.4	98.9	185.8
华池县	Huachi	106.9	107.1	108.7	108.7	110.2
合水县	Heshui	102.8	104.2	103.7	103.7	123.0
正宁县	Zhengning	107.5	105.2	107.2	101.2	117.3
宁 县	Ningxian	99.2	106.6	85.1	112.8	55.5
镇原县	Zhenyuan	107.1	106.9	104.1	102.7	219.2
定西市	**Dingxi**	**106.3**	**105.7**	**103.0**	**103.1**	**102.8**
安定区	Anding	106.9	106.1	106.2	106.5	105.5
通渭县	Tongwei	106.1	106.0	100.9	100.9	101.0

3－15 续表 2 continued

（上年＝100） (preceding year＝100)

地 区	Region	地区生产总值 Gross Regional Product	第一产业 Primary Industry	第二产业 Secondary Industry	工业 Industry	建筑业 Construction
陇西县	Longxi	106.9	106.0	102.6	102.4	102.8
渭源县	Weiyuan	106.0	105.5	102.7	102.5	102.8
临洮县	Lintao	106.0	105.5	103.3	106.0	101.0
漳 县	Zhangxian	106.6	105.8	102.6	101.3	105.5
岷 县	Minxian	106.3	105.7	102.3	101.8	102.8
陇南市	**Longnan**	**105.8**	**103.7**	**104.7**	**106.3**	**102.2**
武都区	Wudu	107.1	104.6	102.1	101.8	102.2
成 县	Chengxian	103.2	103.1	104.3	105.6	101.6
文 县	Wenxian	103.7	105.4	100.2	99.6	103.0
宕昌县	Tanchang	103.1	105.3	81.4	64.3	100.2
康 县	Kangxian	101.8	102.1	101.2	100.9	104.1
西和县	Xihe	105.0	104.9	100.3	100.4	100.1
礼 县	Lixian	105.1	105.3	105.7	108.2	99.2
徽 县	Huixian	105.6	103.4	112.6	118.7	104.7
两当县	Liangdang	104.1	105.2	94.3	92.8	100.0
临夏州	**Linxia**	**106.7**	**104.7**	**110.3**	**115.9**	**102.5**
临夏市	Linxia	105.5	105.1	107.3	113.3	100.7
临夏县	Linxia	106.2	104.4	96.5	95.8	97.2
康乐县	Kangle	105.2	105.0	99.0	97.8	99.6
永靖县	Yongjing	108.5	104.6	113.7	119.8	99.0
广河县	Guanghe	105.9	104.7	96.4	96.0	97.2
和政县	Hezheng	106.7	105.3	107.9	117.5	100.9
东乡县	Dongxiang	107.0	104.5	95.9	88.2	100.3
积石山县	Jishishan	107.9	104.8	100.1	100.2	97.4
甘南州	**Gannan**	**105.0**	**105.0**	**106.5**	**107.2**	**103.0**
合作市	Hezuo	109.6	104.4	117.7	120.0	105.3
临潭县	Lintan	101.4	106.6	95.9	94.0	102.5
卓尼县	Zhuoni	100.7	104.9	115.9	116.3	101.9
舟曲县	Zhouqu	102.7	102.8	98.9	97.9	103.5
迭部县	Diebu	101.4	104.2	98.9	96.0	102.3
玛曲县	Maqu	102.3	106.0	94.7	94.6	104.3
碌曲县	Luqu	103.2	105.2	89.3	84.9	101.9
夏河县	Xiahe	104.6	105.2	101.4	101.3	101.9

3-15 续表 3 continued

（上年=100） (preceding year=100)

地 区	Region	第三产业 Tertiary Industry	#批发和零售业 Wholesale and Retail Trades	#交通运输、仓储和邮政业 Transport, Storage and Post	#住宿和餐饮业 Hotels and Catering Services	人均生产总值 Per Capita GDP
兰州市	**Lanzhou**	**107.4**	**107.6**	**107.3**	**105.0**	**105.8**
城关区	Chengguan	106.7	103.9	106.2	105.8	103.1
七里河区	Qilihe	107.0	104.1	107.1	104.0	102.7
西固区	Xigu	106.5	106.8	107.4	105.6	103.3
安宁区	Anning	109.9	107.3	106.8	106.7	107.0
红古区	Honggu	98.6	103.6	106.2	103.2	105.5
永登县	Yongdeng	104.7	107.5	106.4	106.2	101.1
皋兰县	Gaolan	114.8	102.5	104.4	103.4	107.4
榆中县	Yuzhong	100.1	104.0	107.6	101.4	124.2
兰州新区	Lanzhou New Area	145.2	217.8	106.6	114.7	105.5
嘉峪关市	**Jiayuguan**	**113.0**	**103.7**	**105.6**	**104.4**	**107.4**
金昌市	**Jinchang**	**106.8**	**104.5**	**103.6**	**104.7**	**109.0**
金川区	Jinchuan	106.6	103.8	103.7	104.3	109.4
永昌县	Yongchang	107.0	105.8	103.5	105.3	108.1
白银市	**Baiyin**	**104.7**	**104.4**	**104.4**	**104.9**	**105.6**
白银区	Baiyin	105.8	104.5	105.5	104.8	107.1
平川区	Pingchuan	107.3	104.4	105.0	101.4	104.3
靖远县	Jingyuan	104.8	103.9	103.8	105.6	104.1
会宁县	Huining	103.0	104.0	103.4	105.4	103.4
景泰县	Jingtai	102.3	104.3	104.6	104.5	106.7
天水市	**Tianshui**	**108.7**	**105.5**	**104.9**	**105.9**	**105.9**
秦州区	Qinzhou	110	104.7	104	105.9	108.0
麦积区	Maiji	108.8	105.4	106.4	106.4	104.4
清水县	Qingshui	100.8	106.3	107.9	107.2	101.8
秦安县	Qinan	105.3	105.2	107.9	106.3	103.5
甘谷县	Gangu	102.2	105.3	105.6	105.6	102.3
武山县	Wushan	104.3	106.0	104.3	104.6	103.3
张家川县	Zhangjiachuan	102.6	108.0	101.9	105.1	101.2
武威市	**Wuwei**	**105.2**	**104.9**	**104.5**	**105.4**	**104.6**
凉州区	Liangzhou	105.2	102.8	104.2	103.7	105.4
民勤县	Minqin	104.9	104.6	104.9	108.7	102.5
古浪县	Gulang	103.3	107.9	105.1	107.5	101.4
天祝县	Tianzhu	106.4	108.7	107.0	110.0	104.4
张掖市	**Zhangye**	**107.3**	**104.5**	**103.8**	**105.2**	**100.5**

3-15 续表 4 continued

(上年=100) (preceding year=100)

地 区	Region	第三产业 Tertiary Industry	#批发和零售业 Wholesale and Retail Trades	#交通运输、仓储和邮政业 Transport, Storage and Post	#住宿和餐饮业 Hotels and Catering Services	人均生产总值 Per Capita GDP
甘州区	Ganzhou	106. 8	103. 9	104. 4	104. 8	109. 8
肃南县	Sunan	119. 0	103. 6	103. 4	104. 4	108. 9
民乐县	Minle	108. 0	105. 8	103. 9	105. 7	95. 6
临泽县	Linze	104. 3	104. 8	103. 6	105. 2	105. 1
高台县	Gaotai	106. 5	105. 0	104. 6	105. 3	105. 5
山丹县	Shandan	105. 7	105. 0	104. 1	104. 9	109. 2
平凉市	**Pingliang**	**104. 8**	**103. 6**	**104. 1**	**104. 6**	**101. 7**
崆峒区	Kongtong	104. 8	105. 8	104. 1	107. 4	104. 7
泾川县	Jingchuan	93. 3	102. 8	103. 5	102. 7	85. 4
灵台县	Lingtai	110. 4	103. 2	103. 3	104. 4	105. 7
崇信县	Chongxin	99. 3	106. 3	104. 0	104. 4	100. 3
庄浪县	Zhuanglang	105. 1	102. 0	103. 6	104. 8	104. 0
静宁县	Jingning	110. 4	101. 6	104. 6	101. 8	103. 4
华亭市	Huating	103. 7	104. 9	103. 7	105. 1	98. 4
酒泉市	**Jiuquan**	**105. 1**	**105. 4**	**104. 2**	**105. 2**	**104. 2**
肃州区	Suzhou	103. 8	108. 5	104. 1	105. 8	105. 2
金塔县	Jinta	104. 8	99. 8	103. 4	103. 9	107. 0
瓜州县	Guazhou	105. 0	98. 5	105. 5	97. 8	102. 1
肃北县	Subei	104. 8	110. 1	103. 4	104. 4	104. 1
阿克塞县	Akesai	106. 8	104. 6	103. 4	97. 2	92. 2
玉门市	Yumen	105. 9	107. 0	104. 8	105. 4	104. 1
敦煌市	Dunhuang	108. 4	101. 4	104. 5	109. 2	105. 2
庆阳市	**Qingyang**	**110. 1**	**104. 1**	**104. 1**	**104. 3**	**103. 0**
西峰区	Xifeng	107. 8	104. 3	103. 6	105. 0	102. 8
庆城县	Qingcheng	98. 3	105. 5	103. 6	104. 1	98. 6
环 县	Huanxian	107. 3	103. 9	104. 0	103. 9	103. 1
华池县	Huachi	97. 4	104. 7	104. 2	103. 8	105. 8
合水县	Heshui	99. 4	105. 2	103. 8	103. 3	101. 8
正宁县	Zhengning	108. 1	105. 4	103. 8	105. 8	107. 0
宁 县	Ningxian	108. 5	105. 9	104. 0	104. 9	98. 6
镇原县	Zhenyuan	110. 9	105. 9	103. 9	105. 5	101. 7
定西市	**Dingxi**	**107. 9**	**105. 0**	**104. 7**	**105. 0**	**105. 7**
安定区	Anding	107. 5	104. 6	105. 7	104. 7	106. 3
通渭县	Tongwei	107. 1	104. 6	103. 7	105. 1	105. 4

3-15 续表 5 continued

（上年=100） (preceding year=100)

地 区	Region	第三产业 Tertiary Industry	#批发和零售业 Wholesale and Retail Trades	#交通运输、仓储和邮政业 Transport, Storage and Post	#住宿和餐饮业 Hotels and Catering Services	人均生产总值 Per Capita GDP
陇西县	Longxi	108.5	105.8	106.1	104.9	106.3
渭源县	Weiyuan	107.0	104.5	104.5	105.3	105.4
临洮县	Lintao	107.8	104.9	103.5	105.4	105.4
漳 县	Zhangxian	108.3	105.2	103.6	104.1	105.9
岷 县	Minxian	108.3	105.2	104.8	105.0	105.7
陇南市	**Longnan**	**106.8**	**105.1**	**103.6**	**104.9**	**105.1**
武都区	Wudu	108.6	105.2	103.6	104.2	106.8
成 县	Chengxian	102.5	104.8	103.5	106.7	102.7
文 县	Wenxian	104.8	105.7	103.6	104.2	101.8
宕昌县	Tanchang	109.0	106.2	103.6	103.9	102.6
康 县	Kangxian	102.0	102.6	103.6	104.1	101.0
西和县	Xihe	106.7	104.5	103.6	104.1	104.3
礼 县	Lixian	104.9	104.1	103.6	105.3	104.5
徽 县	Huixian	102.5	105.3	103.6	104.6	106.0
两当县	Liangdang	105.4	105.7	103.6	105.5	103.4
临夏州	**Linxia**	**105.9**	**103.7**	**103.4**	**105.0**	**105.8**
临夏市	Linxia	105.2	102.5	104.3	104.6	107.8
临夏县	Linxia	109.1	105.2	105.2	104.2	105.5
康乐县	Kangle	106.2	105.4	105.7	105.2	104.9
永靖县	Yongjing	103.7	103.9	104.0	106.3	107.9
广河县	Guanghe	108.7	104.3	104.3	106.6	107.6
和政县	Hezheng	106.7	101.5	104.5	104.9	106.0
东乡县	Dongxiang	111.9	104.7	104.2	104.8	116.6
积石山县	Jishishan	109.3	104.2	104.2	104.6	106.2
甘南州	**Gannan**	**104.7**	**104.3**	**103.6**	**103.2**	**104.3**
合作市	Hezuo	107.9	104.4	103.4	103.0	108.7
临潭县	Lintan	101.4	101.6	103.4	102.4	100.8
卓尼县	Zhuoni	93.9	92.9	103.4	104.5	99.8
舟曲县	Zhouqu	103.7	104.8	103.4	107.1	102.1
迭部县	Diebu	101.1	104.8	103.4	102.2	100.8
玛曲县	Maqu	101.6	92.6	103.4	100.6	101.6
碌曲县	Luqu	106.9	104.4	103.4	113.7	102.4
夏河县	Xiahe	104.7	104.9	103.4	102.2	104.1

主要统计指标解释

国内生产总值(GDP) 指按市场价格计算的一个国家(或地区)所有常住单位在一定时期内生产活动的最终成果。国内生产总值有三种表现形态，即价值形态、收入形态和产品形态。从价值形态看，它是所有常住单位在一定时期内生产的全部货物和服务价值超过同期投入的全部非固定资产货物和服务价值的差额，即所有常住单位的增加值之和；从收入形态看，它是所有常住单位在一定时期内创造并分配给常住单位和非常住单位的初次收入之和；从产品形态看，它是所有常住单位在一定时期内最终使用的货物和服务价值减去货物和服务进口价值。在实际核算中，国内生产总值有三种计算方法，即生产法、收入法和支出法。三种方法分别从不同的方面反映国内生产总值及其构成。

对于一个地区来说，称为地区生产总值或地区 GDP。

三次产业 三次产业的划分是世界上较为常用的产业结构分类，但各国的划分不尽一致。根据《国民经济行业分类》(GB/T4754—2011)，我国的三次产业划分是：

第一产业是指农、林、牧、渔业(不含农、林、牧、渔服务业)。

第二产业是指采矿业(不含开采辅助活动)，制造业(不含金属制品、机械和设备修理业)，电力、热力、燃气及水生产和供应业，建筑业。

第三产业即服务业，是指除第一产业、第二产业以外的其他行业。

4

就业和工资

Employment and Wages

简要说明

一、本篇资料主要内容

本篇资料反映劳动就业方面基本情况，主要包括经济活动人口数、就业人员及职工人数、城镇登记失业人数、职工工资总额、平均工资及指数变化等情况。

二、本篇资料来源

1. 本篇资料中劳动就业和工资等资料由省统计局人口与就业处整理提供。

2. 城镇登记失业与新增就业等资料来源于省人力资源和社会保障厅。

4-1 就业基本情况
Employment

单位：万人 (10 000 persons)

项 目	Item	2010	2015	2017	2018
经济活动人口	**Economically Active Population**	**1510.28**	**1545.19**	**1563.49**	**1565.59**
就业人员	**Total Number of Employed Persons**	**1499.56**	**1535.69**	**1553.84**	**1555.64**
第一产业	Primary Industry	923.88	876.27	852.44	838.54
第二产业	Secondary Industry	230.33	247.39	244.26	241.16
第三产业	Tertiary Industry	345.35	412.03	457.14	475.94
就业人员构成(合计=100)	**Composition of Employed Persons (total=100)**				
第一产业	Primary Industry	61.61	57.06	54.86	53.90
第二产业	Secondary Industry	15.36	16.11	15.72	15.50
第三产业	Tertiary Industry	23.03	26.83	29.42	30.60
按城乡分就业人员	**Number of Employed Persons by Urban and Rural Areas**				
城镇就业人员	Urban Employed Persons	433.64	567.46	617.36	637.63
单位就业人员	Unit Employed Persons	194.29	261.76	259.22	246.68
国有单位	State-owned Units	147.36	153.88	154.64	141.85
城镇集体单位	Urban Collective-owned Units	6.88	10.17	8.02	6.23
股份合作单位	Cooperative Units	1.03	0.70	0.45	0.52
联营单位	Joint Ownership Units	0.46	0.10	0.05	0.09
有限责任公司	Limited Liability Corporations	23.84	70.65	67.74	73.31
股份有限公司	Share-holding Corporations Ltd.	10.36	22.05	24.33	21.08
港澳台商投资单位	Units with Funds from Hong Kong, Macao & Taiwan	0.47	0.85	0.84	0.61
外商投资单位	Foreign Funded Units	0.77	1.56	1.63	1.74
其他	Others	3.12	1.82	1.52	1.25
私营企业	Privite Enterprises		100.19	124.77	136.90
个体	Self-employed Individuals		110.13	119.48	114.87
乡村就业人员	Rural Employed Persons	1065.92	968.23	936.48	918.01
在岗职工人数	**Number of Staff and Workers**	**187.96**	**228.97**	**222.69**	**212.72**
国有单位	State-owned Units	142.46	137.97	136.46	125.70
城镇集体单位	Urban Collective-owned Units	6.76	9.14	7.04	5.47
其他单位	Units of Other Types of Ownership	38.74	81.87	79.19	81.55
城镇单位女性就业人员	**Number of Female Employed Persons in Urban Units**	**63.56**	**86.29**	**88.60**	**84.92**
城镇新增就业人员	**New Increased Urban Employed Persons**	**29.30**	**43.70**	**43.78**	**43.13**
城镇登记失业人数	**Number of Registered Unemployed Persons in Urban Areas**	**10.72**	**9.48**	**9.65**	**9.95**
城镇登记失业率(%)	**Registered Unemployment Rate in Urban Areas (%)**	**3.21**	**2.14**	**2.71**	**2.78**

注：就业人员按常住人口口径统计。

a) Data of employed persons are counted according to the caliber of permanent population.

4-2 就业人员
Employed Persons

单位：万人 (10 000 persons)

年 份 Year	经济活动人口 Economically Active Population	就业人员 Total Employed Persons	按三次产业分 By Three Strata of Industry			按城乡分 By Urban and Rural Areas	
			第一产业 Primary Industry	第二产业 Secondary Industry	第三产业 Tertiary Industry	城镇 Urban Areas	乡村 Rural Areas
1978		694.00				160.40	533.60
1979		713.00				164.00	549.00
1980	804.60	796.00				172.90	623.10
1981	852.80	842.00				182.30	659.70
1982	879.00	870.00				186.80	683.20
1983	998.90	993.80	797.10	108.10	88.60	191.00	802.80
1984	1051.30	1047.00	803.30	124.30	119.40	205.30	841.70
1985	1088.60	1081.40	785.90	153.00	142.50	211.30	870.10
1986	1106.00	1098.90	789.50	178.70	130.70	221.00	877.90
1987	1150.50	1139.70	753.70	171.20	214.80	231.20	908.50
1988	1190.80	1178.80	798.30	188.90	191.60	236.30	942.50
1989	1227.70	1214.00	824.20	183.60	206.20	237.30	976.70
1990	1304.90	1292.40	899.40	186.30	206.70	240.20	1052.20
1991	1313.70	1302.40	900.00	197.60	204.80	257.10	1045.30
1992	1315.40	1305.90	898.50	205.00	202.40	264.10	1041.80
1993	1427.90	1417.80	973.94	232.26	211.60	271.10	1146.70
1994	1449.20	1438.81	936.37	256.80	245.64	281.81	1157.00
1995	1492.40	1483.32	942.30	281.50	259.52	283.33	1199.99
1996	1531.00	1521.46	961.30	288.80	271.36	288.28	1233.18
1997	1538.70	1530.32	945.55	308.47	276.30	284.47	1245.85
1998	1548.10	1539.80	922.30	310.50	307.00	320.10	1219.70
1999	1496.80	1489.00	878.50	297.80	312.70	336.00	1153.00
2000	1484.19	1476.45	880.56	279.78	316.11	320.19	1156.26
2001	1496.33	1488.93	886.66	274.85	327.42	324.37	1164.56
2002	1509.25	1500.59	888.80	278.36	333.43	326.91	1173.68
2003	1520.15	1510.85	890.04	282.23	338.58	332.71	1178.14
2004	1529.99	1520.46	890.61	284.63	345.22	339.27	1181.19
2005	1400.61	1391.36	885.82	203.96	301.58	364.07	1027.29
2006	1411.05	1401.36	886.08	207.26	308.02	371.73	1029.63
2007	1424.27	1414.76	886.48	212.26	316.02	382.73	1032.03
2008	1455.77	1446.34	901.79	218.63	325.92	397.74	1048.60
2009	1498.91	1488.63	923.09	227.16	338.38	413.84	1074.79
2010	1510.28	1499.56	923.88	230.33	345.35	433.64	1065.92
2011	1511.06	1500.26	919.06	231.49	349.71	452.24	1048.02
2012	1501.29	1491.59	901.67	233.28	356.64	492.71	998.88
2013	1514.25	1504.97	891.86	241.55	371.56	514.55	990.42
2014	1529.56	1519.86	881.88	244.71	393.27	539.07	980.78
2015	1545.19	1535.69	876.27	247.39	412.03	567.46	968.23
2016	1558.51	1548.74	866.67	246.56	435.51	591.01	957.73
2017	1563.49	1553.84	852.44	244.26	457.14	617.36	936.48
2018	1565.59	1555.64	838.54	241.16	475.94	637.63	918.01

注：2005 年及以后，就业人员按常住人口口径统计。

a) Since 2005, data of employed persons are counted according to the caliber of permanent population.

4-3 按行业分城镇单位就业人员数(2018)
Number of Employed Persons in Urban Units at Year-end by Sector (2018)

单位：万人　　　　　　　　　　　　　　　　　　　　　　　　(10 000 persons)

项　　目	Item	合计 Total	国有单位 State-owned Units	城镇集体单位 Urban Collective-owned Units	其他单位 Units of Other Types of Ownership
城镇单位就业人员	**Urban Unit Employed Persons**	**246.68**	**141.85**	**6.23**	**98.60**
按企、事业和机关分	**By Enterprises, Institutions and Agencies**				
企业	Enterprises	133.57	29.33	5.95	98.29
事业	Institutions	72.59	72.10	0.25	0.24
机关	Agencies & Organizations	40.38	40.37	0.01	0.01
民间非盈利组织	Folk Non-profit Organization	0.03	0.01		0.02
其他	Other	0.11	0.04	0.03	0.04
按国民经济行业分	**By Sector**				
农、林、牧、渔业	Agriculture, Forestry, Animal Husbandry and Fishery	3.99	3.87		0.12
采矿业	Mining	8.38	2.20	0.16	6.02
制造业	Manufacturing	29.15	1.81	0.42	26.91
电力、热力、燃气及水的生产和供应业	Production and Supply of Electricity, Heat, Gas and Water	12.05	8.78	0.01	3.25
建筑业	Construction	35.59	4.99	3.42	27.18
批发和零售业	Wholesale and Retail Trades	6.99	0.92	0.29	5.78
交通运输、仓储和邮政业	Transport, Storage and Post	14.58	2.37	0.05	12.16
住宿和餐饮业	Hotels and Catering Services	2.66	0.51	0.05	2.11
信息传输、软件和信息技术服务业	Information Transmission, Software and Information Technology Services	2.98	0.88	0.01	2.09
金融业	Financial Intermediation	7.69	2.87	1.30	3.52
房地产业	Real Estate	4.53	0.33	0.06	4.14
租赁和商务服务业	Leasing and Business Services	3.41	1.94	0.18	1.29
科学研究和技术服务业	Scientific Research and Technical Services	6.50	4.76	0.02	1.72
水利、环境和公共设施管理业	Management of Water Conservancy, Environment and Public Facilities	6.41	5.75		0.66
居民服务、修理和其他服务业	Services to Households, Repair and Other Services	0.40	0.24	0.01	0.15
教育	Education	35.59	35.27	0.02	0.30
卫生和社会工作	Health and Social Service	16.64	15.80	0.17	0.67
文化、体育和娱乐业	Culture, Sports and Entertainment	2.67	2.12	0.04	0.51
公共管理、社会保障和社会组织	Public Management, Social Security and Social Organization	46.49	46.44	0.02	0.03

4-4 城镇单位年末在岗职工人数
Number of Staff and Workers in Urban Units at Year-end

单位：万人 (10 000 persons)

行业	Sector	2010	2015	2017	2018
在岗职工人数	**Number of Staff and Workers**	**187.96**	**228.97**	**222.69**	**212.72**
农、林、牧、渔业	Agriculture, Forestry, Animal Husbandry and Fishery	5.19	4.52	3.82	3.33
采矿业	Mining	8.87	10.48	8.43	7.68
制造业	Manufacturing	34.54	32.51	28.52	26.31
电力、热力、燃气及水的生产和供应业	Production and Supply of Electricity, Heat, Gas and Water	6.60	11.02	11.39	10.81
建筑业	Construction	14.32	30.25	26.17	23.06
批发和零售业	Wholesale and Retail Trades	9.93	7.30	6.84	6.36
交通运输、仓储和邮政业	Transport, Storage and Post	1.66	11.48	11.82	13.15
住宿和餐饮业	Hotels and Catering Services	5.59	2.88	2.71	2.23
信息传输、软件和信息技术服务业	Information Transmission, Software and Information Technology Services	1.82	2.13	2.58	2.63
金融业	Financial Intermediation	6.59	6.52	7.23	6.52
房地产业	Real Estate	1.68	4.00	4.42	3.70
租赁和商务服务业	Leasing and Business Services	1.33	1.99	3.40	2.40
科学研究和技术服务业	Scientific Research and Technical Services	5.01	6.43	6.43	5.92
水利、环境和公共设施管理业	Management of Water Conservancy, Environment and Public Facilities	3.05	5.03	5.33	5.37
居民服务、修理和其他服务业	Services to Households, Repair and Other Services	0.22	0.29	0.26	0.37
教育	Education	33.40	37.25	36.54	34.18
卫生和社会工作	Health and Social Services	9.66	12.43	12.82	14.28
文化、体育和娱乐业	Culture, Sports and Entertainment	2.76	2.29	2.58	2.38
公共管理、社会保障和社会组织	Public Management, Social Security and Social Organization	35.73	40.17	41.41	42.01

4-5 按行业分城镇单位年末在岗职工人数(2018)

Number of Staff and Workers in Urban Units at Year-end by Status of Registration and Sector in Detail (2018)

单位：人 (person)

项 目	Item	年末在岗职工人数 Number of Staff and Workers	国有单位 State-owned Units	城镇集体单位 Urban Collective-owned Units	其他单位 Units of Other Types of Ownership
在岗职工人数	**Number of Staff and Workers**	**2127167**	**1256962**	**54739**	**815466**
按企、事业和机关分	**By Enterprises, Institutions and Agencies**				
企业	Enterprises	1097834	232209	52715	812910
事业	Institutions	664036	660474	1732	1830
机关	Agencies & Organizations	364032	363907	60	115
民间非盈利组织	Folk Non-profit Organizations	233	45		188
其他	Other	982	327	232	423
按国民经济行业分	**By Sector**				
农、林、牧、渔业	**Agricultrue, Forestry, Animal Husbadry and Fishery**	**33304**	**32100**		**1204**
农业	Agricultrue	8888	8413		475
林业	Forestry	10087	10029		58
畜牧业	Animal Husbandry	512	504		8
渔业	Fishery	17	17		
农、林、牧、渔服务业	Services in Support of Agriculture	13800	13137		663
采矿业	**Mining**	**76776**	**18788**	**1586**	**56402**
煤炭开采及洗选业	Mining and Washing of Coal	51682	3860	1478	46344
石油和天然气开采业	Extraction of Petroleum and Natural Gas	14793	14313		480
黑色金属矿采选业	Mining and Processing of Ferrous Metal Ores	2795			2795
有色金属矿采选业	Mining and Processing of Non-Ferrous Metal Ores	4983	615	108	4260
非金属矿采选业	Mining and Processing of Non-metal Ores	1522			1522
开采辅助活动	Support Activities for Mining	1001			1001
其他采矿业	Mining of Other Ores				
制造业	**Manufacturing**	**263118**	**16759**	**3251**	**243108**
农副食品加工业	Processing of Food from Agricultural Products	10416	157	182	10077
食品制造业	Manufacture of Foods	4281	4		4277
酒、饮料和精茶制造业	Manufacture of Liquor, Beverages and Refined Tea	11646	545	30	11071
烟草制品业	Manufacture of Tobacco	2659	596		2063
纺织业	Manufacture of Textile	1762		4	1758
纺织服装、服饰业	Manufacture of Textile, Wearing Apparel and Accessories	1006	249	85	672
皮革、毛皮、羽毛(绒)及其制品和制鞋业	Manufacture of Leather, Fur, Feather and Related Products and Footwear	504		66	438
木材加工及木、竹、藤、棕、草制品业	Processing of Timber, Manufacture of Wood, Bamboo, Rattan, Palm and Straw Products	131			131
家具制造业	Manufacture of Furniture	379		12	367

4-5 续表 1 continued

单位：人 (person)

项目	Item	年末在岗职工人数 Number of Staff and Workers	国有单位 State-owned Units	城镇集体单位 Urban Collective-owned Units	其他单位 Units of Other Types of Ownership
造纸及纸制品业	Manufacture of Paper and Paper Products	187			187
印刷业和记录媒介复制业	Printing and Reproduction of Recording Media	2012	1577	156	279
文教、工美、体育和娱乐用品制造业	Manufacture of Articles for Culture, Education, Arts and Crafts, Sport and Entertainment Activities	417		23	394
石油加工、炼焦和核燃料加工业	Processing of Petroleum, Coking and Processing of Nucleus Fuel	32465	6716	40	25709
化学原料及化学制品制造业	Manufacture of Raw Chemical Materials and Chemical Products	17014	1394	1358	14262
医药制造业	Manufactare of Medicines	9897	143		9754
化学纤维制造业	Manufacture of Chemical Fibres	520	322		198
橡胶和塑料制品业	Manufacture of Rubber and Plastic Products	3083	32	53	2998
非金属矿物制品业	Manufacture of Non-metallic Mineral Products	26542	504	900	25138
黑色金属冶炼和压延 加工业	Smelting and Pressing of Ferrous Metals	27804			27804
有色金属冶炼和压延 加工业	Smelting and Pressing of Non-ferrous Metals	61934	1453		60481
金属制品业	Manufacture of Metal Products	3001	244	33	2724
通用设备制造业	Manufacture of General Purpose Machinery	11139	424	48	10667
专用设备制造业	Manufacture of Special Purpose Machinery	13130	60		13070
汽车制造业	Manufacture of Automobile	848			848
铁路、船舶、航空航天和其他运输设备制造业	Manufacture of Railway, Ships, Aerospace and Other Transport Equipments	983	650	43	290
电气机械及器材制造业	Manufacture of Electrical Machinery and Apparatus	9527	767	59	8701
计算机、通讯和其他电子设备制造业	Manufacture of Computers, Communication and Other Electronic Equipment	6569	123		6446
仪器仪表制造业	Manufacture of Measuring Instruments and Machinery	285		50	235
其他制造业	Other Manufacture	140	121		19
废弃资源综合利用业	Utilization of Waste Resources	738	8	109	621
金属制品、机械和设备修理业	Repair Service of Metal Products, Machinery and Equipment	2099	670		1429
电力、燃气及水的生产和供应业	**Production and Supply of Electricity, Heat, Gas and Water**	**108115**	**79340**	**104**	**28671**
电力、热力生产和供应业	Production and Supply of Electric Power and Heat Power	95483	72493	89	22901
燃气生产和供应业	Production and Supply of Gas	2904			2904
水的生产和供应业	Production and Supply of Water	9728	6847	15	2866
建筑业	**Construction**	**230639**	**20212**	**30274**	**180153**
房屋建筑业	Construction of Buildings	168645	10975	28901	128769
土木工程建筑业	Civil Engineering	47577	6096	556	40925

4-5 续表 2 continued

单位：人 (person)

项目	Item	年末在岗职工人数 Number of Staff and Workers	国有单位 State-owned Units	城镇集体单位 Urban Collective-owned Units	其他单位 Units of Other Types of Ownership
建筑安装业	Building Installation	9988	2788	332	6868
建筑装饰业和其他建筑业	Building Decoration and Other Construction	4429	353	485	3591
批发和零售业	**Wholesale and Retail Trades**	**63624**	**8520**	**2403**	**52701**
批发业	Wholesale Trade	25584	5969	1107	18508
零售业	Retail Trade	38040	2551	1296	34193
交通运输、仓储和邮政业	**Transport, Storage and Post**	**131541**	**19627**	**359**	**111555**
铁路运输业	Railway Transport	77676	6		77670
道路运输业	Road Transport	42303	13013	235	29055
水上运输业	Water Transport	174	119		55
航空运输业	Air Transport	1635			1635
管道运输业	Transport Via Pipelines				
装卸搬运与运输代理业	Loading, Unloading and Forwarding Agency	356	51		305
仓储业	Storage	3255	900	124	2231
邮政业	Post	6142	5538		604
住宿和餐饮业	**Hotels and Catering Services**	**22309**	**4577**	**436**	**17296**
住宿业	Hotels	15111	4001	366	10744
餐饮业	Catering Services	7198	576	70	6552
信息传输、软件和信息技术服务业	**Information Transmission, Software and Information Technology Services**	**26302**	**7784**	**43**	**18475**
电信、广播电视和卫星传输服务	Telecommunication, Radio and Television, Satellite Transmission Services	23541	7634	43	15864
互联网和相关服务	Internet and Related Services	188	98		90
软件和信息技术服务业	Software and Information Technology Services	2573	52		2521
金融业	**Financial Intermediation**	**65227**	**25698**	**11953**	**27576**
货币金融服务	Monetary and Financial Service	52277	23300	11771	17206
资本市场服务	Capital Markets Service	75	64		11
保险业	Insurance	12775	2234	182	10359
其他金融活动	Other Financial Activities	100	100		
房地产业	**Real Estate**	**36985**	**2810**	**475**	**33700**
租赁和商务服务业	**Leasing and Business Services**	**24042**	**12699**	**1729**	**9614**
租赁业	Leasing	734	22	31	681
商务服务业	Business Services	23308	12677	1698	8933

4-5 续表 3 continued

单位：人 (person)

项 目	Item	年末在岗职工人数 Number of Staff and Workers	国有单位 State-owned Units	城镇集体单位 Urban Collective-owned Units	其他单位 Units of Other Types of Ownership
科学研究和技术服务业	**Scientific Research and Technical Services**	**59197**	**44790**	**212**	**14195**
研究与试验发展	Research and Experimental Development	11404	10714		690
专业技术服务业	Professional Technical Services	38880	25506	168	13206
科技推广和应用服务业	Science and Technology Popularization and Application Services	8913	8570	44	299
水利、环境和公共设施管理业	**Management of Water Conservancy, Environment and Public Facilities**	**53673**	**47585**		**6088**
水利管理业	Management of Water Conservancy	17994	17724		270
生态保护和环境治理业	Ecological Protection and Environmental Treatment	4511	4511		
公共设施管理业	Management of Public Facilities	31168	25350		5818
居民服务、修理和其他服务业	**Service to Households, Repair and Other Services**	**3705**	**2182**	**71**	**1452**
居民服务业	Services to Households	1756	770	24	962
机动车、电子产品和日用产品修理业	Repair of Motor Vehicle, Electronics and Household Products	313	285	25	3
其他服务业	Other Services	1636	1127	22	487
教育	**Education**	**341787**	**338975**	**174**	**2638**
卫生和社会工作	**Health and Social Services**	**142848**	**135968**	**1112**	**5768**
文化、体育和娱乐业	**Culture, Sports and Entertainment**	**23833**	**18701**	**348**	**4784**
新闻和出版业	Journalism and Publishing Activities	4363	2327	69	1967
广播、电视、电影和影视录音制作业	Radio, Television, Motion Picture and Videotape Programme	6451	5825	7	619
文化艺术业	Cultural and Art Activities	11234	9469	272	1493
体育	Sports Activities	970	935		35
娱乐业	Entertainment	815	145		670
公共管理、社会保障和社会组织	**Public Management, Social Security and Social Organization**	**420142**	**419847**	**209**	**86**
中国共产党机关	Organs of Communist Party of China	23820	23820		
国家机构	Government Agencies	385218	384964	191	63
人民政协和民主党派	People's Political Consultative Conference and Democratic Parties	3246	3246		
社会保障	Social Security	1905	1905		
群众团体、社会团体和其他成员组织	Non-Governmental Organizations, Social Organizations and Other Member Organizations	5953	5912	18	23
基层群众自治组织	Grass Roots Self-Governing Organizations				

4-6 城镇登记失业人数及失业率
Registered Unemployment Persons and Unemployment Rate in Urban Areas

单位：万人 (10 000 persons)

年 份 Year	城镇登记失业人数 Number of Registered Unemployed Persons in Urban Areas	城镇登记失业率(%) Registered Unemployment Rate in Urban Areas (%)	城镇新增就业人员 Newly Increased Urban Employee	城镇失业人员实现再就业人数 Number of Re-employment of Urban Laid-off Workers	城镇就业困难对象再就业人数 Number of Re-employment of the Object of Urban Employment Difficulties
2006	9. 69	3. 63	18. 40	7. 40	2. 50
2007	9. 51	3. 34	22. 70	9. 20	3. 60
2008	9. 43	3. 20	25. 60	11. 70	4. 80
2009	10. 28	3. 25	27. 80	10. 90	4. 40
2010	10. 72	3. 21	29. 30	10. 90	4. 70
2011	10. 80	3. 11	29. 55	11. 70	4. 60
2012	9. 78	2. 68	36. 00	13. 60	5. 20
2013	9. 28	2. 35	43. 46	16. 10	5. 89
2014	9. 71	2. 19	43. 50	15. 81	5. 19
2015	9. 48	2. 14	43. 70	16. 80	4. 80
2016	9. 77	2. 20	43. 70	14. 90	4. 80
2017	9. 65	2. 71	43. 78	15. 70	3. 70
2018	9. 95	2. 78	43. 13	16. 50	4. 20

4-7 城镇单位就业人员工资总额
Total Wage Bill of Employed Persons in Urban Units

单位：万元 (10 000 yuan)

年 份 Year	工资总额 Total Wage Bill	国有单位 State-owned Units	城镇集体单位 Urban Collective-owned Units	其他单位 Units of Other Types of Ownership
2005	2838270	2450917	117662	269691
2006	3296705	2552452	104095	640158
2007	3925014	3104484	107857	712673
2008	4610436	3613034	116787	880615
2009	5177207	4129160	139368	908679
2010	5689458	4443116	155806	1090536
2011	6240152	4775310	197167	1267675
2012	7967933	6066343	264201	1637389
2013	11105296	6735143	374031	3996122
2014	12472598	7628223	375881	4468494
2015	13851432	8860878	390032	4600522
2016	14956853	9836352	356876	4763625
2017	16239401	10786806	338019	5114577
2018	17306537	10700469	302495	6303573

4-8 城镇单位就业人员工资总额指数
Indices of Total Wage Bill of Employed Persons in Urban Units

(上年=100) (preceding year=100)

年份 Year	工资总额指数 Indices of Total Wage Bill	国有单位 State-owned Units	城镇集体单位 Urban Collective-owned Units	其他单位 Units of Other Types of Ownership
2005	111.99	169.56	95.74	110.45
2006	116.15	104.14	88.47	237.37
2007	119.06	121.63	103.61	111.33
2008	117.46	116.38	108.28	123.57
2009	112.29	114.29	119.34	103.19
2010	109.89	107.60	111.79	120.01
2011	109.68	107.48	126.55	116.24
2012	127.69	127.04	134.00	129.16
2013	139.37	111.02	141.57	244.05
2014	112.31	113.26	100.49	111.82
2015	111.05	116.16	103.76	102.95
2016	107.98	111.01	91.50	103.55
2017	108.57	109.66	94.72	107.37
2018	106.57	99.20	89.49	123.25

4-9 城镇单位就业人员平均工资
Average Wage of Employed Persons in Urban Units

单位：元 (yuan)

年份 Year	平均工资 Average Wage	#在岗职工 Staff and Workers	国有单位 State-owned Units	城镇集体单位 Urban Collective-owned Units	其他单位 Units of Other Types of Ownership
2005	14654	14939	15840	9089	11626
2006	16843	17246	17108	11411	15313
2007	20657	20987	21968	12858	17681
2008	23524	24017	24625	15761	20801
2009	26743	27177	28082	18914	23191
2010	29096	29588	29889	22084	27375
2011	32092	32906	33232	28129	32565
2012	37679	38440	38401	32580	36074
2013	42833	44109	45636	32822	39834
2014	46960	48470	49614	34257	44297
2015	52942	54454	57888	37465	46869
2016	57575	59549	63930	38772	49255
2017	63374	65726	70549	43138	53549
2018	70695	73704	75730	48721	64786

4-10 城镇单位就业人员平均工资指数
Indices of Average Wage of Employed Persons in Urban Units

（上年=100） (preceding year = 100)

年份 Year	平均工资指数 Indices of Average Wage					平均实际工资指数 Indices of Average Real Wage				
	平均工资 Average Wage	#在岗职工 Staff and Workers	国有单位 State-owned Units	城镇集体单位 Urban Collective-owned Units	其他单位 Units of Other Types of Ownership	平均工资 Average Wage	#在岗职工 Staff and Workers	国有单位 State-owned Units	城镇集体单位 Urban Collective-owned Units	其他单位 Units of Other Types of Ownership
2005	109.95	109.66	110.05	110.96	101.14	108.11	107.83	108.21	109.11	99.45
2006	114.94	115.44	108.01	125.55	131.71	113.46	113.96	106.62	123.94	130.02
2007	122.64	121.69	128.41	112.68	115.46	116.25	115.35	121.72	106.81	109.44
2008	113.88	114.44	112.09	122.58	117.65	105.25	105.77	103.60	113.29	108.73
2009	113.68	113.16	114.04	120.01	111.49	112.22	111.71	112.58	118.47	110.06
2010	108.80	108.87	106.43	116.76	118.04	104.51	104.58	102.24	112.16	113.39
2011	110.30	111.21	111.18	127.37	118.96	104.15	105.01	104.99	120.27	112.33
2012	117.41	117.21	115.55	115.82	110.78	114.32	114.13	112.51	112.78	107.87
2013	113.70	114.70	118.80	100.70	110.40	110.17	111.14	115.12	97.58	106.98
2014	109.64	109.89	108.72	104.37	111.20	107.38	107.63	106.48	102.23	108.92
2015	112.74	112.35	116.68	109.36	105.81	110.96	110.58	114.84	107.64	104.14
2016	108.75	109.36	110.44	103.49	105.09	107.36	107.95	109.02	102.16	103.74
2017	110.07	110.37	110.35	111.26	108.72	108.55	108.85	108.83	109.72	107.22
2018	111.55	112.14	112.66	116.25	124.39	109.36	109.94	110.45	113.97	121.95

4-11 按行业分城镇单位就业人员工资总额(2018)
Total Wage Bill of Employed Persons in Urban Units by Sector (2018)

单位：万元 (10 000 yuan)

项　目	Item	工资总额 Total Wage Bill	国有单位 State-owned Units	城镇集体单位 Urban Collective-owned Units	其他单位 Units of Other Types of Ownership
城镇单位就业人员工资总额	**Total Wage Bill of Employed Persons in Urban Units**	**17306537**	**10700469**	**302495**	**6303573**
按企、事业和机关分	**By Enterprises, Institutions and Agencies**				
企业	Enterprises	8666401	2098439	285500	6282462
事业	Institutions	5547400	5516314	14785	16301
机关	Agencies & Organizations	3083953	3082161	584	1208
民间非盈利组织	Folk Non-profit Organization	1182	467		715
其他	Other	7602	3088	1627	2887
按国民经济行业分	**By Sector**				
农、林、牧、渔业	Agriculture, Forestry, Animal Husbandry and Fishery	189117	184105		5012
采矿业	Mining	706920	213270	6760	486889
制造业	Manufacturing	1998949	160688	26253	1812009
电力、热力、燃气及水的生产和供应业	Production and Supply of Electricity, Heat, Gas and Water	932067	685231	414	246422
建筑业	Construction	1769596	263465	131514	1374617
批发和零售业	Wholesale and Retail Trades	357908	70971	9369	277568
交通运输、仓储和邮政业	Transport, Storage and Post	1175075	148171	1746	1025159
住宿和餐饮业	Hotels and Catering Services	100412	19736	1451	79224
信息传输、软件和信息技术服务业	Information Transmission, Software and Information Technology Services	222526	56533	257	165737
金融业	Financial Intermediation	557002	216875	90493	249634
房地产业	Real Estate	230472	21431	1986	207055
租赁和商务服务业	Leasing and Business Services	201249	118550	13640	69060
科学研究和技术服务业	Scientific Research and Technical Services	610915	424234	2258	184422
水利、环境和公共设施管理业	Management of Water Conservancy, Environment and Public Facilities	346407	325324		21083
居民服务、修理和其他服务业	Service to Households, Repair and Other Services	22749	17006	367	5375
教育	Education	2982000	2959483	970	21547
卫生和社会工作	Health and Social Service	1236780	1181011	11540	44229
文化、体育和娱乐业	Culture, Sports and Entertainment	188262	158731	2622	26909
公共管理、社会保障和社会组织	Public Management, Social Security and Social Organization	3478132	3475655	855	1622

4-12 按行业分城镇单位就业人员平均工资(2018)
Average Wage of Employed Persons in Urban Units by Sector (2018)

单位:元 (yuan)

项 目	Item	平均工资 Average Wage	国有单位 State-owned Units	城镇集体单位 Urban Collective-owned Units	其他单位 Units of Other Types of Ownership
城镇单位就业人员平均工资	**Average Wage of Employed Persons in Urban Units**	**70695**	**75730**	**48721**	**64786**
按企、事业和机关分	**By Enterprises, Institutions and Agencies**				
企业	Enterprises	65714	72450	48136	64778
事业	Institutions	76481	76563	60569	67836
机关	Agencies & Organizations	76608	76598	94226	98975
民间非盈利组织	Folk Non-profit Organization	45318	64889		38435
其他	Other	69237	77593	59586	67618
按国民经济行业分	**By Sector**				
农、林、牧、渔业	Agriculture, Forestry, Animal Husbandry and Fishery	47010	47177		41592
采矿业	Mining	84148	96293	47407	80564
制造业	Manufacturing	68310	88014	60602	67102
电力、热力、燃气及水的生产和供应业	Production and Supply of Electricity, Heat, Gas and Water	77781	78318	39827	76445
建筑业	Construction	51863	57360	38540	52637
批发和零售业	Wholesale and Retail Trades	51200	76601	32086	48090
交通运输、仓储和邮政业	Transport,Storage and Post	81723	62493	32754	85755
住宿和餐饮业	Hotels and Catering Services	38162	39245	31825	38039
信息传输、软件和信息技术服务业	Information Transmission,Software and Information Technology Services	75412	64824	45804	79946
金融业	Financial Intermediation	72637	75606	70052	71161
房地产业	Real Estate	50407	64805	34007	49498
租赁和商务服务业	Leasing and Business Services	59299	61099	71827	54653
科学研究和技术服务业	Scientific Research and Technical Services	94087	88665	94891	109475
水利、环境和公共设施管理业	Management of Water Conservancy, Environment and Public Facilities	54623	56526		35947
居民服务、修理和其他服务业	Service to Households, Repair and Other Services	57058	72398	47714	34435
教育	Education	83981	84072	44505	75736
卫生和社会工作	Health and Social Service	74842	75227	70025	66892
文化、体育和娱乐业	Culture, Sports and Entertainment	69608	75047	75986	48485
公共管理、社会保障和社会组织	Public Management,Social Security and Social Organization	74866	74890	40904	59838

4-13 按行业分城镇私营单位就业人员平均工资
Average Wage of Employed Persons in Urban Private Units by Sector

单位：元 (yuan)

项目	Item	2015	2017	2018
甘肃省	**Gansu**	**31091**	**37704**	**39834**
农、林、牧、渔业	Agriculture, Forestry, Animal Husbandry and Fishery	26297	31571	32272
采矿业	Mining	34446	39572	41806
制造业	Manufacturing	32110	37642	39645
电力、热力、燃气及水的生产和供应业	Production and Supply of Electricity, Heat, Gas and Water	33692	37688	43186
建筑业	Construction	30687	36270	38152
批发和零售业	Wholesale and Retail Trades	33872	40643	39833
交通运输、仓储和邮政业	Transport, Storage and Post	30261	39652	40033
住宿和餐饮业	Hotels and Catering Services	26854	37017	38111
信息传输、软件和信息技术服务业	Information Transmission, Software and Information Technology Services	30890	35310	40879
金融业	Financial Intermediation	29668	39157	45113
房地产业	Real Estate	27716	38002	44128
租赁和商务服务业	Leasing and Business Services	33373	39310	44883
科学研究和技术服务业	Scientific Research and Technical Services	35573	51435	55163
水利、环境和公共设施管理业	Management of Water Conservancy, Environment and Public Facilities	32320	41894	40483
居民服务、修理和其他服务业	Service to Households, Repair and Other Services	25121	32035	37219
教育	Education	29412	38304	44615
卫生和社会工作	Health and Social Service	30324	36604	42286
文化、体育和娱乐业	Culture, Sports and Entertainment	26491	35592	34905
公共管理、社会保障和社会组织	Public Management, Social Security and Social Organization			

4-14 按行业分在岗职工工资总额(2018)
Total Wages of Staff and Workers by Sector (2018)

单位：万元 (10 000 yuan)

项目	Item	工资总额 Total Wage Bill	国有单位 State-owned Units	城镇集体单位 Urban Collective-owned Units	其他单位 Units of Other Types of Ownership
工资总额	**Total**	**15903370**	**10162815**	**274268**	**5466287**
按企、事业和机关分	**By Enterprises, Institutions and Agencies**				
企业	Enterprises	7528633	1821896	259256	5447480
事业	Institutions	5374501	5347450	12990	14061
机关	Agencies & Organizations	2992029	2990257	584	1188
民间非盈利组织	Folk Non-profit Organization	1101	390		710
其他	Other	7107	2822	1438	2847
按国民经济行业分	**By Sector**				
农、林、牧、渔业	Agriculture, Forestry, Animal Husbandry and Fishery	180015	175005		5010
采矿业	Mining	665679	190892	6760	468027
制造业	Manufacturing	1865826	153612	21897	1690317
电力、热力、燃气及水的生产和供应业	Production and Supply of Electricity, Heat, Gas and Water	878875	648248	414	230213
建筑业	Construction	1147420	124599	115116	907706
批发和零售业	Wholesale and Retail Trades	335255	68469	8287	258500
交通运输、仓储和邮政业	Transport, Storage and Post	1110966	128738	1501	980727
住宿和餐饮业	Hotels and Catering Services	88004	17893	1364	68747
信息传输、软件和信息技术服务业	Information Transmission, Software and Information Technology Services	205005	51980	207	152819
金融业	Financial Intermediation	491915	206896	87300	197719
房地产业	Real Estate	197794	19980	1791	176024
租赁和商务服务业	Leasing and Business Services	161203	94328	13013	53862
科学研究和技术服务业	Scientific Research and Technical Services	580250	412788	2212	165251
水利、环境和公共设施管理业	Management of Water Conservancy, Environment and Public Facilities	317783	298791		18992
居民服务、修理和其他服务业	Service to Households, Repair and Other Services	21892	16404	351	5138
教育	Education	2948861	2927624	844	20393
卫生和社会工作	Health and Social Service	1155662	1105969	9773	39920
文化、体育和娱乐业	Culture, Sports and Entertainment	178708	150141	2585	25982
公共管理、社会保障和社会组织	Public Management, Social Security and Social Organization	3372258	3370461	855	942

4-15 历年职工平均工资及指数
Average Wage of Staff and Workers and Related Indices

年份 Year	平均货币工资(元) Average Money Wage (yuan)				指数(上年=100) Indices (preceding year=100)							
					货币工资 Average Money Wage				实际工资 Average Real Wage			
	平均工资 Average Wage	国有单位 State-owned Units	城镇集体单位 Urban Collective-owned Units	其他单位 Units of Other Types of Ownership	平均工资 Average Wage	国有单位 State-owned Units	城镇集体单位 Urban Collective-owned Units	其他单位 Units of Other Types of Ownership	平均工资 Average Wage	国有单位 State-owned Units	城镇集体单位 Urban Collective-owned Units	其他单位 Units of Other Types of Ownership
1978	708	751	437									
1979	792	824	557		111.8	109.7	127.5		110.7	108.6	126.2	
1980	875	896	676		110.5	108.7	121.4		105.0	103.3	115.4	
1981	878	904	676		100.3	100.9	100.0		98.1	98.7	97.8	
1982	907	937	649		103.3	103.6	96.0		102.2	102.5	95.0	
1983	944	973	702		104.1	103.8	108.2		103.7	103.4	107.8	
1984	1200	1251	866		127.1	128.6	123.4		123.0	124.5	119.5	
1985	1363	1400	1116	1640	113.6	111.9	128.9		102.7	101.2	116.5	
1986	1555	1630	1090	1848	114.1	116.4	97.7	112.7	106.6	108.8	91.3	105.3
1987	1680	1761	1188	1880	108.0	108.0	109.0	101.7	99.6	99.6	100.6	93.8
1988	1949	2040	1400	2331	116.0	115.8	117.8	124.1	96.2	96.0	97.7	102.9
1989	2207	2317	1577	1927	113.2	113.5	112.6	82.7	95.8	96.0	95.3	70.0
1990	2407	2546	1675	2058	109.1	109.9	106.2	106.8	107.1	107.9	104.2	104.8
1991	2566	2706	1918	2155	106.6	106.3	114.5	104.7	100.9	100.6	108.3	99.1
1992	2902	3077	2127	2205	113.1	113.7	110.9	102.3	105.4	106.0	103.4	95.3
1993	3422	3627	2457	3389	117.9	117.9	115.5	153.7	102.3	102.3	100.3	133.4
1994	4796	5059	3506	4409	140.2	139.5	142.7	130.1	112.5	112.0	114.5	104.4
1995	5493	5747	3944	6534	114.5	113.6	112.5	148.2	96.3	95.5	94.6	124.6
1996	5882	6131	4471	6734	107.1	106.7	113.4	103.1	97.1	96.7	102.8	93.5
1997	6182	6445	4598	6703	105.1	105.1	102.8	99.5	102.2	102.2	100.0	96.8
1998	6418	6757	4774	5528	103.8	104.8	103.8	82.5	104.8	105.9	104.8	83.3
1999	6928	7311	5118	5837	107.9	108.2	107.2	105.6	111.0	111.3	110.3	108.6
2000	7913	8278	6228	6504	114.2	113.2	121.7	111.4	115.1	114.1	122.7	112.3
2001	9177	9690	5929	8244	116.0	113.2	95.2	126.8	112.6	109.9	92.4	123.1
2002	10272	10925	6127	8712	111.9	112.7	103.3	105.7	112.7	113.5	104.0	106.4
2003	11419	12079	6674	10115	111.2	110.6	108.9	116.1	110.2	109.6	107.9	115.1
2004	12711	13427	7676	10957	111.3	111.2	115.0	108.3	109.9	109.8	113.5	106.9
2005	14939	15840	9291	11827	117.5	118.0	121.0	107.9	116.1	116.6	119.6	106.6
2006	17246	18108	11514	15515	115.4	114.3	123.9	131.2	114.1	112.9	122.4	129.6
2007	20987	22314	12979	17948	121.7	123.2	112.7	115.7	115.7	117.1	107.1	110.0
2008	24017	25284	16179	20966	114.4	113.3	124.7	116.8	105.9	104.9	115.5	108.1
2009	27177	28565	19453	23360	113.2	113.0	120.2	111.4	112.2	112.0	119.1	110.4
2010	29588	30475	22249	27616	108.9	106.7	114.4	118.2	104.3	102.2	109.6	113.2
2011	32906	33232	28129	32565	111.2	109.0	126.4	117.9	104.9	102.8	119.2	111.2
2012	38440	39177	32524	36896	116.8	117.9	115.6	113.3	113.7	114.8	112.6	110.3
2013	44109	47050	33040	40833	114.7	120.1	101.6	110.7	111.1	116.4	98.4	107.3
2014	48470	51366	34978	45437	109.9	109.2	105.9	111.3	107.6	106.9	103.7	109.0
2015	54454	59989	37625	47365	112.3	116.8	107.6	104.2	110.6	114.9	105.9	102.6
2016	59549	66511	38907	50093	109.4	110.9	103.4	105.8	108.0	109.4	102.1	104.4
2017	65726	73328	43892	54974	110.4	110.2	112.8	109.7	108.8	108.7	111.3	108.2
2018	73704	79483	50146	66612	112.1	108.4	114.2	121.2	109.9	106.3	112.0	118.8

注：2005年起职工工资为在岗职工平均工资。

a) Since 2005, data in this table are average wage of staff and workers.

4－16　按行业分在岗职工平均工资(2018)
Average Wage of Staff and Workers by Sector(2018)

单位：元　(yuan)

项　　目	Item	平均工资 Average Wage	国有单位 State-owned Units	城镇集体单位 Urban Collective-owned Units	其他单位 Units of Other Types of Ownership
职工平均工资	**Per Capita Wage of Staff and Workers**	**73704**	**79483**	**50146**	**66612**
按企、事业和机关分	**By Enterprises, Institutions and Agencies**				
企业	Enterprises	67600	74650	49312	66597
事业	Institutions	80325	80366	73363	73024
机关	Agencies & Organizations	81369	81360	94226	103287
民间非盈利组织	Folk Non-profit Organization	48268	86689		38820
其他	Other	71160	87093	57069	67618
按国民经济行业分	**By Sector**				
农、林、牧、渔业	Agriculture, Forestry, Animal Husbandry and Fishery	53130	53553		41611
采矿业	Mining	85880	97874	47407	82602
制造业	Manufacturing	69511	89394	61956	68257
电力、热力、燃气及水的生产和供应业	Production and Supply of Electricity, Heat, Gas and Water	78683	79215	39827	77359
建筑业	Construction	52384	58865	38611	53323
批发和零售业	Wholesale and Retail Trades	52574	79126	33850	49109
交通运输、仓储和邮政业	Transport, Storage and Post	82917	63087	41922	86840
住宿和餐饮业	Hotels and Catering Services	39129	39177	31348	39302
信息传输、软件和信息技术服务业	Information Transmission, Software and Information Technology Services	77170	65365	45804	82312
金融业	Financial Intermediation	74887	79941	72802	71086
房地产业	Real Estate	51220	68576	36820	50064
租赁和商务服务业	Leasing and Business Services	61865	64307	72188	56545
科学研究和技术服务业	Scientific Research and Technical Services	95790	90163	104335	111899
水利、环境和公共设施管理业	Management of Water Conservancy, Environment and Public Facilities	59107	61824		35662
居民服务、修理和其他服务业	Service to Households, Repair and Other Services	57651	73796	47714	34318
教育	Education	86178	86265	44505	78430
卫生和社会工作	Health and Social Service	80113	80575	86715	68463
文化、体育和娱乐业	Culture, Sports and Entertainment	72227	78276	78091	49358
公共管理、社会保障和社会组织	Public Management, Social Security and Social Organization	79395	79426	40904	60210
国际组织	International Organizations				

4-17 各地区就业再就业工作情况(2018)
Work Situation of Employment and Re-employment by Region (2018)

单位：人 (person)

地 区	Region	城镇新增就业人员 Newly Increased Urban Employee	城镇失业人员再就业人数 Number of Re-employment of Urban Laid-off Workers	城镇就业困难对象再就业人数 Number of Re-employment of the Object of Urban Employment Difficulties	城镇登记失业率(%) Registered Unemployment Rate in Urban Areas (%)
兰州市	Lanzhou	94778	48090	7960	2.09
嘉峪关市	Jiayuguan	8381	1580	453	2.78
金昌市	Jinchang	15122	13311	2190	2.87
白银市	Baiyin	45598	9378	4268	2.16
天水市	Tianshui	55154	13278	5483	3.10
武威市	Wuwei	24893	8673	3701	3.07
张掖市	Zhangye	25204	23913	2404	2.60
平凉市	Pingliang	33180	9362	3322	3.49
酒泉市	Jiuquan	22460	7220	1135	2.47
庆阳市	Qingyang	39620	12876	4205	2.74
定西市	Dingxi	19989	4512	1247	3.29
陇南市	Longnan	20925	3365	679	3.93
临夏州	Linxia	23038	2475	2203	3.12
甘南州	Gannan	5155	2502	1715	3.30

4-18 各地区按行业分城镇单位就业人员数(2018)
Number of Employed Persons in Urban Units at Year-end by Sector and Region(2018)

单位：万人 (10 000 persons)

地 区	Region	合计 Total	农、林、牧、渔业 Agriculture, Forestry, Animal Husbandry and Fishery	采矿业 Mining	制造业 Manufacturing	电力、热力、燃气及水的生产和供应业 Production and Supply of Electricity, Heat, Gas and Water	建筑业 Construction	批发和零售业 Wholesale and Retail Trades
甘肃省	**Gansu**	**246.68**	**3.99**	**8.38**	**29.15**	**12.05**	**35.59**	**6.99**
兰州市	Lanzhou	78.31	0.06	0.97	8.76	5.58	14.15	3.19
嘉峪关市	Jiayuguan	6.17	0.01		3.49	0.31	0.23	0.11
金昌市	Jinchang	9.78	0.25		3.94	0.24	2.34	0.13
白银市	Baiyin	15.60	0.18	1.70	2.20	0.80	2.10	0.23
天水市	Tianshui	22.39	0.88	0.05	3.33	0.62	3.01	0.94
武威市	Wuwei	12.66	0.26	0.19	1.14	0.51	1.98	0.29
张掖市	Zhangye	10.33	0.26	0.33	0.77	0.45	0.94	0.29
平凉市	Pingliang	16.15	0.36	2.60	0.42	0.62	2.11	0.27
酒泉市	Jiuquan	11.76	0.39	0.18	1.91	0.46	1.42	0.39
庆阳市	Qingyang	16.21	0.04	1.91	0.28	0.60	2.10	0.40
定西市	Dingxi	13.14	0.09	0.05	0.93	0.37	1.51	0.22
陇南市	Longnan	13.72	0.28	0.37	0.96	0.51	1.25	0.30
临夏州	Linxia	12.66	0.09	0.01	0.37	0.68	2.18	0.15
甘南州	Gannan	7.33	0.82	0.01	0.24	0.32	0.28	0.08

4-18 续表 1 continued

单位：万人 (10 000 persons)

地 区	Region	交通运输、仓储和邮政业 Transport, Storage and Post	住宿和餐饮业 Hotels and Catering Services	信息传输、软件和信息技术服务业 Information Transmission, Software and Information Technology Services	金融业 Financial Intermediation	房地产业 Real Estate	租赁和商务服务业 Leasing and Business Services	科学研究和技术服务业 Scientific Research and Technical Services
甘肃省	**Gansu**	**14.58**	**2.66**	**2.98**	**7.69**	**4.53**	**3.41**	**6.50**
兰州市	Lanzhou	10.96	1.09	1.21	2.47	2.75	2.44	3.86
嘉峪关市	Jiayuguan	0.09	0.09	0.04	0.19	0.04	0.12	0.10
金昌市	Jinchang	0.13	0.04	0.10	0.19	0.06	0.02	0.06
白银市	Baiyin	0.30	0.03	0.09	0.50	0.20	0.05	0.10
天水市	Tianshui	0.44	0.28	0.28	0.55	0.37	0.07	0.57
武威市	Wuwei	0.21	0.07	0.12	0.47	0.18	0.17	0.22
张掖市	Zhangye	0.26	0.12	0.12	0.31	0.20	0.10	0.33
平凉市	Pingliang	0.36	0.20	0.16	0.41	0.23	0.04	0.28
酒泉市	Jiuquan	0.34	0.26	0.12	0.81	0.09	0.18	0.24
庆阳市	Qingyang	0.58	0.17	0.19	0.50	0.08	0.03	0.21
定西市	Dingxi	0.28	0.10	0.12	0.38	0.17	0.09	0.15
陇南市	Longnan	0.27	0.07	0.17	0.35	0.09	0.02	0.12
临夏州	Linxia	0.23	0.06	0.12	0.33	0.05	0.08	0.14
甘南州	Gannan	0.12	0.06	0.12	0.22	0.02		0.11

4-18 续表 2 continued

单位：万人 (10 000 persons)

地 区	Region	水利、环境和公共设施管理业 Management of Water Conservancy, Environment and Public Facilities	居民服务、修理和其他服务业 Service to Households, Repair and Other Services	教育 Education	卫生和社会工作 Health and Social Service	文化、体育和娱乐业 Culture, Sports and Entertainment	公共管理、社会保障和社会组织 Public Management, Social Security and Social Organization
甘肃省	**Gansu**	**6.41**	**0.40**	**35.59**	**16.64**	**2.67**	**46.49**
兰州市	Lanzhou	2.22	0.10	6.64	3.70	1.11	7.08
嘉峪关市	Jiayuguan	0.20	0.01	0.27	0.21	0.10	0.56
金昌市	Jinchang	0.14	0.01	0.57	0.34	0.04	1.19
白银市	Baiyin	0.29	0.01	2.40	0.93	0.05	3.30
天水市	Tianshui	0.27	0.04	4.16	1.66	0.17	4.71
武威市	Wuwei	0.84	0.01	2.39	1.23	0.05	2.33
张掖市	Zhangye	0.48	0.02	1.50	0.75	0.16	2.79
平凉市	Pingliang	0.34	0.04	2.19	2.29	0.12	3.14
酒泉市	Jiuquan	0.43	0.05	1.26	0.75	0.23	2.17
庆阳市	Qingyang	0.26		3.51	1.04	0.16	4.13
定西市	Dingxi	0.28	0.02	3.12	1.20	0.14	3.62
陇南市	Longnan	0.31	0.02	2.90	1.02	0.08	4.47
临夏州	Linxia	0.24	0.05	2.43	1.02	0.17	4.11
甘南州	Gannan	0.12	0.02	1.28	0.47	0.09	2.84

4－19　各地县在岗职工人数(2018)
Number of Staff and Workers by Region, County(2018)

单位：人　　　　(person)

地　区	Region	在岗职工人数 Number of Staff and Workers	国有单位 State-owned Units	城镇集体单位 Urban Collective-owned Units	其他单位 Units of Other Types of Ownership
兰州市	**Lanzhou**	**639767**	**281655**	**7967**	**350145**
城关区	Chengguan	367652	171463	3883	192306
七里河区	Qilihe	71644	32949	98	38597
西固区	Xigu	69466	21947	1936	45583
安宁区	Anning	32688	17913	225	14550
红古区	Honggu	23014	6008	31	16975
永登县	Yongdeng	16918	9379	279	7260
皋兰县	Gaolan	8941	5124	427	3390
榆中县	Yuzhong	19577	10287	1058	8232
兰州新区	Lanzhou New Area	29867	6585	30	23252
嘉峪关市	**Jiayuguan**	**50546**	**12452**	**1634**	**36460**
金昌市	**Jinchang**	**70184**	**22302**	**253**	**47629**
金川区	Jinchuan	52210	11856	212	40142
永昌县	Yongchang	17974	10446	41	7487
白银市	**Baiyin**	**135703**	**69628**	**6224**	**59851**
白银区	Baiyin	47449	17579	2182	27688
平川区	Pingchuan	35717	11322	3138	21257
靖远县	Jingyuan	22647	14505	409	7733
会宁县	Huining	17366	15961	318	1087
景泰县	Jingtai	12524	10261	177	2086
天水市	**Tianshui**	**183908**	**123460**	**3770**	**56678**
秦州区	Qinzhou	62332	35273	153	26906
麦积区	Maiji	47997	26245	527	21225
清水县	Qingshui	11255	9619	160	1476
秦安县	Qinan	15871	13195	285	2391
甘谷县	Gangu	18937	14526	1274	3137
武山县	Wushan	13935	13116	124	695
张家川县	Zhangjiachuan	13581	11486	1247	848
武威市	**Wuwei**	**115711**	**78016**	**99**	**37596**
凉州区	Liangzhou	78377	49248	80	29049
民勤县	Minqin	11810	9148		2662
古浪县	Gulang	12838	10561	16	2261
天祝县	Tianzhu	12686	9059	3	3624
张掖市	**Zhangye**	**83729**	**57945**	**2198**	**23586**

4-19 续表 1 continued

单位：人 (person)

地 区	Region	在岗职工人数 Number of Staff and Workers	国有单位 State-owned Units	城镇集体单位 Urban Collective-owned Units	其他单位 Units of Other Types of Ownership
甘州区	Ganzhou	39960	26967	732	12261
肃南县	Sunan	6668	3441		3227
民乐县	Minle	9767	7587		2180
临泽县	Linze	7320	5413	172	1735
高台县	Gaotai	8450	6999		1451
山丹县	Shandan	11564	7538	1294	2732
平凉市	**Pingliang**	**151162**	**99995**	**7023**	**44144**
崆峒区	Kongtong	47498	30549	791	16158
泾川县	Jingchuan	12254	11504	153	597
灵台县	Lingtai	8053	7743	8	302
崇信县	Chongxin	10675	8205	89	2381
庄浪县	Zhuanglang	19181	16060	1698	1423
静宁县	Jingning	22470	15654	2830	3986
华亭市	Huating	31031	10280	1454	19297
酒泉市	**Jiuquan**	**107576**	**54429**	**5548**	**47599**
肃州区	Suzhou	46440	22152	2888	21400
金塔县	Jinta	7016	4417	481	2118
瓜州县	Guazhou	8771	5651	85	3035
肃北县	Subei	4124	2220	43	1861
阿克塞县	Akesai	3072	2210	29	833
玉门市	Yumen	23073	8050	1749	13274
敦煌市	Dunhuang	15080	9729	273	5078
庆阳市	**Qingyang**	**145050**	**110324**	**2438**	**32288**
西峰区	Xifeng	62359	40763	492	21104
庆城县	Qingcheng	12479	9618	173	2688
环 县	Huanxian	12849	10954	203	1692
华池县	Huachi	8288	7076	206	1006
合水县	Heshui	7263	6847	175	241
正宁县	Zhengning	8359	7725	174	460
宁 县	Ningxian	19149	13972	794	4383
镇原县	Zhenyuan	14304	13369	221	714
定西市	**Dingxi**	**125452**	**94642**	**4744**	**26066**
安定区	Anding	34475	25820	702	7953
通渭县	Tongwei	17512	13535	221	3756

4－19 续表 2 continued

单位：人 (person)

地 区	Region	在岗职工人数 Number of Staff and Workers	国有单位 State-owned Units	城镇集体单位 Urban Collective-owned Units	其他单位 Units of Other Types of Ownership
陇西县	Longxi	22495	16412	906	5177
渭源县	Weiyuan	5774	5528	198	48
临洮县	Lintao	25734	16388	2340	7006
漳 县	Zhangxian	6890	5847	115	928
岷 县	Minxian	12572	11112	262	1198
陇南市	**Longnan**	**129856**	**99553**	**3079**	**27224**
武都区	Wudu	34031	24023	658	9350
成 县	Chengxian	16822	11571	456	4795
文 县	Wenxian	12016	9497	296	2223
宕昌县	Tanchang	10178	9582	200	396
康 县	Kangxian	7734	6434	413	887
西和县	Xihe	16704	13692	276	2736
礼 县	Lixian	16095	14006	351	1738
徽 县	Huixian	12975	8243	299	4433
两当县	Liangdang	3301	2505	130	666
临夏州	**Linxia**	**117639**	**88548**	**8855**	**20236**
临夏市	linxia	32294	24072	3119	5103
临夏县	linxia	11428	11001	204	223
康乐县	Kangle	9850	9189	281	380
永靖县	Yongjing	23430	9851	2299	11280
广河县	Guanghe	9703	8635	97	971
和政县	Hezheng	9197	7314	273	1610
东乡县	Dongxiang	12522	9800	2392	330
积石山县	Jishishan	9215	8686	190	339
甘南州	**Gannan**	**66678**	**59123**	**907**	**6648**
合作市	Hezuo	16248	13069	135	3044
临潭县	Lintan	7990	7252	130	608
卓尼县	Zhuoni	9774	9216	94	464
舟曲县	Zhouqu	9557	9212	178	167
迭部县	Diebu	8194	7152	101	941
玛曲县	Maqu	5173	4248	102	823
碌曲县	Luqu	4126	3853	60	213
夏河县	Xiahe	5616	5121	107	388

4-20 各地区在岗职工平均工资（2018）
Average Wage of Staff and Workers by Region（2018）

单位：元 (yuan)

地 区	Region	平均工资 Average Wage	国有单位 State-owned Units	城镇集体单位 Urban Collective-owned Units	其他单位 Units of Other Types of Ownership
甘肃省	**Gansu**	**73704**	**79483**	**50146**	**66612**
兰州市	Lanzhou	85575	95484	62247	77816
嘉峪关市	Jiayuguan	78073	93988	62191	74310
金昌市	Jinchang	69519	70968	63281	68961
白银市	Baiyin	66477	72506	35309	62336
天水市	Tianshui	63194	72380	41373	44807
武威市	Wuwei	64998	74287	51696	45534
张掖市	Zhangye	75492	86328	62369	51352
平凉市	Pingliang	70029	70490	38041	73451
酒泉市	Jiuquan	67160	71344	59777	63346
庆阳市	Qingyang	73919	81482	67151	48429
定西市	Dingxi	66545	72782	44443	48354
陇南市	Longnan	58781	62620	50699	46022
临夏州	Linxia	64676	72527	42961	39669
甘南州	Gannan	77686	79232	77861	64875

4-21 各地区按行业分在岗职工平均工资（2018）
Average Wage of Staff and Workers by Sector and Region（2018）

单位：元 (yuan)

地 区	Region	平均工资 Average Wage	农、林、牧、渔业 Agriculture, Forestry, Animal Husbandry and Fishery	采矿业 Mining	制造业 Manufacturing	电力、热力、燃气及水的生产和供应业 Production and Supply of Electricity, Heat, Gas and Water	建筑业 Construction	批发和零售业 Wholesale and Retail Trades
甘肃省	**Gansu**	**73704**	**53130**	**85880**	**69511**	**78683**	**52384**	**52574**
兰州市	Lanzhou	85575	73617	71189	81501	80921	63274	54550
嘉峪关市	Jiayuguan	78073	106708		75736	90612	60730	67830
金昌市	Jinchang	69519	30903		71823	57470	69892	46930
白银市	Baiyin	66477	47775	86658	55161	82410	34797	53685
天水市	Tianshui	63194	65604	51959	44823	58137	50016	39723
武威市	Wuwei	64998	51449	80928	45459	75954	47258	48273
张掖市	Zhangye	75492	50139	72747	45350	74956	43227	43019
平凉市	Pingliang	70029	68410	93061	44029	72577	49448	52840
酒泉市	Jiuquan	67160	40272	57436	82170	85011	44032	50163
庆阳市	Qingyang	73919	72904	99397	75610	74894	37966	59311
定西市	Dingxi	66545	67488	32316	51497	76616	40757	57477
陇南市	Longnan	58781	58838	42693	55899	60258	37195	64766
临夏州	Linxia	64676	66698	87536	45834	98748	32980	57350
甘南州	Gannan	77686	47298	57256	77313	78653	49858	79939

4-21 续表 1 continued

单位：元 (yuan)

地 区	Region	交通运输、仓储和邮政业 Transport, Storage and Post	住宿和餐饮业 Hotels and Catering Services	信息传输、软件和信息技术服务业 Information Transmission, Software and Information Technology Services	金融业 Financial Intermediation	房地产业 Real Estate	租赁和商务服务业 Leasing and Business Services	科学研究和技术服务业 Scientific Research and Technical Services
甘肃省	**Gansu**	**82917**	**39129**	**77170**	**74887**	**51220**	**61865**	**95790**
兰州市	Lanzhou	92503	44486	82234	89182	56341	68214	111032
嘉峪关市	Jiayuguan	61679	40981	102390	89020	76892	66380	104107
金昌市	Jinchang	37652	38511	72048	87900	36282	47205	82669
白银市	Baiyin	54608	33399	84486	73224	38866	36980	82833
天水市	Tianshui	53877	31488	58020	57551	48562	54342	60013
武威市	Wuwei	57403	31209	73516	87691	45172	35268	76952
张掖市	Zhangye	61923	40798	70648	79643	43914	45017	84568
平凉市	Pingliang	44023	42103	80841	56265	40853	48655	65848
酒泉市	Jiuquan	58220	41554	63621	60134	39500	56630	74117
庆阳市	Qingyang	47877	31992	66394	79080	43575	59312	73908
定西市	Dingxi	57263	28005	104413	71686	39184	38390	68763
陇南市	Longnan	53977	32301	67910	64776	47421	52652	62975
临夏州	Linxia	49126	36886	72600	63698	47630	44597	81125
甘南州	Gannan	74983	28548	71128	73358	40092	42288	86797

4-21 续表 2 continued

单位：元 (yuan)

地 区	Region	水利、环境和公共设施管理业 Management of Water Conservancy, Environment and Public Facilities	居民服务、修理和其他服务业 Service to Households, Repair and Other Services	教育 Education	卫生和社会工作 Health and Social Service	文化、体育和娱乐业 Culture, Sports and Entertainment	公共管理、社会保障和社会组织 Public Management, Social Security and Social Organization
甘肃省	**Gansu**	**59107**	**57651**	**86178**	**80113**	**72227**	**79395**
兰州市	Lanzhou	62923	47862	120395	109207	80356	111079
嘉峪关市	Jiayuguan	37526	89483	104966	80481	57610	100666
金昌市	Jinchang	40585	58787	84765	79209	51092	69812
白银市	Baiyin	61679	61042	72302	72833	67759	74036
天水市	Tianshui	59166	41654	81084	70853	66385	71605
武威市	Wuwei	56991	66770	80775	66159	75637	73690
张掖市	Zhangye	76097	85799	95074	83121	73757	93125
平凉市	Pingliang	50101	54798	75014	75201	58700	71687
酒泉市	Jiuquan	55970	65575	80419	57536	71181	77131
庆阳市	Qingyang	72001	72455	81859	76300	68377	75884
定西市	Dingxi	43184	91237	80567	73501	64694	67254
陇南市	Longnan	51823	59187	65645	58591	54906	61407
临夏州	Linxia	58779	67855	71642	63484	65188	72694
甘南州	Gannan	60348	75404	87329	91943	70726	85685

主要统计指标解释

经济活动人口 指在16周岁及以上，有劳动能力，参加或要求参加社会经济活动的人口。包括就业人员和失业人员。

就业人员 指在一定年龄以上，有劳动能力，为取得劳动报酬或经营收入而从事一定社会劳动的人员。具体指年满16周岁，为取得报酬或经营利润，在调查周内从事了1小时（含1小时）以上的劳动或由于学习、休假等原因在调查周内暂时处于未工作状态，但有工作单位或场所的人口。

单位就业人员 指报告期末最后一日24时在本单位中工作，并取得工资或其他形式劳动报酬的人员数。该指标为时点指标，不包括最后一日当天及以前已经与单位解除劳动合同关系的人员，是在岗职工、劳务派遣人员及其他就业人员之和。就业人员不包括：

（1）离开本单位仍保留劳动关系，并定期领取生活费的人员；

（2）利用课余时间打工的学生及在本单位实习的各类在校学生；

（3）本单位因劳务外包而使用的人员。

城镇私营和个体就业人员 城镇私营就业人员指在工商管理部门注册登记，其经营地址设在县城关镇（含县城关镇）以上的私营企业就业人员，包括私营企业投资者和雇工。城镇个体就业人员指在工商管理部门注册登记，并持有城镇户口或在城镇长期居住，经批准从事个体工商经营的就业人员，包括个体经营者和在个体工商户劳动的家庭帮工和雇工。

在岗职工 指在本单位工作且与本单位签订劳动合同，并由单位支付各项工资和社会保险、住房公积金的人员，以及上述人员中由于学习、病伤、产假等原因暂未工作仍由单位支付工资的人员。在岗职工还包括：

（1）应订立劳动合同而未订立劳动合同人员（如使用的农村户籍人员）；

（2）处于试用期人员；

（3）编制外招用的人员；

（4）派往外单位工作，但工资仍由本单位发放的人员（如挂职锻炼、外派工作等情况）。

城镇登记失业人员 指有非农业户口，在一定的劳动年龄内（16周岁至退休年龄），有劳动能力，无业而要求就业，并在当地劳动保障部门进行求职登记的人员。

城镇登记失业率 城镇登记失业人员与城镇单位就业人员（扣除使用的农村劳动力、聘用的离退休人员、港澳台及外方人员）、城镇单位中的不在岗职工、城镇私营业主、个体户主、城镇私营企业和个体就业人员、城镇登记失业人员之和的比。计算公式为：

$$\text{城镇登记失业率}=\frac{\text{城镇登记失业人数}}{\text{城镇单位就业人员}-\text{使用的农村劳动力}-\text{聘用的离退休人员}-\text{聘用的港澳台及外方人员}+\text{不在岗职工}+\text{城镇私营业主}+\text{城镇个体户主}+\text{城镇私营企业及个体就业人员}+\text{城镇登记失业人数}}\times100\%$$

工资总额 指根据《关于工资总额组成的规定》（1990年1月1日国家统计局发布的一号令）进行修订，在报告期内（季度或年度）直接支付给本单位全部就业人员的劳动报酬总额。包括计时工资、计件工资、奖金、津贴和补贴、加班加点工资、特殊情况下支付的工资，是在岗职工工资总额、劳务派遣人员工资总额和其他就业人员工资总额之和。

工资总额是税前工资，包括单位从个人工资中直接为其代扣或代缴的房费、水费、电费、住房公积金和社会保险基金个人缴纳部分等。

工资总额不论是计入成本的还是不计入成本的，不论是以货币形式支付的还是以实物形式支付的，均应列入工资总额的计算范围。

平均工资 指单位就业人员在一定时期内平均每人所得的工资额。它表明一定时期工资收入的高低程度，是反映就业人员工资水平的主要指标。计算公式为：

$$\text{平均工资}=\frac{\text{报告期就业人员工资总额}}{\text{报告期就业人员平均人数}}$$

平均工资指数 指报告期就业人员平均工资与基期就业人员平均工资的比率，是反映不同时期就业人员货币工资水平变动情况的相对数。计算公式为：

$$平均工资指数 = \frac{报告期就业人员平均工资}{就业人员平均工资} \times 100\%$$

平均实际工资指数 就业人员平均实际工资指扣除物价变动因素后的就业人员平均工资。就业人员平均实际工资指数是反映实际工资变动情况的相对数，表明就业人员实际工资水平提高或降低的程度。计算公式为：

$$平均实际工资指数 = \frac{报告期就业人员平均工资指数}{报告期城镇居民消费价格指数} \times 100\%$$

5

价 格

Prices

简要说明

一、本篇资料的主要内容

本篇资料反应生产、流通、消费与投资等环节的价格变动趋势和变动幅度。主要包括居民消费价格指数、商品零售价格指数、农业生产资料价格指数、工业生产者出厂价格指数、工业生产者购进价格指数、固定资产投资价格指数、农产品生产者价格指数等。

二、本篇资料的来源

1. 居民消费、商品零售和农业生产资料价格指数由国家统计局甘肃调查总队消费价格调查处整理提供。

2. 工业生产者出厂、工业生产者购进、固定资产投资等价格指数由国家统计局甘肃调查总队生产投资价格调查处整理提供。

3. 农产品生产者价格指数由国家统计局甘肃调查总队农业调查处整理提供。

5-1 历年各种价格指数
Price Indices

(上年=100) (preceding year=100)

年 份 Year	居民消费价格指数 Consumer Price Index	城市 Urban Indices	农村 Rural Indices	商品零售价格指数 Retail Price Index	农业生产资料价格指数 Price Index for Means of Agricultural Production	工业生产者出厂价格指数 Producer Price Index for Industrial Products	工业生产者购进价格指数 Purchasing Price Index for Industrial Producers	固定资产投资价格指数 Price Index for Investment in Fixed Assets
1978	100.6	100.8		100.5	100.2			
1979	101.1	101.1	101.0	100.8	100.2			
1980	104.2	105.2	102.7	104.1	100.2			
1981	101.7	102.2	100.7	101.6	99.8			
1982	101.1	101.1	101.1	101.2	101.3			
1983	100.4	100.4	100.4	100.6	104.4			
1984	102.5	103.3	101.5	103.0	108.3			
1985	109.2	110.6	107.1	108.5	104.6			
1986	106.6	107.0	106.0	106.0	100.6			
1987	107.6	108.4	106.5	107.4	104.8			
1988	119.1	120.6	116.0	118.6	114.3			
1989	117.9	118.2	117.6	116.4	113.7	122.0	129.8	
1990	103.2	101.9	104.7	103.4	111.2	110.7	114.1	105.6
1991	104.9	105.7	104.5	104.6	104.5	104.2	112.4	109.0
1992	107.2	107.3	106.4	105.8	106.7	110.3	117.2	117.4
1993	115.4	115.2	115.8	113.0	120.1	125.3	139.4	126.2
1994	123.7	124.6	123.5	122.5	123.2	121.2	118.3	112.6
1995	119.8	118.9	120.3	116.5	129.6	115.0	113.7	109.4
1996	110.2	110.3	109.7	106.6	110.7	104.4	107.6	104.9
1997	102.9	102.8	102.9	101.6	101.4	105.0	102.2	102.7
1998	99.0	99.0	98.9	98.2	96.3	95.2	96.4	100.3
1999	97.6	97.2	98.2	97.2	95.8	98.2	98.3	101.0
2000	99.5	99.2	100.1	99.1	103.9	107.2	111.8	102.5
2001	104.0	103.0	105.5	99.6	98.6	98.5	101.4	102.0
2002	100.0	99.3	100.9	98.9	100.4	97.9	98.4	100.2
2003	101.1	100.9	101.4	100.2	101.8	110.0	105.6	101.7
2004	102.3	101.3	104.3	102.1	107.4	114.3	112.5	105.5
2005	101.7	101.2	103.0	99.9	109.0	109.6	109.9	102.2
2006	101.3	101.2	101.4	101.2	104.4	109.8	108.8	104.1
2007	105.5	105.2	106.3	104.4	107.1	105.5	104.3	102.8
2008	108.2	108.0	108.7	107.9	114.7	104.9	110.2	106.7
2009	101.3	100.9	102.2	101.8	99.0	91.0	90.5	101.5
2010	104.1	104.4	103.6	104.6	101.7	115.0	114.4	103.5
2011	105.9	106.0	105.7	105.4	107.6	111.0	115.1	104.7
2012	102.7	102.5	103.1	102.6	105.2	96.8	98.7	102.1
2013	103.2	103.0	103.4	102.6	102.1	96.9	97.8	100.4
2014	102.1	102.2	102.1	101.7	99.0	96.7	97.6	100.1
2015	101.6	101.4	101.8	101.0	98.6	87.0	87.0	97.7
2016	101.3	101.2	101.5	100.9	99.9	94.9	94.6	98.7
2017	101.4	101.4	101.3	101.4	103.7	114.5	115.5	105.9
2018	102.0	101.9	102.3	101.7	104.2	109.5	109.8	104.6

注：2011年以前，工业生产者出厂价格指数为工业品出厂价格指数，工业生产者购进价格指数为原材料、燃料和动力购进价格指数。

a) Before 2011, data of industrial producer price index data refer to producer price index for manufactured goods, data of industrial producer purchase price index refer to purchasing price index for raw material, fuel and power.

5－2 历年各种价格定基指数
Fixed-based Price Indices

(1978年 =100) (year of 1978 =100)

年 份 Year	居民消费价格指数 Consumer Price Index	城市 Urban Indices	农村 Rural Indices	商品零售价格指数 Retail Price Index	农业生产资料价格指数 Price Index for Means of Agricultural Production
1978	100. 0	100. 0	100. 0	100. 0	100. 0
1979	101. 1	101. 1	101. 0	100. 8	100. 2
1980	105. 3	106. 4	103. 7	104. 9	100. 4
1981	107. 1	108. 7	104. 5	106. 6	100. 2
1982	108. 3	109. 9	105. 6	107. 9	101. 5
1983	108. 7	110. 3	106. 0	108. 5	106. 0
1984	111. 5	113. 9	107. 6	111. 7	114. 8
1985	121. 7	126. 1	115. 3	121. 2	120. 0
1986	129. 8	134. 9	122. 2	128. 5	120. 8
1987	139. 6	146. 2	130. 1	137. 9	126. 6
1988	166. 3	176. 3	150. 9	163. 6	144. 7
1989	196. 1	208. 4	177. 5	190. 5	164. 5
1990	202. 3	212. 4	185. 8	196. 9	182. 9
1991	212. 2	224. 5	194. 2	206. 0	191. 1
1992	227. 5	240. 9	206. 6	217. 9	203. 9
1993	262. 6	277. 5	239. 3	246. 4	244. 9
1994	324. 8	345. 7	295. 5	301. 8	301. 8
1995	389. 1	411. 1	355. 5	351. 6	391. 1
1996	428. 8	453. 4	389. 9	374. 8	432. 9
1997	441. 2	466. 1	401. 3	380. 8	439. 0
1998	436. 8	461. 5	396. 9	373. 9	422. 7
1999	426. 3	448. 5	389. 7	363. 2	405. 0
2000	424. 2	444. 9	390. 1	360. 2	420. 8
2001	441. 2	458. 3	411. 6	358. 8	414. 9
2002	441. 2	455. 1	415. 3	354. 9	416. 5
2003	446. 1	459. 2	421. 1	355. 6	424. 0
2004	456. 4	465. 2	439. 2	363. 1	455. 4
2005	464. 2	470. 8	452. 4	362. 7	496. 4
2006	470. 2	476. 4	458. 7	367. 1	518. 2
2007	496. 1	501. 2	487. 1	383. 4	555. 0
2008	536. 8	541. 3	529. 5	413. 7	636. 6
2009	543. 8	546. 2	541. 2	421. 2	630. 2
2010	566. 1	570. 2	560. 7	440. 6	640. 9
2011	599. 5	604. 4	592. 7	464. 4	689. 6
2012	615. 7	619. 5	611. 1	476. 5	725. 5
2013	635. 4	638. 1	631. 9	488. 9	740. 7
2014	648. 7	652. 1	645. 1	497. 2	739. 9
2015	659. 1	661. 2	656. 7	502. 1	729. 5
2016	667. 7	669. 1	666. 6	506. 6	728. 8
2017	677. 0	678. 4	675. 3	513. 7	755. 8
2018	690. 5	691. 3	690. 8	522. 4	787. 5

5-3 居民消费价格分类指数(2018)

Consumer Price Indices by Category(2018)

(上年=100) (preceding year =100)

项目	Item	全省 Provincal Indices	城市 Urban Indices	农村 Rural Indices
居民消费价格指数	**Consumer Price Index**	**102.0**	**101.9**	**102.3**
食品烟酒	**Food, Tobacco and Liquor**	**100.9**	**101.1**	**100.6**
食品	Food	100.9	101.2	100.5
粮食	Grain	100.2	100.0	100.4
薯类	Tuber	101.5	100.4	102.7
豆类	Beans and the Products	99.9	99.8	100.1
食用油	Edible oil and Fats	100.8	101.3	100.1
菜	Vegetables	101.5	102.3	100.3
畜肉类	Products of Meat	98.4	98.6	98.1
禽肉类	Products of Poultry meat	102.1	103.7	100.0
水产品	Aquatic Products	102.7	102.5	103.2
蛋类	Eggs	111.3	112.9	108.4
奶类	Milk and Dairy Products	102.2	101.7	103.1
干鲜瓜果类	Dried and Fresh Melons and Fruits	101.8	101.7	101.9
糖果糕点类	Candy and Cakes Products	101.3	101.2	101.6
调味品	Flavoring	100.9	101.3	100.0
其他食品类	Other Foods	100.7	100.6	101.0
茶及饮料	Tea and Beverages	101.8	102.6	100.1
烟酒	Tobacco and Liquor	100.6	101.0	100.1
烟草	Tobacco	99.9	100.0	99.9
酒类	Liquor	101.6	102.6	100.3
在外餐饮	Dining Out	101.1	100.9	101.7
衣着	**Clothing**	**101.1**	**101.3**	**100.8**
服装	Garment	100.8	100.9	100.7
男式服装	Men's Garment	99.8	99.6	100.4
女式服装	Women's Garment	101.7	102.3	100.5
儿童服装	Children's Garment	100.3	98.9	103.3
服装材料	Garment Materials	102.4	103.7	99.8
其他衣着及配件	Other Clothing and Accessories	101.1	100.3	102.4
衣着加工服务费	Clothing Manufacturing Services	105.9	106.3	105.0
鞋类	Footwear	101.6	102.2	100.3
鞋	Shoes	101.4	101.9	100.4
鞋类加工服务	Footwear Manufacturing Services	106.8	118.8	100.0
居住	**Residence**	**103.5**	**102.4**	**105.4**
租赁房房租	Rental Housing Rent	103.6	102.7	106.9
住房保养维修及管理	Maintenance Repair and Management of Housing	103.8	102.6	105.6

5-3 续表 1 continued

(上年=100) (preceding year =100)

项 目	Item	全省 Provincal Indices	城市 Urban Indices	农村 Rural Indices
住房装潢材料	Housing Decoration Materials	103. 2	104. 2	101. 5
物业管理费	Property Management Fees	102. 9	102. 5	104. 0
住房装潢维修	Housing Decoration Repair	104. 9	100. 4	109. 8
水电燃料	Hydropower Fuel	102. 3	102. 9	101. 1
水	Water	101. 5	100. 0	103. 7
电	Electricity	100. 1	100. 1	100. 0
燃气	Gas	100. 7	100. 8	100. 5
取暖费	Heating Fee	106. 4	108. 7	101. 1
其他燃料	Other fuels	100. 8	99. 9	102. 1
自有住房	Private Housing	104. 3	101. 9	108. 0
生活用品及服务	**Household Facilities, Articles and Services**	**100. 8**	**100. 9**	**100. 6**
家具及室内装饰品	Furniture and Interior Decorations	100. 7	101. 3	99. 6
家具	Furniture	100. 5	101. 3	99. 3
室内装饰品	Interior Decorations	101. 6	101. 8	101. 3
家用器具	Household Appliances	100. 3	101. 1	99. 0
大型家用器具	Large Household Appliances	100. 4	101. 2	98. 8
小家电	Small Appliances	100. 2	100. 3	100. 0
家用纺织品	Household Textiles	99. 6	99. 3	100. 0
床上用品	Bed Articles	98. 7	98. 0	99. 7
窗帘门帘	Curtains	102. 7	104. 2	101. 1
其他家用纺织品	Other Household Textiles	101. 8	103. 0	100. 3
家庭日用杂品	Daily Use Household Articles	101. 1	101. 0	101. 2
洗涤卫生用品	Washing Hygiene Products	100. 9	100. 4	101. 7
厨具餐具茶具	Kitchenware, Tableware and Tea set	100. 5	100. 1	101. 4
家用手工工具	Household Hand Tools	100. 1	100. 7	98. 9
其他家庭日用杂品	Other Miscellaneous for Household Daily Use	101. 9	102. 7	100. 7
个人护理用品	Personal Care Articles	100. 8	100. 7	100. 9
化妆品	Cosmetic	100. 5	100. 3	100. 9
其他护理用品类	Other Care Articles	101. 2	101. 3	101. 0
家庭服务	Household Services	103. 2	101. 5	107. 9
交通和通信	**Transportation and Communication**	**101. 2**	**101. 4**	**100. 7**
交通	Transportation	102. 6	102. 7	102. 6
交通工具	Transportation Facility	100. 0	100. 3	99. 6
交通工具用燃料	Fuels for Transportation Facility	112. 0	111. 9	112. 2
交通工具使用和维修	Vehicles Use and Maintenance	101. 3	101. 6	100. 9
交通费	Traffic Fare	100. 0	100. 4	99. 4
通信	Communication	98. 5	99. 1	97. 6

5-3 续表 2 continued

（上年=100） (preceding year =100)

项　目	Item	全省 Provincal Indices	城市 Urban Indices	农村 Rural Indices
通信工具	Communication Facility	97.9	98.2	97.5
通信服务	Communication Service	98.6	99.2	97.4
邮递服务	Mail Delivery Services	100.0	100.0	99.8
教育文化和娱乐	**Education, Culture and Recration**	**100.5**	**100.4**	**100.6**
教育	Education	100.7	100.4	101.2
教育用品	Education Articles	100.6	100.3	100.9
教育服务	Education Services	100.7	100.4	101.2
文化娱乐	Culture and Recrational Articles	100.1	100.3	99.3
文娱耐用消费品	Durable Consumer Goods for Culture and Recrational	99.2	99.3	98.9
其他文娱用品	Other Culture and Recrational Articles	100.6	100.8	100.0
文化娱乐服务	Culture and Recrational Services	100.6	100.9	99.9
旅游	Touring and Outing	99.9	100.4	98.2
医疗保健	**Health Care and Medical Services**	**108.0**	**108.1**	**107.7**
药品及医疗器具	Medicines and Medical Instrument	104.5	105.6	102.2
中药	Traditional Chinese Medicine	109.4	110.4	106.0
西药	Western Medicine	103.0	103.3	102.5
滋补保健品	Nourishing Health Care Appliances	103.4	106.0	94.8
医疗卫生器具	Medical and Health Appliances	100.4	101.8	98.5
保健器具	Health Care Appliances	101.4	101.8	100.0
医疗服务	Medical Service	110.6	110.4	111.0
综合医疗类	Comprehensive Medical Category	127.9	129.0	126.1
诊断类	Diagnostic Category	99.9	100.5	99.1
治疗类	Treatment Category	108.5	107.6	109.5
康复类	Rehabilitation Category	103.0	107.1	92.8
中医医疗服务类	Chinese Medicine Medical Services Category	123.3	110.1	137.9
其他医疗服务	Other Medical Services	104.8	104.6	105.0
其他用品和服务	**Miscellaneous Goods and Services**	**100.8**	**100.6**	**101.3**
其他用品类	Miscellaneous Goods	98.9	98.3	100.0
首饰手表	Jewelry and Watch	97.1	96.6	98.3
其他杂项用品	Other Miscellaneous Goods	101.0	100.9	101.2
其他服务类	Other Services	102.5	102.4	102.6
旅馆住宿	Hotel Accommodation	102.6	102.9	101.5
美容美发洗浴	Beauty, Hairdress and Bathing	103.7	104.4	101.4
养老服务	Pension Service	102.4	103.5	100.0
金融保险	Financial Insurance	102.0	101.4	103.7
其他服务类	Other Services	101.2	100.0	103.3

5-4 各地区居民消费价格指数(2018)
Consumer Price Indices by Prefecture (2018)

(上年=100) (preceding year =100)

地区	Region	居民消费价格指数 Consumer Price Index	食品烟酒 Food, Tobacco and Liquor	衣着 Clothing	居住 Residence	生活用品及服务 Household Facilities, Articles and Services	交通和通信 Transportation and Communication	教育文化和娱乐 Education, Culture and Recration	医疗保健 Health Care and Medical Services	其他用品和服务 Miscellaneous Goods and Services
兰州市	Lanzhou	101.7	101.3	101.2	102.8	100.7	100.5	100.0	108.0	100.0
嘉峪关市	Jiayuguan	101.2	101.1	100.4	99.9	99.9	100.9	99.3	109.1	99.3
金昌市	Jinchang	101.8	101.9	103.0	100.3	101.5	101.9	102.1	103.6	101.0
白银市	Baiyin	101.7	102.8	101.1	104.2	101.2	94.3	100.1	105.1	103.0
天水市	Tianshui	102.3	100.8	100.3	99.4	100.8	103.5	101.1	113.8	104.2
武威市	Wuwei	102.2	100.2	102.4	104.0	102.1	102.6	101.9	105.4	99.6
张掖市	Zhangye	102.0	101.6	99.3	98.9	104.4	100.9	103.0	110.8	102.3
平凉市	Pingliang	101.7	101.0	97.7	101.9	101.5	103.3	102.3	105.0	102.1
酒泉市	Jiuquan	102.2	101.6	104.4	100.0	101.1	100.6	101.3	110.7	102.0
庆阳市	Qingyang	102.4	100.9	101.8	104.6	99.4	101.4	101.5	107.6	101.0
定西市	Dingxi	102.3	100.6	100.5	104.4	102.1	101.1	100.2	108.5	100.9
陇南市	Longnan	101.3	100.5	99.9	102.7	100.2	100.9	101.2	103.6	101.2
临夏州	Linxia	102.5	104.7	105.4	100.7	101.3	96.1	99.2	105.7	105.7
甘南州	Gannan	102.6	102.2	98.7	101.9	101.4	102.7	100.9	113.6	99.5

注：本表数据为各市、州调查点数据，不完全代表各市、州价格总水平。

a) Data in this table are obtained from the sampling points in municipalities and prefectures, not entirely represent the general level of prices of them.

5-5 商品零售价格分类指数(2018)
Retail Price Indices by Category of Commodities(2018)

(上年=100) (preceding year =100)

项目	Item	全省 Provincal Indices	城市 Urban Indices	农村 Rural Indices
商品零售价格指数	**Retail Price Index**	**101.7**	**101.8**	**101.0**
食品	**Food**	**101.3**	**101.4**	**101.1**
#粮食	Grain	100.1	100.0	100.5
食用油	Edible oil and Fats	101.6	101.9	100.8
畜肉类	Products of Meat	98.8	98.5	99.8
蛋	Eggs	112.5	113.3	108.5
水产品	Aquatic Products	102.4	102.7	101.2
菜	Vegetables	102.2	102.3	102.1
调味品	Flavoring	100.5	100.9	99.6
糖果糕点	Candy and Cakes Products	101.2	101.2	100.9
干鲜瓜果	Dried and Fresh Melons and Fruits	101.7	102.1	100.3
奶类	Milk and Dairy Products	102.2	101.9	103.7
在外餐饮	Dining Out	100.9	100.9	101.0
饮料、烟酒	**Beverages, Tobacco and Liquor**	**101.3**	**101.6**	**100.4**
茶及饮料	Tea and Beverages	101.8	102.2	100.4
烟草	Tobacco	100.0	100.0	99.9
酒	Liquor	102.5	102.9	101.0
服装、鞋帽	**Garments, Shoes and Hats**	**100.9**	**100.9**	**100.6**
#服装	Garments	100.7	100.7	100.7
鞋袜帽	Footgear and Hats	101.3	101.5	100.5
纺织品	**Textiles**	**99.1**	**99.0**	**99.5**
服装材料	Garment Materials	101.5	102.8	99.4
床上用品	Bed Articles	98.3	97.9	99.6
家用电器及音像器材	**Household Appliances, Music and Video Equipment**	**100.0**	**100.3**	**98.9**
文化办公用品	**Cultural and Office Appliances**	**100.9**	**100.8**	**101.3**
日用品	**Articles for Daily Use**	**101.0**	**100.8**	**101.9**
#日用百货	General Merchandise for Daily Use	101.3	101.3	101.2
其他日用品	Miscellaneous for Daily Use	101.1	101.1	101.2
体育娱乐用品	**Sports and Recreation Articles**	**100.0**	**100.1**	**99.2**
交通、通信用品	**Transportation and Communication Appliances**	**99.3**	**99.4**	**98.8**
家具	**Furniture**	**100.9**	**101.2**	**99.4**
化妆品	**Cosmetics**	**100.5**	**100.6**	**99.9**
金银饰品	**Gold and Silver Jewelry**	**96.4**	**96.2**	**97.7**
中西药品及医疗保健用品	**Traditional Chinese and Western Medicines and Health Care Articles**	**105.5**	**106.2**	**102.5**
#中药	Traditional Chinese Medicine	110.2	111.4	105.1
西药	Western Medicine	103.5	103.7	102.3
书报杂志及电子出版物	**Books, Newpapers, Magazines and Electronic Publications**	**100.5**	**100.6**	**100.5**
燃料	**Fuels**	**107.1**	**107.3**	**106.4**
建筑材料及五金电料	**Building Materials and Hardware**	**103.6**	**104.3**	**101.1**

5-6 商品零售价格指数
Retail Price Indices

（上年=100） （preceding year =100）

项　目	Item	2010	2015	2017	2018
商品零售价格指数	**Retail Price Index**	**104.6**	**101.0**	**101.4**	**101.7**
食品	**Food**	**109.7**	**101.6**	**99.8**	**101.3**
#粮食	Grain	122.2	101.3	101.2	100.1
食用油	Edible oil and Fats	99.4	99.4	101.2	101.6
畜肉类	Products of Meat	104.6	103.4	97.1	98.8
蛋	Eggs	109.3	92.8	96.3	112.5
水产品	Aquatic Products	108.3	98.9	101.9	102.4
菜	Vegetables	110.8	105.8	95.7	102.2
调味品	Flavoring	105.2	101.8	100.8	100.5
糖果糕点	Candy and Cakes Products	109.3	99.8	100.9	101.2
干鲜瓜果	Dried and Fresh Melons and Fruits	117.0	95.7	104.3	101.7
奶类	Milk and Dairy Products	102.4	100.7	100.9	102.2
在外餐饮	Dining Out	106.2	101.9	101.3	100.9
饮料、烟酒	**Beverages, Tobacco and Liquor**	**103.6**	**102.2**	**100.9**	**101.3**
茶及饮料	Tea and Beverages	102.0	101.3	101.3	101.8
烟草	Tobacco	100.2	105.8	100.0	100.0
酒	Liquor	108.3	97.4	101.7	102.5
服装、鞋帽	**Garments, Shoes and Hats**	**99.7**	**103.0**	**100.6**	**100.9**
#服装	Garments	100.4	103.1	100.4	100.7
鞋袜帽	Footgear and Hats	97.9	103.1	100.6	101.3
纺织品	**Textiles**	**100.8**	**100.2**	**98.9**	**99.1**
服装材料	Garment Materials	101.7	102.7	101.9	101.5
床上用品	Bed Articles	100.1	98.4	98.0	98.3
家用电器及音像器材	**Household Appliances, Music and Video Equipment**	**98.0**	**99.6**	**100.4**	**100.0**
文化办公用品	**Cultural and Office Appliances**	**98.6**	**100.1**	**101.5**	**100.9**
日用品	**Articles for Daily Use**	**100.2**	**101.6**	**101.2**	**101.0**
#日用百货	General Merchandise for Daily Use	100.7	101.9	101.4	101.3
其他日用品	Miscellaneous for Daily Use	100.7	102.2	99.8	101.1
体育娱乐用品	**Sports and Recreation Articles**	**100.1**	**100.8**	**101.4**	**100.0**
交通、通信用品	**Transportation and Communication Appliances**	**103.4**	**99.2**	**98.9**	**99.3**
家具	**Furniture**	**100.2**	**100.7**	**100.5**	**100.9**
化妆品	**Cosmetics**	**100.4**	**101.6**	**100.9**	**100.5**
金银饰品	**Gold and Silver Jewelry**	**111.4**	**92.7**	**101.3**	**96.4**
中西药品及医疗保健用品	**Traditional Chinese and Western Medicines and Health Care Articles**	**103.6**	**102.4**	**107.8**	**105.5**
#中药	Traditional Chinese Medicine	106.9	101.3	113.6	110.2
西药	Western Medicine	101.9	103.6	105.0	103.5
书报杂志及电子出版物	**Books, Newpapers, Magazines and Electronic Publications**	**102.3**	**100.9**	**100.5**	**100.5**
燃料	**Fuels**	**111.1**	**95.8**	**106.7**	**107.1**
建筑材料及五金电料	**Building Materials and Hardware**	**102.3**	**100.0**	**103.8**	**103.6**

5-7 各地区商品零售价格指数(2018)
Retail Price Indices by Region (2018)

(上年=100) (preceding year =100)

地区	Region	商品零售价格指数 Retail Price Index	食品 Food	饮料、烟酒 Beverages, Tobacco and Liquor	服装、鞋帽 Clothing, Shoes and Hats	纺织品 Textiles	家用电器及音像器材 Household Appliances, Music and Video Equipment	文化办公用品 Cultural and Office Appliances	日用品 Articles for Daily Use	体育娱乐用品 Sports and Recreation Articles
兰州市	Lanzhou	101.7	101.3	102.0	100.8	98.5	100.2	101.1	100.8	99.5
嘉峪关市	Jiayuguan	100.7	101.2	101.0	100.2	99.8	100.5	102.4	100.2	100.7
金昌市	Jinchang	101.8	102.3	101.5	103.1	100.0	100.0	104.9	100.9	100.0
白银市	Baiyin	102.4	103.3	100.7	101.0	103.6	102.1	99.1	100.8	99.1
天水市	Tianshui	101.1	100.9	100.4	100.3	99.5	98.9	99.7	100.1	100.0
武威市	Wuwei	102.1	100.3	99.6	102.3	101.2	103.0	100.2	101.4	100.4
张掖市	Zhangye	102.8	101.4	101.2	99.7	101.4	101.4	104.0	102.5	104.5
平凉市	Pingliang	100.1	101.5	100.7	97.1	110.7	98.2	98.2	101.2	101.5
酒泉市	Jiuquan	102.8	102.6	98.8	104.7	101.7	101.0	101.1	100.2	98.8
庆阳市	Qingyang	101.3	101.4	99.9	101.8	99.0	98.4	102.8	100.3	98.7
定西市	Dingxi	101.1	100.2	99.9	100.8	100.0	99.7	100.0	103.3	100.2
陇南市	Longnan	100.5	101.0	101.5	99.8	100.0	99.8	100.0	100.9	98.7
临夏州	Linxia	103.1	106.1	100.5	105.8	97.7	95.7	96.8	101.0	101.4
甘南州	Gannan	101.1	102.0	101.5	98.7	99.3	99.9	101.2	104.9	100.0

注：本表数据为各市、州调查点数据，不完全代表各市、州价格总水平。

a) Data in this table are obtained from the sampling points in municipalities and prefectures, not entirely represent the general level of prices of them.

5-7 续表 continued

(上年=100) (preceding year =100)

地区	Region	交通、通信用品 Transportation and Communication Appliances	家具 Furniture	化妆品 Cosmetics	金银珠宝 Gold, Sliver and Jewelery	中西药品及医疗保健用品 Traditional Chinese and Western Medicines and Health Care Articles	书报杂志及电子出版物 Books, Newpapers, Magazines and Electronic Publications	燃料 Fuels	建筑材料及五金电料 Building Materials and Hardware
兰州市	Lanzhou	99.6	101.1	100.4	95.2	106.8	99.9	106.5	104.9
嘉峪关市	Jiayuguan	97.4	96.4	100.1	98.6	99.8	100.4	105.9	102.6
金昌市	Jinchang	99.3	100.0	107.3	100.1	102.7	100.0	105.5	98.2
白银市	Baiyin	97.2	104.7	100.0	99.6	102.6	102.4	110.4	105.4
天水市	Tianshui	99.2	100.9	102.0	96.9	107.0	105.3	106.4	97.2
武威市	Wuwei	100.2	101.8	100.5	97.0	103.1	100.0	113.6	104.0
张掖市	Zhangye	101.0	102.3	107.6	99.7	106.5	109.3	109.0	103.3
平凉市	Pingliang	90.9	103.8	104.5	103.1	99.1	100.9	105.8	102.7
酒泉市	Jiuquan	103.3	100.6	100.4	101.2	104.6	106.7	108.4	102.0
庆阳市	Qingyang	99.3	98.3	98.7	94.2	104.4	100.7	108.0	100.5
定西市	Dingxi	100.0	100.7	101.3	99.5	104.1	100.0	104.2	101.7
陇南市	Longnan	97.5	99.7	100.0	100.5	96.0	101.9	105.7	101.5
临夏州	Linxia	96.5	106.4	100.7	100.4	111.8	99.0	105.9	100.0
甘南州	Gannan	97.6	100.3	98.7	97.9	102.2	99.8	104.7	101.2

5-8 农业生产资料价格指数
Price Indices of Means Agricultural Production

（上年＝100） (preceding year ＝100)

项　　目	Item	2010	2015	2017	2018
农业生产资料价格指数	**Price Index for Means of Agricultural Production**	**101.7**	**98.6**	**103.7**	**104.2**
农用手工工具	Farm Handtools	104.4	101.7	104.7	105.5
饲料	Forage	126.3	100.8	101.0	101.9
仔畜幼禽及产品畜	Newborn Animals & Poultry, and Commodity Animals	82.6	94.8	106.2	99.4
半机械化农具	Semi-mechanized Farm Tools	98.6	100.0	101.3	102.4
机械化农具	Mechanized Farm Machinery	101.8	100.0	103.6	103.1
化学肥料	Chemical Fertilizer	97.8	97.7	105.7	108.3
农药及农药器械	Pesticide and Its Appliances	102.1	101.0	99.8	101.2
农用机油	Oil for Farm Machinery	108.1	87.7	110.3	111.5
其他农业生产资料	Other Means of Agricultural Production	103.8	100.7	100.7	101.2
农业生产服务	Service for Agricultural Production	101.8	104.8	102.2	103.9

5-9 固定资产投资价格指数
Price Index for Investment in Fixed Assets

（上年 ＝100） (preceding year ＝100)

项　　目	Item	2010	2015	2017	2018
固定资产投资价格指数	**Price Index for Investment in Fixed Assets**	**103.5**	**97.7**	**105.9**	**104.6**
建筑安装工程	Construction and Installtion	105.0	97.5	107.0	105.4
#人工费	Labour Cost	108.0	103.3	103.3	103.6
材料费	Materials	104.2	95.5	109.6	106.7
机械使用费	Usage in Machinary	103.7	97.4	101.4	101.9
设备工器具购置	Purchase of Equipment and Instruments	100.8	97.9	101.4	101.8
其他费用	Others	103.1	99.6	100.6	101.5

5-10 农产品生产者价格指数
Producer Price Indices for Farm Products

(上年=100) (preceding year =100)

指标	Item	2010	2015	2017	2018
农产品生产者价格指数	**Producer Price Indices for Farm Products**	**113.8**	**99.8**	**99.1**	**101.7**
种植业产品	**Planting Products**	**119.5**	**100.9**	**100.9**	**101.6**
谷物(原粮)	Cereal (Unprocessed Food Grains)	110.8	98.2	105.0	104.5
#小麦	Wheat	106.8	97.9	107.3	102.7
玉米	Corn	119.4	97.5	103.2	103.9
豆类	Beans	109.4	100.6	97.4	87.4
#大豆	Beans	106.3	90.9	98.7	99.6
蚕豆	Broad Bean	154.8	105.2	86.9	85.6
薯类	Tubers	185.0	93.8	96.4	77.6
油料	Oil-bearing Crops	107.1	99.4	95.7	101.1
#油菜籽	Rapeseeds	103.9	101.3	105.2	105.0
胡麻籽	Benne	104.9	96.9	93.1	99.5
棉花(籽棉)	Cotton (Unginned Cotton)	176.2	103.0		96.9
糖料	Sugar			98.8	108.2
蔬菜	Vegetable	114.2	105.1	97.5	103.4
水果(含果用瓜)	Fruit (Fruit Included Melons)	127.6	103.9	103.0	105.8
#苹果	Apple	142.9	103.9	102.3	104.2
梨	Pear	105.8	100.0	100.6	107.1
桃	Peach	151.9	91.4	101.2	96.6
杏	Apricot	116.3			
西瓜	Water Melon	103.3	128.6	106.1	113.7
中药材	Traditional Chinese Medicinal Materials	124.1	98.3	93.5	95.7
#党参	Codonopsis	156.9	95.7	85.9	95.1
当归	Angelica	92.7			
黄芪	Astragalus	127.9	92.6	102.3	92.0
甘草	Licorice	122.9			
林业产品	**Forestry Products**	**144.9**		**93.8**	
畜牧业产品	**Animal Husbandry Products**	**101.6**	**97.5**	**95.4**	**102.2**
#牛的饲养	Cattle Raising	104.6	103.2	98.7	103.8
羊的饲养	Sheep Raising	103.5	79.0	108.8	117.0
猪的饲养	Pig Raising	92.1	104.0	84.9	85.9
鸡	Chicken	118.7	100.8	102.0	104.9
奶产品	Milk Products	129.2	99.2	103.6	108.0
鸡蛋	Eggs	110.1	98.1	84.8	124.1
渔业产品	**Fishing Products**	**115.5**	**100.6**	**91.1**	**93.6**

注：2012年起，国家统计局实行新方法制度，对分类进行调整并增加了品种。

a) Since 2012, National Bureau of Statistics implemented the new method system, adjusted the classification of producer price indices for farm products and increased the breed.

5－11 工业生产者出厂价格指数
Producer Price Index for Industrial Products

(上年＝100) (preceding year ＝100)

项　目	Item	2010	2015	2017	2018
工业生产者出厂价格指数	**Producer Price Index for Industrial Products**	**115.0**	**87.0**	**114.5**	**109.5**
按轻重工业分	**Grouped by Light & Heavy Industry**				
轻工业	Light Industry	104.0	100.1	100.8	99.7
以农产品为原料	Using Farm Products as Raw Materials	103.2	100.0	100.3	99.7
以非农产品为原料	Using Non-farm Products as Raw Materials	105.1	100.6	108.6	99.4
重工业	Heavy Industry	116.7	85.6	116.3	110.7
采掘工业	Mining & Quarrying Industry	116.3	69.3	125.3	120.2
原料工业	Raw Materials Industry	118.5	87.6	110.4	110.6
加工工业	Manufacturing Industry	102.4	88.1	121.9	107.3
按两大部类分	**Grouped by Division**				
生产资料	Means of Production	116.1	85.6	116.3	110.5
采掘工业	Mining & Quarrying Industry	113.6	69.3	125.3	120.2
原料工业	Raw Materials Industry	118.8	87.6	110.3	110.5
加工工业	Manufacturing Industry	103.9	88.1	121.9	106.8
生活资料	Consumer Goods	102.4	100.2	100.4	100.9
食品	Food	102.7	100.2	100.3	100.9
衣着	Clothing	105.4	90.5	100.3	100.9
一般日用品	Articles for Daily Use	102.9	100.2	104.2	100.6
耐用消费品	Durable Consumer Goods	90.5	99.9	97.3	102.2
按工业部门分	**Grouped by Industry Sector**				
冶金工业	Metallurgical Industry	122.0	86.1	121.7	109.7
电力工业	Power Industry	100.7	99.8	99.4	102.8
煤炭及炼焦工业	Coal Industry	101.7	90.0	124.5	108.5
石油工业	Petroleum Industry	120.1	73.7	119.4	121.3
化学工业	Chemical Industry	107.9	95.7	105.1	106.6
机械工业	Machine Manufacturing Industry	101.4	96.9	103.1	101.4
建筑材料工业	Building Materials Industry	104.6	89.8	105.6	101.8
森林工业	Timber Industry	102.1	95.8	104.9	100.2
食品工业	Food Industry	103.0	100.1	99.7	99.4
纺织工业	Textile Industry	111.4	97.5	112.5	105.1
缝纫工业	Tailoring Industry	104.2	89.9	100.3	101.0
皮革工业	Leather Industry	103.6	101.6	95.1	99.8
造纸工业	Paper Industry	104.7	100.6	111.6	107.4
文教艺术用品工业	Cultural, Educational & Handicrafts Articles	102.6	100.0	100.0	100.0
其他工业	Others	108.5	96.6	211.2	115.0

5-12 按行业分工业生产者出厂价格指数
Producer Price Indices for Industrial Products by Sector

(上年=100) (preceding year =100)

行 业	Sector	2010	2015	2017	2018
工业生产者出厂价格指数	**Producer Price Indices for Industrial Products**	**115.0**	**87.0**	**114.5**	**109.5**
煤炭开采和洗选业	Mining and Washing of Coal	101.2	90.0	122.6	109.1
石油和天然气开采业	Extraction of Petroleum and Natural Gas	122.6	52.2	135.6	131.8
黑色金属矿采选业	Mining and Processing of Ferrous Metal Ores	110.6	73.9	115.3	111.4
有色金属矿采选业	Mining and Processing of Non-Ferrous Metal Ores	113.0	98.8	111.1	109.3
非金属矿采选业	Mining and Processing of Nonmetal Ores	98.0	97.8	97.0	96.4
农副食品加工业	Processing of Food from Agricultural Products	104.3	100.5	100.2	99.2
食品制造业	Processing of Foodstuff	104.6	98.6	98.5	99.8
酒、饮料及精制茶制造业	Manufacture of Liquor, Beverages and Refined Tea	102.4	100.3	99.1	98.5
烟草制品业	Manufacture of Tobacco	101.4	100.0	100.0	100.2
纺织业	Manufacture of Textile	111.3	97.6	112.5	105.1
纺织服装、服饰业	Manufacture of Textile, Wearing Apparel and Accessories	103.8	88.9	100.3	101.0
皮革、毛皮、羽毛及其制品和制鞋业	Manufacture of Leather, Fur, Feather and Related Products and Footware	103.6	101.6	95.1	99.8
木材加工及木、竹、藤、棕、草制品业	Processing of Timber, Manufacture of Wood, Bamboo, Rattan, Palm and Straw Products	100.3	82.6	112.8	100.3
家具制造业	Manufacture of Furniture	103.3	99.4	100.1	100.1
造纸及纸制品业	Manufacture of Paper and Paper Products	104.7	100.6	111.6	107.4
印刷业和记录媒介复制业	Printing and Reproduction of Recording Media	102.7	100.0	100.0	100.0
文教、工美、体育和娱乐用品制造业	Manufacture of Articles for Culture, Education, Arts and Crafts, Sport and Entertainment Activities			95.0	95.8

5－12 续表 continued

(上年＝100) (preceding year ＝100)

行 业	Sector	2010	2015	2017	2018
石油加工、炼焦和核燃料加工业	Processing of Petroleum, Coking, Processing of Nuclear Fuel	119.8	79.0	115.5	117.9
化学原料及化学制品制造业	Manufacture of Raw Chemical Materials and Chemical Products	109.0	94.2	106.8	106.5
医药制造业	Manufacture of Medicines	106.0	101.0	104.3	111.4
橡胶和塑料制品业	Manufacture of Rubber and Plastics Products			99.9	100.2
非金属矿物制品业	Manufacture of Non-metallic Mineral Products	109.2	89.9	129.8	104.4
黑色金属冶炼及压延加工业	Smelting and Pressing of Ferrous Metals	107.5	80.3	137.8	112.3
有色金属冶炼及压延加工业	Smelting and Pressing of Non-ferrous Metals	133.1	89.2	112.3	107.3
金属制品业	Manufacture of Metal Products	105.0	95.8	105.7	104.4
通用设备制造业	Manufacture of General Purpose Machinery	100.9	100.6	100.1	100.8
专用设备制造业	Manufacture of Special Purpose Machinery	93.0	93.1	100.5	98.3
汽车制造业	Manufacture of Automobiles			134.2	104.8
铁路、船舶、航空航天和其他运输设备制造业	Manufacture of Railway, Ship, Aerospace and Other Transport Equipments	96.1	100.3	100.2	99.6
电气机械及器材制造业	Manufacture of Electrical Machinery and Equipment	111.8	95.1	106.3	104.3
计算机、通信和其他电子设备制造业	Manufacture of Computers, Communication and Other Electronic Equipment	100.0	99.9	97.6	96.4
仪器仪表制造业	Manufacture of Measuring Instruments and Machinery	101.8	100.0	100.0	100.0
废弃资源综合利用业	Utilization of Waste Resources			100.0	99.3
金属制品、机械和设备修理业	Repair Service of Metal Products, Machinery and Equipment			97.2	100.2
电力、热力生产和供应业	Production and Supply of Electric Power and Heat Power	100.7	99.8	99.4	102.8
燃气生产和供应业	Production and Supply of Gas	106.9	102.7	102.9	102.0
水的生产和供应业	Production and Supply of Water	98.6	102.9	100.7	103.6

5-13 工业生产者购进价格指数
Purchasing Price Index for Industrial Producers

(上年 =100) (preceding year =100)

类别	Types	2010	2015	2017	2018
工业生产者购进价格指数	**Purchasing Price Index for Industrial Producers**	**114.4**	**87.0**	**115.5**	**109.8**
燃料、动力类	Fuel and Power	118.4	81.6	115.0	111.6
黑色金属材料类	Ferrous Metals	109.4	86.9	126.8	109.6
#钢材	Rolled Steel	103.7	91.1	114.6	110.7
有色金属材料和电线类	Nonferrous Metals and Electric Wire	118.8	94.0	126.7	104.4
化工原料类	Raw Chemical Materials	112.0	96.1	109.4	108.6
木材及纸浆类	Timber and Paper Pulp	104.4	99.4	114.3	105.5
建筑材料及非金属矿类	Building Materials and Nonmetal Mine	102.3	93.8	124.9	109.9
其他工业原材料及半成品类	Other Industrial Raw and Processed Materials	103.6	96.5	103.0	104.0
农副产品类	Farm and Sideline Products	111.5	101.6	98.0	103.3
纺织原料类	Textile Materials	108.0	102.5	108.1	108.6

主要统计指标解释

居民消费价格指数 是反映一定时期内城乡居民所购买的生活消费品价格和服务项目价格变动趋势和程度的相对数，是对城市居民消费价格指数和农村居民消费价格指数进行综合汇总计算的结果。通过该指数可以观察和分析消费品的零售价格和服务项目价格变动对城乡居民实际生活费支出的影响程度。

城市居民消费价格指数 是反映一定时期内城市居民家庭所购买的生活消费品价格和服务项目价格变动趋势和程度的相对数。通过该指数可以观察和分析消费品的零售价格和服务项目价格变动对城镇居民收入和消费支出的影响。

农村居民消费价格指数 是反映一定时期内农村居民家庭所购买的生活消费品价格和服务项目价格变动趋势和程度的相对数。该指数可以观察农村消费品的零售价格和服务项目价格变动对农村居民收入和生活消费支出的影响。

商品零售价格指数 是反映一定时期内城乡商品零售价格变动趋势和程度的相对数。商品零售价格的变动与国家的财政收入、市场供需的平衡、消费与积累的比例关系有关。因此，该指数可以从一个侧面对上述经济活动进行观察和分析。

农业生产资料价格指数 指反映一定时期内农业生产资料价格变动趋势和程度的相对数。其编制目的是了解农业生产中投入物质资料价格的变动状况，服务于国民经济核算。1994 年以前，农业生产资料价格指数仅仅是商品零售价格指数的一个类别，此后，从商品零售价格指数中分离出来，单独编制。

农产品生产者价格指数 是反映一定时期内，农产品生产者出售农产品价格水平变动趋势及幅度的相对数。该指数可以客观反映全国农产品生产价格水平和结构变动情况，满足农业与国民经济核算需要。其中某代表品生产价格指数是通过对全部有出售该产品行为的调查单位的个体指数进行几何平均求得的，类价格指数是通过对其所属的类(或代表品)的价格指数进行加权平均求得的。季度累计价格指数的计算方法与分季指数的计算方法相同。

工业生产者出厂价格指数 是反映一定时期内全部工业产品第一次出售时的出厂价格总水平的变动趋势和变动幅度的相对数。

工业生产者购进价格指数 是反映作为中间投入的原材料、燃料、动力购进价格总水平的变动趋势和变动幅度的相对数。

固定资产投资价格指数 是反映一定时期内固定资产投资品及取费项目的价格变动趋势和变动幅度的相对数。该指数可以准确地反映固定资产投资中涉及的各类投资品和取费项目价格变动趋势和变动幅度，消除按现价计算的固定资产投资指标中的价格变动因素，真实地反映固定资产投资的规模、速度、结构和效益。

6

人民生活

People's Living Conditions

简要说明

一、本篇资料的主要内容

本篇资料反映了城乡居民储蓄存款；城镇、农村居民的家庭收支、居住、耐用消费品拥有、生产和生活等方面的情况。

二、本篇资料的来源

1. 城乡居民储蓄存款数据取自中国人民银行兰州中心支行，由省统计局国民经济核算处提供。

2. 城镇、农村居民家庭相关资料由国家统计局甘肃调查总队居民收支调查处整理提供。

3. 自 2015 年起甘肃省发布城乡一体化住户收支与生活状况调查数据，即发布城镇、农村居民可支配收入，原农村居民纯收入数据以后不再发布，本年鉴中涉及 2015 年及以后的居民有关数据均来源于此调查。2014 年及以前年份的居民有关数据为新口径回溯数据。

6-1 人民物质文化生活情况
Basic Statistics on People's Living Conditions

指　标	Item	2010	2015	2017	2018
就业	**Employment**				
每一城镇就业者负担人数(人)	Number of Dependents per Urban Employee (person)	2.01	1.46	1.46	1.49
每一农村劳动力负担人数(人)	Number of Dependents per Rural Laborer (person)	1.56	1.60	1.59	1.67
城镇登记失业率(%)	Registered Urban Unemployment Rate (%)	3.21	2.14	2.71	2.78
收入(元)	**Income of Rural and Urban Residents (yuan)**				
城镇居民人均可支配收入	Annual Per Capita Disposable Income of Urban Households	13820	23767	27763	29957
农村居民人均可支配收入	Annual per Capita Disposable Income of Rural Households	3747	6936	8076	8804
在岗职工平均工资	Average Wage of Staff and Workers	29588	54454	65726	73704
支出(元)	**Expenditure (yuan)**				
城镇居民人均消费支出	Per Capita Consumption Expenditures of Urban Households	10171	17451	20659	22606
#食品烟酒	Food, Tobacco and Liquor	3412	5346	6033	6491
农村居民人均消费支出	Per Capita Consumption Expenditures of Rural Households	3430	6830	8030	9065
#食品烟酒	Food,Tobacco and Liquor	1443	2244	2438	2695
储蓄	**Savings Deposit**				
城乡居民年底储蓄存款余额(亿元)	Balance of Savings Deposit of Rural and Urban Households (year-end)(100 million yuan)	3598	7580	8720	9330
人均储蓄存款余额(元)	Per Capita Balance of Saving Deposit (yuan)	14070	29209	33312	35454

6-1 续表 continued

指　　标	Item	2010	2015	2017	2018
住房面积(平方米)	**Per Capita Floor Space of Residential Buildings (sq.m)**				
城镇居民人均居住面积	Per Capita Living Space of Urban Households	27.89	34.00	33.80	33.90
农村居民人均居住面积	Per Capita Living Space of Rural Households	20.96	29.30	31.40	31.80
文化	**Culture**				
城镇每百户有彩色电视机(台)	Number of Color TV Sets per 100 Urban Households (set)	110.0	104.6	106.0	102.2
农村每百户有彩色电视机(台)	Number of Color TV Sets per 100 Rural Households (set)	104.0	109.0	109.0	111.6
广播节目综合人口覆盖率(%)	Radio Coverage Rate of the Population (%)	93.47	98.01	98.38	98.45
电视节目综合人口覆盖率(%)	TV Coverage Rate of Population (%)	93.72	98.47	98.68	98.81
教育	**Education**				
小学学龄儿童净入学率(%)	Net Enrollment Ratio of School-age Children in Primary Schools (%)	99.46	99.83	99.90	99.91
每万人口中在校大学生数(人)	Number of University Students per 10 000 Population (person)	149	173	177	197
卫生	**Public Health**				
每万人口医院、卫生院床位数(张)	Number of Beds of Hospitals and Health Centers per 10 000 Population (bed)	32.2	45.6	54.3	58.0
每万人口执业(助理)医师数(人)	Number of Licensed (Assistant) Doctors per 10 000 Population (person)	15.0	19.1	21.5	22.5

6-2 城乡居民人民币储蓄存款年底余额
Savings Deposit Balance of Urban and Rural Households at Year-end

单位：万元 (10 000 yuan)

年份 Year	年底余额 Balance at Year-end			年增加额 Year-on-year Increase		
	总计 Total	城镇 Urban	农户 Rural	总计 Total	城镇 Urban	农户 Rural
2000	8187607	7093513	1094094	814000	675776	138224
2001	9207078	7995286	1211792	1020647	902950	117697
2002	10422181	8979129	1443052	1213625	984936	228689
2003	12173882	10517505	1656377	1749967	1536641	213326
2004	13831098	11914297	1916801	1657216	1396792	260424
2005	15866560	13520146	2346414	2035462	1605849	429613
2006	18254366	15388163	2866203	2387806	1868017	519789
2007	19152386	15532987	3619399	898020	144824	753196
2008	24618977	19548344	5070633	5466591	4015357	1451234
2009	30269418	23420414	6849004	5650441	3872070	1778371
2010	35982361	27355167	8627194	5712943	3934753	1778190
2011	42314086	31343529	10970557	6331725	3988362	2343363
2012	50500815	36867737	13633078	8186729	5524208	2662521
2013	58784741	41753886	17030855	8283926	4886149	3397777
2014	66746775	47034797	19711978	7962034	5280911	2681123
2015	75803110	52103307	23699803	9056335	5068510	3987825
2016	82639555	55033454	27606101	6836445	2930147	3906298
2017	87204797	56985688	30219109	4565242	1952234	2613008
2018	93296494	61410013	31886481	6091697	4424325	1667372

6-3 各地县金融机构城乡居民人民币储蓄存款(2018)
Savings Deposit of Financial Institutions of Urban and Rural Households by Region, County(2018)

单位：万元 (10 000 yuan)

地　区	Region	城乡居民储蓄存款 Savings Deposit of Urban and Rural Households	地　区	Region	城乡居民储蓄存款 Savings Deposit of Urban and Rural Households
兰州市	**Lanzhou**	**29169405**	瓜州县	Guazhou	456816
城关区	Chengguan	14279804	肃北县	Subei	72398
七里河区	Qilihe	4421924	阿克塞县	Akesai	55183
西固区	Xigu	3251150	玉门市	Yumen	509716
安宁区	Anning	2564282	敦煌市	Dunhuang	1358409
红古区	Honggu	752977	**庆阳市**	**Qingyang**	**7504832**
永登县	Yongdeng	973020	西峰区	Xifeng	2517621
皋兰县	Gaolan	751000	庆城县	Qingcheng	822649
榆中县	Yuzhong	1696700	环　县	Huanxian	618701
兰州新区	Lanzhou New Area	350526	华池县	Huachi	368191
嘉峪关市	**Jiayuguan**	**1597056**	合水县	Heshui	500418
金昌市	**Jinchang**	**2194980**	正宁县	Zhengning	621956
金川区	Jinchuan	1451811	宁　县	Ningxian	1076889
永昌县	Yongchang	743169	镇原县	Zhenyuan	978407
白银市	**Baiyin**	**4522399**	**定西市**	**Dingxi**	**5836500**
白银区	Baiyin	1742436	安定区	Anding	1421524
平川区	Pingchuan	728507	通渭县	Tongwei	574618
靖远县	Jingyuan	715877	陇西县	Longxi	1076364
会宁县	Huining	780757	渭源县	Weiyuan	492029
景泰县	Jingtai	554822	临洮县	Lintao	1254474
天水市	**Tianshui**	**9076648**	漳　县	Zhangxian	327419
秦州区	Qinzhou	3252581	岷　县	Minxian	690072
麦积区	Maiji	1798112	**陇南市**	**Longnan**	**5785813**
清水县	Qingshui	497308	武都区	Wudu	1276182
秦安县	Qinan	1165239	成　县	Chengxian	759185
甘谷县	Gangu	1023756	文　县	Wenxian	461874
武山县	Wushan	785366	宕昌县	Tanchang	471301
张家川县	Zhangjiachuan	554286	康　县	Kangxian	375655
武威市	**Wuwei**	**5890281**	西和县	Xihe	788171
凉州区	Liangzhou	3741264	礼　县	Lixian	906716
民勤县	Minqin	944295	徽　县	Huixian	585225
古浪县	Gulang	695527	两当县	Liangdang	161503
天祝县	Tianzhu	509196	**临夏州**	**Linxia**	**4311755**
张掖市	**Zhangye**	**4386457**	临夏市	linxia	1715367
甘州区	Ganzhou	2239234	临夏县	linxia	468044
肃南县	Sunan	101956	康乐县	Kangle	393392
民乐县	Minle	452487	永靖县	Yongjing	586771
临泽县	Linze	484646	广河县	Guanghe	326079
高台县	Gaotai	525270	和政县	Hezheng	338469
山丹县	Shandan	582865	东乡县	Dongxiang	216241
平凉市	**Pingliang**	**5893405**	积石山县	Jishishan	267392
崆峒区	Kongtong	1944419	**甘南州**	**Gannan**	**1672002**
泾川县	Jingchuan	817021	合作市	Hezuo	392136
灵台县	Lingtai	516026	临潭县	Lintan	267846
崇信县	Chongxin	289046	卓尼县	Zhuoni	199448
庄浪县	Zhuanglang	787795	舟曲县	Zhouqu	369079
静宁县	Jingning	815148	迭部县	Diebu	138503
华亭市	Huating	723949	玛曲县	Maqu	89817
酒泉市	**Jiuquan**	**6454960**	碌曲县	Luqu	63481
肃州区	Suzhou	2498577	夏河县	Xiahe	151692
金塔县	Jinta	416771			

6-4 历年城镇居民家庭生活基本情况
Basic Conditions of Urban Households

年 份 Year	每一城镇就业者负担人数（人）Number of Dependents Per Urban Employee (person)	城镇居民人均可支配收入（元）Per Capita Disposable Income of Urban Households (yuan)	城镇居民人均消费支出（元）Per Capita Consumption Expenditures of Urban Households (yuan)	#食品烟酒 Food, Tobacco and Liquor	恩格尔系数（%）Engle's Coefficient (%)	人均居住面积（平方米）Per Capita Living Space (sq.m)
1978		408				
1979		418				4.63
1980	2.64	403	399	212	53.10	4.82
1981	1.80	448	433	238	54.97	5.60
1982	1.75	474	447	252	56.41	6.01
1983	1.74	491	482	274	56.78	6.74
1984	1.70	572	552	310	56.22	7.11
1985	1.83	641	625	316	50.59	7.44
1986	1.83	777	737	376	50.96	7.51
1987	1.82	871	829	431	51.97	7.65
1988	1.84	979	1026	502	48.88	8.29
1989	1.82	1133	1065	586	55.05	8.55
1990	1.87	1197	1081	557	51.50	8.86
1991	1.85	1369	1270	666	52.41	9.09
1992	1.75	1708	1457	765	52.51	8.99
1993	1.73	2003	1680	852	50.71	8.96
1994	1.84	2658	2209	1117	50.57	10.44
1995	1.86	3153	2618	1353	51.69	10.74
1996	1.82	3354	2839	1443	50.84	11.10
1997	1.89	3592	2946	1439	48.85	12.70
1998	1.91	4024	3106	1436	46.23	13.30
1999	1.71	4508	3697	1525	41.24	15.16
2000	1.80	4970	4153	1545	37.20	15.21
2001	1.86	5461	4458	1624	36.43	15.54
2002	1.96	6264	5119	1747	34.12	21.55
2003	1.98	6803	5367	1851	34.49	22.27
2004	1.85	7566	6026	2123	35.23	22.90
2005	1.90	8323	6641	2241	33.74	24.16
2006	1.92	9215	7109	2277	32.03	25.60
2007	1.87	10380	8045	2657	33.02	27.04
2008	2.00	11413	8504	2965	34.86	27.19
2009	1.99	12457	9119	3130	34.33	27.35
2010	2.01	13820	10171	3412	33.55	27.89
2011	2.07	15707	11500	3776	32.83	28.04
2012	2.04	17979	13205	4101	31.06	28.45
2013	2.07	19873	14411	4473	31.04	29.82
2014	1.84	21804	15942	4964	31.14	30.60
2015	1.46	23767	17451	5346	30.63	34.00
2016	1.45	25694	19539	5777	29.57	33.69
2017	1.46	27763	20659	6033	29.20	33.80
2018	1.49	29957	22606	6491	28.71	33.90

6－5 城镇居民家庭生活基本情况
Basic Conditions of Urban Households

指　标	Item	2015	2017	2018
调查户数(户)	**Number of Households Surveyed (household)**	**1500**	**1550**	**1650**
平均每户家庭人口(人)	Average Household Size (person)	3.2	3.1	3.3
平均每户就业人口(人)	Average Number of Employed Persons per Household (person)	1.8	2.20	2.20
平均每户就业面(%)	Proportion of Employment per Household (%)	56.3	71.0	66.7
平均每一就业者负担人数(含就业者本人)(人)	Number of Dependents per Employee (including the employee himself or herself)(person)	1.46	1.46	1.49
人均可支配收入(元)	**Per Capita Disposable Income (yuan)**	**23767**	**27763**	**29957**
工资性收入	Income from Wages and Salaries	15189	18460	19930
#工资	Wage and Subsidies	14201	17185	18904
经营净收入	Net Business Income	1805	2132	2334
财产净收入	Net Income from Properties	2295	2379	2528
#利息净收入	Interest Income	32	19	－17
红利收入	Bonus Income	84	56	118
转移净收入	Net Income from Transfers	4478	4793	5166
#养老金或离退休金	Endowment Insurance or Pension	4459	5260	5984
人均消费支出(元)	**Per Capita Annual Consumption Expenditure (yuan)**	**17451**	**20659**	**22606**
食品烟酒	Food, Tobacco and Liquor	5346	6033	6491
衣着	Clothing	1759	1906	1906
居住	Residence	3540	3828	5061
生活用品及服务	Household Facilities, Articles and Services	1125	1358	1447
交通通信	Transport and Communications	1850	2953	2449
教育文化娱乐	Education, Cultural and Recreation	2045	2342	2440
医疗保健	Health Care and Medical Services	1391	1741	2207
其他用品及服务	Other Goods and Services	395	499	604

6-6 按收入等级分城镇居民家庭人均可支配收入及构成（2018）
Per Capita Disposable Income of Urban Households and Its Composition by Level of Income(2018)

指　　标	Item	全省平均 Average	低收入户 Low Income Households	中低收入户 Low and Middle Income Households	中等收入户 Middle Income Households	中高收入户 Middle and High Income Households	高收入户 High Income Households
人均可支配收入(元)	**Per Capita Disposable Income(yuan)**	**29957**	**9405**	**19459**	**28293**	**40009**	**64860**
工资性收入	Income from Wages and Salaries	19930	6018	13457	17601	27529	43338
#工资	Wage and Subsidies	18904	5869	13035	16843	26058	40413
经营净收入	Net Business Income	2334	1326	2172	3774	1450	3261
财产净收入	Net Income from Properties	2528	606	1135	2379	4161	5579
转移净收入	Net Income from Tranfers	5166	1455	2695	4539	6871	12682
人均可支配收入构成(%)	**Per Composition of Disposable Income(%)**						
工资性收入	Income from Wages and Salaries	66.5	64.0	69.2	62.2	68.8	66.8
经营净收入	Net Business Income	7.8	14.1	11.2	13.3	3.6	5.0
财产净收入	Net Income from Properties	8.4	6.4	5.8	8.4	10.4	8.6
转移净收入	Net Income from Tranfers	17.2	15.5	13.8	16.0	17.2	19.6

6-7 城镇居民家庭平均每人总支出
Per Capita Annual Expenditure of Urban Households

单位：元　　　　(yuan)

指　　标	Item	2015	2017	2018
总支出	**Per Capita Annual Expenditure**	**22564**	**26515**	**29979**
消费支出	Consumption Expenditure	17451	20659	22606
生产经营费用支出	Production Operations Fee Expenditure	607	612	778
第一产业经营费用支出	Primary Industry	107	103	200
第二产业经营费用支出	Secondary Industry	14	20	43
第三产业经营费用支出	Tertiary Industry	486	489	535
财产性支出	Property Expenditure	31	20	105
转移性支出	Transfer Expenditure	1031	1579	2049
部分商业保险支出	Expenditure of Part of Commercial Insurance	140	175	238
购置资产及非经常性转移支出	Purchase of Assets and Transfer of Non-recurring Expenditure	2043	2442	2866
借贷性支出	Debit and Credit Expenditure	1261	1028	1337

6-8 按收入等级分城镇居民家庭平均每人全年购买主要商品数量(2018)

Per Capita Annual Purchases of Major Commodities of Urban Households by Level of Income(2018)

指标	Item	全省平均 Average	低收入户 Low Income Households	中低收入户 Low and Middle Income Households	中等收入户 Middle Income Households	中高收入户 Middle and High Income Households	高收入户 High Income Households
鲜菜(千克)	Fresh Vegetables (kg)	99.9	75.8	97.2	109.5	111.4	115.7
食用植物油(千克)	Edible Vegetable Oil (kg)	11.0	9.4	9.2	18.9	8.7	8.9
猪肉(千克)	Pork (kg)	15.5	11.0	15.2	20.8	15.4	16.4
牛肉(千克)	Beef (kg)	2.1	1.4	2.0	2.0	2.5	2.9
羊肉(千克)	Mutton (kg)	2.7	2.0	2.1	2.8	3.3	3.7
禽类(千克)	Poultry (kg)	6.0	4.2	5.0	8.0	6.7	6.7
鲜蛋(千克)	Fresh Eggs (kg)	12.4	7.2	9.2	23.4	11.0	12.5
鱼(千克)	Fish (kg)	3.2	1.7	3.0	3.4	3.7	4.7
白酒(千克)	Liquor (kg)	1.7	0.9	1.1	1.5	1.9	3.7
啤酒(千克)	Beer (kg)	3.2	2.5	2.8	3.6	4.4	3.0
糕点(千克)	Cake (kg)	4.0	2.3	3.3	4.0	4.8	6.6
鲜奶(千克)	Fresh Milk (kg)	16.6	11.0	17.4	16.5	18.3	22.4
奶粉(千克)	Milk Powder (kg)	0.7	0.5	0.7	1.0	1.0	0.5
电(度)	Electricity (kw. h)	531.1	383.1	473.8	562.1	662.5	648.2
灌装液化石油气(千克)	Liquefied Petroleum Gas(kg)	5.5	5.2	6.2	6.6	5.4	3.8
管道天然气(立方米)	Piped Natural Gas (cu.m)	69.2	47.3	48.6	73.0	108.3	82.1

6-9 城镇居民家庭平均每人全年购买的主要商品数量
Per Capita Annual Purchases of Major Commodities in Urban Households

指　标	Item	2010	2015	2017	2018
大米(千克)	Rice (kg)	21.7	20.6	17.7	
面粉(千克)	Flour (kg)	37.6	36.6	29.3	
食用植物油(千克)	Edible Vegetable Oil (kg)	10.3	11.7	10.5	11.0
猪肉(千克)	Pork (kg)	11.7	12.6	12.0	15.5
牛肉(千克)	Beef (kg)	2.3	2.7	2.6	2.1
羊肉(千克)	Mutton (kg)	1.5	3.1	2.9	2.7
禽类(千克)	Poultry (kg)	5.0	4.6	5.1	6.0
鲜蛋(千克)	Fresh Eggs (kg)	8.3	9.2	8.9	12.4
鱼(千克)	Fish (kg)	3.2	3.1	3.0	3.2
鲜菜(千克)	Fresh Vegetables (kg)	115.3	99.0	100.0	99.9
啤酒(千克)	Beer (kg)	3.1	3.3	3.0	3.2
鲜乳品(千克)	Fresh Dairy Products (kg)	19.8	16.6	16.3	16.6
灌装液化石油气(千克)	Liquefied Petroleum Gas(kg)	8.2	8.1	7.6	5.5
管道天然气(立方米)	Piped Natural Gas (cu.m)	26.6	41.3	45.3	69.2
水(吨)	Water (ton)	22.3	34.3	35.6	
电(千瓦时)	Electricity (kw.h)	410.9	559.7	597.4	531.1

6-10 城镇居民家庭平均每百户年底耐用消费品拥有量
Number of Major Durable Consumer Goods Owned Per 100 Urban Households at Year-end

指　标	Item	2010	2015	2017	2018
摩托车(辆)	Motorcycle (unit)	7.8	20.1	17.5	12.6
家用汽车(辆)	Automobile (unit)	3.5	18.2	26.9	30.0
洗衣机(台)	Washing Machine (set)	98.1	99.0	101.2	99.8
电冰箱(台)	Refrigerator (set)	85.8	92.8	97.3	97.6
彩色电视机(台)	Color TV Set (set)	110.0	104.6	106.0	102.2
照相机(架)	Camera (set)	26.5	29.8	26.5	20.5
计算机(台)	Computer (set)	42.9	54.7	70.8	59.6
摄像机(架)	Video Camera (unit)	3.4	4.6		
空调(台)	Air Conditioner (unit)	5.4	10.5	12.7	13.8
淋浴热水器(台)	Water Heater Shower (unit)	62.3	71.5	77.9	82.6
固定电话(部)	Fixed Telephone (unit)	61.3	55.0	48.1	24.9
移动电话(部)	Mobile Telephone (unit)	159.6	224.5	240.1	246.1

6-11 各地区城镇居民家庭平均每人全年可支配收入(2018)
Per Capita Annual Total Income of Urban Households by Region (2018)

单位：元 (yuan)

地区	Region	可支配收入 Disposable Income	工资性收入 Income from Wages and Salaries	经营净收入 Net Business Income	财产净收入 Net Income from Properties	转移净收入 Net Income from Transfers
兰州市	Lanzhou	35014	19850	1069	4225	9870
嘉峪关市	Jiayuguan	39629	30940	1348	2496	4845
金昌市	Jinchang	37480	28603	3287	1960	3630
白银市	Baiyin	29470	20375	2836	1351	4908
天水市	Tianshui	26581	17859	2742	2293	3687
武威市	Wuwei	27668	21129	1726	1361	3453
张掖市	Zhangye	25267	17388	3643	1083	3153
平凉市	Pingliang	27448	19604	1615	1269	4960
酒泉市	Jiuquan	35239	24126	6143	2097	2872
庆阳市	Qingyang	29646	21585	3448	2163	2450
定西市	Dingxi	24302	18013	2233	1153	2904
陇南市	Longnan	23782	16969	2851	1717	2246
临夏州	Linxia	20834	12747	2756	1145	4187
甘南州	Gannan	24783	19441	3497	738	1106

6-12 各地区城镇居民家庭平均每人全年消费支出(2018)
Per Capita Annual Consumption Expenditure of Urban Households by Region (2018)

单位：元 (yuan)

地区	Region	消费支出 Consumption Expenditures	食品烟酒 Food, Tobacco and Liquor	衣着 Clothing	居住 Residence	生活用品及服务 Household Facilities, Articles and Services	交通通信 Transport and Communications	教育文化娱乐 Education, Culture and Recreation	医疗保健 Health Care and Medical Services	其他用品和服务 Miscellaneous Goods and Services	恩格尔系数(%) Engle's Coefficient (%)
兰州市	Lanzhou	26130	7414	1899	6376	1629	2700	2575	2461	1076	28.4
嘉峪关市	Jiayuguan	28655	9228	2850	4176	1546	4868	3228	1711	1047	32.2
金昌市	Jinchang	24500	6508	2380	3251	1325	3753	3293	2880	1111	26.6
白银市	Baiyin	18485	5713	1960	3800	1731	2074	1898	1018	290	30.9
天水市	Tianshui	14685	4144	1275	3840	974	1488	1668	995	300	28.2
武威市	Wuwei	20224	6491	2219	3866	1091	2180	2615	1483	281	32.1
张掖市	Zhangye	20649	6031	2006	3644	1434	2072	2650	2278	533	29.2
平凉市	Pingliang	18769	5216	1673	4947	1223	1922	1806	1581	401	27.8
酒泉市	Jiuquan	25210	7787	2401	4350	1747	3428	2688	2136	674	30.9
庆阳市	Qingyang	18358	5374	1983	3892	1252	2147	1800	1441	468	29.3
定西市	Dingxi	17237	5312	1613	3686	1177	1901	1789	1264	496	30.8
陇南市	Longnan	16888	5323	1648	3320	1040	1965	1897	1303	393	31.5
临夏州	Linxia	15298	4847	1571	3026	1183	1750	1397	1237	287	31.7
甘南州	Gannan	17491	6453	1955	3475	1326	1879	1107	870	425	36.9

6-13 各地县城镇居民人均可支配收入及消费（2018）

Per Capita Disposable Income and Consumption Expenditure of Urban Households by Region, County (2018)

单位：元 (yuan)

地区	Region	城镇居民人均可支配收入 Per Capita Disposable Income of Urban Households	城镇居民人均消费支出 Per Capita Consumption Expeniture Of Urban Households
兰州市	**Lanzhou**	**35014**	**26130**
城关区	Chengguan	39401	30814
七里河区	Qilihe	33456	22877
西固区	Xigu	38536	27189
安宁区	Anning	35369	31289
红古区	Honggu	30346	19500
永登县	Yongdeng	23489	17646
皋兰县	Gaolan	22385	14231
榆中县	Yuzhong	23769	12842
嘉峪关市	**Jiayuguan**	**39629**	**28655**
金昌市	**Jinchang**	**37480**	**24500**
金川区	Jinchuan	41781	28035
永昌县	Yongchang	28941	17485
白银市	**Baiyin**	**29470**	**18485**
白银区	Baiyin	35750	19953
平川区	Pingchuan	34652	26313
靖远县	Jingyuan	25212	15008
会宁县	Huining	18490	13909
景泰县	Jingtai	26132	15692
天水市	**Tianshui**	**26581**	**14685**
秦州区	Qinzhou	28834	23513
麦积区	Maiji	27028	14752
清水县	Qingshui	25191	12580
秦安县	Qinan	26236	13390
甘谷县	Gangu	26083	10966
武山县	Wushan	24960	9799
张家川县	Zhangjiachuan	24429	9201
武威市	**Wuwei**	**27668**	**20224**
凉州区	Liangzhou	29296	21233
民勤县	Minqin	23873	19656
古浪县	Gulang	22479	14821
天祝县	Tianzhu	24232	18620
张掖市	**Zhangye**	**25267**	**20649**
甘州区	Ganzhou	25899	21047
肃南县	Sunan	27145	28627
民乐县	Minle	23178	18952
临泽县	Linze	24555	19249
高台县	Gaotai	24502	19501
山丹县	Shandan	24952	20379
平凉市	**Pingliang**	**27448**	**18769**
崆峒区	Kongtong	27330	19354
泾川县	Jingchuan	25211	16962
灵台县	Lingtai	22350	18392
崇信县	Chongxin	32886	18340
庄浪县	Zhuanglang	27381	15181
静宁县	Jingning	25131	19250
华亭市	Huating	32372	21396
酒泉市	**Jiuquan**	**35239**	**25210**
肃州区	Suzhou	37581	28579
金塔县	Jinta	33217	23376
瓜州县	Guazhou	31227	18671
肃北县	Subei	36991	31246
阿克塞县	Akesai	38660	28013
玉门市	Yumen	32439	20786
敦煌市	Dunhuang	33595	22710
庆阳市	**Qingyang**	**29646**	**18358**
西峰区	Xifeng	30973	17690
庆城县	Qingcheng	29730	22369
环 县	Huanxian	29300	20117
华池县	Huachi	30445	16965
合水县	Heshui	28811	15962
正宁县	Zhengning	28157	20202
宁 县	Ningxian	29453	16465
镇原县	Zhenyuan	28515	17218
定西市	**Dingxi**	**24302**	**17237**
安定区	Anding	25399	17207
通渭县	Tongwei	22946	17301
陇西县	Longxi	23736	16639
渭源县	Weiyuan	23443	17579
临洮县	Lintao	24359	18635
漳 县	Zhangxian	23479	13782
岷 县	Minxian	23754	18643
陇南市	**Longnan**	**23782**	**16888**
武都区	Wudu	25265	19110
成 县	Chengxian	23434	16013
文 县	Wenxian	22580	16033
宕昌县	Tanchang	22811	14291
康 县	Kangxian	22764	18479
西和县	Xihe	22920	14950
礼 县	Lixian	22193	16072
徽 县	Huixian	23414	14517
两当县	Liangdang	24510	16256
临夏州	**Linxia**	**20834**	**15298**
临夏市	linxia	21247	16755
临夏县	linxia	20667	10640
康乐县	Kangle	20563	15918
永靖县	Yongjing	20533	12110
广河县	Guanghe	19851	9879
和政县	Hezheng	20266	17515
东乡县	Dongxiang	19762	15502
积石山县	Jishishan	20250	16056
甘南州	**Gannan**	**24783**	**17491**
合作市	Hezuo	24895	22842
临潭县	Lintan	24507	12633
卓尼县	Zhuoni	24640	18467
舟曲县	Zhouqu	24490	16282
迭部县	Diebu	24403	19385
玛曲县	Maqu	25770	17464
碌曲县	Luqu	25356	20335
夏河县	Xiahe	24721	12790

6-14 历年农村居民家庭生活基本情况
Basic Conditions of Rural Households

年 份 Year	每个农村劳动力负担人数（人）Average Number of Dependents per Labour Force (person)	农村居民人均可支配收入（元）Per Capita Disposable Income of Rural Households (yuan)	农村居民人均消费支出（元）Per Capita Annual Expenditure for Consumption of Rural Households (yuan)	#食品烟酒 Food, Tobacco and Liquor	恩格尔系数（%）Engle's Coefficient (%)	人均居住面积（平方米）Per Capita Living Space (sq.m)
1978	2.42	101	88	66	74.82	
1979	2.36	112	97	70	72.08	
1980	2.32	153	126	81	64.80	13.87
1981	2.25	159	135	93	68.76	12.75
1982	2.14	174	141	96	67.81	13.53
1983	1.95	213	163	104	63.70	12.95
1984	1.91	221	178	113	63.35	12.96
1985	1.75	257	205	124	60.37	13.24
1986	1.73	283	233	138	59.21	13.44
1987	1.73	303	253	144	57.12	13.93
1988	1.70	345	277	152	54.96	14.32
1989	1.69	376	296	164	55.27	14.67
1990	1.67	431	339	205	60.49	11.88
1991	1.68	446	403	238	59.05	12.85
1992	1.69	489	420	248	59.04	13.13
1993	1.67	551	538	297	55.27	13.77
1994	1.57	724	674	444	65.85	14.54
1995	1.66	880	915	649	70.94	15.64
1996	1.63	1101	986	669	67.86	14.15
1997	1.67	1210	976	561	57.50	14.56
1998	1.65	1403	949	563	59.27	16.47
1999	1.65	1433	899	507	56.37	18.22
2000	1.72	1458	1121	536	47.78	18.00
2001	1.69	1550	1179	533	45.16	17.58
2002	1.69	1645	1220	547	44.85	17.58
2003	1.66	1742	1432	606	42.30	17.60
2004	1.64	1942	1587	732	46.14	17.88
2005	1.67	2091	1999	898	44.92	18.71
2006	1.64	2269	2061	915	44.41	19.12
2007	1.60	2493	2267	1010	44.54	19.46
2008	1.59	2938	2733	1223	44.77	19.87
2009	1.57	3237	3188	1240	38.88	20.55
2010	1.56	3747	3430	1443	42.07	20.96
2011	1.54	4278	4273	1695	39.66	23.65
2012	1.54	4931	4834	1795	37.13	24.08
2013	1.59	5589	5654	1949	34.47	24.66
2014	1.60	6277	6148	2146	34.91	28.60
2015	1.60	6936	6830	2244	32.86	29.30
2016	1.59	7457	7487	2343	31.29	30.36
2017	1.59	8076	8030	2438	30.36	31.44
2018	1.67	8804	9065	2695	29.73	31.80

6-15 农村居民家庭生活基本情况
Basic Conditions of Rural Households

指　标	Item	2015	2017	2018
调查户数(户)	**Number of Households Surveyed (household)**	**2500**	**2350**	**2350**
平均每户常住人口(人)	Average Number of Permanent Residents per Household (person)	4.5	3.7	3.9
平均每户整半劳动力(人)	Average Number of Full/Semi Labor Force per Household (person)	2.5	2.36	2.3
平均每个劳动力负担人口(含本人)(人)	Average Number of Dependents per Labour Force (including the laborer himself or herself) (person)	1.6	1.59	1.67
人均可支配收入(元)	**Per Capita Disposable Income**	**6936**	**8076**	**8804**
工资性收入	Income from Wages and Salaries	1975	2275	2535
经营净收入	Net Business Income	3025	3556	3824
财产净收入	Net Income from Properties	128	142	212
转移净收入	Net Income from Transfers	1808	2102	2234
人均消费支出(元)	**Per Capita Annual Consumption Expenditure(yuan)**	**6830**	**8030**	**9065**

6-16 农村居民家庭人均可支配收入及构成
Per Capita Disposable Income of Rural Households and Its Composition

指　标	Item	2015	2017	2018
农村居民人均可支配收入(元)	**Per Capita Disposable Income of Rural Households(yuan)**	**6936**	**8076**	**8804**
工资性收入	Income from Wages and Salaries	1975	2275	2535
经营净收入	Net Business Income	3025	3556	3824
第一产业经营净收入	Net Income from Primary Industry	2509	2863	2992
#农业收入	Farming	2003	2224	2300
牧业收入	Animal Husbandry	503	600	651
第二产业经营净收入	Net Income from Secondary Industry	36	39	34
第三产业经营净收入	Net Income from Tertiary Industry	480	654	798
财产净收入	Net Income from Properties	128	142	212
转移净收入	Net Income from Transfers	1808	2102	2234
构成(农村居民人均可支配收入=100)	**Composition (Per Capita Disposable Income of Rural Households=100)**			
工资性收入	Income from Wages and Salaries	28.47	28.17	28.79
经营净收入	Net Income from Household Operations	43.62	44.03	43.43
财产净收入	Net Income from Properties	1.84	1.76	2.40
转移净收入	Net Income from Transfers	26.07	26.03	25.38

6-17 农村住户总支出及构成
Total Expenditure of Rural Households and Its Composition

指　　标	Item	2015	2017	2018
总支出(元)	**Total Expenditure(yuan)**	**11761**	**12902**	**16920**
消费支出	Consumption Expenditure	6830	8030	9065
生产经营费用支出	Production Operations Fee Expenditure	2186	2147	3958
第一产业经营费用支出	Primary Industry	1970	1959	2946
第二产业经营费用支出	Secondary Industry	16	11	21
第三产业经营费用支出	Tertiary Industry	199	177	991
财产性支出	Property Expenditure	21	24	46
转移性支出	Transfer Expenditure	198	235	370
部分商业保险支出	Expenditure of Part of Commercial Insurance	47	75	93
购置资产及非经常性转移支出	Purchase of Assets and Transfer of Non-recurring Expenditure	1912	1852	2456
购置资产支出	Purchase of Assets Expenditure	939	929	981
非经常性转移支出	Purchase of Transfer of Non-recurring Expenditure Debit and-	973	924	1475
借贷性支出	Credit Expenditure	567	540	935
存入储蓄款	Deposit Money in Bank	186	102	77
借出款	Lending Money	21	42	52
归还借款	Returning Loans	242	235	368
购买有价证券	Purchase Marketable Securities			
其他投资支出	Other Investment Expenditures			8
归还住房贷款	Return the Housing Loans	13	32	110
归还汽车贷款	Return the Car Loans	1	4	10
归还教育贷款	Return the Education Loans	6	23	14
归还其他贷款	Return the Other Loans	91	98	249
其他借贷支出	Other Debit and Credit Expenditure	6	2	48
总支出构成(%)	**Composition of Total Expenditure(%)**	**100.00**	**100.00**	**100.00**
消费支出	Consumption Expenditure	58.07	62.24	53.60
生产经营费用支出	Production Operations Fee Expenditure	18.59	16.64	23.40
财产性支出	Property Expenditure	0.18	0.18	0.27
转移性支出	Transfer Expenditure	1.68	1.82	2.19
部分商业保险支出	Expenditure of Part of Commercial Insurance	0.40	0.58	0.54
购置资产及非经常性转移支出	Purchase of Assets and Transfer of Non-recurring Expenditure	16.26	14.36	14.50
借贷性支出	Debit and Credit Expenditure	4.82	4.18	5.50

6-18 农村居民家庭平均每人消费支出
Per Capita Living Expenditure of Rural Households

单位：元 (yuan)

指　　标	Item	2015	2017	2018
消费支出	**Expenses on Consumption**	**6830**	**8030**	**9065**
食品烟酒	Food, Tobacco and Liquor	2244	2438	2695
衣着	Clothing	466	508	558
居住	Residence	1221	1562	1726
生活用品及服务	Household Facilities, Articles and Services	445	485	514
交通通信	Transport and Communication	812	1016	1078
教育文化娱乐	Education, Cultural and Recreation	854	994	1202
医疗保健	Health Care and Medical Services	670	891	1133
其他用品及服务	Other Commodities and Serveics	118	137	160

6-19 农村居民家庭平均每人消费支出构成
Composition of Per Capita Living Expenditure of Rural Households

单位：% (%)

指　　标	Item	2015	2017	2018
消费支出	**Consumption Expenditure**	**100. 00**	**100. 00**	**100. 00**
食品烟酒	Food, Tobacco and Liquor	32. 86	30. 36	29. 73
衣着	Clothing	6. 83	6. 33	6. 15
居住	Residence	17. 88	19. 45	19. 04
生活用品及服务	Household Facilities, Articles and Services	6. 52	6. 04	5. 67
交通通信	Transport and Communications	11. 88	12. 70	11. 89
教育文化娱乐	Education, Cultural and Recreation	12. 50	12. 38	13. 26
医疗保健	Health Care and Medical Services	9. 80	11. 09	12. 49
其他用品及服务	Other Goods and Services	1. 73	1. 70	1. 77

6-20 按收入等级分农村居民家庭基本情况（2018）
Basic Conditions of Rural Households of Income Quintile（2018）

指标	Item	全省平均 Average	低收入户 Low Income Households	中低收入户 Lower Middle Income Households	中等收入户 Middle Income Households	中高收入户 Middle and High Income Households	高收入户 High Income Households
平均每户常住人口(人)	Average Number of Usual Residents per Household (person)	3.9	4.2	4.2	4.0	3.7	3.2
平均每户整半劳动力（人）	Average Number of Full/Semi Labour Force Per Household (person)	2.3	2.4	2.4	2.3	2.3	2.3
平均每个劳动力负担人口（人）	Average Number of Dependents Per Labour Force (person)	1.67	1.75	1.70	1.72	1.57	1.40
人均消费支出（元）	Per Capita Annual Expenditures (yuan)	9065	7197	7661	8589	10255	12645
人均可支配收入(元)	Per Capita Annual Net Income (yuan)	8804	510	5205	8021	11472	22753
工资性收入	Income from Wages and Salaries	2535	764	1924	3046	3014	4545
经营净收入	Net Business Income	3824	-1279	1519	2832	5358	13311
财产净收入	Net Income from Properties	212	8	11	75	378	728
转移净收入	Net Income from Transfers	2234	1018	1752	2068	2723	4170

6-21 按收入等级分农村居民家庭平均每人消费支出（2018）
Per Capita Consumption Expenditure of Rural Households by Income Quintile（2018）

单位：元 (yuan)

指标	Item	全省平均 Average	低收入户 Low Income Households	中低收入户 Lower Middle Income Households	中等收入户 Middle Income Households	中高收入户 Middle and High Income Households	高收入户 High Income Households
消费支出	**Consumption Expenditure**	**9065**	**7197**	**7661**	**8589**	**10255**	**12645**
食品烟酒	Food, Tobacco and Liquor	2695	2082	2241	2580	2967	3950
衣着	Clothing	558	431	463	602	625	719
居住	Residence	1726	1513	1559	1498	1991	2209
生活用品及服务	Household Facilities, Articles and Services	514	348	420	620	546	690
交通通信	Transport and Communications	1078	851	899	971	1190	1626
教育文化娱乐	Education, Cultural and Recreation	1202	1020	1087	1163	1431	1376
医疗保健	Health Care and Medical Services	1133	860	893	1026	1297	1762
其他商品及服务	Other Goods and Services	160	92	101	130	207	313

6-22 农村居民家庭平均每人主要消费品消费量
Per Capita Consumption of Major Consumer Goods by Rural Households

单位：千克 (kg)

指　标	Item	2010	2015	2017	2018
粮食(原粮)	Grain (Unprocessed)	229.03	181.34	172.20	162.50
豆类及豆制品	Beans and Bean Products	5.15	4.31	4.60	4.88
蔬菜	Vegetables	43.14	55.37	55.20	57.54
食油	Edible Oil	4.13	8.47	7.10	8.25
猪肉	Pork	12.30	12.46	11.00	12.98
牛肉	Beef	0.35	0.61	0.60	0.48
羊肉	Mutton	0.80	1.98	2.00	1.90
家禽	Poultry	1.29	3.53	3.80	3.86
蛋及蛋制品	Eggs and Processed Products	2.58	6.40	5.90	5.45
奶和奶制品	Milk and Processed Products	2.72	6.51	6.60	6.01
水产品	Aquatic Products	0.30	0.75	0.90	0.99
瓜果	Melons and Fruits	16.39	35.13	39.30	96.99
食糖	Sugar	0.97	1.73	1.90	1.73
酒	Liquor	7.28	9.82	8.10	7.58

6-23 农村居民家庭平均每百户年底耐用消费品拥有量
Number of Durable Consumer Goods Owned Per 100 Rural Households at Year-end

指　标	Item	2015	2017	2018
家用汽车(辆)	Automobile (unit)	10.0	14.0	20.9
摩托车(台)	Motorcycle (set)	88.6	79.7	60.0
电冰箱(台)	Refrigerator(set)	55.3	71.1	84.4
洗衣机(台)	Washing Machine(set)	86.0	92.1	96.9
热水器(台)	Water Heater(set)	20.3	26.4	35.3
空调(台)	Air Conditioner(set)	0.7	0.9	1.9
彩色电视机(台)	Color Tv Set(set)	109.0	109.0	111.6
摄像机(台)	Vedio Camera(set)	0.2		
照相机(架)	Camera (set)	2.5	1.4	1.8
家用计算机(台)	Computer(set)	14.2	16.8	21.2
中高档乐器(件)	Medium and High Grades Musical Instruments(unit)	0.5	0.6	0.6
固定电话(部)	Telephone (set)	26.4	19.0	5.6
移动电话(部)	Mobile Telephone(set)	244.6	268.7	300.8

6-24 各地县农村居民人均可支配收入(2018)
Per Capita Disposable Income of Rural Households by Region, County (2018)

单位:元 (yuan)

地 区	Region	农村居民人均可支配收入 Per Capita Disposable Income of Rural Households	工资性收入 Income from Wages and Salaries	经营净收入 Net Business Income	财产净收入 Net Income from Properties	转移净收入 Net Income from Transfers
兰州市	**Lanzhou**	**12367**	**6163**	**4154**	**226**	**1824**
城关区	Chengguan	24484	13792	309	5754	4629
七里河区	Qilihe	18527	9144	7549	59	1774
西固区	Xigu	18387	10876	4490	198	2824
安宁区	Anning					
红古区	Honggu	19207	6357	10646	56	2147
永登县	Yongdeng	10649	3788	4204	-1	2658
皋兰县	Gaolan	10769	5293	4808	67	601
榆中县	Yuzhong	10459	5353	3610	52	1444
嘉峪关市	**Jiayuguan**	**19291**	**9824**	**8236**	**1079**	**151**
金昌市	**Jinchang**	**14434**	**4919**	**7249**	**1256**	**1011**
金川区	Jinchuan	18179	6418	8602	2857	303
永昌县	Yongchang	13384	4499	6869	807	1209
白银市	**Baiyin**	**9057**	**3648**	**4259**	**92**	**1059**
白银区	Baiyin	14339	3078	10968	154	139
平川区	Pingchuan	9746	4385	3988	51	1322
靖远县	Jingyuan	9555	3443	5315	114	683
会宁县	Huining	7460	3639	2514	92	1215
景泰县	Jingtai	10701	3895	5233	48	1525
天水市	**Tianshui**	**7693**	**2379**	**2466**	**150**	**2698**
秦州区	Qinzhou	8886	3079	2734	401	2672
麦积区	Maiji	7668	3156	1924	368	2220
清水县	Qingshui	7004	2152	1415	76	3361
秦安县	Qinan	7783	1473	3637	175	2499
甘谷县	Gangu	7707	2575	2752	85	2295
武山县	Wushan	8017	2817	2137	69	2994
张家川县	Zhangjiachuan	6933	1710	2143	1	3079
武威市	**Wuwei**	**11518**	**3357**	**6513**	**179**	**1469**
凉州区	Liangzhou	14124	4244	7610	280	1990
民勤县	Minqin	13224	2510	9325	78	1311
古浪县	Gulang	6918	2536	3680	109	593
天祝县	Tianzhu	7569	2649	3449	47	1425
张掖市	**Zhangye**	**13710**	**5192**	**6898**	**377**	**1243**

6-24 续表 1 continued

单位：元 (yuan)

地　区	Region	农村居民人均可支配收入 Per Capita Disposable Income of Rural Households	工资性收入 Income from Wages and Salaries	经营净收入 Net Business Income	财产净收入 Net Income from Properties	转移净收入 Net Income from Transfers
甘州区	Ganzhou	14370	5916	6301	407	1745
肃南县	Sunan	17004	1527	12248	141	3088
民乐县	Minle	11766	4179	5736	679	1172
临泽县	Linze	14594	3671	10355	109	459
高台县	Gaotai	13813	6327	6478	256	752
山丹县	Shandan	13297	5874	6595	207	621
平凉市	**Pingliang**	**8303**	**3002**	**2668**	**88**	**2545**
崆峒区	Kongtong	10389	3975	2449	95	3870
泾川县	Jingchuan	9592	2345	3458	140	3649
灵台县	Lingtai	8294	4875	1318	-32	2133
崇信县	Chongxin	7962	4199	1502	143	2118
庄浪县	Zhuanglang	6745	2580	1960	260	1944
静宁县	Jingning	7600	1408	4074	-71	2189
华亭市	Huating	8974	5858	1570	103	1443
酒泉市	**Jiuquan**	**17104**	**4881**	**10693**	**189**	**1341**
肃州区	Suzhou	16724	4572	10700	392	1060
金塔县	Jinta	17247	5706	10083	127	1330
瓜州县	Guazhou	16550	2831	11865	-136	1990
肃北县	Subei	24951	2345	8171	286	14149
阿克塞县	Akesai	26909	5068	14242	232	7367
玉门市	Yumen	17021	4681	11232	67	1041
敦煌市	Dunhuang	17801	7456	9503	347	496
庆阳市	**Qingyang**	**8862**	**3062**	**3476**	**190**	**2134**
西峰区	Xifeng	9976	4819	3422	761	974
庆城县	Qingcheng	8595	3578	3078	182	1757
环　县	Huanxian	8464	2595	3550	232	2087
华池县	Huachi	8521	3738	3283	65	1435
合水县	Heshui	8717	3197	3794	47	1680
正宁县	Zhengning	9670	2610	4997	223	1839
宁　县	Ningxian	8800	2341	3121	48	3291
镇原县	Zhenyuan	8621	2866	3371	76	2308
定西市	**Dingxi**	**7492**	**2021**	**3408**	**157**	**1906**
安定区	Anding	7778	1784	3028	201	2765
通渭县	Tongwei	6755	1350	2493	78	2834

6-24 续表 2 continued

单位：元 (yuan)

地 区	Region	农村居民人均可支配收入 Per Capita Disposable Income of Rural Households	工资性收入 Income from Wages and Salaries	经营净收入 Net Business Income	财产净收入 Net Income from Properties	转移净收入 Net Income from Transfers
陇西县	Longxi	8287	3524	2779	58	1925
渭源县	Weiyuan	7456	1079	4030	405	1941
临洮县	Lintao	7868	1937	4577	50	1305
漳 县	Zhangxian	7082	2020	2544	73	2444
岷 县	Minxian	7071	2402	3419	223	1028
陇南市	**Longnan**	**7012**	**2849**	**2299**	**89**	**1774**
武都区	Wudu	7341	3202	2685	37	1417
成 县	Chengxian	8478	5074	2044	110	1250
文 县	Wenxian	6508	2566	2147	74	1721
宕昌县	Tanchang	6397	3032	2337	184	843
康 县	Kangxian	6588	2682	1912	144	1849
西和县	Xihe	6550	2155	1686	10	2699
礼 县	Lixian	6529	1618	2173	79	2660
徽 县	Huixian	8555	4327	3282	167	778
两当县	Liangdang	6514	1916	2955	153	1490
临夏州	**Linxia**	**6817**	**2084**	**2769**	**124**	**1840**
临夏市	linxia	13555	6867	4437	773	1477
临夏县	linxia	7180	2728	2824	156	1472
康乐县	Kangle	6965	1111	3545	110	2199
永靖县	Yongjing	6749	2030	2868	66	1785
广河县	Guanghe	7456	1920	3052	46	2437
和政县	Hezheng	6462	2130	2393	117	1822
东乡县	Dongxiang	5369	1214	2394	32	1730
积石山县	Jishishan	5763	1713	1904	70	2076
甘南州	**Gannan**	**7677**	**3234**	**3267**	**83**	**1093**
合作市	Hezuo	7890	5064	2282	5	539
临潭县	Lintan	7283	3933	2003	12	1335
卓尼县	Zhuoni	7530	2084	5122	26	298
舟曲县	Zhouqu	7402	4912	1730	22	739
迭部县	Diebu	7308	3214	3087	81	926
玛曲县	Maqu	9221	76	6234	28	2884
碌曲县	Luqu	9076	1224	5330	662	1860
夏河县	Xiahe	7756	1998	4039	363	1355

6-25 各地县农村居民平均每人消费支出（2018）
Per Capita Consumption Expenditure of Rural Households by Region, County (2018)

单位：元 (yuan)

地区	Region	消费支出 Consumption Expenditures	食品烟酒 Food, Tobacco and Liquor	衣着 Clothing	居住 Residence	生活用品及服务 Household Facilities, Articles and Services	交通通讯 Transport and Communications	教育文化娱乐 Education, Culture and Recreation	医疗保健 Health Care and Medical Services	其他用品和服务 Miscellaneous Goods and Services
兰州市	**Lanzhou**	**9697**	**3130**	**672**	**2102**	**500**	**1046**	**1102**	**961**	**183**
城关区	Chengguan	23032	5893	950	9556	712	2576	1544	1342	460
七里河区	Qilihe	9172	3377	937	1720	474	979	968	609	108
西固区	Xigu	21254	5467	1507	7641	1011	1887	1858	1564	319
安宁区	Anning									
红古区	Honggu	14660	4602	928	2470	1027	1987	1157	2176	313
永登县	Yongdeng	8656	3021	702	1732	461	828	903	908	101
皋兰县	Gaolan	6801	2747	389	1316	284	697	600	553	213
榆中县	Yuzhong	8791	2698	502	1579	452	1056	1337	942	223
嘉峪关市	**Jiayuguan**	**14299**	**4355**	**1064**	**2444**	**486**	**2662**	**2184**	**862**	**241**
金昌市	**Jinchang**	**10921**	**3151**	**764**	**1621**	**434**	**1541**	**979**	**2179**	**252**
金川区	Jinchuan	14971	3584	872	2679	433	3235	1268	2444	455
永昌县	Yongchang	9786	3029	733	1325	435	1066	898	2104	195
白银市	**Baiyin**	**7152**	**2327**	**472**	**1445**	**388**	**831**	**1016**	**577**	**97**
白银区	Baiyin	8092	2547	360	2422	316	910	493	694	350
平川区	Pingchuan	8608	2717	584	1710	451	1381	879	760	126
靖远县	Jingyuan	7372	2235	627	1705	399	816	1031	453	106
会宁县	Huining	6332	2141	259	1220	254	626	1133	652	47
景泰县	Jingtai	7989	2779	687	1152	708	1137	862	526	138
天水市	**Tianshui**	**8722**	**2482**	**536**	**1976**	**643**	**933**	**1035**	**989**	**128**
秦州区	Qinzhou	9650	2352	730	2118	604	1591	871	1251	134
麦积区	Maiji	10926	3071	768	2241	705	1009	1613	1297	222
清水县	Qingshui	7971	2142	399	1874	657	873	795	1131	101
秦安县	Qinan	9773	2878	417	2083	557	1132	1596	965	146
甘谷县	Gangu	8276	2586	484	2033	731	800	875	625	143
武山县	Wushan	7723	2165	581	1465	742	607	1093	955	115
张家川县	Zhangjiachuan	7346	2090	487	2085	469	760	380	1039	37
武威市	**Wuwei**	**9330**	**3280**	**550**	**1494**	**400**	**1328**	**1388**	**759**	**132**
凉州区	Liangzhou	10372	3805	595	1656	343	1419	1574	906	73
民勤县	Minqin	12395	3979	635	1372	604	2275	2052	1075	402
古浪县	Gulang	5785	1972	433	1491	390	582	556	321	40
天祝县	Tianzhu	7825	2803	474	952	344	1097	1404	587	165
张掖市	**Zhangye**	**12181**	**3863**	**889**	**1973**	**735**	**1542**	**1731**	**1156**	**291**

6-25 续表 1 continued

单位：元 (yuan)

地区	Region	消费支出 Consumption Expenditures	食品烟酒 Food, Tobacco and Liquor	衣着 Clothing	居住 Residence	生活用品及服务 Household Facilities, Articles and Services	交通通讯 Transport and Communications	教育文化娱乐 Education, Culture and Recreation	医疗保健 Health Care and Medical Services	其他用品和服务 Miscellaneous Goods and Services
甘州区	Ganzhou	12372	3942	892	1957	903	1497	1581	1221	379
肃南县	Sunan	18371	5406	1481	3482	982	2692	2775	1318	236
民乐县	Minle	12085	3775	846	2311	664	1365	1956	1045	123
临泽县	Linze	11933	3930	771	1879	579	1868	1230	1371	306
高台县	Gaotai	11692	3992	863	1419	589	1272	2183	1080	293
山丹县	Shandan	11067	3288	941	1707	574	1633	1635	990	299
平凉市	**Pingliang**	**8197**	**2170**	**448**	**1660**	**443**	**897**	**1126**	**1326**	**126**
崆峒区	Kongtong	7910	2384	470	1382	502	821	1011	1207	133
泾川县	Jingchuan	9601	2329	495	2313	559	1055	1427	1332	90
灵台县	Lingtai	6866	1674	358	1189	224	767	902	1665	87
崇信县	Chongxin	7209	1917	543	1444	314	874	810	1203	104
庄浪县	Zhuanglang	7556	2027	408	1466	378	927	1205	1040	105
静宁县	Jingning	8957	2396	447	1825	519	963	1171	1451	185
华亭市	Huating	7932	1934	500	1809	428	594	871	1675	121
酒泉市	**Jiuquan**	**13032**	**3846**	**696**	**2465**	**722**	**1853**	**1641**	**1575**	**235**
肃州区	Suzhou	15564	4827	655	2934	955	1983	1973	2006	232
金塔县	Jinta	12026	3613	791	1436	509	1556	2098	1728	295
瓜州县	Guazhou	10296	2744	479	1871	689	1899	1043	1391	181
肃北县	Subei	21918	6782	1348	2870	1547	3728	3173	445	2026
阿克塞县	Akesai	20932	8419	1243	4910	963	1817	2485	828	268
玉门市	Yumen	10819	3250	680	1977	567	1952	1189	1057	147
敦煌市	Dunhuang	13571	3736	912	3646	600	1666	1512	1287	212
庆阳市	**Qingyang**	**8310**	**2798**	**581**	**1639**	**467**	**1033**	**884**	**775**	**131**
西峰区	Xifeng	11472	4136	890	2085	662	1502	974	1006	218
庆城县	Qingcheng	8773	2412	433	2117	492	1214	1140	881	85
环　县	Huanxian	6829	2347	472	1414	374	915	831	408	69
华池县	Huachi	6148	2184	408	940	297	1013	596	583	127
合水县	Heshui	8704	3039	594	2028	522	1098	488	816	120
正宁县	Zhengning	6763	2253	529	1302	523	740	692	650	73
宁　县	Ningxian	8314	2969	733	1440	489	902	790	850	141
镇原县	Zhenyuan	8614	2789	501	1719	413	1006	1117	893	176
定西市	**Dingxi**	**8312**	**2681**	**463**	**1620**	**513**	**926**	**1027**	**975**	**107**
安定区	Anding	7992	2581	365	1589	971	755	764	876	91
通渭县	Tongwei	8706	2778	197	1252	401	568	1968	1413	129

6-25 续表 2 continued

单位：元 (yuan)

地 区	Region	消费支出 Consumption Expenditures	食品烟酒 Food, Tobacco and Liquor	衣着 Clothing	居住 Residence	生活用品及服务 Household Facilities, Articles and Services	交通通讯 Transport and Communications	教育文化娱乐 Education, Culture and Recreation	医疗保健 Health Care and Medical Services	其他用品和服务 Miscellaneous Goods and Services
陇西县	Longxi	9161	2415	474	2111	396	1318	1330	1033	84
渭源县	Weiyuan	8022	2745	524	1365	516	1123	985	638	125
临洮县	Lintao	7932	2768	460	1272	338	950	717	1251	178
漳 县	Zhangxian	7789	2336	510	1592	461	786	841	1165	98
岷 县	Minxian	8436	2861	665	2150	598	907	690	535	30
陇南市	**Longnan**	**8205**	**2653**	**583**	**1661**	**509**	**1013**	**780**	**875**	**132**
武都区	Wudu	10001	3393	668	1959	643	1032	1089	1091	127
成 县	Chengxian	9808	2843	867	1564	581	1709	792	1204	249
文 县	Wenxian	9044	2786	450	2208	502	924	724	1235	216
宕昌县	Tanchang	6218	2296	471	1584	311	631	376	491	58
康 县	Kangxian	8897	2496	647	1765	546	1260	877	1114	193
西和县	Xihe	8003	2289	538	1656	439	1191	963	806	122
礼 县	Lixian	6517	2413	471	1274	407	737	567	548	100
徽 县	Huixian	8814	2602	691	1706	773	1045	842	1041	114
两当县	Liangdang	7640	2357	559	1214	531	1187	663	1003	126
临夏州	**Linxia**	**6157**	**1975**	**482**	**1439**	**545**	**594**	**294**	**748**	**79**
临夏市	linxia	11825	3758	858	3237	801	1149	558	1348	115
临夏县	linxia	6939	2397	576	1603	534	696	356	709	68
康乐县	Kangle	6855	1810	561	1661	567	660	296	1255	46
永靖县	Yongjing	6599	2091	431	1556	425	871	716	432	78
广河县	Guanghe	6508	2115	600	1725	529	633	205	649	52
和政县	Hezheng	6231	1747	575	1204	782	721	245	920	36
东乡县	Dongxiang	4319	1386	303	1015	476	313	140	601	85
积石山县	Jishishan	4828	1859	335	888	480	415	247	457	147
甘南州	**Gannan**	**6311**	**2757**	**477**	**1498**	**362**	**609**	**272**	**209**	**126**
合作市	Hezuo	6553	2748	581	1548	348	746	219	259	104
临潭县	Lintan	7027	2842	641	2243	533	552	93	100	25
卓尼县	Zhuoni	5298	2310	449	1217	343	436	213	182	148
舟曲县	Zhouqu	5957	2800	268	1416	135	540	527	239	33
迭部县	Diebu	5953	2687	338	1723	272	365	136	282	149
玛曲县	Maqu	8113	3640	783	612	701	1202	355	316	503
碌曲县	Luqu	5896	2536	424	565	573	890	506	291	111
夏河县	Xiahe	6053	2512	522	1528	373	677	135	159	147

主要统计指标解释

从2012年四季度起，国家统计局对分别进行的城乡住户调查实施了一体化改革，规范了城乡划分范围，统一了城乡居民收入指标名称、分类和统计标准，建立了城乡统一的一体化住户调查，并据此采集全国居民有关数据。甘肃省自2015年起发布城乡一体化住户收支与生活状况调查数据。2014年及以前年份的数据，根据城镇住户调查和农村住户调查的历史数据，按照住户收支与生活状况调查可比口径推算得到。

一、居民可支配收入

居民可支配收入指居民可用于最终消费支出和储蓄的总和，即居民可用于自由支配的收入。既包括现金收入，也包括实物收入。按照收入的来源，可支配收入包含四项，分别为：工资性收入、经营净收入、财产净收入和转移净收入。

工资性收入　指就业人员通过各种途径得到的全部劳动报酬和各种福利，包括受雇于单位或个人、从事各种自由职业、兼职和零星劳动得到的全部劳动报酬和福利。

经营净收入　指住户或住户成员从事生产经营活动所获得的净收入，是全部经营收入中扣除经营费用、生产性固定资产折旧和生产税之后得到的净收入。计算公式为：

经营净收入＝经营收入－经营费用－生产性固定资产折旧－生产税

财产净收入　指住户或住户成员将其所拥有的金融资产、住房等非金融资产和自然资源交由其他机构单位、住户或个人支配而获得的回报并扣除相关的费用之后得到的净收入。财产净收入包括利息净收入、红利收入、储蓄性保险净收益、转让承包土地经营权租金净收入、出租房屋净收入、出租其他资产净收入和自有住房折算净租金等。财产净收入不包括转让资产所有权的溢价所得。

转移净收入　计算公式为：

转移净收入＝转移性收入－转移性支出

转移性收入　指国家、单位、社会团体对住户的各种经常性转移支付和住户之间的经常性收入转移。包括养老金或退休金、社会救济和补助、政策性生产补贴、政策性生活补贴、救灾款、经常性捐赠和赔偿、报销医疗费、住户之间的赡养收入，本住户非常住成员寄回带回的收入等。转移性收入不包括住户之间的实物馈赠。

转移性支出　指调查户对国家、单位、住户或个人的经常性或义务性转移支付。包括缴纳的税款、各项社会保障支出、赡养支出、经常性捐赠和赔偿支出以及其他经常转移支出等。

根据住户收支与生活状况调查，分城镇和农村的居民人均可支配收入等数据的覆盖人群主要变化：一是计算城镇居民人均可支配收入时分母包括了在城镇地区常住的农民工，计算农村居民人均可支配收入时分母不包括在城镇地区常住的农民工；二是由本户供养的在外大学生视为常住人口。

二、居民消费支出

居民消费支出是指居民用于满足家庭日常生活消费需要的全部支出，既包括现金消费支出，也包括实物消费支出。消费支出可划分为食品烟酒、衣着、居住、生活用品及服务、交通通信、教育文化娱乐、医疗保健以及其他用品及服务八大类。

食品烟酒　指用于各种食品和烟草、酒类的支出。

衣着　指与居民穿着有关的支出，包括服装、服装材料、鞋类、其他衣类及配件、衣着相关加工服务的支出。

居住　指与居住有关的支出，包括房租、水、电、燃料、物业管理等方面的支出，也包括自有住房折算租金。

生活用品及服务　指家庭及个人的各类生活品及家庭服务。包括家具及室内装饰品、家用器具、家用纺织品、家庭日用杂品、个人用品和家庭服务。

交通通信　指用于交通和通信工具及相关的各种服务费、维修费和车辆保险等支出。

教育文化娱乐　指用于教育、文化和娱乐方面的支出。

医疗保健　指用于医疗和保健的药品、用品和服务的总费用。包括医疗器具及药品，以及医疗服务。

其他用品及服务　指无法直接归入上述各类支出的其他用品与服务支出。

7 财政和金融业

Government Finance and Financial Intermediation

简要说明

一、本篇资料主要内容

本篇反映财政收支状况，金融和保险业的发展情况。主要包括：地方财政收支、政府性基金收支资料，金融机构存贷及现金收支等活动，保险业务情况。

二、本篇资料来源

本篇资料由省统计局国民经济核算处搜集、加工整理：

1. 财政收支资料来源于省财政厅。

2. 金融资料来源于中国人民银行兰州中心支行。

3. 保险数据来源于中国银保监会甘肃监管局。

7－1 历年财政收支

Government Revenue and Expenditure

单位：万元　　(10 000 yuan)

年 份 Year	财政收入 Government Revenue	一般公共预算收入 General Public Budget Revenue	#税收收入 Total Tax Revenue	上划中央税收收入 Tax Revenue Turned Over to the Central	一般公共预算支出 General Public Budget Expenditure
1978	205280				143429
1979	184606				141810
1980	149348				123045
1981	129859				111955
1982	124713				127857
1983	109003				155256
1984	132338				211510
1985	163814				239971
1986	197635				300125
1987	225831				317747
1988	249786				363835
1989	315242				412645
1990	342065				459395
1991	399801				513188
1992	399736				534786
1993	521132				631676
1994	626198	290797	270086	335401	723817
1995	684142	339211	302594	344931	813908
1996	822714	433733	367663	388981	909538
1997	919259	494108	416575	425151	1067215
1998	974793	540253	465578	434540	1253382
1999	1030025	583657	490034	446368	1477868
2000	1083752	612849	516624	470903	1882322
2001	1241396	699485	587853	541911	2354643
2002	1503365	762432	654283	740933	2740111
2003	1771750	876561	722434	895189	3000070
2004	2158581	1041600	823382	1104105	3569366
2005	2545665	1235026	919615	1310639	4293479
2006	2949750	1412152	1108360	1537598	5285946
2007	3918687	1909107	1420532	2009580	6753372
2008	4709361	2649650	1628049	2059711	9684336
2009	6039849	2865898	1760411	3173951	12462817
2010	7452511	3535833	2202883	3916678	14685810
2011	9336165	4501188	2840435	4834977	17912432
2012	10798983	5203993	3477792	5594990	20595638
2013	11448265	6072717	4177266	5375548	23096230
2014	12342376	6726698	4902596	5615678	25414935
2015	13862830	7438604	5297863	6424226	29583117
2016	14406849	7869669	5259996	6537180	31500340
2017	15405937	8157323	5471429	7248614	33044417
2018	16417050	8710537	6104732	7706513	37722330

注：财政收入不含基金收入。

a) Revenue does not include the fund's income.

7-2 税收收入
Total Taxes Revenue

单位：万元 (10 000 yuan)

年 份 Year	税收收入 Total Tax Revenue	#增值税 Value-added Tax	#营业税 Business Tax	#企业所得税 Corporate Income Tax	#个人所得税 Individual Income Tax
1994	270086	86783	63912	27011	4471
1995	302594	90356	77345	33393	6242
1996	367663	93094	101939	32494	8706
1997	416575	104079	120340	39864	10271
1998	465578	108318	142508	44537	14399
1999	490034	111778	147031	66686	18349
2000	516624	119471	158995	60957	25921
2001	587853	133758	173483	104045	38788
2002	654283	150720	209747	66054	40920
2003	722434	181230	240705	53111	36776
2004	823382	216152	270531	63182	43112
2005	919615	253337	315890	84320	51793
2006	1108360	314071	372674	106902	57884
2007	1420532	403624	434006	179740	71513
2008	1628049	379120	531536	206233	81306
2009	1760411	371096	652494	169511	89876
2010	2202883	440902	868425	199868	111253
2011	2840435	489460	1100499	285861	140563
2012	3477792	605180	1367172	365313	135407
2013	4177266	636506	1765945	400978	147793
2014	4902596	884047	1949794	459990	158097
2015	5297863	897868	2071529	592025	189368
2016	5259996	1731601	1106370	549494	205524
2017	5471429	2694096	13463	672415	273323
2018	6104732	2933605	5800	745858	305325

注：1. 税收收入为一般公共预算收入中的税收收入。
2. 自2016年5月1日起，在全国范围内全面推开营业税改征增值税试点，全部营业税纳税人由缴纳营业税改为缴纳增值税(下表同)。

a) Tax revenue refers to tax revenue in the general public budget revenue.

b) Since May 1,2016, the replacement of business tax with VAT has been extended to all industries. All business tax payers pay VAT instead of business tax. The same applies to the tables following.

7-3 财政收入情况
Government Revenue

单位：万元 （10 000 yuan）

项　　目	Item	2010	2015	2017	2018
财政收入	**Government Revenue**	**7452511**	**13862830**	**15405937**	**16417050**
一般公共预算收入	**General Public Budget Revenue**	**3535833**	**7438604**	**8157323**	**8710537**
税收收入	Total Tax Revenue	2202883	5297863	5471429	6104732
增值税	Value-added Tax	440902	897868	2694096	2933605
营业税	Business Tax	868425	2071529	13463	5800
企业所得税	Corporate Income Tax	199868	592025	672415	745858
企业所得税退税	Tax Rebate for Corporate Income Tax	-52			
个人所得税	Individual Income Tax	111253	189368	273323	305325
资源税	Resource Tax	61833	168137	167282	228152
城市维护建设税	City Maintenance and Construction Tax	212182	441658	455857	495909
房产税	House Property Tax	83574	177057	210391	238679
印花税	Stamp Tax	44211	84253	87536	108365
城镇土地使用税	Urban Land Use Tax	44208	188420	193966	222450
土地增值税	Land Appreciation Tax	30227	169708	288414	347601
车船税	Tax on Vehicles and Boat Operation	25753	92186	119858	133357
耕地占用税	Farm Land Occupation Tax	19457	54640	68054	48912
契税	Deed Tax	59847	168466	225545	274650
烟叶税	Tobacco Leaf Tax	1195	2548	1229	1833
环境保护税	Environmental Protection Tax				14236
其他税收收入	Other Tax Revenue				
非税收入	Total Non-tax Revenue	1332950	2140741	2685894	2605805
专项收入	Special Program Receipts	590249	651409	761146	791893
行政事业性收费收入	Charge of Administrative and Institutional Units	190170	534371	552599	410169
罚没收入	Penalty Receipts	81211	177164	274873	305572
国有资本经营收入	Operation Income of Stat-owned Assets	233807	16915	15743	11499
国有资源(资产)有偿使用收入	Income from Use of State-owned Resources (Assets)	90957	515385	726667	701780
其他收入	Other Non-tax Receipts	146556	245497	354866	384892
上划中央税收收入	**Tax Revenue Turned Over to the Central**	**3916678**	**6424226**	**7248614**	**7706513**
#增值税	Value Added Tax	1438530	2109173	2694278	2939467
消费税	Consumption Tax	1385862	2634996	2553125	2507550
企业所得税	Corporate Income Tax	304935	884729	1013118	1130353
个人所得税	Individual Income Tax	166875	284050	409985	457988
车辆购置税	Vehicle Purchase Tax	181665	339729	344217	318998

7-4 财政支出情况
Government Expenditure

单位：万元 (10 000 yuan)

项　　目	Item	2010	2015	2017	2018
一般公共预算支出	**General Public Budget Expenditure**	**14685810**	**29583117**	**33044417**	**37722330**
一般公共服务	Expenditures for General Public Pervices	1457540	2720127	3072341	3390512
外交	Expenditures for Foreign Affairs				
国防	Expenditures for National Defense	17739	30301	24646	25295
公共安全	Expenditures for Public Security	704526	1231006	1703797	1908473
#公安	Police	372659	692730	1023401	1119560
检察	Procuratorate	82458	106254	127254	154988
法院	Court	103175	160151	213440	289349
监狱	Prison	51299	67447	105352	106209
教育	Expenditures for Education	2282329	4983251	5673531	5929612
#教育管理事务	Education Management Affairs	39849	79575	79782	88773
普通教育	General Education	1890353	4080615	4711516	4842431
科学技术	Expenditures for Science and Technology	108879	298471	258301	257377
文化体育与传媒	Expenditures for Culture, Sport and Media	297753	627640	645903	725158
#文化	Culture	105401	168672	225766	239223
体育	Sport	46724	82846	70851	100904
广播影视	Broadcasting, Film and Television	65847	146735	164041	180792
社会保障和就业	Expenditures for Social Safety Net and Employment Effort	2150927	4213133	4681628	5047657
#行政事业单位离退休	Administrative Institutions Retired	586691	1155418	1495528	1562145
就业补助	Employment Subsidies	141623	208377	169448	205185

注：债务付息支出 2014 年之前为国债还本付息支出。
a) Before 2014, data of expenditure for principal and interest of debts were the interest payment for domestic and foreign debts.

7-4 续表 continued

单位：万元 (10 000 yuan)

项　目	Item	2010	2015	2017	2018
医疗卫生	Expenditures for Medical and Health Care	1004018	2500965	2892423	3135319
#食品药品监督管理事务	Food and Drug Regulatory Affairs	22920	109139	129195	135900
节能环保	Expenditures for Energy Saving and Environment Protection	683070	953513	1021976	1278221
#污染防治	Pollution Prevention	156980	137542	204706	253997
城乡社区事务	Expenditure for Urban and Rural Communities Affairs	568208	1216135	1669047	1703887
农林水事务	Expenditure for Agriculture, Forestry and Water Conservancy Affairs	1962667	4970520	5207919	6783521
#农业	Agriculiture	760584	1424715	1303598	1303686
林业	Forestry	188094	461337	530034	558985
水利	Water Conservancy	544998	1044241	1040579	994292
扶贫	Poverty Alleviation	219173	1279444	1573139	3187710
交通运输	Expenditure for Transportation	665767	2782433	2857531	3528857
资源勘探电力信息等事务	Expenditure for Affairs of Exploration, Power and Information	278850	477300	490916	600960
商业服务业等事务	Expenditure for Affairs of Commerce and Services	176575	296858	251424	242423
金融监管等事务	Expenditure for Affairs of Financial Supervision	72439	21591	3720	213349
地震灾后恢复重建支出	Expenditure for Post-earthquake Recovery and Reconstruction	941459			
国土资源气象等事务	Expenditure for Affairs of Land and Weather	367685	352034	576909	517406
住房保障支出	Expenditure for Affairs of Housing Security	580978	1278705	1338368	1578145
粮油物资管理事务	Expenditure for Affairs of Management of Grain & Oil Reserves	98063	133170	94902	129588
债务付息支出	Expenditure for Principal and Interest of Debts	55321	150947	358373	465021
其他支出	Other Expenditure	211017	345017	220762	261549

7-5 政府性基金收支情况
Renvenue and Expenditure of Government Fund

单位：万元 (10 000 yuan)

项 目	Item	2015	2017	2018
政府性基金收入合计	**Total Renvenue of Government Funds**	**3529560**	**4135104**	**3993318**
城市公用事业附加收入	Additional Income of Urban Public Utilities	2701	1383	
国有土地收益基金收入	Fund Revenue Receipts of State-owned Land	20963	52401	28339
农业土地开发资金收入	Revenue of Agricultural Land Development Capital	17085	16091	17294
国有土地使用权出让收入	Income of State-owned Land Use Right Transfer	2072712	2873504	2922252
彩票公益金收入	Lottery and Public Welfare Funds Revenue	95552	113022	118402
城市基础设施配套费收入	Revenue of Urban Infrastructure Fee	143675	190339	174901
车辆通行费	Revenue of Vehicle Tolls	757165	765473	612803
政府性基金支出合计	**Total Expenditure of Government Fund**	**3520524**	**5001010**	**5520274**
城市公用事业附加安排的支出	Additional Arrangements Expenditure of Urban Public Utilities	2565	31212	
国有土地收益基金支出	Fund Expenditure Receipts of State-owned Land	16645	25896	20957
农业土地开发资金支出	Expenditure for Agricultural Land Development Capital	9730	3644	2968
国有土地使用权出让收入安排的支出	Arrangements Expenditure for State-owned Land Use Right Transfer	1952646	3217230	3883530
彩票公益金安排的支出	Lottery and Public Welfare Funds Expenditure	229800	159309	176342
城市基础设施配套费安排的支出	Arrangements Expenditure for Urban Infrastructure Fee	109871	262614	271437
车辆通行费安排的支出	Expenditure for Vehicle Tolls	743836	1083393	926246

7-6 各地区财政收入(2018)
Government Revenue by Region(2018)

单位：万元 (10 000 yuan)

地 区	Region	一般公共预算收入 General Public Budget Revenue	#税收收入 Total Tax Revenue	#增值税 Domestic Value Added Tax	#企业所得税 Corporate Income Tax	#个人所得税 Individual Income Tax
兰州市	Lanzhou	2533169	1926234	766561	212223	84864
嘉峪关市	Jiayuguan	196810	160413	76397	4787	4425
金昌市	Jinchang	230794	183949	99401	6035	4171
白银市	Baiyin	310732	216874	97276	12513	7024
天水市	Tianshui	466327	275037	104541	16129	7681
武威市	Wuwei	304466	157718	60279	11044	6281
张掖市	Zhangye	278425	142056	56064	11005	5234
平凉市	Pingliang	304697	208815	93601	18710	4971
酒泉市	Jiuquan	365214	232432	99357	16909	6508
庆阳市	Qingyang	530859	390217	191450	9207	6471
定西市	Dingxi	240574	152160	60828	10388	4903
陇南市	Longnan	269534	156179	76865	16298	4558
临夏州	Linxia	155219	107327	44499	7499	2664
甘南州	Gannan	99903	45177	25054	4174	2172

7-7 各地区财政支出(2018)
Government Expenditure by Region(2018)

单位：万元 (10 000 yuan)

地 区	Region	一般公共预算支出 General Public Budget Expenditure	#一般公共服务 General Public Service	#教育 Education	#社会保障和就业 Social Security and Emploment Effort	#医疗卫生 Medical and Health Care	#农林水利事务 Agriculture, Forestry and Water onservancy
兰州市	Lanzhou	4656417	631158	799798	457801	400375	478290
嘉峪关市	Jiayuguan	325543	30391	49542	26595	27425	11906
金昌市	Jinchang	627625	70378	82430	84907	38399	69364
白银市	Baiyin	1622584	125247	313578	243233	175491	316471
天水市	Tianshui	2913421	243771	616002	414542	327275	535714
武威市	Wuwei	2011004	149125	327658	223070	198981	453085
张掖市	Zhangye	1610043	159862	230195	168896	151942	258834
平凉市	Pingliang	2127461	183147	415454	286129	232254	445197
酒泉市	Jiuquan	1372051	156662	218071	144021	129766	219262
庆阳市	Qingyang	2501302	259650	447977	380385	279861	527062
定西市	Dingxi	2509407	217934	494318	337635	282422	629856
陇南市	Longnan	2623632	237004	444649	403707	283668	713929
临夏州	Linxia	2524317	304208	385636	356328	243107	787644
甘南州	Gannan	2027448	231100	249032	197143	137503	559650

7-8 各地县财政收支(2018)

Government Revenue and Expenditure by Region, County(2018)

单位:万元 (10 000 yuan)

地 区	Region	一般公共预算收入 General Public Budget Revenue	一般公共预算支出 General Public Budget Expenditure
兰州市	**Lanzhou**	**2533169**	**4656417**
城关区	Chengguan	440590	590324
七里河区	Qilihe	227270	368388
西固区	Xigu	107955	303518
安宁区	Anning	117233	208194
红古区	Honggu	89281	193435
永登县	Yongdeng	49572	291169
皋兰县	Gaolan	62494	171778
榆中县	Yuzhong	74154	378384
嘉峪关市	**Jiayuguan**	**196810**	**325543**
金昌市	**Jinchang**	**230794**	**627625**
金川区	Jinchuan	49818	112269
永昌县	Yongchang	29984	250192
白银市	**Baiyin**	**310732**	**1622584**
白银区	Baiyin	76247	204454
平川区	Pingchuan	39674	152234
靖远县	Jingyuan	37686	340580
会宁县	Huining	27033	406175
景泰县	Jingtai	24039	203925
天水市	**Tianshui**	**466327**	**2913421**
秦州区	Qinzhou	94636	420610
麦积区	Maiji	57931	398579
清水县	Qingshui	17783	254297
秦安县	Qinan	23666	372707
甘谷县	Gangu	32552	346971
武山县	Wushan	21840	292700
张家川县	Zhangjiachuan	10028	289809
武威市	**Wuwei**	**304466**	**2011004**
凉州区	Liangzhou	137800	646800
民勤县	Minqin	37589	323868
古浪县	Gulang	35346	395836
天祝县	Tianzhu	32114	462471
张掖市	**Zhangye**	**278425**	**1610043**
甘州区	Ganzhou	94498	432610
肃南县	Sunan	25267	204488
民乐县	Minle	31437	255941
临泽县	Linze	21505	163962
高台县	Gaotai	22458	174125
山丹县	Shandan	27800	221480
平凉市	**Pingliang**	**304697**	**2127461**
崆峒区	Kongtong	63047	361299
泾川县	Jingchuan	21596	225788
灵台县	Lingtai	10421	187501
崇信县	Chongxin	31603	118412
庄浪县	Zhuanglang	23243	346059
静宁县	Jingning	26275	378849
华亭市	Huating	73659	186066
酒泉市	**Jiuquan**	**365214**	**1372051**
肃州区	Suzhou	79438	286151
金塔县	Jinta	26007	167792
瓜州县	Guazhou	34549	163340
肃北县	Subei	18316	88556
阿克塞县	Akesai	8008	65698
玉门市	Yumen	41363	184538
敦煌市	Dunhuang	52505	169295
庆阳市	**Qingyang**	**530859**	**2501302**
西峰区	Xifeng	89055	277141
庆城县	Qingcheng	38208	221161
环 县	Huanxian	31993	380681
华池县	Huachi	26800	189311
合水县	Heshui	14560	166498
正宁县	Zhengning	13376	183218
宁 县	Ningxian	17934	305709
镇原县	Zhenyuan	21317	394361
定西市	**Dingxi**	**240574**	**2509407**
安定区	Anding	40874	409468
通渭县	Tongwei	20018	396118
陇西县	Longxi	49896	378356
渭源县	Weiyuan	14777	296294
临洮县	Lintao	36537	356053
漳 县	Zhangxian	15036	161892
岷 县	Minxian	20529	343676
陇南市	**Longnan**	**269534**	**2623632**
武都区	Wudu	52463	438487
成 县	Chengxian	48269	222369
文 县	Wenxian	21445	249341
宕昌县	Tanchang	13997	357625
康 县	Kangxian	11826	166276
西和县	Xihe	19552	330309
礼 县	Lixian	24818	411367
徽 县	Huixian	31631	190044
两当县	Liangdang	5396	78753
临夏州	**Linxia**	**155219**	**2524317**
临夏市	linxia	50087	257264
临夏县	linxia	12361	342730
康乐县	Kangle	9227	259660
永靖县	Yongjing	33586	257284
广河县	Guanghe	9571	258159
和政县	Hezheng	8669	222212
东乡县	Dongxiang	8736	460793
积石山县	Jishishan	7210	283645
甘南州	**Gannan**	**99903**	**2027448**
合作市	Hezuo	17110	181950
临潭县	Lintan	5507	260767
卓尼县	Zhuoni	8988	248168
舟曲县	Zhouqu	14253	265114
迭部县	Diebu	9328	211600
玛曲县	Maqu	11480	214223
碌曲县	Luqu	2564	172326
夏河县	Xiahe	6606	225783

7-9 金融机构本外币信贷资金平衡表
Balance Sheet of RMB and Foreign Currency Credit Funds of Financial Institutions

单位：亿元 （年末余额）(year-end balance) (100 million yuan)

项　目	Item	2015	2017	2018
资金来源合计	**Funds Sources**	**16451.35**	**20170.49**	**21824.45**
#各项存款	Total Deposits	16299.50	17777.22	18678.46
境内存款	Domestic Deposits	16297.66	17771.72	18665.90
住户存款	Household Deposits	7804.53	9094.32	9951.21
活期存款	Demand Deposits	3120.90	3382.18	3448.33
定期及其他存款	Time and other Deposits	4683.63	5712.13	6502.89
非金融企业存款	Non-financial Enterprises Deposits	5288.88	5148.90	4920.02
活期存款	Demand Deposits	3024.93	3522.04	3351.26
定期及其他存款	Time and other Deposits	2263.95	1626.86	1568.75
广义政府存款	General Government Deposits	2874.35	3175.18	3295.33
财政性存款	Fiscal Deposits	228.00	398.25	329.56
机关团体存款	Government Agencies & Organizations Deposits	2646.35	2776.92	2965.77
非银行业金融机构存款	Non-banking Financial Institutions Deposit	329.90	353.32	499.34
境外存款	Offshore Deposits	1.84	5.50	12.56
金融债券	Financial Bonds	73.81	169.90	176.80
各项准备	Total Reserve Funds	417.52	743.88	888.44
所有者权益	Owner's Equity	961.92	1157.49	1278.11
#实收资本	Paid-in Capital	425.64	532.60	560.50
资金运用合计	**Funds Uses**	**16451.35**	**20170.49**	**21824.45**
#各项贷款	Total Loans	13728.89	17707.24	19371.74
境内贷款	Domestic Loans	13649.02	17600.54	19242.51
住户贷款	Household Loans	3551.09	4591.71	5062.70
短期贷款	Short-term Loans	1374.61	1644.19	1733.64
中长期贷款	Medium and Long Term Loans	2176.48	2947.52	3329.06
非金融企业及机关团体贷款	Loans of Non-financial Enterprises and Government Agencies & Organizations	10097.93	13008.83	14179.81
短期贷款	Short-term Loans	3287.73	3496.92	3701.45
中长期贷款	Medium and Long Term Loans	5890.12	8494.10	9119.52
票据融资	Bill Financing	458.16	458.14	756.40
融资租赁	Finance Lease	446.72	507.76	539.67
各项垫款	Advances	15.20	51.91	62.76
境外贷款	Overseas Loans	79.88	106.70	129.23

注：2015、2017、2018 年的汇率分别为 6.4936，6.5342，6.8632。

a) The exchange rate of 2015,2017,2018 were 6.4936,6.5342,6.8632.

7-10 金融机构人民币信贷资金平衡表
Balance Sheet of RMB Credit Funds of Financial Institutions

单位：亿元 （年末余额）(year-end balance) (100 million yuan)

项目	Item	2015	2017	2018
资金来源合计	**All Sources**	**16285.80**	**19865.95**	**21504.92**
#各项存款	Total Deposits	16141.19	17660.82	18568.68
境内存款	Domestic Deposits	16139.48	17656.21	18556.92
住户存款	Household Deposits	7776.80	9059.52	9918.03
活期存款	Demand Deposits	3104.36	3361.90	3428.79
定期及其他存款	Time and other Deposits	4672.44	5697.62	6489.24
非金融企业存款	Non-financial Enterprises Deposits	5163.05	5073.02	4847.80
活期存款	Demand Deposits	2970.71	3452.66	3280.01
定期及其他存款	Time and other Deposits	2192.34	1620.36	1567.79
广义政府存款	General Government Deposits	2869.89	3170.47	3291.82
财政性存款	Fiscal Deposits	228.00	398.25	329.56
机关团体存款	Government Agencies & Organizations Deposits	2641.89	2772.22	2962.26
非银行业金融机构存款	Non-banking Financial Institutions Deposit	329.74	353.20	499.27
境外存款	Offshore Deposits	1.72	4.61	11.76
金融债券	Financial Bonds	73.81	169.90	176.80
各项准备	Total Reserve Funds	395.43	724.24	864.31
所有者权益	Owner's Equity	961.76	1153.31	1272.36
#实收资本	Paid-in Capital	425.64	532.60	560.50
资金运用合计	**Funds Uses**	**16285.80**	**19865.95**	**21504.92**
#各项贷款	Total Loans	13292.18	17404.56	19094.39
境内贷款	Domestic Loans	13292.11	17402.56	19083.92
住户贷款	Household Loans	3550.91	4591.53	5062.50
短期贷款	Short-term Loans	1374.51	1644.11	1733.53
中长期贷款	Medium and Long Term Loans	2176.40	2947.42	3328.97
非金融企业及机关团体贷款	Loans of Non-financial Enterprises and Government Agencies&Organizations	9741.20	12811.03	14021.42
短期贷款	Short-term Loans	2982.57	3371.77	3619.56
中长期贷款	Medium and Long Term Loans	5838.74	8421.64	9046.18
票据融资	Bill Financing	458.16	458.14	756.40
融资租赁	Finance Lease	446.72	507.76	536.52
各项垫款	Advances	15.01	51.72	62.76
境外贷款	Overseas Loans	0.07	2.00	10.47

7-11 金融机构外汇信贷资金平衡表
Balance Sheet of Foreign Exchange Credit Funds of Financial Institutions

单位：万美元　　（年末余额）(year-end balance)　　(USD 10 000)

项　目	Item	2015	2017	2018
资金来源合计	**All Sources**	**674727**	**466070**	**465570**
#各项存款	Total Deposits	243783	178142	159960
境内存款	Domestic Deposits	243600	176776	158786
住户存款	Household Deposits	42701	53256	48349
活期存款	Demand Deposits	25467	31040	28461
定期及其他存款	Time and other Deposits	17233	22216	19888
非金融企业存款	Non-financial Enterprises Deposits	193776	116125	105228
活期存款	Demand Deposits	83499	106175	103817
定期及其他存款	Time and other Deposits	110277	9950	1410
广义政府存款	General Government Deposits	6877	7203	5102
财政性存款	Fiscal Deposits	6		
机关团体存款	Government Agencies & Organizations Deposits	6871	7203	5102
非银行业金融机构存款	Non-banking Financial Institutions Deposit	247	192	106
境外存款	Offshore Deposits	183	1366	1174
金融债券	Financial Bonds			
各项准备	Total Reserve Funds	34004	30061	35162
所有者权益	Owner's Equity	246	6405	8373
#实收资本	Paid-in Capital			
资金运用合计	**Funds Uses**	**674727**	**466070**	**465570**
#各项贷款	Total Loans	672522	463225	404109
境内贷款	Domestic Loans	549623	302991	231069
住户贷款	Household Loans	277	283	292
短期贷款	Short-term Loans	154	131	158
中长期贷款	Medium and Long Term Loans	123	152	134
非金融企业及机关团体贷款	Loans of Non-financial Enterprises and Government Agencies&Organizations	549346	302708	230777
短期贷款	Short-term Loans	469946	191533	119317
中长期贷款	Medium and Long Term Loans	79122	110897	106872
票据融资	Bill Financing			
融资租赁	Finance Lease			4587
各项垫款	Advances	278	278	
境外贷款	Overseas Loans	122899	160234	173040

注：2015、2017、2018年的汇率分别为6.4936，6.5342，6.8632。
a) The exchange rate of 2015,2017,2018 were 6.4936,6.5342,6.8632.

7-12 各地区金融机构人民币存款(2018)
RMB Deposits of Financial Institutions by Region(2018)

单位：亿元 (100 million yuan)

地区	Region	各项存款 Total Deposits	境内存款 Domestic Deposits	住户存款 Household Deposits	非金融企业存款 Non-financial Enterprises Deposits	广义政府存款 General Government Deposits	非银行业金融机构存款 Non-banking Financial Institutions Deposit	境外存款 Offshore Deposits
兰州市	Lanzhou	8716. 44	8705. 20	3244. 08	3103. 20	1880. 48	477. 44	11. 24
嘉峪关市	Jiayuguan	346. 57	346. 56	173. 73	94. 59	78. 23	0. 01	0. 01
金昌市	Jinchang	368. 60	368. 59	236. 60	66. 70	65. 27	0. 02	0. 01
白银市	Baiyin	738. 30	738. 22	478. 07	166. 13	93. 92	0. 09	0. 08
天水市	Tianshui	1335. 68	1335. 64	942. 03	282. 16	111. 26	0. 20	0. 04
武威市	Wuwei	852. 31	852. 28	614. 17	100. 38	122. 68	15. 05	0. 02
张掖市	Zhangye	670. 64	670. 61	458. 71	110. 93	100. 92	0. 05	0. 03
平凉市	Pingliang	843. 92	843. 85	609. 47	135. 69	98. 00	0. 69	0. 07
酒泉市	Jiuquan	947. 50	947. 45	573. 67	171. 35	202. 39	0. 05	0. 05
庆阳市	Qingyang	1046. 24	1046. 23	787. 96	140. 22	112. 49	5. 55	0. 01
定西市	Dingxi	860. 56	860. 54	595. 21	131. 97	133. 31	0. 05	0. 01
陇南市	Longnan	892. 14	891. 96	592. 10	186. 03	113. 81	0. 01	0. 18
临夏州	Linxia	580. 43	580. 42	439. 77	70. 25	70. 37	0. 04	
甘南州	Gannan	369. 35	369. 35	172. 45	88. 19	108. 69	0. 02	

7-13 各地区金融机构人民币贷款(2018)
RMB Loans of Financial Institutions by Region(2018)

单位：亿元 (100 million yuan)

地区	Region	各项贷款 Total Loans	境内贷款 Domestic Loans	#住户贷款 Household Loans	短期贷款 Short-term Loans	中长期贷款 Medium and Long Term Loans	#非金融企业及机关团体贷款 Loans of Non-financial Enterprises and Government Agencies & Organizations	短期贷款 Short-term Loans	中长期贷款 Medium and Long Term Loans	境外贷款 Offshore Loans
兰州市	Lanzhou	11010. 54	11000. 07	1472. 34	347. 07	1125. 26	9527. 73	1877. 66	6362. 74	10. 47
嘉峪关市	Jiayuguan	522. 57	522. 57	69. 28	26. 37	42. 91	453. 30	342. 50	89. 24	
金昌市	Jinchang	341. 06	341. 06	118. 62	70. 40	48. 22	222. 45	128. 97	79. 56	
白银市	Baiyin	655. 13	655. 13	275. 86	69. 19	206. 67	379. 27	190. 39	176. 89	
天水市	Tianshui	957. 70	957. 70	370. 79	123. 35	247. 45	586. 91	195. 85	390. 74	
武威市	Wuwei	829. 36	829. 36	291. 97	135. 75	156. 22	537. 40	149. 86	375. 17	
张掖市	Zhangye	632. 04	632. 04	298. 42	152. 28	146. 14	333. 62	145. 61	184. 92	
平凉市	Pingliang	626. 94	626. 94	338. 88	80. 31	258. 57	288. 06	90. 42	196. 33	
酒泉市	Jiuquan	766. 53	766. 53	279. 72	176. 90	102. 82	486. 81	178. 53	305. 16	
庆阳市	Qingyang	686. 67	686. 67	362. 47	74. 53	287. 94	324. 20	47. 10	276. 90	
定西市	Dingxi	741. 82	741. 82	369. 88	188. 80	181. 08	371. 95	127. 94	243. 84	
陇南市	Longnan	658. 70	658. 70	390. 18	72. 72	317. 46	268. 52	81. 71	186. 62	
临夏州	Linxia	430. 05	430. 05	298. 53	177. 98	120. 55	131. 52	52. 69	78. 77	
甘南州	Gannan	235. 27	235. 27	125. 57	37. 89	87. 68	109. 70	10. 33	99. 30	

7－14 保险事业发展情况
Insurance Business Development

项 目	Item	2010	2015	2017	2018
保险事业机构(个)	**Number of Insurance Institution(unit)**	**1242**	**1567**	**1757**	**1831**
省级	Provincial	21	24	30	31
地市级	Prefecture	146	226	251	266
县级	County	1075	1317	1476	1534
财产保险	Property Insurance	491	751	894	962
人身保险	Life Insurance	751	816	863	869
年末实有职工人数(人)	**Number of Employed Persons at Year-end (person)**	**53787**	**91298**	**151923**	**138425**
财产保险	Property Insurance	10357	22267	36766	39836
人身保险	Life Insurance	43430	69031	115157	98589

注：本表指标均按公司类型划分。
a) Indicators of this table are divided on the type of companies.

7－15 保险业务情况
Major Indicators of Insurance Business

单位：万元 (10 000 yuan)

项 目	Item	2010	2015	2017	2018
保费收入	**Premium Income**	**1463354**	**2568881**	**3663779**	**3989812**
财产保险	Property Insurance	388224	902985	1123145	1257926
#机动车辆险	Motor Vehicle Insurance	314573	709018	865897	894680
企业财产险	Enterprise Property Insurance	30129	36672	31118	30711
家庭财产险	Family Property Insurance	1165	2060	4859	4341
人身保险	Life Insurance	1075130	1665896	2540634	2731885
寿险	Life Insurance	989821	1327356	2006506	2040728
健康险	Health Insurance	58756	259611	427552	569760
意外伤害险	Accidents Insurance	26553	78928	106576	121396
赔付支出	**Payment**	**311829**	**927501**	**1191824**	**1390261**
财产保险	Property Insurance	163246	456811	549106	624116
#机动车辆险	Motor Vehicle Insurance	132848	357410	428919	463582
企业财产险	Enterprise Property Insurance	14974	17575	16167	26144
家庭财产险	Family Property Insurance	253	793	4185	3646
人身保险	Life Insurance	148583	470691	642718	766145
寿险	Life Insurance	118911	330579	450904	480089
健康险	Health Insurance	21221	116664	158596	245119
意外伤害险	Accidents Insurance	8451	23448	33218	40937

主要统计指标解释

一般公共预算收入 指国家财政参与社会产品分配所取得的收入，是实现国家职能的财力保证。主要包括：（1）各项税收：包括国内增值税、国内消费税、进口货物增值税和消费税、出口货物退增值税和消费税、营业税、企业所得税、个人所得税、资源税、城市维护建设税、房产税、印花税、城镇土地使用税、土地增值税、车船税、船舶吨税、车辆购置税、关税、耕地占用税、契税、烟叶税等。（2）非税收入：包括专项收入、行政事业性收费、罚没收入和其他收入。财政收入按现行分税制财政体制划分为中央本级收入和地方本级收入。

一般公共预算支出 指国家财政将筹集起来的资金进行分配使用，以满足经济建设和各项事业的需要。主要包括：一般公共服务、外交、国防、公共安全、教育、科学技术、文化体育与传媒、社会保障和就业、医疗卫生与计划生育、节能环保、城乡社区、农林水、交通运输、资源勘探信息、商业服务业、金融、援助其他地区、国土海洋气象、住房保障、粮油物资储备、政府债务付息等方面的支出。财政支出根据政府在经济和社会活动中的不同职权，划分为中央财政支出和地方财政支出。

信贷资金 指金融机构以信用方式积聚和分配的货币资金。金融机构信贷资金的来源有各项存款、金融债券、对国际金融机构负债、流通中现金、其他项目等；信贷资金的运用有各项贷款、有价证券及投资、金银占款、外汇占款、财政借款及在国际金融机构中的资产等。

存款 指企业、机关、团体或居民根据资金必须收回的原则，把货币资金存入银行或其他信贷机构保管并取得一定利息的一种信用活动形式。根据存款对象或性质的不同可划分为企业存款、财政存款、机关团体存款、城乡储蓄存款、农业存款、信托及委托类存款、其他存款等科目。它是银行信贷资金的主要来源。

贷款 指银行或其他信贷机构根据资金必须归还的原则，按一定利率，为企业、个人等提供资金的一种信用活动形式。我国银行贷款分为短期贷款、委托及信托类贷款、其他类贷款等。

保费 指投保人为取得保险人在约定范围内所承担赔偿责任而支付给保险人的费用。

赔款 指保险人根据保险合同的规定，向被保险人支付的赔偿保险责任损失的金额。

给付 包括死伤医疗给付和满期给付。死伤医疗给付是指保险人根据人寿保险及长期健康保险合同的规定，因被保险人在保险期内发生保险责任范围内的保险事故支付给被保险人（或受益人）的金额。满期给付是指被保险人生存期满，保险人按人寿保险合同规定支付给被保险人的满期保险金额。

8 资源和环境

Resources and Environment

简要说明

一、本篇资料主要内容

本篇资料主要反映自然资源状况和环境保护事业发展情况。自然资源状况包括气候、矿产、水资源、土地情况等。环境保护事业发展情况包括：自然保护、集中式饮用水源情况，"三废"排放及综合利用情况，环境污染与破坏事故情况，环境污染治理投资，城市空气质量等内容。

二、本篇资料来源

本篇资料中气候情况由省气象局提供，矿产、土地情况由省自然资源厅提供，水资源、供水用水情况由省水利厅提供，自然保护区情况由省林草局提供，其余资料由省生态环境厅提供。

8-1 气候情况(2018)
Climate Conditions(2018)

指　标	Indicators	2018	指　标	Indicators	2018
年平均气温(℃)	Annual Average Temperature (℃)	8.7	年蒸发量(毫米)	Annual Exaporation (mm)	1890.8
年最高气温(℃)	Annual Utmost Highest Air Temperature (℃)	40.7	年降水量(毫米)	Annual Preciptation (mm)	514.4
年最低气温(℃)	Annual Utmost Lowest Air Temperature (℃)	-31.0	年降雨日数(天)	Annual Rainy Days (day)	101.1
年日照时数(小时)	Annual Sunshine Time (hour)	2341.9	年无霜期(天)	Annual Frost-free Period(day)	163.3

8-1 续表 continued

月 份	Month	平均气温(℃) Monthly Average Temperature (℃)	日照时数(小时) Sunshine Time (hour)	降雨量(毫米) Preciptation (mm)
1 月	Jan.	-6.2	158.0	8.5
2 月	Feb.	-3.2	196.7	4.8
3 月	Wen.	7.7	225.7	11.3
4 月	Apr.	11.2	234.5	44.3
5 月	May.	15.4	246.8	51.8
6 月	Jun.	19.3	209.7	73.1
7 月	Jul.	21.2	190.0	133.0
8 月	Aug.	20.8	208.3	97.3
9 月	Sep.	14.2	153.7	59.2
10 月	Oct.	7.9	204.4	11.7
11 月	Nov.	1.3	164.1	16.3
12 月	Dec.	-5.6	150.0	3.2

8-2 土地状况(2018)
Land Characteristics(2018)

项　目	Item	面积 Area	占总面积% Percentage to Total Area%
总面积(万平方公里)	**Total Land Area (10 000 sq.km)**	**42.58**	**100.00**
按特征分(万公顷)	By Land Use (10 000 hectares)		
农用地	Land for Agriculture Use	1854.27	43.54
建设用地	Land for Construction	92.76	2.18
城镇村及工矿	Land for City,Town and Village,Mining and Manufacturing	79.77	1.87
交通运输	Land for Transportation Facilities	9.05	0.21
水域及水利设施	Land for Waters,Water Conservancy Facilities	3.94	0.09
未利用地	Unused Land	2311.33	54.28

8-3 土地利用情况
Land Use

单位：万公顷　　(10 000 hectares)

年份 Year	土地调查面积 Area under Land Survey	农用地 Land for Agriculture Use	#耕地 Arable Land	#园地 Garden Land	#牧草地 Grass Land	建设用地 Land for Construction	居民点及工矿用地 Land for Inhabitation, Mining and Manufacturing	交通运输用地 Land for Transport Facilities	水利设施用地 Land for Water Conservancy Facilities
2005	4540	2541.44	463.26	20.46	1411.29	96.66	87.41	6.41	2.83
2006	4540	2541.73	462.71	20.54	1410.99	96.93	87.60	6.47	2.86
2007	4540	2541.79	462.47	20.54	1410.84	97.19	87.81	6.51	2.87
2008	4540	2541.66	462.37	20.60	1410.69	97.67	88.17	6.63	2.88
2009	4540	2541.66	462.37	20.60	1410.69	97.67	88.17	6.63	2.88
2010	4540	2541.22	462.17	20.56	1410.53	98.17	88.57	6.73	2.87
2011	4540	2541.22	461.43	20.56	1410.53	98.17	88.57	6.73	2.87
2012	4258	2544.87	465.93	20.43	1410.99	101.43	90.94	7.61	2.88
2013	4258	1856.45	538.56	26.00	592.43	83.94	73.10	7.02	3.83
2014	4258	1855.61	537.88	25.86	592.28	86.44	75.09	7.51	3.84
2015	4258	1855.32	537.79	25.79	592.17	88.30	76.47	7.97	3.86
2016	4258	1854.58	537.24	25.64	591.97	91.12	78.65	8.56	3.91
2017	4258	1854.91	537.77	25.60	591.86	92.04	79.23	8.88	3.93
2018	4258	1854.27	537.42	25.52	591.75	92.76	79.77	9.05	3.94

注：自2013年起，牧草地指标口径仅包含人工牧草地和天然牧草地，不包括未利用范围内的草地。

a) Since 2013, the indicator statistical caliber of grass land included the artificial grassland and natural pasture, excluding the grassland of unused range.

8-4 水资源情况
Water Resources

年 份 Year	水资源总量 (亿立方米) Total Amount of Water Resources (100 million cu.m)	地 表 水资源量 Surface Water Resources	地 下 水资源量 Groundwater Resources	地表水与地下 水资源重复量 Duplicated Measurement Between Surface Water and Groundwater	人均水资源量 (立方米/人) Per Capita Water Resources (cu.m/person)
2005	304.4	295.2	150.2	140.9	1173.5
2006	220.9	212.2	128.8	120.1	846.8
2007	268.9	259.2	136.9	127.3	1027.4
2008	217.7	210.6	113.2	106.2	828.4
2009	244.1	236.9	123.6	116.4	926.3
2010	254.4	245.9	124.2	115.7	987.8
2011	272.1	263.8	128.4	120.1	1061.3
2012	300.7	292.7	139.1	131.2	1166.6
2013	303.2	295.5	139.1	131.4	1174.2
2014	230.8	222.9	112.6	104.7	891.0
2015	198.8	191.5	100.7	93.5	765.0
2016	209.6	202.0	108.7	101.1	803.0
2017	280.8	273.6	133.4	126.2	1069.0
2018	354.9	345.6	167.3	158.0	1345.7

8-5 供水用水情况
Water Supply and Water Use

年 份 Year	供水总量 (亿立方米) Water Supply (100 million cu.m)	地表水 Surface Water	地下水 Ground-water	其他 Others	用水总量 (亿立方米) Water Use (100 million cu.m)	农业 Agricul-ture	城镇公共 Urban Public	工业 Industry	生活 Consump-tion	生态 Ecological Protection	人均用水量 (立方米/人) Per Capita Water Use (cu.m/person)
2005	123.0	92.4	28.9	1.7	123.0	97.5	1.7	14.7	6.2	3.1	474.0
2006	123.4	93.0	28.8	1.6	123.4	98.4	1.8	14.4	6.3	2.7	473.0
2007	123.1	93.3	27.9	2.0	123.1	98.5	1.9	13.4	6.4	2.9	470.4
2008	121.5	93.7	25.9	1.9	121.5	97.0	1.9	13.2	6.5	3.0	462.3
2009	120.6	95.2	24.0	1.4	120.6	95.6	2.0	13.1	7.0	3.0	457.7
2010	121.8	96.1	24.2	1.5	121.8	95.8	2.0	13.9	7.2	3.0	473.0
2011	122.9	97.0	24.4	1.5	122.9	95.3	2.0	15.4	7.2	3.0	479.0
2012	123.1	95.9	25.7	1.5	123.1	95.2	2.0	15.7	7.3	3.0	478.0
2013	122.0	91.1	29.4	1.5	122.0	99.2	2.9	13.1	5.0	1.8	472.5
2014	120.6	90.9	28.1	1.6	120.6	97.8	3.1	12.8	5.1	1.8	465.4
2015	119.2	90.0	26.9	2.3	119.2	96.2	3.0	11.6	5.3	3.1	458.0
2016	118.4	90.5	24.8	3.1	118.4	94.8	3.0	11.2	5.3	4.1	453.0
2017	116.1	87.1	25.1	3.9	116.1	92.3	3.3	10.4	5.4	4.7	442.0
2018	112.3	83.6	24.8	3.9	112.3	89.2	3.5	9.3	5.7	4.7	426.0

8-6 主要矿产保有资源储量
Identified Reserves of Major Mineral

项　目	Item	2013	2014	2015	2016	2017
石油(万吨)	Petroleum (10 000 tons)	21150.0	21878.4	24109.8	28261.7	30660.9
天然气(亿立方米)	Natural Gas (100 million cu.m)	241.3	256.1	271.9	318.0	338.0
煤炭(亿吨)	Coal (100 million tons)	225.8	227.7	312.6	299.8	296.4
铁矿(矿石,亿吨)	Iron (Ore, 100 million tons)	9.0	9.0	9.4	9.4	9.2
锰矿(矿石,万吨)	Manganese (Ore, 10 000 tons)	3196.8	3196.6	3196.6	2836.1	2823.0
铬矿(矿石,万吨)	Chromium Ore (Ore, 10 000 tons)	210.6	242.6	242.6	242.6	242.6
钒矿(V_2O_5,万吨)	Vanadium (V_2O_5, 10 000 tons)	157.2	157.2	169.1	210.2	58.3
原生钛铁矿(万吨)	Original Ilmenite (10 000 tons)	0.1	0.1	0.1	1.6	1.6
铜矿(铜,万吨)	Copper (Metal, 10 000 tons)	349.4	346.0	341.1	338.1	336.6
铅矿(铅,万吨)	Lead (Metal, 10 000 tons)	347.5	355.4	368.0	402.4	393.1
锌矿(锌,万吨)	Zinc (Metal, 10 000 tons)	1075.0	1078.6	1078.0	1092.0	1090.2
镍矿(镍,万吨)	Nickel (Metal, 10 000 tons)	407.3	397.1	387.1	377.3	375.3
钨矿(WO_3,万吨)	Tungsten (WO_3, 10 000 tons)	40.3	40.3	41.7	41.7	40.4
锡矿(锡,万吨)	Tin (Metal, 10 000 tons)	0.7	0.7	0.7	0.7	0.7
钼矿(钼,万吨)	Molybdenum (Metal, 10 000 tons)	11.6	11.6	12.1	14.4	14.8
锑矿(锑,万吨)	Antimony (Metal, 10 000 tons)	13.5	13.4	23.2	23.2	27.9
金矿(金,吨)	Gold (Metal, ton)	795.3	842.4	918.9	965.5	990.0
银矿(银,吨)	Silver (Metal, ton)	7182.0	7411.9	8000.4	7846.3	9247.0
稀土矿(氧化物,万吨)	Rare Earths (REO, 10 000 tons)	2.6	2.6	2.6	2.6	2.4
菱镁矿(矿石,万吨)	Magnesite Ore (Ore, 10 000 tons)	3075.6	3075.2	3072.7	3072.7	3002.1
普通萤石(矿物,万吨)	Fluorspar Mineral (Mineral, 10 000 tons)	57.8	56.7	73.1	68.7	68.8
硫铁矿(矿石,万吨)	Pyrite Ore (Ore, 10 000 tons)	499.9	499.9	499.9	604.5	583.6
磷矿(矿石,亿吨)	Phosphorus Ore (Ore,100 million tons)	0.5	0.5	0.5	0.5	0.3
钾盐(KCl,万吨)	Potassium KCl (KCl, 10 000 tons)	26.1	26.1	26.1	26.1	26.1
盐矿(NaCl,亿吨)	Sodium Salt NaCl (NaCl, 100 million tons)	0.1	0.1	0.1	0.1	0.1
芒硝(Na_2SO_4,亿吨)	Mirabilite (Na_2SO_4, 100 million tons)	0.5	0.5	0.5	0.4	0.2
重晶石(矿石,万吨)	Barite Ore (Ore, 10 000 tons)	2423.0	2413.0	2405.1	2680.1	3287.1
石墨(矿物,万吨)	Graphite Mineral (Crystal) (Mineral, 10 000 tons)	102.5	102.5	102.5	102.5	102.5
滑石(矿石,万吨)	Talc Ore (Ore, 10 000 tons)	10.4	10.4	10.4	10.4	10.2
高岭土(矿石,万吨)	Kaolin Ore (Ore, 10 000 tons)	2937.0	2937.0	2937.0	2937.0	2937.0

8－7 自然保护情况
Basic Statistics on of Natural Protection

指　标	Item	2015	2016	2017	2018
自然保护区情况	**Nature Reserves**				
自然保护区个数（个）	Number of Nature Reserves (unit)	60	60	60	56
#国家级	National Level	20	20	21	21
省级	Provincal Level	36	36	35	35
自然保护区面积(万公顷)	Area of Nature Reserves (10 000 hectares)	914	914	883	875
#国家级	National Level	687	687	693	693
省级	Provincal Level	216	216	179	182
集中式饮用水水源情况	**Centralized Drinking Water Sources**				
地表水集中式饮用水源保护区个数(个)	Number of Protected Areas of Surface Water Source for Centralized Drinking Water (unit)	61	62	64	67
地表水集中式饮用水源保护区面积（平方公里）	Protection Area of Surface Water Source for Centralized Drinking-water (sq.km)	4298	4313	4351	4372
地下水集中式饮用水源保护区个数(个)	Number of Protected Areas of Groundwater Source for Centralized Drinking Water (unit)	68	68	64	62
地下水集中式饮用水源保护区面积（平方公里）	Protection Area of Groundwater Source for Centralized Drinking-water (sq.km)	6967	6967	786	793
集中式饮用水源服务人口(万人)	Service Population of Centralized Drinking Water Source (10 000 persons)	1059	1059	1059	1688

注：2017 年酒泉市肃北县城区水源地保护区面积由原 6081 平方公里调整为 1.8 平方公里。

a) In 2017, the area of water source protection areas in city proper of Subei County, Jiuquan City was adjusted from 6081 square kilometers to 1.8 square kilometers.

8-8 “三废”排放、处理及综合利用情况
Emission, Disposal and Comprehensive Utilization of Waste Water, Waste Gas and Solid Wastes

项　目	Item	2015	2016	2017	2018
废水	**Waste Water**				
废水排放量(万吨)	Waste Water Emissions (10 000 tons)	67072	66325	64514	70049
工业废水	Industry Waste Water	18760	13022	10426	10539
生活污水	Consumption Waste Water	48275	53283	54003	59478
化学需氧量排放量（万吨）	Discharge Amount of COD (10 000 tons)	36. 57	16. 15	13. 24	12. 60
工业废水	Industry Waste Water	8. 36	1. 74	1. 39	0. 96
生活污水	Consumption Waste Water	14. 66	13. 82	11. 31	11. 35
农业污染源	Agricultural Pollution Source	13. 38	0. 42	0. 27	0. 11
集中式治理设施	Centralized Treatment Facilities	0. 16	0. 17	0. 26	0. 17
氨氮排放量（万吨）	Ammonia Nitrogen Emissions (10 000 tons)	3. 72	2. 26	1. 95	1. 77
工业	Industry	1. 14	0. 24	0. 24	0. 20
生活	Consumption	2. 04	2. 00	1. 58	1. 55
农业	Agriculture	0. 53			
集中式治理设施	Centralized Treatment Facilities	0. 01	0. 02	0. 13	0. 02
其他主要污染物排放量(吨)	Other Major Pollutant Emissions (ton)				
#石油类	Oil	728. 43	194. 63	76. 54	59. 44
挥发酚	Volatile Phenols	21. 09	1. 71	24. 63	2. 22
氰化物	Cyanide	0. 87	0. 27	0. 83	0. 48
铅	Plumbum	5. 84	7. 23	3. 42	1. 31
汞	Mercury	0. 11	0. 02	0. 02	
镉	Cadmium	1. 16	1. 57	0. 53	0. 04
六价铬	Hexavalent Chromium	0. 72	0. 13	0. 36	0. 09
总铬	Total Chromium	1. 64	1. 07	1. 01	0. 34
砷	Arsenic	4. 70	1. 70	0. 93	0. 53
工业废水治理设施数(套)	Number of Facilities for Treatment of Industrial Waste Water(set)	666	530	560	611
工业废水处理量(万吨)	Disposal Capacity of Industrial Waste Water (10 000 tons)	19917	15496	14605	15030
生活污水处理量(万吨)	Disposal Capacity of Consumption Waste Water (10 000 tons)	32576	42138	44483	51882
废气	**Waste Gas**				
工业废气排放量（亿立方米）	Industrial Waste Gas Emission (100 million cu.m)	13293	10639	9007	11938
二氧化硫排放量（万吨）	Sulphur Dioxide Emissions (10 000 tons)	57. 06	27. 20	25. 88	25. 25
工业	Industry	46. 70	17. 38	15. 05	14. 58
生活	Consumption	10. 36	9. 81	10. 83	10. 67

8-8 续表 continued

项 目	Item	2015	2016	2017	2018
氮氧化物排放量（万吨）	Nitrogen Oxide Emissions（10 000 tons）	38.72	25.80	21.25	21.47
#工业	Industry	24.65	12.29	10.90	11.13
生活	Consumption	1.58	1.20	1.35	1.36
烟（粉）尘排放量（万吨）	Soot and Dust Emissions（10 000 tons）	29.54	18.03	17.71	19.50
#工业	Industry	20.78	11.62	11.24	13.60
生活	Consumption	7.86	5.54	5.72	5.18
工业二氧化硫去除量（万吨）	Industrial Sulphur Dioxide Removed（10 000 tons）	221.95	137.00	241.75	276.71
固体废物	**Solid Wastes**				
一般工业固体废物产生量（万吨）	Industrial Solid Wastes Produced（10 000 tons）	5823.87	5091.28	5059.56	4992.70
一般工业固体废物综合利用量（万吨）	Industrial Solid Wastes Comprehensive Utilized（10 000 tons）	3078.71	2628.29	2451.67	2214.95
一般工业固体废物处置量（万吨）	Volume of Industrial Solid Wastes Disposed（10 000 tons）	2259.61	1553.75	1002.31	791.86
危险废物产生量（万吨）	Hazardous Wastes	54.20	120.16	162.60	167.40
环境污染	**Pollution**				
突发环境事件次数（次）	Number of Environmental Emergencies（times）	12	9	5	5
当年完成“三同时”环保验收项目环保投资（亿元）	Environmental Protection Investment Completed This Year of “Three Simultaneous” Environmental Protection Acceptance Project（100 million yuan）		61.72	37.92	
老工业污染治理项目及投资情况					
老工业污染源项目治理本年施工总数（个）	Number of Projects Treatment of Old Industrial Pollution Source under Construction this Year（unit）		109	100	76
老工业污染源项目治理本年完成投资（万元）	Investment of Projects Treatment of Old Industrial Pollution Source Completed this Year（10 000 yuan）		109742	74957	
治理废水	Treatment of Waste Water		34162	4749	
治理废气	Treatment of Waste Gas		56999	32296	
治理固体废物	Treatment of Solid Waste		120	50	
治理噪声	Treatment of Noise Pollution		10		
治理其他	Treatment of Other Pollution		18451	37862	

注：2016年起，执行“十三五”环境统计报表制度，指标名称和统计口径均有调整。

a) Since 2016, the system of "13th Five-Year" statistical report on Environment was implemented, and both index names and statistical calibers were adjusted.

8-9 各地区城市空气质量指标(2018) Ambient Air Quality by Region(2018)

单位：微克/立方米 (μg/m³)

地 区	Region	可吸入颗粒物 Particulate Matters	二氧化硫 Sulphur Dioxide	二氧化氮 Nitrogen Dioxide	空气质量达到及好于二级的天数(天) Days of Air Quality Equal to or Above Grade II (day)	空气质量达到二级以上天数占全年比重(%) Proportion of Days of Air Quality Equal to or above Grade II in the Whole Year (%)
兰州市	Lanzhou	103	21	55	213	67.0
嘉峪关市	Jiayuguan	79	14	26	300	94.6
金昌市	Jinchang	76	21	16	308	93.3
白银市	Baiyin	82	46	26	271	90.9
天水市	Tianshui	79	17	34	290	90.3
武威市	Wuwei	80	8	26	261	92.9
张掖市	Zhangye	66	10	18	286	96.3
平凉市	Pingliang	75	11	35	307	91.6
酒泉市	Jiuquan	89	13	25	287	92.6
庆阳市	Qingyang	69	14	19	296	95.8
定西市	Dingxi	81	17	27	283	89.3
陇南市	Longnan	58	17	25	300	94.0
临夏州	Linxia	81	23	21	296	91.9
甘南州	Gannan	63	14	23	318	97.0

注：1. 临夏州空气质量监测数据为临夏市数据，甘南州空气质量监测数据为合作市数据。

2. 为准确评价城市空气质量，根据生态环境部《受沙尘天气过程影响城市空气质量评价补充规定》，表中数据为剔除沙尘后数据。

a) Data of air quality monitoring of Linxia Autonomous prefecture are data of Linxia city, data of air quality monitoring of Gannan Autonomous prefecture are data of Hezuo city.

b) In order to accurately evaluate the quality of urban air, according to" Supplementary Provisions of Urban Air Quality Evaluation Affected by the Dust Weather Process" of Ministry of Ecological Environment, the data in the table is the data excludes dust data.

8-10 各地区一般工业固体废物产生及处理利用情况(2018) Production, Disposal and Utilization of Common Industrial Solid Wastes by Region(2018)

单位：万吨 (10 000 tons)

地 区	Region	一般工业固体废物产生量 Volume of Common Industrial Solid Wastes Produced	一般工业固体废物综合利用量 Volume of Common Industrial Solid Wastes Comprehensively Utilized	一般工业固体废物贮存量 Stock of Common Industrial Solid Wastes	一般工业固体废物处置量 Volume of Common Industrial Solid Wastes Disposed	危险废物产生量 Hazardous Wastes
甘肃省	**Gansu**	**4992.70**	**2214.95**	**2103.67**	**791.86**	**167.40**
兰州市	Lanzhou	416.65	402.67	1.93	13.80	18.75
嘉峪关市	Jiayuguan	802.09	515.51	1.80	284.78	55.91
金昌市	Jinchang	1198.85	168.74	1034.45	2.65	11.82
白银市	Baiyin	697.97	515.39	78.70	169.07	24.71
天水市	Tianshui	24.86	14.57	8.76	1.54	0.04
武威市	Wuwei	75.86	56.37	0.93	19.18	0.16
张掖市	Zhangye	336.26	98.47	225.71	19.90	5.54
平凉市	Pingliang	375.68	205.55	40.26	149.37	0.86
酒泉市	Jiuquan	320.83	91.55	175.04	60.95	2.00
庆阳市	Qingyang	17.53	15.83		1.75	4.97
定西市	Dingxi	33.88	33.80	6.23	0.09	6.75
陇南市	Longnan	540.89	23.26	459.25	61.29	20.45
临夏州	Linxia	9.18	9.18			0.02
甘南州	Gannan	92.00	28.36	56.15	7.50	14.80

注：全省数据中包含甘肃矿区数据，兰州新区数据计入兰州市(以下相关表同)。

a) The provincial data contained the data of gansu mining area. Data of Lanzhou City contained the data of Lanzhou New Area. The same applies to the relevant tables following.

8-11 各地区废水排放及处理情况(2018)
Emission and Disposal of Waste Water by Region (2018)

地区	Region	废水治理设施数(套) Number of Facilities for Treatment of Waste Water (set)	废水排放量(万吨) Waste Water Emissions Amount (10 000 tons)	#工业废水排放总量 Total Volume of Industrial Waste Water Emissions	#生活污水排放量 Volume of Consumption Waste Water Emissions
甘肃省	**Gansu**	**611**	**70049**	**10539**	**59478**
兰州市	Lanzhou	83	26130	3865	22256
嘉峪关市	Jiayuguan	2	2418	1095	1323
金昌市	Jinchang	27	3419	1548	1871
白银市	Baiyin	73	4011	441	3567
天水市	Tianshui	38	5674	328	5343
武威市	Wuwei	27	3067	244	2821
张掖市	Zhangye	72	4322	442	3880
平凉市	Pingliang	72	4903	844	4057
酒泉市	Jiuquan	52	4327	360	3965
庆阳市	Qingyang	20	3650	177	3471
定西市	Dingxi	49	1964	144	1817
陇南市	Longnan	44	1768	333	1431
临夏州	Linxia	38	3004	313	2689
甘南州	Gannan	10	1071	84	986

8-11 续表 continued

地区	Region	化学需氧量排放量(万吨) Emissions Amount of COD (10 000 tons)	#工业源化学需氧量排放量 Emissions Amount of COD from Industrial Sources	#生活源化学需氧量排放量 Emissions Amount of COD from Living Sources	氨氮排放量(万吨) Nitrogen Oxide Emissions (10000 tons)	#工业源氨氮排放量 Ammonia Nitrogen Emissions from Industrial Sources	#生活源氨氮排放量 Ammonia Nitrogen Emissions from Living Sources
甘肃省	**Gansu**	**12.60**	**0.96**	**11.35**	**1.77**	**0.20**	**1.55**
兰州市	Lanzhou	0.82	0.11	0.59	0.13		0.12
嘉峪关市	Jiayuguan	0.12	0.03	0.09	0.03		0.03
金昌市	Jinchang	0.32	0.04	0.28	0.05		0.04
白银市	Baiyin	1.17	0.23	0.92	0.29	0.17	0.12
天水市	Tianshui	1.84	0.04	1.79	0.21		0.21
武威市	Wuwei	1.14	0.05	1.09	0.13		0.12
张掖市	Zhangye	0.14	0.06	0.08	0.02		0.01
平凉市	Pingliang	0.46	0.04	0.39	0.09		0.08
酒泉市	Jiuquan	0.83	0.07	0.75	0.10		0.10
庆阳市	Qingyang	1.26	0.01	1.24	0.14		0.14
定西市	Dingxi	1.49	0.18	1.29	0.17		0.17
陇南市	Longnan	1.69	0.04	1.62	0.23		0.22
临夏州	Linxia	0.86	0.02	0.83	0.14		0.13
甘南州	Gannan	0.43	0.01	0.41	0.05		0.05

8-12 各地区废气及主要污染物排放情况(2018)
Emission of Waste Gas and Major Pollutants by Region (2018)

地区	Region	工业废气排放量(亿立方米) Emission of Industrial Waste Gas (100 million cu.m)	二氧化硫(万吨) Sulphur Dioxide (10 000 tons)	#工业二氧化硫 Industrial Sulphur Dioxide
甘肃省	**Gansu**	**11937.70**	**25.25**	**14.58**
兰州市	Lanzhou	2743.49	3.14	2.15
嘉峪关市	Jiayuguan	3757.46	2.34	2.32
金昌市	Jinchang	649.52	4.32	4.05
白银市	Baiyin	1388.82	1.22	1.04
天水市	Tianshui	317.68	1.41	0.27
武威市	Wuwei	252.71	1.53	0.34
张掖市	Zhangye	302.67	1.04	0.54
平凉市	Pingliang	936.32	3.30	1.47
酒泉市	Jiuquan	411.81	1.69	0.49
庆阳市	Qingyang	200.00	1.65	0.39
定西市	Dingxi	550.47	1.28	0.85
陇南市	Longnan	151.73	1.23	0.26
临夏州	Linxia	100.29	0.57	0.29
甘南州	Gannan	23.29	0.47	0.07

8-12 续表 continued

地区	Region	氮氧化物排放量(万吨) Nitrogen Oxides (10 000 tons)	#工业氮氧化物 Industrial Nitrogen Oxides	烟(粉)尘排放量(万吨) Soot and Dust (10 000 tons)	#工业烟(粉)尘 Industrial Soot and Dust
甘肃省	**Gansu**	**21.47**	**11.13**	**19.50**	**13.60**
兰州市	Lanzhou	3.24	3.00	2.49	2.00
嘉峪关市	Jiayuguan	2.52	2.52	4.00	3.99
金昌市	Jinchang	0.53	0.49	1.04	0.91
白银市	Baiyin	1.01	0.97	1.18	1.05
天水市	Tianshui	0.42	0.32	0.90	0.20
武威市	Wuwei	0.60	0.44	3.37	2.78
张掖市	Zhangye	0.49	0.43	0.50	0.25
平凉市	Pingliang	1.24	1.02	1.46	0.74
酒泉市	Jiuquan	0.67	0.50	1.29	0.44
庆阳市	Qingyang	0.31	0.20	0.67	0.17
定西市	Dingxi	0.52	0.48	0.40	0.25
陇南市	Longnan	0.52	0.42	0.80	0.30
临夏州	Linxia	0.23	0.18	0.46	0.29
甘南州	Gannan	0.18	0.13	0.14	0.14

注：氮氧化物、烟(粉)尘全省数据中包括机动车排放量，各市州数据不包括。

a) Data of nitrogen oxides, soot and dust of Gansu include the motor vehicle emissions, while data of region not include.

主要统计指标解释

气候　指地球与大气之间长期能量交换与质量交换所形成的一种自然环境状态，它是多种因素综合作用的结果。气候既是人类生活和生产的环境要素之一，又是供给人类生活和生产的重要资源。气温、降水、湿度等气象要素的多年平均值是用来描述一个地区气候状况的主要参数，而各种气象要素某年、某月的平均值（或总量）则可以反映出该时期天气气候状况的重要特征。

自然资源　指人类可以直接从自然界获得，并用于生产和生活的物质资源。自然资源一般可以分成可再生资源和非再生资源两大类。可再生资源指在较短时间内可以再生、可以循环利用的资源，包括土地资源、水资源、气候资源、生物资源和海洋资源等。非再生资源指在使用后不能再生的资源，包括矿产资源和地热能源。

土地资源　土地指陆地的表层部分，它主要由岩石、岩石的风化物和土壤构成。土地资源按利用类型可以分为农用地、建筑用地和未利用地。农用地包括耕地、园地、林地、牧草地和水面。建筑用地包括居民点及工矿用地、交通用地和水利设施用地。未利用地指农用地和建筑用地以外的土地，包括滩涂、荒漠、戈壁、冰川和石山等。

矿产资源　矿产资源指由地质作用形成的，具有利用价值的，呈固态、液态、气态的自然资源，是社会生产发展的重要物质基础。目前我国已发现矿种有170多种，按其特点和用途，可分为能源矿产（如煤炭、石油、天然气、地热）、金属矿产（如铁矿、锰矿、铜矿、铅矿、铝土矿）、非金属矿产（如金刚石、石灰岩、粘土）和水气矿产（如地下水、矿泉水、二氧化碳气）四大类。其中：金属矿产按其物质成份和性质又可分为：黑色金属矿产、有色金属矿产、贵金属矿产、稀有金属矿产、稀土金属矿产、分散元素金属矿产六类。

矿产基础储量　基础储量是查明矿产资源的一部分。它能满足现行采矿和生产所需的指标要求，是控制的、探明的并通过可行性或预可行性研究认为属于经济的、边界经济的部分，用未扣除设计、采矿损失的数量表示。

平均气温　指空气的温度，我国一般以摄氏度（℃）为单位表示。气象观测的温度表是放在离地面约1.5米处通风良好的百叶箱里测量的，因此，通常说的气温指的是离地面1.5米处百叶箱中的温度。其统计计算方法为：

月平均气温是将全月各日的平均气温相加，除以该月的天数而得。

年平均气温是将12个月的月平均气温累加后除以12而得。

年平均相对湿度　指空气中实际水气压与当时气温下的饱和水气压之比。其统计方法与气温相同。

降水量　指从天空降落到地面的液态或固态（经融化后）水，未经蒸发、渗透、流失而在地面上积聚的深度。其统计计算方法为：

月降水量是将全月各日的降水量累加而得。

年降水量是将12个月的月降水量累加而得。

水资源总量　指当地降水形成的地表和地下产水总量，即地表径流量与降水入渗补给量之和。

地表水资源量　指河流、湖泊、冰川等地表水体中可以逐年更新的动态水量，即天然河川径流量。

地下水资源量　指地下饱和含水层逐年更新的动态水量，即降水和地表水入渗对地下水的补给量。

地表水与地下水资源重复量　指地表水和地下水相互转化的部分，即天然河川径流量中的地下水排泄量和地下水补给量中来源于地表水的入渗补给量。

供水总量　指各种水源为用水户提供的包括输水损失在内的毛水量。

地表水源供水量　指地表水体工程的取水量，按蓄、引、提、调四种形式统计。从水库、塘坝中引水或提水，均属蓄水工程供水量；从河道或湖泊中自流引水的，无论有闸或无闸，均属引水工程供水量；利用扬水站从河道或湖泊中直接取水的，属提水工程供水量；跨流域调水指水资源一级区或独立流域之间的跨流域调配水量，不包括在蓄、引、提水量中。

地下水源供水量　指水井工程的开采量，按浅层淡水、深层承压水和微咸水分别统计。城市地下水源供水量包括自来水厂的开采量和工矿企业自备井的开采量。

其他水源供水量　包括污水处理再利用、集雨工程、海水淡化等水源工程的供水量。

用水总量　指各类用户取用的包括输水损失在内的毛用水量之和。

农业用水　指农田灌溉用水、林果地灌溉用水、草地灌溉用水、鱼塘补水和畜禽用水。

工业用水 指工矿企业在生产过程中用于制造、加工、冷却、空调、净化、洗涤等方面的用水，按新水取用量计，不包括企业内部的重复利用水量。

生活用水 包括城镇生活用水和农村生活用水。城镇生活用水由居民用水和公共用水（含第三产业及建筑业等用水）组成；农村生活用水指居民生活用水。

自然保护区 指对有代表性的自然生态系统、珍稀濒危野生动植物物种的天然分布区、水源涵养区、有特殊意义的自然历史遗迹等保护对象所在的陆地、陆地水体或海域，依法划出一定面积进行特殊保护和管理的区域。以县及县以上各级人民政府正式批准建立的自然保护区为准（包括“六五”以前由部门或“革委会”批准且现仍存在的自然保护区）。风景名胜区、文物保护区不计在内。

环境污染治理投资 指在工业污染源治理和城市环境基础设施建设的资金投入中，用于形成固定资产的资金。包括工业新老污染源治理工程投资、建设项目“三同时”环保投资，以及城市环境基础设施建设所投入的资金。

一般工业固体废物产生量 指未被列入《国家危险废物名录》或者根据国家规定的危险废物鉴别标准（GB5085）、固体废物浸出毒性浸出方法（GB5086）及固体废物浸出毒性测定方法（GB/T 15555）鉴别方法判定不具有危险特性的工业固体废物。计算公式是：

一般工业固体废物产生量 =（一般工业固体废物综合利用量 – 其中：综合利用往年贮存量）+ 一般工业固体废物贮存量 +（一般工业固体废物处置量 – 其中：处置往年贮存量）+ 一般工业固体废物倾倒丢弃量

危险废物 指列入国家危险废物名录或根据国家规定的危险废物鉴别标准和鉴别方法认定的，具有爆炸性、易燃性、易氧化性、毒性、腐蚀性、易传染疾病等危险特性之一的废物。

一般工业固体废物综合利用量 指报告期内企业通过回收、加工、循环、交换等方式，从固体废物中提取或者使其转化为可以利用的资源、能源和其他原材料的固体废物量（包括当年利用往年的工业固体废物贮存量），如用作农业肥料、生产建筑材料、筑路等。综合利用量由原产生固体废物的单位统计。

一般工业固体废物处置量 指报告期内企业将工业固体废物焚烧和用其他改变工业固体废物的物理、化学、生物特性的方法，达到减少或者消除其危险成分的活动，或者将工业固体废物最终置于符合环境保护规定要求的填埋场的活动中，所消纳固体废物的量。

9

能 源

Energy

简要说明

一、本篇资料主要内容

本篇包括的主要内容有能源生产、消费及品种构成，综合能源平衡表和主要能源品种的单项平衡表，能源生产和消费弹性系数等。

二、本篇资料的统计范围

本篇资料的统计范围为全社会。

三、本篇资料来源

全社会用电量数据来自国网甘肃省电力公司。

本篇资料由省统计局能源处搜集、加工整理，来自能源生产、消费统计及能源平衡表。

本篇根据第三次经济普查结果，对2005—2013年有关能源数据进行了修订。

9-1 能源生产总量及构成
Total Production of Energy and Its Composition

年 份 Year	能源生产总量（万吨标准煤）Total Energy Production (10 000 tons of SCE)	占能源生产总量的比重（%）As Percentage of Total Energy Production (%)			
		原煤 Coal	原油 Crude Oil	天然气 Natural Gas	一次电力及其他能源 Primary Electricity and Other Energy
2005	3605. 12	71. 72	12. 07	0. 57	15. 64
2006	3798. 83	71. 88	12. 50	0. 52	15. 10
2007	3985. 59	70. 78	12. 61	0. 49	16. 13
2008	4069. 28	68. 71	12. 82	0. 42	18. 06
2009	4232. 34	67. 10	12. 15	0. 46	20. 29
2010	4631. 59	68. 37	11. 79	0. 28	19. 56
2011	4884. 56	64. 64	14. 70	0. 22	20. 45
2012	5362. 84	60. 29	16. 77	0. 31	22. 63
2013	5538. 21	55. 48	18. 32	0. 25	25. 95
2014	5926. 50	54. 64	18. 61	0. 27	26. 48
2015	5816. 78	52. 02	20. 14	0. 27	27. 57
2016	5654. 97	51. 75	20. 24	0. 28	27. 73
2017	5734. 15	45. 05	20. 60	0. 40	33. 95

注：电力折算标准煤的系数根据当年平均发电煤耗计算（下表同）。

a) The coefficient for conversion of electric power into SCE (standard coal equivalent) is calculated on the basis of the data on average coal consumption in generating electric power in the same year. The same applies to the tables following.

9-2 能源消费总量及构成
Total Consumption of Energy and Its Composition

年 份 Year	能源生产总量（万吨标准煤）Total Energy Production (10 000 tons of SCE)	占能源生产总量的比重（%）As Percentage of Total Energy Production (%)			
		原煤 Coal	原油 Crude Oil	天然气 Natural Gas	一次电力及其他能源 Primary Electricity and Other Energy
2005	4300. 88	67. 84	16. 17	2. 88	13. 11
2006	4670. 33	69. 09	15. 30	3. 33	12. 28
2007	5031. 35	68. 78	15. 09	3. 35	12. 78
2008	5264. 80	68. 54	14. 53	2. 97	13. 96
2009	5398. 00	66. 15	14. 95	2. 99	15. 91
2010	5829. 85	64. 08	16. 99	3. 39	15. 54
2011	6393. 69	63. 35	17. 18	3. 85	15. 62
2012	6893. 76	61. 85	16. 48	4. 06	17. 61
2013	7286. 72	60. 63	16. 70	3. 98	18. 69
2014	7521. 45	60. 41	16. 34	4. 19	19. 06
2015	7522. 85	60. 03	16. 52	4. 43	19. 02
2016	7333. 62	59. 35	16. 91	4. 64	19. 10
2017	7538. 33	56. 09	16. 92	4. 91	22. 08

9-3 综合能源平衡表
Overall Energy Balance Sheet

单位：万吨标准煤 (10 000 tons of SCE)

项　　目	Item	2010	2015	2016	2017
可供消费的能源总量	**Total Energy Available for Consumption**	**5829.85**	**7566.72**	**7351.76**	**7560.66**
一次能源生产量	Primary Energy Output	4631.59	5816.78	5654.97	5734.15
调入量	Imports	4003.51	4579.34	4547.71	5248.17
调出量(-)	Exports (-)	2823.88	2854.00	3107.54	3486.39
年初年末库存差额	Stock Changes in the Year	18.64	24.59	256.62	64.73
能源消费总量	**Total Energy Consumption**	**5829.85**	**7522.85**	**7333.62**	**7538.33**
在总量中:	Consumption by Sector				
农、林、牧、渔业	Agriculture, Forestry, Animal Husbandry, Fishery	252.38	226.64	237.15	240.43
工业	Industry	4258.42	5428.97	5088.87	5192.93
建筑业	Construction	79.77	103.67	110.68	121.47
交通运输、仓储和邮政业	Transport, Storage and Post	466.19	601.25	592.39	613.22
批发、零售业和住宿、餐饮业	Wholesale and Retail Trades, Hotels and Catering Services	77.58	141.14	167.85	178.99
其他	Others Sectors	162.65	288.69	331.90	345.57
生活消费	Household Consumption	532.86	732.49	804.77	845.72
在总量中:	Consumption by Usage				
终端消费	End-use Consumption	5655.94	7230.48	7025.08	7194.26
#工业	Industry	4084.51	5136.59	4780.33	4848.87
加工转换损失量	Losses During the Process of Energy Conversion	216.72	360.16	326.02	341.69
#炼焦	Coking	46.75	70.07	44.02	43.37
炼油	Petroleum Refining	99.88	182.38	161.66	161.61
损失量	Energy Losses	136.03	161.53	159.47	169.22
回收能(-)	Recovery of Energy (-)	178.83	229.32	176.95	166.83
平衡差额	**Balance**		**43.86**	**18.14**	**22.33**

注：电力按等价热值折算，因此加工转换损失量中不包括发电损失量。

a) Electric Power is converted on the basis of equivalent caloric value. Therefore, losses during the process of energy conversion do not include losses in power generation.

9-4 石油平衡表
Petroleum Balance Sheet

单位：万吨 (10 000 tons)

项　目	Item	2010	2015	2016	2017
可供量	**Total Energy Available for Consumption**	**703.52**	**887.47**	**883.61**	**906.94**
生产量	Output	382.14	820.09	801.24	827.00
调入量	Imports	1062.56	665.79	578.01	673.70
调出量(-)	Exports (-)	779.25	595.51	549.27	554.00
年初年末库存差额	Stock Changes in the Year	38.07	-2.90	53.63	-39.76
消费量	**Total Energy Consumption**	**703.52**	**887.47**	**883.61**	**906.94**
在消费量中：	Consumption by Sector				
农、林、牧、渔业	Agriculture, Forestry, Animal Husbandry, Fishery	32.90	37.00	41.00	41.30
工业	Industry	357.15	397.86	373.54	390.22
建筑业	Construction	22.80	34.00	39.00	39.50
交通运输、仓储和邮政业	Transport, Storage and Post	212.72	280.65	260.89	264.30
批发、零售业和住宿、餐饮业	Wholesale and Retail Trades, Hotels and Catering Services	7.71	14.16	18.02	18.22
其他行业	Other Sectors	35.01	57.00	67.00	67.00
生活消费	Household Consumption	35.23	66.80	84.16	86.40
在消费量中：	Consumption by Usage				
终端消费	End-use Consumption	598.66	714.4	724.41	744.93
#工业	Industry	252.29	224.79	214.34	228.21
中间消费	Intermediate Consumption	104.86	173.07	159.2	162.01
(用于加工转换)	(Consumed in Conversion)				
发电	Power Generation	0.59	1.11	0.5	1.37
供热	Heating	11.35	12.66	14.44	15.30
制气	Gas Production				
炼油损失量	Losses in Petroleum Refining	92.92	159.3	144.26	145.34
损失量	Energy Losses				
平衡差额	**Balance**				

注：生产量为原油产量。

a) Data on output refer to the output of crude oil.

9-5 煤炭平衡表
Coal Balance Sheet

单位：万吨 (10 000 tons)

项 目	Item	2010	2015	2016	2017
可供量	**Total Energy Available for Consumption**	**5301.89**	**6557.06**	**6377.52**	**6360.81**
生产量	Outputs	4688.25	4399.63	4254.29	3738.40
调入量	Imports	2255.30	3933.63	4029.72	4692.22
调出量(-)	Exports (-)	1600.10	1785.12	2191.37	2199.82
年初年末库存差额	Stock Changes in the Year	-41.56	8.92	284.88	130.01
消费量	**Total Energy Consumption**	**5301.89**	**6557.06**	**6377.52**	**6360.81**
在消费量中:	Consumption by Sector				
农、林、牧、渔业	Agriculture, Forestry, Animal Husbandry, Fishery	48.10	51.10	57.50	58.00
工业	Industry	4787.79	6030.96	5794.02	5786.31
建筑业	Construction	28.00	17.00	18.00	17.00
交通运输、仓储和邮政业	Transport, Storage and Post	49.00	28.00	45.00	45.50
批发、零售业和住宿、餐饮业	Wholesale and Retail Trades, Hotels and Catering Services	33.00	22.00	29.00	28.00
其他	Other Sectors	22.00	30.00	33.00	32.00
生活消费	Household Consumption	334.00	378.00	401.00	394.00
在消费量中:	Consumption by Usage				
终端消费	End-use Consumption	1646.57	2007.85	1951.82	1769.14
#工业	Industry	1132.47	1481.75	1368.32	1194.64
中间消费	Intermediate Consumption	3655.32	4549.21	4425.70	4591.67
(用于加工转换)	(Consumed in Conversion)				
发电	Power Generation	2775.80	3168.96	3060.79	3156.50
供热	Heating	445.30	534.68	548.19	617.28
炼焦	Coking	389.93	699.18	662.66	631.08
制气	Gas Production	9.29	5.08	6.72	11.25
洗选损耗	Losses in Coal Washing and Dressing	35.00	141.31	147.34	175.56
平衡差额	**Balance**				

注：生产量为原煤产量。
a) Data on output refer to the output of raw coal.

9-6 电力平衡表
Electricity Balance Sheet

单位：亿千瓦小时 (100 million kw·h)

项　　目	Item	2010	2015	2016	2017
可供量	**Total Energy Available for Consumption**	**804.43**	**1112.99**	**1071.07**	**1171.68**
生产量	Output	874.51	1242.20	1214.33	1349.14
水电、风电及其他发电	Hydropower, Wind Power and other Power	283.16	521.79	510.15	635.23
火电	Thermal Power	591.35	720.41	704.18	713.91
调入量	Imports	119.73	114.85	119.20	186.77
调出量(-)	Exports (-)	189.81	244.06	262.46	364.23
消费量	**Total Energy Consumption**	**804.43**	**1098.72**	**1065.15**	**1164.37**
在消费量中:	Consumption by Sector				
农、林、牧、渔业	Agriculture, Forestry, Animal Husbandry, Fishery	54.37	44.38	44.85	45.84
工业	Industry	617.13	860.21	811.54	887.27
建筑业	Construction	8.33	13.05	12.88	16.37
交通运输、仓储和邮政业	Transport, Storage and Post	32.57	41.04	40.70	44.61
批发、零售业和住宿、餐饮业	Wholesale and Retail Trades, Hotels and Catering Services	11.41	23.55	27.61	30.82
其他	Other Sectors	27.11	39.87	44.08	48.13
生活消费	Household Consumption	53.52	76.62	83.49	91.33
在消费量中:	Consumption by Usage				
终端消费	End-use Consumption	761.91	1046.17	1013.11	1108.97
#工业	Industry	574.61	807.66	759.50	831.87
输配电损失量	Losses in Transmission	42.52	52.55	52.04	55.40
平衡差额	**Balance**		**14.27**	**5.92**	**7.31**

9-7 分行业能源消费量(2017)

行业	Sector	能源消费总量(万吨标准煤) Total Energy Consumption (10000 tons of SCE)	煤炭(万吨) Coal (10 000 tons)
消费总计	**Total Consumption**	**7538.33**	**6360.81**
农、林、牧、渔业	**Agricultrue, Forestry, Animal Husbadry and Fishery**	**240.43**	**58.00**
工业	**Industry**	**5192.93**	**5786.31**
采矿业	**Mining**	**346.38**	**538.58**
煤炭开采和洗选业	Mining and Washing of Coal	229.34	528.09
石油和天然气开采业	Extraction of Petroleum and Natural Gas	62.88	5.24
黑色金属矿采选业	Mining and Processing of Ferrous Metal Ores	17.54	0.95
有色金属矿采选业	Mining and Processing of Non-Ferrous Metal Ores	30.27	1.86
非金属矿采选业	Mining and Processing of Nonmetal Ores	5.60	2.09
开采辅助活动	Support Activities for Mining	0.76	0.35
其他采矿业	Mining of Other Ores		
制造业	**Manufacturing**	**4331.45**	**2450.58**
农副食品加工业	Processing of Food from Agricultural Products	38.00	96.06
食品制造业	Manufacture of Foods	10.80	7.56
酒、饮料和精制茶制造业	Manufacture of Liquor, Beverages and Refined Tea	17.53	11.22
烟草制品业	Manufacture of Tobacco	2.59	
纺织业	Manufacture of Textile	3.05	0.35
纺织服装、服饰业	Manufacture of Textile, Wearing Apparel and Accessories	1.26	0.43
皮革、毛皮、羽毛及其制品和制鞋业	Manufacture of Leather, Fur, Feather and Related Products and Footwear	0.63	0.13
木材加工及木、竹、藤、棕、草制品业	Processing of Timber, Manufacture of Wood, Bamboo, Rattan, Palm and Straw Products	0.64	0.01
家具制造业	Manufacture of Furniture	0.16	0.07
造纸及纸制品业	Manufacture of Paper and Paper Products	16.14	14.91
印刷和记录媒介复制业	Printing and Reproduction of Recording Media	0.85	0.32
文教、工美、体育和娱乐用品制造业	Manufacture of Articles for Culture, Education, Arts and Crafts, Sport and Entertainment Activities	0.80	0.54
石油加工、炼焦和核燃料加工业	Processing of Petroleum, Coking and Processing of Nuclear Fuel	665.59	244.24
化学原料和化学制品制造业	Manufacture of Raw Chemical Materials and Chemical Products	424.38	98.36
医药制造业	Manufactare of Medicines	19.13	11.88
化学纤维制造业	Manufacture of Chemical Fibres	0.01	
橡胶和塑料制品业	Manufacture of Rubber and Plastics Products	7.53	0.34
非金属矿物制品业	Manufacture of Non-metallic Mineral Products	688.85	604.46
黑色金属冶炼和压延加工业	Smelting and Pressing of Ferrous Metals	846.17	487.80
有色金属冶炼和压延加工业	Smelting and Pressing of Non-ferrous Metals	1538.64	868.40
金属制品业	Manufacture of Metal Products	15.92	0.78
通用设备制造业	Manufacture of General Purpose Machinery	7.42	0.70
专用设备制造业	Manufacture of Special Purpose Machinery	9.08	0.44
汽车制造业	Manufacture of Automobiles	0.75	
铁路、船舶、航空航天和其他运输设备制造业	Manufacture of Railway, Ship, Aerospace and Other Transport Equipments	0.09	
电气机械和器材制造业	Manufacture of Electrical Machinery and Apparatus	6.23	1.31
通信设备、计算机和其他电子设备制造业	Manufacture of Communication Equipment, Computers and Other Electronic Equipment	6.01	
仪器仪表制造业	Manufacture of Measuring Instruments and Machinery	0.11	
其他制造业	Other Manufacturing	0.11	
废弃资源综合利用业	Utilization of Waste Resources	1.89	0.26
金属制品、机械和设备修理业	Repair Service of Metal Products, Machinery and Equipment	1.09	
电力、燃气及水的生产和供应业	**Electric Power, Gas and Water Production and Supply**	**515.10**	**2797.15**
电力、热力的生产和供应业	Production and Supply of Electric Power and Heat Power	504.86	2797.05
燃气生产和供应业	Production and Supply of Gas	2.78	
水的生产和供应业	Production and Supply of Water	7.47	0.10
建筑业	**Construction**	**121.47**	**17.00**
交通运输储运业和邮政业	**Transport, Storage and Post**	**613.22**	**45.50**
批发、零售业和住宿、餐饮业	**Wholesale, Retail Trade and Hotel, Restraurants**	**178.99**	**28.00**
其他行业	**Others**	**345.57**	**32.00**
城乡居民生活	**Urban and Rural Residential Consumption**	**845.72**	**394.00**

Consumption of Energy by Sector(2017)

焦炭 (万吨) Coke (10 000 tons)	原油 (万吨) Crude Oil (10 000 tons)	汽油 (万吨) Gasoline (10 000 tons)	煤油 (万吨) Kerosene (10 000 tons)	柴油 (万吨) Diesel Oil (10 000 tons)	燃料油 (万吨) Fuel Oil (10 000 tons)	液化石油气 (万吨) Liquefied Petroleum Gas (10 000 tons)	天然气 (亿立方米) Natural Gas (100 million cu.m)	电力 (亿千瓦小时) Electricity (100 million kw.h)
505.34	**1460.11**	**209.28**	**8.02**	**299.47**	**2.87**	**11.05**	**28.36**	**1164.37**
		6.30		**35.00**				**45.84**
505.34	**1460.11**	**4.50**	**0.20**	**16.37**	**2.87**	**0.03**	**11.91**	**887.27**
8.37	**17.95**	**0.46**		**4.98**			**1.66**	**35.53**
1.61		0.09		1.89			0.96	14.82
	17.95	0.25		1.46			0.70	7.17
5.52		0.01		0.72				3.46
		0.04		0.25				9.32
1.24		0.02		0.48				0.70
		0.05		0.18				0.05
496.97	**1442.16**	**2.88**	**0.20**	**10.73**	**2.81**	**0.03**	**9.94**	**722.18**
0.16		0.52		0.14			0.02	4.27
		0.05		0.04		0.01	0.03	1.50
		0.05		0.03			0.23	2.01
							0.08	0.51
		0.01		0.01			0.03	0.76
		0.01					0.03	0.18
							0.02	0.09
								0.21
								0.04
		0.01		0.03			0.01	1.60
		0.01		0.02			0.01	0.14
								0.13
	1442.16	0.48		0.72	1.29	0.02	2.93	28.08
110.45		0.07	0.02	0.38	0.02		2.84	59.99
		0.08		0.07			0.18	2.56
		0.08		0.05			0.07	2.00
7.83		0.78		4.76	0.01		1.01	62.81
361.57		0.03		0.64			0.36	109.77
14.49		0.22	0.18	3.48	1.48		1.57	434.20
2.45		0.35		0.06			0.06	3.81
0.02		0.04		0.04			0.06	1.96
		0.03		0.03			0.24	1.58
				0.02				0.11
								0.03
		0.03		0.02			0.10	1.27
		0.01					0.02	1.88
								0.04
								0.03
		0.01		0.07				0.52
		0.01		0.12			0.04	0.12
		1.16		**0.66**	**0.06**		**0.31**	**129.57**
		0.98		0.65	0.06		0.31	126.41
		0.13						0.83
		0.05						2.33
		13.50		**16.00**				**16.37**
		54.48	**7.82**	**202.00**			**3.70**	**44.61**
		12.50		**5.00**		**0.72**	**2.60**	**30.82**
		48.00		**19.00**			**5.70**	**48.13**
		70.00		**6.10**		**10.30**	**4.45**	**91.33**

9-8 能源生产弹性系数
Elasticity Ratio of Energy Production

年 份 Year	能源生产比上年增长(%) Growth Rate of Energy Production over Preceding Year (%)	电力生产比上年增长(%) Growth Rate of Electricity Production over Preceding Year (%)	能源生产弹性系数 Elasticity Ratio of Energy Production	电力生产弹性系数 Elasticity Ratio of Electricity Production
2000	-13. 06	6. 83		0. 70
2001	5. 39	8. 26	0. 55	0. 85
2002	37. 66	12. 53	3. 82	1. 27
2003	16. 84	18. 71	1. 57	1. 74
2004	17. 71	13. 18	1. 54	1. 15
2005	7. 29	10. 70	0. 62	0. 90
2006	5. 37	5. 08	0. 47	0. 44
2007	4. 92	16. 33	0. 40	1. 33
2008	2. 10	11. 58	0. 21	1. 14
2009	4. 01	1. 86	0. 39	0. 18
2010	9. 43	24. 35	0. 80	2. 07
2011	5. 46	17. 54	0. 44	1. 40
2012	9. 79	7. 70	0. 78	0. 61
2013	3. 27	8. 57	0. 30	0. 80
2014	7. 01	3. 26	0. 79	0. 37
2015	-1. 85	0. 09		0. 01
2016	-2. 78	-2. 24		
2017	1. 40	11. 10	0. 39	3. 11

9-9 能源消费弹性系数
Elasticity Ratio of Energy Consumption

年 份 Year	能源消费比上年增长(%) Growth Rate of Energy Consumption over Preceding Year (%)	电力消费比上年增长(%) Growth Rate of Electricity Consumption over Preceding Year (%)	能源消费弹性系数 Elasticity Ratio of Energy Consumption	电力消费弹性系数 Elasticity Ratio of Electricity Consumption
2000	3. 23	1. 29	0. 33	0. 13
2001	1. 88	1. 58	0. 19	0. 16
2002	4. 36	11. 84	0. 44	1. 20
2003	11. 82	16. 36	1. 10	1. 52
2004	15. 78	13. 47	1. 37	1. 17
2005	10. 06	8. 29	0. 85	0. 70
2006	8. 59	9. 57	0. 75	0. 83
2007	7. 73	14. 62	0. 63	1. 19
2008	4. 64	10. 25	0. 46	1. 01
2009	2. 53	4. 09	0. 25	0. 40
2010	8. 00	14. 02	0. 68	1. 19
2011	9. 67	14. 79	0. 77	1. 18
2012	7. 82	7. 70	0. 62	0. 61
2013	5. 70	7. 91	0. 53	0. 74
2014	3. 22	2. 07	0. 36	0. 23
2015	0. 02	0. 30	0. 002	0. 04
2016	-2. 52	-3. 06		
2017	2. 79	9. 32	0. 78	2. 61

9-10 能源消耗
Energy Consumption

年份 Year	单位生产总值能耗 Energy Consumption per Unit of GDP		单位生产总值电耗 Electricity Consumption per Unit of GDP		单位工业增加值能耗 Energy Consumption per Unit of Industrial Value-added
	绝对值（吨标准煤/万元）Absolute Value (tEon of SCE/10 000 yuan)	上升或下降（±%）Change（±%）	绝对值（千瓦小时/万元）Absolute Value (kw.h/10 000yuan)	上升或下降（±%）Change（±%）	上升或下降（±%）Change（±%）
2000	2.86		2805		
2001	2.72		2720		
2002	2.57		2779		
2003	2.52		2846		
2004	2.31		2677		
2005	2.22		2531		
2006	2.17	-2.61	2487	-1.74	-3.03
2007	2.08	-4.09	2537	2.02	-6.53
2008	1.97	-5.00	2539	0.09	-5.66
2009	1.84	-6.97	2399	-5.55	-12.84
2010	1.77	-3.40	2445	2.01	-7.94
2011	1.37	-2.51	1984	2.02	-1.96
2012	1.32	-4.21	1899	-4.31	-8.10
2013	1.26	-4.56	1850	-2.57	-7.25
2014	1.19	-5.21	1734	-6.26	-7.02
2015	1.10	-7.46	1609	-7.20	-10.66
2016	1.00	-9.42	1457	-9.93	-12.40
2017	0.99	-0.75	1528	5.55	3.08

注：1. 2000-2004年地区生产总值按当年价格计算，2005—2010年地区生产总值按2005年可比价格计算，2011—2015年地区生产总值按2010年可比价格计算，2016—2017年地区生产总值按2015年可比价格计算。
2. 单位工业增加值能耗为规模以上工业口径。
3. 根据快报数进行的能耗核算。

a) GDP of 2000-2004 are calculated at current prices. GDP of 2005-2010 are calculated at 2005 constant prices. GDP of 2011-2015 is calculated at 2010 constant prices. GDP of 2016-2017 are calculated at 2015 constant prices.
b) The statistic caliber of consumption per unit of industrial value-added are the designated industrial added value.
c) Energy consumption accounting are according to the quick reports data.

9－11 能源加工转换效率
Efficiency of Energy Conversion

单位：%　　(%)

年份 Year	总效率 Total Efficiency	火力发电效率 Generation Efficiency of Thermal Power	炼焦 Coking	炼油 Petroleum Refining
2005	72.97	36.30	97.74	90.13
2006	73.11	36.78	84.54	91.67
2007	73.40	37.17	97.70	89.31
2008	72.81	37.29	94.76	93.25
2009	73.61	37.53	94.00	93.06
2010	70.60	38.42	86.70	94.88
2011	69.41	39.13	88.35	92.41
2012	70.08	39.44	87.88	93.60
2013	72.14	39.96	90.10	92.86
2014	72.55	39.94	91.01	93.22
2015	70.89	39.98	89.27	91.04
2016	70.99	40.11	92.86	91.56
2017	71.69	40.24	92.46	92.15

9－12 生活能源消费量
Average Annual Energy Consumption for Households

品　种	Item	2010	2015	2016	2017
合计(万吨标准煤)	**Total (10 000 tons of SCE)**	**532.20**	**732.49**	**804.77**	**845.72**
煤炭(万吨)	Coal (10 000 tons)	334.00	378.00	401.00	394.00
液化石油气(万吨)	Liquefied Petroleum Gas (10 000 tons)	5.72	8.50	10.30	10.30
焦炉煤气(亿立方米)	Coke Oven Gas (100 million cu.m)	0.15	0.16	0.20	0.20
天然气(亿立方米)	Natural Gas (100 million cu.m)	1.90	4.00	4.40	4.45
热力(万百万千焦)	Heat (10 billion kilo-joule)	1741.92	2260.00	2600.00	3133.00
电力(亿千瓦小时)	Electricity (100 million kw.h)	53.52	76.62	83.49	91.33

9－13 重点耗能企业单位产品能源消费
Energy Consumption of Per Unit of Product for Key Energy-consuming Enterprises

项　目	Item	2016	2017
吨原煤生产综合能耗(千克标准煤/吨)	Comprehensive Energy Consumption of Tonne Coal Production (kg of SCE/ton)	4.37	4.21
单位油气产量综合能耗(千克标准煤/吨)	Comprehensive Energy Consumption of Unit Oil and Gas Output (kg of SCE/ton)	65.63	54.83
铁矿选矿工序单位能耗(千克标准煤/吨)	Unit Energy Consumption of Iron Ore Beneficiation Process (kg of SCE/ton)	11.51	14.42
炼焦工序单位能耗(千克标准煤/吨)	Unit Energy Consumption of Coking Process (kg of SCE/ton)	133.18	128.61
原油加工单位综合能耗(千克标准油/吨)	Unit Comprehensive Energy Consumption of Crude Oil Processing (kg of Standard Oil Equivalent/ton)	68.60	66.27
单位纯碱生产能耗(千克标准煤/吨)	Energy Consumption of Unit Soda Ash Production(kg of SCE/ton)	214.00	213.00
单位电石生产综合能耗(千克标准煤/吨)	Comprehensive Energy Consumption of Unit Calcium Carbide Production (kg of SCE/ton)	997.07	985.13
单位乙烯生产综合能耗(千克标准煤/吨)	Comprehensive Energy Consumption of Unit Ethylene Production (kg of SCE/ton)	921.83	891.56
单位合成氨生产综合能耗(千克标准煤/吨)	Comprehensive Energy Consumption of Unit Synthetic Ammonia Production (kg of SCE/ton)	1438.53	1268.66
吨水泥综合能耗(千克标准煤/吨)	Comprehensive Energy Consumption of Tonne Cement (kg of SCE/ton)	94.45	95.22
吨钢综合能耗(千克标准煤/吨)	Comprehensive Energy Consumption of Tonne Rolled Steel (kg of SCE/ton)	638.33	639.62
单位粗铜综合能耗(千克标准煤/吨)	Comprehensive Energy Consumption of Unit Blister Copper (kg of SCE/ton)	175.98	170.96
单位铜精炼综合能耗(千克标准煤/吨)	Comprehensive Energy Consumption of Unit Copper Refining (kg of SCE/ton)	164.95	173.45
单位铜冶炼综合能耗(千克标准煤/吨)	Comprehensive Energy Consumption of Unit Copper Smelting (kg of SCE/ton)	493.86	491.07
单位电解铝综合能耗(千克标准煤/吨)	Comprehensive Energy Consumption of Unit Electrolytic Aluminum (kg of SCE/ton)	1712.86	1702.65
单位粗铅综合能耗(千克标准煤/吨)	Comprehensive Energy Consumption of Unit Crude Lead (kg of SCE/ton)	264.42	272.79
单位铅冶炼综合能耗(千克标准煤/吨)	Comprehensive Energy Consumption of Unit Lead Smelting (kg of SCE/ton)	505.13	446.87
蒸馏锌综合标准煤耗单耗(千克标准煤/吨)	Comprehensive Standard Coal Consumption Unit Consumption of Distillation Zinc (kg of SCE/ton)	1884.57	1844.27
单位精锌(电锌)综合能耗(千克标准煤/吨)	Comprehensive Energy Consumption of Unit Refined Zinc (Electrolytic Zinc) (kg of SCE/ton)	666.50	631.53
电厂火力发电标准煤耗(克标准煤/千瓦时)	Standard Coal Consumption of Thermal Power of Power Plant (g of SCE/ton)	305.17	306.14

9-14 平均每天能源消费量
Average Daily Energy Consumption by Type of Energy

品　种	Item	2010	2015	2016	2017
合计(万吨标准煤)	**Total (10 000 tons of SCE)**	**15.97**	**20.61**	**20.09**	**20.65**
煤炭(万吨)	Coal (10 000 tons)	14.53	17.96	17.47	17.43
焦炭(万吨)	Coke (10 000 tons)	1.48	1.68	1.50	1.38
原油(万吨)	Crude Oil (10 000 tons)	3.84	3.96	3.75	4.00
燃料油(万吨)	Fuel Oil (10 000 tons)	0.04	0.01	0.01	0.01
汽油(万吨)	Gasoline (10 000 tons)	0.24	0.43	0.55	0.57
煤油(万吨)	Kerosene (10 000 tons)	0.01	0.02	0.02	0.02
柴油(万吨)	Diesel Oil (10 000 tons)	0.76	0.92	0.84	0.82
天然气(亿立方米)	Natural Gas (100 million cu.m)	0.04	0.07	0.07	0.08
电力(亿千瓦小时)	Electricity (100 million kw.h)	2.20	3.01	2.92	3.19

9-15 人均生活能源消费量
Annual per Capita Energy Consumption of Households

年　份 Year	平均每人生活消费能源(千克标准煤) Annual per Capita Consumption for Households (kg of SCE)	#煤炭(千克) Coal (kg)	#电力(千瓦小时) Electricity (kw.h)	#液化石油气(千克) Liquefied Petroleum Gas (kg)	#天然气(立方米) Natrual Gas (cu.m)	#煤气(立方米) Coal Gas (cu.m)
2000	164.00	155.00	84.01	2.09		
2001	174.00	151.79	88.31	1.60	0.23	
2002	156.35	150.24	89.49	1.50	0.73	
2003	171.80	148.50	91.34	1.62	0.96	
2004	169.00	146.53	105.29	1.61	1.11	
2005	184.27	155.59	127.63	1.93	1.57	1.53
2006	186.52	156.71	132.32	1.96	2.75	1.61
2007	198.63	159.77	142.49	1.96	2.83	1.73
2008	210.48	169.84	159.36	2.14	2.98	2.27
2009	228.12	172.16	181.48	2.16	3.06	2.86
2010	208.49	130.60	209.27	2.24	7.43	0.59
2011	227.93	125.44	243.75	2.25	10.93	0.59
2012	243.91	131.59	256.72	2.42	11.86	0.58
2013	249.16	132.41	267.73	2.45	13.76	0.62
2014	256.11	133.58	282.51	2.47	13.92	0.62
2015	282.25	145.66	295.24	3.23	15.41	0.62
2016	308.96	153.95	320.53	3.95	16.89	0.77
2017	323.06	150.51	348.88	3.93	17.00	0.76

注:计算消费量所使用的人口数为平均人口数。

a) Data in the table are calculated with the data on the annual average population.

主要统计指标解释

能源生产总量 指一定时期内，本地区一次能源生产量的总和。该指标是观察能源生产水平、规模、构成和发展速度的总量指标。一次能源生产量包括原煤、原油、天然气、水电、核电及其它动力能（如风能、太阳能、地热能等）发电量。

能源消费总量 指一定地域内，国民经济各行业和居民家庭在一定时间消费的各种能源的总和。包括：原煤、原油、天然气、水能、核能、风能、太阳能、地热能、生物质能等一次能源；一次能源通过加工转换产生的洗煤、焦炭、煤气、电力、热力、成品油等二次能源和同时产生的其他产品；其他化石能源、可再生能源和新能源。其中水能、风能、太阳能、地热能、生物质能等可再生能源，是指人们通过一定技术手段获得的，并作为商品能源使用的部分。在核算过程中，一次能源、二次能源消费不能重复计算。能源消费总量分为终端能源消费量、能源加工转换损失量和能源损失量三部分。

（1）终端能源消费量：指一定时期内，本地区生产和生活消费的各种能源在扣除了用于加工转换二次能源消费量和损失量以后的数量。

（2）能源加工转换损失量：指一定时期内，本地区投入加工转换的各种能源数量之和与产出各种能源产品之和的差额。该指标是观察能源在加工转换过程中损失量变化的指标。

（3）能源损失量：指一定时期内，能源在输送、分配、储存过程中发生的损失和由客观原因造成的各种损失量，不包括各种气体能源放空、放散量。

能源生产弹性系数 是研究能源生产增长速度与生产总值增长速度之间关系的指标。计算公式：

$$\text{能源生产弹性系数}=\frac{\text{能源生产总量年平均增长速度}}{\text{国内（地区）生产总值年平均增长速度}}$$

电力生产弹性系数 是研究电力生产增长速度与生产总值增长速度之间关系的指标。一般来说，电力的发展应当快于国民经济的发展，也就是说电力应超前发展。计算公式为：

$$\text{电力生产弹性系数}=\frac{\text{电力生产量年平均增长速度}}{\text{国内（地区）生产总值年平均增长速度}}$$

能源消费弹性系数 反映能源消费增长速度与生产总值增长速度之间比例关系的指标。计算公式为：

$$\text{能源消费弹性系数}=\frac{\text{能源消费量年平均增长速度}}{\text{国内（地区）生产总值年平均增长速度}}$$

电力消费弹性系数 反映电力消费增长速度与生产总值增长速度之间比例关系的指标。计算公式为：

$$\text{电力消费弹性系数}=\frac{\text{电力消费量年平均增长速度}}{\text{国内（地区）生产总值年平均增长速度}}$$

能源加工转换效率 指一定时期内，能源经过加工、转换后，产出的各种能源产品的数量与同期内投入加工转换的各种能源数量的比率。该指标是观察能源加工转换装置和生产工艺先进与落后、管理水平高低等的重要指标。计算公式为：

$$\text{能源加工转换效率}=\frac{\text{能源加工转换产出量}}{\text{能源加工转换投入量}}\times 100\%$$

单位生产总值能耗 指一定时期内，一个国家（地区）每生产一个单位的国内（地区）生产总值所消耗的能源。计算公式为：

$$\text{单位生产总值能耗}=\frac{\text{能源消费总量}}{\text{国内（地区）生产总值}}$$

单位生产总值电耗 指一定时期内，一个国家（地区）每生产一个单位的国内（地区）生产总值所消耗的电力。计算公式为：

$$\text{单位生产总值电耗}=\frac{\text{全社会用电量}}{\text{国内（地区）生产总值}}$$

单位工业增加值能耗 指一定时期内，一个国家（地区）每生产一个单位的工业增加值所消耗的能源。

10

固定资产投资

Investment in Fixed Assets

简要说明

一、本篇资料主要内容

本篇资料主要内容包括：固定资产投资及其主要分组，分地区500万元及以上项目个数、新增固定资产、施工和竣工房屋面积、投资增速、投资效率以及500万元及以上项目能源工业投资情况，房地产开发企业基本情况等。

二、本篇资料的统计范围

固定资产投资的统计范围包括：500万元及以上固定资产投资项目投资（不含军工、国防、人防建设项目）和房地产开发投资。自1997年起，除房地产开发投资、非农户投资、农户投资及城镇和工矿区私人建房投资外，固定资产投资的统计起点由5万元提高到50万元；自2006年起，非农户固定资产投资统计改为按项目统计，调查方法由抽样调查改为全面统计报表，起点提高到50万元，城镇和工矿区私人建房投资改为按项目统计，起点为50万元；自2011年起，提高固定资产投资统计起点标准，从计划总投资额50万元提高到500万元，投资统计的范围从城镇扩大到农村企事业组织，并将这一统计范围定义为"固定资产投资（不含农户）"。

三、本篇资料来源

本篇资料由省统计局固定资产投资处汇总、加工整理。

10-1 固定资产投资增长速度

Growth Rate of Investment in Fixed Assets

单位：%　　(%)

指　标	Item	2018年比2017年增长 (%) Growth Rate in 2018 over 2017 (%)
固定资产投资	**Investment in Fixed Assets**	**-3.90**
项目投资	Project Investment	-10.27
房地产开发	Real Estate Development	18.20
按隶属关系分	**By Subordination**	
中央项目	Central	-14.26
地方项目	Local	-3.48
按构成分	**Group by Structure**	
建筑安装工程	Construction and Installation	-7.16
设备工具器具购置	Purchase of Equipment and Instruments	3.43
其他费用	Others	17.67
按产业分	**By Industry**	
第一产业	Primary Industry	18.76
第二产业	Secondary Industry	-10.80
第三产业	Tertiary Industry	-3.56
本年实际到位资金	**Actual Funds This Year**	**-2.01**
国家预算资金	State Budget	-6.18
国内贷款	Domestic Loans	-18.44
债券	Bonds	275.72
利用外资	Foreign Investment	1617.48
自筹资金	Self-raising Funds	-3.28
其他资金	Others	12.59

注：1. 因2018年国家方法制度有所调整，2018年增速按可比口径计算，以下各表同。
2. 本年到位资金及分项指标统计范围为计划总投资5000万元及以上项目和房地产开发投资本年到位资金合计，以下各表同。

a) Due to the adjustment of the national method system in 2018, the growth rate in 2018 is calculated on comparable coverage. The same applies to the tables following.

b) The statistic scope of actual funds and their sub-indicators for investment in this year covers total actual funds this-year for projects and real estate development with total investment of 50 million yuan or more. The same applies to the tables following.

10 - 1 续表 continued

单位：%　　　(%)

指　标	Item	2018 年比 2017 年增长 (%) Growth Rate in 2018 over 2017 (%)
按登记注册类型分	**By Registration Categories**	
内资	Domestic Funded Enterprises	-4.11
国有	State-owned Enterprises	-12.43
集体	Collective-owned Enterprises	-42.25
股份合作	Cooperative Enterprises	135.35
联营企业	Joint Ownership Enterprises	-95.71
国有联营	State Joint Ownership Enterprises	-96.70
集体联营	Collective Joint Ownership Enterprises	-59.68
国有与集体联营	Joint State-collective Enterprises	-67.63
其他联营	Other Joint Ownership Enterprises	
有限责任公司	Limited Liability Corporations	-1.83
国有独资公司	State Sole Funded Corporations	21.74
其他有限责任公司	Other Limited Liability Corporations	-9.91
股份有限公司	Share-holding Corporations Limited	16.99
私营	Private Enterprises	7.63
其他	Other Enterprises	-20.94
港澳台商投资	Enterprises with Funds from Hong Kong, Macao and Taiwan	80.91
外商投资经济	Foreign Funded Enterprises	16.18
个体经营	Individual Management	186.56
房屋建筑面积	**Floor Space of Buildings**	
施工面积	Floor Space under Construction	-7.67
#住宅	Residential Buildings	-1.17
竣工面积	Floor Space Completed	-31.63
#住宅	Residential Buildings	-24.69

10－2 历年固定资产投资增长速度
Growth Rate of Investment in Fixed Assets

单位：%　　　　(%)

指标 Item	固定资产投资 Investment in Fixed Assets	国有经济 State-owned Units	集体经济 Collective-owned Units	个体经济 Individual Ecomomy	其他经济 Others
1979	20.63	20.45	62.28		
1980	12.74	12.68	22.02		
1981	11.52	-6.63	855.64		
1982	11.23	13.84	40.58	-21.81	
1983	20.53	22.90	-14.22	24.92	
1984	29.62	21.73	86.04	79.12	
1985	38.32	29.99	131.05	41.17	
1986	19.26	19.70	1.05	34.53	
1987	18.51	23.47	-22.15	20.01	
1988	24.29	22.43	53.19	21.37	
1989	-14.02	-13.51	-30.15	-7.24	
1990	15.93	21.20	-8.12	-2.67	
1991	15.57	15.75	13.73	15.13	
1992	24.11	25.83	27.85	10.39	
1993	43.41	33.37	218.81	36.75	
1994	30.28	30.80	-29.94	11.90	
1995	22.39	25.11	-22.34	29.63	22.89
1996	10.36	-1.73	64.72	22.45	109.94
1997	23.07	20.88	6.94	61.73	11.89
1998	25.20	20.77	23.21	44.53	31.01
1999	16.03	13.88	39.59	2.15	36.44
2000	14.91	16.20	18.58	4.56	17.17
2001	14.52	13.65	2.26	4.02	33.26
2002	13.93	13.09	25.25	-9.53	29.42
2003	13.76	6.56	16.44	-0.09	45.09
2004	15.41	15.07	20.25	5.08	18.40
2005	15.68	9.01	16.86	0.96	36.57
2006	17.19	11.14	-56.51	15.44	46.84
2007	27.86	23.33	91.28	7.59	33.91
2008	32.47	37.31	10.59	44.95	26.05
2009	42.85	48.85	17.70	28.07	38.06
2010	36.24	36.54	13.39	-10.91	44.20
2011	40.16	14.42	100.97	-87.57	43.92
2012	30.20	6.67	19.35	104.13	37.43
2013	27.11	31.39	42.63	-82.31	23.14
2014	21.11	13.24	53.62	287.15	26.20
2015	11.17	12.27	-4.68	26.09	11.64
2016	10.52	16.85	-51.20	0.55	9.83
2017	-40.25	-43.80	-70.16	-64.53	-35.48
2018	-3.90	-5.88	-18.31	186.56	-2.26

注：本表国有经济为大口径，含国有、国有联营和国有独资公司；集体经济为大口径，含集体、集体联营和股份合作。

a) Data of state-owned units in this table are based on wide coverage, including state-owned, state joint ownership and state sole funded corporations; collective-owned enterprises are based on wide coverage, including collective-owned enterprises, collective joint ownership enterprises and cooperative enterprises.

10-3 项目固定资产投资增长速度
Growth Rate of Investment in Fixed Assets of Project (Excluding Investment in Real Estate Development)

单位：% (%)

指 标	Item	2018
投资额	**Total Investment**	**-10.27**
按隶属关系分	**By Subordination**	
中央	Central	-8.04
地方	Local	-10.38
按构成分	**By Structure**	
建筑安装工程	Construction and Installation	-11.42
设备工具器具购置	Purchase of Equipment and Instruments	1.58
其他费用	Others	-11.80
按产业分	**By Industry**	
第一产业	Primary Industry	18.76
第二产业	Secondary Industry	-10.80
#工业	Industry	-10.90
第三产业	Tertiary Industry	-12.00
本年实际到位资金	**Actual Funds This Year**	**-3.46**
国家预算内资金	State Budgetary Appropriation	-6.18
国内贷款	Domestic Loans	-5.53
债券	Bonds	275.72
利用外资	Foreign Investment	1617.48
自筹资金	Self-raising Funds	-6.60
其他资金	Others	-1.97

10－3 续表 continued

单位：% (%)

指　　标	Item	2018
按登记注册类型分	**By Registration Categories**	
内资	Domestic Funded Enterprises	－10.48
国有	State-owned Enterprises	－12.19
集体	Collective-owned Enterprises	－41.94
股份合作	Cooperative Enterprises	138.96
联营企业	Joint Ownership Enterprises	－95.71
国有联营	State Joint Ownership Enterprises	－96.70
集体联营	Collective Joint Ownership Enterprises	－59.68
国有与集体联营	Joint State-collective Enterprises	－67.63
其他联营	Other Joint Ownership Enterprises	
有限责任公司	Limited Liability Corporations	－5.43
国有独资公司	State Sole Funded Corporations	7.36
其他有限责任公司	Other Limited Liability Corporations	－11.51
股份有限公司	Share-holding Corporations Limited	2.32
私营	Private Enterprises	－14.63
其他	Other Enterprises	－20.88
港澳台商投资	Enterprises with Funds from Hong Kong ,Macao and Taiwan	31.80
外商投资经济	Foreign Funded Enterprises	－9.99
个体经营	Individual Management	186.56
房屋建筑面积	**Floor Space of Buildings**	
施工面积	Floor Space under Construction	－44.81
#住宅	Residential Buildings	－29.09
竣工面积	Floor Space Completed	－64.04
#住宅	Residential Buildings	－55.89

10-4 按行业分项目固定资产投资增长速度
Growth Rate of Investment in Fixed Assets of Project by Sector

单位：%　　　　(%)

指　　标	Item	2018
甘肃省	**Gansu**	**-10.27**
农、林、牧、渔业	Agriculture, Forestry, Animal Husbandry and Fishery	18.76
采矿业	Mining	48.84
制造业	Manufacturing	-13.39
电力、热力、燃气及水的生产和供应业	Production and Supply of Electricity, Heat, Gas and Water	-19.08
建筑业	Construction	7.97
批发和零售业	Wholesale and Retail Trades	-25.67
交通运输、仓储和邮政业	Transport, Storage and Post	-16.99
住宿和餐饮业	Hotels and Catering Services	-34.11
信息传输、软件和信息技术服务业	Information Transmission, Software and Information Technology Services	42.01
金融业	Financial Intermediation	-32.18
房地产业	Real Estate	-9.34
租赁和商务服务业	Leasing and Business Services	14.36
科学研究和技术服务业	Scientific Research and Technical Services	-41.14
水利、环境和公共设施管理业	Management of Water Conservancy, Environment and Public Facilities	-10.16
居民服务、修理和其他服务业	Service to households, Repair and Other Services	-52.59
教育	Education	-9.92
卫生和社会工作	Health and Social Work	-6.73
文化、体育和娱乐业	Culture, Sports and Entertainment	7.45
公共管理、社会保障和社会组织	Public Management, Social Security and Social Organization	5.69
国际组织	International Organizations	

10-5 按行业、建设性质分项目固定资产投资增长情况(2018)
Growth Rate of Investment in Fixed Assets of Project by Secter and Type of Construction(2018)

单位：%　　(%)

行　业	Sector	投资额 Total Investment	#新建 New Construction	#扩建 Expansion	#改建和技术改造 Reconstruction and Technical Transformation
甘肃省	**Gansu**	**-10.27**	**-9.16**	**-34.46**	**-13.35**
农、林、牧、渔业	Agriculture, Forestry, Animal Husbandry and Fishery	18.76	18.65	-4.16	-28.45
采矿业	Mining	48.84	71.86	46.00	-7.18
制造业	Manufacturing	-13.39	-14.17	-43.83	12.40
电力、热力、燃气及水的生产和供应业	Production and Supply of Electricity, Heat, Gas and Water	-19.08	-21.72	-23.06	70.12
建筑业	Construction	7.97	73.11		
批发和零售业	Wholesale and Retail Trades	-25.67	-30.45	-21.21	-34.38
交通运输、仓储和邮政业	Transport, Storage and Post	-16.99	-11.13	-40.12	-37.40
住宿和餐饮业	Hotels and Catering Services	-34.11	-38.56	81.60	12.77
信息传输、软件和信息技术服务业	Information Transmission, Software and Information Technology Services	42.01	38.98	-28.55	19.63
金融业	Financial Intermediation	-32.18	19.18		-74.04
房地产业	Real Estate	-9.34	-9.38	-70.87	44.01
租赁和商务服务业	Leasing and Business Services	14.36	12.51	202.35	-95.29
科学研究和技术服务业	Scientific Research and Technical Services	-41.14	-51.87	-31.66	32.62
水利、环境和公共设施管理业	Management of Water Conservancy, Environment and Public Facilities	-10.16	-9.30	-49.98	-3.12
居民服务、修理和其他服务业	Service to households, Repair and Other Services	-52.59	-49.29	-78.09	
教育	Education	-9.92	-11.33	-46.06	30.07
卫生和社会工作	Health and Social Work	-6.73	-12.28	-11.04	-56.00
文化、体育和娱乐业	Culture, Sports and Entertainment	7.45	9.11	19.13	-9.40
公共管理、社会保障和社会组织	Public Management, Social Security and Social Organization	5.69	4.05	70.15	-65.36
国际组织	International Organizations				

注：本表数据不含房地产开发投资。
a) Data in this table do not include real estate development.

10-6 按行业、构成分项目固定资产投资增长情况(2018)
Growth Rate of Investment in Fixed Assets of Projects by Secter and Structure (2018)

单位:% (%)

项　目	Item	投资额 Total Investment	建筑安装工程 Construction and Installation	设备工器具购置 purchase of Equipment and Instruments	其他 Others
甘肃省	**Gansu**	**-10.27**	**-11.42**	**1.58**	**-11.80**
农、林、牧、渔业	Agriculture, Forestry, Animal Husbandry and Fishery	18.76	13.22	94.39	26.20
采矿业	Mining	48.84	65.40	61.07	-28.83
制造业	Manufacturing	-13.39	-22.43	2.72	30.94
电力、热力、燃气及水的生产和供应业	Production and Supply of Electricity, Heat, Gas and Water	-19.08	-14.81	-32.38	25.97
建筑业	Construction	7.97	101.37	-69.52	-40.15
批发和零售业	Wholesale and Retail Trades	-25.67	-34.04	68.91	-3.69
交通运输、仓储和邮政业	Transport, Storage and Post	-16.99	-12.29	-16.93	-44.39
住宿和餐饮业	Hotels and Catering Services	-34.11	-29.67	-58.48	-58.76
信息传输、软件和信息技术服务业	Information Transmission, Software and Information Technology Services	42.01	11.44	102.61	85.06
金融业	Financial Intermediation	-32.18	-24.61	-41.61	79.69
房地产业	Real Estate	-9.34	-16.87	81.09	132.52
租赁和商务服务业	Leasing and Business Services	14.36	24.42	-67.37	-52.35
科学研究和技术服务业	Scientific Research and Technical Services	-41.14	-51.60	12.51	-32.44
水利、环境和公共设施管理业	Management of Water Conservancy, Environment and Public Facilities	-10.16	-10.33	20.72	-18.57
居民服务、修理和其他服务业	Service to households, Repair and Other Services	-52.59	-56.39	-62.07	43.83
教育	Education	-9.92	-16.82	87.36	45.73
卫生和社会工作	Health and Social Work	-6.73	-21.08	104.78	170.69
文化、体育和娱乐业	Culture, Sports and Entertainment	7.45	7.27	-44.39	140.71
公共管理、社会保障和社会组织	Public Management, Social Security and Social Organization	5.69	4.85	63.08	-47.37
国际组织	International Organizations				

注:本表数据不含房地产开发投资。
a) Data in this table do not include real estate development.

10-7 按行业分项目固定资产投资个数及项目新增固定资产增长情况(2018)
Number of Investment in Fixed Assets of Projects and Growth Rate of Newly Increased Fixed Assets of Projects by Secter (2018)

行业	Sector	施工项目（个）Number of Projects under Construction (unit)	全部建成投产项目（个）Number of Projects Completed and Put into Use (unit)	项目建成投产率（%）Rate of Projects Completed and Put into Use (%)	新增固定资产增长（%）Growth Rate of Newly Increased Fixed Assets (%)
甘肃省	**Gansu**	**9166**	**4482**	**48.90**	**-64.19**
农、林、牧、渔业	Agriculture, Forestry, Animal Husbandry and Fishery	900	495	55.00	-71.34
采矿业	Mining	152	90	59.21	-2.30
制造业	Manufacturing	903	426	47.18	-56.44
电力、热力、燃气及水的生产和供应业	Production and Supply of Electricity, Heat, Gas and Water	591	261	44.16	-70.37
建筑业	Construction	28	18	64.29	-41.92
批发和零售业	Wholesale and Retail Trades	207	116	56.04	-45.22
交通运输、仓储和邮政业	Transport, Storage and Post	1176	509	43.28	-65.05
住宿和餐饮业	Hotels and Catering Services	127	75	59.06	-63.27
信息传输、软件和信息技术服务业	Information Transmission, Software and Information Technology Services	125	84	67.20	-73.22
金融业	Financial Intermediation	16	12	75.00	-65.47
房地产业	Real Estate	745	350	46.98	-46.40
租赁和商务服务业	Leasing and Business Services	90	36	40.00	-0.50
科学研究和技术服务业	Scientific Research and Technical Services	68	36	52.94	-55.29
水利、环境和公共设施管理业	Management of Water Conservancy, Environment and Public Facilities	2417	1254	51.88	-77.02
居民服务、修理和其他服务业	Service to households, Repair and Other Services	45	22	48.89	-74.96
教育	Education	543	243	44.75	-88.06
卫生和社会工作	Health and Social Work	310	131	42.26	-56.04
文化、体育和娱乐业	Culture, Sports and Entertainment	336	153	45.54	-70.10
公共管理、社会保障和社会组织	Public Management, Social Security and Social Organization	387	171	44.19	-49.87
国际组织	International Organizations				

注：新增固定资产范围为计划总投资5000万元及以上项目。

a) The statistic scope of newly increased fixed assets in 2018 covers projects with total planned investment of 50 million yuan or more.

10-8 各地区固定资产投资增长情况(2018)
Growth Rate of Investment in Fixed Assets by Region (2018)

单位：% (%)

地　区	Region	固定资产投资额 Investment in Fixed Assets	项目投资 Project Investment	房地产开发投资 Investment in Real Estate Development	亿元及以上项目投资额 Total Investment	施工项目计划总投资 Total Planned Investment of Projects under Construction	新开工项目计划总投资 Total Planned Investment of Newly Started Projects
甘肃省	**Gansu**	**-3.90**	**-10.27**	**18.20**	**-7.62**	**-1.17**	**-26.00**
兰州市	Lanzhou	12.11	-1.34	35.74	-1.37	-3.66	-37.78
嘉峪关市	Jiayuguan	-19.19	-5.88	-39.25	-7.53	-34.98	21.10
金昌市	Jinchang	11.52	30.29	-55.33	18.60	4.31	10.67
白银市	Baiyin	-20.81	-25.54	6.46	8.01	-10.27	-43.28
天水市	Tianshui	-1.59	-13.14	59.98	3.25	3.75	-43.62
武威市	Wuwei	-21.01	-19.92	-24.41	-35.90	-12.26	4.84
张掖市	Zhangye	12.12	12.22	11.84	24.09	25.28	24.86
平凉市	Pingliang	-17.86	-22.46	-3.64	-4.77	-13.71	-75.84
酒泉市	Jiuquan	7.17	5.63	21.38	6.21	8.98	-20.65
庆阳市	Qingyang	-21.93	-26.79	4.94	-23.28	-5.32	-19.28
定西市	Dingxi	15.05	17.31	8.37	-26.14	44.78	58.05
陇南市	Longnan	-37.95	-38.40	-28.99	-32.65	4.43	-43.89
临夏州	Linxia	-11.09	-15.17	6.97	-23.79	-21.03	-51.57
甘南州	Gannan	-6.75	-8.81	27.95	-3.53	12.36	31.51
省　直	Provincial Directly Belonged	-34.53	-34.53		-37.19	-18.70	-84.34

10-9 各地区项目固定资产投资个数及项目新增固定资产增长情况(2018)
Number of Projects of Investment in Fixed Assets and Growth Rate of Newly Increased Fixed Assets of Project by Region (2018)

地　区	Region	施工项目(个) Number of Projects under Construction (unit)	全部建成投产项目(个) Number of Projects Completed and Put into Use (unit)	项目建成投产率(%) Rate of Projects Completed and Put into Use (%)	新增固定资产增长(%) Growth Rate of Newly Increased Fixed Assets (%)	固定资产交付使用率(%) Rate of Projects of Fixed Assets Completed and Put into Use (%)
甘肃省	**Gansu**	**9166**	**4482**	**48.90**	**-64.19**	**20.52**
兰州市	Lanzhou	1382	681	49.28	-56.63	17.08
嘉峪关市	Jiayuguan	187	14	7.49	-3.86	11.93
金昌市	Jinchang	322	121	37.58	-57.20	17.08
白银市	Baiyin	368	108	29.35	-55.45	37.92
天水市	Tianshui	879	535	60.86	-56.35	30.95
武威市	Wuwei	638	173	27.12	-62.32	17.64
张掖市	Zhangye	529	331	62.57	-35.25	29.86
平凉市	Pingliang	400	112	28.00	-82.21	10.76
酒泉市	Jiuquan	1024	592	57.81	-54.29	30.12
庆阳市	Qingyang	596	353	59.23	-74.91	16.00
定西市	Dingxi	774	206	26.61	-23.10	18.31
陇南市	Longnan	801	482	60.17	-89.94	10.24
临夏州	Linxia	377	148	39.26	-76.09	17.56
甘南州	Gannan	880	619	70.34	-81.65	16.10
省　直	Provincial Directly Belonged	9	7	77.78		

10－10 各地区项目施工、竣工房屋建筑面积(2018)

Floor Space of Projects under Construction and Buildings Completed by Region (2018)

地 区	Region	施工房屋建筑面积 (万平方米) Floor Space of Buildings under Construction (10 000 sq.m)	#住宅 Residential Buildings	竣工房屋建筑面积 (万平方米) Floor Space of Buildings Completed (10 000 sq.m)	#住宅 Residential Buildings
甘肃省	**Gansu**	**1451.41**	**383.09**	**191.51**	**45.51**
兰州市	Lanzhou	689.84	168.26	42.46	5.61
嘉峪关市	Jiayuguan	13.29	2.07	4.46	2.07
金昌市	Jinchang	41.16	25.82	5.78	
白银市	Baiyin	48.98	22.31	13.73	6.36
天水市	Tianshui	152.54	44.05	63.13	20.32
武威市	Wuwei	75.72	12.95	6.00	2.40
张掖市	Zhangye	51.01	0.05	0.75	0.05
平凉市	Pingliang	32.40	5.89	1.89	0.01
酒泉市	Jiuquan	73.29	7.78	39.21	5.90
庆阳市	Qingyang	53.02	28.53	5.36	2.44
定西市	Dingxi	123.36	38.57	5.81	0.35
陇南市	Longnan	42.46	5.29	2.92	
临夏州	Linxia	46.39	21.53		
甘南州	Gannan	7.93			

注：本表数据中不包括房地产开发投资实物面积。
a) Data in this table are not include area in kind of Real estate development investmentthis.

10－11 各地区能源工业投资增长情况(2018)

Growth Rate of Investment in Energy Industry by Region (2018)

单位：% (%)

地 区	Region	合计 Total	煤炭开采及洗选业 Mining and Washing of Coal	石油及天然气开采业 Extraction of Petroleum and Natural Gas	石油加工、炼焦及核燃料加工业 Processing of Petroleum, Coking, Processing of Nucleus Fuel	电力、热力、燃气生产和供应业 Production and Supply of Electricity, Heat, Gas
甘肃省	**Gansu**	**－9.90**	**61.15**	**－30.44**	**87.55**	**－19.08**
兰州市	Lanzhou	－21.94	12.51		20.77	－30.98
嘉峪关市	Jiayuguan	－4.52			167.52	－50.75
金昌市	Jinchang	30.47	－75.75			25.65
白银市	Baiyin	－2.92	122.82		－100.00	－31.99
天水市	Tianshui	－25.35			－97.78	－24.36
武威市	Wuwei	－44.68	－67.64			－48.67
张掖市	Zhangye	－8.67			－56.66	5.85
平凉市	Pingliang	62.20	81.96	100.00	－6.57	54.06
酒泉市	Jiuquan	1.81		－34.61	226.28	1.24
庆阳市	Qingyang	8.82	59.99	197.10		－33.56
定西市	Dingxi	18.64				15.32
陇南市	Longnan	－49.40				－49.40
临夏州	Linxia	－26.06				－26.06
甘南州	Gannan	－5.85				－6.83
省 直	Provincial Directly Belonged	－98.87				－98.87

10-12 房地产开发企业基本情况
Basic Conditions of Enterprises for Real Estate Development

单位：亿元 (100 million yuan)

指 标	Item	2010	2015	2017	2018
开发企业个数(个)	Number of Enterprises (unit)	1185	1533	1716	1668
内资	Domestic Funded	1158	1515	1701	1656
#国有	State-owned Enterprises	60	46	53	55
集体	Collective-owned Enterprises	24	14	7	7
港澳台投资经济	Funded by Entrepreneurs from Hong Kong, Macao and Taiwan	16	12	11	8
外商投资经济	Foreign Funded	11	6	4	4
资产总计	Total Assets	866.84	3671.57	5147.00	5829.11
固定资产累计折旧	Accumulated Depreciation of Fixed Assets	13.39	29.64	35.15	42.31
#本年折旧	Depreciation This Year	1.97	4.97	6.86	9.51
负债合计	Total Liabilities	639.29	3045.91	4269.40	4963.89
所有者权益合计	Owners' Equity	227.55	625.66	877.60	864.87
#实收资本合计	Total Paid-in Capital	146.75	375.41	503.59	515.36
资产负债率(%)	Ratio of Debts to Assets(%)	73.75	82.96	82.95	85.16
主营业务收入	Revenue from Principal Business	190.68	533.77	733.00	779.90
土地转让收入	Land Transferred	1.14	1.38	1.73	4.58
商品房屋销售收入	Commercial Houses Sold	180.89	511.88	715.27	756.42
自持物业收入	Houses Leased Self-sustained	3.90	4.79	9.20	7.54
其他收入	Others	4.75	15.72	6.80	11.36
营业税金及附加	Business Taxes and Surcharges	13.78	42.58	33.27	33.73
营业利润	Business Profits	11.12	30.26	62.05	65.29
利润总额	Total Profits	10.09	29.52	62.18	63.42
本年购置土地面积(万平方米)	Land Space Purchased This Year (10 000sq.m)	286.71	239.72	111.04	180.98
竣工房屋造价(元/平方米)	Cost of Buildings Completed (yuan/sq.m)	1828	2442	2789	2400

注：营业税金及附加：2010 年为主营业务税金及附加；2011 年以后为营业税金及附加。
a) Business Taxes and Surcharges: 2010 are main business taxes and surcharges, since 2011, are the business tax and surcharges.

10-13 房地产开发投资完成情况
The Completion of Real Estate Development Investment

指标	Item	2010	2015	2017	2018
房地产开发投资(亿元)	**Real Estate Development Investment (100million yuan)**	**266.41**	**768.06**	**944.52**	**1116.39**
#地方	Local	263.69	763.27	927.99	1111.61
按构成分	**Group by Structure**				
建筑工程	Construction	190.26	578.25	639.79	696.14
安装工程	Installation	17.80	100.25	147.00	149.41
设备工器具购置	Purchase of Equipment and Instruments	1.86	11.17	13.06	18.97
其他费用	Others	56.49	78.39	144.67	251.87
按工程用途分	**By Purpose**				
住宅	Residential Buildings	187.93	526.56	601.25	672.35
办公楼	Office Buildings	5.61	28.01	57.32	55.61
商业营业用房	Houses for Business Use	27.02	162.05	197.20	211.36
其他	Others	45.85	51.44	88.74	177.08
本年实际到位资金	**Actual Funds This Year**	**317.57**	**939.65**	**1158.01**	**1158.74**
国内贷款	Domestic Loans	56.60	153.02	227.04	131.91
利用外资	Foreign Investment				
自筹资金	Self-raising Funds	132.80	429.93	436.04	448.07
其他	Others	128.17	356.70	494.93	578.76
新增固定资产(亿元)	**Newly Increased Fixed Assets(100million yuan)**	**143.35**	**324.46**	**289.98**	**237.18**
#地方	Local	143.35	324.18	289.98	237.17
房屋施工面积(万平方米)	**Floor Space of Buildings under Construction(10 000 sq.m)**	**3130.40**	**8586.18**	**9153.46**	**9428.51**
房屋竣工面积(万平方米)	**Floor Space of Buildings Completed (10 000 sq.m)**	**598.66**	**962.24**	**847.91**	**752.34**
商品房屋销售面积(万平方米)	**Floor Space of Commercialized Buildings Sold(10 000 sq.m)**	**756.51**	**1434.96**	**1559.51**	**1595.65**
#住宅	Residential Buildings	692.07	1307.48	1386.04	1437.95
商品房屋销售额(亿元)	**Total Sales of Commercialized Buildings(100 million yuan)**	**227.81**	**704.93**	**890.31**	**922.34**
#住宅	Residential Buildings	201.47	603.08	738.22	774.63

10－14 各地区房地产开发企业建设投资总规模及完成情况(2018)
General Scale of Construction and Actually Completed Investment of Enterprises for Real Estate Development by Region(2018)

单位：亿元 (100 million yuan)

地 区	Region	计划总投资 Total Planned Investment	自开始建设至本年底累计完成投资 Accumulative Investment Actually Completed Since the Start of Construction to the End of This Year	#本年完成投资 Investment Completed This Year
甘肃省	**Gansu**	**5390.57**	**3612.30**	**1116.39**
兰州市	Lanzhou	2758.08	1969.82	586.62
嘉峪关市	Jiayuguan	182.92	142.39	25.51
金昌市	Jinchang	60.23	47.87	7.81
白银市	Baiyin	163.63	109.00	31.05
天水市	Tianshui	438.80	231.95	102.68
武威市	Wuwei	286.05	132.09	43.83
张掖市	Zhangye	249.73	186.32	58.24
平凉市	Pingliang	209.68	131.89	61.70
酒泉市	Jiuquan	184.29	114.52	40.41
庆阳市	Qingyang	258.35	162.33	45.02
定西市	Dingxi	351.17	211.31	58.18
陇南市	Longnan	83.22	53.39	12.20
临夏州	Linxia	133.13	96.89	30.43
甘南州	Gannan	31.30	22.53	12.70

10－15 各地区按用途分房地产开发企业投资完成额(2018)
Investment Actually Completed by Enterprises for Real Estate Development by Use, Region (2018)

单位：亿元 (100 million yuan)

地 区	Region	本年完成投资额 Investment Completed This Year	住宅 Residential Buildings	#别 墅、高档公寓 Villas, High-grade Apartments	办公楼 Office Buildings	商业营业用房 Houses for Business Use	其他 Others
甘肃省	**Gansu**	**1116.39**	**672.35**	**11.24**	**55.61**	**211.36**	**177.08**
兰州市	Lanzhou	586.62	307.72	8.57	44.25	101.45	133.21
嘉峪关市	Jiayuguan	25.51	15.74	0.21	0.12	3.74	5.91
金昌市	Jinchang	7.81	5.65	0.15	0.21	1.69	0.26
白银市	Baiyin	31.05	19.82	0.36	0.79	8.57	1.87
天水市	Tianshui	102.68	77.04	0.47	2.86	16.48	6.30
武威市	Wuwei	43.83	20.46	0.00	2.07	18.98	2.32
张掖市	Zhangye	58.24	39.55	1.04	0.81	14.58	3.30
平凉市	Pingliang	61.70	45.89		0.78	9.26	5.78
酒泉市	Jiuquan	40.41	29.93	0.25	0.49	8.44	1.54
庆阳市	Qingyang	45.02	32.31		1.58	6.06	5.07
定西市	Dingxi	58.18	38.06		1.02	13.95	5.15
陇南市	Longnan	12.20	7.11		0.24	2.94	1.91
临夏州	Linxia	30.43	25.18	0.19		2.66	2.59
甘南州	Gannan	12.70	7.90		0.39	2.55	1.86

10－16 各地区房地产开发企业实际到位资金(2018)
Actual Funds of Real Estate Development Enterprise by Region (2018)

单位：亿元 (100 million yuan)

地 区	Region	本年实际到位资金 Total Actual Funds This Year	国内贷款 Domestic Loans	自筹资金 Self-raising Funds	其他资金来源 Others
甘肃省	**Gansu**	**1158.74**	**131.91**	**448.07**	**578.76**
兰州市	Lanzhou	607.66	66.33	177.66	363.67
嘉峪关市	Jiayuguan	33.54	8.42	6.01	19.11
金昌市	Jinchang	16.33	0.37	7.74	8.22
白银市	Baiyin	24.04	7.37	9.62	7.05
天水市	Tianshui	104.02	20.07	43.47	40.48
武威市	Wuwei	44.00	3.54	20.30	20.16
张掖市	Zhangye	59.44	3.29	33.41	22.74
平凉市	Pingliang	55.80	6.86	13.68	35.26
酒泉市	Jiuquan	40.52	4.85	25.95	9.71
庆阳市	Qingyang	69.47	5.52	50.06	13.89
定西市	Dingxi	56.15	3.68	26.57	25.90
陇南市	Longnan	14.49	0.97	3.47	10.04
临夏州	Linxia	24.16	0.10	22.55	1.51
甘南州	Gannan	9.12	0.54	7.57	1.02

10－17 房地产施工、竣工面积及价值(2018)
Floor Space of Buildings under Construction, Completed and Its Value for Real Estate (2018)

地 区	Region	房屋施工面积(万平方米) Floor Space of Buildings under Construction (10 000 sq.m)	#本年新开工面积 Started This Year	房屋竣工面积(万平方米) Floor Space of Buildings Completed (10 0000 sq.m)	房屋竣工价值(亿元) Value of Buildings Completed (100 million yuan)
甘肃省	**Gansu**	**9428.51**	**2443.03**	**752.34**	**180.58**
住宅	Residential Buildings	6167.60	1611.52	498.67	114.97
#别墅、高档公寓	Villas and Good Apartments	79.05	18.61	2.24	0.42
办公楼	Office Buildings	303.83	53.39	32.70	10.93
商业营业用房	Houses for Business Use	1631.91	393.88	137.11	35.69
其他	Others	1325.17	384.24	83.86	18.98

10－18　各地区商品房屋销售情况(2018)
Sales of Commercialized Buildings by Region (2018)

地　区	Region	商品房销售面积(万平方米) Floor Space of Commercialized Buildings Sold (10 000 sq.m)	#住宅 Residential Buildings	商品房销售额(亿元) Total Sale of Commercialized Buildings (100 million yuan)	#住宅 Residential Buildings
甘肃省	**Gansu**	**1595.65**	**1437.95**	**922.34**	**774.63**
兰州市	Lanzhou	668.79	590.43	520.11	419.54
嘉峪关市	Jiayuguan	79.42	67.66	26.82	23.96
金昌市	Jinchang	21.56	18.49	9.28	7.49
白银市	Baiyin	56.74	53.44	26.20	24.05
天水市	Tianshui	113.55	107.85	72.34	65.85
武威市	Wuwei	44.01	34.13	21.90	16.70
张掖市	Zhangye	118.93	107.98	42.87	37.05
平凉市	Pingliang	113.87	111.94	43.82	42.13
酒泉市	Jiuquan	81.52	72.06	35.22	29.25
庆阳市	Qingyang	107.94	93.45	46.82	37.32
定西市	Dingxi	111.79	107.78	45.58	43.34
陇南市	Longnan	48.72	44.79	21.25	17.92
临夏州	Linxia	24.92	24.92	9.40	9.40
甘南州	Gannan	3.89	3.04	0.72	0.63

10－19　各地区房地产开发企业建设房屋面积和造价(2018)
Floor Space and Cost of Buildings Developed by Enterprises for Real Estate Development by Region (2018)

地　区	Region	房屋施工面积(万平方米) Floor Space of Buildings under Construction (10 000 sq.m)	房屋竣工面积(万平方米) Floor Space of Buildings Completed (10 000 sq.m)	房屋建筑面积竣工率(%) Rate of Floor Space of Buildings Completed (%)	房屋竣工价值(万元) Value of Buildings Completed (10 000 yuan)	房屋竣工造价(元/平方米) Cost of Buildings Completed (yuan/sq.m)
甘肃省	**Gansu**	**9428.51**	**752.34**	**7.98**	**1805762**	**2400**
兰州市	Lanzhou	4537.93	162.14	3.57	469224	2894
嘉峪关市	Jiayuguan	359.62	38.13	10.60	88577	2323
金昌市	Jinchang	129.11	19.45	15.06	38612	1985
白银市	Baiyin	362.00	65.01	17.96	147950	2276
天水市	Tianshui	772.66	48.10	6.23	100442	2088
武威市	Wuwei	314.63	3.09	0.98	18500	5980
张掖市	Zhangye	568.67	122.70	21.58	242257	1974
平凉市	Pingliang	501.26	47.19	9.41	117266	2485
酒泉市	Jiuquan	378.83	91.52	24.16	200221	2188
庆阳市	Qingyang	444.82	44.07	9.91	117839	2674
定西市	Dingxi	531.90	42.33	7.96	102762	2428
陇南市	Longnan	213.05	19.45	9.13	39653	2038
临夏州	Linxia	251.14	40.59	16.16	102887	2535
甘南州	Gannan	62.91	8.57	13.62	19572	2285

10－20 各地县固定资产投资和新增固定资产增长情况(2018)
Growth Rate of Investment in Fixed Assets and Newly Increased Fixed Assets by Region, County (2018)

单位：%　　　　(%)

地 区	Region	投资总额 Total Investment	第一产业 Primary Industry	第二产业 Secondary Industry	第三产业 Tertiary Industry	#住宅 Residential Buildings	新增固定资产 Newly Increased Fixed Assets
兰州市	**Lanzhou**	**12.11**	**41.17**	**－20.38**	**16.15**	**10.94**	**－52.80**
城关区	Chengguan	8.00	347.74	900.09	6.15	－9.12	－57.08
七里河区	Qilihe	10.71	－88.23	－68.64	15.45	－16.44	－88.83
西固区	Xigu	8.77	37.64	－28.76	16.08	263.96	－63.53
安宁区	Anning	15.15		－72.72	18.70	19.10	－53.66
红古区	Honggu	19.04	－41.74	18.21	22.76	224.26	－23.41
永登县	Yongdeng	13.63	2.67	－11.32	28.16	－39.09	－90.96
皋兰县	Gaolan	13.86	358.60	－28.47	15.70	119.28	26.92
榆中县	Yuzhong	8.79	－48.56	28.93	8.51	42.01	－69.56
兰州新区	Lanzhou New Area	19.50	362.18	－36.35	34.64	－7.81	34.83
嘉峪关市	**Jiayuguan**	**－19.19**	**420.71**	**－34.12**	**－12.18**	**－40.73**	**－16.16**
金昌市	**Jinchang**	**11.52**	**26.81**	**39.73**	**－0.53**	**－43.32**	**－45.92**
金川区	Jinchuan	16.62	40.47	56.39	－1.21	－44.96	－66.79
永昌县	Yongchang	0.07	8.97	－5.39	0.95	－36.03	－22.61
白银市	**Baiyin**	**－20.81**	**－46.19**	**－37.75**	**－13.53**	**－15.39**	**－47.05**
白银区	Baiyin	1.19		－28.76	11.46	－1.52	23.26
平川区	Pingchuan	－6.65	－56.92	50.74	－31.93	20.19	－15.32
靖远县	Jingyuan	－2.49	－78.76	－18.08	5.42	121.93	－73.58
会宁县	Huining	－53.53		－87.92	－42.72	－44.38	－69.61
景泰县	Jingtai	－26.12	－70.01	－51.22	－16.36	－74.44	－81.59
天水市	**Tianshui**	**－1.59**	**－5.55**	**－14.06**	**1.11**	**－78.64**	**－54.25**
秦州区	Qinzhou	8.18	－23.41	3.72	11.51	－63.13	－67.04
麦积区	Maiji	16.05	－3.03	－15.99	20.18	－79.41	－68.90
清水县	Qingshui	－49.89	－23.36	－44.00	－57.21	－98.06	－81.15
秦安县	Qinan	13.65		242.98	3.58	－90.50	50.32
甘谷县	Gangu	－4.51	－15.21	5.84	－5.43	－86.63	－56.55
武山县	Wushan	6.04	－22.80	39.74	0.06	－71.77	38.02
张家川县	Zhangjiachuan	1.58	111.50	－14.51	－7.56	－91.26	－79.84
天水经济技术开发区	Tianshui Economic and Technological Development Zone	－49.41		－54.35	－41.79	－91.55	－43.29
武威市	**Wuwei**	**－21.01**	**26.21**	**－46.99**	**－17.15**	**－38.01**	**－64.03**
凉州区	Liangzhou	－21.43	－1.61	－45.52	－16.27	－30.59	－46.49
民勤县	Minqin	－19.30	7.87	－55.62	－10.32	－29.19	－66.16
古浪县	Gulang	－22.57	118.87	－50.00	－21.50	－69.17	－66.65
天祝县	Tianzhu	－19.04	57.68	－24.39	－21.60	－61.40	－92.91
张掖市	**Zhangye**	**12.12**	**105.93**	**9.19**	**4.04**	**26.08**	**－24.45**

注：新增固定资产范围为计划总投资5000万元及以上项目。

a) The statistic scope of newly increased fixed assets in 2018 covers projects with total planned investment of 50 million yuan or more.

10－20 续表 1 continued

单位：% (%)

地 区	Region	投资总额 Total Investment	第一产业 Primary Industry	第二产业 Secondary Industry	第三产业 Tertiary Industry	#住宅 Residential Buildings	新增固定资产 Newly Increased Fixed Assets
甘州区	Ganzhou	11.71	157.47	73.26	1.03	42.97	－1.63
肃南县	Sunan	35.41	－69.83	53.54	32.50	27.19	－67.67
民乐县	Minle	18.11	82.06	－68.57	51.12	98.55	－41.30
临泽县	Linze	8.65	111.61	43.71	－20.46	－89.00	－56.42
高台县	Gaotai	10.46	48.60	6.49	3.24	－42.85	49.73
山丹县	Shandan	7.25	149.03	－0.31	－6.30	98.54	－58.78
平凉市	**Pingliang**	**－17.86**	**－67.33**	**－5.60**	**－16.92**	**－14.36**	**－62.16**
崆峒区	Kongtong	－28.00	－96.26	9.73	－28.40	5.53	－46.43
泾川县	Jingchuan	－50.31	－49.59	－55.66	－49.61	－67.74	－81.77
灵台县	Lingtai	－12.78	－41.76	133.90	－28.64	－53.85	－63.88
崇信县	Chongxin	－8.33	－85.23	60.57	－35.80	－40.85	－43.93
庄浪县	Zhuanglang	18.26	－61.80	－65.38	25.15	101.94	－83.79
静宁县	Jingning	3.21	－60.89	189.32	－8.89	17.03	－74.32
华亭市	Huating	－25.51	105.78	－35.53	－24.26	37.26	－59.22
酒泉市	**Jiuquan**	**7.17**	**48.54**	**17.30**	**－3.36**	**12.06**	**－43.48**
肃州区	Suzhou	7.63	26.57	－19.41	14.43	－29.98	10.25
金塔县	Jinta	10.03	458.19	－20.11	－2.04	161.70	18.17
瓜州县	Guazhou	2.68	245.38	－19.86	3.42	4.79	－88.51
肃北县	Subei	9.59	－96.15	72.26	－9.46		－2.08
阿克塞县	Akesai	10.95	28.34	65.24	－3.89		
玉门市	Yumen	7.15	－5.00	80.23	－37.08	157.19	－19.19
敦煌市	Dunhuang	8.09	－54.48	127.39	－16.51	110.00	－81.58
庆阳市	**Qingyang**	**－21.93**	**6.20**	**－5.40**	**－26.50**	**－0.60**	**－37.10**
西峰区	Xifeng	－28.50	85.90	3.90	－4.40	－6.10	－48.50
庆城县	Qingcheng	－12.80		－31.70	－17.70	－28.10	42.30
环 县	Huanxian	－38.30	－92.00	－76.70	－39.80	－48.40	－61.10
华池县	Huachi	－37.70	－50.70	110.68	－55.00	－33.40	－32.90
合水县	Heshui	－27.00	－70.30	－64.50	－15.40	77.60	20.80
正宁县	Zhengning	－20.10	－38.00	－2.90	－20.40	45.70	－15.30
宁 县	Ningxian	0.10	149.42	104.71	－19.90	－20.50	－80.20
镇原县	Zhenyuan	5.00	18.80	－7.70	9.30	325.70	56.20
定西市	**Dingxi**	**15.05**	**130.08**	**8.19**	**9.99**	**24.55**	**－17.32**
安定区	Anding	15.18	58.37	7.68	12.90	26.16	－13.43
通渭县	Tongwei	18.91	593.04	－46.38	32.03	56.21	－18.23

10-20 续表 2 continued

单位：% (%)

地 区	Region	投资总额 Total Investment	第一产业 Primary Industry	第二产业 Secondary Industry	第三产业 Tertiary Industry	#住宅 Residential Buildings	新增固定资产 Newly Increased Fixed Assets
陇西县	Longxi	12.82	446.90	-31.83	17.84	26.54	122.56
渭源县	Weiyuan	10.32	18192.41	9.59	-11.05	22.27	253.29
临洮县	Lintao	16.79	58.53	70.92	-0.60	14.16	-63.10
漳 县	Zhangxian	15.15	100.00	100.00	10.52	10.20	-47.50
岷 县	Minxian	16.75	100.00	174.50	5.77	6.03	-53.22
陇南市	**Longnan**	**-38.0**	**-43.8**	**-21.1**	**-39.1**	**-19.5**	**-88.3**
武都区	Wudu	-36.7	-90.2	34.2	-33.7	-8.7	-79.6
成 县	Chengxian	-38.3	-22.1	-13.7	-46.7	-26.1	-76.1
文 县	Wenxian	-18.2	-27.2	-92.4	8.6	140.0	-91.1
宕昌县	Tanchang	-38.7	1390.7	-61.6	-43.5	-56.4	
康 县	Kangxian	-29.3		495.8	-44.6	528.4	
西和县	Xihe	-41.5	-59.5	-15.0	-42.1	-85.3	-90.1
礼 县	Lixian	-51.2	-73.9	-65.2	-48.2	-34.0	-95.9
徽 县	Huixian	-35.9	-100.0	212.2	-49.6	150.0	
两当县	Liangdang	-64.3	-60.1	123.8	-65.6		
临夏州	**Linxia**	**-11.09**	**-9.81**	**-43.50**	**-5.03**	**-1.45**	**-73.28**
临夏市	linxia	-4.07		-72.61	14.27	88.23	-66.33
临夏县	linxia	-0.55	-64.16	1.28	1.55	130.23	-91.77
康乐县	Kangle	-23.96		-69.34	-21.05	-95.10	-85.18
永靖县	Yongjing	-27.71		-41.07	-20.82	-93.20	-48.05
广河县	Guanghe	-10.82	90.65	44.68	-25.65	8.08	
和政县	Hezheng	-0.70	-50.06	-59.50	10.46	-52.61	-18.19
东乡县	Dongxiang	5.73		-46.34	89.91		
积石山县	Jishishan	-25.35		-33.00	-24.05	-2.87	-97.81
甘南州	**Gannan**	**-6.75**	**13.77**	**-15.62**	**-6.17**	**27.22**	**-79.74**
合作市	Hezuo	1.53		40.92	-0.92	40.63	-90.76
临潭县	Lintan	-40.32	-46.05	-4.37	-42.97	-59.35	-75.48
卓尼县	Zhuoni	-7.50	32.13	14.35	-10.59	234.26	-92.00
舟曲县	Zhouqu	7.85	-77.78	-39.67	9.49		-38.30
迭部县	Diebu	2.47	393.00	146.03	-3.55		-99.92
玛曲县	Maqu	-12.37		-38.22	-4.51		-47.91
碌曲县	Luqu	-31.11	209.42	-73.88	-24.34		-80.05
夏河县	Xiahe	26.69	-25.08	-21.84	38.50		-97.15
省直	**Provincial Directly Belonged**	**-34.53**		**-34.53**			

主要统计指标解释

固定资产投资(不含农户) 指城镇和农村各种登记注册类型的企业、事业、行政单位及城镇个体户进行的计划总投资500万元及500万元以上的建设项目投资和房地产开发投资，包含原口径的城镇固定资产投资加上农村企事业组织项目投资，该口径自2011年起开始使用。

房地产开发投资 指各种登记注册类型的房地产开发法人单位统一开发的包括统代建、拆迁还建的住宅、厂房、仓库、饭店、宾馆、度假村、写字楼、办公楼等房屋建筑物，配套的服务设施，土地开发工程（如道路、给水、排水、供电、供热、通讯、平整场地等基础设施工程）和土地购置的投资；不包括单纯的土地开发和交易活动。

固定资产投资按建设性质分 按整个建设项目情况来确定。建设项目的性质一般分为新建、扩建、改建和技术改造、单纯建造生活设施、迁建、恢复、单纯购置。房地产开发单位、农户投资不划分建设性质。

(1)新建 指从无到有"平地起家"开始建设的项目。现有企业、事业、行政单位投资的项目一般不属于新建。但如有的单位原有基础很小，经过建设后新增的固定资产价值超过该企业、事业、行政单位原有固定资产价值（原值）三倍以上的，也应作为新建。

(2)扩建 指在厂内或其他地点，为扩大原有产品的生产能力（或效益）或增加新的产品生产能力，而增建的生产车间（或主要工程）、分厂、独立的生产线的企业、事业单位。行政、事业单位在原单位增建业务性用房（如学校增建教学用房、医院增建门诊部、病房等）也作为扩建。

现有企、事业单位为扩大原有主要产品生产能力或增加新的产品生产能力，增建一个或几个主要生产车间（或主要工程）、分厂，同时进行一些更新改造工程的，也应作为扩建。

(3)改建和技术改造 指现有企业、事业单位对原有设施进行技术改造或更新（包括相应配套的辅助性生产、生活福利设施）的建设项目。改建项目包括现有企业、事业单位为适应市场变化的需要，而改变企业的主要产品种类（如军工企业转民产品等）的建设项目，原有产品生产作业线由于各工序（车间）之间能力不平衡，为填平补齐充分发挥原有生产能力而增建不增加本企业主要产品设计能力的车间的建设项目。技术改造是指企业、事业单位在现有基础上，用先进的技术代替落后的技术，用先进的工艺和装备代替落后的工艺和装备，以改变企业落后的技术经济面貌，实现以内涵为主的扩大再生产，达到提高产品质量、促进产品更新换代、节约能源、降低消耗、扩大生产规模、全面提高社会经济效益的目的。技术改造具体包括以下内容：机器设备和工具的更新改造；生产工艺改革、节约能源和原材料的改造；厂房建筑和公共设施的改造；保护环境进行的"三废"治理改造；劳动条件和生产环境的改造等。

固定资产投资按构成分

(1)建筑工程 指各种房屋、建筑物的建造工程，又称建筑工作量。这部分投资额必须兴工动料，通过施工活动才能实现，是固定资产投资额的重要组成部分。

(2)安装工程 指各种设备、装置的安装工程，又称安装工作量。

在安装工程中，不包括被安装设备本身价值。

(3)设备工具器具购置 指报告期内购置或自制的，达到固定资产标准的设备、工具、器具的价值。新建单位及扩建单位的新建车间，按照设计或计划要求购置或自制的全部设备、工具、器具，不论是否达到固定资产标准均计入"设备工具器具购置"中。

(4)其他费用 指在固定资产建造和购置过程中发生的，除建筑安装工程和设备、工器具购置投资完成额以外的应当分摊计入固定资产投资的费用，不指经营中财务上的其他费用。

施工项目个数 是指本年正式进行过建筑或安装施工活动的建设项目个数。包括本年新开工项目，以前年度开工跨入本年继续施工项目，本年全部建成投产项目、以前年度全部停缓建在本年恢复施工的项目，本年进行过施工又在本年内全部停缓建的项目。施工项目个数可以反映一定时期固定资产投资的实际规模，与同期全部建成投产项目个数相比，可以从建设速度的角度反映固定资产投资的效果。

本年投产项目个数 指报告期内按设计文件规定建成主体工程和相应配套的辅助设施，形成生产能力或工程效益，经过验收合格，并且已正式投入生产或交付使用的建设项目。

新增固定资产 是指已经完成建造和购置过程，并已交付生产或使用单位的固定资产的价值，包括已经建成投入生产或交付使用的工程投资和达到固定资产标准的设备、工具、器具的投资及有关应摊入的费用。该指标是表示固定资产投资成果的价值指标，也是反映建设进度，计算固定资产投资效果的重要指标。

11

对外经济贸易

Foreign Trade and Economic Cooperation

简要说明

一、本篇资料主要内容

本篇资料综合反映对外贸易、利用外资、对外经济合作的概况，重点反映对外经济贸易的近期发展状况。

二、本篇资料来源

本篇资料由省统计局贸易外经处搜集整理。数据来源于兰州海关、省商务厅、省市场监督管理局。

11－1 对外经济贸易
Foreign Trade and Economic Cooperation

指　　标	Item	2015	2017	2018
进出口总额(万元)	**Total Value of Imports and Exports (10 000 yuan)**	**4930694**	**3254150**	**3945200**
出口总额	Total Exports	3610579	1147573	1449692
进口总额	Total Imports	1320114	2106576	2495508
进出口差额	Balance	2290465	－959003	－1045816
外商直接投资合同项目(个)	**Number of Projects for Contracted Foreign Direct Investment (unit)**	**22**	**11**	**16**
实际使用外资额(万美元)	**Total Amount of Foreign Investment Actually Utilized (USD 10 000)**	**46036**	**4356**	**5041**
外商直接投资	Foreign Direct Investments	11036	4356	5041
外商其他投资	Other Foreign Investments	35000		
外商投资企业基本情况	**Registered Foreign-funded Enterprises**			
年底登记户数(户)	Number of Registered Enterprises (household)	2130	2061	2342
投资总额(万美元)	Total Investment (USD 10 000)	765703	2019750	2361688
注册资本(万美元)	Registered Capital (USD 10 000)	331937	1599653	1689472
#外方	Capital from Foreign Investors	231589	1518559	1558003
对外经济合作(亿美元)	**Economic Cooperation with Foreign Countries & Regions (USD 100 million)**			
对外承包工程金额	Contracted Projects of Contracted Value	8.5	1.9	2.3
对外承包工程完成营业额	Contracted Projects of Value of Turnover Fulfilled	2.9	2.3	3.5

注：2016年起，实际使用外资额不含对外借款(以下相关表同)。
s) Since 2016, data of total amount of foreign Investment actually utilized exclude the foreign loans. The same applies to all tables following.

11-2 历年进出口贸易总额
Total Value of Imports and Exports

年 份 Year	人民币(万元)	RMB (10 000 yuan)			美元(万美元)	USD 10 000		
	进出口总额 Total Imports & Exports	出口总额 Total Exports	进口总额 Total Imports	差额 Balance	进出口总额 Total Imports & Exports	出口总额 Total Exports	进口总额 Total Imports	差额 Balance
1978	5941	5941		5941	3454	3454		3454
1979	5905	5905		5905	3972	3972		3972
1980	5883	5883		5883	3927	3927		3927
1981	8871	7683	1188	6495	5129	4336	793	3543
1982	8850	7743	1107	6636	5069	4330	739	3591
1983	10151	8529	1622	6907	5695	4612	1083	3529
1984	20638	15849	4789	11060	6631	4573	2058	2515
1985	37917	29382	8535	20847	10004	7098	2906	4192
1986	59353	47126	12227	34899	13648	10107	3541	6566
1987	68291	57706	10585	47121	15504	12660	2844	9816
1988	67085	61837	5248	56589	16624	15205	1419	13786
1989	103668	87955	15713	72242	18674	15338	3336	12002
1990	102965	95208	7757	87451	20221	18574	1647	16927
1991	144052	131730	12322	119408	27649	25284	2365	22919
1992	231656	195936	35720	160215	41590	35177	6413	28764
1993	275937	161578	114359	47219	48435	28347	20088	8259
1994	431631	316295	115336	200959	50960	37343	13617	23726
1995	253405	182413	70984	111429	30494	21951	8542	13409
1996	395553	225972	169581	56391	47135	26778	20356	6422
1997	398636	299860	98776	201084	51169	37778	13392	24386
1998	333804	269367	64437	204930	40235	32470	7765	24705
1999	207420	183338	24082	159256	36756	31698	5059	26639
2000	138443	88910	49533	39377	56159	41154	15005	26149
2001	632868	387253	245616	141637	76446	46782	29664	17118
2002	619051	445979	173072	272906	74800	53884	20916	32968
2003	957324	722688	234636	488052	115638	87307	28331	58976
2004	1409383	822956	586427	236529	170445	99433	71012	28421
2005	1622417	895867	726551	169316	197291	108739	88553	20186
2006	1948685	1097175	851510	245665	243558	136977	106582	30395
2007	4187046	1278382	2908665	-1630283	545251	165839	379412	-213573
2008	4282281	1128113	3154168	-2026055	606591	160186	446406	-286220
2009	2626227	501614	2124613	-1622999	384877	73472	311405	-237933
2010	5012219	1107380	3904838	-2797458	738134	163128	575007	-411879
2011	5689344	1408736	4280608	-2871872	872451	215301	657149	-441848
2012	5609061	2244865	3364196	-1119332	888684	355863	532821	-176958
2013	6427541	2889925	3537616	-647691	1034006	464845	569162	-104317
2014	5254735	3251919	2002817	1249102	856550	530342	326209	204133
2015	4930694	3610579	1320114	2290465	793797	580991	212806	368185
2016	4483861	2647724	1836137	811587	681253	404671	276582	128089
2017	3254150	1147573	2106576	-959003	481560	170041	311519	-141478
2018	3945200	1449692	2495508	-1045816	599860	219713	380147	-160434

注：货物进出口差额负数为逆差。

a) A negative balance indicates trade deficit. That is, imports surpassing exports.

11-3 甘肃省同主要国家(地区)海关进出口总额(2018)
Value of Imports and Exports by Main Country(Region) of Gansu Province(2018)

单位：万元 (10 000 yuan)

地　区	Region	进出口总额 Total	出口总额 Exports	进口总额 Imports
甘肃省	**Gansu**	**3945200**	**1449692**	**2495508**
#中国香港	Hongkong,China	224649	220058	4591
中国台湾	Taiwan,China			
印度	India	22126	19539	2587
印度尼西亚	Indonesia	121164	120552	612
日本	Japan	67541	22180	45360
马来西亚	Malaysia	39849	35142	4706
蒙古	Mongolia	314287	2913	311374
新加坡	Singapore	45499	12558	32941
韩国	Korea	124324	91536	32788
泰国	Tailand	28336	27536	800
哈萨克斯坦	Kazakhstan	727578	7524	720054
英国	United Kingdom	10502	9087	1415
法国	France	9388	7499	1889
比利时	Belgium	16142	15548	594
德国	Germany	68643	41406	27238
意大利	Italy	37325	31386	5939
荷兰	Netherlands	38156	37095	1061
瑞士	Switzerland	2239	855	1384
俄罗斯	Russia	112296	80137	32159
巴西	Brazil	27485	12317	15168
智利	Chile	35502	633	34869
加拿大	Canada	82949	38589	44360
美国	United States	156726	134355	22371
澳大利亚	Australia	103514	5149	98365
新西兰	New Zealand	190	113	77

11-4 海关出口主要商品金额(2018)
Main Export Commodities in Value(2018)

单位：万元 (10 000 yuan)

品　名	Item	商品金额 Commdity Value
未列名电灯及照明装置	nes Lamps and Lighting Fittings	1636
未列名塑料制鞋面的鞋靴	nes Footwear with Plastic Vamp	1171
炉用碳电极	Furnace with Carbon Electrodes	412663
蔬菜种子	Vegetable Seeds	29055
鲜苹果	Fresh Apples	55140
枝形吊灯及天花板或墙壁上的电气照明装置	Tree Branch Shape Chandeliers and Electrical Lightings Equipment on the Ceiling or Wall	3272
其他材料制家具	Furnitures Made of other Materials	19
未列名塑料制品	nes Plastic Products	217
贱金属制其他仿首饰	Other Imitation Jewelrys made of Base Metal	
塑料或纺织材料作面的提箱、小手袋等	Items Placed in a Pocket or Handbags with Plastic of Textile Materials as Surface	988
塑料片或纺织材料作面的手提包	Handbag with Surface of Plastic Piece or Textile Materials	942
未列名化纤女式带风帽防寒短上衣、防风衣等	nes Synthetic Fiber Women Warm Jerkin with a Hood or wind-cheaters, etc.	
其他金属家具	Other Metal Furnitures	342
其他硅	Other Silicon	22
化纤制针织或钩编套头衫、开襟衫、马甲等	Chemical Fiber, Knitted or Crocheted Pullovers, Cardigans, Waistcoats, etc.	57
家具用其他贱金属制附件及架座	Other Base Metal Fittings and Mountings for Furnitures	1289
电气的台灯、床头灯或落地灯	Electric Lamps, Bedside Lamps or Floor Lamps	869
其他镀或涂锌普通钢铁板材	Other Ordinary Steel Sheet with Plated or Coated Zinc	21227
合成纤维制披巾、围巾、披纱、面纱及类似品	Shawls, Scarves, Mantillas, Veils and the like Made of Synthetic Fibers	632
瓷制固定卫生设备	Fixed Ceramic Sanitary Equipment	520
按重量计铜含量超过99.9935%的精练铜阴极	Refined Copper Cathode with the Copper Content of over 99.9935% by Weight	1847
其他静止式变流器	Other Static Converter	770
棉制女裤	Cotton Women Trousers	3
棉制其他男裤	Other Cotton Men Trousers	21
其他装软垫的金属框架的坐具	Other Metal Frames Seats with Soft Cushion	750
星型轮及碟刹件	Star Shape Wheels and Disc Brakes	

11-5 海关进口主要商品金额(2018)
Main Import Commodities in Value(2018)

单位：万元 (10 000 yuan)

品名	Item	商品金额 Commdity Value
铜矿砂及其精矿	Copper Ores and Concentrates	970299
镍矿砂及其精矿	Nickel Ores and Concentrates	219314
钴湿法冶炼中间品	Intermediate Products of Cobalt Hydrometallurgy	385210
镍锍	Nickel Matte	103598
其他集成电路	Other Integrated Circuits	
镍湿法冶炼中间品	Intermediate Products of Nickel Hydrometallurgy	171185
氧化铝,但人造刚玉除外	Alumina, Except the Artificial Corundum	7709
锌矿砂及其精矿	Zinc Ores and Concentrates	92460
其他芳烃混合物,T=25℃,蒸馏出芳烃≥65%	Other Aromatic Mixture, T=25 ℃, Distilled off Aromatics≥65%	
镍铁	Ferronickel	23484
其他精炼铜的阴极(未锻轧的)	Other Refined Copper Cathodes (Unwrought)	51572
引线键合装置(主要用于或专用于装配与封装半导体器件和集成电路的设备)	Wire Bonding Device(Mainly used for or dedicated to the assembly and packaging the devices of semiconductor and integrated circuit)	18440
其他静止式变流器	Other Static Converter	17
锰矿砂及其精矿	Manganese Ores and Concentrates	4082
液晶门眼	LCD Door Eye	
其他干豌豆	Other Dried Peas	14139
其他主要或专用于装配封装半导体器件和集成电路的设备	Other Equipments which Mainly or Special Used for Assembly of Packaged Semiconductor Devices and Integrated Circuits	7278
含石油或从沥青矿物提取油类的润滑油添加剂	Lubricant Additives Containing Petroleum Oils or Oils Obtained from Bituminous Minerals	8741
铬铁,按重量计含碳量在4%以上	Chromium iron, with the Carbon Content of over 4% by Weight	57141
亚麻子,不论是否破碎	Linseed, whether or not Broken	2221
额定功率不超过20瓦的片式固定电阻器	Rated Power does not Exceed 20 Watts Chip Fixed Resistors	
搅混、轧碎、研磨、筛选、均化或乳化机器	Mix, Crushing, Grinding, Screening, Homogenizing or Emulsifying Machines	172
8541所列货品的零件	Parts of the Goods of 8541	
以镍及其化合物为活性物的载体催化剂	Supporter Catalyst with the Nickel and its Compounds as the Active Substance	
液体泵零件	Liquid Pump Parts	5291

11－6 利用外资
Utilization of Foreign Capital

单位：个、万美元 (unit, USD 10 000)

年份 Year	总计 Total		对外借款 Foreign Loans		外商直接投资 Direct Foreign Investments	
	项目 Number of Projects	金额 Value	项目 Number of Projects	金额 Value	项目 Number of Projects	金额 Value
签订利用外资协议（合同）额 Total Amount of Foreign Capital to be Utilized through the Signed Agreements and Contracts						
1995	177	44199	21	25224	156	18975
1996	138	34365	16	25813	122	8552
1997	69	30882	7	20160	62	10722
1998	72	27995	4	19631	68	8364
1999	73	28592	5	19150	68	9442
2000	84	32250	8	19910	76	12340
2001	78	26230	6	10720	72	15510
2002	63	32026	12	21000	51	11026
2003	73	69464	14	45000	59	24464
2004	92	57031	29	24467	63	32564
2005	51	53996	17	40600	34	13396
2006	49	53533	11	44977	38	8556
2007	44	34242	9	19080	35	15162
2008	49	35776	12	6840	37	28936
2009	32	79533	6	45000	26	34533
2010	32	44015	4	25000	28	19015
2011	34	60222	6	33500	28	26722
2012	27	43587	7	25000	20	18587
2013	22	93662	4	41000	18	52662
2014						
2015	26	78603	4	35000	22	43603
2016	30	1375038			30	1375038
2017	11	39569			11	39569
2018	16	29003			16	29003

11 -6 续表 continued

单位：个、万美元 (unit, USD 10 000)

年 份 Year	金额总计 Total	对外借款 Foreign Loans	外商直接投资 Direct Foreign Investments
实际利用外资额 Total Amount of Foreign Investment Actually Utilized			
1995	35854	24900	10954
1996	29317	20315	9002
1997	21638	16368	5270
1998	14552	10688	3864
1999	20746	16642	4104
2000	20122	13887	6235
2001	20558	13119	7439
2002	22620	17392	5228
2003	24609	20722	3887
2004	26297	22758	3539
2005	25639	23595	2044
2006	27241	24287	2954
2007	38202	26400	11802
2008	47642	34800	12842
2009	51383	38000	13383
2010	51921	38400	13521
2011	38524	31500	7024
2012	37210	31100	6110
2013	39129	32000	7129
2014	45542	35510	10032
2015	46036	35000	11036
2016	11588		11588
2017	4356		4356
2018	5041		5041

11 -7 外商直接投资项目和投资额(2018)
Foreign Investment Through Signed Contract and It's Value (2018)

单位: 万美元 (USD 10 000)

项 目	Item	签订合同项目(个) Number of Contracts (unit)	签订合同投资额 Contracted Value	实际吸收外资金额 Amount of Foreign Capital Actually Used
甘肃省	**Gansu**	**16**	**29003**	**5041**
按登记注册类型分	**By Investment Manner**			
合资经营	Equity Jonint Venture	11	9169	1792
合作经营	Contractural Jonint Venture			
外资经营	Wholly Foreign-owned Enterprise	5	19834	3249
外商投资股份制	FDI Shareholding Inc.			
其他	Others			
按行业分	**By Sector**			
农、林、牧、渔业	Agriculture, Forestry, Animal Husbandry and Fishery	2	1139	39
采矿业	Mining			1332
制造业	Manufacturing	5	8232	38
电力、燃气及水的生产和供应业	Production and Supply of Electricity, Gas and Water	4	17802	3105
建筑业	Construction			
交通运输、仓储和邮政业	Transport, Storage and Post			
信息传输、计算机服务和软件业	Information Transmission, Computer Services and Software			3
批发和零售业	Wholesale and Retail Trades			
住宿和餐饮业	Hotels and Catering Services			
金融业	Financial Intermediation			
房地产业	Real Estate	1	712	
租赁和商务服务业	Leasing and Business Services	1	75	365
科学研究、技术服务和地质勘查业	Scientific Research, Technical Service and Geologic Prospecting			159
水利、环境和公共设施管理业	Management of Water Conservancy, Environment and Public Facilities	2	1040	
居民服务和其他服务业	Services to Households and Other Services			
教育	Education	1	3	
卫生、社会保障和社会福利业	Health, Social Security and Social Welfare			
文化、体育和娱乐业	Culture, Sports and Entertainment			
公共管理和社会组织	Public Management and Social Organizations			
其他	Others			
按国别(地区)分	**By Countries or Regions**			
中国香港	Hong Kong, China	7	2467	2481
新加坡	Singapore	1	13145	2360
阿拉伯联合酋长国	United Arab Emirates			
加纳	Ghana			
中国台湾	Taiwan, China	1	14	3
英国	United Kingdom			3
德国	Germany	2	156	3
荷兰	Netherlands	1	221	
西班牙	Spain	1	107	
芬兰	Finland			
瑞典	Sweden			
英属维尔京群岛	British Virgin Islands			
加拿大	Canada			
美国	United States	1	3	191
澳大利亚	Australia			
其它	Others	2	12890	

11-8 年末登记外商投资企业行业分布情况(2018)

Sector Distribution Registered of Foreign-Funded Enterprises at the Year-end (2018)

行业	Sector	企业数(户) Number of Registered Enterprises (unit)	投资总额(万美元) Total Investment (USD 10 000)	注册资本(万美元) Registered Capital (USD 10 000)	#外方 Capital Invested by Foreign Partner
甘肃省	**Gansu**	**2342**	**2361688**	**1689472**	**1558003**
农、林、牧、渔业	Agriculture, Forestry, Animal Husbandry and Fishery	59	121954	63266	46178
采矿业	Mining	7	13763	4906	4880
制造业	Manufacturing	231	1390216	1346327	1309757
电力、燃气及水的生产和供应业	Production and Supply of Electricity, Gas and Water	43	438057	129130	94815
建筑业	Construction	29	3793	3209	3022
交通运输、仓储和邮政业	Transport, Storage and Post	18	59864	3231	2178
信息传输、计算机服务和软件业	Information Transmission, Computer Services and Software	1203	44103	22569	21658
批发和零售业	Wholesale and Retail Trades	208	40280	23245	17488
住宿和餐饮业	Hotels and Catering Services	80	8196	5345	2553
金融业	Financial Intermediation	64	5582	2344	1691
房地产业	Real Estate	24	112298	8783	4495
租赁和商务服务业	Leasing and Business Services	178	50498	40770	18148
科学研究、技术服务和地质勘查业	Scientific Research, Technical Service and Geologic Prospecting	22	15106	10245	7563
水利、环境和公共设施管理业	Management of Water Conservancy, Environment and Public Facilities	14	46090	14429	14125
居民服务和其他服务业	Services to Households and Other Services	139	608	575	560
教育	Education	5			
卫生、社会保障和社会福利业	Health, Social Security and Social Welfare	3		41	41
文化、体育和娱乐业	Culture, Sports and Entertainment	14	11281	11056	8852
其他	Others	1			

11-9 海关出口货物金额
Export Goods in Value

单位：万元　　(10 000 yuan)

品　名	Item	2015	2017	2018
盐渍绵羊肠衣(吨)	Salted Sheep Casings (ton)	7041	12974	6908
蕨菜干(吨)	Dried Tterribothyte (ton)	27	27	
干扁豆(吨)	Dried Haricot (ton)	6446	5342	2141
干蚕豆(吨)	Dried Horsebean (ton)	2741	2225	
荞麦(吨)	Buckwheat (ton)	22	51	31
当归(吨)	Angelica (ton)	377	509	554
黄芪(吨)	Astragalus (ton)	208	67	182
苦杏仁(吨)	Bitter Almonds (ton)	2654	3554	1114
黑瓜子(吨)	Black Melon Seeds (ton)	2804	1189	
番茄酱罐头(吨)	Canned Tomato Paste (ton)	512	568	
硫化钠(吨)	Sulfuration Natrium (ton)	672	502	338
氧化铈(吨)	Oxygenation Cerium (ton)	159	96	108
已梳无毛山羊绒(吨)	Non-Hair Cashmere (ton)	883	1789	
交流发电机(台)	AC Alternator (unit)	253	232	
滚珠轴承(万套)	Ball Bearing (10 000 sets)	5498	4936	

11-10 各地区外商直接投资合同项目和投资额(2018)
Foreign Investment Through Signed Contract and It's Value by Region(2018)

地　区	Region	签订合同项目(个) Number of Contracts (unit)	签订合同投资额(万美元) Contracted Value (USD 10 000)	实际吸收外资金额(万美元) Amount of Foreign Capital Actually Attracted (USD 10 000)
甘肃省	**Gansu**			
兰州市	Lanzhou	5	22769	
嘉峪关市	Jiayuguan			
金昌市	Jinchang	1	2682	
白银市	Baiyin			
天水市	Tianshui			
武威市	Wuwei			3
张掖市	Zhangye	1	50	
平凉市	Pingliang			
酒泉市	Jiuquan	5	820	76
庆阳市	Qingyang	1	566	622
定西市	Dingxi	1	1401	123
陇南市	Longnan			1332
临夏州	Linxia	1	712	32
甘南州	Gannan	1	3	2853

11－11 各地区进出口及外商投资企业进出口商品总值(2018)

Import and Export Value and Total Value of Imports and Exports Commodities of Foreign Funded Enterprises by Region (2018)

单位：万元 (10 000 yuan)

地 区	Region	进出口商品总值 Total Value of Imports and Exports Commodities		
		进出口 Total	出口 Exports	进口 Imports
甘肃省	**Gansu**	**3945200**	**1449692**	**2495508**
兰州市	Lanzhou	1332061	752826	579235
嘉峪关市	Jiayuguan	217634	112630	105004
金昌市	Jinchang	1314546	100279	1214266
白银市	Baiyin	466896	61727	405169
天水市	Tianshui	427753	246271	181483
武威市	Wuwei	12336	12016	320
张掖市	Zhangye	18675	18543	132
平凉市	Pingliang	43537	43483	54
酒泉市	Jiuquan	52125	49963	2162
庆阳市	Qingyang	16367	16367	
定西市	Dingxi	15184	7662	7522
陇南市	Longnan	19185	19185	
临夏州	Linxia	6511	6511	
甘南州	Gannan	2390	2229	161

11－11 续表 continued

单位：万元 (10 000 yuan)

地 区	Region	外商投资企业进出口商品总值 Total Value of Imports and Exports Commodities of Foreign－funded Enterprises		
		进出口 Total	出口 Exports	进口 Imports
甘肃省	**Gansu**	**63031**	**5211**	**57820**
兰州市	Lanzhou	60780	3529	57251
嘉峪关市	Jiayuguan			
金昌市	Jinchang			
白银市	Baiyin			
天水市	Tianshui	419	5	414
武威市	Wuwei			
张掖市	Zhangye	249	203	46
平凉市	Pingliang			
酒泉市	Jiuquan	171	66	105
庆阳市	Qingyang			
定西市	Dingxi			
陇南市	Longnan			
临夏州	Linxia	1367	1367	
甘南州	Gannan	45	41	4

主要统计指标解释

进出口总额　指实际进出我国国境的货物总金额。包括对外贸易实际进出口货物，来料加工装配进出口货物，国家间、联合国及国际组织无偿援助物资和赠送品，华侨、港澳台同胞和外籍华人捐赠品，租赁期满归承租人所有的租赁货物，进料加工进出口货物，边境地方贸易及边境地区小额贸易进出口货物（边民互市贸易除外），中外合资企业、中外合作经营企业、外商独资经营企业进出口货物和公用物品，到、离岸价格在规定限额以上的进出口货样和广告品（无商业价值、无使用价值和免费提供出口的除外），从保税仓库提取在中国境内销售的进口货物，以及其他进出口货物。该指标可以观察一个国家在对外贸易方面的总规模。我国规定出口货物按离岸价格统计，进口货物按到岸价格统计。

商品经营单位所在地进、出口额　指在所在地海关注册登记的有进出口经营权的企业实际进、出口额。

利用外资　指我国各级政府、部门、企业和其他经济组织通过对外借款、吸收外商直接投资以及用其他方式筹措的境外现汇、设备、技术等。

对外借款　指通过对外正式签订借款协议，从境外筹措的资金，包括外国政府贷款、国际金融组织贷款、外国银行商业贷款、出口信贷以及对外发行债券等。1996 年及以前还包括对外发行股票。该指标是我国利用外资的重要部分。

外商直接投资　是指外国投资者在我国境内通过设立外商投资企业、合伙企业、与中方投资者共同进行石油资源的合作勘探开发以及设立外国公司分支机构等方式进行投资。外国投资者可以用现金、实物、无形资产、股权等投资，还可以用从外商投资企业获得的利润进行再投资。

外商其他投资　指除对外借款和外商直接投资以外的各种利用外资的形式。包括企业在境内外股票市场公开发行的以外币计价的股票（目前主要是在香港证券市场发行的 H 股和在境内证券市场发行的 B 股）发行价总额，国际租赁进口设备的应付款，补偿贸易中外商提供的进口设备、技术、物料的价款，加工装配贸易中外商提供的进口设备、物料的价款。

对外承包工程　根据《对外承包工程管理条例》，对外承包工程是指中国的企业或者其他单位承包境外建设工程项目的活动。

对外劳务合作　指组织劳务人员赴其他国家或地区为国外的企业或机构工作的经营性活动。

12

农　业

Agriculture

简要说明

一、本篇资料的主要内容

本篇资料反映了农业生产和农村经济的基本情况，主要包括农林牧渔业总产值、增加值、主要农产品产量、农业机械年末拥有量、农村电气化和农业化学化情况以及农田水利建设等方面的内容。

二、本篇资料的来源

1. 农业资料来源于农村社会经济统计年报，由省统计局农村处整理提供。
2. 粮食产量数据来源于国家统计局甘肃调查总队。
3. 水利资料来源于省水利厅。
4. 农机资料来源于省农业机械管理局。

三、本篇资料的统计范围和统计口径

农村社会经济统计报表制度的统计范围包括省内全部农村社会经济情况，以及国营、机关单位农林牧渔场的农林牧渔业生产情况。农业科研单位的农业实验研究生产、军队系统的军马场生产以及军队和公安司法部门的警犬生产除外。

本篇资料中 2003 年及以后年份的农林牧渔业总产值、增加值按新口径计算。即调整了农业中种植业和其他农业的分类，增加农林牧渔服务业统计。

根据第一、二和第三次全国农业普查结果，对农业产值、增加值等历史数据进行了修订。

根据第二次全国农业普查结果，对 1997—2006 年畜牧业数据进行了修订。

根据第三次全国农业普查结果，对 2007—2017 年种植业、园林水果、畜牧业及渔业数据进行了修订。

12－1　农村基层组织情况

Basic Conditions of Rural Grass-roots Unit

项　　目	Item	2010	2015	2017	2018
村民委员会(个)	Number of Village Committee (unit)	16162	16133	16134	16118
村民小组(个)	Villagers Group (unit)	96998	97431	97242	97186
农村户数(万户)	Number of Rural Households (10 000 households)	480.63	493.76	501.07	505.47
农村人口(万人)	Rural Population (10 000 persons)	2087.61	2075.19	2073.92	2074.27
农村从业人员(万人)	Number of Rural Laborers (10 000 persons)	1113.99	1129.74	1131.37	1130.07
按性别分	By Sex				
男	Male	591.75	607.14	609.47	610.10
女	Female	522.24	522.60	521.90	519.97
按行业分	By Sector				
农林牧渔业	Agriculture, Forestry, Animal Husbandry & Fishery	724.82	668.07	656.37	652.26
工业	Industry	43.58	49.20	51.38	52.98
建筑业	Construction	86.13	110.69	118.81	121.53
批发与零售业	Wholesale and Retail Trades	29.66	35.22	36.80	37.07
交通运输仓储和邮政业	Transport, Storage and Post	26.92	29.81	30.60	29.94
住宿和餐饮业	Hotels and Catering Serices	17.57	24.02	26.65	27.66
信息传输、软件和信息技术服务业	Information Transmission, Software and Information Technology Services	2.34	3.59	4.25	4.54
金融业	Financial Intermediation	1.53	1.84	2.44	2.95
房地产业	Real Estate				
科学研究和技术服务业	Scientific Research and Technical Services	1.92	1.89	1.97	1.94
水利、环境和公共设施管理业	Management of Water Conservancy, Environment and Public Facilities				
居民服务、修理和其他服务业	Services to Households, Repair and Other Services				
教育	Education	6.03	6.91	7.18	6.95
卫生和社会工作	Health and Social Work	3.52	4.39	4.69	4.49
乡镇经济组织(乡务)管理	Villages and Towns Economic Organizations(Sangkat) Management	0.81	11.33	11.43	10.50
其他	Others	169.06	182.79	178.79	177.28

12-2 各地区农村基本情况(2018)
Basic Conditions of Rural by Region (2018)

地 区	Region	村民委员会 (个) Number of Village Committee (unit)	村民小组 (个) Villagers Group (unit)	农村户数 (万户) Number of Rural Households (10 000 households)	农村人口 (万人) Rural Population (10 000 persons)
兰州市	Lanzhou	745	4251	33.36	122.91
嘉峪关市	Jiayuguan	17	117	0.58	2.14
金昌市	Jinchang	139	1083	7.20	23.36
白银市	Baiyin	702	4526	34.74	132.88
天水市	Tianshui	2491	11359	68.12	306.23
武威市	Wuwei	1133	8476	36.09	146.95
张掖市	Zhangye	840	5722	29.17	101.08
平凉市	Pingliang	1472	9130	46.76	192.12
酒泉市	Jiuquan	438	2445	17.43	63.65
庆阳市	Qingyang	1261	9216	56.41	232.05
定西市	Dingxi	1887	12807	63.64	261.92
陇南市	Longnan	3201	14093	61.18	249.21
临夏州	Linxia	1130	11008	38.22	182.54
甘南州	Gannan	662	2953	12.56	57.23

12-3 各地区农村就业人员(2018)
Rural Laborers by Region(2018)

单位：万人 (10 000 persons)

地 区	Region	总计 Total	农林牧渔业 Agriculture, Forestry, Animal Husbandry & Fishery	工业 Industry	建筑业 Construction	批发零售贸易 Wholesale and Retail Trades	交通运输仓储业和邮政业 Transport, Storage and Post	其他非农行业 Other Non-agricultural Trades
兰州市	Lanzhou	70.64	35.60	6.12	5.64	2.98	4.11	16.19
嘉峪关市	Jiayuguan	1.30	0.82	0.13	0.06	0.04	0.07	0.18
金昌市	Jinchang	13.59	7.74	0.88	1.48	0.49	0.60	2.40
白银市	Baiyin	70.60	48.54	2.66	5.33	1.92	1.86	10.29
天水市	Tianshui	168.28	96.15	8.10	20.65	5.34	3.26	34.78
武威市	Wuwei	83.96	47.07	4.92	9.33	3.79	2.67	16.18
张掖市	Zhangye	61.05	33.64	2.34	8.87	2.21	1.79	12.20
平凉市	Pingliang	103.84	56.01	5.01	12.99	3.04	3.12	23.67
酒泉市	Jiuquan	36.70	20.97	1.66	3.26	1.59	1.23	7.99
庆阳市	Qingyang	118.15	67.02	6.23	9.89	4.07	2.81	28.13
定西市	Dingxi	144.82	91.54	4.80	17.29	3.98	2.35	24.86
陇南市	Longnan	132.69	73.82	4.27	12.85	3.15	2.37	36.23
临夏州	Linxia	93.15	51.11	5.30	11.64	3.69	2.98	18.43
甘南州	Gannan	31.30	22.23	0.56	2.25	0.81	0.72	4.73

12-4 各地县农村户数及农村人口(2018)
Number of Rural Households and Population by Region, County(2018)

地区	Region	农村户数(万户) Number of Rural Households (10 000 households)	农村人口(万人) Rural Population (10 000 persons)
兰州市	**Lanzhou**	**33.36**	**122.91**
城关区	Chengguan	0.96	3.68
七里河区	Qilihe	2.16	8.88
西固区	Xigu	2.19	7.39
安宁区	Anning		
红古区	Honggu	1.36	5.12
永登县	Yongdeng	9.29	34.10
皋兰县	Gaolan	3.48	11.74
榆中县	Yuzhong	10.39	38.23
兰州新区	Lanzhou New Area	3.53	13.78
嘉峪关市	**Jiayuguan**	**0.58**	**2.14**
金昌市	**Jinchang**	**7.20**	**23.36**
金川区	Jinchuan	1.78	4.87
永昌县	Yongchang	5.42	18.49
白银市	**Baiyin**	**34.74**	**132.88**
白银区	Baiyin	2.64	7.01
平川区	Pingchuan	2.75	10.15
靖远县	Jingyuan	12.08	44.80
会宁县	Huining	11.95	51.81
景泰县	Jingtai	5.32	19.11
天水市	**Tianshui**	**68.12**	**306.23**
秦州区	Qinzhou	10.13	46.60
麦积区	Maiji	10.32	45.61
清水县	Qingshui	6.81	30.40
秦安县	Qinan	12.76	53.78
甘谷县	Gangu	12.36	55.30
武山县	Wushan	9.29	42.98
张家川县	Zhangjiachuan	6.46	31.56
武威市	**Wuwei**	**36.09**	**146.95**
凉州区	Liangzhou	18.55	76.53
民勤县	Minqin	5.59	22.65
古浪县	Gulang	8.14	33.18
天祝县	Tianzhu	3.81	14.59
张掖市	Zhangye	**29.17**	**101.08**
甘州区	Ganzhou	10.48	35.62
肃南县	Sunan	0.95	2.71
民乐县	Minle	5.74	22.40
临泽县	Linze	3.50	12.14
高台县	Gaotai	4.04	12.99
山丹县	Shandan	4.47	15.20
平凉市	**Pingliang**	**46.76**	**192.12**
崆峒区	Kongtong	8.57	33.30
泾川县	Jingchuan	7.75	31.69
灵台县	Lingtai	5.73	20.75
崇信县	Chongxin	2.02	8.11
庄浪县	Zhuanglang	9.37	40.73
静宁县	Jingning	9.93	43.82
华亭市	Huating	3.39	13.71
酒泉市	**Jiuquan**	**17.43**	**63.65**
肃州区	Suzhou	5.84	21.37
金塔县	Jinta	2.94	10.83
瓜州县	Guazhou	2.80	10.59
肃北县	Subei	0.23	0.61
阿克塞县	Akesai	0.11	0.28
玉门市	Yumen	2.69	9.86
敦煌市	Dunhuang	2.82	10.10
庆阳市	**Qingyang**	**56.41**	**232.05**
西峰区	Xifeng	6.60	27.01
庆城县	Qingcheng	5.64	23.42
环　县	Huanxian	8.08	32.96
华池县	Huachi	2.95	11.64
合水县	Heshui	3.88	15.41
正宁县	Zhengning	5.24	21.47
宁　县	Ningxian	12.27	52.57
镇原县	Zhenyuan	11.75	47.57
定西市	**Dingxi**	**63.64**	**261.92**
安定区	Anding	10.27	37.43
通渭县	Tongwei	8.79	39.28
陇西县	Longxi	10.54	42.84
渭源县	Weiyuan	7.86	32.23
临洮县	Lintao	11.79	48.28
漳　县	Zhangxian	4.14	19.11
岷　县	Minxian	10.25	42.76
陇南市	**Longnan**	**61.18**	**249.21**
武都区	Wudu	12.73	52.75
成　县	Chengxian	5.79	21.86
文　县	Wenxian	6.52	21.76
宕昌县	Tanchang	6.37	27.90
康　县	Kangxian	4.88	17.16
西和县	Xihe	8.54	39.22
礼　县	Lixian	10.32	46.43
徽　县	Huixian	4.94	18.59
两当县	Liangdang	1.09	3.53
临夏州	**Linxia**	**38.22**	**182.54**
临夏市	Linxia	2.05	9.16
临夏县	Linxia	7.81	36.04
康乐县	Kangle	5.50	25.65
永靖县	Yongjing	3.95	16.46
广河县	Guanghe	4.01	21.96
和政县	Hezheng	4.16	19.20
东乡县	Dongxiang	5.78	29.58
积石山县	Jishishan	4.96	24.49
甘南州	**Gannan**	**12.56**	**57.23**
合作市	Hezuo	0.57	3.48
临潭县	Lintan	3.26	13.76
卓尼县	Zhuoni	1.90	9.37
舟曲县	Zhouqu	3.11	12.43
迭部县	Diebu	0.86	4.03
玛曲县	Maqu	0.95	4.16
碌曲县	Luqu	0.58	2.87
夏河县	Xiahe	1.34	7.12

12-5 各地县乡村从业人员(2018)
Rural Employed Persons by Region, County(2018)

单位：万人 (10 000 persons)

地 区	Region	乡村从业人员 Rural Employed Persons	#农、林、牧、渔业 Agriculture, Forestry, Animal Husbandry and Fishery
兰州市	**Lanzhou**	**70.64**	**35.60**
城关区	Chengguan	1.96	0.57
七里河区	Qilihe	5.03	3.01
西固区	Xigu	4.36	1.73
安宁区	Anning	2.16	0.27
红古区	Honggu	3.08	1.83
永登县	Yongdeng	20.17	10.04
皋兰县	Gaolan	6.27	3.33
榆中县	Yuzhong	20.79	11.83
兰州新区	Lanzhou New Area	6.80	2.98
嘉峪关市	**Jiayuguan**	**1.30**	**0.82**
金昌市	**Jinchang**	**13.59**	**7.74**
金川区	Jinchuan	2.90	1.64
永昌县	Yongchang	10.69	6.10
白银市	**Baiyin**	**70.60**	**48.54**
白银区	Baiyin	3.43	1.49
平川区	Pingchuan	6.48	3.81
靖远县	Jingyuan	23.23	17.23
会宁县	Huining	27.54	19.54
景泰县	Jingtai	9.92	6.47
天水市	**Tianshui**	**168.28**	**96.15**
秦州区	Qinzhou	24.67	12.62
麦积区	Maiji	24.36	13.29
清水县	Qingshui	15.86	10.10
秦安县	Qinan	31.11	19.71
甘谷县	Gangu	30.15	15.77
武山县	Wushan	23.83	13.06
张家川县	Zhangjiachuan	18.29	11.60
武威市	**Wuwei**	**83.96**	**47.07**
凉州区	Liangzhou	43.76	20.11
民勤县	Minqin	11.17	8.01
古浪县	Gulang	19.71	12.98
天祝县	Tianzhu	9.33	5.96
张掖市	**Zhangye**	**61.05**	**33.64**
甘州区	Ganzhou	21.32	12.42
肃南县	Sunan	1.47	1.02
民乐县	Minle	13.10	8.61
临泽县	Linze	7.55	3.73
高台县	Gaotai	8.21	3.97
山丹县	Shandan	9.41	3.89
平凉市	**Pingliang**	**103.84**	**56.01**
崆峒区	Kongtong	18.68	9.11
泾川县	Jingchuan	15.69	9.46
灵台县	Lingtai	11.20	6.33
崇信县	Chongxin	5.17	2.55
庄浪县	Zhuanglang	23.28	11.58
静宁县	Jingning	22.37	13.93
华亭市	Huating	7.45	3.05
酒泉市	**Jiuquan**	**36.70**	**20.97**
肃州区	Suzhou	12.34	6.67
金塔县	Jinta	6.32	3.67
瓜州县	Guazhou	5.98	4.06
肃北县	Subei	0.32	0.23
阿克塞县	Akesai	0.17	0.12
玉门市	Yumen	5.95	3.49
敦煌市	Dunhuang	5.62	2.74
庆阳市	**Qingyang**	**118.15**	**67.02**
西峰区	Xifeng	13.70	7.33
庆城县	Qingcheng	12.59	8.09
环 县	Huanxian	17.75	8.90
华池县	Huachi	6.25	5.05
合水县	Heshui	8.14	5.09
正宁县	Zhengning	12.12	6.85
宁 县	Ningxian	26.53	14.54
镇原县	Zhenyuan	21.08	11.17
定西市	**Dingxi**	**144.82**	**91.54**
安定区	Anding	20.73	13.23
通渭县	Tongwei	22.45	13.52
陇西县	Longxi	24.69	15.41
渭源县	Weiyuan	17.97	12.89
临洮县	Lintao	24.81	15.17
漳 县	Zhangxian	9.76	4.46
岷 县	Minxian	24.41	16.87
陇南市	**Longnan**	**132.69**	**73.82**
武都区	Wudu	26.30	10.97
成 县	Chengxian	11.88	6.49
文 县	Wenxian	11.97	6.90
宕昌县	Tanchang	15.16	9.47
康 县	Kangxian	9.82	6.74
西和县	Xihe	20.69	12.65
礼 县	Lixian	24.28	14.70
徽 县	Huixian	10.44	4.61
两当县	Liangdang	2.16	1.30
临夏州	Linxia	**93.15**	**51.11**
临夏市	linxia	3.84	1.05
临夏县	linxia	18.11	7.32
康乐县	Kangle	13.42	9.45
永靖县	Yongjing	9.49	5.71
广河县	Guanghe	11.82	7.66
和政县	Hezheng	11.53	3.60
东乡县	Dongxiang	12.55	8.66
积石山县	Jishishan	12.39	7.65
甘南州	**Gannan**	**31.30**	**22.23**
合作市	Hezuo	2.09	1.81
临潭县	Lintan	7.47	5.08
卓尼县	Zhuoni	5.31	4.12
舟曲县	Zhouqu	6.58	3.10
迭部县	Diebu	2.02	1.51
玛曲县	Maqu	2.26	2.10
碌曲县	Luqu	1.61	1.46
夏河县	Xiahe	3.96	3.05

12-6 历年农林牧渔业总产值
Gross Output Value of Agriculture, Forestry, Animal Husbandry and Fishery

单位：万元　　(10 000 yuan)

年份 Year	农林牧渔业总产值 Gross Output Value of Agriculture, Forestry, Animal Husbandry and Fishery	农业 Agriculture	林业 Forestry	牧业 Animal Husbandry	渔业 Fishery	农林牧渔服务业 Services in Support of Agriculture
1978	224533	163057	6153	37871	15	17437
1979	232810	167282	6020	42142	22	17344
1980	273886	204964	6509	47391	22	15000
1981	280174	206490	9850	47008	26	16800
1982	305248	211363	16903	53768	29	23185
1983	400865	284715	21158	68525	31	26436
1984	403253	264127	32261	72533	28	34304
1985	488182	326444	36296	104723	90	20629
1986	563960	380401	34052	125629	248	23630
1987	655161	418447	34509	169234	563	32408
1988	847166	532298	38231	242954	1233	32450
1989	891232	563476	33209	252186	1811	40551
1990	1024993	686857	32679	257733	2156	45568
1991	1065704	712525	35284	264560	2669	50666
1992	1194970	811291	41310	279057	3312	60000
1993	1353978	928773	47260	311061	4218	62666
1994	2121949	1479266	57959	479308	5595	99821
1995	2694508	1885426	65048	619212	7845	116977
1996	3073203	2339849	65780	646457	8508	12609
1997	2992411	2099008	74206	678147	9309	131741
1998	3346943	2358231	87791	722056	11645	167220
1999	3199866	2332447	96697	600261	10352	160108
2000	3201176	2228126	111534	688108	11878	161530
2001	3396579	2396351	86471	759285	10896	143576
2002	3528583	2532054	138735	807290	10004	40500
2003	4278433	2758234	198140	854917	9571	457571
2004	5035034	3313663	161915	1057696	9863	491898
2005	5497110	3628896	158959	1143231	10237	555787
2006	5937000	3958383	149934	1182928	10369	635386
2007	6860990	4587283	194286	1311680	10469	757272
2008	7524991	5037264	209174	1217880	8324	1052350
2009	8097206	5505614	225986	1244182	9162	1112262
2010	9052186	6288841	220555	1415203	7787	1119800
2011	9996869	6885580	205049	1639435	10548	1256256
2012	11160035	7729821	238727	1803793	11931	1375763
2013	12337770	8537930	266494	1972491	13275	1547580
2014	13073146	8977921	302083	2089529	14193	1689420
2015	13861771	9511521	338827	2175063	14423	1821936
2016	14431154	9857296	308329	2859114	22185	1384230
2017	15596407	10686132	315719	3089678	20904	1483974
2018	16593567	11660985	330745	3188756	19740	1393340

12-7 历年农林牧渔业总产值指数
Indices of Gross Output Value of Agriculture, Forestry, Animal Husbandry and Fishery

（上年=100） (preceding year=100)

年份 Year	农林牧渔业总产值 Gross Output Value of Agriculture, Forestry, Animal Husbandry and Fishery	农业 Agriculture	林业 Forestry	牧业 Animal Husbandry	渔业 Fishery	农林牧渔服务业 Services in Support of Agriculture
1978	105.19	104.32	96.75	110.95	84.62	
1979	93.52	91.55	88.71	101.35	120.24	
1980	111.08	115.08	114.92	98.03	83.17	
1981	92.24	91.71	85.76	95.79	104.76	
1982	113.30	108.87	140.21	122.37	111.36	
1983	113.83	115.15	120.15	108.13	107.14	
1984	108.98	105.12	138.46	112.93	138.10	
1985	113.64	108.54	112.93	129.35	158.62	
1986	107.25	107.39	85.43	113.67	145.22	
1987	102.48	102.63	92.00	104.45	200.00	
1988	107.14	111.27	88.71	101.10	134.43	
1989	107.17	105.29	93.81	114.40	136.41	
1990	105.26	106.78	101.45	102.14	117.47	
1991	101.04	100.37	102.04	102.51	113.34	
1992	106.62	108.91	107.01	100.91	114.84	
1993	107.76	109.56	104.46	103.47	116.02	
1994	104.34	104.33	104.09	104.33	114.08	
1995	99.91	98.56	97.36	103.86	128.40	
1996	112.00	115.66	101.20	103.91	106.60	
1997	100.40	100.43	95.49	100.93	110.26	
1998	115.93	119.08	98.92	108.92	117.69	
1999	99.04	98.33	112.22	99.47	120.41	
2000	104.92	103.44	122.46	107.12	109.55	
2001	107.81	109.93	71.19	107.14	104.29	
2002	105.77	103.75	163.62	106.12	100.44	
2003	105.88	103.18	148.36	107.41	97.20	
2004	107.10	108.05	80.83	110.12	107.05	105.00
2005	107.03	107.21	90.85	107.03	105.92	111.30
2006	104.61	103.58	85.55	109.04	105.29	112.99
2007	104.31	104.17	130.96	96.83	107.17	112.76
2008	107.35	108.89	109.48	102.93	101.16	105.24
2009	105.79	105.18	116.21	107.50	101.04	103.57
2010	105.69	106.74	89.35	104.84	105.25	103.02
2011	105.38	106.17	105.35	101.83	109.39	105.83
2012	106.35	106.98	103.13	104.20	102.04	106.22
2013	104.90	104.80	112.25	102.66	105.18	108.79
2014	105.36	104.70	108.91	107.09	101.07	106.92
2015	105.70	105.58	112.16	105.53	101.02	105.94
2016	105.30	105.70	110.45	102.90	101.19	105.52
2017	105.23	105.08	103.14	106.10	105.24	105.17
2018	103.69	105.44	104.76	102.40	96.06	93.61

注：本表按可比价格计算。

a) The indices in this table are calculated at constant prices.

12-8 各地县农林牧渔业总产值(2018)
Gross Output Value of Agriculture, Forestry, Animal Husbandry and Fishery by Region, County(2018)

单位：万元 (10 000 yuan)

地区	Region	农林牧渔业总产值 Gross Output Value of Agriculture, Forestry, Animal Husbandry and Fishery	农业 Agriculture	林业 Forestry	牧业 Animal Husbandry	渔业 Fishery	农林牧渔服务业 Services in Support of Agriculture	农林牧渔业总产值指数(上年=100) Indices (preceding year=100)
兰州市	**Lanzhou**	**786312**	**533896**	**14964**	**159837**	**1244**	**76371**	**113.34**
城关区	Chengguan	8133	4331	1607	1001		1194	93.09
七里河区	Qilihe	95318	47826	218	26532		20743	102.65
西固区	Xigu	43876	31319	350	10298	147	1763	93.88
安宁区	Anning	3133	1365	698	399		671	105.94
红古区	Honggu	93852	81142	235	9418	83	2973	146.51
永登县	Yongdeng	169381	107215	1450	53632	927	6156	99.72
皋兰县	Gaolan	105149	86752	1143	10142		7112	105.04
榆中县	Yuzhong	238493	159220	8623	39850	87	30713	119.20
兰州新区	Lanzhou New Area	28978	14727	639	8565		5047	164.30
嘉峪关市	**Jiayuguan**	**65024**	**51852**	**145**	**12716**	**1**	**310**	**104.97**
金昌市	**Jinchang**	**398666**	**274272**	**6630**	**54687**	**343**	**62734**	**106.09**
金川区	Jinchuan	114230	71347	1669	11247		29967	103.44
永昌县	Yongchang	284436	202925	4961	43440	343	32768	107.20
白银市	**Baiyin**	**1222524**	**782825**	**16197**	**328273**	**1585**	**93643**	**106.20**
白银区	Baiyin	73307	32248	2673	24085	392	13909	90.60
平川区	Pingchuan	64249	37964	1518	19765	63	4939	96.31
靖远县	Jingyuan	469242	347376	3299	87968	640	29960	112.35
会宁县	Huining	379977	217568	7651	132426		22331	104.42
景泰县	Jingtai	235749	147669	1057	64029	490	22504	107.06
天水市	**Tianshui**	**1460485**	**1280537**	**7634**	**144755**	**1236**	**26323**	**100.82**
秦州区	Qinzhou	207386	190850	1038	12625	197	2677	100.43
麦积区	Maiji	194993	168257	1667	21136	215	3718	102.38
清水县	Qingshui	162867	132149	610	25894	142	4072	103.30
秦安县	Qinan	227765	216193	1681	9313	2	575	100.87
甘谷县	Gangu	264683	235150	647	23654	144	5088	98.82
武山县	Wushan	287670	249438	1964	30063	488	5718	100.65
张家川县	Zhangjiachuan	115121	88501	27	22070	48	4475	99.29
武威市	**Wuwei**	**2040225**	**1308697**	**51945**	**575884**	**360**	**103339**	**102.74**
凉州区	Liangzhou	1083491	685176	1078	355533	39	41665	109.67
民勤县	Minqin	469526	299530	42383	96647	315	30651	95.14
古浪县	Gulang	321384	240329	7413	58331		15312	98.53
天祝县	Tianzhu	165824	83663	1072	65372	6	15711	90.17
张掖市	**Zhangye**	**1677037**	**914836**	**16113**	**457676**	**1627**	**286785**	**109.28**

12－8 续表 1 continued

单位：万元 (10 000 yuan)

地 区	Region	农林牧渔业总产值 Gross Output Value of Agriculture, Forestry, Animal Husbandry and Fishery	农业 Agriculture	林业 Forestry	牧业 Animal Husbandry	渔业 Fishery	农林牧渔服务业 Services in Support of Agriculture	农林牧渔业总产值指数（上年＝100）Indices (preceding year＝100)
甘州区	Ganzhou	657407	264997	2377	179196	555	210281	105.63
肃南县	Sunan	103280	22401	1791	75898		3190	105.67
民乐县	Minle	262038	202123	6054	42789		11073	118.55
临泽县	Linze	239147	117602	1523	65645	464	53913	103.75
高台县	Gaotai	235031	175877	2173	50763	561	5657	122.58
山丹县	Shandan	148676	101676	2194	42089	46	2671	103.47
平凉市	**Pingliang**	**1526809**	**1221699**	**19625**	**253829**	**478**	**31179**	**102.55**
崆峒区	Kongtong	133760	75190	2679	51658	144	4089	91.77
泾川县	Jingchuan	117562	86111	7706	22134	20	1591	63.49
灵台县	Lingtai	156985	113582	1936	38792	127	2547	129.01
崇信县	Chongxin	128698	72820	1744	48329	39	5767	114.48
庄浪县	Zhuanglang	393076	349097	2214	34529	99	7137	114.99
静宁县	Jingning	510460	471006	2134	30904	26	6390	103.26
华亭市	Huating	86268	53891	1212	27483	23	3659	105.57
酒泉市	**Jiuquan**	**1568223**	**907175**	**41086**	**258583**	**2720**	**358658**	**105.67**
肃州区	Suzhou	601244	269842	6569	114852	1473	208509	106.11
金塔县	Jinta	371492	233966	20942	55656	704	60225	105.95
瓜州县	Guazhou	192937	150415	1013	20528	224	20757	108.56
肃北县	Subei	12620	2282	18	9603		717	103.79
阿克塞县	Akesai	12390	2211	2854	7063		263	109.02
玉门市	Yumen	193141	145860	4174	31191	162	11754	107.01
敦煌市	Dunhuang	184399	102600	5517	19691	158	56433	99.88
庆阳市	**Qingyang**	**1173750**	**808775**	**34493**	**266356**	**1052**	**63073**	**102.79**
西峰区	Xifeng	109196	77705	1899	11912	85	17596	107.87
庆城县	Qingcheng	143617	112353	4071	19501	39	7653	108.62
环 县	Huanxian	201103	123384	4635	67093	69	5923	92.11
华池县	Huachi	77578	57055	6928	11064	12	2520	91.54
合水县	Heshui	87992	54661	5417	24370	79	3465	107.09
正宁县	Zhengning	87222	68471	2441	9793	9	6509	102.82
宁 县	Ningxian	194444	127968	4288	52629	469	9090	99.87
镇原县	Zhenyuan	272597	187179	4815	69995	292	10316	108.26
定西市	**Dingxi**	**1159668**	**911915**	**29795**	**158483**	**472**	**59004**	**107.94**
安定区	Anding	219358	183922	1928	30583		2924	105.98
通渭县	Tongwei	160153	116533	17332	24524	3	1760	115.61

12-8 续表 2 continued

单位：万元 (10 000 yuan)

地 区	Region	农林牧渔业总产值 Gross Output Value of Agriculture, Forestry, Animal Husbandry and Fishery	农业 Agriculture	林业 Forestry	牧业 Animal Husbandry	渔业 Fishery	农林牧渔服务业 Services in Support of Agriculture	农林牧渔业总产值指数(上年=100) Indices (preceding year=100)
陇西县	Longxi	211989	150366	1438	27537	55	32593	105.24
渭源县	Weiyuan	164040	145198	2551	12582	73	3637	107.72
临洮县	Lintao	186806	127386	2261	40449	158	16552	111.52
漳 县	Zhangxian	81094	70651	2883	6873	143	544	104.21
岷 县	Minxian	136229	117859	1402	15935	40	993	104.55
陇南市	**Longnan**	**1120372**	**877806**	**67602**	**121998**	**839**	**52128**	**95.52**
武都区	Wudu	346281	278466	40778	22579	258	4200	90.28
成 县	Chengxian	98884	69896	4889	10920	101	13077	100.33
文 县	Wenxian	112016	94496	3840	12044	210	1427	95.42
宕昌县	Tanchang	88140	72621	3930	10206	12	1371	91.34
康 县	Kangxian	51972	39091	1827	7612	21	3420	99.65
西和县	Xihe	94551	71708	2748	13501	14	6580	95.46
礼 县	Lixian	155582	117867	5333	18275	81	14025	95.84
徽 县	Huixian	129432	99144	2734	21001	135	6418	104.81
两当县	Liangdang	43515	34516	1522	5858	8	1611	92.40
临夏州	**Linxia**	**595714**	**329443**	**13237**	**163406**	**1335**	**88294**	**101.39**
临夏市	linxia	31497	6897	115	13058	84	11343	100.77
临夏县	linxia	119925	67088	1981	34370	35	16450	101.04
康乐县	Kangle	77261	46324	1317	14364	8	15247	97.75
永靖县	Yongjing	97801	63005	2057	19581	834	12324	100.12
广河县	Guanghe	55604	34528	1943	11972		7161	97.75
和政县	Hezheng	49798	29415	1743	11968		6671	104.53
东乡县	Dongxiang	101657	39128	872	49996	311	11350	104.75
积石山县	Jishishan	62172	43057	3208	8097	62	7748	105.48
甘南州	**Gannan**	**541846**	**92265**	**37782**	**328764**	**39**	**82996**	**104.00**
合作市	Hezuo	35386	6129	400	25841		3016	101.39
临潭县	Lintan	68065	20329	1251	27232	4	19249	99.27
卓尼县	Zhuoni	72570	17356	3827	39624	26	11738	104.01
舟曲县	Zhouqu	72729	30710	10116	15704		16199	101.17
迭部县	Diebu	51993	11902	16995	23091		5	113.60
玛曲县	Maqu	97088		287	88218	9	8574	103.48
碌曲县	Luqu	63951	1154	1106	47854		13838	106.44
夏河县	Xiahe	80064	4686	3800	61200		10378	104.05

12-9 农林牧渔业增加值及指数

Value-added of Agriculture, Forestry, Animal Husbandry and Fishery and Related Indices

指标	Item	2010	2015	2017	2018
绝对数(万元)	**Absolute Number (10 000 yuan)**				
农林牧渔业增加值	**Value-added**	**5017273**	**7807404**	**8959998**	**9621070**
农业	Agriculture	3663467	5724609	6421099	6997016
林业	Forestry	92868	152401	145996	150421
牧业	Animal Husbandry	964494	1446516	2015397	2097479
渔业	Fishery	5296	10175	14989	13885
农林牧渔服务业	Services in Support of Agriculture	291148	473703	362517	362269
指数(上年=100)	**Indices (preceding year=100)**				
农林牧渔业增加值	**Value-added**	**105.5**	**105.4**	**105.4**	**104.6**
农业	Agriculture	106.4	105.9	105.3	105.3
林业	Forestry	92.3	107.4	103.3	103.0
牧业	Animal Husbandry	104.6	103.4	106.1	103.3
渔业	Fishery	105.2	101.7	103.4	94.2
农林牧渔服务业	Services in Support of Agriculture	103.0	105.9	105.2	99.6

12-10 各地区农林牧渔业增加值(2018)

Value-added of Agriculture, Forestry, Animal Husbandry and Fishery by Region(2018)

单位：万元 (10 000 yuan)

地区	Region	农林牧渔业增加值 Value-added	农业 Agriculture	林业 Forestry	牧业 Animal Husbandry	渔业 Fishery	农林牧渔服务业 Services in Support of Agriculture
兰州市	Lanzhou	449667	303511	5508	119846	945	19857
嘉峪关市	Jiayuguan	39903	33232	3	6587	1	81
金昌市	Jinchang	207250	149282	4647	36835	175	16311
白银市	Baiyin	717016	456451	4067	230988	1163	24347
天水市	Tianshui	917516	809510	17643	82417	1102	6844
武威市	Wuwei	1232192	703794	24581	476635	315	26868
张掖市	Zhangye	965842	556041	7399	326907	931	74564
平凉市	Pingliang	886970	733120	5862	139558	323	8106
酒泉市	Jiuquan	831525	548184	24210	163989	1892	93251
庆阳市	Qingyang	726468	498595	10782	200097	595	16399
定西市	Dingxi	671317	535117	11812	108758	290	15341
陇南市	Longnan	723877	580717	46849	82220	538	13553
临夏州	Linxia	350537	201947	6206	118574	853	22956
甘南州	Gannan	390414	63772	23472	281570	21	21579

12-11 各地区农林牧渔业增加值指数(2018)
Indices of Value-added of Agriculture, Forestry, Animal Husbandry and Fishery by Region(2018)

(上年=100) (preceding year=100)

地区	Region	农林牧渔业增加值指数 Indices of Value-added	农业 Agriculture	林业 Forestry	牧业 Animal Husbandry	渔业 Fishery	农林牧渔服务业 Services in Support of Agriculture
兰州市	Lanzhou	105.8	105.8	88.8	107.4	102.2	101.9
嘉峪关市	Jiayuguan	104.6	104.2	103.4	106.7	109.6	104.8
金昌市	Jinchang	105.9	106.6	164.9	102.1	593.2	97.5
白银市	Baiyin	106.2	111.0	50.1	99.4	150.4	106.1
天水市	Tianshui	104.5	104.8	102.9	105.8	105.1	72.2
武威市	Wuwei	106.5	103.2	102.7	111.8	124.6	105.6
张掖市	Zhangye	106.1	105.9	61.1	109.6	94.1	103.4
平凉市	Pingliang	96.3	97.1	80.6	94.5	54.6	84.1
酒泉市	Jiuquan	106.4	110.1	91.6	101.4	104.6	99.7
庆阳市	Qingyang	106.3	105.8	97.8	110.2	57.0	97.7
定西市	Dingxi	105.6	105.8	156.1	103.1	106.0	102.9
陇南市	Longnan	103.6	105.0	93.2	103.0	72.4	98.2
临夏州	Linxia	104.6	106.2	78.9	104.1	84.1	104.2
甘南州	Gannan	104.7	104.8	97.1	105.8	91.5	99.9

注:本表按可比价格计算。
a) The indices in this table are calculated at constant prices.

12-12 灌溉、水库和除涝、治水、治碱情况
Irrigation, Reservoirs, Flood Prevention, Water and Soil Conservation, Improvement of Saline-Alkaline Land

指标	Item	2010	2015	2017	2018
水库数(座)	Number of Reservoirs (unit)	313	381	383	388
大型水库	Large Reservoir	8	9	9	9
中型水库	Medium-sized Reservoir	38	42	42	42
小型水库	Small Reservoir	267	330	332	337
水利工程年供水量(亿立方米)	Annual Water Supply for Irrigation Engineering (100 million cu.m)	122.32	117.95	110.91	106.16
为农业年供水量(亿立方米)	Annual Water Supply for Agriculture (100 million cu.m)	97.79	88.02	84.37	82.75
为工业年供水量(亿立方米)	Annual Water Supply for Industry (100 million cu.m)	12.75	10.79	8.40	8.16
为城乡生活年供水量(亿立方米)	Annual Water Supply for Living (100 million cu.m)	7.23	9.03	9.30	9.07
为生态环境年供水量(亿立方米)	Annual Water Supply for Ecological Environment (100 million cu.m)	3.55	10.10	8.48	5.48
水土流失治理面积(万公顷)	Area of Soil Erosion under Control (10 000 hectares)	794.69	770.22	858.05	909.07
小流域治理面积(万公顷)	Area of Small Valley under Control (10 000 hectares)	212.62	202.45	239.37	251.81
堤防长度(公里)	Total Length of Dikes (km)	3671.00	7162.87	8151.62	8889.32

12－13 农业机械拥有量
Number of Agricultural Machinery Owned

指　　标	Item	2010	2015	2017	2018
农业机械总动力合计(万千瓦)	Total Power of Agricultural Machinery (10 000 kw)	1977. 55	2684. 95	2018. 59	2102. 79
#柴油发动机动力	Power of Diesel Engines	1579. 07	2182. 11	1468. 85	1530. 70
农用大中型拖拉机(台)	Number of Large and Medium-sized Agricultural Tractors (unit)	73174	160342	188709	88787
小型拖拉机(台)	Number of Small Tractors (unit)	460716	613248	630285	735038
联合收割机(台)	Combine Harvester (unit)	3632	8110	10193	10688
机动脱粒机(台)	Motorized Thresher (unit)	134419	255225	281193	286370

注：根据2016年新修订的《全国农业机械化管理统计报表制度》，农业机械总动力指标统计中删除了农用运输车、三轮汽车和低速载货汽车。

a) According to the newly revised "National Agricultural Mechanization Management Statistical Reporting System" in 2016, the index of agricultural vehicles, three-wheeled vehicles and low-speed trucks were removed in the total power of agricultural machinery statistics.

12－14 农业生产条件
Agriculture Production Condition

指　　标	Item	2010	2015	2017	2018
农业机械化	Agriculture Mechanization				
机耕水平(%)	Level of Mechanical Plowing (%)	50. 96	72. 80	79. 05	81. 76
机播水平(%)	Level of Mechanical Sowing (%)	30. 11	38. 23	42. 48	47. 86
农业水利化	Agriculture Irrigation and Water				
有效灌溉面积(千公顷)	Effective Irrigated Area (1 000 hectares)	1098. 88	1165. 59	1192. 89	1214. 09
水平梯田面积(千公顷)	Level Terrace Area (1 000 hectares)	1840. 61	2063. 50	2098. 80	2086. 92
条田面积(千公顷)	Strip Area (1 000 hectares)	859. 31	314. 60	315. 03	275. 48
农业电气化	Agriculture Electrization				
农村用电量(万千瓦小时)	Electricity Consumed in Rural Areas (10 000 kw·h)	428511	540417	558547	590750
农村生产用电	For Produce	275651	332599	334144	338291
农民生活用电	For Living	152861	207818	224403	252459
乡村办村水电站(个)	Number of Hydropower Stations in Rural Areas(unit)	304	365	371	374
乡村办水电站装机容量(万千瓦)	Generating Capacity of Hydropower Station in Rural Areas (10 000 kw)		115. 9	149. 1	186. 6
已通电村(个)	Electrified Villages (unit)	16115	16108	16117	16097
占全省总数(%)	Rate in Total (%)	99. 71	99. 85	99. 89	99. 87
农业化学化	Chemical for Agriculture				
农用化肥施用量(实物量)(万吨)	Consumption of Chemical Fertilizers (real)(10 000 tons)	292. 92	321. 02	311. 07	292. 09
农用化肥施用量(折纯量)(万吨)	Consumption of Chemical Fertilizers (convert to pure amount)(10 000 tons)	85. 26	97. 92	84. 49	83. 17
氮肥	Nitrogenous Fertilizer	37. 93	40. 55	34. 08	33. 18
磷肥	Phosphate Fertilizer	16. 56	19. 13	15. 58	15. 52
钾肥	Potash Fertilizer	6. 09	8. 87	7. 63	7. 62
复合肥	Compound Fertilizer	24. 68	29. 37	27. 20	26. 85
农用塑料薄膜使用量(万吨)	Household Plastic Film Consumption (10 000 tons)	12. 37	18. 37	17. 22	16. 41

12-15 各地县农业生产条件(2018)
Agriculture Production Condition by Region, County(2018)

地 区	Region	农业机械总动力(千瓦小时) Total Power of Agricultural Machinery (kw·h)	农村用电量(万千瓦小时) Electricity Consumed in Rural Areas (10 000 kw·h)	化肥施用折纯量(吨) Chemical Fertilizer Consumption (convert to pure amount) (ton)	有效灌溉面积(千公顷) Effective Irrigated Area (1 000 hectares)
兰州市	**Lanzhou**	**1149872**	**40483**	**34557**	**70.33**
城关区	Chengguan	22697	3947	421	0.14
七里河区	Qilihe	67400	2710	2048	3.61
西固区	Xigu	49165	3991	910	2.66
安宁区	Anning	1006	2018	11	0.04
红古区	Honggu	121905	4777	2056	4.04
永登县	Yongdeng	358877	10160	9258	21.98
皋兰县	Gaolan	208761	2962	3358	10.33
榆中县	Yuzhong	320061	6916	15346	19.23
兰州新区	Lanzhou New Area		3001	1149	8.29
嘉峪关市	**Jiayuguan**	**114119**	**1264**	**409**	**2.98**
金昌市	**Jinchang**	**1019734**	**23280**	**16432**	**63.38**
金川区	Jinchuan	247842	12102	3720	13.25
永昌县	Yongchang	771892	11178	12711	50.13
白银市	**Baiyin**	**1784465**	**51981**	**51941**	**106.33**
白银区	Baiyin	229441	6068	3950	4.79
平川区	Pingchuan	117400	9987	3246	6.93
靖远县	Jingyuan	439818	19540	18403	40.52
会宁县	Huining	539063	5211	12705	21.03
景泰县	Jingtai	458742	11176	13638	33.06
天水市	**Tianshui**	**1502716**	**40583**	**72957**	**38.07**
秦州区	Qinzhou	222005	5222	7960	2.89
麦积区	Maiji	242170	8884	14914	8.81
清水县	Qingshui	142054	3026	7121	1.67
秦安县	Qinan	230911	7840	17407	7.99
甘谷县	Gangu	260875	6858	7665	7.20
武山县	Wushan	237355	5892	15158	7.19
张家川县	Zhangjiachuan	167275	2861	2732	2.32
武威市	**Wuwei**	**3010027**	**83398**	**111184**	**193.83**
凉州区	Liangzhou	1312287	48186	47872	96.56
民勤县	Minqin	951229	13869	39756	54.37
古浪县	Gulang	542502	17783	18693	37.32
天祝县	Tianzhu	204009	3561	4864	5.58
张掖市	**Zhangye**	**2215595**	**53669**	**83213**	**201.92**

12－15 续表 1 continued

地 区	Region	农业机械总动力（千瓦小时）Total Power of Agricultural Machinery（kw·h）	农村用电量（万千瓦小时）Electricity Consumed in Rural Areas（10 000 kw·h）	化肥施用折纯量（吨）Chemical Fertilizer Consumption（convert to pure amount）（ton）	有效灌溉面积（千公顷）Effective Irrigated Area（1 000 hectares）
甘州区	Ganzhou	527519	20522	26177	66.30
肃南县	Sunan	74914	2749	1232	6.94
民乐县	Minle	555181	1836	22088	45.53
临泽县	Linze	382504	8107	12927	29.22
高台县	Gaotai	330556	8124	7926	24.75
山丹县	Shandan	344920	12331	9673	25.84
平凉市	**Pingliang**	**1190441**	**38836**	**93885**	**37.20**
崆峒区	Kongtong	176782	6170	10090	12.91
泾川县	Jingchuan	177115	6139	16495	4.91
灵台县	Lingtai	173001	4878	11227	2.72
崇信县	Chongxin	50200	1242	6734	1.63
庄浪县	Zhuanglang	290000	6857	19587	3.29
静宁县	Jingning	246913	11000	25411	8.65
华亭市	Huating	76430	2551	4342	3.09
酒泉市	**Jiuquan**	**2330102**	**41229**	**67836**	**197.11**
肃州区	Suzhou	730899	10634	22117	60.43
金塔县	Jinta	483215	4897	11003	38.27
瓜州县	Guazhou	376647	10021	12327	49.07
肃北县	Subei	32200	141	170	1.18
阿克塞县	Akesai	26955	403	175	0.42
玉门市	Yumen	354709	8259	13956	36.38
敦煌市	Dunhuang	325477	6873	8088	11.37
庆阳市	**Qingyang**	**1636332**	**56053**	**90079**	**50.00**
西峰区	Xifeng	242593	4819	7665	8.21
庆城县	Qingcheng	161527	8677	14108	4.30
环 县	Huanxian	264591	19126	21857	4.74
华池县	Huachi	151823	1941	4108	5.32
合水县	Heshui	146498	3920	6084	3.47
正宁县	Zhengning	178016	4643	10517	3.58
宁 县	Ningxian	265387	4064	8417	6.98
镇原县	Zhenyuan	225896	8863	17322	13.41
定西市	**Dingxi**	**1811316**	**56019**	**90262**	**70.10**
安定区	Anding	378979	8975	17536	12.02
通渭县	Tongwei	260885	6115	18141	2.41

12－15 续表 2 continued

地 区	Region	农业机械总动力（千瓦小时）Total Power of Agricultural Machinery（kw·h）	农村用电量（万千瓦小时）Electricity Consumed in Rural Areas（10 000 kw·h）	化肥施用折纯量（吨）Chemical Fertilizer Consumption（convert to pure amount）（ton）	有效灌溉面积（千公顷）Effective Irrigated Area（1 000 hectares）
陇西县	Longxi	329114	5322	15368	12. 50
渭源县	Weiyuan	155646	5367	8509	10. 03
临洮县	Lintao	354267	26245	16664	21. 94
漳 县	Zhangxian	135981	1200	6106	4. 42
岷 县	Minxian	196444	2796	7938	6. 79
陇南市	**Longnan**	**1618526**	**37409**	**62398**	**61. 97**
武都区	Wudu	236000	10138	11814	10. 81
成 县	Chengxian	220001	5071	6390	3. 26
文 县	Wenxian	216400	4451	3919	6. 21
宕昌县	Tanchang	108200	3068	2808	6. 59
康 县	Kangxian	119603	1645	6045	2. 90
西和县	Xihe	214299	2948	7202	6. 52
礼 县	Lixian	300026	4373	10199	17. 75
徽 县	Huixian	155602	5034	13291	6. 77
两当县	Liangdang	48395	681	729	1. 14
临夏州	**Linxia**	**891086**	**43792**	**22186**	**53. 73**
临夏市	linxia	35098	4460	674	1. 98
临夏县	linxia	117023	3709	4015	12. 87
康乐县	Kangle	135301	9241	2656	6. 94
永靖县	Yongjing	124011	12782	4833	8. 32
广河县	Guanghe	152073	4334	1149	7. 14
和政县	Hezheng	96424	1433	521	3. 25
东乡县	Dongxiang	114000	6253	4441	7. 22
积石山县	Jishishan	117037	1581	3897	6. 01
甘南州	**Gannan**	**392105**	**7543**	**3712**	**4. 93**
合作市	Hezuo	31244	408	144	0. 13
临潭县	Lintan	96330	1654	1806	1. 39
卓尼县	Zhuoni	82640	726	530	0. 95
舟曲县	Zhouqu	130250	1645	1048	1. 58
迭部县	Diebu	33101	1426	115	0. 05
玛曲县	Maqu	568	557		
碌曲县	Luqu	7768	243	22	
夏河县	Xiahe	10203	884	48	0. 82

12-16 农作物播种面积
Total Sown Areas of Farm Crops

指 标	Item	2010	2015	2017	2018
总播种面积(千公顷)	**Total Sown Area (1 000 hectares)**	**3726.13**	**3772.56**	**3739.27**	**3773.56**
粮食作物	Sown Area of Grain Crops	2722.37	2715.72	2647.16	2645.26
谷物	Cereal	1952.96	2031.08	1953.96	1937.02
#稻谷	Rice	5.59	4.07	4.04	3.82
小麦	Wheat	885.33	806.39	766.47	775.56
玉米	Corn	853.85	1065.00	1040.97	1012.74
豆类	Soybeans	172.63	127.26	127.89	137.51
#大豆	Soja	79.11	61.03	64.42	44.99
薯类	Tubers	596.77	557.39	565.31	570.73
油料	Oil-bearing Crops	356.54	343.21	346.48	325.82
#花生	Peanuts	0.51	0.68	0.59	0.55
油菜籽	Rapeseeds	196.83	190.56	198.53	174.91
棉花	Cotton	50.64	29.11	19.40	21.53
糖料	Sugar Crops	5.35	3.28	4.29	3.77
#甜菜	Beetroots	5.35	3.28	4.29	3.77
烟叶	Tobacco	3.18	2.24	1.50	1.94
#烤烟	Flue-cured Tobacco Materials	2.62	2.03	1.43	1.80
蔬菜	Vegetables	240.64	314.08	337.04	352.57
瓜类	Melon	48.48	43.47	50.92	54.14
中药材	Traditional Chinese Medician	152.27	207.98	226.47	234.24
其它	Others	146.67	113.47	106.00	134.29
占总播种面积比重(%)	**Ratio in Total Sown Area (%)**				
粮食作物	Sown Area of Grain Crops	73.06	71.99	70.79	70.10
谷物	Cereal	52.41	53.84	52.25	51.33
#稻谷	Rice	0.15	0.11	0.11	0.10
小麦	Wheat	23.76	21.38	20.50	20.55
玉米	Corn	22.92	28.23	27.84	26.84
豆类	Soybeans	4.63	3.37	3.42	3.64
#大豆	Soja	2.12	1.62	1.72	1.19
薯类	Tubers	16.02	14.77	15.12	15.12
油料	Oil-bearing Crops	9.57	9.10	9.27	8.63
#花生	Peanuts	0.01	0.02	0.02	0.01
油菜籽	Rapeseeds	5.28	5.05	5.31	4.64
棉花	Cotton	1.36	0.77	0.52	0.57
糖料	Sugar Crops	0.14	0.09	0.11	0.10
#甜菜	Beetroots	0.14	0.09	0.11	0.10
烟叶	Tobacco	0.09	0.06	0.04	0.05
#烤烟	Flue-cured Tobacco Materials	0.07	0.05	0.04	0.05
蔬菜	Vegetables	6.46	8.33	9.01	9.34
瓜类	Melon	1.30	1.15	1.36	1.43
中药材	Traditional Chinese Medician	4.09	5.51	6.06	6.21
其它	Others	3.94	3.01	2.83	3.56

12－17 各地县农作物播种面积(2018)
Sown Areas of Farm Crops by Region, County(2018)

单位：千公顷 (1 000 hectares)

地　区	Region	农作物播种面积 Total Sown Area	粮食 Grain Crops	#小麦 Wheat	#玉米 Corn	#薯类 Tubers	棉花 Cotton	油料 Oil-bearing Crops	蔬菜 Vegetables	果园面积 Area of Orchards
兰州市	**Lanzhou**	**159.33**	**78.19**	**23.68**	**25.31**	**21.67**		**8.05**	**51.95**	**9.08**
城关区	Chengguan	0.24							0.21	0.41
七里河区	Qilihe	9.12	1.17	0.17	1.00			0.03	7.86	0.48
西固区	Xigu	4.26	0.37	0.15	0.20			0.04	3.78	1.21
安宁区	Anning	0.06							0.06	0.11
红古区	Honggu	7.33	0.93	0.23	0.49			0.10	6.00	0.90
永登县	Yongdeng	57.00	34.26	15.19	9.50	9.29		3.99	8.77	1.52
皋兰县	Gaolan	16.51	6.51	1.24	2.11	2.17		0.95	6.11	3.11
榆中县	Yuzhong	57.19	29.47	3.84	11.73	9.43		2.13	18.67	0.47
兰州新区	Lanzhou New Area	7.62	5.49	2.85	0.28	0.78		0.82	0.49	0.87
嘉峪关市	**Jiayuguan**	**7.04**	**2.48**	**0.68**	**1.45**	**0.13**		**0.40**	**1.66**	**0.35**
金昌市	**Jinchang**	**82.18**	**60.53**	**21.31**	**26.72**	**6.26**		**4.54**	**10.52**	**1.03**
金川区	Jinchuan	19.30	12.86	1.64	10.74	0.04		1.39	3.50	0.55
永昌县	Yongchang	62.88	47.67	19.67	15.98	6.21		3.14	7.03	0.48
白银市	**Baiyin**	**351.04**	**256.12**	**41.47**	**106.82**	**64.85**	**0.01**	**19.39**	**16.83**	**11.14**
白银区	Baiyin	7.11	4.89	1.90	2.39	0.23		0.29	1.75	0.97
平川区	Pingchuan	20.86	15.52	1.97	6.14	3.27	0.01	1.35	0.76	0.73
靖远县	Jingyuan	107.89	59.78	6.60	23.90	10.39		6.36	9.63	2.76
会宁县	Huining	160.38	136.39	20.62	53.39	50.29		7.57	3.38	3.05
景泰县	Jingtai	54.79	39.54	10.38	21.00	0.66		3.81	1.30	3.63
天水市	**Tianshui**	**444.16**	**310.41**	**129.65**	**90.25**	**77.77**		**65.60**	**52.31**	**72.09**
秦州区	Qinzhou	72.37	47.77	22.97	13.51	9.25		15.58	5.72	9.46
麦积区	Maiji	54.21	41.67	19.26	17.01	3.95		7.16	4.33	13.33
清水县	Qingshui	60.69	43.50	16.80	15.39	9.35		8.31	5.82	11.00
秦安县	Qinan	70.67	54.25	21.67	14.30	15.91		9.49	5.30	20.84
甘谷县	Gangu	73.02	48.82	22.12	11.47	14.12		10.79	9.81	12.10
武山县	Wushan	70.96	41.86	13.86	9.29	16.70		8.72	18.02	2.77
张家川县	Zhangjiachuan	42.24	32.54	12.97	9.27	8.49		5.54	3.31	2.59
武威市	**Wuwei**	**265.11**	**164.26**	**44.38**	**86.05**	**19.93**	**0.18**	**21.46**	**48.37**	**20.28**
凉州区	Liangzhou	119.04	88.10	25.75	56.71	2.01		1.73	24.61	8.87
民勤县	Minqin	58.89	25.00	8.57	15.99	0.40	0.18	11.65	7.41	7.84
古浪县	Gulang	61.24	39.27	8.15	13.31	12.47		6.85	9.58	3.46
天祝县	Tianzhu	25.95	11.89	1.91	0.05	5.05		1.22	6.77	0.12
张掖市	**Zhangye**	**291.86**	**207.08**	**42.24**	**109.12**	**21.36**	**0.03**	**30.43**	**19.33**	**6.57**

12-17 续表 1 continued

单位：千公顷 (1 000 hectares)

地区	Region	农作物播种面积 Total Sown Area	粮食 Grain Crops	#小麦 Wheat	#玉米 Corn	#薯类 Tubers	棉花 Cotton	油料 Oil-bearing Crops	蔬菜 Vegetables	果园面积 Area of Orchards
甘州区	Ganzhou	73.66	63.13	3.24	58.46	0.42		1.42	6.63	0.84
肃南县	Sunan	10.18	7.59	1.69	3.38	0.08		0.03	0.39	0.01
民乐县	Minle	70.00	42.71	17.97	5.93	12.14		8.24	1.84	0.64
临泽县	Linze	31.27	24.16	0.42	23.33			0.88	3.60	2.29
高台县	Gaotai	35.54	21.90	3.25	16.07	0.39	0.02	1.34	5.83	2.48
山丹县	Shandan	41.38	30.58	13.65	1.94	7.16		5.69	1.04	0.31
平凉市	**Pingliang**	**366.41**	**305.20**	**115.49**	**92.68**	**73.09**		**32.52**	**21.74**	**81.34**
崆峒区	Kongtong	51.98	41.25	17.07	18.95	1.59		5.76	4.20	2.50
泾川县	Jingchuan	36.25	31.14	18.84	7.82	1.07		2.96	1.32	10.29
灵台县	Lingtai	55.80	47.63	27.51	17.24	0.43		6.60	1.11	5.14
崇信县	Chongxin	27.55	17.91	7.49	4.93	2.83		5.66	3.40	2.67
庄浪县	Zhuanglang	82.63	71.34	21.23	14.29	35.81		4.44	5.76	21.88
静宁县	Jingning	86.90	75.94	17.06	23.11	28.24		5.83	4.06	38.83
华亭市	Huating	25.31	20.00	6.29	6.33	3.12		1.27	1.88	0.04
酒泉市	**Jiuquan**	**193.56**	**68.29**	**22.91**	**43.68**	**0.38**	**16.18**	**16.61**	**27.99**	**11.73**
肃州区	Suzhou	54.04	29.71	4.21	24.27	0.33		0.86	12.32	1.40
金塔县	Jinta	42.17	15.63	6.71	8.78		0.47	3.44	7.24	1.96
瓜州县	Guazhou	41.85	7.12	3.99	3.05		13.27	6.39	1.70	0.28
肃北县	Subei	1.34	0.98	0.84	0.05	0.06		0.20	0.02	0.01
阿克塞县	Akesai	0.64	0.16		0.16					0.04
玉门市	Yumen	41.91	9.23	6.20	2.88			5.43	5.85	1.11
敦煌市	Dunhuang	11.60	5.46	0.96	4.49		2.44	0.29	0.86	6.93
庆阳市	**Qingyang**	**496.02**	**389.74**	**135.85**	**170.30**	**22.90**		**51.52**	**29.15**	**53.98**
西峰区	Xifeng	33.21	23.91	16.85	3.33	1.75		2.16	3.53	5.02
庆城县	Qingcheng	56.76	39.43	18.55	9.73	2.61		7.15	4.95	10.85
环　县	Huanxian	135.61	121.60	31.29	59.08	8.97		9.70	2.49	2.32
华池县	Huachi	46.97	40.08	2.18	23.55	4.35		4.15	1.86	0.68
合水县	Heshui	22.33	15.88	4.04	5.53	1.18		1.90	3.84	6.92
正宁县	Zhengning	19.16	11.58	1.89	7.65	0.57		2.54	2.58	7.78
宁　县	Ningxian	66.14	48.50	29.88	10.54	1.73		9.48	4.48	7.88
镇原县	Zhenyuan	115.84	88.78	31.16	50.89	1.74		14.43	5.41	12.54
定西市	**Dingxi**	**510.33**	**388.79**	**79.41**	**107.91**	**165.54**		**19.37**	**21.49**	**6.04**
安定区	Anding	111.84	93.36	6.43	26.29	51.10		3.89	10.73	0.45
通渭县	Tongwei	100.59	85.48	27.45	27.58	23.02		8.69	1.64	3.21

12－17 续表 2 continued

单位：千公顷 (1 000 hectares)

地 区	Region	农作物播种面积 Total Sown Area	粮食 Grain Crops	#小麦 Wheat	#玉米 Corn	#薯类 Tubers	棉花 Cotton	油料 Oil-bearing Crops	蔬菜 Vegetables	果园面积 Area of Orchards
陇西县	Longxi	84. 83	63. 20	12. 51	25. 56	22. 43		3. 25	1. 09	1. 38
渭源县	Weiyuan	74. 38	52. 94	15. 99	10. 75	21. 18		1. 66	0. 89	0. 21
临洮县	Lintao	70. 72	56. 19	6. 46	14. 52	30. 57		0. 28	3. 96	0. 76
漳 县	Zhangxian	31. 47	21. 15	8. 13	3. 21	6. 24		1. 28	3. 11	0. 03
岷 县	Minxian	36. 49	16. 46	2. 45		11. 00		0. 33	0. 07	
陇南市	**Longnan**	**332. 20**	**231. 14**	**85. 13**	**64. 41**	**58. 26**		**27. 41**	**32. 69**	**34. 28**
武都区	Wudu	60. 99	37. 24	7. 62	9. 23	12. 69		2. 54	9. 77	0. 82
成 县	Chengxian	30. 88	21. 17	10. 14	7. 34	1. 49		4. 54	3. 27	0. 56
文 县	Wenxian	23. 65	13. 06	2. 51	5. 29	4. 36		2. 42	3. 87	0. 75
宕昌县	Tanchang	27. 68	14. 56	3. 67	2. 30	5. 91		1. 60	1. 33	0. 40
康 县	Kangxian	18. 39	14. 15	4. 64	4. 41	2. 88		0. 98	1. 78	0. 56
西和县	Xihe	46. 71	36. 92	16. 08	5. 84	14. 69		3. 51	3. 09	4. 31
礼 县	Lixian	69. 82	57. 18	29. 16	12. 74	12. 86		8. 70	2. 02	25. 79
徽 县	Huixian	40. 71	29. 65	9. 43	13. 49	2. 91		2. 64	5. 95	0. 67
两当县	Liangdang	13. 38	7. 21	1. 87	3. 78	0. 46		0. 48	1. 59	0. 42
临夏州	**Linxia**	**147. 79**	**117. 62**	**20. 69**	**69. 01**	**24. 72**		**13. 16**	**12. 30**	**1. 69**
临夏市	linxia	2. 37	2. 03	0. 03	1. 83	0. 15			0. 26	0. 06
临夏县	linxia	26. 71	19. 09	4. 20	12. 47	2. 00		3. 00	4. 33	0. 34
康乐县	Kangle	22. 59	18. 82	5. 23	10. 46	1. 75		2. 04	0. 39	0. 03
永靖县	Yongjing	20. 61	13. 29	1. 66	6. 96	4. 39		0. 80	4. 75	0. 57
广河县	Guanghe	14. 26	12. 68	0. 05	11. 27	1. 30		0. 29	1. 26	0. 04
和政县	Hezheng	15. 30	9. 92	3. 61	4. 23	1. 52		4. 09	0. 40	0. 59
东乡县	Dongxiang	29. 32	29. 13	2. 02	15. 05	11. 88		0. 07	0. 10	0. 05
积石山县	Jishishan	16. 64	12. 65	3. 88	6. 75	1. 73		2. 88	0. 80	0. 03
甘南州	**Gannan**	**69. 01**	**38. 60**	**7. 56**	**4. 05**	**8. 39**		**10. 47**	**0. 99**	**0. 93**
合作市	Hezuo	7. 60	4. 83	0. 21		0. 73		1. 60	0. 05	
临潭县	Lintan	15. 53	6. 38	1. 54	0. 04	1. 98		3. 31	0. 18	0. 07
卓尼县	Zhuoni	9. 09	2. 98	0. 51		0. 72		1. 26	0. 15	0. 02
舟曲县	Zhouqu	21. 33	15. 53	3. 46	3. 80	3. 82		1. 74	0. 41	0. 47
迭部县	Diebu	5. 51	4. 06	1. 40	0. 21	0. 88		0. 45	0. 20	0. 36
玛曲县	Maqu									
碌曲县	Luqu	1. 98	1. 24			0. 13		0. 26		
夏河县	Xiahe	7. 95	3. 59	0. 46		0. 14		1. 85		0. 01

12－18　各地区主要农作物播种面积构成(2018)
Sown Area Structure of Major Farm Crops by Region(2018)

单位：%　　(%)

地　区	Region	农作物播种面积 Total Sown Area	粮食 Grain Crops	#小麦 Wheat	#玉米 Corn	棉花 Cotton	油料 Oil-bearing Crops	烟叶 Tobacco	中药材 Traditional Chinese Medician Materials	蔬菜 Vegetables	瓜果 Fruit and Melon
甘肃省	**Gansu**	**100.00**	**70.10**	**20.55**	**26.84**	**0.57**	**8.63**	**0.05**	**6.21**	**9.34**	**1.45**
兰州市	Lanzhou	100.00	49.07	14.86	15.88		5.05		4.93	32.60	2.05
嘉峪关市	Jiayuguan	100.00	35.23	9.61	20.62		5.66		27.93	23.55	0.95
金昌市	Jinchang	100.00	73.66	25.93	32.51		5.52		1.68	12.80	0.72
白银市	Baiyin	100.00	72.96	11.81	30.43		5.52		6.07	4.79	6.50
天水市	Tianshui	100.00	69.89	29.19	20.32		14.77		2.63	11.78	0.28
武威市	Wuwei	100.00	61.96	16.74	32.46	0.07	8.09		3.79	18.25	1.91
张掖市	Zhangye	100.00	70.95	14.47	37.39	0.01	10.43		6.20	6.62	0.51
平凉市	Pingliang	100.00	83.29	31.52	25.29		8.88		0.95	5.93	0.49
酒泉市	Jiuquan	100.00	35.28	11.84	22.57	8.36	8.58		11.64	14.46	3.81
庆阳市	Qingyang	100.00	78.57	27.39	34.33		10.39	0.22	0.63	5.88	1.68
定西市	Dingxi	100.00	76.18	15.56	21.15		3.80		14.50	4.21	0.09
陇南市	Longnan	100.00	69.58	25.63	19.39		8.25	0.26	11.88	9.84	0.08
临夏州	Linxia	100.00	79.58	14.00	46.70		8.91		2.67	8.32	0.12
甘南州	Gannan	100.00	55.94	10.96	5.88		15.17		18.70	1.44	

12－19　各地区主要农作物播种面积占全省的比重(2018)
Proportion of Major Farm Crops Sown Areas by Region(2018)

单位：%　　(%)

地　区	Region	农作物播种面积 Total Sown Area	粮食 Grain Crops	#小麦 Wheat	#玉米 Corn	棉花 Cotton	油料 Oil-bearing Crops	烟叶 Tobacco	中药材 Traditional Chinese Medician Materials	蔬菜 Vegetables	瓜果 Fruit and Melon
甘肃省	**Gansu**	**100.00**	**100.00**	**100.00**	**100.00**	**100.00**	**100.00**	**100.00**	**100.00**	**100.00**	**100.00**
兰州市	Lanzhou	4.22	2.96	3.05	2.50		2.47	0.20	3.35	14.73	5.98
嘉峪关市	Jiayuguan	0.19	0.09	0.09	0.14		0.12		0.84	0.47	0.12
金昌市	Jinchang	2.18	2.29	2.75	2.64		1.39		0.59	2.98	1.08
白银市	Baiyin	9.30	9.68	5.35	10.55	0.03	5.95		9.09	4.77	41.74
天水市	Tianshui	11.77	11.73	16.72	8.91		20.13	0.17	4.98	14.84	2.24
武威市	Wuwei	7.03	6.21	5.72	8.50	0.84	6.59		4.29	13.72	9.26
张掖市	Zhangye	7.73	7.83	5.45	10.77	0.12	9.34		7.72	5.48	2.72
平凉市	Pingliang	9.71	11.54	14.89	9.15		9.98		1.48	6.17	3.30
酒泉市	Jiuquan	5.13	2.58	2.95	4.31	75.17	5.10		9.62	7.94	13.51
庆阳市	Qingyang	13.14	14.73	17.52	16.82		15.81	55.44	1.33	8.27	15.24
定西市	Dingxi	13.52	14.70	10.24	10.66		5.94		31.58	6.09	0.80
陇南市	Longnan	8.80	8.74	10.98	6.36		8.41	44.16	16.85	9.27	0.46
临夏州	Linxia	3.92	4.45	2.67	6.81		4.04		1.69	3.49	0.33
甘南州	Gannan	1.83	1.46	0.98	0.40		3.21	0.03	5.51	0.28	

12－20 历年主要农产品产量
Calendar Year Agricultural Output

单位：万吨 (10 000 tons)

年份 Year	粮食 Grain Crops	棉花 Cotton	油料 Oil-bearing Crops	中药材 Traditional Chinese Medician Materials	甜菜 Beetroots	园林水果 Garden Fruits	肉类总产量 The Total Output Of Meat
1978	510. 55	0. 34	8. 60	1. 28	5. 80	11. 69	15. 00
1979	461. 35	0. 20	8. 46	1. 25	4. 42	7. 35	12. 90
1980	492. 50	0. 27	13. 95	2. 52	6. 31	12. 75	13. 95
1981	412. 81	0. 40	13. 18	1. 51	10. 62	11. 05	14. 13
1982	469. 10	0. 47	14. 27	0. 96	14. 67	12. 26	15. 65
1983	539. 62	0. 66	19. 28	1. 79	17. 48	12. 58	14. 77
1984	539. 79	0. 78	21. 12	3. 82	26. 95	16. 43	17. 96
1985	530. 55	0. 51	26. 31	3. 23	61. 62	19. 91	23. 95
1986	550. 98	0. 36	29. 87	2. 34	52. 13	24. 81	28. 33
1987	529. 37	0. 50	29. 45	2. 30	56. 32	27. 17	29. 34
1988	593. 07	0. 51	30. 28	3. 29	92. 88	33. 98	31. 06
1989	639. 20	0. 53	30. 39	3. 00	66. 33	34. 84	31. 74
1990	686. 59	0. 79	33. 65	2. 64	72. 35	38. 49	33. 89
1991	656. 38	1. 23	32. 55	2. 79	103. 63	40. 42	36. 56
1992	689. 08	1. 75	36. 48	3. 23	94. 22	47. 12	38. 16
1993	750. 26	1. 28	37. 53	5. 29	104. 62	59. 66	41. 99
1994	707. 37	1. 78	39. 88	5. 09	113. 10	66. 40	44. 09
1995	626. 78	2. 29	31. 69	4. 28	107. 01	80. 36	47. 33
1996	820. 60	2. 57	43. 08	4. 25	119. 11	90. 89	49. 06
1997	766. 16	3. 38	35. 56	3. 99	139. 11	100. 25	52. 60
1998	871. 95	6. 10	45. 47	5. 20	130. 95	113. 17	54. 10
1999	814. 93	4. 31	43. 79	10. 70	73. 85	125. 74	55. 78
2000	713. 48	5. 75	41. 68	15. 98	37. 90	121. 59	57. 33
2001	753. 22	9. 90	38. 42	24. 58	45. 12	121. 71	59. 67
2002	782. 68	6. 96	41. 93	30. 58	28. 85	137. 05	62. 11
2003	789. 34	8. 66	46. 04	32. 51	19. 95	145. 37	64. 37
2004	805. 80	11. 00	48. 50	34. 11	15. 87	140. 98	66. 05
2005	836. 89	11. 05	50. 31	35. 55	14. 54	172. 45	69. 81
2006	808. 05	12. 75	48. 99	37. 16	19. 02	205. 09	80. 47
2007	807. 60	13. 12	46. 72	39. 74	28. 20	150. 19	78. 51
2008	870. 44	12. 66	54. 37	43. 98	20. 67	163. 38	80. 12
2009	896. 15	9. 95	59. 92	46. 24	21. 32	182. 75	80. 80
2010	948. 82	7. 99	66. 06	48. 47	23. 31	197. 17	81. 50
2011	1009. 06	8. 14	66. 02	53. 72	19. 43	216. 96	80. 32
2012	1096. 00	8. 80	70. 18	64. 02	26. 86	236. 84	83. 52
2013	1117. 47	7. 77	73. 59	71. 00	27. 33	257. 69	85. 85
2014	1145. 37	7. 20	77. 03	79. 13	29. 61	279. 99	89. 52
2015	1154. 58	4. 82	76. 71	83. 75	18. 26	304. 06	89. 90
2016	1117. 48	2. 29	82. 12	86. 85	19. 19	359. 93	92. 20
2017	1105. 90	3. 20	77. 35	92. 72	26. 69	397. 15	99. 14
2018	1151. 43	3. 53	70. 41	101. 85	25. 20	370. 03	101. 16

12-21 主要农产品产量
Yield of Major Farm Crops

指标	Item	2010	2015	2017	2018
主要农产品产量(万吨)	**Yield of Major Farm Crops(10 000 tons)**				
粮食	Grain Crops	948.82	1154.58	1105.90	1151.43
夏粮	Summer Grain Crops	318.02	321.94	301.92	320.97
秋粮	Autumn Grain Crops	630.77	832.65	803.98	830.46
谷物	Cereal	746.15	938.24	889.31	918.51
#稻谷	Rice	3.93	2.84	2.92	2.47
小麦	Wheat	253.52	285.10	269.72	280.51
玉米	Corn	415.98	598.09	576.67	589.99
豆类	Beans	31.41	27.49	25.16	30.59
薯类	Tubers	171.23	188.85	191.43	202.33
油料	Oil-bearing Crops	66.06	76.71	77.35	70.41
#油菜籽	Rapeseeds	35.74	40.05	43.78	35.53
棉花	Cotton	7.99	4.82	3.20	3.53
麻类	Fiber Crops	0.23	0.26	0.28	0.28
甜菜	Beetroots	23.31	18.26	26.69	25.20
烟叶	Tobacco	0.96	0.70	0.48	0.58
#烤烟	Flue-cured Tobacco	0.85	0.62	0.44	0.58
中药材	Traditional Chinese Medician Materials	48.47	83.75	92.72	101.85
蔬菜	Vegetables	752.71	1086.19	1212.31	1292.57
园林水果	Garden Fruits	197.17	304.06	397.15	370.03
农产品单位面积产量(千克/公顷)	**Yield of Farm Crops Per Hectare (kg/hectare)**				
粮食	Grain Crops	3485.17	4251.48	4177.74	4352.79
谷物	Cereal	3820.62	4619.41	4551.38	4741.90
棉花	Cotton	1577.79	1655.60	1649.48	1639.67
油菜籽	Rapeseeds	1815.99	2101.96	2205.04	2031.09
甜菜	Beetroots	43594.06	55722.57	62177.42	66793.56
烟叶	Tobacco	3017.49	3144.33	3224.72	3009.57

12－22 各地县主要农产品产量(2018)
Yield of Farm Crops by Region, County(2018)

单位：吨 (ton)

地区	Region	粮食 Grain Crops	#小麦 Wheat	#玉米 Corn	#薯类 Tubers	棉花 Cotton	油料 Oil-bearing Crops	蔬菜 Vegetables	人均粮食占有量(千克) Per Capita Grain Crops (kg)
兰州市	**Lanzhou**	**297705**	**78741**	**131916**	**65007**		**16258**	**1669149**	**242.21**
城关区	Chengguan							5590	
七里河区	Qilihe	4845	478	4367			44	221667	54.54
西固区	Xigu	1436	481	914			90	120250	19.43
安宁区	Anning							2609	
红古区	Honggu	3471	708	2404			303	233130	67.81
永登县	Yongdeng	120312	45683	44603	29262		6949	272803	352.87
皋兰县	Gaolan	23681	4200	9472	6850		2516	227831	201.76
榆中县	Yuzhong	126106	16459	68846	27430		5007	568316	329.88
兰州新区	Lanzhou New Area	17855	10732	1311	1465		1349	16952	129.55
嘉峪关市	**Jiayuguan**	**19156**	**4600**	**13000**	**1000**		**1795**	**152751**	**893.87**
金昌市	**Jinchang**	**431788**	**128047**	**218679**	**49427**		**16018**	**533244**	**1848.28**
金川区	Jinchuan	97988	9669	85774	322		4969	170049	2010.80
永昌县	Yongchang	333800	118378	132905	49105		11049	363195	1805.45
白银市	**Baiyin**	**949245**	**137817**	**516523**	**199816**	**10**	**34453**	**1210543**	**714.38**
白银区	Baiyin	21968	3000	16900	910		918	116842	313.58
平川区	Pingchuan	49117	8000	23300	10200	10	2820	57584	483.78
靖远县	Jingyuan	224700	27200	109500	47600		13153	747715	501.59
会宁县	Huining	424242	54217	210911	136502		6179	200664	818.81
景泰县	Jingtai	229217	45400	155912	4604		11383	87738	1199.54
天水市	**Tianshui**	**1157856**	**385709**	**506320**	**238886**		**121024**	**1845642**	**378.09**
秦州区	Qinzhou	200606	72221	92462	29729		31996	186602	430.51
麦积区	Maiji	164186	58679	91453	12004		15782	153398	359.95
清水县	Qingshui	166597	49811	80211	31919		20830	90327	547.94
秦安县	Qinan	200924	59987	76710	60699		13404	151737	373.57
甘谷县	Gangu	181155	68766	72346	35992		15224	372623	327.62
武山县	Wushan	129649	42268	47362	36457		17630	788011	301.66
张家川县	Zhangjiachuan	114738	33975	45775	32086		6157	102943	363.55
武威市	**Wuwei**	**1098000**	**259076**	**683097**	**114812**	**359**	**89258**	**2523459**	**747.19**
凉州区	Liangzhou	660783	146568	492960	13124		8792	1441586	863.46
民勤县	Minqin	170061	56836	110258	2878	359	65398	507540	750.82
古浪县	Gulang	207894	44570	79621	64960		12747	390853	626.58
天祝县	Tianzhu	59262	11101	258	33850		2321	183480	406.08
张掖市	**Zhangye**	**1396262**	**253906**	**821153**	**155750**	**92**	**72475**	**1061324**	**1381.39**

12－22 续表 1 continued

单位：吨 (ton)

地 区	Region	粮食 Grain Crops	#小麦 Wheat	#玉米 Corn	#薯类 Tubers	棉花 Cotton	油料 Oil-bearing Crops	蔬菜 Vegetables	人均粮食占有量（千克） Per Capita Grain Crops (kg)
甘州区	Ganzhou	493270	23400	461300	3100		5309	361180	835.74
肃南县	Sunan	37100	9900	14500	500		72	39525	
民乐县	Minle	279240	104400	51600	91000		20179	31176	21.63
临泽县	Linze	163460	2900	159400	50	2	3615	192800	11.83
高台县	Gaotai	148532	21006	119353	2800	90	4606	366560	
山丹县	Shandan	191060	81200	15000	50000		19696	70083	22.83
平凉市	**Pingliang**	**1077231**	**347052**	**452526**	**227197**		**54738**	**466445**	**62.62**
崆峒区	Kongtong	162200	54600	94400	4700		9919	98879	71.11
泾川县	Jingchuan	104962	54600	39114	3958		3227	17517	397.91
灵台县	Lingtai	177548	83301	86789	1130		14150	25588	86.03
崇信县	Chongxin	57418	22116	22323	7309		6330	75748	236.30
庄浪县	Zhuanglang	244600	64000	68500	112100		5820	129396	240.58
静宁县	Jingning	263100	49700	108100	89000		12598	79474	761.79
华亭市	Huating	67404	18735	33300	9000		2694	39842	3149.33
酒泉市	**Jiuquan**	**508612**	**148413**	**353622**	**3304**	**27618**	**38812**	**1233024**	**1491.26**
肃州区	Suzhou	227061	26826	195227	2824		2680	532632	102.78
金塔县	Jinta	117874	43870	73736			8601	407737	453.54
瓜州县	Guazhou	51363	25694	25338		994	13713	52203	2121.99
肃北县	Subei	6470	5490	400	480	22092	635	605	69252.69
阿克塞县	Akesai	1213	8	1205				113	80653.59
玉门市	Yumen	64124	40311	23433			12093	199389	11742.24
敦煌市	Dunhuang	40508	6214	34283		4532	1090	40345	1985.31
庆阳市	**Qingyang**	**1416043**	**415981**	**756810**	**81380**		**90084**	**414592**	**70.76**
西峰区	Xifeng	100017	60895	24643	9038		5814	67811	616.69
庆城县	Qingcheng	123597	55990	37557	8949		11992	54444	857.81
环 县	Huanxian	353852	73568	199369	27137		13508	27733	549.68
华池县	Huachi	131127	6087	85233	14056		7860	29255	1113.83
合水县	Heshui	73008	12813	39304	5226		2523	48480	744.59
正宁县	Zhengning	64911	7000	49994	2776		5878	54144	5115.23
宁 县	Ningxian	209896	105105	77696	7968		20949	62135	1257.06
镇原县	Zhenyuan	359634	94523	243013	6230		21558	70590	357.47
定西市	**Dingxi**	**1410171**	**210889**	**543569**	**568227**		**42759**	**438561**	**79.37**
安定区	Anding	344536	16308	120708	182501		8092	199238	158.31
通渭县	Tongwei	315758	69690	161136	71463		18572	23920	3555.05

12－22　续表 2　continued

单位：吨　　　　　　　　　　　　　　　　　　　　　　　　　　　　　　　　　　　(ton)

地　区	Region	粮食 Grain Crops	#小麦 Wheat	#玉米 Corn	#薯类 Tubers	棉花 Cotton	油料 Oil-bearing Crops	蔬菜 Vegetables	人均粮食占有量（千克） Per Capita Grain Crops (kg)
陇西县	Longxi	208939	27102	104406	70306		6886	27152	694.87
渭源县	Weiyuan	191480	39801	58904	81708		3899	11735	
临洮县	Lintao	214044	26970	80115	96401		751	96883	10.04
漳　县	Zhangxian	75123	23900	18300	21250		3750	78687	7.52
岷　县	Minxian	60291	7119		44599		809	947	
陇南市	**Longnan**	**833393**	**294369**	**317729**	**176829**		**46467**	**721647**	**1.39**
武都区	Wudu	139735	31846	44108	46890		4481	132003	228.08
成　县	Chengxian	102062	44733	48565	5352		8386	104875	108.35
文　县	Wenxian	39802	10020	20182	6760		3469	118326	579.66
宕昌县	Tanchang	59944	12440	16964	26125		2960	32227	64.00
康　县	Kangxian	36874	16973	13802	2784		1843	24636	111.60
西和县	Xihe	142917	47470	37665	57260		6175	27918	1100.82
礼　县	Lixian	144063	77420	42975	18335		14203	44825	211.04
徽　县	Huixian	139676	43367	77969	12303		4229	202895	1795.33
两当县	Liangdang	28320	10100	15500	1020		720	33941	26856.55
临夏州	**Linxia**	**657431**	**80368**	**467351**	**101303**		**51223**	**348114**	**12.03**
临夏市	linxia	15688	201	14818	594		28	8311	536.35
临夏县	linxia	122700	17139	96411	8200		12225	101115	623.50
康乐县	Kangle	112450	22530	78300	7600		7514	13702	1653.92
永靖县	Yongjing	73600	6600	50800	15500		1912	144846	1392.47
广河县	Guanghe	98968	326	93000	5500		1303	44154	5272.13
和政县	Hezheng	51974	13909	29609	6998		15347	16726	1044.75
东乡县	Dongxiang	118743	5162	63113	50111		268	2806	554.98
积石山县	Jishishan	63308	14500	41300	6800		12625	16453	680.38
甘南州	**Gannan**	**94135**	**22026**	**13006**	**21033**		**19580**	**18624**	**351.07**
合作市	Hezuo	9382	530		1762		2402	1135	5202.47
临潭县	Lintan	16148	4733	102	4313		5976	2593	942.27
卓尼县	Zhuoni	6689	1480		1818		2049	3806	1224.53
舟曲县	Zhouqu	39949	10441	11902	9985		4428	7031	8832.83
迭部县	Diebu	11201	4141	1002	2600		958	3998	16378.32
玛曲县	Maqu								4083.98
碌曲县	Luqu	2466			323		271		7242.41
夏河县	Xiahe	8301	700		232		3495	61	832.28

12-23 各地区主要农产品单位面积产量(2018)
Yield of Major Farm Crops per Hectare by Region(2018)

单位：千克/公顷 (kg/hectare)

地区	Region	粮食 Grain Crops	谷物 Cereal	棉花 Cotton	油菜籽 Rapeseeds	甜菜 Beetroots	烟叶 Tobacco	园林水果 Fruit
甘肃省	**Gansu**	**4353**	**4742**	**1640**	**2031**	**66794**	**3010**	**11798**
兰州市	Lanzhou	3807	4279		1688		3973	12923
嘉峪关市	Jiayuguan	7722	8270			39438		7943
金昌市	Jinchang	7133	7045		3473			7725
白银市	Baiyin	3706	4088	1356	1627			7563
天水市	Tianshui	3730	4039		1836	33169	3360	17515
武威市	Wuwei	6684	7022	1988	3267	92550		7903
张掖市	Zhangye	6743	6784	3660	2055	64294		9459
平凉市	Pingliang	3530	3736		1482	37500		13640
酒泉市	Jiuquan	7448	7521	1706	2558	67740		20346
庆阳市	Qingyang	3633	3766		1816		3672	6370
定西市	Dingxi	3627	3940		2446	39610		10106
陇南市	Longnan	3606	4032		1721	18188	2173	5598
临夏州	Linxia	5590	6100		3998	20417		16401
甘南州	Gannan	2439	2436		1877	5056	1145	11067

12－24 各地区主要农产品人均占有量(2018)
Output of Major Farm Corps per Capita by Region(2018)

单位：千克/人 (kg/person)

地 区	Region	粮食 Grain Crops	谷物 Cereal	棉花 Cotton	油菜籽 Rapeseeds	甜菜 Beetroots	烟叶 Tobacco	园林水果 Fruit
甘肃省	**Gansu**	**555.10**	**442.81**	**1.70**	**17.13**	**12.15**	**0.28**	**178.39**
兰州市	Lanzhou	242.21	173.98		3.75		0.01	95.42
嘉峪关市	Jiayuguan	893.87	821.24			260.41		128.57
金昌市	Jinchang	1848.28	1636.70		27.04			34.10
白银市	Baiyin	714.38	520.17	0.01	4.61			63.41
天水市	Tianshui	378.09	296.39		33.95	0.50		412.35
武威市	Wuwei	747.19	660.10	0.24	6.49	11.96		109.07
张掖市	Zhangye	1381.39	1215.62	0.09	41.07	39.12		61.48
平凉市	Pingliang	560.72	430.62		6.74	0.01		577.54
酒泉市	Jiuquan	799.03	790.52	43.39	4.68	282.60		375.00
庆阳市	Qingyang	610.24	555.10		20.66		1.70	148.20
定西市	Dingxi	538.39	294.65		2.99	0.27		23.31
陇南市	Longnan	334.42	251.14		16.97	0.03	0.75	77.01
临夏州	Linxia	360.15	300.39		27.13	0.03		15.18
甘南州	Gannan	164.48	107.70		33.83	0.04		17.93

12－25 园林水果生产
Garden Fruits Production

指 标	Item	2010	2015	2017	2018
园林水果产量(吨)	**Output of Garden Fruits (ton)**	**1971700**	**3040650**	**3971500**	**3700296**
#苹果	Apple	1327794	2163521	3111300	2915306
梨	Pear	220034	272615	210400	190449
葡萄	Grape	84523	209347	249300	252687
红枣	Date	77304	110700	79300	90681
柿子	Persimmon	15673	14972	36716	17675
桃子	Peach	102646	159204	112000	118068
杏子	Apricot	41991	50046	65740	46162
果园面积(千公顷)	**Area of Orchards (1 000 hectares)**	**276.51**	**302.00**	**303.33**	**313.65**
#苹果园	Apple Orchard	210.22	230.65	230.28	234.36
梨园	Pear Orchard	17.04	17.92	17.69	20.02
葡萄园	Grape Orchard	11.90	17.87	17.24	16.98
桃园	Peach Orchard	5.67	5.28	5.33	5.99
杏园	Apricot Orchard	17.33	14.94	14.73	14.37

12-26 各地县园林水果产量(2018)
Output of Garden Fruits by Region, County(2018)

单位：吨 (ton)

地区	Region	园林水果产量 Garden Fruits	#苹果 Apples	#梨 Pears	#葡萄 Grapes	#红枣 Dates	#柿子 Persimmons	#杏子 Apricots	#桃子 Peaches
兰州市	**Lanzhou**	**117279**	**52938**	**21657**	**8539**	**5585**		**4046**	**17970**
城关区	Chengguan	9986	8584	833	231	17		3	298
七里河区	Qilihe	9108	4222	3424		20		10	1395
西固区	Xigu	14966	4156	3240	136	3140		49	489
安宁区	Anning	1891		70		144			1676
红古区	Honggu	21182	14918	1428	953	776		129	2051
永登县	Yongdeng	22671	8346	4394	6897	448		1527	40
皋兰县	Gaolan	24307	8146	3619		629		44	11864
榆中县	Yuzhong	4358	3120	870	190	52		82	38
兰州新区	Lanzhou New Area	8810	1446	3780	131	359		2202	119
嘉峪关市	**Jiayuguan**	**2755**	**191**	**325**	**2214**				
金昌市	**Jinchang**	**7966**	**2068**	**2005**	**2374**	**1424**		**93**	**3**
金川区	Jinchuan	5439	928	796	2296	1413		7	
永昌县	Yongchang	2527	1140	1209	78	11		86	3
白银市	**Baiyin**	**84257**	**31041**	**18068**	**318**	**28947**		**136**	**4919**
白银区	Baiyin	5211	3315	138	89	872		1	5
平川区	Pingchuan	8466	5107	45	102	2838		14	345
靖远县	Jingyuan	32200	12573	6696	128	8286		97	4421
会宁县	Huining	276	276						
景泰县	Jingtai	38104	9771	11190		16952		24	148
天水市	**Tianshui**	**1262764**	**1156825**	**22596**	**23827**	**149**	**1537**	**2394**	**51460**
秦州区	Qinzhou	241879	241500	379					
麦积区	Maiji	221153	190738	3462	21796		1141	759	1923
清水县	Qingshui	107459	105861	406	662		396		
秦安县	Qinan	434324	377433	7018	314	149		530	48375
甘谷县	Gangu	153369	148350	3690	85			166	492
武山县	Wushan	42326	35375	3776	969			241	670
张家川县	Zhangjiachuan	62255	57568	3865				699	
武威市	**Wuwei**	**160281**	**62524**	**36275**	**31557**	**28712**		**156**	**8**
凉州区	Liangzhou	76320	33765	29978	11887	254		71	
民勤县	Minqin	48242	1049	483	18478	28209		16	8
古浪县	Gulang	34879	27710	5814	392	249		66	
天祝县	Tianzhu	840			800			3	
张掖市	**Zhangye**	**62137**	**5455**	**11692**	**28233**	**11079**		**1732**	**843**

12-26 续表 1 continued

单位：吨 (ton)

地 区	Region	园林水果产量 Garden Fruits	#苹果 Apples	#梨 Pears	#葡萄 Grapes	#红枣 Dates	#柿子 Persimmons	#杏子 Apricots	#桃子 Peaches
甘州区	Ganzhou	10640	3302	5254	422	788		235	117
肃南县	Sunan	91	17	32	36			6	
民乐县	Minle	5658	333	2798	212			898	8
临泽县	Linze	25802	1635	2907	10391	10151		320	375
高台县	Gaotai	18639	65	625	16754	131		11	342
山丹县	Shandan	1306	103	76	417	9		261	
平凉市	**Pingliang**	**1109533**	**1083846**	**20053**	**453**	**297**	**85**	**2295**	**1264**
崆峒区	Kongtong	17062	14330	412	197	4	2	1541	464
泾川县	Jingchuan	76228	75477	66	135	134	80	88	176
灵台县	Lingtai	40418	38280	1522	99	98	1	140	
崇信县	Chongxin	20755	19142	347	5	1	2	394	550
庄浪县	Zhuanglang	361045	359848	491	9	60		130	68
静宁县	Jingning	593833	576636	17192	4			1	
华亭市	Huating	191	134	23	4			1	7
酒泉市	**Jiuquan**	**238700**	**20401**	**15665**	**149480**	**9353**		**9642**	**27330**
肃州区	Suzhou	30155	12816	1466	2592	51		1388	8397
金塔县	Jinta	32798	6038	8969	10115	3232		1911	2052
瓜州县	Guazhou	2308	177	2	982	909			238
肃北县	Subei	13	6					7	
阿克塞县	Akesai	1530			1520	10			
玉门市	Yumen	16781	608	196	9366	25		987	2697
敦煌市	Dunhuang	155116	757	5032	124905	5126		5349	13947
庆阳市	**Qingyang**	**343884**	**315247**	**1974**	**1821**	**768**	**2230**	**17606**	**3035**
西峰区	Xifeng	52838	50741	516	226	12	106	633	547
庆城县	Qingcheng	94628	89130	222	793	190		3257	903
环 县	Huanxian	9478	8215	50	1	10		1000	130
华池县	Huachi	11355	8204	158	14	12		2560	242
合水县	Heshui	37062	35434	253	75	19	443	628	100
正宁县	Zhengning	57600	55270	110	31	6	510	1350	95
宁 县	Ningxian	23677	17777	483	291	423	1005	2501	885
镇原县	Zhenyuan	57247	50476	182	391	97	166	5678	133
定西市	**Dingxi**	**61063**	**31729**	**5611**	**47**	**65**		**4124**	**1254**
安定区	Anding	3083	89	1180		10		1430	44
通渭县	Tongwei	30468	30044	140				84	

12 – 26 续表 2 continued

单位：吨 (ton)

地 区	Region	园林水果产量 Garden Fruits	# 苹果 Apples	# 梨 Pears	# 葡萄 Grapes	# 红枣 Dates	# 柿子 Persimmons	# 杏子 Apricots	# 桃子 Peaches
陇西县	Longxi	14540	230	3702	1	10		1904	14
渭源县	Weiyuan	3189	28	28				65	
临洮县	Lintao	9369	1272	473	46	45		640	1196
漳 县	Zhangxian	395	54	81					
岷 县	Minxian	20	13	7					
陇南市	**Longnan**	**191925**	**135618**	**6645**	**3260**	**475**	**11517**	**2086**	**8809**
武都区	Wudu	9043	1970	1202	1029	74	160	235	1729
成 县	Chengxian	9045	1988	496	398		3095	326	1230
文 县	Wenxian	17785	3704	1198	1639	261	722	11	1798
宕昌县	Tanchang	3856	1691	321	8	20	270	25	210
康 县	Kangxian	5774	799	384	8	58	1984	154	223
西和县	Xihe	16740	13769	416			250	432	660
礼 县	Lixian	115732	108029	1065	100		110	824	2004
徽 县	Huixian	11935	2475	1533	75	21	4510	80	844
两当县	Liangdang	2015	1193	32	4	41	417		110
临夏州	**Linxia**	**27706**	**6348**	**14161**	**34**	**1999**		**1766**	**933**
临夏市	linxia	1682		704	2			164	
临夏县	linxia	8460	255	6325				388	714
康乐县	Kangle	938	19	708				76	
永靖县	Yongjing	9759	6074	1539	32	1923		45	52
广河县	Guanghe	1050		246				796	
和政县	Hezheng	4972		4391				209	
东乡县	Dongxiang	599				76		90	167
积石山县	Jishishan	247		247					
甘南州	**Gannan**	**10259**	**5486**	**1609**	**277**	**10**	**2306**	**72**	**240**
合作市	Hezuo								
临潭县	Lintan	479	177	297					6
卓尼县	Zhuoni	97	34	63					
舟曲县	Zhouqu	8915	5198	651	277	10	2304	72	144
迭部县	Diebu	711	77	542			2		90
玛曲县	Maqu								
碌曲县	Luqu								
夏河县	Xiahe	58		58					

12－27 林业生产
Forestry Production

指 标	Item	2010	2015	2017	2018
当年造林面积(千公顷)	Total Area of Afforestation in Current Year (1 000 hectares)	100.79	313.86	323.02	291.58
#人工造林	Manual Planting	100.79	254.31	309.04	267.71
#防护林	Protection Forests	73.35	239.34	252.28	227.67
用材林	Timber Forests	1.11	0.29	1.53	6.37
经济林	By-product Forests	23.72	70.95	68.04	56.22
幼林抚育面积(千公顷)	Area of Tending Young Forest (1 000 hectares)	332.14	203.54	136.24	107.82
成林抚育面积(千公顷)	Area of Tending Adult Forest (1 000 hectares)	291.29	275.01	260.68	177.93
更新造林(千公顷)	Reforestation Planting (1 000 hectares)	1.04		5.54	4.35
当年零星(四旁)植树(万株)	Odd Planting in Current Year (10 000 units)	8346.01	5537.14	14397.19	20365.23
年末实有育苗面积(千公顷)	Actual Area of Grown Seedlings at Year-end (1 000 hectares)	13.71	41.09	56.19	100.08
#本年新育面积	Raise Seedlings Areas in Current year	7.78	17.09	12.84	22.18
林产品产量	Output of Forest Products				
#木材(万立方米)	Timber(10 000 cu.m)	10.68	3.35	5.83	7.28
橡胶(吨)	Rubber(ton)				
松脂(吨)	Pine Resin(ton)		341.00	381.50	359.50
生漆(吨)	Lacquer(ton)	42.33	27.59	99.48	8.64
油桐籽(吨)	Tung-oil Seeds (ton)	340.93	271.93	335.77	293.97
油茶籽(吨)	Tea-oil Seeds(ton)		1.15	1.15	4.15
木耳(吨)	Fungus(ton)	287.03	798.48	961.36	1060.38
村及村以下木材采伐量(万立方米)	Harvesting Amount of Timber of Village and Village Level Below (10 000 cu.m)	5.08	1.88	4.81	6.23

12－28 牲畜饲养情况及畜产品产量
Number of Livestock and Output of Livestock Products

指　标	Item	2010	2015	2017	2018
大牲畜年末数(万头)	Large Animals (year-end) (10 000 heads)	538.08	493.06	491.21	504.54
牛	Cattle and Buffaloes	421.06	418.95	424.31	440.36
马	Horses	12.24	12.79	11.85	11.73
骡	Mules	28.27	17.07	15.79	14.96
驴	Donkeys	74.71	41.85	36.55	34.50
骆驼	Camels	1.80	2.40	2.71	2.99
大牲畜出栏数(万头)	Slaughtered Fattened Large Animals (10 000 heads)	167.62	175.20	206.98	212.53
牛	Cattle and Buffaloes	152.47	166.76	198.33	201.89
马	Horses	1.87	1.50	1.50	1.75
骡	Mules	2.79	1.21	1.26	1.42
驴	Donkeys	10.02	5.12	5.21	6.69
骆驼	Camels	0.47	0.60	0.67	0.77
猪年末数(万头)	Hogs (year-end) (10 000 heads)	536.19	528.71	551.32	545.20
肉猪出栏数(万头)	Slaughtered Fattened Hogs (10 000 heads)	603.85	613.30	682.73	691.59
羊年末数(万只)	Sheep And Goats (year-end) (10 000 heads)	1771.23	1994.70	1839.89	1885.94
羊出栏数(万只)	Sheep Marketable Fattened Stock (10 000 heads)	991.90	1255.65	1414.71	1462.85
肉类产量(万吨)	Output Of Meat (10 000 tons)	81.50	89.90	99.14	101.16
#猪牛羊肉	Output Of Pork, Beef And Mutton	75.15	82.43	93.60	95.60
猪肉	Pork	43.77	44.76	49.88	50.60
牛肉	Beef	15.57	17.48	20.96	21.40
羊肉	Mutton	15.82	20.19	22.76	23.60
禽肉	Poultry Meat	4.78	6.41	4.62	4.50
奶类(万吨)	Milk (10 000 tons)	34.70	38.22	41.04	41.10
#牛奶	Cow Milk	34.70	37.60	40.40	40.50
绵羊毛(吨)	Sheep Wool (ton)	27066.19	30707.16	27529.63	29292.97
山羊毛(吨)	Goat Wool (ton)	2134.14	2562.69	2353.82	1620.51
山羊绒(吨)	Cashmere (ton)	359.58	460.91	455.47	324.10
禽蛋(万吨)	Poultry Eggs (10 000 tons)	15.81	20.74	13.83	14.10
水产品产量(吨)	Aquatic Products (ton)	10601	14748	15600	14100

注：畜牧业及水产品数据根据第一、二、三次农业普查结果进行了相应衔接调整。
a) Data of animal husbandry and aquatic products were adjusted according to the First 、Second and Third National Agricultural Census.

12－29 各地县牲畜饲养情况(2018)
Number of Livestock by Region, County(2018)

地 区	Region	大牲畜存栏(万头) Large animals Livestock (10 000 heads)	#牛 Cattle	羊存栏数(万只) Sheep and Goats Livestock (10 000 heads)	猪存栏数(万头) Sheep and Goats Livestock (10 000 heads)	大牲畜出栏(万头) Slaughtered Fattened Large Animals (10 000 heads)	#牛 Cattle	羊出栏数(万只) Slaughtered Fattened Sheep and Goats (10 000 heads)	猪出栏数(万头) Slaughtered Fattened Hogs (10 000 heads)
兰州市	**Lanzhou**	**7.45**	**5.14**	**65.35**	**37.09**	**1.40**	**1.19**	**36.17**	**42.54**
城关区	Chengguan	0.04	0.03	0.04	0.03	0.01	0.01	0.04	0.23
七里河区	Qilihe	1.23	1.17	1.59	2.25	0.27	0.27	0.59	2.75
西固区	Xigu	0.22	0.20	2.00	1.71	0.03	0.03	1.27	2.10
安宁区	Anning	0.01	0.01	0.16	0.07			0.14	0.12
红古区	Honggu	0.53	0.53	4.07	1.51	0.07	0.07	1.71	2.02
永登县	Yongdeng	2.51	1.49	34.96	13.34	0.42	0.35	15.42	17.07
皋兰县	Gaolan	0.17	0.14	6.35	4.56	0.02		5.43	3.75
榆中县	Yuzhong	2.63	1.45	12.96	10.68	0.49	0.37	10.30	11.53
兰州新区	Lanzhou New Area	0.11	0.11	3.21	2.94	0.09	0.09	1.27	2.96
嘉峪关市	**Jiayuguan**	**0.80**	**0.78**	**4.82**	**2.83**	**0.25**	**0.24**	**3.47**	**4.06**
金昌市	**Jinchang**	**4.94**	**4.44**	**74.51**	**3.79**	**1.34**	**1.25**	**43.58**	**5.21**
金川区	Jinchuan	1.45	1.17	7.05	0.54	0.37	0.34	6.07	1.06
永昌县	Yongchang	3.49	3.27	67.46	3.25	0.97	0.91	37.51	4.15
白银市	**Baiyin**	**18.01**	**10.68**	**161.45**	**62.19**	**7.64**	**6.65**	**164.79**	**84.15**
白银区	Baiyin	1.19	0.90	8.77	5.87	0.15	0.14	6.04	8.13
平川区	Pingchuan	1.00	0.32	9.82	8.59	0.13	0.08	8.56	7.65
靖远县	Jingyuan	2.15	0.49	40.46	18.43	0.46	0.26	43.12	24.02
会宁县	Huining	12.53	8.17	58.88	20.39	6.66	5.98	62.81	31.54
景泰县	Jingtai	1.14	0.80	43.52	8.91	0.25	0.20	44.25	12.79
天水市	**Tianshui**	**25.27**	**20.17**	**27.48**	**53.01**	**9.15**	**8.03**	**15.58**	**65.42**
秦州区	Qinzhou	4.30	1.10	2.64	4.54	0.58	0.25	1.63	5.17
麦积区	Maiji	1.28	1.23	1.86	8.64	0.42	0.35	1.08	10.89
清水县	Qingshui	4.86	4.06	3.38	7.45	2.06	2.01	2.23	11.50
秦安县	Qinan	0.56	0.55	2.38	3.89	0.12	0.12	1.27	4.79
甘谷县	Gangu	1.38	1.33	2.33	13.03	0.40	0.36	1.06	14.48
武山县	Wushan	3.04	2.51	6.52	13.01	1.13	1.05	4.57	15.61
张家川县	Zhangjiachuan	9.86	9.40	8.39	2.46	4.46	3.91	3.74	2.98
武威市	**Wuwei**	**54.47**	**52.38**	**343.69**	**90.77**	**26.82**	**26.10**	**242.48**	**149.15**
凉州区	Liangzhou	35.25	34.93	102.29	62.01	17.39	17.33	73.59	126.01
民勤县	Minqin	2.47	2.25	105.10	7.65	1.95	1.55	82.39	6.12
古浪县	Gulang	4.94	4.30	67.24	16.85	1.58	1.46	41.94	13.41
天祝县	Tianzhu	11.81	10.90	69.06	4.26	5.90	5.76	44.56	3.62
张掖市	**Zhangye**	**54.83**	**50.26**	**280.11**	**49.36**	**23.81**	**22.67**	**240.10**	**65.42**

12-29 续表 1 continued

地 区	Region	大牲畜存栏（万头）Large animals Livestock (10 000 heads)	#牛 Cattle	羊存栏数（万只）Sheep and Goats Livestock (10 000 heads)	猪存栏数（万头）Sheep and Goats Livestock (10 000 heads)	大牲畜出栏（万头）Slaughtered Fattened Large Animals (10 000 heads)	#牛 Cattle	羊出栏数（万只）Slaughtered Fattened Sheep and Goats (10 000 heads)	猪出栏数（万头）Slaughtered Fattened Hogs (10 000 heads)
甘州区	Ganzhou	19.57	18.16	71.13	15.43	9.37	9.09	53.64	19.78
肃南县	Sunan	6.33	5.90	55.36	0.08	2.46	2.32	69.59	0.29
民乐县	Minle	4.28	4.16	28.81	12.98	0.97	0.72	20.02	16.16
临泽县	Linze	13.37	12.56	18.46	5.77	7.26	7.18	13.81	13.32
高台县	Gaotai	7.92	6.99	36.19	12.12	2.87	2.67	29.19	12.00
山丹县	Shandan	2.62	1.80	67.81	2.98	0.52	0.34	53.27	3.87
平凉市	**Pingliang**	**43.25**	**39.64**	**15.40**	**40.53**	**31.17**	**30.15**	**12.47**	**44.32**
崆峒区	Kongtong	9.46	9.43	5.38	5.56	9.32	9.31	3.91	6.98
泾川县	Jingchuan	1.39	1.39	1.29	6.63	1.50	1.50	0.55	6.19
灵台县	Lingtai	6.71	6.65	2.59	2.49	4.89	4.89	1.81	2.50
崇信县	Chongxin	5.35	5.35	2.65	3.01	6.33	6.33	2.58	3.97
庄浪县	Zhuanglang	7.04	4.91	0.90	11.11	3.17	3.00	0.80	9.89
静宁县	Jingning	8.79	7.46	0.80	8.94	2.53	1.71	0.25	10.19
华亭市	Huating	4.51	4.45	1.79	2.79	3.43	3.41	2.58	4.60
酒泉市	**Jiuquan**	**15.84**	**11.30**	**274.58**	**21.34**	**11.72**	**10.61**	**258.02**	**27.46**
肃州区	Suzhou	8.26	7.95	72.17	8.87	9.19	9.09	82.46	10.89
金塔县	Jinta	0.71	0.67	58.60	4.36	0.37	0.34	69.44	7.22
瓜州县	Guazhou	1.94	0.60	31.92	1.62	0.52	0.32	26.58	1.39
肃北县	Subei	2.51	1.22	23.31	0.14	0.93	0.54	11.02	0.21
阿克塞县	Akesai	0.54	0.07	11.55		0.16	0.02	10.38	
玉门市	Yumen	0.98	0.61	53.31	5.18	0.29	0.18	34.77	5.40
敦煌市	Dunhuang	0.89	0.17	23.71	1.17	0.25	0.12	23.38	2.36
庆阳市	**Qingyang**	**35.40**	**27.90**	**176.59**	**42.97**	**17.00**	**15.33**	**103.46**	**45.68**
西峰区	Xifeng	0.48	0.36	9.63	3.96	0.24	0.20	3.73	3.93
庆城县	Qingcheng	3.23	2.83	16.57	3.27	1.46	1.38	6.40	3.57
环 县	Huanxian	7.15	4.23	81.13	4.71	2.18	2.18	54.67	5.88
华池县	Huachi	1.33	0.95	13.70	2.79	0.58	0.50	3.66	2.99
合水县	Heshui	2.43	2.24	17.94	3.51	1.23	1.20	13.41	3.74
正宁县	Zhengning	0.34	0.34	1.22	5.04	0.19	0.19	0.62	4.76
宁 县	Ningxian	6.04	5.89	10.80	13.20	4.09	4.00	7.27	13.67
镇原县	Zhenyuan	14.39	11.06	25.62	6.48	7.03	5.67	13.71	7.16
定西市	**Dingxi**	**39.01**	**31.53**	**101.80**	**45.88**	**8.90**	**7.82**	**64.33**	**52.01**
安定区	Anding	6.44	4.80	28.02	5.58	1.28	1.16	19.17	6.63
通渭县	Tongwei	9.72	7.24	10.49	6.35	2.33	1.97	6.51	7.62

12－29 续表 2 continued

地 区	Region	大牲畜存栏（万头）Large animals Livestock (10 000 heads)	#牛 Cattle	羊存栏数（万只）Sheep and Goats Livestock (10 000 heads)	猪存栏数（万头）Sheep and Goats Livestock (10 000 heads)	大牲畜出栏（万头）Slaughtered Fattened Large Animals (10 000 heads)	#牛 Cattle	羊出栏数（万只）Slaughtered Fattened Sheep and Goats (10 000 heads)	猪出栏数（万头）Slaughtered Fattened Hogs (10 000 heads)
陇西县	Longxi	6.53	4.74	15.31	9.87	1.33	1.10	8.29	11.44
渭源县	Weiyuan	2.97	2.81	10.40	4.03	0.54	0.50	4.86	4.34
临洮县	Lintao	5.70	5.37	21.58	11.98	1.98	1.96	19.29	13.49
漳　县	Zhangxian	1.92	1.33	4.54	1.79	0.42	0.10	1.05	2.17
岷　县	Minxian	5.74	5.24	11.45	6.29	1.03	1.03	5.16	6.32
陇南市	**Longnan**	**24.22**	**12.29**	**19.90**	**50.92**	**5.20**	**4.01**	**14.17**	**60.76**
武都区	Wudu	4.53	2.64	3.51	10.43	0.99	0.82	2.67	12.21
成　县	Chengxian	0.55	0.55	0.62	4.87	0.24	0.19	0.46	5.52
文　县	Wenxian	2.60	0.97	1.72	5.28	0.58	0.34	2.40	5.80
宕昌县	Tanchang	4.95	1.80	3.07	4.28	0.72	0.57	2.04	4.21
康　县	Kangxian	0.64	0.59	1.14	2.80	0.23	0.22	0.75	2.79
西和县	Xihe	1.09	0.79	1.82	5.38	0.23	0.18	1.38	8.06
礼　县	Lixian	8.00	3.08	5.22	4.52	1.55	1.01	3.73	7.51
徽　县	Huixian	1.04	1.04	1.78	11.44	0.39	0.39	0.56	12.56
两当县	Liangdang	0.82	0.82	1.03	1.94	0.29	0.29	0.18	2.10
临夏州	**Linxia**	**28.07**	**26.63**	**132.94**	**17.74**	**11.17**	**11.11**	**116.50**	**20.69**
临夏市	linxia	1.13	1.13	3.21	1.01	2.12	2.12	3.16	1.26
临夏县	linxia	6.30	6.18	16.35	6.74	1.21	1.21	9.17	7.37
康乐县	Kangle	5.99	5.78	11.33	1.27	2.22	2.21	4.98	1.44
永靖县	Yongjing	1.26	0.98	11.12	5.91	0.22	0.17	8.99	8.12
广河县	Guanghe	3.85	3.76	21.44		1.31	1.31	9.44	0.01
和政县	Hezheng	2.72	2.69	8.68	0.69	1.74	1.74	5.39	0.82
东乡县	Dongxiang	4.32	3.78	50.35	0.30	1.57	1.57	71.07	0.65
积石山县	Jishishan	2.49	2.33	10.46	1.82	0.78	0.78	4.30	1.04
甘南州	**Gannan**	**145.73**	**140.02**	**200.05**	**18.93**	**59.92**	**59.70**	**140.07**	**23.04**
合作市	Hezuo	12.75	12.37	16.52	1.14	4.41	4.41	11.13	2.00
临潭县	Lintan	3.70	3.55	11.50	2.75	2.78	2.78	10.74	4.59
卓尼县	Zhuoni	19.78	19.60	30.19	3.81	7.33	7.33	15.18	2.75
舟曲县	Zhouqu	3.45	2.50	1.03	4.68	1.19	1.19	1.14	6.75
迭部县	Diebu	11.43	10.92	2.50	4.45	4.00	4.00	2.52	5.14
玛曲县	Maqu	51.45	49.17	42.69		23.10	22.87	26.52	
碌曲县	Luqu	26.43	26.03	31.57	0.51	7.24	7.24	27.52	0.50
夏河县	Xiahe	16.75	15.89	64.04	1.60	9.86	9.86	45.31	1.31

12-30 各地县畜产品产量(2018)
Output of Livestock Products by Region, County(2018)

单位：吨 (ton)

地 区	Region	肉类 Output of Meat	#猪肉 Pork	#牛肉 Beef	#羊肉 Mutton	奶类 Milk	绵羊毛 Sheep Wool	山羊毛 Goat Wool	禽蛋 Poultry Eggs	水产品 Aquatic Products
兰州市	**Lanzhou**	**46155**	**30632**	**1234**	**6214**	**79201**	**993**	**44**	**18916**	**1177**
城关区	Chengguan	201	164	10	6	942	1		37	
七里河区	Qilihe	2534	1983	267	101	44596	25	1	1375	
西固区	Xigu	2673	1515	33	203	4152	29		3766	186
安宁区	Anning	121	89		24	278	3		16	
红古区	Honggu	1959	1452	87	290	10302	59	1	952	42
永登县	Yongdeng	15667	12292	366	2313	10404	575	16	5510	838
皋兰县	Gaolan	3716	2700	2	815	1859	110	2	1253	
榆中县	Yuzhong	10769	8303	374	1545	5248	144	18	4305	111
兰州新区	Lanzhou New Area	8515	2134	95	918	1421	48	6	1703	
嘉峪关市	**Jiayuguan**	**3689**	**2844**	**240**	**521**	**9397**	**92**	**1**	**535**	**2**
金昌市	**Jinchang**	**12536**	**3644**	**1249**	**6973**	**31895**	**1260**	**86**	**2543**	**436**
金川区	Jinchuan	2204	740	344	971	10171	131	4	721	
永昌县	Yongchang	10332	2904	905	6002	21724	1129	81	1822	436
白银市	**Baiyin**	**97240**	**60432**	**6655**	**24719**	**26753**	**2123**	**211**	**16743**	**2013**
白银区	Baiyin	7554	5855	139	907	15182	112	14	1625	498
平川区	Pingchuan	6975	5358	82	1285	542	101	19	1666	80
靖远县	Jingyuan	26070	17295	257	6468	3400	533	55	9080	813
会宁县	Huining	39997	22712	5975	9422	5847	883	38	2540	
景泰县	Jingtai	16643	9212	201	6638	1783	495	84	1833	622
天水市	**Tianshui**	**60692**	**45796**	**8032**	**2338**	**4816**	**281**	**45**	**14763**	**1571**
秦州区	Qinzhou	5120	3618	250	244	148	24	5	2893	251
麦积区	Maiji	8938	7625	346	162	723	2	4	3752	273
清水县	Qingshui	10757	8049	2010	335	1842	10	5	1593	180
秦安县	Qinan	3972	3354	117	191	257	34	3	1411	3
甘谷县	Gangu	11419	10137	356	159	431	25	5	2317	183
武山县	Wushan	13184	10930	1046	685	870	104	14	2108	620
张家川县	Zhangjiachuan	7302	2083	3908	561	547	82	10	690	61
武威市	**Wuwei**	**171376**	**104408**	**26100**	**36372**	**31190**	**6113**	**109**	**16845**	**458**
凉州区	Liangzhou	118732	88205	17329	11039	27912	1998	34	8767	50
民勤县	Minqin	19896	4282	1551	12358	1003	1556	16	5575	400
古浪县	Gulang	17547	9384	1459	6290	246	1149	10	2137	
天祝县	Tianzhu	15201	2536	5762	6684	2029	1411	48	365	8
张掖市	**Zhangye**	**112601**	**44525**	**23229**	**36260**	**60928**	**5926**	**137**	**13580**	**2063**

12－30 续表 1 continued

单位：吨 (ton)

地　区	Region	肉类 Output of Meat	#猪肉 Pork	#牛肉 Beef	#羊肉 Mutton	奶类 Milk	绵羊毛 Sheep Wool	山羊毛 Goat Wool	禽蛋 Poultry Eggs	水产品 Aquatic Products
甘州区	Ganzhou	38147	13846	10004	8582	10314	1718	40	8976	706
肃南县	Sunan	12785	200	1973	10439	4338	1639	13	35	
民乐县	Minle	15837	11312	724	3003	10112	558	13	1482	
临泽县	Linze	18415	8658	7183	2072	23934	299	3	970	590
高台县	Gaotai	15283	7803	2668	4086	9913	658	21	1358	708
山丹县	Shandan	11688	2707	338	7991	1989	1006	48	759	59
平凉市	**Pingliang**	**66634**	**31021**	**30154**	**1871**	**19786**	**92**	**30**	**10059**	**549**
崆峒区	Kongtong	15319	4883	9307	586	6767	50	6	1745	182
泾川县	Jingchuan	6439	4334	1504	82	1065		5	1744	24
灵台县	Lingtai	7076	1751	4891	272	429	7	6	374	162
崇信县	Chongxin	9603	2779	6330	387	1673	26	6	469	37
庄浪县	Zhuanglang	10756	6924	3003	119	2037		2	2670	94
静宁县	Jingning	10124	7131	1708	38	6973	3	1	2436	24
华亭市	Huating	7318	3219	3412	387	842	7	4	622	26
酒泉市	**Jiuquan**	**76237**	**19223**	**10607**	**38704**	**18304**	**5014**	**173**	**9442**	**3426**
肃州区	Suzhou	33792	7620	9090	12369	10933	1768	29	6347	1872
金塔县	Jinta	16832	5053	338	10416	630	1128	11	1394	895
瓜州县	Guazhou	5668	973	320	3986	1161	597	10	345	252
肃北县	Subei	2854	147	541	1653	718	194	61	45	
阿克塞县	Akesai	1722		20	1557	648	150	8	1	
玉门市	Yumen	9614	3779	177	5216	2595	752	46	595	206
敦煌市	Dunhuang	5754	1650	122	3507	1620	425	8	716	201
庆阳市	**Qingyang**	**74110**	**34261**	**18393**	**16554**	**10052**	**417**	**593**	**11902**	**1328**
西峰区	Xifeng	3955	2945	242	596	581	139	17	871	98
庆城县	Qingcheng	5507	2676	1660	1025	107		58	600	50
环　县	Huanxian	15925	4408	2620	8747	3442	14	279	1339	87
华池县	Huachi	3608	2241	600	585	534	2	45	689	15
合水县	Heshui	6534	2803	1438	2146	1740	8	83	777	100
正宁县	Zhengning	4200	3568	225	99	164	9	5	663	11
宁　县	Ningxian	16522	10252	4798	1163	2414	91	34	1652	596
镇原县	Zhenyuan	17859	5369	6809	2194	1071	155	72	5311	371
定西市	**Dingxi**	**59640**	**38251**	**7822**	**9649**	**8550**	**516**	**67**	**9828**	**563**
安定区	Anding	11132	6032	1162	2876	580	241	11	3243	
通渭县	Tongwei	8865	5334	1972	976	2681	89	8	1252	4

12－30 续表 2 continued

单位：吨 (ton)

地 区	Region	肉类 Output of Meat	#猪肉 Pork	#牛肉 Beef	#羊肉 Mutton	奶类 Milk	绵羊毛 Sheep Wool	山羊毛 Goat Wool	禽蛋 Poultry Eggs	水产品 Aquatic Products
陇西县	Longxi	10937	8011	1101	1243	356	1	6	1310	51
渭源县	Weiyuan	4644	3038	496	730	937	47	4	914	92
临洮县	Lintao	15071	9443	1961	2894	3677	128	12	2245	201
漳 县	Zhangxian	2643	1972	102	157	193		14	493	182
岷 县	Minxian	6348	4421	1028	774	127	8	12	372	33
陇南市	**Longnan**	**52066**	**42533**	**4011**	**2126**	**435**	**6**	**56**	**12397**	**1010**
武都区	Wudu	10387	8547	823	401	194	4	10	1344	295
成 县	Chengxian	4562	3865	190	70	70		3	1842	122
文 县	Wenxian	5087	4058	344	359	5		9	981	253
宕昌县	Tanchang	4034	2945	566	306	16		7	552	15
康 县	Kangxian	2447	1956	217	113	21		5	1334	25
西和县	Xihe	6132	5639	182	207			1	1456	16
礼 县	Lixian	7502	5258	1015	560	84		9	1956	103
徽 县	Huixian	9935	8795	385	84	12	3	8	1943	172
两当县	Liangdang	1979	1469	290	27	33		5	988	9
临夏州	**Linxia**	**54363**	**15569**	**14139**	**22365**	**39258**	**2464**	**101**	**7313**	**1689**
临夏市	linxia	4460	1006	2750	632	3309	75	1	124	107
临夏县	linxia	9430	5156	1572	1835	27335	395	13	2595	41
康乐县	Kangle	4635	1006	2650	747	340	257	5	1014	10
永靖县	Yongjing	8995	6496	225	1799	3836	231	14	1095	1060
广河县	Guanghe	3299	7	1701	1415	730	496	6	668	
和政县	Hezheng	4087	653	2260	1079	2107	173	10	299	
东乡县	Dongxiang	17069	518	2041	14214	308	666	39	777	396
积石山县	Jishishan	2389	725	941	645	1294	172	13	741	75
甘南州	**Gannan**	**95389**	**14744**	**53936**	**26217**	**99431**	**1990**	**44**	**1632**	**50**
合作市	Hezuo	6223	601	3619	2003	5681	155	5		
临潭县	Lintan	7903	3443	2784	1612	6199	78	26	149	5
卓尼县	Zhuoni	12188	2061	7334	2733	7581	328	10	322	33
舟曲县	Zhouqu	8027	6078	1433	170	224	10	1	1026	
迭部县	Diebu	6196	1799	4001	378	5659	38		134	
玛曲县	Maqu	24747		19442	5305	42290	427			12
碌曲县	Luqu	12564	371	7239	4954	22865	315			
夏河县	Xiahe	17541	392	8086	9063	8932	640		2	

12－31 各地县中药材种植面积和产量(2018)
Sown Areas and Products of Chinese Medicine by Region, County (2018)

地 区	Region	中药材 Chinese Medicinal Materials		当归 Angelica		党参 Codcnopsis		其他 Others	
		面积（万亩）Areas (10 000 mu)	产量（吨）Products (ton)	面积（万亩）Areas (10 000 mu)	产量（吨）Products (ton)	面积（万亩）Areas (10 000 mu)	产量（吨）Products (ton)	面积（万亩）Areas (10 000 mu)	产量（吨）Products (ton)
兰州市	**Lanzhou**	**11. 78**	**31695. 04**	**2. 07**	**4951. 47**	**0. 76**	**2025. 77**	**8. 95**	**24717. 80**
城关区	Chengguan								
七里河区	Qilihe	0. 10	402. 29	0. 10	402. 29				
西固区	Xigu	0. 02	81. 03					0. 02	81. 03
安宁区	Anning								
红古区	Honggu								
永登县	Yongdeng	2. 11	10711. 49			0. 10	274. 50	2. 01	10436. 99
皋兰县	Gaolan								
榆中县	Yuzhong	9. 45	20114. 95	1. 88	4163. 90	0. 66	1751. 27	6. 91	14199. 78
兰州新区	Lanzhou New Area	0. 10	385. 28	0. 10	385. 28				
嘉峪关市	**Jiayuguan**	**2. 95**	**6441. 05**					**2. 95**	**6441. 05**
金昌市	**Jinchang**	**2. 07**	**17618. 51**					**2. 07**	**17618. 51**
金川区	Jinchuan	0. 17	1476. 43					0. 17	1476. 43
永昌县	Yongchang	1. 89	16142. 08					1. 89	16142. 08
白银市	**Baiyin**	**31. 94**	**93298. 26**			**1. 07**	**1733. 02**	**30. 87**	**91565. 24**
白银区	Baiyin	0. 07	410. 00					0. 07	410. 00
平川区	Pingchuan	2. 02	2734. 92			0. 01	25. 25	2. 01	2709. 67
靖远县	Jingyuan	16. 58	26469. 00			0. 49	521. 00	16. 09	25948. 00
会宁县	Huining	3. 95	8718. 93			0. 58	1186. 77	3. 37	7532. 16
景泰县	Jingtai	9. 32	54965. 41					9. 32	54965. 41
天水市	**Tianshui**	**17. 50**	**42004. 01**	**0. 90**	**3284. 18**	**5. 05**	**8645. 49**	**11. 55**	**30074. 34**
秦州区	Qinzhou	4. 27	7713. 49	0. 09	200. 00	0. 15	419. 00	4. 03	7094. 49
麦积区	Maiji	0. 92	2993. 75	0. 02	46. 00	0. 16	924. 75	0. 74	2023. 00
清水县	Qingshui	2. 56	9433. 98	0. 14	790. 18	0. 04	132. 00	2. 38	8511. 80
秦安县	Qinan	1. 24	2086. 00	0. 02	30. 00	0. 59	1034. 00	0. 63	1022. 00
甘谷县	Gangu	5. 02	7369. 01	0. 13	160. 00	3. 72	4635. 01	1. 17	2574. 00
武山县	Wushan	3. 22	11575. 50	0. 51	2058. 00	0. 39	1500. 73	2. 32	8016. 77
张家川县	Zhangjiachuan	0. 27	832. 28					0. 27	832. 28
武威市	**Wuwei**	**15. 09**	**69670. 35**	**1. 01**	**3530. 52**	**0. 30**	**964. 06**	**13. 78**	**65175. 77**
凉州区	Liangzhou	0. 92	7995. 16	0. 03	189. 05	0. 12	495. 56	0. 77	7310. 55
民勤县	Minqin	4. 41	12355. 20					4. 41	12355. 20
古浪县	Gulang	5. 38	8730. 00	0. 17	178. 75	0. 08	21. 45	5. 13	8529. 80
天祝县	Tianzhu	4. 38	40589. 99	0. 81	3162. 72	0. 10	447. 05	3. 47	36980. 22
张掖市	**Zhangye**	**27. 14**	**102641. 32**	**4. 07**	**20411. 00**	**0. 09**	**1243. 10**	**22. 98**	**80987. 22**

12－31 续表 1 continued

地　区	Region	中药材 Chinese Medicinal Materials		当归 Angelica		党参 Codonopsis		其他 Others	
		面积（万亩）Areas（10 000 mu）	产量（吨）Products（ton）	面积（万亩）Areas（10 000 mu）	产量（吨）Products（ton）	面积（万亩）Areas（10 000 mu）	产量（吨）Products（ton）	面积（万亩）Areas（10 000 mu）	产量（吨）Products（ton）
甘州区	Ganzhou	1. 32	5226. 00					1. 32	5226. 00
肃南县	Sunan	0. 28	2308. 20	0. 05	230. 00			0. 23	2078. 20
民乐县	Minle	18. 69	67224. 42	3. 87	19486. 00	0. 09	1243. 10	14. 73	46495. 32
临泽县	Linze	2. 26	9223. 67					2. 26	9223. 67
高台县	Gaotai	2. 13	8774. 03					2. 13	8774. 03
山丹县	Shandan	2. 46	9885. 00	0. 16	695. 00			2. 30	9190. 00
平凉市	**Pingliang**	**5. 21**	**20726. 91**	**0. 18**	**345. 75**	**0. 51**	**2419. 00**	**4. 52**	**17962. 16**
崆峒区	Kongtong	0. 56	1693. 00	0. 01	15. 00	0. 02	38. 00	0. 53	1640. 00
泾川县	Jingchuan	0. 16	384. 90		3. 75			0. 16	381. 15
灵台县	Lingtai		9. 11						9. 11
崇信县	Chongxin	0. 52	2303. 30	0. 03	81. 00			0. 49	2222. 30
庄浪县	Zhuanglang	1. 52	6758. 90	0. 06	146. 00	0. 22	1084. 00	1. 24	5528. 90
静宁县	Jingning	0. 23	396. 50	0. 08	100. 00	0. 01	36. 00	0. 14	260. 50
华亭市	Huating	2. 22	9181. 20			0. 26	1261. 00	1. 96	7920. 20
酒泉市	**Jiuquan**	**33. 81**	**90826. 40**					**33. 81**	**90826. 40**
肃州区	Suzhou	1. 18	4624. 26					1. 18	4624. 26
金塔县	Jinta	3. 11	20825. 86					3. 11	20825. 86
瓜州县	Guazhou	13. 90	36150. 44					13. 90	36150. 44
肃北县	Subei								
阿克塞县	Akesai	0. 32	1248. 60					0. 32	1248. 60
玉门市	Yumen	14. 54	27326. 15					14. 54	27326. 15
敦煌市	Dunhuang	0. 75	651. 09					0. 75	651. 09
庆阳市	**Qingyang**	**4. 69**	**22797. 52**	**0. 24**	**803. 03**	**0. 25**	**743. 92**	**4. 20**	**21250. 57**
西峰区	Xifeng	0. 16	1077. 39			0. 01	40. 99	0. 15	1036. 40
庆城县	Qingcheng	0. 45	2614. 61		1. 13		11. 58	0. 45	2601. 90
环　县	Huanxian	0. 45	2030. 80	0. 03	274. 80			0. 42	1756. 00
华池县	Huachi	0. 67	2034. 11	0. 05	90. 20			0. 62	1943. 91
合水县	Heshui	0. 08	321. 25	0. 01	33. 60			0. 07	287. 65
正宁县	Zhengning	0. 79	6176. 70		16. 00	0. 09	279. 50	0. 70	5881. 20
宁　县	Ningxian	1. 20	5837. 76	0. 05	162. 60	0. 05	168. 33	1. 10	5506. 83
镇原县	Zhenyuan	0. 89	2704. 90	0. 10	224. 70	0. 09	243. 52	0. 70	2236. 68
定西市	**Dingxi**	**110. 97**	**300869. 16**	**26. 27**	**65356. 56**	**44. 30**	**98393. 83**	**40. 40**	**137118. 77**
安定区	Anding	2. 42	9290. 00			0. 04	169. 94	2. 38	9120. 06
通渭县	Tongwei	3. 82	9461. 00	0. 04	119. 64	0. 57	1434. 96	3. 21	7906. 40

12－31 续表 2 continued

地 区	Region	中药材 Chinese Medicinal Materials 面积（万亩）Areas (10 000 mu)	中药材 产量（吨）Products (ton)	当归 Angelica 面积（万亩）Areas (10 000 mu)	当归 产量（吨）Products (ton)	党参 Codonopsis 面积（万亩）Areas (10 000 mu)	党参 产量（吨）Products (ton)	其他 Others 面积（万亩）Areas (10 000 mu)	其他 产量（吨）Products (ton)
陇西县	Longxi	24.45	73762.00	0.03	148.00	14.81	42541.40	9.61	31072.60
渭源县	Weiyuan	27.99	74380.01	8.36	23812.29	10.78	19026.81	8.85	31540.91
临洮县	Lintao	14.24	26986.10	1.59	3788.25	9.27	15184.29	3.38	8013.56
漳 县	Zhangxian	8.88	18911.05	3.62	7065.38	1.54	2548.43	3.72	9297.24
岷 县	Minxian	29.16	88079.00	12.63	30423.00	7.29	17488.00	9.24	40168.00
陇南市	**Longnan**	**59.19**	**139422.41**	**5.48**	**13912.56**	**16.62**	**26693.24**	**37.09**	**98816.61**
武都区	Wudu	17.03	30081.55	1.70	4555.58	3.21	5845.24	12.12	19680.73
成 县	Chengxian	2.19	7993.61	0.01	41.80	0.20	487.93	1.98	7463.88
文 县	Wenxian	6.43	9208.00	0.02	51.84	5.51	6435.43	0.90	2720.73
宕昌县	Tanchang	15.25	37543.00	2.66	6776.54	5.79	10221.57	6.80	20544.89
康 县	Kangxian	2.12	6813.00	0.02	51.60	0.05	59.00	2.05	6702.40
西和县	Xihe	4.73	13224.94	0.05	137.10	0.55	1061.97	4.13	12025.87
礼 县	Lixian	2.66	6526.86	0.89	1913.34	0.48	1370.62	1.29	3242.90
徽 县	Huixian	3.07	10597.75	0.11	340.80	0.36	594.75	2.60	9662.20
两当县	Liangdang	5.72	17433.70	0.02	43.96	0.47	616.73	5.23	16773.01
临夏州	**Linxia**	**5.92**	**28145.02**	**1.57**	**8265.14**	**0.20**	**693.33**	**4.15**	**19186.55**
临夏市	linxia	0.06	370.48					0.06	370.48
临夏县	linxia	0.11	548.87	0.04	151.81		14.13	0.07	382.93
康乐县	Kangle	1.98	10618.08	1.33	7205.78	0.07	328.50	0.58	3083.80
永靖县	Yongjing	2.12	9790.50			0.02	78.50	2.10	9712.00
广河县	Guanghe	0.04	311.75		4.75	0.01	89.00	0.03	218.00
和政县	Hezheng	1.22	4739.34	0.18	766.80	0.10	143.20	0.94	3829.34
东乡县	Dongxiang								
积石山县	Jishishan	0.41	1766.00	0.02	136.00	0.01	40.00	0.38	1590.00
甘南州	**Gannan**	**19.36**	**42308.75**	**5.45**	**15621.38**	**2.51**	**4789.97**	**11.40**	**21897.40**
合作市	Hezuo	0.22	620.00	0.01	18.00			0.21	602.00
临潭县	Lintan	6.67	13545.36	2.64	5579.01	0.89	1626.83	3.14	6339.52
卓尼县	Zhuoni	5.81	12721.08	1.82	4190.97	0.25	524.16	3.74	8005.95
舟曲县	Zhouqu	5.39	6837.24	0.28	363.49	1.27	2084.98	3.84	4388.77
迭部县	Diebu	1.20	8266.47	0.68	5359.67	0.11	554.00	0.41	2352.80
玛曲县	Maqu								
碌曲县	Luqu	0.04	303.60	0.02	108.69			0.02	194.91
夏河县	Xiahe	0.04	15.00		1.55			0.04	13.45

12-32 受灾面积和成灾面积
Areas Covered and Affected by Natural Disaster

单位：千公顷 (1 000 hectares)

年份 Year	受灾面积 Areas Covered	成灾面积 Areas Affected	成灾面积占受灾面积比重(%) Percentage of Disaster Areas Affected to Areas Covered (%)	水灾 Flood		旱灾 Drought	
				受灾面积 Areas Covered	成灾面积 Areas Affected	受灾面积 Areas Covered	成灾面积 Areas Affected
2000	2004. 12	1572. 91	78. 48	55. 77	41. 82	1622. 33	1303. 93
2001	1575. 59	1180. 72	74. 94	33. 53	24. 53	1089. 83	833. 13
2002	1270. 29	913. 25	71. 89	50. 61	35. 68	636. 83	483. 13
2003	1176. 41	813. 87	69. 18	229. 70	169. 51	562. 63	383. 31
2004	1243. 84	866. 83	69. 69	80. 08	42. 44	378. 59	286. 02
2005	1137. 95	739. 98	65. 03	101. 30	76. 76	607. 03	380. 82
2006	1422. 13	1061. 68	74. 65	73. 91	48. 95	875. 49	662. 81
2007	1436. 16	1040. 57	72. 46	110. 55	77. 95	975. 71	700. 30
2008	1238. 71	871. 81	70. 38	35. 05	20. 23	731. 83	520. 05
2009	1299. 83	981. 59	75. 52	38. 51	23. 23	1008. 87	792. 49
2010	1167. 48	877. 71	75. 18	101. 79	74. 66	601. 85	499. 85
2011	1209. 77	881. 60	72. 87	55. 24	37. 83	893. 77	656. 66
2012	676. 43	490. 05	72. 45	98. 41	63. 54	211. 83	144. 15
2013	977. 64	593. 59	60. 72	151. 93	110. 55	551. 76	297. 37
2014	695. 34	389. 48	56. 01	25. 67	14. 80	242. 03	108. 38
2015	664. 38	416. 59	62. 70	33. 21	24. 23	316. 81	181. 58
2016	844. 51	499. 69	59. 17	34. 38	26. 15	605. 69	350. 13
2017	494. 23	278. 08	56. 27	26. 91	17. 83	304. 04	158. 87
2018	535. 26	350. 51	65. 48	134. 84	90. 66	57. 19	36. 82

12-33 各地区受灾面积和成灾面积(2018)
Areas Covered and Affected by Natural Disaster by Region(2018)

单位：千公顷 (1 000 hectares)

地区	Region	受灾面积 Areas Covered	成灾面积 Areas Affected	成灾面积占受灾面积比重(%) Percentage of Disaster Areas Affected to Areas Covered (%)	水灾 Flood		旱灾 Drought	
					受灾面积 Areas Covered	成灾面积 Areas Affected	受灾面积 Areas Covered	成灾面积 Areas Affected
兰州市	Lanzhou	16. 82	12. 11	72. 00	7. 66	6. 16	1. 38	0. 78
嘉峪关市	Jiayuguan							
金昌市	Jinchang	0. 94	0. 24	25. 53	0. 33	0. 24		
白银市	Baiyin	54. 81	32. 26	58. 86	11. 28	6. 93	10. 01	4. 48
天水市	Tianshui	100. 28	66. 58	66. 39	26. 33	18. 81	5. 19	2. 11
武威市	Wuwei	24. 31	15. 24	62. 69	0. 85	0. 56	20. 77	13. 18
张掖市	Zhangye	5. 16	4. 18	81. 01	2. 22	2. 11		
平凉市	Pingliang	80. 95	55. 66	68. 76	11. 61	7. 28		
酒泉市	Jiuquan	1. 49	1. 49	100. 00	0. 41	0. 41		
庆阳市	Qingyang	73. 46	40. 52	55. 16	9. 50	5. 98	5. 08	3. 37
定西市	Dingxi	72. 70	46. 24	63. 60	26. 65	12. 49	6. 11	6. 01
陇南市	Longnan	48. 04	36. 04	75. 02	16. 53	12. 15	2. 41	1. 15
临夏州	Linxia	25. 85	21. 37	82. 67	16. 42	13. 94	4. 61	4. 61
甘南州	Gannan	7. 44	5. 62	75. 54	4. 37	2. 98	0. 71	0. 64

主要统计指标解释

农村户数 指长期(一年以上)居住在乡镇(不包括城关镇)行政管理区域内的住户，还包括居住在城关镇所辖行政村范围内的农村住户。户口不在本地而在本地居住一年及以上的住户也包括在本地农村住户内；有本地户口，但举家外出谋生一年以上的住户，无论是否保留承包耕地都不包括在本地农村住户范围内。不包括乡村地区内的国有经济机关、团体、学校、企业、事业单位的集体户。

农村人口 指乡村地区常住居民户数中的常住人口数，即经常在家或在家居住6个月以上，而且经济和生活与本户连成一体的人口。外出从业人员在外居住时间虽然在6个月以上，但收入主要带回家中，经济与本户连为一体，仍视为家庭常住人口；在家居住，生活和本户连成一体的国家职工、退休人员也为家庭常住人口。但是现役军人、中专及以上(走读生除外)的在校学生、以及常年在外(不包括探亲、看病等)且已有稳定的职业与居住场所的外出从业人员，不应当作家庭常住人口。

农林牧渔业总产值 指以货币表现的农、林、牧、渔业全部产品和对农林牧渔业生产活动进行的各种支持性服务活动的价值总量，它反映一定时期内农林牧渔业生产总规模和总成果。1957年以前的农林牧渔业总产值中包括了厩肥和农民自给性手工业(如农民自制衣服、鞋、袜，自己从事粮食初步加工等)。1958年及以后，林业中增加了村及村以下竹木采伐产值；牧业中取消了厩肥产值；副业中取消了农民自给性手工业产值，增加了村及村以下办的工业产值；渔业中增加了海洋捕捞水产品产值。1980年及以后，在副业中增加了农民家庭兼营工业商品部分的产值。从1984年起村及村以下工业产值划归工业。从1993年起取消副业，将野生动物的捕猎划入牧业，野生植物采集和农民家庭兼营商品性工业划归农业。从2003年起，执行新的国民经济行业分类标准，农林牧渔业总产值中包括了农林牧渔服务业产值。林业中增加了森林采运业产值。农业中取消了家庭兼营商品性工业产值，将野生林产品的采集划归林业。第一次农业普查以后，由于畜牧业产品年报数据与普查数据之间存在一定的差距，根据农业普查结果，对畜牧业年报数据和畜牧业产值进行了修正。2010年执行《统计用产品分类目录》，对2009年的农业、林业产值做了相应调整。

农林牧渔业总产值的计算方法通常是按农、林、牧、渔业产品及其副产品的产量分别乘以各自单位产品价格求得；少数生产周期较长，当年没有产品或产品产量不易统计的，则采用间接方法匡算其产值；然后将四业产品产值及农林牧渔服务业产值相加即为农林牧渔业总产值。

粮食产量 指农业生产经营者日历年度内生产的全部粮食数量。按收获季节包括夏收粮食、早稻和秋收粮食，按作物品种包括谷物、薯类和豆类。其产量计算方法：谷物按脱粒后的原粮计算，豆类按去豆荚后的干豆计算；薯类(包括甘薯和马铃薯，不包括芋头和木薯)1963年以前按每4公斤鲜薯折1公斤粮食计算，从1964年开始改为按5公斤鲜薯折1公斤粮食计算；城市郊区作为蔬菜的薯类(如马铃薯等)按鲜品计算，并且不作粮食统计。1989年以前全国粮食产量数据主要靠全面报表取得，1989年开始使用抽样调查数据。

棉花产量 指全社会的产量。包括春播棉和夏播棉；产量按皮棉计算；不包括木棉。

油料产量 指全部油料作物的生产量。包括花生、油菜籽、芝麻、向日葵籽、胡麻籽(亚麻籽)和其他油料。不包括大豆、木本油料和野生油料。花生以带壳干花生计算。

猪、牛、羊肉产量 指当年出栏并已屠宰、除去头蹄下水后带骨肉(即胴体重)的重量。包括全社会范围内的产量。1996年以前为全面统计并逐级上报数据。1996年第一次全国农业普查以后，根据普查结果，对畜牧业主要年报数据进行了修正。1999年以后，国家统计局在部分地区开展了猪、牛、羊、禽等主要畜禽品种的抽样调查，并用抽样数据作为国家定案数据使用。未开展抽样调查的地区和品种，仍使用各级统计部门逐级上报数据。2007年，根据第二次全国农业普查结果，对2000—2006年畜牧业主要年报数据进行了修正。2008年，建立了主要畜禽监测调查制度，猪、牛、羊、禽等主要畜禽数据均以抽样调查数为法定数据。

期初(末)畜禽存栏头(只)数 指报告期初(末)农村各种合作经济组织和国营农场、农民个人、机关、团体、学校、工矿企业、部队等单位，以及城镇居民饲养的大牲畜、猪、羊、家禽等畜禽的数量。数据上报方式及数据调整情况同猪、牛、羊肉产量。

农作物播种面积 指农业生产经营者应在日历年度内收获农作物在全部土地(耕地或非耕地)上的播种或移植面积。凡是本年内收获的农作物，无论是本年还是上年播种，都算为播种面积，但不包括本年播种，下年收获的农作物面积。

有效灌溉面积 指具有一定的水源，地块比较平整，灌溉工程或设备已经配套，在一般年景下能够进行正常灌溉的耕地面积。在一般情况下，有效灌溉面积应等于灌溉工程或设备已经配套，能够进行正常灌溉的水田和水浇地面积之和。它是反映我国农田水利建设的重要指标。

农用化肥施用量 指本年度内实际用于农业生产的化肥数量，包括氮肥、磷肥、钾肥和复合肥。化肥施用量要求按折纯量计算数量。折纯量是指把氮肥、磷肥、钾肥分别按含氮、含五氧化二磷、含氧化钾的百分比成份进行折算后的数量。复合肥按其所含主要成分折算。公式为：

折纯量 = 实物量 × 某种化肥有效成分含量的百分比

农业机械总动力 指全部农业机械动力的额定功率之和。农业机械是指用于种植业、畜牧业、渔业、农产品初加工、农用运输和农田基本建设等活动的机械及设备。农机总动力按使用能源不同分为以下四部分：

柴油发动机动力 指全部柴油发动机额定功率之和；

汽油发动机动力 指全部汽油发动机额定功率之和；

电动机动力 指全部电动机(含潜水电泵的电动机)额定功率之和；

其他机械动力 指采用柴油、汽油、电力之外的其他能源，如水力、风力、煤炭、太阳能等动力机械功率之和。

这个指标的统计数据主要来源于农机部门。

13

工　业

Industry

简要说明

一、本篇资料主要内容

本篇反映工业经济方面的基本情况。主要包括规模以上工业企业主要经济指标、构成资料；主要工业产品产量、规模以上工业主要产品生产能力资料；国有及国有控股工业企业情况；支柱产业情况。

二、本篇资料的统计范围

本篇资料中规模以上工业企业的统计范围：2010 年为年主营业务收入 500 万元及以上的工业法人单位，从 2011 年开始，为年主营业务收入 2000 万元及以上的工业法人单位。

三、本篇资料来源

本篇资料由省统计局工业交通处根据工业统计月报中有关资料整理。2017、2018 年全国规模以上工业企业主要指标数据与上年数据之间存在不可比因素，其主要原因是：（一）根据统计制度，每年定期对规模以上工业企业调查范围进行调整。每年有部分企业达到规模标准纳入调查范围，也有部分企业因规模变小而退出调查范围，还有新建投产企业、破产、注（吊）销企业等变化。（二）加强统计执法，对统计执法检查中发现的不符合规模以上工业统计要求的企业进行了清理，对相关基数依规进行了修正。（三）加强数据质量管理，剔除跨地区、跨行业重复统计数据。根据国家统计局最新开展的企业组织结构调查情况，对企业集团（公司）跨地区、跨行业重复计算进行了剔重。（四）“营改增”政策实施后，服务业企业改交增值税且税率较低，工业企业逐步将内部非工业生产经营活动剥离，转向服务业，使工业企业财务数据有所减小。

13－1 规模以上工业企业工业增加值

Value-added of Industry of Industrial Enterprises above Designated Size

单位：亿元 (100 million yuan)

项　目	Item	2010	2015	2017	2018年比2017年增长(%) Increase Rate in 2018 over 2017 (%)
工业增加值	**Value-added of Industry**	**1376.3**	**1662.0**	**1603.7**	**4.6**
#国有及国有控股	State-owned and State-holding Enterprises	1098.6	1216.1	1251.8	5.0
按登记注册类型分	**By Status of Registration**				
国有企业	State-owned Enterprises	319.1	472.5	386.4	11.1
集体企业	Collective-owned Enterprises	27.3	13.1	9.8	－22.4
股份合作企业	Cooperative Enterprises	7.0	0.8	0.1	
股份制企业	Share-holding Corporations	968.4	1142.5	1164.6	2.9
外商及港澳台商投资企业	Enterprises with Funds from Foreign, Hong Kong ,Macao and Taiwan	29.1	28.4	41.0	21.1
其他企业	Other Enterprises	25.4	4.5	1.8	－4.4
按企业规模分	**Grouped by Size of Enterprises**				
大型企业	Large Enterprises	805.2	1090.3	1147.9	5.0
中型企业	Medium-size Enterprises	251.1	183.6	161.4	13.2
小型企业	Small Enterprises	320.0	371.6	273.1	－3.5
微型企业	Micro Enterprises		16.6	21.3	－7.6
按轻重工业分	**Grouped by Light and Heavy Industries**				
轻工业	Light Industry	194.0	319.8	260.0	－3.8
重工业	Heavy Industry	1182.3	1342.2	1343.7	6.2
工业增加值指数 (可比价) (上年＝100)	**Indices of Value-added of Industry (By Comparable Prices) (preceding year＝100)**	**116.6**	**106.8**	**98.3**	**104.6**

注：1. 工业增加值中含长庆油田甘肃部分。
　　2. 工业增加值增长速度按可比价计算。

a) The value-added of industry included the data of PCOC Gansu Part.

b) Growth rate of value-added of industrial was calculated by comparable prices.

13 -2 规模以上工业企业主要经济指标(2018)

单位：万元

类 别	Item	企业单位数（个）Number of Enterprises (unit)	#亏损企业 Loss-making Enterprises	工业总产值 Gross Industrial Output Value
甘肃省	**Gansu**	**1917**	**643**	**63523203**
按登记注册类型分	**By Status of Registration**			
内资	Domestic Funded Enterprises	1866	623	60999080
国有企业	State-owned Enterprises	48	26	9347116
集体企业	Collective-owned Enterprises	16	4	243071
股份合作企业	Cooperative Enterprises			
联营企业	Joint Ownership Enterprises			
有限责任公司	Limited Liability Corporations	983	326	24620136
股份有限公司	Stock-holding Corporations Limited	115	40	21518303
私营企业	Private Enterprises	699	224	5258143
其他企业	Other Enterprises	5	3	12310
港澳台商投资企业	Enterprises with Funds from Hong Kong ,Macao and Taiwan	19	11	1727848
外商投资企业	Foreign Funded Enterprises	32	9	796276
按轻重工业分	**Grouped by Light and Heavy Industries**			
轻工业	Light Industry	713	218	7201403
重工业	Heavy Industry	1204	425	56321801
按企业规模分	**Grouped by Size of Enterprises**			
大型企业	Large Enterprises	52	15	40630375
中型企业	Medium-size Enterprises	199	79	10239930
小型企业	Small Enterprises	1451	483	11814266
微型企业	Micro Enterprises	215	66	838632
按行业分	**Grouped by Sector**			
煤炭开采和洗选业	Mining and Washing of Coal	34	16	2120285
石油和天然气开采业	Extraction of Petroleum and Natural Gas	2	1	2795205
黑色金属矿采选业	Mining and Processing of Ferrous Metal Ores	20	11	213239
有色金属矿采选业	Mining and Processing of Non-Ferrous Metal Ores	29	9	488726
非金属矿采选业	Mining and Processing of Non-metal Ores	28	11	112648
开采辅助活动	Support Activities for Mining	15	2	259953
其他采矿业	Mining of Other Ores			
农副食品加工业	Processing of Food from Agricultural Products	286	100	1842334
食品制造业	Manufacture of Foods	73	22	686093
酒、饮料和精茶制造业	Manufacture of Liquor, Beverages and Refined Tea	59	19	909770
烟草制品业	Manufacture of Tobacco	2		1548021
纺织业	Manufacture of Textile	12	4	92862
纺织服装、服饰业	Manufacture of Textile, Wearing Apparel and Accessories	10	2	22900
皮革、毛皮、羽毛(绒)及其制品和制鞋业	Manufacture of Leather, Fur, Feather and Related Products and Footwear	9	3	55057

Main Economic Indicators of Industrial Enterprises above Designated Size (2018)

(10 000 yuan)

工业销售产值 Sales Value of Industry Products	#出口交货值 Delivery Value for Export	平均用工人数（人） Annual Average Employees (person)	资产总计 Total Assets	#产成品 Finished Product	流动资产合计 Total Current Assets
62938285	**1210917**	**497570**	**121486397**	**4245813**	**44482710**
60438204	1207268	485481	117462052	4184379	42934562
9359379	848	65929	14273965	120604	1180537
224100		5598	398850	26694	221121
24245651	209445	239302	61984517	1843428	22808094
21358339	981026	115950	31192361	1639223	13663690
5239664	15949	58399	9554464	554365	5036908
11071		303	57896	66	24212
1720412		4815	1962175	27658	915694
779669	3649	7274	2062170	33777	632454
6942314	79492	79804	13176311	840990	7863917
55995971	1131424	417766	108310086	3404823	36618793
40347188	1113825	279463	66539703	2426996	22952812
10074466	40775	101957	19175675	724716	7668379
11693683	55232	112044	29404581	1045924	11951750
822948	1084	4106	6366438	48177	1909769
2076428		54310	5047563	106616	1601974
2791192		13992	7593717	16293	361903
208290		3170	789627	17833	322568
501603		7849	1889636	31430	576794
107853		2353	275825	17833	136499
239508		3355	341763	16393	218897
1816597	19310	20529	3061783	325413	1682007
678034	8875	9329	1049040	60272	550201
794564	31723	11862	1405256	107224	731014
1510498		2718	1739896	44141	1360864
98961	5694	2834	210896	10814	100843
24385	29	1930	68170	1750	38118
51809		1500	531369	5079	473400

13－2　续表 1

单位：万元

类　别	Item	企业单位数（个）Number of Enterprises (unit)	#亏损企业 Loss-making Enterprises	工业总产值 Gross Industrial Output Value
木材加工及木、竹、藤、棕、草制品业	Processing of Timber, Manufacture of Wood, Bamboo, Rattan, Palm and Straw Products	4	3	10663
家具制造业	Manufacture of Furniture	5	5	7560
造纸及纸制品业	Manufacture of Paper and Paper Products	17	7	110847
印刷业和记录媒介复制业	Printing and Reproduction of Recording Media	15	7	47049
文教、工美、体育和娱乐用品制造业	Manufacture of Articles for Culture, Education, Arts and Crafts, Sport and Entertainment Activities	6		18616
石油加工、炼焦及核燃料加工业	Processing of Petroleum, Coking and Processing of Nuclear Fuel	15	7	9348122
化学原料及化学制品制造业	Manufacture of Raw Chemical Materials and Chemical Products	112	34	1575573
医药制造业	Manufacture of Medicines	105	23	1235020
化学纤维制造业	Manufacture of Chemical Fibers	1		6416
橡胶和塑料制品业	Manufacture of Rubber and Plastics Products	85	20	475167
非金属矿物制品业	Manufacture of Non-metallic Mineral Products	308	101	3699111
黑色金属冶炼及压延加工业	Smelting and Pressing of Ferrous Metals	42	13	4581085
有色金属冶炼及压延加工业	Smelting and Pressing of Non-ferrous Metals	56	28	17234359
金属制品业	Manufacture of Metal Products	80	26	1259635
通用设备制造业	Manufacture of General Purpose Machinery	34	15	393036
专用设备制造业	Manufacture of Special Purpose Machinery	43	10	838539
汽车制造业	Manufacture of Automobile	5	3	97225
铁路、船舶、航空航天和其他运输设备制造业	Manufacture of Railway, Ship, Aerospace and Other Transport Equipments	4		12295
电气机械及器材制造业	Manufacture of Electrical Machinery and Apparatus	56	15	984823
计算机、通讯和其他电子设备制造业	Manufacture of Computers, Communicationt and Other Electronic Equipment	7	3	964773
仪器仪表制造业	Manufacture of Measuring Instruments and Machinery	3	1	8464
其他制造业	Other Manufacture			
废弃资源综合利用业	Utilization of Waste Resources	12	5	39226
金属制品、机械和设备修理业	Repair Service of Metal Products, Machinery and Equipment	3		106407
电力、热力生产和供应业	Production and Supply of Electric Power and Heat Power	291	102	8799488
燃气生产和供应业	Production and Supply of Gas	16	6	416059
水的生产和供应业	Production and Supply of Water	13	9	106551

continued

(10 000 yuan)

工业销售产值 Sales Value of Industry Products	#出口交货值 Delivery Value for Export	平均用工人数(人) Annual Average Employees (person)	资产总计 Total Assets	#产成品 Finished Product	流动资产合计 Total Current Assets
10902	32	195	20076	6560	13683
6430		434	39085	1280	15111
104406		1711	170614	14422	78888
46149		2251	120162	2526	67941
16367		556	33558	7637	22531
9298028		27173	4381094	188914	1730050
1516726	8598	18748	2754917	151064	1157068
1174708	8786	14642	3259620	163662	2076241
6416		135	3952	902	1363
481739	1574	5728	961086	67481	483023
3681489	320500	34942	6857556	216388	3776971
4552156	48201	47019	12927254	570669	3901040
17212112	130480	73811	24936818	1642647	10597631
1251026	86295	7469	1537074	87328	900891
373475	35410	10169	1647405	78483	1084348
793452	17613	14815	2751603	115220	1751273
96251		976	264432	2296	191104
11373		254	26783	1856	21827
999099	5237	11366	1924881	90206	1172458
962933	482560	10357	1949241	37374	558644
7913		287	276381	54	50703
35141		724	226132	12078	120403
104708		2425	406086	3778	224166
8774452		67965	28839627	20490	5911108
416839		3631	628955	1375	300126
104272		4056	537466	35	119037

13－2 续表 2

单位：万元

类　别	Item	负债合计 Total Liabilities	所有者权益 Owners Equity
甘肃省	**Gansu**	**78967936**	**42518461**
按登记注册类型分	**By Status of Registration**		
内资	Domestic Funded Enterprises	76681692	40780360
国有企业	State-owned Enterprises	8168874	6105091
集体企业	Collective-owned Enterprises	239888	158961
股份合作企业	Cooperative Enterprises		
联营企业	Joint Ownership Enterprises		
有限责任公司	Limited Liability Corporations	43395067	18589450
股份有限公司	Stock-holding Corporations Limited	18694777	12497584
私营企业	Private Enterprises	6146664	3407800
其他企业	Other Enterprises	36423	21473
港澳台商投资企业	Enterprises with Funds from Hong Kong ,Macao and Taiwan	1162212	799963
外商投资企业	Foreign Funded Enterprises	1124032	938138
按轻重工业分	**Grouped by Light and Heavy Industries**		
轻工业	Light Industry	6609580	6566731
重工业	Heavy Industry	72358356	35951730
按企业规模分	**Grouped by Size of Enterprises**		
大型企业	Large Enterprises	41769568	24770135
中型企业	Medium-size Enterprises	12786666	6389010
小型企业	Small Enterprises	19811618	9592963
微型企业	Micro Enterprises	4600085	1766353
按行业分	**Grouped by Sector**		
煤炭开采和洗选业	Mining and Washing of Coal	2605027	2442536
石油和天然气开采业	Extraction of Petroleum and Natural Gas	3657508	3936209
黑色金属矿采选业	Mining and Processing of Ferrous Metal Ores	682532	107096
有色金属矿采选业	Mining and Processing of Non-Ferrous Metal Ores	1020539	869097
非金属矿采选业	Mining and Processing of Non-metal Ores	176581	99244
开采辅助活动	Support Activities for Mining	204586	137177
其他采矿业	Mining of Other Ores		
农副食品加工业	Processing of Food from Agricultural Products	1617352	1444431
食品制造业	Manufacture of Foods	611854	437186
酒、饮料和精茶制造业	Manufacture of Liquor, Beverages and Refined Tea	722495	682762
烟草制品业	Manufacture of Tobacco	672252	1067644
纺织业	Manufacture of Textile	157316	53580
纺织服装、服饰业	Manufacture of Textile, Wearing Apparel and Accessories	20663	47507
皮革、毛皮、羽毛(绒)及其制品和制鞋业	Manufacture of Leather, Fur, Feather and Related Products and Footwear	242582	288787

continued

(10 000 yuan)

主营业务收入 Revenue from Principal Business	主营业务成本 Cost of Principal Business	主营业务税金及附加 Taxes and Extra Charges from Principal Business	管理费用 Management Expenses	利润总额 Total Profits	税金总额 Total Taxes	本年应交增值税 Value Added Tax Payable
88889307	**76588968**	**3488981**	**2559200**	**2704333**	**5806179**	**2317198**
86336201	74287465	3472130	2494826	2684441	5767046	2294916
9282608	7968700	219795	152407	703182	748700	528905
278063	213225	8518	25499	19564	23080	14562
30599929	25230707	1665035	1179884	866377	2527415	862380
40935316	36346120	1547949	918013	913548	2357210	809261
5225528	4513562	30821	218043	185286	110612	79792
14757	15151	12	980	-3515	29	17
1729865	1659547	4030	29860	815	9412	5382
823241	641957	12821	34514	19078	29720	16899
6959910	4661856	973648	361423	496309	1266181	292534
81929397	71927112	2515334	2197777	2208024	4539997	2024664
66425649	57394334	3307459	1569285	2231209	5345718	2038259
10002222	8827608	95421	441765	20092	338424	243003
11691829	9889282	75341	523910	377230	184861	109520
769607	477744	10760	24240	75803	-62824	-73584
1639509	1092930	63655	151274	224713	267141	203486
2647342	1495964	177632	95278	710731	372993	195361
231722	174475	7102	15252	-773	21175	14072
521924	286091	9464	45353	137068	45786	36322
116333	82134	3410	9949	5393	11408	7998
152664	108130	7152	9364	22185	13144	5993
1814464	1604867	4164	71749	53573	4944	780
696932	546049	3393	29975	54513	18694	15301
813046	544507	54584	48530	59915	88401	33818
1509858	472366	894706	47333	68020	1072025	177318
96659	89468	579	6384	183	1346	767
21412	11678	293	7388	840	2124	1831
61208	36121	180	5147	6924	325	145

13－2 续表 3

单位：万元

类别	Item	负债合计 Total Liabilities	所有者权益 Owners Equity
木材加工及木、竹、藤、棕、草制品业	Processing of Timber, Manufacture of Wood, Bamboo, Rattan, Palm and Straw Products	13310	6766
家具制造业	Manufacture of Furniture	31724	7361
造纸及纸制品业	Manufacture of Paper and Paper Products	111114	59501
印刷业和记录媒介复制业	Printing and Reproduction of Recording Media	103359	16802
文教、工美、体育和娱乐用品制造业	Manufacture of Articles for Culture, Education, Arts and Crafts, Sport and Entertainment Activities	10710	22848
石油加工、炼焦及核燃料加工业	Processing of Petroleum, Coking and Processing of Nuclear Fuel	2076009	2305085
化学原料及化学制品制造业	Manufacture of Raw Chemical Materials and Chemical Products	1894195	860722
医药制造业	Manufacture of Medicines	1462065	1797555
化学纤维制造业	Manufacture of Chemical Fibers	835	3117
橡胶和塑料制品业	Manufacture of Rubber and Plastics Products	590999	370087
非金属矿物制品业	Manufacture of Non-metallic Mineral Products	3839676	3017879
黑色金属冶炼及压延加工业	Smelting and Pressing of Ferrous Metals	9924688	3002566
有色金属冶炼及压延加工业	Smelting and Pressing of Non-ferrous Metals	16814447	8122371
金属制品业	Manufacture of Metal Products	1034567	502506
通用设备制造业	Manufacture of General Purpose Machinery	1192603	454801
专用设备制造业	Manufacture of Special Purpose Machinery	2135800	615803
汽车制造业	Manufacture of Automobile	199892	64540
铁路、船舶、航空航天和其他运输设备制造业	Manufacture of Railway, Ship, Aerospace and Other Transport Equipments	11210	15573
电气机械及器材制造业	Manufacture of Electrical Machinery and Apparatus	1280093	644788
计算机、通讯和其他电子设备制造业	Manufacture of Computers, Communicationt and Other Electronic Equipment	844542	1104699
仪器仪表制造业	Manufacture of Measuring Instruments and Machinery	103034	173347
其他制造业	Other Manufacture		
废弃资源综合利用业	Utilization of Waste Resources	152841	73291
金属制品、机械和设备修理业	Repair Service of Metal Products, Machinery and Equipment	280211	125875
电力、热力生产和供应业	Production and Supply of Electric Power and Heat Power	21771215	7068413
燃气生产和供应业	Production and Supply of Gas	463376	165578
水的生产和供应业	Production and Supply of Water	234136	303331

continued

(10 000 yuan)

主营业务收入 Revenue from Principal Business	主营业务成本 Cost of Principal Business	主营业务税金及附加 Taxes and Extra Charges from Principal Business	管理费用 Management Expenses	利润总额 Total Profits	税金总额 Total Taxes	本年应交增值税 Value Added Tax Payable
10911	11319	15	419	-1471	111	96
6406	4786	153	1105	-1569	120	-33
96752	91868	592	3078	-2630	5290	4698
44927	39261	576	7662	-3731	1772	1197
15728	13229	279	633	665	355	77
9538660	6843885	1901391	370045	25027	2389470	488079
1547682	1364942	10188	100276	-1450	41081	30893
1174836	685359	9948	95439	242831	56619	46671
6202	5435	6	320	380	86	80
488904	431604	3108	23129	9760	7634	4526
3700936	2505295	39400	252761	746110	242192	202792
11594620	10737583	70617	304907	44773	280050	209433
36933402	35334816	118122	407367	190339	424571	306449
1198946	1118449	3738	32306	32563	13682	9943
399962	320340	6168	37574	-1340	19265	13097
645640	632401	5626	63774	-149198	3177	-2449
73700	68767	254	7578	-5561	-360	-614
18387	14279	97	2084	1311	898	801
852468	734923	5800	64621	-5043	24072	18271
876762	738405	3666	79709	81705	31083	27417
8572	3894	305	4310	-1568	656	351
34326	35156	227	4623	-4163	1056	829
102001	102198	1119	17722	39397	4923	3804
8669360	7765584	79509	94795	95785	325953	246444
422459	357892	1056	21175	30152	8593	7537
103687	82516	706	18813	-2026	4324	3619

13－3 按行业分国有及国有控股企业主要经济指标

单位：万元

类别	Item	企业单位数（个）Number of Enterprises (unit)	#亏损企业 Loss-making Enterprises	工业总产值 Gross Industrial Output Value-01
甘肃省	**Gansu**	**416**	**150**	**47380920**
煤炭开采及洗选业	Mining and Washing of Coal	10	4	1974242
石油和天然气开采业	Extraction of Petroleum and Natural Gas	2	1	2795205
黑色金属矿采选业	Mining and Processing of Ferrous Metal Ores	2	1	99008
有色金属矿采选业	Mining and Processing of Non-Ferrous Metal Ores	9	2	296070
非金属矿采选业	Mining and Processing of Non-metal Ores	2	1	32354
开采辅助活动	Support Activities for Mining	2		111679
其他采矿业	Mining of Other Ores			
农副食品加工业	Processing of Food from Agricultural Products	16	9	161837
食品制造业	Manufacture of Foods	4		27473
酒、饮料和精茶制造业	Manufacture of Liquor, Beverages and Refined Tea	7	1	138942
烟草制品业	Manufacture of Tobacco	2		1548021
纺织业	Manufacture of Textile	1		28120
纺织服装、服饰业	Manufacture of Textile, Wearing Apparel and Accessories	3	1	14584
皮革、毛皮、羽毛(绒)及其制品和制鞋业	Manufacture of Leather, Fur, Feather and Related Products and Footwear	1	1	4706
木材加工及木．竹、藤、棕、草制品业	Processing of Timber, Manufacture of Wood, Bamboo, Rattan, Palm and Straw Products			
家具制造业	Manufacture of Furniture			
造纸及纸制品业	Manufacture of Paper and Paper Products	1	1	433
印刷业和记录媒介复制业	Printing and Reproduction of Recording Media	5	3	21518
文教、工美、体育和娱乐用品制造业	Manufacture of Articles for Culture, Education, Arts and Crafts, Sport and Entertainment Activities			
石油加工、炼焦和核燃料加工业	Processing of Petroleum, Coking and Processing of Nuclear Fuel	6	2	8983732
化学原料及化学制品制造业	Manufacture of Raw Chemical Materials and Chemical Products	16	5	544887
医药制造业	Manufacture of Medicines	9	1	539702
化学纤维制造业	Manufacture of Chemical Fibers			
橡胶和塑料制品业	Manufacture of Rubber and Plastics Products	5	3	162660
非金属矿物制品业	Manufacture of Non-metallic Mineral Products	46	10	1181428
黑色金属冶炼和压延加工业	Smelting and Pressing of Ferrous Metals	5	1	3471492
有色金属冶炼和压延加工业	Smelting and Pressing of Non-ferrous Metals	21	12	14520943
金属制品业	Manufacture of Metal Products	11	3	966708
通用设备制造业	Manufacture of General Purpose Machinery	9	5	138515
专用设备制造业	Manufacture of Special Purpose Machinery	13	2	692901
汽车制造业	Manufacture of Automobile			
铁路、船舶、航空航天和其他运输设备制造业	Manufacture of Railway, Ship, Aerospace and Other Transport Equipments	1		709
电气机械及器材制造业	Manufacture of Electrical Machinery and Apparatus	15	6	432531
计算机、通讯和其他电子设备制造业	Manufacture of Computers, Communicationt and Other Electronic Equipment	2	1	7065
仪器仪表制造业	Manufacture of Measuring Instruments and Machinery			
其他制造业	Other Manufacture			
废弃资源综合利用业	Utilization of Waste Resources			
金属制品、机械和设备修理业	Repair Service of Metal Products, Machinery and Equipment	3		106407
电力、热力生产和供应业	Production and Supply of Electric Power and Heat Power	169	65	7941370
燃气生产和供应业	Production and Supply of Gas	7		341496
水的生产和供应业	Production and Supply of Water	11	9	94182

Main Indicators of State-owned and State-holding Industrial Enterprises by Industrial Sector (2018)

(10 000 yuan)

工业销售产值 Sales Value of Industry Products	#出口交货值 Delivery Value for Export	平均用工人数（人） Annual Average Employees (person)	资产总计 Total Assets	#产成品 Finished Product	流动资产合计 Total Current Assets
47088021	**359169**	**333141**	**88015407**	**2888315**	**28597818**
1932165		49745	4271857	97802	1374346
2791192		13992	7593717	16293	361903
99128		1749	429931	402	57281
329814		4603	756709	9754	239519
31684		670	91346	125	31882
110570		716	119853	724	80545
162223	8470	1263	244788	23617	154881
30403	1235	494	50525	6106	32551
119435	26498	1967	266969	40926	159151
1510498		2718	1739896	44141	1360864
31000	5694	954	73616	4780	30348
14931		820	16946	432	11834
6714		532	145470	2932	121569
369		52	9007	522	2430
21756		1569	41913	1493	24364
8946030		24878	3261159	147948	1492373
523910	574	7619	1249274	43674	405154
524870	2245	4659	1244650	58680	762159
161304		1300	299546	9724	70956
1163219		10852	2174261	53975	956394
3451963	48201	37960	12112857	509109	3364000
14506311	130480	66209	22966975	1567039	9435608
926504	84461	3525	984802	63566	625696
119104	29100	4688	755724	43117	532069
671509	16973	9819	2381805	82220	1526519
709		35	8245		7238
428174	5237	7258	1305022	50568	772911
7054		40	34269	202	20897
104708		2425	406086	3778	224166
7927894		63280	22049450	4098	4018489
340972		2783	447643	537	229625
91903		3967	481097	35	110097

13－3 续表

单位：万元

类 别	Item	负债合计 Total Liabili-ties	所有者权益 Owners Equity
甘肃省	**Gansu**	**58253658**	**29761749**
煤炭开采及洗选业	Mining and Washing of Coal	2026304	2245553
石油和天然气开采业	Extraction of Petroleum and Natural Gas	3657508	3936209
黑色金属矿采选业	Mining and Processing of Ferrous Metal Ores	334735	95196
有色金属矿采选业	Mining and Processing of Non-Ferrous Metal Ores	251294	505415
非金属矿采选业	Mining and Processing of Non-metal Ores	57653	33693
开采辅助活动	Support Activities for Mining	90783	29070
其他采矿业	Mining of Other Ores		
农副食品加工业	Processing of Food from Agricultural Products	165382	79406
食品制造业	Manufacture of Foods	28680	21845
酒、饮料和精茶制造业	Manufacture of Liquor, Beverages and Refined Tea	205530	61439
烟草制品业	Manufacture of Tobacco	672252	1067644
纺织业	Manufacture of Textile	43388	30228
纺织服装、服饰业	Manufacture of Textile, Wearing Apparel and Accessories	6311	10636
皮革、毛皮、羽毛(绒)及其制品和制鞋业	Manufacture of Leather, Fur, Feather and Related Products and Footwear	62448	83023
木材加工及木.竹、藤、棕、草制品业	Processing of Timber, Manufacture of Wood, Bamboo, Rattan, Palm and Straw Products		
家具制造业	Manufacture of Furniture		
造纸及纸制品业	Manufacture of Paper and Paper Products	8624	384
印刷业和记录媒介复制业	Printing and Reproduction of Recording Media	46651	－4738
文教、工美、体育和娱乐用品制造业	Manufacture of Articles for Culture, Education, Arts and Crafts, Sport and Entertainment Activities		
石油加工、炼焦和核燃料加工业	Processing of Petroleum, Coking and Processing of Nuclear Fuel	1430454	1830705
化学原料及化学制品制造业	Manufacture of Raw Chemical Materials and Chemical Products	684408	564865
医药制造业	Manufacture of Medicines	375440	869210
化学纤维制造业	Manufacture of Chemical Fibers		
橡胶和塑料制品业	Manufacture of Rubber and Plastics Products	233280	66266
非金属矿物制品业	Manufacture of Non-metallic Mineral Products	1263063	911198
黑色金属冶炼和压延加工业	Smelting and Pressing of Ferrous Metals	9333266	2779591
有色金属冶炼和压延加工业	Smelting and Pressing of Non-ferrous Metals	15524197	7442779
金属制品业	Manufacture of Metal Products	723012	261789
通用设备制造业	Manufacture of General Purpose Machinery	596950	158775
专用设备制造业	Manufacture of Special Purpose Machinery	1938728	443077
汽车制造业	Manufacture of Automobile		
铁路、船舶、航空航天和其他运输设备制造业	Manufacture of Railway, Ship, Aerospace and Other Transport Equipments	4764	3481
电气机械及器材制造业	Manufacture of Electrical Machinery and Apparatus	938476	366547
计算机、通讯和其他电子设备制造业	Manufacture of Computers, Communicationt and Other Electronic Equipment	22688	11581
仪器仪表制造业	Manufacture of Measuring Instruments and Machinery		
其他制造业	Other Manufacture		
废弃资源综合利用业	Utilization of Waste Resources		
金属制品、机械和设备修理业	Repair Service of Metal Products, Machinery and Equipment	280211	125875
电力、热力生产和供应业	Production and Supply of Electric Power and Heat Power	16688960	5360490
燃气生产和供应业	Production and Supply of Gas	344455	103187
水的生产和供应业	Production and Supply of Water	213766	267331

continued

(10 000 yuan)

主营业务收入 Revenue from Principal Business	主营业务成本 Cost of Principal Business	主营业务税金及附加 Taxes and Extra Charges from Principal Business	管理费用 Management Expenses	利润总额 Total Profits	税金总额 Total Taxes	本年应交增值税 Value Added Tax Payable
73104913	**63723292**	**3338690**	**1757239**	**1684048**	**5381087**	**2042397**
1486246	962209	60176	134257	237382	255092	194916
2647342	1495964	177632	95278	710731	372993	195361
105215	74716	5484	7855	-2090	13017	7534
331509	186516	4084	17374	108119	33216	29132
31214	24330	1616	2617	293	3801	2185
40837	32110	812	1043	7014	2813	2001
181226	159441	950	13299	-6031	2311	1360
30410	25636	172	1304	1353	764	593
120469	83312	6719	8721	15795	12545	5826
1509858	472366	894706	47333	68020	1072025	177318
30281	25645	310	3420	360	675	365
12404	4392	259	6832	-69	1883	1624
5613	4645		2789	-2999	6	6
369	377		300	-189		
21861	19100	393	6149	-3808	1359	966
9189037	6541046	1900603	343956	72031	2387051	486448
572603	513710	2730	46960	7696	8350	5620
547602	232734	4966	43930	202691	29433	24467
155572	141267	676	5103	3721	1799	1123
1142242	851085	12663	75823	164457	68724	56061
10372694	9594559	66537	277981	22568	247441	180905
34227223	32724852	110697	373593	163061	408880	298184
922518	878317	2277	15294	20294	5924	3648
132309	113236	4049	14988	-5032	7559	3510
532126	544204	4509	47452	-164401	-2183	-6692
9349	8013	39	1225	128	424	385
334568	270446	2986	41315	-14343	10660	7674
7054	5848	53	246	389	106	53
102001	102198	1119	17722	39397	4923	3804
7870822	7262329	70067	69178	19594	417930	347862
341023	293640	846	15055	24138	7898	7053
91318	75053	562	18849	-6225	3670	3108

13－4 按行业分大中型企业主要经济指标(2018)

单位：万元

类别	Item	企业单位数(个) Number of Enterprises (unit)	#亏损企业 Loss-making Enterprises	工业总产值 Gross Industrial Output Value-01
甘肃省	**Gansu**	**251**	**94**	**50870305**
煤炭开采及洗选业	Mining and Washing of Coal	14	5	2010382
石油和天然气开采业	Extraction of Petroleum and Natural Gas	2	1	2795205
黑色金属矿采选业	Mining and Processing of Ferrous Metal Ores	4	2	156318
有色金属矿采选业	Mining and Processing of Non-Ferrous Metal Ores	4		278862
非金属矿采选业	Mining and Processing of Non-metal Ores	1	1	18974
开采辅助活动	Support Activities for Mining	2		207424
其他采矿业	Mining of Other Ores			
农副食品加工业	Processing of Food from Agricultural Products	7	2	335525
食品制造业	Manufacture of Foods	4	1	305587
酒、饮料和精茶制造业	Manufacture of Liquor, Beverages and Refined Tea	13	3	717910
烟草制品业	Manufacture of Tobacco	1		1539437
纺织业	Manufacture of Textile	3	1	63103
纺织服装、服饰业	Manufacture of Textile, Wearing Apparel and Accessories	2	1	4934
皮革、毛皮、羽毛(绒)及其制品和制鞋业	Manufacture of Leather, Fur, Feather and Related Products and Footwear	1	1	4706
木材加工及木.竹、藤、棕、草制品业	Processing of Timber, Manufacture of Wood, Bamboo, Rattan, Palm and Straw Products			
家具制造业	Manufacture of Furniture			
造纸及纸制品业	Manufacture of Paper and Paper Products	2	1	27360
印刷业和记录媒介复制业	Printing and Reproduction of Recording Media	3	3	15456
文教、工美、体育和娱乐用品制造业	Manufacture of Articles for Culture, Education, Arts and Crafts, Sport and Entertainment Activities			
石油加工、炼焦和核燃料加工业	Processing of Petroleum, Coking and Processing of Nuclear Fuel	8	4	9258182
化学原料及化学制品制造业	Manufacture of Raw Chemical Materials and Chemical Products	19	9	942495
医药制造业	Manufacture of Medicines	14	2	710918
化学纤维制造业	Manufacture of Chemical Fibers			
橡胶和塑料制品业	Manufacture of Rubber and Plastics Products	3	1	160731
非金属矿物制品业	Manufacture of Non-metallic Mineral Products	33	12	2083124
黑色金属冶炼和压延加工业	Smelting and Pressing of Ferrous Metals	10	1	4199563
有色金属冶炼和压延加工业	Smelting and Pressing of Non-ferrous Metals	23	10	14856693
金属制品业	Manufacture of Metal Products	5		626565
通用设备制造业	Manufacture of General Purpose Machinery	15	7	330333
专用设备制造业	Manufacture of Special Purpose Machinery	13	4	723919
汽车制造业	Manufacture of Automobile	1	1	70942
铁路、船舶、航空航天和其他运输设备制造业	Manufacture of Railway, Ship, Aerospace and Other Transport Equipments			
电气机械及器材制造业	Manufacture of Electrical Machinery and Apparatus	7	1	653959
计算机、通讯和其他电子设备制造业	Manufacture of Computers, Communicationt and Other Electronic Equipment	2		943464
仪器仪表制造业	Manufacture of Measuring Instruments and Machinery	1	1	4288
其他制造业	Other Manufacture			
废弃资源综合利用业	Utilization of Waste Resources			
金属制品、机械和设备修理业	Repair Service of Metal Products, Machinery and Equipment	3		106407
电力、热力生产和供应业	Production and Supply of Electric Power and Heat Power	27	17	6383857
燃气生产和供应业	Production and Supply of Gas	2		281276
水的生产和供应业	Production and Supply of Water	2	2	52408

Main Economic Indicators of Large and Medium-sized Industrial Enterprises by Industrial Sector (2018)

(10 000 yuan)

工业销售产值 Sales Value of Industry Products	#出口交货值 Delivery Value for Export	平均用工人数（人）Annual Average Employees (person)	资产总计 Total Assets	#产成品 Finished Product	流动资产合计 Total Current Assets
50421654	**1154600**	**381420**	**85715378**	**3151712**	**30621191**
1968884		51475	4315861	99980	1405529
2791192		13992	7593717	16293	361903
155868		2434	520332	10295	115492
301227		4189	1070854	6009	293125
18974		582	52148		1788
188088		1667	236788	16355	153450
335414		6091	636537	21246	241373
302410		3414	281471	2199	148785
622567	18213	8345	858169	61661	440537
1501896		2457	1736546	44005	1357574
67198	5694	2091	152994	6129	60332
4933		964	35553	603	16998
6714		532	145470	2932	121569
24048		553	60422	1647	25230
16277		1401	33014	1206	18953
9207650		26470	4230150	175916	1666964
904051	3502	11998	1729125	68969	605869
674331	2502	6833	2037155	66289	1358206
156213		1373	302132	6737	89445
2065048	319434	16410	3888281	106044	2014229
4184084	48201	44071	12627405	532579	3716051
14841841	130480	69328	23238625	1584117	9659593
585230	86295	3039	910783	58936	484664
310741	35317	8538	1331104	62136	875132
685251	17165	12268	2445417	99021	1588786
70942		492	174538		132189
676812	5237	7216	1094213	58119	565480
941578	482560	9831	1863341	34156	497710
4288		190	263263		45658
104708		2425	406086	3778	224166
6370037		55885	10840322	3932	2105729
280751		2439	390149	425	203018
52408		2427	213414		25667

13－4 续表

单位：万元

类别	Item	负债合计 Total Liabilities	所有者权益 Owners Equity
甘肃省	**Gansu**	**54556234**	**31159144**
煤炭开采及洗选业	Mining and Washing of Coal	2022257	2293604
石油和天然气开采业	Extraction of Petroleum and Natural Gas	3657508	3936209
黑色金属矿采选业	Mining and Processing of Ferrous Metal Ores	407964	112368
有色金属矿采选业	Mining and Processing of Non-Ferrous Metal Ores	556231	514623
非金属矿采选业	Mining and Processing of Non-metal Ores	38202	13946
开采辅助活动	Support Activities for Mining	147260	89529
其他采矿业	Mining of Other Ores		
农副食品加工业	Processing of Food from Agricultural Products	269216	367321
食品制造业	Manufacture of Foods	114469	167002
酒、饮料和精茶制造业	Manufacture of Liquor, Beverages and Refined Tea	364880	493289
烟草制品业	Manufacture of Tobacco	671275	1065271
纺织业	Manufacture of Textile	111965	41029
纺织服装、服饰业	Manufacture of Textile, Wearing Apparel and Accessories	7667	27886
皮革、毛皮、羽毛(绒)及其制品和制鞋业	Manufacture of Leather, Fur, Feather and Related Products and Footwear	62448	83023
木材加工及木.竹、藤、棕、草制品业	Processing of Timber, Manufacture of Wood, Bamboo, Rattan, Palm and Straw Products		
家具制造业	Manufacture of Furniture		
造纸及纸制品业	Manufacture of Paper and Paper Products	38384	22038
印刷业和记录媒介复制业	Printing and Reproduction of Recording Media	44319	－11305
文教、工美、体育和娱乐用品制造业	Manufacture of Articles for Culture, Education, Arts and Crafts, Sport and Entertainment Activities		
石油加工、炼焦和核燃料加工业	Processing of Petroleum, Coking and Processing of Nuclear Fuel	1935794	2294356
化学原料及化学制品制造业	Manufacture of Raw Chemical Materials and Chemical Products	1153769	575356
医药制造业	Manufacture of Medicines	794053	1243102
化学纤维制造业	Manufacture of Chemical Fibers		
橡胶和塑料制品业	Manufacture of Rubber and Plastics Products	197062	105070
非金属矿物制品业	Manufacture of Non-metallic Mineral Products	1896657	1991624
黑色金属冶炼和压延加工业	Smelting and Pressing of Ferrous Metals	9716031	2911374
有色金属冶炼和压延加工业	Smelting and Pressing of Non-ferrous Metals	15720891	7517734
金属制品业	Manufacture of Metal Products	599368	311415
通用设备制造业	Manufacture of General Purpose Machinery	986212	344892
专用设备制造业	Manufacture of Special Purpose Machinery	1946929	498488
汽车制造业	Manufacture of Automobile	156642	17896
铁路、船舶、航空航天和其他运输设备制造业	Manufacture of Railway, Ship, Aerospace and Other Transport Equipments		
电气机械及器材制造业	Manufacture of Electrical Machinery and Apparatus	712711	381502
计算机、通讯和其他电子设备制造业	Manufacture of Computers, Communicationt and Other Electronic Equipment	799729	1063612
仪器仪表制造业	Manufacture of Measuring Instruments and Machinery	97874	165389
其他制造业	Other Manufacture		
废弃资源综合利用业	Utilization of Waste Resources		
金属制品、机械和设备修理业	Repair Service of Metal Products, Machinery and Equipment	280211	125875
电力、热力生产和供应业	Production and Supply of Electric Power and Heat Power	8705717	2134605
燃气生产和供应业	Production and Supply of Gas	310058	80091
水的生产和供应业	Production and Supply of Water	32483	180931

continued

(10 000 yuan)

主营业务收入 Revenue from Principal Business	主营业务成本 Cost of Principal Business	主营业务税金及附加 Taxes and Extra Charges from Principal Business	管理费用 Management Expenses	利润总额 Total Profits	税金总额 Total Taxes	本年应交增值税 Value Added Tax Payable
76427871	**66221942**	**3402880**	**2011050**	**2251300**	**5684142**	**2281262**
1521648	985926	61601	137436	242827	260441	198840
2647342	1495964	177632	95278	710731	372993	195361
175268	134210	6127	9777	3164	17246	11120
311541	151936	3156	19713	101150	29718	26563
18965	16058	1464	1434	-1325	3294	1830
90294	59170	6493	5333	14159	8234	1741
328782	278352	842	12025	20084	1772	930
281282	195795	1599	8207	44660	12225	10626
631703	398737	49088	36581	60677	79169	30080
1501034	466007	894578	45906	67483	1070865	176287
66600	61941	431	5318	115	1070	639
5050	3204	49	1717	-289	350	301
5613	4645		2789	-2999	6	6
24048	22100	92	1081	-3226	345	253
16080	14589	243	5396	-4074	1070	827
9449123	6760142	1901159	367134	28367	2388420	487262
927988	819560	6234	67496	5201	31153	24919
694405	334879	6588	53874	217841	39584	32996
156175	140674	564	4081	8358	1951	1387
2062017	1178243	25599	151873	652552	175193	149594
11211394	10374356	69528	297191	40553	270656	201128
34544349	32993401	113841	379885	210139	419337	305496
572369	546730	1345	9843	23936	5147	3803
330799	262213	5447	32030	-695	16078	10631
541714	550770	4517	51441	-152448	-1189	-5705
46648	44293		6161	-5919		
537001	458518	3992	40642	-3786	15285	11293
855231	721172	3470	77609	81724	30152	26682
4948	1865	69	2752	-2364	69	
102001	102198	1119	17722	39397	4923	3804
6434493	6359116	55190	39855	-158671	420550	365360
280751	242547	640	12307	16322	6116	5476
51216	42635	184	11165	-2844	1918	1734

13－5 非公有制工业企业主要财务指标（2018）

单位：万元

类别	Item	企业单位数（个）Number of Enterprises (unit)	#亏损企业 Loss-making Enterprises	工业总产值 Gross Industrial Output Value
甘肃省	**Gansu**	**1434**	**475**	**14324851**
煤炭开采及洗选业	Mining and Washing of Coal	19	10	126165
石油和天然气开采业	Extraction of Petroleum and Natural Gas			
黑色金属矿采选业	Mining and Processing of Ferrous Metal Ores	18	10	114231
有色金属矿采选业	Mining and Processing of Non-Ferrous Metal Ores	17	6	172505
非金属矿采选业	Mining and Processing of Non-metal Ores	26	10	80294
开采辅助活动	Support Activities for Mining	12	2	37073
其他采矿业	Mining of Other Ores			
农副食品加工业	Processing of Food from Agricultural Products	267	89	1666612
食品制造业	Manufacture of Foods	66	21	635656
酒、饮料和精茶制造业	Manufacture of Liquor, Beverages and Refined Tea	51	17	767831
烟草制品业	Manufacture of Tobacco			
纺织业	Manufacture of Textile	9	4	60184
纺织服装、服饰业	Manufacture of Textile, Wearing Apparel and Accessories	6	1	6026
皮革、毛皮、羽毛(绒)及其制品和制鞋业	Manufacture of Leather, Fur, Feather and Related Products and Footwear	7	1	50351
木材加工及木．竹、藤、棕、草制品业	Processing of Timber, Manufacture of Wood, Bamboo, Rattan, Palm and Straw Products	4	3	10663
家具制造业	Manufacture of Furniture	5	5	7560
造纸及纸制品业	Manufacture of Paper and Paper Products	16	6	110414
印刷业和记录媒介复制业	Printing and Reproduction of Recording Media	10	4	25532
文教、工美、体育和娱乐用品制造业	Manufacture of Articles for Culture, Education, Arts and Crafts, Sport and Entertainment Activities	6		18616
石油加工、炼焦和核燃料加工业	Processing of Petroleum, Coking and Processing of Nuclear Fuel	8	5	364390
化学原料及化学制品制造业	Manufacture of Raw Chemical Materials and Chemical Products	90	29	895927
医药制造业	Manufacture of Medicines	94	21	679029
化学纤维制造业	Manufacture of Chemical Fibers	1		6416
橡胶和塑料制品业	Manufacture of Rubber and Plastics Products	76	16	309140
非金属矿物制品业	Manufacture of Non-metallic Mineral Products	255	88	2476839
黑色金属冶炼和压延加工业	Smelting and Pressing of Ferrous Metals	32	11	831438
有色金属冶炼和压延加工业	Smelting and Pressing of Non-ferrous Metals	34	16	2607510
金属制品业	Manufacture of Metal Products	68	23	292927
通用设备制造业	Manufacture of General Purpose Machinery	22	10	205983
专用设备制造业	Manufacture of Special Purpose Machinery	28	7	127531
汽车制造业	Manufacture of Automobile	5	3	97225
铁路、船舶、航空航天和其他运输设备制造业	Manufacture of Railway, Ship, Aerospace and Other Transport Equipments	3		11586
电气机械及器材制造业	Manufacture of Electrical Machinery and Apparatus	37	9	538897
计算机、通讯和其他电子设备制造业	Manufacture of Computers, Communicationt and Other Electronic Equipment	4	2	34543
仪器仪表制造业	Manufacture of Measuring Instruments and Machinery	3	1	8464
其他制造业	Other Manufacture			
废弃资源综合利用业	Utilization of Waste Resources	10	4	34438
金属制品、机械和设备修理业	Repair Service of Metal Products, Machinery and Equipment			
电力、热力生产和供应业	Production and Supply of Electric Power and Heat Power	114	35	825924
燃气生产和供应业	Production and Supply of Gas	9	6	74563
水的生产和供应业	Production and Supply of Water	2		12369

Main Financial Indicators of the Non-public Industrial Enterprises (2018)

(10 000 yuan)

工业销售产值 Sales Value of Industry Products	#出口交货值 Delivery Value for Export	平均用工人数（人） Annual Average Employees (person)	资产总计 Total Assets	#产成品 Finished Product	流动资产合计 Total Current Assets
14067284	**376021**	**140303**	**30048796**	**1207557**	**14602887**
125041		3168	733049	8408	206872
109163		1421	359697	17431	265287
151638		2819	1055754	21642	320945
76169		1683	184479	17708	104616
37073		1603	76127	39	47042
1642448	10815	18846	2770902	294800	1505262
624166	7639	8352	964935	53926	508222
669348	5225	9749	1124706	62776	568039
60671		1745	126973	3607	61679
5997	29	1010	45478	278	20785
45095		965	384087	2082	350217
10902	32	195	20076	6560	13683
6430		434	39085	1280	15111
104037		1659	161607	13900	76458
24392		682	78249	1033	43577
16367		556	33558	7637	22531
351998		2295	1119935	40966	237676
858397	8025	9271	1392189	101414	709728
637300	6541	9609	1972673	102317	1279394
6416		135	3952	902	1363
317869	1574	4310	648824	54370	402441
2476169	320500	23093	4476065	143300	2711783
823983		5646	520399	38980	339243
2608368		7141	1851348	75608	1133144
324522	1834	3944	552272	23763	275195
204360	6309	4180	792194	24222	479194
106049	448	3666	305670	17848	176156
96251		976	264432	2296	191104
10664		219	18538	1856	14588
558759		3804	587751	34500	380144
36251	7050	866	93467	5329	53123
7913		287	276381	54	50703
30352		629	154665	9497	91290
814491		4408	6621599	16392	1866853
75867		848	181312	838	70501
12369		89	56369		8940

13－5 续表

单位：万元

类别	Item	负债合计 Total Liabilities	所有者权益 Owners Equity
甘肃省	**Gansu**	**18814259**	**11234537**
煤炭开采及洗选业	Mining and Washing of Coal	559113	173936
石油和天然气开采业	Extraction of Petroleum and Natural Gas		
黑色金属矿采选业	Mining and Processing of Ferrous Metal Ores	347797	11900
有色金属矿采选业	Mining and Processing of Non-Ferrous Metal Ores	703481	352273
非金属矿采选业	Mining and Processing of Non-metal Ores	118928	65551
开采辅助活动	Support Activities for Mining	36768	39359
其他采矿业	Mining of Other Ores		
农副食品加工业	Processing of Food from Agricultural Products	1417686	1353216
食品制造业	Manufacture of Foods	561365	403570
酒、饮料和精茶制造业	Manufacture of Liquor, Beverages and Refined Tea	501916	622790
烟草制品业	Manufacture of Tobacco		
纺织业	Manufacture of Textile	111100	15873
纺织服装、服饰业	Manufacture of Textile, Wearing Apparel and Accessories	11865	33613
皮革、毛皮、羽毛(绒)及其制品和制鞋业	Manufacture of Leather, Fur, Feather and Related Products and Footwear	178903	205184
木材加工及木．竹、藤、棕、草制品业	Processing of Timber, Manufacture of Wood, Bamboo, Rattan, Palm and Straw Products	13310	6766
家具制造业	Manufacture of Furniture	31724	7361
造纸及纸制品业	Manufacture of Paper and Paper Products	102490	59117
印刷业和记录媒介复制业	Printing and Reproduction of Recording Media	56709	21540
文教、工美、体育和娱乐用品制造业	Manufacture of Articles for Culture, Education, Arts and Crafts, Sport and Entertainment Activities	10710	22848
石油加工、炼焦和核燃料加工业	Processing of Petroleum, Coking and Processing of Nuclear Fuel	645555	474381
化学原料及化学制品制造业	Manufacture of Raw Chemical Materials and Chemical Products	1149400	242789
医药制造业	Manufacture of Medicines	1054080	918594
化学纤维制造业	Manufacture of Chemical Fibers	835	3117
橡胶和塑料制品业	Manufacture of Rubber and Plastics Products	347683	301141
非金属矿物制品业	Manufacture of Non-metallic Mineral Products	2384174	2091891
黑色金属冶炼和压延加工业	Smelting and Pressing of Ferrous Metals	360717	159682
有色金属冶炼和压延加工业	Smelting and Pressing of Non-ferrous Metals	1223130	628218
金属制品业	Manufacture of Metal Products	311555	240717
通用设备制造业	Manufacture of General Purpose Machinery	537473	254722
专用设备制造业	Manufacture of Special Purpose Machinery	168167	137504
汽车制造业	Manufacture of Automobile	199892	64540
铁路、船舶、航空航天和其他运输设备制造业	Manufacture of Railway, Ship, Aerospace and Other Transport Equipments	6446	12093
电气机械及器材制造业	Manufacture of Electrical Machinery and Apparatus	319163	268588
计算机、通讯和其他电子设备制造业	Manufacture of Computers, Communicationt and Other Electronic Equipment	38731	54736
仪器仪表制造业	Manufacture of Measuring Instruments and Machinery	103034	173347
其他制造业	Other Manufacture		
废弃资源综合利用业	Utilization of Waste Resources	91629	63036
金属制品、机械和设备修理业	Repair Service of Metal Products, Machinery and Equipment		
电力、热力生产和供应业	Production and Supply of Electric Power and Heat Power	4969441	1652158
燃气生产和供应业	Production and Supply of Gas	118921	62391
水的生产和供应业	Production and Supply of Water	20370	35999

continued

(10 000 yuan)

主营业务收入 Revenue from Principal Business	主营业务成本 Cost of Principal Business	主营业务税金及附加 Taxes and Extra Charges from Principal Business	管理费用 Management Expenses	利润总额 Total Profits	税金总额 Total Taxes	本年应交增值税 Value Added Tax Payable
14017755	**11415213**	**132579**	**659048**	**878435**	**345212**	**212633**
134040	121159	2750	11918	- 14912	8613	5863
126507	99760	1619	7397	1318	8157	6539
170895	86888	4936	25192	26483	12100	7164
85119	57805	1794	7332	5099	7607	5814
48023	39155	581	3278	4317	2831	2251
1622144	1434047	3214	57494	61680	2774	- 439
643242	503391	3104	26039	51620	17524	14420
686552	456284	47851	39642	44597	75843	27992
59087	57699	167	2377	- 826	510	343
5542	4545	11	290	303	97	86
55557	31437	180	2356	9925	319	139
10911	11319	15	419	- 1471	111	96
6406	4786	153	1105	- 1569	120	- 33
96383	91491	592	2778	- 2441	5290	4698
23066	20162	183	1513	76	413	230
15728	13229	279	633	665	355	77
349623	302839	789	26090	- 47003	2419	1631
843163	738560	6318	44700	- 12311	25659	19341
607516	435051	4840	50631	40816	26478	21638
6202	5435	6	320	330	86	80
323730	282570	2377	17303	5692	5520	3143
2519988	1617719	26443	172314	594317	172208	145765
833519	790610	2265	12681	13427	19058	16793
2623869	2566288	5321	27002	- 12431	7629	2309
276428	240132	1462	17012	12268	7757	6296
218810	172117	1243	18175	217	8042	6798
99057	77769	1020	12074	16563	4479	3459
73700	68767	254	7578	- 5561	- 360	- 614
9037	6266	58	859	1183	474	416
505734	454655	2556	22067	9173	12744	10187
38339	32310	143	2773	1216	898	755
8572	3894	305	4310	- 1568	656	351
29538	30546	199	3702	- 4057	777	578
767922	484815	9198	23608	71037	- 93325	- 102523
81436	64252	211	6121	6014	695	484
12369	7464	144	- 36	4199	655	511

13-6 按行业分规模以上工业企业主要经济效益指标(2018)

类别	Branch	总资产贡献率(%) Ratio of Profits, Taxes and Interests to Average Assets(%)			
		规模以上工业企业 Industrial Enterprises above Designated Size	国有及国有控股企业 State-owned and State-holding Enterprises	大中型企业 Large & Medium-sized Industrial Enterprises	规模以上工业企业 Industrial Enterprises above Designated Size
甘肃省	**Gansu**	**8.86**	**9.96**	**11.02**	**65.00**
煤炭开采及洗选业	Mining and Washing of Coal	10.91	12.54	12.67	51.60
石油和天然气开采业	Extraction of Petroleum and Natural Gas	15.41	15.41	15.41	48.20
黑色金属矿采选业	Mining and Processing of Ferrous Metal Ores	5.61	5.55	6.88	86.40
有色金属矿采选业	Mining and Processing of Non-Ferrous Metal Ores	11.74	19.53	14.59	54.00
非金属矿采选业	Mining and Processing of Non-metal Ores	8.12	6.78	6.07	64.00
开采辅助活动	Support Activities for Mining	10.63	8.53	9.62	59.90
其他采矿业	Mining of Other Ores				
农副食品加工业	Processing of Food from Agricultural Products	3.01	0.28	3.87	52.80
食品制造业	Manufacture of Foods	8.30	5.99	21.34	58.30
酒、饮料和精茶制造业	Manufacture of Liquor, Beverages and Refined Tea	11.46	12.12	16.91	51.40
烟草制品业	Manufacture of Tobacco	65.77	65.77	65.80	38.60
纺织业	Manufacture of Textile	2.31	2.72	2.11	74.60
纺织服装、服饰业	Manufacture of Textile, Wearing Apparel and Accessories	4.48	10.71	0.17	30.30
皮革、毛皮、羽毛(绒)及其制品和制鞋业	Manufacture of Leather, Fur, Feather and Related Products and Footwear	2.67	-2.06	-2.06	45.70
木材加工及木.竹、藤、棕、草制品业	Processing of Timber, Manufacture of Wood, Bamboo, Rattan, Palm and Straw Products	-5.79			66.30
家具制造业	Manufacture of Furniture	-0.23			81.20
造纸及纸制品业	Manufacture of Paper and Paper Products	2.98	-1.45	-2.72	65.10
印刷业和记录媒介复制业	Printing and Reproduction of Recording Media	-0.27	-3.69	-6.38	86.00
文教、工美、体育和娱乐用品制造业	Manufacture of Articles for Culture, Education, Arts and Crafts, Sport and Entertainment Activities	4.50			31.90
石油加工、炼焦和核燃料加工业	Processing of Petroleum, Coking and Processing of Nuclear Fuel	56.33	75.98	58.32	47.40
化学原料及化学制品制造业	Manufacture of Raw Chemical Materials and Chemical Products	2.92	2.62	3.55	68.80
医药制造业	Manufacture of Medicines	10.23	19.07	13.56	44.90
化学纤维制造业	Manufacture of Chemical Fibers	12.48			21.10
橡胶和塑料制品业	Manufacture of Rubber and Plastics Products	2.78	3.11	4.15	61.50
非金属矿物制品业	Manufacture of Non-metallic Mineral Products	15.39	11.24	22.12	56.00
黑色金属冶炼和压延加工业	Smelting and Pressing of Ferrous Metals	4.85	4.64	4.83	76.80
有色金属冶炼和压延加工业	Smelting and Pressing of Non-ferrous Metals	4.64	4.73	4.95	67.40
金属制品业	Manufacture of Metal Products	4.16	3.62	4.22	67.30
通用设备制造业	Manufacture of General Purpose Machinery	2.37	0.94	2.50	72.40
专用设备制造业	Manufacture of Special Purpose Machinery	-4.02	-5.65	-4.92	77.60
汽车制造业	Manufacture of Automobile	-1.15		-1.86	75.60
铁路、船舶、航空航天和其他运输设备制造业	Manufacture of Railway, Ship, Aerospace and Other Transport Equipments	8.89	6.69		41.90
电气机械及器材制造业	Manufacture of Electrical Machinery and Apparatus	1.99	0.78	2.40	66.50
计算机、通讯和其他电子设备制造业	Manufacture of Computers, Communicationt and Other Electronic Equipment	6.31	1.57	6.54	43.30
仪器仪表制造业	Manufacture of Measuring Instruments and Machinery	0.95		0.45	37.30
其他制造业	Other Manufacture				
废弃资源综合利用业	Utilization of Waste Resources	-0.03			67.60
金属制品、机械和设备修理业	Repair Service of Metal Products, Machinery and Equipment	11.59	11.59	11.59	69.00
电力、热力生产和供应业	Production and Supply of Electric Power and Heat Power	4.17	4.70	4.92	75.50
燃气生产和供应业	Production and Supply of Gas	6.46	7.26	5.86	73.70
水的生产和供应业	Production and Supply of Water	1.61	0.66	-0.37	43.60

Designated Size by Industrial Sector (2018)

资产负债率(%) Ratio of Debts to Assets (%)		流动资产周转次数(次/年) Turnover of Current Assets (times/year)			工业成本费用利润率(%) Ratio of Profits to Total Industrial Costs(%)			产品销售率(%) Sales Ratio of Products (%)		
国有及国有控股企业 State-owned and State-holding Enterprises	大中型企业 Large & Medium-sized Industrial Enterprises	规模以上工业企业 Industrial Enterprises above Designated Size	国有及国有控股企业 State-owned and State-holding Enterprises	大中型企业 Large & Medium-sized Industrial Enterprises	规模以上工业企业 Industrial Enterprises above Designated Size	国有及国有控股企业 State-owned and State-holding Enterprises	大中型企业 Large & Medium-sized Industrial Enterprises	规模以上工业企业 Industrial Enterprises above Designated Size	国有及国有控股企业 State-owned and State-holding Enterprises	大中型企业 Large & Medium-sized Industrial Enterprises
66.20	**63.60**	**2.03**	**2.59**	**2.53**	**3.23**	**2.45**	**3.14**	**99.08**	**99.38**	**99.12**
47.40	46.90	1.12	1.19	1.19	15.28	18.15	18.17	97.93	97.87	97.94
48.20	48.20	7.46	7.46	7.46	40.88	40.88	40.88	99.86	99.86	99.86
77.90	78.40	0.73	1.90	1.55	-0.33	-1.98	1.86	97.68	100.12	99.71
33.20	51.90	0.91	1.39	1.07	36.79	50.06	49.45	102.63	111.40	108.02
63.10	73.30	0.85	0.98	10.63	5.00	1.01	-7.10	95.74	97.93	100.00
75.70	62.20	0.71	0.53	0.60	17.57	20.29	19.80	92.14	99.01	90.68
67.60	42.30	1.08	1.18	1.37	3.01	-3.22	6.43	98.60	100.24	99.97
56.80	40.70	1.32	0.94	2.04	8.12	4.61	17.21	98.83	110.66	98.96
77.00	42.50	1.15	0.76	1.49	8.11	14.92	10.90	87.34	85.96	86.72
38.60	38.70	1.12	1.12	1.11	12.38	12.38	12.47	97.58	97.58	97.56
58.90	73.20	1.01	1.07	1.19	0.18	1.08	0.16	106.57	110.24	106.49
37.20	21.60	0.59	1.14	0.30	4.26	-0.60	-5.69	106.48	102.38	99.98
42.90	42.90	0.13	0.05	0.05	13.54	-35.07	-35.07	94.10	142.65	142.65
		0.80			-11.83			102.23		
		0.42			-19.83			85.06		
95.70	63.50	1.23	0.22	0.95	-2.67	-24.66	-13.17	94.19	85.26	87.89
111.30	134.20	0.70	1.00	0.97	-7.31	-13.56	-18.14	98.09	101.11	105.31
		0.70			4.47			87.92		
43.90	45.80	5.52	6.17	5.68	0.34	1.04	0.40	99.46	99.58	99.45
54.80	66.70	1.40	1.52	1.61	-0.09	1.22	0.52	96.27	96.15	95.92
30.20	39.00	0.57	0.72	0.51	25.81	57.81	45.30	95.12	97.25	94.85
		4.55			6.55			100.00		
77.90	65.20	1.02	2.19	1.75	2.02	2.40	5.54	101.38	99.17	97.19
58.10	48.80	1.00	1.24	1.04	24.83	16.10	45.54	99.52	98.46	99.13
77.10	76.90	3.05	3.16	3.10	0.38	0.21	0.35	99.37	99.44	99.63
67.60	67.60	3.50	3.65	3.60	0.52	0.48	0.61	99.87	99.90	99.90
73.40	65.80	1.39	1.49	1.27	2.62	2.18	3.92	99.32	95.84	93.40
79.00	74.10	0.38	0.26	0.39	-0.33	-3.66	-0.21	95.02	85.99	94.07
81.40	79.60	0.39	0.38	0.37	-18.77	-24.24	-21.99	94.62	96.91	94.66
	89.70	0.39		0.36	-6.85		-10.86	99.00		100.00
57.80		0.85	1.31		7.51	1.37		92.50	100.00	
71.90	65.10	0.74	0.44	0.96	-0.58	-4.03	-0.69	101.45	98.99	103.49
66.20	42.90	1.62	0.34	1.77	9.66	5.74	9.91	99.81	99.85	99.80
	37.20	0.18		0.11	-13.14		-30.09	93.49		100.00
		0.29			-9.41			89.58		
69.00	69.00	0.48	0.48	0.48	30.71	30.71	30.71	98.4	98.4	98.4
75.70	80.30	1.49	1.99	3.12	1.10	0.24	-2.35	99.72	99.83	99.78
76.90	79.50	1.48	1.57	1.41	7.32	7.26	6.10	100.19	99.85	99.81
44.40	15.20	0.89	0.85	2.04	-1.80	-5.96	-5.18	97.86	97.58	100.00

13－7 主要工业产品产量
Output of Major Industrial Products

产品名称	Product Name	2010	2015	2017	2018
原煤(万吨)	Coal (10 000 tons)	4547.20	4390.27	3712.31	3575.11
原油(万吨)	Crude Oil (10 000 tons)	382.14	820.09	826.96	859.76
天然气(万立方米)	Natural Gas (10 000 cu. m)	10344	12108	17729	22727
铁矿石原矿(万吨)	Iron Ore (10 000 tons)	991.62	1596.21	1962.23	912.08
小麦粉(万吨)	Wheatmeal (10 000 tons)	151.08	119.36	87.24	73.06
饮料、酒(万千升)	Drinks (10 000kl)	71.54	66.18	61.92	48.38
软饮料(万吨)	Soft Drinks (10 000 tons)	138.43	241.40	149.63	123.14
卷烟(万箱)	Cigarettes (10 000 cases)	80.00	103.00	96.50	94.30
原油加工量(万吨)	Crude Oil Processing (10 000 tons)	1383.54	1424.31	1440.79	1440.03
焦炭(万吨)	Coke (10 000 tons)	244.32	525.05	471.65	385.38
硫酸(万吨)	Sulfuric Acid (10 000 tons)	247.00	443.03	466.66	486.65
烧碱(万吨)	Caustic Soda (10 000 tons)	21.69	19.02	11.87	19.19
纯碱(万吨)	Soda Ash (10 000 tons)	13.66	9.77	7.96	
电石(万吨)	Calcium Carbide (10 000 tons)	97.54	112.80	108.78	83.07
乙烯(万吨)	Ethene (10 000 tons)	69.48	64.20	64.00	64.39
农用化肥(万吨)	Chemical Fertilizer (10 000 tons)	81.32	46.70	23.37	22.95
化学农药(万吨)	Chemical Pesticide (10 000 tons)	0.13	0.32	0.53	1.22
塑料制品(万吨)	Plastic Products (ton)	13.88	39.09	67.15	11.37
水泥(万吨)	Cement (10 000 tons)	2414.11	4764.30	4009.36	3847.15
平板玻璃(万重量箱)	Plate Glass (10 000 weight cases)	653.89	124.78	515.90	535.08
生铁(万吨)	Pig Iron (10 000 tons)	625.49	690.52	456.19	613.99
粗钢(万吨)	Crude Steel (10 000 tons)	662.25	852.10	560.52	802.41
钢材(万吨)	Rolled Steel (10 000 tons)	699.17	847.77	702.25	833.45
铁合金(万吨)	Iron Alloy (10 000 tons)	119.49	85.65	75.73	96.12
十种有色金属(万吨)	Ten Kinds of Nonferrous Metals (10 000 tons)	191.53	381.36	398.56	410.52
#铜(万吨)	Copper (10 000 tons)	44.79	92.47	91.54	105.49
铅(万吨)	Lead (10 000 tons)	2.69	2.82	2.85	2.77
锌(万吨)	Zinc (10 000 tons)	23.51	40.38	40.20	44.11
镍(万吨)	Nickel (10 000 tons)	12.98	15.31	13.51	13.52
铝(万吨)	Aluminium (10 000 tons)	104.40	230.38	250.46	244.50
汽车(辆)	Motor Vehicles (set)	20718	24354	18554	11214
发电设备(万千瓦小时)	Power Generating Equipment (10 000 kw · h)	3.53	4.52	0.11	
变压器(万千伏安)	Power Transformer (10 000 kva)	221.95	160.56	82.56	144.84
集成电路(万块)	Integrated Circuits (10 000 units)	550307	1497496	2808468	3177018
发电量(亿千瓦小时)	Electricity (100 million kw · h)	791.53	1139.45	1244.54	1427.31
#火力发电量	Fire Power	502.29	718.65	713.56	776.79
水力发电量	Hydraulic Power	262.32	270.96	289.54	348.36

13－8 规模以上工业主要产品年末生产能力
Production Capacity of Major Products of Industrial Enterprises above Designated Size (Year-end)

产品名称	Product Name	2010	2015	2017	2018
原煤(万吨)	Coal (10 000 tons)	5163.65	5260.29	4633.18	4596.00
卷烟(亿支)	Cigarettes (100 million pieces)	465.00	595.25	735.75	789.75
原油加工量(万吨)	Crude Oil Processing (10 000 tons)	1600.00	1500.00	1670.00	1670.00
焦炭(万吨)	Coke (10 000 tons)	335.00	807.50	807.50	727.50
碳化钙(万吨)	Calcium Carbide(10 000 tons)	120.74	169.00	141.00	156.00
农用氮、磷、钾化学肥料总计(万吨)	Chemical Fertilizer (10 000 tons)	99.97	122.70	64.70	43.91
水泥熟料(万吨)	Cement Clinker(10 000 tons)	2366.39	4199.16	4080.80	3887.00
水泥(万吨)	Cement (10 000 tons)	3345.77	6817.61	6335.00	6052.00
平板玻璃(万重量箱)	Plate Glass (10 000 weight cases)	654.08	602.20	600.00	600.00
生铁(万吨)	Pig Iron (10 000 tons)	809.00	1017.32	837.40	837.40
粗钢(万吨)	Crude Steel (10 000 tons)	795.00	1300.00	1160.00	1160.00
钢材(万吨)	Rolled Steel (10 000 tons)	547.15	1191.08	1212.50	1226.00
铁合金(万吨)	Iron Alloy (10 000 tons)	159.44	157.32	127.84	123.23
原铝(万吨)	Primary Aluminium (10 000 tons)	120.52	291.08	276.00	312.80
汽车(万辆)	Motor Vehicles(10 000 sets)	5.00	4.00	4.00	4.00
#轿车	Cars(10 000 sets)	5.00	4.00	4.00	4.00
发电设备容量总计(万千瓦)	Electricity(10 000 kwh)	2374.91	4075.30	4555.10	4373.79
#火电设备容量总计	Fire Power	1319.62	1893.90	2036.10	1784.16
水电设备容量总计	Hydropower	571.79	678.70	715.40	703.46
风电设备容量总计	Wind Power	477.65	1085.40	1269.50	1280.21

13－9 国有及国有控股企业主要指标(2018)
Major Indicators of State-owned and State-holding Industrial Enterprises(2018)

单位：亿元 (100 million yuan)

指标	Item	全省 Total	国有及国有控股企业 State-owned and State-holding Industrial Enterprises	占全省比重(%) Proportion (%)	国有及国有控股大中型企业 Large and Medium-sized State-owned and State-holding Industrial Enterprises	占全省比重(%) Proportion (%)
企业单位数(个)	Number of Enterprises (unit)	1917	416	21.70	140	7.30
就业人员(万人)	Year-end Employees (10 000 persons)	49.76	33.31	66.95	30.93	62.16
工业总产值	Gross Output Value	6352.32	4738.09	74.59	4406.28	69.36
年末资产总计	Total Property (year-end)	12148.64	8801.54	72.45	7322.83	60.28
流动资产合计	Total Current Assets	4448.27	2859.78	64.29	2491.96	56.02
固定资产合计	Total Fixed Assets					
年末负债合计	Total Liabilities (year-end)	7896.79	5825.37	73.77	4790.34	60.66
年末所有者权益	Owners' Equity (year-end)	4251.85	2976.17	70.00	2532.49	59.56
#实收资本	Paid-up Capital					
主营业务收入	Revenue from Principal Business	8888.93	7310.49	82.24	6987.23	78.61
主营业务税金及附加	Taxes and Extra Charges from Principal Business	348.90	333.87	95.69	330.83	94.82
利润总额	Total Profits	270.43	168.40	62.27	141.82	52.44
税金总额	Total Taxes	580.62	538.11	92.68	532.12	91.65
亏损企业数(个)	Number of Loss-making Enterprises (unit)	643	150	23.33	58	9.02
亏损企业亏损额	Total Losses Loss-making Enterprises	152.13	113.19	74.41	100.40	66.00

13－10 支柱工业主要指标占全省比重
Proportion to Total Industry in Gansu of Main Indicators of Pillar Industry

单位：% (%)

指标	Item	2010	2015	2017	2018
单位数	Number of Enterprises	77.11	69.60	61.99	69.64
就业人员	Year-end Employees	84.64	81.43	82.00	
工业总产值	Gross Output Value of Industry	92.75	87.01	87.06	88.67
工业增加值	Value Added	91.62	87.07	87.57	87.73
年末资产总计	Total Assets (year-end)	90.86	88.02	86.55	87.43
负债合计	Total Liabilities	91.77	90.18	88.51	89.78
利润总额	Total Profits	86.78		58.05	58.53
利税总额	Total Profits and Taxes	92.68	81.40	83.36	
工业销售产值	Sales Value of Industry Products	92.87	87.78	87.44	88.75

13－11 支柱工业主要指标
Main Indicators of Pillar Industry

行业	Sector	2010	2015	2017	2018	2018年比2017年增长(%) Increase Rate in 2018 over 2017 (%)
单位数(个)	**Number of Enterprises (unit)**	**1543**	**1495**	**1324**	**1335**	**0.83**
石化工业	Petrochemical Industry	248	235	215	215	
有色工业	Ferrous Industry	116	119	83	85	2.41
电力工业	Power Industry	237	242	290	291	0.34
冶金工业	Metallurgical Industry	141	111	61	62	1.64
机械工业	Machinery Industry	300	250	227	228	0.44
食品工业	Food Industry	414	435	415	420	1.20
煤炭工业	Coal Industry	87	53	33	34	3.03
工业增加值(亿元)	**Value-added (100 million yuan)**	**1261.03**	**1447.10**	**1404.36**		**5.00**
石化工业	Petrochemical Industry	416.42	506.64	588.72		0.42
有色工业	Ferrous Industry	188.79	223.96	200.99		11.50
电力工业	Power Industry	155.38	221.31	222.51		13.17
冶金工业	Metallurgical Industry	141.83	73.66	69.29		14.95
机械工业	Machinery Industry	120.45	96.36	64.72		1.05
食品工业	Food Industry	140.76	242.42	186.42		0.84
煤炭工业	Coal Industry	97.40	82.78	71.72		－5.65
年末资产总计(亿元)	**Total Assets (year-end) (100 million yuan)**	**5914.27**	**10490.42**	**10656.62**	**10621.59**	**－0.33**
石化工业	Petrochemical Industry	1153.75	1529.98	1585.04	1569.48	－0.98
有色工业	Ferrous Industry	1304.61	2706.42	2607.78	2682.65	2.87
电力工业	Power Industry	1406.15	2609.42	3010.97	2883.96	－4.22
冶金工业	Metallurgical Industry	876.53	1371.29	1347.10	1371.69	1.83
机械工业	Machinery Industry	422.00	812.55	847.90	883.46	4.19
食品工业	Food Industry	459.14	831.42	741.89	725.60	－2.20
煤炭工业	Coal Industry	292.09	629.34	515.94	504.76	－2.17

13－11 续表 continued

行 业	Sector	2010	2015	2017	2018	2018年比2017年增长(%) Increase Rate in 2018 over 2017 (%)
负债合计(亿元)	**Total Liabilities (100 million yuan)**	**3730.53**	**7025.64**	**7116.54**	**7089.94**	**－0.37**
石化工业	Petrochemical Industry	623.47	869.39	853.19	821.95	－3.66
有色工业	Ferrous Industry	776.93	1885.77	1749.42	1783.50	1.95
电力工业	Power Industry	1085.08	1938.27	2266.88	2177.12	－3.96
冶金工业	Metallurgical Industry	558.11	996.66	1028.19	1060.72	3.16
机械工业	Machinery Industry	257.63	529.47	567.49	623.74	9.91
食品工业	Food Industry	246.02	419.38	377.72	362.40	－4.06
煤炭工业	Coal Industry	183.29	386.70	273.65	260.50	－4.80
利润总额(亿元)	**Total Profit (100 million yuan)**	**201.07**	**－151.15**	**141.94**	**158.29**	**11.52**
石化工业	Petrochemical Industry	76.62	－4.03	43.59	74.44	70.79
有色工业	Ferrous Industry	48.71	－61.80	53.60	32.74	－38.91
电力工业	Power Industry	1.02	－5.93	－7.26	9.58	
冶金工业	Metallurgical Industry	19.69	－110.43	－1.90	4.40	
机械工业	Machinery Industry	14.11	12.23	－0.93	－8.94	
食品工业	Food Industry	21.40	32.48	26.88	23.60	－12.21
煤炭工业	Coal Industry	19.53	－13.67	27.96	22.47	－19.64
工业销售产值(亿元)	**Sales Value of Industry Products (100 million yuan)**	**4374.87**	**6094.03**	**5280.10**	**5585.61**	**5.79**
石化工业	Petrochemical Industry	1439.23	1540.48	1329.30	1409.41	6.03
有色工业	Ferrous Industry	857.43	1537.34	1679.85	1771.37	5.45
电力工业	Power Industry	508.02	737.19	765.96	877.45	14.56
冶金工业	Metallurgical Industry	616.00	772.44	390.08	476.04	22.04
机械工业	Machinery Industry	408.76	480.69	357.27	363.73	1.81
食品工业	Food Industry	373.41	782.17	537.46	479.97	－10.70
煤炭工业	Coal Industry	172.01	243.72	220.17	207.64	－5.69

13－12 各地区规模以上工业企业主要经济指标(2018)

Main Economic Indicators of Industrial Enterprises above Designated Size by Region (2018)

单位：亿元 (100 million yuan)

指　　标	Item	兰州市 Lanzhou	嘉峪关市 Jiayuguan	金昌市 Jinchang	白银市 Baiyin	天水市 Tianshui
企业单位数(个)	Number of Enterprises (unit)	349	50	102	135	175
亏损企业	Loss-making Enterprises	111	17	24	46	49
工业总产值(当年价格)	Gross Output Value (At Current Prices)	2035. 12	638. 11	849. 02	597. 48	325. 64
按登记注册类型分	Grouped by Registration Categories					
内资	Domestic Funded Enterprises	1835. 65	688. 11	849. 02	586. 18	322. 56
港澳台商投资企业	Enterprises with Investment from Hong Kong, Macao and Taiwan	161. 27			1. 25	
外商投资企业	Enterprises with Investment from Foreign	38. 20			10. 05	3. 08
按轻重工业分	Grouped by Light and Heavy Industries					
轻工业	Light Industry	269. 35	3. 17	22. 36	25. 34	101. 14
重工业	Heavy Industry	1765. 77	684. 94	826. 66	572. 15	224. 50
按企业规模分	Grouped by Size of Enterprises					
大型企业	Large Enterprises	1337. 96	551. 20	593. 05	451. 60	156. 94
中型企业	Medium-size Enterprises	315. 05	106. 84	202. 56	60. 79	91. 51
小型企业	Small Enterprises	382. 11	30. 08	53. 42	85. 09	77. 20
工业销售产值(当年价格)	Sales Value of Industry Products (At Current Prices)	2011. 28	684. 63	848. 19	594. 62	316. 92
#出口交货值	Delivery Value for Export	35. 82	13. 27	7. 09	6. 52	53. 86
全部就业人员年平均人数(人)	Average Annual Employed Persons (person)	152098	52552	44525	49421	36224
年末资产总计	Total Assets (Year-end)	2703. 16	1759. 87	1704. 31	941. 48	521. 49
流动资产合计	Total Current Assets	1195. 90	611. 16	666. 47	406. 56	229. 43
#存货	Stock	329. 40	210. 08	247. 87	140. 65	60. 09
#产成品	Finished Product	74. 87	73. 37	98. 67	58. 01	20. 39
年末负债合计	Total Liabilities at Year-end	1701. 63	1325. 59	1135. 37	629. 13	285. 43
年末所有者权益	Creditors'Equity at Year-end	1001. 53	434. 28	568. 94	312. 35	236. 06
主营业务收入	Revenue from Principal Business	2338. 69	1385. 05	2482. 37	805. 77	206. 39
主营业务成本	Cost of Principal Business	1894. 08	1282. 94	2355. 06	750. 76	168. 22
主营业务税金及附加	Taxes and Extra Charges from Principal Business	213. 25	8. 81	7. 70	5. 34	1. 51
其他业务利润	Other Bussiness Profits	2. 16	4. 25	0. 81	1. 90	1. 99
管理费用	Management Expenses	85. 23	32. 70	26. 01	17. 44	17. 77
利润总额	Total Profits	75. 67	6. 45	32. 90	8. 19	10. 65
税金总额	Total Taxes	321. 30	33. 81	23. 66	18. 99	7. 10
工业企业本年应交增值税	Value-added Tax Payable	108. 06	25. 00	15. 95	13. 66	5. 59

13－12 续表 1 continued

单位：亿元 (100 million yuan)

指　　标	Item	武威市 Wuwei	张掖市 Jiuquan	平凉市 Pingliang	酒泉市 Jiuquan	庆阳市 Qingyang
企业单位数(个)	Number of Enterprises (unit)	222	228	66	196	108
亏损企业	Loss-making Enterprises	85	87	31	82	27
工业总产值(当年价格)	Gross Output Value (At Current Prices)	200.30	177.93	170.26	317.27	547.86
按登记注册类型分	Grouped by Registration Categories					
内资	Domestic Funded Enterprises	189.70	169.95	170.26	303.81	547.27
港澳台商投资企业	Enterprises with Investment from Hong Kong, Macao and Taiwan	1.57			3.09	
外商投资企业	Enterprises with Investment from Foreign	9.04	7.98		10.37	0.59
按轻重工业分	Grouped by Light and Heavy Industries					
轻工业	Light Industry	87.61	65.01	11.47	14.22	16.89
重工业	Heavy Industry	112.69	112.92	158.79	303.05	530.97
按企业规模分	Grouped by Size of Enterprises					
大型企业	Large Enterprises	19.00	34.89	72.92	127.23	470.31
中型企业	Medium-size Enterprises	57.52	34.25	76.70	49.81	22.65
小型企业	Small Enterprises	123.78	108.78	20.63	140.22	54.89
工业销售产值(当年价格)	Sales Value of Industry Products (At Current Prices)	197.52	171.37	169.80	315.64	543.31
#出口交货值	Delivery Value for Export	1.13	0.28		1.10	0.62
全部从业人员年平均人数(人)	Average Annual Employed Persons (person)	21018	19276	30898	25112	26871
年末资产总计	Total Assets (Year-end)	592.12	401.20	334.70	1089.59	1052.66
流动资产合计	Total Current Assets	212.80	157.46	111.42	355.97	122.74
#存货	Stock	39.33	36.97	16.02	39.20	20.70
#产成品	Finished Product	18.35	21.43	6.73	13.42	11.12
年末负债合计	Total Liabilities at Year-end	404.00	264.72	248.74	737.02	508.75
年末所有者权益	Owners' Equity at Year-end	188.12	136.47	85.96	352.57	543.91
主营业务收入	Revenue from Principal Business	170.28	155.04	146.81	322.43	502.52
主营业务成本	Cost of Principal Business	136.10	129.94	109.93	247.67	306.11
主营业务税金及附加	Taxes and Extra Charges from Principal Business	1.46	2.09	3.77	30.32	68.90
其他业务利润	Other Bussiness Profits	0.37	0.13	0.96	0.96	
管理费用	Management Expenses	9.95	7.84	9.57	13.32	16.21
利润总额	Total Profits	4.57	4.99	16.71	－21.04	89.41
税金总额	Total Taxes	－0.42	5.55	16.29	34.14	100.35
工业企业本年应交增值税	Value-added Tax Payable	－1.88	3.46	12.52	3.82	31.45

13－12 续表 2 continued

单位：亿元 (100 million yuan)

指 标	Item	定西市 Dingxi	陇南市 Longnan	临夏州 Linxia	甘南州 Gannan
企业单位数(个)	Number of Enterprises (unit)	146	71	38	31
亏损企业	Loss-making Enterprises	41	18	12	13
工业总产值(当年价格)	Gross Output Value (At Current Prices)	170.82	143.19	98.46	41.00
按登记注册类型分	Grouped by Registration Categories				
内资	Domestic Funded Enterprises	170.51	137.59	98.46	41.00
港澳台商投资企业	Enterprises with Investment from Hong Kong, Macao and Taiwan		5.61		
外商投资企业	Enterprises with Investment from Foreign	0.31			
按轻重工业分	Grouped by Light and Heavy Industries				
轻工业	Light Industry	59.22	33.40	32.72	6.38
重工业	Heavy Industry	111.60	109.79	65.74	34.62
按企业规模分	Grouped by Size of Enterprises				
大型企业	Large Enterprises		57.39	26.53	
中型企业	Medium-size Enterprises	78.22	44.55	20.11	17.34
小型企业	Small Enterprises	92.60	41.25	51.82	23.66
工业销售产值(当年价格)	Sales Value of Industry Products (At Current Prices)	164.19	138.11	97.91	39.61
#出口交货值	Delivery Value for Export	0.46	0.84	0.08	0.02
全部从业人员年平均人数(人)	Average Annual Employed Persons (person)	14003	15110	7027	3430
年末资产总计	Total Assets (Year-end)	284.26	431.80	191.80	140.21
流动资产合计	Total Current Assets	123.28	148.39	81.54	25.17
#存货	Stock	45.06	21.35	29.60	2.93
#产成品	Finished Product	15.32	6.04	5.26	1.61
年末负债合计	Total Liabilities at Year-end	179.01	254.94	118.19	104.27
年末所有者权益	Owners' Equity at Year-end	105.24	176.86	73.61	35.95
主营业务收入	Revenue from Principal Business	140.60	121.79	77.34	33.85
主营业务成本	Cost of Principal Business	121.67	72.77	62.88	20.77
主营业务税金及附加	Taxes and Extra Charges from Principal Business	0.55	4.15	0.53	0.51
其他业务利润	Other Bussiness Profits	0.22	0.06		0.15
管理费用	Management Expenses	6.59	8.71	2.67	1.91
利润总额	Total Profits	5.74	22.97	6.21	7.02
税金总额	Total Taxes	1.99	12.09	3.18	2.60
工业企业本年应交增值税	Value-added Tax Payable	1.44	7.94	2.65	2.09

13 - 13 各地区规模以上工业增加值及效益指标（2018）
Value-added of Industry and Main Indicators on Economic Benefit of Industrial Enterprises above Designated Size by Region（2018）

地 区	Region	工业增加值指数（可比价）（上年 = 100） Indices of Value-added of Industry（At Comparable Prices）（preceding year = 100）	总资产贡献率（%） Ratio of Profits, Taxes and Interests to Average Assets（%）	资产负债率（%） Ratio of Debts to Assets（%）	流动资产周转次数（次/年） Turnover of Current Assets（time/year）	工业成本费用利润率（%） Ratio of Profits to Total Industrial Costs（%）	产品销售率（%） Sales Ratio of Products（%）
兰州市	Lanzhou	106. 0	15. 93	62. 90	2. 00	3. 60	98. 83
嘉峪关市	Jiayuguan	103. 3	4. 83	75. 30	2. 31	0. 46	99. 49
金昌市	Jinchang	112. 9	5. 32	66. 60	3. 73	1. 35	99. 90
白银市	Baiyin	110. 2	5. 04	66. 80	2. 02	1. 02	99. 52
天水市	Tianshui	105. 1	4. 59	54. 70	0. 92	5. 25	97. 32
武威市	Wuwei	105. 7	2. 80	68. 20	0. 81	2. 72	98. 61
张掖市	Zhangye	104. 3	4. 59	66. 00	0. 99	3. 32	96. 31
平凉市	Pingliang	102. 6	11. 90	74. 30	1. 45	11. 87	99. 73
酒泉市	Jiuquan	103. 9	3. 58	67. 60	0. 91	-7. 16	99. 49
庆阳市	Qingyang	97. 8	19. 12	48. 30	4. 14	26. 08	99. 17
定西市	Dingxi	104. 4	4. 59	63. 00	1. 15	4. 17	96. 12
陇南市	Longnan	106. 5	10. 00	59. 00	0. 83	23. 90	96. 45
临夏州	Linxia	125. 7	6. 96	61. 60	0. 95	8. 72	99. 44
甘南州	Gannan	110. 8	9. 78	74. 40	1. 40	25. 26	96. 62

13 - 14 各地区规模以上工业主要工业产品产量(2018)
Output of Major Industrial Products of Industrial Interprises above Designated Size by Region（2018）

地 区	Region	原煤（万吨） Coal（10 000 tons）	原油（万吨） Crude Oil（10 000 tons）	原油加工量（万吨） Crude Oil Processing（10 000 tons）	发电量（亿千瓦小时） Electricity（100 million kwh）	粗钢（万吨） Crude Steel（10 000 tons）	钢材（万吨） Rolled Steel（10 000 tons）	水泥（万吨） Cement（10 000 tons）	汽车（辆） Motor Vehicles（set）
兰州市	Lanzhou	503. 29	2. 60	927. 01	127. 45	319. 40	340. 11	774. 63	11214
嘉峪关市	Jiayuguan				222. 13	483. 01	482. 59	189. 49	
金昌市	Jinchang				97. 59			164. 15	
白银市	Baiyin	986. 53			177. 49			385. 25	
天水市	Tianshui				1. 69		0. 78	357. 96	
武威市	Wuwei	104. 56			66. 62		9. 97	111. 98	
张掖市	Zhangye	32. 11			72. 24			109. 06	
平凉市	Pingliang	1947. 48			165. 26			404. 88	
酒泉市	Jiuquan		41. 00	201. 01	223. 56			221. 61	
庆阳市	Qingyang	1. 15	816. 16	312. 01	15. 03			64. 66	
定西市	Dingxi				21. 99			418. 26	
陇南市	Longnan				50. 93			475. 08	
临夏州	Linxia				138. 44			79. 76	
甘南州	Gannan				46. 89			90. 37	

主要统计指标解释

工业 指从事自然资源的开采，对采掘品和农产品进行加工和再加工的物质生产部门。具体包括：（1）对自然资源的开采，如采矿、晒盐等（但不包括禽兽捕猎和水产捕捞）；（2）对农副产品的加工、再加工，如粮油加工、食品加工、缫丝、纺织、制革等；（3）对采掘品的加工、再加工，如炼铁、炼钢、化工生产、石油加工、机器制造、木材加工等，以及电力、自来水、煤气的生产和供应等；（4）对工业品的修理、翻新，如机器设备的修理、交通运输工具（如汽车）的修理等。

工业统计调查单位为工业法人单位。

工业法人单位指从事工业生产经营活动的法人单位。工业法人单位应同时具备以下条件：①依法成立，有自己的名称、组织机构和场所，能够独立承担民事责任；②独立拥有（或授权）使用资产，承担负债，有权与其他单位签订合同；③具有包括资产负债表在内的帐户，或者能够根据需要编制帐户。

国有及国有控股企业 指国有企业加上国有控股企业。国有企业（即原全民所有制工业或国营工业）指企业全部资产归国家所有，并按《中华人民共和国企业法人登记管理条例》规定登记注册的非公司制的经济组织。包括国有企业、国有独资公司和国有联营企业。1957 年以前的公私合营和私营工业，后均改造为国营工业，1992 年改为国有工业，这部分工业的资料不单独分列时，均包括在国有企业内。国有控股企业是对混合所有制经济的企业进行的“国有控股”分类。它是指这些企业的全部资产中国有资产（股份）相对其他所有者中的任何一个所有者占资（股）最多的企业。该分组反映了国有经济控股情况。

轻工业 指主要提供生活消费品和制作手工工具的工业。按其所使用的原料不同，可分为两大类：（1）以农产品为原料的轻工业，是指直接或间接以农产品为基本原料的轻工业。主要包括食品制造、饮料制造、烟草加工、纺织、缝纫、皮革和毛皮制作、造纸以及印刷等工业；（2）以非农产品为原料的轻工业，是指以工业品为原料的轻工业。主要包括文教体育用品、化学药品制造、合成纤维制造、日用化学制品、日用玻璃制品、日用金属制品、手工工具制造、医疗器械制造、文化和办公用机械制造等工业。

重工业 指为国民经济各部门提供物质技术基础的主要生产资料的工业。按其生产性质和产品用途，可以分为下列三类：（1）采掘（伐）工业，是指对自然资源的开采，包括石油开采、煤炭开采、金属矿开采、非金属矿开采等工业；（2）原材料工业，指向国民经济各部门提供基本材料、动力和燃料的工业。包括金属冶炼及加工、炼焦及焦炭、化学、化工原料、水泥、人造板以及电力、石油和煤炭加工等工业；（3）加工工业，是指对工业原材料进行再加工制造的工业。包括装备国民经济各部门的机械设备制造工业、金属结构、水泥制品等工业，以及为农业提供的生产资料如化肥、农药等工业。

根据上述划分原则，修理业中以重工业产品为修理作业对象的划为重工业，反之划为轻工业。

工业总产值 工业总产值是以货币形式表现的，工业企业在一定时期内生产的工业最终产品或提供工业性劳务活动的总价值量。它反映一定时间内工业生产的总规模和总水平。

工业增加值 指工业企业在报告期内以货币表现的工业生产活动的最终成果。

工业增加值有两种计算方法：一是生产法，即工业总产出减去工业中间投入加上应交增值税；二是收入法，即从收入的角度出发，根据生产要素在生产过程中应得到的收入份额计算，具体构成项目有固定资产折旧、劳动者报酬、生产税净额、营业盈余，这种方法也称要素分配法。本年鉴中的工业增加值是以生产法计算的。

资产总计 指企业拥有或控制的能以货币计量的经济资源，包括各种财产、债权和其他权利。资产按流动性分为流动资产、长期投资、固定资产、无形资产、递延资产和其他资产。该指标根据企业会计“资产负债表”中“资产总计”项目的期末数增列。

流动资产 指企业可以在一年内或者超过一年的一个生产周期内变现或者耗用的资产，包括现金及各种存款、短期投资，应收及预付款项、存货等。

负债合计 指企业所承担的能以货币计量，将以资产或劳务偿付的债务，偿还形式包括货币、资产或提供劳务。负债一般按偿还期长短分为流动负债和长期负债。根据会计“资产负债表”中“负债合计”的年末数填列。

所有者权益合计 指企业资产扣除负债后由所有者享有的剩余权益。公司的所有者权益又称股东权益。包括实收资本、资本公积、盈余公积、未分配利润等。来源于会计“资产负债表”中“所有者权益合计”项目的期末余额数。

主营业务收入 指企业确认的销售商品、提供劳务等主营业务的收入。来源于会计“主营业务收入”科目的期末贷方余额(结转前)。

主营业务成本 指企业经营主要业务所发生的成本总额。来源于会计“主营业务成本”科目的期末借方余额(结转前)。

主营业务税金及附加 指企业经营主要业务应负担的营业税、消费税、城市维护建设税、教育费附加等。来源于会计“主营业务税金及附加”科目的期末借方余额(结转前)。

利润总额 指企业在一定会计期间的经营成果，是生产经营过程中各种收入扣除各种耗费后的盈余，反映企业在报告期内实现的盈亏总额。来源于会计“利润表”中“利润总额”项目的本期金额数。

本年应交增值税 指企业按税法规定，从事货物销售或提供加工、修理修配劳务等增加货物价值的活动本期应交纳的税金。指企业在报告期应交增值税额。计算公式为：

本年应交增值税 = 销项税额 -(进项税额 - 进项税额转出) - 出口抵减内销产品应纳税额 - 减免税款 + 出口退税

本年进项税额指工业企业在报告期内购入货物或接受应税劳务而支付的、准予从销项税额中抵扣的增值税额。

本年销项税额指工业企业在报告期内销售货物或提供应税劳务应收取的增值税额。

就业人员平均人数 是指报告期内每天拥有的就业人员人数。其计算公式为：

$$\text{月平均人数} = \frac{\text{报告月内每天实有人数之和}}{\text{报告月日历数}}$$

$$\text{季平均人数} = \frac{\text{季内各月平均人数之和}}{3}$$

$$\text{年平均人数} = \frac{\text{年内各月平均人数之和}}{12}$$

总资产贡献率 反映企业全部资产的获利能力，是企业经营业绩和管理水平的集中体现，是评价和考核企业盈利能力的核心指标。计算公式为：

$$\text{总资产贡献率(\%)} = \frac{\text{利润总额} + \text{税金总额} + \text{利息支出}}{\text{平均资金总额}} \times 100\%$$

公式中：税金总额为产品销售税金及附加与应交增值税之和；平均资产总额为期初期末资产之和的算术平均值。

资产负债率 该指标既反映企业经营风险的大小，也反映企业利用债权人提供的资金从事经营活动的能力。计算公式为：

$$\text{资产负债率(\%)} = \frac{\text{负债总额}}{\text{资产总额}} \times 100\%$$

资产与负债均为报告期期末数。

流动资产周转次数 指一定时期内流动资产完成的周转次数，反映投入工业企业流动资金的周转速度。计算公式为：

$$\text{流动资产周转次数} = \frac{\text{产品销售收入}}{\text{全部流动资产平均余额}}$$

公式中：全部流动资产平均余额为期初和期末的流动资产之和的算术平均值。

成本费用利润率 反映企业投入的生产成本及费用的经济效益，同时也反映企业降低成本所取得的经济效益。计算公式为：

$$\text{成本费用利润率(\%)} = \frac{\text{利润总额}}{\text{成本费用总额}} \times 100\%$$

公式中：成本费用总额为产品销售成本、销售费用、管理费用、财务费用之和。

产品销售率 该指标反映工业产品已实现销售的程度，是分析工业产销衔接情况，研究工业产品满足社会需求的指标。计算公式为：

$$\text{产品销售率} = \frac{\text{工业销售产值}}{\text{工业总产值(现价)}} \times 100\%$$

14

建筑业

Construction

简要说明

一、本篇资料主要内容

本篇资料反映建筑业概况和发展情况。主要包括建筑业企业基本情况和生产经营情况。

二、本篇资料的统计范围

建筑业统计范围为辖区内具有建筑业资质的所有独立核算建筑业企业及所属的产业活动单位。

三、本篇资料来源

本篇资料由省统计局固定资产投资处根据国家统计局制定的《建筑业统计报表制度》整理、汇总。

14－1 建筑业企业概况

Main Indicators on Construction Enterprises

年 份 Year	总计 Total	国有企业 State-owned	集体企业 Collective-owned	其他 Others
企业单位数(个) Number of Enterprises(unit)				
2005	933	148	156	629
2006	951	145	150	656
2007	930	134	147	649
2008	926	111	114	701
2009	919	101	110	708
2010	890	101	98	691
2011	908	92	97	719
2012	1215	103	105	1007
2013	1295	73	87	1135
2014	1348	69	86	1193
2015	1370	69	82	1219
2016	1393	63	78	1252
2017	1457	85	76	1296
2018	1571	79	72	1420
从业人员(万人) Number of Persons Employed (10 000 persons)				
2005	42.77	9.25	9.04	24.48
2006	43.67	8.51	9.53	25.63
2007	43.88	7.32	9.40	27.16
2008	42.03	5.66	5.39	30.97
2009	44.98	5.35	5.67	33.97
2010	45.76	6.36	4.86	34.55
2011	46.00	7.31	5.60	33.08
2012	56.26	7.49	5.81	42.96
2013	54.81	5.97	5.86	42.98
2014	58.89	7.63	6.21	45.05
2015	55.10	7.88	5.40	41.82
2016	54.10	8.38	5.35	40.37
2017	48.60	8.08	4.40	36.12
2018	43.39	6.98	3.48	32.93
建筑业总产值(万元) Gross Output Value (10 000 yuan)				
2005	3141700	1169235	376213	1596252
2006	3443287	1103154	486291	1853842
2007	4369039	974710	662602	2731727
2008	4812744	900868	529097	3382779
2009	5798859	987574	508935	4302350
2010	7519879	1303237	580351	5636292
2011	9256772	2262570	744144	6250058
2012	13722823	3221873	1086236	9414714
2013	17208628	2698696	1241827	13268105
2014	18145239	2818352	1329573	13997314
2015	18490185	2731643	1245432	14513110
2016	19472432	2973159	1159388	15339885
2017	18254227	4521134	891891	12841202
2018	18079549	4775966	690134	12613449

注：本表数据指标口径为资质以上建筑业企业。

a) Indicator caliber of data in this table refer to the construction enterprises above qualification grades.

14－2 建筑业企业主要经济指标(2018)

登记注册类型	Type of Registered	单位数(个) Number of Construction Enterprises (unit)	从业人员(万人) Number of Employed Persons (10 000 persons)	建筑业总产值(万元) Gross Output Value of Construction (10 000 yuan)
甘肃省	**Gansu**	**1571**	**43.39**	**18079549**
内资企业	Domestic Funded Enterprises	1569	43.39	18079080
国有企业	State-owned Enterprises	49	4.54	2214018
集体企业	Collective-owned Enterprises	70	3.44	672829
股份合作企业	Cooperative Enterprises	2	0.04	17305
联营企业	Joint Ownership Enterprises			
有限责任公司	Limited Liability Corporations	675	21.80	10666658
股份有限公司	Share-holding Corporations Ltd.	71	3.63	1444792
私营企业	Private Enterprises	702	9.95	3063478
其他企业	Other Enterprises			
港、澳、台商投资企业	Enterprises with Investment from Hong Kong, Macao and Taiwan	1		
外商投资企业	Foreign Funded Enterprises	1		469

14－2 续表

登记注册类型	Type of Registered	劳动生产率(元/人) Overall Labor Productivity (yuan/person)		主营业务收入(万元) Revenue from Principal Business (10 000 yuan)
		按总产值计算 In Terms of Gross Output Value	按增加值计算 In Terms of Value-added	
甘肃省	**Gansu**	**334784**	**159277**	**17946062**
内资企业	Domestic Funded Enterprises	334790	159280	17945592
国有企业	State-owned Enterprises	486715	231742	1980902
集体企业	Collective-owned Enterprises	195283	92981	670982
股份合作企业	Cooperative Enterprises	440331	209657	18085
联营企业	Joint Ownership Enterprises			
有限责任公司	Limited Liability Corporations	352019	167588	10472309
股份有限公司	Share-holding Corporations Ltd.	373090	177641	1488824
私营企业	Private Enterprises	259755	123157	3314491
其他企业	Other Enterprises			
港、澳、台商投资企业	Enterprises with Investment from Hong Kong, Macao and Taiwan			
外商投资企业	Foreign Funded Enterprises	204043	97152	469

Main Economic Indicators on Construction Enterprises(2018)

建筑业增加值（万元）Value Added of Construction (10 000 yuan)	营业利润（万元）Operating Profits (10 000 yuan)	利润总额（万元）Total Profits (10 000 yuan)	税金总额（万元）Total Tax (10 000 yuan)	产值利润率（%）Ratic of Profit to Gross Output Value (%)	产值利税率（%）Ratio of Output Value to Profit and Tax (%)
8601523	**538062**	**551497**	**816754**	**3.05**	**7.57**
8601300	537993	551428	816729	3.05	7.57
1054170	-4143	-2597	65369	-0.12	2.84
320357	26652	27577	54435	4.10	12.19
8240	331	331	1069	1.91	8.09
5078143	301759	312860	436846	2.93	7.03
687915	38108	36083	61042	2.50	6.72
1452474	175286	177175	197969	5.78	12.25
223	69	69	25	14.62	19.99

continued

主营业务成本（万元）Cost of Project Settlement Accounts (10 000 yuan)	主营业务税金及附加（万元）Taxes and Extra Charges on Project Settlement Accounts (10 000 yuan)	房屋建筑施工面积（万平方米）Floor Space of Buildings under Construction (10 000 sq. m)	房屋建筑竣工面积（万平方米）Floor Space of Buildings Completed (10 000 sq. m)	#住宅 Residential Buildings	房屋建筑面积竣工率（%）Rat of Floor Space of Buildings Completed (%)
16466504	**172383**	**10099.99**	**2713.19**	**1862.51**	**26.86**
16466143	172382	10099.99	2713.19	1862.51	26.86
1898810	10802	1289.26	156.98	125.03	12.18
583802	14397	429.93	200.41	134.87	46.62
16117	536	0.06			
9660106	87147	5587.61	1464.08	966.54	26.20
1381129	13722	1553.11	398.17	328.89	25.64
2926178	45778	1240.01	493.54	307.18	39.80
361	2				

14－3 按行业分建筑企业主要指标(2018)

类 别	Items	单位数（个）Number of Construction Enterprises (unit)	年末从业人员（万人）Year-end Employed Persons (10 000 persons)	建筑业总产值（万元）Gross Output Value of Construction (10 000 yuan)
甘肃省	**Gansu**	**1571**	**45. 06**	**18079549**
房屋建筑业	Housing Construction Industry	831	32. 76	11950347
土木工程建筑业	Civil Engineering Construction	403	8. 65	4843709
铁路、道路、隧道和桥梁工程建筑	Railways, Tunnels, Highways and Bridges Buildings	197	4. 72	3313588
水利和水运工程建筑	Buildings of Water Conservancy and Water Transport Engineering	93	1. 40	586910
海洋工程建筑业	Marine Engineering Construction Industry			
工矿工程建筑	Mining Engineering Buildings	12	0. 67	122425
架线和管道工程建筑	Wired and Pipeline Engineering Buildings	44	1. 16	400233
节能环保工程施工	Construction of Energy Saving and Environmental Protection Projects	3	0. 04	4578
电力工程施工	Construction of Power Engineering	20	0. 43	316150
其他土木工程建筑	Other Civil Engineering Buildings	34	0. 23	99825
建筑安装业	Construction Installation	131	2. 65	927925
建筑装饰及其他建筑业	Building Decoration and Other Construction	206	1. 00	357568
建筑装饰和装修业	Building Decoration	174	0. 70	221124
建筑物拆除和场地准备活动	Buildings Tear Down and Preparation Activities of Site	12	0. 07	48248
提供施工设备服务	Providing Construction Equipment Services	2	0. 10	24707
其他未列明的建筑活动	Other Unindicated Building Industry	18	0. 13	63489

Main Indicators of Construction Enterprises by Sector(2018)

		房屋建筑施工面积（万平方米） Floor Space of Buildings under Construction (10 000 sq. m)	房屋建筑竣工面积（万平方米） Floor Space of Buildings Completed (10 000 sq. m)	房屋建筑竣工价值（万元） Value of Buildings Completed (10 000 yuan)	房屋建筑竣工率（%） Rate of Floor Space of Buildings Completed (%)	竣工房屋造价（元/平方米） Cost of Buildings Completed (yuan/sq. m)
#建筑工程 Construction	#安装工程 Installation					
15256632	**1931502**	**10099.99**	**2713.19**	**5516637**	**26.86**	**2033**
10685697	632577	9713.34	2628.49	5359402	27.06	2039
4061072	641598	338.21	59.79	121559	17.68	2033
2941686	290441	298.53	37.66	100270	12.61	2663
496308	77379	3.98	0.56	562	14.13	1000
97978	11722	10.14	0.84	1688	8.26	2017
225430	148074	5.47	3.74	9397	68.45	2512
4578						
201803	112213	0.04				
93289	1770	20.07	16.99	9641	84.65	568
275906	596118	33.37	20.56	25524	61.59	1242
233957	61208	15.06	4.36	10152	28.94	2328
155267	33253	10.10	2.20	4265	21.77	1939
37245	267					
	24707					
41446	2981	4.96	2.16	5887	43.55	2726

14－4 建筑施工企业主要财务指标(2018)

单位：万元

项　目	Item	资产总计 Total Assets	#流动资产 Current Assets	#固定资产净值 Net Fixed Assets
甘肃省	**Gansu**	**24987136**	**19503942**	**2024819**
按企业登记注册类型分	**By Type of Enterprises Registered**			
内资企业	Domestic Funded Enterprises	24985560	19502365	2024818
国有企业	State-owned Enterprises	3664229	2665104	272028
集体企业	Collective-owned Enterprises	498771	394145	80075
股份合作企业	Cooperative Enterprises	12833	9299	2501
联营企业	Joint Ownership Enterprises			
有限责任公司	Limited Liability Corporations	13537599	10919050	1106464
股份有限公司	Share-holding Corporations Ltd.	2202875	1902814	155075
私营企业	Private Enterprises	5069254	3611953	408676
其他企业	Other Enterprises			
港、澳、台商投资企业	Enterprises with Investment from Hong Kong, Macao and Taiwan			
外商投资企业	Foreign Funded Enterprises	1576	1576	0. 1
按行业类别分	**By Sector**			
房屋建筑业	Construction of Buildings	15671336	12281066	1342707
土木工程建筑业	Civil Engineering	7477119	5738780	527025
建筑安装业	Construction Installation	1191234	932743	118014
建筑装饰和其他建筑业	Building Decoration and Other Constructions	647448	551353	37072
按隶属关系分	**By Administrative Relationship**			
中央	Central	1892942	1659055	93130
地方	Local	12435161	9708917	966967
其他	Other	10659033	8135970	964721

Main Financial Indicators of Construction Enterprises(2018)

(10 000 yuan)

负债合计 Total Liabilities	#流动负债 Liquid Liabilities	#非流动负债 Non-current Liabilities	所有者权益 Owners' Equity	#实收资本 Paid-in Capitals	营业收入 Business Revenue	#主营业务收入 Revenue from Principal Business	利税总额 Total Pre-tax Profits	#利润总额 Total Profits
17673153	**15813735**	**1451779**	**7313984**	**4241466**	**18483317**	**17946062**	**1368251**	**551497**
17673019	15813601	1451779	7312542	4240966	18482848	17945592	1368158	551428
2968706	2335276	632834	695523	336519	2069336	1980902	62772	-2597
300937	261931	7428	197834	109077	691117	570982	82012	27577
6575	6575		6258	4067	18420	18085	1400	331
9800722	9130835	464419	3736877	2043018	10812237	10472309	749706	312860
1782751	1714011	55521	420124	209476	1526722	1488824	97125	36083
2813329	2364973	291577	2255926	1538810	3365015	3314491	375144	177175
134	134		1442	500	469	469	94	69
10994417	9835971	932209	4676920	2506603	12149261	11759157	934019	373715
5430523	4823559	449842	2046596	1231704	4844301	4745596	366944	176433
879300	807390	50233	311934	275517	1054485	1006906	16505	-19649
368913	346816	19496	278535	227642	435271	434403	50783	20998
1654885	1629907	23061	238057	217556	1512697	1493020	39995	-1719
9654410	8515940	1014472	2780752	1273461	8718722	8385888	538734	220654
6363859	5667888	414246	4295175	2750449	8251898	8067154	789523	332562

14 –5 建筑业房屋建筑面积
Floor Space of Buildings Constructed by Construction Enterprises

单位：万平方米 (10 000 sq. m)

年 份 Year	房屋建筑面积 Floor Space of Buildings		#国有 State-owned		#集体 Collective-owned	
	施工面积 Floor Space under Construction	竣工面积 Floor Space Completed	施工面积 Floor Space under Construction	竣工面积 Floor Space Completed	施工面积 Floor Space under Construction	竣工面积 Floor Space Completed
2005	3008. 48	1455. 17	636. 08	262. 00	583. 25	304. 75
2006	3313. 53	1638. 38	804. 52	311. 11	557. 08	363. 28
2007	3788. 00	1472. 74	838. 00	236. 91	589. 00	270. 19
2008	3791. 49	1842. 81	485. 63	185. 15	424. 29	220. 34
2009	4178. 20	1724. 38	597. 54	215. 41	509. 05	223. 82
2010	5032. 63	2013. 88	804. 77	230. 30	471. 00	256. 97
2011	5925. 09	2409. 80	1418. 58	382. 33	574. 60	348. 14
2012	8179. 58	3257. 61	1714. 87	514. 66	679. 56	378. 62
2013	10319. 41	3976. 67	1616. 24	393. 28	845. 32	473. 32
2014	11531. 10	4172. 00	2158. 26	521. 83	763. 39	460. 86
2015	10757. 08	4082. 94	1751. 51	481. 47	833. 61	455. 53
2016	10422. 41	3915. 21	1722. 31	398. 91	768. 49	399. 38
2017	9777. 64	3031. 49	2681. 77	540. 23	473. 90	196. 28
2018	10099. 99	2713. 19	2855. 44	398. 40	429. 99	200. 41

14-6 各地县建筑业企业情况(2018)

Basic Conditions of Construction Enterprises by Region, County (2018)

地区	Region	单位数（个）Number of Construction Enterprises (unit)	从业人员（人）Number of Employed Persons (person)	建筑业总产值（万元）Gross Output Value of Construction (10 000 yuan)	利税总额（万元）Total Pre-tax Profits (10 000 yuan)
甘肃省	**Gansu**	**1571**	**433884**	**18079549**	**1368251**
兰州市	**Lanzhou**	**458**	**151545**	**9971285**	**451673**
城关区	Chengguan	297	65429	3993396	221226
七里河区	Qilihe	63	37796	2953427	114888
西固区	Xigu	32	23578	1314652	12528
安宁区	Anning	16	13376	1136314	30296
红古区	Honggu	9	940	43974	3078
永登县	Yongdeng	7	1361	33160	2517
皋兰县	Gaolan	5	781	26718	2544
榆中县	Yuzhong	4	2629	102995	5441
兰州新区	Lanzhou New Area	25	5655	366649	59155
嘉峪关市	**Jiayuguan**	**45**	**4790**	**350338**	**14882**
金昌市	**Jinchang**	**40**	**20937**	**1161748**	**73411**
金川区	Jinchuan	28	20306	1143752	71640
永昌县	Yongchang	12	631	17995	1771
白银市	**Baiyin**	**77**	**24374**	**505842**	**55329**
白银区	Baiyin	29	4920	165697	24147
平川区	Pingchuan	15	9016	137816	10607
靖远县	Jingyuan	8	6156	122574	9191
会宁县	Huining	18	2760	65017	5508
景泰县	Jingtai	7	1522	14739	5876
天水市	**Tianshui**	**100**	**36556**	**1257979**	**74904**
秦州区	Qinzhou	47	21036	934050	34047
麦积区	Maiji	13	3362	73425	3003
清水县	Qingshui	3	668	30063	3084
秦安县	Qinan	5	1381	39090	3594
甘谷县	Gangu	20	5937	103361	14766
武山县	Wushan	9	3375	50062	12922
张家川县	Zhangjiachuan	3	797	27928	3489
武威市	**Wuwei**	**100**	**26375**	**837679**	**89572**
凉州区	Liangzhou	81	22173	712054	70820
民勤县	Minqin	9	1588	55039	8803
古浪县	Gulang	7	1412	45257	4553
天祝县	Tianzhu	3	1202	25329	5397
张掖市	**Zhangye**	**204**	**18139**	**568128**	**112871**

14－6 续表 1 continued

地 区	Region	单位数（个）Number of Construction Enterprises (unit)	从业人员（人）Number of Employed Persons (person)	建筑业总产值（万元）Gross Output Value of Construction (10 000 yuan)	利税总额（万元）Total Pre-tax Profits (10 000 yuan)
甘州区	Ganzhou	132	9597	283056	62942
肃南县	Sunan	9	655	25021	1655
民乐县	Minle	10	1604	60065	6125
临泽县	Linze	18	1599	61813	12397
高台县	Gaotai	24	2182	50749	9978
山丹县	Shandan	11	2502	87425	19775
平凉市	**Pingliang**	**66**	**27636**	**585556**	**70067**
崆峒区	Kongtong	35	10746	283090	20458
泾川县	Jingchuan	5	2258	60514	11566
灵台县	Lingtai	3	1945	16518	2086
崇信县	Chongxin	3	1401	23276	3759
庄浪县	Zhuanglang	8	3323	41145	8446
静宁县	Jingning	7	6818	137650	20725
华亭市	Huating	5	1145	23364	3027
酒泉市	**Jiuquan**	**112**	**17039**	**628269**	**96032**
肃州区	Suzhou	67	10759	314073	63676
金塔县	Jinta	5	825	26346	4657
瓜州县	Anxi	6	482	13395	6065
肃北县	Subei	4	416	14960	1774
阿克塞县	Akesai	2	332	15578	1840
玉门市	Yumen	16	2727	116328	7319
敦煌市	Dunhuang	12	1498	127590	10701
庆阳市	**Qingyang**	**81**	**32303**	**704463**	**101831**
西峰区	Xifeng	52	17734	485783	56300
庆城县	Qingcheng	12	4421	67312	18860
环 县	Huanxian	2	1485	24786	3092
华池县	Huachi	4	1435	30727	6142
合水县	Heshui	1	450	650	964
正宁县	Zhengning	2	1754	17485	2358
宁 县	Ningxian	5	4153	64826	11833
镇原县	Zhenyuan	3	871	12894	2282
定西市	**Dingxi**	**104**	**25705**	**659127**	**89879**
安定区	Anding	49	9791	293503	34265
通渭县	Tongwei	8	4562	100814	14972

14－6 续表 2 continued

地 区	Region	单位数（个）Number of Construction Enterprises (unit)	从业人员（人）Number of Employed Persons (person)	建筑业总产值（万元）Gross Output Value of Construction (10 000 yuan)	利税总额（万元）Total Pre-tax Profits (10 000 yuan)
陇西县	Longxi	15	2533	122519	12617
渭源县	Weiyuan	4	2733	26530	2760
临洮县	Lintao	18	5070	102643	19475
漳 县	Zhangxian	2	240	140	44
岷 县	Minxian	8	776	12978	5747
陇南市	**Longnan**	**108**	**16742**	**348559**	**40045**
武都区	Wudu	68	10178	235697	22165
成 县	Chengxian	6	1773	21388	4171
文 县	Wenxian	3	335	6042	1313
宕昌县	Tanchang	4	505	5514	826
康 县	Kangxian	7	1376	32813	4747
西和县	Xihe	4	764	9349	2237
礼 县	Lixian	8	1229	16891	3414
徽 县	Huixian	7	332	11635	807
两当县	Liangdang	1	250	9230	366
临夏州	**Linxia**	**45**	**27838**	**419839**	**86015**
临夏市	linxia	15	7397	133485	21944
临夏县	linxia	5	2846	51518	6154
康乐县	Kangle	9	826	28870	7766
永靖县	Yongjing	8	11000	117271	27326
广河县	Guanghe	2	817	11451	1447
和政县	Hezheng	4	3070	25943	14650
东乡县	Dongxiang	2	1882	51301	6727
积石山县	Jishishan				
甘南州	**Gannan**	**31**	**3905**	**80737**	**11740**
合作市	Hezuo	14	1603	30636	7356
临潭县	Lintan	2	437	7478	54
卓尼县	Zhuoni	2	84	62	177
舟曲县	Zhouqu	6	535	9855	1002
迭部县	Diebu	3	841	10584	961
玛曲县	Maqu	2	335	7500	1448
碌曲县	Luqu	1	42	3	281
夏河县	Xiahe	1	28	14619	461

主要统计指标解释

建筑业统计单位　指从事房屋、构筑物建造和设备安装活动的法人企业。建筑业法人企业应具有建筑业资质并能够独立核算，同时其应具备以下条件：①依法成立，有自己的名称、组织机构和场所，能够承担民事责任；②独立拥有和使用资产，承担负债，有权与其他单位签订合同；③独立核算盈亏，能够编制资产负债表。

建筑业总产值　是以货币形式表现的建筑业企业在一定时期内生产的建筑业产品和提供的服务的总和。建筑业总产值包括：

（1）建筑工程产值　指列入建筑工程预算内的各种工程价值。

（2）安装工程产值　指设备安装工程价值，不包括被安装设备本身的价值。

（3）其他产值　建筑业总产值中除建筑工程、安装工程以外的产值。包括房屋构筑物修理产值、非标准设备制造产值、总包企业向分包企业收取的管理费以及不能明确划分的施工活动所完成的产值。

a. 房屋构筑物修理产值：指房屋和构筑物修理所完成的产值，但不包括被修理房屋、构筑物本身价值和生产设备的修理价值。

b. 非标准设备制造产值：指加工制造没有定型的非标准生产设备的加工费和原材料价值（如化工厂、炼油厂用的各种罐、槽，矿井生产统一使用的各种漏斗、三角槽、阀门等）以及附属加工厂为本企业承建工程制作的非标准设备的价值。

建筑业增加值　指建筑业企业在报告期内以货币形式表现的建筑业生产经营活动的最终成果。

从2004年第一次全国经济普查开始，建筑业现价增加值按生产法和分配法（收入法）两种方法计算，以收入法的计算结果为准，即从收入的角度出发，根据生产要素在生产过程中应得的收入份额计算。具体计算方法：经济普查年度建筑业增加值按照《经济普查年度GDP核算方案》计算，非经济普查年度建筑业增加值按照《非经济普查年度GDP核算方案》计算。

房屋施工面积　指在报告期内施工的全部房屋建筑面积，包括本期新开工的房屋建筑面积、上期施工跨入本期继续施工的房屋建筑面积、上期停缓建在本期恢复施工的房屋建筑面积、本期竣工的房屋建筑面积及本期施工后又停缓建的房屋建筑面积。

房屋竣工面积　指在报告期内房屋建筑按照设计要求全部完工，达到了住人和使用条件，经验收鉴定合格或达到竣工验收标准，正式移交使用的各栋房屋建筑面积总和。

营业收入　指企业经营主要业务和其他业务所确认的收入总额。营业收入合计包括“主营业务收入”和“其他业务收入”。

主营业务收入　指企业确认的销售商品、提供劳务等主营业务的收入。

主营业务成本　指企业经营主要业务所发生的成本总额。

主营业务税金及附加　指企业经营主要业务应负担的营业税、消费税、城市维护建设税、教育费附加等。

营业利润　指企业从事生产经营活动所取得的利润。

15

批发和零售业

Wholesale and Retail Trades

简要说明

一、本篇资料主要内容

本篇资料主要反映批发和零售业发展与经营状况，同时反映商品流通、商品消费、市场运行态势。主要内容包括：限额以上批发和零售业基本情况、商品流转情况、财务状况；亿元商品交易市场成交情况；社会消费品零售总额等。

二、本篇资料的统计范围

限额以上批发和零售业的法人企业、个体户，成交额在亿元以上的商品交易市场，以及参与商品零售、餐饮经营活动的各行业法人企业和产业活动单位、个体户。限额以上批发和零售业统计单位是指：批发业，年主营业务收入2000万元及以上；零售业，年主营业务收入500万元及以上。

本篇资料中行业分类按照国民经济行业分类GB/T4754—2017标准执行。

三、本篇资料来源

本篇资料由省统计局贸易外经处加工整理。

15－1 社会消费品零售总额
Total Retail Sales of Consumer Goods

项 目	Item	2010	2015	2017	2018	2018年比2017年增长(%) Growth Rate in 2018 over 2017 (%)
社会消费品零售总额(亿元)	**Total Retail Sales of Consumer Goods (100 million yuan)**	**1435.53**	**2907.22**	**3426.61**	**3428.34**	**7.42**
按城乡分	**By Urban and Rural Area**					
城镇	Urban	1156.31	2316.80	2729.94	2753.19	7.63
#城区	City Subdivision	858.70	1709.07	2041.14	2171.18	7.75
乡村	Rural	279.22	590.42	696.67	675.15	6.59
按消费形态分	**By Consumption Morphological**					
#商品零售	Commodity Retail	1219.62	2447.19	2877.91	2946.90	7.68
餐费收入	Income from Meals	215.91	460.03	548.70	481.44	7.38
构成(%)(总额=100)	**Composition (%) (Total=100)**					
按城乡分	**By Urban and Rural Area**					
城镇	Urban	80.55	79.69	79.67	80.31	
#城区	City Subdivision	59.82	58.79	59.57	63.33	
乡村	Rural	19.45	20.31	20.33	19.69	
按消费形态分	**By Consumption Morphological**					
#商品零售	Commodity Retail	84.96	84.18	83.99	85.96	
餐费收入	Income from Meals	15.04	15.82	16.01	14.04	

注：2018年增速计算使用的上年社会消费品零售总额根据第三次全国农业普查结果及有关制度规定进行了修正，增速按照可比口径计算。

a) The last year's data used in calculating the growth rate of total retail sales of consumer goods in 2018 were revised according to the results of the Third National Agricultural Census and the relevant regulations, and the growth rate was calculated at comparable coverage.

15-2 限额以上批发和零售业情况
Basic Conditions of Wholesale and Retail Trades

项 目	Item	2010	2015	2017	2018
批发和零售业	**Wholesale and Retail Trades**				
法人企业(个)	Number of Corporation Enterprises (unit)	705	1595	1737	1577
年末从业人数(人)	Engaged Persons at Year-end (person)	66546	100243	102467	92929
商品购进额(亿元)	Total Purchases (100 million yuan)	1727.21	3572.37	4113.19	4827.63
#进口额 (亿元)	Imports (100 million yuan)	1.78	31.95	28.37	30.27
商品销售额 (亿元)	Total Sales (100 million yuan)	2021.40	4232.94	4438.29	5320.33
#出口额 (亿元)	Exports (100 million yuan)	4.00	21.68	19.65	24.89
期末商品库存额(亿元)	Total Stock at Year-end (100 million yuan)	205.77	240.68	290.26	284.69
批发业	**Wholesalel Trade**				
法人企业(个)	Number of Corporation Enterprises (unit)	265	574	634	636
年末从业人数(人)	Engaged Persons at Year-end (person)	22404	30977	32063	33584
商品购进额(亿元)	Total Purchases (100 million yuan)	1391.31	2825.42	3346.48	4071.74
#进口额 (亿元)	Imports (100 million yuan)	0.99	12.29	17.41	14.61
商品销售额 (亿元)	Total Sales (100 million yuan)	1644.99	3350.29	3525.21	4451.19
#出口额 (亿元)	Exports (100 million yuan)	3.99	21.28	19.64	24.35
期末商品库存额(亿元)	Total Stock at Year-end (100 million yuan)	161.28	158.93	196.89	205.67
零售业	**Retail Trade**				
法人企业(个)	Number of Corporation Enterprises (unit)	440	1021	1103	941
年末从业人数(人)	Engaged Persons at Year-end (person)	44142	69266	70404	59345
商品购进额(亿元)	Total Purchases (100 million yuan)	335.91	746.96	766.71	755.89
#进口额 (亿元)	Imports (100 million yuan)	0.79	19.65	10.96	15.66
商品销售额 (亿元)	Total Sales (100 million yuan)	376.41	882.64	913.08	869.15
#出口额 (亿元)	Exports (100 million yuan)	0.01	0.40	0.01	0.54
期末商品库存额(亿元)	Total Stock at Year-end (100 million yuan)	44.49	81.74	93.37	79.02
年末零售营业面积(万平方米)	Business Area of Retail at Year-end (10 000 sq. m)	301.83	361.10	400.75	394.14

15－3 限额以上批发业企业基本情况(2018)
Basic Conditions of Enterprises above Designated Size of Wholesale Trade (2018)

项 目	Item	法人企业(个) Number of Corporation Enterprises (unit)	年末从业人数(人) Engaged Persons at Year-end (person)
批发业	**Wholesale Trade**	**636**	**33584**
按登记注册类型分	**By Status of Registration**		
内资企业	**Domestic Funded Enterprises**	**634**	**33360**
国有企业	State-owned Enterprises	22	4109
集体企业	Collective-owned Enterprises	3	26
股份合作企业	Cooperative Enterprises	2	77
联营企业	Joint Ownership Enterprises		
有限责任公司	Limited Liability Corporations	227	11844
国有独资公司	State Sole Funded Corporations	20	976
其他有限责任公司	Other Limited Liability Corporations	207	10868
股份有限公司	Share-holding Corporations Ltd.	22	3054
私营企业	Private Enterprises	356	14228
私营独资企业	Private-funded Enterprises	3	112
私营合伙企业	Private Partnership Enterprises		
私营有限责任公司	Private Limited Liability Corporations	331	12821
私营股份有限公司	Private Share-holding Corporations Ltd.	22	1295
其他企业	Other Enterprises	2	22
港、澳、台商投资企业	**Enterprises with Funds from Hong Kong, Macao and Taiwan**	**1**	**158**
合资经营企业	Joint-venture Enterprises		
合作经营企业	Cooperative Enterprises		
独资经营企业	Enterprises with Sole Fund		
投资股份有限公司	Share-holding Corporations Ltd. with Investment		
其他港澳台商投资企业	Other Enterprises with Funds from Hong Kong, Macao and Taiwan	1	158
外商投资企业	**Foreign Funded Enterprises**	**1**	**66**
中外合资经营企业	Joint-venture Enterprises		
中外合作经营企业	Cooperation Enterprises		
外资企业	Enterprises with Sole Fund	1	66
外商投资股份有限公司	Share-holding Corporations Ltd. With Foreign Investment		
其他外商投资企业	Other Foreign Funded Enterprises		

15 -3 续表 continued

项 目	Item	法人企业（个）Number of Corporation Enterprises (unit)	年末从业人数（人）Engaged Persons at Year-end (person)
按行业分	**By Sector**		
农、林、牧、渔产品批发	Wholesale of Agricultural, Forestry, Livestock and Fishery Products	35	693
食品饮料及烟草制品批发	Wholesale of Food, Beverages and Tobaccos	125	10835
#米、面制品及食用油批发	Wholesale of Rice, Flour and Edible Oil	15	632
烟草制品批发	Wholesale of Tobaccos	15	3343
纺织、服装及家庭用品批发	Wholesale of Textiles, Wearing Apparel and Household Articles	22	1679
#服装批发	Wholesale of Garments	7	789
文化、体育用品及器材批发	Wholesale of Culture, Sports Appliances and Equipments	15	847
医药及医疗器材批发	Wholesale of Medicines and Medical Appliances	105	7615
矿产品、建材及化工产品批发	Wholesale of Mineral Products, Building Materials and Chemical Products	255	8051
#煤炭及制品批发	Wholesale of Coal and Related Products	26	526
石油及制品批发	Wholesale of Petroleum and Related Products	30	3349
金属及金属矿批发	Wholesale of Metal Materials	91	1730
建材批发	Wholesale of Building Materials	39	900
化肥批发	Wholesale of Chemical Fertilizer	24	670
机械设备、五金产品及电子产品批发	Wholesale of Machinery, Hardware and Electronic Equipment	72	3675
其他批发	Other Wholesale not Classified Elsewhere	7	189

15-4 限额以上批发业企业购销存情况(2018)

Total Purchases, Sales and Stock of Enterprises above Designated Size of Wholesale Trade (2018)

单位：万元 (10 000 yuan)

项　目	Item	商品购进额 Total Purchases Value	进口 Imports	商品销售额 Total Sales Value	出口 Exports	期末商品库存额 Stock (year-end)
批发业	**Wholesale Trade**	**40717396**	**146083**	**44511866**	**243518**	**2056714**
按登记注册类型分	**By Status of Registration**					
内资企业	**Domestic Funded Enterprises**	**40693045**	**146083**	**44480417**	**243518**	**2056426**
国有企业	State-owned Enterprises	2131378	89	2855973	2605	197838
集体企业	Collective-owned Enterprises	14852		14260		4116
股份合作企业	Cooperative Enterprises	25084		22776		7025
联营企业	Joint Ownership Enterprises					
有限责任公司	Limited Liability Corporations	14590291	14142	16182503	60446	410543
国有独资公司	State Sole Funded Corporations	5986505	14015	6905260	22850	44905
其他有限责任公司	Other Limited Liability Corporations	8603786	127	9277243	37596	365638
股份有限公司	Share-holding Corporations Ltd.	17975937		18863215		994005
私营企业	Private Enterprises	5948702	131852	6534672	180468	442585
私营独资企业	Private-funded Enterprises	4560		7203		36
私营合伙企业	Private Partnership Enterprises					
私营有限责任公司	Private Limited Liability Corporations	5444055	131852	5978579	175906	421210
私营股份有限公司	Private Share-holding Corporations Ltd.	500088		548890	4561	21339
其他企业	Other Enterprises	6801		7019		315
港、澳、台商投资企业	**Enterprises with Funds from Hong Kong, Macao and Taiwan**	**16585**		**21108**		**1**
合资经营企业	Joint-venture Enterprises					
合作经营企业	Cooperative Enterprises					
独资经营企业	Enterprises with Sole Fund					
投资股份有限公司	Share-holding Corporations Ltd. with Investment					
其他港澳台商投资企业	Other Enterprises with Funds from Hong Kong, Macao and Taiwan	16585		21108		1
外商投资企业	**Foreign Funded Enterprises**	**7767**		**10342**		**288**
中外合资经营企业	Joint-venture Enterprises					
中外合作经营企业	Cooperation Enterprises					
外资企业	Enterprises with Sole Fund	7767		10342		288
外商投资股份有限公司	Share-holding Corporations Ltd. With Foreign Investment					
其他外商投资企业	Other Foreign Funded Enterprises					

15-4 续表 continued

单位：万元 (10 000 yuan)

项目	Item	商品购进额 Total Purchases Value	进口 Imports	商品销售额 Total Sales Value	出口 Exports	期末商品库存额 Stock (year-end)
按行业分	**By Sector**					
农、林、牧、渔产品批发	Wholesale of Agricultural, Forestry, Livestock and Fishery Products	223973	16831	261468	11431	22398
食品饮料及烟草制品批发	Wholesale of Food, Beverages and Tobaccos	2344698	4088	3262353	43516	294418
#米、面制品及食用油批发	Wholesale of Rice, Flour and Edible Oil	75196	3998	82922		14200
烟草制品批发	Wholesale of Tobaccos	1548718	89	2241095		182912
纺织、服装及家庭用品批发	Wholesale of Textiles, Wearing Apparel and Household Articles	207574		232443		61504
#服装批发	Wholesale of Garments	97800		107996		33208
文化、体育用品及器材批发	Wholesale of Culture, Sports Appliances and Equipments	268206		355095		68113
医药及医疗器材批发	Wholesale of Medicines and Medical Appliances	1781725	299	2007925		198548
矿产品、建材及化工产品批发	Wholesale of Mineral Products, Building Materials and Chemical Products	34654490	28155	36527087	52886	1308179
#煤炭及制品批发	Wholesale of Coal and Related Products	767844		827214	18	47684
石油及制品批发	Wholesale of Petroleum and Related Products	18512646	20716	19803765	39818	1024407
金属及金属矿批发	Wholesale of Metal Materials	12781529	125	13072981	2605	177477
建材批发	Wholesale of Building Materials	772320		797395		17327
化肥批发	Wholesale of Chemical Fertilizer	183148		247106		25130
机械设备、五金产品及电子产品批发	Wholesale of Machinery, Hardware and Electronic Equipment	1215447	96034	1838197	130797	101622
其他批发	Other Wholesale not Classified Elsewhere	21284	677	27298	4890	1932

15-5 限额以上批发业企业资产及负债(2018)
Assets and Liabilities of Enterprises above Designated Size of Wholesale Trade (2018)

单位：万元 (10 000 yuan)

项目	Item	资产总计 Total Assets	#流动资产 Total Current Assets	#固定资产 Total Fixed Assets	负债合计 Total Liabilities	所有者权益合计 Total Owners' Equities
批发业	**Wholesale Trade**	**12019054**	**8245970**	**1103137**	**6678385**	**5340680**
按登记注册类型分	**By Status of Registration**					
内资企业	**Domestic Funded Enterprises**	**12011453**	**8238635**	**1102885**	**6672657**	**5338808**
国有企业	State-owned Enterprises	777601	593633	87193	153186	624415
集体企业	Collective-owned Enterprises	6343	5140	336	6160	183
股份合作企业	Cooperative Enterprises	19446	17905	631	8794	10653
联营企业	Joint Ownership Enterprises					
有限责任公司	Limited Liability Corporations	5286200	3382325	486820	3138051	2148149
国有独资公司	State Sole Funded Corporations	1455176	982172	297000	1069644	385532
其他有限责任公司	Other Limited Liability Corporations	3831024	2400654	189820	2068407	1762617
股份有限公司	Share-holding Corporations Ltd.	2315196	1483775	247427	688648	1626549
私营企业	Private Enterprises	3604432	2754169	279477	2676309	928134
私营独资企业	Private-funded Enterprises	2357	1312	864	875	1482
私营合伙企业	Private Partnership Enterprises					
私营有限责任公司	Private Limited Liability Corporations	3205903	2585768	259680	2487362	718552
私营股份有限公司	Private Share-holding Corporations Ltd.	396172	166090	18933	188073	208100
其他企业	Other Enterprises	2236	1188	1001	1510	726
港、澳、台商投资企业	**Enterprises with Funds from Hong Kong, Macao and Taiwan**	**4708**	**4675**	**33**	**2861**	**1847**
合资经营企业	Joint-venture Enterprises					
合作经营企业	Cooperative Enterprises					
独资经营企业	Enterprises with Sole Fund					
投资股份有限公司	Share-holding Corporations Ltd. with Investment					
其他港澳台商投资企业	Other Enterprises with Funds from Hong Kong, Macao and Taiwan	4708	4675	33	2861	1847
外商投资企业	**Foreign Funded Enterprises**	**2893**	**2660**	**219**	**2867**	**26**
中外合资经营企业	Joint-venture Enterprises					
中外合作经营企业	Cooperation Enterprises					
外资企业	Enterprises with Sole Fund	2893	2660	219	2867	26
外商投资股份有限公司	Share-holding Corporations Ltd. With Foreign Investment					
其他外商投资企业	Other Foreign Funded Enterprises					

15 -5 续表 continued

单位：万元 (10 000 yuan)

项 目	Item	资产总计 Total Assets	#流动资产 Total Current Assets	#固定资产 Total Fixed Assets	负债合计 Total Liabilities	所有者权益合计 Total Owners' Equities
按行业分	**By Sector**					
农、林、牧、渔产品批发	Wholesale of Agricultural, Forestry, Livestock and Fishery Products	249948	191039	28374	146947	103001
食品饮料及烟草制品批发	Wholesale of Food, Beverages and Tobaccos	1655032	1108035	273474	677250	977782
#米、面制品及食用油	Wholesale of Rice, Flour and Edible Oil	88011	59000	18548	70367	17643
批发烟草制品批发	Wholesale of Tobaccos	624672	488598	51833	40136	584536
纺织、服装及家庭用品批发	Wholesale of Textiles, Wearing Apparel and Household Articles	104215	90850	11414	76160	28055
#服装批发	Wholesale of Garments	48008	46232	286	41139	6870
文化、体育用品及器材批发	Wholesale of Culture, Sports Appliances and Equipments	289788	194029	15066	181093	108695
医药及医疗器材批发	Wholesale of Medicines and Medical Appliances	1515264	1214841	62890	1071234	444030
矿产品、建材及化工产品批发	Wholesale of Mineral Products, Building Materials and Chemical Products	7561807	4911508	636945	4005007	3556811
#煤炭及制品批发	Wholesale of Coal and Related Products	1454658	450068	11865	397365	1057293
石油及制品批发	Wholesale of Petroleum and Related Products	2124347	1362486	539869	738386	1385961
金属及金属矿批发	Wholesale of Metal Materials	2398097	2139232	24418	1953867	444241
建材批发	Wholesale of Building Materials	967827	533333	14895	448454	519373
化肥批发	Wholesale of Chemical Fertilizer	198601	164596	22706	156867	41734
机械设备、五金产品及电子产品批发	Wholesale of Machinery, Hardware and Electronic Equipment	602668	507338	66441	508443	94224
其他批发	Other Wholesale not Classified Elsewhere	40332	28330	8534	12251	28082

15-6 限额以上批发业企业主要财务指标(2018)
Main Financial Indicators of Enterprises above Designated Size of Wholesale Trade (2018)

单位：万元 (10 000 yuan)

项目	Item	主营业务收入 Revenue from Principal Business	主营业务成本 Cost of Principal Business	主营业务税金及附加 Taxes and Other Charges on Principal Business
批发业	**Wholesale Trade**	**41551467**	**39650969**	**300381**
按登记注册类型分	**By Status of Registration**			
内资企业	**Domestic Funded Enterprises**	**41523417**	**39628741**	**300258**
国有企业	State-owned Enterprises	2487301	1916144	272420
集体企业	Collective-owned Enterprises	13012	12365	16
股份合作企业	Cooperative Enterprises	22680	21333	13
联营企业	Joint Ownership Enterprises			
有限责任公司	Limited Liability Corporations	17034942	16210970	16670
国有独资公司	State Sole Funded Corporations	8986197	8712006	8208
其他有限责任公司	Other Limited Liability Corporations	8048745	7498965	8463
股份有限公司	Share-holding Corporations Ltd.	16190156	16059586	4518
私营企业	Private Enterprises	5768668	5402744	6620
私营独资企业	Private-funded Enterprises	6839	5052	4
私营合伙企业	Private Partnership Enterprises			
私营有限责任公司	Private Limited Liability Corporations	5278297	4937337	6017
私营股份有限公司	Private Share-holding Corporations Ltd.	483532	460355	599
其他企业	Other Enterprises	6659	5598	1
港、澳、台商投资企业	**Enterprises with Funds from Hong Kong, Macao and Taiwan**	**18134**	**14699**	**73**
合资经营企业	Joint-venture Enterprises			
合作经营企业	Cooperative Enterprises			
独资经营企业	Enterprises with Sole Fund			
投资股份有限公司	Share-holding Corporations Ltd. with Investment			
其他港澳台商投资企业	Other Enterprises with Funds from Hong Kong, Macao and Taiwan	18134	14699	73
外商投资企业	**Foreign Funded Enterprises**	**9916**	**7529**	**50**
中外合资经营企业	Joint-venture Enterprises			
中外合作经营企业	Cooperation Enterprises			
外资企业	Enterprises with Sole Fund	9916	7529	50
外商投资股份有限公司	Share-holding Corporations Ltd. With Foreign Investment			
其他外商投资企业	Other Foreign Funded Enterprises			

15－6 续表 continued

单位：万元 (10 000 yuan)

项 目	Item	主营业务收入 Revenue from Principal Business	主营业务成本 Cost of Principal Business	主营业务税金及附加 Taxes and Other Charges on Principal Business
按行业分	**By Sector**			
农、林、牧、渔产品批发	Wholesale of Agricultural, Forestry, Livestock and Fishery Products	257467	240289	200
食品饮料及烟草制品批发	Wholesale of Food, Beverages and Tobaccos	2859568	2144803	273203
#米、面制品及食用油批发	Wholesale of Rice, Flour and Edible Oil	75979	70428	253
烟草制品批发	Wholesale of Tobaccos	1927087	1373871	271195
纺织、服装及家庭用品批发	Wholesale of Textiles, Wearing Apparel and Household Articles	207568	181256	396
#服装批发	Wholesale of Garments	94265	83703	168
文化、体育用品及器材批发	Wholesale of Culture, Sports Appliances and Equipments	310984	286787	484
医药及医疗器材批发	Wholesale of Medicines and Medical Appliances	1793281	1618386	4245
矿产品、建材及化工产品批发	Wholesale of Mineral Products, Building Materials and Chemical Products	34428990	33584250	19531
#煤炭及制品批发	Wholesale of Coal and Related Products	704497	674594	1443
石油及制品批发	Wholesale of Petroleum and Related Products	19834645	19421872	9919
金属及金属矿批发	Wholesale of Metal Materials	11207231	10874573	6018
建材批发	Wholesale of Building Materials	911622	895916	899
化肥批发	Wholesale of Chemical Fertilizer	234735	221525	522
机械设备、五金产品及电子产品批发	Wholesale of Machinery, Hardware and Electronic Equipment	1666349	1573976	2150
其他批发	Other Wholesale not Classified Elsewhere	27261	21222	174

15-7 限额以上零售业企业基本情况(2018)
Basic Conditions of Enterprises above Designated Size in Retail Trade (2018)

项目	Item	法人企业(个) Number of Corporation Enterprises (unit)	年末从业人数(人) Engaged Persons at Year-end (person)
零售业	**Retail Trade**	**941**	**59345**
按登记注册类型分	**By Status of Registration**		
内资企业	**Domestic Funded Enterprises**	**935**	**57788**
国有企业	State-owned Enterprises	10	728
集体企业	Collective-owned Enterprises	10	280
股份合作企业	Cooperative Enterprises	1	79
联营企业	Joint Ownership Enterprises	1	8
有限责任公司	Limited Liability Corporations	363	28905
国有独资公司	State Sole Funded Corporations	5	764
其他有限责任公司	Other Limited Liability Corporations	358	28141
股份有限公司	Share-holding Corporations Ltd.	37	6026
私营企业	Private Enterprises	503	21508
私营独资企业	Private-funded Enterprises	19	432
私营合伙企业	Private Partnership Enterprises		
私营有限责任公司	Private Limited Liability Corporations	475	20737
私营股份有限公司	Private Share-holding Corporations Ltd.	9	339
其他企业	Other Enterprises	10	254
港、澳、台商投资企业	**Enterprises with Funds from Hong Kong, Macao and Taiwan**	**4**	**809**
合资经营企业	Joint-venture Enterprises		
合作经营企业	Cooperative Enterprises		
独资经营企业	Enterprises with Sole Fund	2	354
投资股份有限公司	Share-holding Corporations Ltd. with Investment	1	74
其他港澳台商投资企业	Other Enterprises with Funds from Hong Kong, Macao and Taiwan	1	381
外商投资企业	**Foreign Funded Enterprises**	**2**	**748**
中外合资经营企业	Joint-venture Enterprises		
中外合作经营企业	Cooperation Enterprises		
外资企业	Enterprises with Sole Fund	1	600
外商投资股份有限公司	Share-holding Corporations Ltd. With Foreign Investment		
其他外商投资企业	Other Foreign Funded Enterprises	1	148

15－7 续表 continued

项目	Item	法人企业（个） Number of Corporation Enterprises (unit)	年末从业人数（人） Engaged Persons at Year-end (person)
按行业分	**By Sector**		
综合零售	Integrated Retail	184	19953
#百货零售	Retail of General Merchandise	94	9012
超级市场零售	Retail of Supermarkets	80	10265
食品、饮料及烟草制品专门零售	Retail of Food, Beverages and Tobaccos	89	3322
纺织、服装及日用品专门零售	Special Retail of Textiles, Garments and Daily Consumer Articles	33	2257
#服装零售	Retail of Garments	21	1337
文化、体育用品及器材专门零售	Special Retail of Culture, Sports Appliances and Equipments	28	634
#图书报刊零售	Retail of Books Newspapers and Magazines	4	219
医药及医疗器材专门零售	Retail of Medicines and Medical Appliances	59	10262
#西药零售	Retail of Western Medicine	52	9928
汽车、摩托车、零配件和燃料及其他动力销售	Retail of Motor Vehicles, Motorcycles, Spare Parts, Fuels and Other Power	376	17552
#汽车新车零售	Retail of New Car	295	11143
机动车燃油零售	Retail of Motor Vehicle Fuel	55	5860
家用电器及电子产品专门零售	Special Retail of Household Electric Appliances and Electronic Products	93	2987
#日用家电零售	Retail of Household Electric Appliances	39	1536
计算机、软件及辅助设备零售	Retail of Computer, Software and Assistant Appliances	29	613
通信设备零售	Retail of Communication Equipments	10	551
五金、家具及室内装饰材料专门零售	Special Retail of Hardware, Furniture and Decoration Materials	35	1231
货摊、无店铺及其他零售	Stall, Non-shop and Other Retails	44	1147

15-8 限额以上零售业企业购销存情况(2018)
Total Purchases, Sales and Stock of Enterprises above Designated Size of Retail Trade (2018)

单位:万元 (10 000 yuan)

项目	Item	商品购进额 Total Purchases Value	进口 Imports	商品销售额 Total Sales Value	出口 Exports	期末商品库存额 Stock (year-end)
零售业	**Retail Trade**	**7558857**	**156586**	**8691465**	**5410**	**790232**
按登记注册类型分	**By Status of Registration**					
内资企业	**Domestic Funded Enterprises**	**7470410**	**156586**	**8463721**	**5410**	**776200**
国有企业	State-owned Enterprises	52083		54536		5503
集体企业	Collective-owned Enterprises	16450		17407		1836
股份合作企业	Cooperative Enterprises	2297		2335		926
联营企业	Joint Ownership Enterprises	4435		4418		49
有限责任公司	Limited Liability Corporations	3609214	103278	3606330	5280	348720
国有独资公司	State Sole Funded Corporations	247662		295874		7734
其他有限责任公司	Other Limited Liability Corporations	3361552	103278	3310457	5280	340986
股份有限公司	Share-holding Corporations Ltd.	1976612	17301	2333432		169266
私营企业	Private Enterprises	1797866	36007	2428591	130	246685
私营独资企业	Private-funded Enterprises	21669		22328		2663
私营合伙企业	Private Partnership Enterprises					
私营有限责任公司	Private Limited Liability Corporations	1700610	35999	2320689	130	231713
私营股份有限公司	Private Share-holding Corporations Ltd.	75587	8	85574		12309
其他企业	Other Enterprises	11455		16671		3214
港、澳、台商投资企业	**Enterprises with Funds from Hong Kong, Macao and Taiwan**	**48342**		**142267**		**4946**
合资经营企业	Joint-venture Enterprises					
合作经营企业	Cooperative Enterprises					
独资经营企业	Enterprises with Sole Fund	11542		68453		1569
投资股份有限公司	Share-holding Corporations Ltd. with Investment	36800		40421		3377
其他港澳台商投资企业	Other Enterprises with Funds from Hong Kong, Macao and Taiwan			33393		
外商投资企业	**Foreign Funded Enterprises**	**40104**		**85477**		**9086**
中外合资经营企业	Joint-venture Enterprises					
中外合作经营企业	Cooperation Enterprises					
外资企业	Enterprises with Sole Fund	8089		9037		255
外商投资股份有限公司	Share-holding Corporations Ltd. With Foreign Investment					
其他外商投资企业	Other Foreign Funded Enterprises	32015		76440		8832

15-8 续表 continued

单位：万元 (10 000 yuan)

项目	Item	商品购进额 Total Purchases Value	进口 Imports	商品销售额 Total Sales Value	出口 Exports	期末商品库存额 Stock (year-end)
按行业分	**By Sector**					
综合零售	Integrated Retail	1898696	9963	1384448	5410	101380
#百货零售	Retail of General Merchandise	455300	6473	852859	5410	35241
超级市场零售	Retail of Supermarkets	1401640	3490	485288		62135
食品、饮料及烟草制品专门零售	Retail of Food, Beverages and Tobaccos	156767		209036		29524
纺织、服装及日用品专门零售	Special Retail of Textiles, Garments and Daily Consumer Articles	130345	9549	179433		21816
#服装零售	Retail of Garments	77399		105223		13843
文化、体育用品及器材专门零售	Retail of Culture, Sports Appliances and Equipments	28235		197583		131511
#图书报刊零售	Retail of Books Newspapers and Magazines	7720		15644		1559
医药及医疗器材专门零售	Retail of Medicines and Medical Appliances	341475	2336	472322		67602
#西药零售	Retail of Western Medicine	336109	2336	460776		65916
汽车、摩托车、零配件和燃料及其他动力销售	Retail of Motor Vehicles, Motorcycles, Spare Parts, Fuels and Other Power	4531898	94608	5522554		395606
#汽车新车零售	Retail of New Car	2191945	91199	2594643		324092
机动车燃油零售	Retail of Motor Vehicle Fuel	2281554		2864033		68702
家用电器及电子产品专门零售	Special Retail of Household Electric Appliances and Electronic Products	339178	40130	434586		28495
#日用家电零售	Retail of Household Electric Appliances	191300		246112		14278
计算机、软件及辅助设备零售	Retail of Computer, Software and Assistant Appliances	49266	301	65755		5541
通信设备零售	Retail of Communication Equipments	74397	39828	91652		5358
五金、家具及室内装饰材料专门零售	Special Retail of Hardware, Furniture and Decoration Materials	36509		158950		5083
货摊、无店铺及其他零售	Stall, Non-shop and Other Retails	95753		132553		9215

15-9 限额以上零售业企业资产及负债(2018)
Assets and Liabilities of Enterprises above Designated Size of Retail Trade (2018)

单位：万元 (10 000 yuan)

项目	Item	资产总计 Total Assets	#流动资产 Total Current Assets	#固定资产 Total Fixed Assets	负债合计 Total Liabilities	所有者权益合计 Total Owners' Equities
零售业	**Retail Trade**	**5226522**	**3295932**	**776043**	**3252835**	**1912202**
按登记注册类型分	**By Status of Registration**					
内资企业	**Domestic Funded Enterprises**	**5158059**	**3246612**	**762031**	**3222817**	**1873758**
国有企业	State-owned Enterprises	29068	16750	7310	21701	7368
集体企业	Collective-owned Enterprises	16920	8634	6854	11902	5019
股份合作企业	Cooperative Enterprises	1794	1712	81	1049	744
联营企业	Joint Ownership Enterprises	2063	543	341	774	1289
有限责任公司	Limited Liability Corporations	1910121	1184457	373298	1349964	560157
国有独资公司	State Sole Funded Corporations	61235	31736	25255	20334	40901
其他有限责任公司	Other Limited Liability Corporations	1848887	1152721	348042	1329631	519256
股份有限公司	Share-holding Corporations Ltd.	1699433	940554	179509	786084	851864
私营企业	Private Enterprises	1489899	1089233	192234	1049587	440312
私营独资企业	Private-funded Enterprises	9992	5728	3095	4996	4996
私营合伙企业	Private Partnership Enterprises					
私营有限责任公司	Private Limited Liability Corporations	1456209	1063635	187713	1026503	429706
私营股份有限公司	Private Share-holding Corporations Ltd.	23698	19870	1427	18088	5611
其他企业	Other Enterprises	8762	4728	2404	1757	7005
港、澳、台商投资企业	**Enterprises with Funds from Hong Kong, Macao and Taiwan**	**42980**	**33066**	**6350**	**20587**	**22393**
合资经营企业	Joint-venture Enterprises					
合作经营企业	Cooperative Enterprises					
独资经营企业	Enterprises with Sole Fund	23970	21595	710	11167	12802
投资股份有限公司	Share-holding Corporations Ltd. with Investment	13151	6547	4704	6490	6661
其他港澳台商投资企业	Other Enterprises with Funds from Hong Kong, Macao and Taiwan	5860	4924	935	2930	2930
外商投资企业	**Foreign Funded Enterprises**	**25482**	**16254**	**7662**	**9430**	**16052**
中外合资经营企业	Joint-venture Enterprises					
中外合作经营企业	Cooperation Enterprises					
外资企业	Enterprises with Sole Fund	2012	1885	128	1781	231
外商投资股份有限公司	Share-holding Corporations Ltd. With Foreign Investment					
其他外商投资企业	Other Foreign Funded Enterprises	23470	14369	7535	7649	15821

15-9 续表 continued

单位：万元 (10 000 yuan)

项 目	Item	资产总计 Total Assets	#流动资产 Total Current Assets	#固定资产 Total Fixed Assets	负债合计 Total Liabilities	所有者权益合计 Total Owners' Equities
按行业分	**By Sector**					
综合零售	Integrated Retail	1213100	720827	170184	667573	545528
#百货零售	Retail of General Merchandise	893996	482758	124462	444833	449163
超级市场零售	Retail of Supermarkets	301910	226125	42640	208889	93021
食品、饮料及烟草制品专门零售	Retail of Food, Beverages and Tobaccos	212217	126165	35578	147218	64999
纺织、服装及日用品专门零售	Special Retail of Textiles, Garments and Daily Consumer Articles	130419	97777	26693	76212	54207
#服装零售	Retail of Garments	84701	60340	23166	57982	26719
文化、体育用品及器材专门零售	Retail of Culture, Sports Appliances and Equipments	911767	632080	15489	394079	517688
#图书报刊零售	Retail of Books Newspapers and Magazines	12739	12718	19	8487	4252
医药及医疗器材专门零售	Retail of Medicines and Medical Appliances	272585	197242	27973	212302	60282
#西药零售	Retail of Western Medicine	228395	170998	21068	175970	52426
汽车、摩托车、零配件和燃料及其他动力销售	Retail of Motor Vehicles, Motorcycles, Spare Parts, Fuels and Other Power	2004993	1189244	420245	1423583	519926
#汽车新车零售	Retail of New Car	1415706	1028875	159950	1113049	302657
机动车燃油零售	Retail of Motor Vehicle Fuel	521658	120726	240786	278655	181519
家用电器及电子产品专门零售	Special Retail of Household Electric Appliances and Electronic Products	180115	160736	8755	120837	59279
#日用家电零售	Retail of Household Electric Appliances	95199	85586	4004	66894	28305
计算机、软件及辅助设备零售	Retail of Computer, Software and Assistant Appliances	35511	32335	984	13683	21828
通信设备零售	Retail of Communication Equipments	27051	24205	180	23933	3118
五金、家具及室内装饰材料专门零售	Special Retail of Hardware, Furniture and Decoration Materials	125024	65790	34242	92282	32742
货摊、无店铺及其他零售	Stall, Non-shop and Other Retails	176301	106069	36883	118749	57552

15-10 限额以上零售业企业主要财务指标(2018)
Main Financial Indicators of Enterprises above Designated Size of Retail Trade (2018)

单位：万元 (10 000 yuan)

项　目	Item	主营业务收入 Revenue from Principal Business	主营业务成本 Cost of Principal Business	主营业务税金及附加 Taxes and Other Charges on Principal Business
零售业	**Retail Trade**	**7549465**	**6649138**	**23287**
按登记注册类型分	**By Status of Registration**			
内资企业	**Domestic Funded Enterprises**	**7343758**	**6472098**	**22021**
国有企业	State-owned Enterprises	52135	48383	77
集体企业	Collective-owned Enterprises	17057	15732	33
股份合作企业	Cooperative Enterprises	2267	1563	7
联营企业	Joint Ownership Enterprises	3787	3426	3
有限责任公司	Limited Liability Corporations	3075507	2622635	8687
国有独资公司	State Sole Funded Corporations	255061	235661	284
其他有限责任公司	Other Limited Liability Corporations	2820446	2386974	8403
股份有限公司	Share-holding Corporations Ltd.	2019254	1865121	4389
私营企业	Private Enterprises	2157084	1900409	8817
私营独资企业	Private-funded Enterprises	21152	18874	113
私营合伙企业	Private Partnership Enterprises			
私营有限责任公司	Private Limited Liability Corporations	2065690	1814604	8584
私营股份有限公司	Private Share-holding Corporations Ltd.	70243	66931	120
其他企业	Other Enterprises	16668	14831	8
港、澳、台商投资企业	**Enterprises with Funds from Hong Kong, Macao and Taiwan**	**123814**	**101123**	**820**
合资经营企业	Joint-venture Enterprises			
合作经营企业	Cooperative Enterprises			
独资经营企业	Enterprises with Sole Fund	59692	43730	606
投资股份有限公司	Share-holding Corporations Ltd. with Investment	34777	31603	148
其他港澳台商投资企业	Other Enterprises with Funds from Hong Kong, Macao and Taiwan	29345	25790	66
外商投资企业	**Foreign Funded Enterprises**	**81893**	**75918**	**446**
中外合资经营企业	Joint-venture Enterprises			
中外合作经营企业	Cooperation Enterprises			
外资企业	Enterprises with Sole Fund	7732	6806	42
外商投资股份有限公司	Share-holding Corporations Ltd. With Foreign Investment			
其他外商投资企业	Other Foreign Funded Enterprises	74161	69112	404

15 – 10 续表 continued

单位：万元 (10 000 yuan)

项 目	Item	主营业务收入 Revenue from Principal Business	主营业务成本 Cost of Principal Business	主营业务税金及附加 Taxes and Other Charges on Principal Business
按行业分	**By Sector**			
综合零售	Integrated Retail	1276036	1083694	8891
#百货零售	Retail of General Merchandise	774449	654544	6880
超级市场零售	Retail of Supermarkets	456417	389470	1909
食品、饮料及烟草制品专门零售	Retail of Food, Beverages and Tobaccos	200071	166869	712
纺织、服装及日用品专门零售	Special Retail of Textiles, Garments and Daily Consumer Articles	117600	78994	969
#服装零售	Retail of Garments	51810	33255	578
文化、体育用品及器材专门零售	Retail of Culture, Sports Appliances and Equipments	161840	149789	684
#图书报刊零售	Retail of Books Newspapers and Magazines	15020	12619	17
医药及医疗器材专门零售	Retail of Medicines and Medical Appliances	417302	253512	1914
#西药零售	Retail of Western Medicine	406127	245335	1891
汽车、摩托车、零配件和燃料及其他动力销售	Retail of Motor Vehicles, Motorcycles, Spare Parts, Fuels and Other Power	4775985	4405160	7647
#汽车新车零售	Retail of New Car	2262367	2077979	5224
机动车燃油零售	Retail of Motor Vehicle Fuel	2453840	2274420	2260
家用电器及电子产品专门零售	Special Retail of Household Electric Appliances and Electronic Products	403144	354419	1238
#日用家电零售	Retail of Household Electric Appliances	210065	184139	723
计算机、软件及辅助设备零售	Retail of Computer, Software and Assistant Appliances	62681	52730	241
通信设备零售	Retail of Communication Equipments	105240	95343	189
五金、家具及室内装饰材料专门零售	Special Retail of Hardware, Furniture and Decoration Materials	65451	43629	813
货摊、无店铺及其他零售	Stall, Non-shop and Other Retails	132037	113073	418

15－11 亿元以上商品交易市场摊位分类情况(2018)
Classification of Commodity Exchange Markets of Transaction Value over 100 Million Yuan (2018)

类　别	Classification	摊位数(个) Number of Booths (unit)	成交额(万元) Turnover (10 000 yuan)
总计	**Total**	**27268**	**3319777**
粮油、食品类	Grain and Oil, Food	8764	1361152
#粮油类	Grain and Oil	283	75657
肉禽蛋类	Meat, Poultry and Eggs	440	233143
水产品类	Aquatic Products	527	343221
蔬菜类	Vegetables	6360	416826
干鲜果品类	Dried and Fresh Melons and Fruits	742	164190
饮料类	Beverages	154	25996
烟酒类	Tobacco and Liquor	151	14076
服装鞋帽、针、纺织品类	Clothing, Shoes, Hats and Textiles	7358	414575
服装类	Clothing	6128	377933
鞋帽类	Footwear and Hats	732	16995
针、纺织品类	Knitwear and Textiles	498	19647
化妆品类	Cosmetics	246	37293
金银珠宝类	Gold, Silver and Jewellery	47	9034
日用品类	Articles for Daily Use	734	159989
#儿童玩具类	Children Toys		
五金、电料类	Hardware & Electrical Materials	557	34432
体育、娱乐用品类	Sports & Recreational Articles	173	22183
书报杂志类	Newspapers and Magazines	12	562
电子出版物及音像制品类	E-journal and Video Products	147	8633
家用电器和音像器材类	Household Appliances and Video Equipments	537	160952
中西药品类	Traditional Chinese and Western Medicine	5026	603490
#西药类	Western Medicine	19	3107
中草药及中成药类	Traditional Chinese	5006	600363
文化办公用品类	Cultural and Official Goods	224	56789
家具类	Furniture	691	201005
通讯器材类	Communication Appliances	27	8964
煤炭及制品类	Coal and Related Products	7	1960
木材及制品类	Wood and Wooden Products	24	720
石油及制品类	Petroleum and Related Products		
化工材料及制品类	Raw Chemical Materials and Related Products	52	3605
#化肥类	Fertilizer	24	1860
金属材料类	Metal Materials	65	1140
建筑及装潢材料类	Building and Decoration Materials	1213	131106
机电产品及设备类	Mechanical & Electrical Products	33	1918
#农机类	Agricultural Machinery	8	20
汽车类	Automobile	1	350
种子饲料类	Seed and Feedstuff	53	3156
棉麻类	Cotton and Hemp	35	150
其他类	Others	937	56547

15－12 各地区限额以上批发业企业基本情况和主要财务指标(2018)
Basic Conditions and Main Financial Indicators of Enterprises above Designated Size of Wholesale Trade by Region (2018)

单位：万元 (10 000 yuan)

地 区	Region	法人企业(个) Number of Corporation Enterprises (unit)	年末从业人数(人) Engaged Persons at Year-end (person)	商品销售额 Total Sales	主营业务收入 Revenue from Principal Business	主营业务成本 Cost of Principal Business	主营业务税金及附加 Taxes and Other Charges on Principal Business
兰州市	Lanzhou	344	17612	37125716	35061912	34192476	80500
嘉峪关市	Jiayuguan	17	479	724775	615888	334014	4819
金昌市	Jinchang	18	621	183911	164356	138418	6072
白银市	Baiyin	21	894	289804	266677	218047	18380
天水市	Tianshui	47	2214	848078	743266	664509	30075
武威市	Wuwei	24	1559	458457	427314	363517	17122
张掖市	Zhangye	47	3007	724578	676433	579865	12876
平凉市	Pingliang	20	1425	468884	406327	352240	17470
酒泉市	Jiuquan	34	1539	2119680	1783537	1667020	16667
庆阳市	Qingyang	9	1227	506506	462880	392123	24319
定西市	Dingxi	36	1482	509932	463590	396917	24753
陇南市	Longnan	14	912	370224	327512	240954	26868
临夏州	Linxia	4	418	123254	101912	75222	13412
甘南州	Gannan	1	195	58067	49865	35649	7047

15－13 各地区限额以上零售业企业基本情况和主要财务指标(2018)
Basic Conditions and Main Financial Indicators of Enterprises above Designated Size of Retail Trade by Region (2018)

单位：万元 (10 000 yuan)

地 区	Region	法人企业(个) Number of Corporation Enterprises (unit)	年末从业人数(人) Engaged Persons at Year-end (person)	商品销售额 Total Sales	主营业务收入 Revenue from Principal Business	主营业务成本 Cost of Principal Business	主营业务税金及附加 Taxes and Other Charges on Principal Business
兰州市	Lanzhou	266	29245	4970488	4255775	3686501	13445
嘉峪关市	Jiayuguan	31	1978	224371	195311	172677	551
金昌市	Jinchang	30	998	185814	173186	157003	332
白银市	Baiyin	72	2669	471601	458093	417136	952
天水市	Tianshui	102	5784	698330	614755	544236	1406
武威市	Wuwei	55	1712	156460	138320	124682	415
张掖市	Zhangye	76	2958	254374	226735	200586	562
平凉市	Pingliang	32	1752	143953	128786	117085	269
酒泉市	Jiuquan	95	3103	341228	267439	231518	2423
庆阳市	Qingyang	68	3851	224882	208272	183152	761
定西市	Dingxi	47	1923	386835	334553	304684	471
陇南市	Longnan	41	1709	281179	241896	222281	461
临夏州	Linxia	19	1258	237617	192044	182940	1071
甘南州	Gannan	7	405	114335	114303	104656	168

15－14 按城乡分各地县社会消费品零售总额(2018)

Total Retail Sale of Consumer Goods of Urban and Rural Areas by Region, County(2018)

单位：万元 (10 000 yuan)

地　区	Region	社会消费品零售总额 Total Retail Sales of Consumer Goods	城镇 Urban	乡村 Rural
兰州市	**Lanzhou**	**13520905**	**11588817**	**1932088**
城关区	Chengguan	7391788	7390879	909
七里河区	Qilihe	2259307	1987448	271859
西固区	Xigu	1374251	1218559	155692
安宁区	Anning	953558	908237	45321
红古区	Honggu	287841	189989	97852
永登县	Yongdeng	276310	238224	38086
皋兰县	Gaolan	224999	201138	23862
榆中县	Yuzhong	387201	247364	139837
兰州新区	Lanzhou New Area	365650	246218	119432
嘉峪关市	**Jiayuguan**	**677724**	**677724**	
金昌市	**Jinchang**	**950950**	**806094**	**144856**
金川区	Jinchuan	651776	639796	11980
永昌县	Yongchang	299174	166298	132876
白银市	**Baiyin**	**2195125**	**1837306**	**357820**
白银区	Baiyin	1232166	1232166	
平川区	Pingchuan	205677	205264	413
靖远县	Jingyuan	272939	142495	130444
会宁县	Huining	296867	108143	188724
景泰县	Jingtai	187476	149237	38239
天水市	**Tianshui**	**2698140**	**1989475**	**708665**
秦州区	Qinzhou	869261	687078	182183
麦积区	Maiji	712541	630917	81624
清水县	Qingshui	97805	65891	31914
秦安县	Qinan	355668	179938	175730
甘谷县	Gangu	301493	167772	133721
武山县	Wushan	267257	195413	71844
张家川县	Zhangjiachuan	94115	62466	31649
武威市	**Wuwei**	**2057177**	**1421409**	**635768**
凉州区	Liangzhou	1215131	928506	286625
民勤县	Minqin	299211	183877	115334
古浪县	Gulang	236435	156253	80182
天祝县	Tianzhu	306400	152773	153627
张掖市	**Zhangye**	**1760465**	**1286900**	**473565**

15－14 续表 1 continued

单位：万元 (10 000 yuan)

地 区	Region	社会消费品零售总额 Total Retail Sales of Consumer Goods	城镇 Urban	乡村 Rural
甘州区	Ganzhou	969797	760148	209649
肃南县	Sunan	54307	27902	26405
民乐县	Minle	210428	140364	70065
临泽县	Linze	159867	95504	64363
高台县	Gaotai	154694	92420	62274
山丹县	Shandan	211372	170563	40809
平凉市	**Pingliang**	**2081051**	**1498779**	**582272**
崆峒区	Kongtong	819153	641023	178130
泾川县	Jingchuan	258827	166178	92649
灵台县	Lingtai	146698	97781	48916
崇信县	Chongxin	93437	60927	32511
庄浪县	Zhuanglang	219341	154076	65266
静宁县	Jingning	298218	211583	86635
华亭市	Huating	245377	167212	78165
酒泉市	**Jiuquan**	**1886384**	**1377635**	**508748**
肃州区	Suzhou	851706	593926	257780
金塔县	Jinta	118607	90463	28144
瓜州县	Guazhou	243956	187976	55980
肃北县	Subei	23570	22885	685
阿克塞县	Akesai	23160	20356	2804
玉门市	Yumen	162926	124670	38256
敦煌市	Dunhuang	462457	337358	125099
庆阳市	**Qingyang**	**2536303**	**1887054**	**649249**
西峰区	Xifeng	790340	646229	144110
庆城县	Qingcheng	377209	236224	140985
环 县	Huanxian	178684	144626	34058
华池县	Huachi	143147	97860	45287
合水县	Heshui	140448	90629	49820
正宁县	Zhengning	191965	130981	60984
宁 县	Ningxian	380002	287252	92751
镇原县	Zhenyuan	334508	253253	81255
定西市	**Dingxi**	**1310519**	**1117203**	**193315**
安定区	Anding	420126	420126	
通渭县	Tongwei	99992	83034	16958

15－14 续表 2 continued

单位：万元 (10 000 yuan)

地区	Region	社会消费品零售总额 Total Retail Sales of Consumer Goods	城镇 Urban	乡村 Rural
陇西县	Longxi	292104	260789	31315
渭源县	Weiyuan	80192	55932	24260
临洮县	Lintao	235524	190297	45227
漳　县	Zhangxian	44986	27470	17516
岷　县	Minxian	137595	79556	58039
陇南市	**Longnan**	**1147781**	**824744**	**323037**
武都区	Wudu	455520	367210	88310
成　县	Chengxian	114200	80732	33468
文　县	Wenxian	79790	46024	33766
宕昌县	Tanchang	85291	50488	34803
康　县	Kangxian	67156	41352	25804
西和县	Xihe	80245	56502	23743
礼　县	Lixian	162405	103507	58898
徽　县	Huixian	77610	62756	14854
两当县	Liangdang	25564	16173	9392
临夏州	**Linxia**	**938767**	**780080**	**158687**
临夏市	linxia	466329	466329	
临夏县	linxia	90695	67334	23361
康乐县	Kangle	72149	39588	32561
永靖县	Yongjing	86228	66574	19654
广河县	Guanghe	90863	58872	31991
和政县	Hezheng	42063	29306	12757
东乡县	Dongxiang	28184	16670	11514
积石山县	Jishishan	62256	35407	26849
甘南州	**Gannan**	**522740**	**439150**	**83590**
合作市	Hezuo	193965	193965	
临潭县	Lintan	48165	35603	12562
卓尼县	Zhuoni	49592	36602	12990
舟曲县	Zhouqu	43639	32435	11204
迭部县	Diebu	38118	28572	9546
玛曲县	Maqu	41790	31141	10649
碌曲县	Luqu	36547	29298	7249
夏河县	Xiahe	70924	51534	19390

15－15 按行业分各地县社会消费品零售总额(2018)
Total Retail Sale of Consumer Goods by Sector and Region, County (2018)

单位：万元 (10 000 yuan)

地 区	Region	社会消费品零售总额 Total Retail Sales of Consumer Goods	餐费收入 Income from Meals	商品零售 Commodity Retail
兰州市	**Lanzhou**	**13520905**	**1490057**	**12030848**
城关区	Chengguan	7391788	1002393	6389395
七里河区	Qilihe	2259307	347937	1911370
西固区	Xigu	1374251	609758	764493
安宁区	Anning	953558	198765	754793
红古区	Honggu	287841	120903	166938
永登县	Yongdeng	276310	56108	220202
皋兰县	Gaolan	224999	25223	199776
榆中县	Yuzhong	387201	81846	305355
兰州新区	Lanzhou New Area	365650	58580	307070
嘉峪关市	**Jiayuguan**	**677724**	**55982**	**621742**
金昌市	**Jinchang**	**950950**	**178442**	**772507**
金川区	Jinchuan	651776	92308	559469
永昌县	Yongchang	299174	86135	213039
白银市	**Baiyin**	**2195125**	**313952**	**1881173**
白银区	Baiyin	1232166	170523	1061643
平川区	Pingchuan	205677	54810	150867
靖远县	Jingyuan	272939	42015	230925
会宁县	Huining	296867	14933	281934
景泰县	Jingtai	187476	31671	155806
天水市	**Tianshui**	**2698140**	**508769**	**2189371**
秦州区	Qinzhou	869261	247058	622203
麦积区	Maiji	712541	82662	629879
清水县	Qingshui	97805	19141	78664
秦安县	Qinan	355668	48076	307592
甘谷县	Gangu	301493	64244	237249
武山县	Wushan	267257	30492	236765
张家川县	Zhangjiachuan	94115	17096	77019
武威市	**Wuwei**	**2057177**	**399755**	**1657422**
凉州区	Liangzhou	1215131	264417	950714
民勤县	Minqin	299211	47632	251579
古浪县	Gulang	236435	24590	211845
天祝县	Tianzhu	306400	63116	243284
张掖市	**Zhangye**	**1760465**	**302567**	**1457898**

15-15 续表 1 continued

单位：万元 (10 000 yuan)

地　区	Region	社会消费品零售总额 Total Retail Sales of Consumer Goods	餐费收入 Income from Meals	商品零售 Commodity Retail
甘州区	Ganzhou	969797	158019	811778
肃南县	Sunan	54307	12702	41605
民乐县	Minle	210428	57656	152773
临泽县	Linze	159867	16792	143076
高台县	Gaotai	154694	10998	143696
山丹县	Shandan	211372	46400	164971
平凉市	**Pingliang**	**2081051**	**311863**	**1769188**
崆峒区	Kongtong	819153	116068	703085
泾川县	Jingchuan	258827	69742	189086
灵台县	Lingtai	146698	12863	133835
崇信县	Chongxin	93437	27445	65993
庄浪县	Zhuanglang	219341	18834	200507
静宁县	Jingning	298218	26592	271626
华亭市	Huating	245377	40320	205056
酒泉市	**Jiuquan**	**1886384**	**265583**	**1620801**
肃州区	Suzhou	851706	124912	726794
金塔县	Jinta	118607	11539	107069
瓜州县	Guazhou	243956	23241	220715
肃北县	Subei	23570	2991	20579
阿克塞县	Akesai	23160	3201	19959
玉门市	Yumen	162926	27481	135446
敦煌市	Dunhuang	462457	72218	390239
庆阳市	**Qingyang**	**2536303**	**323240**	**2213062**
西峰区	Xifeng	790340	100155	690185
庆城县	Qingcheng	377209	22637	354572
环　县	Huanxian	178684	32407	146276
华池县	Huachi	143147	16233	126914
合水县	Heshui	140448	25268	115180
正宁县	Zhengning	191965	20358	171607
宁　县	Ningxian	380002	38195	341808
镇原县	Zhenyuan	334508	67988	266519
定西市	**Dingxi**	**1310519**	**196149**	**1114370**
安定区	Anding	420126	53819	366307
通渭县	Tongwei	99992	11172	88820

15－15 续表 2 continued

单位：万元 (10 000 yuan)

地 区	Region	社会消费品零售总额 Total Retail Sales of Consumer Goods	餐费收入 Income from Meals	商品零售 Commodity Retail
陇西县	Longxi	292104	55620	236484
渭源县	Weiyuan	80192	12576	67615
临洮县	Lintao	235524	36315	199209
漳 县	Zhangxian	44986	3759	41227
岷 县	Minxian	137595	22887	114708
陇南市	**Longnan**	**1147781**	**188074**	**959707**
武都区	Wudu	455520	61887	393633
成 县	Chengxian	114200	28798	85402
文 县	Wenxian	79790	11526	68264
宕昌县	Tanchang	85291	27738	57553
康 县	Kangxian	67156	21065	46091
西和县	Xihe	80245	11294	68952
礼 县	Lixian	162405	8861	153544
徽 县	Huixian	77610	13536	64074
两当县	Liangdang	25564	3369	22195
临夏州	**Linxia**	**938767**	**188251**	**750516**
临夏市	linxia	466329	89149	377180
临夏县	linxia	90695	16344	74351
康乐县	Kangle	72149	14928	57221
永靖县	Yongjing	86228	22864	63364
广河县	Guanghe	90863	20317	70546
和政县	Hezheng	42063	6465	35598
东乡县	Dongxiang	28184	10519	17665
积石山县	Jishishan	62256	7665	54591
甘南州	**Gannan**	**522740**	**91863**	**430877**
合作市	Hezuo	193965	31768	162197
临潭县	Lintan	48165	6465	41700
卓尼县	Zhuoni	49592	10408	39184
舟曲县	Zhouqu	43639	5047	38592
迭部县	Diebu	38118	13677	24441
玛曲县	Maqu	41790	6941	34849
碌曲县	Luqu	36547	5794	30753
夏河县	Xiahe	70924	11763	59161

主要统计指标解释

社会消费品零售总额 指企业（单位、个体户）通过交易直接售给个人、社会集团非生产、非经营用的实物商品金额，以及提供餐饮服务所取得的收入金额。个人包括城乡居民和入境人员，社会集团包括机关、社会团体、部队、学校、企事业单位、居委会或村委会等。

批发业 指向其他批发或零售单位（含个体经营者）及其他企事业单位、机关团体等批量销售生活用品、生产资料的活动，以及从事进出口贸易和贸易经纪与代理的活动，包括拥有货物所有权，并以本单位（公司）的名义进行交易活动，也包括不拥有货物的所有权，收取佣金的商品代理、商品代售活动；本类还包括各类商品批发市场中固定摊位的批发活动，以及以销售为目的的收购活动。

零售业 指百货商店、超级市场、专门零售商店、品牌专卖店、售货摊等主要面向最终消费者（如居民等）的销售活动，以互联网、邮政、电话、售货机等方式的销售活动，还包括在同一地点，后面加工生产，前面销售的店铺（如面包房）；谷物、种子、饲料、牲畜、矿产品、生产用原料、化工原料、农用化工产品、机械设备（乘用车、计算机及通信设备除外）等生产资料的销售不作为零售活动；多数零售商对其销售的货物拥有所有权，但有些则是充当委托人的代理人，进行委托销售或以收取佣金的方式进行销售；零售业按销售渠道分为有店铺零售和无店铺零售，其中有店铺零售分为综合零售和专门零售。

批发和零售业商品购进、销售、库存额 指各种登记注册类型的批发和零售业企业（单位）以本企业（单位）为总体的，从国内、国外市场购进的商品总量，销售和出口的商品总量，库存的商品总量等情况。该指标可以反映商品流转过程中商品的购进、销售、库存之间的比例关系和存在的问题。

商品购进额 指从本企业以外的单位和个人购进（包括从国外直接进口）作为转卖或加工后转卖的商品金额（含增值税），本指标反映批发和零售业从国内外市场上购进商品的总价。商品购进包括：（1）从工农业生产者、批发和零售业、住宿和餐饮业、出版社或报社的出版发行部门和其他服务业等企事业单位和个体经营户购进的商品；（2）从机关、社会团体购进的商品；（3）从海关、市场管理部门购进的缉私和没收的商品；（4）从居民收购的废旧商品等。不包括：（1）企业为本单位自身经营用，不是作为转卖而购进的商品，如材料物资、包装物、低值易耗品、办公用品等；（2）未通过买卖行为而收入的商品，如接受其他部门移交的商品、借入的商品、收入代其他单位保管的商品、其他单位赠送的样品、加工回收的成品等；（3）经本单位介绍，由买卖双方直接结算，本单位只收取手续费的业务；（4）销售退回和买方拒付货款的商品；（5）商品溢余；（6）期货交易商品。

商品销售额 指对本单位以外的单位和个人出售的商品金额（包括售给本单位消费用的商品，含增值税），在批发和零售业中，本指标反映在国内市场上销售商品以及出口商品的总价。商品销售包括：（1）售给个人和社会集团消费用的商品；（2）售给农业、工业、建筑业、服务业等国民经济各行业用于生产、经营用的商品，包括售予批发和零售业作为转卖或加工后转卖的商品；（3）对国（境）外直接出口的商品。商品销售不包括：（1）未通过买卖行为付出的商品，如因机构变动移交给其他企业单位的商品、借出的商品、归还受其他单位委托代保管的商品、付出的加工原料和赠送给其他单位的样品等；（2）促销返券所销售的，不计入营业收入的商品；（3）经本单位介绍，由买卖双方直接结算，本单位只收取手续费的业务；（4）未发生所有权转移的商品预付卡销售，如加油卡；（5）汽车维修、电话卡销售等服务性经济活动；（6）购货退回的商品；（7）商品损耗和损失；（8）出售本单位自用的废旧物资；（9）期货交易商品；（10）自来水供应企业、电力企业、天然气供应企业提供的水、电、气。

商品库存额 对于批发和零售业法人单位和个体经营户，是指报告期末取得所有权的全部商品金额（含增值税）；对于批发和零售业产业活动单位，是指报告期末实际在库且归属法人具有所有权的全部商品金额（含增值税）。这个指标反映批发和零售业的商品库存情况，以及对市场商品供应的保证程度。库存商品包括：（1）存放在本单位（如门市部、批发站、采购站、经营处）的仓库、货场、货柜和货架中的商品；（2）挑选、整理、包装中的商品；（3）已记入购进而尚未运到本单位的商品，即发货单或银行承兑凭证已到而货未到的商品；(4)寄放他处的商品，如因购货方拒绝付款而暂时存在购货方的商品；(5)委托其他单位代销(未作销售或调出)尚未售出的商品；(6)代其他单位购进尚未交付的商品。库存商品不包括：(1)所有权不属于本单位的商品，如商品已作销售但买方尚未取走的商品，代替他人保管、运输、加工的商品，代其他单位销售(未做购进或调入)而未售出的商品；(2)委托外单位加工的商品，包括本单位所属加工厂和其他生产单位加工生产尚未收回成品的商品；(3)外贸企业代理其他单位从国外进口，尚未付给订货单位的商品；(4)代国家储备部门保管的商品。

亿元以上商品交易市场　指年成交额在亿元及以上的商品交易市场。商品交易市场是指经有关部门和组织批准设立，有固定场所、设施，有经营管理部门和监管人员，若干市场经营者入内，常年或实际开业三个月以上，集中、公开、独立地进行生活消费品、生产资料等现货商品交易以及提供相关服务的交易场所，包括各类消费品市场、生产资料市场等。

16

住宿、餐饮业和旅游业

Hotels, Catering Services and Tourism

简要说明

一、本篇资料主要内容

本篇资料主要反映住宿和餐饮业的基本情况、经营情况和旅游产业的发展状况。主要内容包括：限额以上住宿和餐饮业基本情况、经营情况、财务状况；连锁餐饮业经营情况；旅行社、星级饭店基本情况；入境、出境旅游人数、国内旅游人数，以及国际、国内旅游收入等。

二、本篇资料的统计范围

限额以上住宿和餐饮业的法人企业、个体户；餐饮连锁集团；旅行社、星级饭店和旅游者。

限额以上住宿和餐饮业统计单位为：年主营业务收入 200 万元及以上。

三、本篇资料来源

本篇资料由省统计局贸易外经处加工整理；旅游资料由省文化和旅游厅提供。

16－1 住宿和餐饮业情况

Basic Conditions of Hotels and Catering Services

指　　标	Item	2015	2017	2018
住宿和餐饮业	**Hotels and Catering Services**			
法人企业(个)	Number of Corporation Enterprises (unit)	624	716	701
年末从业人数(人)	Engaged Persons at Year-end (person)	45848	49128	46538
营业额(万元)	Business Revenue (10 000 yuan)	716557	754765	689782
#餐费收入(万元)	From Meals (10 000 yuan)	427105	435541	388001
年末营业面积(平方米)	Business Area of Hotel and Catering Services at Year-end (sq. m)	1314533	1524728	1645629
住宿业	**Hotels**			
法人企业(个)	Number of Corporation Enterprises (unit)	286	351	353
年末从业人数(人)	Engaged Persons at Year-end (person)	24210	26840	25334
营业额(万元)	Business Revenue (10 000 yuan)	390244	420872	380160
#客房收入(万元)	From Hotel Rooms (10 000 yuan)	219333	253783	238429
餐费收入(万元)	From Meals (10 000 yuan)	141301	140554	120884
客房数(间)	Number of Rooms (room)	42109	69067	60094
床位数(位)	Number of Beds (bed)	70577	123529	102107
年末餐饮营业面积(平方米)	Business Area of Catering Services at Year-end (sq. m)	536155	727206	858734
餐饮业	**Catering Services**			
法人企业(个)	Number of Corporation Enterprises (unit)	338	365	348
年末从业人数(人)	Engaged Persons at Year-end (person)	21638	22288	21204
营业额(万元)	Business Revenue (10 000 yuan)	326313	333894	309622
#餐费收入(万元)	From Meals (10 000 yuan)	285804	294987	267117
年末餐饮营业面积(平方米)	Business Area of Catering Services at Year-end (sq. m)	778378	797522	786895

16－2 限额以上住宿业企业基本情况(2018)

Basic Conditions of Enterprises above Designated Size of Hotels (2018)

项目	Item	法人企业（个）Number of Corporation Enterprises (unit)	年末从业人数（人）Engaged Persons at Year-end (person)
住宿业	**Hotels**	**353**	**25334**
按登记注册类型分	**By Status of Registration**		
内资企业	**Domestic Funded Enterprises**	**351**	**24833**
国有企业	State-owned Enterprises	32	3980
集体企业	Collective-owned Enterprises	3	191
联营企业	Joint Ownership Enterprises	1	533
有限责任公司	Limited Liability Corporations	132	10207
国有独资公司	State Sole Funded Corporations	15	2302
其他有限责任公司	Other Limited Liability Corporations	117	7905
股份有限公司	Share-holding Corporations Ltd.	10	603
私营企业	Private Enterprises	173	9319
私营独资企业	Private-funded Enterprises	15	776
私营合伙企业	Private Partnership Enterprises	1	18
私营有限责任公司	Private Limited Liability Corporations	149	8081
私营股份有限公司	Private Share-holding Corporations Ltd.	8	444
其他企业	Other Enterprises		
港、澳、台商投资企业	**Enterprises with Funds from Hong Kong, Macao and Taiwan**	**1**	**183**
外商投资企业	**Enterprises with Foreign Investment**	**1**	**318**
按行业分	**By Sector**		
旅游饭店	Tourist Hotel	232	20182
一般旅馆	Fonda	98	4162
其他住宿业	Others	23	990

16-3 限额以上住宿业企业经营情况(2018)
Business of Enterprises above Designated Size of Hotels (2018)

单位：万元 (10 000 yuan)

项目	Item	营业额 Business Revenue	#客房收入 From Hotel Rooms	#餐费收入 From Meals
住宿业	**Hotels**	**380160**	**238429**	**120884**
按登记注册类型分	**By Status of Registration**			
内资企业	**Domestic Funded Enterprises**	**372067**	**233423**	**117864**
国有企业	State-owned Enterprises	60809	35716	21725
集体企业	Collective-owned Enterprises	1617	1240	365
联营企业	Joint Ownership Enterprises	3287	1424	1863
有限责任公司	Limited Liability Corporations	155871	91602	52745
国有独资公司	State Sole Funded Corporations	44177	25450	12838
其他有限责任公司	Other Limited Liability Corporations	111695	66153	39907
股份有限公司	Share-holding Corporations Ltd.	7962	5897	1999
私营企业	Private Enterprises	142520	97544	39167
私营独资企业	Private-funded Enterprises	9691	5951	3527
私营合伙企业	Private Partnership Enterprises	483	404	79
私营有限责任公司	Private Limited Liability Corporations	125943	86070	34697
私营股份有限公司	Private Share-holding Corporations Ltd.	6403	5119	864
其他企业	Other Enterprises			
港、澳、台商投资企业	**Enterprises with Funds from Hong Kong, Macao and Taiwan**	**3502**	**2656**	**779**
外商投资企业	**Enterprises with Foreign Investment**	**4591**	**2350**	**2241**
按行业分	**By Sector**			
旅游饭店	Tourist Hotel	300010	172265	109060
一般旅馆	Fonda	67509	57259	8163
其他住宿业	Others	12642	8906	3662

16－4 限额以上住宿业企业资产及负债(2018)

Assets and Liabilities of Enterprises above Designated Size of Hotels (2018)

单位：万元 (10 000 yuan)

项 目	Item	资产总计 Total Assets	#流动资产合计 Total Current Assets	#固定资产合计 Total Fixed Assets	负债合计 Total Liabilities	所有者权益合计 Total Owners' Equities
住宿业	**Hotels**	**1561081**	**684200**	**577809**	**1026124**	**534957**
按登记注册类型分	**By Status of Registration**					
内资企业	**Domestic Funded Enterprises**	**1542184**	**679147**	**564360**	**1012669**	**529515**
国有企业	State-owned Enterprises	120686	52913	51166	69246	51441
集体企业	Collective-owned Enterprises	5413	2562	2845	5474	-61
联营企业	Joint Ownership Enterprises	10395	385	1	1982	8413
有限责任公司	Limited Liability Corporations	906573	398542	353194	635169	271404
国有独资公司	State Sole Funded Corporations	368994	218710	114067	278712	90281
其他有限责任公司	Other Limited Liability Corporations	537579	179832	239127	356457	181122
股份有限公司	Share-holding Corporations Ltd.	25251	19044	4746	19832	5418
私营企业	Private Enterprises	473866	205701	152409	280965	192901
私营独资企业	Private-funded Enterprises	25276	12734	10196	13729	11547
私营合伙企业	Private Partnership Enterprises	778	432	347	113	666
私营有限责任公司	Private Limited Liability Corporations	428409	187109	133674	249269	179140
私营股份有限公司	Private Share-holding Corporations Ltd.	19403	5427	8192	17855	1548
其他企业	Other Enterprises					
港、澳、台商投资企业	**Enterprises with Funds from Hong Kong, Macao and Taiwan**	**5533**	**2998**	**2200**	**709**	**4824**
外商投资企业	**Enterprises with Foreign Investment**	**13365**	**2056**	**11248**	**12747**	**618**
按行业分	**By Sector**					
旅游饭店	Tourist Hotel	1360453	597648	497825	908371	452082
一般旅馆	Fonda	169365	75310	62255	100175	69190
其他住宿业	Others	31262	11243	17729	17578	13685

16-5 限额以上住宿业企业主要财务指标(2018)

Main Financial Indicators of Enterprises above Designated Size of Hotels(2018)

单位：万元

(10 000 yuan)

项　目	Item	主营业务收入 Revenue from Principal Business	主营业务成本 Cost of Principal Business	主营业务税金及附加 Taxes and Extra Charges on Principal Business
住宿业	**Hotels**	**365015**	**177191**	**6034**
按登记注册类型分	**By Status of Registration**			
内资企业	**Domestic Funded Enterprises**	**356717**	**175792**	**5774**
国有企业	State-owned Enterprises	58333	26503	705
集体企业	Collective-owned Enterprises	2114	828	126
联营企业	Joint Ownership Enterprises	3087	1288	
有限责任公司	Limited Liability Corporations	149343	82276	3254
国有独资公司	State Sole Funded Corporations	42595	28498	1333
其他有限责任公司	Other Limited Liability Corporations	106748	53778	1921
股份有限公司	Share-holding Corporations Ltd.	8110	2718	80
私营企业	Private Enterprises	135729	62179	1609
私营独资企业	Private-funded Enterprises	9233	5032	147
私营合伙企业	Private Partnership Enterprises	456	304	15
私营有限责任公司	Private Limited Liability Corporations	119738	53979	1382
私营股份有限公司	Private Share-holding Corporations Ltd.	6302	2864	65
其他企业	Other Enterprises			
港、澳、台商投资企业	**Enterprises with Funds from Hong Kong, Macao and Taiwan**	**3329**	**395**	**11**
外商投资企业	**Enterprises with Foreign Investment**	**4970**	**1004**	**249**
按行业分	**By Sector**			
旅游饭店	Tourist Hotel	288298	144440	5096
一般旅馆	Fonda	64258	25506	741
其他住宿业	Others	12459	7244	197

16-6 限额以上餐饮业企业基本情况(2018)

Basic Conditions of Enterprises above Designated Size of Catering Sevices (2018)

项　目	Item	法人企业（个）Number of Corporation Enterprises (unit)	年末从业人数（人）Engaged Persons at Year-end (person)
餐饮业	**Catering Services**	**348**	**21204**
按登记注册类型分	**By Status of Registration**		
内资企业	**Domestic Funded Enterprises**	**347**	**19724**
国有企业	State-owned Enterprises	11	689
联营企业	Joint Ownership Enterprises	1	25
有限责任公司	Limited Liability Corporations	97	6119
国有独资公司	State Sole Funded Corporations		
其他有限责任公司	Other Limited Liability Corporations	97	6119
股份有限公司	Share-holding Corporations Ltd.	8	440
私营企业	Private Enterprises	229	12409
私营独资企业	Private-funded Enterprises	24	985
私营合伙企业	Private Partnership Enterprises		
私营有限责任公司	Private Limited Liability Corporations	194	11081
私营股份有限公司	Private Share-holding Corporations Ltd.	11	343
其他企业	Other Enterprises	1	42
港、澳、台商投资企业	**Enterprises with Funds from Hong Kong, Macao and Taiwan**		
外商投资企业	**Enterprises with Foreign Investment**	**1**	**1480**
按行业分	**By Sector**		
正餐服务	Restaurant	335	18518
快餐服务	Fast Food	7	2297
饮料及冷饮服务	Beverages and Cold Drinks	1	12
其他餐饮业	Others	5	377

16－7 限额以上餐饮业企业经营情况(2018)

Business of Enterprises above Designated Size of Catering Sevices (2018)

单位：万元 (10 000 yuan)

项　目	Item	营业额 Business Revenue	#餐费收入 From Meals
餐饮业	**Catering Services**	**309622**	**267117**
按登记注册类型分	**By Status of Registration**		
内资企业	**Domestic Funded Enterprises**	**280131**	**237626**
国有企业	State-owned Enterprises	6856	4456
联营企业	Joint Ownership Enterprises	849	849
有限责任公司	Limited Liability Corporations	88169	66591
国有独资公司	State Sole Funded Corporations		
其他有限责任公司	Other Limited Liability Corporations	88169	66591
股份有限公司	Share-holding Corporations Ltd.	9435	9241
私营企业	Private Enterprises	174403	156322
私营独资企业	Private-funded Enterprises	16522	15292
私营合伙企业	Private Partnership Enterprises		
私营有限责任公司	Private Limited Liability Corporations	151024	134837
私营股份有限公司	Private Share-holding Corporations Ltd.	6856	6193
其他企业	Other Enterprises	420	167
港、澳、台商投资企业	**Enterprises with Funds from Hong Kong, Macao and Taiwan**		
外商投资企业	**Enterprises with Foreign Investment**	**29491**	**29491**
按行业分	**By Sector**		
正餐服务	Restaurant	263874	221668
快餐服务	Fast Food	39705	39651
饮料及冷饮服务	Beverages and Cold Drinks	659	659
其他餐饮业	Others	5385	5139

16－8 限额以上餐饮业企业资产及负债(2018)
Assets and Liabilities of Enterprises above Designated Size of Catering Services (2018)

单位：万元 (10 000 yuan)

项目	Item	资产总计 Total Assets	#流动资产合计 Total Current Assets	#固定资产合计 Total Fixed Assets	负债合计 Total Liabilities	所有者权益合计 Total Owners' Equities
餐饮业	**Catering Services**	**492948**	**179979**	**197374**	**287205**	**205743**
按登记注册类型分	**By Status of Registration**					
内资企业	**Domestic Funded Enterprises**	**483111**	**176477**	**195638**	**283911**	**199200**
国有企业	State-owned Enterprises	18142	4165	13040	6870	11271
联营企业	Joint Ownership Enterprises	906	706	200	41	865
有限责任公司	Limited Liability Corporations	162018	54316	80248	73007	89011
国有独资公司	State Sole Funded Corporations					
其他有限责任公司	Other Limited Liability Corporations	162018	54316	80248	73007	89011
股份有限公司	Share-holding Corporations Ltd.	11938	6982	3570	5105	6833
私营企业	Private Enterprises	289134	110143	97963	198026	91107
私营独资企业	Private-funded Enterprises	20393	5773	8652	10228	10165
私营合伙企业	Private Partnership Enterprises					
私营有限责任公司	Private Limited Liability Corporations	263950	102441	87435	186113	77836
私营股份有限公司	Private Share-holding Corporations Ltd.	4791	1929	1876	1685	3106
其他企业	Other Enterprises	974	165	617	861	112
港、澳、台商投资企业	**Enterprises with Funds from Hong Kong, Macao and Taiwan**					
外商投资企业	**Enterprises with Foreign Investment**	**9837**	**3502**	**1736**	**3294**	**6543**
按行业分	**By Sector**					
正餐服务	Restaurant	470671	168878	193601	276170	194502
快餐服务	Fast Food	19191	8844	3676	9367	9824
饮料及冷饮服务	Beverages and Cold Drinks	99	90	9	10	89
其他餐饮业	Others	2987	2167	87	1658	1328

16-9 限额以上餐饮业企业主要财务指标(2018)
Main Financial Indicators of Enterprises above Designated Size of Catering Services (2018)

单位：万元 (10 000 yuan)

地 区	Region	主营业务收入 Revenue from Principal Business	主营业务成本 Cost of Principal Business	主营业务税金及附加 Taxes and Extra Charges on Principal Business
餐饮业	**Catering Services**	**298116**	**165253**	**3602**
按登记注册类型分	**By Status of Registration**			
内资企业	**Domestic Funded Enterprises**	**268625**	**151066**	**3595**
国有企业	State-owned Enterprises	6700	4605	353
联营企业	Joint Ownership Enterprises	788	498	1
有限责任公司	Limited Liability Corporations	83553	45360	1106
国有独资公司	State Sole Funded Corporations			
其他有限责任公司	Other Limited Liability Corporations	83553	45360	1106
股份有限公司	Share-holding Corporations Ltd.	8547	4525	75
私营企业	Private Enterprises	168617	95900	2056
私营独资企业	Private-funded Enterprises	14590	9034	210
私营合伙企业	Private Partnership Enterprises			
私营有限责任公司	Private Limited Liability Corporations	147112	82131	1786
私营股份有限公司	Private Share-holding Corporations Ltd.	6914	4736	59
其他企业	Other Enterprises	420	178	5
港、澳、台商投资企业	**Enterprises with Funds from Hong Kong, Macao and Taiwan**			
外商投资企业	**Enterprises with Foreign Investment**	**29491**	**14187**	**6**
按行业分	**By Sector**			
正餐服务	Restaurant	252950	144817	3526
快餐服务	Fast Food	39330	17906	42
饮料及冷饮服务	Beverages and Cold Drinks	465	279	6
其他餐饮业	Others	5372	2252	28

16－10 各地区限额以上住宿业企业基本情况和主要财务指标(2018)
Basic Conditions and Main Financial Indicators of Enterprises above Designated Size of Hotels by Region (2018)

单位：万元　　(10 000 yuan)

地区	Region	法人企业（个）Number of Corporation Enterprises (unit)	年末从业人数（人）Engaged Persons at Year-end (person)	营业额 Business Revenue	主营业务收入 Revenue from Principal Business	主营业务成本 Cost of Principal Business	主营业务税金及附加 Taxes and Extra Charges on Principal Business
兰州市	Lanzhou	105	9493	183719	177806	81386	2938
嘉峪关市	Jiayuguan	12	689	8700	8255	3387	97
金昌市	Jinchang	6	380	4559	4565	3551	117
白银市	Baiyin	13	371	4167	3958	2685	84
天水市	Tianshui	36	2232	35912	34002	16736	625
武威市	Wuwei	10	578	7073	6968	4153	95
张掖市	Zhangye	28	1281	18126	17918	9535	260
平凉市	Pingliang	12	1406	14426	13725	5417	165
酒泉市	Jiuquan	39	2473	40896	38379	15741	704
庆阳市	Qingyang	14	1340	9929	9535	4630	183
定西市	Dingxi	22	1349	13270	13194	6211	223
陇南市	Longnan	25	1507	15945	15482	9008	163
临夏州	Linxia	7	974	12752	10878	9968	222
甘南州	Gannan	24	1261	10688	10351	4783	158

16－11 各地区限额以上餐饮业企业基本情况和主要财务指标(2018)
Basic Conditions and Main Financial Indicators of Enterprises above Designated Size of Catering Services by Region (2018)

单位：万元　　(10 000 yuan)

地区	Region	法人企业（个）Number of Corporation Enterprises (unit)	年末从业人数（人）Engaged Persons at Year-end (person)	营业额 Business Revenue	主营业务收入 Revenue from Principal Business	主营业务成本 Cost of Principal Business	主营业务税金及附加 Taxes and Extra Charges on Principal Business
兰州市	Lanzhou	140	10330	175944	170865	91313	1780
嘉峪关市	Jiayuguan	4	749	12090	11114	4315	46
金昌市	Jinchang	16	604	9151	9070	5658	70
白银市	Baiyin	8	755	7539	7363	3578	115
天水市	Tianshui	45	2144	31618	28521	16934	354
武威市	Wuwei	21	895	8139	8278	5501	130
张掖市	Zhangye	20	903	12498	12189	8999	68
平凉市	Pingliang	8	543	4750	3990	3150	127
酒泉市	Jiuquan	18	978	12560	12218	6259	219
庆阳市	Qingyang	31	1320	17398	16850	8591	396
定西市	Dingxi	22	1348	11847	11849	6445	128
陇南市	Longnan	3	96	1716	1523	763	96
临夏州	Linxia	8	474	4023	3934	3543	62
甘南州	Gannan	4	65	351	351	205	12

16－12　旅游业发展情况
Development of Tourism

指　标	Item	2015	2017	2018
旅行社数(个)	**Number of Travel Agencies (unit)**	**523**	**587**	**660**
#出境旅游组团社	Number of Outbound Travel Tour Agencies	50	62	64
星级饭店数(个)	**Number of Star-rated Hotel (unit)**	**382**	**390**	**402**
入境旅游人数(人次)	**Number of Overseas Visitor Arrivals (person-time)**	**54508**	**78828**	**100125**
外国人	Foreigners	31607	42175	56911
港澳同胞	Chinese Compatriots From Hong Kong and Macao	7018	14709	19628
台湾同胞	Chinese Compatriots From Taiwan Province	15883	21944	23586
国内旅游人数(万人次)	**Number of Domestic Visitors (10 000 person-times)**	**15633**	**23889**	**30191**
旅游收入	**Tourism Earnings**			
国际旅游(外汇)收入(万美元)	Foreign Exchange Earnings from International Tourism (10 000 USD)	1418	2086	2830
国内旅游收入(亿元)	Earnings from Domestic Tourism (100 million yuan)	975	1579	2058

16－13　国内旅游情况
Domestic Tourism

年　份 Year	旅游人数 (万人次) Domestic Tourists (10 000 person-times)	比上年增长 (%) Growth Rate (%)	旅游总收入 (亿元) Tourism Earnings (100 million yuan)	比上年增长 (%) Growth Rate (%)
2000	733. 00	15. 98	18. 58	15. 98
2001	838. 88	14. 44	21. 26	14. 42
2002	1035. 00	23. 38	26. 83	26. 20
2003	863. 31	-16. 59	21. 89	-18. 41
2004	949. 60	10. 00	51. 62	135. 82
2005	1207. 85	27. 20	57. 68	11. 74
2006	1574. 10	30. 32	75. 19	30. 36
2007	2389. 93	51. 83	110. 64	47. 15
2008	2482. 30	3. 86	136. 40	23. 28
2009	3387. 67	36. 47	191. 90	40. 69
2010	4284. 45	26. 47	236. 21	23. 09
2011	5826. 48	35. 99	332. 57	40. 79
2012	7824. 26	34. 29	469. 67	41. 22
2013	10068. 40	28. 68	618. 90	31. 80
2014	12660. 20	25. 74	780. 20	26. 06
2015	15632. 88	23. 53	974. 47	25. 00
2016	19089. 40	22. 11	1219. 20	25. 11
2017	23889. 40	25. 00	1578. 70	29. 00
2018	30190. 90	26. 38	2058. 25	30. 37

16-14 接待港澳台同胞和外国旅游人数
Number of Hongkong, Macao and Taiwan Chinese Compatriots and Foreign Tourists

国别	Country	2010	2015	2017	2018
旅游人数(人次)	**Total (person-time)**	**70167**	**54508**	**78828**	**100125**
港澳台同胞	Chinese Compatriots form Hongkong, Macao and Taiwan	20246	22901	36653	43214
外国人	Foreigner	49921	31607	42175	56911
日本人	Japanese	14273	7171	11825	16318
韩国人	South Korea	4622	3378	1349	3062
菲律宾人	Filipino	176	387	183	147
新加坡人	Singaporean	2300	2358	3694	3891
泰国人	Thai	265	761	2120	3714
印尼人	Indonesian	696	314	1400	771
美国人	American	6025	3297	3346	4559
加拿大人	Canadian	1242	929	924	1173
英国人	British	1387	1017	873	1306
德国人	German	2413	1173	2480	2149
法国人	French	2893	1508	1937	2149
意大利人	Italian	828	677	687	1545
瑞士人	Swiss	578	352	316	246
瑞典人	Swedish	180	150	48	103
荷兰人	Dutch	549	130	158	169
西班牙人	Spanish	521	485	217	344
澳大利亚人	Australian	2258	831	1082	2203
新西兰人	New Zealander	301	986	197	255
俄罗斯人	Russian	355	272	313	296
其他	Others	8059	5431	9026	12511

16－15　国际旅游外汇收入及构成
Foreign Exchange Earning from International Tourism and It's Composition

单位：万美元，%　　　　(USD 10 000, %)

指　标	Item	2015 数额 Value	2015 比重 Percentage	2017 数额 Value	2017 比重 Percentage	2018 数额 Value	2018 比重 Percentage
总计	**Total**	**1418.10**	**100.00**	**2086.00**	**100.00**	**2829.74**	**100.00**
长途交通	Long Distance Transportation	535.76	37.78	730.10	35.00	608.39	21.50
民航	Civil Aviation	362.32	25.55	463.09	22.20	379.19	13.40
铁路	Railway	100.26	7.07	137.68	6.60	28.30	1.00
汽车	Highway	73.17	5.16	123.07	5.90	175.44	6.20
轮船	Waterway			6.26	0.30	25.47	0.90
游览	Sightseeing	123.52	8.71	162.71	7.80	271.66	9.60
住宿	Acommodation	211.72	14.93	337.93	16.20	698.95	24.70
餐饮	Food and Beverage	114.58	8.08	173.14	8.30	325.42	11.50
商品销售	Shopping	225.05	15.87	354.62	17.00	540.48	19.10
娱乐	Entertainment	65.23	4.60	98.04	4.70	59.42	2.10
邮电通讯	Postal and Communication Services	23.54	1.66	37.55	1.80	14.15	0.50
市内交通	Local Transpotation	41.98	2.96	62.58	3.00	39.62	1.40
其他服务	Other Service	76.72	5.41	129.33	6.20	271.66	9.60

16－16　各地区国际旅游外汇收入及接待入境旅游人数（2018）
Foreign Exchange Earning from International Tourism and Number of Overseas Visitor Arrivals by Region (2018)

地　区	Region	国际旅游外汇收入（万美元） Foreign Exchange Earning from International Tourism (USD 10 000)	入境旅游人数（人次） Number of Overseas Visitor Arrivals (person-time)	#外国人 Foreigner
甘肃省	**Gansu**	**2829.74**	**100125**	**56911**
兰州市	Lanzhou	998.71	33397	19426
嘉峪关市	Jiayuguan	223.17	11332	6337
金昌市	Jinchang	13.72	573	499
白银市	Baiyin	7.86	264	181
天水市	Tianshui	15.49	619	118
武威市	Wuwei	24.27	1075	493
张掖市	Zhangye	27.35	1174	349
平凉市	Pingliang	11.52	474	136
酒泉市	Jiuquan	1214.26	40144	21908
庆阳市	Qingyang	0.38	20	20
定西市	Dingxi			
陇南市	Longnan			
临夏州	Linxia	8.84	375	85
甘南州	Gannan	284.17	10678	7359

主要统计指标解释

住宿业 指为旅行者提供短期留宿场所的活动，有些单位只提供住宿，也有些单位提供住宿、饮食、商务、娱乐一体的服务，不包括主要按月或按年长期出租房屋住所的活动。

餐饮业 指通过即时制作加工、商业销售和服务性劳动等，向消费者提供食品和消费场所及设施的服务。

营业额 指住宿和餐饮业单位在经营活动中，因提供服务或销售商品等取得的全部收入（含增值税），收入主要来源于提供客房、餐费服务、商品销售和其他服务，如商务服务。不包括多产业法人企业附营的其他行业产业活动单位的餐费收入、商品销售收入等各项收入。

客房收入 指住宿和餐饮业单位在经营活动中因提供住宿服务取得的收入（含增值税）。不包括多产业法人企业附营的其他行业产业活动单位的客房收入。

餐费收入 指本单位为顾客提供就餐服务取得的收入（含增值税）。包括：经烹饪、调制加工后出售的各种食品，如主食、炒菜、凉拌菜等的收入。不包括多产业法人企业附营的其他行业产业活动单位的餐费收入。

住宿和餐饮业年末餐饮营业面积 指住宿和餐饮业企业对外提供餐饮服务的就餐面积和从事食品加工、烹饪、调制的厨房面积，不包括办公用房和仓库等面积。按年末实有建筑面积统计。本指标应与餐费收入统计相匹配。

客房数 指本单位提供住宿服务的房间数，该指标按报告期内正常情况下的实有数统计。

床位数 指本单位供应旅客使用的床位数，不包括临时加床和门店内部工作人员使用的床位。该指标按报告期内正常情况下的实有数统计。

入境旅游人数 指报告期内来中国（大陆）观光、度假、探亲访友、就医疗养、购物、参加会议或从事经济、文化、体育、宗教活动的外国人、港澳台同胞等游客（即入境旅游人数）。统计时，入境游客按每入境一次统计1人次。入境旅游人数包括入境过夜游客和入境一日游游客。

国内旅游人数 指在报告期内在中国（大陆）观光游览、度假、探亲访友、就医疗养、购物、参加会议或从事经济、文化、体育、宗教活动的中国（大陆）居民人数，其出游的目的不是通过所从事的活动谋取报酬。统计时，国内游客按每出游一次统计1人次。

国际旅游（外汇）收入 指入境游客在中国（大陆）境内旅行、游览过程中用于交通、参观游览、住宿、餐饮、购物、娱乐等全部花费。

国内旅游收入 又称旅游总花费，指国内游客在国内旅行、游览过程中用于交通、参观游览、住宿、餐饮、购物、娱乐等全部花费。

17

运输和邮电

Transport, Postal and Telecommunication Services

简要说明

一、本篇资料主要内容

本篇资料反映交通运输业，邮政、电信业发展的基本状况。

交通运输业资料主要包括：三种（公路、铁路、航空）运输方式的线路里程及完成的货物和旅客运输量、周转量。

邮政、电信业资料主要包括：邮政局（所）及邮路情况，邮电通信主要电路及设备拥有量，主要的邮电业务完成情况及邮电通信发展水平资料。

二、本篇资料来源

本篇资料由省统计局服务业处搜集、加工整理。

1. 交通运输资料分别由兰州铁路局、省交通厅、东航甘肃分公司、省公安厅提供。

2. 邮政、电信业资料由省邮政管理局、省通信管理局提供。

17－1　交通运输业基本情况
Basic Conditions of Transport

指　　标	Item	2010	2015	2017	2018
运输线路长度(公里)	**Length of Transport Routes (km)**	**124584**			
#铁路营业里程	Railways in Operation	2149	3272	4070	4075
公路里程	Highways	118879	140052	142252	143228
客运量总计(万人次)	**Total Passenger Traffic (10 000 person-times)**	**53776**	**41516**	**42793**	**42353**
#铁路	Railways	2178	3123	4468	5474
公路	Highways	51404	37242	38080	36634
民航	Civil Aviation	100	1061	156	168
旅客周转量总计(亿人公里)	**Total Passenger-Kilometers (100 million passenger-km)**	**509.6**	**641.0**	**643.1**	**659.2**
#铁路	Railways	275.1	370.7	371.7	401.3
公路	Highways	220.1	248.8	247.8	233.3
民航	Civil Aviation	14.1	21.5	23.5	24.5
货运量总计(万吨)	**Total Freight Traffic (10 000 tons)**	**29009**	**58258**	**66205**	**70387**
#铁路	Railways	4926	5936	6052	6087
公路	Highways	24050	52281	60117	64271
民航	Civil Aviation	1.13	6.55	1.16	1.06
货物周转量总计(亿吨公里)	**Total Freight Ton-kilometers (100 million tons-km)**	**1607.2**	**2226.0**	**2439.8**	**2610.1**
#铁路	Railways	1083.0	1313.6	1390.7	1490.9
公路	Highways	524.1	912.1	1048.9	1119.0
民航	Civil Aviation	0.2	0.2	0.2	0.2
民用汽车拥有量(万辆)	**Possession of Civil Motor Vehicles Owned (10 000 units)**	**127**	**297**	**335**	**358**
#载客汽车辆数	Number of Buses and Cars	58	168	234	258
载货汽车辆数	Number of Trucks	26	45	52	56
#普通载货汽车	Ordinary Trucks	18	31	35	37
#公路部门营运汽车	Number of Motor Vehicles Owned by Highway Departments	22	39	39	38
#私人汽车拥有量	Possession of Private Vehicles	69	228	288	309

注：1. 铁路运输数据从2012年8月起增加西安铁路局、青藏铁路公司、乌鲁木齐铁路局甘肃段统计数据(下表同)。
2. 2013年起，公路数据统计口径为交通部专项调查数据，与往年不可比(下表同)。
3. 民航数据，2013－2015年包含海航的客运量和货运量，2016年起仅为东航数据(下表同)。
4. 私人汽车拥有量中含三轮汽车和低速货车；汽车拥有量＝汽车保有量(下表同)。

a) Since August 2012, railway data increase the statistical data of Xi'an Railway Bureau, Qinghai-Tibet Railway Company and Urumqi Railway Bureau in Gansu section. The same applies to the table following.

b) Since 2013, the statistical coverage of highway data are the data from the survey of transport economics, and the data are not comparable with those in previous years. The same applies to the table following.

c) Data of civil aviation include the passenger traffic and freight volume of HNA in 2013－2015. Since 2016, data of civil aviation only refers to data of China Eastern Airlines. The same applies to the table following.

d) Possession of private vehicles including three-wheeled vehicles and low-speed trucks. Possession of vehicles are equal to ownership of vehicles. The same applies to the table following.

17-2 运输线路长度
Length of Transportation Routes

单位：公里 (km)

年 份 Year	铁路营业里程 Length of Railways in Operation	#电气化里程 Electrified Railways	公路 Length of Highways	等级公路 Expressway and Class I to IV Highways	#高速 Express Way	#一级 First Class	#二级 Second Class	等外路 Highway Below Class IV
2000	1962	1766	39344	29393				9951
2001	1962	1766	39844	30283				9561
2002	1961	1766	40223	30806				9417
2003	1962	1766	40293	30947				9346
2004	1938	1748	40751	31614				9137
2005	2013	1754	41330	32792	1006	141	4969	8538
2006	1987	2208	95642	42866	1060	166	4962	52776
2007	2148	2208	100612	50662	1316	144	5076	49950
2008	2149	2213	105638	58381	1316	147	5076	47257
2009	2149	2346	114000	76631	1644	147	5494	37369
2010	2149	2799	118879	85733	1993	161	5768	33147
2011	2149	3054	123696	91692	2343	170	5856	32003
2012	2194	3100	131201	101372	2549	178	6648	29829
2013	2286	3191	133597	106812	2953	206	7309	26785
2014	2966	3920	138084	114080	3262	321	7519	24004
2015	3272	4090	140052	120447	3522	368	7928	19604
2016	3527	4585	142026	124026	3845	418	8407	18000
2017	4070	5128	142252	124788	4016	429	8894	17465
2018	4075	5133	143228	128071	4242	627	9156	15157

注：铁路营业里程为兰州铁路局甘肃境内数。电气化里程为兰州铁路局全路局数。2007年起铁路营业里程中包括敦煌铁路161.48公里。(下表同)

a) Data of electrified railways refer to total railway of Lanzhou Railway Bureau. Since 2007, data in length of railways in operation included 161.48 km of the Dunhuang Railway. The same applies to the table following.

17-3 运输线路质量
Quality of Transport Routes

单位：公里 (km)

指 标	Item	2010	2015	2017	2018
铁路营业里程	Length of Railways in Operation	2149	3272	4070	4075
#复线里程	Double-Tracking Length	1363	2127	3037	3037
复线里程比重(%)	Proportion (%)	63.42	65.01	74.62	74.53
公路里程	Length of Highways	118879	140052	142252	143228
#等级公路里程	Expressway and Class I to IV Highways	85733	120447	124788	128071
等级公路里程比重(%)	Proportion (%)	72.12	86.00	87.72	89.42

17－4 历年货运量和货运周转量
Freight Traffic & Freight Ton-Kilometers

年份 Year	货运量总计（万吨）Total Freight Traffic (10 000 tons)	#铁路 Railways	#公路 Highways	#民航 Civil Aviation	货物周转量总计（万吨公里）Total Freight Ton-Kilometers (10 000 tons-km)	#铁路 Railways	#公路 Highways	#民航 Civil Aviation
1978	4423	2216	2206	0.65	1755838	1639720	115549	569
1979	4197	2112	2084	0.80	1748310	1637919	109522	809
1980	3802	2059	1742	0.90	1670043	1581640	87594	809
1981	3184	1867	1317	0.47	1471411	1401651	69182	578
1982	3388	1904	1484	0.16	1629900	1546783	82556	561
1983	3454	2051	1403	0.08	1844799	1756788	87535	476
1984	3883	2192	1691	0.11	2067094	1965203	100862	1029
1985	10112	2414	7698	0.12	2549908	2198316	350133	1459
1986	10448	2384	8064	0.19	2690694	2321373	369231	90
1987	14543	2373	12170	0.28	2956050	2467467	488295	288
1988	14585	2361	12224	0.28	3307597	2671064	636195	338
1989	14317	2397	11920	0.26	3364697	2822220	542184	293
1990	16614	2386	14228	0.28	3430561	2867147	563117	297
1991	14726	2426	12300	0.32	3642872	3033640	608898	334
1992	17144	2501	14643	0.30	3913987	3127573	786101	313
1993	19193	2571	16622	0.30	3991162	3180172	810653	337
1994	19921	2571	17350	0.35	4166823	3320168	846225	430
1995	20275	2555	17719	1.00	4329026	3442644	885896	486
1996	20813	2602	18210	1.00	4355906	3427759	927744	403
1997	21236	2628	18608	0.30	4481783	3510000	970783	1000
1998	21614	2546	19035	0.39	4544182	3532400	1010587	700
1999	22060	2691	19333	0.47	4944052	3902035	1040687	800
2000	22722	2885	19800	1.09	5414243	4318100	1093800	1798
2001	23208	2991	20179	0.90	5731518	4589095	1140253	1615
2002	23541	3092	20408	0.99	5914802	4727078	1185412	1707
2003	23915	3158	20713	1.26	6329270	5089413	1237113	2089
2004	24776	3270	21460	1.26	7463255	6160593	1300096	1883
2005	25843	3274	22520	1.08	8550947	7175573	1373122	1532
2006	27512	3633	23826	1.32	9236681	7768408	1464606	1598
2007	29505	4126	25325	1.33	10248126	8680625	1564847	1896
2008	22742	4512	18201	1.44	14546351	9795759	4748432	2130
2009	25489	4646	20812	1.33	14770589	9871265	4897214	2076
2010	29009	4926	24050	1.13	16072479	10829795	5240872	1776
2011	34179	5355	28790	1.22	17912097	11436046	6474126	1885
2012	45856	6313	39517	1.34	23958822	14897305	9059411	2078
2013	51482	6394	45072	5.55	23796586	15682383	8112113	1989
2014	57247	6450	50780	5.96	25168239	15240465	9926016	1656
2015	58258	5936	52281	6.55	22260101	13136161	9121353	2007
2016	60657	5861	54761	1.19	21702297	12203328	9496431	1958
2017	66205	6052	60117	1.16	24398496	13907199	10488835	1882
2018	70387	6087	64271	1.06	26100940	14909115	11189739	1616

17－5 历年客运量和客运周转量
Passenger Traffic & Passenger-Kilometers

年 份 Year	客运量总计（万人次）Total Passenger Traffic（10 000 person-times）	#铁路 Railways	#公路 Highways	#民航 Civil Aviation	旅客周转量总计（万人公里）Total Passenger-Kilometers（10 000 passenger-km）	#铁路 Railways	#公路 Highways	#民航 Civil Aviation
1978	3038	686	2324	28	517244	394470	101700	21074
1979	3374	772	2567	34	604842	459070	116453	29319
1980	3865	789	3038	38	615282	462433	137295	15554
1981	3882	751	3123	8	630667	456567	156107	17993
1982	4387	883	3494	10	671083	491181	170374	9528
1983	4871	893	3974	4	747147	551551	192306	3290
1984	5526	1026	4496	4	846471	622656	220324	3491
1985	6355	1094	5256	5	1026714	758260	264594	3857
1986	7053	1131	5910	12	1135579	817713	310882	6984
1987	8010	1173	6819	18	1227471	837559	369660	20252
1988	9550	1244	8286	20	1355410	937992	391904	25514
1989	10101	1083	9001	17	1324260	877921	426463	19876
1990	8712	860	7832	20	1170899	727603	420304	22992
1991	8845	850	7970	25	1270144	799460	442582	28103
1992	9108	874	8208	26	1305117	835667	440311	29139
1993	9580	883	8668	29	1407127	914261	458720	34146
1994	10148	926	9186	36	1506567	978776	485571	42220
1995	10547	942	9563	42	1506159	951327	504754	50078
1996	10748	841	9872	35	1524313	936886	543747	43680
1997	11234	884	10319	31	1609997	970000	575997	64000
1998	11881	886	10796	31	1761177	1079200	617471	63000
1999	12361	923	11223	35	1818744	1093499	659525	64100
2000	12907	1039	11600	76	2061583	1245700	706300	107868
2001	13921	1080	12560	70	2268380	1390319	777658	98504
2002	14750	1038	13420	72	2327182	1387254	840621	97294
2003	15004	948	13732	84	2307861	1327067	871629	106963
2004	16519	1125	15050	109	2683583	1577558	963182	140701
2005	17803	1230	16247	85	2883045	1726990	1048886	104980
2006	19066	1402	17319	100	3199586	1952819	1130009	114463
2007	20435	1566	18510	113	3489326	2135378	1209272	142336
2008	46002	1844	43962	103	4413419	2322174	1967056	122109
2009	49995	2038	47755	110	4699944	2482313	2065849	149732
2010	53776	2178	51404	100	5096087	2751326	2201455	141164
2011	60906	2353	58355	102	5945561	3145705	2650685	146981
2012	64477	2383	61884	117	6834114	3797544	2864380	170059
2013	36934	2522	33556	771	6130019	3832395	2120108	175926
2014	39852	2672	36224	866	6243066	3778665	2290169	172562
2015	41516	3123	37242	1061	6411028	3707379	2487489	214479
2016	41775	3604	37932	149	6357688	3599572	2532613	222941
2017	42793	4468	38080	156	6431313	3717143	2477642	234826
2018	42353	5474	36634	168	6591849	4012802	2333051	244734

17－6　民用汽车拥有量
Possession of Civil Vehicles

单位：万辆　　(10 000 units)

年份 Year	民用汽车总计 Total Possession of Civil Vehicles	载客汽车 Passenger Vehicles	大型 Large	中型 Medium	小型 Small	微型 Minicar	载货汽车 Trucks	重型 Heavy	中型 Medium	轻型 Light	微型 Mini	其他汽车 Others
2006	46.85	22.71	1.50	1.40	17.22	2.59	13.60	2.81	3.58	6.83	0.38	10.54
2007	53.23	27.18	1.57	1.44	21.76	2.42	14.71	2.98	3.72	7.74	0.27	11.34
2008	62.44	32.89	1.64	1.41	27.66	2.18	16.36	3.35	4.01	8.79	0.22	13.19
2009	105.45	43.86	1.74	1.45	38.58	2.08	20.91	4.78	4.46	11.50	0.17	40.68
2010	126.77	57.52	1.85	1.48	52.17	2.01	26.37	6.29	4.75	15.22	0.11	42.88
2011	148.76	73.30	1.97	1.51	67.67	2.14	31.00	7.40	4.88	18.64	0.08	44.46
2012	174.14	92.32	2.01	1.47	86.63	2.20	35.42	8.12	4.73	22.51	0.07	46.40
2013	202.77	114.92	2.05	1.36	109.37	2.14	39.89	8.78	4.15	26.91	0.06	47.95
2014	231.86	139.91	2.12	1.34	134.59	1.87	43.79	9.56	4.00	30.18	0.05	48.17
2015	296.84	167.55	2.14	1.22	162.31	1.88	45.39	9.40	3.60	32.34	0.05	83.90
2016	330.37	202.09	2.22	1.20	197.09	1.58	48.65	9.45	3.34	35.82	0.04	79.63
2017	334.57	233.73	2.31	1.16	228.80	1.46	51.86	9.78	3.06	38.99	0.03	48.99
2018	358.47	257.52	2.37	1.12	252.98	1.06	55.54	10.34	2.88	42.30	0.02	45.41

17－7　私人汽车拥有量
Possession of Private Vehicles

单位：万辆　　(10 000 units)

年份 Year	私人汽车总计 Total Private Vehicles	载客汽车 Passenger Vehicles	大型 Large	中型 Medium	小型 Small	微型 Minicar	载货汽车 Trucks	重型 Heavy	中型 Medium	轻型 Light	微型 Mini	其他汽车 Others
2006	24.21	8.65	0.22	0.43	6.62	1.38	6.14	1.26	1.80	2.89	0.19	9.42
2007	28.75	11.72	0.18	0.41	9.84	1.29	6.96	1.30	1.90	3.61	0.15	10.07
2008	35.94	16.02	0.16	0.38	14.31	1.18	8.15	1.46	2.08	4.48	0.13	11.77
2009	51.18	25.06	0.14	0.38	23.36	1.18	11.36	1.98	2.44	6.83	0.11	14.76
2010	69.33	36.74	0.13	0.38	35.01	1.22	15.77	2.63	2.79	10.27	0.08	16.82
2011	87.61	50.28	0.12	0.38	48.41	1.38	19.06	3.06	2.93	13.01	0.06	18.26
2012	109.92	67.23	0.08	0.35	65.33	1.47	22.58	3.39	2.89	16.25	0.05	20.12
2013	135.70	87.89	0.04	0.27	86.13	1.45	26.19	3.70	2.60	19.85	0.04	21.63
2014	163.35	112.34	0.03	0.24	110.78	1.28	29.09	4.04	2.56	22.45	0.04	21.92
2015	228.07	139.66	0.02	0.20	138.33	1.11	30.87	4.07	2.35	24.41	0.04	57.53
2016	260.06	173.15	0.01	0.18	171.99	0.96	33.61	4.20	2.22	27.16	0.03	53.30
2017	287.58	204.02	0.01	0.16	202.96	0.89	36.12	4.35	2.03	29.72	0.02	47.43
2018	308.59	226.12	0.01	0.15	225.12	0.85	38.66	4.49	1.90	32.25	0.02	43.81

17 -8　邮电通信行业基本情况

Basic Conditions of Postal and Telecommunication Services

指　　标	Item	2010	2015	2017	2018
邮电业务量	**Business Volume of Post and Telecommunication Services**				
邮政业务总量(亿元)	Business Volume of Postal Services(100 million yuan)	8.49	16.32	26.7	31.05
电信业务总量(亿元)	Business Volume of Telecommunication Services(100 million yuan)	444.81	347.29	455.9	1194.3
邮政业务量	**Business Volume of Post**				
函件(万件)	Number of Letters (10 000 pcs)	3806	1582	864	765
包裹(万件)	Package (10 000 pcs)	90	68	61	78
快递(万件)	Pieces of Express Mail Services (10 000 pcs)	421	3541	7202	8912
#国内同城快递	Local Express Service		555	1858	2544
国内异地快递	National Express Service		2982	5339	6362
快递业务收入(亿元)	Revenue from Express Service (100 million yuan)		7.25	14.81	18.85
报刊期发数(万份)	Issue of Newspapers and Magazines (10 000 copies)	210	124	128	133
集邮业务(万枚)	Stamps for Collection (10 000 pcs)	1500	2166	1741	1764
局所及通信网络	Offices and Network				
营业网点 (处)	Number of Offices (unit)	1270	1655	4863	4725
邮路总长度(万公里)	Length of Postal Routes (10 000 km)	7.96	8.52	18.81	20.17
#汽车邮路总长度	Length of Vehicle Postal Routes	3.06	8.08	7.57	7.61
铁路邮路总长度	Length of Railway Postal Routes	0.60	0.38	0.20	0.28
农村投递线路总长度(万公里)	Rural Delivery Routes (10 000 km)	11.04	14.89	11.24	13.01

17-8 续表 continued

指 标	Item	2010	2015	2017	2018
电信业务量	**Business Volume of Telecommunication**				
长途电话业务电路(2M)	Long-distance Call Lines (2M)	214867	1999913	7377263	
移动电话用户期末数(万户)	Number of Mobile Telephones Subscribers at Year-end (10 000 subscribers)	1390	2108	2526	2735
#3G 移动电话用户数	3G Mobile Phone Subscribers (10 000 subscribers)	52.77	553.96	248.47	280.27
固定电话年末用户(万户)	Number of Fixed Telephone Subscribers at Year-end (10 000 subscribers)	411.90	325.99	326.77	332.83
城市	Urban Fixed Telephone Subscribers	265.36	261.85	239.16	
#住宅	Household Fixed Telephone Subscribers	160.96	143.16	137.99	
乡村	Rural Fixed Telephone Subscribers	146.54	64.14	87.61	
#住宅	Household Fixed Telephone Subscribers	126.01	54.87	79.61	
公用电话(万户)	Public Telephone (10 000 subscribers)	52.19	27.18	16.07	
互联网宽带接入用户(万户)	Number of Broadband Subscribers of Internet (10 000 subscribers)	109.52	245.34	576.40	742.84
长途电话交换机容量(路端)	Capacity of Long-distance Call Exchanges (line)	253576	72000	57485	57485
局用电话交换机容量(万门)	Capacity of Office Telephone Exchanges (10 000 lines)	439	278	76	49
移动电话交换机容量(万户)	Capacity of Mobile Telephone Exchanges (10 000 subscribers)	1940	2997	5227	5465
长途光缆线路长度(万公里)	Length of Long-distance Optical Cable Lines (10 000km)	2.99	3.24	3.58	3.77

注：1. 邮政业务总量、快递的统计口径2006年以前为中国邮政集团，2007—2010年为规模以上(年业务收入200万元以上)邮政业法人企业数据，2011年起统计口径为年营业收入10万元以上法人企业(下表同)。
2. 邮政业务总量和电信业务总量，2010年及以前按2000年不变价格计算，2011—2015年按2010年不变价格计算，2016年起电信业务总量按2015年不变价格计算。
3. 邮政行业营业网点数，2007—2015年为规模以上邮政业法人企业办理业务的场所，2016年起包括邮政公司网点和各快递服务企业网点(下表同)。
4. 长途电话业务电路包括固定长途电话业务电路和移动长途电话业务电路。
5. 长途电话为本地网内区间电话通话量。

a) Statistical coverages of business volume of postal and telecommunication services and pieces of express mail services are China Post Group before 2006, and from 2007-2010 are postal enterprises above designated size (with annual business revenue above 2 million yuan), Since 2011, statistical caliber is the corpo-rate enterprises whose annual operating revenue are more than 100 thousand yuan. The same applies to the table following.
b) Business volume of postal services and business volume of telecommunication services before 2010 was calculated at 2000 constant prices. From 2011 to 2015 was calculated at 2010 constant prices. Business volume of telecommunication services was calculated at 2015 constant prices since 2016.
c) Number of postal offices referred to the business sites of postal enterprises above designated size from 2007 to 2015. Since 2016, the offices including the offices of postal company and express service business. The same applies to the table following.
d) Long-distance telephone circuits includes fixed and mobile long-distance telephone circuits.
e) Long-distance telephone is the volume within the range of local network.

17-9 邮电业务量
Business Volume of Postal and Telecommunication Services

年 份 Year	邮政业务总量（万元）Business Volume of Postal Services (10 000 yuan)	电信业务总量（万元）Business Volume of Telecommunication Services (10 000 yuan)	函件（万件）Number of Letters (10 000 pcs)	包裹（万件）Package (10 000 pcs)	快递（万件）Pieces of Express Mail Services (10 000 pcs)	快递业务收入（万元）Revenue from Express Service (10 000 yuan)	报刊期发数（万份）Issue of Newspapers and Magazines (10 000 copies)	集邮业务（万枚）Stamps for Collection (10 000 copies)
1995			9104		29		496	4161
1996			9716		48		474	4897
1997			8969		61		500	7942
1998			8245		72		502	10997
1999			7817		79		656	11150
2000			9919		101		679	10767
2001			10032		104		672	8110
2002			12215		128		421	4276
2003			10483		196		469	2876
2004			5645		213		353	2495
2005	70225	1289021	5071	111	227		175	1700
2006	87945	1586780	4019	112	233		200	1400
2007	77052	2115772	3490	103	226		189	1427
2008	79622	2718466	3769	96	301		303	1800
2009	89399	3529286	3811	102	347		200	1600
2010	84871	4448065	3806	90	421		210	1500
2011	74612	1607463	3277	91	1135	27730	201	1989
2012	82361	1799694	3560	94	1470	35525	226	1952
2013	113795	1982160	3190	40	1789	40781	188	1738
2014	135103	2640164	2664	89	2656	51198	210	1920
2015	163248	3472888	1582	68	3541	72537	124	2166
2016	221880	2320505	1029	51	6065	125041	129	2216
2017	267380	4559358	864	61	7202	148096	128	1741
2018	310527	11942649	765	78	8912	188515	133	1764

注：邮政业务总量和电信业务总量2010年及以前按2000年不变价格计算，2011年起按2010年不变价格计算，2016年起电信业务总量按2015年不变价格计算。

a) Business volume of postal services and business volume of telecommunication services before 2010 was calculated at 2000 constant prices. Since 2011, it was calculated at 2010 constant prices. Business volume of telecommunication services since 2016 was calculated at 2015 constant prices.

17－9 续表 continued

年 份 Year	固定电话年末用户(万户) Number of Fixed Telephone Subscribers at Year-end (10 000 subscribers)	城市 Urban	#住宅 Household	乡村 Rural	#住宅 Household	公用电话 (万户) Public Telephone (10 000 subscribers)	移动电话用户期末数 (万户) Number of Mobile Telephones Subscribers at Year-end (10 000 subscribers)	互联网宽带接入用户 (万户) Broadband Subscribers of Internet (10 000 subscribers)
1995	43. 32	40. 26	26. 73	3. 06	1. 14	0. 50		
1996	57. 65	53. 52	37. 75	4. 12	2. 20	0. 95		
1997	73. 49	67. 29	49. 45	6. 20	3. 23	1. 68		
1998	95. 23	85. 48	70. 36	9. 75	6. 67	2. 52		
1999	118. 15	100. 26	74. 74	17. 88	13. 13	3. 52		
2000	180. 17	137. 97	108. 46	42. 20	34. 65	4. 90		
2001	250. 43	183. 23	135. 90	67. 21	57. 03	5. 35		
2002	321. 99	233. 40	181. 63	88. 60	80. 24	6. 75		
2003	402. 30	287. 30	125. 44	115. 00	101. 54	37. 61		
2004	477. 25	344. 57	232. 06	132. 68	118. 17	56. 46		
2005	548. 04	395. 29	252. 76	152. 75	135. 91	71. 18	408	56. 54
2006	607. 49	432. 11	280. 89	175. 38	156. 48	67. 24	545	63. 74
2007	585. 46	394. 41	252. 36	191. 05	62. 57	67. 97	686	77. 77
2008	519. 19	334. 83	213. 93	184. 36	166. 93	56. 93	896	68. 04
2009	453. 93	285. 94	145. 72	167. 99	147. 87	54. 55	1194	98. 30
2010	411. 90	265. 36	160. 96	146. 54	126. 01	52. 19	1390	109. 52
2011	396. 44	269. 93	145. 93	126. 51	104. 86	50. 14	1614	145. 63
2012	377. 76	272. 42	151. 77	105. 34	84. 88	48. 19	1764	163. 30
2013	364. 33	269. 76	139. 65	94. 57	74. 04	46. 93	1976	192. 15
2014	341. 30	260. 36	137. 78	80. 94	60. 31	40. 41	2059	213. 90
2015	325. 99	261. 85	143. 16	64. 14	54. 87	27. 18	2108	245. 34
2016	312. 26	241. 20	145. 55	71. 10	63. 69	19. 95	2204	392. 86
2017	326. 77	239. 16	137. 99	87. 61	79. 61	16. 07	2526	576. 40
2018	332. 83						2736	742. 84

17-10 邮电局所数及邮递线路、邮电通信电路

Number of Postal Offices and Postal Delivery Routes, Telecommunications Services Facilities

年 份 Year	营业网点 (处) Number of Offices (unit)	邮路及农村投递线路总长度 (公里) Length of Postal Routes and Rural Delivery Routes (km)	农村投递线路 (公里) Rural Delivery Routes (km)	长话业务电路 (路) Number of Long-distance Calls (line)	长途光缆线路长度 (公里) Length of Long Distance Optical Cable Lines (km)
1995	1217	164629	106265	12174	2462
1996	1254	179278	106321	15253	4909
1997	1286	179241	106397	15596	6524
1998	1526	167616	105925	30742	8336
1999	1278	143249	105794	28147	8410
2000	1290	180748	105856	28650	10140
2001	1293	181034	106216	55712	12474
2002	1289	174706	105985	108971	18061
2003	1279	174599	106200	135051	20703
2004	1281	175896	106089	254790	21873
2005	1280	179404	104848	440670	19729
2006	1286	179089	104393	637300	23091
2007	1310	180592	104906	1588192	27122
2008	1269	186505	109679	3042030	27772
2009	1269	188415	110944	5269198	30106
2010	1270	190024	110385	6446010	29939
2011	1325	155012	112023	6220530	28259
2012	1197	188238	134411	5580840	29525
2013	1208	191651	134717	25833120	31099
2014	1493	190451	133743	41394180	31377
2015	1655	234109	148872	59997390	32446
2016	4635	337209	144652	204043980	33409
2017	4863	300439	112385	221317890	35762
2018	4725	331814	130145		37735

注：长话业务电路30(路)=2M
a) Long-distance service circuit 30 (road) = 2M

17-11 邮电通信服务水平

Postal and Telecommunication Services Available

指 标	Item	2010	2015	2017	2018
平均每人每年发函件数(件)	Annual Average Number of Letters Mailed per Capita (copy)	1.40	1.00	0.33	0.29
平均每百人每年订报刊数(份)	Annual Average Number of Newspaper and Magazine Subscribed per 100 Persons (copy)	8.00	7.00	7.00	8.00
固定电话普及率(部/百人)	Popularization Rate of Fixed Telephone (set/100 persons)	15.63	12.58	12.52	12.51
移动电话普及率(部/百人)	Popularization Rate of Mobile Telephone (set/100 persons)	52.75	81.37	96.8	104.2
设有邮电局、所的乡(镇)比重(%)	Percentage of Townships with Postal and Telecommunication Offices (%)	63.70	100.00	100.00	100.00

17－12 各地区交通运输业基本情况（2018）
Basic Conditions of Transportation by Region（2018）

地区	Item	公路里程（公里）Length of Highways（km）	#等级公路（公里）Expressway and Class I to IV Highways（km）	#高速 Expressway	民用汽车拥有量（万辆）Possession of Civil Vehicles（10 000 units）	#私人汽车 Private Vehicles
兰州市	Lanzhou	8146.03	6379.34	451.84	88.14	67.40
嘉峪关市	Jiayuguan	603.89	574.21	20.78	6.91	6.20
金昌市	Jinchang	2872.32	2862.67	219.69	7.86	7.09
白银市	Baiyin	12579.26	9695.81	247.68	25.81	22.98
天水市	Tianshui	10951.01	10642.07	248.16	30.50	28.43
武威市	Wuwei	13130.59	11309.81	562.23	20.69	19.16
张掖市	Zhangye	11357.88	9537.23	241.49	19.17	17.66
平凉市	Pingliang	10352.42	9069.07	185.64	25.19	22.61
酒泉市	Jiuquan	17598.57	16835.48	909.55	19.40	17.55
庆阳市	Qingyang	13416.37	11014.03	190.90	31.79	28.68
定西市	Dingxi	10904.50	10188.17	331.26	33.43	30.67
陇南市	Longnan	16940.52	16450.84	412.73	17.66	16.13
临夏州	Linxia	6790.23	6697.81	152.17	23.84	17.55
甘南州	Gannan	7584.03	6813.98	68.00	7.24	6.49

17－13 各地区邮电通信行业基本情况（2018）
Basic Conditions of Postal and Telecommunication Services by Region（2018）

地区	Item	邮政业务总量（万元）Business Volume of Postal Services（10 000 million yuan）	电信业务总量（万元）Business Volume of Telecom-munication Services（10 000 million yuan）	固定电话用户期末数（万户）Number of Fixed Telephone Subscribers at Year-end（10 000 subscribers）	移动电话用户期末数（万户）Number of Mobile Telephones Subscribers at Year-end（10 000 subscribers）	（固定）互联网宽带用户数（万户）Number of（Fixed）Broadband Subscribers of Internet（10 000 subscribers）
兰州市	Lanzhou	116411	3459096	65.84	577.20	172.35
嘉峪关市	Jiayuguan	5368	191691	12.40	45.10	13.93
金昌市	Jinchang	5408	220147	5.71	58.80	17.77
白银市	Baiyin	14143	625722	25.75	170.06	45.68
天水市	Tianshui	37197	1089349	50.71	282.13	81.12
武威市	Wuwei	13318	607959	14.06	164.88	44.55
张掖市	Zhangye	9799	510200	19.72	138.59	46.20
平凉市	Pingliang	16713	687503	26.53	186.64	55.64
酒泉市	Jiuquan	11842	585543	26.20	137.89	44.84
庆阳市	Qingyang	24012	936954	25.12	234.58	57.12
定西市	Dingxi	20183	878611	11.03	239.87	59.08
陇南市	Longnan	20437	873521	26.44	237.68	53.09
临夏州	Linxia	11517	943029	16.83	191.34	35.43
甘南州	Gannan	4178	333325	6.49	71.23	16.04

注：邮政业务总量按2010年不变价格计算，电信业务总量按2015年不变价格计算。

a) Business volume of postal services was calculated at 2010 constant prices, business volume of telecommunication services was calculated at 2015 constant prices.

主要统计指标解释

铁路营业里程 又称营业长度(包括正式营业和临时营业里程),指投入客货运输营业或临时营业的线路长度。

电气化里程 指具备了电力机车牵引条件,并已交付运营的线路里程。

公路里程 指报告期末公路的实际长度。统计范围:包括城间、城乡间、乡(村)间能行驶汽车的公共道路,公路通过城镇街道的里程,公路桥梁长度、隧道长度、渡口宽度。不包括城市街道里程,断头路里程,农(林)业生产用道路里程,工(矿)企业等内部道路里程。统计原则:按已竣工验收或交付使用的实际里程计算;两条或多条公路共同经由同一路段的重复里程,只计算一次。

货(客)运量 指在一定时期内,各种运输工具实际运送的货物(旅客)数量。该指标是反映运输业为国民经济和人民生活服务的数量指标,也是制定和检查运输生产计划、研究运输发展规模和速度的重要指标。货运按吨计算,客运按人计算。货物不论运输距离长短、货物类别,均按实际重量统计。旅客不论行程远近或票价多少,均按一人一次客运量统计;半价票、小孩票也按一人统计。

货物(旅客)周转量 指在一定时期内,由各种运输工具运送的货物(旅客)数量与其相应运输距离的乘积之总和。该指标可以反映运输业生产的总成果,也是编制和检查运输生产计划,计算运输效率、劳动生产率以及核算运输单位成本的主要基础资料。计算货物周转量通常按发出站与到达站之间的最短距离,也就是计费距离计算。计算公式为:

货物(旅客)周转量 = ∑[货物(旅客)运输量 ×运输距离]

民用汽车拥有量 指报告期末,在公安交通管理部门按照《机动车注册登记工作规范》,已注册登记领有民用车辆牌照的全部汽车数量。汽车拥有量统计的主要分类:根据汽车结构分为载客汽车、载货汽车及其他汽车;根据汽车所有者不同分为个人(私人)汽车、单位汽车;根据汽车的使用性质分为营运汽车、非营运汽车;根据汽车大小规格不同载客汽车分为大型、中型、小型和微型,载货汽车分为重型、中型、轻型和微型。

邮政、电信业务总量 指以货币形式表示的邮政、电信通信企业为社会提供各类邮政、电信通信服务的总数量。计算方法为各类业务的实物量分别乘以相应的不变单价,求出各类业务的货币量加总求得。没有不变单价的业务按其业务收入直接相加。

移动电话用户 指在电信运营企业营业网点办理开户登记手续,通过移动电话交换机进入移动电话网,占用移动电话号码的各类电话用户。包括各类签约用户、智能网预付费用户、无线上网卡用户。

城市电话用户 指按行政区划属于中央直辖市、省辖市、地级市、县级市的市区、市郊区及县城区范围内的电话用户数。包括分布在农村地区但以县团级以上建制的独立工矿区、林区、驻军的电话用户。

农村电话用户 指按行政区划属于城市范围以外的乡(镇)、村电话用户。

住宅电话用户 指私人付费或安装在居民住宅并按照私人或住宅电话用户登记注册和收费的各类电话用户。

长途电话交换机容量 指电信企业用于接入长途电话网的电话交换机的设备额定容量。

局用交换机容量 指安装在电信企业内用于接续本地固定电话的电话交换机容量,包括接入网设备容量(安装在电信运营企业用于连接语音用户的远端节点的设备容量)。

移动电话交换机容量 指移动电话交换机根据一定话务模型和交换机处理能力计算出来的最大同时服务用户的数量。按报告期末已割接入网正式投入使用的设备实际容量统计。

18

教育和科学技术

Education & Science and Technology

简要说明

一、本篇资料主要内容

本篇主要反映教育、科学技术活动的基本情况。

教育资料主要包括：高等教育（研究生教育、普通本专科教育、成人本专科、其他各类高等学历教育），中等教育（高中阶段、初中阶段），小学教育，教育经费情况等资料。主要包括学校数、在校学生数、招生数、毕业生数、教职工数和专任教师数以及各类学校教育经费情况。

科学技术资料主要内容包括：研究与试验发展（R&D）情况、规模以上工业科技活动情况、科技成果情况、专利申请及授权情况、企事业单位专业技术人员等。

二、本篇资料来源

本篇资料由省统计局社会科技处搜集、整理。

1. 教育资料由省教育厅提供。

2. 科技资料来源于省统计局《科技统计综合年报》、《规模以上工业企业研发活动统计年报》、省人力资源和社会保障厅、省科学技术厅。

3. 专利资料由省市场监督管理局提供。

18－1　各级各类学校、教职工和专任教师情况（2018）
Number of Schools, Educational Personnel and Full-time Teachers by Type and Level（2018）

项　　目	Item	学校数（所）Number of Schools（unit）	教职工数（人）Teachers and Staff（person）	专任教师（人）Full-time Teachers（person）
高等教育	**Higher Education**	**84**	**41775**	**29702**
研究生培养机构	Institutions Providing Postgraduate Programs	（14）		117
普通高校	Regular Higher Education Institutions	（10）		
科研机构	Research Institutions	（4）		117
普通高等学校	**Regular Higher Education Institutions**	44	40803	28939
本科院校	HEIs Offering Degree Programs	17	24658	16450
专科院校	Colleges with Specialized Courses	27	12652	9921
#职业技术学院	Vocational and Technical Colleges	25	11618	9153
其他机构(教学点)	Other Institutions	（5）	3493	2568
#独立学院	Independent Institutions	（5）	3493	2568
成人高等学校	Adult HEIs	5	506	385
民办的其他高等教育机构	Other Non-government HEIs	35	466	261
中等教育	**Secondary Education**	**2057**	**166113**	**139893**
高中阶段教育	Senior Secondary Education	590	16877	59941
高中	Senior Secondary Schools	381		45730
普通高中	Regular Senior Secondary Schools	381		45730
成人高中	Adult High Schools			
中等职业教育	Secondary Vocational Education	242	20383	17116
普通中专	Regular Specialized Secondary Schools	81	6862	5488
成人中专	Adult Specialized Secondary Schools	19	525	413
职业高中	Vocational Senior Secondary Schools	109	9472	8292
技工学校	Skilled Workers Schools	33	3506	2905
其他机构(教学点)	Other Institutions	（6）	18	18
初中阶段教育	Junior Secondary Education	1467	149236	79952
普通初中	Regular Junior Secondary Schools	1467	149236	79952
职业初中	Vocational Junior Secondary Schools			
成人初中	Adult Junior Secondary Schools			
初等教育	**Primary Education**	**5785**	**131733**	**143260**
普通小学	Regular Primary Schools	5785	131733	143260
成人小学	Adult Primary Schools			
#扫盲班	Literacy Courses			
特殊教育	**Special Education Schools**	**43**	**1128**	**921**
学前教育	**Pre-school Education Institutions**	**7734**	**66638**	**46614**

注：普通初中教职工数包含普通高中的教职工数，( )表示不计校数。

a) Number of staff and teachers in regular junior secondary schools includes regular senior second schools. ( ) indicates that does not count the number of schools.

18-2 各级各类学历教育学生情况（2018）
Number of Students of Formal Education by Type and Level（2018）

单位：人 (person)

项　目	Item	招生数 New Enrollment	在校学生数 Total Enrollment	毕业生数 Graduates
高等教育	**Higher Education**	**229596**	**696621**	**182709**
研究生	Postgraduates	13959	38457	9526
博士	Doctor's Degree	1159	4383	642
硕士	Master's Degree	12800	34074	8884
普通本专科	Undergraduates in Regular HEIs	146640	483620	122347
本科	Normal Courses	75132	293062	70587
专科	Short-cycle Courses	71508	190558	51760
成人本专科	Undergraduates in Adult HEIs	24517	67380	28134
本科	Normal Courses	12473	33378	13675
专科	Short-cycle Courses	12044	34002	14459
其他高等学历教育	Students Enrolled in Other Formal Programs	45578	109834	22702
在职人员攻读博士、硕士学位	Doctor and Master's Degree Programs for On-the-job Personnel		3543	
网络本专科生	Web-based Undergraduates	44480	98556	21180
本科	Normal Courses	14823	37242	8077
专科	Short-cycle Courses	29657	61314	13103
学历文凭考试	Students Taking Exam Leading to Diploma			
自学考试	Students Taking Unified Exams after Completing Self-learning Programs			
其他	Others	1098	7735	1522
中等教育	**Secondary Education**	**541869**	**1608365**	**543167**
高中阶段教育	Senior Secondary Education	245281	738351	259956
高中	Senior Secondary Schools	172624	549305	201083
普通高中	Regular Senior Secondary Schools	172624	549305	201083
成人高中	Adult High Schools			
中等职业教育	Secondary Vocational Education	83681	222560	70487
普通中专	Regular Specialized Secondary Schools	29745	85251	27968
成人中专	Adult Specialized Secondary Schools	3891	8220	2835
职业高中	Vocational Senior Secondary Schools	39021	95575	28070
技工学校	Skilled Workers Schools	11024	33514	11614
初中阶段教育	Junior Secondary Education	296588	870014	283211
普通初中	Regular Junior Secondary Schools	296588	870014	283211
职业初中	Vocational Junior Secondary Schools			
成人初中	Adult Junior Secondary Schools			
初等教育	**Primary Education**	**344889**	**1896471**	**300842**
普通小学	Regular Primary Schools	344889	1896471	300842
成人小学	Adult Primary Schools			
#扫盲班	Literacy Courses			
特殊教育	**Special Education Schools**	**3050**	**15769**	**1524**
学前教育	**Pre-school Education Institutions**	**367512**	**944401**	**355951**

注：特殊教育学生数中包括普通中小学随班就读的学生。
a) Number of the students followed in the regular primary and secondary schools is included in the special education.

18－3　各级各类学校数
Number of School by Type and Level

单位：所　(Unit)

年　份 Year	普通高等学校 Regular HEIs	普通中学 Regular Secondary Schools	高中 Senior Secondary Schools	初中 Junior Secondary Schools	职业中学 Vocational Secondary Schools	普通小学 Regular Primary Schools	特殊教育学校 Special Education Schools	学前教育 Pre-primary Education Institutions
1995	17	1626	444	1182	190	23718	11	1235
1996	17	1657	430	1227	180	23658	11	1321
1997	17	1656	427	1229	182	22848	11	1545
1998	17	1666	421	1245	178	22634	10	1803
1999	18	1667	410	1257	177	22560	10	2040
2000	18	1689	419	1270	170	21557	12	2249
2001	25	1979	435	1544	154	17477	11	1992
2002	25	2004	438	1566	156	16648	14	2286
2003	31	2031	453	1578	140	15635	14	2276
2004	31	2054	470	1584	151	15347	14	2377
2005	33	2050	497	1553	153	14963	14	2451
2006	33	2155	495	1660	154	14685	14	2556
2007	34	2130	493	1637	162	14002	14	2457
2008	34	2103	480	1623	181	13424	15	2503
2009	34	2081	463	1618	177	12637	15	2452
2010	35	2038	452	1586	150	11582	17	2407
2011	37	2012	436	1576	147	10907	22	2457
2012	37	2033	445	1588	141	10336	28	2712
2013	37	1989	428	1561	133	9640	32	3141
2014	38	1940	402	1538	126	8979	33	3471
2015	40	1877	386	1491	118	8052	37	3971
2016	44	1861	379	1482	114	6924	40	6441
2017	44	1852	384	1468	105	6172	41	7122
2018	44	1848	381	1467	109	5785	43	7734

注：职业中学包括职业高中和职业初中(下表同)。
a) Vocational secondary schools include vocational senior and junior secondary schools. The same applies to the tables following.

18-4 各级各类学校专任教师数
Number of Full-time Teachers of Schools by Type and Level

单位：人 (person)

年份 Year	普通高等学校 Regular HEIs	普通中学 Regular Secondary Schools	高中 Senior Secondary Schools	初中 Junior Secondary Schools	职业中学 Vocational Secondary Schools	普通小学 Regular Primary Schools	特殊教育学校 Special Education Schools	学前教育 Pre-primary Education Institutions
1995	6284	62669	12970	49699	4173	130032	224	9776
1996	6282	63912	13151	50761	4013	129823	235	8758
1997	6403	66124	13723	52401	4190	130628	248	10194
1998	6505	67774	13703	54071	4415	131473	221	10765
1999	6899	70711	14233	56478	4615	128839	297	10669
2000	7208	74082	15200	58882	4549	125172	269	11953
2001	8826	78439	16562	61877	4598	122038	271	10109
2002	10021	82709	18582	64127	4751	124017	279	10115
2003	12274	87753	21754	65999	3945	126740	294	11109
2004	13727	93024	25458	67566	4614	128725	296	9933
2005	14816	99150	29127	70023	5158	130841	303	10221
2006	16105	106106	32081	74025	5803	135491	314	10939
2007	17439	110204	33979	76225	7337	137149	345	10950
2008	18581	114963	35524	79439	7537	141371	341	12589
2009	19629	116883	36450	80433	8256	139966	380	12365
2010	20761	120689	37517	83172	7522	140381	418	13668
2011	22066	123055	38593	84462	8283	141324	484	15009
2012	23232	124844	40467	84377	8042	140235	572	17086
2013	24351	126817	42469	84348	7860	140436	692	20621
2014	25283	128599	43761	84838	7739	140476	671	26097
2015	26132	128621	44764	83857	8099	140320	729	30342
2016	26731	127471	45107	82364	8104	141113	825	39459
2017	28474	126418	45386	81032	7746	141962	877	43975
2018	28939	125682	45730	79952	8292	143260	921	46614

18－5 各级各类学校招生数
Number of Entrants of Formal Education by Type and Level of School

单位：人 (person)

年 份 Year	普通高等学校 Regular HEIs	普通中学 Regular Secondary Schools	高中 Senior Secondary Schools	初中 Junior Secondary Schools	职业中学 Vocational Secondary Schools	普通小学 Regular Primary Schools	特殊教育学校 Special Education Schools
1995	15119	337758	64113	273645	19260	525875	311
1996	15567	354996	63001	291995	19533	548661	281
1997	16313	375656	63782	311874	20593	563443	333
1998	16813	404014	69652	334362	19790	546980	842
1999	23010	455111	75439	379672	21180	538695	1049
2000	33425	508648	90840	417808	21461	552740	1094
2001	45382	547593	109805	437788	20945	601257	1644
2002	53079	590617	143666	446951	23013	609934	1231
2003	60069	621290	168181	453109	19212	572321	975
2004	66182	657600	186561	471039	26738	508787	979
2005	71572	691600	205710	485890	32313	461894	915
2006	90373	711676	207257	504419	52175	481721	1301
2007	98569	678575	204816	473759	71267	435661	1614
2008	110889	696897	210511	486386	72436	411003	2051
2009	112280	699300	216982	482318	72692	372689	1954
2010	114899	673394	219614	453780	70355	361331	2071
2011	124935	628251	221551	406700	56719	338176	1457
2012	131263	602045	226107	375938	55991	341155	1434
2013	123402	552431	218143	334288	45215	320908	1409
2014	130624	518092	208136	309956	40433	280655	1285
2015	126242	490221	199426	290795	38362	313028	1769
2016	130683	483583	193389	290194	41215	326665	2235
2017	138515	468236	182636	285600	37209	336255	2531
2018	146640	469212	172624	296588	39021	344889	3050

18－6 各级各类学校在校学生数

Number of Students Enrollment by Level and Type of School

单位：人 (person)

年 份 Year	普通高等学校 Regular HEIs	普通中学 Regular Secondary Schools	高中 Senior Secondary Schools	初中 Junior Secondary Schools	职业中学 Vocational Secondary Schools	普通小学 Regular Primary Schools	特殊教育学校 Special Education Schools	学前教育 Pre-primary Education Institutions
1995	45480	915263	168589	746674	42747	2737059	1529	409893
1996	47578	966394	176444	789950	45696	2857986	1523	403714
1997	50678	1021024	180035	840989	48111	2992795	1476	398426
1998	54014	1079819	185946	893873	48889	3092488	4003	376575
1999	62637	1185891	201138	984753	49866	3131747	4653	407489
2000	81734	1314710	229500	1085210	52573	3164603	6438	427960
2001	110898	1459845	276573	1183272	52657	3189816	9953	401681
2002	143009	1606592	346294	1260298	56483	3229371	9192	402653
2003	173391	1733035	427011	1306024	49529	3227592	7673	372225
2004	200282	1844406	499609	1344797	62506	3155535	7732	350749
2005	229459	1943839	566168	1377671	73451	3035794	8339	349407
2006	263691	2047847	603358	1444489	100062	2984425	9127	342279
2007	295992	2036640	613906	1422734	131929	2846312	11606	330213
2008	331895	2038447	618253	1420194	155909	2689631	13443	337843
2009	361490	2041628	630654	1410974	167699	2525962	13687	358748
2010	381526	2031002	646975	1384027	170001	2370406	13350	387338
2011	405306	1942478	657086	1285392	147946	2200743	9455	432181
2012	431069	1845050	664879	1180171	151327	2063549	8337	480323
2013	442963	1702496	666556	1035940	125348	1867268	8396	549800
2014	452300	1625349	654430	970919	111266	1802371	7635	620127
2015	450463	1538620	629365	909255	101348	1802401	9260	701132
2016	457204	1479661	603490	876171	98383	1821629	11373	892087
2017	466185	1433408	577281	856127	94384	1855722	13492	929708
2018	483620	1419319	549305	870014	95575	1896471	15769	944401

18－7 各级各类学校毕业生数
Number of Graduates by Level and Type of School

单位：人 (person)

年 份 Year	普通高等学校 Regular HEIs	普通中学 Regular Secondary Schools	高中 Senior Secondary Schools	初中 Junior Secondary Schools	职业中学 Vocational Secondary Schools	普通小学 Regular Primary Schools	特殊教育学校 Special Education Schools
1995	14288	252360	46948	205412	14053	319684	141
1996	13314	256098	48060	208038	12993	336205	121
1997	13140	274961	52911	222050	14384	355832	132
1998	13251	291067	54794	236273	14726	383938	258
1999	14007	305292	53867	251425	17030	424250	684
2000	13971	327787	56479	271308	15210	459255	948
2001	17000	351876	62793	289083	16785	488961	900
2002	21647	402829	72295	330534	17021	486101	712
2003	29582	456044	89040	367004	14753	481495	466
2004	39390	506391	109055	397336	16975	488842	612
2005	49886	561654	138165	423489	19144	502605	684
2006	57381	595637	164257	431380	19539	506371	701
2007	63315	628548	179335	449213	24451	478740	1089
2008	75051	645494	194146	451348	29687	485899	1664
2009	84082	655641	192269	463372	39579	492720	1965
2010	92226	649631	195045	454586	44095	474328	1850
2011	99042	660487	202234	458253	50585	426257	708
2012	102980	656260	213620	442640	43807	398700	834
2013	109192	636032	216530	419502	45569	370611	831
2014	118697	575501	223828	351673	35089	319335	818
2015	124003	556758	224408	332350	33969	300080	917
2016	119911	531473	219083	312390	30008	298820	1046
2017	124786	506220	208113	298107	30270	294669	1232
2018	122347	484294	201083	283211	28070	300842	1524

18－8 研究生数
Number of Postgraduates

单位：人 (person)

年 份 Year	招生数 Entrants	博士 Doctor's Degree	硕士 Master's Degree	在校学生数 Enrollment	博士 Doctor's Degree	硕士 Master's Degree	毕业生数 Graduates	博士 Doctor's Degree	硕士 Master's Degree
1995	689			1873	361	1512	416	76	340
1996	780			2146	440	1706	484	71	413
1997	884			2350	495	1855	601	93	508
1998	875			2563	523	2040	623	127	496
1999	1075			2874	597	2277	706	139	567
2000	1558			3579	764	2815	801	130	671
2001	2147			4781	963	3118	1096	283	813
2002	2703	448	2255	6403	1236	5167	940	168	772
2003	3634	583	3051	8555	1594	6961	1349	218	1131
2004	5073	683	4390	11496	1986	9509	1965	290	1675
2005	6146	717	5429	14895	2320	12575	2484	378	2106
2006	6710	747	5963	18069	2583	15486	3201	474	2727
2007	7117	783	6334	20034	2765	17269	4831	595	4236
2008	7502	810	6692	21580	2953	18627	5649	600	5049
2009	8463	887	7576	23469	3153	20316	6122	633	5459
2010	9098	888	8210	25609	3335	22274	6523	669	5854
2011	9307	923	8384	26973	3482	23491	7160	729	6431
2012	9804	943	8861	28306	3597	24709	8002	797	7205
2013	10116	973	9143	29412	3746	25666	8629	762	7867
2014	9870	820	9050	29080	3370	25710	8637	600	8037
2015	10089	825	9264	29637	3516	26121	9195	644	8551
2016	10699	873	9826	31199	3720	27479	8806	601	8205
2017	12810	942	11868	34548	3970	30578	9152	643	8509
2018	13959	1159	12800	38457	4383	34074	9526	642	8884

18－9 高等教育学校(机构)学生数(2018)
Number of Students in Higher Education Institutions (2018)

单位：人 (person)

项目	Item	招生数 Entrants	在校学生数 Enrollment	毕业生数 Graduates	授予学位数 Degrees Awarded
研究生	Postgraduates	13959	38457	9526	9526
博士	Doctor's Degrees	1159	4383	642	630
硕士	Master's Degrees	12800	34074	8884	8896
普通本专科	Undergraduates in Regular HEIs	146640	483620	122347	69388
本科	Normal Courses	75132	293062	70587	69388
专科	Short-cycle Courses	71508	190558	51760	
成人本专科	Undergraduates in Adult HEIs	24517	67380	28134	934
本科	Normal Courses	12473	33378	13675	934
专科	Short-cycle Courses	12044	34002	14459	
在职人员攻读硕士学位	Master's Degree Programs for On-the-job Personnel				926
网络本专科生	Web-based Undergraduates	44480	98556	21180	176
本科	Normal Courses	14823	37242	8077	176
专科	Short-cycle Courses	29657	61314	13103	
自考助学班	Classes run by Non-government HEIs for Students Preparing for Self-directed State-administered Examinations		3510	968	
普通预科生	College-preparatory Classes		1896		
研究生课程进修班	Postgraduates Courses				
进修及培训	In-service Training			116753	
留学生	Foreign Students	1098	2329	554	137

注：留学生指来中国学习的留学生数。
a) Foreign students refer to foreign students studying in China.

18－10 普通本科分学科学生数(2018)
Number of Regular Students for Normal Courses in HEIs by Discipline (2018)

单位：人 (person)

类别	Item	毕业生数 Graduates	招生人数 Entrants	在校学生数 Enrollment
甘肃省	**Gansu**	**70587**	**75132**	**293062**
哲学	Philosophy	59	66	277
经济学	Economics	4006	3735	14890
法学	Law	4152	3776	15432
教育学	Education	3412	3249	13208
文学	Literature	7157	6974	27201
历史学	History	1035	903	3718
理学	Science	6437	6618	25798
工学	Engineering	22110	24521	92467
农学	Agriculture	2004	1979	7985
医学	Medicine	3551	6498	25101
管理学	Administrators	11734	11435	46147
艺术学	Art	4930	5378	20838

18－11 普通专科分学科学生数（2018）
Number of Students in Undergraduate and Junior Colleges by Field of Study(2018)

单位：人 (person)

类　别	Item	毕业生数 Graduates	招生人数 Entrants	在校学生数 Enrollment
甘肃省	**Gansu**	**51760**	**71508**	**190558**
农林牧渔大类	Agriculture, Forestry, Husbandry and Fishing	2892	2472	8033
交通运输大类	Transpotation and Communication	3541	3925	10499
生化与药品大类	Biochemistry and Medicine	1488	1605	4783
资源开发与测绘大类	Resources Development and Survey	4145	4864	13344
材料与能源大类	Material and Energy	514	415	1405
土建大类	Civil Engineering	7664	9737	27473
水利大类	Water Resources	2942	2352	7178
制造大类	Manufacturing	135	327	688
电子信息大类	Electronic Information	616	891	2490
环保、气象与安全大类	Environment Protection, Meteorology and Safety	2251	4765	10604
轻纺食品大类	Light,Textile and Food	3899	6303	16373
财经大类	Finance	6492	10844	28229
医药卫生大类	Medicine and Health	6859	8909	24921
旅游大类	Tourism	991	2298	5414
公共事业大类	Public Service	881	1454	3605
文化教育大类	Culture and Education	124	60	283
艺术设计传媒大类	Artistic Design and Mass Media	4742	8512	19548
公安大类	Public Security	1274	1428	4382
法律大类	Law	310	347	1306

18－12 成人本科分学科学生数（2018）
Number of Adult Students for Normal Courses in HEIs by Discipline (2018)

单位：人 (person)

类　别	Item	毕业生数 Graduates	招生人数 Entrants	在校学生数 Enrollment
甘肃省	**Gansu**	**13675**	**12473**	**33378**
哲学	Philosophy			
经济学	Economics	107	145	392
法学	Law	1558	915	2316
教育学	Education	505	956	1998
文学	Literature	1617	904	2681
历史学	History	61	38	97
理学	Science	125	55	229
工学	Engineering	5032	3622	10661
农学	Agriculture	458	235	819
医学	Medicine	1529	3188	7476
管理学	Administrators	2662	2398	6616
艺术学	Art	21	17	93

18－13 成人专科分学科学生数（2018）
Number of Adult Students for Short-cycle Courses in HEIs by Discipline(2018)

单位：人 (person)

类　别	Item	毕业生数 Graduates	招生人数 Entrants	在校学生数 Enrollment
甘肃省	**Gansu**	**14459**	**12044**	**34002**
农林牧渔大类	Agriculture, Forestry, Husbandry and Fishing	349	142	466
交通运输大类	Transpotation and Communication	101	65	203
生化与药品大类	Biochemistry and Medicine	258	84	225
资源开发与测绘大类类	Resources Development and Survey	1151	582	1507
材料与能源大类	Material and Energy	28	31	76
土建大类	Civil Engineering	1682	552	2018
水利大类	Water Resources	134	66	221
制造大类	Manufacturing	4		1
电子信息大类	Electronic Information		1	4
环保、气象与安全大类	Environment Protection, Meteorology and Safety	4792	5127	15159
轻纺食品大类	Light, Textile and Food	684	544	1373
财经大类	Finance	1520	1529	4157
医药卫生大类	Medicine and Health	1634	1396	3200
旅游大类	Tourism	198	305	1079
公共事业大类	Public Service	47	33	125
文化教育大类	Culture and Education			
艺术设计传媒大类	Artistic Design and Mass Media	1663	1446	3807
公安大类	Public Security	150	77	252
法律大类	Law	64	64	129

18－14 网络本科分学科学生数（2018）
Number of Web-based Students for Normal Courses in HEIs by Discipline（2018）

单位：人 (person)

类　别	Item	毕业生数 Graduates	招生人数 Entrants	在校学生数 Enrollment
甘肃省	**Gansu**	**8077**	**14823**	**37242**
哲学	Philosophy			
经济学	Economics	558	729	2075
法学	Law	554	931	2204
教育学	Education			
文学	Literature	262	705	1462
历史学	History			
理学	Science	56	55	256
工学	Engineering	1407	3418	7489
农学	Agriculture			
医学	Medicine	2461	3785	10613
管理学	Administrators	2779	5200	13143
艺术学	Art			

18－15 网络专科分学科学生数（2018）
Number of Web-based Students for Short-cycle Courses in HEIs by Discipline（2018）

单位：人 (person)

类 别	Item	毕业生数 Graduates	招生人数 Entrants	在校学生数 Enrollment
甘肃省	**Gansu**	**13103**	**29657**	**61314**
农林牧渔大类	Agriculture, Forestry, Husbandry and Fishing			
资源环境与安全大类	Resources, Environment and Safety			
能源动力与材料大类	Energy Power and Materials			
土木建筑大类	Civil Construction	1887	4292	8332
水利大类	Water Resources			
装备制造大类	Equipment Manufacturing			
生物与化工大类	Biology and Chemical Engineering			
轻工纺织大类	Light Industry and Textile			
食品药品与粮食大类	Food ,Drugs and Grain			
交通运输大类	Transpotation and Communication			
电子信息大类	Electronic Information	813	2462	4496
医药卫生大类	Medicine and Health	2769	4770	12950
财经商贸大类	Financial ,Trade and Business	3840	7361	16442
旅游大类	Tourism			
文化艺术大类	Culture and Art			
新闻传播大类	Journalism and Communication			
教育与体育大类	Education and Sports			
公安与司法大类	Public Security and Justice	630	634	1965
公共管理与服务大类	Public Administration and Service	3164	10138	17129

18－16 技工学校数、学生数和教职工数
Number of Schools, Students, Educational Personnel of Skilled Workers Schools

单位：人 (person)

年 份 Year	学校数(所) Schools (unit)	毕业生数 Graduates	招生人数 Entrants	在校学生数 Enrollment	教职员工 Educational Personnel	专任教师 Full-time Teachers
2005	57	4586	11424	23971	3698	2856
2006	62	7068	12878	29781	5206	4415
2007	62	7068	12878	29781	4598	3807
2008	75	11304	24720	57631		4147
2009	78	12549	41016	71060	4205	2928
2010	78	19944	39944	91249	4525	2189
2011	78	27378	31338	94678	4468	3171
2012	79	25182	26620	96116	4553	3235
2013	80	46847	17402	66671	4555	3250
2014	81	29525	15374	52520	4626	3110
2015	82	23797	13623	42523	4656	3133
2016	82	14948	11984	39559	4732	3442
2017	82	14886	12697	37370	4564	3725
2018	33	11614	11024	33514	3506	2905

18-17 小学学龄儿童净入学率和各级普通学校毕业生升学率
Net Enrolment Ratio of School-age Children in Primary Schools and Promotion Rate of Graduates of Regular School by Levels

单位：% (%)

年 份 Year	小学学龄儿童净入学率 Net Enrollment Ratio of School-age Children in Primary Schools	小学升学率 Promotion Rate from Primary Schools to Junior Secondary Schools	初中升学率 Promotion Rate from Junior Secondary Schools to Senior Secondary Schools	高中升学率 Promotion Rate from Senior Secondary Schools to Higher Education
1996	97.20	86.85		
1997	97.68	87.93		
1998	98.20	87.40		
1999	98.62	89.49		
2000	98.83	90.98		
2001	98.02	89.53	37.98	35.48
2002	98.55	91.95	43.46	38.20
2003	97.99	94.10	45.83	40.33
2004	98.27	96.36	46.95	42.16
2005	98.87	96.67	48.58	42.77
2006	98.89	99.61	48.04	44.50
2007	98.94	98.96	45.59	52.00
2008	99.14	100.10	46.64	60.00
2009	99.45	97.89	46.83	70.00
2010	99.46	95.67	48.31	71.00
2011	99.56	95.41	48.35	75.00
2012	99.68	94.29	51.08	80.00
2013	99.78	90.20	52.00	85.00
2014	99.80	97.06	59.18	90.00
2015	99.83	96.90	60.00	92.00
2016	99.89	97.09	61.81	93.00
2017	99.90	97.10	61.27	94.00
2018	99.91	98.59	60.95	94.00

注：1. 初中升高级中学包含升入技工学校。
2. 高中升学率为普通高校招生数（含电大普通班）与普通高中毕业生数之比。

a) Data on promotion rate from junior secondary schools to senior secondary schools include those entering into secondary technical schools.

b) Data on promotion rate from senior secondary schools to higher education refer to the ratio of new entrants into regular institutions of higher education (including regular classes of TV universities) to graduates of senior secondary schools.

18 – 18 平均每万人口在校学生数和大中小学学生构成
Number of Students per 10 000 Population and It's Composition

年 份 Year	平均每万人口在校学生数(人) Students Enrollment per 10 000 Persons (person)			大、中、小学学生占学生总数(%) Students of Different Levels as Percentage to Total Students (%)		
	大学生 University and College Students	中学生 Secondary School Students	小学生 Primary School Students	大学生 University and College Students	中学生 Secondary School Students	小学生 Primary School Students
1995	19	383	1146	0. 88	16. 90	50. 50
1996	20	398	1177	0. 82	16. 00	47. 20
1997	21	416	1218	0. 82	15. 80	46. 30
1998	22	435	1245	0. 88	16. 80	48. 20
1999	25	466	1232	1. 01	18. 30	48. 30
2000	32	514	1238	1. 26	19. 40	46. 70
2001	42	588	1239	2. 09	27. 44	59. 95
2002	55	681	1246	2. 57	28. 91	58. 13
2003	67	725	1240	3. 05	33. 26	56. 85
2004	76	769	1205	3. 73	37. 49	58. 78
2005	88	818	1170	4. 26	39. 38	56. 36
2006	101	868	1145	4. 78	41. 06	54. 16
2007	113	778	1088	5. 72	39. 33	54. 95
2008	126	776	1023	6. 56	40. 29	53. 15
2009	137	907	1116	6. 35	41. 98	51. 67
2010	149	931	1103	6. 83	42. 65	50. 52
2011	158	888	859	8. 30	46. 61	45. 09
2012	168	721	806	9. 91	42. 53	47. 56
2013	172	659	723	11. 04	42. 43	46. 53
2014	175	631	699	11. 66	41. 89	46. 45
2015	173	592	694	11. 88	40. 58	47. 54
2016	175	567	698	12. 16	39. 37	48. 47
2017	177	546	706	12. 41	38. 17	49. 42
2018	197	609	719	12. 96	39. 94	47. 09

18 – 19 各级学校教师负担学生数
Student-Teacher Ratio of School by Level

单位：人 (person)

年 份 Year	平均每个教师负担学生数 Students Taught Each Teacher			
	普通高等学校 Regular HEIs	普通中等专业学校 Regular Secondary Vocational Schools	普通中学 Regular Secondary Schools	普通小学 Primary School
1995	7	9	15	21
1996	8	10	15	22
1997	8	10	15	23
1998	8	11	16	24
1999	9	11	17	24
2000	12	12	18	25
2001	13	14	19	26
2002	14	16	19	26
2003	14	17	20	25
2004	15	18	19	25
2005	15	20	20	23
2006	16	22	19	22
2007	17	22	18	21
2008	18		18	19
2009	18		17	18
2010	18	23	17	17
2011	19	21	16	15
2012	19	21	15	15
2013	18	18	13	13
2014	18	17	13	13
2015	18	17	12	13
2016	18	15	12	13
2017	18	16	11	13
2018	17	16	11	13

18-20 教育经费情况
Basic Statistics on Educational Funds

单位：万元　　　　　　　　　　　　　　　　　　　　　　　　　　　　　(10 000 yuan)

年份 Year	合计 Total	国家财政性教育经费 Government Appropriation for Education	#预算内教育经费 Budgetary	民办学校办学经费 Funds from Private Schools	社会捐赠经费 Donations and Fund-raising for Running Schools	事业收入 Income from Teaching Research and Other Auxiliary Activity	#学杂费 Tuition and Miscellaneous Fees	其他教育经费 Other Educational Funds
2000	535287	425021	352952	1831	11207	88887	63864	8341
2001	686750	520918	442922	4401	7428	135660	104008	18342
2002	836719	618783	538793	8872	9239	182477	132539	17348
2003	914336	652146	582181	18685	5686	212472	156053	25348
2004	1031445	727916	659017	21274	7037	248453	174186	26765
2005	1195074	847512	785026	34541	5555	273897	198727	33569
2006	1448234	1108365	1024273	41261	5451	260510	188990	32646
2007	1779095	1413920	1342179	2256	6090	326870	244610	29959
2008	2469385	2077502	2009317	1245	11587	354513	272808	24538
2009	2957602	2502298	2426498	2361	28287	395001	311653	29655
2010	3276887	2756965	2644938	7953	19834	450572	359800	41563
2011	3926598	3374222	3179614	4558	8132	482239	399882	57446
2012	4841482	4276671	4014241	5053	3714	494962	404867	61083
2013	5105559	4483501	4126143	4111	5444	545763	450078	66740
2014	5500815	4873620	4622912	6733	8178	547647	462768	64638
2015	6478024	5778852	5709262	6066	6826	598436	477707	87845
2016	7075700	6357782	6284544	7126	5920	621472	484153	82400
2017	7470974	6669673	6611422	7987	3872	629832	506484	159609
2018	7810782	6970056	6890092	22592	5258	694648	555089	118228

18－21　各类学校教育经费情况(2018)
Educational Funds in Various School(2018)

单位：万元　　(10 000 yuan)

类　别	Item	合计 Total	国家财政性教育经费 Government Appropriation for Education	#预算内教育经费 Budgetary	民办学校办学经费 Funds from Private Schools	社会捐赠经费 Donations and Fund-raising for Running Schools	事业收入 Income from Teaching Research and Other Auxiliary Activity	#学杂费 Tuition and Miscellaneous Fees	其他教育经费 Other Educational Funds
高等学校	Institutions of Higher Education	1795025	1331395	1273204		1501	418889	322410	43239
普通高等学校	Regular HEIs	1772727	1320966	1263076		1501	407258	312571	43001
成人高等学校	Adults HEIs	22298	10429	10128			11631	9838	238
中等职业学校	Secondary Vocational Schools	381909	357104	354446	1186	211	16174	5944	7234
中等专业学校	Secondary Specialized Schools	296139	278329	275678	161	179	11528	3940	5942
职业高中	Vocational Senior Secondary Schools	73214	67527	67520	1025	32	3445	1614	1185
技工学校	Skilled Workers Schools	4488	4334	4334			151		4
成人中专学校	Adult Specialized Secondary Schools	8068	6915	6915			1050	389	104
普通中学	Regular Secondary Schools	2199143	2082471	2074283	12416	1747	78822	68944	23686
普通高中	Regular Senior Secondary Schools	858582	765301	759618	12374	1258	70770	61761	8879
普通初中	Regular Junior Secondary Schools	1340561	1317171	1314665	42	489	8053	7183	14806
#农村	Rural Areas	1003582	995441	993713	42	463	1455	1231	6181
普通小学	Regular Primary Schools	2499942	2464205	2460122	144	1543	6836	5959	27214
#农村	Rural Areas	2004563	1984970	1981567	50	1432	2768	2329	15343
特殊教育学校	Special Education Schools	17308	16951	16946		10			347
幼儿园	Kindergartens	639827	471408	466067	8846	209	153168	151761	6197
教育行政单位	Education Administrative Unit	119585	112567	112291		32	332		6654
教育事业单位	Education Institution	61937	48639	47417		5	11514		1780
其它	Others	96105	85316	85316			8912	71	1877

18－22　各地县幼儿园和普通小学基本情况（2018）
Basic Statistics on Kindergartens and Regular Primary Schools by Region, County（2018）

单位：人　　　　（person）

地　区	Region	幼儿园数（所）Kindergartens (unit)	在园儿童数 Children in kindergartens	学龄儿童入学率（%）Enrollment Rate of School-age Children (%)	普通小学学校数（所）Schools (unit)	普通小学专任教师数 Full-time Teachers	普通小学招生数 Entrants	普通小学在校学生数 Enrollment	普通小学毕业生数 Graduates
兰州市	**Lanzhou**	**882**	**119842**	**99.94**	**519**	**15056**	**41725**	**226002**	**34321**
城关区	Chengguan	306	39981	100.00	84	3663	14029	76397	11163
七里河区	Qilihe	150	19552	100.00	61	2351	6614	36221	5595
西固区	Xigu	85	10885	95.67	33	1569	3973	21999	4052
安宁区	Anning	69	10468	100.00	20	1004	3838	19349	2326
红古区	Honggu	20	4640	100.00	23	691	1691	9436	1605
永登县	Yongdeng	85	10314	100.00	118	2027	3553	20795	3365
皋兰县	Gaolan	24	3553	94.36	24	733	1134	6596	1163
榆中县	Yuzhong	85	12525	100.00	114	2162	4423	23877	3690
兰州新区	Lanzhou New Area	58	7924	100.00	42	856	2470	11332	1362
嘉峪关市	**Jiayuguan**	**53**	**9767**	**100.00**	**16**	**881**	**2896**	**16739**	**2819**
金昌市	**Jinchang**	**63**	**11101**	**100.00**	**25**	**1793**	**3849**	**25472**	**4861**
金川区	Jinchuan	33	7132	100.00	13	894	2382	14683	2629
永昌县	Yongchang	30	3969	100.00	12	899	1467	10789	2232
白银市	**Baiyin**	**305**	**57786**	**100.00**	**374**	**11483**	**20069**	**110883**	**16965**
白银区	Baiyin	66	9931	100.00	26	1492	3403	18834	2885
平川区	Pingchuan	34	8561	100.00	32	1567	2936	16093	2393
靖远县	Jingyuan	96	15438	100.00	113	3253	5407	30852	4434
会宁县	Huining	60	16128	100.00	129	3379	5729	30281	5037
景泰县	Jingtai	49	7728	100.00	74	1792	2594	14823	2216
天水市	**Tianshui**	**1012**	**105986**	**100.00**	**598**	**18531**	**44881**	**253443**	**44651**
秦州区	Qinzhou	173	18998	100.00	105	3224	8530	49400	8345
麦积区	Maiji	209	19930	100.00	99	3042	7341	41299	6733
清水县	Qingshui	96	10469	100.00	75	1390	4134	24159	4245
秦安县	Qinan	171	12815	100.00	68	2470	4841	29463	5836
甘谷县	Gangu	61	16499	100.00	98	3353	8395	46575	8974
武山县	Wushan	172	15774	100.00	101	2398	6339	36706	6610
张家川县	Zhangjiachuan	130	11501	100.00	52	2154	5301	25841	3908
武威市	**Wuwei**	**395**	**53148**	**100.00**	**320**	**9096**	**18071**	**102168**	**18194**
凉州区	Liangzhou	169	34522	100.00	170	5163	11431	63647	10980
民勤县	Minqin	20	3375	100.00	13	841	1149	7622	1579
古浪县	Gulang	122	10118	100.00	75	1808	3571	20384	3802
天祝县	Tianzhu	84	5133	100.00	62	1284	1920	10515	1833
张掖市	**Zhangye**	**423**	**34790**	**100.00**	**203**	**6050**	**12714**	**77025**	**12523**

18－22 续表 1 continued

单位：人 (person)

地 区	Region	幼儿园数（所） Kindergartens (unit)	在园儿童数 Children in indergartens	学龄儿童入学率（%） Enrollment Rate of School-age Children (%)	普通小学学校数（所） Schools (unit)	普通小学专任教师数 Full-time Teachers	普通小学招生数 Entrants	普通小学在校学生数 Enrollment	普通小学毕业生数 Graduates
甘州区	Ganzhou	101	14822	100.00	81	2307	5400	32107	4934
肃南县	Sunan	10	809	100.00	5	193	251	1525	255
民乐县	Minle	132	7251	100.00	72	1225	2770	17081	3047
临泽县	Linze	81	3555	100.00	11	732	1245	7491	1221
高台县	Gaotai	48	3460	100.00	16	652	1129	6975	1234
山丹县	Shandan	51	4893	100.00	18	941	1919	11846	1832
平凉市	**Pingliang**	**868**	**69138**	**100.00**	**779**	**12644**	**25605**	**149995**	**25051**
崆峒区	Kongtong	161	17451	100.00	154	2712	6433	37424	6168
泾川县	Jingchuan	141	8982	100.00	167	1697	3148	17346	2779
灵台县	Lingtai	84	6094	100.00	58	1049	2129	12796	1968
崇信县	Chongxin	45	3326	100.00	49	481	1270	6837	1019
庄浪县	Zhuanglang	150	12465	100.00	137	2673	5075	29418	5163
静宁县	Jingning	198	13207	100.00	139	2685	4832	29749	5616
华亭市	Huating	89	7613	100.00	75	1347	2718	16425	2338
酒泉市	**Jiuquan**	**199**	**31485**	**100.00**	**127**	**4793**	**9868**	**62521**	**11377**
肃州区	Suzhou	98	13625	100.00	34	1859	4049	25772	4556
金塔县	Jinta	22	3418	100.00	19	734	1089	7445	1613
瓜州县	Guazhou	22	4545	100.00	37	722	1525	9194	1671
肃北县	Subei	1	353	100.00	2	85	110	642	112
阿克塞县	Akesai	1	424	100.00	1	72	132	793	140
玉门市	Yumen	25	4268	100.00	16	709	1551	9767	1602
敦煌市	Dunhuang	30	4852	100.00	18	612	1412	8908	1683
庆阳市	**Qingyang**	**684**	**99708**	**100.00**	**747**	**15223**	**36312**	**196259**	**29037**
西峰区	Xifeng	122	24479	100.00	101	2855	8515	43721	5770
庆城县	Qingcheng	67	10831	100.00	29	1573	3852	19860	2732
环 县	Huanxian	51	11912	100.00	99	2008	4729	26074	4029
华池县	Huachi	29	5089	100.00	53	864	1898	10679	1600
合水县	Heshui	93	6953	100.00	28	953	2506	12908	1759
正宁县	Zhengning	26	9415	99.97	86	1405	3143	17170	2369
宁 县	Ningxian	70	16911	100.00	125	2891	5655	31625	4784
镇原县	Zhenyuan	226	14118	99.99	226	2674	6014	34222	5994
定西市	**Dingxi**	**1096**	**108791**	**100.00**	**643**	**14543**	**35100**	**185438**	**29342**
安定区	Anding	163	16015	100.00	65	2145	4985	24638	3667
通渭县	Tongwei	133	9435	100.00	44	1919	3255	16732	3170

18－22 续表 2 continued

单位：人 (person)

地区	Region	幼儿园数（所）Kindergartens (unit)	在园儿童数 Children in indergartens	学龄儿童入学率（%）Enrollment Rate of School-age Children (%)	普通小学学校数（所）Schools (unit)	普通小学专任教师数 Full-time Teachers	普通小学招生数 Entrants	普通小学在校学生数 Enrollment	普通小学毕业生数 Graduates
陇西县	Longxi	124	19465	100.00	113	2907	6528	34701	5358
渭源县	Weiyuan	159	10356	100.00	67	1574	3504	18205	3177
临洮县	Lintao	267	20913	100.00	174	2549	6550	35238	5206
漳县	Zhangxian	63	9116	100.00	49	1041	3091	14935	2340
岷县	Minxian	187	23491	100.00	131	2408	7187	40989	6424
陇南市	**Longnan**	**629**	**109534**	**100.00**	**477**	**14501**	**39290**	**213294**	**32812**
武都区	Wudu	68	28249	100.00	82	3052	9235	48572	7256
成县	Chengxian	33	11262	100.00	45	1377	3905	21610	2992
文县	Wenxian	45	7202	100.00	30	1359	2820	14376	2215
宕昌县	Tanchang	57	12456	100.00	76	1503	3930	21618	3851
康县	Kangxian	37	6505	100.00	41	894	2435	13648	2041
西和县	Xihe	192	16319	100.00	71	2179	6555	35432	5289
礼县	Lixian	99	18587	100.00	57	2840	7126	39966	6642
徽县	Huixian	80	7688	100.00	64	1073	2850	15686	2139
两当县	Liangdang	18	1266	100.00	11	224	434	2386	387
临夏州	**Linxia**	**775**	**107126**	**99.96**	**802**	**12623**	**42681**	**213084**	**28346**
临夏市	linxia	86	17676	100.00	45	1344	5380	27643	3616
临夏县	linxia	36	15468	100.00	161	1940	6709	31862	3870
康乐县	Kangle	59	17065	100.00	87	1508	5235	28203	3906
永靖县	Yongjing	91	7153	100.00	78	1480	2390	12580	1920
广河县	Guanghe	100	12830	99.70	88	1586	5771	29757	3664
和政县	Hezheng	125	8718	100.00	72	1380	4669	21763	2622
东乡县	Dongxiang	219	14142	100.00	133	1853	7163	34416	5370
积石山县	Jishishan	59	14074	99.99	138	1532	5364	26860	3378
甘南州	**Gannan**	**350**	**26199**	**100.00**	**155**	**6043**	**11828**	**64148**	**10543**
合作市	Hezuo	38	4021	100.00	13	698	1518	8737	1376
临潭县	Lintan	66	5738	100.00	22	1106	2177	12253	1975
卓尼县	Zhuoni	65	3909	100.00	23	907	1925	9875	1548
舟曲县	Zhouqu	44	4705	100.00	37	1077	1947	11144	2071
迭部县	Diebu	57	1985	100.00	14	556	821	4614	836
玛曲县	Maqu	13	1271	100.00	9	449	1383	6244	954
碌曲县	Luqu	24	1548	100.00	16	535	691	3728	601
夏河县	Xiahe	43	3022	100.00	21	715	1366	7553	1182

18－23 各地县普通中学基本情况（2018）
Basic Statistics on Regular Primary Schools by Region，County（2018）

单位：人 (person)

地区	Region	普通中学学校数（所）Schools (unit)	毕业生数 Graduates	招生数 Entrants	在校学生数 Enrollment	高中 Senior Secondary Schools	初中 Junior Secondary Schools	专任教师 Full-time Teachers
兰州市	**Lanzhou**	**205**	**53239**	**53421**	**165068**	**65299**	**99769**	**14272**
城关区	Chengguan	52	16550	17604	53446	19389	34057	4107
七里河区	Qilihe	22	6998	6624	20391	6506	13885	1721
西固区	Xigu	25	6384	6282	19471	9229	10242	1754
安宁区	Anning	12	4090	4497	13425	5219	8206	1038
红古区	Honggu	9	2414	2215	7295	2815	4480	720
永登县	Yongdeng	32	5780	5165	17297	7407	9890	1577
皋兰县	Gaolan	13	2345	2055	6451	2807	3644	738
榆中县	Yuzhong	30	6473	5887	18728	7670	11058	1739
兰州新区	Lanzhou New Area	10	2205	3092	8564	4257	4307	878
嘉峪关市	**Jiayuguan**	**11**	**4555**	**4853**	**14601**	**6080**	**8521**	**1117**
金昌市	**Jinchang**	**20**	**9236**	**7885**	**25297**	**10648**	**14649**	**2135**
金川区	Jinchuan	11	4703	4261	13260	5494	7766	1118
永昌县	Yongchang	9	4533	3624	12037	5154	6883	1017
白银市	**Baiyin**	**142**	**35397**	**28005**	**89978**	**39282**	**50696**	**10452**
白银区	Baiyin	19	6237	5386	17873	8634	9239	1770
平川区	Pingchuan	19	4298	3774	11838	4788	7050	1396
靖远县	Jingyuan	39	9001	7019	21939	8964	12975	2600
会宁县	Huining	46	11182	8340	26860	11924	14936	3399
景泰县	Jingtai	19	4679	3486	11468	4972	6496	1287
天水市	**Tianshui**	**253**	**70699**	**70985**	**211095**	**78606**	**132489**	**17060**
秦州区	Qinzhou	38	11937	12770	37783	13565	24218	2824
麦积区	Maiji	42	10307	11258	33102	12647	20455	2846
清水县	Qingshui	27	5230	6079	17295	5207	12088	1328
秦安县	Qinan	37	11292	10058	31000	13331	17669	2799
甘谷县	Gangu	54	15487	14436	44207	16992	27215	3475
武山县	Wushan	35	10643	10641	31492	11873	19619	2280
张家川县	Zhangjiachuan	20	5803	5743	16216	4991	11225	1508
武威市	**Wuwei**	**131**	**32909**	**28698**	**90556**	**36049**	**54507**	**8413**
凉州区	Liangzhou	75	17159	16964	51451	19248	32203	4531
民勤县	Minqin	13	4486	2977	10750	4980	5770	1078
古浪县	Gulang	25	7823	5881	19253	8086	11167	1793
天祝县	Tianzhu	18	3441	2876	9102	3735	5367	1011
张掖市	**Zhangye**	**68**	**20851**	**19188**	**60040**	**22747**	**37293**	**5174**

18－23 续表 1 continued

单位：人 (person)

地 区	Region	普通中学学校数（所）Schools (unit)	毕业生数 Graduates	招生数 Entrants	在校学生数 Enrollment	高中 Senior Secondary Schools	初中 Junior Secondary Schools	专任教师 Full-time Teachers
甘州区	Ganzhou	40	8755	7508	24099	9370	14729	2189
肃南县	Sunan	6	349	361	1082	373	709	178
民乐县	Minle	6	4821	4941	15085	5550	9535	1001
临泽县	Linze	4	2000	1812	5596	2066	3530	509
高台县	Gaotai	5	2144	1850	5813	2348	3465	603
山丹县	Shandan	7	2782	2716	8365	3040	5325	694
平凉市	**Pingliang**	**163**	**44635**	**38580**	**123804**	**48188**	**75616**	**11842**
崆峒区	Kongtong	35	10449	9715	30588	11617	18971	2425
泾川县	Jingchuan	21	5594	4455	15021	6146	8875	1594
灵台县	Lingtai	18	3709	3063	9785	3813	5972	1110
崇信县	Chongxin	10	1390	1441	4419	1459	2960	462
庄浪县	Zhuanglang	30	10155	8065	26115	10894	15221	2438
静宁县	Jingning	38	9923	8405	27297	10658	16639	2899
华亭市	Huating	11	3415	3436	10579	3601	6978	914
酒泉市	**Jiuquan**	**56**	**19915**	**18900**	**56954**	**22910**	**34044**	**4860**
肃州区	Suzhou	22	8689	8158	25236	10743	14493	2071
金塔县	Jinta	6	2841	2492	7286	2729	4557	693
瓜州县	Guazhou	7	2603	2503	7632	3024	4608	635
肃北县	Subei	2	198	175	554	271	283	81
阿克塞县	Akesai	1	164	217	648	252	396	52
玉门市	Yumen	6	2241	2499	7026	2534	4492	546
敦煌市	Dunhuang	12	3179	2856	8572	3357	5215	782
庆阳市	**Qingyang**	**166**	**42346**	**45400**	**132559**	**49759**	**82800**	**11476**
西峰区	Xifeng	26	9290	10516	30059	13389	16670	2711
庆城县	Qingcheng	19	3304	3943	11516	3678	7838	958
环 县	Huanxian	30	6528	6376	18989	7026	11963	1566
华池县	Huachi	13	2063	2315	6541	2270	4271	612
合水县	Heshui	8	2007	2378	6646	1876	4770	521
正宁县	Zhengning	16	2959	3103	8987	2918	6069	1070
宁 县	Ningxian	25	7505	7467	22292	8427	13865	1864
镇原县	Zhenyuan	29	8690	9302	27529	10175	17354	2174
定西市	**Dingxi**	**258**	**56215**	**47672**	**150746**	**63208**	**87538**	**15003**
安定区	Anding	46	8321	6513	21528	10373	11155	2469
通渭县	Tongwei	49	8544	5866	20521	9809	10712	2457

18－23 续表 2 continued

单位：人 (person)

地 区	Region	普通中学学校数（所）Schools (unit)	毕业生数 Graduates	招生数 Entrants	在校学生数 Enrollment	高中 Senior Secondary Schools	初中 Junior Secondary Schools	专任教师 Full-time Teachers
陇西县	Longxi	47	9562	8540	26332	10515	15817	2699
渭源县	Weiyuan	28	6735	5339	17536	7786	9750	1879
临洮县	Lintao	43	9559	8119	25476	10586	14890	2564
漳 县	Zhangxian	16	4127	3691	11061	4033	7028	921
岷 县	Minxian	29	9367	9604	28292	10106	18186	2014
陇南市	**Longnan**	**231**	**47212**	**51046**	**148467**	**54144**	**94323**	**11234**
武都区	Wudu	40	10731	12134	35388	13210	22178	2436
成 县	Chengxian	25	3966	4409	12753	4446	8307	1011
文 县	Wenxian	25	3789	3564	11086	4530	6556	1028
宕昌县	Tanchang	25	4838	5921	17016	5718	11298	1103
康 县	Kangxian	18	2661	3107	8681	3243	5438	725
西和县	Xihe	29	8537	8530	24645	9893	14752	1795
礼 县	Lixian	39	8514	9197	26328	8130	18198	2012
徽 县	Huixian	24	3487	3493	10569	4086	6483	945
两当县	Liangdang	6	689	691	2001	888	1113	179
临夏州	**Linxia**	**101**	**31663**	**38562**	**103192**	**35375**	**67817**	**8473**
临夏市	linxia	8	6762	7320	21152	10477	10675	1657
临夏县	linxia	18	3983	5044	13777	4233	9544	1150
康乐县	Kangle	16	4331	5482	14688	4530	10158	999
永靖县	Yongjing	13	3572	3600	10674	4949	5725	1156
广河县	Guanghe	9	2813	4693	11116	3037	8079	854
和政县	Hezheng	9	2552	3389	8432	2022	6410	704
东乡县	Dongxiang	16	4480	4027	10520	2330	8190	707
积石山县	Jishishan	12	3170	5007	12833	3797	9036	1246
甘南州	**Gannan**	**43**	**15422**	**16017**	**46962**	**17010**	**29952**	**4171**
合作市	Hezuo	5	2902	2970	8861	3950	4911	691
临潭县	Lintan	10	2662	2692	7790	2431	5359	737
卓尼县	Zhuoni	8	2090	2321	6598	2289	4309	665
舟曲县	Zhouqu	6	3309	3059	9213	3307	5906	781
迭部县	Diebu	5	1310	1215	3758	1452	2306	379
玛曲县	Maqu	3	963	1073	3122	1065	2057	261
碌曲县	Luqu	2	873	931	2748	1139	1609	255
夏河县	Xiahe	4	1313	1756	4872	1377	3495	402

18－24 各地区普通高等学校基本情况（2018）

Number of Regular Institutions of Higher Education by Region（2018）

单位：人 (person)

地 区	Region	学校数（所）Schools (unit)	专任教师数 Full-time Teachers	招生数 Entrants	本科 Normal Courses	专科 Short-cycle Courses	在校学生数 Enrollment	本科 Normal Courses	专科 Short-cycle Courses
兰州市	Lanzhou	30	20872	99853	59310	40543	336867	233493	103374
嘉峪关市	Jiayuguan	1	178	824		824	2736		2736
金昌市	Jinchang	1	148	1284		1284	3058		3058
白银市	Baiyin	1	184	1602		1602	4113		4113
天水市	Tianshui	4	1837	11722	3885	7837	37805	14873	22932
武威市	Wuwei	2	874	5100		5100	15397		15397
张掖市	Zhangye	1	941	5033	3979	1054	18902	15385	3517
平凉市	Pingliang	2	915	4484	1457	3027	10949	4064	6885
酒泉市	Jiuquan	1	440	3325		3325	9152		9152
庆阳市	Qingyang	2	1067	5026	3901	1125	18412	14957	3455
定西市	Dingxi	1	384	2001		2001	5218		5218
陇南市	Longnan	1	384	2542		2542	6869		6869
临夏州	Linxia	1	172	1244		1244	3764		3764
甘南州	Gannan	1	543	2600	2600		10378	10290	88

注：普通高等学校数中包含5所独立学院。

a) Number of regular institutions of higher education include the 5 independent institutions.

18－24 续表 continued

单位：人 (person)

地 区	Region	毕(结)业生数 Graduates with Degrees or Diplomas	本科 Normal Courses	专科 Short-cycle Courses	授予学位数 Degrees Awarded
兰州市	Lanzhou	82651	57036	25615	56378
嘉峪关市	Jiayuguan	1088		1088	
金昌市	Jinchang	1164		1164	
白银市	Baiyin	1190		1190	
天水市	Tianshui	11018	3769	7249	3631
武威市	Wuwei	5384		5384	
张掖市	Zhangye	5268	3588	1680	3443
平凉市	Pingliang	1172		1172	
酒泉市	Jiuquan	2395		2395	
庆阳市	Qingyang	4254	3626	628	3499
定西市	Dingxi	1462		1462	
陇南市	Longnan	2032		2032	
临夏州	Linxia	656		656	
甘南州	Gannan	2613	2568	45	2437

18 –25 科技活动基本情况
Basic Statistics on Scientific and Technological Activities

指　标	Item	2010	2015	2017	2018
研究与试验发展(R&D)投入情况	**Statistics on R&D Input**				
有 R&D 活动的单位数(个)	Number of Units with R & D Activities (unit)	331	693	665	590
R&D 人员(人)	R & D Personnel (person)	30321	40787	40973	38720
R&D 人员全时当量(人年)	Full-time Equivalent of R&D Personnel (man-year)	20774	25859	23738	22214
R&D 经费内部支出(万元)	Internal Expenditure on R&D (10 000yuan)	415886	827203	884070	970537
R&D 经费内部支出相当于生产总值比例(%)	Ratio of Internal Expenditure on R&D to GDP (%)	1. 03	1. 25	1. 19	1. 18
科技产出及成果情况	**Statistics on S&T Outputs and Results**				
发表科技论文(篇)	Scientific Papers Issued (piece)	26016	25668	26420	25467
出版科技著作(种)	Publication on Science and Technology (kind)	645	1020	840	835
专利申请受理数(件)	Number of Patents Applications Accepted (piece)	1817	4125	7102	7746
#发明专利	Inventions	933	1550	2521	2815
专利申请授权数(件)	Number of Patents Application Granted (piece)	304	1353	2476	3217
#发明专利	Inventions	187	524	628	627
有效发明专利数(件)	Number of Patents in Force (piece)	1554	4523	6772	7342
专利所有权转让及许可数(件)	Number of Transfer and License of Patent Ownership (piece)	138	76	250	89
专利所有权转让与许可收入(万元)	Income of Transfer and License of Patent Ownership (10 000 yuan)	2015	3569	1743	1287
植物新品种权授予数(项)	Number of New Plant Varieties Granted (item)	20	19	13	15
形成国家或行业标准数(项)	Number of Form the National or Industry Standards (item)	170	216	353	223

18 –26 研究与试验发展(R&D)人员
R&D Personnel

单位：人　　　　(person)

指　标	Item	2010	2015	2017	2018
R&D 人员	**R&D Personnel**	**30321**	**40787**	**40973**	**38720**
按学历分	**By Level of Education**				
博士毕业	Doctor	2096	3809	4410	5086
硕士毕业	Master	4882	7797	8778	8955
本科毕业	Under-graduate	13319	13533	19187	15713
其他人员	Others	10024	15648	8598	8966
女性	Female	7368	11575	12563	11462
研究人员	Researchers	18739	21360	25097	24293
全时人员	Full-time Equivalent	16978	23074	21951	20512

18－27 研究与试验发展（R&D）人员全时当量
Full-time Equivalent of R&D Personnel

单位：人年 (man-year)

指标	Item	2010	2015	2017	2018
R&D 人员全时当量	**Full-time Equivalent of R&D Personnel**	**20774**	**25859**	**23738**	**22214**
#研究人员	Researchers	12771	13256	14481	14111
按活动类型分	**By Type of Activity**				
基础研究	Basic Research	2299	4309	4335	4537
应用研究	Applied Research	4890	5570	5145	6207
试验发展	Experimental Development	13586	15980	14257	11469

18－28 研究与试验发展（R&D）经费情况
Expenditure on R&D

单位：万元 (10 000yuan)

指标	Item	2010	2015	2017	2018
R&D 经费内部支出	**Internal Expenditure on R&D by Sources**	**415886**	**827203**	**884070**	**970537**
按活动类型分	**By Type of Activity**				
基础研究	Basic Research	56498	127825	134508	158192
应用研究	Applied Research	87531	129000	142476	213397
试验发展	Experimental Development	271858	570378	607087	598948
按执行部门分	**By Execution Departments**				
企业	Enterprises	223202	493772	491399	518493
研究与开发机构	R&D Institutions	120428	248233	276822	303823
高等学校	Higher Education	62646	69583	90286	120842
其他	Others	9610	15615	25564	27380
按支出用途分	**By Expenditure Use**				
日常性支出	Routine Expenses	355587	695594	731048	771693
#人员劳务费	Labor Cost	95801	199305	209167	235210
资产性支出	Assets Expenditure	60299	131609	153022	198844
#仪器和设备	Equipment	50997	99373	123985	172117
按资金来源分	**By Sources of Funding**				
政府资金	Government Funds	161543	297574	335096	412044
企业资金	Self-raised Funds by Enterprises	238039	500065	507112	517560
国外资金	Foreign Funds	1224	2780	1050	1382
其他资金	Other Funds	15081	26784	40813	39551
R&D 经费外部支出	**External Expenditure on R&D by Performer and Sources**	**35208**	**132107**	**34803**	**32208**
#对国内研究机构支出	to Domestic Research Institutions	16414	66762	13306	9720
对国内高等学校支出	to Domestic Higher Education	10888	29546	13703	4288
对国内企业支出	to Domestic Enterprises	3013	27094	7286	17545
对境外机构支出	to Foreign Institutions	4894	8678	292	625

18－29 研究与试验发展(R&D)项目(课题)情况
Statistics on R&D Projects (Topics)

指　标	Item	2010	2015	2017	2018
R&D 项目(课题)数(项)	R&D Projects(item)	10126	14036	15954	16301
R&D 项目(课题)人员折合全时当量(人年)	R&D Participants(man-year)	17463	22205	19733	19533
R&D 项目(课题)经费内部支出(万元)	R&D Intramural Expenditure(10 000 yuan)	296798	631666	713751	716299

18－30 科技成果情况
Statistics on Scientific and Technological Results

指　标	Item	2010	2015	2017	2018
登记成果数(项)	**Number of registered results(item)**	**1065**	**819**	**1070**	**1176**
按执行部门分	**By Execution Departments**				
科研机构	Research Institutions	210	188	177	221
大专院校	Colleges and Universities	295	200	459	350
企业	Enterprises	242	336	291	375
医疗机构	Medical Institutions	194	61	89	145
其他	Others	124	34	54	85
按活动类型分	**By Type of Activity**				
应用技术成果	Applied Technology Results	985	655	653	844
基础理论成果	Basic Theoretical Results	27	138	371	297
软科学成果	Soft Science Results	53	26	46	35
奖励项目数(项)	Number of Reward Items (item)	181	149	151	150
应用技术成果应用行业(项)	Application Technology Application Industry (item)	985	655	653	844
第一产业	Primary Industry	294	276	273	411
第二产业	Secondary Industry	213	205	206	183
第三产业	Tertiary Industry	478	174	174	250
已应用项目数(项)	Number of Applied Items (item)	790	581	571	752

18－31 规模以上工业企业科技活动基本情况

Basic Statistics on Science and Technology Activities of Industrial Enterprises above Designated Size

指　标	Item	2010	2015	2017	2018
企业基本情况	**Statistics on Industrial Enterprises**				
有 R&D 活动企业数(个)	Number of Enterprises Having R&D Activities (unit)	126	457	397	330
有 R&D 活动企业占规模以上企业比重(%)	Ratio of Enterprises Having R&D Activities to Total Number of Enterprises (%)	6.3	21.4	20.9	18.6
研究与试验发展(R&D)活动	**Statitstics on R&D Activities**				
R&D 人员全时当量(人年)	Full-time Equivalent of R&D Personnel(man-year)	9561	12578	10096	8026
R&D 经费内部支出(万元)	Internal Expenditure on R&D(10 000 yuan)	218590	486077	466912	476151
R&D 项目数(项)	R&D Projects (item)	644	1572	1650	
R&D 项目经费内部支出(万元)	Internal Expenditure on R&D Projects(10 000 yuan)	152320	412787	465509	423418
企业办研发机构	**Statistics on R&D Institutions**				
机构数(个)	Number of R&D Institutions(unit)	161	284	228	190
机构人员数(人)	R&D Personnel (person)	5383	12113	6505	12212
机构经费支出(万元)	Expenditure on R&D(10 000yuan)	52792	167872	84423	172060
新产品开发及生产	**Statitstics on New Products Development and Production**				
新产品开发项目数(个)	Number of New Products(unit)	1182	1291	1209	1279
新产品开发经费支出(万元)	Expenditure on New Products Development(10 000 yuan)	212337	392974	369544	456615
新产品销售收入(亿元)	Sales Revenue of New Products(100 million yuan)	349.06	574.10	346.11	275.13
#新产品出口	Export	25.32	50.72	58.43	71.32
专利	**Statistics on Patent**				
专利申请数(件)	Patent Applications (piece)	1043	2230	3102	3342
#发明专利	Inventions	328	698	1052	1207
有效发明专利数(件)	Number of Patents in Force(piece)	402	1884	2796	3208
技术获取和技术改造(万元)	**Statistics on Technology Acquisition and Technology Reconstruction(10 000 yuan)**				
引进国外技术经费支出	Expenditure for Acquisition of Foreign Technology	59956	21378	862	190
引进技术消化吸收经费支出	Expenditure for Assimilation of Technology	122099	69148		
购买国内技术经费支出	Expenditure for Purchase of Domestic Technology	44929	35973	4488	7737
技术改造经费支出	Expenditure for Technical Renovation	408340	571814	375682	418409

18－32 专利申请及授权情况
Statistics of Patent Application and Grant

单位：项 (item)

指　标	Item	申请量 Patent Applications 2017	2018	授权量 Patent Application Granted 2017	2018
总计	**Total**	**24448**	**27882**	**9672**	**13958**
发明专利	Inventions	5785	6035	1340	1280
实用新型	Utility Models	13691	17400	6637	10696
外观设计	Designs	4972	4447	1695	1982
#职务	Official	14093	17628	6751	10329
大专院校	Universities and Colleges	3889	4787	1982	2678
科研单位	Research Institutions	1444	1650	803	787
企业	Enterprises	8229	10209	3805	6550
机关团体	Government Agencies and Organizations	531	982	161	314
非职务	Non-official	10355	10254	2921	3629

18－33 各类技术合同签订情况（2018）
Statistics of Signing Technical Contract (2018)

指　标	Item	合同数（项）Number of Contracts (item)	合同成交金额（万元）Amount of Contracts (10 000 yuan)	#技术交易额 Revenue for Technique Trade
合计	**Total**	5072	1808778	1123942
技术开发合同	Technical Development	813	209172	191502
技术转让合同	Technical Transfer	64	28654	28473
技术咨询合同	Technical Advisory	430	98684	36313
技术服务合同	Technical Service	3765	1472268	867654

18－34 各地区研究与试验发展(R&D)情况(2018)

Basic Statistics on R&D by Region (2018)

地区	Region	有R&D活动的单位数(个) Number of Units (unit)	R&D人员(人) R&D Personnel (person)	R&D人员折合全时人员(人年) Full-time Equivalent of R&D Personnel (man-year)	#研究人员 Researcher	按活动类型分R&D人员折合全时人员(人年) Full-time Equivalent of R&D Personnel by Type of Activity (man-year)		
						基础研究 Basic Research	应用研究 Applied Research	试验发展 Experimental Development
兰州市	Lanzhou	211	22037	12862	9548	3842	3788	5233
嘉峪关市	Jiayuguan	9	605	372	215		68	304
金昌市	Jinchang	16	1438	695	344		37	658
白银市	Baiyin	30	1601	812	361		96	716
天水市	Tianshui	39	3251	1318	805	259	144	915
武威市	Wuwei	90	2026	1221	380	6	340	875
张掖市	Zhangye	99	2275	1189	561	85	214	889
平凉市	Pingliang	11	498	372	222	4	16	352
酒泉市	Jiuquan	31	2434	2007	902	236	868	904
庆阳市	Qingyang	11	1210	706	418	82	509	116
定西市	Dingxi	17	504	304	124	1	45	258
陇南市	Longnan	12	454	168	113	3	62	103
临夏州	Linxia	10	157	104	57	1	3	101
甘南州	Gannan	6	230	83	61	18	19	47

18－34 续表 continued

地区	Region	R&D经费内部支出(万元) Internal Expenditure on R&D (10 000yuan)	按活动类型分 By Type of Activity			按支出用途分 By Expenditure Use		R&D经费外部支出(万元) External Expenditure on R&D (10000yuan)
			基础研究 Basic Research	应用研究 Applied Research	试验发展 Experimental Development	日常性支出 Routine Expenses	资产性支出 Assets Expenditure	
兰州市	Lanzhou	523714	142908	151038	229769	404921	118788	18084
嘉峪关市	Jiayuguan	95358		525	94833	93725	1632	3261
金昌市	Jinchang	45095		129	44966	22857	22240	265
白银市	Baiyin	52715		6963	45752	35414	17303	3415
天水市	Tianshui	81410	7561	1909	71941	64463	16951	1662
武威市	Wuwei	21994	34	4421	17540	18818	3177	587
张掖市	Zhangye	51461	945	4466	46051	44354	7103	2222
平凉市	Pingliang	7937	33	177	7727	7618	319	715
酒泉市	Jiuquan	62142	6042	39402	16698	55890	6252	1303
庆阳市	Qingyang	4837	476	3378	982	4178	659	379
定西市	Dingxi	12278	11	25	12243	9435	2844	10
陇南市	Longnan	5364	23	540	4801	5333	31	194
临夏州	Linxia	4968	4	100	4864	3468	1500	112
甘南州	Gannan	1264	158	323	782	1219	45	

18 –35　企业单位分行业各类专业技术人员(2018)
Professional and Technical Personnel of Enterprises Units by Sector and Type(2018)

单位：人　　(person)

行　业	Sector	总计 Total	工程技术人员 Engineering	农业技术人员 Agriculture	科学研究人员 Scientific Research	卫生技术人员 Health Care	教学人员 Teaching	其他 Other
总计	**Total**	**86340**	**42642**	**1032**	**78**	**2111**	**804**	**39673**
农、林、牧、渔业	Agriculture, Forestry, Animal Husbadry and Fishery	3536	1398	793	1	94	62	1188
采矿业	Mining	9597	5218	18		667	197	3497
制造业	Manufacturing	13456	8470	158	41	140	46	4601
电力、热力、燃气及水的生产和供应业	Production and Supply of Electricity, Heat, Gas and Water	4679	3955	8	3	18	16	679
建筑业	Construction	18902	13877	1		290	20	4714
批发和零售业	Wholesale and Retail Trades	486	53			1		432
交通运输、仓储和邮政业	Transport, Storage and Post	7208	4573	19	1	4	5	2606
住宿和餐饮业	Hotels and Catering Services	157	11					146
信息传输、软件和信息技术服务业	Information Transmission, Software and Information Technology Services	241	175					66
金融业	Financial Intermediation	18937	400	2	1		4	18530
房地产业	Real Estate	932	530			1		401
租凭和商务服务业	Leasing and Commercial Services	327	145			1		181
科学研究和技术服务业	Scientific Research and Technical Services	1817	1617		31	2	2	165
水利环境和公共设施管理业	Management of Water Conservancy, Environment and Public Facilities	1339	954	1		1	1	382
居民服务、修理和其他服务业	Services to Households, Repair and Other Services	1138	776	31			29	302
教育	Education	495	27				421	47
卫生和社会工作	Health and Social Work	965	8			882		75
文化、体育和娱乐业	Culture, Sports and Entertainment	2026	403	1		10	1	1611
公共管理、社会保障和社会组织	Public Management, Social Security and Social Organization	102	52					50
国际组织	International Organizations							

注：此表为公有制经济企业专业技术人员数据。
a) Data in this table are data of professional and technical personnel of public economic enterprises.

18－36 事业单位分专业类别专业技术人员（2018）
Professional and Technical Personnel of Public Institutions by Professional Category（2018）

单位：人 (person)

专业类别		总计 Total	博士 Doctor's Degree	硕士 Master's Degree	大学本科 Normal Courses	大学专科 Short-cycle Courses	中专 Special-ized Secondary	高中及以下 Senior Secondary and below	在管理岗位工作的 Worked in Management Position
总计	**Total**	**492600**	**3136**	**20538**	**293972**	**140442**	**28633**	**5879**	**12407**
工程技术人员	Engineering Technical Personnel	30188	58	1432	17119	8882	2406	291	1049
农业技术人员	Agricultural Technical Personnel	26663	16	731	13497	9937	2199	283	1176
科学研究人员	Scientific Research Personnel	3060	233	648	1684	417	73	5	222
卫生技术人员	Health Technology Personnel	80206	126	2837	42470	27235	6682	856	2441
教学人员	Teaching Personnel	328361	2641	13880	205320	86941	15663	3916	6278
经济人员	Economic Personnel	3270	1	100	2008	1015	124	22	108
会计人员	Accounting Personnel	3261	1	102	1966	930	234	28	121
统计人员	Statistics Personnel	559		8	137	398	13	3	5
翻译人员	Translation Personnel	73		15	46	11	1		12
图书档案、文博人员	Book Archives, Cultural and Museum Personnel	4053	40	277	2470	1054	112	100	165
新闻、出版人员	News, Publishing Personnel	3218	9	173	2226	747	40	23	363
律师、公证人员	Lawyer, Notary	143	1	11	82	32	16	1	4
播音人员	Broadcaster	581		5	361	180	33	2	19
工艺美术人员	Arts and Crafts Personnel	153		9	74	49	17	4	8
体育人员	Sports Personnel	878		26	560	231	54	7	44
艺术人员	Art Personnel	2344		84	1003	591	433	233	112
其他人员	Others	5589	10	200	2949	1792	533	105	280

18－37　事业单位分行业各类专业技术人员（2018）

Professional and Technical Personnel of Institutional Unit by Sector and Type（2018）

单位：人　　　　(person)

行　　业	Sector	总计 Total	博士 Doctor's Degree	硕士 Master's Degree	大学本科 Normal Courses	大学专科 Short-cycle Courses	中专 Special-ized Secondary	高中及以下 Senior Secondary and below	在管理岗位工作的 Worked in Management Position
总计	**Total**	**492600**	**3136**	**20538**	**293972**	**140442**	**28633**	**5879**	**12407**
农、林、牧、渔业	Agriculture, Forestry, Animal Husbadry and Fishery	35092	19	931	18152	12686	2883	421	1358
采矿业	Mining	301		8	212	68	11	2	4
制造业	Manufacturing	1			1				
电力、热力、燃气及水的生产和供应业	Production and Supply of Electricity, Heat, Gas and Water	520		8	232	193	87		7
建筑业	Construction	1160		22	656	341	138	3	73
批发和零售业	Wholesale and Retail Trades	3			3				
交通运输、仓储和邮政业	Transport, Storage and Post	4811		94	3175	1309	230	3	106
住宿和餐饮业	Hotels and Catering Services	15		1	4	7	2	1	2
信息传输、软件和信息技术服务业	Information Transmission, Software and Information Technology Services	222		16	144	41	9	12	5
金融业	Financial Intermediation	864		2	295	415	128	24	5
房地产业	Real Estate	130		4	63	50	8	5	8
租凭和商务服务业	Leasing and Commercial Services	16		1	11	2	2		1
科学研究和技术服务业	Scientific Research and Technical Services	9467	187	1227	5968	1524	535	26	464
水利环境和公共设施管理业	Management of Water Conservancy, Environment and Public Facilities	10621	9	225	5922	3683	695	87	389
居民服务、修理和其他服务业	Services to Households, Repair and Other Services	916		23	460	366	57	10	119
教育	Education	329241	2732	14386	205282	87267	15642	3932	6282
卫生和社会工作	Health, Social Security and Social Welfare	79258	148	2939	42167	26512	6679	813	2622
文化、体育和娱乐业	Culture, Sports and Entertainment	11198	39	476	6682	2906	723	372	805
公共管理、社会保障和社会组织	Public Management, Social Security and Social Organization	8747	2	175	4539	3065	798	168	140
国际组织	International Organizations	17			4	7	6		17

18－38　企业创新基本情况(2018)
Enterprise Innovation (2018)

指　标	Item	全省 Total	工业 Industry	建筑业 Construction	服务业 Service Industry
创新活动	**Innovative Activity**				
企业数(个)	Number of Enterprises (unit)	4780	1774	627	2379
开展创新活动的企业数(个)	Number of Enterprises to Carry out Innovation Activities (unit)	1737	811	177	749
#成功实现创新	Successful to Achieve Innovation	1629	724	169	736
#开展产品或工艺创新活动	Carry out Product or Process Innovation Activities	932	602	67	263
#有组织(管理)创新或营销创新	Own the Organize (Manage) Innovation or Marketing Innovation	1511	640	164	707
#同时实现四种创新	Simultaneously Achieving Four Innovations	248	157	10	81
产品或工艺创新	**Product or Process Innovation**				
有内部 R&D 的企业数(个)	Number of Enterprises with Internal R&D (unit)	354	330	10	14
有外部 R&D 的企业数(个)	Number of Enterprises with External R&D (unit)	110	101	6	3
工业企业创新费用(亿元)	Innovation Expense for Industrial Enterprises (100 milion yuan)	103	103		
#R&D 经费内部支出	Internal Expenditure on R&D	48	48		
#R&D 经费外部支出	External Expenditure on R&D	2	2		
创新合作	**Innovation Cooperation**				
开展创新合作的企业数(个)	Number of Enterprises to Carry out Innovation Cooperation (unit)	672	411	53	208
#与高等学校开展创新合作	Carry out Innovation Cooperation with Colleges and Universities	227	152	26	49
#与研究机构开展创新合作	Carry out Innovation Cooperation with Research Institutions	180	136	12	32
保持和提高竞争力	**Maintain and Enhance Competitiveness**				
占全部企业的比重(%)	**Proportion of Following Enterprises to All Enterprises (%)**				
申请了专利的企业	Enterprises Applied for a Patent	5.29	12.80	2.39	0.46
申请了注册商标的企业	Enterprises Applied for a Registered Trademark	9.21	14.32	3.99	6.77
申请了版权登记的企业	Enterprises Applied for a Copyright Registration	1.46	1.86	0.80	1.35
形成了国家或行业技术标准的企业	Enterprises Formed a National or Industry Technical Standards	9.81	13.98	10.21	6.60
对技术秘密进行内部保护的企业	Enterprises Carried out Internal Protection to Technical Secret	12.11	16.01	10.85	9.54
发挥了时间上的先发优势的企业	Enterprises Played the Time's First-mover Advantage	33.70	24.86	39.87	38.67
有发明专利申请的企业	Enterprises Have the Patent Applications	4.06	9.70	2.07	0.38
采取知识产权保护或相关措施的企业	Enterprises Take Intellectual Property Protection or Related Measures	63.12	66.97	66.67	59.31

18－39 分地区企业创新基本情况(2018)

指　标	Item	兰州市 Lanzhou	嘉峪关市 Jiayuguan	金昌市 Jinchang
创新活动	**Innovative Activity**			
企业数(个)	Number of Enterprises (unit)	1631	147	183
开展创新活动的企业数(个)	Number of Enterprises to Carry out Innovation Activities (unit)	573	58	59
#成功实现创新	Successful to Achieve Innovation	543	58	57
#开展产品或工艺创新活动	Carry out Product or Process Innovation Activities	304	31	28
#有组织(管理)创新或营销创新	Own the Organize (Manage) Innovation or Marketing Innovation	506	53	53
#同时实现四种创新	Simultaneously Achieving Four Innovations	75	7	9
产品或工艺创新	**Product or Process Innovation**			
有内部 R&D 的企业数(个)	Number of Enterprises with Internal R&D (unit)	90	5	7
有外部 R&D 的企业数(个)	Number of Enterprises with External R&D (unit)	34	3	5
工业企业创新费用(亿元)	Innovation Expense for Industrial Enterprises (100 milion yuan)	14.2	14.0	31.7
#R&D 经费内部支出	Internal Expenditure on R&D	9.1	9.4	4.1
#R&D 经费外部支出	External Expenditure on R&D	0.4	0.3	
保持和提高竞争	**Maintain and Enhance Competitiveness**			
占全部企业的比重(%)	**Proportion of Following Enterprises to All Enterprises (%)**			
申请了专利的企业	Enterprises Applied for a Patent	5.58	6.12	3.83
申请了注册商标的企业	Enterprises Applied for a Registered Trademark	7.42	5.44	9.29
申请了版权登记的企业	Enterprises Applied for a Copyright Registration	1.96	0.68	0.55
形成了国家或行业技术标准的企业	Enterprises Formed a National or Industry Technical Standards	9.01	10.88	7.10
发挥了时间上的先发优势的企业	Enterprises Played the Time's First-mover Advantage	33.66	25.17	29.51
有发明专利申请的企业	Enterprises Have the Patent Applications	4.72	5.44	3.28

Basic Statistics of Enterprise Innovation by Region (2018)

白银市 Baiyin	天水市 Tianshui	武威市 Wuwei	张掖市 Zhangye	平凉市 Pingliang	酒泉市 Jiuquan	庆阳市 Qingyang	定西市 Dingxi	陇南市 Longnan	临夏州 Linxia	甘南州 Gannan
274	389	342	412	150	380	268	276	164	110	54
99	147	150	194	45	110	72	104	63	40	23
89	138	139	166	44	105	70	102	60	37	21
65	78	99	138	17	55	19	44	29	16	9
78	131	127	150	38	98	67	99	56	35	20
13	26	26	40	1	12	5	14	11	5	4
26	18	70	90	2	17	2	12	6	7	2
10	8	13	27	1	1	2		2	4	
15.6	7.6	2.1	5.0	2.3	5.6	0.5	2.8	0.7	0.6	0.1
5.2	6.4	1.7	4.3	0.5	5.0	0.2	1.1	0.3	0.4	
0.3	0.1	0.1	0.2	0.1						
6.93	5.66	10.82	7.28	2.67	3.16	1.12	4.71	1.22	3.64	
12.04	12.34	9.94	13.11	8.00	5.26	10.07	9.78	11.59	14.55	7.41
0.36	1.54	1.46	1.46		1.84	1.87	0.72	0.61	1.82	1.85
11.31	9.51	9.06	8.98	12.67	13.42	14.18	5.80	9.76	9.09	12.96
31.02	30.08	26.02	34.71	55.33	38.16	38.81	31.16	33.54	39.09	38.89
4.38	3.60	9.06	5.10	2.67	2.11	0.75	3.26		1.82	

主要统计指标解释

普通高等学校 指通过国家普通高等教育招生考试，招收高中毕业生为主要培养对象，实施高等学历教育的全日制大学、独立设置的学院、独立学院和高等专科学校、高等职业学校及其他机构。

大学、独立设置的学院主要实施本科及本科层次以上的教育。独立学院主要实施本科层次的教育。高等专科学校、高等职业学校实施专科层次的教育。其他机构是指承担国家普通招生计划任务不计校数的机构，包括普通高等学校分校、大专班等。

成人高等学校 指通过国家成人高等教育招生考试，招收具有高中毕业或同等学力的人员为主要培养对象，利用函授、业余、脱产等多种形式，对其实施高等学历教育的学校。包括：职工高等学校、农民高等学校、管理干部学院、教育学院、独立函授学院、广播电视大学、其他机构。其他机构是指承担国家成人招生计划任务不计校数的机构。

小学学龄儿童净入学率 指调查范围内已入小学学习的学龄儿童占校内外学龄儿童总数（包括弱智儿童，不包括盲聋哑儿童）的比重。

研究与试验发展（R&D） 指在科学技术领域，为增加知识总量，以及运用这些知识去创造新的应用进行的系统的创造性的活动，包括基础研究、应用研究、试验发展三类活动。国际上通常采用 R&D 活动的规模和强度指标反映一国的科技实力和核心竞争力。

基础研究 指为了获得关于现象和可观察事实的基本原理的新知识（揭示客观事物的本质、运动规律，获得新发现、新学说）而进行的实验性或理论性研究，它不以任何专门或特定的应用或使用为目的。其成果以科学论文和科学著作为主要形式。用来反映知识的原始创新能力。

应用研究 指为获得新知识而进行的创造性研究，主要针对某一特定的目的或目标。应用研究是为了确定基础研究成果可能的用途，或是为达到预定的目标探索应采取的新方法（原理性）或新途径。其成果形式以科学论文、专著、原理性模型或发明专利为主。用来反映对基础研究成果应用途径的探索。

试验发展 指利用从基础研究、应用研究和实际经验所获得的现有知识，为产生新的产品、材料和装置，建立新的工艺、系统和服务，以及对已产生和建立的上述各项作实质性的改进而进行的系统性工作。其成果形式主要是专利、专有技术、具有新产品基本特征的产品原型或具有新装置基本特征的原始样机等。在社会科学领域，试验发展是指把通过基础研究、应用研究获得的知识转变成可以实施的计划（包括为进行检验和评估实施示范项目）的过程。人文科学领域没有对应的试验发展活动。主要反映将科研成果转化为技术和产品的能力，是科技推动经济社会发展的物化成果。

R&D 人员 指参与研究与试验发展项目研究、管理和辅助工作的人员，包括项目（课题）组人员，企业科技行政管理人员和直接为项目（课题）活动提供服务的辅助人员。反映投入从事拥有自主知识产权的研究开发活动的人力规模。

R&D 人员全时当量 指全时人员数加非全时人员按工作量折算为全时人员数的总和。例如：有两个全时人员和三个非全时人员（工作时间分别为 20%、30%和 70%），则全时当量为 2 +0.2 +0.3 +0.7 =3.2 人年。为国际上比较科技人力投入而制定的可比指标。

R&D 经费内部支出合计 指调查单位用于内部开展 R&D 活动（基础研究、应用研究和试验发展）的实际支出。包括用于 R&D 项目（课题）活动的直接支出，以及间接用于 R&D 活动的管理费、服务费、与 R&D 有关的基本建设支出以及外协加工费等。不包括生产性活动支出、归还贷款支出以及与外单位合作或委托外单位进行 R&D 活动而转拨给对方的经费支出。

R&D 项目（课题）数 指在当年立项并开展研究工作、以前年份立项仍继续进行研究的研发项目（课题）数，包括当年完成和年内研究工作已告失败的研发项目（课题），但不包括委托外单位进行的研发项目（课题）数。

R&D 项目（课题）人员全时当量 指实际参加研发项目（课题）活动人员折合的全时当量。

R&D 项目（课题）经费内部支出 指调查单位内部在报告年度进行研发项目（课题）研究和试制等的实际支出。包括劳务费、其他日常支出、固定资产购建费、外协加工费等，不包括委托或与外单位合作进行项目（课题）研究而拨付给对方使用的经费。

19

卫生、社会服务和社会保障

Public Health, Social Services and Social Security

简要说明

一、本篇资料主要内容

本篇资料主要包括卫生、民政事业、安全生产、劳动保障、残疾人事业及其他社会统计情况。

卫生主要包括：卫生机构、卫生技术人员、床位数、医院诊疗人次及入院人数、新型农村合作医疗情况。

民政事业和劳动保障资料主要包括：社会福利事业机构、人员和社会救济情况、社会保障、婚姻登记等情况。

二、本篇资料来源

本篇资料由省统计局社会科技处搜集、加工整理。

1. 卫生资料由省卫健委提供、新型农村合作医疗资料由省医保局提供。

2. 安全生产资料由省应急管理厅提供。

3. 民政事业、劳动保障及其他社会统计数据分别来源于省民政厅、省人力资源和社会保障厅、省公安厅、省委统战部、省妇联、省总工会、省残联。

19-1 医疗卫生机构基本情况
Basic Statistics of Health Care Institutions

项　　目	Item	2015	2017	2018
卫生机构数(个)	**Number of Health Care Institutions (unit)**	**27606**	**28877**	**27885**
医院	Hospitals	442	521	623
综合医院	General Hospitals	277	302	351
中医医院	Hospitals Specialized in Traditional Chinese Medicine	81	91	109
中西医结合医院	Hospital of Integrated Traditional Chinese with Western Medicine	10	16	28
民族医院	Nationalities Hospitals	12	15	16
专科医院	Specialized Hospitals	62	97	119
卫生院	Health Centers	1351	1378	1379
疗养院	Sanatoriums	4	4	4
社区卫生服务中心(站)	Community Health Service Centers (Stations)	612	602	628
村卫生室	Village dinics	16573	17030	16487
门诊部	Outpatient Department	74	79	68
诊所、卫生所、医务室	Clinics	6618	7508	7221
急救中心(站)	First Aid Centers (Stations)	3	3	2
采供血机构	Blood Collection Agencies	17	17	17
妇幼保健院(所、站)	Women and Children Care Agencies	100	99	99
专科疾病防治院(所、站)	Specialized Disease Prevention & Treatment Institute	7	7	6
疾病预防控制中心(防疫站)	Centers for Disease Control and Prevention	103	103	103
卫生监督所(中心)	Health Inspection Institution (center)	92	93	94
医学科学研究机构	Medicine Scientific Research Institutions	5	3	2
医学在职培训机构	Medical-service Training Institutions	10	7	3
健康教育所	Health Education Institution	13	15	15
其他卫生机构	Other Health Institutions	1582	1408	1134
床位(张)	**Beds (unit)**	**127011**	**147305**	**162667**
医院	Hospitals	94596	111393	126077
综合医院	General Hospitals	67077	77691	86929
中医医院	Hospitals Specialized in Traditional Chinese Medicine	19935	22671	24816
中西医结合医院	Hospital of Integrated Traditional Chinese with Western Medicine	1336	1893	2951
民族医院	Nationalities Hospitals	760	1090	1139
专科医院	Specialized Hospitals	5488	8048	10242
卫生院	Health Centers	24013	25787	26777
疗养院	Sanatoriums	650	568	568
社区卫生服务中心(站)	Community Health Service Centers (Stations)	3766	4265	4144
门诊部	Outpatient Department	148	666	77
诊所、卫生所、医务室	Clinics	12		
急救中心(站)	First Aid Centers (Stations)	12	12	
妇幼保健院(所、站)	Women and Children Care Agencies	3782	4564	4978
专科疾病防治院(所、站)	Specialized Disease Prevention & Treatment Institute	32	50	46

19－1 续表 continued

项　目	Item	2015	2017	2018
卫生机构人员数(人)	**Number of Health Agency Personnel (person)**	**182305**	**200405**	**206060**
卫生技术人员(人)	**Medical Technical Personnel (person)**	**129523**	**147612**	**156343**
医院	Hospitals	69473	85002	93949
综合医院	General Hospitals	53047	63328	68513
中医医院	Hospitals Specialized in Traditional Chinese Medicine	11218	14054	15429
中西医结合医院	Hospital of Integrated Traditional Chinese with Western Medicine	904	1141	1892
民族医院	Nationalities Hospitals	488	770	889
专科医院	Specialized Hospitals	3816	5709	7226
卫生院	Health Centers	25323	25532	25811
疗养院	Sanatoriums	101	94	102
社区卫生服务中心(站)	Community Health Service Centers (Stations)	7048	7428	8115
门诊部	Outpatient Department	621	1073	866
诊所、卫生所、医务室	Clinics	11113	12215	11414
急救中心(站)	First Aid Centers (Stations)	102	104	94
采供血机构	Blood Collection Agencies	410	443	484
妇幼保健院(所、站)	Women and Children Care Agencies	4718	5697	6151
专科疾病防治院(所、站)	Specialized Disease Prevention & Treatment Institute	55	54	32
疾病预防控制中心	Centers for Disease Control and Prevention	3598	3400	3431
卫生监督所(中心)	Health Inspection Institution (center)	1424	1399	1383
医学科学研究机构	Medicine Scientific Research Institutions	274	46	28
医学在职培训机构	Medical-service Training Institutions	167	168	73
健康教育所	Health Education Institution	54	60	61
其他卫生机构	Other Health Institutions	5042	4897	4349
每万人口执业(助理)医师(人)	**Number of Licensed (Assistant) Doctors per 10 000 Population (person)**	**19.1**	**21.5**	**22.5**
每万人口注册护士(人)	**Number of Registered Nurses per 10 000 Population (person)**	**18.4**	**22.3**	**24.2**

19-2 卫生机构数
Number of Health Care Institutions

单位：个 (unit)

年 份 Year	总计 Total	#医院 Hospitals	#卫生院 Health Centers	#疗养院 Sanatoriums	#社区卫生服务中心(站) Community Health Service Centers (Stations)	#门诊部 Outpatient Department
2007	11958	370	1343	6	299	81
2008	10737	371	1342	5	321	82
2009	10011	373	1342	5	340	74
2010	10267	378	1350	6	429	64
2011	10065	388	1381	5	575	50
2012	9542	402	1382	5	620	66
2013	9845	419	1381	5	606	69
2014	11216	427	1378	4	597	76
2015	11031	442	1351	4	612	74
2016	11425	446	1376	4	582	70
2017	11847	521	1378	4	602	79
2018	11398	623	1379	4	628	68

注：本表卫生机构数不包含村卫生室数。
a) Number of health care institutions in this table doesn't include villages clinics.

19-2 续表 continued

单位：个 (unit)

年 份 Year	#诊所、卫生所、医务室 Clinics	#急救中心(站) First Aid Centers (Stations)	#专科疾病防治院(所、站) Specialized Disease Prevention & Treatment Institute	#疾病预防控制中心 Centers for Disease Control and Prevention	#妇幼保健院(所、站) Women and Children Care Agencies	#卫生监督所 Health Inspection Institution (Center)	#医学科学研究机构 Medicine Scientific Research Institutions
2007	9553	2	7	106	99	87	5
2008	7841		7	104	100	87	5
2009	7523	2	7	103	99	86	5
2010	7686	2	7	103	100	90	5
2011	7313	2	7	103	100	91	5
2012	6703	2	7	103	99	93	5
2013	6620	2	7	103	100	93	5
2014	6523	3	7	103	100	92	5
2015	6618	3	7	103	100	92	5
2016	7004	3	7	103	103	92	5
2017	7508	3	7	103	99	93	3
2018	7221	2	6	103	99	94	2

19－3 卫生机构人员数
Number of Employed Persons in Health Care Institutions

单位：人 (person)

年 份 Year	总计 Total	#卫生技术人员 Medical Technical Personnel	#执业（助理）医师 Licensed (Assistant) Doctors	执业医师 Licensed Doctors	#注册护士 Registered Nurses	#药师（士） Pharmacist	#检验技师（士） Laboratory Technician	每万人口执业（助理）医师 Number of Licensed (Assistant) Doctors per 10 000 Population
2000	85167	69318					2000	14.7
2001	85774	70283			22376		2183	14.5
2002	81177	66799	29947	23007	20232	5407	3454	13.4
2003	81495	67243	29924	23172	22460	5565	3489	13.5
2004	80994	66503	29415	23199	20054	5085	3359	13.2
2005	81049	66926	29701	23222	22403	5023	3463	13.6
2006	82357	68507	30238	23656	20425	4943	3561	11.6
2007	101796	85348	35144	27523	23999	4972	4747	13.4
2008	103982	87436	36176	29015	24950	4859	5148	13.8
2009	107312	89963	36721	29907	26422	4766	5328	13.9
2010	115368	97387	38249	31309	29646	5058	5522	15.0
2011	146290	106252	41121	33382	33713	5317	5802	16.1
2012	152294	111907	43302	35173	37212	5589	5802	16.8
2013	159645	116319	43442	35813	40668	5816	6033	17.4
2014	178919	126294	47791	38667	45196	6046	6429	18.5
2015	182305	129523	49663	40185	47832	6118	6705	19.1
2016	187632	135188	53195	43124	50653	6236	7035	20.4
2017	200405	147612	56398	45571	58682	6501	7857	21.5
2018	206060	156343	59370	48073	63807	6948	8317	22.5

19－4 卫生机构床位数
Number of Beds in Health Institutions

单位：张 (unit)

年 份 Year	总计 Total	医院 Hospitals	卫生院 Health Centers	疗养院 Sanatoriums	社区卫生服务中心(站) Community Health Service Centers (Stations)
2000	59441	43511	13046	985	
2001	60336	44303	13072	913	
2002	61157	44287	13064	702	170
2003	61223	44387	12715	1032	246
2004	61801	45123	12906	950	241
2005	63638	47073	12783	850	323
2006	66197	48779	13672	782	441
2007	70290	50459	15992	540	978
2008	76581	53847	18468	810	1359
2009	87419	56767	20260	690	1607
2010	94883	60961	21461	690	2117
2011	101108	67303	22273	690	2713
2012	111979	76304	22682	750	8877
2013	116087	84511	23447	750	3465
2014	122375	90499	23814	650	3473
2015	127011	94596	24013	650	3766
2016	136571	100882	24608	650	5840
2017	147305	111393	25787	568	4265
2018	162667	126077	26777	568	4144

19-4 续表 continued

单位：张 (unit)

年份 Year	门诊部 Outpatient Department	急救中心(站) First Aid Centers (Stations)	妇幼保健院(所、站) Women and Children Care Agencies	专科疾病防治院(所、站) Specialized Disease Prevention & Treatment Institute	其他卫生机构 Others	每万人口医院、卫生院床位 Number of Beds of Hospitals and Health Centers per 10 000 Population
2000	253	12	684		950	23.2
2001	288	12	695	2	1051	23.4
2002	355	12	1602	26	939	23.5
2003	545	12	1566	62	658	23.5
2004	407	12	1739	61	362	23.6
2005	441	12	1811	12	333	24.5
2006	516	12	1768	18	209	25.4
2007	291	12	1804	214		26.9
2008	160	12	1911	14		29.2
2009	6034	12	2021	28		29.2
2010	7368	12	2246	28		32.2
2011	5725	12	2364	28		35.1
2012	155	12	3187	12		38.4
2013	326	12	3532	32	12	46.3
2014	322	12	3561	32	12	44.1
2015	148	12	3782	32	12	45.6
2016	138	12	4397	32	12	48.1
2017	666		4564	50	12	54.3
2018	77		4978	46		58.0

19-5 按市县分卫生机构数、床位数和卫生技术人员
Number of Health Institutions, Beds and Health Technicians by City and County

年份 Year	卫生机构数(个) Health Institutions (unit)		卫生机构床位数(张) Beds of Medical Institutions (unit)		卫生技术人员(人) Medical Technical Personnel (person)		#执业（助理）医师 Licensed (Assistant) Doctors		#注册护士 Registered Nurses	
	市 City	县 County	市 City	县 County	市 City	县 County	市 City	县 County	市 City	县 County
2000			31287	28154	35977	33341	15037	16614	11924	7526
2001			32146	28190	37069	33214	15485	16885	12440	7780
2002			32317	28619	34808	31806	14494	15331	12518	7647
2003			32877	28346	35344	31899	14692	15232	12318	7846
2004			33455	28346	35004	31499	14697	14718	12296	7758
2005			35673	27965	36444	30482	15357	14344	12470	7611
2006			37327	28870	36876	31631	15633	14605	12707	7718
2007	3771	8169	39480	30837	47418	38172	19859	15349	15958	8039
2008	3413	7324	42447	34216	48824	38875	20507	15669	16524	8426
2009	3289	6722	49327	38092	50541	39422	21003	15718	17676	8746
2010	3229	7038	53823	41060	54078	43309	21875	16374	19788	9858
2011	6957	19805	56163	44945	58569	47683	23334	17787	21933	11780
2012	7012	19246	61874	50105	62101	49806	24573	18729	23776	13436
2013	7064	19464	60460	55627	65275	51044	25349	18093	25825	14843
2014	7412	20490	62858	59517	70057	56237	26891	20900	28312	16884
2015	7399	20204	65315	61696	72522	57001	27973	21690	29975	17857
2016	7718	20426	70054	66517	75506	59682	29639	23556	31684	18969
2017	7741	21137	75931	71414	83873	63739	31491	24913	37280	21420
2018	7744	20141	86070	76597	89671	66672	33289	26081	40339	23468

注：按市县分的卫生机构床位数为医院、卫生院床位数。2011 年起卫生机构数包括村卫生室数。

a) Number of beds in health care institutions by city and county referred to beds of hospital and health centers. Since 2011, data of health care institutions include the villages clinics.

19-6 医疗机构门诊、住院服务情况（2018）
Situation of Outpatient and Hospitaliztion Services of Health Institutions (2018)

类别	Item	诊疗人次（万人次）Visits (10 000 person-times)	#门、急诊 Outpatients with Emergency Treatment	入院人数（万人）Impatients (10 000 persons)	出院人数（万人）Patients Discharged (10 000 persons)	每百门、急诊入院人数（人）Impatients Per 100 Outpatients and Emergency Visits (person)
总计	**Total**	**13208.11**	**12332.93**	**487.12**	**484.57**	**6.24**
#医院	Hospital	5153.27	4837.07	386.00	384.22	7.98
卫生院	Health Centers	1891.27	1812.93	76.98	76.63	4.25
疗养院	Sanatoriums	0.55	0.49	0.12	0.12	25.36
社区卫生服务中心(站)	Community Health Service Centers (stations)	716.15	657.34	5.20	5.23	0.79
门诊部	Outpatient Department	43.53	41.04	0.16	0.16	
诊所、卫生所、医务室	Clinics	1816.52	1699.45			
妇幼保健院(所、站)	Maternity and Child Care Centers (stations)	506.33	497.61	18.66	18.20	3.75
专科疾病防治院(所、站)	Speclalized Disease Prevention and Treatment Centers (stations)	6.44	6.44			0.03

19-7 医疗机构病床使用情况（2018）
Utilization of Beds Medical Institutions (2018)

类别	Item	病床周转次数（次）Turnoverof Beds (times)	病床工作日（日）Work Day of Beds (day)	病床使用率（%）Utilization Rate of Beds (%)	出院者平均住院日（日）Average Stay Days in Hospital (day)
总计	**Total**	**33.6**	**281.0**	**76.97**	**7.8**
医院	Hospitals	33.8	298.4	81.75	8.4
卫生院	Health Centers	33.7	222.4	60.94	5.6
疗养院	Sanatoriums	2.7	31.6	8.66	11.8
社区卫生服务中心(站)	Community Health Service Centers (stations)	18.9	195.3	53.50	5.9
门诊部	Outpatient Department				
妇幼保健院(所、站)	Women and Children Care Agencies (stations)	40.0	216.3	59.25	5.4
专科疾病防治院(所、站)	Speclalized Disease Prevention and Treatment Centers (stations)	4.1	4.1	1.13	1.0

19-8 农村乡镇卫生院医疗服务情况
Situations of Medical Services in Township Health Centers

年 份 Year	诊疗人次 (万人次) Visits (10 000 person-times)	病床使用率 (%) Utilization Rate of Beds (%)	出院者平均住院日 (日) Average Stay Days in Hospital (day)
2007	1453	24.03	4.4
2008	1799	51.81	4.9
2009	1653	58.62	6.0
2010	1547	54.44	6.0
2011	1763	52.94	6.4
2012	1947	58.73	6.2
2013	2089	56.97	6.4
2014	1988	55.96	6.8
2015	1970	57.05	6.7
2016	2018	59.99	6.4
2017	2072	61.65	6.0
2018	1891	60.94	5.6

19-9 社区卫生服务中心(站)医疗服务情况
Medical Services of Community Health Service Centers (Stations)

年 份 Year	入院人数 (人) Inpatients (person)	病床使用率 (%) Utilization Rate of Beds (%)	出院者平均住院日 (日) Average Stay Days in Hospital (day)	医师日均担负诊疗人次 (人次) Daily Visits Each Doctor (person-time)	医师日均担负住院床日 (日) Daily Inpatients Each Doctor (day)
2007	19355	58.1	2.0	9.1	0.3
2008	24980	70.3	1.1	10.6	0.5
2009	26585	60.5	1.2	8.9	0.4
2010	25320	51.8	4.7	5.1	0.4
2011	44305	59.3	5.6	7.9	0.5
2012	51806	57.2	5.8	7.8	0.5
2013	45655	54.9	6.8	8.1	0.5
2014	47294	56.5	6.8	9.7	0.5
2015	53392	55.9	6.1	9.8	0.5
2016	53729	59.1	5.6	9.4	0.5
2017	56266	56.9	5.7	9.5	0.5
2018	52021	53.5	5.9	9.6	0.5

19－10 医院、卫生院基本情况（2018）
Basic Statistics of Hospitals and Health Centers（2018）

项　目	Item	总计 Total	#医院 Hospitals	市 City	县 County	#卫生院 Health Centers
医院和卫生院数(个)	Hospitals and Health Centers (unit)	2002	623	348	275	1379
床位数(张)	Beds (unit)	152854	126077	73784	52293	26777
人员数(人)	Personnel (person)	140187	111932	74559	37373	28255
#卫生技术人员	Medical Technical Personnel	119760	93949	62246	31703	25811
执业医师	Licensed Doctor	43760	33532	21807	11725	10228
注册护士	Registered Nurses	52692	44011	30233	13778	8681
药剂人员	Pharmacists	5952	4479	3022	1457	1473
检验人员	Laboratory Technicians	3677	3129	2083	1046	548
其他	Others	13679	8798	5101	3697	4881

19－11 法定报告传染病发病及死亡情况（2018）
Pathogenesis and Death Situation of Infectious Diseases Reported（2018）

疾病名称	Diseases	发病率（1/10 万）Disease Incidence（1/100 000）	死亡率（1/10 万）Death Rate（1/100 000）	病死率（%）Mortality Rate（%）
鼠疫	Plague			
艾滋病	AIDS	2. 3536	0. 3923	16. 6667
病毒性肝炎	Viral Hepatitis	78. 6568	0. 0114	0. 0145
麻疹	Measles	0. 2095		
出血热	Hemorrhagic Fever	0. 5446		
流行性乙型脑炎	Encephalitis B	1. 9157	0. 1600	8. 3499
炭疽	Anthrax	0. 2323		
痢疾	Dysentery	15. 4015		
肺结核	Pulmonary Tuberculosis	38. 7057	0. 0533	0. 1378
伤寒、副伤寒	Typhoid, Paratyphoid	0. 1714		
流行性脑脊髓膜炎	Epidemic Cerebrospinal Meningitis	0. 0038		
百日咳	Pertussis	1. 1083		
新生儿破伤风	Newborn Tetanus	0. 0060		
布病	Brucellosis	5. 7737		
猩红热	Scarlet Fever	6. 1850		
淋病	Gonorrhea	3. 6980		
梅毒	Syphilis	24. 7704	0. 0038	0. 0154
血吸虫	Schistosomiasis			
疟疾	Malaria	0. 0724		

19-12 卫生总费用
Total Health Expenditure

年份 Year	卫生总费用（亿元）Total Health Expenditure (100 million yuan)	政府卫生支出 Government Health Expenditure 绝对数（亿元）Level (100 million yuan)	占卫生总费用比重（%）As Percentage of Health Expenditure (%)	社会卫生支出 Social Health Expenditure 绝对数（亿元）Level (100 million yuan)	占卫生总费用比重（%）As Percentage of Health Expenditure (%)	个人现金卫生支出 Out-of-pocket Health Expenditure 绝对数（亿元）Level (100 million yuan)	占卫生总费用比重（%）As Percentage of Health Expenditure (%)	人均卫生总费用（元）Per Capita Health Expenditure (yuan)	卫生总费用相对于GDP比重（%）Health Expenditure as Percentage of GDP (%)
2000	4.37	0.72	16.49	1.23	28.16	2.42	55.34	129.01	5.44
2001	4.61	0.97	21.13	0.85	18.52	2.78	60.35	135.32	5.27
2002	5.83	1.10	18.83	0.88	15.04	3.85	66.13	169.84	5.98
2003	79.85	17.89	22.40	18.93	23.71	43.03	53.89	305.80	6.10
2004	89.92	20.11	22.36	24.02	26.72	45.79	50.92	343.45	5.77
2005	106.61	27.12	25.44	22.07	20.70	57.42	53.86	410.91	5.51
2006	124.41	31.13	25.02	27.31	21.95	65.98	53.03	447.36	5.46
2007	147.15	45.37	30.83	31.53	21.43	70.25	47.74	562.27	5.45
2008	213.89	83.93	39.24	48.18	22.53	81.78	38.24	813.85	6.73
2009	263.98	102.42	38.80	69.80	26.44	91.76	34.76	1001.65	7.79
2010	295.38	116.54	39.45	74.22	25.13	104.62	35.42	1153.86	7.17
2011	393.60	161.60	41.06	99.25	25.22	132.75	33.73	1534.99	7.84
2012	444.72	168.88	37.97	113.94	25.62	161.91	36.41	1725.36	7.87
2013	518.21	188.17	36.31	141.28	27.26	188.75	36.43	2006.89	8.27
2014	569.75	212.32	37.27	164.19	28.82	193.24	33.92	2199.13	8.34
2015	654.07	259.10	39.61	199.60	30.52	195.37	29.87	2516.09	9.63
2016	754.06	283.95	37.66	250.60	33.23	219.51	29.11	2889.18	10.47
2017	812.7	291.84	35.91	290.81	35.78	230.05	28.31	3095.17	10.59

19-13 各地区卫生机构基本情况（2018）
Basic Statistics of Health Institutions by Region (2018)

地区	Region	卫生机构数（个）Number of Health Institutions (unit)	#医院 Hospitals	#卫生院 Health Centers	卫生机构床位数（张）Number of Hospital Beds (unit)	#医院 Hospitals	#卫生院 Health Centers	卫生机构人员数（人）Number of Persons Engaged in Health Institutions (person)	#医院 Hospitals	#卫生院 Health Centers
兰州市	Lanzhou	2211	125	67	30655	26886	1123	45229	30770	1619
嘉峪关市	Jiayuguan	116	5	3	2314	1959	61	3470	2484	87
金昌市	Jinchang	534	15	12	3031	2763	235	4810	3246	255
白银市	Baiyin	1391	24	75	8719	6339	1728	12344	6345	1936
天水市	Tianshui	3854	77	137	16662	12438	2875	22946	11640	3261
武威市	Wuwei	1867	70	107	14568	11741	2309	15464	9596	2501
张掖市	Zhangye	1519	45	90	10060	7118	2189	11886	6497	1631
平凉市	Pingliang	2614	48	106	13830	10595	2543	15563	7662	3217
酒泉市	Jiuquan	980	40	76	7469	5900	1411	9984	6199	1315
庆阳市	Qingyang	2003	31	125	11311	8191	2695	13715	6217	3023
定西市	Dingxi	2801	48	137	16814	12185	3760	17264	8067	3460
陇南市	Longnan	5167	38	216	13145	9815	2734	17538	6071	3046
临夏州	Linxia	1884	28	127	10996	7770	2645	10161	4842	1872
甘南州	Gannan	944	29	101	3093	2377	469	5686	2296	1032

注：卫生机构数包括村卫生室数。

a) Number of health care institutions included number of village clinics.

19-14 各地区卫生技术人员数（2018）
Number of Medical Technical Personnel in Health Care Institutions by Region (2018)

单位：人 (person)

地 区	Region	卫生技术人员 Medical Technical Personnel	#执业医师 Licensed Doctors	#执业助理医师 Licensed (Assistant) Doctors	#注册护士 Registered Nurses	#药师(士) Pharmacist	#检验技师(士) Laboratory Technician
兰州市	Lanzhou	36775	12750	1204	17112	1628	1777
嘉峪关市	Jiayuguan	3008	894	89	1479	164	231
金昌市	Jinchang	4046	1194	181	1793	221	230
白银市	Baiyin	9418	2896	707	3854	402	526
天水市	Tianshui	15446	4269	1215	6283	667	902
武威市	Wuwei	12120	3529	709	5588	562	645
张掖市	Zhangye	9506	2814	714	4071	366	546
平凉市	Pingliang	12098	3671	1321	4502	520	657
酒泉市	Jiuquan	8605	2529	584	3772	399	479
庆阳市	Qingyang	10269	3650	847	3855	411	497
定西市	Dingxi	12249	3799	1334	4531	705	828
陇南市	Longnan	10997	2412	1079	3534	429	401
临夏州	Linxia	7508	2195	803	2324	253	345
甘南州	Gannan	4298	1471	510	1109	221	253

19-15 孕产妇及婴儿死亡率
Mortality Rate of Maternal and Infant

指 标	Item	2010	2015	2017	2018
孕产妇死亡率（1/10万）	Maternal Mortality Rate (1/100 000)	33.23	15.07	14.45	18.64
城市	Urban	23.38	19.34	11.58	19.61
农村	Rural	37.50	13.27	15.83	18.17
婴儿死亡率（‰）	Infant Mortality Rate (‰)	10.00	5.28	4.47	3.75
城市	Urban	7.66	4.48	3.69	3.68
农村	Rural	11.02	5.62	4.85	3.78
5岁以下儿童死亡率（‰）	Mortality Rate of Children under 5 (‰)	11.35	6.40	5.40	4.82
城市	Urban	8.86	5.71	4.55	4.65
农村	Rural	12.43	6.70	5.82	4.90
新生儿死亡率（‰）	Newborn Mortality Rate (‰)	7.81	3.74	3.07	2.51
城市	Urban	5.90	3.24	2.62	2.57
农村	Rural	8.64	3.96	3.30	2.49

19－16 妇联组织及干部基本情况
Basic Conditions of Women's Federation Organizations and Cadres

指 标	Item	2010	2015	2017	2018
乡及乡以上妇联组织机构(个)	Women's Federation Institution of Township and above (unit)	1488	1469	1454	1453
乡及乡以上妇联干部(人)	Women's Federation Cadres of Township and above (person)	2197	2218	2242	2557
在干部中少数民族干部数(人)	Number of Minority Cadres (person)	276	263		
少数民族干部占干部总数(%)	Percentage of Minority Cadres in Total Cadres(%)	12.6	11.9		

19－17 各党派党员（成员）数
Number of Different Parties Member

项 目	Item	2010	2015	2017	2018
中国共产党(万人)	Communist Party of China (10 000 persons)	151	175	176	176
中国国民党革命委员会(人)	Revolutionary Committee of Kuomingdan (person)	2668	3262	3469	3621
中国民主同盟(人)	Democracy League (person)	6444	8118	8826	9175
中国民主建国会(人)	China Democratic National Construction Association (person)	2341	2854	3073	3196
中国民主促进会(人)	China Association Promoting Democracy (person)	2767	3364	3634	3760
中国农工民主党(人)	Chinese Peasants' and Workers' Democratic Party (person)	2041	2610	2943	3164
九三学社(人)	Jiu San Society (person)	2898	3583	3865	4059

19－18 工会组织情况
Basic Statistics on Trade Unions

年 份 Year	工会基层组织数（个）Number of Grassroots Unions (unit)	已建立工会组织的基层单位的职工与会员人数（万人）Membership and Number of Staff and Workers in Grassroots Unions (10 000 persons)				工会专职干部人员数（人）Number of Full-time Personnel of Unions (person)
		职工人数 Number of Staff and Workers	#女职工 Female	会员人数 Membership	#女会员 Female	
1995	12251	194. 29	68. 44	173. 91	62. 31	11532
1996	12052	196. 34	71. 72	175. 78	63. 88	10020
1997	10596	173. 33	61. 80	155. 82	54. 46	8601
1998	10519	173. 68	62. 45	159. 78	57. 14	9073
1999	9788	177. 23	60. 71	157. 06	55. 36	9554
2000	10768	168. 25	60. 86	154. 69	55. 16	8714
2001	14675	177. 76	63. 50	163. 40	56. 00	6257
2002	15320	222. 27	75. 81	209. 00	70. 25	5789
2003	24291	206. 12	69. 16	190. 43	63. 72	5861
2004	23061	206. 42	71. 29	195. 35	67. 31	6279
2005	17522	219. 05	75. 67	207. 14	70. 49	5475
2006	19328	238. 70	83. 80	225. 35	79. 50	5051
2007	21642	268. 76	93. 14	256. 68	89. 44	4895
2008	24366	294. 22	102. 26	281. 12	99. 18	4890
2009	26936	312. 17	105. 12	301. 35	102. 03	5267
2010	28711	326. 68	111. 90	316. 24	109. 52	4998
2011	30422	347. 28	122. 48	335. 97	119. 19	5989
2012	33196	354. 67	126. 20	344. 56	123. 90	6336
2013	35123	370. 31	131. 38	358. 67	129. 22	6838
2014	35873	369. 92	130. 42	356. 36	128. 25	7199
2015	36626	373. 12	134. 29	363. 35	132. 10	7504
2016	37134	386. 79	138. 60	374. 61	135. 46	9177
2017	37878	401. 33	142. 79	388. 70	139. 85	9887
2018	38373	414. 71	149. 02	403. 07	145. 79	10214

19-19 生产安全事故绝对指标
Absolute Indicators of Production Safety Accidents

年 份 Year	事故起数(起) Number of Accidents (case)	死亡人数(人) Number of Death (person)	受伤人数(人) Number of Injuries (person)	直接经济损失(万元) Direct Economic Loss (10 000 yuan)
2000	10679	2670	6155	7168.0
2001	11376	2602	6690	6570.6
2002	11607	2759	6769	7016.0
2003	11422	2661	6262	7360.3
2004	9842	2460	5740	6559.9
2005	8420	2181	5564	6924.6
2006	7828	2082	5453	7980.7
2007	5736	1889	4352	8017.5
2008	4875	1797	3774	7789.1
2009	4383	1758	3401	6975.6
2010	4375	1703	3728	8447.5
2011	4103	1737	3627	20239.1
2012	5090	1639	3403	16758.2
2013	5028	1579	3394	11503.9
2014	5061	1543	3605	8699.1
2015	4759	1519	3583	8670.5
2016	1214	978	1036	9959.0
2017	1127	885	997	14100.9
2018	955	776	711	16952.5

注：自2016年1月1日起，《生产安全事故统计管理办法》和《生产安全事故统计报表制度（暂行）》开始实施，对生产安全事故统计范围、统计口径进行改革，具体是：

1. 道路运输事故是指公路客运、公交客运、出租客运、网络约车、旅游客运、租赁、教练、货运、危化品运输、工程救险、校车，包括企业通勤车在内的其他营运性车辆或其他生产经营性车辆等十二类道路运输车辆在从事相应运输活动中发生人员伤亡的事故纳入道路运输业事故统计。
2. 未造成人员伤亡且直接经济损失小于100万元(不含) 的生产安全事故暂不纳入统计。(下表同)

Since January 1, 2016, "production safety accident statistical management approach" and "production safety accident statistical reporting system (temporary)" began to implement. The production safety accident statistics, statistical caliber were reformed. Specifically is:

a) Road transport accident refers to the road passenger transport, bus passenger transport, leasing passenger transport, network bus, travel passenger, leasing, coach, freight, hazardous chemicals transportation, engineering rescue, school bus, including business commuter vehicles, including other operating vehicles or Other production and operation of vehicles and other 12 types of road transport vehicles engaged in the corresponding transport activities which occurred in the casualties of the accident, include in the road transport industry accident statistics.

b) The production safety accidents that didn't cause casualties and direct economic losses of less than 100 million (excluding) are not included in the statistics temporarily. The same applies to the relevant table following.

19-20 较大以上生产安全事故指标
Production Safety Accident Indicators with Larger Above

年 份 Year	较大生产安全事故起数(起) Number of Production Safety Accident with Larger above (case)	较大生产安全事故死亡人数(人) Number of Death of Production Safety Accident with Larger above (person)	重大以上生产安全事故起数(起) Number of Production Safety Accident with Significantly above (person)	重大以上生产安全事故死亡人数(人) Number of Death of Production Safety Accident with Significantly above (person)
2000	72	284	8	112
2001	58	228	1	22
2002	89	343	3	37
2003	74	282	3	40
2004	68	282	2	29
2005	60	218	2	26
2006	67	261	3	68
2007	78	316		
2008	67	247		
2009	67	250	1	10
2010	59	235	2	23
2011	53	227	3	57
2012	54	203	2	30
2013	50	189	1	18
2014	40	186	3	36
2015	40	155		
2016	18	66	1	12
2017	17	66		
2018	11	39	1	15

19-21 生产安全事故相对指标
Relative Indicators of Production Safety Accidents

年 份 Year	亿元国内生产总值安全事故死亡率(人) Rate of Safety Accident Mortality Per 100 Million Yuan of GDP (person)	工矿商贸就业人员十万人生产安全事故死亡率(人) Production Safety Accident Mortality Rate Per One Hundred Thousand Employed Persons of Industrial, Mining and Business Enterprises (person)	道路交通万车死亡率(人) 10 Thousand Vehicle Mortality Rate of Road Traffic (person)	煤矿百万吨死亡率(人) Coal Mine Million Tons Mortality Rate (person)
2000	2.54	5.35	31.19	8.45
2001	2.43	4.00	27.09	3.25
2002	2.39	5.48	29.34	2.92
2003	2.04	4.61	22.60	3.05
2004	1.57	4.50	19.36	2.97
2005	1.13	3.00	16.17	1.31
2006	0.92	5.24	14.13	2.62
2007	0.70	4.85	11.43	1.53
2008	0.56	2.99	10.79	0.91
2009	0.52	2.71	9.63	0.75
2010	0.42	2.83	7.64	0.77
2011	0.35	3.41	6.89	0.77
2012	0.29	2.90	5.92	0.74
2013	0.24	2.30	5.15	0.21
2014	0.23	1.33	6.24	0.27
2015	0.22	1.62	4.70	0.43

19-21 续表 continued

年 份 Year	亿元国内生产总值安全事故死亡率(人) Rate of Safety Accident Mortality Per 100 Million Yuan of GDP (person)	工矿商贸就业人员十万人生产安全事故死亡率(人) Production Safety Accident Mortality Rate Per One Hundred Thousand Employed Persons of Industrial, Mining and Business Enterprises (person)	十二类车辆道路交通万车死亡率(人) 10 Thousand Vehicle Mortality Rate of Road Traffic of Twelve Types of Vehicles (person)	煤矿百万吨死亡率(人) Coal Mine Million Tons Mortality Rate (person)
2015(新标准) (New Standard)	0.17	1.62	26.67	0.43
2016	0.132	2.096	18.630	0.282
2017	0.115	2.196	16.100	0.214
2018	0.093	2.538	12.2	0.139

19-22 刑事案件发、破案情况
Statistics on Occurred and Solved of Criminal Cases

年 份 Year	刑事案件发案总数(件) Number of Criminal Cases Occurred (case)	刑事案件破案总数(件) Number of Criminal Cases Solved (case)	刑事案件破案率(%) Rate of Criminal Cases Solved (%)
2000	36481	20420	55.97
2001	42881	22546	52.58
2002	36758	19538	53.15
2003	34016	18812	55.30
2004	33099	18216	55.03
2005	31587	18473	58.48
2006	31114	18378	59.07
2007	31203	18325	58.73
2008	43037	20932	48.64
2009	46611	22365	47.98
2010	66472	26404	39.72
2011	78682	30573	38.86
2012	87084	36129	41.50
2013	89013	33814	37.98
2014	92040	30709	33.36
2015	108472	34431	31.74
2016	99806	40701	40.80
2017	78881	34699	44.00
2018	69205	28884	41.74

19-23 交通事故情况
Basic Statistics on Traffic Accidents

年 份 Year	交通事故 (起) Number of Traffic Accidents (case)	死亡人数 (人) Number of Deaths (person)	受伤人数 (人) Number of Injuries (person)	直接损失 (万元) Direct Property Losses (10 000 yuan)
2000	7520	2078	5637	2927.4
2001	7929	2110	6350	3170.7
2002	7696	2188	6363	3264.9
2003	7659	2090	5948	3498.8
2004	6361	1992	5566	2512.2
2005	5414	1799	5406	2252.8
2006	4822	1695	5311	1737.9
2007	3809	1549	4293	1303.2
2008	3371	1557	3697	1447.9
2009	2937	1553	3353	1224.9
2010	3090	1501	3692	1094.7
2011	3027	1505	3578	2835.5
2012	2954	1438	3343	1659.7
2013	2915	1435	3336	1212.2
2014	3038	1432	3575	1291.2
2015	3064	1396	3554	1236.3
2016	2878	1345	3161	1064.7
2017	2794	1334	3201	929.2
2018	3112	1285	3282	980.5

19－24 火灾事故情况
Basic Statistics on Fire Accidents

年份 Year	火灾事故（起） Number of Fire Accidents （case）	死亡人数（人） Number of Deaths （person）	受伤人数（人） Number of Injuries （person）	直接损失（万元） Direct Property Losses （10 000 yuan）
2000	2291	24	62	2542.4
2001	2736	51	88	2244.1
2002	3276	32	85	2182.8
2003	3137	31	83	1706.2
2004	3030	24	30	1959.1
2005	2599	31	41	2335.7
2006	2673	16	39	1564.5
2007	1658	15	18	1566.5
2008	1235	7	16	1932.9
2009	1198	5	6	1088.2
2010	1140	10	7	1897.2
2011	912	5	5	3773.2
2012	4388	8	1	4139.4
2013	6472	22	35	7292.0
2014	6028	9	3	5432.2
2015	5469	13	6	4906.8
2016	4887	9	25	3194.9
2017	7314	2	7	3939.2
2018	8594	6	6	3475.4

19－25 受灾情况
Disater Situation

指标	Item	2015	2017	2018
受灾面积（公顷）	Area Affected (hectare)	1020927	799308	763756
#旱灾	Drought	532988	552799	50090
洪涝灾	Flood Disaster	72184	82488	257474
风雹灾	Wind and Hail Disaster	268847	145240	89979
台风灾	Typhoon Disaster			
雪灾低温冷冻	Snow and Frozing	103239	18781	366185
受灾人次（万人次）	Affected Person-times (10 000 person-times)	660	634.2	920.3
直接经济损失（万元）	Direct Economic Loss (10 000 yuan)	622061	1051070	2498682

19-26 婚姻登记和离婚情况
Number of Marriages and Divorces

年 份 Year	准予登记结婚（对） Registered Marriages (couples)		离婚（对） Divorces (couple)	离婚率（‰） Divorce Rate (‰)
	初婚（人） First Marriages (person)	再婚（人） Re-marriages (person)		
1995	155553	302938	8168	4541	0.38
1996	170379	331815	8943	4855	0.4
1997	154302	298654	9950	4409	0.36
1998	136978	262488	11468	5061	0.41
1999	133121	255203	11039	5241	0.42
2000	127799	244975	10623	5541	0.43
2001	126045	239734	12656	5790	0.45
2002	122033	227496	16570	6224	0.48
2003	118476	222219	14573	23000	1.77
2004	121187	225150	17008	21499	1.64
2005	114554	209947	19161	22260	1.72
2006	132615	245015	20215	23287	1.76
2007	115761	218565	12957	22017	1.68
2008	118023	223252	12794	22928	1.68
2009	122398	233316	11480	24742	1.88
2010	142294	269585	15003	27926	2.18
2011	169112	316838	21386	30473	2.38
2012	167518	318659	16377	32908	2.55
2013	186467	359247	13687	38500	2.98
2014	201813	391891	11735	42231	3.27
2015	220327	426481	14173	46185	3.56
2016	219095	425510	12680	38839	2.98
2017	197930	383348	12512	41272	1.58
2018	210653	384023	37283	46166	1.75

注：从2003年起离婚人数包含法院判决离婚人数。

a) Since 2003, number of divorce has included the number of divorce sentenced by the courts.

19 - 27 社会救助情况
Statistics on Social Relief

项　　目	Item	2010	2015	2017	2018
城镇低保人数(万人)	Number of Urban Residents Receiving Minimum Living Allowance (10 000 persons)	87.81	76.21	65.10	49.67
#女性	Female	31.90	29.79	29.20	22.52
#老年人	Old People	9.70	6.80	6.52	4.85
#残疾人	Disabled	4.70	3.72	3.13	2.70
#在职人员	Serving Officers	3.20	0.75	0.62	0.52
灵活就业	Flexible Employment	13.90	14.23	12.72	10.28
在校生	School Students	16.60	14.51		
城镇居民最低生活保障资金(亿元)	Minimum Living Security Fund of Urban Households (100 million yuan)	18.95	25.13	28.86	26.00
农村低保人数(万人)	Number of Rural Residents Receiving Minimum Living Allowance (10 000 persons)	326.74	336.92	299.30	233.64
#女性	Female	104.90	122.79	116.80	92.39
#老年人	Old People	77.70	74.10	64.70	51.46
未成年人	Minor	70.70	48.73	47.60	40.30
#残疾人	Disabled	22.30	12.34	11.84	11.12
农村居民最低生活保障资金(亿元)	Minimum Living Security Fund of Rural Households (100 million yuan)	24.27	55.03	53.33	44.40
农村特困人员救助供养(万人)	Number of Rural Destitute Households Receiving Assistance and Livelihood (10 000 persons)	13.06	12.07	11.12	10.06
#女性	Female	3.10	2.31	1.85	1.49
#老年人	Old People	9.32	9.99	9.10	7.86
#残疾人	Disabled	3.22	2.75	2.50	2.21
#农村集中供养人数	Rural Households with Centralized Livelihood	1.00	0.93	0.80	
农村分散供养人数	Rural Households with Decentralized Livelihood	11.60	11.14	10.30	

19－28 社会福利事业单位基本情况（2018）
Basic Statistics on Social Welfare Institutions（2018）

项目	Item	收留抚养类机构数（个）Number of Adoption Bodies (unit)	年末床位数（张）Number of Beds at Year-end (bed)	年末在院人数（人）Number of Adoption Persons at Year-end (person)	年末职工人数（人）Number of Staff and Workers at Year-end (person)
养老机构总数	**Number of Institutions for the Aged**	**212**	**20465**	**10751**	**2169**
农村养老服务机构	Service Institutions for the Aged in Rural Areas	107	7922	4858	551
社会福利院	Social Welfare Institutions	37	5351	2646	549
光荣院	Glory School	1	20	14	
养老公寓等各类养老机构	Apartment for the Aged, etc. Various Institutions for the Aged	67	7172	3233	1069
荣誉军人康复医院	Rehabilitation Hospital for Honor Soldiers				
复员军人疗养院	Demobilized Soldiers Sanatorium				
军队离退休干部休养所（军休所）	Retired Military Officers Sanatorium	28		3521	425
为智障与精神病人提供收留抚养服务机构	**Institutions with Adoption Services for Mentally Retarded and Mental Patients**				
福利类精神病院和医院（社会福利院）	Welfare Class Mental Hospital and Hospital (Social Welfare Hospital)	2	525	395	183
复退军人精神病院	Mertal Hospitals for Ex-serviceman	1	150	43	70
为儿童提供住宿的社会服务机构数	**Number of Social Service Institutions Providing Accommodation for Children**	**15**	**2543**	**3897**	**416**
儿童收养机构	Adoption Institutions for Children	13	2478	1232	396
儿童福利院	Children Welfare House	13	2478	1232	396
SOS 儿童村	SOS Children's Village				
未成年人救助保护中心	Juvenile Rescue and Protection Centers	2	65	2665	20
其他提供住宿的社会服务机构数	**Total Number of Other Social Service Institutions Providing Accommodation**	**35**	**3394**	**90462**	**356**
#生活无着人员救助管理站	Rescue Management Station for Destitute Persons	32	3204	90462	325
军供站	Serviceman Supply Stations	7		535	102
安置农场	Placement Farms				
其他提供住宿的社会服务机构	Other Social Service Institutions Providing Accommodation				

19－29 各地区社会服务基本情况（2018）
Basic Statistics on Social Service by Region（2018）

地 区	Region	社会服务民政经费（万元）Civil Affairs Funds for Social Service (10 000 yuan)	其他生活救助（传统救济等）（人）Other Living Assistance (Traditional Relief, etc.) (person)	养老服务机构数（个）Number of Service Institutions for the Aged (unit)	养老服务年末收留抚养人数（人）Number of Adoption Persons for the Pension Services at Year-end (person)	养老服务床位数（张）Number of Beds for the Pension Services at Year-end (bed)	社区服务机构和设施总数（个）Number of Community Service Centers (unit)
甘肃省	**Gansu**	**1254450.3**	**30052**	**212**	**10751**	**20465**	**10877**
省本级	Province Level	28911.2					
兰州市	Lanzhou	98935.5	117	22	1,642	4038	1024
嘉峪关市	Jiayuguan	6783.3		10	309	787	50
金昌市	Jinchang	20161.4	4252	4	274	520	171
白银市	Baiyin	82719.9	19456	11	557	1034	663
天水市	Tianshui	137654.2		3	136	488	1294
武威市	Wuwei	80792.1	30	24	2,642	4110	920
张掖市	Zhangye	63685.6	2242	39	1,846	2382	618
平凉市	Pingliang	103465.6	329	20	938	1527	679
酒泉市	Jiuquan	51074.4		22	827	2067	895
庆阳市	Qingyang	103509.5	912	21	957	1297	1460
定西市	Dingxi	130434	2322	27	222	1132	836
陇南市	Longnan	136353.1	35	2	43	80	1132
临夏州	Linxia	143769	357	4	291	878	759
甘南州	Gannan	64082.9		3	67	125	370
兰州新区	Lanzhou New Area	1692.4					6
甘肃矿区	Gansu Mining Area	426.2					

19－30 各地区抚恤及社会福利救济费用（2018）
Basic Statistics on Pensions and Social Welfare Relief Funds by Region（2018）

单位：万元 (10 000 yuan)

地 区	Region	抚恤 Pensions	城市居民最低生活保障 Urban Residents Receiving Minimum Living Allowance	农村居民最低生活保障 Rural Residents Receiving Minimum Living Allowance	自然灾害生活救助 Living Relief for Natural Disasters
甘肃省	**Gansu**	**71701**	**288599.1**	**533340.9**	**12152.3**
省本级	Province Level	270	25560.7	15943.5	5800.0
兰州市	Lanzhou	8321	1486.7	174.0	2129.0
嘉峪关市	Jiayuguan	768	8098.0	6615.4	
金昌市	Jinchang	952	29861.2	35536.4	45.0
白银市	Baiyin	4928	30358.4	70970.7	218.0
天水市	Tianshui	10701	19532.1	27251.2	233.0
武威市	Wuwei	3038	13688.7	13270.4	634.9
张掖市	Zhangye	3324	21179.5	40985.3	108.9
平凉市	Pingliang	5608	14005.9	16843.6	110.0
酒泉市	Jiuquan	7827	19238.7	60505.1	508.1
庆阳市	Qingyang	6488	16749.2	74743.4	133.0
定西市	Dingxi	6377	22220.3	75338.1	100.0
陇南市	Longnan	8059	52553.7	67576.9	199.0
临夏州	Linxia	3418	13702.7	27586.9	1822.0
甘南州	Gannan	1259	363.3		111.5
兰州新区	Lanzhou New Area	363			
甘肃矿区	Gansu Mining Area				

19－31 各地区城乡居民最低生活保障情况（2018）
Basic Statistics on Urban and Rural Residents Receiving Minimum Living Allowance by Region（2018）

单位：人 （person）

地 区	Region	城镇居民最低生活保障人数 Number of Urban Residents Receiving Minimum Living Allowance	#登记失业 Registered Unemployed	农村最低生活保障人数 Number of Rural Residents Receiving inimum Living Allowance
甘肃省	**Gansu**	**496705**	**85153**	**2336428**
兰州市	Lanzhou	37433	10252	60194
嘉峪关市	Jiayuguan	1776	177	292
金昌市	Jinchang	12133	1574	13788
白银市	Baiyin	54630	13642	177338
天水市	Tianshui	60860	13273	319083
武威市	Wuwei	36346	13340	113343
张掖市	Zhangye	25844	3411	50410
平凉市	Pingliang	42670	1722	200123
酒泉市	Jiuquan	26285	1990	66836
庆阳市	Qingyang	32476	8844	233521
定西市	Dingxi	38671	8741	349639
陇南市	Longnan	41573	5363	360692
临夏州	Linxia	59841	1162	271048
甘南州	Gannan	25480	1579	116763
兰州新区	Lanzhou New Area	61	16	3358
甘肃矿区	Gansu Mining Area	626	67	

19－32 各地区社区服务机构和设施情况（2018）
Basic Statistics on Community Service Agencies and Facilities by Region（2018）

地 区	Region	单位数（个） Number of Community Service Centers （unit）	年末职工人数（人） Number of Staff and Workers at Year-end （person）	床位数（个） Number of Beds （unit）
甘肃省	**Gansu**	**10877**	**24902**	**111491**
兰州市	Lanzhou	1024	4124	14065
嘉峪关市	Jiayuguan	50	196	457
金昌市	Jinchang	171	482	1840
白银市	Baiyin	663	2868	7253
天水市	Tianshui	1294	2733	15981
武威市	Wuwei	920	1706	8212
张掖市	Zhangye	618	1731	6564
平凉市	Pingliang	679	1649	8083
酒泉市	Jiuquan	895	1188	4313
庆阳市	Qingyang	1460	2377	11360
定西市	Dingxi	836	1556	11973
陇南市	Longnan	1132	1478	8971
临夏州	Linxia	759	1542	9273
甘南州	Gannan	370	1265	3124
兰州新区	Lanzhou New Area	6	7	22

19－33 残疾人事业基本情况（2018）
Basic Information of Person with Disabilities（2018）

项　目	Item	2018
康复	**Rehabilitation**	
视力残疾人接受基本康复服务(人)	Persons with Visually Disability Received Basic Rehabilitation Services (person)	30262
盲人	Blind Persons	
白内障复明手术	Sight-restoring Surgeries for Cataract Patients	
盲人定向行走及适应训练	Blind Persons Receiving Directional Walking and Adaptive TraininG	
低视力者	Persons with Low-vision	
助视器适配及服务	Fitted with Eyesight-aiding Devices and It's Services	
听力残疾人接受基本康复服务(人)	Persons with Hearing Disability Received Basic Rehabilitation Services (person)	17363
0—6岁儿童	Children with 0-6 Year	
家长支持性服务	Parental Supportive Services	
7—17岁儿童	Children with 7-17 Year	
助听器适配及适应训练	Hearing Aid Fitted and Adaptation TraininG	
家长支持性服务	Parental Supportive Services	
肢体残疾人接受基本康复服务(人)	Persons with Physical Disability Received Basic Rehabilitation Services (person)	156915
0—6岁儿童	Children with 0-6 Year	
辅助器具适配及服务	Fitted with Auxiliary Equipment and It's Services	54362
#假肢	Artificial Limb	
矫形器	Orthosis	
其他辅助器具	Other Auxiliary Equipment	24176
7—17岁儿童及成人	7－17 Year Children and Adults	
辅助器具适配及服务	Fitted with Auxiliary Equipment and It's Services	
#假肢	Artificial Limb	
矫形器	Orthosis	
其他辅助器具	Other Auxiliary Equipment	
智力残疾人接受基本康复服务(人)	Persons with Intellectual Disability Received Basic Rehabilitation Services (person)	23490
0—6岁儿童	Children with 0-6 Year	
#认知及适应训练	Cognitive and Adaptive TraininG	5182
家长支持性服务	Parental Supportive Services	
7—17岁儿童及成人	7－17 Year Children and Adults	
#认知及适应训练	Cognitive and Adaptive TraininG	
重度残疾人支持性服务	Supportive Services for People with Severe Disability	
精神残疾人接受基本康复服务(人)	Persons with Mental Disability Received Basic Rehabilitation Services (person)	18071
0—6岁孤独症儿童	0－6 year Autism Children	
#沟通及适应训练	Communication and Adaptive TraininG	
家长支持性服务	Parental Supportive Services	
7—17岁孤独症儿童	7－17 year Autism Children	
#沟通及适应训练	Communication and Adaptive TraininG	
家长支持性服务	Parental Supportive Services	
成年精神残疾人	Adult with Mental Disability	
精神病治疗	Psychiatric Treatment	

19－33 续表 continued

项　　目	Item	2018
教育	**Education**	
高等院校招生残疾考生人数(人)	Disable Students Admitted to Higher Education Institutions (person)	594
就业	**Employment**	
按比例就业(人)	Proportionate Employment	7561
集中就业(人)	Centralized Employment (person)	2110
个体就业(人)	Individual Employment (person)	17555
公益性岗位(人)	Public Welfare Position (person)	2691
辅助性岗位(人)	Auxiliary Position (person)	3886
从事农业种植加(人)	Engaged in Agricultural Planting and ProcessinG (person)	170243
灵活就业形式(人)	Flexible Employment (person)	3004
社会保障	**Social Security**	
符合参保条件的残疾居民(人)	Disability Residents Who Meet the Insured Conditions (person)	1145292
#重度残疾人	People with Severe Disability	351637
实际参保的残疾居民(人)	Disabled Residents who Actual Participate in Insurance (person)	1085968
60 周岁以上参保残疾居民	60 Year Old and above Disabled Residents who Actual Participate in Insurance	
#重度残疾人	People with Severe Disability	247293
#获得全额代缴	Get Full Payment by Others	202056
获得部分代缴	Get Part of Payment by Others	40295
残疾人托养机构(个)	Care and Rehabilitation Institutions for Disabled (unit)	94
扶贫	**Poverty Alleviation**	
扶持情况	Assisted Situation	
本年度退出建档立卡贫困残疾户(户)	Impoverished PWDs Droped Out the Filing Riser this year (household)	31611
本年度退出建档立卡贫困残疾人(人)	Impoverished PWDs Droped Out the Filing Riser this year (person)	42256
本年度返贫残疾人(人)	Poverty-returning for PWDs this year (person)	372
农村残疾人危房改造(户)	Dilapidated House Renovation for PWDs (household)	6340
维权	**Rights Protection**	
残疾人法律援助工作站(个)	Legal Assistance Station for PWDs (unit)	102
残疾人法律救助工作站办理的案件(件)	Case Handled by the Legal Assistance Station for PWDs (case)	111
组织建设	**Organization construction**	
省市县乡残联编制(人)	Manning Quotas of Provincial, Municipal, County and Township CDPFs (person)	3553
省市县乡残联实有人员(人)	Actual Personnel with Provincial, Municipal, County and Township CDPFs (person)	4208
服务设施	**Service Facilities**	
已投入使用残疾人综合服务设施(个)	Comprehensive Service Facilities for PWDs that Already Put into Use (unit)	89

19 - 34 社会保险基金收支及累计结余
Revenue, Expenses and Balance of Social Insurance Fund

单位：万元 (10 000 yuan)

年 份 Year	合计 Total	基本养老保险 Basic Pension Insurance	失业保险 Unemployment Insurance	城镇基本医疗保险 Basic Medical Care Insurance	工伤保险 Work Injury Insurance	生育保险 Maternity Insurance
基金收入 Revenue						
1995	61053	60848		101	90	14
1996	94266	93715		349	156	46
1997	124765	124078		426	183	78
1998	135667	134754		421	324	168
1999	288392	287409		453	357	173
2000	362539	361037		878	446	178
2001	426149	372816	26752	26158	297	126
2002	533371	443252	27341	62343	252	183
2003	590252	473460	29227	86925	325	315
2004	680744	538930	29968	108013	2335	1498
2005	768770	603454	33913	122647	5246	3510
2006	1041336	802548	45350	178381	11561	3496
2007	1272909	963161	47454	244994	13551	3749
2008	1593361	1139038	65240	364387	19266	5430
2009	1928964	1374014	83594	438172	25944	7240
2010	2273747	1656659	86576	492238	28762	9512
2011	3039940	2227124	114802	620985	59085	17944
2012	3253788	2331174	128708	719366	51333	23207
2013	3622603	2579881	147850	802865	60957	31050
2014	4212005	2981741	166208	951800	72288	40018
2015	4445590	3113855	155599	1054949	78147	43040
2016	5386647	3927631	145984	1190656	82279	40097
2017	7271907	4542399	105450	2484305	92038	47715
2018	9301110	6260806	107340	2720700	123191	89073
基金支出 Expenses						
1995	43678	43578		66	21	13
1996	82195	93715		212	31	23
1997	112622	124078		350	38	53
1998	136044	134754		374	69	98
1999	297059	287409		245	141	124
2000	368560	361037		839	286	124
2001	399340	372816	16334	14297	157	89
2002	472790	443252	19723	45717	187	88
2003	531273	473460	32138	71084	344	157
2004	575528	465062	23643	85995	535	293
2005	639453	501410	24625	110468	1856	1094

注：1. 2007 年及以后城镇基本医疗保险基金中包括城镇职工基本医疗保险和城镇居民基本医疗保险。
2. 2010 年及以后基本养老保险基金中包括城镇职工基本养老保险和城乡居民基本养老保险。
3. 工伤保险累计结余中含储备金。

a) Data of basic medical care insurance include both urban workers and urban residence from 2007.

b) Data of the basic pension insurance for 2010 and following years include the basic pension insurances for urban workers and for urban and rural residents.

c) The grand total of work injury insurance at year-end include reserve fund.

19－34 续表 continued

单位：万元 (10 000 yuan)

年 份 Year	合计 Total	基本养老保险 Basic Pension Insurance	失业保险 Unemployment Insurance	城镇基本医疗保险 Basic Medical Care Insurance	工伤保险 Work Injury Insurance	生育保险 Maternity Insurance
2006	799960	614418	39276	140115	4641	1510
2007	921999	708366	26033	178778	6878	1944
2008	1185827	896631	34488	242606	9346	2756
2009	1478303	1063507	60588	332770	17411	4027
2010	1744135	1269141	74598	378909	16783	4704
2011	2123277	1534152	33027	506543	42740	6815
2012	2661208	1926021	30279	653193	39895	11820
2013	3108375	2247052	26453	762692	51699	20479
2014	3548465	2585831	18794	857968	60771	25101
2015	4136933	3068733	49579	927726	64290	26605
2016	4864849	3673157	82224	1005799	67530	36139
2017	6457098	4009307	59318	2246486	70881	71106
2018	8308877	5535949	56535	2567213	80516	68664
累计结余 Balance at Year-end						
1995	66108	65949		47	108	4
1996	78176	77735		178	236	27
1997	90319	89632		254	381	52
1998	89939	88883		301	636	119
1999	86307	85110		177	852	168
2000	80447	78836		377	1012	222
2001	150355	73189	53024	13055	863	224
2002	210946	119376	60642	29681	928	319
2003	314408	200118	57731	54956	1126	477
2004	400752	266104	64056	65974	2936	1682
2005	530901	368146	73342	78989	6326	4098
2006	782212	560176	79423	121865	14664	6084
2007	1140053	814976	100845	188240	28095	7897
2008	1547277	1057383	131258	310096	37968	10572
2009	1998372	1367889	154264	415931	46503	13785
2010	2541256	1769817	166242	528462	58144	18591
2011	3457915	2462788	248016	642900	74491	29720
2012	4050546	2867941	346445	665153	85549	41107
2013	4577811	3215776	467841	747894	94586	51714
2014	5240005	3611686	615255	840319	106102	66644
2015	5529615	3637160	721275	968142	119959	83079
2016	7010309	4850528	785036	1152998	134709	87038
2017	8270173	5434596	831168	1784895	155867	63647
2018	9309775	6248858	881973	1908882	176006	94056

19 -35 社会保障基本情况
Basic Statistics of Social Security

单位：万人 (10 000 persons)

项目	Item	2010	2015	2017	2018
基本养老保险	**Basic Pension Insurance**				
年末参加基本养老保险人数	Basic Pension Insurance Participants at Year-end				
城镇职工基本养老保险	Urban Employees Basic Pension Insurance	242.48	306.20	429.84	454.69
职工	Number of Employees	171.13	197.01	288.23	299.27
离退休人员	Number of Retirees	71.35	109.19	141.61	155.41
城乡居民基本养老保险	Basic Pension Insurance for Urban and Rural Residents	378.99	1236.74	1262.36	1316.96
失业保险	**Unemployment Insurance**				
年末参保人数	Contributors at Year-end	164.46	162.76	165.38	168.34
全年发放失业保险金(万元)	Unemployed Relief (10 000 yuan)	14673	13600	13645	15500
城镇基本医疗保险	**Medical Care Insurance**				
年末参保人数	Contributors at Year-end	588.79	634.96	2512.20	2546.65
城镇职工	Staff and Workers	290.22	307.90	320.25	331.59
城镇居民	Residents	298.57	327.03	2191.97	2215.06
工伤保险	Work Injury Insurance				
年末参保人数	Contributors at Year-end	130.09	182.60	198.58	219.42
年末享受待遇的人数	Beneficiaries at Year-end	1.09	2.33	1.94	2.04
生育保险	**Maternity Insurance**				
年末参保人数	Contributors at Year-end	82.00	154.10	175.30	202.91
享受待遇人数(万人次)	Beneficiaries at Year-end (10 000 person-times)	1.02	3.53	7.70	6.80

注：2012年8月起，新型农村社会养老保险和城镇居民社会养老保险制度全覆盖工作全面启动，合并为城乡居民社会养老保险（下表同）。

a) Since August 2012, system of new rural old-age insurance and urban basic pension insurance have started completely, and called basic pension insurance for urban and rural residents as total. The same applies to the table following.

19 -36 各地区年末参加企业职工基本养老保险人数
Enterprise Employee Basic Pension Insurance Contributors at Year-end by Region

单位：万人 (10 000 persons)

地区	Region	2010	2011	2012	2013	2014	2015	2016	2017	2018
甘肃省	**Gansu**	**242.48**	**262.95**	**277.37**	**288.40**	**298.85**	**306.20**	**315.00**	**324.10**	**336.51**
兰州市	Lanzhou	42.17	49.19	54.67	59.92	66.16	68.76	71.73	76.30	83.74
嘉峪关市	Jiayuguan	6.91	7.61	8.98	9.37	9.66	10.09	10.43	11.16	11.54
金昌市	Jinchang	4.32	5.55	5.86	5.99	6.00	6.37	6.69	6.81	7.14
白银市	Baiyin	9.12	11.08	12.33	13.00	13.22	14.02	14.31	14.63	14.97
天水市	Tianshui	18.65	18.67	19.43	19.79	20.12	20.52	21.82	22.77	23.56
武威市	Wuwei	7.11	9.31	10.05	11.00	11.40	12.20	12.51	12.83	13.93
张掖市	Zhangye	8.79	9.62	10.11	10.39	10.73	11.33	11.63	11.96	12.51
平凉市	Pingliang	7.19	9.75	9.80	9.82	9.99	10.33	10.41	10.81	11.10
酒泉市	Jiuquan	8.72	9.94	10.39	10.95	11.64	12.02	13.78	14.01	13.68
庆阳市	Qingyang	6.48	7.33	7.50	7.32	7.46	7.57	7.64	7.74	7.36
定西市	Dingxi	8.01	8.42	8.70	9.09	9.49	10.10	10.29	10.72	11.74
陇南市	Longnan	8.17	6.48	6.86	7.02	7.14	7.30	7.41	7.63	8.02
临夏州	Linxia	4.74	5.53	6.04	6.27	6.35	6.43	6.48	6.62	6.25
甘南州	Gannan	2.11	2.31	2.45	2.44	2.45	2.53	2.45	2.13	2.20

注：不包括离退休人员。

a) The retirees are not included in this table.

19－37 各地区年末参加城乡居民基本养老保险人数
Urban and Rural Residents Basic Pension Insurance Contributors at Year-end by Region

单位：万人 (10 000 persons)

地 区	Region	2010	2011	2012	2013	2014	2015	2016	2017	2018
甘肃省	**Gansu**	**378.99**	**787.31**	**1221.39**	**1238.49**	**1240.13**	**1236.74**	**1253.73**	**1262.36**	**1316.97**
兰州市	Lanzhou	39.75	72.65	74.98	74.81	74.05	72.78	72.78	72.85	75.01
嘉峪关市	Jiayuguan	1.71	1.80	1.67	1.67	1.75	1.85	1.90	1.92	2.06
金昌市	Jinchang	14.11	15.83	16.03	15.87	15.99	15.87	15.91	16.18	16.06
白银市	Baiyin	31.31	48.08	72.54	74.06	73.47	74.33	75.63	75.74	79.21
天水市	Tianshui	44.81	89.62	151.96	163.27	166.73	167.53	170.90	174.85	192.22
武威市	Wuwei	30.19	84.22	88.34	88.14	87.62	87.40	87.49	87.14	89.80
张掖市	Zhangye	11.00	19.48	67.91	68.52	69.15	68.98	68.70	68.57	68.88
平凉市	Pingliang	36.04	63.85	118.52	118.45	119.36	119.60	120.76	121.23	127.58
酒泉市	Jiuquan	8.55	15.29	43.17	44.31	44.58	44.43	44.47	44.35	44.95
庆阳市	Qingyang	34.48	99.97	142.93	143.32	142.74	148.03	148.94	149.85	151.17
定西市	Dingxi	41.77	96.81	153.45	156.02	156.11	150.06	156.18	158.87	161.96
陇南市	Longnan	27.86	52.70	148.73	149.76	149.52	150.51	152.88	153.37	157.68
临夏州	Linxia	19.34	89.60	105.63	104.41	102.95	100.05	100.81	100.85	111.66
甘南州	Gannan	38.07	37.41	35.53	35.87	36.12	35.32	36.38	36.58	38.72

19－38 各地区年末参加失业保险人数
Unemployment Insurance Contributors at Year-end by Region

单位：万人 (10 000 persons)

地 区	Region	2010	2011	2012	2013	2014	2015	2016	2017	2018
甘肃省	**Gansu**	**164.46**	**164.48**	**163.55**	**163.09**	**162.35**	**162.76**	**164.32**	**165.38**	**168.34**
兰州市	Lanzhou	57.31	56.12	56.06	57.36	57.27	56.75	56.76	56.73	56.77
嘉峪关市	Jiayuguan	4.45	4.35	5.16	5.36	5.38	5.55	5.77	6.10	6.45
金昌市	Jinchang	8.41	7.88	7.45	7.30	7.28	7.59	7.55	7.05	7.05
白银市	Baiyin	12.98	13.08	12.15	11.88	12.00	12.47	12.51	12.67	12.65
天水市	Tianshui	15.00	14.94	14.77	14.51	14.37	14.20	14.10	13.99	13.74
武威市	Wuwei	6.04	6.31	6.43	6.39	6.48	7.12	7.29	7.80	8.74
张掖市	Zhangye	6.64	6.94	6.92	6.85	7.00	7.34	7.67	7.85	8.25
平凉市	Pingliang	8.87	8.99	8.89	8.70	8.59	8.68	8.66	8.69	8.83
酒泉市	Jiuquan	6.67	7.18	6.90	7.03	6.52	6.70	7.17	7.54	8.28
庆阳市	Qingyang	7.86	8.16	8.28	8.27	8.26	8.26	8.27	8.29	8.28
定西市	Dingxi	8.91	8.32	8.16	8.25	8.38	8.57	8.81	8.96	9.13
陇南市	Longnan	4.88	4.87	4.37	4.26	4.82	4.72	4.76	4.83	5.40
临夏州	Linxia	4.93	4.85	4.43	4.19	4.11	4.17	4.00	3.67	3.46
甘南州	Gannan	3.18	3.29	2.74	2.76	2.81	3.05	3.36	3.64	3.82

19-39 各地区城镇职工基本医疗保险参保人数
Persons Covered of Urban Employees Basic Medical Care Insurance by Region

单位：万人 (10 000 persons)

地 区	Region	2010	2011	2012	2013	2014	2015	2016	2017	2018
甘肃省	**Gansu**	**204.40**	**202.84**	**292.97**	**297.05**	**302.60**	**307.92**	**314.44**	**320.25**	**331.59**
兰州市	Lanzhou	49.79	49.22	79.86	82.23	84.45	85.72	90.73	92.99	98.71
嘉峪关市	Jiayuguan	6.56	5.74	8.00	8.38	8.06	8.75	8.92	9.26	9.71
金昌市	Jinchang	6.87	7.29	11.68	11.36	11.89	12.05	12.11	11.97	12.19
白银市	Baiyin	13.11	12.73	21.55	21.83	22.15	22.45	23.19	23.54	23.71
天水市	Tianshui	19.04	19.21	27.67	27.66	27.66	27.67	25.16	25.42	25.79
武威市	Wuwei	9.76	10.26	12.61	12.69	12.84	13.16	13.30	13.35	13.96
张掖市	Zhangye	9.42	9.62	13.05	12.15	12.00	11.85	12.16	12.41	13.01
平凉市	Pingliang	10.86	10.02	10.53	11.03	11.20	1.95	12.36	12.84	13.07
酒泉市	Jiuquan	10.41	10.45	13.07	12.82	11.28	11.52	11.79	12.19	12.68
庆阳市	Qingyang	11.52	7.75	13.85	13.93	14.09	14.10	14.30	14.27	14.30
定西市	Dingxi	9.28	9.24	14.02	14.52	14.92	15.48	15.82	16.14	16.27
陇南市	Longnan	10.67	10.72	13.20	13.35	13.44	13.41	14.08	14.20	14.74
临夏州	Linxia	7.84	7.84	10.22	10.33	10.68	10.89	11.01	11.38	11.49
甘南州	Gannan	4.32	4.52	6.40	6.59	6.98	7.26	7.46	8.08	8.38

19-40 各地区城乡居民基本医疗保险参保人数
Persons Covered of Urban and Rural Residents Basic Medical Care Insurance by Region

单位：万人 (10 000 persons)

地 区	Region	2010	2011	2012	2013	2014	2015	2016	2017	2018
甘肃省	**Gansu**	**298.57**	**299.77**	**323.57**	**325.72**	**328.05**	**327.03**	**328.90**	**2191.97**	**2215.06**
兰州市	Lanzhou	81.17	90.42	93.57	100.27	106.84	106.82	105.91	215.37	214.90
嘉峪关市	Jiayuguan	7.27	7.65	17.24	7.73	7.73	8.24	8.46	11.35	11.61
金昌市	Jinchang	8.46	8.72	31.32	31.42	31.04	30.97	30.96	30.69	31.07
白银市	Baiyin	23.51	19.47	21.05	20.44	21.70	17.78	18.34	139.84	141.55
天水市	Tianshui	33.13	27.29	27.98	27.98	20.33	21.59	21.48	304.08	303.53
武威市	Wuwei	17.34	17.38	17.02	17.63	17.60	17.51	21.48	155.83	156.18
张掖市	Zhangye	15.49	16.05	16.10	16.49	16.79	17.02	16.71	110.73	110.34
平凉市	Pingliang	22.58	22.54	22.54	16.18	17.06	17.47	18.17	191.05	192.67
酒泉市	Jiuquan	16.91	17.42	17.24	17.19	16.96	16.89	17.13	79.70	79.49
庆阳市	Qingyang	15.14	15.01	14.12	15.69	14.15	14.15	14.15	227.30	227.13
定西市	Dingxi	18.17	17.34	15.69	15.69	16.36	17.17	17.77	249.34	255.72
陇南市	Longnan	16.37	16.37	16.37	14.79	14.40	14.23	15.83	240.13	244.73
临夏州	Linxia	14.14	14.96	15.72	18.60	20.93	20.98	20.99	176.66	185.25
甘南州	Gannan	8.89	9.16	7.21	7.15	6.18	6.21	6.33	59.90	60.90

注：2017 年，城镇居民基本医疗保险改为城乡居民医疗保险，将新农合参保人数归入其中。

a) Since 2017, urban residents basic medical care insurance are changed to urban and rural residents basic medical care insurance, the new rural co-operative medical care are included.

19-41 各地区年末参加工伤保险人数
Work Injury Insurance Contributors at Year-end by Region

单位：万人 (10 000 persons)

地 区	Region	2010	2011	2012	2013	2014	2015	2016	2017	2018
甘肃省	**Gansu**	**130.09**	**150.19**	**158.53**	**167.72**	**175.14**	**182.60**	**188.35**	**198.58**	**219.43**
兰州市	Lanzhou	41.01	45.27	44.67	46.28	46.18	45.92	49.91	55.12	61.00
嘉峪关市	Jiayuguan	5.10	5.43	6.43	6.47	6.85	7.28	7.16	6.95	7.34
金昌市	Jinchang	6.66	7.02	7.18	7.39	7.40	7.44	7.31	7.02	8.50
白银市	Baiyin	12.51	12.11	12.45	13.02	12.72	12.84	13.48	14.39	14.54
天水市	Tianshui	9.94	9.94	9.94	9.94	9.94	12.46	13.33	13.48	14.17
武威市	Wuwei	4.65	6.58	9.09	10.29	11.39	11.86	12.51	15.05	16.18
张掖市	Zhangye	6.44	6.81	7.70	7.49	7.88	9.02	8.73	9.04	9.85
平凉市	Pingliang	7.26	7.89	8.17	9.10	8.78	8.88	8.09	8.10	10.25
酒泉市	Jiuquan	6.01	7.13	8.66	9.50	8.85	9.68	10.18	10.27	11.61
庆阳市	Qingyang	3.26	3.66	4.77	5.69	5.81	6.53	7.53	7.61	8.65
定西市	Dingxi	4.84	6.64	7.81	8.22	8.90	9.44	9.53	9.67	9.90
陇南市	Longnan	3.57	4.11	6.33	6.90	6.70	6.67	6.97	7.15	7.56
临夏州	Linxia	1.37	3.01	3.70	3.81	4.22	4.35	4.71	5.61	6.18
甘南州	Gannan	2.07	2.21	2.50	3.02	2.95	3.10	3.37	3.39	5.70

19-42 各地区年末参加生育保险人数
Maternity Insurance Contributors at Year-end by Region

单位：万人 (10 000 persons)

地 区	Region	2010	2011	2012	2013	2014	2015	2016	2017	2018
甘肃省	**Gansu**	**82.00**	**110.13**	**129.52**	**135.07**	**143.70**	**154.10**	**162.75**	**175.31**	**202.91**
兰州市	Lanzhou	34.59	41.79	44.01	45.61	45.52	45.25	48.49	54.94	58.62
嘉峪关市	Jiayuguan	3.93	4.31	5.88	6.18	7.14	7.37	7.50	6.88	6.93
金昌市	Jinchang	1.20	1.50	3.12	3.63	3.77	3.94	4.06	4.43	4.26
白银市	Baiyin	5.60	6.98	7.43	7.51	8.05	8.60	8.81	10.36	10.74
天水市	Tianshui	4.10	8.91	10.62	10.62	10.89	13.31	13.84	14.01	15.00
武威市	Wuwei	1.81	4.60	6.27	6.83	7.35	7.51	7.61	7.49	8.88
张掖市	Zhangye	6.25	6.71	6.94	6.62	7.14	7.54	7.90	8.10	8.63
平凉市	Pingliang	5.58	5.69	6.03	6.26	6.40	7.36	7.58	7.91	8.38
酒泉市	Jiuquan	0.72	0.72	5.96	6.58	6.21	6.72	7.04	7.28	8.19
庆阳市	Qingyang	5.57	8.57	8.61	8.65	8.88	8.96	9.16	9.40	10.03
定西市	Dingxi	4.75	6.24	8.04	9.89	10.29	10.63	10.75	10.93	11.08
陇南市	Longnan	0.54	2.34	4.20	4.30	4.54	4.71	6.92	7.08	9.60
临夏州	Linxia	4.22	4.91	5.28	5.35	5.64	5.89	6.37	8.24	8.31
甘南州	Gannan	2.46	2.37	2.65	2.92	3.38	3.55	3.92	5.51	5.92

主要统计指标解释

卫生机构 指从卫生行政部门取得《医疗机构执业许可证》，或从民政、工商行政、机构编制管理部门取得法人单位登记证书，为社会提供医疗保健、疾病控制、卫生监督服务或从事医学科研和教育等工作的单位。卫生机构包括医院、疗养院、社区卫生服务中心（站）、卫生院、门诊部、诊所（卫生所、医务室）、急救中心（站）、采供血机构、妇幼保健院（所、站）、专科疾病防治院（所、站）、疾病预防控制中心（防疫站）、卫生监督所、卫生监督检验（监测、检测）机构、医学科研机构、医学在职培训机构、健康教育所（站）等其他卫生机构。

医院 包括综合医院、中医医院、中西医结合医院、民族医院、各类专科医院和护理院。

卫生人员 指在医院、基层医疗卫生机构、专业公共卫生机构及其他医疗卫生机构工作的职工，包括卫生技术人员、乡村医生和卫生员、其他技术人员、管理人员和工勤人员。一律按支付年底工资的在岗职工统计，包括各类聘任人员（含合同工）及返聘本单位半年以上人员，不包括临时工、离退休人员、退职人员、离开本单位仍保留劳动关系人员、本单位返聘和临聘不足半年人员。

卫生技术人员 包括执业医师、执业助理医师、注册护士、药师（士）、检验技师（士）、影像技师、卫生监督员和见习医（药、护、技）师（士）等卫生专业人员。不包括从事管理工作的卫生技术人员（如院长、副院长、党委书记等）。

执业医师 指具有《医师执业证》及其“级别”为“执业医师”，且实际从事医疗、预防保健工作的人员，不包括实际从事管理工作的执业医师。执业医师类别分为临床、中医、口腔和公共卫生。

卫生总费用 是反映一个国家或地区在一定时期内（通常为1年）用于医疗卫生保健服务所消耗的资金总量。用筹资来源法测算，分为政府卫生支出、社会卫生支出、个人现金卫生支出三部分。

基本养老保险（参保）职工人数 指报告期末按照国家法律、法规和有关政策规定参加基本养老保险并在社保经办机构已建立缴费记录档案的职工人数，包括中断缴费但未终止养老保险关系的职工人数，不包括只登记未建立缴费记录档案的人数。

基本医疗保险参保人数 指报告期末按国家有关规定参加基本医疗保险的人数。包括参加保险的职工人数和退休人员人数。

失业保险参保人数 指报告期末按照国家法律、法规和有关政策规定参加了失业保险的城镇企业事业单位的职工及地方政府规定参加失业保险的其他人员的人数。

工伤保险参加人数 指报告期末依据国家有关规定参加工伤保险的职工人数。

生育保险参保人数 指报告期末依据有关规定参加生育保险的职工人数。

城镇居民最低生活保障人数 指报告期末家庭平均收入在当地规定的最低生活保障线以下的城镇居民数。包括“三无”对象、失业人员和在职、下岗、退休人员等。

农村居民最低生活保障人数 指报告期末在建立农村最低生活保障制度的地区，得到当地政府或集体给予最低生活保障的农业人口家庭人数。

20 文化和体育

Culture and Sports

简要说明

一、本篇资料主要内容

本篇主要反映文化、体育、新闻出版、广播电视事业的发展情况。

文化资料主要包括文化产业基本情况、艺术表演团体、艺术表演场所、公共图书馆、博物馆、文化馆、文化站、广播、电影、电视、新闻出版等文化事业的机构、人员、经费和业务活动情况。体育资料主要包括体育系统职工和运动员情况。

二、本篇资料来源

本篇资料由省统计局社会科技处搜集、整理。艺术业、图书馆业、群众文化服务业的资料来自省文旅厅；广播、电影、电视资料来自省广电局；出版资料来自省宣传部；体育资料来自省体育局。

20－1　文化产业基本情况
Basic Statistics of Cultural Industry

项　　目	Item	2015	2017
文化产业增加值(亿元)	Value-added of Cultural Industry (100 million yuan)	124.24	163.60
#法人单位增加值(亿元)	Value-added of Corporate Units (100 million yuan)	99.36	131.15
文化产业增加值占 GDP 的比重(%)	Value-added of Cultural Industry as Proportion of GDP(%)	1.83	2.19
文化产业法人单位机构数(家)	Number of Corporate Units Institutions of Cultural Industry (uint)	11025	12815
从业人员(万人)	Employed Persons (10 000 persons)	20.25	24.69

20－2　文化事业基本情况
Basic Statistics of Culture Industry

项　　目	Item	2015	2017	2018
文化事业机构数(个)	**Number of Institutions (unit)**	**5434**	**6371**	**6332**
文化部门	Cultural Department	2210	2235	2254
其他部门	Other Department	3224	4136	4078
文化事业人员数(人)	**Number of Employed Persons (person)**	**47838**	**50834**	**48170**
文化部门	Cultural Department	26141	25660	24574
其他部门	Other Department	21679	25174	23596
文化部门事业单位数(个)	**Number of Public Institutions of Culture Department (unit)**	**2142**	**2205**	**2237**
#文化馆、艺术馆	Cultural Centers and Art Stations	103	103	103
公共图书馆	Public Libraries	103	103	103
博物馆	Museums	150	204	215
艺术表演场馆	Art Performance Places	24	45	44
艺术表演团体	Art Performance Troupes	191	286	351

20－3　艺术表演团体、艺术表演场馆演出情况
Statistics on Performance of Art Performance Troupes and Art Performance Places

项　　目	Item	2015	2017	2018
艺术表演团体	**Art Performance Troupes**			
国内演出场次(千场次)	Number of Domestic Performances (1000 shows)	23. 1	29. 3	40. 5
#农村演出场次	Rural Performances	16. 5	21. 3	27. 4
国内演出观众人次(千人次)	Spectators of Domestic Audience (1000 person-times)	20342. 2	33780. 7	32588. 0
#农村观众人次	Rural Audience	14579. 7	18152. 2	19758. 2
艺术表演场馆	**Art Performance Places**			
演（映）出场次(千场次)	Number of Performances (1000 shows)	14. 1	26. 3	35. 8
#艺术演出场次	Art Performances	1. 3	7. 5	6. 3
观众人次(千人次)	Number of Audience (1000 person-times)	710. 6	2003. 7	1772. 6
#艺术演出观众人次	Art Performances	369. 1	388. 3	1371. 0

20－4　博物馆基本情况
Basic Statistics on Museums

项　　目	Item	2015	2017	2018
机构数(个)	Number of Institutions (unit)	150	204	215
从业人员(人)	Number of Employed Persons (person)	3265	4791	5017
文物藏品(件/套)	Number of Collections (piece/set)	558789	375036	509469
本年从有关部门接收文物数(件/套)	Accepted Cultural Relics from Department This Year (piece/set)	8100	635	859
本年修复文物数(件/套)	Cultural Relics Repaired This Year (piece/set)	594	1211	936
基本陈列(个)	Displays (unit)	352	486	496
临时展览(个)	Exhibition (unit)	353	449	544
参观人次(千人次)	Spectators (1000 person-times)	21909	28371	29153
门票销售总额(千元)	Total Sales of Ticket (1000 yuan)	2981	45161	278642

20-5 公共图书馆情况
Statistics on Public Libraries

项　目	Item	2015	2017	2018
公共图书馆个数(个)	Number of Public Library (unit)	103	103	103
总藏量(千册件)	Total Collections (1000 volumes)	13996	14960	15599
#本年新购藏量	Purchased this Year	551	942	474
累计发放有效借书证数(个)	Accumulative Number of Library Cards Distributed (unit)	314572	423672	459958
总流通人次(千人次)	Total Number of Circulation (1000 person-times)	6781	7749	8342
#书刊文献外借人次	Borrowing from Libraries	3439	3797	3508
书刊文献外借册次(千册次)	Number of Books and Periodicals Lent to Readers (1000 copies-times)	5885	6618	6619
阅览室座席数(个)	Seats of Reading Room (unit)	18873	21726	23372

20-6 图书、杂志、报纸出版数量
Number of Books, Magazines and Newspapers Published

项　目	Item	2015	2017	2018
图书出版	**Books Published**			
种数(种)	Number of Publication (kind)	3412	3209	3611
#新出版	New Publication	2161	1998	1838
总印数(万册)	Printed Copies (10 000 copies)	6650	7288	8412
总印张(千印张)	Printed Sheets (1 000 sheets)	566554	540109	590975
杂志出版	**Magazines Publised**			
种数(种)	Number of Publication (kind)	131	131	131
总印数(万册)	Total Printed Copies (10 000 copies)	9672	8769	8093
总印张(千印张)	Printed Sheets (1 000 sheets)	525365	476353	437510
报纸出版	**Newspapers Publised**			
种数(种)	Number of Publication (kind)	61	61	61
总印数(万份)	Total Printed Copies (10 000 copies)	50828	47025	42841
总印张(千印张)	Printed Sheets (1 000 sheets)	1044639	844918	752067

20－7 少年儿童读物和课本出版情况
Number of Books Published for Children and Textbooks

项　目	Item	2015	2017	2018
种数(种)	Number of Publications (kind)			
儿童读物	Books for Children	70	251	299
课本	Textbooks	66	35	70
总印数(万册)	Printed Copies (10 000 copies)			
儿童读物	Books for Children	78	303	252
课本	Textbooks	3172	2979	3030
总印张(千印张)	Printed Sheets (1 000 sheets)			
儿童读物	Books for Children	2457	20800	21561
课本	Textbooks	245261	235961	227708

20－8 音像制品及电子出版情况
Statistics on Number of Publication of Audio-Video and Electronic Products

项　目	Item	2015	2017	2018
出版品种(种)	**Number of Publication (kind)**			
录像制品	Total Video Products	16	17	15
录音制品	Total of Audio Products	8	3	6
电子出版物	Electronic Publications	5		
出版数量(万盒、万张)	**Volume of Publication (10 000 cassettes, 10 000 discs)**			
录像制品	Total Video Products	4	5	3
录音制品	Total of Audio Products	3.5	0.3	0.9
电子出版物	Electronic Publications	0.5		

20－9 出版物发行机构数和网点数
Issuing Institutions and Spots of Publication

项 目	Item	2015	2017	2018
发行机构(处)	**Issuing Institutions (unit)**	**2350**	**2125**	**2119**
国有书店及国有发行点	State-owned Book Store and Issuing Spots	270	157	219
供销社	Supply and Marketing Cooperatives			
出版社	Press	9	9	9
网上书店	Online Bookstore	2	2	
文化教育广电邮政系统	Cultural, Educational Broadcasting and Postal Systems	82	81	
新华书店系统外批发网点	Wholesale Spots Outside Xinhua Bookstore	197	221	231
集体个体零售	Collective and Personal Retail	1790	1655	1660
新华书店系统出版社	**Persons Engaged in Own Issuance of**			
自办发行从业人数(人)	**Presses of Xinhua Bookstore System (person)**			
全部职工(人)	All Staff	2891	2443	2254
#国有书店及国有发行点	State-owned Bookstores and Issuing Spots	2751	2512	2254

20－10 出版印刷生产情况
Conditions of Printing

项 目	Item	2015	2017	2018
企业数(个)	Number of Enterprises (unit)	100	99	97
印刷产量	Output of Printing			
黑白(万令)	Black and White (10 000 ream)	201	199	191
彩色(万对开色令)	Color (10 000 bisect color ream)	422	427	423
装订产量(万令)	Output of BookbindinG(10 000 ream)	207	206	205
用纸量(万令)	Amout of Paper Used (10 000 ream)	299	325	314

20－11 各地区文化事业基本情况（2018）
Basic Statistics of Culture Industry by Region（2018）

地 区	Region	文化事业机构数（个）Number of Institutions（unit）	文化部门 Cultural Department	其他部门 Other Department	文化事业人员数（人）Number of Employed Persons（person）	文化部门 Cultural Department	其他部门 Other Department
兰州市	Lanzhou	665	175	490	5684	2261	3423
嘉峪关市	Jiayuguan	90	17	73	790	408	382
金昌市	Jinchang	154	41	113	756	333	423
白银市	Baiyin	528	119	409	3856	1828	2028
天水市	Tianshui	476	204	272	3680	2414	1266
武威市	Wuwei	332	143	189	2762	1068	1694
张掖市	Zhangye	401	130	271	2856	1068	1788
平凉市	Pingliang	432	183	249	3016	1580	1436
酒泉市	Jiuquan	527	194	333	2929	1200	1729
庆阳市	Qingyang	570	194	376	4706	2133	2573
定西市	Dingxi	567	182	385	4275	1842	2433
陇南市	Longnan	640	274	366	3568	1994	1574
临夏州	Linxia	485	199	286	2849	1842	1007
甘南州	Gannan	345	157	188	2124	1365	759

注：本表不含省本级和甘肃矿区数据。
a）Data of this table excluding Provincial level and Gansu Mine Area data.

20－11 续表 continued

地 区	Region	文化部门事业单位数（个）Number of Public Institutions of Culture Department（unit）	#文化馆、艺术馆 Cultural Centers and Art Station	#公 共 图书馆 Public Libraries	#博物馆 Museums	#艺术表演场 所 Art Performance Places	#艺术表演团 体 Art Performance Troupes	公共图书馆藏书量（万册、件）Total Collections of Public Library（10 000volumes）
兰州市	Lanzhou	179	9	8	24	1	13	126. 29
嘉峪关市	Jiayuguan	21	1	2	7	1		25. 77
金昌市	Jinchang	41	3	4	5		1	73. 51
白银市	Baiyin	120	6	6	14	16	27	86. 12
天水市	Tianshui	198	8	8	12	3	13	98. 75
武威市	Wuwei	142	5	5	10	1	18	53. 52
张掖市	Zhangye	132	8	7	15	1	28	76. 20
平凉市	Pingliang	180	8	8	15	4	39	104. 61
酒泉市	Jiuquan	205	8	8	25	7	8	83. 91
庆阳市	Qingyang	186	9	9	15	1	99	84. 29
定西市	Dingxi	181	8	8	19	1	59	83. 01
陇南市	Longnan	272	10	10	17	2	20	94. 88
临夏州	Linxia	197	9	9	16	1	8	59. 04
甘南州	Gannan	152	9	9	15		10	47. 32

20－12 广播电视事业基本情况
Basic Statistics of Radio and Television Industry

项　　目	Item	2010	2015	2017	2018
广播	**Radio**				
广播电台(座)	Number of Broadcasting Stations (set)	4	2	1	
中短波广播发射和转播台(座)	Medium and Short Wave Transmission Stations and Relay Stations (set)	30	31	31	31
中短波广播发射功率(千瓦)	Medium and Short Wave Transmission Power (kw)	702	683	683	683
发射机功率(千瓦)	Power of Transmitters (kw)	234	271	319	327
公共广播节目套数(套)	Number of Public Radio Programs (set) (set)	86	94	97	97
广播节目制作时间(万小时)	Length of Radio Programs Produced (10 000 hours)	10. 78	13. 37	13. 9	14. 87
#新闻资讯	News Programs	2. 29	2. 92	3. 04	3. 11
专题服务	Special Subject Programs	2. 77	3. 30	3. 60	3. 47
综艺类	Entertainment Programs	3. 20	3. 93	4. 34	4. 24
服务节目	Service Programs	0. 66	1. 10	1. 16	
县广播电视台(座)	County Broadcasting Stations (set)	76	68	69	79
广播节目综合人口覆盖率(%)	Radio Coverage Rate of the Population(%)	93. 47	98. 01	98. 38	98. 45
电视	**Television**				
电视台(座)	Television Stations (set)	7	4	2	1
发射机功率(千瓦)	Power of Transmitters (kw)	366	409	509	547
电视节目套数(套)	Number of TV Programs (set)	104	110	112	118
#公共电视	Public TV (set)	104	110	111	117
付费电视	Pay TV (set)			1	1
电视节目制作时间(万小时)	Length of TV Programs Produced (10 000 hours)	5. 89	6. 74	7. 45	7. 26
#新闻资讯	News Programs	1. 95	2. 31	2. 56	2. 47
专题服务	Special Subject Programs	1. 58	2. 03	2. 04	1. 76
综艺类	Entertainment Programs	0. 83	0. 73	0. 76	0. 70
服务节目	Service Programs	0. 65	0. 67	0. 68	
电视节目综合人口覆盖率(%)	TV Coverage Rate of Population(%)	93. 72	98. 47	98. 68	98. 81
有线广播电视用户数(万户)	Number of Users of Cable Radio and TV (10 000 households)	206. 9	233. 6	201. 0	191. 6
#农村	Rural	51. 41	28. 50	27. 70	29. 57
数字电视用户数	Number of Users of Digital TV	122. 85	191. 78	159. 00	144. 49
有线广播电视入户率(%)	Popularization Rate of Cable Radio and TV(%)	27. 37	28. 19	23. 83	22. 69
#农村	Rural	10. 84	5. 83	5. 59	5. 90
其他	**Others**				
广播电视总收入(亿元)	Revenue of Radio and TV (100 million yuan)	14. 37	37. 12	40. 71	35. 75
广播电视从业人员数(万人)	Staff and Workers of Radio and TV (10 000 persons)	1. 41	1. 59	1. 79	1. 56

20－13　广播电视节目综合人口覆盖情况
Population Coverage of Radio and TV Programs

单位：%　　　　　　　　　　　　　　　　　　　　　　　　　(%)

项　　目	Item	2015	2017	2018
广播节目综合人口覆盖率	Population Coverage Rate of Radio Programs	98.01	98.38	98.45
#中央广播节目	Coverage Rate of Central Radio Station	96.52	96.95	97.04
#农村广播节目	Rural Population Coverage Rate of Radio Programs	97.63	98.06	98.12
电视节目综合人口覆盖率	Population Coverage Rate of TV Programs	98.47	98.68	98.81
#中央电视节目	Coverage Rate of CCTV	97.14	97.53	97.82
#农村电视节目	Rural Population Coverage Rate of TV Programs	98.14	98.38	98.54

20－14　广播节目制作播出情况
Basic Statistics on Radio Programs Produced and Broadcasted

项　　目	Item	2015	2017	2018
公共广播节目套数(套)	Number of Public Radio Programs (set)	94	97	97
全年制作广播节目时间(小时)	Length of Radio Programs Produced (hour)	133738	139033	148693
全年公共广播节目播出时间(小时)	Length of Public Radio Programs Broadcasted (hour)	342009	379240	379338

20－15 电视节目制作播出情况

Basic Statistics on TV Program Produced and Broadcasted

项　　目	Item	2015	2017	2018
电视节目套数(套)	Number of TV Programs (set)			
公共电视	Public TV	110	111	117
全年制作电视节目时间(小时)	Length of TV Progarms Produced (hour)	67384	74490	72574
全年公共电视节目播出时间(小时)	Length of Public TV Programs Broadcasted (hour)	487173	514009	552624
全年电视剧播出数	Number of TV Plays Broadcasted			
(部)	(set)	7414	7068	6852
(集)	(part)	228603	215932	216638
#进口电视剧	Imported TV Play Broadcasted			
(部)	(set)	100	15	6
(集)	(part)	3226	650	312

20－16 有线广播电视传输干线网络及用户情况

Transmission Trunk and Users of Cable Radios and TVs

项　　目	Item	2015	2017	2018
有线广播电视传输干线网络总长(公里)	Total Length of Transmission Trunk for Cable Radios and TVs (km)	56496	16637	16705
有线广播电视用户数(户)	Users of Cable Radios and TVs (household)	2335791	2009938	1916177
#数字电视用户数	Users of Digital TV Programs	1917800	1589953	1444936
#付费电视用户数	Users of Pay TV	1118929	936582	830072
#农村有线广播电视用户数	Users of Rural Cable Radios and TVs	285030	277019	295690
有线广播电视入户率(%)	Popularization Rate of Cable TV Programs(%)	28.19	23.83	22.69
#农村有线广播电视入户率	Rural Areas	5.83	5.59	5.9

20－17 广播电视技术情况
Technology Statistics on Radio and TV

项　目	Item	2015	2017	2018
中、短波转播发射台(座)	Transmission and Relaying Stations of Medium and Short Wave Broadcast (unit)	31	31	31
中波发射机(部)	Medium Wave Transmitters (set)	68	70	70
短波发射机(部)	Sort Wave Transmitters (set)	2	2	2
调频转发射机(部)	Frequency Modulation Transmitters (set)	773	517	465
电视发射机(部)	TV Program Transmitters (set)	2453	1909	1956
微波实有站(座)	Microwave Stations (unit)	97	91	133

20－18 各地区广播电视事业基本情况（2018）
Basic Statistics of Broadcasting and Television by Region (2018)

单位：小时 (hour)

地　区	Region	公共广播节目套数(套) Number of Public Radio Programs (set)	全年制作广播节目时间 Length of Radio Programs Produced	全年公共广播节目播出时间 Length of Public Radio Programs Broadcasted	全年制作电视节目时间 Length of TV Progarms Produced	全年公共电视节目播出时间 Length of Public TV Programs Broadcasted
兰州市	Lanzhou	6	21081	26227	5636	38158
嘉峪关市	Jiayuguan	2	13042	14069	1044	16136
金昌市	Jinchang	2	2659	8453	2002	15988
白银市	Baiyin	4	7050	12595	9581	26088
天水市	Tianshui	9	7131	40678	4936	45683
武威市	Wuwei	5	5154	25268	1632	31447
张掖市	Zhangye	7	6144	27653	9688	37359
平凉市	Pingliang	9	8849	31918	6229	41525
酒泉市	Jiuquan	8	10593	30982	4377	49556
庆阳市	Qingyang	9	13685	29743	5415	26778
定西市	Dingxi	8	5188	21955	3320	32219
陇南市	Longnan	10	1409	36953	6509	50892
临夏州	Linxia	9	1857	18747	1470	51504
甘南州	Gannan	3	1331	10221	2159	26228
甘肃矿区	Gansu Mine Area				150	5100

20－19　体育系统机构数、从业人员数（2018）
Number of Institutions and Engaged Persons of Physical Education System（2018）

单位：个、人　　　　（unit，person）

指　标	Item	合计 Total 机构数 Institutions	合计 Total 人数 Persons	省级 Provincial Level 机构数 Institutions	省级 Provincial Level 人数 Persons	地级 Prefectural Level 机构数 Institutions	地级 Prefectural Level 人数 Persons
总计	**Total**	**161**	**3171**	**14**	**1213**	**42**	**1011**
体育行政机关	Administrative Agencies of Physical Culture and Sports	94	737	1	44	14	220
运动项目管理部门	Sports Events Management	6	1074	5	927	1	147
本科院校	Colleges						
职业、运动技术学院	Sports Technical Institutes						
体育运动学校	Physical Education and Sports Schools	8	419	1	89	7	330
竞技体校	Competitive Sports School						
少儿体育运动学校（业余体校）	Spare-time Sports School	23	261			4	90
单项运动学校	Physical Education and Sports Schools						
训练基地	Training Bases	1					
体育场馆	Stadium and Gymnasium	5	65	1	32	3	29
科研所	Science and Technology Institute	1	19	1	19		
其他事业单位	Other Institutions	22	576	4	82	13	195
其他	Others	1	20	1	20		

注：体育场馆是指独立法人单位的体育场馆。
a）The Stadium and gymnasium refered to the stadium with independent legal entity.

20－20　分技术等级运动员发展人数
Certified Athletes by Technical Grade

单位：人　　　　（person）

项　目	Item	2015	2017	2018
合计	**Total**	**709**	**817**	**951**
#女性	Female	185	291	404
运动健将	Master of Sports	16	17	11
#女性	Female	6	6	5
一级运动员	First Grade	144	204	338
#女性	Female	46	92	143
二级运动员	Second Grade	549	613	602
#女性	Female	133	193	256

主要统计指标解释

文化及相关产业　指为社会公众提供文化、娱乐产品和服务的活动以及与这些活动有关联的活动的集合。根据提供文化、娱乐产品和服务活动的属性特点，划分为公益性文化活动和经营性文化活动两大类。

文化及相关产业是第三产业的重要组成部分。是在我国《国民经济行业分类》基础上的派生分类，有文化服务和相关文化服务两大类。

文化服务　主要指新闻服务，出版发行和版权服务，广播、电视、电影服务，文化艺术服务，网络文化服务，文化休闲娱乐服务，其他文化服务。

相关文化服务　主要有文化用品、设备及相关文化产品的生产，文化用品、设备及相关文化产品的销售。

非文化及相关产业　指由文化部门主办的不属于文化及相关产业的其他各类行业活动。

文化事业机构　指从事专业文化工作和为专业文化工作服务的独立建制的单位。不包括这些单位另外举办独立核算的其他机构和各部门的业余文化组织。该指标主要反映文化事业机构发展规模水平。

广播/电视节目综合人口覆盖率　指根据原国家广电总局制定的《广播电视人口覆盖率统计技术标准和方法》进行统计调查的，在对象区内能接收到由中央、省、地市或县通过无线、有线或卫星等各种技术方式转播的各级广播/电视节目的人口数占全国总人口数的百分比。

艺术表演团体　指由文化部门主办或实行行业管理（经文化市场行政部门审批或已申报登记并领取相关许可证），专门从事表演艺术等活动的各类专业艺术表演团体，含民间职业剧团。如话剧团、方言话剧团、滑稽剧团、儿童剧团、歌剧团、木偶团、皮影团等以及由若干剧种组成的综合性专业艺术表演团体。不包括群众业余文艺表演团体。

艺术表演场馆　指由文化部门主办或实行行业管理（经文化市场行政部门审批或已申报登记并领取相关许可证），有观众席、舞台、灯光设备，公开售票、专供文艺团体演出的文化活动场所。附属于文化部门机构内非独立核算的剧场、排演场，公开营业的也应单独统计。

21 城 市

City

简要说明

一、本篇资料的主要内容

本篇资料反映了各城市主要社会经济和城市公用事业基本情况。城市公用事业基本情况包括市政建设、设施水平、供水、供气、供热、公共交通、园林绿化、环境卫生等。

二、本篇资料的来源

本篇资料中21－1表数据资料为市辖区数据，由省统计局城市调查处依据国家统计局制定的《城市基本情况统计报表制度》提供；其余各表数据的资料来源于省住房和城乡建设厅《甘肃省城市建设统计年报》，由省统计局城市调查处整理提供。

21－1　分城市主要社会经济指标（2018）
Main Social and Economic Indicators by Cities（2018）

指　　标	Item	兰州市 Lanzhou	嘉峪关市 Jiayuguan
年末户籍人口(万人)	Household Registered Population at Year-end(10000 persons)	209.15	20.83
生产总值(万元)	Gross Regional Product (10 000 yuan)	22408968	2996200
第一产业	Primary Industry	131739	39822
第二产业	Secondary Industry	7047515	1831482
第三产业	Tertiary Industry	15229714	1124896
人均生产总值(元)	Per Capita GDP (yuan)	83401	119418
生产总值增长率(%)	Growth Rate of GDP (%)	4.1	7.4
一般公共预算收入(万元)	General Public Budget Revenue (10 000 yuan)	2194896	196810
一般公共预算支出(万元)	General Public Budget Expenditure (10 000 yuan)	3410789	325543
年末金融机构人民币	RMB Deposits Balance of Financial Institutions		
各项存款余额(万元)	(Year-end) (10 000 yuan)	73849342	3465700
#住户存款余额	Household Deposits Balance	28433935	1737300
年末金融机构人民币	RMB Loans Balance of Financial Institutions		
各项贷款余额(万元)	(Year-end) (10 000 yuan)	69099715	5324000
固定资产投资额(不含农户)	Investment in Fixed Assets(Exclude farm households)		
(万元)	(10000 yuan)		
房地产开发投资额	Real Estate Development Investment	3519721	255092
#住宅	Residential Buildings	2021364	157360
新增固定资产	Newly Increased Fixed Assets	1092453	
规模以上工业总产值	Gross Industrial Output Value above Designated Size	14045100	6686900
(当年价)(万元)	(current price) (10000 yuan)		
规模以上工业企业	Industrial Enterprises above Designated Size		
主营业务收入(万元)	Revenue from Principal Business (10 000 yuan)	13502000	13865000
利润总额(万元)	Total Profit(10 000 yuan)	973700	67700
社会消费品零售总额(万元)	Total Retail Sales of Consumer Goods (10 000 yuan)	12169471	677724
年末城镇单位从业人员数	Urban Unit Employed Persons at Year-end	65.45	6.17
(万人)	(10000 persons)		
在岗职工平均工资(元)	Average Wages of Staff and Workers (yuan)	84173	78073
城镇居民人均可支配收入(元)	Per Capita Disposable Income of Urban Households (yuan)	35014	39629
城镇居民人均消费支出(元)	Per Capita Consumption expenditure of Urban Households (yuan)	26130	28655
在校学生数	Number of Enrollment		
普通本专科(全市)(人)	Undergraduate in Regular HEIs (person)	336867	2774
成人本专科(人)	Adult Specialty (person)	6449	2976
中等职业教育(人)	Secondary Vocational Education (person)	33134	1577
普通中学(万人)	Regular Middle School (10000 persons)	11.52	1.46
普通小学(万人)	Regular Primary Schools (10000 persons)	16.44	1.67
医疗卫生机构数(个)	Number of Health Care Institutions (unit)	1261	132
医院数(个)	Hospitals (unit)	97	9
医疗卫生机构床位数(张)	Number of Beds in Health Care Institutions (unit)	25646	2436
医院床位数(张)	Hospital Beds (unit)	23001	1663
执业(助理)医师(人)	Licensed (Assistant) Doctors (person)	12074	993
邮政局(所)数(处)	Number of Post Offices (unit)	98	15

21－1 续表 1 continued

指 标	Item	金昌市 Jinchang	白银市 Baiyin
年末户籍人口(万人)	Household Registered Population at Year-end(10000 persons)	21.12	49.90
生产总值(万元)	Gross Regional Product (10 000 yuan)	1911394	3127116
第一产业	Primary Industry	46747	88828
第二产业	Secondary Industry	1248422	1668767
第三产业	Tertiary Industry	616225	1369520
人均生产总值(元)	Per Capita GDP (yuan)	81736	62555
生产总值增长率(%)	Growth Rate of GDP (%)	9.4	7.0
一般公共预算收入(万元)	General Public Budget Revenue (10 000 yuan)	49818	115921
一般公共预算支出(万元)	General Public Budget Expenditure (10 000 yuan)	112269	356688
年末金融机构人民币各项存款余额(万元)	RMB Deposits Balance of Financial Institutions (Year-end) (10 000 yuan)	2695804	4430281
#住户存款余额	Household Deposits Balance	1597735	2589506
年末金融机构人民币各项贷款余额(万元)	RMB Loans Balance of Financial Institutions (Year-end) (10 000 yuan)	2410443	3711777
固定资产投资额(不含农户)(万元)	Investment in Fixed Assets (Exclude farm households) (10000 yuan)		
房地产开发投资额	Real Estate Development Investment	54656	192360
#住宅	Residential Buildings	40019	118211
新增固定资产	Newly Increased Fixed Assets	78120	
规模以上工业总产值(当年价)(万元)	Gross Industrial Output Value above Designated Size (current price)(10000 yuan)	7688225	4020441
规模以上工业企业	Industrial Enterprises above Designated Size		
主营业务收入(万元)	Revenue from Principal Business (10 000 yuan)	24074990	3646220
利润总额(万元)	Total Profit(10 000 yuan)	347501	19183
社会消费品零售总额(万元)	Total Retail Sales of Consumer Goods (10 000 yuan)	651776	1437843
年末城镇单位从业人员数(万人)	Urban Unit Employed Persons at Year-end (10000 persons)	7.84	9.89
在岗职工平均工资(元)	Average Wages of Staff and Workers (yuan)	73622	69112
城镇居民人均可支配收入(元)	Per Capita Disposable Income of Urban Households (yuan)	41781	29470
城镇居民人均消费支出(元)	Per Capita Consumption expenditure of Urban Households (yuan)	28035	17266
在校学生数	Number of Enrollment		
普通本专科(全市)(人)	Undergraduate in Regular HEIs (person)	3058	4113
成人本专科(人)	Adult Specialty (person)	2124	620
中等职业教育(人)	Secondary Vocational Education (person)	1042	3974
普通中学(万人)	Regular Middle School (10000 persons)	1	3.00
普通小学(万人)	Regular Primary Schools (10000 persons)	1.47	3.50
医疗卫生机构数(个)	Number of Health Care Institutions (unit)	237.00	72
医院数(个)	Hospitals (unit)	13	27
医疗卫生机构床位数(张)	Number of Beds in Health Care Institutions (unit)	2303	4368
医院床位数(张)	Hospital Beds (unit)	2069	3943
执业(助理)医师(人)	Licensed (Assistant) Doctors (person)	1109	1817
邮政局(所)数(处)	Number of Post Offices (unit)	10	24

21－1 续表 2 continued

天水市 Tianshui	武威市 Wuwei	张掖市 Zhangye	平凉市 Pingliang	酒泉市 Jiuquan	庆阳市 Qingyang	定西市 Dingxi	陇南市 Longnan
131. 68	103. 81	51. 46	52. 48	41. 43	39. 22	46. 82	57. 04
4037164	2925414	1813960	1376700	1770716	2314342	821187	1252637
248366	650547	315478	79000	234831	61648	115271	223877
1568850	890844	376415	336600	416419	1207811	212723	155076
2219948	1384023	1122067	961100	1119466	1044883	493193	873684
32790	28758	35019	25871	39737	51739	19031	21960
6. 7	5. 6	5. 7	5. 3	5. 0	3. 2	6. 9	7. 1
360458	199417	94488	63047	79438	89055	40874	52463
1356937	828829	432610	361299	286151	277141	409468	438487
8170599	5660184	3575301	3324000	4158084	4070940	2492273	2577100
5305254	3946158	2372915	1995500	2646158	2714168	1461396	1299200
6761673	4925145	3497403	2606500	3685749	3102706	1790247	2515500
805063	418821	420874	390630	179402	247621	229086	87847
593746	200071	268790	296991	126368	165742	154195	49150
	207243	335954	96037	150872	113477	179433	
3003389	1276737	575752	485417	404977	2336944	515049	97801
1828947	1236608	583487	492838	420064	2230681	454027	93714
128072	33507	17221	9831	－7448	153037	－5587	13883
1581802	1215131	969797	819153	851706	790340	420126	455520
13. 94	8. 59	5. 18	5. 25	4. 96	7. 13	3. 57	1. 71
60583	60909	72817	61696	59737	80097	67821	65892
27949	29296	25899	27330	37581	30973	25399	25265
19220	21233	21047	19354	28579	17691	17207	19109
38820	632	18947	10949	9152	22029		6869
4680		2342	1969		3888	7940	
9279	6948	5039	4569	9907	6005	3838	5056
7	5	2	3	3	3	2	2. 22
9. 07	6. 36	3. 21	3. 74	2. 58	4. 37	2. 46	4. 86
1140. 00	795. 00	560. 00	527. 00	398. 00	351. 00	485. 00	48
46	7	29	31	18	13	12	2
9365	6322	3756	5125	3856	4370	4009	2008
7887	5154	2645	4530	3075	3901	3421	1210
2986	2473	1800	2249	1285	1662	1383	488
57	12	33	27	30	15	27	27

21 –2　城市公用事业基本情况
Basic Statistics on City Public Utilities

指　　标	Item	2016	2017	2018
城市建设	**City Areas and Floor Space of Buildings**			
建成区面积(平方公里)	Area of Built Districts (sq. km)	870	869	891
城市现状建设用地面积(平方公里)	Area of Land Used for Urban Current Construction (sq. km)	806	861	888
城市人口密度(人/平方公里)	Population Density of City Districts (person/sq. km)	4076	4066	3237
城市供水、燃气	**Water Supply and Gas Supply**			
全年供水总量(万立方米)	Annual Volume of Total Water Supply (10 000 cu. m)	48671	50960	50869
#居民家庭用水	Water Consumption for Residential Use	20155	21050	21748
人均日生活用水量(升)	Per Capita Daily Water Consumption for Residential Use (liter)	125	126	137
供水普及率(%)	Coverage Rate of Urban Population with Access to Tap Water(%)	97. 93	98. 81	97. 90
供气总量(天然气)(亿立方米)	Volume of Gas Supply (Natural Gas) (100 million cu. m)	17. 04	20. 37	23. 51
#家庭用量	Consumption of Gaswork Gas for Residential Use	7. 13	4. 23	4. 14
液化石油气供气总量(万吨)	Volume of Liquefied Petroleum Gas 10 000 ton)	4. 96	4. 45	4. 14
#家庭用量	Consumption of Gaswork Gas for Residential Use	3. 84	3. 03	2. 54
燃气普及率(%)	Coverage Rate of Urban Population with Access to Gas(%)	88. 15	90. 56	90. 91
城市轨道交通(在建)	**City Subways, Light Rail, Streetcar (Under construction)**			
线路长度(地铁)(公里)	Length of Lines (Subways)(km)		26. 00	35. 06
(有轨)(公里)	Length of Lines (Light Rail, Streetcar)(km)			12. 92
车站数(地下站)(个)	Number of Stations (Underground Station)(unit)		20	29
(地面站)(个)	Number of Stations (Ground Station)(unit)			12
配置车辆数(地铁)(辆)	Number of Attached Vehiches (Subways)(unit)		26	36
城市市政建设	**Municipal Infra-structure**			
年末实有道路长度(公里)	Length of Paved Roads at Year-end (km)	4607	4890	5092
城市排水管道长度(公里)	Length of City Sewaeg Pipes (km)	5802	6428	6955
城市绿化和园林	**City Greening**			
园林绿地面积(公顷)	Area of Urban Green Land (hectare)	26339	26851	27222
人均公园绿地面积(平方米)	Per Captia Area of Parks and Green Land (sq. m)	13. 94	14. 87	13. 65
公园数(个)	Number of Parks and Zoos (unit)	131	156	172
公园面积(公顷)	Area of Parks (hectare)	5752	5002	5472
城市环境卫生	**Environmental Sanitation**			
生活垃圾清运量(万吨)	Volume of Garbage Disposal (10 000 tons)	257. 19	254. 61	281. 19
生活垃圾无害化处理率(%)	Harmless Treatment Rate of Garbage(%)	72. 76	98. 40	99. 76

注：各地区城市数据来源于省住建厅(以下相关表同)。
a) Data of cities by region are from the Urban and Rural Housing Construcion in Gansu Province. The same applies to the tables following.

21－3 各地区城市建设情况（2018）
Statistics on City Construction by Region（2018）

地　区	Region	城区面积（平方公里）Urban Area（sq. km）	建成区面积（平方公里）Area of Build Disticts（sp. km）	城市现状建设用地面积（平方公里）Area of Land Used for Urban Current Construction（sq. km）	征用土地面积（平方公里）Land Fut in Requisition for State Construction Projects（sq. km）	城市人口密度（人/平方公里）Population Density of City Districts（person/sq. km）
甘肃省	**Gansu**	**1994.48**	**891.36**	**888.46**	**29.06**	**3237.34**
兰州市	Lanzhou	346.10	331.22	320.68	16.63	7109.79
嘉峪关市	Jiayuguan	342.00	70.40	105.03		677.78
金昌市	Jinchang	52.30	44.00	44.00		3279.16
白银市	Baiyin	114.00	67.25	66.20	1.48	3565.79
天水市	Tianshui	60.00	56.00	56.00		11610.00
武威市	Wuwei	177.77	33.89	33.89		1906.96
张掖市	Zhangye	200.00	44.60	44.40	1.78	1351.50
平凉市	Pingliang	255.00	42.00	40.74	1.56	1176.47
华亭市	Huating	17.90	15.40	14.77	0.02	5016.76
酒泉市	Jiuquan	235.00	53.50	44.42		1655.74
玉门市	Yumen	15.00	11.93	11.13	0.37	5153.33
敦煌市	Dunhuang	19.86	15.01	14.97	0.22	6062.44
庆阳市	Qingyang	30.00	30.00	24.96	5.50	6923.33
定西市	Dingxi	35.90	25.22	24.84	1.33	5827.30
陇南市	Longnan	40.00	13.80	12.78		4212.50
临夏市	Linxia	38.05	24.00	19.69	0.17	6459.92
合作市	Hezuo	15.60	13.14	9.96		4653.85

21－4 各地区城市市政设施（2018）
Basic Statistics on Municipal Infrastructure in Cities by Region（2018）

地　区	Region	年末实有道路长度（公里）Length of Paved Roads（year-end）（km）	年末实有道路面积（万平方米）Area of Paved Roads（year-end）（10 000 sq. m）	城市桥梁（座）Number of City Bridges（unit）	城市排水管道长度（公里）Length of City Sewage Pipes（km）	城市污水处理厂日处理能力（万立方米）Daily Disposal Capacity of City Sewage（10 000 cu. m）	城市道路照明灯（盏）Number of Street Lights（unit）
甘肃省	**Gansu**	**5092**	**11561**	**648**	**6955**	**153**	**340853**
兰州市	Lanzhou	2087	5292	416	2967	70	124538
嘉峪关市	Jiayuguan	345	434	11	677	2	27796
金昌市	Jinchang	173	487	16	114	8	24377
白银市	Baiyin	299	632	28	250	7	14203
天水市	Tianshui	332	653	48	359	12	13526
武威市	Wuwei	155	542		215	9	14482
张掖市	Zhangye	115	358	1	316	8	18139
平凉市	Pingliang	226	702	34	467	9	19962
华亭市	Huating	109	249	9	165	1	3625
酒泉市	Jiuquan	292	478	7	320	10	15086
玉门市	Yumen	160	232	1	161	1	4134
敦煌市	Dunhuang	229	258	2	75	3	6121
庆阳市	Qingyang	171	350	3	250	2	8052
定西市	Dingxi	110	285	14	152	4	7167
陇南市	Longnan	120	190	18	130	1	4699
临夏市	Linxia	130	263	26	270	6	32508
合作市	Hezuo	40	154	14	66	1	2438

21-5 各地区城市公共供水情况（2018）
Basic Statistics on Tap Water Supply in Cities by Region（2018）

地 区	Region	综合生产能力（万立方米/日）Comprehensive Production Capacity (10,000 cu. m/day)	供水管道长度（公里）Length of Water Supply Pipelines (km)	用水人口（万人）Number of Residents with Access to Tap Water (10 000 persons)	人均日生活用水量（升）Per Capita Daily Consumption of Tap Water for Residential Use (liter)
甘肃省	**Gansu**	**321.8**	**5694.5**	**615.5**	**137.2**
兰州市	Lanzhou	159.4	1438.5	224.4	183.5
嘉峪关市	Jiayuguan	11.0	428.9	23.2	74.9
金昌市	Jinchang	10.0	257.6	13.2	260.4
白银市	Baiyin	39.1	335.0	40.7	111.7
天水市	Tianshui	8.0	257.0	68.9	90.4
武威市	Wuwei	20.0	234.0	33.9	137.2
张掖市	Zhangye	12.0	408.5	25.5	190.3
平凉市	Pingliang	4.5	403.8	30.0	64.5
华亭市	Huating	1.7	39.2	8.8	81.0
酒泉市	Jiuquan	16.0	331.5	38.9	103.0
玉门市	Yumen	3.0	155.6	7.7	68.2
敦煌市	Dunhuang	7.0	343.0	12.0	117.4
庆阳市	Qingyang	5.3	410.0	20.8	80.2
定西市	Dingxi	10.0	218.4	20.6	54.7
陇南市	Longnan	3.5	64.1	16.3	77.3
临夏市	Linxia	10.4	284.0	24.6	137.9
合作市	Hezuo	0.9	85.4	6.0	113.2

21-5 续表 continued

地 区	Region	全年供水总量（万立方米）Total Annual Volume of Water Supply (10 000 cu. m)	#居民家庭用水 Water for Households Use	#生产运营用水 Water for Production Operations Use
甘肃省	**Gansu**	**50868.6**	**21747.7**	**14035.8**
兰州市	Lanzhou	25828.5	10183.0	9072.6
嘉峪关市	Jiayuguan	1730.0	421.0	202.0
金昌市	Jinchang	2118.8	450.6	313.5
白银市	Baiyin	2354.0	1654.6	307.0
天水市	Tianshui	3295.0	2000.0	775.0
武威市	Wuwei	3064.0	900.0	901.8
张掖市	Zhangye	2474.0	1398.0	437.3
平凉市	Pingliang	1145.1	643.4	189.8
华亭市	Huating	515.0	215.0	198.0
酒泉市	Jiuquan	2648.0	1099.4	807.7
玉门市	Yumen	375.0	64.8	52.0
敦煌市	Dunhuang	791.0	330.0	121.0
庆阳市	Qingyang	857.3	480.0	107.0
定西市	Dingxi	760.0	300.2	132.0
陇南市	Longnan	630.0	353.0	71.0
临夏市	Linxia	1995.0	1196.8	348.2
合作市	Hezuo	288.0	58.0	

21-6 各地区城市燃气情况（2018）
Basic Statistics on Supply of Gas in Cities by Region (2018)

地区	Region	人工煤气生产能力（万立方米/日）Production Capacity of Gaswork Gas (10 000 cu. m/day)	全年供气总量 Volume of Gas Supply		
			人工煤气(万立方米) Coal Gas (10 000cu. m)	液化石油气(吨) Liquefied Petroleum Gas(ton)	天然气(万立方米) Natural Gas (10 000 cu. m)
甘肃省	**Gansu**	**345. 6**	**2383. 2**	**41432. 4**	**235059. 2**
兰州市	Lanzhou			17538. 0	175636. 3
嘉峪关市	Jiayuguan	345. 6	2383. 2	996. 5	10872. 3
金昌市	Jinchang			600. 7	4212. 3
白银市	Baiyin			1001. 0	9647. 6
天水市	Tianshui			2165. 0	8018. 3
武威市	Wuwei			760. 7	4214. 9
张掖市	Zhangye			2683. 9	3348. 0
平凉市	Pingliang			156. 0	1818. 0
华亭市	Huating			430. 0	255. 0
酒泉市	Jiuquan			1861. 3	2075. 3
玉门市	Yumen			359. 3	162. 4
敦煌市	Dunhuang			637. 0	5175. 0
庆阳市	Qingyang			7968. 0	2089. 0
定西市	Dingxi			1265. 0	102. 4
陇南市	Longnan			758. 0	423. 0
临夏市	Linxia			822. 0	6025. 0
合作市	Hezuo			1430. 0	984. 6

21-6 续表 continued

地区	Region	管道长度（公里）Length of Gas Pipelines (km)			用气人口（万人）Population with Access to Gas (10 000 persons)		
		人工煤气 Coal Gas	液化石油气 Liquefied Petroleum Gas	天然气 Natural Gas	人工煤气 Coal Gas	液化石油气 Liquefied Petroleum Gas	天然气 Natural Gas
甘肃省	**Gansu**	**384. 6**	**110**	**3597. 2**	**16**	**94. 7**	**476. 3**
兰州市	Lanzhou			1269. 9		16. 6	227. 8
嘉峪关市	Jiayuguan	384. 6		125. 0	16	0. 5	6. 7
金昌市	Jinchang			100. 8		4. 4	9. 5
白银市	Baiyin			568. 2		1. 3	27. 4
天水市	Tianshui			196. 8		9. 0	45. 8
武威市	Wuwei			112. 8		1. 1	31. 4
张掖市	Zhangye			266. 4		4. 9	22. 2
平凉市	Pingliang			69. 8		0. 2	24. 0
华亭市	Huating			11. 6		1. 5	4. 5
酒泉市	Jiuquan		110	167. 3		18. 6	20. 3
玉门市	Yumen			49. 0		3. 4	4. 4
敦煌市	Dunhuang			214. 0		0. 2	11. 8
庆阳市	Qingyang			56. 5		11. 0	7. 6
定西市	Dingxi			8. 2		10. 7	5. 1
陇南市	Longnan			54. 0		4. 9	10. 1
临夏市	Linxia			291. 2		1. 4	15. 7
合作市	Hezuo			35. 6		5. 0	2. 1

21－7 各地区城市集中供热情况（2018）
Basic Statistics on Heating in Cities by Region（2018）

地 区	Region	供热能力 Heating Copacity		供热总量 Quantity of Heat Supplied		管道长度（公里）Length of Heating Pipelines（km）	供热面积（万平方米）Area of Centralized Heating（10 000 sq. m）
		蒸汽（吨/小时）Steam（ton/hour）	热水（兆瓦）Hot Water（mega watts）	蒸汽（万吉焦）Steam（10 000 gigajoules）	热水（万吉焦）Hot Water（10 000 gigajoules）		
甘肃省	**Gansu**	**1000**	**16562**	**738**	**10363**	**5924**	**23460**
兰州市	Lanzhou		6168		3073	1134	7477
嘉峪关市	Jiayuguan		1410		764	925	1618
金昌市	Jinchang	300	660	112	325	774	1191
白银市	Baiyin		1257		805	746	1573
天水市	Tianshui		562		483	166	965
武威市	Wuwei	700	455	626	265	252	1782
张掖市	Zhangye		790		546	485	1737
平凉市	Pingliang		1328		950	146	1687
华亭市	Huating		263		196	53	393
酒泉市	Jiuquan		1187		760	373	1306
玉门市	Yumen		157		68	164	220
敦煌市	Dunhuang		266		202	297	340
庆阳市	Qingyang		830		1045	140	1504
定西市	Dingxi		680		387	89	861
陇南市	Longnan		56		48	23	90
临夏市	Linxia		348		336	83	496
合作市	Hezuo		145		110	75	220

21－8 各地区城市绿地和园林（2018）
Basic Statistics on Parks and Green Areas in Cities by Region（2018）

地 区	Region	城市园林绿地面积（公顷）Area of Parks and Green Land（hectare）	公园绿地面积（公顷）Area of Parks and Green Land（hectare）	公园（个）Number of Parks（unit）	公园面积（公顷）Area of Parks（hectare）	建成区绿化覆盖率（%）Green Covered Area as % of Completed Area（%）
甘肃省	**Gansu**	**27221.8**	**8816.3**	**172**	**5472.1**	**33.50**
兰州市	Lanzhou	9619.3	3418.9	29	1888.3	32.03
嘉峪关市	Jiayuguan	2738.7	844.8	8	531.0	40.01
金昌市	Jinchang	1465.5	475.3	23	452.6	37.62
白银市	Baiyin	2177.4	385.8	20	397.5	36.39
天水市	Tianshui	1959.6	693.4	23	386.2	38.95
武威市	Wuwei	930.6	286.9	7	286.9	31.03
张掖市	Zhangye	1474.2	558.6	3	212.2	35.69
平凉市	Pingliang	1479.1	386.8	12	323.7	39.44
华亭市	Huating	605.6	100.6	6	70.5	38.45
酒泉市	Jiuquan	1675.5	457.0	10	379.0	37.22
玉门市	Yumen	495.8	155.8	2	95.4	37.30
敦煌市	Dunhuang	569.1	162.5	9	67.0	39.50
庆阳市	Qingyang	887.0	245.0	2	23.0	31.90
定西市	Dingxi	591.4	352.6	4	164.0	26.40
陇南市	Longnan	226.3	103.6	9	145.0	14.37
临夏市	Linxia	193.8	126.9	3	32.7	11.98
合作市	Hezuo	133.0	62.0	2	17.0	9.13

21－9 各地区城市市容环境卫生情况（2018）
Basic Statistics on Urban Sanitation in Cities by Region（2018）

地 区	Region	道路清扫保洁面积（万平方米）Area under Cleaning Program (10 000 sq. m)	生活垃圾清运量（万吨）Volume of Garbage Disposal (10 000 tons)	生活垃圾无害化处理能力（吨/日）Harmless Disposal Capacity of Domestic Refuse (ton/day)	市容环卫专用车辆设备总数（辆）Number of Special Vehicles for Environmental Sanitation (unit)	公共厕所（座）Number of Public Lavatories (unit)	#三类以上 Third Grade and above
甘肃省	**Gansu**	**11756.43**	**281.2**	**10244**	**5248**	**1999**	**1706**
兰州市	Lanzhou	4784.46	104.0	3225	3055	644	636
嘉峪关市	Jiayuguan	800.00	8.0	360	564	148	148
金昌市	Jinchang	768.00	5.5	250	62	74	67
白银市	Baiyin	693.11	13.7	710	124	94	25
天水市	Tianshui	662.50	24.7	1431	176	116	101
武威市	Wuwei	547.00	23.7	650	403	34	
张掖市	Zhangye	362.30	11.2	680	56	98	78
平凉市	Pingliang	605.00	10.1	500	34	117	117
华亭市	Huating	140.00	3.5	100	32	29	20
酒泉市	Jiuquan	481.75	13.0	450	57	141	141
玉门市	Yumen	320.00	5.0	110	18	41	41
敦煌市	Dunhuang	139.31	4.7	193	31	46	46
庆阳市	Qingyang	292.00	15.3	420	162	153	94
定西市	Dingxi	370.00	13.1	360	76	116	92
陇南市	Longnan	180.00	6.0	210	50	59	43
临夏市	Linxia	498.00	16.5	500	316	57	57
合作市	Hezuo	113.00	3.3	95	32	32	

21－10 各地区城市设施水平（2018）
Level of Public Facilities in Cities by Region（2018）

地 区	Region	城市供水普及率（%）Coverage Rate of Urban Population with Access to Tap Water (%)	城市燃气普及率（%）Coverage Rate of Urban Population with Access to Gas (%)	人均城市道路面积（平方米）Per Capita Area of Paved Roads (sq. m)	人均公园绿地面积（平方米）Per Capita Public Green Areas (sq. m)
甘肃省	**Gansu**	**97.90**	**90.91**	**17.91**	**13.65**
兰州市	Lanzhou	95.72	99.30	21.51	13.89
嘉峪关市	Jiayuguan	100.00	100.00	18.73	36.44
金昌市	Jinchang	100.00	81.22	28.41	27.71
白银市	Baiyin	100.00	70.48	15.55	9.49
天水市	Tianshui	98.94	78.71	9.37	9.95
武威市	Wuwei	99.97	95.78	16.00	8.46
张掖市	Zhangye	100.00	100.00	13.24	20.66
平凉市	Pingliang	100.00	80.50	23.39	12.89
华亭市	Huating	98.00	66.93	27.75	11.20
酒泉市	Jiuquan	100.00	100.00	12.28	11.75
玉门市	Yumen	100.00	100.00	30.05	20.15
敦煌市	Dunhuang	100.00	100.00	21.46	13.50
庆阳市	Qingyang	100.00	89.31	16.86	11.80
定西市	Dingxi	98.42	75.81	13.63	16.85
陇南市	Longnan	97.03	89.02	11.28	6.15
临夏市	Linxia	100.00	69.69	10.71	5.16
合作市	Hezuo	82.64	98.48	21.22	8.54

主要统计指标解释

建城区面积 指市政区范围内经过征用的土地和实际建设发展起来的非农业生产建设地段，包括市区集中连片的部分以及分散在近郊区与城市有着密切联系，具有基本完善的市政共用设施的城市建设用地（如机场、污水处理厂、通讯电台）。

供水综合生产能力 指按供水设施取水、净化、送水、出厂输水干管等环节设计能力计算的综合生产能力。包括在原设计能力的基础上，经挖、革、改增加的生产能力。计算时，以四个环节中最薄弱的环节为主确定能力。

年末供水管道长度 指从送水泵至用户水表之间所有管道的长度。不包括新安装尚未使用、水厂内以及用户建筑物内的管道。

全年供水总量 指报告期供水企业（单位）供出的全部水量。包括有效供水量和损失水量。

生活用水量 包括公共服务用水和居民家庭用水。公共服务用水指为城市社会公共生活服务的用水。包括行政事业单位、部队营区和公共设施服务、社会服务业、批发零售贸易业、旅馆饮食业以及其他公共服务业等单位的用水。居民家庭用水指城市范围内所有居民家庭的日常生活用水。包括城市居民、农民家庭、公共供水站用水。

用水普及率 指报告期末城区用水人口数与城市人口总数的比率

人工煤气生产能力 指报告期末人工煤气生产厂制气、净化、输送等环节的综合生产能力，不包括备用设备能力。一般按设计能力计算，如果实际生产能力大于设计能力时，应按实际测定的生产能力计算。测定时应以制气、净化、输送三个环节中最薄弱的环节为主。

供气管道长度 指报告期末从气源厂压缩机的出口或门站出口至各类用户引入管之间的全部已经通气投入使用的管道长度。不包括煤气生产厂、输配站、液化气储存站、灌瓶站、储配站、气化站、混气站、供应站等厂（站）内的管道。

全年供气总量 指全年燃气企业（单位）向用户供应的燃气数量。包括销售量和损失量。

燃气普及率 指报告期末城区使用燃气的城市人口数与城市人口总数的比率。其中燃气包括人工煤气、天然气、液化石油气三种。

年末道路长度 指年末道路长度和与道路相通的桥梁、隧道的长度，按车行道中心线计算。在统计时只统计路面宽度在3.5米（含3.5米）以上的各种铺装道路，包括开放型工业区和住宅区道路在内。

城市园林绿地面积 指报告期末用作园林和绿化的各种绿地面积。包括公园绿地、生产绿地、防护绿地、附属绿地和其他绿地的面积。

公园绿地面积 城市中向公众开放的、以游憩为主要功能，有一定的游憩设施和服务设施，同时兼有健全生态、美化景观、防灾减灾等综合作用的绿化用地。包括综合公园、社区公园、专类公园、带状公园和街旁绿地。其中综合公园、专类公园和带状公园面积之和为公园面积。

清扫保洁面积 指报告期末对城市道路和公共场所（主要包括城市行车道、人行道、车行隧道、人行过街地下通道、道路附属绿地、地铁站、高架路、人行过街天桥、立交桥、广场、停车场及其他设施等）进行清扫保洁的面积。一天清扫多次的，按清扫保洁面积最大的一次计算。

市容环卫专用车辆 指用于环境卫生作业、监察的专用车辆和设备，包括用于道路清扫、冲洗、洒水、除雪、垃圾粪便清运、市容监察以及与其配套使用的车辆和设备。

22

民族自治地方

Ethnic Minority Autonomous Area

简要说明

一、本篇资料主要内容

本篇资料反映 2 个民族自治州、5 个民族自治县的经济社会发展情况。重点反映了民族自治地方农牧业的发展状况以及教育、卫生方面的情况。

二、本篇资料来源

本篇资料数据来源于省统计局相关处、省有关部门。

22-1 民族自治地方年末人口与人口自然变动情况

Total Population at Year-end and It's Natural Changes of Ethnic Minority Autonomous Areas

单位：万人、‰ (10 000 persons, ‰)

年份 地区	Year Region	常住人口 Total Population	按性别分 By Sex 男 Male	女 Female	按城乡分 By Urban and Rural 城镇人口 Urban	乡村人口 Rural	自然增长率 Natural Growth Rate
民族自治地方合计	Total						
2010		316.00	160.86	155.14	78.12	237.88	7.79
2011		317.60	161.66	155.95	81.15	236.45	7.63
2012		319.49	162.62	156.87	85.45	234.04	7.64
2013		321.14	163.53	157.61	89.88	231.26	7.64
2014		323.24	164.49	158.75	95.35	227.89	7.68
2015		324.55	163.86	160.69	100.84	223.71	7.69
2016		326.68	166.34	160.34	106.17	220.51	7.56
2017		329.40	167.74	161.66	113.91	215.49	7.65
2018		331.59	168.84	162.75	119.29	212.30	6.95
临夏回族自治州	Linxia	205.88	104.18	101.70	74.16	131.72	7.46
甘南藏族自治州	Gannan	72.02	37.12	34.90	25.93	46.09	7.55
张家川回族自治县	Zhangjiachuan	29.66	15.10	14.56	7.93	21.73	4.72
天祝藏族自治县	Tianzhu	17.91	9.24	8.67	7.72	10.19	3.50
肃南裕固族自治县	Sunan	3.51	1.84	1.67	1.53	1.98	2.79
肃北蒙古族自治县	Subei	1.54	0.80	0.74	0.99	0.55	2.95
阿克塞哈萨克族自治县	Akesai	1.07	0.56	0.51	1.03	0.04	8.22

22-2 民族自治地方生产总值

Gross Regional Product of Ethnic Minority Autonomous Areas

单位：万元 (10 000 yuan)

年份 地区	Year Region	生产总值 Gross Regional Product	第一产业 Primary Industry	第二产业 Secondary Industry	第三产业 Tertiary Industry	人均生产总值（元） Per Capita GDP (yuan)
民族自治地方合计	Total					
2015		4714780	817575	1281173	2616032	14556
2016		5062012	872913	1314020	2875080	15545
2017		4869138	858193	922066	3088878	14843
2018		5385768	951402	1040296	3394069	16295
临夏回族自治州	Linxia	2553489	327580	492454	1733454	12447
甘南藏族自治州	Gannan	1557266	368834	225424	963007	21683
张家川回族自治县	Zhangjiachuan	298300	71362	28324	198614	10086
天祝藏族自治县	Tianzhu	479110	98859	131888	248363	26818
肃南裕固族自治县	Sunan	263968	71908	74396	117664	75636
肃北蒙古族自治县	Subei	141059	6353	58374	76332	91597
阿克塞哈萨克族自治县	Akesai	92576	6506	29435	56635	86519

注：1. 2017 年数据根据第三次农业普查结果进行了修正。
2. 2018 年数据为快报数。

a) Data of 2017 are adjusted based on the results of the Third National Agriculture Census.
b) Data of 2018 are preliminary data.

22-3 民族自治地方农牧业生产基本情况
Farming and Animal Husbandry Producting Basic Statistic of Ethnic Minority Autonomous Areas

指　标	Item	2010	2015	2017	2018
农林牧渔业增加值(亿元)	**Added Value of Agriculture, Forestry, Animal Husbandry and Fishery (100 million yuan)**	**48.83**	**80.28**	**90.62**	**100.23**
#农业	Agriculture	22.23	31.17	34.22	38.22
林业	Forestry	1.59	3.64	3.52	3.20
牧业	Animal Husbandry	24.13	42.09	47.97	53.63
渔业	Fishery	0.09	0.11	0.11	0.09
#有效灌溉面积	Irrigated Area	72.74	73.22	74.70	75.09
总播种面积(千公顷)	**Total Sown Area (1 000 hectares)**	**277.50**	**286.59**	**290.60**	**297.16**
#粮食作物	Sown Area of Grain Crops	214.66	208.04	210.79	209.36
主要农作物产量(万吨)	**Yield of Major Farm Crops(10 000 tons)**				
粮食	Grain Crops	70.60	98.28	99.74	97.03
油料	Oil-bearing	7.46	7.77	8.59	8.00
甜菜	Beetroots	0.22	0.21	0.61	0.14
畜牧业产品产量(万吨)	**Output of Livestock Products (10 000 tons)**				
猪肉产量	Pork	3.27	3.28	3.67	3.53
牛肉产量	Beef	5.95	6.98	7.76	8.03
羊肉产量	Mutton	4.26	5.48	6.78	6.95
牛奶产量	Cow Milk	17.41	16.52	13.66	14.58
羊毛产量	Wool	0.89	0.95	0.89	0.82
农业生产条件	**Agriculture Production Condition**				
农业机械总动力(万千瓦)	Total Power of Agricultural Machinery (10 000 kw)	151.60	224.77	169.27	178.85
农村用电量(万千瓦小时)	Electricity Consumed in Rural Area (10 000 kw·h)	46251.46	55127.90	57870.65	61050.08
化肥施用量(万吨)	Chemical Fertilizer Cosumption (10 000 tons)				
按实物量计算	Consumtion of Chemical Fertilizer	11.52	12.36	12.59	12.14
按折纯量计算	Convert to Pure Amount	3.41	3.74	3.68	3.51

注：根据2016年新修订的《全国农业机械化管理统计报表制度》，2016起农业机械总动力指标统计中删除了农用运输车、三轮汽车和低速载货汽车。

a) According to the newly revised "National Agricultural Mechanization Management Statistical Reporting System" in 2016, since 2016, the index of agricultural vehicles, three-wheeled vehicles and low-speed trucks were removed in the total power of agricultural machinery statistics.

22-4 民族自治地方农、林、牧、渔业增加值
Added Value of Farming, Forestry, Animal Husbandry and Fishery of Ethnic Minority Autonomous Area

单位：万元 (10 000 yuan)

地县	Region and County	农、林、牧、渔业增加值 Added Value of Agriculture, Forestry, Animal Husbandry and Fishery	#农业 Agriculture	#林业 Forestry	#牧业 Animal Husbandry	#渔业 Fishery	农、林、牧、渔业总产值指数（上年=100） Indices (preceding year=100)
民族自治地方合计	**Total**						
2010		488341	222255	15942	241328	853	
2011		559853	234672	22511	291318	916	
2012		640486	268900	25992	330221	999	
2013		709880	289457	29810	370944	968	
2014		760498	303155	33186	398944	1032	
2015		802836	311723	36444	420939	1074	
2016		863383	325606	33780	460487	1142	
2017		906237	342223	35212	479667	1091	
2018		1002276	382161	32038	536284	925	
临夏回族自治州	Linxia	350537	201947	6206	118574	853	101. 39
甘南藏族自治州	Gannan	390414	63772	23472	281570	21	104
张家川回族自治县	Zhangjiachuan	72525	56912	6	14398	46	99. 29
天祝藏族自治县	Tianzhu	102949	44740	253	53866	5	90. 17
肃南裕固族自治县	Sunan	72737	12256	1435	58218		105. 67
肃北蒙古族自治县	Subei	6539	1437	4	4911		103. 79
阿克塞哈萨克族自治县	Akesai	6574	1096	663	4748		109. 02

22－5 民族自治地方牲畜头数
Number of Domestic Animals of Ethnic Minority Autonomous Areas

年 份 Year	大牲畜年末数（百头）Large Animals (year-end) (100 heads)	牛 Cows	马 Horses	驴 Donkeys	骡 Mules	骆驼 Camels	羊年末数（百只）Sheep and Goats (year-end) (100 heads)		猪年末数（百头）Hogs (year-end) (100 heads)
							山羊 Goats	绵羊 Sheep	
1990	17009	13949	1379	932	628	121	7166	30920	4474
1991	16887	13864	1353	920	641	109	7179	29405	4575
1992	16994	13917	1359	940	684	94	7410	29754	4802
1993	16954	13862	1367	938	707	80	7578	29915	5048
1994	17022	13914	1368	929	738	73	7958	30472	5198
1995	17119	14016	1362	916	754	71	8204	30462	5333
1996	17126	13995	1366	910	786	69	8325	30559	5410
1997	16985	13878	1360	893	784	70	8555	30633	5542
1998	15522	13180	946	617	717	58	8107	30094	4256
1999	15418	13122	916	573	749	58	8172	28199	4393
2000	15356	13020	902	603	778	53	8444	28001	4648
2001	15137	12804	864	628	789	52	8555	27882	4797
2002	15235	12913	897	641	740	44	8581	28448	5200
2003	15330	13103	877	636	669	45	8491	29602	5464
2004	15619	13371	864	639	698	47	8414	30702	5839
2005	16435	14185	848	648	701	53	8988	32288	6146
2006	16971	14734	835	665	679	58	9368	34027	6232
2007	20006	18268	467	587	624	60	8846	35292	5084
2008	22395	20858	507	530	456	44	8888	42011	4666
2009	22242	20764	503	509	417	49	8673	43509	4575
2010	21491	20048	488	520	368	67	8137	43403	4474
2011	20701	19401	488	446	316	49	7917	43625	4370
2012	19965	18621	510	452	318	64	7550	44564	4523
2013	20055	18673	520	473	320	70	7888	44681	4626
2014	20671	19484	528	345	236	79	8703	47915	4642
2015	20303	19161	529	315	213	84	7288	49610	4432
2016	19935	18835	654	165	179	102	6756	48493	4226
2017	20449	19366	662	148	176	97	6257	46197	4467
2018	20485	19414	642	171	165	92	5626	44440	4361

注：2007—2017 年数据为农业普查衔接数。

a) Data of 2007 to 2017 was adjusted according to the National Agricultural Census.

22－6 民族自治地方固定资产投资增长情况(2018)
Growth Rate of Investment in Fixed Assets of Ethnic Minority Autonomous Areas(2018)

单位：% (%)

地 县	Region and County	固定资产投资 Investment in Fixed Assets	第一产业 Primary Industry	第二产业 Secondary Industry	第三产业 Tertiary Industry	新增固定资产 Newly Increased Fixed Assets
民族自治地方合计	**Total**	**-6.76**	**7.94**	**-11.40**	**-6.50**	**-75.74**
临夏回族自治州	Linxia	-11.09	-9.81	-43.50	-5.03	-73.28
甘南藏族自治州	Gannan	-6.75	13.77	-15.62	-6.17	-79.74
张家川回族自治县	Zhangjiachuan	1.58	111.50	-14.51	-7.56	-79.84
天祝藏族自治县	Tianzhu	-19.04	57.68	-24.39	-21.60	-92.91
肃南裕固族自治县	Sunan	35.41	-69.83	53.54	32.50	-67.67
肃北蒙古族自治县	Subei	9.59	-96.15	72.26	-9.46	-2.08
阿克塞哈萨克族自治县	Akesai	10.95	28.34	65.24	-3.89	

22－7 民族自治地方社会消费品零售总额
Total Retail Sale of Consumer Goods of Ethnic Minority Autonomous Areas

单位：万元 (10 000 yuan)

地 区	Region and County	社会消费品零售总额 Total Retail Sales of Consumer Goods	餐费收入 Wholesalel Trade	商品零售 Retail Trade
民族自治地方合计	**Total**			
2011		868181	183216	684965
2012		1003474	209091	794383
2013		1144324	233512	910812
2014		1443257	266321	1176935
2015		1562543	296192	1266351
2016		1723029	330246	1392783
2017		1862576	357037	1505539
2018		1963059	379220	1583839
临夏回族自治州	Linxia	938767	188251	750516
甘南藏族自治州	Gannan	522740	91863	430877
张家川回族自治县	Zhangjiachuan	94115	17096	77019
天祝藏族自治县	Tianzhu	306400	63116	243284
肃南裕固族自治县	Sunan	54307	12702	41605
肃北蒙古族自治县	Subei	23570	2991	20579
阿克塞哈萨克族自治县	Akesai	23160	3201	19959

22-8 民族自治地方城镇居民人均可支配收入(2018)
Per Capita Disposable Income of Urban Households of Ethnic Minority Autonomous Areas (2018)

单位：元 (yuan)

地 县	Region and County	城镇居民人均可支配收入 Per Capita Disposable Income of Urban Households	工资性收入 Income of Wages and Salaries	经营净收入 Net Business Income	财产净收入 Net Income from Properties	转移净收入 Net Income from Transfers
临夏回族自治州	Linxia	20834	12747	2756	1145	4187
甘南藏族自治州	Gannan	24783	19441	3497	738	1106
张家川回族自治县	Zhangjiachuan	24429	11211	9913	2487	817
天祝藏族自治县	Tianzhu	24232	15585	1850	972	5825
肃南裕固族自治县	Sunan	27145	22501	2524	1077	1042
肃北蒙古族自治县	Subei	36991	30000	3930	987	2074
阿克塞哈萨克族自治县	Akesai	38660	32864	3086	1265	1444

22-9 民族自治地方财政金融情况
Government Finance and Financial of Ethnic Minority Autonomous Areas

单位：万元 (10 000 yuan)

指 标	Item	2010	2015	2017	2018
财政	**Government Finance**				
一般公共预算收入	Public Government Budget Revenue	139453	366235	336889	348855
一般公共预算支出	Public Government Budget Expenditure	2014808	3974701	4665556	5662787
金融	**Financial**				
金融机构存款余额	Deposit Balance of Financial Institutions	3946959	9631042	10583356	11469618
金融机构贷款余额	Loan Balance of Financial Institutions	1844408	7066179	8019906	7976172
城乡居民储蓄存款	Saving Deposit Balance of Urban and Rural Residents	2189572	5629508	6712042	7276776

22-10 民族自治地方教育、卫生及文化情况
Basic Statistics on Education, Health and Culture of Ethnic Minority Autonomous Areas

指　　标	Item	2010	2015	2017	2018
教育	**Vducation**				
高等学校所数(所)	**Institutions of Higher Education(unit)**	**1**	**2**	**2**	**2**
专任教师数(人)	Number of Full-time Teachers(person)	403	575	678	715
在校学生数(人)	Number of Student Enrollment(person)	8087	11303	13656	14142
中等学校所数(所)	**Number of Secondary Schools(unit)**	**7**	**6**	**6**	**22**
专任教师数(人)	Number of Full-time Teachers(person)	477	501	514	1159
在校学生数(人)	Number of Student Enrollment(person)	5819	2633	5272	7684
普通中学数(所)	**Regular Secondary Schools(unit)**	**209**	**195**	**189**	**191**
专任教师数(人)	Number of Full-time Teachers(person)	12963	15738	15421	15474
在校学生数(万人)	Number of Student Enrollment(10 000 persons)	22.52	17.56	17.01	17.77
小学校所数(所)	**Number of Primary School(unit)**	**1641**	**1357**	**1110**	**1079**
专任教师数(人)	Number of Full-time Teachers(person)	19080	21244	21890	22454
在校学生数(万人)	Number of Student Enrollment(10 000 persons)	36.44	28.18	29.94	31.65
卫生	**Health**				
卫生机构数(个)	**Number of Health Institutions (unit)**	**1208**	**3590**	**3803**	**3561**
#医院	Hospitals	47	53	62	67
卫生院	Health Centers	291	273	292	291
社区卫生服务中心(站)	Community Health Service Centers (stations)		43	35	35
疾病预防控制中心(防疫站)	Centers for Disease Control and Prevention		23	24	24

22-10 续表 continued

指 标	Item	2010	2015	2017	2018
床位(张)	**Beds (unit)**	**9929**	**13451**	**15319**	**16713**
#医院	Hospitals	6166	9050	10601	11735
卫生院	Health Centers	3155	3618	3889	4023
社区卫生服务中心(站)	Community Health Service Centers (stations)		241	222	183
疾病预防控制中心(防疫站)	Disease Prevention and Control Centers				
卫生机构人员数(人)	**Medical institution Personnel (person)**	**11993**	**18982**	**20219**	**19883**
卫生技术人员(人)	**Medical Technical Personnel (person)**	**10392**	**12726**	**14077**	**14676**
#医院	Hospitals		5451	6599	7355
卫生院	Health Centers		3285	3386	3535
社区卫生服务中心(站)	Community Health Service Centers (stations)		425	374	376
疾病预防控制中心(防疫站)	Centers for Disease Control and Prevention		640	668	661
文化	**Culture**				
文化事业	**Culture Institution**				
机构数(个)	Number of Institution (unit)	726	804	986	1001
人员数(人)	Personnel(person)	3611	5119	6267	6182
各类文化艺术事业单位数(个)	**Number of Culture and Art Institution (unit)**	**401**	**436**	**454**	**454**
#文化馆、艺术馆	Cultural Centers and Art Station	23	23	24	24
公共图书馆	Public Libraries	23	23	24	24
博物馆	Museums	24	31	36	36
艺术表演场馆	Art Performance Places	3	3	4	4
艺术表演团体	Art Performance Troupes	16	17	27	24

23

兰州新区

Lanzhou New Area

简要说明

一、本篇资料主要内容

本篇资料反映兰州新区 2015 –2018 年的经济社会发展情况。重点反映了兰州新区人口变动、经济总量、投资、能源消耗、农业、财政等方面的基本情况。

二、本篇资料来源

本篇资料由兰州新区经发局搜集、加工整理。

1. 年末户籍人口数据由兰州新区公安局提供。

2. 财政数据由兰州新区财政局提供。

23－1　兰州新区经济社会主要指标

Main Economic and Social Indicators of Lanzhou New Area

指　　标	Item	2015	2017	2018
年末户籍人口(万人)	Household Registered Population at Year-end(10 000 persons)	14. 04	14. 80	15. 62
法人单位数(个)	Number of Legal Entities (unit)	757	931	1016
生产总值(亿元)	Gross Regional Product (100 million yuan)	123. 15	174. 31	180. 98
第一产业	Primary Industry	1. 44	1. 69	1. 33
第二产业	Secondary Industry	94. 69	117. 50	98. 21
#工业	Industry	33. 90	64. 22	31. 21
第三产业	Tertiary Industry	27. 02	55. 12	81. 44
生产总值指数	Indices of Gross Regional Product	129. 22	115. 60	115. 00
生产总值构成(%)	Composition of Gross Regional Product(%)			
第一产业	Primary Industry	1. 17	0. 97	0. 73
第二产业	Secondary Industry	76. 89	67. 41	54. 27
#工业	Industry	27. 53	36. 84	17. 24
第三产业	Tertiary Industry	21. 94	31. 62	45. 00
工业	**Industry**			
规模以上工业增加值(亿元)	Value-added of Industry above Designated Size (100 million yuan)	27. 90	56. 70	26. 63
轻工业	Light Industry	1. 80	3. 14	3. 92
重工业	Heavy Industry	26. 1	53. 55	22. 71
规模以上工业企业经济效益	Vconomic Benefit of Industry Enterprises above Designated Size			
主营业务收入(亿元)	Revenue from Principal Business (100 million yuan)	143. 50	299. 50	241. 90
利润总额(亿元)	Total Profits (100 million yuan)	13. 30	7. 60	-20. 00
能源	**Vnergy**			
全社会用电量(万千瓦小时)	Whole Society Electricity Consumption(10 000kw · h)	27753. 98	40516. 78	54111. 10
#工业用电量(万千瓦小时)	Industry Electricity Consumption(10 000kw · h)	9121. 54	13269. 49	14900. 90
能源消费总量(万吨标煤)	Total Energy Consumption (10 000 tons of SCE)	21. 24	22. 35	21. 24
单位生产总值能耗(吨标煤/万元)	Vnergy Consumption per Unit of GRP(ton of SCE/10 000 yuan)	0. 17	0. 12	0. 11

23－1 续表 continued

指 标	Item	2015	2017	2018
固定资产投资增速	**Growth Rate of Investment in Fixed Assets**	**9.49**	**-44.67**	**19.50**
项目投资	Project Investment	3.96	-46.83	13.36
房地产开发	Real Estate Development	68.70	-30.05	49.26
#住宅	Residential Buildings	133.99	-33.06	-10.81
按产业分	By Industry			
第一产业	Primary Industry	-32.11	62.50	382.56
第二产业	Secondary Industry	-24.66	-60.25	-33.40
第三产业	Tertiary Industry	37.09	-37.90	32.61
农业农村	**Agriculture and Rural**			
乡镇个数(个)	Number of Townships (unit)	3	3	3
行政村个数(个)	Administrative Village (unit)	54	54	54
耕地面积(公顷)	Cultivated Area (hectare)	21902	20344	24237
农林牧渔业总产值(万元)	Gross Output Value of Agriculture, Forestry, Animal Husbandry and Fishery (10 000 yuan)		28124.97	28977.99
化肥施用折纯量(吨)	Convert to Pure Amount of Chemical Fertilizers Consumption (ton)	2832	2427	1149
农作物播种面积(公顷)	Sown Areas of Farm Crops (hectare)	6157.63	5713.87	7617.26
主要农产品产量(吨)	Yield of Major Farm Crops (ton)		33570.18	36528.50
粮食	Grain Crops	15210.00	13584.44	17855.00
油料	Oil-bearing Crops	1866.77	1687.75	1348.86
园林水果	Garden Fruits	2500.06	9604.15	8810.13
肉类	Meat		8693.84	8514.51
财政(亿元)	**Finance (100 million yuan)**			
一般公共预算收入	General Public Budget Revenue	9.18	13.16	15.21
#税收收入	Total Tax Revenue	7.95	11.36	13.36
一般公共预算支出	General Public Budget Expenditure	31.93	42.77	40.43

《甘肃发展年鉴》电子版说明

《甘肃发展年鉴》2019（电子版）是新型的阅读工具，它界面美观，便于携带，操作简便，功能实用。

《甘肃发展年鉴》2019（电子版）内容分为二部分：第一部分设特载、概况、国民经济、交通通信、财政金融、经济管理、社会事业、人民生活、地区及兰州新区概况等 9 个篇目；第二部分设综合，人口，国民经济核算，就业和工资，价格，人民生活，财政和金融业，资源和环境，能源，固定资产投资，对外经济贸易，农业，工业，建筑业，批发和零售业，住宿、餐饮业和旅游业，运输和邮电，教育和科学技术，卫生、社会服务和社会保障，文化和体育，城市，民族自治地方，兰州新区等 23 个篇章。

系统要求：

中文 Windows 9X，Windows ME /2000 /XP；建议使用 IE 浏览器

使用方法：

1. 将《年鉴》光盘插入光驱，光盘自动运行进入主页，如不能自动启动，请进入光盘所在的驱动器，点击 Start. exe，即可启动。

2. 光盘启动后，会自动运行 FLASH，然后进入主页面，点击“浏览光盘”即可以进入光盘正文。

3. 光盘分为两帧，左边目录，右边正文。目录分为两级，点击目录可以进入正文，显示于光盘的右边。

4. 正文分 WEB 页和 EXCEL 两种格式的文档，点击左边目录上图标可以进行转换。

5. 点击主页面的“退出动画”即可退出光盘。

6. 如若目录无法打开，请详见光盘中的帮助文件（help. htm）。

Gansu development Yearbook 2019 (electric version) is a new type reading tool. It has beautiful interface, and is easy to carry, easy to operate, functional and practical.

Gansu development Yearbook 2019 (electric version) has two parts. The first part contains Featured Articles, Survey, National Economy, Transport and Communications, Government Finance and Financial, Economy & Management, Social Undertaking, People′s Living Conditions, Region and Lanzhou New Area Overview, total 9 chapters. The second part contains total 23 sections and chapters: General Survey; Population; National Accounts; Employment and Wages; Prices; People′s Living Conditions; Government Finance and Financial Intermediation; Resources and Environment; Energy; Investment in Fixed Assets; Foreign Trade and Economic Cooperation; Agriculture; Industry; Construction; Wholesale and Retail Trades; Hotels, Catering Services and Tourism; Transport, Postal and Telecommunication Services; Education & Science and Technology; Public Health, Social Services and Social Security; Culture and Sports; City; Ethnic Minority Autonomous Area; Lanzhou New Area.

System Requirements

Windows 98, Windows Me, Windows 2000, Windows XP, Windows 2003

Microsoft Internet Explorer 6. 0 and above version

How to Use

1. Insert Gansu Development Yearbook 2019 disc into your CD-ROM drive, the disc will be automatically started. If not, please click start2019. exe to open the CD-ROM.

2. After the CD-ROM is started, it will automatically run FLASH, and then enter the main page, click on “Browse CD” to enter the CD-ROM text.

3. Disc is divided into two pictures, the left is the directory, the right is the text. Directory is divided into two levels, click on the directory you can enter the text, and displayed on the right side of the disc.

4. The main text is divided into WEB page and EXCEL two format documents, click on the icon on the left-hand directory to convert.

5. Click “Exit Animation” on the main page to exit the disc.

6. If the directory can′t be opened, please see the help file (help. htm) of the disc.

中国统计出版社最新资料书简目

（仅供参考，以最后出书为准）

统计资料

中国统计年鉴 –2018
中国统计摘要 –2018
中国经济普查年鉴 2013
国际统计年鉴 –2018
金砖国家联合统计手册 –2018
中国 – 东盟国家统计年鉴 –2018
中国县域统计年鉴 –2018
中国城市统计年鉴 –2018
中国农村统计年鉴 –2018
中国地区经济监测报告 –2018
中国贸易外经统计年鉴 –2018
2017 中国对外直接投资统计公报
中国商品交易市场统计年鉴 –2018
大中型批发零售和住宿餐饮企业统计年鉴 –2018
中国零售和餐饮连锁企业统计年鉴 –2018
中国住户调查年鉴 –2018
中国价格统计年鉴 –2018
中国农产品价格调查年鉴 –2018
全国农产品成本收益资料汇编 –2018
中国环境统计年鉴 –2018
中国能源统计年鉴 –2018
国外资源、能源和环境统计资料汇编 –2014
中国工业经济统计年鉴 –2018
中国建筑业统计年鉴 –2018
中国房地产统计年鉴 –2018
中国城市建设统计年鉴 –2017
中国县城建设统计年鉴 –2017
中国城乡建设统计年鉴 –2017
中国第三产业统计年鉴 –2018
中国科技统计年鉴 –2018
中国高技术产业统计年鉴 –2018
工业企业科技活动资料 –2018
中国劳动统计年鉴 –2018
中国人口和就业统计年鉴 –2018
中国人才资源统计报告 –2016
中国社会统计年鉴 –2018
文化及相关产业统计概览 –2016
中国教育统计年鉴 –2017
中国教育经费统计年鉴 –2018
中国民族统计年鉴 –2017
中国工会统计年鉴 –2016
中国残疾人事业统计年鉴 –2018
2017 中国妇女儿童状况统计资料（英）
中国第三次全国农业普查综合资料
2018 年时间利用调查资料

2018 年省级综合统计年鉴系列

北京　天津　河北　山西　内蒙古　辽宁　吉林
黑龙江　上海　江苏　浙江　安徽　福建　江西
山东　河南　湖北　湖南　广东　广西　海南　重庆
四川　贵州　云南　西藏　陕西　甘肃　青海　宁夏
新疆　新疆生产建设兵团

2018 年市（县）级综合统计年鉴系列

天津滨海新区　石家庄　唐山　邯郸　太原　大同
长治　阳泉　晋城　朔州　晋中　运城　忻州　临汾
呼和浩特　通辽　包头　沈阳　大连　长春　吉林市
四平　哈尔滨　黑龙江垦区　上海浦东新区　南京
苏州　无锡　常州　徐州　南通　泰州　宿迁
连云港　盐城　镇江　淮安　江阴　丹阳　杭州
宁波　绍兴　台州　温州　金华　嘉兴　衢州
舟山　福州　福州经济技术开发区　宁德
厦门经济特区　南昌　上饶　济南　青岛　潍坊
枣庄　郑州　洛阳　三门峡　南阳　商丘　武汉
宜昌　十堰　荆州　咸宁　长沙　广州　东莞　惠州
深圳　桂林　南宁　柳州　来宾　河池　海口
三亚　成都　绵阳　贵阳　昆明　庆阳　西安　兰州
银川　乌鲁木齐

2010 年人口普查资料系列

中国 2010 年人口普查资料　北京　天津　河北
山西　内蒙古　辽宁　吉林　黑龙江　上海　江苏
浙江　安徽　福建　江西　山东　河南　湖北　湖南
广东　广西　海南　重庆　四川　贵州　云南　西藏
陕西　甘肃　青海　宁夏　新疆　新疆生产建设兵团
宁波　昆明
中国分县 2010 年人口普查资料
中国分乡镇、街道 2010 年人口普查资料
广东省各市 2010 年人口普查资料丛书
山西省各市 2010 年人口普查资料丛书
河南省各市 2010 年人口普查资料丛书

图书在版编目（CIP）数据

甘肃发展年鉴. 2019 : 汉英对照 / 甘肃省统计局, 国家统计局甘肃调查总队编. -- 北京 : 中国统计出版社, 2019.12
ISBN 978-7-5037-8988-5

Ⅰ. ①甘… Ⅱ. ①甘… ②国… Ⅲ. ①区域经济发展—甘肃—2019—年鉴—汉、英②社会发展—甘肃—2019—年鉴—汉、英 Ⅳ. ①F127.42-54

中国版本图书馆 CIP 数据核字(2019)第 201288 号

甘肃发展年鉴 2019

作　　者/ 甘肃省统计局　国家统计局甘肃调查总队
责任编辑/ 李　冲
封面设计/ 张　冰
出版发行/ 中国统计出版社有限公司
通信地址/ 北京市西城区月坛南街 57 号　邮政编码/100826
办公地址/ 北京市丰台区西三环南路甲 6 号　邮政编码/100073
电　　话/ 邮购（010）63376909　书店（010）68783171
网　　址/ http://www.zgtjcbs.com
印　　刷/ 甘肃澳翔印业有限公司
经　　销/ 新华书店
开　　本/ 890mm×1240mm　1/16
字　　数/ 1150 千字
印　　张/ 41.5
版　　别/ 2019 年 12 月第 1 版
版　　次/ 2019 年 12 月第 1 次印刷
定　　价/ 380.00 元

本书附同版本 CD-ROM 一张，光盘内容以书面文字为准。
如有印装差错，由本社发行部调换。